LAROUSSE

diccionario
EDUCATIVO
inicial

LAROUSSE

Av. Diagonal 407 Bis-10   Dinamarca 81   21 Rue du Montparnasse Valentín Gómez 3530
08008 Barcelona   México 06600, D. F.   75298 París Cedex 06   1191 Buenos Aires

"D. R." © MMI, por Ediciones Larousse, S.A. de C.V.
Dinamarca núm. 81, México 06600, D. F.

Esta obra no puede ser reproducida, total o
parcialmente, sin autorización escrita del editor.

SEGUNDA EDICIÓN – 3ª reimpresión

ISBN 970-22-0025-3

**Larousse y el Logotipo Larousse son
marcas registradas de Larousse, S.A.**

Impreso en México – Printed in Mexico

Equipo Editorial Larousse Latinoamérica

Lexicografía y Dirección editorial:
Aarón Alboukrek

Editor asociado:
Luis Ignacio de la Peña

Coordinación editorial:
Verónica Rico

Redacción:
Equipo Editorial Larousse Latinoamérica

Colaboración especial:
Gloria Fuentes

Formación y composición tipográfica:
Ricardo Viesca

*Diseño, composición del suplemento
enciclopédico y portada:*
Salvador Martínez

Apoyo logístico:
Arcadio Gutiérrez

Esta obra se terminó de imprimir en abril de 2002
en Cía. Editorial Ultra, S.A de C.V. Centeno 162
Col. Granjas Esmeralda, México 09810, D.F.

La edición consta de 100 000 ejemplares

A LOS LECTORES Y LECTORAS:

Hemos hecho para ti un diccionario tan útil, práctico y ameno que tal vez hasta llegues a hojearlo por puro gusto. En él encontrarás palabras de muchas clases, definidas de manera clara y ejemplificadas de forma precisa y didáctica. Ciencias, tecnología, historia, arte, biografías y muchos temas más enriquecen los ejemplos que te ayudarán a entender mejor el significado de las palabras.

Hemos elaborado una guía llamada **CÓMO USAR TU DICCIONARIO** que te muestra todos los elementos que forman este libro y de qué manera están presentados.

Este diccionario te servirá en tu vida cotidiana, en tus estudios, en tus investigaciones y en tu placer por conocer más y mejor la inmensa riqueza de una lengua que hablan más de 400 millones de personas.

A través de sus páginas podrás conocer no sólo palabras y expresiones que compartimos todos los hispanohablantes, sino también palabras, usos y expresiones propios de los países de América Latina y de España. El diccionario que ahora tienes en tus manos es como un espejo que refleja esa fantástica diversidad léxica del español.

Esperamos que este instrumento de cultura que es el diccionario respalde tu necesidad de conocimiento del idioma español, cuya fuerza histórica ya ha logrado trascender el umbral del tercer milenio.

AARÓN ALBOUKREK

La entrada en **negritas** y con mayor tamaño para distinguirla con facilidad.

acertijo *m.* Juego que consiste en un enigma cuyo resultado hay que descubrir.

ahorro *m.* Lo que no se gasta: *Con mis **ahorros** voy a comprar el regalo de cumpleaños de mi mamá.*

anofeles *adj./m.* Tipo de mosquito cuya hembra transmite el paludismo.

Separación de las categorías gramaticales.

bait *m.* **Palabra de origen inglés.** Unidad de medida de la memoria de una computadora, equivalente a 8 bits.

baño *m.* ① Acción y efecto de bañar o bañarse: *Llegué muy acalorado del partido de fútbol y decidí darme un **baño**.* ② Cuarto para el aseo personal: *El **baño** de mi casa tiene un mueble donde guardamos las toallas y los jabones.* ③ Bañera, pila para bañarse. ④ Capa con que queda cubierta la cosa bañada: *Llevé mi pulsera de plata al joyero para que le diera un **baño** de oro.*

Los diferentes significados de la palabra, separados con números.

Palabras que vienen de otros idiomas.

caldera *f.* Aparato que calienta el agua y la distribuye a través de tubos por la casa.

Definiciones sencillas y precisas.

casete *m.* y *f.* **Palabra de origen francés.** Pequeña caja de plástico que contiene una cinta en la que pueden grabarse o reproducirse sonidos.

chance *m.* y *f.* *Amér.* **Palabra inglesa.** Lo que se hace o sucede en el momento conveniente. **SIN. oportunidad, suerte, fortuna.**

dinámico, ca *adj.* *Fam.* Activo, enérgico: *Es un vendedor tan **dinámico**, que sacó el primer premio por ser quien vendió más jabones de su empresa.*

Uso práctico de las palabras.

emperatriz *f.* ① Esposa de un emperador: *Catalina I de Rusia fue nombrada **emperatriz** cuando se casó con Pedro el Grande.* ② Soberana de un imperio: *Isabel de Portugal fue reina de España y **emperatriz** de Alemania.*

Ejemplos enciclopédicos.

La flecha indica que la palabra tiene más información en la Minienciclopedia.

estómago *m.* Órgano en forma de bolsa donde se digieren los alimentos, que es parte del aparato digestivo: *El **estómago** está situado entre el esófago y el duodeno.* →

gratitud *f.* Acción de agradecer un beneficio o atención recibida: *En señal de **gratitud** por haberle ayudado con su trabajo, me invitó a comer a su casa.* **SIN. reconocimiento, agradecimiento. ANT. ingratitud.**

Sinónimos y antónimos.

Palabras que son usadas en países de América Latina.

guaca *f.* ① *Amér. C.* y *Amér. Merid.* Tesoro enterrado. ② *Amér. C.* y *Amér. Merid.* Tumba o yacimiento arqueológico de la época precolombina. ③ *Bol., C. Rica* y *Cuba.* Objeto en el que se guarda el dinero para ahorrarlo. **SIN. hucha, alcancía.** ④ *C. Rica* y *Cuba.* Hoyo donde se depositan frutas verdes para que maduren.

Las abreviaturas de las marcas gramaticales que hay en ambas páginas se explican en la parte baja de la página izquierda.

Los ejemplos enseñan cómo emplear las palabras.

hábitat *m.* ① Territorio que presenta las condiciones adecuadas para la vida de una especie animal o vegetal: *El **hábitat** de los delfines es el mar.* ② Conjunto de condiciones de vida de los ciudadanos: *El **hábitat** rural es muy diferente al de la ciudad.*

adj. = adjetivo ☆ *adv.* = adverbio ☆ ANT. = antónimo ☆ *loc.* = locución ☆ *f.* = sustantivo femenino ☆ *m.* = sustantivo masculino ☆ *prep.* = preposición ☆ SIN. = sinónimo ☆ *vb.* = verbo ☆ → Ver Minienciclopedia.

Cornisas con la primera y última palabra para localizar rápido las palabras.

lambetear *vb.* *Amér. C.* y *Amér. Merid.* Lamer: *El perro **lambeteó** el caramelo del niño.*

machacar *vb. irreg.* ① Hacer pedazos, desbaratar algo: *En la receta de cocina dice que se deben **machacar** los ajos y las cebollas en un mortero antes de ponérselos al guiso.* ② Estudiar mucho: *La maestra nos dijo que debemos **machacar** las tablas de multiplicar si queremos aprenderlas.*

Verbos irregulares

náufrago, ga *m.* y *f.* Persona que sobrevivió al hundimiento de un barco: *Robinson Crusoe fue un **náufrago** que tuvo que sobrevivir en una isla casi desierta.*

oso, sa *m.* y *f.* ① Mamífero carnívoro de cuerpo pesado y pelaje abundante, con grandes garras y cola reducida: *En el zoológico vi **osos** pardos y **osos** polares.* ② *loc.* Oso **hormiguero**, mamífero sin dientes, de hocico alargado y lengua larga y flexible, que se alimenta de hormigas.

Locuciones

La palabra definida se usa en el ejemplo con **negritas**. c

papa *f.* ① *Amér.* Planta herbácea originaria de América, de flores blancas o moradas y con raíces fibrosas que tienen tubérculos carnosos comestibles. SIN. **patata**. ② *Amér.* Tubérculo comestible de la planta llamada papa. SIN. **patata**.

papa *m.* Se escribe con "P" mayúscula y con el artículo "el" cuando designa al jefe electo de la Iglesia Católica Romana: *El **Papa** vive en el Vaticano, que es un Estado independiente dentro de Italia.*

Homónimos o palabras que se escriben igual pero tienen distinto significado.

 d

pecado *m.* Según las religiones, transgresión voluntaria y consciente de la ley de Dios.

Cuando una palabra se escribe de varias maneras.

quechua o **quichua** *adj./m.* y *f.* Pueblo amerindio localizado en el norte y el centro de la región de los Andes, en Sudamérica: *Los **quechua** fundaron la civilización incaica.*

Siglas.

RAM *adj.* Abreviatura de *Random Access Memory* (memoria de acceso directo), término de computación que se usa para designar lo relativo a la memoria cuyo contenido puede ser leído, borrado o modificado a voluntad: *Se necesita una computadora con mucha memoria **RAM** para que puedan funcionar los programas de diseño.*

e

Términos científicos y técnicos de actualidad.

supersónico, ca *adj.* Relativo a la velocidad superior a la del sonido: *Actualmente existen muchos aviones **supersónicos**.*

Las abreviaturas de los países que hay en ambas páginas se explican en la parte baja de la página derecha.

f

Verbos regulares

visitar *vb.* ① Ir a ver a alguien al lugar donde se encuentra: *Vinieron a **visitarnos** nuestros parientes que radican en España.* ② Ir a un lugar para conocerlo: *En ese viaje **visitaron** tres ciudades importantes de Francia.* ③ Ir el médico a casa del enfermo para atenderlo: *Como Julia no puede salir de su casa porque se siente enferma, vendrá un médico a **visitarla**.*

ABREVIATURAS Y SÍMBOLOS EMPLEADOS EN ESTE DICCIONARIO

Abreviaturas

adj.	adjetivo	**interj.**	interjección
adv.	adverbio	**loc.**	locución
Amér.	América	**m.**	sustantivo masculino
Amér. C.	América Central	Méx.	México
Amér. Merid.	América Meridional	Nicar.	Nicaragua
		Pan.	Panamá
Antill.	Antillas	Par.	Paraguay
ANT.	antónimo	**pl.**	plural
Argent.	Argentina	**prep.**	preposición
art.	artículo	P. Rico	Puerto Rico
Bol.	Bolivia	**pron.**	pronombre
Colomb.	Colombia	R. de la P.	Río de la Plata
conj.	conjunción	R. Dom.	República Dominicana
C. Rica	Costa Rica		
Desp.	despectivo	Salv.	El Salvador
Ecuad.	Ecuador	SIN.	sinónimo
Esp.	España	Urug.	Uruguay
f.	sustantivo femenino	**vb.**	verbo
Fam.	familiar	Venez.	Venezuela
Guat.	Guatemala	**vb. irreg.**	verbo irregular
Hond.	Honduras	Vulg.	vulgar

Símbolos

 Indica abreviaturas gramaticales.

→ Ver Minienciclopedia.

 Indica abreviaturas de países donde se usa la palabra.

 Indica palabras que se escriben igual pero con significado distinto.

⌐1⌐, ⌐2⌐, ... Diferentes significados de la palabra.

Aa

a *f.* Primera letra del alfabeto español y primera de sus vocales.

a *prep.* ① Expresa idea de movimiento y dirección: *Alejandro fue a la fiesta que organizaron sus amigos.* ② Introduce complementos del adjetivo: *Tu hermano es muy parecido a ti.*

ábaco *m.* Instrumento para hacer cálculos, formado por un marco pequeño con barrotes o alambres paralelos por los que corren esferitas móviles: *Los niños orientales suman y restan con ábacos.*

abadía *f.* Convento donde viven frailes o monjas: *En Londres, la abadía de Westminster es un monumento espectacular que alguna vez fue habitado por monjes.*

abajo *adv.* En la parte inferior o en posición baja: *"¡No vayas a atropellar al perro que se escondió abajo del automóvil!", grité a mi madre.* **ANT.** **arriba.**

abanderado, da *m.* y *f.* Persona que lleva la bandera en desfiles y procesiones: *El abanderado siempre va adelante de todos en los desfiles de mi escuela.*

abandonar *vb.* ① Dejar solo o desamparar: *Sería incorrecto abandonar a ese hombre herido, ¡debemos ayudarlo!* ② Dejar de hacer algo: *Pedro abandonó sus estudios porque debe trabajar para ayudar a su madre.* ③ Alejarse de un lugar: *Jesús abandonó el salón de clases porque se sentía enfermo.*

abandono *m.* Hecho de dejar o desamparar a una persona, animal o cosa de la cual se tiene la obligación de cuidar o atender: *Los canarios se murieron por el abandono de Rocío: se fue a la playa y los dejó cinco días sin comida ni agua.*

abanico *m.* Objeto formado por varillas y una banda de tela o de papel plegado que sirve para echarse aire.

abarcar *vb. irreg.* ① Ceñir, rodear: *Ese árbol es tan grueso que no puedo abarcarlo con los brazos.* ② Alcanzar con la vista: *Desde lo alto de esa torre se abarca gran parte del valle.*

abarrotes *m. pl.* *Amér.* Artículos de comercio como conservas alimenticias, especias, papel higiénico, etc.: *Compré una lata de atún en la tienda de abarrotes de la esquina.*

abastecer *vb. irreg.* Proporcionar alimentos u otros productos: *El río abastece de agua a la ciudad.*

abasto *m.* ① Provisión de víveres. ② *Venez.* Tienda de comestibles.

abatir *vb.* ① Derribar, echar por tierra: *El huracán ha abatido varios árboles.* ② Desanimar, entristecer: *La derrota abatió a los futbolistas.*

abdomen *m.* Vientre, parte del cuerpo donde se encuentran el estómago, los intestinos y otros órganos: *El médico palpó el abdomen de Luisa para ver si tenía apendicitis.*

abecedario *m.* Serie ordenada de las letras de un idioma. **SIN.** **alfabeto.**

abeja *f.* Insecto que vive en colmenas, tiene aguijón y produce miel y cera: *Las abejas utilizan el néctar de las flores para fabricar la miel.* ➡

abejorro *m.* Insecto de cuerpo velloso y trompa, parecido a la abeja pero de mayor tamaño, que zumba al volar.

abertura *f.* ① Acción y efecto de abrir o abrirse: *La abertura de tu boca cambia según la letra que pronuncies, por ejemplo: al decir a la abres mucho.* ② Agujero o rendija: *La puerta no estaba bien cerrada y dejaba una abertura por la que se colaba el frío.*

abeto *m.* Árbol resinoso, de gran tamaño, su madera se aprovecha para la carpintería.

abierto, ta *adj.* ① Comunicado con el exterior. ② Separado o extendido: *El primer ejercicio que hicimos consistía en saltar con los brazos abiertos y las piernas juntas.* ③ Respecto a un lugar, despejado, sin obstáculos: *En campo abierto se tiene una visión muy amplia del paisaje.*

abismo *m.* Profundidad muy grande y peligrosa: *La escena más emocionante fue cuando el personaje estaba a punto de caer en un abismo.*

ablandar *vb.* Poner blando: *Josefina ablandó la carne dejándola cocer durante una hora.*

abochornar *vb.* ① Causar molestia el exceso de calor: *El calor del verano nos abochorna y a veces no tenemos ganas de jugar.* ② Avergonzar: *Me abochorné cuando el viento me levantó el vestido.*

abogado, da *m.* y *f.* Persona que ha estudiado Derecho o Leyes y que alega en un juicio a favor de otra.

abolición *f.* Acción y efecto de suprimir una costumbre o ley: *En muchos países se ha votado por la abolición de la pena de muerte.*

---

 adj. = adjetivo ☆ **adv.** = adverbio ☆ **ANT.** = antónimo ☆ **f.** = sustantivo femenino ☆ **m.** = sustantivo masculino ☆ **pl.** = plural ☆ **prep.** = preposición ☆ **SIN.** = sinónimo ☆ **vb.** = verbo ☆ **vb. irreg.** = verbo irregular ☆ ➡ Ver Minienciclopedia. Ⓢ *Amér.* = América ☆ *Venez.* = Venezuela.

abolir *vb. irreg.* Suprimir, dejar sin efecto una ley, precepto o costumbre: *Muchos gobiernos del mundo abolieron la esclavitud durante los últimos dos siglos.* ANT. restaurar, restablecer.

abonar *vb.* ① Dar pagos parciales por un préstamo o por algo que no se compró al contado: *Mi padre abonó cien pesos al carpintero por la mesa que le pidió hacer.* ② Poner en la tierra sustancias para mejorar su estado y hacer que produzca más: *Abonamos la tierra y mejoró la producción de manzanas.*

abono *m.* ① Cada uno de los pagos parciales que se hacen por un préstamo o por alguna compra: *Le di otro abono a Sara por el dinero que me prestó.* ② Fertilizante, sustancia que se pone en la tierra para que produzca más. ③ Pase o billete que permite entrar cierto número de veces a un lugar de espectáculos o utilizar un servicio por tiempo determinado: *Compré un abono para toda la temporada de danza.*

abordar *vb.* ① Comenzar o emprender algún negocio o asunto: *Por fin se decidió José a abordar ese problema y pudo resolverlo fácilmente.* ② Acercarse a alguien para tratar algún asunto o hacer una petición: *Eloísa abordó a un hombre en la calle y le preguntó la hora.* ③ Llegar una embarcación a un lugar.

aborigen *adj./m. y f.* Originario o natural de un lugar: *Los quechuas son los aborígenes de Perú.* ANT. extranjero.

abrazar *vb. irreg.* Rodear o ceñir con los brazos: *Roberto abrazó a sus padres antes de salir de viaje.*

abrevadero *m.* Lugar donde el ganado toma agua: *El vaquero se encargó de llenar de agua el abrevadero.*

abreviar *vb.* Reducir, acortar, resumir: *Para que cupiera en una página, abrevié la redacción de mi trabajo, pues era muy largo.* ANT. alargar, ampliar, extender.

abreviatura *f.* Representación abreviada de una palabra en la escritura: *La abreviatura Sr. se usa en lugar de la palabra señor.*

abrigar *vb. irreg.* Resguardar de las inclemencias del tiempo. →

abrigo *m.* Prenda de vestir larga que se pone sobre la demás ropa y sirve para protegerse del frío.

abril *m.* Cuarto mes del año: *En México, el Día del Niño se celebra el 30 de abril.*

abrir *vb. irreg.* ① Descubrir o destapar lo que está cerrado u oculto: *Ya quiero abrir el regalo de cumpleaños que me dio Rogelio.* ② Mover el mecanismo que cierra un conducto: *No sale agua aunque abra totalmente la llave del grifo.* ③ Extender o desplegar: *"Si no abres el paraguas pronto, nos vamos a mojar", dije a Mariana.* ④ Separar las hojas de una puerta, descorrer un cerrojo, jalar parcialmente un cajón. ⑤ Rasgar, dividir: *Abriré el sobre para poder leer la carta que*

está dentro. ⑥ Inaugurar: *Después de muchos preparativos, por fin mis padres abrirán mañana la cafetería.*

abrochar *vb.* Cerrar o sujetar una prenda de vestir con broches o botones: *Hacía frío, así que me abroché el abrigo hasta el cuello.* ANT. desabrochar.

absorber *vb.* ① Atraer y retener una sustancia: *Las aspiradoras absorben el polvo y la basura.* ② Atraer la atención: *Cuando Ana está leyendo la absorbe tanto la lectura que no hace caso a nadie.*

abuelo, la *m. y f.* Padre o madre del padre o de la madre.

abundancia *f.* Gran cantidad. ANT. escasez, pobreza.

aburrimiento *m.* Sensación molesta de cansancio: *Para evitar el aburrimiento, Ana lee un cuento, luego ve televisión, después recorta sus muñecas de papel y por último juega con su vecinita.*

aburrir *vb.* ① Molestar, cansar: *El cuento les aburrió tanto que prefirieron ir a jugar.* ② Sufrir un estado de ánimo producido por falta de estímulo o distracción: *Los niños se aburren cuando no tienen nada qué hacer.* ANT. distraer, divertir.

abusar *vb.* ① Utilizar algo con exceso: *Los borrachos abusan de la bebida.* ② Aprovecharse de otra persona: *Julio se queja porque su hermano mayor abusa de él cuando lo manda a lavar su automóvil.*

abuso *m.* ① Utilización de algo con exceso o de manera indebida: *Mi madre dice: "Tomar una copa de vino no está mal, lo malo es el abuso."* ② Hecho de aprovecharse de una persona o de tratarla de manera injusta: *Es un abuso que Jorge coma más que sus hermanos sólo porque él quiere.*

acá *adv.* Denota un lugar cercano, como aquí, pero más indeterminado: *"Por acá todo está bien. ¿Y allá?", pregunté a mi hermana que vive en París.*

acabar *vb.* ① Dar fin, terminar: *Cuando acabe el trabajo de la escuela, voy a ver la televisión.* ② Consumir, extinguir o extinguirse algo por completo: *Me acabé toda la leche, ahora tendré que ir a comprar más para que tomen mis hermanos.*

acacia *f.* Árbol propio de climas templados, que tiene espinas largas y flores blancas de olor agradable.

academia *f.* ① Sociedad o institución científica, literaria o artística: *La Real Academia Española hace un diccionario de nuestra lengua.* ② Centro docente de carácter privado: *Luisa va dos veces por semana a la academia de danza.*

acantilado *m.* Costa rocosa cortada casi verticalmente: *El mar se veía precioso desde el acantilado.*

acaparar *vb.* ① Adquirir o tomar el total o la mayor parte de algo: *¡No pude comer pan, porque Raúl acaparó todo el que quedaba!* ② Absorber la atención o el tiempo: *Cuando el famoso actor de cine entró al restaurante, acaparó la atención de toda la gente.*

---

adj. = adjetivo ☆ *adv.* = adverbio ☆ ANT. = antónimo ☆ *f.* = sustantivo femenino ☆ *loc.* = locución ☆ *m.* = sustantivo masculino ☆ SIN. = sinónimo ☆ *vb.* = verbo ☆ *vb. irreg.* = verbo irregular ☆ → Ver Minienciclopedia.

acariciar *vb.* Pasar la mano con suavidad, hacer caricias: *A mi gato le encanta que lo acaricie.* SIN. **chiquear, mimar.**

acaso *adv.* ① Quizá, tal vez: *"Acaso venga mañana, pero no estoy segura", me dijo mi amiga.* ② *loc.* **Por si acaso,** en previsión: *"Lleva un poco más de dinero al viaje por si acaso lo necesitas", me aconsejó Rosalía.*

acatarrarse *vb.* Contraer catarro. SIN. **resfriarse.**

acceder *vb.* ① Consentir en lo que otro quiere: *Insistí para ir a la fiesta y al final mis papás accedieron y me dieron permiso.* ② Tener paso o entrada a un lugar: *"Si quieres acceder a la universidad, debes estudiar mucho", me dijo mi maestro.*

acceso *m.* Entrada o paso: *La casa tiene dos accesos, uno por la fachada principal y otro por la parte de atrás.*

accesorio *m.* Utensilio auxiliar: *El martillo es un accesorio de la construcción y la carpintería.*

accidente *m.* ① Suceso inesperado y por lo general infeliz: *Juan tuvo un accidente y se rompió la pierna.* ② Variación que pueden sufrir algunas palabras: Género (niño-niña) y número (niño-niños) son *accidentes* gramaticales de las palabras.

acción *f.* ① Efecto de hacer: *"Dejemos de hablar y pasemos a la acción, vamos a reparar el automóvil", propuso Esteban.* ② Efecto que algo produce sobre otra cosa: *El metal se funde por la acción del calor.* ③ Hechos que ocurren en narraciones, representaciones, etc.: *La acción del filme tiene lugar en la selva.*

acechar *vb.* Observar, aguardar con cautela y con alguna finalidad: *El gato acecha al ratón porque quiere comérselo.* SIN. **espiar, vigilar.**

aceite *m.* Sustancia fluida y grasosa de origen mineral, animal o vegetal: *Hay que cuidar que el motor tenga suficiente aceite, porque si no puede descomponerse.*

aceituna *f.* Fruto del olivo, de color verde o negro, redondo y pequeño: *De las aceitunas se obtiene el aceite de oliva.*

acelerador *m.* Mecanismo del motor de un vehículo que sirve para variar la velocidad: *"No pises tanto el acelerador que ya vamos muy rápido", dije a mi hermano.*

acelerar *vb.* Aumentar la velocidad.

acento *m.* ① Intensificación de la voz en una sílaba de una palabra. ② Signo gráfico con que se indica esta intensificación. ③ Manera particular de hablar y pronunciar un idioma: *Los costeños tienen un acento inconfundible, hablan como si estuvieran cantando.*

acentuar *vb. irreg.* ① Dar o poner acento a las palabras. ② Subrayar, hacer que algo se destaque: *Los labios rojos de Blancanieves acentuaban su palidez.*

acepción *f.* Significado o sentido que tiene una palabra o frase: *La palabra "gato" tiene varias acepciones: no es lo mismo el gato que levanta el automóvil para cambiar el neumático, que el gato que me araña.*

aceptar *vb.* Recibir uno voluntariamente lo que se le da, ofrece o encarga: *Juan aceptó hacer el trabajo que le pidió mi padre.*

acera *f.* Parte a ambos lados de una calle, que está reservada a los peatones: *Por precaución hay que caminar sobre la acera y no debajo de ella.* SIN. **vereda.**

acerca de, *loc.* Expresa el asunto de que se trata: *El cuento es acerca de una niña que visita a su abuelita.*

acertar *vb.* ① Dar en el punto previsto o propuesto. SIN. **atinar.** ② Dar con la solución o el resultado de algo: *La policía acertó cuando dijo que el mayordomo era el asesino de la anciana millonaria, y así se resolvió el caso.*

acertijo *m.* Juego que consiste en un enigma cuyo resultado hay que descubrir.

acetona *f.* Líquido incoloro, volátil e inflamable, que se utiliza como disolvente: *Me quité la pintura de uñas con acetona.*

achaque *m.* Malestar o indisposición habitual: *Los achaques que tiene Gerardo son propios de la vejez, pero en realidad es bastante joven.*

achicharrar *vb.* Freír o tostar en exceso: *La carne se achicharró porque la dejé sobre el fuego mucho tiempo.*

achiote *m.* ① *Amér. C., Bol. y Méx.* Árbol de pequeño tamaño de cuyo fruto se extrae la pulpa para utilizarla como condimento. ② *Amér. C., Bol. y Méx.* Condimento que se extrae del árbol del achiote: *Mi mamá nos preparó para la cena un delicioso pollo en achiote y todos nos manchamos la ropa.*

ácido, da *adj.* Agrio: *El limón es una de las frutas más ácidas que conozco.*

acierto *m.* ① Acción y efecto de obtener un buen resultado: *Fue un acierto reservar las entradas; de otra manera no hubiéramos entrado al concierto.* ② Solución correcta: *Daniel jugó en la quiniela y sólo tuvo dos aciertos.*

acné *f.* Enfermedad de la piel que provoca la aparición de barros y espinillas.

acomodar *vb.* ① Ajustar una cosa con otra, adaptar: *El carpintero cortó un poco a la puerta para acomodarla en el marco pequeño.* ② Poner en sitio conveniente o cómodo: *Me acomodé en el sillón grande para ver el filme de manera cómoda.*

acompañar *vb.* ① Estar o ir en compañía de otro: *Teresa me pidió que la acompañara al médico porque le da miedo ir sola.* ② Poner música para apoyar la voz o instrumentos principales: *Un pianista lo acompañó en su recital de flauta.*

aconsejar *vb.* Dar consejo: *Debido a la tormenta que se acercaba, me aconsejaron viajar en tren y no por carretera.* SIN. **sugerir.**

acontecimiento *m.* Suceso importante: *Las Olimpiadas son un acontecimiento deportivo internacional.*

acoplado *m. Amér. Merid.* Remolque, vehículo remolcado.

Ⓢ *Amér. C.* = América Central ☆ *Amér. Merid.* = América Meridional ☆ *Bol.* = Bolivia ☆ *Méx.* = México.

acoplar vb. ① Unir o encajar dos piezas de modo que ajusten. ② Amér. Merid. Unir un vehículo a otro para que lo remolque.

acorazado m. Buque de guerra blindado, de gran tamaño y con poderosos cañones.

acordeón m. ① Instrumento musical portátil de viento, con fuelle y teclado. ② Méx. Entre estudiantes, papel que se lleva oculto para copiar en los exámenes: El maestro me sorprendió con un **acordeón** y ahora me pondrá una mala nota. SIN. machete.

acorralar vb. Tener rodeada a una persona o animal para que no pueda escaparse: **Acorralaron** al conejo para poder meterlo en una jaula.

acostar vb. irreg. Tender a una persona para que descanse, especialmente en la cama: Mi madre **acostó** a mi hermanito tan pronto dieron las nueve.

acostumbrar vb. ① Hacer que alguien o algo adquiera una costumbre: **Acostumbré** a mi gato a dormir en mi cama y ahora no quiere dormir en ningún otro lugar. ② Tener un hábito o costumbre: **Acostumbro** tomar un café al levantarme. ③ Familiarizarse: El perro se ha **acostumbrado** a nosotros y todos lo queremos mucho.

acre m. Medida inglesa de superficie equivalente a 4 046 metros cuadrados.

acribillar vb. ① Llenar de agujeros. ② Hacer muchas heridas o picaduras: Los zancudos me **acribillaron** durante las vacaciones en la playa.

acrílico, ca adj. ① Fibra textil sintética. ② Tipo de pintura soluble en agua: Voy a poner pintura **acrílica** de color verde en las paredes de la cocina para poder limpiarlas cuando quiera.

acrobacia f. Maniobra o movimiento difícil realizado con habilidad: El público aplaudió emocionado las **acrobacias** de los trapecistas.

acta f. ① Certificado en que se hace constar un hecho. ② loc. Méx. **Acta de nacimiento**, documento en el que se asienta el lugar y la fecha en que nació una persona, así como el nombre de sus padres.

actitud f. ① Postura del cuerpo humano que normalmente expresa algo: Hay una escultura muy famosa que representa a un hombre en **actitud** de estar pensando, se llama "El Pensador". ② Disposición de ánimo: "Con esa **actitud** negativa no vas a resolver el problema que tienes con tus padres", aconsejé a Sebastián.

actividad f. ① Calidad de lo que trabaja o está en acción: La construcción de ese edificio se logró por la gran **actividad** de todos los trabajadores. ② Conjunto de tareas propias de una persona o entidad: Mi abuela siempre se dedicó a las **actividades** propias del hogar como lavar ropa, cocinar, etc.

activo, va adj. ① Que realiza cierta acción o actividad: En este país hay volcanes **activos** que a veces arrojan vapor. ② Eficaz: Me curé en seguida porque el medicamento que me recetó el doctor era muy **activo**.

acto m. ① Hecho o acción: "Te tienes que responsabilizar de tus **actos**, ya que si no estudias, reprobarás el examen", me regañó el maestro. ② Hecho público o solemne: Asistieron muchas autoridades al **acto** de inauguración. ③ Cada una de las partes en que se dividen las obras teatrales. ④ loc. **En el acto**, en seguida, en el momento: Llamamos al doctor de urgencias y llegó **en el acto**.

actor, triz m. y f. Persona que representa personajes en obras de teatro y cine. SIN. artista.

actual adj. Presente, que ocurre o sucede ahora: Las noticias de la televisión informan todos los días sobre los sucesos **actuales**.

actualidad f. Tiempo presente: En la **actualidad** muchísima gente tiene televisión.

actuar vb. irreg. ① Hacer una persona o cosa acciones propias de su naturaleza u oficio: Los bomberos **actuaron** con rapidez y apagaron pronto el incendio. ② Representar un papel en obras de teatro y cine: En el filme que quiero ver **actúa** mi artista favorito.

acuarela f. Pintura sobre papel, con colores diluidos en agua.

acuario m. Lugar o recipiente donde se colocan, cuidan y exhiben plantas y animales acuáticos.

acuático, ca adj. ① Que vive en el agua: Los peces son animales **acuáticos**. ② Relativo al agua: El esquí **acuático** parece más fácil que el esquí de nieve, pero para los dos hay que ser muy cuidadosos.

acueducto m. Construcción en forma de puente que contiene un canal para transportar agua.

acuerdo m. ① Unión, armonía: María y Chela estuvieron de **acuerdo** en jugar después de terminar la tarea escolar. ② Resolución tomada en común por varias personas. SIN. pacto.

acumular vb. Juntar o amontonar cosas: Las hormigas **acumulan** comida durante el verano y se la comen en invierno.

acuñar vb. Imprimir o fabricar monedas: El banco nacional **acuñó** monedas especiales para conmemorar las olimpiadas.

acurrucarse vb. irreg. Encogerse sobre uno mismo: Me **acurruqué** en el sillón porque tenía frío.

acusado, da m. y f. Persona a quien se acusa: El **acusado** respondió a las preguntas del juez.

acusar vb. Culpar o denunciar a alguien de un delito o culpa: Lo **acusaron** de haber robado el banco.

adaptar vb. ① Acomodar, acoplar una cosa a otra: **Adaptamos** la cortina vieja a la nueva ventana. ② Acostumbrarse, aceptar nuevas condiciones: Al niño le ha costado trabajo **adaptarse** a su nueva recámara.

---

adecuado, da *adj.* Conveniente, apropiado: *Alquilamos una camioneta, porque era el vehículo adecuado para ir al paseo por la montaña.*

adelantar *vb.* Mover o llevar hacia adelante: *Adelanté mi silla para ver mejor el pizarrón.*

adelante *adv.* [1] Más allá, enfrente: *"Debes mirar hacia adelante para que no te caigas", me aconsejó mi abuelo.* [2] *loc.* **En adelante**, a partir de este momento: *"De hoy en adelante debes estudiar más si no quieres volver a obtener mala calificación", dijo el maestro.*

adelanto *m.* [1] Anticipo, dinero pagado antes de tiempo: *Mi papá pidió un adelanto de su sueldo porque tenía que hacer un pago urgente.* [2] Progreso: *Los adelantos de la medicina han hecho que desaparezcan algunas enfermedades.*

adelgazar *vb. irreg.* [1] Perder kilos y volumen: *Adelgazó tres kilos con la dieta que hizo.* [2] *Méx.* Diluir una sustancia: *"Pueden adelgazar la pintura con este disolvente", dijo el maestro.*

ademán *m.* Gesto, movimiento con que se manifiesta una actitud: *Después de pensar un poco, el profesor me hizo un ademán de que mi respuesta era correcta.*

además *adv.* Aparte de, también: *Lucero es lista y además, guapa, por eso todos los chicos de la escuela la persiguen.*

adentro *adv.* [1] Al interior o en el interior: *El dinero está adentro de mi cartera.* [2] En dirección hacia el interior: *"Vamos adentro de la casa, que tengo mucho frío aquí en el jardín", dije a mis amigos.*

adherir *vb. irreg.* Pegar, unir: *"Si no adhieres bien la estampilla, podría desprenderse y la carta no llegará a su destino", recomendé a Eliseo.*

adhesivo, va *adj.* Que puede pegarse: *"Hay que cerrar la caja con cinta adhesiva para evitar que se abra."*

adicción *f.* Necesidad que se crea en el organismo por el consumo constante de ciertas sustancias, como las drogas y el alcohol: *Perico da muestras de adicción al alcohol, pues se siente mal si no lo toma.*

adición *f.* Acción de sumar.

adicto, ta *adj.* Dominado por el uso de ciertas drogas tóxicas.

¡adiós! *interj.* Expresión que se usa para despedir o despedirse de alguien: *René se despidió de todos diciendo "¡adiós!"* **SIN.** ¡chao!, ¡chau!

adivinanza *f.* Pasatiempo que consiste en encontrar la respuesta a un acertijo: *Juan nos dijo una adivinanza: ¿qué animal es dos animales en uno? Y la respuesta era "El gato, porque araña."*

adivinar *vb.* [1] Predecir el futuro o descubrir lo desconocido por medios sobrenaturales o por conjeturas: *A María le gusta que le lean las cartas para que le adivinen su futuro.* [2] Acertar, descubrir, descifrar: *"Adi-*

vina quién viene a cenar... ¡Sí, tu tía Amelia!", dijo mi madre con gusto.

adivino, na *m.* y *f.* Persona que predice el futuro o descubre lo desconocido: *El adivino se puso frente a su bola de cristal y le dijo a Esperanza lo que iba a pasar en su vida.*

adjetivo *m.* Parte variable de la oración que sirve para calificar o determinar al sustantivo: *En la oración "Me gusta esa casa grande y bonita", esa, grande y bonita son adjetivos.*

administración *f.* Control y organización que generalmente incluye lo económico: *Hasta hace un mes mi hermana llevaba la administración del edificio donde vivimos.*

administrador, ra *m.* y *f.* Persona que maneja el dinero, las propiedades, los negocios de otra persona: *La mamá de Ramón tiene un rancho, pero es el administrador quien se encarga de manejarlo mientras ella trabaja en la ciudad.*

admiración *f.* [1] Reconocimiento del alto valor de algo o alguien: *Siento gran admiración por la gente que ayuda a los enfermos de sida.* [2] Signo ortográfico que se coloca al principio (¡) y final (!) de una palabra o cláusula exclamativa.

admirar *vb.* [1] Tener en gran estima a una persona o cosa que sobresale: *Admiro el buen corazón de Elena, es una persona muy noble.* [2] Ver o contemplar con sorpresa y placer: *Durante toda la fiesta, Gerardo se dedicó a admirar a la guapa muchacha del vestido rojo.*

admitir *vb.* [1] Dar entrada, acoger: *Arturo fue admitido en la universidad.* [2] Aceptar, consentir, decir que sí: *Después de mucho insistirle, María admitió que le gustaba Pedro.* [3] Permitir, tolerar: *"No admito que me contestes de esa manera tan grosera", me dijo mi madre.*

adobe *m.* Masa de barro mezclado con paja, que se moldea en forma de ladrillo y se pone a secar al sol hasta que endurece: *El adobe es un material de construcción típico de las poblaciones rurales.* →

adolescencia *f.* Etapa que va del final de la niñez al inicio de la edad adulta: *La adolescencia se acaba aproximadamente a los 18 años.*

adolescente *adj./m.* y *f.* Persona que pasa por el periodo comprendido entre los 12 y los 18 años aproximadamente. **SIN.** joven.

adónde *adv.* A qué parte: *"¿Adónde vas? No te levantes, que todavía no has terminado de comer", me dijo mi madre.*

adonde *adv.* Lugar al que alguien va o se dirige: *La playa adonde iremos en vacaciones es muy bonita.*

adoptar *vb.* Tomar legalmente como hijo al que no lo es naturalmente: *Como Isabel no puede tener hijos, adoptará un niño.*

---

adoquín m. Bloques pequeños de piedra que se usan para pavimentar las calles: Los **adoquines** son bonitos, pero se rompen más fácilmente que el hormigón o concreto.

adorar vb. ① Rendir culto y respeto a un dios o a un ser: Los mexicas **adoraban** a Tláloc. ② Amar o gustar profundamente: Ana **adora** tanto la música, que cada semana compra un disco.

adornar vb. Embellecer con adornos: **Adornamos** la casa con guirnaldas de papel y con flores para la fiesta. SIN. ataviar.

adorno m. ① Cosa que sirve para embellecer: Compré **adornos** para el árbol de Navidad. ② loc. **De adorno**, que no tiene utilidad: "Yo creo que tienes los patines de **adorno**, porque nunca los usas", dijo mi abuelo.

adquirir vb. irreg. ① Ganar, conseguir: Con el tiempo **he adquirido** más experiencia en este trabajo. ② Comprar: Al **adquirir** una prenda de ropa, se obsequia una muestra de perfume.

adrede adv. Con intención, a propósito: Gerardo rompió un vidrio con el balón, pero no lo hizo **adrede**, sólo estaba jugando y el balón se le escapó.

aduana f. Oficina pública que controla a personas y mercancías que pasan la frontera entre países: Cuando se viaja al extranjero se tiene que pasar por la **aduana**.

adulterar vb. Alterar la pureza de una cosa, mezclándola con una sustancia extraña: Se nota que esta leche está **adulterada** con agua, porque está muy aguada.

adulto, ta adj./m. y f. Que ha llegado al término de la adolescencia: Mis padres y mis tíos son **adultos**, pues ya tienen más de veinte años.

adverbio m. Parte invariable de la oración que modifica al verbo, al adjetivo, a otro adverbio o a una oración completa: Las palabras terminadas en -mente, como "lentamente", son **adverbios** de modo. ➡

adversario, ria m. y f. Persona contraria o enemiga: Nuestros **adversarios** de juego pelearon fuerte, pero no pudieron vencernos.

advertencia f. Llamada de atención sobre algo: La **advertencia** de la maestra fue clara: no debemos llegar tarde a su clase.

advertir vb. irreg. Llamar la atención sobre algo, avisar: "Te **advertí** que para aprobar el curso tenías que estudiar", me dijo mi padre.

aéreo, a adj. Relativo al aire: Los aviones son un medio de transporte **aéreo**. ANT. terrestre.

aeromoza f. Amér. Merid. y Méx. Azafata: Cuando subí al avión una **aeromoza** me llevó hasta mi asiento y me ofreció una bebida. SIN. azafata.

aeronáutica f. Ciencia de la navegación aérea: La **aeronáutica** es un área de estudio obligada para quien quiere ser piloto.

aeronave f. Nombre dado a todos los aparatos capaces de volar: Los aviones y helicópteros son **aeronaves**.

aeroplano m. Avión.

aeropuerto m. Conjunto de instalaciones destinadas al tráfico regular de aviones: Era el último día de vacaciones y el **aeropuerto** estaba lleno de gente que quería regresar a la ciudad de origen.

afanarse vb. Esforzarse por conseguir algo: Joaquín necesitaba aprobar el curso y **se afanó** para lograrlo.

afectar vb. Perjudicar: El terremoto **afectó** los muros de la casa, están agrietados.

afecto m. Cariño: Siento mucho **afecto** por Esteban, pero no estoy enamorada de él.

afeitar vb. Cortar el pelo, sobre todo de la barba y el bigote: Saúl **se afeita** todos los días porque le sale mucha barba.

aferrar vb. Agarrar fuertemente: **Aferró** las riendas del caballo para evitar caerse.

afición f. Inclinación, gusto o apego hacia una persona o cosa: Pedro tiene **afición** por la música clásica y cada vez que puede se compra un disco de este tipo de música.

aficionado, da m. y f. Persona que está muy interesada en algo o que gusta mucho de algo: ¿Crees que en América Latina haya más **aficionados** al fútbol que a otro deporte? SIN. barra, hincha, seguidor.

afilar vb. Sacar filo o punta a un arma o instrumento: Antes de rebanar la carne, el carnicero **afila** el cuchillo para que corte mejor.

afín adj. Que se parece o tiene semejanza con otra persona o cosa: "Tú y yo somos **afines** porque nos gustan los mismos filmes y comidas", dije a Reyna.

afinar vb. ① Hacer fino o delgado: La cuerda es muy vieja y se ha ido **afinando** con el uso. ② Perfeccionar: "Si quieres ganar en el concurso de tiro, tienes que **afinar** tu puntería", me aconsejó Daniel. ③ Poner los instrumentos musicales en el tono justo: El piano sonaba mal, pero el músico lo **afinó** y ahora suena muy bien.

afirmación f. Hecho de afirmar, de asegurar algo: "Me gusta jugar baloncesto" es una **afirmación**.

afirmar vb. ① Dar firmeza, asegurar: Pedro **afirmó** la mesa vieja con clavos porque se balanceaba. ② Asentir, decir que sí: Mi hermana **afirmó** cuando mi madre le preguntó si quería casarse con Gerónimo y ahora ya están preparando la boda.

afligir vb. irreg. Poner o ponerse triste o preocupado: Me **aflige** que tengas tantos problemas en el trabajo.

aflojar vb. Disminuir la presión o la fuerza: Voy a **aflojar** las cuerdas de la guitarra para que no vayan a romperse.

afluente m. Corriente de agua que desemboca en otra: Los ríos Trombetas y Paru son **afluentes** del Amazonas, y éste es el río más caudaloso del mundo.

🔖 **adj.** = adjetivo ☆ **adv.** = adverbio ☆ **ANT.** = antónimo ☆ **f.** = sustantivo femenino ☆ **loc.** = locución ☆ **m.** = sustantivo masculino ☆ **pl.** = plural ☆ **SIN.** = sinónimo ☆ **vb.** = verbo ☆ **vb. irreg.** = verbo irregular ☆ ➡ Ver Minienciclopedia.

afónico, ca *adj.* Que ha perdido la voz temporalmente o que apenas se le oye cuando habla: *De tanto gritar y cantar me quedé afónico.*

africano, na *adj./m.* y *f.* Originario de África: *Egipto es un país africano.*

afroantillano, na *adj./m.* y *f.* Relativo a lo que es de origen africano, combinado con las características desarrolladas por la gente de raza negra del archipiélago de las Antillas: *Me gusta la música afroantillana porque su mezcla de ritmos africano y tropical invita a bailar.*

agachar *vb.* Inclinar o bajar alguna parte del cuerpo o todo el cuerpo: *Hay que agacharse para levantar cosas del suelo.*

agalla *f.* Órgano de los peces que les permite respirar: *Las agallas están a ambos lados de la cabeza de los peces.*

agarrar *vb.* ⬚1 Tomar con la mano: *"Agarra fuertemente al niño al cruzar la calle, ya que es muy pequeño y podría tropezar", dijo Ricardo.* ⬚2 Sujetar con fuerza: *El águila agarró a su presa para que no se le escapara.* ⬚3 Contraer una enfermedad: *¡Cuánto estornudo!, seguro ya agarraste un resfriado.*

agave *m.* Planta de gran tamaño y hojas carnosas que florece una sola vez en su vida y de la que se obtienen tequila y pulque, bebidas alcohólicas originarias de México. SIN. **maguey, pita.**

agazaparse *vb.* Agacharse, encogerse con intención de esconderse: *El gato se agazapó tras la cortina y de pronto saltó sobre el ratón.*

agencia *f.* Empresa comercial que ofrece servicios a sus clientes: *Fuimos a una agencia de viajes para que nos organizaran las vacaciones.*

agente *m.* y *f.* ⬚1 Persona que está autorizada para actuar en representación de otra: *Muchos actores tienen agentes que se ocupan de sus contratos y sueldos.* ⬚2 Trabajador del gobierno que se ocupa del orden y la seguridad pública: *Hay un agente de tránsito a la salida de la escuela para controlar el tráfico.*

ágil *adj.* Ligero, que se mueve con rapidez y facilidad: *El mago es muy ágil con las manos, por eso no descubrimos cómo hace sus trucos.*

agitar *vb.* Mover con frecuencia y fuerza: *Antes de tomar el jarabe hay que agitarlo para que se mezcle bien.*

aglomeración *f.* Reunión desordenada de cosas o personas: *La llegada de los ciclistas ganadores a la meta produjo una gran aglomeración de gente.*

agonizar *vb. irreg.* Estar a punto de morir: *El herido está agonizando y ya no hay esperanza de que se salve.*

agosto *m.* Octavo mes del año: *Antiguamente, en Europa agosto era el mes de las cosechas.*

agotar *vb.* ⬚1 Gastar totalmente: *Ya agotamos todos los dulces, hay que ir a comprar más.* ⬚2 Cansar demasiado: *Me agoté en esa carrera y necesito descansar para recuperarme.*

agradable *adj.* Que complace o brinda bienestar: *Este lugar tranquilo y con un bello paisaje es muy agradable.*

agradar *vb.* Complacer, gustar: *El concierto agradó tanto a los espectadores, que éstos aplaudieron de pie durante varios minutos.*

agradecer *vb. irreg.* Expresar o mostrar gratitud: *Cenicienta agradeció a su hada madrina por ayudarla a ir al baile del castillo.*

agrario, ria *adj.* Relativo al campo: *La agricultura es una actividad agraria.*

agredir *vb.* Lanzarse sobre alguien o atacarlo con palabras para hacerle daño.

agregar *vb. irreg.* ⬚1 Añadir algo a lo ya dicho o escrito: *El escritor agregó una nota al final de su novela.* ⬚2 Unir personas o cosas a otras: *No los habían invitado pero de todas formas se agregaron a la fiesta.*

agresivo, va *adj.* Que actúa de manera violenta: *Entiendo que se haya enojado, pero no justifico que se haya portado tan agresivo con su secretaria.*

agricultor, ra *m.* y *f.* Persona dedicada al cultivo de la tierra para obtener alimentos: *Comemos frutas y verduras gracias al trabajo de los agricultores.*

agricultura *f.* Actividad de cultivar la tierra para obtener frutos útiles al hombre. →

agrietar *vb.* Abrir o abrirse aberturas largas y estrechas: *Con el temblor, algunas paredes del edificio se agrietaron.*

agrio, gria *adj.* ⬚1 De sabor parecido al del limón o el vinagre. ⬚2 Poco amable: *Roxana tiene una expresión tan agria que ni ganas dan de saludarla.*

agro *m.* Campo de cultivo: *El agro produce abundantes frutas y cereales.*

agronomía *f.* Ciencia del cultivo de la tierra.

agropecuario, ria *adj.* Que tiene relación con la agricultura y la ganadería.

agua *f.* ⬚1 Líquido transparente sin color, olor ni sabor, compuesto de oxígeno e hidrógeno. ⬚2 Lluvia: *Esta temporada es de mucha agua y por eso las calles se inundan.* ⬚3 *pl.* Zona del mar no muy lejana de la costa: *Se celebraron las regatas en aguas del Uruguay.* ⬚4 *loc.* Argent. y Urug. **Agua viva,** medusa. ⬚5 *loc.* **Hacerse agua la boca,** antojarse: *Me gustan tanto las ensaladas de frutas, que cuando pienso en alguna se me hace agua la boca.*

aguacate *m.* Fruto comestible, de corteza verde o negra y pulpa espesa, dado por un árbol tropical del mismo nombre: *El guacamole es una ensalada mexicana que se prepara con cebolla, tomate, aguacate y ají o chile.* SIN. **palta.**

 Amér. Merid. = América Meridional ✫ *Argent.* = Argentina ✫ *Méx.* = México ✫ *Urug.* = Uruguay.

a
b
c
d
e
f
g

aguacero *m.* Lluvia abundante, intensa y de poca duración: *Regresamos empapados del paseo porque nos cayó un aguacero.* SIN. **chaparrón, chubasco.**

aguantar *vb.* ① Sostener: *"Ven a ayudarme porque esta caja pesa mucho y ya no la aguanto", pedí a mi hermano.* ② Tolerar o sufrir algo molesto o desagradable: *Ahora tengo que aguantar el regaño de mi mamá, porque me comporté de manera grosera.* ③ Contenerse, reprimirse: *Me aguanté las ganas de ir al baño por no perderme el final del filme.*

aguardar *vb.* Esperar: *Aguardamos con impaciencia las vacaciones de fin de año.*

aguardiente *m.* Bebida alcohólica muy fuerte que se obtiene por destilación del vino o de otras sustancias.

agudizar *vb. irreg.* ① Hacer agudo: *Se le ha agudizado el ingenio y nos hace reír a todos con sus bromas.* ② Agravarse, empeorar: *El doctor dijo que la enfermedad de Román se ha agudizado y tendrán que hospitalizarlo.*

agudo, da *adj.* ① Que tiene filo o punta: *Me gusta escribir con lápices de punta muy aguda.* ② Dícese del sonido de tono alto: *Los niños tienen la voz más aguda que los adultos.* ③ En matemáticas, el ángulo de menos de 90°: *Cuando son las doce y diez, las manecillas del reloj forman un ángulo agudo.* ④ Relacionado con la palabra que tiene su acento en la última sílaba: *"Ratón" y "matiz" son palabras agudas.*

aguijón *m.* Órgano puntiagudo con que pican algunos insectos: *Cuando me picó una abeja, me dejó enterrado su aguijón y tuvieron que sacármelo con unas pinzas.*

águila *f.* Ave de presa de gran tamaño, que vuela muy alto y tiene muy buena vista: *Las águilas cazan para comer otras aves, así como animales del tamaño de los conejos.* ➡

aguinaldo *m.* ① Regalo que se da con motivo de una fiesta, por lo general en Navidad: *Muchos niños cantan villancicos en la calle para recibir su aguinaldo.* ② *Amér.* Sueldo extra o gratificación que reciben los empleados a fin de año: *Con el aguinaldo que me den en el trabajo voy a mandar tapizar el sofá.*

aguja *f.* ① Barrita de metal, puntiaguda y con un ojo por donde se pasa el hilo con que se cose: *Mi mamá se pinchó el dedo con la aguja y le salió una gotita de sangre.* ② Barrita de metal, puntiaguda y hueca, que sirve para introducir medicamentos en el cuerpo: *Me da miedo que me inyecten, aunque la aguja sea delgada.* ③ Manecilla de reloj: *Cuando salí del trabajo, las agujas marcaban las cinco y media de la tarde.* ④ Riel móvil que sirve para realizar los cambios de las vías de los trenes. ⑤ *pl.* Barras de metal, puntiagudas, que sirven para tejer: *No puedo seguir tejiendo porque no encuentro una de las agujas.*

agujero *m.* Abertura más o menos redonda: *Mi papá quemó su camisa con un cigarrillo y ahora tiene un agujero.* SIN. **hoyo.**

agujeta *f. Méx.* Cordel para atarse los zapatos: *Amárrate las agujetas de los zapatos para que no te caigas al caminar.*

ahí *adv.* ① En o a ese lugar: *"Deja el dinero ahí, sobre la mesa", me dijo Adriana.* ② Lugar indeterminado: *"Estuve por ahí, dando un paseo", contesté a mi madre.*

ahijado, da *m.* y *f.* Cualquier persona respecto a sus padrinos: *Es mi ahijada, porque soy su madrina de bautismo.*

ahogar *vb. irreg.* ① Matar o morir por asfixia: *La anaconda ahogó a su presa enrollándose alrededor de su cuerpo.* ② Sofocarse: *Sentí que me ahogaba cuando entró tanta gente al autobús.*

ahora *adv.* ① En el momento presente: *"Ahora mismo me voy a conseguir lo que me pediste", dije a mi tía.* SIN. **hoy.** ② *loc.* **Por ahora,** por el momento: *No quiero hacer natación por ahora; prefiero terminar primero con las clases de tenis.*

ahorcar *vb. irreg.* Matar a alguien colgándolo por el cuello hasta que se asfixia: *En el filme que vimos el martes, ahorcaron al ladrón que asaltaba los ferrocarriles colgándolo de un árbol.*

ahorrar *vb.* ① Reservar dinero separándolo del gasto ordinario: *Abrí una cuenta en el banco y ahorraré un poco de dinero cada mes.* ② No gastar más de lo necesario: *Tenemos que ahorrar el papel, porque ya nos queda poco y hasta la semana próxima nos darán más.*

ahuecar *vb. irreg.* ① Poner hueco: *Los indios ahuecaban los troncos de los árboles para hacer sus canoas.* ② *loc. Fam.* **Ahuecar el ala,** marcharse, irse: *Hay que ahuecar el ala antes de que se haga noche.*

ahumado, da *adj.* ① Relativo al alimento que se ha puesto a conservar por la acción del humo. ② De color oscuro: *Como la luz le molesta mucho, el doctor le dijo que usara anteojos con cristales ahumados.*

ahuyentar *vb.* Hacer huir a personas o animales: *Los gatos ahuyentan a los ratones.* SIN. **espantar.**

aimara o **aimará** *adj./m.* y *f.* De un pueblo indígena que habita en Perú y Bolivia: *Ésta es una tela aimara que me trajeron de regalo.*

aire *m.* ① Mezcla de gases de la atmósfera terrestre que respiran los seres vivos: *El aire del campo es más puro que el de las grandes ciudades.* ② Viento: *Voy a cerrar la ventana porque hay mucho aire y se van a caer los papeles.* ③ *loc.* **Aire acondicionado,** aparato que permite templar la temperatura de una habitación: *En el hotel había aire acondicionado, así que nos salvamos del terrible calor que había en la calle.*

👓 *adj.* = adjetivo ☆ *adv.* = adverbio ☆ *f.* = sustantivo femenino ☆ *Fam.* = familiar ☆ *loc.* = locución ☆ *m.* = sustantivo masculino ☆ *pl.* = plural ☆ SIN. = sinónimo ☆ *vb.* = verbo ☆ *vb. irreg.* = verbo irregular ☆ ➡ Ver Minienciclopedia.

aislar *vb. irreg.* Dejar o quedar solo y separado: *David se aisló durante una semana para preparar su examen de química.*

ajedrez *m.* Juego entre dos personas para el que se utiliza un tablero de 64 cuadros blancos y negros, con 32 piezas que se mueven según ciertas reglas: *Para jugar ajedrez se necesita mucha concentración.*

ajeno, na *adj.* Que pertenece a otra persona: *La ley castiga a los que se apropian de las cosas ajenas.*

ají *m. Amér. Merid. y Antill.* Pimiento pequeño y picante. SIN. chile.

ajo *m.* Planta con bulbo blanco redondeado que se utiliza como condimento: *Le puse un diente de ajo al arroz que cociné, para darle mejor sabor.*

ajonjolí *m.* Planta de flores blancas o rosadas, que florece una vez al año y tiene semillas oleaginosas comestibles. SIN. sésamo.

ajustar *vb.* Adaptar una cosa de modo que quede bien con otra: *Mi mamá ajustó mis pantalones porque me quedaban un poco anchos.*

al Contracción de la preposición *a* y el artículo *el: "Fui al parque a dar un paseo", dije a mi madre.*

ala *f.* 1 Miembro de las aves e insectos que les sirve para volar: *El cazador hirió al pato en un ala y éste cayó al suelo.* 2 Cada una de las partes planas que permiten sostenerse a un avión en vuelo. 3 Parte de los sombreros que rodea a la copa y protege del sol: *Este sombrero está bien para la playa, porque tiene el ala muy ancha.*

alabar *vb.* Celebrar con palabras a una persona o hecho: *El maestro alabó nuestro trabajo, dijo que estaba muy bien hecho.*

alacrán *m.* Arácnido cuya cola termina en un aguijón venenoso: *"Tienes que cuidarte de los alacranes, porque su picadura es dolorosa y puede ser mortal."*

alambrada *f.* Cerca de alambres afianzada en postes: *Los ganaderos pusieron una alambrada para que las vacas no se metieran al otro terreno.*

alambre *m.* Hilo de metal.

alameda *f.* Camino o paseo en el que hay álamos o árboles de cualquier otro tipo: *El domingo fuimos a pasear a la alameda que lleva al río.*

álamo *m.* Árbol de gran tamaño, de madera blanca y ligera, que por lo general crece en terrenos muy húmedos.

alargar *vb. irreg.* Dar más longitud o duración: *Alargamos el cable porque no llegaba al enchufe.* ANT. acortar.

alarido *m.* Grito, en especial de dolor o espanto: *Cuando se cayó del árbol María daba alaridos porque se había roto un brazo y le dolía mucho.*

alarma *f.* 1 Señal con que se avisa que hay un peligro o algo anormal: *Cuando los ladrones entraron a la tienda empezó a sonar la alarma.* 2 Inquietud, temor: *Cuando se rompió la presa, se extendió la alarma por todo el pueblo.*

alarmar *vb.* Inquietar, asustar, poner o ponerse alguien alerta: *Juan se alarmó cuando se dio cuenta de que los frenos de su automóvil no funcionaban.*

alba *f.* Primera luz del día: *Viajaron durante toda la noche y llegaron a la ciudad al alba.* SIN. aurora, madrugada.

albañil *m.* Persona que se dedica a realizar obras de construcción: *Los albañiles están pegando ladrillos para levantar los muros de la casa.*

albaricoque *m.* Fruto del albaricoquero, parecido al durazno pero más pequeño, de piel color anaranjado, pulpa amarillenta o rosada y con un hueso grande en el centro. SIN. chabacano.

albaricoquero *m.* Árbol frutal de flores blancas, su madera es utilizada en la fabricación de muebles y su fruto se llama albaricoque. SIN. chabacano.

albatros *m.* Ave marina de gran tamaño que tiene plumas blancas, pico más largo que la cabeza y alas largas y estrechas: *Los albatros son excelentes voladores.*

alberca *f.* 1 *Méx.* Piscina: *Fuimos de vacaciones y nadé en el mar y en la alberca del hotel.* SIN. pileta. 2 Depósito artificial de agua.

albergue *m.* Lugar o edificio donde uno puede alojarse: *Durante las vacaciones se quedaron en un albergue para jóvenes.*

albino, na *adj./m. y f.* Que padece falta de pigmento en la piel, los ojos y el pelo: *A las personas albinas les molesta mucho la luz del sol.*

albóndiga *f.* Bola de carne o pescado picada, frita y guisada de diferentes maneras: *Me encantan las albóndigas rellenas de huevo y en salsa de tomate.*

alboroto *m.* Griterío o estrépito y desorden: *Cuando terminó la clase, los niños salieron del salón con gran alboroto.* SIN. bulla.

álbum *m.* 1 Libro en blanco cuyas hojas se llenan con firmas, fotografías u otras cosas: *Ignacio clasifica sus estampillas en un álbum.* 2 Disco o discos que forman un conjunto: *Mi primo compró un álbum de cinco discos con toda la música de su compositor preferido.*

alcachofa *f.* Planta comestible cultivada en huertas, de hojas carnosas que se agrupan de manera apretada: *Lo más sabroso de la alcachofa es su corazón.*

alcalde, desa *m. y f.* Jefe del ayuntamiento, persona que gobierna una ciudad o pueblo.

alcance *m.* Distancia a que llega el brazo o mano de una persona: *Yo te puedo pasar la flor que está a mi alcance, pero no la que está más lejos.*

alcancía *f.* Recipiente con una ranura, donde se guarda el dinero que quiere ahorrarse: *Me regaló una alcancía con forma de cerdo.*

alcantarilla *f.* Conducto subterráneo de las ciudades, que sirve para recoger las aguas sucias y las de lluvia: *Se le cayó una moneda a la alcantarilla y ya no pudo recuperarla.* SIN. cloaca.

---

a

b

c

d

e

f

g

alcantarillado *m.* Red de tubos que van por debajo de muchas poblaciones y que sirven para recoger las aguas sucias y las de lluvia: *Sin alcantarillado sería muy difícil mantener limpia una ciudad.*

alcanzar *vb. irreg.* [1] Llegar a juntarse con una persona o cosa que va delante: *El atleta iba retrasado, pero aceleró el paso y alcanzó al que iba a la cabeza.* [2] Dar o acercar algo a alguien: *Por favor alcánzame la sal, pues está lejos de mí y no puedo tomarla.* [3] Bastar: *Con la tela que mi mamá tenía alcanzó para que me hiciera una blusa.*

alcaparra *f.* [1] Arbusto espinoso de flores blancas y fruto pequeño. [2] Yema o botón de la flor de este arbusto, que se usa como condimento: *Las alcaparras se combinan con aceitunas en muchos guisos españoles.*

alcatraz *m.* [1] Ave de gran tamaño, plumaje pardo con tonos amarillos en el dorso y blanco en el pecho, que anida en las costas rocosas: *Me pasé horas viendo cómo los alcatraces se metían al mar para atrapar peces.* [2] *Méx.* Flor blanca en forma de cono, que tiene un pistilo largo y amarillo: *El pintor mexicano Diego Rivera hizo varios cuadros de indígenas con alcatraces.*

alce *m.* Mamífero parecido al ciervo, de cornamenta aplanada, que vive en Escandinavia, Siberia y Canadá.

alcohol *m.* [1] Líquido incoloro, de olor fuerte, que arde fácilmente: *Le limpiaron la herida con alcohol, ya que así podía evitarse una infección.* [2] Bebida que contiene alcohol: *Como tomó un poco de alcohol, estaba mareado y prefirió no manejar.*

alcohólico, ca *adj./m.* y *f.* [1] Que contiene alcohol: *El vino y la cerveza son bebidas alcohólicas.* [2] Que toma alcohol en exceso: *Ya aceptó que es alcohólico y decidió buscar ayuda médica.*

alcoholismo *m.* Enfermedad causada por el abuso de bebidas alcohólicas: *Estuvo en una clínica especial para curar su alcoholismo.*

alegar *vb. irreg.* Exponer y aportar pruebas o disculpas: *El abogado alegó tener pruebas de la inocencia de su cliente.*

alegrar *vb.* [1] Causar alegría: *Las calificaciones de Juan alegraron a sus padres, porque logró obtener las mejores calificaciones de su clase.* [2] Ponerse contento, alegre: *Mi hermana se alegrará cuando sepa que va a ser tía.*

alegría *f.* Sentimiento de placer originado por una satisfacción: *Daba saltos de alegría cuando se enteró de que había sido seleccionada en el concurso.*

alejar *vb.* Poner o irse lejos o más lejos de donde se estaba antes, poner distancia: *Juan alejó su plato de sopa y, frunciendo la nariz, dijo que olía horrible y que no estaba dispuesto a comérsela.*

alemán, na *adj./m.* y *f.* Originario de Alemania, país de Europa: *La cerveza alemana tiene fama mundial.*

alergia *f.* Sensibilidad anormal a determinadas sustancias, que produce ciertas reacciones físicas: *Tiene alergia al polvo y no paró de estornudar mientras estuvimos en esa vieja casona.*

alerta *adv.* Con cuidado y atención: *Hay que andar alerta con los ladrones.*

aleta *f.* [1] Cada uno de los miembros que permiten nadar a muchos animales acuáticos: *Supimos que por ahí andaba un tiburón cuando vimos que su aleta sobresalía del mar.* [2] *pl.* Piezas de plástico con forma de este miembro, que se ponen en los pies para nadar mejor: *Cuando nado con aletas, avanzo mucho más rápido.* [3] Parte de la nariz que se encuentra a los lados inferiores: *En la calle vi a un muchacho que usaba un aro en la aleta de la nariz.*

aletear *vb.* Mover un ave las alas, sin echar a volar: *Al ruiseñor de mi abuela se le cayeron algunas plumas después de que aleteó en su jaula.*

alfabetizar *vb. irreg.* [1] Poner en orden alfabético: *El maestro alfabetizó la lista de alumnos según sus apellidos.* [2] Enseñar a leer y escribir: *Hay personas encargadas de alfabetizar a los adultos que no pudieron ir a la escuela cuando eran niños.*

alfabeto *m.* [1] Abecedario. [2] Conjunto de signos empleados en un sistema de comunicación: *El alfabeto Morse, compuesto de puntos y rayas, sirve para enviar telegramas.* →

alfalfa *f.* Hierba cultivada como alimento para animales: *Las vacas, los asnos y los conejos comen alfalfa.*

alfarería *f.* Técnica para fabricar vasijas de barro con las manos: *Como trabajo para su clase de alfarería, Manuel moldeó unas tazas de arcilla.* →

alfiler *m.* [1] Clavo metálico delgado: *La costurera usa los alfileres para marcar el lugar por donde después debe coser la ropa.* [2] Joya que se prende en la ropa como adorno. [3] *loc.* Alfiler de seguridad, tipo de alfiler, doblado, que tiene en uno de los extremos un mecanismo, llamado caperuza, donde se mete el otro extremo: *Se me cayó en la calle el botón del pantalón y en su lugar me puse un alfiler de seguridad.*

alfombra *f.* Pieza de tejido grueso con que se cubre el piso para decorar o para proteger del frío: *Mi mamá puso una alfombra de lana en la sala.*

alga *f.* Planta sin raíces, que vive en el agua o en ambientes húmedos: *Muchos peces se alimentan de algas.*

▶ **algo** *pron.* [1] Pronombre indefinido que indica una cosa, sin decir cuál con exactitud: *Me comería algo, porque empiezo a tener hambre.* [2] Cantidad indeterminada: *Me queda algo de dinero para comprar el regalo de mi hermano.*

▶ **algo** *adv.* Un poco, no del todo, hasta cierto punto: *Mi tío entiende algo de francés.*

---

adj. = adjetivo ✫ *adv.* = adverbio ✫ *f.* = sustantivo femenino ✫ *loc.* = locución ✫ *m.* = sustantivo masculino ✫ *pl.* = plural ✫ *pron.* = pronombre ✫ SIN. = sinónimo ✫ *vb.* = verbo ✫ *vb. irreg.* = verbo irregular ✫ → Ver Minienciclopedia.

algodón *m.* [1] Planta de semillas envueltas en una borra blanca: *El algodón se cultiva en ambientes húmedos y calurosos.* [2] Hilo o tela que se fabrica con la borra llamada algodón: *Para el calor, Andrés se compró una camisa de algodón de manga corta.*

alguien *pron.* Pronombre indefinido que indica alguna persona: *Me dijeron que alguien había venido a buscarme, pero no dijo su nombre.*

algún *adj.* Apócope del adjetivo indefinido alguno: *¿Tienes algún libro de Historia Universal que puedas prestarme?*

alguno, na *adj./pron.* Adjetivo y pronombre indefinido que se aplica a personas, animales o cosas indeterminadas: *Alguna de mis amigas debe haber visto ese filme... Voy a preguntarles.*

alhaja *f.* Pieza hecha de metales y piedras preciosas que se usa como adorno: *Cuando Angélica no usa su sortija de esmeraldas, la guarda con las demás alhajas.* SIN. joya.

alhelí *m.* Planta de jardín de flores aromáticas que se cultiva como adorno: *Me encantan los alhelíes por sus distintos colores y sobre todo por su olor.*

alhóndiga *f.* Casa pública destinada a la compra y venta de granos.

alianza *f.* Acuerdo que se hace entre personas o naciones: *Esos dos países tienen una alianza que los compromete a ayudarse en caso de guerra.*

aliarse *vb. irreg.* Unirse una persona o país a otra u otro para conseguir algo: *En la Segunda Guerra Mundial, Inglaterra, Francia y Estados Unidos se aliaron para luchar contra Alemania, Italia y Japón.*

alias *adv.* Por otro nombre: *Jean Baptiste Poquelin, alias Molière, fue un escritor francés muy importante.* SIN. seudónimo.

alicates *m. pl.* Tenaza de acero de puntas fuertes que sirve para sujetar, torcer o cortar: *Utilizamos unos alicates para doblar el alambre.*

aliento *m.* [1] Respiración: *Subí corriendo la escalera y llegué sin aliento.* [2] Aire que se expulsa de la boca al respirar: *Como se lavó los dientes con pasta dental, su aliento olía a menta.*

alimentación *f.* Cantidad de comida que se necesita para mantenerse con vida, o cantidad de sustancias para el funcionamiento de una máquina: *Una alimentación balanceada ayuda al crecimiento y a la salud de los niños.*

alimentar *vb.* Dar alimentos: *Las aves alimentan a sus crías hasta que éstas pueden comer solas.*

alimenticio, cia *adj.* Que tiene propiedades nutritivas: *La leche es un producto alimenticio necesario para el crecimiento de los niños.*

alimento *m.* Sustancia que proporciona al organismo la energía necesaria para mantenerse con vida: *Existen pueblos tan pobres, que la gente muere por falta de alimento.* SIN. comida. →

alinear *vb.* Situar en línea recta o en fila: *Los niños se alinearon según sus estaturas.*

aliviar *vb.* Disminuir un mal físico o moral: *El medicamento aliviará tu dolor y te sentirás mejor.*

allá *adv.* [1] En un lugar lejano: *Allá, a lo lejos, puede verse una cabaña entre las montañas.* [2] loc. El más allá, lo que hay después de la muerte.

allí *adv.* En aquel lugar determinado: *"Pon ese libro allí, sobre la mesa", le dije a Rodrigo.*

alma *f.* [1] Parte espiritual de una persona: *Las religiones se ocupan de los asuntos del alma.* SIN. espíritu. [2] Persona o cosa que da vida y fuerza: *Juan sabe muchos chistes, por eso siempre es el alma de las fiestas.* [3] Persona: *Hacía tanto frío que no había un alma en la calle.*

almacén *m.* [1] Depósito para guardar cosas: *El agricultor guardó su cosecha de trigo en el almacén de granos.* [2] Amér. Merid. Tienda de comestibles.

almacenar *vb.* [1] Guardar en almacén: *Los dueños de esa tienda almacenan sus productos en una bodega cercana.* [2] Reunir muchas cosas: *Las ardillas almacenan alimentos para el invierno, así no sufren hambre en caso de que no hubiera comida fresca.*

almanaque *m.* Calendario en el que están incluidos todos los días del año, las semanas y los meses, y que contiene indicaciones sobre las fases de la Luna, fechas importantes, etc.: *Colgué un almanaque en la pared para ir marcando el paso de los días.*

almeja *f.* Molusco comestible con dos valvas: *A mi tío le gustan mucho los mariscos, por eso cocinó arroz con almejas.*

almendra *f.* Fruto ovalado de cáscara dura que nace en los árboles llamados almendros: *Me encantan las almendras bañadas con dulce.*

almendro *m.* Árbol de flores blancas o rosadas, cuyo fruto es la almendra.

almíbar *m.* Azúcar disuelta en agua y espesada a fuego lento: *Compré una lata de duraznos en almíbar para comerlos como postre.*

almidón *m.* Sustancia blanca extraída de los cereales, que se utiliza para que la ropa tome rigidez: *Le puse mucho almidón a la camisa y ahora está muy tiesa.*

almirante *m.* Persona que desempeña el cargo más importante en la marina.

almohada *f.* Especie de cojín que sirve para apoyar la cabeza cuando se está en la cama: *No puedo dormir con almohadas muy altas porque me duele el cuello.*

almorzar *vb. irreg.* Comer el almuerzo: *Todos los días almorzamos a las once, por hoy lo hicimos a las diez.*

almuerzo *m.* [1] Comida que se hace a media mañana: *En la escuela, todos los días nos dan un descanso entre*

a

b

c

d

e

f

g

*la clase para el **almuerzo**.* ② Comida del mediodía o de las primeras horas de la tarde: *En mi familia, el **almuerzo** es fuerte y en cambio, cenamos ligero por la noche.*

alojar *vb.* Dar o tomar un lugar para quedarse ahí: *Cuando vamos de vacaciones, nos **alojamos** en un hotel.* SIN. **hospedar.**

alondra *f.* Ave de dorso pardo y vientre blanco que se alimenta de insectos, anida en campos de cereales y tiene un canto muy agradable.

alpaca *f.* ① Mamífero rumiante de América del Sur, parecido a la llama. ② Pelo de este animal y tejido hecho con él: *Mi hermana me trajo de Perú un abrigo de **alpaca** que es muy caliente.*

alpargata *f.* Calzado de tela resistente con suela de esparto trenzado: *Si quieres unos zapatos cómodos para el viaje, llévate unas **alpargatas**.*

alpinismo *m.* Deporte que consiste en ascender a las cumbres de las montañas altas.

alpiste *m.* Planta de semillas que sirven de alimento a los pájaros: *"Ya puse agua y **alpiste** en la jaula del canario", dije a Ricardo.*

alquilar *vb.* Dar o tomar una cosa para su uso temporal por un precio convenido: *Este verano **alquilaremos** una casa en la playa durante quince días.*

alquiler *m.* Precio por el que se alquila alguna cosa: *Pago el **alquiler** de mi departamento durante los primeros días de cada mes, porque así lo acordé con el dueño de la casa.* SIN. **renta.**

alrededor *adv.* ① Denota la situación de lo que rodea alguna cosa: *La Tierra gira **alrededor** del Sol.* ② Cerca, poco más o menos: *Estuvo estudiando inglés **alrededor** de tres años y ahora lo habla bastante bien.*

alrededores *m. pl.* Periferia, zona que rodea a una población: *El aeropuerto está en los **alrededores** de la ciudad.*

alta *f.* Orden de salida del hospital, que se da al que está restablecido: *El médico me dio de **alta** y ya puedo dejar el hospital e irme a mi casa.*

altar *m.* Mesa sobre la que el sacerdote u oficiante celebra el ritual religioso.

altavoz *m.* Aparato que reproduce los sonidos en un volumen fuerte: *El **altavoz** de la estación anunciaba la llegada y salida de los trenes.*

alterar *vb.* ① Cambiar una cosa: *Si **alteras** la cantidad de pintura azul en esa mezcla con pintura blanca, el color final será diferente al que tienes ahora.* ② Perturbar, inquietar: *Me **alteró** mucho saber que tenían que operar a mi abuela.* ③ Enojarse mucho: *No **te alteres** mamá, que ahora te explico cómo se rompió tu jarrón nuevo.*

alternar *vb.* Hacer diferentes cosas por turno y sucesivamente: *Pedro **alternó** muy bien su tiempo de estudio con el de juego y pudo hacer bien ambas cosas.*

alternativo, va *adj.* Que va uno y después otro, en un orden que se repite.

altibajos *m. pl.* ① Desigualdad de un terreno: *La aplanadora eliminó los **altibajos** de la carretera.* ② Fam. Conjunto de cambios bruscos en el estado de ánimo: *Todavía no se repone totalmente de su pena, por eso tiene tantos **altibajos**, a veces está muy contento y otras veces muy triste.*

altiplano *m.* Meseta de gran extensión y altitud: *La Paz, capital de Bolivia, está construida sobre un **altiplano**.*

altitud *f.* Altura de un punto con relación al nivel del mar: *La montaña tiene 3 000 metros de **altitud**.*

▶ **alto** *m.* ① Altura: *Esta mesa mide un metro de **alto**.* ② Detención o parada: *Hicimos un **alto** en el camino para descansar un poco.*

▶ **alto** *adv.* ① En lugar o parte superior: *La mesa de mi casa mide un metro de **alto** y dos de ancho.* ② Con voz fuerte: *Cree que con hablar **alto** la van a obedecer, yo no lo creo.*

alto, ta *adj.* ① De tamaño vertical considerable: *Hay un árbol muy **alto** en el jardín, sus ramas alcanzan el cuarto piso de los edificios.* ANT. **bajo.** ② De valor o fuerza superiores a lo normal: *Mi vecina pone el volumen de la televisión muy **alto** y nos molesta a todos.*

altoparlante *m.* Amér. C. y Amér. Merid. Altavoz: *Los **altoparlantes** que usaron en esa fiesta eran muy fuertes, así que la música se oía en todo el barrio.*

altruismo *m.* Cuidado que una persona da desinteresadamente a otras: *Por **altruismo**, el escritor donó el premio que se ganó para que construyeran un asilo de ancianos.* ANT. **egoísmo.**

altura *f.* ① Elevación que tiene un cuerpo sobre la superficie de la tierra: *Ese pino tiene quince metros de **altura**.* ② Dimensión de los cuerpos, perpendicular a su base: *¿Puedes calcular la **altura** de este triángulo?*

alubia *f.* Hortaliza de fruto verde y alargado. SIN. **judía, habichuela, ejote.**

alucinación *f.* Visión o percepción de cosas irreales, con la idea de que son reales: *Llevaba muchos días en el desierto y ya veía **alucinaciones** porque no había comido ni bebido nada.*

alud *m.* ① Gran masa de nieve que se desprende de los montes: *Por suerte, los alpinistas no quedaron atrapados por el **alud**.* SIN. **avalancha.** ② Lo que se desborda y precipita con ímpetu: *Un **alud** de gente entró en el local para ver a su actor favorito.*

alumbrado *m.* Conjunto de luces que ilumina un lugar: *El **alumbrado** de esta calle es insuficiente. Deberían poner más lámparas.*

alumbrar *vb.* Iluminar, dar luz: *Como anoche no había luz en la casa, tuvimos que **alumbrarnos** con velas.*

aluminio *m.* Metal ligero e inoxidable, es el más abundante en la Tierra y se usa en la fabricación de automó-

---

adj. = adjetivo ☆ *adv.* = adverbio ☆ ANT. = antónimo ☆ *f.* = sustantivo femenino ☆ *Fam.* = familiar ☆ *m.* = sustantivo masculino ☆ *pl.* = plural ☆ *pron.* = pronombre ☆ SIN. = sinónimo ☆ *vb.* = verbo ☆ *vb. irreg.* = verbo irregular ☆ ➡ Ver Minienciclopedia.

viles y aviones, en la industria eléctrica, la construcción, etc.: *Pusieron ventanas de aluminio en toda la casa porque es un material ligero y resistente.*

alumno, na *m.* y *f.* Cualquier discípulo respecto de su maestro, de la materia que aprende o de la escuela donde estudia: *Los alumnos entregaron el trabajo de investigación a su profesor.*

alza *f.* Elevación, aumento, subida: *Hubo un alza en el precio del litro de leche, antes costaba tres pesos y ahora cuesta cuatro.*

alzar *vb. irreg.* ① Mover de abajo hacia arriba, levantar: *El ganador alzó los brazos en señal de triunfo.* ② Aumentar, subir: *Cuando estás en un lugar ruidoso, tienes que alzar la voz para que te oigan.*

amaestrar *vb.* Enseñar, adiestrar o domar a los animales para que obedezcan órdenes: *El cazador amaestra a su perro para que le traiga los animales que ha cazado.*

amalgama *f.* Combinación de mercurio con otro metal: *Para cubrir los orificios que quedan en las muelas después de quitar las caries, los dentistas usan amalgama.*

amamantar *vb.* Dar de mamar, alimentar la madre con su propia leche a su hijo: *Los mamíferos amamantan a sus crías.*

▶**amanecer** *m.* Tiempo en que amanece: *Durante las vacaciones pasadas vi un amanecer a la orilla del mar.*

▶**amanecer** *vb. irreg.* Comenzar a haber luz de día o salir el sol por la mañana: *En invierno amanece más tarde que en verano.*

amansar *vb.* Domar, hacer o volver tranquilo y obediente: *Mientras no amansen a ese perro no hay que quitarle el bozal, porque puede morder a alguien.*

amar *vb.* Sentir amor hacia personas o cosas: *Ramón y Sara se aman al grado de querer estar juntos todo el día.*

amaranto *m.* Nombre de una planta con diversas variedades, algunas de ellas apreciadas por sus flores rojas y otras por sus semillas alimenticias.

amargo, ga *adj.* ① Que tiene sabor áspero y desagradable: *De las cinco almendras que me comí, una estaba muy amarga y las demás muy sabrosas.* ② Que causa o denota tristeza y disgusto: *La muerte de mi abuelo fue un momento muy amargo para mí porque lo quería mucho.*

amarillo, lla *adj./m.* Uno de los tres colores básicos: *Cuando los pollitos de las gallinas son pequeños, su plumaje es de color amarillo.*

amarrar *vb.* Atar, asegurar algo con cuerdas o cadenas: *Él deja la bicicleta en la calle, pero la amarra al poste con un cordel grueso.* SIN. atar.

amasar *vb.* ① Hacer masa al mezclar diferentes ingredientes: *Para hacer pan dulce hay que amasar primero la harina con leche, huevos y azúcar.* ② Reunir, juntar: *Don Carlos amasó una gran fortuna gracias a su negocio.*

amate *m.* ① Árbol que crece en las regiones cálidas de México. ② Papel hecho con la corteza del árbol llamado amate: *Rodolfo tiene un amate en el que está pintado un pueblito: la iglesia, el parque, las calles, todo en colores muy vivos.*

amateur *adj./m.* y *f.* **Palabra francesa.** Que no es profesional: *Siempre ha sido un fotógrafo amateur, pero ya decidió volverse profesional.*

ámbar *m.* ① Resina fósil amarillenta, muy utilizada para adornos y joyería. ② Color amarillo anaranjado: *El conductor sabe que cuando el semáforo se pone en ámbar debe detenerse, ya que significa que viene la luz roja.*

ambición *f.* Deseo de conseguir fama, dinero u otros bienes: *La mayor ambición de Jesús es obtener el puesto más alto en la empresa.*

ambidiestro, tra *adj./m.* y *f.* Que emplea con la misma habilidad cualquiera de las dos manos: *Mariana es ambidiestra, así que cuando se cansa de escribir con la mano derecha, escribe con la izquierda.*

ambiente *m.* ① Aire que nos rodea: *En primavera, el ambiente es tibio y agradable.* ② Circunstancias que rodean a una persona o cosa: *Creció en un ambiente de músicos, así que no resultó extraño que se dedicara a tocar el piano.* ③ Situación animada y agradable: *Nadie quería irse de la fiesta, porque había mucho ambiente y todos estábamos muy contentos.*

ambos, bas *pron.* El uno y el otro, los dos: *Uno de los dos niños terminó la carrera antes, pero ambos lo hicieron muy bien.*

ambulancia *f.* Vehículo que sirve para transportar enfermos o heridos y que tiene una sirena para abrirse paso: *La ambulancia llegó a tiempo para socorrer a los heridos.* ➡

amenazar *vb. irreg.* ① Avisar que se quiere o puede hacer algún mal a otro: *El jefe lo amenazó con despedirlo si seguía llegando tarde.* ② Presagiar la proximidad de algún peligro o inconveniente: *Cuando el cielo está muy oscuro, casi siempre se debe a que amenaza una tormenta.*

americano, na *adj./m.* y *f.* Originario del continente llamado América: *Un americano es cualquiera que nazca en el continente, de Canadá hasta la Patagonia.* ➡

amerindio, dia *adj.* Se refiere a los indios nativos de América.

ametralladora *f.* Arma de fuego que dispara muchas balas continuas a gran velocidad: *"¡Era de esperarse que en el filme de guerra el hombre de la ametralladora venciera al que tenía un cuchillo!"*

amiba *f.* Ser unicelular que vive en el agua y que, según la especie, puede ser un parásito de los seres humanos: *"El médico me dijo que Joaquín tiene amibas y me dio un tratamiento para desparasitarlo", le dijo mi madre a mi padre refiriéndose a mí.*

---

amígdala *f.* Cada uno de los dos órganos situados a ambos lados de la entrada de la faringe: *A mi hermano lo operaron para quitarle las* **amígdalas**.

amigo, ga *adj./m.* y *f.* Que tiene relación amistosa con otra u otras personas: *Raquel hizo una reunión en su casa, pero invitó sólo a sus* **amigos** *cercanos y no a todos los compañeros del salón.* SIN. **camarada, compañero, cuate.**

amistad *f.* Afecto personal, desinteresado y recíproco: *Entre Ricardo y yo hay una* **amistad** *sincera.*

amnesia *f.* Disminución o pérdida total de la memoria: *Después del accidente, el conductor sufrió* **amnesia** *y no se acordaba ni de su nombre.*

amo *m.* Poseedor o propietario de alguna cosa: *El perro sigue a su* **amo** *por todas partes.*

amor *m.* [1] Sentimiento de atracción y afecto hacia una persona: *Supe lo que es el* **amor** *cuando conocí a mi novio.* [2] Persona amada: *Ya sabes que quiero casarme contigo porque eres mi único* **amor.** [3] Gusto profundo por algo: *Su* **amor** *por la música lo llevó a estudiar piano, guitarra y batería.* [4] Esmero y gusto con que se hace algo: *Te hice este postre con mucho* **amor.**

amortajar *vb.* Envolver a un difunto con una tela: *Amortajaron el cuerpo y después lo metieron al ataúd.*

amortiguador *m.* Dispositivo que sirve para disminuir la violencia de un choque, la intensidad de un sonido o la vibración de una máquina: *El automóvil brincaba mucho al pasar por los baches porque tenía roto un* **amortiguador.**

ampliar *vb. irreg.* [1] Hacer más extenso: *Ampliaron el plazo para inscribirse al concurso, ahora es de dos semanas en vez de dos días.* [2] Reproducir en tamaño mayor: *Voy a* **ampliar** *esta fotografía de mi novio porque me gusta mucho.*

amplificador *m.* Aparato que permite aumentar la intensidad de una magnitud física, sonido, etc.: *Con este* **amplificador** *vamos a poder oír muy bien los discos.*

amplio, plia *adj.* Extenso, espacioso: *Se cambiaron a una casa más* **amplia**, *porque ya no cabían en la otra.*

ampolla *f.* Vejiga llena de líquido que se forma en la piel: *Me quemé el dedo y me salió una* **ampolla.**

ampolleta *f.* [1] Recipiente de vidrio que contiene un medicamento: *El instructivo dice que hay que abrir la* **ampolleta** *y disolver su contenido en agua.* [2] Chile. Bombilla eléctrica. SIN. **bombilla, foco.**

amputar *vb.* Cortar y separar un miembro del cuerpo: *Tuvieron que* **amputarle** *el brazo derecho y ahora tiene que aprender a hacer todo con el izquierdo.*

amuleto *m.* Objeto al que se atribuye alguna virtud: *Como tiene una racha de mala suerte, dijo que iba a conseguir un* **amuleto** *para ver si le va mejor.* SIN. **talismán.**

anaconda *f.* Serpiente de gran tamaño, no venenosa, que vive en lagunas y ríos tropicales de América: *Las* **anacondas** *se alimentan de aves y mamíferos.*

anal *adj.* Relativo al ano: *Los supositorios son medicamentos de aplicación* **anal.**

analfabetismo *m.* Condición en la que no se sabe leer ni escribir: *El* **analfabetismo** *de ese país es muy alto pues el 30 por ciento de la gente no sabe leer ni escribir.*

analfabeto, ta *adj./m.* y *f.* Persona que no sabe leer ni escribir: *Jaime da cursos nocturnos a jóvenes* **analfabetos** *y algunos ya aprendieron a leer y escribir.*

analgésico *m.* Sustancia que quita o disminuye el dolor: *Tomé un* **analgésico** *porque me dolía la cabeza.*

analizar *vb. irreg.* Estudiar con cuidado las partes que componen algo para entenderlo o para saber cómo está hecho: *Quiero* **analizar** *la manera en que se juega el béisbol, porque me gusta mucho.*

ananá o **ananás** *m.* [1] Planta de hojas rígidas, de bordes espinosos, con flores de color morado y fruto grande carnoso. [2] Fruto de la planta ananá, carnoso, de color amarillo y con una corona de hojas. SIN. **piña.** →

anaranjado, da *adj./m.* Color comprendido entre el rojo y el amarillo y que se forma al mezclarlos. SIN. **naranja.**

anatomía *f.* [1] Estudio de la estructura y forma del organismo de los seres vivos: *Genaro analiza la* **anatomía** *de las ranas en la materia de biología.* [2] Disposición y tamaño de las partes externas del cuerpo humano y el cuerpo de los animales: *La* **anatomía** *de la mujer es diferente a la del hombre.*

anca *f.* Mitad en que se divide la parte posterior de algunos animales: *Las* **ancas** *de la rana son comestibles.*

ancho, cha *adj.* Que es amplio: *El puente es tan* **ancho** *que pueden pasar por él cuatro automóviles al mismo tiempo.* SIN. **holgado.**

anchoa *f.* Pescado pequeño, comestible, que se conserva con sal y aceite.

anchura *f.* Espacio que existe entre dos lados paralelos: *He medido la* **anchura** *de la mesa.*

anciano, na *adj./m.* y *f.* Persona de muchos años: *Don Ernesto es un* **anciano** *con cuatro hijos y ocho nietos, ya tiene 85 años.* SIN. **viejo.** ANT. **joven.**

ancla *f.* Instrumento que inmoviliza las embarcaciones en el mar: *El capitán ordenó echar el* **ancla** *cuando el barco llegó al puerto.*

andamio *m.* Plataforma de madera o metal para trabajar en sitios altos: *Los albañiles prepararon un* **andamio** *para subir a pintar el décimo piso del edificio.*

andar *vb. irreg.* [1] Recorrer un lugar: *Anduvimos toda la tarde por la calle sin encontrar un hotel donde dormir.* [2] Funcionar un mecanismo: *El reloj no* **anda** *porque le faltan pilas.* [3] Ir de un lugar a otro dando pasos.

andén *m.* En estaciones de tren, acera que se extiende a lo largo de las vías: *Los* **andenes** *de la estación están llenos de gente que abordará los trenes.*

---

adj. = adjetivo ☆ *adv.* = adverbio ☆ ANT. = antónimo ☆ *f.* = sustantivo femenino ☆ *loc.* = locución ☆ *m.* = sustantivo masculino ☆ *prep.* = preposición ☆ SIN. = sinónimo ☆ *vb.* = verbo ☆ *vb. irreg.* = verbo irregular ☆ → Ver Minienciclopedia.

andino, na *adj./m.* y *f.* Originario de la región de los Andes, en América Latina.

anécdota *f.* Relato breve de algún suceso curioso: *El anciano nos contó algunas anécdotas que nos tuvieron entretenidos toda la tarde, por ejemplo, de cuando abordó el avión equivocado y llegó a Sudáfrica en vez de Argentina.*

anemia *f.* Disminución de glóbulos rojos en la sangre, lo que causa debilidad y fatiga: *El doctor le recetó unas inyecciones para combatir la anemia.*

anémona o **anemona** *f.* ① Planta herbácea de flores grandes. ② Animal marino que vive fijo en el suelo, con muchos tentáculos que le dan aspecto de flor.

anestesia *f.* Sustancia que elimina la sensibilidad del cuerpo o que produce sueño: *El médico me puso una anestesia ligera cuando me operó de las amígdalas.*

anexo, xa *adj./m.* Unido a otra cosa: *El conserje vive en una casa anexa al edificio.*

anfibio, bia *adj./m.* y *f.* Que puede vivir dentro y fuera del agua: *Las ranas y las salamandras son animales anfibios.* →

anfitrión, na *m.* y *f.* Persona que recibe invitados: *La anfitriona organizó una recepción para su amiga que llegó de Europa a visitarla y preparó una sabrosa cena para ella.*

ángel *m.* En algunas religiones, enviado o mensajero de Dios que auxilia a la gente.

angina *f.* ① Inflamación de las amígdalas: *"Parece que Petronio tiene anginas", dijo el médico al ver dentro de la boca abierta del niño.* ② *loc.* Angina de pecho, afección del corazón que se presenta con crisis dolorosas.

angosto, ta *adj.* Estrecho, con poca distancia de un lado a otro: *El puente que cruzamos era muy angosto y tuvimos que pasar uno por uno.* ANT. ancho.

anguila *f.* Pez de cuerpo alargado de 1 m de longitud, vive en los ríos.

angula *f.* Cría de la anguila.

ángulo *m.* Porción de plano comprendida entre dos líneas rectas con el mismo origen: *Mi madre colocó una planta en un ángulo de la sala.* SIN. esquina.

angustia *f.* Sensación de inquietud o tristeza profunda. SIN. desconsuelo.

anidar *vb.* Preparar las aves un nido para vivir: *Afuera de mi casa hay un árbol donde anidan muchos pájaros.*

anilina *f.* Sustancia química usada para elaborar colorantes.

anillo *m.* ① Pieza que se lleva en los dedos de la mano como adorno: *Mercedes usa muchos anillos, se pone uno en cada dedo.* ② Aquello que tiene forma circular: *El planeta Saturno tiene varios anillos a su alrededor.* ③ *loc.* Como anillo al dedo, muy bien, oportunamente: *El florero que trajiste me viene como anillo al dedo, porque me acaban de regalar unas flores.*

animal *adj./m.* y *f.* Ser vivo dotado de movimiento y sensibilidad: *El lobo es un animal en peligro de extinción.* →

animar *vb.* Despertar el interés de alguien sobre algún asunto: *Debemos animar a Pablo para que siga en la escuela.* SIN. estimular.

ánimo *m.* ① Estado emocional que le permite al ser humano realizar cosas: *Hay que tener ánimo para subir hasta la cima de la montaña.* ② Querer hacer algo: *Hay buen ánimo en la oficina para empezar el nuevo proyecto.*

anís *m.* Planta aromática: *El anís sirve para quitar la inflamación de los intestinos y también para perfumar postres.*

aniversario *m.* Día en que se cumplen años de algún suceso: *Mañana es el décimo aniversario de boda de mis padres.*

ano *m.* Orificio externo del recto: *Los excrementos salen por el ano.*

anoche *adv.* La noche que pasó ayer: *Anoche tuve un sueño desagradable.*

anochecer *m.* Tiempo en que la luz del día disminuye poco a poco: *Cuando llega el anochecer hay que encender la luz para ver bien.*

anochecer *vb. irreg.* Ocultarse el Sol al finalizar el día: *En invierno anochece más temprano que en verano.*

anónimo, ma *adj./m.* ① Obra o escrito que no lleva el nombre de su autor: *Hay novelas anónimas que tienen un gran valor literario.* ② Escrito no firmado en el que se dice algo ofensivo o amenazador contra alguien: *Al licenciado le enviaron un anónimo donde lo amenazaban de muerte.*

anormal *adj.* Dícese de lo que se halla fuera de lo común: *El ascensor no se detiene cuando uno se lo pide, por lo que tiene un funcionamiento anormal.*

anotar *vb.* ① Poner notas en un escrito, cuenta, libro etc. ② Conseguir puntos en un partido: *El jugador delantero del partido de fútbol anotó dos goles.*

ansiar *vb. irreg.* Anhelar, desear.

ante *m.* ① Mamífero rumiante parecido al ciervo. ② Piel curtida de textura aterciopelada: *Mi hermana compró unos zapatos de ante.*

ante *prep.* En presencia de, delante de: *Los vasallos se inclinaron ante su majestad.*

anteanoche *adv.* Durante la noche de anteayer.

anteayer *adv.* El día inmediatamente anterior a ayer.

antebrazo *m.* Parte del brazo entre el codo y la muñeca.

antecesor, ra *m.* y *f.* Antepasado: *Los antecesores del hombre moderno vivían en cuevas.*

antemano. De antemano, *loc.* Anticipadamente: *De antemano le doy las gracias por el favor que va a hacerme.*

antena *f.* [1] Aparato metálico que sirve para difundir o recibir las emisiones de radio o televisión: *La antena de la televisión está rota y no puedo ver el filme que me gusta.* [2] Prolongaciones articuladas y móviles en la cabeza de algunos animales: *Los grillos tienen unas antenas muy largas.*

anteojos *m. pl.* Instrumento óptico que sirve para ver bien los objetos: *Ese hombre necesita anteojos porque no ve bien de lejos.* SIN. **gafas.**

antepasado, da *m. y f.* Persona más o menos lejana de quien se desciende: *Mis antepasados por parte de mi papá eran indígenas.*

anterior *adj.* Que precede en lugar o tiempo: *Enero es anterior a febrero.* ANT. **posterior.**

antes *adv.* En un espacio y tiempo que ya han pasado: *El atleta que ganó la competencia llegó a la meta cinco segundos antes que los demás.*

antibiótico *m.* Sustancia capaz de destruir bacterias: *El médico me recetó un antibiótico para combatir la infección estomacal.*

anticipar *vb.* Hacer que ocurra u ocurrir algo antes del tiempo señalado: *Anticipé mi viaje de regreso cuando me dijeron que mi nieto ya iba a nacer.*

anticuado, da *adj.* Que no está de moda o no se usa ya: *Aún se escucha música anticuada en algunas estaciones de radio.* ANT. **actual.**

anticuario, ria *m. y f.* Persona que comercia con objetos antiguos.

anticuerpo *m.* Sustancia de defensa que aparece en el organismo por la introducción de algo agresivo y dañino al cuerpo: *Si hubiera tenido más anticuerpos no me hubiera dado esa infección.*

antídoto *m.* Sustancia que actúa en contra de un tóxico determinado: *Afortunadamente hay un antídoto contra el veneno de serpiente, gracias a eso se salvan muchas vidas.*

antifaz *m.* Objeto de cartón, tela o papel con agujeros para los ojos, que cubre la parte superior del rostro: *En carnaval, la gente lleva antifaces de muchos diseños y colores.*

antigüedad *f.* Se refiere a lo que es antiguo, de mucho tiempo atrás.

antiguo, gua *adj.* [1] Que existe desde hace mucho tiempo: *Ese edificio es antiguo, creo que lo construyeron en el siglo XVIII.* [2] Que sucedió hace mucho: *El problema de su vista se debe a un antiguo golpe que se dio cuando era niño.*

antillano, na *adj./m. y f.* Originario de las Antillas, islas localizadas al noroeste de América Central.

antipático, ca *adj.* Persona poco agradable: *Ese muchacho anda siempre solo porque es muy antipático, por eso nadie lo quiere.* SIN. **desagradable, chocante.** ANT. **simpático.**

antiséptico, ca *adj./m.* Sustancia que previene las infecciones.

antojo *m.* Deseo momentáneo, pasajero: *Tengo antojo de comer helado, pero si espero un poco se me van a pasar las ganas.*

antónimo, ma *adj./m.* Palabras de significados opuestos: *Las palabras amable y grosero son antónimos.*

antorcha *f.* Objeto para alumbrar, por lo general de madera, que se lleva en la mano y tiene una flama en uno de sus extremos.

anual *adj.* Que sucede cada año: *El carnaval es una fiesta anual que siempre se realiza antes de la celebración cristiana de la cuaresma.*

▶**anular** *m.* Cuarto dedo de la mano, empezando a contar desde el dedo pulgar: *Hay gente que, cuando se casa, se pone un anillo en el anular de la mano izquierda.*

▶**anular** *vb.* Suprimir alguna cosa: *Espero que algún día anulen la pena de muerte en todos los países del mundo.*

anunciar *vb.* [1] Dar la noticia de una cosa para que la gente se entere: *Sergio y Ana anunciaron la fecha de su boda.* [2] Poner un anuncio comercial: *Los dueños del almacén se anunciaron en el diario para aumentar su clientela.*

anuncio *m.* Mensaje usado para comunicar algo: *Leo los anuncios de los diarios para encontrar un empleo.*

anverso *m.* Lado principal de una moneda o medalla. ANT. **reverso.**

anzuelo *m.* [1] Ganchito puntiagudo puesto al final del hilo de pescar para atrapar a los peces. [2] Maña que se usa para atraer la atención de alguien: *Las ofertas que anuncian las tiendas de ropa, son un buen anzuelo para que la gente compre.*

añadir *vb.* Agregar una cosa a otra: *Me gustaría añadir unas líneas al final de mi trabajo.*

añicos *m. pl.* Trozos pequeños de algo que se rompió: *Se me cayó un vaso al suelo y se hizo añicos.*

añil *m.* Color azul oscuro: *El sexto color del arco iris es el añil.*

año *m.* [1] Periodo que tarda la Tierra en dar la vuelta al Sol. [2] *loc.* **Año bisiesto,** periodo de tiempo de 366 días.

apacentar *vb. irreg.* Llevar al ganado por el campo a comer hierba: *El granjero apacienta a sus vacas una vez al día.*

apadrinar *vb.* Dar apoyo o protección a una persona o empresa: *Un jugador famoso apadrinó esta asociación y ahora, como reconocimiento a su apoyo, lleva su nombre.*

apagar *vb. irreg.* [1] Extinguir el fuego o interrumpir la corriente de luz: *Por la noche debo apagar la luz antes de acostarme, porque si no lo hago no puedo dormir.* [2] Desconectar un aparato para que deje de funcionar: *Apagué la televisión porque me dio sueño.*

3 Hacer que disminuya o termine una sensación: *Apagó su sed tomando mucha agua.*

apagón *m.* Corte súbito de la energía eléctrica: *Hubo un apagón en mi casa y estuvimos en tinieblas durante una hora.*

aparador *m.* **1** Mueble para guardar la vajilla y todo lo necesario para el servicio del comedor: *En el aparador están la vajilla y los vasos que mi abuela le dio a mi mamá.* **2** Lugar de las tiendas donde se colocan productos para que sean vistos desde la calle: *En el centro de la ciudad hay tiendas con aparadores muy llamativos.* SIN. **escaparate, vitrina, vidriera.**

aparato *m.* **1** Máquina o instrumento que realiza trabajos o tareas específicas: *En casa compraron un nuevo aparato de sonido que suena muy bien.* **2** Grupo de órganos del cuerpo humano que se combinan para realizar la misma función: *El corazón, las arterias y las venas forman el aparato circulatorio.*

aparcar *vb. irreg. Esp.* Situar en un lugar un vehículo: *Mi tío aparcó su automóvil nuevo cerca de su oficina.* SIN. **estacionar.**

aparecer *vb. irreg.* Presentarse de repente: *Dimos un gran salto porque el monstruo apareció cuando menos nos lo esperábamos.*

apariencia *f.* Aspecto exterior de algo o alguien: *La apariencia verdosa de esa carne indica que ya no podemos comerla.*

apartado, da *adj.* **1** Que se encuentra lejos: *No venimos mucho a la ciudad porque vivimos en un pueblo apartado.* **2** *loc.* Apartado postal, sección de una oficina de correos donde se recoge la correspondencia particular.

apartamento *m.* Vivienda situada en un edificio: *Donde vivo es un edificio de tres pisos, hay doce apartamentos, cuatro por cada nivel.* SIN. **departamento.**

apartar *vb.* **1** Poner lejos de algo o alguien: *"Aparta de mí esa horrible araña que dices es tu mascota"*, dije a Germán. **2** Reservar las cosas: *Apartamos los regalos de Navidad con anticipación para no tener que hacer compras de última hora.*

aparte *adv.* En otro lugar, separado: *Pondré este libro aparte para que no se confunda con los demás.*

apasionar *vb.* Emocionar, entusiasmar: *La obra de teatro apasionó a los espectadores, quienes aplaudieron y lanzaron flores al escenario.*

apear *vb.* Desmontar o bajar de un vehículo o caballo: *Ayudé a Cecilia a apearse del automóvil porque todavía tiene la pierna lastimada.*

apellido *m.* Palabra con que se distinguen las personas de diferente familia: *El apellido de Gonzalo es Ramírez y el mío, Hernández.*

apenar *vb.* **1** Causar o sentir pena hacia alguien o algo: *El accidente que sufrió mi prima apenó a quie-*

nes la conocen. **2** *Méx.* Avergonzarse: *El niño se apena mucho cuando lo ponen a cantar en público.*

apenas *adv.* Muy poco, solamente: *De mi casa al colegio hay apenas cien metros.*

apéndice *m.* En anatomía, prolongación delgada y hueca del intestino que forma parte del cuerpo de una persona o un animal: *Me operaron para quitarme el apéndice, porque se me infectó.*

apendicitis *f.* Inflamación del apéndice del intestino.

apestar *vb.* Tener mal olor: *Ese bote de basura apesta muchísimo, por favor ya lávalo.*

apetito *m.* Tendencia a satisfacer las necesidades del cuerpo, especialmente la de comer: *Después de jugar tengo un apetito feroz.*

apicultura *f.* Cría y cuidado de las abejas.

apio *m.* Planta comestible de tallo grueso y jugoso con la que se preparan ensaladas y bebidas.

aplacar *vb. irreg.* Suavizar, tranquilizar o mitigar: *Los vecinos aplacaron a los niños que se estaban peleando.*

aplanar *vb.* Poner en forma plana: *"Aplana bien el pliego de papel antes de empezar a dibujar"*, me aconsejó el maestro.

aplastar *vb.* Deformar una cosa aplanándola o disminuyendo su grueso: *Un automóvil aplastó mi bicicleta y quedó torcida e inservible.*

aplaudir *vb.* Dar palmadas en señal de aprobación y entusiasmo: *El público no paraba de aplaudir a los cantantes.*

aplauso *m.* Muestra de entusiasmo que se produce al golpear las palmas de las manos una contra la otra para aplaudir: *Las excelentes bromas del payaso provocaron grandes aplausos.*

aplicar *vb. irreg.* **1** Poner una cosa sobre o en contacto con otra: *"Dejemos secar un poco la base y después aplicamos la pintura"*, propuso Ricardo. **2** *Fam.* Dedicarse con esmero a un asunto: *María se aplicó en la costura y ahora tiene un vestido precioso.*

apócope *f.* Supresión de uno o más sonidos al final de una palabra: *Mi maestra me dijo que la palabra "primer" es un apócope de "primero".* →

apodo *m.* Sobrenombre que se da a una persona: *El apodo de Francisco es "El huesito", porque está muy flaco.* SIN. **alias.**

aportar *vb.* Dar algo para obtener un beneficio a cambio, ya sea material o espiritual: *Mi familia aportó una cantidad de dinero para que terminaran la construcción del asilo.*

apostar *vb. irreg.* Arriesgar dinero u otra cosa en un pronóstico: *Aposté un libro a que Juan ganaba el concurso, y gané.*

apóstol *m.* **1** Persona que defiende una doctrina: *Gandhi, el líder de la India, fue apóstol de la no vio-*

a

b

c

d

e

f

g

lencia. **2** En el cristianismo, nombre dado a cada uno de los doce discípulos de Jesucristo, que se dedicaron a enseñar el Evangelio: *Pedro fue uno de los doce apóstoles de Jesucristo.*

apoyar *vb.* **1** Hacer que una cosa descanse sobre otra: *El carpintero apoyó la madera en la pared.* **2** Favorecer, ayudar a alguien para que consiga lo que desea: *Apoyamos a mi amigo en la elaboración de su trabajo escolar, ya que estaba muy difícil.*

apoyo *m.* **1** Lo que sirve para sostener: *Las vigas sirven de apoyo al techo de la casa.* **2** Lo que hace más segura una idea u opinión: *Tengo pruebas como apoyo de lo que estoy diciendo.* **3** Que protege y ayuda: *Salí adelante gracias al apoyo de un amigo.*

apreciar *vb.* **1** Sentir afecto o cariño: *Yo aprecio mucho a mis amigos.* SIN. **estimar, querer.** **2** Reconocer el mérito o la importancia de algo: *Todos apreciamos el valor de los bomberos.* SIN. **valorar.** ANT. **despreciar.**

aprehender *vb.* Prender, detener a alguien: *Ayer aprehendieron a unos ladrones de bancos.*

aprender *vb.* Adquirir el conocimiento de algo, ya sea a través del estudio o de la práctica constante: *Voy a la escuela para aprender matemáticas, español, gramática, historia, biología, etcétera.*

aprendiz *m.* y *f.* Persona que inicia el aprendizaje de un arte u oficio: *Pablo es aprendiz en un taller que repara vehículos y después será un verdadero mecánico.*

aprendizaje *m.* Tiempo durante el que se aprende algo: *"Todavía estás en la etapa de aprendizaje, así que es normal que cometas errores", me dijo el maestro.*

apresar *vb.* **1** Sujetar a alguien con garras o colmillos impidiendo sus movimientos: *La leona apresó al ciervo.* **2** Privar a alguien de su libertad por cometer ciertos delitos: *El estafador ha sido apresado por la policía.* SIN. **atrapar, capturar, detener.** ANT. **liberar, soltar.**

apretar *vb. irreg.* **1** Estrechar con fuerza: *Luis apretó la mano de Carlos para saludarlo.* SIN. **estrechar.** **2** Quedar justo y sin espacio para moverse: *A Lalo le apretaban los pantalones.*

apretujar *vb.* **1** Oprimir mucho: *Si quieres meter más ropa en tu equipaje, tendrás que apretujarla para hacerla caber.* **2** Apretarse varias personas en un recinto reducido: *En las ciudades grandes, la gente se apretuja en los autobuses para llegar a tiempo a su trabajo.*

aprisa *adv.* Con rapidez: *"No puedo ir a tu lado, porque tú vas caminando muy aprisa", dije a mi padre.*

aprobar *vb. irreg.* **1** Estar de acuerdo y aceptar la opinión o acción de otro u otros: *El director aprobó las decisiones del subdirector.* **2** Alcanzar en un examen la calificación suficiente: *Aprobé el examen de matemáticas con calificación de 10.*

apropiado, da *adj.* Que es adecuado para algo: *El compás es el instrumento apropiado para trazar círculos.*

aprovechar *vb.* **1** Emplear útilmente una cosa: *Mi padre aprovechó la oferta para comprar una el espejo que necesitábamos.* ANT. **desperdiciar.** **2** Sacar utilidad de alguien o algo, con astucia o abuso: *Los dos hermanos mayores se aprovecharon de los más pequeños y los mandaron a comprar algo de comer.*

apto, ta *adj.* Que es capaz o adecuado: *Ese juego de mesa es apto para niños de 5 a 8 años, así que lo voy a comprar para mi hija que tiene 7.*

apuesta *f.* Acuerdo al que llegan varias personas por medio del cual se compromete a pagar quien se equivoque: *Fabiola y yo hicimos una apuesta y como yo perdí, tuve que darle mi blusa preferida, tal como habíamos quedado.*

apuntalar *vb.* Poner madera para sostener la pared o alguna otra cosa: *Los albañiles apuntalaron las paredes del viejo edificio para evitar que se derrumbaran.*

apuntar *vb.* **1** Señalar hacia algún lugar: *Apunté con el dedo hacia la tienda de ropa para indicar a la señora dónde queda.* **2** Tomar nota por escrito: *Todos apuntamos lo dicho por el profesor, pues no debemos olvidarlo.* **3** Dirigir un arma hacia algo o alguien: *Apuntó al blanco y disparó exactamente al centro.* **4** Anotar en una lista o en un grupo a una o varias personas: *Me apunté en el equipo de fútbol de la escuela.*

apunte *m.* **1** Nota que se toma por escrito. **2** Resumen de las explicaciones de un profesor: *"¿Podrías prestarme tus apuntes de la clase de historia?", le pedí a Estela.*

apurar *vb.* **1** Acabar con algo, sin que quede nada: *Mi amigo apuró el vaso de limonada y luego ya no tuvo más para beber.* **2** Realizar las cosas con prisa: *"Apurémonos para llegar antes que los demás", dije a mis compañeros de equipo.* **3** Sentir preocupación por algún evento: *"No te apures, no va a pasar nada si no terminas hoy de leer el libro", me aconsejó Rogelio.*

apuro *m.* Dificultad, escasez grande: *Hay familias que tienen apuros económicos y pierden sus casas.*

aquel, lla *adj.* Adjetivo demostrativo que designa lo que está más lejos de la persona que habla y de la persona con quien se habla: *No me gusta esta bicicleta, prefiero aquella motocicleta de color negro.*

aquél, lla *pron.* Pronombre demostrativo que se utiliza en lugar del nombre que designa lo que está más lejos de la persona que habla y de la persona con quien se habla: *No quiero este libro, sino aquél de atrás.*

aquello *pron.* Pronombre demostrativo neutro que significa aquella cosa.

aquí *adv.* En este lugar: *Estamos aquí desde que llegó el tren por la mañana.*

árabe *adj./m.* y *f.* **1** Originario de Arabia. **2** Relativo a los pueblos islámicos.

arado *m.* Instrumento que sirve para hacer surcos en la tierra.

araña f. ① Animal de ocho patas, con un par de uñas en la boca y órganos que producen hilos de seda con los que hace una especie de red para atrapar a sus presas. ② Lámpara de techo con varios brazos. →

arauaco, ca adj./m. y f. Pueblo amerindio que se extendió por toda la costa norte de América del Sur, hasta el río Paraguay, y que ocupó también parte de las Antillas: *Los arauacos aún visten con taparrabos; son un pueblo que ya casi desaparece.*

araucano, na adj./m. y f. De un pueblo amerindio que habita en Chile y Argentina.

árbitro m. Persona que dirige un encuentro deportivo: *El árbitro amonestó por segunda ocasión al mejor delantero del equipo.* SIN. **réferi.**

árbol m. ① Planta que puede alcanzar gran altura, con tallo grueso que se ramifica: *Creo que los robles son mis árboles favoritos.* ② loc. **Árbol genealógico,** descripción que indica la ascendencia o descendencia de los miembros de una familia: *Mis padres, mis tíos, mis abuelos, mis hermanos y yo formamos un árbol genealógico.* →

arbusto m. Planta más pequeña que un árbol, cuyas ramas crecen desde el suelo: *Como no hay suficiente espacio en el jardín, decidieron plantar arbustos en vez de árboles.*

arcada f. Serie de arcos: *Hay plazas que tienen una bella arcada de piedra.*

arce m. Árbol de gran altura y madera muy dura, que crece en las regiones templadas y tiene frutos secos.

archipiélago m. Conjunto de islas cercanas entre sí, por lo que forman un grupo: *Cuba, Jamaica, Puerto Rico y Santo Domingo pertenecen al archipiélago de las Antillas.*

archivar vb. Guardar papeles clasificados de manera debida en un lugar específico: *La maestra archivó en un cajón de su escritorio los exámenes del mes pasado, después de haberlos calificado.*

archivo m. ① Mueble o local en que se guardan documentos: *En muchos países hay archivos donde se guardan papeles importantes para la historia.* ② Conjunto de documentos que se guardan en un local o mueble llamado archivo: *Ese dentista lleva un archivo de la situación en que están todos sus pacientes, y así controla mejor su salud dental.* ③ En informática, conjunto de datos a los que se pone un título: *En mi computadora tengo un archivo con todos mis datos personales.*

arcilla f. Tierra muy fina que mezclada con agua sirve para hacer vasijas y adornos: *Mi hermanito rompió el jarrón de arcilla que le regalé a mi mamá el día de su cumpleaños.*

arco m. ① Parte de curva comprendida entre dos puntos: *Esa ventana está construida en forma de arco no de cuadrado.* ② Arma para lanzar flechas: *Muchos pue-*

blos primitivos cazaban con **arco** y flecha. ③ loc. **Arco iris,** líneas curvas de varios colores que aparecen en el cielo cuando hay lluvia y sol al mismo tiempo: *El cuento dice que al final del arco iris hay una olla llena de monedas de oro.*

ardilla f. Mamífero roedor de cola larga y tupida, muy inquieto y ágil: *Me pasé un buen rato viendo las ardillas que subían y bajaban del árbol.*

ardor m. ① Energía con la que se realiza algo: *Trabajamos con ardor en el experimento que nos dejó el maestro de biología.* ② Sensación de calor tan fuerte que molesta: *No me gusta estar mucho tiempo en la playa por el ardor que me producen los rayos del sol.*

área f. ① Terreno comprendido entre unos límites concretos: *El avión acaba de llegar al área de aterrizaje.* ② Medida de superficie que equivale a cien metros cuadrados. ③ En el fútbol, zona del terreno de juego situada junto a la portería.

arena f. ① Grupo de partículas que se forma cuando se rompe un mineral: *Hay playas donde la arena es tan fina que parece talco.* ② Lugar de combate o lucha: *En la arena "Los dos de tres" se enfrentaron ayer dos luchadores muy famosos.* ③ Ruedo de las plazas de toros.

arenque m. Pez semejante a la sardina, de 20 a 30 centímetros de largo, apreciado por su carne.

arepa f. Amér. C. y Amér. Merid. Pan de maíz, amasado con huevos y manteca.

arete m. Pendiente que se usa en las orejas: *Después de arreglarse cuidadosamente, la joven se puso unos aretes de plata que destacaban en sus orejas pequeñas: ya estaba lista para su cita.*

argamasa f. Mezcla de cal, arena y agua, que se utiliza en construcciones: *Los albañiles prepararon la argamasa para ponerla entre los ladrillos y así poder pegarlos.*

argentino, na adj./m. y f. Originario de Argentina, país de América del Sur.

argolla f. Aro grueso que sirve para sujetar algo a él: *La vaca está atada a la argolla que está en el establo.*

argumento m. ① Asunto de una obra: *El argumento de la novela Robinson Crusoe trata de un náufrago que sobrevive durante mucho tiempo en una isla deshabitada.* SIN. **guión.** ② Razonamiento empleado para apoyar o negar una afirmación: *Damián dio un argumento para convencer a su madre de que lo dejara ir a la fiesta y al final la convenció.*

árido, da adj. Lugar seco y estéril: *Los desiertos son zonas áridas.*

aristócrata m. y f. Persona que posee título de nobleza: *En la clase de historia el maestro nos habló de los aristócratas del siglo XVIII, y nos dijo que vivían en grandes palacios y vestían lujosamente.*

aritmética f. Ciencia que estudia las propiedades de los números y las operaciones numéricas: *Las sumas,* *restas, multiplicaciones y divisiones son operaciones de la* **aritmética**.

arma *f.* ① Instrumento o medio para atacar o defenderse: *Las armas de algunos animales son sus dientes y sus garras.* ② *loc. pl.* **Pasar por las armas**, fusilar a una persona: *Durante las guerras, los ejércitos pasan por las armas a mucha gente.*

armada *f.* Fuerzas navales de un Estado: *La armada de mi país cuida las fronteras marítimas.*

armadillo *m.* Mamífero con el cuerpo cubierto por un caparazón: *Los armadillos se enroscan cuando se sienten amenazados.*

armamento *m.* Armas y material bélico utilizado por los ejércitos: *Las granadas forman parte del armamento que un soldado usa para combatir al enemigo.*

armar *vb.* ① Proveer de armas: *El general decidió armar a sus soldados para la batalla.* ② *Fam.* Provocar algún suceso: *Un hombre violento armó un escándalo al final de la fiesta.* ③ Montar las diferentes partes que forman un objeto: *Mis hermanos armaron el rompecabezas que les regalaron.*

armario *m.* Mueble grande que tiene estantes, cajones y perchas para guardar ropa: *"Guarda tu saco en el armario", me dijo el anfitrión de la fiesta.* SIN. **ropero**.

armazón *m.* y *f.* Conjunto de piezas sobre las que se arma y sostiene algo: *Los pintores instalaron un armazón de madera para alcanzar a pintar la fachada de la casa.*

armiño *m.* Mamífero pequeño, parecido a la comadreja, de piel parda en verano y muy blanca en invierno: *La piel blanca del armiño se ha utilizado para hacer prendas de vestir, pero ya está prohibida su caza.*

armonía o **harmonía** *f.* ① Arte de formar los acordes musicales: *Durante el concierto, los instrumentos sonaron con armonía y la sinfonía se escuchó preciosa.* ② Proporción y concordancia de unas cosas con otras: *El maestro de arte me dijo que faltaba armonía en mi trabajo, ya que hice los gatos más grandes que los árboles.*

armónica *f.* Instrumento musical de viento, con lengüetas que vibran al soplar y al aspirar: *"No debes soplar muy fuerte a la armónica para que no se distorsione el sonido", me dijo el maestro.*

aro *m.* Pieza en forma de circunferencia: *Alrededor de los barriles se ponen aros metálicos.*

aroma *m.* Perfume, olor muy agradable: *Me gustan los jazmines porque tienen un aroma maravilloso.*

arpa *f.* Instrumento musical de cuerda, de forma triangular, que se toca con las dos manos: *Anoche escuchamos a un músico que tocó un concierto de arpa.*

arpón *m.* Instrumento con mango y punta de hierro, usado para la pesca: *Antes se usaba el arpón para pescar ballenas.*

arquear *vb.* Dar o tomar la forma de arco: *La gimnasta arqueó la espalda y se mantuvo con las manos y los pies en el piso.*

arqueología *f.* Ciencia que analiza los restos de actividad humana para estudiar las civilizaciones antiguas: *Mi hermano estudió arqueología y ahora trabaja en un lugar donde descubrieron una pirámide maya.* ➡

arquero *m.* ① Persona que utiliza arco y flechas para disparar: *El héroe legendario inglés Robin Hood fue un arquero muy famoso.* ② Jugador de fútbol que cuida que no anote el equipo contrario; es el único jugador que puede tocar el balón con las manos: *En los últimos minutos del partido, el arquero detuvo el veloz remate del jugador delantero.* SIN. **portero, guardameta, guardavalla**.

arquitecto, ta *m.* y *f.* Persona encargada de dibujar los planos de una construcción y de dirigir su realización: *El arquitecto nos dijo que la construcción de la casa se llevará alrededor de seis meses.*

arquitectura *f.* Arte de proyectar y construir edificios: *Yo creo que ese niño va a estudiar arquitectura, porque siempre está haciendo planos e ideando construcciones.*

arracada *f.* Arete, por lo general en forma circular: *Su mamá perforó las orejas a la niña recién nacida y le puso unas pequeñas arracadas de oro.* SIN. **zarcillo**.

arrancar *vb. irreg.* ① Sacar con violencia una cosa del lugar al que está adherida o sujeta: *El campesino arranca de la tierra las hierbas dañinas para su cosecha.* ② Iniciar el funcionamiento de una máquina: *El automóvil no arrancaba porque falló la batería.*

arranque *m.* Parte o mecanismo que permite poner en movimiento algo, en particular a una máquina o motor: *No pudimos llegar a tiempo porque el arranque del auto tuvo problemas.*

arrasar *vb.* Echar por tierra, destruir: *El huracán arrasó el pueblo y ahora van a tener que reconstruirlo.*

arrastrar *vb.* Mover a una persona o cosa por el suelo, tirando de ella: *Mis amigos y yo arrastramos el armario para cambiarlo de lugar.*

arrayán *m.* Árbol de unos tres metros de altura con follaje siempre verde, de pequeñas flores blancas y olorosas, con su fruto, que es ácido y perfumado, se preparan dulces. SIN. **mirto**.

arrebatar *vb.* Tomar, quitar o llevarse con violencia, fuerza o precipitación: *Un ladrón arrebató el bolso a una señora.*

arreciar *vb.* Aumentar en fuerza o intensidad: *La lluvia arrecia en las tardes de otoño.*

arrecife *m.* Grupo de rocas que se encuentra bajo el mar a muy poca profundidad.

arreglar *vb.* ① Reparar lo estropeado: *Mis primos arreglaron mi bicicleta y ahora ya puedo usarla otra vez.* ② Poner algo en la forma necesaria o con aspecto agra-

---

adj. = adjetivo ☆ *adv.* = adverbio ☆ ANT. = antónimo ☆ *f.* = sustantivo femenino ☆ *Fam.* = familiar ☆ *loc.* = locución ☆ *m.* = sustantivo masculino ☆ *pl.* = plural ☆ SIN. = sinónimo ☆ *vb.* = verbo ☆ *vb. irreg.* = verbo irregular ☆ ➡ Ver Minienciclopedia.

dable: *Mi madre se arregló para ir a la reunión poniéndose un vestido elegante y unos bonitos aretes.*

arreglo *m.* ① Acción y efecto de arreglar o arreglarse: *El arreglo de flores que compramos para el cumpleaños de mi mamá tenía claveles, rosas y crisantemos.* ② Acuerdo o trato: *Todos llegamos a un arreglo con el maestro sobre las fechas para entregar los trabajos.*

arrendar *vb. irreg.* Ceder o disfrutar el uso temporal de una cosa, por un precio determinado: *Los vecinos ya se van de aquí porque arrendaron una casa que queda más cerca de su trabajo.*

arrepentirse *vb. irreg.* Lamentar haber hecho o dejado de hacer alguna cosa: *Me arrepiento de haberle hablado groseramente a mi amiga.*

arrestar *vb.* Detener a alguien que se supone cometió un delito, privándolo de su libertad. SIN. **apresar, capturar.** ANT. **liberar, soltar.**

arriar *vb. irreg.* Bajar una vela o bandera que estaba izada: *Después de la ceremonia, arriaron la bandera para doblarla y guardarla.*

arriba *adv.* En lugar superior o más alto: *Mi oficina está arriba, en el segundo piso.* SIN. **encima.** ANT. **abajo.**

arriesgar *vb.* Poner en peligro: *Ángel arriesgó su vida para sacarme del mar cuando me estaba ahogando.*

arrimar *vb.* Acercar una cosa o persona a otra para entrar en contacto: *Anoche arrimé mi cama a la de mi hermana porque tenía miedo.* ANT. **alejar.**

arrinconar *vb.* Dejar a un lado algo que no se va a utilizar: *Mi abuela arrinconó los muebles viejos en el desván.*

arrodillarse *vb.* Hincarse, ponerse de rodillas: *El príncipe y la princesa se arrodillaron ante el rey y éste los declaró marido y mujer.*

arrojar *vb.* ① Lanzar con violencia: *El deportista arrojó la jabalina a muchos metros de distancia.* ② Lanzarse sobre algo: *Me arrojé sobre el balón para evitar que entrara a la portería.* ③ Tirar algo o a alguien: *Arrojé al cesto de basura los papeles que no servían.*

arrollar *vb.* Pasar una cosa por encima de algo o alguien: *Un motociclista circulaba sin precaución y arrolló a mi perro.* SIN. **atropellar.**

arropar *vb.* Abrigar, cubrir con ropa: *Arrópate bien cuando salgas a la calle porque hace frío.*

arroyo *m.* Corriente de agua de escaso caudal: *Cerca de la escuela hay un arroyo donde los niños nadan en verano, y no corren peligro porque no es profundo.* SIN. **estero.**

arroz *m.* Planta cultivada en terrenos muy húmedos de la que surge un grano que se come: *Mi abuela prepara un delicioso pollo con arroz.*

arruga *f.* ① Pliegue de la piel, generalmente por efecto de la edad: *Mi tía tiene arrugas en la cara porque ya cumplió 65 años.* ② Forma irregular que se hace en cualquier cosa que se dobla o frunce: *Plancha la camisa, por favor, para quitarle esas arrugas.*

arrullar *vb.* Adormecer a un niño cantándole suavemente: *Como el bebé estaba inquieto, Mara lo arrulló durante un rato y por fin se durmió.*

arsenal *m.* Almacén de armas y objetos de guerra.

arte *m.* ① Actividad creativa del ser humano, que requiere la aplicación de sus facultades sensoriales, estéticas e intelectuales: *El cocinero de ese restaurante hace de la cocina un arte. Sus guisos son originales y muy sabrosos.* ② Conjunto de obras artísticas de un país, una región o una época: *El arte barroco europeo se desarrolló en el siglo XVII.*

artefacto *m.* Máquina, aparato: *Ese artefacto salió defectuoso, a veces enciende y a veces no.*

arteria *f.* ① Conducto que lleva la sangre del corazón al resto de los órganos del cuerpo. ② Calle de una ciudad, con más tránsito que las demás: *Esta avenida es la principal arteria de la ciudad.*

artesanía *f.* Trabajo artístico que se hace con las manos: *En algunos países, como Perú y México, se pueden encontrar artesanías de cerámica muy hermosas.*

artesano, na *m.* y *f.* Persona que elabora objetos a mano: *Ayer llegaron unos artesanos a la ciudad para vender su mercancía.*

articulación *f.* ① Acción y efecto de articular: *Unimos las articulaciones del robot para que funcionara.* ② Punto de unión entre las partes de un mecanismo: *El agua se escapa por una articulación de la tubería que está mal sellada.* ③ En anatomía, zona de unión entre dos o más huesos: *Me duele la articulación del codo porque jugué tenis sin hacer un poco de ejercicio antes.*

articular *vb.* ① Producir los sonidos de una lengua: *La maestra de inglés nos dice cómo articular las palabras, es decir, cómo pronunciarlas.* ② Unir las partes de un todo en forma funcional: *Para que funcione mi reloj de manera adecuada, el relojero articuló bien todas las piezas.*

artículo *m.* ① Escrito publicado en un diario o revista: *El artículo que leí en el diario sobre protección del ambiente me sirvió para elaborar mi trabajo.* ② Mercancía o producto que se compra o se vende: *Los artículos para el hogar se encuentran en el segundo piso de la tienda.* ③ Disposición numerada que aparece dentro de un texto legal: *Respetar cada artículo de la Constitución nacional asegura la paz.* ④ En gramática, palabra que indica el género y número del sustantivo que le sigue: *Existen los artículos definidos (el, la, los, las) y los indefinidos (un, una, uno, unas, unos).*

artificial *adj.* Hecho por la mano del hombre: *En el parque que está cerca de mi casa hicieron un lago artificial.* ANT. **natural.**

artillería *f.* ① Conjunto de armas de tierra: *La artillería fue fundamental en las guerras antes de que in-*

ventaran el avión. ② Cuerpo militar destinado a usar armas de artillería.

artista *m.* y *f.* ① Persona que ejercita algún arte: *Mi abuela era una artista para bordar.* ② Persona que actúa frente al público presentando un espectáculo: *El famoso artista salió disfrazado al escenario para iniciar la obra de teatro.* SIN. **actor**.

artritis *f.* Inflamación de una articulación: *A mi papá le duelen las manos porque tiene artritis.*

arveja *f.* Argent., Chile, Colomb. y Urug. Semilla leguminosa comestible, verde y redonda. SIN. **guisante**, **chícharo**.

arzobispo *m.* En la jerarquía de la Iglesia Católica, sacerdote de alto rango encargado de una provincia eclesiástica, superior al obispo.

as *m.* ① Naipe que representa el número uno. ② Persona que sobresale en algo: *Pablo es un as en el manejo de la bicicleta, la hace saltar sobre un solo neumático.*

asa *m.* Parte que sobresale de un objeto y que sirve para sujetarlo: *A la cacerola le falta el asa, por eso es muy difícil sujetarla.*

asado *m.* Plato o guiso a base de carne preparada al horno o a la parrilla: *Después de la sopa, comimos un delicioso asado.*

asador *m.* Instrumento de hierro que sirve para asar carne: *El domingo pasado preparamos carne con unas cebollas en el asador nuevo que compraron mis padres.*

asaltar *vb.* Tomar un lugar o atacar a una persona, en especial para efectuar un robo: *Dos individuos que traían máscaras han asaltado a ese hombre.*

asalto *m.* Hecho en que se toma por sorpresa un lugar o a una persona con el fin de robar: *El asalto al banco resultó un fracaso para los ladrones porque la policía los atrapó.* SIN. **robo**.

asamblea *f.* Reunión de personas convocadas para algún fin: *En la asamblea de maestros de la escuela, todos votaron a favor de Ernesto para elegirlo como representante.*

asar *vb.* Preparar un alimento directamente en el fuego: *La cocinera asó un delicioso pollo a las brasas.*

ascender *vb. irreg.* ① Pasar a un lugar más alto o a una categoría superior: *Los jugadores de fútbol de la escuela ascendieron del segundo al primer lugar de la tabla general.* SIN. **subir**. ② Aumentar una cantidad: *Con los intereses, el préstamo ascendió de 800 mil pesos a un millón.*

ascenso *m.* ① Subida, acción y efecto de subir: *El ascenso a la cumbre de la montaña fue difícil.* ANT. **descenso**. ② Cambio de puesto a un nivel superior: *Cristóbal obtuvo un ascenso por su empeño en el trabajo y ahora ya es jefe.*

ascensor *m.* Aparato para transportar personas de un piso a otro de un edificio: *Debes subir por las escaleras porque no hay ascensor.* SIN. **elevador**.

asco *m.* Alteración física producida por repugnancia: *Me da tanto asco la carne cruda que siento ganas de vomitar nada más de imaginármela.*

asear *vb.* Limpiar lo que está sucio y desarreglado: *Antes de salir al parque, debes asear la cocina y lava tu ropa.* ANT. **ensuciar**.

asegurar *vb.* ① Fijar sólidamente: *Aseguré el retrato a la pared con un clavo.* ② Garantizar que se va a llevar a efecto una cosa: *El arquitecto nos aseguró que la casa estaría lista en dos meses, ya que sólo faltaban algunos arreglos.*

asentar *vb. irreg.* ① Colocar una cosa firmemente: *Los albañiles asentaron la viga para que no se cayera el andamio.* ② Establecerse un pueblo en un sitio: *Los primeros pueblos de la historia se asentaron en lugares cercanos a ríos.* ③ Posarse al fondo de un líquido: *Le faltó sabor al caldo porque los condimentos se asentaron en la cacerola.*

asentir *vb. irreg.* Mover la cabeza de manera afirmativa.

aseo *m.* Limpieza de algo o alguien para quedar presentable: *Roberto me hizo notar el mal aseo de mis zapatos, ya que estaban llenos de tierra.*

aserradero *m.* Lugar donde se hacen tablas de madera.

asesinar *vb.* Matar intencionalmente a una persona: *El dictador mandó asesinar a sus adversarios.*

asesino, na *m.* y *f.* Persona que mata voluntariamente: *No era la primera víctima de ese asesino, ya que antes había matado a otras dos personas.* SIN. **criminal**.

asfalto *m.* Sustancia derivada del petróleo, que se utiliza para cubrir calzadas y carreteras: *Pusieron nuevo asfalto en la avenida después de que se lo pedimos a las autoridades.*

asfixiar *vb.* Provocar que alguien muera por falta de oxígeno o hacer que sea difícil respirar: *Había tanto humo de cigarrillo dentro del restaurante que sentí que me asfixiaba.*

así *adv.* De esta o esa manera: *El ingeniero dijo que la casa estaba bien así, pero ayer se cayó.*

asiático, ca *adj./m.* y *f.* Originario de Asia.

asiento *m.* ① Cualquier mueble destinado para sentarse en él: *El asiento favorito de papá es el sofá verde.* ② Parte de un mueble que sirve para sentarse: *Los asientos del carro son muy cómodos.*

asignatura *f.* Materia que forma parte de un plan de estudios: *La asignatura de anatomía es mi favorita.*

asilo *m.* Casa donde se ayuda a personas sin recursos económicos: *Cerca de la escuela hay un asilo de ancianos.*

---

asimilar *vb.* [1] Comprender lo que se dice sobre algún tema: *Juan asimiló lo que dijo el profesor de geografía sobre las zonas boscosas y ahora hace un trabajo sobre ello.* SIN. **entender.** [2] Transformar el cuerpo una sustancia para poder aprovecharla: *El organismo humano asimila todos los alimentos para mantenerse en forma.*

asimismo o **así mismo** *adv.* De este o del mismo modo: *Para aprobar la materia deben participar en clase. Asimismo, es requisito elaborar todos sus trabajos y entregarlos a tiempo.*

asistente *m.* y *f.* Persona que ayuda a otra o cuida de ella: *El asistente de mi jefe es muy trabajador y responsable, siempre cumple con lo que le piden.*

asistir *vb.* [1] Estar presente en algún lugar: *Todos mis amigos asistieron a mi graduación.* [2] Ocuparse de una persona o de varias personas: *La Cruz Roja asiste a los heridos en los accidentes.* SIN. **atender.**

asma *m.* Problema respiratorio que se manifiesta por sofocación, ahogo o tos: *Manuel tiene asma y a veces le cuesta mucho trabajo respirar.*

asno, na *m.* y *f.* Mamífero más pequeño que el caballo, que se utiliza como animal de carga: *El asno es uno de los animales de carga que más ayudan al hombre.* SIN. **burro.**

asociar *vb.* Juntar personas o cosas para que lleguen a un mismo fin: *Mi padre se ha asociado con unos amigos para formar un club de ajedrez.*

asolear *vb.* [1] Poner al sol una cosa por algún tiempo: *Mi mamá puso a asolear los pantalones en el patio de la casa.* [2] Acalorarse tomando el sol: *Durante las vacaciones nos asoleamos todo el día en la playa.*

asomar *vb.* [1] Empezar a mostrarse: *Detrás de la colina, el Sol empieza a asomarse con sus grandes rayos.* SIN. **aparecer, surgir.** [2] Sacar una cosa por una abertura: *Mi vecino asomó la mano por la ventana para saludar a sus amigos.*

asombrar *vb.* Crear sorpresa o admiración por algo: *La espectacular voz de la cantante asombró a todo el público.* SIN. **sorprender.**

asombro *m.* Espanto, sorpresa o admiración que produce algo inesperado: *Todos miraron con asombro el truco que realizó el mago: ¡desapareció un automóvil!* SIN. **admiración, sorpresa.**

aspa *f.* Figura en forma de X o de cruz que gira impulsada por un motor o a causa del viento: *Las aspas del ventilador de aire estaban funcionando a su máxima potencia.*

aspecto *m.* Manera en la que se perciben las cosas por medio de la mirada: *El murciélago es un mamífero, aunque tiene aspecto de ave.* SIN. **apariencia.**

áspero, ra *adj.* Falto de suavidad al tacto: *Este árbol tiene la corteza áspera.* ANT. **liso, suave.**

aspiración *f.* [1] Hecho de meter aire en los pulmones. ANT. **espiración.** [2] Hecho de intentar algo que se desea: *Jorge tiene la aspiración de ser un actor famoso, por eso toma cursos de actuación.* SIN. **ambición, deseo.**

aspiradora *f.* Aparato eléctrico que recoge el polvo: *Se me regó la harina en el suelo, pero con la aspiradora limpié todo en un minuto.*

aspirar *vb.* [1] Meter aire en los pulmones: *Necesito aspirar aire puro, porque siento que me asfixio con tanta contaminación.* [2] Pretender una cosa: *Mi vecino aspira a ser diputado y por eso nos pide nuestro apoyo en las elecciones.* [3] Quitar el polvo de un tapete o del piso con una máquina que aspira.

aspirina *f.* Nombre comercial de un medicamento usado para combatir la fiebre y como analgésico: *Como me dolía la cabeza tomé una aspirina.*

asta *f.* [1] Palo de lanza o flecha. [2] Palo que sirve para poner una bandera: *Construyeron un asta muy alta para que la bandera pueda verse desde lejos.* [3] Partes duras que salen de la cabeza de algunos animales: *Los ciervos poseen unas astas enormes con las permiten defenderse de sus enemigos.* SIN. **cuerno.**

asterisco *m.* Signo ortográfico en forma de estrella (*).

asteroide *m.* En astronomía, especie de planeta pequeño que circula entre las órbitas de Marte y Júpiter.

astilla *f.* Fragmento que se desprende de la madera y de los minerales al romperse: *A Mario se le clavó una astilla mientras cortaba madera.*

astillero *m.* Lugar donde se construyen y reparan barcos: *Los barcos que salieron dañados por el huracán fueron llevados al astillero más cercano.*

astro *m.* [1] Cuerpo celeste que existe en el Universo: *Las estrellas y los planetas del Universo son astros que aún encierran muchos enigmas para nosotros.* [2] Persona excelente en su actividad, que por lo mismo es muy conocida: *Raúl es un astro en el manejo de la pelota, ya que ninguno de nosotros juega mejor que él.*

astronauta *m.* y *f.* Piloto o pasajero de una astronave: *Los astronautas caminaron por primera vez sobre la Luna en 1969.*

astronave *f.* Vehículo espacial: *En los libros de ciencia ficción se describen extraordinarias astronaves que son capaces de ir a planetas que están a años luz de la Tierra.*

astronomía *f.* Ciencia que estudia los astros. →

astucia *f.* Habilidad para engañar o evitar ser engañado: *Con astucia, hice que Tomás creyera que mi papá es extraterrestre.*

astuto, ta *adj.* Hábil para engañar o evitar el engaño: *Laura fue más astuta que Ricardo y no se dejó engañar por él.*

asunto *m.* Materia de la cual se habla: *El asunto del que trató la conferencia nos entusiasmó y todos asis-*

Ⓢ *Argent.* = Argentina ☆ *Colomb.* = Colombia ☆ *Urug.* = Uruguay.

timos, ya que deseábamos saber más sobre el nuevo grupo de rock. SIN. **tema.**

asustar *vb.* Causar o sentir miedo: *La explosión de gas asustó a todos los transeúntes que caminaban por la calle.* SIN. **espantar.** ANT. **calmar, tranquilizar.**

atacar *vb. irreg.* [1] Lanzarse contra alguien o algo para causarle daño: *El ladrón atacó a dos mujeres que miraban los regalos de la tienda y les robó su dinero.* SIN. **agredir.** ANT. **defender.** [2] Destruir o dañar algo: *Una plaga atacó la cosecha y pudimos salvar muy poco trigo.*

atajo *m.* Senda que acorta el camino: *Tomamos un atajo para no tener que caminar tanto.*

ataque *m.* [1] Acción ofensiva para conseguir un objetivo: *El ejército lanzó un ataque por sorpresa.* [2] Acceso repentino de una enfermedad o de un sentimiento: *Este muchacho a veces sufre ataques de nervios cuando se acercan los días de exámenes.*

atar *vb.* Sujetar con ligaduras o nudos: *Atamos el paquete con una cuerda para asegurarlo bien.* SIN. **amarrar.** ANT. **desatar.**

atarantar *vb.* Confundirse y no saber cómo reaccionar ante un hecho: *El niño se atarantó con el golpe de balón que recibió durante el partido.*

atardecer *vb. irreg.* Comenzar a caer la tarde: *En invierno atardece más temprano que en verano.*

atascar *vb. irreg.* [1] Obstruir el paso algún objeto: *Un pedazo de madera atascó el tubo de agua y por eso no salía agua por el grifo.* [2] Quedarse detenido sin posibilidad de movimiento: *Muchos automóviles se atascaron a la mitad del camino por la tormenta de nieve que cayó.*

ataúd *m.* Caja donde se coloca un cadáver para enterrarlo: *Los parientes eligieron un ataúd de metal para el difunto.*

ataviar *vb. irreg.* Vestir o arreglar a una persona o cosa: *En algunas fiestas populares, la población se atavía con trajes típicos.* SIN. **adornar.**

atemorizar *vb. irreg.* Causar o sentir temor: *El disfraz de monstruo atemorizó a los niños.* SIN. **asustar, espantar.**

atención *f.* [1] Cuidado que se pone a alguien o algo: *Pusimos atención a las explicaciones del guía de turistas durante el recorrido.* [2] Demostración de cortesía: *El gerente tuvo muchas atenciones con nosotros y nos regaló café con galletas aunque no nos conocía.*

atender *vb. irreg.* [1] Satisfacer un deseo o mandato: *Las autoridades atendieron la petición que hicimos sobre la construcción del puente.* SIN. **aceptar.** [2] Cuidar de una persona o cosa: *El médico de la familia atiende con mucho cuidado la enfermedad del abuelo.* SIN. **cuidar.**

atentado *m.* Agresión contra una persona o una autoridad: *Hubo un atentado contra el presidente de mi país, del que salió herido.* SIN. **ataque.**

atentar *vb.* Realizar acciones que dañan a otras personas, a la naturaleza o a uno mismo: *Contaminar el ambiente es atentar contra nuestra propia vida.* SIN. **agredir.**

atento, ta *adj.* [1] Que tiene fija la atención en algo: *Julio siempre está atento a las explicaciones de sus maestros.* [2] Que tiene buenos modales: *Claudia es muy atenta con los adultos, siempre les habla de manera educada.* SIN. **cortés.** ANT. **grosero.**

ateo, a *adj./m.* y *f.* Persona que niega la existencia de Dios.

aterrar *vb.* Producir o sentir mucho miedo: *A Lauro le aterran los insectos, en especial las avispas.* SIN. **asustar, atemorizar.**

aterrizar *vb. irreg.* Posarse sobre el suelo una aeronave que iba volando: *El avión aterrizó en la pista del aeropuerto.* ANT. **despegar.**

aterrorizar *vb. irreg.* Provocar o sentir terror: *El perro que ladraba aterrorizó al niño que caminaba por la calle.* SIN. **asustar, atemorizar, espantar.**

atestiguar *vb. irreg.* Declarar como testigo de algún asunto: *Cuatro personas atestiguaron sobre el asalto al banco, porque pudieron ver todo desde el edificio de enfrente.*

atiborrar *vb.* Llenar al máximo: *Los maestros atiborraron el salón de juegos de mi escuela con alumnos de otro colegio cuando organizamos un festival.*

atinar *vb.* Dar en el punto exacto: *Con el rifle de municiones atiné a dos muñecos y me gané un premio en la feria.* SIN. **acertar.** ANT. **fallar.**

atizar *vb. irreg.* Remover el fuego: *Atizamos el fuego de la hoguera para que no se apagara.*

atlántico, ca *adj.* Relativo al Océano Atlántico o a los países o regiones que lo bordean.

atlas *m.* Colección de mapas en forma de libro: *En la asignatura de geografía utilizamos el atlas para localizar todas las regiones del planeta.*

atleta *m.* y *f.* Persona que practica el atletismo u otro deporte: *Las Olimpiadas se inauguran con un desfile de atletas.*

atletismo *m.* Conjunto de deportes individuales que comprende carreras, saltos y lanzamientos: *En la escuela practicamos atletismo y lo que más me gusta es la carrera de cien metros.*

atmósfera *f.* Capa gaseosa que envuelve la Tierra.

atol o **atole** *m.* Guat. y Méx. Bebida caliente de harina de maíz disuelta en agua o leche: *Tomamos atole antes de ir a la escuela, porque nos da energía.*

átono, na *adj.* Se dice a la palabra, sílaba o vocal que carece de acento: *En la palabra "casa", sa es la sílaba átona.*

---

atontado, da *adj.* Que queda aturdido y sin ganas de nada: *Me sentí atontado después de responder tantas preguntas del examen.*

atorar *vb.* ① Obstruir, atascar: *Las piedras atoraron el paso de la corriente de agua del arroyo.* ② Trabarse al hablar: *Estaba tan nervioso cuando vio a su enamorada, que se atoró y no supo qué decirle.* ③ Atragantarse: *¡Se me atoró una espina del pescado en la garganta!*

atormentar *vb.* Causar gran molestia física o moral: *El dolor de muelas me atormenta y no me deja dormir.* SIN. **molestar.** ANT. **aliviar.**

atornillar *vb.* Introducir un tornillo y sujetar con él algún material: *Con mucho cuidado atornillamos las sillas nuevas al suelo para que nadie las mueva.*

atracción *f.* ① Gusto o deseo que provoca algo: *El circo es de gran atracción para los niños.* ② Fuerza con que se puede atraer una cosa: *La Tierra ejerce una atracción sobre la Luna que no le permite alejarse más a nuestro satélite.* ③ *pl.* Conjunto de espectáculos o diversiones: *El domingo iremos al parque de atracciones para divertirnos un rato.*

atractivo, va *adj.* Que atrae y despierta interés: *Esta lectura es atractiva para nosotros, porque nos habla de lo que hicieron nuestros antepasados.*

atraer *vb. irreg.* ① Traer o hacer venir algo hacia uno: *Con su belleza, la reina atrajo las miradas de todo el mundo.* ② Atrapar la atención de algo o alguien: *A Carlos le atrae la música romántica.* SIN. **cautivar.** ③ Hacer venir una persona o cosa hacia otra: *El imán atrae cosas de metal.*

atragantarse *vb.* No poder tragar algo: *Mi hermano come tan rápido que se atraganta a cada momento.*

atrapar *vb.* ① Prender o apresar algo que huye: *Los perros atraparon al conejo.* SIN. **capturar, detener.** ANT. **dejar, liberar, soltar.** ② Conseguir con habilidad o suerte algo: *Felipe atrapó el balón sin dificultad.*

atrás *adv.* ① Hacia la parte posterior: *Tuvimos que dar unos pasos atrás, porque había un hoyo que no dejaba pasar.* ② Detrás: *En la fila de la escuela, Emiliano se quedó atrás de nosotros porque era el más alto de todos.* ③ En un tiempo pasado: *Pocos días atrás le habían comunicado la mala noticia y todavía se sentía muy triste.*

atrasar *vb.* ① Hacer algo más tarde del tiempo previsto: *Hemos atrasado nuestras vacaciones porque mi tía no se siente bien, tal vez nos vayamos la semana próxima.* ② Poner el reloj a una hora que ya pasó: *Mi abuela ha atrasado diez minutos el reloj del comedor: aunque son las 10:10, ella lo puso a las 10 en punto.*

atravesar *vb. irreg.* ① Cruzar un lugar: *Atravesé la calle con mucha precaución.* ② Colocar algo de modo que cruce otra cosa: *Atravesamos una viga en la puerta de la casa para impedir que el perro entre.* ③ Poner algo que entre por una parte y salga por otra: *Hay aretes que lastiman cuando atraviesan los lóbulos de las orejas.*

atreverse *vb.* Tener valor para hacer algo: *El nuevo maestro de matemáticas se atrevió a cuestionar las reglas del director.* SIN. **arriesgarse, osar.**

atropellar *vb.* Pasar con violencia por encima de algo o alguien: *Un carro que iba a gran velocidad atropelló a un perro y le rompió una pata.* SIN. **arrollar.**

atroz *adj.* ① Inhumano, cruel: *Cerca de mi casa cometieron un asesinato atroz que salió en las noticias.* ② Muy grande o fuerte: *Ponte una camisa muy ligera, porque hace un calor atroz.* ③ Muy malo: *Anoche vimos un filme atroz en el que nunca sucedió algo interesante.* SIN. **pésimo.**

atuendo *m.* Ropa con la que se viste una persona: *El actor se quitó el atuendo medieval cuando terminó la obra de teatro.* SIN. **vestido.**

atún *m.* Pez de mar apreciado por su carne, que se come fresca o en conserva: *Compré tres latas de atún para hacer una ensalada.*

aturdir *vb.* ① Provocar, un golpe o una mala noticia, incapacidad para darse cuenta de lo que pasa alrededor: *El fuerte golpe en la cabeza me aturdió y ya no me di cuenta de nada más.* ② Confundirse sin saber qué hacer: *Los gritos muy altos me aturden y no puedo leer.* SIN. **molestar, turbar.**

audaz *adj.* Capaz de lograr algo novedoso o arriesgado: *Un piloto de carros de carreras debe ser audaz para mantener el control de su automóvil.* SIN. **valiente.** ANT. **prudente.**

audición *f.* ① Facultad de oír: *Bruno tiene problemas de audición, por eso el médico le recetó un aparato que lo ayude a oír mejor.* ② Sesión musical: *El flautista dio una audición musical que fue ampliamente comentada por televisión.* ③ Sesión de prueba de un artista: *Para la obra de teatro hicieron muchas audiciones, porque necesitaban escoger buenos actores y bailarines.*

audiencia *f.* Público que sigue las emisiones de los medios de comunicación: *Los programas de concursos en televisión tienen mucha audiencia porque a la gente le gusta obtener regalos.*

audífono *m.* ① Artefacto para sordos, que amplifica los sonidos: *Mi abuelo está sordo y le han puesto un audífono en el oído izquierdo.* ② *pl.* Aparato que sirve para oír la radio o la televisión sin que el sonido salga al aire.

audiovisual *adj./m.* Que combina sonido e imagen: *El maestro de biología nos pasó un audiovisual de las células del cuerpo humano. Me gustaron las fotografías y la explicación que se daba de ellas.*

auditorio *m.* ① Conjunto de oyentes que van a un espectáculo: *Todo el auditorio escuchaba en silencio*

a
b
c
d
e
f
g

el concierto de guitarra. SIN. **espectadores**, **público**.
[2] Local acondicionado para celebrar eventos importantes: El **auditorio** de la escuela sirvió para realizar la fiesta de fin de cursos.

auge m. Momento de mayor intensidad o esplendor: La fama de este escritor llegó a su **auge** con su libro más reciente.

augurio m. Señal que anuncia lo que puede suceder en el futuro: El **augurio** del brujo era que no llovería durante todo el año y así fue.

aula f. Sala destinada a dar clases en un centro de enseñanza: En la nueva **aula** de la escuela caben 50 alumnos. SIN. **salón**.

aullido m. Grito agudo y prolongado del lobo, el perro, etc.: Cuando estábamos en el bosque, oímos el **aullido** de los lobos y nos dio miedo.

aumentar vb. Hacer más grande, numeroso o intenso: Las autoridades anunciaron que va a **aumentar** el precio de la leche. SIN. **subir**.

aumento m. [1] Hecho de crecer en cantidad o cualidad: El **aumento** al precio del transporte público afecta a toda la población. ANT. **disminución**, **reducción**. [2] Potencia de ciertos cristales para ver más grandes las cosas: La lupa tiene **aumento** y así sí puedo leer estos libros de letra pequeña.

aun adv. Incluso, hasta, también: Todos nos asustamos con la tormenta, **aun** mi hermano mayor.

aún adv. Todavía: Comí bastante ensalada, pero **aún** tengo hambre.

aunque conj. Introduce una objeción u oposición: **Aunque** estoy enfermo, no faltaré al trabajo.

auricular adj. Perteneciente o relativo al oído o a las aurículas.

aurora f. Luz difusa que se da antes de la salida del Sol: Nos despertamos con la **aurora** para salir temprano de campamento. SIN. **alba**, **amanecer**, **madrugada**. ANT. **anochecer**, **atardecer**, **ocaso**.

auscultar vb. Explorar los sonidos que se producen en el cuerpo: El médico **ausculta** el corazón del enfermo porque le ayuda a conocer su estado de salud.

ausencia f. [1] Tiempo en que alguien está lejos: Estaba triste por la larga **ausencia** de mis amigos que salieron de viaje tres meses. [2] Falta de algo: El sabor de esta ensalada está muy simple por la **ausencia** de cebolla y condimentos. SIN. **falta**. ANT. **abundancia**.

ausente adj./m. y f. Separado o alejado de alguna persona o lugar: Los alumnos que estén **ausentes** la próxima clase, tendrán menos posibilidades de aprobar la materia.

austero, ra adj. Que se reduce a lo necesario y deja de lado lo que no lo es.

australiano, na adj./m. y f. Originario de Australia, continente del hemisferio austral.

auténtico, ca adj. Que es cierto y positivo: Estos cuadros son **auténticos** y han sido valuados en gran cantidad de dinero, no son falsos, como los de ese hombre. ANT. **falso**.

auto m. Automóvil: El **auto** nuevo tuvo una falla mecánica a los tres días de haberlo comprado.

autobús m. Vehículo que sirve para transportar gran cantidad de gente de un lugar a otro: Cada hora pasa un **autobús** por la esquina de mi casa.

autóctono, na adj./m. y f. Originario del país que habita: Mis primos son **autóctonos** de España y vamos a visitarlos durante las vacaciones.

autódromo m. Lugar de esparcimiento en el que hay competencias de automóviles: La carrera comenzó tarde en el **autódromo**, pero el público no se desanimó.

autógrafo m. Firma de una persona famosa: Después del concierto le pedí su **autógrafo** a mi cantante favorito.

automático, ca adj. [1] Que trabaja o se regula por sí mismo: Mi madre tiene una lavadora de ropa **automática** que es una maravilla, sólo oprimes un botón y trabaja ella sola. [2] Movimiento que se realiza de manera involuntaria o inconsciente: De manera **automática** se colocó los anteojos y no se dio cuenta que no eran los suyos.

automóvil m. Vehículo provisto de un motor y destinado al transporte de pocas personas. SIN. **auto**, **carro**.

automovilismo m. Deporte que consiste en correr automóviles: A José le encanta el **automovilismo** y no se pierde ninguna carrera.

autopista f. Carretera para la circulación rápida de automóviles: La nueva **autopista** nos permite llegar a otras ciudades en menos tiempo.

autopsia f. Examen de un cadáver para determinar las causas de su muerte: Con la **autopsia**, los médicos descubren por qué murió el paciente.

autor, ra m. y f. [1] Persona que realiza algo: La policía ha detenido al **autor** del robo. SIN. **responsable**. [2] Persona que realiza una obra artística: El **autor** favorito de Óscar es Jorge Luis Borges, quien escribió muchos cuentos y poemas.

autorizar vb. irreg. Dejar que se hagan las cosas: El médico **autorizó** al enfermo a que se levantara porque consideró que ya estaba sano.

autoservicio m. Establecimiento donde el cliente se sirve a sí mismo.

auxiliar vb. Dar ayuda a alguien: El barco **auxilió** a los náufragos del bote que se hundió por la tormenta.

auxilio m. Ayuda que se da a quien está en peligro: Hay que prestar **auxilio** a los heridos. SIN. **asistencia**, **socorro**, **ayuda**.

avalancha f. Masa de nieve o de alguna otra materia que se desprende y cae con fuerza: Una **avalancha** de nieve cayó sobre los alpinistas. SIN. **alud**.

---

avance *m.* [1] Hecho de moverse hacia delante de la posición que se ocupaba antes. [2] Progreso: *Ramiro está contento con el avance de su novela y cree terminarla en un par de meses.*

avanzar *vb. irreg.* [1] Mover o prolongar hacia adelante: *Si avanzo un lugar más en el juego de mesa, voy a llegar a la meta.* [2] Progresar: *Avanzo rápidamente en el aprendizaje del portugués, creo que pronto voy a hablarlo muy bien.* [3] Ir hacia adelante: *El chófer hizo avanzar el automóvil con mucho cuidado por el camino resbaloso.*

avaro, ra *adj./m. y f.* Que lo guarda todo sin gastar nada: *El dueño de la tienda de dulces es un avaro: es rico, pero nunca ayuda a las personas pobres.* SIN. **codo, amarrado, mezquino, tacaño.**

ave *f.* [1] Animal cubierto de plumas, con pico, dos patas y alas que le sirven para volar: *El canario, la gallina y el águila son aves.* [2] *loc.* **Ave rapaz o de rapiña,** la que tiene garras grandes y potentes y pico fuerte: *El halcón es un ave rapaz que atrapa a sus presas con sus garras.*

avellana *f.* Fruto del avellano, casi esférico, que suele comerse tostado: *Compré una barra de chocolate con avellanas, pero no puedo darte porque ya me la comí.*

avellano *m.* Arbusto de hojas anchas que crece en los bosques, alcanza una altura máxima de 7 m y que se cultiva tanto por su fruto como por su madera.

avena *f.* Cereal con granos que se llaman del mismo nombre y se utilizan para la alimentación: *Desayuné un jugo de naranja y un plato de avena con leche.*

avenida *f.* Vía o calle ancha rodeada de árboles: *Fuimos a pasear por una avenida cerca del centro de la ciudad.*

aventura *f.* Suceso extraordinario o peligroso: *Soñé que vivía una aventura por el Amazonas y yo era el héroe porque vencía a las serpientes y salvaba a la princesa.*

avergonzar *vb. irreg.* Sentir vergüenza o hacer que alguien la sienta: *Durante la fiesta, Luciana se avergonzó frente a los invitados y ya no pudo seguir diciendo la poesía.*

averiguar *vb. irreg.* Indagar la verdad de una cosa: *Los policías tratan de averiguar quién cometió el asalto al banco y por qué no sonó la alarma.*

avestruz *m.* Ave corredora de gran tamaño, con patas y cuello largos y cabeza pequeña, que vive en África y está incapacitada para volar: *El avestruz pone unos huevos enormes porque es el ave más grande que existe.*

aviación *f.* Transportación que utiliza aviones: *La industria de la aviación comenzó a principios de este siglo.*

aviador, ra *adj./m. y f.* Se dice de la persona que pilotea un avión.

avicultura *f.* Actividad que consiste en criar y reproducir aves para aprovechar sus productos.

avión *m.* Vehículo con alas y motor, que sirve para viajar por aire: *Los aviones vuelan muy rápido, por eso recorren grandes distancias en poco tiempo.*

avisar *vb.* [1] Anunciar: *En la estación había un cartel que avisaba sobre el cambio de horario del tren.* [2] Advertir sobre algún asunto: *El médico me avisó que si sigo fumando, mi salud va a empeorar cada vez más.*

aviso *m.* Noticia que se da a otras personas: *El aviso en la puerta indicaba la cancelación de las inscripciones.*

avispa *f.* Insecto de cuerpo amarillo con bandas negras y que posee aguijón.

avispón *m.* Avispa de gran tamaño de picadura muy dolorosa.

axila *f.* Parte del cuerpo que se halla debajo del brazo, donde éste se une al tronco. SIN. **sobaco.**

¡ay! *interj.* Expresa aflicción o dolor: *"¡Ay!, me pisaste", me gritó Genoveva.*

ayer *adv.* Día que ocurrió inmediatamente antes al de hoy: *Ayer fui al cine, hoy al teatro y mañana iré al circo.*

ayuda *f.* Auxilio, asistencia o cooperación que una persona da a otra: *Manuel me pidió ayuda porque su trabajo escolar estaba muy difícil.*

ayudar *vb.* Prestar cooperación para conseguir algo: *Todos ayudaron a pintar el salón de clases y quedó muy bonito.*

ayuno *m.* Periodo en el cual no se come ni se bebe durante la mañana, todo el día o, incluso, varios días.

ayuntamiento *m.* Corporación que gobierna un municipio, y el edificio donde realiza sus labores: *El ayuntamiento del pueblo se encuentra cerca de la plaza principal.*

azabache *m.* Piedra muy negra y dura que se utiliza en joyería: *Liliana tiene un collar de azabache.*

azada *f.* Instrumento de hierro, de forma alargada y plana, que sirve para trabajar la tierra.

azafata *f.* Empleada que atiende a los pasajeros en los aviones: *Las azafatas nos explicaron cómo abrocharnos los cinturones de seguridad.* SIN. **aeromoza.**

azafate *m.* Perú. Pieza plana para servir, llevar o poner cosas. SIN. **bandeja, charola.**

azafrán *m.* Planta que se emplea como condimento en la comida: *A la paella se le pone azafrán; por eso el arroz toma su típico color amarillo.*

azahar *m.* Flor blanca y muy perfumada del naranjo, del limonero y del cidro.

azar *m.* Casualidad: *Mi amigo y yo nos encontramos por azar en el restaurante y nos fuimos juntos de compras.*

ázimo *adj.* Relativo al pan sin levadura.

azotar *vb.* ① Golpear a alguien: *En la antigüedad azotaban a los presos que tenían mala conducta.* ② Golpear repetida y violentamente una cosa: *Las olas azotaban con fuerza las rocas que estaban en la orilla del mar durante la tormenta.*

azotea *f.* Parte plana y espaciosa en lo alto de un edificio o casa: *Desde la azotea de mi casa puedo ver las montañas.*

azteca *adj./m. y f.* Relativo al antiguo pueblo que habitaba en el centro del actual México: *Los aztecas construyeron una gran ciudad llamada Tenochtitlan.*

azúcar *m. y f.* Sustancia granulada dulce, que se extrae de la caña de azúcar o remolacha y se usa en algunos alimentos y bebidas: *Le puse azúcar a los duraznos con crema y ahora están más dulces.*

azucena *f.* Planta herbácea de flores grandes, blancas y olorosas.

azul *adj./m.* Uno de los tres colores básicos: *El mar se ve azul por el reflejo del cielo.*

azulejo *m.* Pieza de cerámica lisa y vidriada que se usa para cubrir suelos y paredes: *El azulejo del baño es verde con flores amarillas.*

azuzar *vb. irreg.* ① Incitar o provocar a los animales para que ataquen: *El hombre azuzó al perro para que atacara al ladrón.* ② Irritar, estimular.

Bb

b f. Segunda letra del abecedario español, también llamada *b grande* o *b labial*. Su nombre es *be*.

baba f. ① Saliva de los animales. ② Jugo viscoso de algunas plantas. ③ *Fam.* Saliva: *Dejé la almohada mojada de baba porque dormí con la boca abierta.*

babero m. Prenda infantil usada en el pecho: *"Ponle el babero al bebé antes de darle de comer para que no se ensucie", me dijo mi mamá.*

babor m. Costado izquierdo de un barco, si se le mira de popa a proa. **ANT. estribor.**

babosa f. Molusco terrestre parecido al caracol, pero sin caparazón.

bacalao m. Pez marino de los mares árticos, es comestible: *Mi mamá me da perlas de hígado de bacalao porque ayudan a mejorar la vitalidad de mi cuerpo.*

bache m. Hoyo en una calzada o camino.

bachillerato m. ① Estudios de enseñanza media o media superior. ② Grado alcanzado por un bachiller.

bacinica o **bacinilla** f. Recipiente profundo, por lo general de metal o plástico, usado para orinar y defecar: *El niño todavía usa pañales, pero ya está aprendiendo a orinar en la bacinica.* **SIN. bacín.**

bacteria f. Microorganismo que puede tener forma redonda, alargada o espiral: *Algunas bacterias producen enfermedades graves.* →

badajo m. Pieza que cuelga dentro de una campana para golpearla y hacerla sonar.

bagazo m. Fibra de la caña de azúcar después de ser exprimida: *El bagazo de la caña puede aprovecharse como alimento para el ganado.*

bagre m. ① Pez comestible de ríos cálidos, con una especie de bigotes y de carne amarillenta. ② *Méx.* Pez bandera.

bahía f. Parte de la costa donde el mar entra en la tierra: *Los barcos se refugian de las tormentas en la bahía.*

bailar vb. Mover el cuerpo al compás de la música: *Mi novio y yo fuimos a bailar a un salón donde tocaban música moderna.*

baile m. ① Pieza musical que se baila. ② Fiesta en la que la gente baila: *Los muchachos se fueron al baile para celebrar el fin de cursos.*

bait m. **Palabra de origen inglés.** Unidad de medida de la memoria de una computadora, equivalente a 8 bits.

baja f. ① Disminución de un monto o valor: *La baja en el precio del petróleo afecta la economía del país.* ② Pérdida, muerte: *El ejército sufrió muchas bajas en esa batalla porque el enemigo era más poderoso.* ③ Cese, suspensión: *El alumno fue dado de baja de la escuela por su mal comportamiento.*

bajada f. ① Hecho de bajar. **SIN. descenso.** ② Camino o lugar por donde se baja: *En los autobuses, normalmente la bajada es por la puerta de atrás.* **ANT. subida.**

bajar vb. ① Ir desde un lugar a otro que esté más bajo: *Cuándo hay un terremoto, lo mejor es bajar de los edificios por la escalera de emergencia.* ② Poner alguna cosa en lugar más bajo: *Le pedí a Roberto que bajara el frasco de la alacena, porque yo no lo alcanzaba.*

bajío m. ① Elevación del fondo en los mares, ríos y lagos. ② *Amér.* Terreno de poca altura: *En el bajío hay un tipo de vegetación que no se encuentra en la montaña.*

▶**bajo** m. ① Instrumento de cuerdas que emite sonidos graves. **SIN. contrabajo.** ② Cantante masculino que tiene el registro de voz más grave de todos.

bajo adv. ① Abajo. ② En tono que apenas se oiga: *En las bibliotecas se debe hablar bajo para no molestar a las personas que estudian.*

▶**bajo** prep. Debajo de, dominado o sometido: *La Colonia (aproximadamente del año 1500 al 1800) es el periodo histórico en que los hispanoamericanos vivieron bajo el control europeo.*

bajo, ja adj. ① De poca altura: *El edificio donde vivo es bajo porque sólo tiene dos niveles, pero Pedro vive en uno muy alto que tiene veinte niveles.* **SIN. chaparro, retaco, petizo. ANT. alto.** ② Situado a poca distancia del suelo: *Yo vivo en la planta baja del edificio, pero me gustaría cambiarme a un piso de arriba para recibir más luz.* ③ Inferior: *La camisa que compré era de tan baja calidad, que se despintó a la primera lavada.*

bala f. Cualquier proyectil de arma de fuego: *El cazador puso las balas a su rifle y le disparó al conejo.*

balada f. ① Composición poética que desarrolla un tema legendario. ② Género musical, generalmente de armonías simples que acompañan a la voz: *El cantante interpretó una balada que gusta mucho al público.*

Ⓢ Amér. = América ☆ Méx. = México.

balance *m.* ⓵ Equilibrio. ⓶ Cuenta que se hace de los gastos y las ganancias de un negocio para determinar su situación económica.

balancear *vb.* ⓵ Mover un objeto de un lado a otro. ⓶ Poner en equilibrio.

balancín *m.* ⓵ Barra movible que se usa para estabilizar o balancear diferentes objetos: *El equilibrista utiliza un balancín para poder caminar sobre la cuerda sin caerse.* ⓶ Silla para mecerse. SIN. **mecedora, hamaca.** ⓷ Asiento colgante: *Puso un balancín en el patio para mecerse y disfrutar sus momentos de descanso.* SIN. **columpio, hamaca.**

balanza *f.* Instrumento que se usa para pesar: *El vendedor puso las naranjas en la balanza para ver si eran los tres kilos que yo quería.*

balata *f.* Chile y Méx. Parte del mecanismo de freno de algunos vehículos motorizados.

balazo *m.* ⓵ Resultado de disparar un arma de fuego: *Anoche escuché un balazo en la calle, espero que no haya resultado algún herido.* ⓶ Herida causada por una bala: *Durante el asalto, uno de los policías recibió un balazo que le quebró un hueso del hombro.*

balboa *m.* Moneda de Panamá.

balbucear *vb.* o **balbucir** *vb. irreg.* Hablar de manera vacilante y confusa: *El bebé todavía no sabe hablar bien, pero se pasa el día balbuceando.*

balcón *m.* Apertura o saliente de una habitación, que da al exterior y está rodeada por una ventana o brandal: *Puse flores en el balcón de la casa y se ven muy bonitas.*

balde *m.* ⓵ Cubo para sacar y transportar agua. ⓶ *loc.* **De balde,** de forma gratuita.

baldosa *f.* Ladrillo fino que sirve para recubrir suelos: *Elegimos baldosas blancas para ponerlas en la cocina.*

balero *m.* ⓵ Argent., Colomb., Ecuad., Méx., P. Rico y Urug. Juguete compuesto por una esfera de madera con un orificio y atada a un palo; el juego consiste en introducir el palo en la esfera. ⓶ Méx. Parte mecánica de un vehículo que une al eje con la rueda.

balido *m.* Voz que emiten algunos animales como el borrego, el ciervo y la cabra.

ballena *f.* Una de las distintas especies marinas de mamíferos cetáceos: *La ballena azul puede llegar a medir 30 m de largo.* →

ballenato *m.* Cría de ballena: *Las ballenas migran a mares tropicales para parir a sus ballenatos.*

ballet *m.* **Palabra francesa.** ⓵ Danza clásica de origen europeo: *La niña quiso tomar clases de ballet porque le encanta bailar.* ⓶ Música compuesta para este tipo de danza.

balompié *m.* Esp. Juego entre dos equipos de once participantes cada uno, que consiste en introducir un balón en la portería del contrario, impulsándolo con los pies o la cabeza. SIN. **fútbol.**

balón *m.* ⓵ Pelota grande, casi siempre redonda, formada por una esfera hinchada de aire y recubierta de cuero: *Ve por el balón para que juguemos fútbol un rato.* ⓶ Chile, Colomb. y Perú. Recipiente metálico utilizado para contener gas combustible.

baloncesto *m.* Juego de equipos que consiste en introducir un balón en un aro elevado sujeto a un tablero, valiéndose de las manos. SIN. **basquetbol.**

balsa *f.* ⓵ Depresión del terreno que se llena de agua. ⓶ Embarcación formada por una plataforma de maderos unidos: *Para salir de la isla solitaria, el hombre construyó una balsa con maderos y lianas.* ⓷ Madera tropical muy ligera: *Algunos modelos de avión a escala se hacen de la madera conocida con el nombre de balsa.*

bálsamo *m.* ⓵ Resina aromática que segregan ciertos árboles. ⓶ Medicamento de uso externo: *"Úntate este bálsamo para el dolor muscular de la espalda."* SIN. **ungüento.**

bambú *m.* Planta gramínea, originaria de la India, de tallo hueco, leñoso, flexible y resistente: *El panda se alimenta exclusivamente de hojas de bambú.*

banano, na *m.* y *f.* ⓵ Planta de hojas largas y fruto comestible. ⓶ Fruto comestible de la planta del banano, de forma alargada y color amarillo. SIN. **plátano.**

bancarrota *f.* Quiebra de una empresa o negocio: *Una persona que está en bancarrota no puede pagar sus deudas.*

banco *m.* ⓵ Grupo de peces. SIN. **cardumen.** ⓶ *loc.* **Banco de datos,** conjunto de informaciones accesibles por medio de una computadora. →

banco, ca *m.* y *f.* ⓵ Asiento de madera: *Voy a traer el banco de la cocina para sentarme con ustedes alrededor de la mesa.* ⓶ Entidad financiera donde se realizan operaciones de crédito, préstamos, cambio, etc.: *Fui al banco para cobrar el cheque con el que me pagaron mi sueldo.*

banda *f.* ⓵ Listón o cinta ancha: *Me puse una banda en la cabeza porque me dolía mucho.* ⓶ Fam. Grupo de personas relacionadas: *Fui a la playa con mi banda de amigos.* SIN. **palomilla, pandilla, patota.**

bandada *f.* Grupo de aves. SIN. **parvada.**

bandeja *f.* Pieza plana con borde para servir, llevar o poner cosas. SIN. **charola, azafate.**

bandera *f.* Tela decorada que representa generalmente a una nación. SIN. **lábaro.**

banderín *m.* Bandera de tamaño pequeño: *Durante el partido de fútbol, los niños ondeaban banderines con los colores de su escuela.* SIN. **banderola.**

banderola *f.* ⓵ Bandera pequeña. SIN. **banderín.** ⓶ R. de la P. Ventana que se encuentra en la parte superior de una puerta.

---

bandido, da *m.* y *f.* Fugitivo de la justicia: *En el filme del viejo oeste los bandidos asaltaron la diligencia y huyeron en sus caballos.* SIN. **bandolero.**

bandolero, ra *m.* y *f.* Bandido.

bandoneón *m.* Instrumento musical parecido al acordeón: *El tango es un tipo de música tradicional de Argentina que suele tocarse con bandoneón.*

banquero, ra *m.* y *f.* Persona que posee, dirige o trabaja en un banco.

banqueta *f.* ① Asiento o banco pequeño. ② *Guat.* y *Méx.* Acera: *Mi mamá me dijo que siempre debía caminar por la banqueta, y no entre los automóviles.*

banquete *m.* Comida abundante y deliciosa: *La Navidad pasada disfrutamos de un verdadero banquete, comimos pavo, ensalada y muchos postres.*

banquillo *m.* Asiento que se ocupa cuando se declara frente a un tribunal: *El juez pidió al testigo que pasara al banquillo para interrogarlo.*

bañadera *f.* *Amér. C.* y *Amér. Merid.* Pila para bañarse. SIN. **tina, bañera.**

bañar *vb.* ① Meter el cuerpo o sumergir una cosa en un líquido. ② Tocar algún paraje el agua del mar o de un río: *El Océano Pacífico baña las costas de la parte occidental de América.*

bañera *f.* *Esp.* Pila para bañarse. SIN. **tina, bañadera.** ➡

baño *m.* ① Acción y efecto de bañar o bañarse: *Llegué muy acalorado del partido de fútbol y decidí darme un baño.* ② Cuarto para el aseo personal: *El baño de mi casa tiene un mueble donde guardamos las toallas y los jabones.* ③ Bañera, pila para bañarse. ④ Capa con que queda cubierta la cosa bañada: *Llevé mi pulsera de plata al joyero para que le diera un baño de oro.*

bar *m.* **Palabra inglesa.** Lugar público donde se sirven bebidas alcohólicas que la gente puede tomar sentada en bancos altos alrededor de una barra, o en sillas alrededor de mesas: *Los amigos quedaron de encontrarse en el bar de la esquina.*

bar mitzvah *m.* Ritual judío que celebran los niños a los 13 años para pasar a formar parte de la comunidad religiosa.

baraja *f.* Número de naipes o cartas: *La baraja española tiene 48 cartas.*

barata *f.* *Méx.* Venta a bajo precio: *Aproveché la barata de la tienda de ropa para comprar un pantalón que me hacía falta.* SIN. **oferta.**

barato *adv.* Por poco precio: *En esa tienda venden muy barato, pagué por la leche la mitad del precio que en las demás tiendas.*

barato, ta *adj.* De bajo precio: *Conseguí un carrito barato, así que se lo compré al niño.*

barba *f.* ① Parte de la cara debajo de la boca: *La niña tiene un hoyuelo en la barba.* SIN. **mentón, barbilla.**

② Pelo de la cara: *Carlos se está dejando crecer la barba, así que ya no se afeita.*

barbacoa *f.* ① Parrilla para asar carne o pescado al aire libre. ② *Méx.* Guiso de carne de cordero o chivo, cocido en horno de tierra.

bárbaro, ra *adj./m.* y *f.* ① Bruto, cruel: *Cuando su marido bebe alcohol, se comporta como un bárbaro, es grosero y violento.* ② Temerario.

barbecho *m.* ① Periodo en que un campo se deja sin cultivar uno o más años: *Durante el barbecho, la tierra recupera sus nutrientes.* ② Campo que se deja sin cultivar uno o más años.

barbero *m.* ① Persona que tiene por oficio afeitar y cortar el pelo. SIN. **peluquero.** ② *Méx.* *Fam.* Persona que adula, que halaga, y que sólo busca agradar: *No lo han despedido de la empresa porque es un barbero con los jefes y siempre les da regalos.* SIN. **zalamero.**

barbilla *f.* Punta de la barba. SIN. **mentón.**

barca *f.* Embarcación pequeña: *Cuando estuvimos en el puerto, salimos a dar un paseo en barca.* SIN. **lancha.**

barcaza *f.* Barca grande para carga y descarga.

barco *m.* Construcción flotante destinada al transporte de personas o mercancías: *Mis tíos viajaron en barco de América a Europa y visitaron muchos puertos.*

barítono *m.* Voz masculina de tono medio entre la de tenor y la de bajo: *El domingo pasado se presentó un barítono italiano con la compañía de ópera de Roma.*

barniz *m.* Disolución de una resina en un líquido volátil que se extiende sobre pinturas o maderas para protegerlas: *Le puse barniz a la puerta de la casa para evitar que el sol y la humedad la perjudiquen.*

barquillo *m.* Hoja de pasta de harina con azúcar y canela, de forma triangular o de tubo: *Cuando fuimos al circo, comimos barquillos con helado encima.*

barra *f.* ① Cualquier objeto rígido o semirrígido, mucho más largo que ancho: *Después de subir al autobús me sujeté a una barra de metal para no caerme a causa del movimiento.* ② Mostrador de un bar o cafetería: *Podemos esperar a que nos den una mesa o podemos sentarnos en la barra.* ③ Tubo fijo para hacer ejercicio, especialmente de ballet. ④ Signo gráfico que sirve para separar: *En ese diccionario, las marcas gramaticales de una palabra se separan con una barra inclinada (/).* ⑤ *Amér. Merid.* Conjunto de seguidores de un equipo. SIN. **hincha, aficionado, seguidor, fanático.**

barraca *f.* ① Caseta construida con materiales ligeros o de desecho. ② *Amér. C.* y *Amér. Merid.* Almacén de productos. ③ *Chile.* Maderería. ④ *Urug.* Edificio destinado al depósito y venta de materiales de construcción.

barracuda *f.* Pez voraz de forma alargada y dientes prominentes que se encuentra en los mares tropicales.

barranco, ca *m.* y *f.* Depresión abrupta en la superficie de un terreno. SIN. **despeñadero, precipicio.**

a

b

c

d

e

f

g

barrendero, ra *m.* y *f.* Persona que tiene por oficio barrer: *El barrendero recogió las hojas de los árboles que se habían juntado en el suelo.*

barrer *vb.* Limpiar el suelo con una escoba: *Antes de lavar el piso con agua y jabón, es necesario barrerlo para quitar la basura.*

barriga *f.* *Fam.* Vientre, estómago: *¡Me duele la barriga porque comí muchos dulces!* SIN. **panza.**

barril *m.* ① Depósito cilíndrico de madera para transportar y conservar líquidos. SIN. **tonel.** ② Unidad de medida inglesa usada para el petróleo, equivalente a 36 galones ó 163.66 litros.

barrilete *m.* ① Prensa de carpintero para asegurar la madera al banco. ② *Argent.* y *Urug.* Juguete volador formado por una estructura de madera que sostiene un papel o tela y con un cordel para sujetarlo. SIN. **cometa, papalote.**

barrio *m.* Cada una de las partes en que se divide un pueblo o ciudad: *Cada barrio de mi pueblo tiene su propia fiesta.*

barro *m.* ① Masa que se forma cuando se mezclan tierra y agua. SIN. **fango, lodo.** ② Arcilla: *Los alfareros usan barro para hacer jarrones y otras artesanías.*

basalto *m.* Roca volcánica sólida de color negro vidrioso.

báscula *f.* Aparato para medir peso: *Pon esas zanahorias en la báscula para ver si ya son dos kilos.*

base *f.* ① Fundamento o apoyo principal de una cosa. ② Línea o cara de las figuras geométricas sobre la que se supone descansan: *El triángulo isósceles tiene dos lados iguales y su base es desigual.* ③ *loc.* **Base de datos,** programa que almacena información en una computadora.

básico, ca *adj.* Fundamental, necesario: *Los chocolates no son básicos para conservar la salud, pero los vegetales sí.*

basílica *f.* Iglesia católica de gran tamaño o importancia.

basquetbol *m.* **Palabra de origen inglés.** Juego entre dos equipos que consiste en introducir un balón en un aro elevado que está sujeto a un tablero, valiéndose de las manos. SIN. **baloncesto.**

bastante *adv.* Suficiente: *Creo que ella es lo bastante capaz para dar clases, ya que tiene conocimientos y experiencia como maestra.*

bastar *vb.* Tener o ser suficiente: *Para sentirme mejor, me bastaría con que se disculpara por la grosería que hizo.*

bastidor *m.* ① Armazón en el que se sostiene un lienzo para pintar o una tela para bordar. ② Decorado lateral de un escenario. ③ *Amér. C.* Soporte para colchón hecho de tela metálica. ④ *Chile.* Protección hecha de madera o de metal que se pone en las ventanas y que tiene

una serie de tiras horizontales que se mueven para dar paso a la luz. SIN. **celosía.**

bastilla *f.* Dobladillo hilvanado que se hace a una tela para que no se deshile: *Si te quedan largos los pantalones, súbeles la bastilla.* SIN. **dobladillo.**

bastón *m.* Vara o palo que sirve para apoyarse al andar.

basura *f.* Lo que se desecha o desperdicia: *Todos debemos separar la basura para que sea más fácil reciclar materiales que podemos volver a usar.*

basural *m.* *Amér. C.* y *Amér. Merid.* Basurero.

basurero *m.* Lugar donde se arroja la basura: *Si tapamos el basurero, no se acercan las moscas.*

basurero, ra *m.* y *f.* Persona que tiene por oficio recoger la basura.

bat *m.* **Palabra inglesa.** Palo con que se golpea la pelota en el béisbol.

bata *f.* ① Prenda holgada, por lo general de tela ligera que se usa para estar en casa. ② Prenda abierta de tela resistente que usan las personas para desempeñar sus trabajos. ③ *Perú.* Vestido que se pone al niño para bautizarlo.

batalla *f.* Combate entre dos fuerzas militares: *Dentro de una guerra, a veces se llevan a cabo muchas batallas.*

batata *f.* ① Planta de tallo rastrero, cultivada por sus tubérculos comestibles. ② Tubérculo de esta planta. SIN. **boniato, camote.**

batería *f.* ① Aparato que almacena energía eléctrica: *Los automóviles suelen usar una batería de seis celdas que les da la energía eléctrica que necesitan para andar.* SIN. **pila.** ② Conjunto de instrumentos de percusión en algunas bandas musicales: *Mi hermano tocaba la batería en un grupo musical que formó con sus amigos.*

batey *m.* *Cuba.* Lugar donde se ubica la maquinaria de un ingenio de azúcar.

batiente *m.* ① Parte del marco en que se detienen las puertas o ventanas al cerrarse. ② Hoja de una puerta o ventana: *Hace mucho calor, abre al menos un batiente de la ventana para que entre un poco de aire fresco.*

batir *vb.* ① Remover una cosa para hacerla más fluida o para condensarla: *Para preparar una tarta, es necesario batir la pasta antes de hornearla.* ② Mover con fuerza y rapidez algo. ③ Superar: *Nuestro atleta batió la marca mundial.* ④ *Méx. Fam.* Ensuciar, derramar algo sobre una superficie.

batuta *f.* Varilla con la que el director de una orquesta marca el compás.

baúl *m.* ① Cofre, arca: *El pirata guardó las joyas que robó en un gran baúl de madera.* ② *Argent.* y *Urug.* Lugar de un vehículo donde se lleva el equipaje. SIN. **maletero, cajuela.**

bautismo *m.* En el cristianismo, ceremonia en la que se borra el pecado original por el contacto con agua bendita.

---

adj. = adjetivo ☆ **adv.** = adverbio ☆ **ANT.** = antónimo ☆ **f.** = sustantivo femenino ☆ **Fam.** = familiar ☆ **loc.** = locución ☆ **m.** = sustantivo masculino ☆ **SIN.** = sinónimo ☆ **vb.** = verbo ☆ **vb. irreg.** = verbo irregular.

bautista o **baptista** *adj./m.* y *f.* [1] Iglesia protestante que realiza el bautismo en adultos, por inmersión total en el agua. [2] Persona que pertenece a esta iglesia.

bautizar *vb. irreg.* [1] Administrar el bautismo: *El sacerdote bautizó al hijo de mi hermana con agua bendita.* [2] Poner nombre: *Al bebé lo bautizaron con el nombre de mi abuelo.*

bautizo *m.* Fiesta que se ofrece cuando se realiza un bautismo.

bazar *m.* [1] Mercado oriental de productos no comestibles: *Mis vecinos fueron a Persia y compraron en un bazar la alfombra que tienen en la sala de su casa.* [2] Tienda de productos varios: *Por fin conseguí en un bazar el aparato de radio y el vestido que necesitaba.*

bazuca *m.* Arma portátil en forma de tubo para lanzar cohetes contra tanques.

bebé o **bebe** *m.* Niño muy pequeño, recién nacido o de algunos meses: *Los bebés se pasan la mayor parte del tiempo durmiendo.* SIN. **crío, guagua, nene, criatura.**

beber *vb.* Ingerir un líquido: *Es recomendable hervir el agua antes de beberla.*

bebida *f.* Líquido para beber, en especial el que contiene alcohol: *Si quieres, te invito una bebida en algún lugar del centro.*

beca *f.* Ayuda económica que percibe un estudiante, un investigador o un artista: *Como Efraín tiene muy buenas calificaciones, le dieron una beca para estudiar en Brasil.*

becerro, rra *m.* y *f.* Novillo o ternera que no ha cumplido tres años de edad.

begonia *f.* Planta perenne, de hojas grandes y flores de diversas formas pero siempre de color blanco, rojo o rosado.

beige *adj./m.* **Palabra francesa.** Color castaño claro o blanco amarillento: *El color natural de la lana es beige.*

béisbol o **beisbol** *m.* Juego entre dos equipos en el que los jugadores recorren cuatro bases de un circuito luego de golpear una pelota con un bat o palo especial de madera.

bejuco *m.* Nombre de diversas plantas tropicales, de tallos largos, delgados y flexibles.

belfo *m.* Cada uno de los labios de los animales: *A los perros se les ven los colmillos detrás de los belfos.*

beliceño, ña *adj./m.* y *f.* Originario de Belice, país de Centroamérica.

bélico, ca *adj.* Perteneciente o relativo a la guerra: *Una pistola, un cañón y un misil son armas bélicas.*

belleza *f.* Conjunto de cualidades que son agradables a los sentidos. ANT. **fealdad.**

bello, lla *adj.* [1] Que tiene belleza: *David ha pintado un bello retrato de su madre.* SIN. **lindo, chulo, precioso.** ANT. **feo.** [2] Bondadoso, amable, considerado: *Qué bella persona es Romualdo: siempre está dispuesto a ayudar a los demás.* ANT. **desagradable.**

bellota *f.* Fruto del encino y del roble, de cáscara dura.

bembo, ba *m.* y *f.* [1] *Antill.* Labio grueso. [2] *Antill.* Boca.

bencina *f.* [1] Mezcla líquida empleada como combustible en los motores. [2] *Chile.* Nafta o gasolina.

bendecir *vb. irreg.* Invocar la protección divina sobre alguien o algo: *Muchas personas acostumbran bendecir sus alimentos antes de tomarlos.*

benefactor, ra *adj./m.* y *f.* Bienhechor, persona que ayuda y protege: *La Asociación de Amigos del Museo es la principal benefactora de esa institución.*

beneficencia *f.* [1] Virtud de hacer bien. [2] Institución del gobierno o privada que se dedica a la asistencia social.

beneficiar *vb.* Brindar o recibir una ayuda o provecho: *Mi tío se benefició cuando nombraron como nuevo director de la empresa a su mejor amigo.* SIN. **favorecer.**

beneficio *m.* [1] Bien que se hace o se recibe. [2] Utilidad, provecho: *Limpiar el río de toda la basura fue un beneficio para todos.*

benemérito, ta *adj.* Que se aprueba y admira por sus méritos.

berbiquí *m.* Instrumento mecánico usado para taladrar.

berenjena *f.* [1] Planta cultivable de flores moradas. [2] Fruto comestible de esta planta, de forma alargada, sabor un poco amargo y color morado por fuera y blanquecino por dentro.

berrido *m.* [1] Sonido que producen el becerro, el ciervo y otros animales. [2] Grito o chillido demasiado fuerte: *El bebé despertó a toda la familia cuando se cayó de la cama y comenzó a dar berridos de llanto.*

berrinche *m.* Fam. Rabieta, enfado o llanto violento y corto: *Mi hermano hace un berrinche cuando no le dan lo que pide, pero se le olvida pronto y deja de llorar.*

berro *m.* Planta herbácea comestible, de hojas verdes y sabor fuerte.

besar *vb.* Tocar con los labios en señal de amor, amistad o reverencia: *El filme de amor se acaba cuando él y ella se besan.*

beso *m.* Acción de besar: *En muchos países las personas se dan un beso como forma de saludarse.*

bestia *f.* Cualquier animal cuadrúpedo, en especial el animal doméstico de carga: *Después de que las bestias terminaron de arar la tierra, el hombre les dio agua.*

betabel *m.* Méx. Bulbo comestible de color rojo oscuro, parecido a la remolacha: *Comí una ensalada de lechuga con betabeles y la boca me quedó pintada de rojo.* SIN. **betervava, beterraga, remolacha.**

beterraga *f.* Chile. Remolacha, planta herbácea con raíz carnosa de color rojo oscuro que es comestible. SIN. **betabel, betervava, remolacha.**

 Amér. C. = América Central ☆ *Amér. Merid.* = América Meridional ☆ *Antill.* = Antillas ☆ *Argent.* = Argentina ☆ *Méx.* = México ☆ *Urug.* = Uruguay.

a

b

c

d

e

f

g

betervava *f. Argent.* Remolacha, planta herbácea con raíz carnosa de color rojo oscuro que es comestible. SIN. **betabel, beterraga, remolacha.**

betún *m.* ① Sustancia pastosa con la que se lustra el calzado. ② Cualquier sustancia cremosa: *En mi fiesta comimos una tarta cubierta con betún de manzana.*

biberón *m.* Botella usada para la lactancia artificial: *Mi mamá le da a mi hermanito leche en biberón desde que no lo amamanta.* SIN. **tetero, mamila, mamadera.**

biblia *f.* Se escribe con "B" mayúscula, es una palabra proveniente del griego, que significa "libro" y designa las escrituras sagradas compuestas por el Antiguo y el Nuevo Testamento. →

biblioteca *f.* ① Local donde se tienen libros ordenados para su consulta. ② Conjunto de estos libros: *Con este volumen voy a completar mi biblioteca de novelistas españoles.*

bibliotecario, ria *m.* y *f.* Persona que cuida, ordena y presta los libros de una biblioteca: *Si no sabes dónde encontrar un libro, pregúntale al bibliotecario.*

bíceps *m.* Músculo doble situado en los brazos: *Se me desarrolló el bíceps por hacer ejercicio y ahora tengo los brazos muy gruesos y fuertes.*

bicho *m.* Insecto o animal pequeño: *Durante la noche, la luz de las bombillas o focos atrae a bichos voladores.*

bicicleta *f.* Vehículo mecánico de dos ruedas movido por medio de pedales. →

bicolor *m.* Que tiene dos colores: *Uno de los disfraces de arlequín es bicolor, mitad blanco y mitad negro.*

▶ **bien** *m.* ① Lo que es bueno, correcto o favorable: *La paz es un bien que la humanidad debe cuidar.* ② *pl.* Riquezas: *El presidente debe proteger los bienes de la nación.*

▶ **bien** *adv.* ① Como es debido, de manera acertada: *Tienes que portarte bien en la escuela obedeciendo a tus profesores.* ② Sin inconveniente o dificultad: *Todo salió bien en la operación y el enfermo pudo salir pronto del hospital.*

bienestar *m.* Conjunto de elementos necesarios para vivir cómodamente: *Mi papá trabaja mucho porque busca el bienestar para nosotros, por ejemplo, quiere comprar una casa más grande.*

bienhechor, ra *adj./m.* y *f.* Que hace bien a otro: *Los tíos de Luis son sus bienhechores, ellos compran los libros que necesita en la escuela y lo ayudan para que siga estudiando.*

bienvenida *f.* Recibimiento con buenos deseos que se da a alguien por haber llegado: *El primer día de clases el director nos dio la bienvenida al colegio.*

bife *m. Argent.* Trozo grueso de carne de res.

bifocal *adj.* Que tiene dos enfoques: *Las gafas del abuelo tienen lentes bifocales: con la parte de abajo lee y con la de arriba mira a lo lejos.*

bigote *m.* Pelo que crece arriba del labio superior.

bilingüe *adj.* ① Que habla dos lenguas: *Paraguay es un país bilingüe que reconoce al español y al guaraní como lenguas nacionales.* ② Que está escrito en dos lenguas.

bilis *f.* Líquido verde amarillento y amargo que segrega el hígado y se acumula en la vesícula biliar.

billar *m.* ① Juego en que se impulsan bolas sólidas de marfil con la punta de un palo, llamado taco, sobre un paño verde en una mesa rectangular, que tiene en las esquinas depósitos para que caigan esas bolas. ② Lugar donde se practica dicho juego: *Renato fue al billar y ahí se pasó toda la tarde.*

billete *m.* ① Documento que da derecho a entrar en un local o a viajar en un vehículo. SIN. **boleto, entrada.** ② Documento que acredita la participación en una lotería o rifa. ③ Dinero en forma de papel: *Una moneda se maltrata menos que un billete cuando lo usa la gente.*

billetera *f.* Artículo de tela o cuero donde se guardan los billetes. SIN. **cartera.**

billón *m.* Un millón de millones.

bimestre *m.* Periodo de dos meses: *El primer bimestre del año comprende los meses de enero y febrero.*

binocular *m.* Aparato para mirar con ambos ojos, sobre todo cosas que se encuentran lejanas. SIN. **gemelos.**

biodegradable *adj.* Que puede ser reintegrado al ecosistema: *Los desechos de comida son biodegradables, pero los plásticos no lo son.*

biografía *f.* Historia de la vida de alguien o estudio sobre la vida de una persona: *En la biografía de un pintor encontramos cuándo y cómo pintaba sus cuadros, entre otros datos.*

biología *f.* Ciencia que estudia la vida y sus procesos.

biológico, ca *adj.* Relacionado con la biología: *El ciclo biológico implica: nacimiento, crecimiento, reproducción y muerte.*

biombo *m.* Especie de pared plegable formada por la unión de paneles, que se usa para dividir espacios: *En su consultorio, el doctor tiene un biombo para que te cambies de ropa detrás de éste.*

bípedo, da *adj./m.* ① Que se desplaza utilizando dos pies. ② Que tiene dos pies: *Los seres humanos somos animales bípedos.*

birome *f. R. de la P.* Bolígrafo, instrumento para escribir que tiene en su interior una carga de tinta y en la punta una esfera metálica. SIN. **bolígrafo, pluma, esfero.**

bis *adj.* Que está repetido o debe repetirse: *Al final de la canción está escrita la palabra bis, eso quiere decir que debe cantarse dos veces.*

bisabuelo, la *m.* y *f.* Padre o madre del abuelo o de la abuela de una persona.

bisagra *f.* Instrumento formado por dos láminas metálicas unidas por un eje, que permite girar una puerta o

---

tapa: *La puerta hace ruido al cerrarla porque sus bisagras necesitan aceite.*

bisiesto *adj./m.* Se dice del año de 366 días: *Cuando un año es bisiesto, el mes de febrero tiene 29 días.*

bisílabo, ba *adj.* Que tiene dos sílabas: *Cor-cho, ga-to y ro-jo son palabras bisílabas.*

bisnieto, ta *m.* y *f.* Hijo o hija del nieto o de la nieta.

bisonte *m.* Mamífero de gran tamaño, originario de las planicies norteamericanas, semejante al toro. SIN. **búfalo.**

bisté o **bistec** *m.* Corte delgado de carne de res, para asar o freír. SIN. **bife.**

bisturí *m.* Instrumento cortante, semejante a una navaja, empleado en cirugía.

bit *m.* **Palabra inglesa.** La más pequeña unidad de información que se emplea para medir la capacidad de memoria de una computadora: *El conjunto de 8 bits equivale a un bait.*

bizco, ca *adj./m.* y *f.* Que tiene los ojos o la mirada mal alineados: *A Isabel, como es bizca, le van a operar los ojos para hacer que mire en la misma dirección.* SIN. **bisojo, estrábico.**

bizcocho *m.* Panecillo horneado hecho con harina, huevos y azúcar.

blanco *m.* ① Hueco entre dos cosas: *Al escribir, debe dejarse un espacio en blanco entre palabra y palabra.* ② Objeto sobre el que se dispara: *Compré un blanco de madera para tirar dardos y practicar mi puntería.*

blanco, ca *adj./m.* y *f.* Color que resulta de la combinación de todos los colores del espectro luminoso. ANT. **negro.**

blando, da *adj.* Que cede fácilmente al tacto: *La gelatina tiene consistencia blanda y si la tocas, tu dedo se hunde.*

blanquillo *m.* ① Chile y Perú. Durazno de cáscara blanca. ② Guat. y Méx. Huevo: *Ve a la tienda a comprar un kilo de blanquillo para preparar el desayuno.*

blindado, da *adj.* Que resiste el impacto de los proyectiles: *Los vehículos que transportan el dinero son blindados para evitar que los ladrones puedan robárselo.*

bloc *m.* **Palabra de origen inglés.** Cuaderno. SIN. **libreta.**

bloque *m.* ① Trozo grande de piedra sin labrar: *El escultor llevó un bloque de mármol a su casa y elaboró una hermosa figura con él.* ② Conjunto de casas. SIN. **manzana, cuadra.**

bloquear *vb.* Interrumpir un movimiento o proceso: *El árbol se cayó por la tormenta y bloqueó el paso de los automóviles por la carretera.*

blusa *f.* Prenda exterior femenina, holgada y generalmente con mangas: *La blusa de mi uniforme escolar es blanca y en las mangas tiene unas franjas azules y rojas.*

boa *f.* Serpiente de gran tamaño, vivípara y no venenosa, originaria de zonas selváticas de América Central y Meridional. ➡

bobina *f.* Pieza cilíndrica en donde se enreda un hilo o cinta. SIN. **carrete.**

bobo, ba *adj./m.* y *f. Desp.* De poca inteligencia: *Mi vecino es tan bobo que sembró unas monedas pensando que nacerá un árbol de dinero.*

boca *f.* ① Órgano donde da inicio la ingestión de los alimentos y que articula la emisión de sonidos. ② Abertura, agujero: *Limpia la boca de la botella para que no se contamine el vino cuando lo sirvas.*

bocabajo *adv.* Con la cara o la boca hacia abajo: *"Deja los vasos bocabajo después de lavarlos para que no les caiga polvo dentro", me dijo Ana.* SIN. **de bruces.**

bocadillo *m.* Alimento ligero y salado que se come antes o en sustitución de la comida principal.

bocado *m.* Porción de comida que cabe en la boca.

bochorno *m.* ① Calor sofocante: *Con el bochorno del verano me dan ganas de dormir durante el día.* ② Vergüenza, rubor: *El mal comportamiento de mi hijo delante de los invitados me produjo un gran bochorno y me puse roja de vergüenza.*

bocina *f.* ① Instrumento cónico de metal con que se amplifica un sonido. ② Aparato sonoro de los automóviles: *El sonido de las bocinas de los automóviles es una fuente de contaminación ambiental: la contaminación por ruido.* SIN. **claxon.** ③ Altavoz, amplificador: *Aunque estábamos lejos, pudimos escuchar el discurso del profesor porque las bocinas permitieron que su voz llegara hasta nosotras.*

boda *f.* Casamiento y fiesta con que se legitima una unión matrimonial.

bodega *f.* ① Lugar donde se guarda el vino. ② Almacén: *Ve por una botella de aceite a la bodega, porque ya se terminó el que había en la cocina.*

bofetada *f.* Golpe que se da en la mejilla con la mano abierta. SIN. **cachetada.**

bogotano, na *adj./m.* y *f.* Originario de Bogotá, Colombia.

bohío *m. Amér.* Cabaña de madera cubierta de cañas, ramas o paja.

bóiler *m.* **Palabra de origen inglés.** *Méx.* Calentador de agua. SIN. **calefón.**

boina *f.* Gorra redonda, plana y con visera corta o sin ella: *Mucha gente usa boinas de lana durante el invierno para no sentir frío en la cabeza.*

bol *m.* **Palabra de origen inglés.** Tazón grande y sin asas: *Los chinos suelen comer arroz en un bol.*

bola *f.* ① Cualquier cuerpo esférico o redondo. ② *Méx.* Grupo indeterminado de personas: *No pude entrar al cine porque había una bola de gente que no me dejó llegar a la taquilla.* ③ *Méx.* Conjunto grande de cosas: *En el armario encontré una bola de ropa que mi hermana dejó en desorden.*

 Amér. = América ☆ *Argent.* = Argentina ☆ *Guat.* = Guatemala ☆ *Méx.* = México ☆ *R. de la P.* = Río de la Plata.

a
b
c
d
e
f
g

boleadoras *f. R. de la P.* Arma para arrojar, que se utiliza para cazar animales, formada por dos o tres bolas unidas por una cuerda.

bolear *vb.* ① Jugar, sin entrar en competencia, un deporte que requiera bola o pelota: *Antes de empezar el partido podemos bolear un rato para calentar los músculos.* ② *R. de la P.* Arrojar las boleadoras a un animal. ③ *Méx.* Lustrar los zapatos: *Ya tengo que bolear mis botas, porque están muy sucias.*

bolero *m.* ① Género musical cantado, originario de Cuba y muy desarrollado en México. ② *Méx.* Limpiabotas, persona que limpia zapatos.

boleta *f.* ① Papeleta donde se registran datos. SIN. **cédula.** ② Factura, recibo: *Mi mamá fue a pagar la boleta de empeño para que nos devolvieran la televisión.*

boletería *f. Amér. C. y Amér. Merid.* Taquilla.

boleto *m.* ① Papel que comprueba el derecho de participar en una rifa o lotería: *Tienes que llevar tu boleto al canal de televisión para que te entreguen la bicicleta que te ganaste.* ② Billete, entrada: *Ya compré los boletos para la función del cine de mañana, así que no tenemos que llegar mucho tiempo antes.*

boliche *m.* ① *Chile y R. de la P.* Establecimiento comercial modesto dedicado a la venta de bebidas y comestibles. ② *Argent. y Urug. Fam.* Local público de ambiente popular, donde se sirven bebidas alcohólicas y alimentos; también se pueden practicar algunos juegos como el dominó. SIN. **cantina.** ③ *Argent. y Urug. Fam.* Local público donde los jóvenes bailan y escuchan música. SIN. **discoteca.** ④ Juego de bolos y lugar donde se juega.

bolígrafo *m.* Utensilio para escribir que tiene en su interior una carga de tinta espesa y en la punta una bolita metálica. SIN. **pluma, estilográfica, birome.**

bolillo *m.* ① Palito para hacer encajes: *Compré un maravilloso encaje hecho con bolillo, para adornar esta sábana.* ② *Méx.* Pan blanco: *Una comida tradicional de México se prepara con un bolillo relleno de jamón y queso o de otros alimentos.*

bolita *f. Argent. y Urug.* Canica.

bolívar *m.* Moneda de Venezuela.

boliviano, na *adj./m. y f.* Originario de Bolivia, país de América del Sur.

bollo *m.* ① Panecillo de harina amasada y horneada. ② *Colomb.* Empanada de maíz con carne, que se cuece envuelta en hojas de maíz.

bolo *m.* ① Pieza de madera torneada, con base plana para que pueda tenerse en pie, usada en el juego del mismo nombre: *Se llama "chuza" al tiro en que caen todos los bolos al mismo tiempo.* ② *Cuba y Méx.* Dinero que da el padrino en los bautizos como obsequio a los invitados. ③ *pl.* Juego que consiste en lanzar una bola hacia un grupo de bolos, con el fin de derribarlos.

④ *loc.* **Bolo alimenticio,** masa de alimento masticado y ensalivado.

bolsa *f.* Saco pequeño o depósito flexible, para llevar o guardar cosas: *No se te olvide llevar la bolsa cuando vayamos al mercado, para poder cargar todas las verduras que compremos.*

bolsillo *m.* ① Bolsa hecha en la ropa para llevar alguna cosa: *Perdí mi dinero porque lo guardé en el bolsillo roto de mi pantalón.* ② *loc.* **De bolsillo,** de tamaño pequeño: *Compré un libro de bolsillo para poder llevarlo a todos lados.*

bolso *m.* Bolsa femenina en la que se llevan objetos de uso personal. SIN. **cartera.**

bombachas *f. pl. Amér. C. y Amér. Merid.* Calzones femeninos holgados.

bombardear *vb.* Arrojar proyectiles sobre un objetivo.

bombardero *m.* Avión diseñado para arrojar bombas.

bombear *vb.* Mover agua u otro líquido por medio de una bomba: *Si no bombeas con fuerza nunca va a salir agua del pozo.*

bombero, ra *m. y f.* Persona encargada de apagar incendios.

bombilla, llo *m. y f.* ① Globo de vidrio con un filamento que, al paso de la corriente eléctrica, se pone incandescente e ilumina. SIN. **foco, ampolleta.** ② *Amér. Merid.* Caña o tubo delgado que se usa para sorber el mate.

bombón *m.* ① Dulce esponjado de azúcar y color blanco o rosado. ② Confite o chocolate relleno, especialmente de malvavisco, licor o crema.

bonaerense *adj./m. y f.* De Buenos Aires, Argentina.

bondadoso, sa *adj.* Que está dispuesto a ayudar y servir a la gente.

bongó *m.* Tambor doble que se toca con la palma de las manos, usado en la música caribeña.

boniato *m.* Batata. SIN. **camote.**

bonito, ta *adj.* Bello, agraciado: *En la tienda vi unos zapatos muy bonitos y no pude resistir la tentación de comprarlos.* ANT. **feo.**

bono *m.* ① Vale canjeable por algún artículo: *Ayer compré una televisión en la tienda, y me dieron de regalo un bono que voy a cambiar por un radio.* ② Documento que avala una deuda o el pago de un servicio: *El bono de transporte que compré me da derecho a viajar en autobús durante un mes.*

boquear *vb.* Abrir y cerrar la boca de manera repetida, como lo hacen los peces.

boquete *m.* Agujero: *Mira qué boquete le hiciste a ese calcetín con las tijeras.*

boquiabierto, ta *adj.* Pasmado, asombrado: *Cuando me invitaste a tu boda me quedé boquiabierto, porque decías que nunca ibas a casarte.*

boquilla *f.* ① Pieza hueca de los instrumentos de viento por donde se sopla. ② Filtro pequeño para fumar

---

cigarrillos: *La boquilla de los cigarrillos detiene una mínima parte de las sustancias peligrosas del tabaco.*

borbotón *m.* Emanación o burbujeo del agua: *En una fuente, el agua sale a borbotones.* SIN. **borbollón.**

borda *f.* Borde superior del costado de un buque: *Caer por la borda significa caer al agua desde un barco.*

bordado *m.* Labor decorativa hecha con hilo y aguja sobre una tela.

borde *m.* Extremo, orilla: *"No dejes los vasos al borde de la mesa porque se pueden caer", le dije a Luis.*

bordillo *m. Esp.* Borde de una acera o de un andén.

boricua *adj./m.* y *f.* Originario de Puerto Rico, isla de las Antillas. SIN. **puertorriqueño, borinqueño.**

borrachera *f.* Alteración de la conciencia por beber alcohol: *Le dimos varias tazas de café para que se le bajara la borrachera, pero no dejaba de hacer locuras.*

borracho, cha *adj.* Se dice de quien está trastornado por beber alcohol: *Dice muchas tonterías porque está borracho.*

borrador *m.* Utensilio que se emplea para borrar. SIN. **goma.**

borrar *vb.* [1] Desaparecer lo escrito o dibujado con un borrador: *Es mejor borrar los errores ortográficos que escribir sobre ellos.* [2] Quitar, desvanecer: *Borramos nuestras huellas en la arena para que no pudieran seguirnos los demás niños.*

borrasca *f.* Tempestad: *Los marineros que estaban en el barco se protegieron en la playa cuando vieron venir la borrasca.*

borrego, ga *m.* y *f.* Mamífero rumiante del que se aprovecha su lana y carne. SIN. **oveja.**

borrón *m.* Mancha en el papel hecha al intentar borrar algo: *Vas a tener que repetir el trabajo escolar porque se ve muy feo ese borrón.*

borroso, sa *adj.* Confuso, impreciso: *Aunque tengo un recuerdo borroso de mi infancia, todavía recuerdo los juegos y los paseos con mi abuelo.*

bosque *m.* Extensión de terreno cubierto de árboles: *El bosque produce el oxígeno que necesitamos para vivir.*

bostezar *vb. irreg.* Abrir la boca de manera involuntaria, por sueño o aburrimiento, e inhalar aire para exhalarlo después en forma lenta y prolongada: *La conferencia fue larga, y como Gabriel estaba muy aburrido no paraba de bostezar.*

bota *f.* Calzado que cubre el pie por arriba del tobillo: *El soldado usa botas de cuero, y el bombero las usa de caucho o hule.*

botana *f. Guat.* y *Méx.* Pequeña cantidad de comida que suele tomarse antes o en substitución de la comida principal: *Nos dieron nueces y aceitunas como botana y después sirvieron la sopa.*

botánica *f.* Ciencia que estudia el reino vegetal: *Andrés recoge y examina muchas plantas diferentes porque estudia botánica.*

botar *vb.* [1] Echar, arrojar: *Botar la basura en la calle es malo porque contamina el medio ambiente.* [2] Saltar o levantarse una pelota u otra cosa al chocar contra una superficie: *Deja de botar la pelota dentro de la casa, porque podrías romper algo.* SIN. **rebotar.**

bote *m.* [1] Acción de botar o saltar: *En el juego de tenis, la pelota sólo puede dar un bote en el suelo, porque si da más, es punto malo para el jugador que la arroja.* [2] Recipiente pequeño, generalmente cilíndrico. SIN. **tarro, lata.** [3] Barco pequeño, sin cubierta, movido por remos: *Fuimos al lago a remar en bote.* SIN. **lancha, barca.**

botella *f.* Recipiente de cuello estrecho para guardar líquidos: *En las botellas de vidrio se conserva mejor el vino que en los recipientes de plástico.*

botín *m.* [1] Producto de un robo o, en una batalla, armas y propiedades que el vencedor quita al vencido: *En el filme, los piratas asaltaron el barco y enterraron el botín en una isla desierta.* [2] Calzado que cubre el pie y el tobillo.

botiquín *m.* Mueble o maleta pequeña en la que se guardan medicamentos: *Por seguridad, siempre debe haber en casa un botiquín de primeros auxilios.*

botón *m.* [1] Flor sin abrir: *"¡Mira cuántos botones tiene el ramo de rosas que me regalaron! Espero que mañana se abran los pétalos".* SIN. **capullo.** [2] Pieza pequeña que, al introducirla en un ojal, sirve para cerrar la ropa: *A mi blusa le falta un botón, por eso no puedo cerrarla bien.* [3] Pieza que se oprime en ciertos aparatos para hacerlos funcionar: *"Si aprietas el botón para encender la radio y no la conectas antes, no puedes esperar que funcione."*

botones *m.* Mozo de hotel que hace encargos y lleva las maletas: *Cuando llegamos al hotel, le pedí al botones que subiera las maletas a la habitación y me comprara un diario.*

boulevard *m.* **Palabra francesa.** Avenida.

boutique *f.* **Palabra francesa.** [1] Tienda de ropa. [2] Tienda especializada en vender artículos selectos: *Compré café de Indonesia en una boutique en la que venden alimentos exóticos de Oriente.*

bóveda *f.* Tipo de techo arqueado o curvo que se construye entre dos muros o varios pilares.

bovino, na *adj.* [1] Relativo al toro, al buey o a la vaca. [2] Ganado formado por toros.

box *m.* **Palabra inglesa.** [1] Boxeo. [2] *Méx.* Parte baja de la cama que sostiene al colchón.

boxeo *m.* **Palabra de origen inglés.** Actividad física que se practica entre dos personas, que consiste en golpearse mutuamente con los puños envueltos en unos guantes

a

b

c

d

e

f

g

especiales: *La cancha donde se practica el* **boxeo** *se llama ring o cuadrilátero.*

boya *f.* Objeto flotante que indica por dónde deben circular los barcos: *La entrada del puerto marítimo está indicada por unas* **boyas**.

bozal *m.* Pieza que se pone en el hocico a algunos animales para evitar que lo abran y hagan daño a alguien: *El veterinario le puso un* **bozal** *a mi perro para poder inyectarlo.*

bracero, ra *m.* 1 *Amér. Merid.* Jornalero agrícola o trabajador no calificado. 2 *Méx.* Persona que va a trabajar ilegalmente a Estados Unidos.

bragueta *f.* Abertura delantera del pantalón: *Olvidaste cerrar la* **bragueta** *del pantalón y se te ven los calzoncillos.*

brahmanismo *m.* Prácticas y creencias religiosas surgidas en la India y basadas en unos himnos sagrados llamados Vedas: *Según el* **brahmanismo**, *el mundo está compuesto por tres principios: Brahma el creador, Visnú el conservador y Siva el destructor.*

bramido *m.* 1 Mugido: *En mi pueblo todavía pueden escucharse en la mañana los* **bramidos** *de las vacas lecheras.* 2 Ruido fuerte y continuo: *Cuando fuimos al bosque, se escuchaba el fuerte* **bramido** *del viento al golpear contra los árboles.*

branquia *f.* Órgano respiratorio de los peces y otros animales acuáticos.

brasa *f.* Resto incandescente de cualquier materia combustible: *Después del incendio, sólo quedaron* **brasas** *de la casa quemada.*

brasero *m.* Instrumento de metal o arcilla en el que se hace lumbre para calentar el ambiente o para cocinar: *En invierno nos gusta sentarnos alrededor de un* **brasero** *para no sentir frío.*

brasilense *adj./m.* y *f.* Originario de Brasilia, capital de Brasil.

brasileño, ña *adj./m.* y *f.* Originario de Brasil, país de América del Sur.

bravo, va *adj.* 1 Valiente: *El* **bravo** *jinete logró domar al caballo salvaje.* 2 Referido a animales, feroz, agresivo: *El perro de Dante es muy* **bravo**, *por eso lo mantienen encadenado.* ANT. **manso**.

¡bravo! *interj.* Señala entusiasmo: *La función de teatro fue tan buena, que cuando terminó los asistentes aplaudieron y gritaron: "¡Bravo, bravo!"*

brazada *f.* Movimiento del brazo, sobre todo al nadar: *El maestro de natación me dijo que debía hacer mejor la* **brazada** *si quería avanzar más rápido en el agua.*

brazo *m.* 1 Miembro del cuerpo humano que comprende desde el hombro hasta la extremidad de la mano: *Cuando el policía atrapó al ladrón, le ordenó que arrojara la pistola al suelo y que levantara los* **brazos**. 2 Cada una de las partes que se ramifica algo: *El*

candelabro que compramos tiene cinco **brazos**, por eso puede sostener cinco velas.

brecha *f.* 1 Abertura en una pared o muro. 2 *Méx.* Camino estrecho y sin pavimentar: *Para llegar al pueblo donde vivo hay que salir de la carretera y tomar una* **brecha**.

breve *adj.* De corta extensión o duración: *El director de la escuela nos dio un* **breve** *mensaje de un minuto con motivo del fin de cursos.*

brida *f.* Conjunto de fierros y correas que permiten conducir y frenar un caballo.

bridón *m.* Caballo ensillado y con brida.

brigada *f.* 1 Unidad militar integrada por dos regimientos. 2 Conjunto de personas organizadas para alguna actividad: *En mi vecindario se organizó una* **brigada** *que se encarga de evitar el desperdicio de agua.*

▶ **brillante** *adj.* Que tiene brillo. SIN. **reluciente**.
▶ **brillante** *m.* Diamante tallado.

brillar *vb.* 1 Emitir o reflejar luz un cuerpo: *Las estrellas* **brillan** *porque tienen luz propia, y los planetas porque la reflejan.* 2 Sobresalir por alguna cualidad: *Miguel* **brilla** *en las fiestas porque tiene un gran sentido del humor y siempre nos hace reír a todos.*

brillo *m.* Luz reflejada o emitida por un cuerpo: *El* **brillo** *que nos llega de la Luna es el reflejo de la luz solar.*

brincar *vb. irreg.* 1 Saltar, dar brincos: *El jugador de baloncesto* **brincó** *muy alto para meter el balón en la canasta.* 2 Pasar por alto: *La maestra* **brincó** *mi nombre cuando leyó los nombres de todos los alumnos y por eso creía que yo no estaba en el salón de clases.*

brinco *m.* Salto, hecho de despegar los pies del piso con impulso: *Di un* **brinco** *para ver si tocaba el techo, pero como soy bajo no lo alcancé.*

brindar *vb.* 1 Ofrecer: *En este hotel deseamos* **brindar** *la mejor atención a todos los clientes.* 2 Beber a la salud de alguien: *Todos* **brindamos** *por mi hermana en su fiesta de cumpleaños.*

brisa *f.* Viento suave y agradable: *Hace mucho calor, pero en la tarde corre una* **brisa** *que viene del mar y nos refresca.*

británico, ca *adj./m.* y *f.* Originario de Gran Bretaña, conjunto de países de Europa.

brocha *f.* Instrumento para pintar, parecido a un pincel muy grueso: *Compré una* **brocha** *y una lata de pintura para pintar mi habitación.* SIN. **hisopo**.

broche *m.* 1 Conjunto de dos piezas que encajan una en otra para cerrar algo: *El* **broche** *de mi collar no funciona y cuando trato de ponérmelo se cae.* 2 Joya o adorno que se lleva prendido en la ropa. SIN. **prendedor, imperdible**. 3 Tenaza metálica que se utiliza para mantener unidos pliegos u hojas de papel.

---

adj. = adjetivo ☆ *adv.* = adverbio ☆ ANT. = antónimo ☆ *Desp.* = despectivo ☆ *f.* = sustantivo femenino ☆ *Fam.* = familiar ☆ *interj.* = interjección ☆ *m.* = sustantivo masculino ☆ SIN. = sinónimo ☆ *vb.* = verbo ☆ *vb. irreg.* = verbo irregular ☆ ➜ Ver Minienciclopedia.

brocheta f. Forma de preparar la carne y otros alimentos, asándolos ensartados en una aguja larga: *Preparamos las* **brochetas** *poniendo en la aguja un trozo de carne, luego un pedazo de cebolla y uno de pimiento.*

brocol o brócoli m. Vegetal comestible parecido a la coliflor pero de color verde.

broma f. Burla sin mala intención: *Gustavo es tan gruñón que no acepta ni una* **broma.**

bromear vb. Actuar de manera informal y graciosa para divertirse o hacer reír: *Me encanta visitar a mi tío porque siempre está de buen humor y le gusta* **bromear** *conmigo.*

bronca f. [1] Pelea: *Durante el partido de fútbol hubo una* **bronca** *entre los dos equipos y un jugador resultó herido.* [2] *Amér. Fam.* Enfado, rabia: *Me da mucha* **bronca** *que mis hijos no obedezcan cuando les pido que limpien su habitación.*

broncear vb. Tomar la piel color moreno por la acción del sol: *Broncearse demasiado puede provocar enfermedades en la piel.*

bronconeumonía f. Inflamación que afecta a bronquios y pulmones: *Mi hermano se sentía débil, tenía fiebre y tos, y cuando fue al hospital le dijeron que tenía* **bronconeumonía.**

bronquio m. Cada uno de los dos conductos en que se divide la tráquea antes de llegar a los pulmones.

bronquitis f. Inflamación de los bronquios.

brotar vb. [1] Surgir, comenzar: *A mi hermanita le* **brotó** *ayer el primer diente y apenas se ve una punta blanca en su encía.* [2] Comenzar a salir la planta de la tierra: *En mayo deberá* **brotar** *el trigo que sembramos ahora.* [3] Salir el agua del manantial: *En la montaña el agua* **brota** *de entre las rocas.* SIN. **manar.**

brujo, ja m. y f. Persona que se cree causa diferentes efectos a distancia por manejar fuerzas ocultas: *En el cuento, el* **brujo** *le dio un amuleto a la princesa para protegerla de cualquier daño.* SIN. **hechicero.**

brújula f. Instrumento para orientarse, en el que una aguja imantada señala siempre la dirección norte-sur: *La aguja de una* **brújula** *es atraída por los polos magnéticos de la Tierra.*

bruma f. Niebla espesa, en particular la del mar: *Cuando hay* **bruma** *en el mar los barcos no se ven entre sí y por eso suenan sus sirenas.*

brusco, ca adj. [1] Poco considerado o delicado: *El maestro de matemáticas es muy* **brusco** *con todos los alumnos y sólo se comporta amable con las maestras.* [2] Rápido, repentino: *El vehículo perdió los frenos y dio un giro muy* **brusco** *antes de pegar contra el muro.*

bruto, ta adj. [1] *Desp.* Necio, torpe, ignorante: *Felipe es un niño muy* **bruto** *que comete errores y nunca los reconoce.* [2] Tosco, sin pulimento. [3] Que considera envase y líquido: *El peso* **bruto** *de una lata de sardinas*

cocinadas, incluye las sardinas, el recipiente, el aceite y la salsa.

bucear vb. Nadar o mantenerse bajo el agua, en especial con tanques de oxígeno.

buche m. [1] Órgano en que las aves guardan la comida antes de pasarla al estómago. [2] Bocanada de líquido: *Después de cepillar los dientes hay que hacer* **buches** *con agua limpia para desechar los restos de comida.*

budismo m. Prácticas y creencias religiosas fundadas por Sidarta Gautama en la India: *El* **budismo** *surgió en la India en el año 500 a. C.* →

buen adj. Apócope de *bueno: Éste será un* **buen** *año para la agricultura porque no ha habido sequía y la tierra es fértil.* ANT. **mal.**

bueno adv. Se emplea para expresar conformidad: *Le pregunté a Laura si quería un poco de tarta y ella me contestó:* **Bueno,** *dame una rebanada pequeña.*

bueno, na adj. [1] Que tiene bondad: *Mi mamá es muy* **buena** *porque nos cuida y le gusta ayudar a la gente.* [2] Útil, conveniente: *La luz solar es* **buena** *para las plantas porque les ayuda a crecer.* [3] Gustoso, agradable: *Qué* **bueno** *que las clases van a terminar pronto, porque en las vacaciones iré a la playa con mi familia.* [4] Sano: *El aire del bosque es muy* **bueno** *porque no está contaminado y ayuda a que me sienta mejor.*

buey m. Macho bovino al cual se le extirpan los órganos genitales: *El* **buey** *es usado como animal de tiro, porque es muy manso y fuerte.*

búfalo m. [1] Mamífero bovino africano, de cuernos rugosos, curvos y bajos. [2] Bisonte.

bufanda f. Prenda larga y angosta con que se abriga el cuello: *Debes ponerte una* **bufanda** *para cubrir el cuello porque hace frío y podrías enfermarte.*

bufete m. Despacho de abogados: *Mi hermano ya terminó de estudiar en la universidad y lo contrataron como abogado en un* **bufete** *jurídico.*

bufón, na m. y f. Antiguamente, persona que vivía en los palacios y que se ocupaba de hacer reír a la gente de la corte. SIN. **payaso.**

buganvilla o bugambilia f. Arbusto gigante de origen sudamericano, propio de clima caliente, con hojas ovales y numerosas flores de colores que van del blanco al morado. SIN. **santarrita.**

búho m. Ave cazadora nocturna, de ojos grandes y pico en forma de gancho. →

buitre m. Ave de rapiña de gran tamaño y hábitos diurnos que se alimenta de animales muertos. SIN. **zopilote.** →

bulla f. Ruido, griterío: *Anoche no pude dormir porque los vecinos hicieron una fiesta y la* **bulla** *duró hasta la madrugada.* SIN. **alboroto.**

bulto m. [1] Volumen: *Tu pañuelo hace mucho* **bulto** *en tu bolsillo y parece una pelota de golf.* [2] Objeto que se percibe de forma imprecisa: *A lo lejos se veía un*

bulto sobre la carretera, y al acercarnos a él notamos que era una piedra. ③ Fardo, maleta: *Fui al mercado y compré cuatro bultos de tierra para que mis plantas crezcan mejor.*

buñuelo *m.* Especie de pan, hecho de harina batida y frita, que se cubre con azúcar o miel.

buque *m.* Embarcación de gran tamaño: *Los buques deben atracar en alta mar o en puertos muy grandes, porque en los pequeños no caben.*

burbuja *f.* ① Bolsa de aire u otro gas que se forma en un líquido. SIN. **pompa.** ② Esfera.

burdo, da *adj.* ① Tosco, basto: *Compré una tela burda para hacer una maleta resistente.* ② Mal hecho, sin sutileza: *No pienso aceptar una mentira tan burda, me dijiste que estabas enfermo y te vi bailando en una fiesta.*

burla *f.* Acción o palabra con que se pone en ridículo a una persona: *Las burlas de sus compañeros hicieron llorar a la niña.*

burlar *vb.* ① Eludir, esquivar: *Cuando fuimos al concierto logramos burlar la vigilancia y entramos gratis.* ② Poner en ridículo a una persona: *El vestido de Rosalía era tan feo, que cuando llegó a la fiesta todos se burlaron de ella.*

buró *m.* *Méx.* Mesa de noche: *Siempre pongo el reloj despertador en el buró para poder escucharlo por la mañana.* SIN. **velador.**

burro, rra *m.* y *f.* Animal mamífero parecido al caballo pero más pequeño y de orejas largas, usado para cargar. SIN. **asno.**

bus *m.* Apócope de autobús.

buscar *vb. irreg.* Actuar para hallar a una persona o cosa: *Sólo puede obtener la felicidad quien la busca todo el tiempo.*

busto *m.* ① Parte del cuerpo humano entre el cuello y la cintura. ② Pecho femenino. ③ Escultura que representa la cabeza y parte superior del tórax: *En el museo hay una sala donde exhiben bustos de personajes famosos.*

butaca *f.* ① Silla blanda y cómoda, con brazos. ② Asiento de un teatro: *Cuando dieron la tercera llamada nos sentamos en nuestras butacas, porque iba a comenzar la función de teatro.*

buzo *m.* ① Persona que trabaja sumergida en el agua: *Los buzos rescataron los restos del barco que se hundió en el mar.* ② *Chile.* Overol. ③ *Argent., Perú y Urug.* Prenda de tela afelpada que cubre del frío. SIN. **sudadera.**

buzón *m.* Depósito por el que se echan las cartas para el correo y lugar donde las deja el cartero cuando las reparte: *"Revisa el buzón para saber si ya llegó la carta que esperamos", me dijo mi padre.*

Cc

c *f.* Tercera letra del abecedario español. Su nombre es ce.

C ① Grados centígrados o Celsius. ② En la numeración romana, letra que representa la cifra que vale 100: *El 110 en números romanos se escribe así: CX.*

cabalgar *vb. irreg.* Andar a caballo o en alguna otra bestia. SIN. **montar.**

caballería *f.* ① Parte de un ejército formada por soldados montados a caballo. ② Cabalgadura, animal que sirve para ser cabalgado.

caballeriza *f.* Sitio o cobertizo donde se guardan los caballos. SIN. **cuadra.**

caballero *m.* ① Hombre, sobre todo el bien educado y gentil. ② Miembro de una orden de caballería. ➡

caballete *m.* ① Soporte de madera que le sirve al pintor para apoyar el cuadro que está pintando: *El cuadro que pintó Roldán era tan grande que necesitó usar dos caballetes para sostenerlo.* ② Mueble formado por una barra horizontal apoyada en unas patas.

caballo *m.* ① Animal doméstico de cuatro patas usado como medio de transporte o como bestia para tirar de los carruajes. SIN. **corcel.** ② Aparato de gimnasia sobre el que se realizan saltos, giros y otros movimientos.

cabaña *f.* Casa de campo pequeña, sencilla y rústica. SIN. **choza.**

cabecear *vb.* ① Quedar medio dormido con la cabeza inclinada: *La abuela cabecea recostada en su sillón cuando comienza a anochecer.* ② En fútbol, golpear el balón con la cabeza.

cabecera *f.* ① Parte superior de la cama, a veces con adornos, en la que se apoya la cabeza para descansar. ② Parte principal de alguna cosa: *Los recién casados se sentaron en la cabecera de la mesa y alrededor estaban todos los invitados.*

cabellera *f.* Pelo de la cabeza, especialmente el largo y extendido sobre la espalda: *Todas las marcas de productos para el pelo prometen lo mismo: una maravillosa cabellera.*

cabello *m.* ① Cada uno de los pelos que nacen en la cabeza de las personas: *La sopa tenía un cabello y el niño ya no quiso comérsela.* ② Conjunto de cabellos: *La bella mujer tiene el cabello negro y largo hasta la cintura.*

caber *vb. irreg.* ① Haber espacio para meterse una cosa dentro de otra: *La mesa es tan grande que no cabe en el comedor.* ② Haber espacio para pasar por un lugar: *El hombre era tan gordo que no cabía por la puerta.*

cabestrillo *m.* Venda que se amarra al cuello para sostener una mano o un brazo lastimado: *Mario se rompió el brazo y lo trae en cabestrillo para no moverlo.*

cabeza *f.* ① Parte superior del cuerpo, arriba del cuello, en la que está la cara y que contiene al cerebro. ② Persona más importante de un grupo o sociedad: *El padre y la madre son la cabeza de una familia.*

cabildo *m.* Ayuntamiento.

cabina *f.* ① Lugar pequeño y aislado: *Le hablé a mi amiga desde una cabina telefónica cercana a su casa para pedirle que saliera a recibirme.* SIN. **caseta.** ② Espacio donde se encuentran los mandos o controles en aviones, barcos y otros vehículos.

cable *m.* ① Hilo metálico, recubierto de plástico, usado para conducir electricidad. ② Mensaje enviado por telégrafo.

cabo *m.* ① Final o extremo de algo: *"Ata el cabo de la cuerda al tronco para que el caballo no se vaya", me pidió mi tío.* ② Porción de terreno que entra en el mar. ③ Uno de los grados más bajos en el ejército, sólo superior al del soldado raso: *El cabo obedeció al sargento sin decir nada.*

cabra *f.* Mamífero doméstico rumiante con cuernos arqueados hacia atrás y pelo liso.

cabriola *f.* Voltereta o salto que se da en el aire: *El perro del circo hacía cabriolas después de pasar a través de un aro.*

cabrito *m.* Cría de la cabra hasta que deja de mamar: *La carne de cabrito es muy suave.*

cabro *m.* Bol., Perú, Chile y Ecuad. Chico, niño.

cabús *m.* Último vagón de un tren carguero, usado para la tripulación.

caca *f.* Restos del alimento digerido que el cuerpo expulsa por el ano: *El niño se hizo caca en los calzones porque todavía no sabe avisar.* SIN. **excremento, mierda.**

cacahuate *m.* ① Planta originaria de zonas cálidas de América y cuyos frutos, de cáscara seca y quebradiza, maduran bajo tierra. ② Semilla obtenida del fruto de dicha planta: *Del cacahuate se puede obtener aceite.* SIN. **maní.**

cacao *m.* [1] Árbol tropical americano de flor amarilla y fruto rojizo del que se obtiene el chocolate. [2] Semillas de dicho fruto.

cacareo *m.* Sonido que emiten el gallo o la gallina.

cacatúa *f.* Pájaro originario de Oceanía parecido al loro, de plumas blancas o gris claro, con un gran penacho amarillo o rojo en la cabeza.

cacerola *f.* Utensilio de cocina, metálico, redondo, más ancho que hondo y con asas: *Puse en la cocina la cacerola con pollo para calentarlo y comérmelo.*

cacha *f.* Mango de las navajas, cuchillos y pistolas.

cachalote *m.* Mamífero parecido a la ballena, pero con dientes, que llega a medir unos 20 metros de largo.

cachar *vb.* [1] Atrapar o tomar algo con las manos: *Los jugadores de baloncesto saben cachar muy bien el balón.* [2] *Argent., Chile, Méx. y Urug. Fam.* Sorprender a alguien cuando está haciendo algo: *Mi hermana cachó a su novio besando a otra muchacha y por eso cortó su relación con él.* [3] *Amér. C., Chile y Colomb.* Dar cornadas. [4] *Amér. C.* Robar. [5] *Amér. Merid. y C. Rica. Fam.* Hacer bromas o burlarse de alguien.

cacharro *m.* [1] Recipiente pequeño que se usa en la cocina: *Mi abuelo me dijo: "Si no encuentras una taza, sírveme el café aunque sea en ese cacharro."* [2] *Fam.* Cachivache, máquina vieja que funciona mal: *Este automóvil es un verdadero cacharro, se descompone todos los días.*

cachetada *f.* Golpe que se da en la cara con la palma de la mano. SIN. **bofetada.**

cachete *m.* Mejilla: *Mi hermano jugó y corrió tanto que sus amigos que traía los cachetes rojos.*

cachimba *f.* Pipa para fumar.

cachimbo *m.* [1] *Amér. C. y Amér. Merid.* Cachimba. [2] *Perú. Estudiante.* [3] *Perú. Desp.* Guardia nacional.

cachiporra *f.* Palo abultado en un extremo, usado por la policía para golpear.

cachivache *m.* Objeto viejo o cosa que ya no se usa: *El desván está lleno de cachivaches: un radio viejo, fotografías antiguas y los juguetes que usaba mi abuela.* SIN. **cacharro.**

cacho *m.* Parte pequeña de alguna cosa: *"¿Me das un cacho de tu chocolate?", me dijo Raúl.* SIN. **pedazo, trozo.**

cachorro, rra *m. y f.* Cría de gato, perro o de algún otro mamífero: *Mi perra tiene dos cachorros muy juguetones que muerden todo lo que encuentran.*

cachucha *f.* Gorra con visera para protegerse del sol: *Mi papá me compró una cachucha con el escudo de mi equipo favorito de baloncesto.*

cacique *m.* Jefe de algunos pueblos indígenas de América.

cacto o **cactus** *m.* Planta de regiones áridas, con espinas y capaz de almacenar mucha agua: *En el desierto vi un cacto que varios pájaros ocupaban como nido.*

cada *adj.* [1] Palabra que distingue uno por uno los elementos de que se compone algo: *La maestra le revisó el trabajo a cada uno de los alumnos.* [2] Sirve para intensificar lo que se dice: *"Se te ocurre cada cosa... ¡Cómo piensas que voy a regalar a mi hermanito!", le dije a Ramiro.*

cadáver *m.* Cuerpo muerto: *Un cadáver apareció flotando sobre el río tres días después de que se hundió el barco.*

cadena *f.* [1] Sucesión de anillos metálicos unidos unos a otros: *Ana recibió como regalo de cumpleaños una bonita cadena que luce en el cuello.* [2] Conjunto de establecimientos comerciales. [3] Grupo de canales de televisión que pertenecen a una misma empresa.

cadera *f.* Cada una de las dos partes que salen en la parte baja del tronco de los seres humanos.

cadete *m.* Alumno de una academia militar.

caducidad *f.* Pérdida o deterioro del valor de algo por el paso del tiempo: *La fecha de caducidad del queso viene escrita en la parte de atrás del empaque.*

caer *vb. irreg.* [1] Irse hacia abajo algo que estaba arriba: *Un meteorito cayó en medio del campo de fútbol y todos nos asustamos muchísimo.* [2] Perder el equilibrio: *Raúl se cayó por las escaleras porque no vio los escalones al bajar corriendo.* [3] Ser atrapado mediante un engaño: *Los delincuentes engañaron a Mario diciéndole que iban a regresarle su dinero y él cayó en la trampa.* [4] Tener un efecto bueno o malo algo que se come o que se hace: *La comida me cayó de maravilla porque tenía mucha hambre.* [5] *loc.* Caerle bien o mal a alguien, simpatizarle o no a alguien: *Me cayó bien desde que la conocí y ahora somos amigas.*

▸ **café** *adj./m.* *Méx.* Color de variados tonos que resulta de la combinación entre el verde y el rojo. SIN. **marrón.**

▸ **café** *m.* [1] Semilla de la planta del café, con la que se prepara una bebida oscura y muy olorosa del mismo nombre. [2] Cafetería: *A mi padre le gusta ir al café de la esquina a leer el diario mientras bebe un capuchino.*

cafetera *f.* [1] Máquina o utensilio para hacer o servir café: *Se descompuso la cafetera y no puedo preparar café.* [2] *Fam.* Automóvil destartalado. SIN. **carcacha, cacharro.**

cafetería *f.* Lugar donde se sirve café y otras bebidas. SIN. **café.**

cagar *vb. irreg.* Defecar: *Ese perro se caga en la alfombra pues aún no le enseñan buenos modales.* SIN. **obrar.**

caguama *f.* Especie de tortuga marina de gran tamaño, común en los mares antillanos.

caída *f.* [1] Pérdida del equilibrio o estabilidad: *El ánimo de Anabel no ha mejorado. de la caída que sufrió con*

---

la muerte de su esposo. ② Derrumbe: *Todos los problemas que tiene Javier podrían causar la **caída** de sus buenas calificaciones en la escuela.*

caimán *m.* Reptil muy parecido al cocodrilo, pero de trompa más ancha y corta, que vive en los ríos de zonas tropicales de América. SIN. **lagarto**.

caja *f.* ① Objeto hueco y con tapa que sirve para guardar cosas: *Su novio le regaló a Ana una **caja** llena de chocolates el día de su cumpleaños.* ② *Fam.* Ataúd: *Metieron al muerto en la **caja** y lo llevaron a enterrar.* ③ Lugar donde se paga algo: *En la tienda hay 10 **cajas** y solamente una está abierta.*

cajero, ra *m.* y *f.* ① Persona que maneja el dinero en un banco o comercio: *"Pídele al **cajero** que te cambie este billete de diez pesos por dos de a cinco", me dijo mi madre.* ② *loc.* Cajero automático, cabina bancaria donde hay una máquina que permite sacar o depositar dinero: *Los **cajeros automáticos** son muy prácticos porque funcionan las 24 horas del día.*

cajeta *f. Amér. C.* y *Méx.* Dulce hecho de leche quemada de cabra, azúcar y vainilla, entre otros ingredientes.

cajetilla *f.* Caja pequeña, sobre todo para guardar fósforos y cigarrillos: *El médico le dijo a mi tío que si sigue fumando media **cajetilla** diaria de cigarrillos, su enfermedad del pulmón será peor.*

cajón *m.* ① Pieza que se mete o se saca de un mueble y que sirve para guardar cosas: *Mis calcetines están en el primer **cajón** del ropero.* ② *Fam.* Ataúd.

cajuela *f. Méx.* Parte de un automóvil que sirve para guardar el equipaje: *A la **cajuela** de tu automóvil le caben muchas maletas y bolsas porque es muy grande.* SIN. **baúl**, **maletero**.

cal *f.* Sustancia que, mezclada con agua, sirve para argamasa y para blanquear paredes.

calabacín o **calabacita** *f.* Calabaza pequeña, verde por fuera y blanca por dentro, que puede tener forma alargada o redonda.

calabaza *f.* Se dice de las distintas hortalizas de cáscara gruesa y centro blando que normalmente se cuecen para ser comidas. SIN. **zapallo**.

calabozo *m.* Lugar oscuro y subterráneo donde se encerraba a la gente: *El caballero del filme pasó dos meses encadenado en el **calabozo** del castillo.*

calaca *f. Méx. Fam.* ① Esqueleto. ② La muerte. ③ *loc. pl.* Valle de las calacas, el cementerio.

calamar *m.* Molusco marino comestible, parecido al pulpo pero con diez tentáculos y de cabeza alargada: *Los **calamares** arrojan tinta, como el pulpo.*

calambre *m.* Dolor intenso que se siente cuando un músculo se contrae de manera involuntaria: *El corredor cayó antes de llegar a la meta a causa de un fuerte **calambre** en la pierna.*

calamidad *f.* Desgracia, mala suerte: *La **calamidad** persigue a Julio: primero le robaron su automóvil y luego se quedó sin empleo.*

calandria *f.* Ave canora, o sea que canta, parecida a la alondra.

calaña *f. Desp.* Índole, naturaleza: *No puedo ser amigo de gente de esa **calaña**, ya que son tramposos y mentirosos.*

calar *vb.* ① Hacer una prueba o tomar una muestra de algo: *Pedí al vendedor que **calara** el mamey para saber si estaba bueno.* ② Hacer una hendidura o canal: *Debemos **calar** el borde de los escalones para que no resbalemos.* ③ Trabajar una tela abriendo espacios entre los hilos. SIN. **deshilar**.

calavera *f.* ① Huesos que forman la cabeza: *La bandera de los piratas tiene dibujada una **calavera**.* ② *Méx.* Cada una de las luces traseras de un automóvil. ③ *Méx.* Versos ingeniosos y satíricos que se hacen con motivo del Día de Muertos: *El 2 de noviembre los diarios mexicanos publican **calaveras** dedicadas a personas conocidas.*

calcar *vb. irreg.* Copiar algo, poniendo encima un papel fino y casi transparente: *La maestra nos dijo que **calcáramos** un mapa del libro.*

calceta *f.* Prenda de vestir que cubre el pie y parte de la pantorrilla, más larga que el calcetín: *Mis **calcetas** me protegen del frío porque son gruesas y me llegan hasta las rodillas.*

calcetín *m.* Prenda más corta que la calceta que cubre el pie y parte de la pantorrilla.

calcio *m.* Elemento importante para el desarrollo de huesos y dientes: *La leche, el queso y el yogur son ricos en **calcio**.*

calcomanía *f.* Imagen, por lo general de colores, que se puede pegar encima de cualquier superficie: *Mi amiga me regaló una **calcomanía** de un cocodrilo y la pegué en el libro de biología.*

calculadora *f.* Máquina que hace automáticamente operaciones matemáticas tales como sumas, restas, multiplicaciones y divisiones: *La **calculadora** es muy útil, pero es mejor aprender a resolver operaciones sin ella.*

calcular *vb.* Realizar operaciones matemáticas para llegar a un resultado: *Como tarea escolar, la maestra nos pidió que **calculemos** la superficie de tres figuras geométricas.*

cálculo *m.* Operación matemática que se realiza para llegar a un resultado.

calchaquí *adj./m.* y *f.* Pueblo y cultura amerindios prehispánicos, que se desarrollaron en las llanuras argentinas.

caldera *f.* Aparato que calienta el agua y la distribuye a través de tubos por la casa.

a

b

c

d

e

f

g

caldo *m.* Guiso líquido que se prepara hirviendo carne o verduras en agua: *Julia guisó el pollo en caldo con verduras.*

calefacción *f.* Aparatos que se instalan para calentar un lugar: *"Si tienes frío, prende la calefacción para que se caliente el ambiente en la casa", me dijo mi madre.*

calefón *m.* Argent. Calentador. SIN. **bóiler.**

caleidoscopio *m.* Aparato óptico hecho con un tubo en cuyo interior se ponen vidrios de colores, que al hacerse girar forman diferentes combinaciones de figuras y colores.

calendario *m.* [1] Folleto u hoja impresa en que puede verse la división de los días, las semanas y los meses de un año: *Miré en el calendario que mi cumpleaños caerá en lunes este año.* SIN. **almanaque.** [2] Manera de dividir los años, los meses y los días: *El calendario maya es diferente al que usamos en la actualidad porque sus meses son de veinte días.*

calentador *m.* [1] Aparato para calentar que funciona con gas o electricidad. SIN. **calefón, bóiler.** [2] *pl.* Medias sin pie hechas de lana que sirven para calentar las piernas: *"Ponte tus calentadores para la clase de ballet y así no sentirás frío en las piernas", me dijo la maestra.*

calentar *vb. irreg.* [1] Hacer subir la temperatura. [2] Ejercitar los músculos antes de realizar un deporte.

caleta *f.* Pequeña entrada de mar en la tierra: *En la caleta las olas no son menores que en el mar abierto.*

calidad *f.* Valor propio de un objeto o persona: *La mesa se rompió fácilmente porque era de mala calidad.*

caliente *adj.* [1] Que posee o contiene calor. [2] Que da calor: *Esta cobija es caliente porque es gruesa y está hecha de lana.* [3] *Fam.* Grito usado en los juegos cuando un niño se acerca al objeto escondido: *"¡Caliente, caliente!, sigue buscando y encontrarás el regalo", le dije a Roberto.*

calificación *f.* Resultado de un examen: *La maestra le puso la mejor calificación a Lidia porque acertó todas las preguntas.*

calificar *vb. irreg.* [1] Juzgar o considerar de manera positiva o negativa algo o a alguien: *Lombardo calificó al hombre de charlatán cuando se dio cuenta de todas las mentiras que había dicho.* [2] Decidir la nota que corresponde en un examen: *Estudié muy bien, estoy segura de que el profesor me calificará con un diez.*

calificativo, va *adj./m.* Adjetivo que le agrega alguna cualidad al sustantivo: *Si digo "mar bello" la palabra bello es un adjetivo calificativo porque dice cómo es el mar.*

caligrafía *f.* [1] Arte de escribir con buena letra. [2] Rasgos que caracterizan la forma de escribir de alguien.

cáliz *m.* [1] Vaso en el que se consagra el vino en la misa. [2] Envoltura verde de la flor, que se rompe para permitir que la flor se abra.

callar *vb.* [1] No decir lo que se siente o lo que se sabe. [2] Guardar silencio: *Los alumnos se callaron para escuchar a la maestra.*

calle *f.* [1] Lugar por donde transitan los vehículos en una ciudad o población: *Vivo donde termina la calle Independencia.* [2] Espacio ubicado fuera de la casa: *Los niños salieron a la calle a jugar fútbol.*

callejón *m.* [1] Paso estrecho y largo entre paredes. [2] *loc.* **Callejón sin salida,** situación que parece no tener solución: *Desde que me abandonó mi esposa y me echaron del trabajo me siento en un callejón sin salida y no sé qué hacer.*

callo *m.* Endurecimiento que se forma por fricción en las manos o en los pies.

calma *f.* [1] Tranquilidad, serenidad: *"Trata de mantener la calma aunque las otras personas estén gritando", me aconsejó mi padre.* [2] Estado de la atmósfera o del mar cuando no hay viento: *El refrán que dice: "Después de la tempestad, viene la calma" quiere decir que las cosas comienzan a arreglarse después de algún problema grave.*

calmar *vb.* [1] Mantener tranquilo algo o a alguien. [2] Aliviar un dolor o malestar: *La comida me hizo daño, pero mi madre me dio un medicamento y se me calmó el dolor.*

calor *m.* [1] Elevación de la temperatura. [2] Sensación que se produce en el cuerpo cuando se eleva la temperatura. [3] Afecto, cariño: *En esta casa hay calor de hogar, pues todos nos queremos y respetamos.*

calumniar *vb.* Acusar a alguien de manera falsa para perjudicarlo.

calvo, va *adj./m. y f.* Que ha perdido el pelo de la cabeza.

calzada *f.* Parte de una vía reservada a la circulación de vehículos.

calzado *m.* Prenda que sirve para cubrir y resguardar el pie.

calzador *m.* Instrumento que ayuda a ponerse los zapatos: *Tuve que usar calzador para que mis pies pudieran entrar en los zapatos.*

calzar *vb. irreg.* [1] Poner zapatos en los pies: *Daniel se calzó unas botas de cuero para montar a caballo.* [2] Impedir que algo se mueva poniéndole un objeto que lo fije: *"Si calzas la puerta con una cuña impedirás que la cierre el viento."*

calzón *m.* [1] Prenda interior masculina o femenina que cubre la región del sexo y todo o parte del trasero. [2] Pantalón corto: *Los jugadores del otro equipo de fútbol traen calzón negro y el nuestro es blanco.*

calzoncillos *m. pl.* Calzones de hombre.

---

adj. = adjetivo ☆ **f.** = sustantivo femenino ☆ *Fam.* = familiar ☆ *loc.* = locución ☆ **m.** = sustantivo masculino ☆ **pl.** = plural ☆ SIN. = sinónimo ☆ **vb.** = verbo ☆ **vb. irreg.** = verbo irregular ☆ ➙ Ver Minienciclopedia.

cama *f.* Mueble para dormir.

camada *f.* Conjunto de cachorros nacidos en un solo parto: *Mi perra tuvo una* **camada** *de doce perritos.*

camaleón *m.* Pequeño reptil que cambia de color para confundirse con lo que lo rodea y que caza insectos con su lengua larga y pegajosa. ➙

camalote *m. Amér. Merid., Argent. y Salv.* Planta acuática que crece en las orillas de los ríos y lagunas, y tiene hojas y flores que flotan.

cámara *f.* 1 Máquina que sirve para captar imágenes: *Compré una* **cámara** *fotográfica antes de salir de viaje.* 2 Organismo, asociación: *Mi padre es dueño de una tienda y es miembro de la* **cámara** *de comercio.* 3 Tubo circular inflable de caucho o hule que se pone adentro de los neumáticos. SIN. **llanta, tripa.**

camarada *m.* y *f.* Compañero. SIN. **amigo, cuate.**

camarero, ra *m.* y *f.* Persona que se dedica al servicio de habitación en hoteles o que sirve a los clientes en restaurantes y bares. SIN. **mesero.**

camarógrafo, fa *m.* y *f.* Persona que maneja una cámara de cine o televisión, sobre todo de manera profesional.

camarón *m.* Pequeño crustáceo marino comestible: *El* **camarón** *es un marisco muy apreciado por el rico sabor de su carne.* SIN. **gamba.**

camarote *m.* Dormitorio de un barco: *El niño se mareó tanto, que tuvo que ir a su* **camarote** *para acostarse.*

camastro *m.* Cama pobre y tosca.

cambiar *vb.* 1 Dar o tomar una cosa por otra: *"Te* **cambio** *mi lápiz por tu caramelo", me propuso Javier.* 2 Modificar una cosa, ponerla de forma diferente a como está: *Muchas personas queremos* **cambiar** *el mundo porque hay demasiada violencia y hambre.* SIN. **transformar.** 3 Mudarse de casa o de ropa: *Jaime se* **cambió** *el pantalón porque estaba manchado de grasa.*

cambio *m.* 1 Proceso a través del cual una cosa se hace distinta a como era: *La ciudad ha sufrido un gran* **cambio** *desde hace algunos años, ahora es mucho más grande y ruidosa.* 2 Hecho de sustituir una cosa por otra o una persona por otra. 3 Dinero que se devuelve cuando se paga con una moneda o un billete de más valor que el objeto comprado: *El dulce costaba 3 pesos, pagué con una moneda de 5 pesos y me devolvieron 2 de* **cambio.** SIN. **vuelto.** 4 Monedas o billetes de baja denominación: *"No traigo* **cambio** *para pagar el autobús", le dije al chófer.* 5 *loc.* **En cambio,** al contrario: *Su esposa es muy alta; Raúl,* **en cambio,** *es de baja estatura.*

camelia *f.* Flor sin aroma de color blanco, rojo o rosado que crece de un arbusto del mismo nombre.

camello, lla *m.* y *f.* Animal rumiante originario de las zonas desérticas de Medio Oriente, con dos jorobas llenas de grasa, que sirven como reserva de agua.

camerino *m.* Habitación donde se visten los artistas antes de salir a escena: *La cantante recibió a sus admiradores en el* **camerino** *al terminar el concierto.*

camilla *f.* Cama ligera que se usa para transportar enfermos y heridos: *Los enfermeros llevaron al herido hasta la ambulancia en una* **camilla** *y luego lo trasladaron al hospital.*

caminar *vb.* 1 Recorrer a pie una distancia de un lado a otro. 2 Dirigirse hacia algún lugar: *El cura dijo que todos* **caminamos** *hacia la muerte.*

camino *m.* Vía de comunicación que lleva de un lugar a otro: *Luisa y Alejandra se encontraron en el* **camino** *que va del pueblo al río.* SIN. **vereda, sendero, trillo, huella.**

camión *m.* 1 Vehículo grande para transportar carga. 2 *Méx.* Vehículo para transportar carga o pasajeros: *Los niños regresan a su casa en el* **camión** *escolar.*

camote *m. Amér.* Tubérculo comestible de una planta del mismo nombre. SIN. **batata, boniato.**

campal *adj.* Que sucede a campo abierto: *El partido de fútbol se convirtió en una batalla* **campal** *sobre la cancha.*

campamento *m.* Espacio en terreno abierto donde se instalan, por un tiempo, excursionistas o fuerzas militares.

campana *f.* Instrumento semicónico de metal que se hace sonar golpeándolo por dentro con un badajo: *Las* **campanas** *sonaron en la torre de la iglesia anunciando el comienzo de la misa.*

campanario *m.* Torre de las iglesias donde están las campanas.

campanilla *f.* 1 Campana pequeña que tiene un mango para agarrarla: *El sacristán de la iglesia tomó la* **campanilla** *y la hizo sonar.* 2 Músculo pequeño que cuelga al fondo del paladar: *Si abres la boca frente al espejo, puedes ver tu* **campanilla** *al fondo.* SIN. **úvula.** 3 Planta con flores azules, blancas o rosadas, que tienen figura parecida a la de una campana.

campaña *f.* Conjunto de actividades organizadas para conseguir algo: *El candidato inició su* **campaña** *para intentar ganar las elecciones.*

campeón, na *m.* y *f.* Persona o equipo que gana un campeonato.

campeonato *m.* 1 Competencia en la que se ofrece un premio al ganador: *Mañana comienza el* **campeonato** *de fútbol y el equipo que gane obtendrá un balón de oro.* 2 Triunfo obtenido en esa competencia: *Todos los equipos lucharon por el* **campeonato** *de baloncesto y ganó el mejor.*

campesino, na *m.* y *f.* Persona que vive y trabaja en el campo: *Los* **campesinos** *siembran las semillas del maíz poco antes de la temporada de lluvias.* SIN. **chagra.**

campestre *adj.* Que está en el campo o tiene que ver con él: *Ricardo vive en una zona* **campestre,** *a treinta kilómetros de distancia de la ciudad.*

a

b

c

d

e

f

g

---

campo *m.* [1] Terreno extenso fuera de las poblaciones: *Ayer salimos a pasear al* **campo**, *pues queríamos alejarnos del ruido de la ciudad.* [2] Terreno preparado para hacer algo en él: *Era un* **campo** *muy bueno para el cultivo, pero la basura de la ciudad lo arruinó.* [3] *loc.* **Campo de concentración**, lugar donde se encierra a los prisioneros en una guerra: *Seis millones de judíos fueron asesinados en los* **campos de concentración** *nazis durante la Segunda Guerra Mundial.*

camposanto *m.* Lugar donde se entierran los muertos: *Los familiares del muerto acompañaron el ataúd hasta el* **camposanto**. SIN. **cementerio**.

camuflar *vb.* Cubrir algo para que se confunda con lo que lo rodea: *El soldado* **camufló** *el avión cubriéndolo con ramas y así no lo descubrieron sus enemigos.*

can *m.* Perro.

cana *f.* Cabello blanco: *A mi papá le salieron* **canas** *a los cuarenta años.*

canadiense *adj./m. y f.* Originario de Canadá, país de América del Norte.

canal *m.* [1] Surco o zanja que se construye para llevar agua de un lugar a otro: *Las autoridades abrieron un* **canal** *para llevar agua al pequeño pueblo que no tenía.* [2] Paso de agua que une dos mares y que puede ser natural o artificial: *El* **canal** *de Panamá une al Océano Atlántico con el Pacífico.* [3] Banda o frecuencia de las ondas televisivas: *A mi padre le gusta ver el* **canal** *de programas policiacos.*

canalla *m. y f. Fam.* Persona ruin y despreciable: *El muy* **canalla** *culpó a su amigo del robo que él cometió.*

canapé *m.* [1] Sofá. [2] Galleta o rebanada pequeña de pan en la que se pone algún alimento y que se sirve en las fiestas o como comida ligera: *En la reunión sirvieron* **canapés** *de queso de cabra con aceite de olivo.*

canario *m.* Pequeña ave que canta, tiene plumas por lo general amarillas, anaranjadas o verdes y voz musical: *Colgué la jaula del* **canario** *en el patio para que se asoleara y comenzara a cantar.*

canasto, ta *m. y f.* [1] Cesto de mimbre, de boca ancha y con agarraderas: *Llené una* **canasta** *con las manzanas que recogí en el campo.* [2] En el baloncesto, aro con una red que se coloca en alto y a través del cual se hace pasar el balón. SIN. **cesta**.

cancelar *vb.* [1] Hacer que algo deje de tener validez: *Mi padre* **canceló** *su tarjeta de crédito para que los ladrones que se la robaron no pudieran usarla.* [2] Suspender algo que se tenía planeado o que iba a tener lugar: **Cancelaron** *su viaje a Londres debido a problemas familiares.*

cáncer *m.* Enfermedad que destruye los tejidos del cuerpo y que puede causar la muerte: *Fumar produce enfermedades graves como diferentes tipos de* **cáncer**, *enfisema pulmonar y tos crónica.*

cancha *f.* Terreno donde se juega algún deporte: *Los jugadores abandonaron la* **cancha** *al terminar el partido.*

canciller *m.* [1] Embajador de un país en otro: *El* **canciller** *argentino fue recibido por el presidente de Uruguay en el aeropuerto de Montevideo.* [2] En algunos países de Europa, jefe del gobierno.

canción *f.* Composición musical que tiene letra y se canta: *La maestra de música les enseñó muchas rimas y* **canciones** *a sus alumnos.*

candado *m.* Cerradura suelta que asegura puertas, cofres, etc.: *Se fueron de vacaciones y dejaron la casa cerrada con* **candado**.

candela *f.* Vela, cilindro largo de cera o parafina que sirve para alumbrar.

candelabro *m.* Objeto que sirve para sostener velas y que se fija a la pared o se apoya en una base: *Los salones del elegante palacio estaban iluminados por* **candelabros** *de bronce.*

candente *adj.* Ardiente, enrojecido por el fuego.

candidato, ta *m. y f.* Persona que aspira a ocupar un puesto: *Cada partido político tiene su* **candidato** *a la presidencia.*

cándido, da *adj./m. y f.* Ingenuo, fácil de engañar: *Luis es* **cándido** *y cree que su novia se va a casar con él porque lo ama, pero ella lo que quiere es su dinero.*

candil *m.* Lámpara de aceite: *Cuando todavía no inventaban la luz eléctrica, la gente se alumbraba con* **candiles**.

candombe *m. Amér. Merid.* Baile de origen africano que se baila en América del Sur.

candor *m.* Ingenuidad, inocencia: *En los ojos de los niños brilla el* **candor** *de la infancia.*

canela *f.* Condimento aromático de color marrón o café con tonos rojos: *Al arroz con leche se le pone* **canela** *para darle un sabor más sabroso.*

canelo *m.* Árbol de cuya corteza se saca la canela.

cangrejo *m.* Animal comestible de mar o de río, que tiene una cubierta dura y grandes pinzas en la parte delantera: *Los* **cangrejos** *caminan de lado y viven entre las rocas.*

canguro *m.* Animal australiano que avanza dando saltos y cuyas crías crecen en una bolsa que tiene en la bra en el vientre: *Los* **canguros** *son marsupiales porque la bolsa que tiene la hembra en el vientre se llama marsupio.* →

caníbal *adj./m. y f.* Persona que come carne humana.

canica *f.* [1] Pequeña bola de barro o de vidrio de colores usada en un juego infantil. SIN. **bolita**. [2] *pl.* Juego que se lleva a cabo con la bola llamada canica: *"¿Quieres jugar* **canicas**, *o prefieres el balón?", le pregunté a José.*

canilla *f.* [1] Hueso largo de la pierna o del brazo. [2] *Argent. y Chile.* Espinilla, parte de enfrente de la pier-

---

na. [3] *Argent., Colomb., Par.* y *Urug.* Grifo o llave de agua. [4] *Colomb., Méx.* y *Perú.* Pantorrilla.

canillita *m. Amér. Merid.* y *R. Dom.* Muchacho que vende diarios o billetes de lotería.

canino *m.* Cada uno de los dientes puntiagudos que están entre los incisivos y las muelas. SIN. **colmillo**.

canino, na *adj. m.* y *f.* Relacionado con los perros: *En la exposición canina había perros de todas las razas y de todas las edades.*

canjear *vb.* Intercambiar algo: *Dijeron en la televisión que si juntas diez envolturas de chocolate, te las canjean por una pelota.*

canoa *f.* Bote ligero que se impulsa a remo: *Muchos indígenas de Sudamérica se transportan en canoas a través de los ríos.*

canoso, sa *adj.* Que tiene el cabello blanco o con canas: *Es común que los ancianos tengan el cabello canoso.*

cansancio *m.* Falta de fuerzas: *Corrimos todo el día y nos entró el cansancio por la tarde.* SIN. **fatiga**.

cansar *vb.* Hacer que alguien se quede sin fuerzas: *El bebé tiene tanta energía que ya cansó a sus padres y él sigue jugando.*

cantante *m.* y *f.* Persona que se dedica a cantar: *El grupo musical de mi hermano está compuesto por un guitarrista, un baterista y una cantante.*

cantar *vb.* Emitir sonidos musicales con la voz: *En la fiesta se pusieron todos a cantar y a bailar al ritmo de la música.*

cántaro *m.* Recipiente de barro con asas que sirve para transportar líquidos: *La mujer iba caminando tan distraída que se le cayó su cántaro lleno de agua y se le rompió.* SIN. **múcura**.

cantautor, ra *m.* y *f.* Cantante popular moderno que escribe él mismo sus canciones: *Los cantautores venden sus canciones o las interpretan ellos mismos ante el público.*

cantera *f.* Terreno del que se saca piedra para construir: *El padre de Ana trabajó en las canteras cortando y cargando piedra.*

cantidad *f.* [1] Calidad de lo que puede ser contado o medido. [2] Porción de alguna cosa: *Necesitamos la cantidad de tres kilos de pollo para preparar el guiso que comeremos en la fiesta.*

cantimplora *f.* Recipiente en forma de frasco aplanado, que a veces está cubierto de cuero y sirve para cargar bebidas en viajes y excursiones: *Los viajeros llevaban una cantimplora muy grande cuando fueron al desierto.*

cantina *f.* Local público de ambiente popular donde se sirven bebidas alcohólicas y alimentos, y se practican algunos juegos como el dominó: *En el filme que vimos ayer, el vaquero entró a la cantina y se emborrachó con sus amigos.* SIN. **boliche**.

canto *m.* [1] Acción y efecto de cantar: *El canto de unos pájaros que estaban en el árbol me despertó esta mañana.* [2] Arte de cantar: *Mariana quiere ser cantante cuando crezca, por eso está estudiando canto.*

caña *f.* [1] Tallo de algunas plantas, como el maíz o la caña de azúcar. [2] *loc.* **Caña de pescar**, vara larga y flexible, que se emplea para pescar: *Maruja se puso muy contenta cuando sintió que su caña de pescar se doblaba, porque eso quería decir que había atrapado un pez.* →

cáñamo *m.* [1] Planta cultivada por su tallo, que proporciona una excelente fibra textil. [2] Fibra textil obtenida de esta planta: *Con el cáñamo se fabrican cuerdas y cierto tipo de telas.*

cañería *f.* Conducto de caños o tubos por donde pasa el agua: *Mi padre cambió la cañería del baño, porque estaba muy vieja y tenía fugas de agua.*

caño *m.* Conducto o tubo de desagüe: *El caño de la fuente está tapado; hay que destaparlo para poder vaciar el agua.*

cañón *m.* [1] Pieza hueca y larga de diversos objetos: *Esa escopeta tiene dos cañones, por eso salen dos balas en vez de una.* [2] Arma de fuego de gran tamaño, que tiene forma de tubo: *Los barcos piratas disparaban sus cañones y dejaban una nube de humo.* [3] Valle estrecho y profundo: *Los vaqueros llevaron el ganado por el cañón, rodeados por la belleza de las montañas.*

caoba *f.* Árbol cuya madera rojiza es muy apreciada para fabricar muebles: *Felipe compró una mesa de caoba muy cara y elegante.*

capa *f.* [1] Prenda de vestir larga, sin mangas y abierta por delante: *El superhéroe usaba una capa roja sobre un traje azul.* [2] Baño, revestimiento: *Cubrí las manzanas con una capa de caramelo para comerlas como postre.* [3] Conjunto de placas puestas una sobre otra: *En los polos de nuestro planeta hay gruesas capas de hielo.*

capacidad *f.* [1] Espacio de una cosa para contener otra: *La capacidad de esa botella es para litro y medio de líquido.* [2] Aptitud, talento o disposición para algo: *Juana tiene gran capacidad para la música.*

caparazón *m.* Cubierta dura y sólida que protege las partes blandas de diversos animales: *La tortuga escondió patas y cabeza en su caparazón cuando vio que se acercaba la víbora.* SIN. **concha**.

capataz *m.* [1] Persona que dirige y vigila a un grupo de trabajadores: *El capataz pidió a los albañiles que subieran los sacos de cemento al camión.* [2] Persona que está a cargo de vigilar los trabajos y llevar la administración de una hacienda.

capaz *adj.* Que tiene capacidad o disposición para una cosa: *"No la ayudes con esas sumas: mi hija es capaz de resolverlas", le dijo mi madre a Ricardo.*

a

b

c

d

e

f

g

capear *vb.* ⒈ Méx. En cocina, cubrir alimentos con una capa de huevo batido y después freírlos: *Esther capeó unos aros de cebolla y los comimos con salsa de mayonesa.* ⒉ Chile y Guat. Faltar a clase.

caperuza *f.* Capucha o gorro sujeto al cuello del abrigo: *Como hacía mucho frío, me puse la caperuza en la cabeza para cubrirme las orejas.* SIN. **capucha.**

capilla *f.* Iglesia pequeña que forma parte de una construcción mayor: *Esa capilla tiene un altar muy bello, pero es más hermoso el altar de la iglesia principal.*

▶ **capital** *f.* Ciudad donde reside el gobierno de un país: *París es la capital de Francia.*

▶ **capital** *m.* ⒈ Conjunto de los bienes materiales que tiene una persona: *Una casa y un terreno son su capital.* ⒉ Dinero.

capitán, na *m.* y *f.* ⒈ Oficial de grado intermedio entre el teniente y el comandante: *El capitán le dio una orden al teniente.* ⒉ Persona que tiene el mando de un buque: *El capitán le dijo a los marineros que se prepararan porque se acercaba una tormenta.* ⒊ Jefe de un equipo deportivo: *La capitana del equipo estaba muy enojada por la derrota.*

capítulo *m.* División que se hace en los libros y otros escritos para ordenar los temas: *Esta novela tiene 30 capítulos y cada uno corresponde a un año en la vida del personaje principal.*

capó *m.* Cubierta metálica del motor de un vehículo: *El mecánico abrió el capó para revisar si la máquina tenía suficiente aceite.* SIN. **cofre.**

capota *f.* Cubierta plegable de un automóvil: *Como era un día luminoso, quitamos la capota del auto para disfrutar del paisaje de la carretera.*

capricho *m.* Deseo, antojo, exigencia: *A José le consienten todos sus caprichos, por eso grita cada vez que no le dan lo que pide.*

cápsula *f.* ⒈ Envoltura en forma de tubo muy pequeño que contiene un medicamento en polvo: *El médico le dijo que tomara esas cápsulas diariamente hasta que se curara de la diarrea.* ⒉ Casquillo metálico que cierra ciertas botellas. SIN. **corcholata.** ⒊ Parte de una nave espacial en la que se puede habitar: *Los astronautas pueden permanecer en la cápsula espacial sin tener que usar casco.*

captar *vb.* ⒈ Percibir, comprender: *No capté lo que dijo el profesor porque no estaba poniendo atención.* ⒉ Recibir una emisión de radio: *Javier captó en su radio un mensaje en clave y está muy intrigado porque no sabe qué quiere decir.*

capturar *vb.* Aprehender o detener a alguien a quien se busca: *Capturaron al hombre que había asaltado la joyería.* SIN. **apresar.**

capucha *f.* Prenda de vestir unida al abrigo o saco que sirve para cubrir la cabeza. SIN. **caperuza.**

capuchino *m.* Café con leche caliente que se distingue por su color claro y por la espuma de la leche con que se prepara: *Después de comer, pedí un capuchino y una rebanada de tarta como postre.*

capullo *m.* ⒈ Envoltura en la que cierto tipo de insectos se envuelven para hacerse adultos: *Las mariposas salen del capullo que tejen las orugas.* ⒉ Yema floral a punto de abrirse: *El rosal tiene un nuevo capullo que pronto se convertirá en flor.* SIN. **botón.**

cara *f.* ⒈ Parte delantera de la cabeza de las personas: *El payaso se despintó la cara después de la función en el circo.* SIN. **rostro.** ⒉ Parte delantera de una moneda: *Pedro lanzó la moneda al aire y dijo: "Si sale cara, gano tú; si sale cruz, gano yo."*

carabela *f.* Antigua embarcación de vela: *Cristóbal Colón llegó a América a bordo de una carabela.* →

caracol *m.* ⒈ Animal de mar o de tierra que guarda su cuerpo en un caparazón en espiral: *Los caracoles se arrastran porque no tienen patas.* ⒉ Rizo de pelo. ⒊ Parte del oído interno en forma de espiral.

carácter *m.* ⒈ Conjunto de características que forman la conducta de cada persona: *Renata tiene buen carácter, siempre es amable y está de buen humor.* ⒉ Energía, genio, firmeza: *El profesor es una persona de carácter y no le gustan las bromas tontas.*

característica *f.* Argent. y Urug. Conjunto de números que se marcan para hacer llamadas telefónicas de larga distancia.

característico, ca *adj./f.* Lo que distingue a alguien o algo de los demás: *El rasgo característico de mi gato es que tiene un ojo azul y otro verde.*

¡caramba! *interj.* Marca extrañeza o enfado: *"¡Caramba!, pensé que su hijo era menor. ¡Cómo ha pasado el tiempo!", le dijo la señora a mi madre.*

caramelo *m.* ⒈ Azúcar fundida y tostada: *Comí un flan delicioso que tenía encima una capa de caramelo.* ⒉ Golosina compuesta de azúcar cristalizada y distintos sabores.

caraqueño, ña *adj./m.* y *f.* Originario de Caracas, capital de Venezuela.

carátula *f.* ⒈ Careta, máscara. ⒉ Portada de un libro o funda de un disco: *Me compré el disco que quería, el que trae un camello en la carátula.* ⒊ Méx. Esfera del reloj: *Lucía mandó limpiar la carátula del viejo reloj, porque ya casi no se distinguían los números de lo sucia que estaba.*

caravana *f.* ⒈ Hilera de personas, animales o vehículos que viajan juntos. ⒉ Inclinación de la cabeza y el cuerpo en señal de respeto: *En el filme que vimos ayer, los caballeros hicieron una caravana al saludar al rey.*

carbohidrato *m.* Sustancia que aporta energía al organismo: *En una buena alimentación deben balancearse las proteínas, los carbohidratos y las grasas.*

---

carbón *m.* Combustible sólido de color negro, de origen vegetal: *La cabaña tenía una cocina de carbón en la que preparábamos la comida.*

carbono *m.* Elemento que forma parte importante de la Naturaleza y los seres vivos.

carburador *m.* Aparato que prepara la mezcla de nafta o gasolina y aire en ciertos motores: *El automóvil no funcionó y el mecánico me dijo que era por una falla en el carburador.*

carcajada *f.* Risa ruidosa: *Reímos a carcajadas con los excelentes chistes que contó Lucio.*

cárcel *f.* Edificio destinado a encerrar a los presos: *El culpable del asalto al banco ha sido condenado a permanecer cinco años en la cárcel.* SIN. **prisión.**

cardenal *m.* ① Sacerdote de alta jerarquía en la Iglesia Católica: *Los cardenales de todos los países eligen al Papa.* ② Ave de color rojo escarlata, con un penacho característico.

cardenal *m.* Mancha morada en la piel producida por un golpe: *Cuando Óscar se cayó de la bicicleta se hizo un cardenal en la pierna.* SIN. **moretón.**

cardiaco, ca o **cardíaco, ca** *adj./m. y f.* Relativo al corazón: *Llevaron a Rubén al hospital porque tuvo un paro cardíaco.*

cardinal. Puntos cardinales, *loc. pl.* Los cuatro puntos de referencia que permiten orientarse: norte, sur, este y oeste.

cardiología *f.* Parte de la medicina que estudia las enfermedades del corazón.

cardo *m.* Planta de hojas grandes y espinosas: *Me hice rasguños en las piernas cuando pasé por un campo en el que había cardos.*

cardumen *m.* Grupo de peces de la misma especie: *En el río había un cardumen de truchas; llegó el pescador, lanzó su red y pescó muchas truchas que nadaban juntas.* SIN. **banco.**

carencia *f.* Falta de alguna cosa: *La carencia de alimentos que le den energía al cuerpo ocasiona debilidad.*

carey *m.* ① Tortuga marina de caparazón muy vistoso: *El carey entierra sus huevos en la arena de la playa.* ② Material que se obtiene del caparazón de este animal.

carga *f.* ① Cosa que se transporta: *El camionero puso la carga de manzanas en el camión y la llevó a la ciudad.* ② Peso sostenido: *El panadero traía una carga de harina muy grande sobre su espalda.* ③ Repuesto de cierto material: *La carga del bolígrafo se está acabando, por eso ya no escribe bien.*

cargador, ra *m. y f.* Persona que transporta cosas: *Cuando nos mudamos, un cargador llevó los muebles a la nueva casa.*

cargamento *m.* Conjunto de mercancías para ser cargadas: *El barco pesquero transporta un cargamento de atún.*

cargar *vb. irreg.* ① Poner peso sobre una persona, un animal o un vehículo para que lo transporte: *Los hombres cargaron las mulas con madera y comida y emprendieron el viaje a las montañas.* ② Poner balas o cartuchos en las armas de fuego: *Cargó el rifle y practicó su puntería disparando sobre latas de cerveza.* ③ Acumular electricidad: *Para que funcione el teléfono celular hay que cargar su batería.*

cargo *m.* Empleo o puesto: *Ser director de una escuela es un cargo de mucha responsabilidad.*

caribeño, ña *adj./m. y f.* Originario del Caribe, región tropical de América que comprende parte de México, las Antillas, América Central, parte de Colombia y parte de Venezuela.

caricatura *f.* ① Dibujo cómico: *Bernardo hizo la caricatura de su mejor amigo: lo dibujó con una nariz muy grande, con labios gruesos y con unos cuantos cabellos.* ② Méx. Dibujos animados: *Me gusta ver las caricaturas de la televisión porque son muy divertidas.*

caricia *f.* Demostración cariñosa que se hace rozando con la mano: *Laura le hizo una caricia a su perro y éste empezó a mover la cola de gusto.*

caridad *f.* Actitud de ayuda para el necesitado: *Es bueno practicar la caridad dando comida a los pobres.*

caries *f.* Infección del diente que, si no se atiende, produce su destrucción: *Fui al dentista y me dijo que tenía una caries en una muela, me la arregló y me recomendó no comer tantos dulces.*

cariño *m.* ① Sentimiento y expresión de amor y afecto: *Mi amiga y yo nos tenemos mucho cariño.* ② Esmero con que se hace algo: *Preparé este postre con mucho cariño para regalársele a mi hermana.*

carmín *m.* ① Pigmento rojo, que se extrae de un insecto llamado cochinilla. ② Color rojo intenso. ③ Barra para colorear los labios: *Rosalía se peinó, se puso un poco de carmín y salió a la calle a ver a su novio.*

carnada *f.* Cebo para pescar o cazar: *Puse una carnada en la caña de pescar y lancé el cordón al río en espera de que un pez mordiera el anzuelo.*

carne *f.* ① Sustancia fibrosa del cuerpo que está entre la piel y los huesos. ② Sustancia animal comestible: *En la carnicería venden carne de vaca, de cordero y de pavo.* ③ Parte blanda de la fruta: *La carne del mango es muy sabrosa, pero la cáscara y el hueso no se comen.* ④ *loc.* **Carne de gallina,** piel humana cuando el vello se eriza por frío, miedo, emoción o alguna otra sensación: *Cuando metí los pies en la fría piscina se me puso la carne de gallina por el frío.*

carnero *m.* Rumiante doméstico, macho de la oveja que se cría por su carne y su lana: *El carnero se llama cordero cuando es pequeño, y borrego cuando tiene dos años.*

carnicería *f.* Tienda donde se vende carne: *Fui a la **carnicería** y compré trozos de ternera para cocinarlos.*

carnívoro, ra *adj./m.* y *f.* Relativo al mamífero que se alimenta de carne: *Los perros y los gatos son **carnívoros**.*

caro, ra *adj./adv.* De precio elevado: *Compré un pantalón en esta tienda porque en aquélla es más **caro**: cuesta 10 pesos más que aquí.* SIN. **salado.**

carozo *m.* *Amér.* Hueso de fruta.

carpa *f.* ⓵ Pez de agua dulce, comestible: *Las **carpas** tienen el lomo verdoso y el vientre amarillo.* ⓶ Lona grande que cubre un lugar: *Los trabajadores del circo estaban montando la **carpa** para la función de esta noche.* SIN. **tienda de campaña.**

carpeta *f.* Par de cubiertas de cartón o plástico que sirven para guardar papeles.

carpintería *f.* Taller donde se arreglan y fabrican muebles de madera: *Llevé la silla rota a la **carpintería** y la arreglaron muy bien.*

carrera *f.* ⓵ Hecho de correr cierto espacio: *Va a empezar la **carrera** de los cien metros y los corredores están listos.* ⓶ Competición o competencia de velocidad: *El domingo iré a ver una **carrera** de motocicletas.* ⓷ Conjunto de estudios que capacitan para ejercer una profesión: *Mi primo estudia la **carrera** de medicina y cuando termine va a trabajar en un hospital.*

carreta *f.* Vehículo de madera arrastrado por caballos o mulas: *El campesino transporta su cosecha en una **carreta** que avanza lento.*

carrete *m.* Cilindro sobre el que se enrolla hilo, películas, etc.: *Se me cayó el **carrete** de hilo y el gato se puso a jugar con él.* SIN. **bobina.**

carretera *f.* Vía de transporte que sirve para la circulación de vehículos: *Viajamos en automóvil por una **carretera** entre las montañas.*

carretilla *f.* Carro pequeño con una rueda, que se empuja con las manos: *El albañil transporta el cemento en una **carretilla** y luego lo vacía en el suelo.*

carril *m.* Parte de una vía o camino destinada al tránsito de una sola fila de vehículos: *Esta calle tiene tres **carriles** para que circulen tres filas de automóviles.*

carro *m.* ⓵ Carruaje de dos ruedas, jalado por animales: *El labrador usa un **carro** para transportar el trigo.* ⓶ *Amér. C., Colomb., Méx., Perú, P. Rico y Venez.* Automóvil: *A Luis se le descompuso el **carro** y tuvo que irse caminando a su casa.*

carrocería *f.* Parte exterior de los vehículos que cubre el motor y otras partes, y que sirve para transportar pasajeros o carga: *El golpe abolló la **carrocería** del automóvil y ahora se ve chueco.*

carroña *f.* Carne descompuesta, podrida: *Los buitres se alimentan de **carroña**, por ejemplo, de vacas muertas.*

carroza *f.* ⓵ Carro lujoso cubierto, tirado por caballos: *El hada madrina le dijo que debía regresar en la **carro-***

za *a las doce en punto.* ⓶ *Argent., Chile, Méx., Par. y Urug.* Vehículo especial en que se transporta a los muertos al cementerio.

carruaje *m.* Vehículo montado sobre ruedas, jalado por caballos: *Visité un museo de **carruajes** antiguos donde había uno negro, con asientos de piel y ruedas enormes.*

carrusel *m.* Juego mecánico en forma circular que gira alrededor de un eje, con una serie de figuras en las que uno se monta: *Me subí a un caballito del **carrusel** de la feria y me divertí muchísimo.*

carta *f.* ⓵ Escrito dirigido a una persona ausente: *Recibí una **carta** de mi amigo Antonio en la que me cuenta sus vacaciones en la montaña.* ⓶ Lista de alimentos y bebidas de un restaurante, menú: *Después de consultar la **carta**, pedí al camarero que me trajera un filete con papas fritas.* ⓷ Naipe: *Ayer jugaron a las **cartas** y Raúl les ganó a todos.*

cartel *m.* Lámina grande de papel que sirve de anuncio o propaganda: *En el cine colgaron un **cartel** en el que anunciaban que ya no había entradas.* →

cartelera *f.* En los diarios, sección donde se anuncian los espectáculos: *En la **cartelera** de este diario dice que la obra de teatro empieza a las ocho de la noche.*

cartera *f.* ⓵ Objeto rectangular que cabe en un bolsillo, y que sirve para llevar dinero y documentos personales: *Tengo una **cartera** de piel negra en la que guardo los billetes y las tarjetas de crédito.* SIN. **billetera.** ⓶ Bolsa con asa, para llevar papeles. SIN. **portafolios.**

cartero, ra *m.* y *f.* Persona que reparte las cartas del correo: *¡El **cartero** me trajo hoy la carta que tanto esperaba!*

cartilla *f.* ⓵ Libro para aprender las letras del alfabeto. ⓶ *Méx.* Documento de identidad de los individuos que han cumplido el servicio militar obligatorio.

cartón *m.* Lámina gruesa hecha de pasta de papel endurecida: *Metí los cuadernos viejos en una caja de **cartón** y la guardé debajo de mi cama.*

cartoncillo *m.* *Méx.* Cartón delgado, fino y liso: *Ángeles hizo un dibujo muy bonito en un **cartoncillo** para regalárselo a su mamá.*

cartucho *m.* ⓵ Cilindro que contiene la carga para un arma de fuego: *El cazador disparó unos **cartuchos** al aire para probar su arma.* ⓶ Repuesto de ciertos instrumentos: *Necesito un nuevo **cartucho** de tinta para mi impresora, porque ya se acabó el que tiene.*

cartulina *f.* Cartón delgado, fino y liso: *La maestra nos pidió que hiciéramos un dibujo en **cartulina** blanca.*

casa *f.* ⓵ Vivienda, lugar donde habita una persona o grupo de personas: *La **casa** donde vive mi tía es antigua y tiene una escalera de madera.* ⓶ Establecimiento comercial, tienda: *Siempre compro telas en esta casa, porque tienen mucho surtido.* ➡

casamiento m. ① Hecho de casarse: *Los novios anunciaron a la familia que su casamiento se llevaría a cabo el 23 de marzo.* ② Ceremonia en la que se casan dos personas: *El casamiento de mi hermano y su novia fue en una iglesia y después hubo una gran fiesta.*

casar vb. ① Contraer matrimonio: *Después de tres años de noviazgo, Héctor y Olga se casaron.* ② Dar o unir en matrimonio: *El señor Romualdo casó a su hijo Martín con la hija de su jefe.*

cascabel m. Bola de metal, hueca y agujereada, con algo dentro para que suene al moverla: *El gato de Georgina tiene en el cuello un lazo con un cascabel, así que ella siempre sabe dónde encontrarlo.*

cascada f. Caída de agua desde cierta altura: *Fui a visitar una cascada que tiene la forma de una cola de caballo.*

cáscara f. Corteza o cubierta exterior de algunas cosas: *"¡No te comas la naranja con cáscara!", me dijo mi madre.*

casco m. ① Pieza que cubre la cabeza para protegerla: *Antes de subir a una bicicleta o motocicleta, es importante ponerse un casco.* ② Botella para contener líquidos: *Separé los cascos vacíos de la basura para darlos a reciclar.* ③ Uña de las caballerías: *Antes de ponerle las herraduras a los caballos, se les liman los cascos.*

▶ **casero, ra adj.** ① Que se hace en casa: *Esa familia sólo come pan casero, ellos lo preparan y es delicioso.* ② *Chile* y *Perú.* Relativo al cliente habitual de un establecimiento.

▶ **casero, ra m.** y **f.** Persona que tiene una casa o departamento y lo alquila a otra: *Vino el casero a cobrarle a mi madre el alquiler de la casa.*

caseta f. ① Lugar pequeño colocado en la entrada de un edificio para vigilar quién entra y sale: *El portero está en la caseta; a él puedes dejarle el libro que te presté.* ② *Méx.* Cabina telefónica.

casete m. y **f. Palabra de origen francés.** Pequeña caja de plástico que contiene una cinta en la que pueden grabarse o reproducirse sonidos.

casi adv. Cerca de, por poco, aproximadamente: *"Son casi las ocho de la mañana, así que apúrate si no quieres llegar tarde a la escuela", me dijo mi madre.*

casilla f. ① Cada uno de los compartimentos de un casillero: *El cartero coloca las cartas en la casilla correspondiente a cada departamento del edificio.* ② Cada uno de los cuadros que componen el tablero de algunos juegos: *"¿Por qué saltaste dos casillas en el juego? ¡Te tocaba saltar una!", me dijo Roberto.* ③ *Ecuad.* Retrete, excusado.

casillero m. Mueble con compartimentos o casillas: *Clasifico los papeles en un casillero: una casilla para la*

cuenta de la luz; otra para la del teléfono; otra para la del gas, y así sucesivamente.

caso m. ① Suceso, acontecimiento: *"¿Te enteraste del caso del niño que se salvó en el incendio?", me preguntó Ana.* ② Asunto: *El hombre llevó el caso de su divorcio a un abogado para que lo aconseja.*

caspa f. Pequeñas escamas blancas que se forman en el cuero cabelludo: *Ricardo se compró un producto especial para lavar su cabello, porque está harto de tener caspa.*

castaña f. Fruto comestible del castaño, de piel dura color marrón o café y carne amarillenta dulce en su interior.

castaño m. Árbol grande, de copa ancha, cuyo fruto es la castaña: *La madera del castaño sirve para fabricar muebles, y su fruto para comerlo.*

castaño, ña adj. Dícese del color pardo oscuro: *Me gusta más cómo se me ve el cabello castaño, creo que me va mejor que el rubio.*

castellano m. Idioma español.

castigar vb. irreg. Someter a un castigo o pena al que ha cometido una falta: *Castigarán a los ladrones que asaltaron el banco con dos años de cárcel.*

castigo m. Pena impuesta al que ha cometido un delito o falta: *El profesor me puso un castigo por haber copiado en el examen.*

castillo m. Edificio de muros muy gruesos y rodeado de murallas para defenderse de los ataques enemigos: *Cuando mi tío fue a Francia, visitó un castillo de la Edad Media que fue construido sobre una colina.*

castor m. Mamífero roedor pequeño, de patas posteriores palmeadas y cola aplastada, que vive cerca de los ríos: *Los castores construyen presas en los ríos con troncos que cortan con sus largos dientes.*

casualidad f. Suceso imprevisto: *Fue una casualidad que las dos lleváramos vestidos iguales a la fiesta.*

catálogo m. Lista ordenada de personas, cosas o sucesos: *En el catálogo de la ropa que venden en esa tienda hay un vestido que me gustaría comprar.*

catarata f. ① Caída de agua en el curso de un río, de mayor altura que la cascada: *Las cataratas del Niágara están entre Canadá y Estados Unidos.* ② Enfermedad de los ojos que opaca el cristalino impidiendo una buena visibilidad: *Operaron a la tía Luisa de la catarata que tenía en el ojo izquierdo y ahora ya puede ver bien.*

catarina f. *Méx.* Pequeño insecto de color anaranjado rojizo con siete puntos negros: *Las catarinas son útiles porque se alimentan de insectos que dañan las plantas.* SIN. **mariquita.**

catarro m. Inflamación de las mucosas nasales, acompañada de un aumento en la secreción de mocos: *Salió al frío sin cubrirse y le dio catarro, por eso ahora se limpia muchas veces la nariz.* SIN. **resfrío, resfriado.**

catástrofe *f.* Suceso desgraciado, desastre: *Fue una catástrofe que se perdieran las cosechas por la sequía, ahora no sabemos qué hacer para conseguir alimento.*

catedral *f.* Iglesia muy grande, la más importante de una zona o ciudad: *El obispo celebró misa en la catedral de la ciudad.*

catedrático, ca *m.* y *f.* Profesor que da clases en la Universidad.

categoría *f.* Cada uno de los grupos en que se pueden clasificar personas o cosas: *Esa señora pertenece a la categoría de personas que se dejan llevar por las apariencias.*

catolicismo *m.* Religión de los cristianos que reconocen la autoridad del Papa en relación al dogma y la moral: *Según la enseñanza del catolicismo, Jesucristo dejó como jefe de su Iglesia a San Pedro, y ahora es el Papa.*

catre *m.* Cama plegadiza y ligera para una persona: *Como vino mi primo de visita, me acosté en un catre y él durmió en mi cama.*

cauce *m.* Lecho de ríos y arroyos: *El río se desbordó de su cauce por las abundantes lluvias.*

caucho *m.* Sustancia elástica y resistente que se halla en ciertos árboles: *Las ruedas de los automóviles son de caucho.* SIN. **hule.**

caudal *m.* Cantidad de agua de un curso fluvial: *El caudal del río se reduce mucho durante la época de sequía.*

caudillo *m.* Jefe militar o persona que manda y dirige un grupo: *El caudillo guió a sus tropas al encuentro del ejército enemigo.*

causa *f.* Razón, motivo: *La causa del enojo de Roberta es que vio a su novio besando a otra muchacha.*

causar *vb.* Producir un efecto: *Un conductor causó el accidente en la carretera por no tener precaución.*

cautivo, va *adj./m.* y *f.* Prisionero, persona a quien le han quitado su libertad: *Uno de los más famosos cautivos de la literatura ha sido El Hombre de la Máscara de Hierro.*

cava *f.* Lugar subterráneo donde se guarda el vino: *El mesero bajó a la cava y trajo una botella de vino de una cosecha especial.*

cavar *vb.* Hacer un hoyo o zanja: *El jardinero cavó un hoyo para plantar un árbol.*

caverna *f.* Gruta o cueva natural, grande y profunda: *Las cavernas sirvieron de casa a los primeros hombres que existieron en la Tierra.*

caza *f.* Hecho de cazar, de matar animales: *La caza debería estar prohibida cuando sólo es por diversión, por eso hay especies animales que están en peligro de desaparecer.*

cazabe *m.* *Amér. C., Antill., Colomb.* y *Venez.* Torta hecha de harina de mandioca.

cazar *vb. irreg.* Perseguir animales para apresarlos o matarlos: *Actualmente, en muchos lugares del mundo está prohibido cazar y los animales están protegidos.*

cazo *m.* Vasija con asas o mango que sirve para calentar o preparar alimentos: *Se cayó el cazo que tenía leche y se derramó en el suelo.*

cazón *m.* Especie de tiburón, de alrededor de 2 m de largo, de carne comestible.

cazuela *f.* Vasija redonda hecha de barro, más ancha que honda, usada para guisar: *La cocinera colocó el bacalao en una cazuela y lo puso a fuego lento.*

CD-ROM *m.* Abreviatura de las palabras en inglés *Compact Disc-Read Only Memory*. Disco compacto de gran memoria para almacenar textos, imágenes y sonido, y que sólo permite la lectura: *Me compraron una enciclopedia en CD-ROM y la veo en mi computadora.*

cebada *f.* Cereal que se parece al trigo y cuyo grano sirve de alimento a diversos animales: *De la cebada se obtienen el whisky y la cerveza.*

cebar *vb.* ① Alimentar a un animal para engordarlo: *Mis abuelos cebaron al pavo durante varios meses para comérselo en Navidad.* ② *Amér. Merid.* Preparar el mate, poniendo agua tibia en una especie de guaje o calabaza con yerba dentro: *Para que el mate sepa bien, hay que saberlo cebar.*

cebolla *f.* Bulbo comestible, blanco o morado, de una planta del mismo nombre, de olor fuerte y sabor picante, que sirve para condimentar la comida: *Con la cebolla pueden prepararse sopas, salsas, ensaladas y muchos otros guisos.*

cebra *f.* Animal parecido al burro, con rayas negras y blancas, que vive en África: *En el programa de televisión, una leona perseguía a una manada de cebras que corrían por el campo africano.*

cebú *m.* Animal parecido al buey, con una o dos jorobas: *En algunos países se come carne de cebú.*

cecina *f.* Carne de res o de cerdo, que se conserva salándola y poniéndola a secar. SIN. **charqui, tasajo.**

ceder *vb.* ① Dar, entregar o dejar: *Se veía tan apurada, que le cedí mi lugar en la fila para entrar al baño.* ② Aceptar algo que antes se rechazaba: *"Debemos aprender a ceder cuando nos demuestren que estamos equivocados."*

cedro *m.* Árbol muy alto, de madera fina y olorosa: *Los muebles de cedro son más caros que los de pino.*

cedrón *m.* Planta americana, cuyas semillas se utilizan como antídoto para el veneno de las serpientes.

cédula *f.* ① Documento oficial en el que se informa algo. ② *loc. Argent., Chile, Par.* y *Urug.* **Cédula de identidad**, credencial que le sirve a una persona para identificarse: *El policía le pidió que enseñara su cédula de identidad para demostrar que se llamaba Susana García.*

cegar *vb. irreg.* Dejar ciego por un momento: *La luz de los reflectores me cegó y no pude distinguir*

---

si mi amigo estaba entre toda la gente del público. SIN. **deslumbrar**.

ceguera *f.* Imposibilidad de ver: *Julián padeció ceguera desde niño, pero una operación le devolvió la vista.*

ceja *f.* Conjunto de pelos que crecen en la parte baja de la frente, arriba de los ojos, y que tienen forma ligeramente arqueada.

celador, ra *m.* y *f.* Persona encargada de vigilar un lugar: *El celador de la escuela cierra todas las puertas y ventanas de las aulas después de que terminan las clases.* SIN. **velador**.

celda *f.* ① Habitación donde se encierra a una persona: *La celda de la cárcel es pequeña, oscura y está aislada por grandes barrotes.* ② Cada una de las divisiones que las abejas construyen en su panal.

celebrar *vb.* Festejar algo: *Para celebrar el cumpleaños de mi papá compramos un delicioso postre de chocolate.*

▶ **celeste** *adj.* ① Relativo al cielo, al firmamento: *Los planetas y las estrellas son cuerpos celestes.* SIN. **espacial, cósmico**. ② Aplicado a lo que es de color azul claro: *La niña lleva puesto un vestido color celeste que combina con sus ojos azules.*

▶ **celeste** *m.* Color azul claro: *El celeste se obtiene mezclando azul con blanco.*

celofán *f.* Película transparente y flexible: *Adornamos el regalo con papel celofán y un gran moño rojo.*

celoso, sa *adj.* Referido al que pone mucho cuidado y esmero al hacer algo: *Ese empleado es muy celoso de su trabajo y no permite que nadie haga lo que le toca a él.*

celular *adj./m.* Teléfono que tiene un sistema electrónico que hace que no necesite cable para poder usarse: *Los celulares son cada vez más pequeños y ligeros y captan mejor la señal telefónica.*

cementerio *m.* Terreno destinado para enterrar a los muertos: *En el cementerio del pueblo están las tumbas de mis antepasados.* SIN. **camposanto**.

cemento *m.* Materia en polvo que forma con el agua una pasta capaz de endurecerse y formar bloques cuando se seca: *Los ladrillos de una casa están pegados con cemento.*

cemita *f. Amér.* Pan hecho con una mezcla de salvado y harina.

cempasúchil *m.* ① *Méx.* Planta que da flores de color amarillo o anaranjado, de las que se obtienen colorantes y otros productos industriales. ② *Méx.* Flor de la planta llamada cempasúchil, muy usada como ofrenda el Día de Muertos.

cena *f.* Comida que se hace por la noche: *La cena es la última comida del día.*

cenar *vb.* ① Tomar, por la noche, la última comida del día: *Hoy no quiero cenar, mejor ya me voy a dormir.* ② Comer algo en la cena: *Hoy cenaremos toda la familia sopa de pescado.*

cencerro *m.* Campanilla tosca que se sujeta al cuello de algunos animales para que suene cuando se muevan: *Gracias al sonido del cencerro el pastor pudo encontrar a la vaca que se había perdido.* SIN. **campana**.

cenicero *m.* Recipiente que sirve para tirar la ceniza y apagar las colillas de los cigarrillos.

ceniciento, ta *adj.* Aplicado a lo que es de color gris, parecido al de la ceniza: *Esa blusa negra se destiñó al lavarla y ahora tiene un tono ceniciento.* SIN. **cenizo**.

ceniza *f.* ① Polvo mineral que queda luego de que algo se ha quemado por completo: *En la chimenea sólo quedaron las cenizas de la leña que ardió durante la noche.* ② *pl.* Residuos de un cadáver quemado por completo: *Las cenizas del abuelo están en una urna de esa iglesia.*

cenote *m. Guat., Hond.* y *Méx.* Pozo natural situado bajo tierra, lleno de agua dulce de manantial.

censo *m.* Lista de la población o de los bienes y riquezas de un lugar: *Por el censo de población se conoce la cantidad de habitantes de un país, y por el censo económico se conoce su riqueza.* SIN. **padrón**.

centavo *m.* Cada una de las cien partes en que se divide la unidad monetaria de algunos países americanos: *En algunos países, dos monedas de 50 centavos equivalen a 1 peso.*

centella *f.* Descarga eléctrica que sucede en la atmósfera, entre dos nubes o una nube y la Tierra, y que se ve como una línea de luz que se apaga rápidamente: *Una centella tiene menos intensidad que un rayo y se produce cuando hay tormenta.* SIN. **relámpago**.

centena *f.* Conjunto de cien unidades: *Al multiplicar 10 por 10 se obtiene una centena.* SIN. **ciento, centenar**.

centenar *m.* Conjunto de cien unidades: *Los novios alquilaron un centenar de sillas para la boda, porque habían invitado a cien personas.* SIN. **centena**.

centenario *m.* Día en que se cumplen una o más centenas de años de algún suceso: *En el año 1999 se celebró el cuarto centenario del nacimiento de ese pintor que nació en 1599.*

centeno *m.* Cereal parecido al trigo, cuya harina es más oscura: *Con centeno se hace un tipo de pan de tono oscuro llamado pan negro.*

centésimo, ma *adj./m.* y *f.* ① Referido a lo que ocupa el último lugar en una serie de cien: *En la página centésima de este libro aparece una ilustración.* ② Se aplica a lo que cabe cien veces en un todo: *Esa sustancia es tan peligrosa, que la centésima parte del frasco alcanza para matar a un elefante.* SIN. **céntimo**.

centígrado, da *adj.* Relativo a lo que tiene una escala dividida en cien grados: *Hoy estamos a una temperatura de 28 grados centígrados.*

a

b

c

d

e

f

g

centímetro *m.* Medida de longitud que equivale a la centésima parte de un metro: *Esta regla de madera mide treinta* **centímetros**.

céntimo, ma *adj.* Aplicado a lo que cabe cien veces en un todo: *Los cien ladrones se repartieron el botín y a cada uno le tocó una* **céntima** *parte del dinero.* SIN. **centésimo**.

centinela *m.* y *f.* Soldado que está de vigilancia en un puesto: *En la entrada del cuartel hay un* **centinela** *que cuida por las noches.* SIN. **guardia, vigía, vigilante.**

centrado, da *adj.* [1] Se aplica a lo que tiene su centro bien colocado: *La foto está mal* **centrada**, *por eso no salieron las cabezas de las personas.* [2] Se refiere a lo que se encuentra entre dos o más cosas y está a la misma distancia de todas: *Ese mueble está* **centrado** *con respecto a las dos ventanas de esa pared, hay medio metro de cada lado entre los extremos del mueble y el principio de las ventanas.* ANT. **descentrado.**

▶ **central** *adj.* Relativo al centro o a lo que está en él: *Esa fuente redonda tiene una escultura en la parte* **central**.

▶ **central** *f.* [1] Lugar con las instalaciones necesarias para transformar la energía del agua, del viento o nuclear, en energía eléctrica: *La* **central** *eléctrica estaba en una zona desértica por razones de seguridad.* [2] Establecimiento en el que se encuentra la oficina principal de una empresa: *Algunos problemas no pueden solucionarse en la sucursal del banco y es necesario acudir a la* **central** *para hablar con una persona autorizada.*

centralita *f.* Aparato que conecta todas las líneas telefónicas de una empresa: *La telefonista de la* **centralita** *pasó una llamada al director y la otra al encargado de ventas.* SIN. **conmutador.**

centrar *vb.* [1] Determinar en una cosa el punto que se encuentra en el medio o, cuando se trata de muchas cosas, determinar el punto que se encuentra a la misma distancia de todas: *"Si* **centras** *el dardo en el tablero me ganas, porque el mío no pegó exactamente en el centro", dije a Evaristo.* [2] En algunos deportes, lanzar la pelota hacia la zona de anotación para que otro jugador anote el tanto o punto: *El jugador* **centró** *la pelota, su compañero la pateó y... ¡gol!*

centro *m.* [1] Punto que se encuentra a igual distancia de todos los puntos de una circunferencia: *Todos los rayos de la rueda de la bicicleta se juntan en una pieza que está en el* **centro**. ANT. **periferia.** [2] Punto situado a igual distancia de los extremos de una cosa: *El jarrón con flores está en el* **centro** *de la mesa.* SIN. **medio, mitad.** [3] Organismo dedicado a una actividad: *En el* **centro** *cultural hay un teatro, un cine y una sala de conciertos.* [4] *Fam.* Calles o zona de una ciudad en donde se concentra la mayor actividad: *Mi tía Ofelia prefiere ir al* **centro** *a comprar cosas porque allí hay muchas tiendas y es más barato.*

centroamericano, na *adj./m.* y *f.* Originario de Centroamérica: *Honduras y Panamá son dos países* **centroamericanos**.

centuria *f.* Número de cien años: *Este mueble antiguo tiene casi una* **centuria**, *ya que estamos en el año 1999 y lo hicieron en 1900.* SIN. **siglo, centena.**

cenzontle *m.* *Méx.* Pájaro de color gris pardo que puede imitar los cantos de otras aves: *Se dice que el* **cenzontle** *tiene cuatrocientas maneras de cantar.*

ceñir *vb. irreg.* [1] Rodear una cosa a otra: *La corona* **ciñe** *la cabeza de la reina durante las ceremonias elegantes.* SIN. **abarcar, envolver.** ANT. **soltar.** [2] Colocar o colocarse algo de manera que ajuste o apriete: *Mi padre se* **ciñe** *el pantalón al cuerpo con su cinturón, para que no se le caiga.* SIN. **apretar, oprimir, estrechar.** ANT. **soltar, aflojar.**

ceño *m.* Lugar de la cara de una persona en que se juntan la nariz y las cejas: *Javier es una persona tranquila que siempre tiene el* **ceño** *relajado y está de buen humor.* SIN. **entrecejo.**

cepillar *vb.* [1] Limpiar algo usando un cepillo: *Después de aplicar el betún o grasa,* **cepilló** *los zapatos para darles brillo.* [2] Peinar o peinarse usando un cepillo: *Las personas que tienen el cabello largo deben* **cepillarse** *varias veces al día para que su cabello no se enrede.* [3] Alisar la superficie de un trozo de madera usando un cepillo de carpintero: **Cepillaré** *esas tablas para construir una mesa.*

cepillo *m.* [1] Utensilio que está formado por un mango de madera u otro material que tiene uno de sus lados cubierto de cerdas, paja o hilos gruesos de plástico o metal cortados al mismo nivel y que sirve para peinarse o limpiar algo: *No encuentro mi* **cepillo** *de dientes y no sé cómo los voy a limpiar.* [2] Herramienta de carpintero que consiste en una caja pequeña, de madera o metal, con una cuchilla afilada: *El* **cepillo** *de carpintería sirve para alisar la madera.*

cera *f.* [1] Sustancia sólida y grasosa, de color amarillo, elaborada por las abejas: *Las celdillas del panal están construidas con* **cera**. [2] Nombre que se da a algunas sustancias parecidas a la cera de abeja: *Me gusta ver cómo se derrite la* **cera** *de las velas cuando están encendidas.* [3] Sustancia que producen los oídos para evitar que el polvo y los microbios penetren: *Hay que limpiarse bien los oídos para que no se forme demasiada* **cera** *que impida oír.* SIN. **cerilla, cerumen.**

cerámica *f.* [1] Arte de elaborar objetos de arcilla cocida: *Alfredo aprendió a elaborar jarrones en un curso de* **cerámica**. [2] Cualquier pieza hecha con arcilla cocida: *Las* **cerámicas** *griegas son de una gran belleza.*

cerbatana *f.* Tubo largo y hueco en el que se introducen piedritas o dardos para lanzarlos soplando con

---

◁▭ *adj.* = adjetivo ☆ *adv.* = adverbio ☆ ANT. = antónimo ☆ *f.* = sustantivo femenino ☆ *Fam.* = familiar ☆ *m.* = sustantivo masculino ☆ SIN. = sinónimo ☆ *vb.* = verbo ☆ *vb. irreg.* = verbo irregular.

fuerza: *Algunos indios americanos usaban* **cerbatanas** *para cazar.*

▶ **cerca** *f.* Valla con que se rodea algún espacio: *La casa está rodeada por una* **cerca** *de madera que la protege.* SIN. **tapia, verja.**

▶ **cerca** *adv.* Indica proximidad inmediata en el espacio: *Luis dejó su automóvil estacionado* **cerca** *del de mi madre y desde aquí puedo ver los dos automóviles juntos.* SIN. **junto, próximo, inmediato.** ANT. **lejos.**

cercado *m.* [1] Terreno rodeado por una valla: *En el* **cercado** *han sembrado cebollas y el perro no puede pisarlas porque se lo impide la valla.* [2] Valla con que se rodea algún espacio: *Ese* **cercado** *está hecho con cactos para evitar que las vacas se acerquen a los árboles frutales.* SIN. **cerca.** [3] *Bol. y Perú.* Territorio donde se encuentra la capital de un estado o provincia y los pueblos que dependen de ella.

cercano, na *adj.* [1] Se dice de lo que está a poca distancia: *Flavio vive en un barrio* **cercano** *al puerto y desde su casa se pueden ver los barcos.* SIN. **próximo, vecino.** ANT. **lejano, remoto.** [2] Aplicado a una relación unida por lazos estrechos o por parentesco directo: *Ramón es un amigo* **cercano** *de la familia, siempre lo hemos tratado como a un hermano.* ANT. **lejano.**

cerda *f.* Pelo grueso y duro que se saca de la piel del cerdo o de la cola de algunos animales y que se usa para fabricar cepillos y pinceles: *Puedo cepillarme muy bien el cabello con este cepillo porque tiene* **cerdas** *muy resistentes y flexibles.* SIN. **fibra.**

cerdo, da *m. y f.* Animal mamífero de patas cortas y cuerpo gordo, trompa chata y cola corta en forma de tirabuzón, que se cría en granjas: *El jamón se hace con carne de cerdo.* SIN. **marrano, puerco, chancho, cochino.**

cereal *m.* [1] Planta que da granos que sirven para la alimentación, como el trigo: *El trigo, el maíz, el centeno, la cebada, la avena y el arroz son* **cereales.** [2] Grano o semilla de esta planta: *Necesito pegar distintos tipos* **cereales** *en esta cartulina para ilustrar mi trabajo escolar sobre la agricultura.*

cerebro *m.* [1] Centro nervioso situado dentro de la cabeza de los animales vertebrados y de las personas: *El* **cerebro** *se encuentra protegido por los huesos del cráneo y controla las funciones más importantes del cuerpo.* SIN. **seso.** [2] Conjunto de las facultades mentales de una persona: *Guillermo es un* **cerebro** *privilegiado, resuelve los problemas de matemáticas con gran rapidez.* SIN. **inteligencia, talento, entendimiento.** [3] Persona que dirige a otras en una acción: *El* **cerebro** *de la banda de música ideó el plan de hacer un disco nuevo.* SIN. **líder.**

ceremonia *f.* Acto solemne que se celebra según ciertas normas establecidas: *La* **ceremonia** *de inauguración de los Juegos Olímpicos se realizará en el estadio de fútbol.* SIN. **acto, rito, protocolo.**

cereza *f.* Fruta pequeña, redonda y roja, de piel lisa y con un hueso duro en su interior, que suele estar unida de dos en dos por un rabito: *La* **cereza** *es una fruta de sabor agridulce que se usa mucho para hacer postres.*

cerezo *m.* [1] Árbol de tamaño mediano, cuyo fruto es la cereza: *El* **cerezo** *de mi casa tiene unas hermosas flores blancas.* [2] Madera de este árbol.

cerilla *f.* [1] Sustancia amarillenta que se forma en los oídos para protegerlos del polvo y de los microbios: *Me limpié los oídos con un algodón y quedó manchado por la* **cerilla.** SIN. **cera, cerumen.** [2] Fósforo: *Siempre es bueno tener velas y* **cerillas** *en casa, por si la energía eléctrica falla.* SIN. **cerillo.**

cerillo *m.* [1] *Méx.* Palito de madera o de papel encerado que tiene en un extremo una gota de una sustancia que produce una chispa y se enciende en fuego cuando se raspa: *Mamá usa* **cerillos** *para encender las velas.* SIN. **fósforo, cerilla.** [2] *Méx. Fam.* Niño o joven que empaca las compras en una tienda de autoservicio a cambio de propinas.

cernidor *m.* Instrumento formado por un aro que sostiene una tela metálica y que sirve para separar de una sustancia lo grueso de lo fino: *La abuela puso una taza de azúcar en el* **cernidor** *y lo movió, entonces el azúcar cayó de forma pareja sobre la tarta.* SIN. **cedazo.**

▶ **cero** *adj.* Ninguno, nada: *Nuestro equipo ha ganado por dos goles a* **cero** *contra el equipo de la otra escuela.*

▶ **cero** *m.* Número 0, que indica el valor nulo de una cantidad: *El* **cero** *colocado a la derecha de un número aumenta diez veces su valor, por ejemplo: 10, 100, 1 000.*

cerradura *f.* Mecanismo que cierra con llave: *Los bomberos rompieron la* **cerradura** *de la casa para entrar a rescatar a la familia que estaba adentro.* SIN. **chapa.**

cerrajería *f.* Oficio y taller del cerrajero: *Lucía fue a la* **cerrajería** *a que le hicieran una copia de la llave de su casa.*

cerrar *vb. irreg.* [1] Asegurar con cerradura: *Julio* **cerró** *con llave la puerta de su casa para que nadie entrara.* ANT. **abrir.** [2] Hacer que el interior de un lugar quede incomunicado del exterior: **Cerraré** *la ventana para que los ruidos de la calle no nos molesten.* ANT. **abrir.** [3] Tapar una abertura: *Los albañiles hicieron un muro de ladrillos para* **cerrar** *el espacio de una antigua ventana.* ANT. **abrir.** [4] Encajar en su marco la hoja de una puerta: *"Cierra la puerta, o se va a meter ese perro", me dijo mi madre.* SIN. **atrancar.** ANT. **abrir.** [5] Juntar los extremos que están separados: *El niño* **cerraba** *la boca porque no quería tomar la medicina.* SIN. **unir.** ANT. **abrir.** [6] Doblar algo que estaba extendido: *Cerramos el paraguas, porque ya había dejado de llover.* ANT. **abrir, desplegar.** [7] Cicatrizarse las heridas: *Cuando se* **cierre** *la cortada le quitaré la venda.*

---

cerro *m.* Elevación poco extensa de un terreno, que puede ser rocosa o de tierra y no es tan alta como un monte o una montaña: *Las ovejas están pastando en aquel cerro.* SIN. **loma**, **colina**. ANT. **llanura**, **planicie**.

cerrojo *m.* Pieza metálica en forma de barra que se mueve entre las dos partes de una cerradura para asegurarla mejor: *Puse el cerrojo porque el viento era muy fuerte y abría la ventana.* SIN. **pasador**, **pestillo**.

certamen *m.* Concurso abierto para estimular el cultivo de determinadas actividades, como las culturales: *Leonardo ha participado en un certamen de ciencia.* SIN. **competición**, **prueba**.

certeza *f.* Conocimiento seguro de las cosas: *Tengo la certeza de que el perro rompió este libro, porque aquí están las huellas de sus dientes.* SIN. **certidumbre**, **seguridad**, **convicción**. ANT. **incertidumbre**, **inseguridad**.

certificado *m.* Documento oficial que indica que lo que allí está escrito es verdadero: *Al terminar la escuela primaria se entregan certificados de estudios a los alumnos que aprobaron todo el curso.*

cerumen *m.* Sustancia amarillenta y pegajosa que se forma en los oídos para protegerlos del polvo y de los microbios: *Mi abuelo no oye bien porque no se quita los tapones de cerumen de los oídos.* SIN. **cera**, **cerilla**.

cerveza *f.* Bebida alcohólica espumosa de color amarillo transparente, hecha con granos de cebada: *La cerveza hace espuma blanca al servirla.*

cesar *vb.* Acabar algo o dejar de hacer una cosa: *Ha cesado de llover, ya podemos salir a jugar.* SIN. **suspender**, **terminar**, **parar**. ANT. **comenzar**, **empezar**, **iniciar**.

cesárea *f.* Operación quirúrgica que se hace cuando un bebé no puede nacer de manera natural: *La cesárea es un corte que se hace en el vientre de la madre para sacar al bebé.*

césped *m.* Hierba corta y tupida que cubre el suelo: *Me gusta tumbarme en el césped del jardín y mirar las nubes pasar.* SIN. **pasto**, **gramilla**.

cesta *f.* [1] Recipiente portátil, generalmente hecho de mimbre o de bejuco trenzado, que se usa para transportar o guardar cosas: *La señora lleva las verduras que compró en una cesta.* SIN. **canasta**, **cesto**. [2] En el baloncesto, aro de metal con una red sin fondo, fijado a un tablero a cierta altura del suelo, por el que hay que pasar la pelota para hacer una anotación: *La pelota rebotó en el tablero y cayó en la cesta.* SIN. **canasta**.

cesto *m.* Recipiente portátil, más ancho que alto, generalmente hecho de mimbre o de bejuco trenzado, que se usa para transportar o guardar cosas: *El panadero lleva el pan en un cesto que se pone sobre la cabeza.* SIN. **canasta**, **cesta**.

chabacano *m.* Méx. Fruta redonda de color amarillo, del tamaño de la ciruela pero de piel suave como la franela, carnosa y dulce, con un hueso duro en su interior. SIN. **albaricoque**.

chacal *m.* Mamífero carnívoro, parecido al lobo, que se alimenta de restos de animales muertos: *El chacal es un animal de Asia y África.*

chacarero, ra *m.* y *f.* Amér. C. y Amér. Merid. Dueño o trabajador de una finca pequeña en la que se cría ganado y se cultivan huertos.

cha-cha-chá *m.* Baile de origen cubano que combina ritmos de la rumba y el mambo.

chachalaca *f.* Amér. C. y Méx. Animal parecido a la gallina, con las plumas de la cola largas, de color verde con tonos tornasol, cuya carne es comestible.

cháchara *f.* [1] Fam. Conversación sobre asuntos sin importancia: *Las dos abuelas se la pasan en la cháchara mientras tejen.* SIN. **charla**, **plática**. [2] Fam. Cosa o adorno de poco valor: *Doris compró unas chácharas para regalarle a sus sobrinos.* SIN. **baratija**, **chuchería**.

chacotear *vb.* Burlarse, divertirse haciendo mucho ruido: *Los muchachos pasaron la tarde chacoteando; se reían tanto y tan fuerte que los oíamos hasta con la puerta cerrada.*

chacra *f.* Amér. C. y Amér. Merid. Terreno de extensión reducida destinado al cultivo de hortalizas y a la cría de animales de granja. SIN. **granja**, **finca**, **rancho**.

chagra *m.* y *f.* Ecuad. Persona que trabaja en el campo. SIN. **campesino**.

chagüí *m.* Ecuad. Pájaro pequeño, parecido al gorrión, que debe su nombre al sonido de su canto.

chajá *m.* Argent., Par. y Urug. Ave zancuda de color generalmente grisáceo y un copete de plumas en la cabeza, que debe su nombre al sonido de su grito característico.

chal *m.* Prenda de vestir, parecida a un pañuelo grande, que se ponen las mujeres sobre los hombros: *Los chales pueden ser de lana, de seda o de cualquier otro hilo, y en forma alargada o de triángulo.* SIN. **pañoleta**, **mantón**, **manto**.

chala *f.* Amér. Merid. Hoja que envuelve la mazorca del maíz y que una vez seca se usa para liar o hacer cigarros.

chalana *f.* Embarcación de fondo plano que se usa para transportar mercancías por ríos y canales: *Los cargadores llenaron la chalana con cajas de fruta.*

chalé o **chalet** *m.* **Palabra de origen francés.** Casa de madera y ladrillo, estilo suizo, con el techo en forma de triángulo, generalmente rodeada de un jardín: *En ese enorme chalé vive una sola mujer que tiene mucho dinero.*

chaleco *m.* [1] Prenda de vestir, sin mangas, que se pone encima de la camisa: *El chaleco del traje se pone encima de la camisa y debajo del saco.* [2] *loc.* **Chaleco antibalas**, protección que se pone en el pecho y la

---

⬛ *adj.* = adjetivo ☆ ANT. = antónimo ☆ *f.* = sustantivo femenino ☆ *Fam.* = familiar ☆ *interj.* = interjección ☆ *loc.* = locución ☆ *m.* = sustantivo masculino ☆ SIN. = sinónimo ☆ *vb.* = verbo ☆ *vb. irreg.* = verbo irregular.

espalda para evitar que las balas penetren al cuerpo: *Algunos policías usan chalecos antibalas para evitar que algún disparo les haga daños graves.* 3 *loc.* **Chaleco salvavidas,** protección que se pone en el pecho y la espalda y sirve para flotar en el agua: *Debajo del asiento del avión hay un chaleco salvavidas para cada pasajero.*

chamaco, ca *m.* y *f. Méx.* Niño o persona joven. SIN. **muchacho, chico, mozalbete, chango.**

chamán *m.* Entre los pueblos indígenas, persona que practica la medicina tradicional. SIN. **curandero.**

chamarra *f.* 1 *Amér. C.* y *Venez.* Manta o frazada que tiene una abertura para pasar la cabeza y así usarse como poncho. 2 *Méx.* Prenda de vestir que cubre la espalda y el pecho hasta la cintura, con mangas y con botones o cierre por delante para abrir y cerrar. SIN. **cazadora, chaqueta, saco.**

chamba *f.* 1 *Méx. Fam.* Trabajo que se hace para lograr algo o para ganar dinero: *En las mañanas estudio y en la tarde tengo una chamba como lavaplatos en una cafetería.* 2 *Méx. Fam.* Lugar donde se trabaja: *Me voy corriendo a la chamba, porque ya se me hizo un poco tarde.*

chambear *vb. Méx.* Trabajar para lograr algo o para ganar dinero.

chambón, na *adj./m.* y *f. Fam.* Aplicado a la persona que tiene poca habilidad para hacer algo: *El chambón de Rubén se pasó el juego corriendo detrás de la pelota para recogerla en vez de jugar.* SIN. **torpe, inepto.**

champiñón *m.* Palabra de origen francés. Hongo comestible que se cultiva en lugares húmedos y oscuros: *Pamela preparó unos champiñones con ajo y cebolla para acompañar la carne.*

champú *m.* Palabra de origen inglés. Jabón líquido para lavarse el cabello: *Este champú huele a hierbas y deja el cabello brillante.*

chamuscar *vb. irreg.* Quemar algo o quemarse por encima: *El pan se ha chamuscado porque Daniel se distrajo y lo dejó sobre el fuego.* SIN. **tostar, torrar.**

chance *m.* y *f. Amér.* Palabra inglesa. Lo que se hace o sucede en el momento conveniente. SIN. **oportunidad.**

chanchería *f. Amér. C.* y *Amér. Merid.* Lugar donde se vende carne de cerdo y embutidos.

chancho, cha *m.* y *f.* 1 *Amér. C.* y *Amér. Merid.* Animal mamífero que se cría en granjas, de patas cortas y cuerpo gordo, trompa chata y cola corta en forma de tirabuzón. SIN. **marrano, puerco, cerdo, cochino.** 2 *loc. Argent.* **Querer la chancha y los veinte,** desear tener todo.

chanchullo *m. Fam.* Asunto o negocio que se realiza fuera de la ley para obtener provecho: *En esa carrera hubo chanchullo: el ganador fue adelantado en automóvil sin que nadie lo notara.* SIN. **embrollo, artimaña.**

chancla o **chancleta** *f.* Zapato abierto, sin talón, que sólo tiene la parte de abajo y se sujeta por arriba con una tira de cuero o de otro material: *Cuando estoy en casa y quiero descansar los pies me pongo unas chancletas.* SIN. **zapatilla, pantufla, chinela.**

chanclo *m.* Zapato de goma o hule que se pone sobre el pie calzado, para proteger al zapato del barro o del agua: *Cuando llueve en mi pueblo, los niños usan chanclos para no mojarse los zapatos al ir a la escuela.*

chanfle *m. Argent., Chile, Méx.* y *Urug.* En algunos deportes, golpe que se da a la pelota para que vaya girando en el aire formando una curva.

changa *f.* 1 *Amér. Merid.* Trabajo que no es fijo, sino eventual. 2 *Amér. Merid.* y *Cuba.* Broma, burla.

changador *m. Argent., Bol.* y *Urug.* Hombre o muchacho que en las estaciones y aeropuertos se ofrece para llevar cargas. SIN. **maletero.**

changarro *m. Méx.* Tienda pequeña donde se venden algunos artículos para el hogar, bebidas y caramelos.

chango, ga *m.* y *f.* 1 *Argent.* y *Bol.* Niño o persona joven. SIN. **chico, muchacho, chamaco.** 2 *Méx.* y *Venez.* Mono, en general cualquier simio.

chantajear *vb.* 1 Amenazar alguien a otra persona con hacerle un daño o escándalo, a fin de obtener de ella dinero u otro provecho: *El fotógrafo chantajeaba a la artista con mostrar esas fotos vergonzosas, porque quería quitarle dinero.* SIN. **intimidar.** 2 Presionar en lo moral a alguien para que se sienta obligado a hacer algo: *Felisa está haciendo el trabajo de Alberto porque la chantajeó diciendo que si no lo ayudaba, no jugaría nunca más con ella.*

chantillí o **chantilly** *m.* y *f.* Palabra de origen francés. Crema o nata batida con azúcar hasta que se esponja: *A Mariana le encanta comer duraznos en almíbar con crema chantillí.*

¡chao! *interj.* Expresión de origen italiano que se emplea para despedirse: *Cuando me despido de mis amigos les digo ¡chao!* SIN. **¡adiós!, ¡chau!**

chapa *f.* 1 Trozo plano, delgado y de grosor uniforme de cualquier material duro: *El carpintero le puso a la mesa una chapa de madera nueva para que la superficie quedara lisa.* SIN. **hoja, lámina, plancha.** 2 Mecanismo hecho de metal que se pone en las puertas y que sirve para abrir, cerrar y echar llave: *En esta puerta han puesto dos chapas de seguridad para que ningún ladrón pueda abrirla.* SIN. **cerradura.** 3 Rubor que sale en el rostro o que se pinta artificialmente: *Cuando Sandra cantó en público se le hicieron chapas porque estaba nerviosa.*

chaparro, rra *adj./m.* y *f. Méx.* Se aplica a la persona de baja estatura. SIN. **bajo, petizo, retaco.**

chaparrón *m.* Lluvia fuerte, de corta duración: *Un chaparrón echó a perder nuestro día de campo, y cuando*

a

b

c

d

e

f

g

estábamos bien mojados, volvió a salir el sol. SIN. **aguacero, chubasco.**

chapopote *m.* Méx. Sustancia negra obtenida del petróleo que se usa para cubrir carreteras y para impermeabilizar techos.

chapotear *vb.* Sonar el agua y salpicarla al moverla con los pies o las manos: *Mientras los niños chapoteaban en la piscina, los adultos preparaban la comida.* SIN. **chapalear, salpicar.**

chapoteadero *m.* Méx. Piscina de pequeñas dimensiones y poca profundidad, especial para los niños que no saben nadar.

chapulín *m.* Amér. C. y Méx. Insecto de cabeza redonda, que tiene las patas de atrás más grandes que las demás y que salta para moverse. SIN. **langosta, saltamontes.**

chapuzón *m.* Entrada rápida y por poco tiempo al agua: *Mi padre se dio un chapuzón en la piscina para refrescarse antes de continuar cortando el césped.* SIN. **zambullida.**

chaqueta *f.* Prenda de vestir con mangas que se usa encima de la ropa y que llega a la altura de las caderas: *"Si vas a salir, usa una chaqueta para protegerte del frío", me dijo mi madre.* SIN. **chamarra, saco, cazadora.**

chaquira *f.* Amér. C., Amér. Merid. y Méx. Cuentas de vidrio de distintos colores, muy pequeñas, con las que se hacen collares y bordados.

charanga *f.* Banda de música formada únicamente por instrumentos de viento: *Mi tío es trompetista y toca en una charanga.*

charango *m.* Amér. Merid. Instrumento musical de cuerdas, parecido a una guitarra pequeña, cuya caja de resonancia está hecha con el caparazón de un armadillo.

charco *m.* Lugar de pequeñas dimensiones donde el agua queda detenida en el terreno de forma natural o artificial: *Un charco es más pequeño que una charca.*

charla *f.* Conversación entre dos o más personas: *La charla entre las amigas duró más de dos horas porque tenían mucho que decirse.* SIN. **plática, diálogo.**

charlar *vb.* Fam. Hablar entre dos o más personas: *Hoy vinieron mis hermanos de visita y estuvimos charlando toda la tarde.* SIN. **conversar, platicar, dialogar.**

charlatán, na *adj./m.* y *f.* Se aplica a la persona que habla mucho: *Esas niñas charlatanas no dejan escuchar lo que dice la maestra.* SIN. **parlanchín, hablador, cotorra.** ANT. **callado, reservado.**

charol *m.* Cuero tratado con un barniz que brilla mucho: *Cuando tengo una fiesta uso mis zapatos de charol.*

charola *f.* Amér. C., Bol., Colomb., Cuba, Ecuad., Méx. y Perú. Pieza plana, redonda o rectangular, que tiene el borde levantado y que se usa para llevar platos, vasos y otras cosas que se van a servir en la mesa. SIN. **bandeja, azafate.**

charqui o **charque** *m.* Amér. Merid. Carne salada y secada al sol. SIN. **cecina, tasajo.**

charro, rra *m.* y *f.* Méx. Jinete que viste un traje de chaqueta corta con bordados, pantalón ajustado, camisa blanca y sombrero cónico de ala ancha.

charrúa *adj./m.* y *f.* Se aplica a lo que pertenece a un grupo indígena originario de lo que hoy es Uruguay y, por extensión, se aplica a lo que es de Uruguay.

chasis *m.* Armazón que sostiene la carrocería del automóvil: *Ese automóvil no tiene arreglo porque al chocar se maltrató el chasis.*

chasquido *m.* [1] Ruido seco y repentino: *Oí un chasquido en la cocina y supuse que se había roto algo.* [2] Ruido producido con la lengua al separarla rápidamente del paladar: *Julio hizo un chasquido para indicarle a su caballo que se tranquilizara.*

chatarra *f.* [1] Hierro viejo: *Este automóvil viejo no tiene arreglo, sólo puede venderse como chatarra.* [2] *loc.* **Comida chatarra,** comida que se vende hecha, que no es nutritiva y por lo general son frituras de harina o golosinas: *Ese muchacho come sólo comida chatarra y nunca prueba las verduras ni las frutas, por eso se ve gordo y al mismo tiempo es débil.*

chato, ta *adj./m.* y *f.* Se aplica al que tiene la nariz pequeña y aplastada: *Ese boxeador tiene la nariz chata por tantos golpes que ha recibido, en cambio yo la tengo chata desde que nací.* SIN. **narigudo.**

¡chau! *interj.* Argent. Fam. Expresión que se usa para despedirse. SIN. **¡chao!, ¡adiós!**

chaucha *f.* [1] Argent. Vaina que envuelve algunas semillas, como las de la algarroba. [2] Argent. y Urug. Vaina comestible del poroto o frijol cuando todavía está verde. SIN. **ejote.**

chavo *m.* Méx. Fam. Niño o persona joven. SIN. **muchacho, chico.**

¡che! *interj.* Argent., Bol., Par. y Urug. Expresión que se usa para llamar a una persona a quien se le habla de tú.

checar *vb. irreg.* Palabra de origen inglés. [1] Méx. Asegurarse de que es cierto algo de lo que se dudaba. SIN. **verificar, comprobar.** [2] Méx. Registrar las horas de entrada y salida del trabajo.

cheque *m.* Documento en que una persona ordena a un centro bancario el pago de una cantidad de dinero con cargo a su cuenta personal: *Escribe el cheque a mi nombre, porque si lo haces "al portador" cualquiera lo puede cobrar.*

chequera *f.* Amér. Talonario de cheques y especie de billetera donde se guarda dicho talonario: *Cada chequera tiene 25 ó 50 cheques y lleva impreso el número de cuenta y el nombre del dueño.*

chévere *adj.* [1] Colomb. y Venez. Se dice de lo que está muy bien. SIN. **excelente, estupendo.** [2] Cuba, Perú y Venez. Se refiere al que es bueno o de buen carácter.

---

adj. = adjetivo ☆ ANT. = antónimo ☆ *f.* = sustantivo femenino ☆ *Fam.* = familiar ☆ *interj.* = interjección ☆ *loc.* = locución ☆ *m.* = sustantivo masculino ☆ *pl.* = plural ☆ SIN. = sinónimo ☆ *vb.* = verbo ☆ *vb. irreg.* = verbo irregular.

SIN. **benévolo, indulgente.** [3] *Ecuad., Perú, P. Rico y Venez.* Se aplica a lo que es agradable. SIN. **gracioso, chistoso.**

chicano, na *adj./m.* y *f.* Relativo a la persona de origen mexicano que habita en los Estados Unidos de Norteamérica: *Los chicanos tienen una cultura diferente a la mexicana y a la estadounidense.*

chicha *f.* [1] *Amér. Merid.* Bebida que resulta de la fermentación del maíz en agua azucarada. [2] *Chile.* Bebida que se obtiene de la fermentación del zumo de la uva o la manzana.

chícharo m. [1] Planta de flores blancas o rojizas que se cultiva por sus semillas comestibles que crecen en vaina: *En esa huerta han sembrado chícharo.* SIN. **guisante, arveja.** [2] Semilla redonda y verde de esta planta: *En el interior de cada vaina verde hay cerca de siete chícharos.* SIN. **guisante, arveja.**

chicharra *f.* [1] Insecto de color verde amarillento que produce un sonido intenso al batir sus alas: *En el campo, al atardecer, se escucha el sonido de las chicharras.* SIN. **cigarra.** [2] Timbre eléctrico de sonido sordo: *Enrique fue a buscar a su hermano a la casa de un amigo y tocó la chicharra para que le abrieran la puerta.*

chicharrón m. *Méx.* Piel de cerdo que se fríe en aceite muy caliente hasta que se esponja y se pone crujiente y entonces se come: *En México es común el guiso de chicharrón en salsa de ají o chile verde.*

chiche m. [1] *Amér. C.* y *Amér. Merid.* Juguete de los niños pequeños. [2] *Salv.* Pecho de la mujer. SIN. **teta, seno.**

chichicuilote m. *Méx.* Ave pequeña, parecida a la paloma, de color gris, de pico delgado y recto, que vive cerca del mar, lagos o pantanos, su carne es comestible.

chichimeca *adj./m.* y *f.* Relativo a un pueblo indígena originario del norte de México que se asentó en la Meseta Central a finales del siglo XII y principios del siglo XIII.

chichón m. Bulto que se forma en el lugar de la cabeza donde se ha recibido un golpe. SIN. **inflamación, chipote.**

chicle m. Golosina hecha de una goma endulzada que se mastica y no se traga: *Hay chicles de muchos sabores y con algunos se puede hacer bombas.*

▶ **chico, ca** *adj.* Se dice de lo que tiene poco tamaño: *Este pantalón me queda chico porque ya crecí.* SIN. **pequeño.** ANT. **grande.**

▶ **chico, ca m.** y *f.* Niño, muchacho. SIN. **chango, chamaco.**

chiflado, da *adj./m.* y *f.* Se aplica al que está un poco trastornado de la mente: *Ese hombre habla solo porque está chiflado.* SIN. **loco.** ANT. **sensato.**

chiflar vb. Hacer sonar el aire soplando con la lengua doblada o la boca contraída, o emitir una cosa un sonido agudo cuando el aire pasa a través de ella: *La tetera chifla cuando el agua está muy caliente.* SIN. **silbar.**

chiflido m. Sonido agudo que se produce soplando el aire con la lengua doblada o la boca contraída, o cuando el aire pasa a través de algo hueco: *Estos pajaritos de cerámica emiten un chiflido cuando les soplas por el rabo.* SIN. **silbido.**

chilacayote m. *Méx.* Variedad de calabaza cuyo fruto es comestible y se emplea en la elaboración de diversos guisos y dulces.

chilaquiles m. pl. *Méx.* Guiso hecho con tortillas de maíz fritas y sumergidas en salsa de chile picante.

chile m. [1] Planta de flores blancas, violetas o verdosas que da un fruto que produce picor o ardor, generalmente alargado y hueco, de color verde, rojo o amarillo, con semillas aplanadas en su interior: *El chile es una planta muy resistente que se adapta bien a distintos tipos de terreno.* SIN. **ají.** [2] Fruto de esta planta: *El chile contiene vitamina C.*

chileno, na *adj./m.* y *f.* Originario de Chile, país de América del Sur.

chillar vb. Dar chillidos o gritos agudos: *El bebito chillaba porque tenía hambre.* SIN. **llorar.**

chillido m. Sonido de la voz agudo, fuerte y desagradable: *Rosa lanzó un chillido cuando vio a la rata.* SIN. **alarido, grito.**

chillón, na *adj.* [1] Se dice de los colores demasiado vivos o mal combinados: *"Con ese vestido color amarillo chillón te van a ver desde lejos".* SIN. **estridente, llamativo.** ANT. **sobrio.** [2] Se dice del sonido demasiado agudo y desagradable: *Doña Elsa tiene una voz chillona que es difícil de soportar.* SIN. **estridente.** ANT. **grave.** [3] *Fam.* Aplicado al que llora o se queja mucho: *Mi hermanito es un chillón que grita por cualquier cosa.* SIN. **llorón, gritón.** ANT. **callado.**

chimenea *f.* [1] Conducto de salida de humo: *Las chimeneas de las fábricas son tubos altos y delgados que se ven desde lejos y dejan salir humo.* [2] Lugar preparado para encender el fuego dentro de una casa, que tiene una salida para que el humo se vaya hacia arriba y hacia afuera: *En invierno, mi padre enciende la chimenea para calentar el ambiente de la casa.* SIN. **hogar, fogón.**

chimpancé m. Mono originario de África, de cabeza grande, nariz chata y brazos largos, que no tiene cola: *En el circo había dos chimpancés vestidos como seres humanos.*

chimuelo, la *adj.* *Méx.* Se aplica a la persona a la que le falta uno o más dientes: *El muchachito chimuelo sonreía y enseñaba los huecos de los dientes que se le acababan de caer.*

chinampa *f.* *Méx.* Parte de terreno flotante construida sobre carrizos, donde se cultivan verduras y flores.

chinche *f.* [1] Insecto de cuerpo aplastado y rojo, que chupa la sangre humana y produce irritación en la piel por sus picaduras: *Las* **chinches** *huelen mal y se crían en las camas sucias y en las casas viejas.* [2] Clavo pequeño con la cabeza redonda y aplastada, que se usa para fijar papeles a la pared: *Sujeté el mapa a la pared con cuatro* **chinches.**

chinchilla *f.* Animal mamífero y roedor originario de América del Sur, parecido al conejo pero de orejas más cortas, con pelo y la cola más largos de color gris: *Con la suave piel de la* **chinchilla** *se hacen abrigos finos y caros.*

chinchorro *m.* [1] Red que se usa para pescar: *El chinchorro es una red pequeña que usa mi padre cuando sale a pescar.* [2] *Antill., Colomb., Méx. y Venez.* Hamaca hecha de red, que se tiende entre dos palos y sirve para descansar.

▶ **chino, na** *adj.* [1] Relativo a lo que es de China, país de Asia: *La cultura* **china** *es la más antigua del mundo.* [2] *Amér. Merid.* Se aplica a la persona con rasgos indígenas.

▶ **chino, na** *m. y f.* [1] Persona nacida en China: *Los* **chinos** *tienen un calendario diferente del occidental.* [2] *Méx.* Rizo del cabello y persona que tiene el pelo rizado. [3] Piedra pequeña: *Durante el paseo por el campo estuve juntando* **chinas** *para ponerlas en mi acuario.*

chip *m.* **Palabra inglesa.** Placa pequeña hecha de silicio, que sirve de soporte a un circuito integrado, como el de las computadoras: *Pedro compró unos* **chips** *para ampliar la memoria de su computadora.*

chipote *m.* *Guat. y Méx.* Hinchazón que se forma después de haber recibido un golpe en la cabeza. SIN. **chichón.**

chiquear *vb.* *Cuba y Méx.* Tratar a alguien con ternura y cariño: *Me gusta* **chiquear** *al gato, porque el sonido de su ronroneo me parece muy agradable.* SIN. **mimar, acariciar.**

chiquero *m.* Corral donde se encierran los cerdos: *En el* **chiquero** *está la cerda dando de mamar a sus lechones.* SIN. **pocilga.**

chiquillo, lla *adj./m. y f.* Se aplica al que es niño o muy joven: *Julieta quiere usar zapatos altos y pintarse la boca pero su madre no la deja porque todavía está* **chiquilla.** SIN. **chico, niño, muchacho.**

chirimoya *f.* Fruta de color verde por fuera y blanco por dentro, que tiene semillas negras en su interior: *La* **chirimoya** *es una fruta muy dulce y perfumada.*

chiripa *f.* Acierto en el juego que se gana por casualidad: *Ganamos de* **chiripa**, *creo que el equipo contrario estaba mejor entrenado que nosotros.* SIN. **suerte, azar.**

chiripá *m.* *Amér. Merid.* Prenda de vestir del gaucho que consiste en un paño pasado entre las piernas y sujeto a la cintura por una faja.

chiripada *f.* *Méx. Fam.* Hecho afortunado: *Fue una* **chiripada** *que se me ocurriera entrar a esa librería donde*

tenían en oferta el diccionario que me pidieron en la escuela. SIN. **suerte.**

chirriar *vb. irreg.* Producir un sonido agudo y molesto el roce de un objeto con otro: *Estas ruedas* **chirrían**, *les pondré aceite para que giren bien.* SIN. **rechinar.**

chisguete *m.* Chorro delgado de líquido que sale con fuerza: *Con su pistola de agua, Bruno aventó un* **chisguete** *a una telaraña y la rompió.*

chisme *m.* Noticia verdadera o falsa sobre la que se murmura o con la que se pretende difamar a alguien: *Se corrió el* **chisme** *de que un cantante famoso está de vacaciones en esta ciudad.* SIN. **habladuría, rumor.** ANT. **discreción, verdad.**

chismear o **chismorrear** *vb. Fam.* Dar noticias acerca de los demás sin tener la seguridad de que son verdaderas: *Las amigas* **chismeaban** *acerca de una compañera nueva, pero ni siquiera la conocían.* SIN. **murmurar, chusmear, husmear.**

chispa *f.* [1] Partícula encendida que salta de algo que se está quemando: *La chimenea tiene una valla para que las* **chispas** *que saltan de la madera no caigan en la alfombra y provoquen un accidente.* SIN. **pavesa.** [2] Luces que se producen a causa de una descarga eléctrica: *El cable de la plancha está roto y arroja* **chispas** *cuando la conectamos.* SIN. **rayo, centella.**

chispear *vb.* [1] Echar partículas encendidas algo que se está quemando: *Aunque afuera hace frío, la casa está caliente porque en la chimenea* **chispea** *un hermoso fuego.* SIN. **chisporrotear.** [2] Caer unas pocas gotas de lluvia o una lluvia muy fina: *Rosario no abrió su paraguas porque sólo* **estaba chispeando.** SIN. **lloviznar.**

chiste *m.* [1] Anécdota relatada o dibujada que provoca risa: *Mientras su padre lee las noticias del diario, Eduardo lee la página de* **chistes.** SIN. **historieta.** [2] Gracia que tiene algo: *Fue una fiesta sin* **chiste**, *no nos divertimos.*

chistoso, sa *adj.* Se dice de lo que hace reír: *Mauricio hizo una expresión* **chistosa** *para que su hija dejara de llorar y empezara a reír.* SIN. **gracioso, humorístico, chévere.**

chivo, va *m. y f.* Cría de la cabra desde que deja de mamar hasta que llega a la edad adulta: *Los* **chivos** *comen hierba.*

chocante *adj.* [1] Se aplica a lo que disgusta o causa extrañeza: *Las costumbres de ese lugar nos resultan* **chocantes** *porque fuimos educados de otra manera.* [2] *Argent., Colomb., C. Rica, Ecuad., Méx. y Perú.* Se aplica a la persona o a la situación que incomoda o desagrada. SIN. **antipático, presuntuoso, desagradable.**

chocar *vb. irreg.* Encontrarse violentamente una cosa con otra: *Chocaron dos automóviles en esa esquina y vino una ambulancia por los heridos.* SIN. **topar.** [2] Causar algo disgusto o extrañeza: *A Mariana le* **choca** *que Alberto la ignore cuando él está con sus amigos.* SIN. **molestar, incomodar, sorprender.**

---

chocho, cha *adj.* Se aplica a la persona anciana que ha comenzado a perder algunas de sus capacidades mentales: *El viejo chocho ya no se acuerda de muchas cosas.*

choclo *m. Amér. Merid.* Mazorca tierna de maíz. SIN. **elote, jojoto.**

chocolate *m.* [1] Pasta dura de color marrón hecha de cacao y azúcar: *Alicia está comiendo una barra de chocolate con almendras.* [2] Bebida que se prepara con esta sustancia disuelta en leche o agua: *Hoy cenamos chocolate con pan.* →

chófer o **chofer** *m. y f.* **Palabra de origen francés.** Conductor de automóvil o de transporte público: *El chófer recoge todas las mañanas a los niños y los lleva a la escuela.*

cholo, la *adj./m. y f. Amér. C. y Amér. Merid.* Se aplica al que es hijo o hija de un hombre blanco y una mujer indígena. SIN. **mestizo.**

chomba o **chompa** *f. Amér. Merid.* Prenda de vestir para abrigar que se pone sobre la camisa y cubre el pecho, la espalda y los brazos. SIN. **jersey, suéter.**

chongo *m.* [1] *Guat.* Rizo de pelo. [2] *Méx.* Peinado de mujer que se hace enrollando muy bien el cabello y sujetándolo en lo alto de la cabeza. [3] *pl. Méx.* Dulce típico preparado con leche cuajada, azúcar y canela.

chopo *m.* Árbol de tronco gris que en invierno pierde sus hojas: *El camino rodeado de chopos está cubierto de hojas secas porque es invierno.* SIN. **álamo.**

choque *m.* Encuentro violento entre dos cosas, personas o ejércitos: *El choque de trenes fue una desgracia terrible, mucha gente salió lastimada.* SIN. **colisión, impacto.**

chorizo *m.* [1] Pedazo de tripa rellena de carne de cerdo picada y adobada: *Los chorizos tienen forma alargada y se comen acompañados con pan, mezclados con huevo o en guiso.* [2] *Argent., Par. y Urug.* Carne ubicada a cada lado de la espina dorsal de las reses.

chorlito *m.* [1] Ave de patas largas y delgadas, con pico recto: *Los chorlitos viven en las costas y hacen sus nidos en el suelo.* [2] *loc.* **Cabeza de chorlito,** persona distraída o de poca inteligencia: *Mi hermano es un cabeza de chorlito que siempre se deja engañar por sus amigos.*

chorro *m.* Líquido o gas que sale o cae con fuerza y continuidad: *Verónica está mirando el chorro de agua que sale de la fuente.*

choza *f.* Casa pequeña y rústica, con paredes de madera y techo de paja: *En esa isla la gente vive en chozas que construye con los materiales que hay en el lugar.* SIN. **cabaña.**

chozno, na *m. y f.* [1] Lo que es respecto a una persona el papá o la mamá de su tatarabuelo o tatarabuela: *Son raras las familias en las que los niños tienen choznos que todavía viven.* [2] Lo que es respecto a una persona el hijo o hija de un tataranieto o tataranieta: *El hijo de mi tataranieto será mi chozno.*

chubasco *m.* Lluvia fuerte, con mucho viento, que dura poco tiempo: *En los países tropicales suelen caer chubascos durante el verano.* SIN. **chaparrón, aguacero.**

chuchería *f.* Cosa sin mucho valor, pero bonita.

chueco, ca *adj.* Se refiere a lo que está torcido: *El niño todavía no sabe cortar con tijeras y cuando lo intenta, el corte le sale chueco.*

chuleta *f.* Costilla de ternera, carnero o cerdo, cubierta de carne: *"¿Quieres comer chuletas de ternera con puré de papas, o prefieres otra cosa?", me preguntó Maura.*

chulo, la *adj. Méx., Hond. y Guat.* Se aplica a lo que es bonito o agradable. SIN. **lindo, bello, precioso.**

chumbera *f.* Planta de la familia de los cactos, con hojas carnosas cubiertas de espinas que tiene por fruto el higo chumbo o tuna: *El fruto de la chumbera tiene espinas, pero su interior es dulce y jugoso.* SIN. **nopal.**

chupamirto *m. Méx.* Ave muy pequeña, generalmente de color verde y azul, de pico largo y redondo como un tubo pequeño, que puede quedarse suspendida en un punto del aire gracias a que agita sus alas a gran velocidad. SIN. **colibrí, picaflor.**

chupar *vb.* [1] Sacar o atraer con los labios el jugo o la sustancia de una cosa: *Los dos amigos solían pasar las tardes chupando naranjas sentados en lo alto del muro.* SIN. **succionar, sorber, mamar.** [2] Absorber líquido un cuerpo sólido o el aire por un tubo: *La aspiradora chupa toda la tierra que está en la alfombra.* SIN. **absorber, aspirar.** [3] Humedecer o tocar una cosa con la lengua: *Los helados se chupan.* SIN. **lamer.** [4] Ponerse flaca una persona: *La pobre enferma se fue chupando hasta quedar demasiado delgada.* SIN. **adelgazar.**

chupete *m.* Objeto en forma de pezón femenino que se da a chupar a los niños pequeños: *El niño ya tiene cuatro años y todavía usa chupete.* SIN. **chupón.**

chupón *m.* Objeto en forma de pezón femenino que se da a chupar a los niños pequeños: *Hay madres que creen que si sus bebés usan chupón, después no se chuparán el dedo.* SIN. **chupete.**

churrasco *m. Amér. Merid.* Carne asada al carbón.

churro *m.* [1] Masa de harina y agua, de forma alargada, frita en aceite y bañada de azúcar: *David compró una docena de churros y fue a visitar a su novia; esperaba que ella lo invitara a tomarlos con chocolate caliente.* [2] *Méx.* Filme largo y de mala calidad.

chusco, ca *adj.* Se dice de lo que tiene gracia y picardía: *La obra de teatro tuvo varias escenas chuscas y el público se rió mucho.* SIN. **gracioso.**

chusmear *vb. Argent. y Urug. Fam.* Hablar o curiosear sobre los asuntos de los demás. SIN. **chismorrear, husmear.**

Ⓢ *Amér. C.* = América Central ☆ *Amér. Merid.* = América Meridional ☆ *Antill.* = Antillas ☆ *Argent.* = Argentina ☆ *Colomb.* = Colombia ☆ *C. Rica* = Costa Rica ☆ *Ecuad.* = Ecuador ☆ *Guat.* = Guatemala ☆ *Hond.* = Honduras ☆ *Méx.* = México ☆ *Par.* = Paraguay ☆ *Urug.* = Uruguay ☆ *Venez.* = Venezuela.

chutar *vb.* Palabra de origen inglés. En el fútbol, golpear con fuerza el balón con el pie: *El entrenador de fútbol ha contratado a ese jugador porque chuta muy bien.*

chuza *f.* *Chile* y *Méx.* En el juego de los bolos, tiro que derriba todos los pinos de una sola vez.

ciberespacio *m.* Espacio percibido a partir de un entorno de realidad virtual.

cibernética *f.* Ciencia que estudia los mecanismos de transmisión y control tanto en las máquinas como en los seres vivos.

cicatriz *f.* Señal que queda en la piel después de que se ha curado una herida: *Esa cicatriz me quedó desde que me operaron del apéndice.* SIN. **marca.**

cicatrizar *vb. irreg.* Cerrar o curarse una herida o llaga: *No se preocupe, si cosemos esta herida va a cicatrizar en pocos días.* SIN. **sanar, curar, secar.** ANT. **herir, sangrar.**

cíclico, ca *adj.* Se aplica a lo que comienza de nuevo, en un orden específico, una vez que ha terminado de suceder: *Los planetas siguen una trayectoria cíclica en su movimiento alrededor del Sol.* SIN. **periódico, regular, constante.** ANT. **irregular, variable.**

ciclismo *m.* Ejercicio y deporte que se practica con la bicicleta: *Daniel y sus amigos practican ciclismo: todas las mañanas andan en bicicleta durante dos horas.*

ciclo *m.* [1] Sucesión de periodos o fenómenos que se repiten en un orden determinado: *El ciclo de las estaciones comprende la primavera, el verano, el otoño y el invierno.* SIN. **lapso, etapa.** [2] Cada una de las partes en que están divididos los planes de estudio escolar: *Todos los años comienza un nuevo ciclo escolar y los alumnos pasan a un grado más alto.* [3] Serie de actos culturales relacionados entre sí: *Ha iniciado un ciclo de cine latinoamericano en el que habrá filmes de Argentina, Brasil, México, Cuba y otros.*

ciclón *m.* Tormenta con vientos y lluvias muy fuertes que gira en grandes círculos: *A cada ciclón se le pone un nombre de persona para distinguirlo, y algunos son tan fuertes que destrozan casas, levantan automóviles y tumban árboles.* SIN. **huracán, vendaval, tifón.**

ciego, ga *adj./m.* y *f.* Se refiere a la persona que tiene un defecto en los ojos y no puede ver: *El hombre ciego usa un bastón para poder caminar.* SIN. **invidente.**

cielo *m.* [1] Espacio infinito que vemos desde la Tierra y que limita el horizonte. SIN. **firmamento.** ANT. **tierra.** [2] Lugar donde reside la Divinidad y las almas de los justos después de su muerte. *El cielo es un lugar donde no existe el sufrimiento.* SIN. **gloria.** ANT. **infierno.**

ciempiés *m.* Animal pequeño, de cuerpo alargado formado por anillos, provisto de numerosas patas: *Los ciempiés viven en la tierra, bajo las piedras o en lugares oscuros y húmedos.*

cien *adj.* Diez veces diez: *Tengo cien libros en mi librero.* SIN. **centena, ciento.**

ciencia *f.* [1] Conjunto de conocimientos sobre un tema, organizados de acuerdo a un método: *La biología y la medicina son ciencias.* SIN. **teoría.** [2] *loc.* **Ciencia ficción,** literatura que habla de supuestos adelantos de la ciencia o de la vida en el futuro: *Con algunas historias de ciencia ficción se han hecho filmes entretenidos, por ejemplo con algunos libros de Julio Verne.*

científico, ca *m.* y *f.* Persona que se dedica a la investigación científica: *Andrés es un científico que trabaja en el departamento de astronomía de la Universidad.*

ciento *adj./m.* [1] Conjunto formado por cien unidades: *Cientos de personas hacían fila para entrar al cine a ver un filme muy famoso.* SIN. **centenar.** [2] Número 100: *Diez veces diez es un ciento.*

cierre *m.* [1] Hecho de cerrar: *El cierre del estadio se debe a que lo están remodelando.* SIN. **clausura.** ANT. **apertura.** [2] Accesorio que se cose en las prendas de vestir formado por dos partes de tela con una serie de dientes de metal o de plástico que, al mover una pieza que corre sobre ellos, se encajan o se desencajan para cerrar o abrir: *Ya casi no hay pantalones de hombre que lleven botones, la mayoría llevan cierres.* SIN. **cremallera.** [3] Fin de algo que se ha estado haciendo: *Celebramos el cierre de cursos con un festival en el patio de la escuela.* SIN. **término, interrupción, cese.** ANT. **apertura, inicio.**

cierto *adv.* [1] Sí, con certeza: *–¿Papá, verdad que hoy iremos al zoológico? –Cierto, hijo.* [2] *loc.* **Por cierto,** ahora que me acuerdo: *Por cierto, tengo que decirte algo importante ahora porque después se me podría olvidar.*

cierto, ta *adj.* [1] Se dice de lo que no se puede poner en duda porque es verdadero o seguro: *"Debes creerle a tu madre cuando te dice que es importante que te cuides, pues es cierto."* SIN. **verídico.** [2] Alguno: *Tengo ciertas dudas acerca de qué carrera quiero estudiar.* ANT. **ninguno.**

ciervo, va *m.* y *f.* Animal mamífero de cuerpo esbelto y pelo color pardo rojizo, que se alimenta de hierbas: *Los ciervos tienen en la cabeza un par de cuernos largos con forma de ramas; las ciervas no tienen cuernos.* SIN. **venado, gamo.**

cifra *f.* [1] Cada uno de los signos con que se representan los números: *Tanto el 1 como el 221 son cifras.* [2] Una cantidad: *Era sorprendente la alta cifra de accidentes ocurridos durante ese año.* SIN. **número.**

cigarra *f.* Insecto de color amarillo verdoso o pardo grisáceo que produce un sonido estridente y monótono: *El sonido agudo de las cigarras se escucha en las noches de verano.* SIN. **chicharra.**

---

adj. = adjetivo ☆ *adv.* = adverbio ☆ ANT. = antónimo ☆ *f.* = sustantivo femenino ☆ *loc.* = locución ☆ *m.* = sustantivo masculino ☆ SIN. = sinónimo ☆ *vb.* = verbo ☆ *vb. irreg.* = verbo irregular ☆ ➔ Ver Minienciclopedia.

a

cigarrillo *m.* Cilindro pequeño y delgado de papel de arroz, relleno de tabaco picado: *Fumar muchos cigarrillos al día puede causar enfermedades graves.* SIN. **cigarro.**

cigarro *m.* ⒈ Rollo grueso y largo de hojas de tabaco para fumar: *En Cuba se elaboran los cigarros más famosos del mundo.* SIN. **habano, puro.** ⒉ Cilindro pequeño y delgado de papel de arroz, relleno de tabaco picado: *El humo del cigarro hace que se irriten mis ojos.* SIN. **cigarrillo.**

cigüeña *f.* Ave grande que llega a medir más de dos metros, de cuerpo blanco y alas negras, su pico y sus patas son muy largos: *Las cigüeñas migran en invierno hacia las zonas cálidas.*

cilantro *m.* Hierba aromática, medicinal y comestible, de hoja pequeña y verde oscuro.

cilindro *m.* Cuerpo geométrico que tiene forma de tubo. SIN. **rollo, tubo.**

cima *f.* Parte más alta de algunas cosas, especialmente de una montaña: *En la cima de esa montaña hay un mirador desde donde se ve toda la ciudad.* SIN. **cúspide, cumbre, pico.** ANT. **base, falda, fondo.**

cimarrón, na *adj.* Se aplica al animal doméstico que se vuelve salvaje: *En la llanura había una manada de caballos cimarrones y no dejaban que alguien se les acercara.* SIN. **montaraz, montés.**

cimbrar o **cimbrear** *vb.* Hacer vibrar un objeto flexible: *Aunque parecen sólidos, el terremoto cimbró los edificios de la ciudad.*

cimiento *m.* Parte del edificio que está debajo de la tierra y que lo sostiene: *Los albañiles ya construyeron los cimientos de la nueva casa, ahora comenzarán a levantar las paredes.* SIN. **basamento, fundamento.**

cincel *m.* Herramienta que consta de un mango con punta de metal rematada en un filo plano y corto, que se usa para labrar piedras y metales: *La punta del cincel se apoya en la piedra y con el martillo se le golpea por atrás, de este modo se puede esculpir.*

cinco *adj./m.* Número que resulta de sumar 4 y 1: *El signo que representa al cinco es 5.*

cincuenta *adj./m.* Número que resulta de sumar 49 y 1: *El signo que representa al cincuenta es 50.*

cine *m.* ⒈ Local destinado a la proyección de filmes o películas: *Fui al cine que está en la esquina de mi casa y vi un filme de terror.* ⒉ Técnica y arte de hacer filmes: *Mi hermano estudia cine y como examen final tiene que hacer un filme corto.* →

cinematografía *f.* Arte de realizar filmes.

cínico, ca *adj./m. y f.* Se dice de quien no tiene vergüenza, que es descarado: *Héctor es un cínico y no le importa que se descubran todas sus mentiras.*

cinismo *m.* Falta de vergüenza: *Me molesta el cinismo de Ana, ya es la segunda vez que la oigo hacer promesas que después no cumple.*

cinta *f.* ⒈ Tira larga y estrecha de material flexible: *Carolina se recogió el pelo con una cinta porque tenía mucho calor.* ⒉ Tira flexible de un material que sirve para grabar sonidos o imágenes: *Pusimos la cinta en la grabadora y grabamos los balbuceos del bebé.* SIN. **casete.** ⒊ *loc.* Cinta métrica, tira larga y flexible con los centímetros y milímetros marcados y que sirve para medir: *Renata midió la ventana con la cinta métrica para saber cuánta tela necesitaba para las cortinas.*

cinto *m.* Faja para ceñir la cintura. SIN. **cinturón.**

cintura *f.* Parte del cuerpo humano entre el tórax y las caderas: *Andrea tiene una cintura muy delgada, así que siempre tiene que usar cinto para que no se le caigan los pantalones.*

cinturón *m.* Tira de cuero o de tejido fuerte que sujeta las prendas de vestir en el talle o cintura: *Me compré un cinturón negro de piel, con hebilla plateada.*

cipote *m.* Hond., Nicar. y Salv. Muchacho.

c

circo *m.* ⒈ Espectáculo en que intervienen acróbatas, payasos y domadores: *Los trapecistas del circo son muy buenos y su participación fue lo más emocionante de todo el espectáculo.* ⒉ Lugar donde se representa este espectáculo: *Fuimos al circo que se instaló sobre las canchas deportivas que están cerca del parque central.* →

circuito *m.* ⒈ Terreno con curvas, donde se realizan carreras: *En la carrera del próximo domingo, los autos recorrerán un circuito de diez kilómetros.* ⒉ Conjunto de cables por donde circula la corriente eléctrica.

d

▶ **circular** *adj.* De figura en forma de círculo: *Me compré unos platos que, en lugar de tener la clásica forma circular, son cuadrados.*

▶ **circular** *f.* Escrito dirigido a varias personas para notificar algo: *El gerente envió una circular para notificar las fechas de vacaciones oficiales.*

▶ **circular** *vb.* Moverse, transitar: *Los autos circulan más rápidamente en la carretera que en la ciudad.*

e

círculo *m.* ⒈ Superficie curva a la que delimita una circunferencia: *Los discos son círculos hechos con materiales en los que se puede grabar música.* ⒉ Superficie en forma circular: *Un tonel tiene dos círculos, uno en cada una de sus bases.* ⒊ Casino, asociación: *Pertenezco a un círculo deportivo que se reúne los fines de semana.*

circunferencia *f.* Línea curva cerrada, cuyos puntos están a la misma distancia del centro: *Un anillo es una circunferencia.*

f

circunstancia *f.* Situación o hecho que puede influir en una persona o cosa: *Creo que haber estudiado y mi gusto por la materia son circunstancias que me ayudarán a aprobar el examen.* SIN. **condición.**

cirio *m.* Vela de cera, larga y gruesa: *En la iglesia había cirios encendidos delante de la imagen de la Virgen.*

g

cirquero, ra *m.* y *f. Amér.* Persona que trabaja en un circo: *Los* **cirqueros** *siempre están viajando de una ciudad a otra.*

ciruela *f.* Fruta redonda, de color amarillo o rojo, producida por el ciruelo.

ciruelo *m.* Árbol frutal, de tamaño pequeño y flor blanca, que produce las ciruelas.

cirugía *f.* Parte de la medicina que cura mediante operaciones, en las que el paciente es intervenido con diversos instrumentos, entre ellos el bisturí.

cirujano, na *m.* y *f.* Médico que ejerce la cirugía: *Julia me presentó al* **cirujano** *que la operó del apéndice.*

cisne *m.* Ave palmípeda blanca o negra, parecida a los patos, pero de cuello largo y flexible: *En el parque vi unos* **cisnes** *que nadaban en el lago.*

cisterna *f.* Depósito en el que se recoge el agua de la lluvia o la que llega de la tubería: *En el edificio donde vivo casi nunca falta el agua porque hay una* **cisterna** *muy grande.*

cita *f.* Asignación de día, hora y lugar para el encuentro de dos o más personas: *Tengo una* **cita** *con Julio hoy a las ocho de la noche en la entrada del cine.*

citar *vb.* Precisar día, hora y lugar para encontrarse con otra u otras personas: *La maestra me* **citó** *en su oficina el lunes a las diez de la mañana para platicar sobre mi trabajo escolar.*

ciudad *f.* Población grande en la que hay muchos edificios, casas y avenidas, y donde vive mucha gente: *Hay gente que prefiere la tranquilidad de un pueblo porque no le gusta el ruido y movimiento de las* **ciudades.**

ciudadano, na *m.* y *f.* [1] Persona que habita en una ciudad. [2] Persona que tiene ciertos derechos y deberes por pertenecer a un país.

ciudadela *f.* Fortaleza en el interior de una ciudad: *En la* **ciudadela** *de esa ciudad acaban de abrir un museo.*

cívico, ca *adj.* [1] Relativo a la ciudad o a los ciudadanos: *Todos los años se organiza un acto* **cívico** *para celebrar el aniversario de la Independencia.* [2] Que se preocupa por mantener buenas condiciones de vida en la ciudad: *No tirar basura en la calle es muestra de una actitud* **cívica.**

civil *adj.* [1] Relacionado con los ciudadanos. [2] Que no es militar ni eclesiástico: *Mis amigos se casaron por la ley* **civil** *el sábado en la mañana y la semana próxima se casarán por la ley de la Iglesia.*

civilización *f.* Conjunto de conocimientos, cultura y formas de vida de un pueblo: *La maestra nos habló de la* **civilización** *griega y nos pidió que leyéramos un fragmento de La Ilíada.*

civismo *m.* Cualidad de buen ciudadano: *No molestar a nuestros vecinos es una muestra de* **civismo.**

clara *f.* Materia transparente que rodea la yema del huevo: *Las* **claras** *de huevo se ponen blancas al cocerse.*

claraboya *f.* Ventana en el techo o en la parte alta de una pared: *El arquitecto dijo que la escalera estará iluminada de forma natural por la luz que entrará desde la* **claraboya.** SIN. **tragaluz.**

clarear *vb.* [1] Dar claridad: *Esta ventana* **clarea** *la habitación.* SIN. **iluminar.** [2] Empezar a amanecer: *En la casa nos levantamos cuando el día empieza a* **clarear.**

clarín *m.* Instrumento musical de viento, parecido a la trompeta, pero más pequeño: *El sonido del* **clarín** *es más agudo que el de la trompeta.*

clarinete *m.* Instrumento musical de viento, compuesto por un tubo de madera con agujeros que se cubren con llaves, y por una boquilla con lengüeta: *Los* **clarinetes** *y las flautas son instrumentos que suenan gracias al aire que se les sopla.*

claro *adv.* Que no deja dudas: *"Lo mejor es que le dejes* **claro** *que no te casarás con él o va a seguir ilusionándose", aconsejé a mi hermana.*

claro, ra *adj.* [1] Que recibe mucha luz: *La habitación es muy* **clara,** *por eso creo que es mejor ocuparla como biblioteca y no como dormitorio.* SIN. **iluminado.** [2] Que es preciso, que se distingue bien: *Esta fotografía salió muy* **clara** *y puedo ver bien todos los detalles del paisaje.* [3] Limpio, transparente: *El agua de esta fuente es* **clara** *y fresca.* [4] Se dice del matiz de un color que lleva gran cantidad de blanco en su composición: *Si al azul marino le pones color blanco, te queda un azul* **claro.** [5] Fácil de comprender: *El profesor nos dio una explicación* **clara** *y después pudimos hacer los ejercicios sin dificultad.*

clase *f.* [1] Cada una de las categorías en que se pueden clasificar las personas o las cosas: *Eladio es de la* **clase** *de niños que sólo quiere jugar sin preocuparse de nada más.* [2] Conjunto de estudiantes que reciben un mismo grado de enseñanza: *Los niños de la* **clase** *de tercero representaron un cuento de hadas para el día de las madres.* [3] Salón de clase, aula: *Los alumnos adornaron la* **clase** *con flores porque se acercaba la primavera.* SIN. **aula.**

clásico, ca *adj./m.* y *f.* [1] Referido a la música culta: *A Jorge le encanta la música* **clásica** *y se ha comprado muchos discos con las obras de Mozart, Haendel y otros músicos importantes.* [2] Autor u obra que se tiene como modelo digno de imitación: *Si quieres conocer a un* **clásico** *de la literatura, puedes leer a Miguel de Cervantes Saavedra.*

clasificar *vb. irreg.* [1] Ordenar o colocar cosas o personas por grupos según sus características: *"¿Quieres ayudarme a* **clasificar** *esas mariposas según su tamaño?", le pedí a mi hermano.* [2] Obtener determinado puesto en una competencia.

claustrofobia *f.* Fuerte temor a los espacios cerrados: *Mi hermana no soporta ir al cine porque padece* **claustrofobia.**

---

adj. = adjetivo ☆ *adv.* = adverbio ☆ *f.* = sustantivo femenino ☆ *Fam.* = familiar ☆ *loc.* = locución ☆ *m.* = sustantivo masculino ☆ SIN. = sinónimo ☆ *vb.* = verbo ☆ *vb. irreg.* = verbo irregular.

clausurar *vb.* ☐ Cerrar por orden del gobierno: *Las autoridades clausuraron un restaurante porque vendía alimentos en mal estado.* ☐ Poner fin solemne a un acto: *La junta directiva de la escuela clausuró los juegos deportivos.*

clavar *vb.* ☐ Introducir una cosa puntiaguda en un cuerpo: *Clavé las agujas en el alfiletero para que no se perdieran.* ☐ Asegurar con clavos: *Clavamos una tabla en la puerta para tapar el agujero.* ☐ *Méx. Fam.* Quedarse con dinero u objetos que pertenecen a otra persona: *Joel se clavó el dinero que habíamos juntado para comprar un balón nuevo, y el cínico dijo que se le perdió.* SIN. **robar.**

clave *f.* ☐ Información necesaria para entender bien una cosa: *La clave para entender por qué la Luna gira alrededor de la Tierra está en la fuerza de gravedad de nuestro planeta.* ☐ Conjunto de signos que se usan para formar mensajes secretos y que conocen sólo determinadas personas: *No pude entender lo que Maruja le escribió a su novio porque estaba en clave.*

clavel *m.* Planta de tallos delgados y nudosos, hojas puntiagudas y flores olorosas de borde dentado: *Compré claveles rojos y blancos para el jarrón de la sala.*

clavícula *f.* Cada uno de los huesos largos de la parte superior del pecho, que van del cuello a los hombros: *Me caí de la bicicleta sobre el hombro y se me rompió la clavícula.*

clavija *f.* Pieza que se conecta a un tomacorriente o enchufe, y establece el contacto con la corriente eléctrica: *Mi madre tuvo que cambiar la clavija de la plancha porque ya estaba rota.*

clavo *m.* ☐ Pieza metálica, larga y delgada, con cabeza y punta: *Puse un clavo en la pared para colgar el cuadro.* ☐ Flor seca muy aromática que sirve de condimento y tiene forma de clavo. ☐ *loc. Fam.* **Dar en el clavo,** descubrir una respuesta que parecía inexplicable: *Fabián dio en el clavo del difícil problema de matemáticas después de tratar de resolverlo durante varias horas.* SIN. **acertar.**

claxon *m.* Bocina de los vehículos: *En algunas ciudades está prohibido tocar el claxon.* SIN. **bocina.**

clemencia *f.* Piedad que se siente por el dolor ajeno y que lleva a castigar una culpa de manera más suave: *El juez dio prueba de gran clemencia al perdonar al culpable.*

clero *m.* Conjunto de los clérigos de una religión, de un país, de una ciudad, etc.: *Los sacerdotes, los obispos y los monjes forman parte del clero católico.*

cliente, ta *m.* y *f.* Persona que utiliza los servicios de un profesional, un establecimiento o una empresa: *Esta tienda tiene muchos clientes porque vende muy barato.*

clima *m.* ☐ Conjunto de condiciones atmosféricas que caracterizan una región: *El clima de Cuba es muy dife-*

rente al que hay en Rusia. SIN. **tiempo.** ☐ Ambiente, conjunto de circunstancias que existen en un momento dado o que rodean a una persona: *En la escuela se respira un clima de nerviosismo en la época de exámenes.*

climatología *f.* Ciencia que estudia y describe los climas.

clínica *f.* Hospital privado, por lo general pequeño. SIN. **sanatorio.**

clip *m.* ☐ Pequeño instrumento de metal que sirve para sujetar papeles: *Al trabajo de historia le puse un clip verde y al de geografía, uno azul para no confundirlos.* ☐ Broche con resorte que sirve para cerrar a presión: *No me gustan los aretes de clip, porque me lastiman las orejas.*

cloaca *f.* ☐ Conducto subterráneo para conducir las aguas sucias o las inmundicias: *Las cloacas son lugares donde huele muy mal.* SIN. **alcantarilla.** ☐ Parte final del intestino de las aves y de los reptiles.

clon *m.* Reproducción exacta de un individuo a partir de una célula originaria.

clorofila *f.* Sustancia propia de los vegetales, que les da el color verde: *Para formarse, la clorofila necesita la luz del sol.*

cloroformo *m.* Líquido volátil e incoloro: *Hace mucho tiempo, los pacientes eran anestesiados con cloroformo cuando iban a operarlos.*

clóset *m.* Palabra de origen inglés. *Amér. C., Argent., Colomb., Chile* y *Méx.* Armario empotrado que se utiliza para guardar ropa y otros objetos personales: *Acomodé mi clóset porque la ropa estaba tan desordenada que ya no cabía.* SIN. **placard.**

club *m.* Palabra inglesa. Asociación deportiva, cultural o política: *Ismael se inscribió en un club deportivo y ahora va a nadar todos los fines de semana.*

clueco, ca *adj./f.* Se dice del ave cuando empolla o cuando cuida a los polluelos.

coa *f.* ☐ *Méx., Pan.* y *Venez.* Especie de pala usada para labrar: *Los indios de América utilizaban la coa para hacer hoyos en los que ponían las semillas.* ☐ *Venez.* Siembra.

coagular *vb.* Cuajar, hacer sólido lo líquido: *La sangre se coagula con el aire.*

coatí *m.* *Amér. Merid.* Mamífero carnicero de pelo color pardo rojizo, y cola oscura con anillos blancos: *El coatí habita desde el norte de México hasta el norte de Argentina.*

cobarde *adj.* Poco valiente: *La gente que no tiene valor adopta una actitud cobarde ante los problemas.*

cobayo, ya *m.* y *f.* Pequeño mamífero roedor, parecido al conejo, pero de orejas pequeñas y redondas, muy utilizado en experimentos médicos: *El cobayo se conoce también como conejillo de Indias.*

cobertor *m.* ☐ Colcha. ☐ Tela de lana que sirve para abrigarse cuando se está en la cama. SIN. **manta.**

cobija *f.* [1] *Amér.* Manta, cobertor: *Cuando llega el invierno, ponemos una cobija gruesa sobre la cama.* [2] *pl. Amér.* Ropa de cama.

cobra *f.* Serpiente venenosa que puede llegar a medir 4 m de longitud: *Las cobras son originarias de las regiones cálidas de África y Asia.*

cobrador, ra *m.* y *f.* Persona encargada de recibir los pagos de los demás: *Pagué al cobrador el abono de la televisión que compré.*

cobrar *vb.* Recibir una cantidad como pago de algo: *Javier me dijo que me invitaba a comer a un restaurante y al final me cobró lo que me comí.*

cobre *m.* Metal rojizo, dúctil, maleable y brillante: *El cobre es muy buen conductor de la electricidad.*

coca *f.* Arbusto de cuyas hojas se extrae la cocaína.

cocada *f.* [1] *Bol., Colomb.* y *Perú.* Especie de turrón. [2] *Chile* y *Méx.* Dulce de coco.

cocaína *f.* Sustancia extraída de las hojas de coca, utilizada como droga: *La cocaína es un polvillo blanco que crea adicción si se consume.*

cocción *f.* Tiempo que deben estar los alimentos en el fuego para que dejen de estar crudos: *La cocción de las lentejas tarda alrededor de cuarenta minutos.*

cocer *vb. irreg.* [1] Preparar los alimentos por la acción del fuego: *Voy a cocer unos huevos para el día de campo.* [2] Poner algo al fuego para que se seque y endurezca: *El alfarero coció los floreros y después los pintó.*

cochambre *m.* y *f. Fam.* Suciedad pegajosa: *Hay que lavar muy bien la cocina, para que no se llene de cochambre.*

coche *m.* [1] Vehículo con motor, volante y cuatro ruedas: *Había muchos coches en la autopista y nos tardamos en llegar media hora más de lo acostumbrado.* SIN. **automóvil.** [2] Vagón del tren: *Los coches de segunda clase tienen una línea de color para diferenciarlos de los de primera clase.* [3] *Amér. C.* y *Méx.* Cerdo, puerco.

cochera *f.* Lugar, por lo general cubierto, donde se guardan los automóviles: *Sé cuando mi papá llega, porque oigo cómo abre la cochera.* SIN. **garaje.**

cochinilla *f.* Pequeño crustáceo que vive en lugares húmedos y que se hace bolita para protegerse: *Debajo de las piedras del parque encontramos varias cochinillas.*

▶ **cochino, na** *adj./m.* y *f.* Dícese de la persona sucia: *"No seas cochina y deja de meterte el dedo en la nariz", me regañó mi tío.*

▶ **cochino, na** *m.* y *f.* Cerdo. SIN. **chancho, marrano, puerco.**

cocido *m.* Guiso de carne, tocino y vegetales.

cociente *m.* En matemáticas, resultado de la división: *El cociente de veinte dividido entre cuatro es cinco.*

cocina *f.* [1] Habitación de la casa donde se prepara la comida: *Mantenemos muy limpia la cocina de mi casa*

para evitar que la invadan las cucarachas.* [2] Técnica para preparar distintos guisos y platos: *Decidí tomar clases de cocina y ahora ya sé preparar guisos complicados y sabrosos.* [3] Guisos distintivos de un lugar: *La pizza y el espagueti son guisos típicos de la cocina italiana.*

cocinar *vb.* Preparar alimentos utilizando fuego: *Para la cena, cocinamos un pavo relleno según la receta tradicional.* SIN. **guisar.**

cocinero, ra *m.* y *f.* Persona que tiene por oficio preparar guisos y postres.

coco *m.* [1] Fruto del cocotero, de cáscara dura, interior blanco y carnoso, y agua de agradable sabor: *Cuando estoy en la playa, no me canso de tomar agua de coco porque me refresca.* [2] *Fam.* Cabeza: *"Si te duele el coco, tómate una píldora", me aconsejó Germán.* [3] *Fam.* Golpe ligero dado en la cabeza: *Le di un coco a mi perro cuando me mordió la pierna.* [4] *Fam.* Fantasma con el que se asusta a los niños: *Los papás le decían al niño que si no se dormía, el coco iba a venir a buscarlo.* [5] *loc. Fam.* **Lavar el coco,** convencer a una persona de algo: *Sus amigos le lavaron el coco para que se cambiara de escuela.*

cocodrilo *m.* Reptil anfibio de gran tamaño, de piel escamosa, que vive en los ríos de países cálidos: *Vi a un cocodrilo con su gran hocico lleno de dientes, abierto durante horas.* →

cocol *m.* [1] *Amér. C.* y *Méx.* Figura en forma de rombo: *El uniforme que usamos en mi escuela está hecho con una tela de cocoles azules y amarillos.* [2] *Amér. C.* y *Méx.* Pan dulce en forma de rombo: *A mi hermano le gusta comer cocoles con chocolate.*

cocotero *m.* Palmera tropical cuyo fruto es el coco: *En esa ciudad costera las avenidas están adornadas con cocoteros.*

cóctel o **coctel** *m.* **Palabra de origen inglés.** [1] Mezcla de licores y jugos de frutas con hielo: *En la fiesta preparaban cocteles de muchos colores.* [2] Mezcla de cosas iguales o diferentes, como frutas, mariscos, etc.

cocuyo *m. Amér.* Especie de luciérnaga: *En la noche, el campo estaba lleno de las lucecitas de los cocuyos.*

códice *m.* Libro manuscrito antiguo.

codicia *f.* Deseo exagerado de tener cosas o riquezas: *Es tanta su codicia que sólo hace favores por dinero.*

código *m.* [1] Recopilación ordenada de leyes: *El código laboral contiene todas las leyes sobre los trabajadores.* [2] *loc.* **Código postal,** serie de números que utiliza la oficina de correos para facilitar la clasificación y reparto de la correspondencia: *"Antes de que me mandes el paquete, no olvides incluir el código postal en la dirección", le dije a mi hermano cuando hablamos por teléfono.*

codo *m.* [1] Parte posterior de la articulación que permite doblar el brazo: *Me di un golpe en el codo y sentí*

---

adj. = adjetivo ✫ *f.* = sustantivo femenino ✫ *Fam.* = familiar ✫ *loc.* = locución ✫ *m.* = sustantivo masculino ✫ *pl.* = plural ✫ SIN. = sinónimo ✫ *vb.* = verbo ✫ *vb. irreg.* = verbo irregular ✫ → Ver Minienciclopedia.

a

como un toque eléctrico. ② Méx. Persona a la que no le gusta gastar ni compartir sus cosas: *Tiene mucho dinero pero es muy* **coda** *y siempre te ofrece muy poca comida cuando te invita a su casa.* SIN. **avaro, tacaño.**

③ *loc. pl.* **Hablar hasta por los codos,** hablar mucho: *Me cae muy bien pero, como* **habla hasta por los codos,** *me quita mucho tiempo.*

codorniz *f.* Ave migratoria parecida a la perdiz, de pequeño tamaño, color marrón y cola muy corta.

cofre *m.* ① Caja para guardar objetos de valor: *Mi abuelo guardó las monedas viejas en un* **cofre.** ② Méx. Tapa que protege el motor de los automóviles: *El automóvil recibió un golpe en el* **cofre** *y ahora se ve hundido en la parte del frente.* SIN. **capó.**

coger *vb. irreg.* ① Asir, agarrar, tomar: **Cogió** *las llaves que estaban sobre la mesa antes de irse a trabajar.* ② Apresar: *La policía* **cogió** *al ladrón que asaltó el banco.* ③ Adquirir, contraer o padecer: *Me mojé con la lluvia y* **cogí** *un resfrío.*

cogote *m.* Parte superior y posterior del cuello: *Me duele el* **cogote,** *yo creo que dormí en una mala posición.*

cohete *m.* ① Vehículo impulsado por propulsión a chorro, que se envía al espacio: *Lanzaron un* **cohete** *con un aparato que realizará estudios en Marte.* ② Fuego artificial que asciende y estalla en el aire: *Durante la fiesta del pueblo se lanzaron* **cohetes** *de muchos colores.*

coincidir *vb.* ① Estar de acuerdo o ser iguales dos o más personas o cosas: *Edith y yo* **coincidimos** *en la manera de ver la vida: las dos somos muy optimistas.* ② Ocurrir dos o más cosas al mismo tiempo: **Coincidieron** *las fechas del concierto y de la obra de teatro, así que tuve que elegir entre ambos.*

cojear *vb.* ① Andar con dificultad, inclinándose de lado: *Mi abuela* **cojea** *porque se torció el tobillo.* ② Balancearse: *Esta silla* **cojea** *porque tiene una pata más corta que las otras.*

cojín *m.* Pieza de tela rellena de material blando, que sirve para sentarse o para recargarse: *Puso un* **cojín** *en el respaldo de la silla para estar más cómodo.* SIN. **almohadón.**

cojo, ja *adj./m. y f.* Que cojea o le falta una pierna o pata: *Mi vecino camina con muletas pues quedó* **cojo** *desde que tuvo un accidente.*

col *f.* Planta hortense comestible de hojas anchas y tallo grueso.

▶ **cola** *f.* ① Parte posterior de numerosos vertebrados: *El perro jugaba a morderse la* **cola** *dando vueltas alrededor de sí mismo.* SIN. **rabo.** ② Plumas que tienen las aves en la parte trasera del cuerpo: *Cuando el pavo real extiende la* **cola,** *ésta se ve como un gran penacho.* ③ Parte posterior o final de una cosa: *El tren estaba repleto de gente y sólo encontré lugar en el vagón de la* **cola.** ④ Hilera de personas que esperan su turno: *Ha-*

bía una **cola** *tan larga para entrar al cine, que mejor nos fuimos a otro lado.*

▶ **cola** *f.* Pasta fuerte y pegajosa que cuando se disuelve en agua caliente sirve para pegar: *El carpintero usa* **cola** *para pegar los muebles.* SIN. **goma.**

colaborar *vb.* Trabajar con otros en una misma obra: *Fernando* **colabora** *en una revista escribiendo un artículo semanal.*

coladera *f.* Utensilio de metal o plástico, con agujeros, que sirve para colar o filtrar un líquido. SIN. **colador.**

colador *m.* Utensilio de metal o plástico, con agujeros, que sirve para colar cosas: *Si no te gusta la nata, pasa la leche por el* **colador.** SIN. **coladera.**

colar *vb. irreg.* ① Filtrar un líquido: *Para cocinar espagueti debes cocer la pasta, luego* **colarla** *y al final le pones la salsa.* ② Introducirse de manera oculta en un lugar: *David* **se coló** *en el circo sin pagar pasando por debajo de la carpa.*

colchón *m.* Pieza plana, rellena de material que la haga cómoda, que se pone sobre la cama para dormir en ella: *Prefiero los* **colchones** *duros porque con los blandos me duele la espalda.*

c

colección *f.* Conjunto ordenado y clasificado de cosas de una misma clase: *Luis tiene una* **colección** *de monedas de Venezuela del siglo XIX.*

coleccionar *vb.* Reunir y clasificar cosas de una misma clase: *Mi amigo* **colecciona** *estampas de jugadores de fútbol porque le gusta mucho este deporte.*

colecta *f.* Dinero que dan las personas para ayudar a otras o para realizar alguna obra: *Los habitantes de esa calle organizaron una* **colecta** *para pintar todas las casas.*

colectivo *m.* Amér. Transporte público, autobús o taxi con recorrido fijo.

colega *m. y f.* Persona que tiene la misma profesión que otra: *Cuando mi hermana fue a un congreso, conoció a un* **colega** *alemán que también es médico.*

colegial, la *m. y f.* Persona que asiste a cualquier colegio: *Las* **colegialas** *iban a clases uniformadas con bata azul y blusa blanca.*

colegiatura *f.* Méx. Cantidad de dinero que debe pagarse cada mes, cada año o cada seis meses en una escuela privada a cambio de los servicios educativos: *El papá de René y Rosario dice que las* **colegiaturas** *de sus hijos son más caras ahora que han entrado a la universidad.*

colegio *m.* Centro de enseñanza, por lo común de carácter privado: *El* **colegio** *donde estudio es nuevo y el edificio es bonito.*

cólera *f.* Ira, enojo muy violento: *Cuando se enteró de que le habían robado el auto, le dio un ataque de* **cólera.**

cólera *m.* Enfermedad infecciosa, que provoca vómitos y diarrea: *Para evitar el* **cólera** *debemos hervir el agua antes de beberla y no comer alimentos crudos.*

d

e

f

 Amér. = América ☆ Amér. C. = América Central ☆ Bol. = Bolivia ☆ Colomb. = Colombia ☆ Méx. = México.

g

colgar *vb. irreg.* ① Poner una cosa suspendida de otra, sin que llegue al suelo: *Yo* **cuelgo** *mi ropa en el armario.* ② Cortar una comunicación telefónica: *Sara se enojó por lo que le dije y entonces* **colgó.** ③ Ahorcar a alguien: *He visto varios programas de vaqueros en los que* **cuelgan** *a los bandidos cuando los atrapan.* ④ Estar una cosa pendiente o asida de otra: *La lámpara* **cuelga** *del techo y se mueve con el viento.* ➡

colibrí *m.* Ave de pequeño tamaño, pico muy largo y delgado, y plumaje brillante: *Cuando los* **colibríes** *meten su pico en las flores vuelan de tal manera que parece que están suspendidos.* SIN. **chupamirto, picaflor.**

cólico *m.* Dolor agudo en el vientre, con contracciones: *Tengo diarrea y cólicos porque comí mucho picante.*

coliflor *f.* Variedad de col cuyos brotes forman una masa blanca cubierta por hojas verdes: *La* **coliflor** *se cultiva en huertas.*

colina *f.* Elevación de terreno menor que la de un monte: *Subimos a una* **colina** *para ver la ciudad.*

collar *m.* ① Adorno que se pone alrededor del cuello: *Mi madre fue a una fiesta elegante y se puso un vestido negro y un* **collar** *de perlas.* ② Correa que se coloca alrededor del pescuezo de los animales domésticos: *Le puse a mi gato un* **collar** *con un producto para acabar con las pulgas.*

colmena *f.* Lugar o recipiente en el que viven las abejas: *Las abejas depositan la cera y la miel en las* **colmenas.**

colmillo *m.* ① Diente puntiagudo situado entre los incisivos y las muelas: *Bernardo tiene los* **colmillos** *tan largos que lo apodan "niño Drácula".* SIN. **canino.** ② Cada uno de los dos incisivos de los elefantes: *El elefante es una especie en peligro de extinción por culpa de los cazadores que quieren el marfil de sus* **colmillos.**

colmo *m.* Extremo al que se puede llegar, rebasar la medida: *Doña Rosa le dijo a su hijo que era el* **colmo** *de la desobediencia haberse escapado de su casa para ir a la fiesta sin permiso.*

colocar *vb. irreg.* ① Poner a una persona o cosa en su debido lugar: *Después de dibujar, debes* **colocar** *el cuaderno y los colores en orden para que otro alumno pueda usarlos.* ② Proporcionar o conseguir un empleo: *Después de mucho buscar, Laura* **se colocó** *como secretaria en un despacho.*

colombiano, na *adj./m. y f.* Originario de Colombia, país de América del Sur.

colón *m.* Moneda de El Salvador y Costa Rica.

▶ **colonia** *f.* ① Territorio ocupado y administrado por una potencia extranjera: *Los países latinoamericanos fueron* **colonias** *de España y Portugal.* ② Grupo de individuos de un país, que viven en otro: *La* **colonia** *china es muy abundante en Lima, Perú.* ③ Grupo de seres vivos de la misma especie que habitan juntos: *Vi un programa so-*

bre la Antártida en el que mostraban una **colonia** *de pingüinos.* ④ *Amér.* Época histórica en la que los países latinoamericanos vivían bajo el dominio de Europa: *La* **Colonia** *duró tres siglos, del XVI al XIX.* ⑤ Méx. Barrio urbano: *Cuando se casó, mi hermano se fue a vivir a otra* **colonia** *de la ciudad.*

colonia *f.* Perfume compuesto de agua, alcohol y esencias aromáticas: *Raúl siempre se pone* **colonia** *después de bañarse.*

colono *m.* ① Persona que se establece en un lugar deshabitado para vivir y trabajar ahí. ② Habitante de una colonia en la ciudad: *Los* **colonos** *nos organizamos para pedir a las autoridades que mejoraran el drenaje.*

color *m.* ① Cualidad de las cosas que se distingue por la vista, gracias a la luz que reflejan: *Los ojos ven, además del tamaño y la forma, los* **colores** *de los objetos.* ② Tono de la cara: *El enfermo no tiene buen* **color,** *se ve de un tono amarillo pálido.* ③ Sustancia que sirve para pintar: *La maestra nos pidió que ilumináramos con* **colores** *de madera el dibujo que nos dio.* ➡

colorado, da *adj.* De color rojo: *La amapola es una flor* **colorada.**

colorante *adj./m.* Que colorea o tiñe: *Muchas bebidas con gas tienen* **colorante** *artificial, pero yo prefería que no les pusieran nada.*

colorear o **colorar** *vb.* Dar color: *Coloreamos los letreros de la tienda para volverlos más brillantes.*

colorete *m.* Cosmético que se aplica sobre las mejillas: *Mi madre no se maquilla mucho, sólo usa* **colorete** *y lápiz labial.* SIN. **rubor.**

colosal *adj.* De tamaño o calidad muy superior a lo normal: *Fue un partido* **colosal,** *así que nadie pudo despegarse de la televisión mientras duró.* SIN. **extraordinario.**

columna *f.* ① Pieza vertical, generalmente cilíndrica, que sirve de apoyo y sostén en una obra de arquitectura: *En la entrada de la casa construyeron un arco sostenido por dos* **columnas.** ② Bloque de cosas colocadas unas sobre las otras o formando grupos compactos: *Este diccionario tiene dos* **columnas** *de texto en cada página.* ③ *loc.* **Columna vertebral,** conjunto de huesos que forman el eje del esqueleto y que van del cuello hasta el final de la espalda: *El doctor me dijo que tenía un poco desviada la* **columna vertebral** *y que debía usar una faja para enderezarla.* SIN. **espinazo.** ➡

columpio *m.* Asiento colgado de dos cuerdas o cadenas, que sirve para mecerse: *Cuando voy al parque, siempre juego un rato en los* **columpios.** SIN. **balancín, hamaca.**

coma *f.* Signo ortográfico (,) que indica una pausa breve en la oración: *La maestra me dijo que al leer me fijara cómo se usan las* **comas,** *porque en mis trabajos me sobran o me faltan.*

---

comadre *f.* Madrina de un niño respecto de sus padres, y madre del niño respecto a los padrinos de éste: *Mi madrina y mi mamá son* **comadres** *entre sí.*

comadreja *f.* Mamífero carnívoro nocturno, de cuerpo alargado de color marrón y blanco, patas cortas y que también come huevos.

comadrón, na *m.* y *f.* Auxiliar médico que ayuda en los partos: *Mi hermana tuvo a su hijo en la casa con la ayuda de una* **comadrona.**

comal *m.* *Amér. C.* y *Méx.* Objeto en forma de disco plano y delgado, de metal o barro sin vidriar, que se usa para asar alimentos, tostar granos y cocer tortillas: *En México, tradicionalmente las tortillas se cuecen en* **comal.**

comandante *m.* 1 Oficial del ejército: *El grado de* **comandante** *está entre el de capitán y el de teniente coronel.* 2 Piloto de mando de naves aéreas: *Cuando los pasajeros subieron al avión, el* **comandante** *les deseó un feliz viaje.*

combate *m.* 1 Lucha, especialmente entre gente armada: *Los ejércitos de los dos países tuvieron* **combates** *muy duros pero ahora ya han firmado la paz.* 2 Lucha que se realiza para terminar con algo: *El* **combate** *contra el deterioro de la naturaleza debe ser constante.*

combatir *vb.* 1 Oponerse: *Si no se* **combate** *la contaminación, será muy difícil vivir en la Tierra.* 2 Luchar contra algo para que desaparezca: *Nos pusimos delante del fuego para* **combatir** *el frío.*

combinación *f.* Acción y efecto de unir o mezclar cosas diferentes: *Mi papá hizo una* **combinación** *de licores para obtener un cóctel.*

combustible *m.* Material cuya combustión produce energía: *La nafta o gasolina se usa como* **combustible** *para hacer funcionar muchos vehículos.*

combustión *f.* Acción y efecto de arder o quemar: *La* **combustión** *de la leña de la chimenea calienta la casa.*

comedia *f.* Obra de teatro o de cine divertida y de final feliz: *Vi una* **comedia** *que me hizo reír todo el tiempo.*

comedor *m.* 1 Habitación donde se come: *Nos dijeron que pasáramos al* **comedor**, *porque la comida ya estaba servida.* 2 Conjunto de muebles que se utilizan en el lugar donde se come: *Mis tíos compraron un* **comedor** *con una mesa redonda y seis sillas.*

comentar *vb.* 1 Explicar o hablar de algo para entenderlo mejor: *En clase* **comentamos** *las lecturas y después escribimos sobre ellas.* 2 Divulgar una información que no debería contarse: *Raúl es una persona indiscreta que* **comenta** *todo lo que pasa en la oficina.*

comenzar *vb. irreg.* Empezar, dar principio a algo: *El año* **comienza** *el primero de enero.*

comer *vb.* 1 Tomar alimento: *No es posible vivir sin* **comer.** 2 Tomar la comida principal del día: *En mi casa siempre* **comemos** *a las dos de la tarde.* 3 En algunos juegos de mesa, ganar piezas: *Se acabó la partida de damas cuando uno de los jugadores se* **comió** *todas las fichas del otro.*

comercial *m.* *Méx.* Mensaje de la televisión o de la radio en el que se hace la publicidad de algún producto: *No me gusta ver filmes en la televisión porque siempre los interrumpen para pasar* **comerciales.**

comerciante *m.* y *f.* Persona que se gana la vida vendiendo productos: *Muchos* **comerciantes** *cierran sus negocios los domingos.*

comercio *m.* 1 Acción y efecto de comprar y vender cosas: *Su hermana se dedica al* **comercio** *de cremas de belleza.* 2 Tienda: *El* **comercio** *de mi madre está en la calle de Cedros número 25.*

▶ **comestible** *adj.* Que se puede comer: *Algunos hongos son* **comestibles** *y otros son venenosos.*

▶ **comestible** *m.* Producto alimenticio: *Andrés tiene una tienda de* **comestibles** *en el centro de la ciudad.*

▶ **cometa** *f.* Juguete de tela o papel colocado en un armazón plano y ligero, que se hace volar mediante una larga cuerda: *Los niños dejaron de jugar con sus* **cometas** *cuando vieron aparecer nubes de lluvia.* SIN. **papalote, barrilete.**

▶ **cometa** *m.* Astro con un núcleo poco denso y una larga cola luminosa: *El* **cometa** *Halley se puede ver desde la Tierra cada 76 años.*

cometer *vb.* Realizar una acción que se considera falta, error o delito: *Rubén* **cometió** *una infracción por manejar a muy alta velocidad y tuvo que pagar la multa.*

comezón *f.* Picor, sensación que hace que uno quiera rascarse: *Los piquetes de moscos dan* **comezón.**

cómic *m.* **Palabra de origen inglés.** Libro, revista o tira que cuenta una historia por medio de dibujos: *Mi mamá me dijo que podía leer mis* **cómics** *cuando terminara el trabajo escolar.*

▶ **cómico, ca** *adj.* Que hace reír: *El programa de televisión estuvo tan* **cómico** *que me hizo reír toda la tarde cada vez que lo recordaba.*

cómico, ca *m.* y *f.* Actor que hace reír: *Charles Chaplin fue uno de los mejores* **cómicos** *del siglo xx.*

comida *f.* 1 Conjunto de sustancias que nutren al organismo: *Me gusta preparar mi* **comida** *con productos frescos.* SIN. **alimento.** 2 Alimento que se toma al mediodía: *Siempre hago un desayuno ligero, una* **comida** *fuerte y para la cena sólo como una fruta.*

comienzo *m.* Principio, origen: *El* **comienzo** *del curso es en septiembre.*

comillas *f. pl.* Signo ortográfico con que se encierran las citas o expresiones inusuales o que se quieren destacar: *Hay varios tipos de* **comillas**: *las simples (''), las normales ("") y las angulares («»).*

comino *m.* Planta de flores rojas o blancas y semillas aromáticas: *El arroz quedó muy rico porque le puse un poco de* **comino.**

 Amér. = América ☆ *Amér. C.* = América Central ☆ *Méx.* = México.

comisura *f.* Punto de unión de los labios y de los párpados: *Laura se ve rara porque no se pintó las comisuras de los labios, sino sólo la parte central.*

comité *m.* Grupo pequeño de personas encargadas de tratar algún asunto a nombre de una colectividad mayor.

▶ **como** *adv.* ① Según, conforme: *Haz los demás ejercicios de matemáticas como lo indica el ejemplo.* ② Indica idea de que una cosa es equivalente, parecida o igual a otra: *María tiene un vestido como el de Chela.* ③ De manera aproximada: *En el teatro había como cincuenta espectadores viendo la obra.*

▶ **cómo** *adv.* ① De qué modo o manera: *"No sé cómo resolver este problema matemático", me dijo mi hermano menor.* ② Por qué motivo: *"¿Cómo dices eso? A mí no me molesta que vengas a dormir a mi casa", dije a mi amiga.*

▶ **como** *conj.* ① Porque: *Como llegué tarde al teatro, ya no pude entrar a ver la obra.* ② Si, en caso que: *"Como me desobedezcas, no te daré permiso de ir a la fiesta", me dijo mi madre.*

▶ **¡cómo!** *interj.* Denota enfado o extrañeza: *"¡Cómo!, ¿no sabes que Leoncio reprobó dos materias?", me dijo Santiago.*

cómodo, da *adj.* ① Que contribuye a que uno se sienta a gusto: *Esta silla es más cómoda que aquélla porque es más grande y suave.* ② Que resulta fácil: *La máquina de coser eléctrica es más cómoda que la mecánica.*

comoquiera *adv.* De cualquier manera.

compacto, ta *adj.* De textura apretada y poco porosa: *El pan sin levadura es compacto porque no puede esponjarse.*

compadecer *vb. irreg.* Compartir la desgracia ajena: *Me compadezco de los niños que no tienen comida y por eso trato de ayudarlos.*

compadre *m.* ① Padrino de un niño respecto a sus padres: *Mi padrino es compadre de mi papá.* ② *Fam.* Amigo, compañero.

compañero, ra *m.* y *f.* Persona que juega, trabaja o vive con otra: *Iré a la playa con mis compañeros de escuela.*

compañía *f.* ① Persona o cosa que acompaña: *Estuvimos en el hospital para hacerle compañía a mi tío que está enfermo.* ② Sociedad comercial: *Eduardo trabaja en una compañía de seguros.* ③ Grupo de actores: *La compañía de teatro de mi escuela representó una obra clásica de la literatura española.*

comparar *vb.* Examinar o analizar dos o más cosas para descubrir sus diferencias o semejanzas: *Ya comparé los precios entre esas cuatro tiendas y nos conviene comprar la comida en la segunda que visité.*

compartimiento o **compartimento** *m.* Cabina o departamento en que está dividida una cosa o lugar: *Ha-*

bía seis personas en el compartimento del tren en el que viajé.

compartir *vb.* Tener o usar cosas entre varias personas: *Andrea compartió con su amiga los dulces que le regalaron.*

compás *m.* ① Instrumento de dos brazos que se abren y cierran, acabados en punta, que sirve para trazar curvas y medir distancias: *En la clase de matemáticas me pidieron una regla, una escuadra y un compás para hacer figuras geométricas.* ② En música, ritmo de una pieza musical: *Cuando llegó el director, nos pusimos nerviosos y perdimos el compás de la canción.*

compasión *f.* Sentimiento de lástima por el padecimiento ajeno: *Mi madre regala juguetes a los niños de ese hospital porque siente compasión por ellos.*

compatriota *m.* y *f.* Persona nacida en el mismo país que otra: *Cuando me fui de viaje a Japón, encontré a un grupo de compatriotas que también estaban de visita allá.*

▶ **competencia** *f.* ① Rivalidad: *La competencia entre los dos equipos es muy grande porque ambos son muy importantes.* ② *Argent., Colomb., Méx., Par., Perú y Venez.* Prueba deportiva en la que se busca la victoria. SIN. competición.

▶ **competencia** *f.* Aptitud, capacidad para hacer algo: *Luis tiene competencia para resolver problemas de álgebra, creo que podría ser un buen matemático.*

competente *adj.* Experto, apto: *Margarita es muy competente en su trabajo, por eso sus jefes le aumentaron el salario.* ANT. incompetente.

competir *vb. irreg.* Luchar dos o más personas para lograr la misma cosa: *Los atletas compiten por llegar en primer lugar a la meta.*

complacer *vb. irreg.* ① Ceder a lo que otra persona quiere: *Mi hermano complació a su novia y dejó de fumar.* ② Hallar plena satisfacción en una cosa: *Me complace que León haya ganado la carrera porque es muy buen deportista.*

complejo *m.* ① Conjunto de cosas: *Están construyendo un complejo comercial cerca de mi casa.* ② Sentimiento de inferioridad: *Tiene complejo de tonto porque siente que no es tan inteligente como su hermano.*

complemento *m.* Cosa que se añade a otra para completarla: *El complemento de su vestido blanco con flores serían unos zapatos de color claro.*

completar *vb.* Hacer que algo quede terminado: *Ayer completé mi colección porque conseguí las dos figuras que me faltaban.*

completo, ta *adj.* ① Entero, íntegro: *Tengo una colección completa de música cubana porque me gusta muchísimo.* ② Acabado, perfecto: *Tu dibujo no está completo, tienes que terminarlo para que te califique la maestra.*

---

adj. = adjetivo ☆ **adv.** = adverbio ☆ ANT. = antónimo ☆ **conj.** = conjunción ☆ **f.** = sustantivo femenino ☆ **Fam.** = familiar ☆ **interj.** = interjección ☆ **loc.** = locución ☆ **m.** = sustantivo masculino ☆ **prep.** = preposición ☆ SIN. = sinónimo ☆ **vb.** = verbo ☆ **vb. irreg.** = verbo irregular ☆ ➡ Ver Minienciclopedia.

complexión *f.* Constitución física de una persona o animal.

complicado, da *adj.* Que es difícil de comprender: *Esta historia es muy complicada, así que voy a tener que leerla otra vez.*

cómplice *m.* y *f.* Persona que colabora en un delito: *El ladrón denunció a sus cómplices en el asalto.*

complot *m.* **Palabra francesa.** Planes secretos para atacar a alguien: *Se descubrió un complot de unos fanáticos para secuestrar al artista famoso.* SIN. **conspiración.**

componer *vb. irreg.* ⚊1⚊ Reunir varios elementos para formar una cosa: *Estos once niños componen el equipo de fútbol.* ⚊2⚊ Reparar lo estropeado o roto: *El técnico va a componer la televisión que no sirve.* ⚊3⚊ Producir obras literarias o musicales: *El famoso músico Beethoven compuso nueve sinfonías.* ⚊4⚊ Argent., Chile, Colomb., Guat., Perú y Urug. Colocar en su lugar los huesos dislocados. ⚊5⚊ Constituir, formar: *El esqueleto se compone de huesos.* ⚊6⚊ Ponerse más bonito: *Los gatitos son feos cuando nacen, pero a los pocos días se componen.*

comportamiento *m.* Conjunto de conductas propias de un individuo: *Carlos tiene muy buen comportamiento, no desobedece a sus padres y le gusta tener sus cosas bien ordenadas.*

composición *f.* ⚊1⚊ Obra científica, literaria o musical: *El músico alemán Bach escribió muchas composiciones musicales.* ⚊2⚊ Redacción o texto breve sobre un tema determinado: *La maestra nos encargó hacer una composición sobre la primavera.*

compositor, ra *m.* y *f.* Persona que crea y escribe música: *El músico austriaco Wolfgang Amadeus Mozart fue un gran compositor.*

compra *f.* ⚊1⚊ Hecho de obtener una cosa a cambio de una cantidad de dinero: *"Tengo que ir de compras, porque me hacen falta cosas para la comida", dijo mi madre antes de ir al mercado.* ⚊2⚊ Lo adquirido a cambio de dinero: *Este libro fue la última compra que hice ayer en la tienda.*

comprar *vb.* ⚊1⚊ Adquirir algo por dinero: *Mi hermano comprará una bicicleta con el dinero que ha ahorrado.* ⚊2⚊ Fam. Sobornar: *El acusado quiso comprar a las autoridades para salir libre, pero no lo consiguió.*

comprender *vb.* Abarcar, incluir dentro de sí: *Esta enciclopedia de historia comprende cinco tomos.*

comprensivo, va *adj.* Que es tolerante con los demás porque entiende sus ideas, motivos y comportamiento: *Mis papás son muy comprensivos y puedo hablar con ellos de cualquier cosa.*

comprimido *m.* Pastilla curativa: *Tenía tos y el médico me dijo que tomara unos comprimidos para curarme.*

comprimir *vb.* Reducir por presión el volumen de algo: *Tuve que comprimir la basura para que cupiera en el cesto.*

comprobar *vb. irreg.* Verificar, confirmar una cosa mediante una prueba: *Comprobé las sumas y los resultados eran correctos.* SIN. **checar, verificar.**

comprometer *vb.* Asignar o adquirir una obligación: *Se comprometió a entregar mañana el trabajo, pues dijo que un problema le impidió entregarlo hoy.*

compromiso *m.* Promesa u obligación: *Tengo el compromiso de participar en esa reunión porque todos mis amigos me lo pidieron.*

compuerta *f.* Dispositivo que sirve para cortar o graduar el paso del agua de un canal, presa, etc.

computador, ra *m.* y *f.* Máquina electrónica que procesa, guarda, analiza y proporciona información: *Hice mi trabajo de matemáticas en la computadora y las gráficas quedaron muy bien.* SIN. **ordenador.** →

común *adj.* ⚊1⚊ Compartido por varios a la vez: *Los soldados duermen en un dormitorio común.* ⚊2⚊ Frecuente, usual: *Es común que haga calor en esta época del año porque es verano.*

comunicación *f.* ⚊1⚊ Acción y efecto de comunicar o comunicarse: *Recibí una comunicación del director de la escuela.* ⚊2⚊ *loc.* **Medios de comunicación,** conjunto de técnicas que sirven para transmitir información a gran número de lugares y personas: *La radio, la televisión y la prensa son medios de comunicación.*

comunicar *vb. irreg.* ⚊1⚊ Hacer que alguien sepa una cosa: *Andrés nos comunicó su proyecto de casarse.* ⚊2⚊ Tratar con alguien de palabra o por escrito: *Gerardo y yo sólo nos comunicamos por teléfono, porque vivimos en diferentes ciudades.* ⚊3⚊ Establecer paso de un lugar a otro: *Entre los dos pueblos hay un puente que los comunica.*

comunidad *f.* Grupo social o agrupación de personas con intereses comunes: *Los monjes viven en comunidad.*

comunión *f.* ⚊1⚊ En el catolicismo, sacramento de la Eucaristía. ⚊2⚊ *loc.* **Primera comunión,** ceremonia en la que un niño o niña recibe la Eucaristía por primera vez.

con *prep.* ⚊1⚊ Significa el instrumento, medio o modo para hacer algo: *Escribí la nota con un lápiz.* ⚊2⚊ En compañía: *Miguel llegó con su novia a la fiesta.* ⚊3⚊ Expresa el modo de hacer algo: *Eduardo estudió con seriedad y mejoró sus calificaciones.* ⚊4⚊ Muestra el contenido de algo: *Rellené las empanadas con carne y queso.*

concebir *vb. irreg.* Quedar embarazada una mujer o una hembra: *Mi hermana concibió su primer hijo a los 25 años.*

conceder *vb.* Dar, otorgar: *El hada madrina concedió tres deseos a la princesa.*

concejo *m.* Ayuntamiento o municipio.

---

a

b

c

d

e

f

g

concentración *f.* [1] Reunión de personas o cosas: *Había una gran concentración de personas que querían ver a la actriz cuando llegó al teatro.* [2] Capacidad de pensar de manera profunda sin distraerse: *No estudia demasiado, pero como escucha las clases con concentración, obtiene buenas calificaciones.*

concentrar *vb.* [1] Reunir en un mismo lugar: *El entrenador concentró a sus jugadores en el estadio porque iba a comenzar el partido de fútbol.* [2] Disminuir el líquido de una sustancia: *En esta fábrica concentran el jugo de tomate para volverlo espeso.* [3] Fijar la atención: *No avanzo con esta novela porque no logro concentrarme en la lectura.*

concha *f.* Caparazón o cubierta dura de algunos animales: *Las almejas y los caracoles tienen una concha que los protege.*

conchudo, da *adj./m.* y *f.* [1] *Amér. Fam.* Persona que engaña o que comete actos no correctos. [2] *Méx.* Indiferente, desentendido.

conciencia *f.* Conocimiento que el ser humano tiene de sí mismo, de su existencia y de las cosas que lo rodean: *Pedro se desmayó y cuando recobró la conciencia no recordó dónde estaba.*

concierto *m.* Sesión en la que se interpretan obras musicales: *Anoche fui al concierto que hubo en el auditorio de la Universidad.*

conciliar *vb.* [1] Poner de acuerdo: *Los amigos lograron conciliar sus ideas después de discutir durante media hora.* [2] *loc.* **Conciliar el sueño**, dormirse: *Estaba muy preocupado y no logré conciliar el sueño en toda la noche.*

conciudadano, na *m.* y *f.* Cada una de las personas que nacieron o habitan en una ciudad, respecto de los demás.

concluir *vb. irreg.* Acabar, llegar algo a su fin: *Ya concluyeron los exámenes y empezaron las vacaciones.*

concordar *vb. irreg.* [1] Decir o expresar lo mismo varias personas. [2] Coincidir una cosa con otra: *Tus sumas no concuerdan con las mías, así que debemos buscar el error.*

concreto *m.* *Amér.* Cemento armado: *En la esquina de la escuela están construyendo un edificio de concreto con vidrios de color azul.* SIN. **hormigón.**

concreto, ta *adj.* Preciso, exacto: *El vendedor me dio cifras concretas de lo que me costaría arreglar el automóvil.*

concuñado, da *m.* y *f.* Hermano de uno de los cónyuges, respecto al hermano del otro cónyuge: *La cuñada de mi hermana es mi concuñada.*

concuño, ña *m.* y *f.* Cónyuge de un cuñado: *El esposo de mi cuñada es mi concuño.*

concursante *m.* y *f.* Persona que participa en una competencia con el fin de ganar algo: *Se presentaron*

veinte **concursantes** *para la elección de la reina del carnaval.*

concursar *vb.* Participar en una competencia con el fin de ganar algo: *Félix concursó en un programa de televisión y ganó muchos premios.*

concurso *m.* Competencia en la que se intenta conseguir un premio o un trabajo: *Mi hermano participó en un concurso de baile y ganó un viaje.* SIN. **certamen, prueba.**

condena *f.* Castigo que se impone a quien comete una falta: *Al asesino le dieron una condena de 20 años por el crimen que cometió.*

condenar *vb.* Dictar sentencia el juez imponiendo una pena o castigo: *El juez condenó al ladrón a dos años de cárcel.* SIN. **castigar, sentenciar.**

condición *f.* [1] Circunstancia para que una cosa ocurra: *Le dije a Mirna que iré a la fiesta con la condición de que no regresemos tarde porque estoy cansada.* [2] *pl.* Aptitud, capacidad: *Este joven deportista tiene condiciones para correr en la maratón.*

condimento *m.* Sustancia que se emplea para hacer más sabrosos los alimentos: *La sal y la pimienta son condimentos.*

cóndor *m.* Ave rapaz de gran tamaño, parecida al buitre, sin plumas en la cabeza y parte del cuello, con el cuerpo cubierto de plumas color negro con tonos azules y una especie de collar de plumas blancas: *El cóndor es un ave originaria de América.*

conducir *vb. irreg.* [1] Llevar, transportar: *El autobús nos conduce todos los días a la escuela.* [2] Guiar o dirigir: *La maestra conduce nuestros estudios.* [3] Manejar un vehículo automotor: *Mi papá me dijo que me prestaría su automóvil si conducía con precaución.*

conducta *f.* Manera de conducirse o comportarse: *Israel tiene buenas calificaciones en sus materias, pero tiene problemas con la maestra por su mala conducta.*

▶ **conductor, ra** *adj./m.* y *f.* Que conduce un vehículo: *Está prohibido platicar con el conductor del autobús de la escuela, ya que puede distraerse.*

▶ **conductor, ra** *m.* y *f.* Animador, presentador de programas de radio o de televisión, o maestro de ceremonias de un espectáculo: *No me gusta ese programa de televisión porque el conductor me parece grosero.*

conectar *vb.* [1] Poner dos cosas en contacto, unir: *La nueva carretera conecta mi pueblo con la capital del país.* [2] Poner un aparato en contacto con la fuente de electricidad a través de un cable: *Pensé que la radio no servía y lo que pasaba es que había olvidado conectarla.*

conejo, ja *m.* y *f.* Mamífero roedor, de orejas largas, patas traseras grandes, pelaje espeso y suave, cola pequeña y redonda y carne comestible: *Los conejos viven en bosques o se crían en granjas.*

---

adj. = adjetivo ☆ *adv.* = adverbio ☆ *f.* = sustantivo femenino ☆ *Fam.* = familiar ☆ *loc.* = locución ☆ *m.* = sustantivo masculino ☆ *pl.* = plural ☆ SIN. = sinónimo ☆ *vb.* = verbo ☆ *vb. irreg.* = verbo irregular ☆ ➜ Ver Minienciclopedia.

confeccionar *vb.* Hacer algo combinando sus diversos elementos: *En esta fábrica se confeccionan artículos para caballeros.*

conferencia *f.* ① Exposición en público de un tema: *El matemático de la escuela dio una conferencia sobre la numeración romana.* ② Reunión para tratar un asunto: *Las autoridades hicieron una conferencia para tratar de solucionar la huelga.*

confesar *vb. irreg.* ① Manifestar algo que se había mantenido voluntariamente oculto: *Héctor me confesó que está enamorado de Juliana.* ② Reconocer o declarar la verdad: *Por fin el niño confesó que él había roto el vaso.* ③ Declarar los pecados a un sacerdote: *Mi abuela se confiesa cada ocho días, porque así la acostumbraron desde pequeña.*

confesor *m.* En la religión católica, sacerdote a quien las personas confiesan sus pecados.

confianza *f.* ① Seguridad que se tiene en alguien o en algo o que se tiene en sí mismo: *Tengo confianza en Noé y sé que hará muy bien su trabajo.* ② Trato natural, sencillo y familiar: *Joel me habla con toda confianza de sus problemas porque somos amigos desde hace mucho tiempo.*

confiar *vb. irreg.* ① Poner una persona o cosa al cuidado de alguien: *Roberto es muy responsable y por eso su padre le confió el cuidado de su tienda.* ② Tener confianza, seguridad: *Me dijo que confiaba en sus amigos y que por eso les prestaba su casa durante las vacaciones.*

confirmación *f.* ① Hecho de comprobar que algo es cierto: *Mi mamá hizo la confirmación de los asistentes a la fiesta para saber cuánta comida comprar.* ② Para los católicos, ceremonia en la que se fortalece el bautismo.

confirmar *vb.* Corroborar algo, darlo por cierto: *Necesito saber cuántas personas vendrán a la fiesta ¿puedes confirmar tu asistencia?*

confite *m.* Dulce o golosina azucarada rellena de almendra, maní, piñón o anís: *Cuando bautizaron a Adriana, su madrina nos regaló bolsitas llenas de confites.* SIN. colación.

confitería *f.* ① Establecimiento donde se hacen o venden dulces. ② *Amér. Merid.* Cafetería.

confitura *f.* Fruta cocida con azúcar: *Me gusta comer confitura de durazno con galletas.* SIN. mermelada.

conflicto *m.* Combate, lucha: *El problema de las fronteras provocó el conflicto entre esos dos países.*

▶ **conforme** *adj.* De acuerdo con una cosa u opinión: *Estoy conforme con lo que decidió mi mamá para la fiesta de esta noche.*

▶ **conforme** *adv.* ① Según, con arreglo a. ② Tan pronto como, a medida que: *Conforme vayas terminándote las galletas, ve pidiéndome más.*

confortable *adj.* Que proporciona comodidad y bienestar: *Cuando estoy muy cansado me siento en este sofá porque es el más confortable de la casa.*

confundir *vb.* ① Tomar erróneamente una cosa por otra: *Confundo a los dos hermanos porque se parecen mucho.* ② Hacer que se pierdan los límites entre las cosas para que no se noten fácilmente: *Los ladrones se confundieron entre toda la gente que había en la calle y los policías no pudieron encontrarlos.* ③ Dejar a alguien sin saber qué hacer, desorientarlo: *Con tus jugadas lograste confundir a tu rival y por eso le ganaste en el juego de ajedrez.*

confusión *f.* ① Desorden, mezcla: *En mi recámara hay un poco de confusión porque algunas cosas están fuera de lugar.* ② Equivocación, error: *Disculpa mi confusión: te di un papel que no era tuyo.*

conga *f.* Danza popular cubana, de origen africano.

congelador, ra *m.* y *f.* Aparato que sirve para mantener cosas a muy bajas temperaturas, para que logren conservarse por más tiempo: *Puse una parte de la carne en el congelador, porque compré más de la que necesitamos para hoy.*

congelar *vb.* ① Transformar un líquido en sólido por efecto del frío: *Hay países donde los lagos se congelan durante el invierno.* SIN. helar. ② Poner algo al frío para su conservación.

congestión *f.* Acumulación de una cosa en un lugar en especial: *Tengo una congestión en la nariz que no me deja respirar.*

congreso *m.* ① Junta de muchas personas para tratar sobre algún asunto: *En esa ciudad se está celebrando un congreso de medicina.* ② Conjunto de representantes de una comunidad, que se ocupan de hacer las leyes: *El Congreso votó en contra de la instauración de la pena de muerte.* ③ Edificio donde se reúnen para trabajar los representantes de una comunidad: *Los diputados asisten al Congreso para participar en las sesiones parlamentarias.*

conjugación *f.* Accidente propio del verbo, que adopta formas distintas según la persona, el número, el tiempo, el modo y la voz: *La maestra pidió que hiciéramos oraciones con verbos en sus tres conjugaciones: ar, er, ir.*

conjugar *vb. irreg.* Enumerar un verbo en todas las formas, tiempos y modos, en todas las personas del singular y del plural: *El maestro nos pidió que conjugáramos el verbo "amar" en el tiempo presente del modo indicativo.*

conjunción *f.* En gramática, parte invariable que une palabras u oraciones: "Y", "pero", "pues", son conjunciones. →

conjunto *m.* ① Agrupación de personas o cosas que constituyen un todo: *En la clase de matemáticas estu-*

 Amér. = América ☆ Amér. Merid. = América Meridional ☆ Méx. = México.

*diamos los **conjuntos**.* 2 Grupo de personas que tocan y cantan: *Mi amiga Silvia canta en un **conjunto** de rock.*

conmemorar *vb.* Celebrar de manera solemne el recuerdo de un acontecimiento o de una persona famosa: *En la escuela **conmemoramos** cada año el día de la Constitución.*

conmigo *pron.* Forma del pronombre personal *mí* cuando lleva antes la preposición *con: Luisa fue **conmigo** al cine y luego fuimos a cenar.*

conmover *vb. irreg.* Provocar una fuerte sensación de alegría o de tristeza: *Javier **me conmovió** cuando se puso a llorar y casi se me salen las lágrimas a mí también.*

conmutador *m. Argent., Colomb., C. Rica, Salv., Méx.* y *P. Rico.* Central telefónica: *Manuela trabaja como operadora en el **conmutador** de una fábrica.*

cono *m.* Cuerpo geométrico limitado por una base circular y con una superficie generada por rectas que unen la base con el vértice: *El barquillo de mi helado tiene forma de **cono**.*

conocer *vb. irreg.* 1 Averiguar cómo son las cosas y cómo las cosas se relacionan entre sí: *Leí con mucha atención un libro sobre los felinos y ahora los **conozco** muy bien.* 2 Tener trato con una persona: *Sara y Emma **se conocen** desde que eran niñas; por eso son tan buenas amigas.*

conocido, da *m.* y *f.* Persona con quien se tiene trato, pero no amistad: *"Puedes tener muchos **conocidos**, pero los grandes amigos no se encuentran en cualquier lugar."*

conocimiento *m.* 1 Conciencia de lo que existe y ocurre alrededor de uno mismo: *Perdió el **conocimiento** y el doctor dijo que se debía a la anemia.* 2 *pl.* Conjunto de informaciones que se adquieren sobre algún asunto: *Tiene muchos **conocimientos** de biología, porque no se cansa de leer libros sobre la materia.*

conque *conj.* Anuncia una consecuencia de lo dicho o de lo ya sabido: *"Sé que me estás mintiendo, **conque** puedes empezar a decirme la verdad", me dijo mi madre.*

conquistador, ra *m.* y *f.* Persona que consigue un lugar o una cosa: *Los **conquistadores** españoles colonizaron la mayor parte de lo que ahora se conoce como América Latina.*

conquistar *vb.* 1 Apoderarse, hacerse dueño de una población o territorio por medio de la fuerza: *En la Antigüedad, los romanos **conquistaron** muchos territorios.* 2 Ganar la voluntad o el amor de otro: *El nuevo compañero de curso nos **ha conquistado** con su simpatía.*

consagrar *vb.* 1 Hacer o convertir algo en sagrado. 2 Dedicar, emplear: *El profesor **se ha consagrado** a sus alumnos durante treinta años.*

consciente *adj.* 1 Que tiene conciencia o conocimiento: *Mi abuelo estuvo **consciente** hasta poco antes de morir.* 2 Que sabe lo que hace: *Estoy **consciente** de que esta investigación será muy difícil, pero quiero hacerla porque me gusta mucho la materia.*

consecuencia *f.* Hecho que resulta o sigue de otro: *Fumar tiene graves **consecuencias** porque puede provocar enfermedades.*

conseguir *vb. irreg.* Alcanzar, obtener lo que se pretende o se desea: *No **conseguí** el permiso para ir a la fiesta, así que me voy a quedar en la casa viendo televisión.*

consejo *m.* Opinión hecha a alguien sobre lo que se debe hacer o cómo hacerlo: *El **consejo** de mi hermano fue genial y ahora armo los rompecabezas con mayor facilidad.* SIN. **sugerencia**.

consentir *vb. irreg.* 1 Permitir algo, condescender. 2 Hacer mimos o cariños a alguien.

conserje *m.* y *f.* Palabra de origen francés. Persona que custodia un edificio o establecimiento público: *El **conserje** se encarga de abrir y cerrar las puertas y de cuidar el edificio del colegio.* SIN. **vigilante**.

conserva *f.* Alimento preparado y envasado para que se mantenga en buen estado durante mucho tiempo: *Compré verduras y frutas en **conserva** antes de salir de viaje.*

conservar *vb.* 1 Mantener una cosa o cuidar de su permanencia: *El termo **conserva** caliente el café.* 2 Guardar con cuidado: *Clara **conservó** durante toda su vida las cartas que le escribió su primer novio.*

conservatorio *m.* Escuela oficial de música: *Voy al **conservatorio** a aprender piano y canto.*

considerar *vb.* 1 Pensar una cosa con atención, examinar: *Mónica **consideró** todas las ventajas que le podría traer el trabajo que le ofreció mi padre y decidió aceptarlo.* 2 Juzgar, estimar: *Considero a Hugo mi mejor amigo desde hace muchos años.*

consigo *pron.* Forma del pronombre personal reflexivo de la tercera persona *sí* cuando va precedido de la preposición *con: Leonel llevó **consigo** una tienda de campaña cuando fue de vacaciones a la montaña.*

consistir *vb.* Ser, estar formado por lo que se indica: *Su trabajo en la oficina **consiste** en escribir a máquina.*

consolar *vb. irreg.* Aliviar la pena o aflicción de uno: *Consoló a Socorro cuando lloraba por la muerte de su mascota.*

consonante *f.* Sonido articulado por el cierre completo o parcial de la boca, seguido de una apertura y la letra que lo representa: *La palabra lápiz tiene tres **consonantes**: l, p, y z.*

consorte *m.* y *f.* Cónyuge, esposo o esposa: *Lalo y Sara están casados: Lalo es el **consorte** de Sara y Sara es la **consorte** de Lalo.*

□ adj. = adjetivo ☆ **conj.** = conjunción ☆ **f.** = sustantivo femenino ☆ **m.** = sustantivo masculino ☆ **pl.** = plural ☆ **pron.** = pronombre ☆ SIN. = sinónimo ☆ **vb.** = verbo ☆ **vb. irreg.** = verbo irregular ☆ ➜ Ver Minienciclopedia.

conspirar *vb.* Obrar de acuerdo con otros contra alguien o algo: *Una banda de ladrones conspiraba contra los habitantes de la ciudad.*

▶ **constancia** *f.* Perseverancia de una persona para terminar lo que ha empezado: *La constancia en el estudio me ha ayudado a mejorar mis calificaciones.*

▶ **constancia** *f.* Comprobante, papel que atestigua algo: *En la oficina de impuestos le dieron una constancia de que ya no debe nada.*

constelación *f.* Grupo de estrellas que presentan una figura convencional: *Por la noche pueden verse muchas constelaciones en el cielo, por ejemplo, la cabra y las osas.*

constitución *f.* [1] Ley fundamental de la organización de un Estado: *La constitución de un país contiene las leyes que establecen los derechos y deberes de los ciudadanos.* [2] Conjunto de características del cuerpo de una persona: *Mi hermana es de constitución débil y por eso se enferma con frecuencia.* →

construcción *f.* Hecho de construir algo: *Los albañiles trabajan en la construcción de las casas y edificios.*

construir *vb. irreg.* [1] Hacer una obra juntando los elementos según un plan: *Construimos este rompecabezas entre mi hermano y yo.* [2] Ordenar y enlazar las palabras en una oración o frase como es debido: *El maestro nos pidió que construyéramos dos oraciones con el verbo "jugar".*

consuegro, gra *m. y f.* Padre o madre de un cónyuge respecto del padre o madre del otro: *Mis papás son consuegros de los papás de mi esposo.*

consuelo *m.* Lo que sirve de alivio: *En esta desgracia es un consuelo saber que tengo verdaderos amigos.*

cónsul *m. y f.* Persona que representa a su país en una nación extranjera: *Cuando vivía en el extranjero, fui a ver al cónsul de mi país para que me reemplazara el pasaporte que había perdido.*

consulta *f.* [1] Pregunta para pedir opinión, para solicitar información sobre algo: *Mi padre le hizo una consulta al abogado porque no sabía qué documentos tenía que mostrarle al juez.* [2] Búsqueda de datos y orientación en un libro o texto: *Hice una consulta en el diccionario para saber el significado de la palabra "iglú".* [3] Atención de un médico: *Mi tío es médico pero no da consultas a domicilio, sólo atiende a los pacientes en el hospital.*

consultar *vb.* [1] Pedir opinión a otro: *Antes de operar a mi perro consultamos a varios veterinarios para estar seguros de que la operación era necesaria.* [2] Buscar datos o información en un libro o texto: *Para mi trabajo de historia consulté la enciclopedia.*

consultorio *m.* Despacho donde el médico recibe a los enfermos: *El doctor Martín atiende por las tardes en el consultorio que tiene en su casa.*

consumir *vb.* [1] Utilizar una cosa como fuente de energía o para satisfacer necesidades: *Los habitantes de China consumen mucho arroz.* [2] Extinguir, gastar: *Las velas se consumen poco a poco por la acción del calor de la llama.*

consumo *m.* Utilización de un bien para satisfacer necesidades: *El consumo de energía aumenta en invierno porque hace frío y la gente la utiliza para calentarse.*

contabilidad *f.* Disciplina encargada de llevar las cuentas de una empresa o sociedad: *Mi hermano tomó cursos de contabilidad antes de abrir su papelería.*

contacto *m.* [1] Relación entre cosas que se tocan: *Hay enfermedades que se contagian por un simple contacto.* [2] Trato entre personas: *Todavía mantengo contacto con mis amigos de la primaria.* [3] Conexión entre dos partes de un circuito eléctrico.

contagiar *vb.* [1] Transmitir por contacto una enfermedad: *Aislaron al enfermo en una habitación porque podía contagiar a las demás personas.* [2] Transmitir un estado de ánimo, una costumbre o un vicio: *Estaba tan contento que me contagió su alegría.*

contagioso, sa *adj.* Que se transmite fácilmente de un ser vivo a otro ser vivo: *La gripe es una enfermedad contagiosa.*

contaminación *f.* Suciedad en el aire, el agua o en cualquier otra sustancia: *Esa fábrica de papel es la responsable de la contaminación del río.*

contaminar *vb.* Ensuciar el aire, el agua o cualquier otra sustancia: *El humo de los automóviles contamina el aire de la ciudad.*

contar *vb. irreg.* [1] Dar un número a los elementos de un conjunto para saber cuántos hay: *Rosa contó las naranjas que hay en la bolsa.* [2] Decir los números en orden: *Esteban ya sabe contar del uno al diez.* [3] Referir, narrar: *Mis papás le cuentan una historia a mi hermanita todas las noches para que se duerma.*

contener *vb. irreg.* Llevar o tener dentro de sí: *Esa botella contiene aceite para cocinar.* **SIN. incluir.**

contenido *m.* Lo que está dentro de una cosa: *El contenido de esta botella es una combinación de alcohol con hierbas y sirve para curar heridas.*

contentar *vb.* Alegrar o complacer a otro o a sí mismo: *Mis papás estaban enojados conmigo, pero los contenté comportándome bien todo el fin de semana.*

contento, ta *adj.* Alegre, satisfecho: *Estoy muy contenta por la colección de libros que me regalaron en mi cumpleaños.*

contestador, ra *m. y f.* Aparato conectado al teléfono usado para grabar llamadas cuando nadie las contesta: *Le hablé anoche a Ricardo, pero como no estaba en su casa, le dejé un mensaje en la contestadora.*

a

b

d

e

f

g

contestar *vb.* Responder a lo que se pregunta, se habla o se escribe: *Carlos contestó rápidamente la carta que le mandé la semana pasada.*

contigo *pron.* Forma del pronombre personal de segunda persona *tú* cuando va precedido de la preposición con: *"¿Puedo ir al parque contigo?", me preguntó mi hermana.*

continente *m.* Extensa superficie de tierra separada de otras por los océanos: *Europa, Asia, América, África y Oceanía son los continentes de la Tierra.* →

continuación *f.* Lo que prolonga otra cosa: *Este camino pequeño es la continuación de la carretera.*

continuar *vb. irreg.* ⃞1 Proseguir, llevar adelante lo comenzado: *Ángeles continuó el trabajo escolar en la noche porque no lo terminó durante la tarde.* ⃞2 Durar, permanecer algo como está: *La alegría de los niños continuó después de haber ganado el partido de fútbol.* ⃞3 Seguir algo más allá de un lugar, extenderse: *La carretera 95 continúa hasta la siguiente ciudad.*

contorno *m.* Conjunto de líneas que rodean una figura: *Antes de pintarse los labios, se marca su contorno con un lápiz delgado.*

contra *prep.* ⃞1 Señala oposición o contrariedad: *"Estoy contra el viaje a la playa porque habrá mucha gente, mejor vamos a otro lugar", dije a mis amigos.* ⃞2 Sirve para señalar apoyo de una cosa en otra: *"Coloca la mesa contra la pared, así tendremos más espacio para bailar", dije a Esteban.*

contradecir *vb. irreg.* Decir lo contrario de lo que otro afirma o de lo que uno mismo afirmó antes: *Lucas se contradice: un día dice que le gusta el chocolate y al siguiente dice que lo odia.*

contraluz *f.* Iluminación de un objeto que recibe la luz del lado opuesto al que se mira: *Tu vestido se transparenta a contraluz, así que se ven tus piernas.*

▶ **contrario, ria** *adj.* Opuesto: *"Bonito" y "feo" son dos palabras contrarias.*

▶ **contrario, ria** *m.* y *f.* ⃞1 Enemigo, adversario: *El tenista ganó de manera fácil a su contrario.* ⃞2 *loc.* Al contrario, al revés, de manera opuesta: *Al contrario de lo que crees, yo sí quiero a mi novio.*

contraste *m.* Diferencia notable entre dos cosas o personas: *Hay un gran contraste entre los dos hermanos: uno es alto y gordo y el otro es bajo y delgado.*

contratiempo *m.* Accidente negativo e inesperado: *El automóvil se descompuso y por ese contratiempo no pudimos ir al campo de vacaciones.*

contratista *m.* y *f.* Persona que tiene una empresa de construcción: *Mi tío le encargó a un contratista que arreglara el techo de la casa.*

contrato *m.* Pacto por el que dos o más personas se obligan a cumplir una cosa: *En el contrato se marcó el precio que Amelia debía pagar por la casa y el día en que Héctor debía entregársela a Amelia.*

contribución *f.* ⃞1 Pago de impuestos: *Mi padre paga cada año sus contribuciones al gobierno.* ⃞2 Cooperación de varias personas para conseguir algo: *La contribución de Julieta a la reunión fue una tarta deliciosa.*

contrincante *m.* y *f.* Rival, competidor: *Liliana y Claudia son contrincantes porque las dos persiguen el primer lugar en la clase de historia.*

control *m.* ⃞1 Comprobación, inspección: *El director de la escuela tiene a su cargo el control de las actividades de los profesores.* ⃞2 Mando, limitación de la libertad de algo o alguien: *Los medicamentos mantienen el control de las enfermedades.* ⃞3 *loc.* Control remoto, aparato que permite manejar objetos a distancia: *A mí me gusta ver la televisión con el control remoto en la mano, porque así veo varios programas al mismo tiempo.*

convaleciente *adj.* Que se está recuperando de una enfermedad, operación o accidente: *El enfermo está convaleciente de varicela y debe permanecer en reposo algunos días.*

convencer *vb. irreg.* Conseguir que alguien haga, crea o acepte cierta cosa: *Marisa convenció a Lucio de que la ayudara a arreglar su jardín.*

convención *f.* Reunión de personas para tratar un asunto: *Rosario fue a una convención sobre enfermedades mentales que se lleva a cabo en París.*

convenio *m.* Acuerdo, pacto: *Manuel y José firmaron un convenio para comprar la casa entre los dos.*

convenir *vb. irreg.* Ser oportuno, útil: *Conviene llegar temprano al estadio, antes de que se junte toda la gente en la entrada.*

convento *m.* Casa donde vive una comunidad religiosa.

conversación *f.* Acción y efecto de hablar unas personas con otras: *Sólo íbamos a tomar una taza de café, pero la conversación estaba tan interesante que nos tomamos cinco tazas cada uno.*

conversar *vb.* Hablar unas personas con otras: *La maestra los regañó porque se pasan el tiempo conversando en vez de atender a la clase.* SIN. **platicar.**

convertir *vb. irreg.* ⃞1 Cambiar, hacer que una cosa se transforme en otra: *Mi tío convirtió un cuarto de su casa en sala de billar.* ⃞2 Cambiar alguien su religión.

convidar *vb.* Invitar: *Mi novio me convidó a cenar en un restaurante muy bonito.*

convivir *vb.* Vivir en compañía de otro u otros: *Durante mi viaje conviví por primera vez con mis primos, a los que conocía muy poco.*

convocar *vb. irreg.* Llamar a varias personas para que coincidan en un lugar, en un acto o para que realicen una actividad: *La maestra convocó a los*

⬗ adj. = adjetivo ☆ **ANT.** = antónimo ☆ **f.** = sustantivo femenino ☆ **loc.** = locución ☆ **m.** = sustantivo masculino ☆ **pl.** = plural ☆ **prep.** = preposición ☆ **pron.** = pronombre ☆ **SIN.** = sinónimo ☆ **vb.** = verbo ☆ **vb. irreg.** = verbo irregular ☆ → Ver Minienciclopedia.

padres de familia para organizar la fiesta de fin de cursos.

convocatoria *f.* Escrito con que se llama a diferentes personas para que concurran a un lugar, a un acto o a realizar una actividad: *"Ya salió la* **convocatoria** *para el concurso de historietas. ¿Concursamos?"*

convulsión *f.* Movimiento brusco e involuntario de los músculos del cuerpo. SIN. **contracción.**

cónyuge *m.* y *f.* Lo que es el marido respecto de su mujer y la mujer respecto de su marido: *Los* **cónyuges** *salieron felices del registro civil en donde se casaron.* SIN. **consorte, esposo.**

cooperar *vb.* Obrar de manera conjunta con otros para lograr algo: *Olga y Rocío* **han cooperado** *con la reunión cocinando para todos los invitados.* SIN. **colaborar, contribuir, ayudar.**

cooperativa *f.* Asociación de consumidores, comerciantes o productores con intereses comunes: *En una* **cooperativa,** *las pérdidas y las ganancias se reparten por igual entre todos los participantes.*

coordinar *vb.* ① Ordenar de manera adecuada las distintas partes de algo para lograr que todo cumpla su función: *El director general* **coordina** *los trabajos de la empresa.* ② Hacer dos o más cosas al mismo tiempo o hacerlas de forma ordenada: *Trata de* **coordinar** *el movimiento de tu mano haciendo círculos sobre la superficie de la mesa mientras golpeas el piso con tu pie.*

copa *f.* ① Vaso con un pie rematado en una base circular, que se usa para beber: *Las* **copas** *de cristal fino resuenan al golpearlas suavemente con la uña, y son muy frágiles.* ② Conjunto de las ramas y hojas de un árbol: *En otoño, las* **copas** *de algunos árboles pierden sus hojas y sólo quedan las ramas.* ③ Parte hueca del sombrero: *Los magos usan sombreros de* **copa** *alta para hacer sus trucos.* ④ Trofeo que se da al ganador del primer lugar en algunos eventos deportivos: *Los jugadores estaban contentos por haber ganado la* **copa** *del campeonato nacional.* SIN. **premio, trofeo.**

copal *m.* Resina que se extrae de algunos árboles tropicales: *Con el* **copal** *se fabrica barniz e incienso.*

copete *m.* ① Parte del cabello que se lleva levantado sobre la frente: *A los héroes de cine como James Bond, el agente 007, aunque tengan muchas aventuras nunca se les despeina el* **copete.** SIN. **mechón.** ② Grupo de plumas que adorna la cabeza de algunas aves: *El pavo real tiene* **copete.** ③ Pico en forma de cono, de crema o helado, que sobresale de una copa o vaso: *Quiero un postre con un gran* **copete** *de crema.*

copia *f.* Reproducción exacta de un escrito, obra, etc.: *Necesito una* **copia** *de ese libro para poder estudiar.* SIN. **duplicado.** ANT. **original.**

copiar *vb.* ① Reproducir exactamente un escrito, obra, etc.: *Angelina quiere una* **copia** *de mi casete porque le*

gusta mucho esta música. SIN. **reproducir, calcar.** ② Escribir o dibujar lo mismo que se está leyendo o viendo: *Los niños* **copiaron** *lo que estaba escrito en el pizarrón.* SIN. **transcribir.** ③ Imitar algo: *Lucía* **copia** *los gestos de su amiga porque quiere ser como ella.*

copiloto *m.* Persona que se sienta al lado de quien conduce un vehículo para ayudarlo durante el viaje: *Durante la carrera de automóviles, el* **copiloto** *le indicaba al piloto cuál era el camino correcto.*

copo *m.* ① Pequeña masa de hielo que cae cuando nieva: *Los* **copos** *caen lentamente, pintando de blanco el paisaje.* ② Trozo de lana, lino o algodón que todavía no ha sido hilado: *Cuando la princesa quiso hilar el* **copo** *de lino, se picó el dedo y cayó dormida.*

coquetear *vb.* Tratar de atraer a otros con gestos y actitudes de una simpatía estudiada: *Daniela* **coquetea** *cuando ve a Lorenzo porque él le gusta.* SIN. **seducir, cortejar, enamorar.**

coraje *m.* ① Decisión para actuar sin miedo: *Se necesita* **coraje** *para decir la verdad porque a veces ocasiona problemas, pero afrontarlos es mejor que mentir.* SIN. **valor, audacia.** ANT. **cobardía.** ② Sensación violenta y desagradable que se tiene cuando algo nos resulta molesto: *Cecilia sintió* **coraje** *porque su hijo rompió el jarrón que le había regalado su madre.* SIN. **ira, enojo, rabia.** ANT. **mansedumbre, serenidad.**

coral *m.* Animal muy pequeño que vive en colonias en los mares cálidos y que segrega una sustancia sólida de color rojo, rosado o blanco que se usa en joyería: *El buzo tomó fotografías de unos arrecifes de* **coral** *que hay en el Océano Pacífico, parecen jardines con plantas y piedras de muchos colores.*

coralillo *f.* Víbora pequeña de colores brillantes, muy venenosa, originaria de América del Sur: *"Tengan cuidado al caminar por la selva porque puede haber una* **coralillo",** *nos advirtió el leñador.*

corán *m.* Se escribe con "C" mayúscula, libro sagrado de los musulmanes: *En los versos del* **Corán** *se explica la religión cuyo dios es Alá.*

coras *m. pl.* Grupo indígena que habita la sierra de Nayarit, al occidente de México: *En un ritual de los* **coras,** *los hombres se pintan el cuerpo con dibujos blancos.*

coraza *f.* ① Armadura que sirve para proteger el pecho y la espalda: *El caballero que luchó en la batalla salvó su vida gracias a la protección de su* **coraza.** ② Envoltura sólida que protege el cuerpo de algunos animales: *La* **coraza** *del cangrejo lo protege de los golpes de las olas del mar.* SIN. **caparazón, concha.**

corazón *m.* ① Órgano del cuerpo que, con sus movimientos regulares, mueve la sangre que circula por las venas y arterias: *El* **corazón** *forma parte del aparato circulatorio y está dividido en cuatro partes: dos aurículas y dos ventrículos.* ② Dedo de la mano humana, el más largo y que está al centro de los cinco que la forman: *Este anillo es demasiado grande para usarlo en el dedo anular, lo usaré en el corazón.* SIN. **cordial.** ③ Parte central de algo: *Ellos viven en el corazón de la ciudad.* SIN. **centro, interior, núcleo.** ANT. **exterior, afuera.** ④ Figura o símbolo que se parece al órgano del cuerpo llamado corazón: *Mara tiene una camisa blanca de corazones verdes.* ⑤ *loc.* **De corazón,** de manera sincera: *"Acepta este consejo, te lo digo de corazón porque no quiero que te ocurra algo malo", le dije a Ricardo.* ➜

corbata *f.* ① Prenda de vestir masculina formada por una tira de tela que se anuda alrededor del cuello y que cuelga cubriendo los botones delanteros de la camisa: *David está vestido con un traje negro y corbata de rombos.* ② *loc.* **Corbata de moño,** prenda de vestir formada por una tira de tela que se anuda alrededor del cuello formando un moño: *Los actores de cine usaron traje negro y corbata de moño cuando fue la ceremonia de entrega de los premios.*

corcel *m.* Caballo veloz: *El caballero montó su corcel y partió en busca de aventuras.* SIN. **caballo.**

corchete *m.* ① Broche compuesto por un gancho de metal que se introduce en una anilla y que sirve para cerrar o sujetar una prenda: *El corchete está formado por una pieza que se llama "macho" y otra que se llama "hembra".* ② Signo ortográfico, [ ], equivalente al paréntesis: *Escribí esta información entre corchetes porque ya había usado paréntesis para explicar otro tipo de cosas.*

corcho *m.* ① Tejido vegetal que reviste el tallo y la raíz del árbol llamado alcornoque: *El corcho es liviano, se usa para fabricar tapones, suelas de zapatos y flotadores para redes de pescar, entre otras cosas.* ② Tapón hecho con la corteza del alcornoque: *La botella de vino está tapada con un corcho.*

corcova *f.* Abultamiento en una parte de la espalda debido a una desviación de la columna: *Se le ha formado una corcova en la espalda a ese hombre viejo.* SIN. **joroba.**

corcovo *m.* Movimiento brusco que hace un animal al saltar doblando su lomo: *El caballo hizo unos corcovos porque vio una serpiente en el camino y se asustó.*

cordel *m.* Cuerda delgada: *Martín ató el paquete con un cordel antes de enviarlo por correo a su novia.* SIN. **hilo.**

cordero, ra *m. y f.* Cría de la oveja: *Los corderos son las ovejas que tienen menos de un año.*

▶ **cordial** *adj.* Se dice de quien es afectuoso: *Nuestros amigos son cordiales, siempre que los visitamos nos tratan muy bien.* SIN. **amable, cariñoso, simpático.**

▶ **cordial** *m.* Dedo de la mano humana que está al centro de los cinco que la forman: *El cordial es el dedo más largo de la mano.* SIN. **corazón.**

cordillera *f.* Conjunto de montañas enlazadas entre sí: *En la cordillera de los Andes se encuentra el Aconcagua, que es la montaña más alta del Continente Americano.*

córdoba *m.* Moneda de Nicaragua: *Los nicaragüenses pagan sus compras con córdobas.*

cordón *m.* ① Cordel, cuerda redonda y delgada: *La cortina del dormitorio se cierra tirando de un cordón.* SIN. **cuerda, mecate.** ② Barrera formada por personas colocadas en línea: *La policía formó un cordón para separar a la gente de la zona del desfile.* SIN. **obstáculo.** ③ Cable que tienen algunos aparatos: *Ten cuidado, no toques el cordón de la plancha cuando la estoy usando, es peligroso.* ④ *Amér. Merid.* y *Cuba.* Borde que separa la acera de la calle. SIN. **bordillo, guarnición.**

cordura *f.* Razón, buen juicio: *El padre le recomendó a su hijo que actuara con cordura durante su viaje.* SIN. **prudencia, sensatez.** ANT. **locura.**

cornada *f.* ① Golpe dado con el cuerno: *Los machos cabríos luchaban dándose cornadas.* SIN. **tope.** ② Herida producida con la punta del cuerno: *El torero recibió una cornada y lo llevaron a un hospital.*

cornamenta *f.* Conjunto de los cuernos de un animal: *La cornamenta de los venados y los ciervos es grande y ramificada.* SIN. **cuerno.**

córnea *f.* Membrana del ojo que se encuentra en la parte de adelante, cubriendo el globo ocular: *La córnea es transparente.*

córner *m.* **Palabra de origen inglés.** En fútbol, esquina del campo de juego y acción de sacar el balón con el pie desde una esquina de la cancha.

corneta *f.* Instrumento musical de viento, hecho de metal, sin llaves ni pistones: *Para tocar la corneta hay que hacer vibrar los labios y soplar con fuerza.*

cornisa *f.* Parte que sobresale del tejado de un edificio: *En el filme que vimos, el ladrón de joyas entraba al edificio deslizándose por la cornisa, con riesgo de caer y matarse.*

corno *m.* Instrumento musical de viento, hecho de metal, formado por un tubo enrollado que se hace cada vez más ancho desde la boquilla hasta la salida del aire: *El corno tiene un sonido grave.*

coro *m.* ① Cantantes que interpretan juntos una composición musical: *Tomás canta en el coro de su escuela.* ② Pieza musical que varias personas cantan juntas: *Los coros de esta música antigua se cantan en latín.* ③ Parte de los templos o iglesias donde se ubican las personas que cantan juntas durante el culto: *La catedral tiene un coro en la parte de atrás.*

corola *f.* Conjunto de pétalos de la flor: *La corola de la flor llamada margarita es blanca y su centro es amarillo.*

corona *f.* ① Adorno de forma circular que ciñe la cabeza en señal de premio o dignidad: *Le pusieron una co-*

---

instrumento filoso: *Haré varios cortes en la tela para poder pasar una cinta de colores y adornarla.* SIN. **tajo, ranura, cortadura.** ③ Técnica que aprenden las modistas y los sastres para cortar las telas usando un molde: *Este traje tiene un corte elegante.*

cortejo *m.* ① Intento de captar el amor de una mujer: *Antes el cortejo de una muchacha se iniciaba regalándole unas flores y unos chocolates.* SIN. **halago.** ② Acompañamiento que se hace en algunas ceremonias, en el que las personas van siguiendo a quien se le hace el homenaje: *El cortejo fúnebre está formado por los parientes y amigos del muerto que van acompañando el ataúd hasta el cementerio.* SIN. **séquito.**

cortés *adj.* Se aplica al que respeta las normas sociales establecidas: *Ella es cortés con él porque no quiere ofenderlo, pero la verdad es que le cae muy mal.* SIN. **atento, amable.** ANT. **desagradable, grosero, maleducado.**

cortesía *f.* ① Calidad de quien está bien educado y se comporta de manera correcta: *El hombre, como un gesto de cortesía, ofreció su brazo a la mujer para bajar las escaleras.* SIN. **urbanidad.** ② Demostración de respeto: *Fue una cortesía de Luis preocuparse por la enfermedad de mi padre.* SIN. **amabilidad, cordialidad, gentileza.** ANT. **grosería.** ③ Regalo: *Cuando llegamos al restaurante me dijeron que la cena era cortesía de la empresa porque yo estaba celebrando mi cumpleaños, así que no tuvimos que pagarla.* SIN. **atención, gentileza.**

corteza *f.* ① Capa exterior del tronco y las ramas de los árboles: *La corteza de los árboles puede ser rugosa o lisa.* ② Parte exterior y dura de algo: *Me gusta comer la corteza del pan cuando está dorada.* SIN. **cáscara, costra.** ③ Zona de la tierra que está en contacto con el aire: *La corteza terrestre tiene ríos, montañas, planicies, desiertos, selvas, etc.*

cortina *f.* Tela que se cuelga para cubrir puertas, ventanas, etc.: *Las cortinas sirven para que no entre la luz del sol y también para que el interior del lugar no se vea desde afuera.*

corto, ta *adj.* ① Referido a lo que tiene poca longitud o extensión: *Hasta los trece años, mi papá usó pantalones cortos.* SIN. **reducido.** ANT. **largo.** ② Relativo a lo que es de poca duración: *El partido de tenis fue corto porque uno de los jugadores ganó muy rápido.* SIN. **breve, fugaz, momentáneo.** ANT. **largo, duradero, prolongado.** ③ Referido a lo que tiene poca intensidad: *Cuando se viaja de noche por carretera se deben usar las luces cortas para no molestar a las personas que vienen de frente.* SIN. **bajo, débil.** ANT. **largo, alto, fuerte.**

corva *f.* Parte de la pierna que está detrás de la rodilla: *Las corvas se cierran cuando la rodilla se dobla.*

cosa *f.* ① Todo lo que existe, sea corporal o espiritual, real o abstracto: *La imaginación es una cosa y la realidad es otra cosa.* ② Todo lo que no tiene vida: *Andrés tiene muchas cosas para jugar, entre ellas un muñeco de pilas, un balón y una bicicleta.* SIN. **objeto.** ③ Ocupación: *"Tengo muchas cosas qué hacer, prefiero no salir a jugar", dije a mis amigos.* ④ Algo: *Tengo una cosa en la espalda y no puedo ver qué es.* ⑤ **loc. Ser poca cosa,** no tener importancia: *Ese golpe fue poca cosa comparado con el que me di yo cuando caí por las escaleras.*

coscorrón *m.* Golpe dado en la cabeza con los nudillos o con una cosa dura: *El bebé se cayó de la cama y se dio un coscorrón en el piso.*

cosecha *f.* ① Conjunto de legumbres, verduras, cereales y frutos maduros obtenidos de la tierra: *Este año la cosecha de arroz será buena porque ha llovido mucho.* ② Hecho de recoger los productos de la tierra: *Pablo se fue al campo a trabajar en la cosecha de manzanas.* SIN. **recolección.** ③ Tiempo de recoger el fruto de lo que se ha sembrado: *Ya es verano, llegó la cosecha de sandías.*

cosechar *vb.* ① Recoger las legumbres, verduras, cereales y frutos maduros obtenidos del cultivo de la tierra. SIN. **recoger, recolectar.** ② Obtener el resultado de un trabajo o esfuerzo: *La actriz ha cosechado muchos aplausos por su actuación en la obra de teatro.*

coser *vb.* Unir con hilo y aguja pedazos de tela, cuero u otros materiales: *He cosido unos ositos de tela en la sábana que usa mi hijo.* ANT. **descoser.** →

cosmético *m.* Producto que sirve para limpiar o embellecer el cuerpo, en especial el rostro, las uñas y el cabello: *Las secretarias usan muchos cosméticos porque deben pintarse las uñas y los ojos e ir bien vestidas al trabajo.*

cósmico, ca *adj.* Relativo al Universo, al mundo y a todo lo que existe: *Las nubes cósmicas se ven con el telescopio.* SIN. **celeste.**

cosmonauta *m. y f.* Persona que viaja afuera de la Tierra en una nave espacial: *El cosmonauta vio al planeta Tierra desde su nave y se emocionó mucho.* SIN. **astronauta.**

cosmos *m.* Unidad formada por todo lo que existe en el cielo: *La Tierra y los planetas forman parte del cosmos.* SIN. **Universo, Espacio.**

cosquillas *f. pl.* Sensación que provoca risa involuntaria y que se produce cuando alguien le toca a uno ciertas partes del cuerpo: *Jacobo tiene cosquillas en las axilas, en el cuello y en los pies.*

costa *f.* Tierra que está en contacto con el mar o cerca de él: *Sandra nació en un pueblo de la costa y su casa está muy cerca del mar.* SIN. **litoral, orilla.**

Ⓢ *Argent.* = Argentina.

a

b

c

d

e

f

g

costado *m.* 1 Parte del cuerpo humano que se encuentra entre el pecho y la espalda. SIN. **lado.** 2 Parte que se encuentra en los extremos, entre el frente y el fondo de algo: *Al costado de la casa están sembrados los rosales.* SIN. **lado.**

costal *m.* Bolsa grande, rústica, hecha de tela o de fibras, que se usa para transportar productos a granel: *En ese costal hay harina y en este otro, semillas de maíz.*

costar *vb. irreg.* 1 Valer una cosa determinada cantidad de dinero: *El vestido que quiero comprarme cuesta veinte pesos.* 2 Causar una cosa muchos esfuerzos, disgustos o molestias: *Me costó mucho resolver el problema de matemáticas, pero al fin pude hacerlo.* 3 *loc.* Costar caro, ocasionar algo mucho daño: *Deja de molestarme o te va a costar caro.* SIN. **perjudicar.**

costarricense o **costarriqueño, ña** *adj./m.* y *f.* Originario de Costa Rica, país de América Central: *San José es la capital costarricense.*

costeño, ña *adj./m.* y *f.* 1 Relativo a lo que está cerca de la orilla del mar: *Muchos pueblos costeños trabajan para el turismo.* 2 Persona que vive o ha nacido en una zona cercana al mar: *Los costeños reciben a los turistas que pasan sus vacaciones en la playa.*

costilla *f.* Cada uno de los huesos largos y arqueados que parten de la columna vertebral y se cierran por delante del pecho protegiendo los pulmones y el corazón: *El cuerpo humano tiene doce pares de costillas.*

costo *m.* Dinero que se paga por algo o trabajo que se hace para conseguir algo: *Quedarme en mi casa a estudiar fue el costo de la buena calificación en el examen.* SIN. **precio, importe.**

costra *f.* 1 Parte exterior, dura y seca, de algo: *La costra de ese queso está cubierta con cera pintada de rojo.* SIN. **corteza, cáscara.** 2 Sangre endurecida y seca que cubre una herida o raspón del cuerpo: *Rogelio se cortó con un cuchillo y ahora se le ha formado una costra.*

costumbre *f.* 1 Modo de obrar adquirido por la repetición de los mismos actos: *Tengo la costumbre de levantarme todos los días a las 6 de la mañana.* SIN. **hábito, uso, rutina.** 2 Modo de obrar según la tradición propia de un grupo o de una nación. SIN. **estilo, tradición.**

costura *f.* 1 Hecho de unir con hilo y aguja tela u otro material: *La costura de un traje la lleva a cabo el sastre.* 2 Lo que está unido con hilo y aguja: *Hay que planchar cada costura para que el vestido quede bien hecho.*

costurero *m.* Caja o mesa con cajones que sirve para guardar los instrumentos para coser: *En el costurero se guardan agujas, hilos, tijeras, botones, alfileres y la cinta para medir.*

costurero, ra *m.* y *f.* Persona que trabaja cosiendo ropa: *Mamá compró la tela y le encargó a una costurera que nos hiciera un vestido a mi hermana y otro a mí.* SIN. **modista.**

cotidiano, na *adj.* Referido a lo que sucede o se hace todos los días: *La limpieza de la casa es un trabajo cotidiano.* SIN. **diario, habitual, usual.**

cotorra *f.* 1 Ave trepadora de colores, sobre todo verde, rojo y amarillo, que aprende a imitar sonidos y a decir palabras: *La cotorra puede imitar la voz humana y decir algunas palabras.* 2 *Fam.* Persona que habla demasiado. SIN. **charlatán.**

cotorreo *m.* 1 Hecho de engañar a alguien en tono de burla, sin mala intención: *Fue un cotorreo, no es cierto que le van a dar el Premio Nobel al mejor estudiante de primaria.* 2 Hecho de hablar mucho: *El cotorreo de las señoras distrajo a Felipe que estaba estudiando.*

coxis o **cóccix** *m.* Hueso pequeño formado por la fusión de varias vértebras, que está en la extremidad inferior de la columna: *Donde termina el coxis empieza la separación de las dos nalgas.*

coyote *m.* Mamífero carnívoro parecido al lobo y al chacal, de piel grisácea, que vive en México y América Central.

coyuntura *f.* Parte del cuerpo en que se juntan dos huesos: *El codo se dobla porque es una de las coyunturas del cuerpo.* SIN. **articulación.**

coz *f.* Golpe dado con las patas traseras por un caballo, asno o mulo: *El caballo estaba tirando coces al aire porque no quería que el jinete lo montara.*

CPU *m.* Abreviatura de "Central Processing Unit" (unidad central de procesamiento): *El CPU es la parte de la computadora en la que están los discos de la memoria principal, la unidad que realiza operaciones aritméticas y lógicas, y los registros de control.*

cráneo *m.* Grupo de huesos que forman la cabeza: *Adentro del cráneo está el cerebro.* SIN. **calavera.**

cráter *m.* Parte abierta en lo alto de un volcán por donde sale lava, cenizas y humo cuando el volcán entra en erupción: *Cuando un volcán no está en actividad se puede visitar su cráter.* SIN. **boca.**

creación *f.* 1 Conjunto de seres vivos, planetas y estrellas que forman el Universo: *Elvira piensa que el canto de las aves es lo más hermoso de la creación.* SIN. **Universo, Cosmos.** 2 Hecho de formar o de iniciar algo: *La creación de un club de amigos de la radio fue idea de Raúl.* 3 Obra de arte o producto del ingenio humano: *La creación de los instrumentos musicales melódicos marcó un paso muy grande en la evolución de la música.*

creador *m.* Se escribe con "C" mayúscula, Ser Supremo, Dios: *Dice la Biblia que el Creador hizo al mundo en seis días y descansó el séptimo.*

crear *vb.* 1 Hacer algo de la nada. SIN. **hacer.** 2 Dar comienzo a algo que antes no existía: *Entre varios poetas crearon una revista literaria en la que publicaron sus poemas.* SIN. **fundar, establecer, instituir.** 3 Componer algo de manera artística o intelectual: *El escritor*

---

creó en su novela personajes cómicos que se metían en muchos problemas. SIN. **inventar, imaginar, idear.**

crecer *vb. irreg.* [1] Evolucionar un ser vivo de acuerdo con su naturaleza: *Cuando el cordero crezca será una linda oveja.* [2] Aumentar de tamaño o altura: *El árbol ha crecido desde hace un año que lo sembramos.* [3] Aumentar en cantidad o en extensión: *Creció el número de alumnos en la clase, antes éramos 21 y ahora somos 28.* SIN. **aumentar.** ANT. **disminuir, reducir.**

crecida *f.* Aumento en la cantidad de agua que tiene un río: *La crecida se produjo a causa de las fuertes lluvias que han caído desde hace tres días.* SIN. **desbordamiento, inundación.**

creciente *adj.* [1] Relativo a lo que está aumentando de tamaño, altura, cantidad o extensión. [2] *loc.* **Cuarto creciente,** momento en que el aumento del tamaño de la Luna, vista desde la Tierra, se encuentra justo a la mitad entre el novilunio y el plenilunio: *Cuando la Luna está en cuarto creciente parece una "D".*

crecimiento *m.* [1] Proceso de desarrollo de un ser vivo: *A los diez años, un niño está en pleno crecimiento.* [2] Proceso en que algo aumenta: *El crecimiento de la empresa se debe al esfuerzo que realizan todos los que trabajan en ella.* SIN. **aumento.** ANT. **disminución.**

credencial *f.* Documento que demuestra el cargo de una persona: *Ya tengo la credencial del club deportivo, así que iré a nadar y a jugar fútbol los fines de semana.* SIN. **identificación.**

crédito *m.* Dinero que se pide prestado a un banco: *Daniel pidió un crédito para comprar una camioneta, y devolverá el dinero pagando al banco una cantidad cada mes.* SIN. **préstamo.** [2] *loc.* **A crédito,** que se obtiene por adelantado y se va pagando poco a poco: *Compró un automóvil a crédito y en dos años terminará de pagarlo.*

creencia *f.* [1] Seguridad que se tiene de que algo es verdad: *La creencia en que las enfermedades pueden prevenirse, impulsó al científico francés Luis Pasteur a descubrir la vacuna contra la rabia.* SIN. **convicción.** [2] Lo que se cree: *Mucha gente tiene la creencia de que en el Universo existen otros planetas habitados por seres inteligentes.* SIN. **opinión, idea, pensamiento.** [3] Conjunto de ideas religiosas. SIN. **religión, fe.**

creer *vb. irreg.* [1] Dar por cierta una cosa: *Cuando era niño creía que la Luna era de queso.* [2] Dar por cierto lo que alguien dice. [3] Pensar que algo es posible o verosímil: *Yo creí que iba a llover, pero sólo hay algunas nubes en el cielo.* [4] Tener una religión: *Mucha gente, sobre todo en Asia, cree en Buda.*

crema *f.* [1] Sustancia grasosa de la leche: *La mantequilla se hace batiendo la crema.* [2] Cosmético o medicamento de consistencia pastosa: *Después de lavar la ropa,*

Daniela se pone **crema** en las manos para mantenerlas suaves. [3] Sopa o bebida: *Hoy tomamos crema de espárragos en la comida.*

cremallera *f.* Cierre para ropa, con dos hileras de dientes que se traban y destraban al mover una pieza que los une: *Mi pantalón tiene cremallera y el de Darío tiene botones.*

crepúsculo *m.* Luz que da el sol cuando está entre el amanecer y el día, o entre el anochecer y la noche: *El crepúsculo de la mañana se llama aurora y el de la tarde se llama ocaso.*

cresta *f.* [1] Carnosidad que algunas aves tienen en la cabeza: *Una cresta roja adorna la cabeza del gallo.* [2] Cima de una ola o de una montaña: *Las nubes cubren la cresta de la montaña.* SIN. **cumbre.**

cría *f.* [1] Hecho de alimentar y cuidar a un animal o a una persona, desde que es recién nacido hasta que crece. SIN. **crianza.** [2] Animal o grupo de animales recién nacidos o tan jóvenes que todavía dependen de sus padres: *La cría de la perra son seis cachorritos que todavía no han abierto los ojos.* [3] Cuidado que brinda el ser humano, con alimento y protección, a una especie animal para que se desarrolle: *Marcial se dedica a la cría de caballos.*

criadero *m.* Lugar donde están los animales que el ser humano cuida con alimento y protección para que se desarrollen: *Ismael tenía un criadero de perros en el jardín de su casa y siempre se escuchaban muchos ladridos.*

criado, da *m. y f.* Persona empleada en el servicio doméstico: *En esa casa grande hay varios criados que se encargan de la limpieza y la jardinería.* SIN. **sirviente, mozo, camarero.** ANT. **patrón, amo, señor.**

criador, ra *m. y f.* Persona que cuida y alimenta a una especie animal para que se desarrolle: *Lucila es una excelente criadora de conejos y cada vez nacen más conejitos.*

crianza *f.* Hecho de cuidar y alimentar a un animal o a una persona desde que es recién nacido hasta que crece: *La crianza de algunos animales es difícil porque no les gusta estar cerca del ser humano.* SIN. **cría.**

criar *vb. irreg.* [1] Alimentar la madre al hijo: *La madre cría a su hijo dándole de mamar.* [2] Cuidar, alimentar y educar a alguien mientras crece: *A esos niños los crió su abuela porque su mamá trabajaba todo el día.* [3] Desarrollarse: *Humberto se crió en el campo y ahora vive en la ciudad.* SIN. **crecer.**

criatura *f.* [1] Toda cosa creada: *En el programa de ciencia ficción había unas criaturas extrañas con forma de hormiga gigante.* [2] Niño recién nacido o de poca edad: *Esa pareja tiene dos criaturas, una niña de 1 año y un niño de 3 años.* SIN. **crío, nene, guagua, bebé.**

crimen *m.* [1] Delito grave: *En la cárcel están los presos cumpliendo la condena por sus crímenes.* SIN. **atenta-**

do. 2 Delito en que se mata a alguien: *Según el inspector de policía, el* **crimen** *se cometió entre la una y las dos de la madrugada.* SIN. **asesinato, homicidio.**

criminal *m.* y *f.* Persona que mata a otra de manera intencional: *El famoso detective descubrió al* **criminal.** SIN. **asesino.**

crin *f.* Conjunto de pelos largos y duros que tienen algunos animales en la cabeza, el cuello y la cola: *Ese caballo blanco tiene las* **crines** *largas.*

crío, a *m.* y *f.* Niño recién nacido o de corta edad: *Ella no quiere ser mi novia porque dice que todavía soy un* **crío.** SIN. **criatura, nene, guagua, bebé.**

criollo, lla *adj./m.* y *f.* 1 Relativo al que es hijo de padres europeos y ha nacido en algún otro país del mundo: *Los hijos* **criollos** *de los ingleses que vivían en la India, iban a Inglaterra para estudiar.* 2 Aplicado al que es hijo de españoles y ha nacido en algún país de América.

cripta *f.* Lugar subterráneo en que los muertos son sepultados: *En las* **criptas** *cristianas de Roma hay pinturas murales.*

crisantemo *m.* Planta y flor que se cultivan para ser usadas como adorno: *Las flores del* **crisantemo** *son de colores variados y bellos.*

crisis *f.* 1 Momento decisivo y grave en un asunto: *El enfermo ha entrado en una* **crisis** *de su enfermedad y van a tener que operarlo.* 2 Situación en la que hace falta algo: *La* **crisis** *económica significa que no hay trabajo ni dinero suficientes para todos.* SIN. **escasez.**

crisma *f.* *Fam.* Cabeza: *"Si te caes de las escaleras te podrías romper la* **crisma***, ten cuidado", me dijo mi madre.*

cristal *m.* 1 Material sólido y transparente que se rompe si se golpea: *Mi madre compró un juego de copas de* **cristal** *muy fino.* SIN. **vidrio.** 2 Hoja de vidrio que se pone en las ventanas: *El* **cristal** *deja pasar la luz y evita que entre el ruido y el polvo.*

cristalino, na *adj.* 1 Relativo al cristal: *El cuarzo es un mineral* **cristalino.** 2 Aplicado a lo que es tan transparente como el cristal: *Me gusta mirar la fuente porque el agua que salta es* **cristalina.** SIN. **claro.** ANT. **opaco, turbio.**

cristalizar *vb. irreg.* Tomar una sustancia formas geométricas al endurecerse: *La sal* **se cristaliza** *en forma cúbica.*

cristianismo *m.* Conjunto de las religiones fundadas a partir de las enseñanzas de Jesús.

cristiano, na *m.* y *f.* 1 Persona que tiene al cristianismo como religión: *Los* **cristianos** *se bautizan siguiendo el ejemplo de Jesucristo.* 2 *Fam.* Persona: *Cuando llegué al salón de clases no había ni un* **cristiano** *porque era domingo.* 3 *loc.* **En cristiano,** en el mismo idioma, con palabras que se puedan entender: *"Háblame en*

cristiano *porque no entiendo lo que dices", le pedí a Rogelio.*

criticar *vb. irreg.* 1 Juzgar algo negativamente: *Ella ha* **criticado** *mucho a su amiga porque no está de acuerdo con lo que hace.* SIN. **censurar, reprobar, reprochar.** 2 Murmurar sobre alguien o algo: *Las vecinas ociosas* **critican** *a todos sus conocidos porque les divierte hablar de la gente.* SIN. **desacreditar.**

croar *vb.* Cantar los sapos o las ranas: *Algunas personas dicen que las ranas* **croan** *cuando va a llover.*

crónico, ca *adj.* Relativo a cualquier enfermedad larga, que no se cura con facilidad: *Emilio tiene una tos* **crónica***; empezó hace meses y todavía sigue tosiendo.*

cronología *f.* Ordenación de sucesos según sus fechas: *Hice una* **cronología** *en la que describí las actividades que realicé del primero al último día de mis vacaciones.*

cronómetro *m.* Reloj de alta precisión: *Con un* **cronómetro***, el buzo midió cuánto tiempo podía estar bajo el agua sin respirar.*

croqueta *f.* Masa de harina y huevo, rebozada y frita, que contiene carnes, pescados o verduras: *Martha preparó* **croquetas** *de pescado con papas y sabían deliciosas.*

cruce *m.* 1 Hecho de pasar de una parte a otra: *El* **cruce** *del río fue una aventura emocionante.* 2 Acción por la que dos cosas que van en sentidos opuestos se encuentran: *El* **cruce** *entre la gente que entra y la que sale del tren subterráneo siempre provoca un tumulto junto a las puertas.* 3 Paso en el que se juntan dos o más calles: *Hay un semáforo en ese* **cruce** *de calles.*

crucero *m.* Viaje turístico en barco: *Nuestros amigos han hecho un* **crucero** *por el Mar Caribe y se detuvieron en varias islas de las Antillas.*

crucifijo *m.* Cruz en la que se representa a Jesús crucificado: *En las iglesias católicas hay muchos* **crucifijos.**

crucigrama *m.* Pasatiempo que consiste en averiguar palabras y transcribirlas en casillas: *No pude resolver este* **crucigrama** *porque hay algunas palabras que no conozco.*

cruda *f.* *Méx.* Estado que sobreviene al día siguiente de haber bebido mucho alcohol y que se caracteriza por un fuerte dolor de cabeza y mucha sed. SIN. **resaca, goma.**

crudo, da *adj.* 1 Relativo a lo que no está cocido: *La cebolla se puede comer* **cruda** *o cocida.* 2 Se dice del color entre blanco y amarillento, o de la tela que no ha sido teñida y tiene su color natural: *Margarita se compró una camisa de lana* **cruda.** 3 Aplicado al clima frío y con viento: *Antes de salir me puse guantes de lana y un gorro porque el invierno es* **crudo** *en la ciudad donde vivo.* 4 Aplicado al petróleo sin refinar: *El petróleo* **crudo** *es de color negro.*

cruel *adj.* 1 Referido al que se complace en hacer sufrir: *Una persona* **cruel** *no se compadece del dolor de los demás.* ANT. **dulce, humano.** 2 Aplicado a lo que

---

adj. = adjetivo ☆ ANT. = antónimo ☆ *f.* = sustantivo femenino ☆ *Fam.* = familiar ☆ *loc.* = locución ☆ *m.* = sustantivo masculino ☆ *pron.* = pronombre ☆ SIN. = sinónimo ☆ *vb.* = verbo ☆ *vb. irreg.* = verbo irregular.

hace sufrir o es muy duro: *Durante la guerra, los solda- dos viven cosas* **crueles**.

crujir *vb.* Hacer ruido los cuerpos al moverse, frotarse o romperse: *El tronco del árbol* **crujió** *al caer*. SIN. **rechi- nar, chirriar**.

cruz *f.* [1] Figura formada por dos líneas que se cruzan en ángulo recto: *Las instrucciones del examen decían que señaláramos con una* **cruz** *la respuesta correcta*. [2] Objeto que tiene forma de cruz: *En las iglesias cristia- nas hay* **cruces** *porque son el símbolo de esta religión*. [3] Reverso de una moneda: *Yo escogí cara y Oswaldo escogió* **cruz**, *y cuando la moneda cayó al suelo nos dimos cuenta que él había ganado*.

cruzar *vb. irreg.* [1] Atravesar pasando de una parte a otra: *Paola* **cruza** *toda la ciudad para ir de su casa a su trabajo porque ella vive al norte y su trabajo está al sur*. SIN. **pasar, cortar**. [2] Poner una cosa sobre otra en for- ma de cruz: *Víctor* **ha cruzado** *los brazos mientras es- cucha la conferencia*. [3] Encontrarse de frente: *Esta mañana me* **crucé** *con Darío en el mercado y me dijo que pronto vendrá a visitarnos*. [4] Ponerse delante o surgir de manera súbita algo: *"No* **te cruces** *conmigo cuando caminemos por la calle porque podríamos caer- nos", me pidió mi tía*.

cuaderno *m.* Conjunto de pliegos de papel en blanco, en forma de libro, que se usa para escribir en él: *En mi escuela uso tres* **cuadernos** *y dos libros*.

cuadra *f.* [1] Lugar cubierto donde se guardan los caba- llos: *Los caballos y los burros descansan en la* **cuadra**. SIN. **caballeriza**. [2] Conjunto de caballos de un mismo dueño: *El caballo campeón es de la* **cuadra** *de Don Julián*. [3] *Amér.* Parte de una calle, que va de una esquina a la otra: *La escuela está a cinco* **cuadras** *de mi casa*. SIN. **bloque, manzana**. [4] *Perú.* Sala para recibir visitas.

cuadrado *m.* [1] Figura geométrica que tiene cuatro lados iguales y cuatro ángulos rectos: *El* **cuadrado** *es un polígono regular*. SIN. **cuadrilátero**. [2] Resultado de multiplicar un número por sí mismo: *El* **cuadrado** *de 2 es 4 y el* **cuadrado** *de 3 es 9*.

cuadrado, da *adj.* Referido a lo que tiene cuatro lados iguales y cuatro ángulos rectos: *Esa mesa es* **cuadrada** *y cuatro personas pueden comer en ella porque en cada lado cabe una persona*.

cuadragésimo *m.* Parte que equivale a una entre cua- renta partes iguales: *Un* **cuadragésimo** *de esa tarta pe- queña será una porción muy chica, por eso prefiero un* **cuadragésimo** *de aquella tarta grande*.

cuadragésimo, ma *adj.* Adjetivo ordinal que corres- ponde, en orden, al número cuarenta: *Este año es el* **cua- dragésimo** *aniversario de boda de mis padres, porque se casaron hace cuarenta años*.

cuadrante *m.* [1] Cuarta parte de una circunferencia o círculo: *El* **cuadrante** *está limitado por dos líneas llama-*

das radios que se abren en ángulo recto desde el centro hasta el perímetro del círculo*. [2] *Méx.* Cinta numerada que, en un aparato de radio, indica la ubicación de las diferentes estaciones que se pueden sintonizar*.

cuadrícula *f.* Conjunto de cuadrados que resultan de cortarse dos series de rectas paralelas: *Para hacer dibujos geométricos utilizo una* **cuadrícula** *porque es más fácil*.

cuadriculado, da *adj.* Referido a lo que está dividido por líneas que se cruzan formando muchos cuadrados iguales: *Para la materia de matemáticas usamos un cuaderno* **cuadriculado**.

cuadrilátero *m.* [1] Figura geométrica que tiene cuatro lados: *El cuadrado, el rombo, el trapecio y el rectángu- lo son* **cuadriláteros**. [2] En boxeo, lugar donde ocurre el combate: *El* **cuadrilátero** *está limitado por cuerdas*.

cuadrilla *f.* Grupo de personas reunidas para de- sempeñar un trabajo: *Una* **cuadrilla** *de quince albañi- les construyó esta casa*. SIN. **banda, grupo, pandilla**.

cuadro *m.* [1] Figura en forma de cuadrado: *Por el cua- dro de la ventana se ve un hermoso paisaje*. [2] Pintura ejecutada sobre papel o tela y colocada en un marco: *Elvira ha pintado varios* **cuadros** *que adornan las pare- des de su casa*. SIN. **pintura**. [3] Armazón de una bici- cleta: *El* **cuadro** *de la bicicleta es la parte metálica que sostiene las ruedas, el manillar o manubrio y los pedales*.

cuadrúpedo, da *adj./m.* Se refiere al animal que tiene cuatro patas: *Los* **cuadrúpedos** *pueden ser vegetaria- nos como el ciervo o carnívoros como el perro*.

cuádruple o **cuádruplo, pla** *adj./m.* Referido al nú- mero cuatro o al número que contiene a otro número cuatro veces exactamente: *Para vestir a las cuatrillizas hay que comprar toda la ropa* **cuádruple**.

cuadruplicar *vb. irreg.* Multiplicar por cuatro una can- tidad: *Roberto* **cuadruplicó** *la apuesta que hizo con Javier porque estaba seguro de que su equipo favorito ganaría el partido*.

cuajada *f.* Parte de la leche que sirve para elaborar el queso: *La* **cuajada** *se separa del suero, se mezcla muy bien con sal, se pone en una horma y se deja reposar para que el queso madure*.

▶ **cuajar** *m.* Última de las cuatro cavidades del estómago de los rumiantes.

▶ **cuajar** *vb.* Espesar o espesarse un líquido para con- vertirlo en sólido: *La mayonesa* **cuaja** *al batirla bien*.

cuál *adj./pron.* Adjetivo y pronombre interrogativo que pregunta sobre las personas o cosas: *Le pregunté a una niña* **cuál** *era su nombre y me contestó "Juliana"*.

▶ **cual** *pron.* Pronombre relativo que cuando va prece- dido de un artículo, equivale a *que*: *Este es el libro del* **cual** *te hablé ayer*.

▶ **cual** *adv.* Se usa en oraciones comparativas, y equivale a *como*: *La sonrisa de Ana se abrió* **cual** *una rosa cuan- do vio a Tomás*.

 Amér. = América ☆ *Méx.* = México.

cualesquier *pron.* Plural de *cualquier: Para protegerse del frío podrán tomar* **cualesquier** *abrigos de los que están sobre la cama.*

cualesquiera *pron.* Plural de *cualquiera.*

cualidad *f.* ① Lo bueno que hace que una persona o cosa sea lo que es: *Las* **cualidades** *de una persona son sus aspectos positivos, como la honestidad, sinceridad, amabilidad, etc.* SIN. **propiedad, característica, virtud.** ② Capacidad que distingue a alguien de los demás: *Este alumno tiene muchas* **cualidades**, *es muy inteligente y estudioso.* SIN. **aptitud, habilidad.**

cualquier *adj.* Apócope del adjetivo indefinido *cualquiera,* que se usa antes del sustantivo para indicar una cosa que no está determinada: *Este trabajo escolar es tan fácil que* **cualquier** *alumno puede hacerlo muy rápido.*

▶ **cualquiera** *adj.* Adjetivo indefinido que expresa de manera indistinta una entre varias personas o cosas en una serie: *Un alumno* **cualquiera** *llevó el mensaje de la maestra a la directora de la escuela.*

▶ **cualquiera** *pron.* Pronombre indefinido que indica una persona que no está determinada: **Cualquiera** *puede aprobar un examen si estudia bien.*

cuan *adv.* Apócope de *cuanto,* que se usa para enriquecer o dar fuerza a la idea expresada por el adjetivo: *Se acostó en la cama* **cuan** *largo era, y como era muy grande, ocupó todo el espacio.*

cuán *adv.* Apócope de *cuánto,* que se usa entre signos de admiración para enriquecer o dar fuerza a la idea expresada por el adjetivo o el adverbio: **Cuán** *feliz se sentía Olga desde que pudo conseguir un empleo mejor.*

cuándo *adv.* En qué tiempo: *Le escribí una carta a mi amigo que vive en otra ciudad y le pregunté: "¿Cuándo vendrás a visitarme?"*

cuando *conj.* ① En el tiempo, en el momento en que: *"Llegué* **cuando** *te ibas, por eso te vi en la puerta de la casa", dije a mi hermana.* ② En caso de que, puesto que, si: **Cuando** *Miguel dice algo debe de ser verdad, porque él es muy honesto.* ③ *loc.* **De cuando en cuando** o **de vez en cuando**, a veces: *El tío de Pamela vive en otra ciudad y sólo visita a su familia* **de cuando en cuando.**

cuanto *adv.* Tan pronto como: *"En cuanto termine de llover podremos salir a jugar", dijimos todos los amigos.*

cuánto, ta *adj./pron.* ① Adjetivo y pronombre interrogativo que sirve para preguntar la cantidad o intensidad de una cosa: *¿Cuánta carne necesitas para preparar este guiso?* ② Pronombre exclamativo que se usa para enriquecer o dar fuerza a una expresión que indica cantidad: *"¡Ojalá supieras* **cuánto** *te quiero!", escribió el novio a su amada.*

cuanto, ta *pron.* Pronombre relativo que se usa para indicar una cantidad indeterminada: **Cuanto** *más platico con mi amiga, más la quiero.*

cuarenta *adj./m.* Cuatro veces diez: *Cuarenta es la palabra para nombrar el número 40.*

cuarentena *f.* Periodo de cuarenta días de aislamiento que deben pasar personas, animales o lugares afectados por alguna epidemia, o por sospecharse que puedan tener algún virus o microbio: *Cuando los astronautas que fueron a la Luna regresaron a la Tierra, tuvieron que guardar* **cuarentena** *para prevenir cualquier enfermedad extraña.*

cuaresma *f.* Periodo de 46 días de abstinencia y recogimiento que guardan los católicos entre el miércoles de ceniza y el domingo de Pascua: *Los viernes de* **cuaresma** *no se puede comer carne roja.*

cuarta *f.* Medida que se toma con la mano abierta, desde la punta del pulgar hasta la punta del meñique extendido. SIN. **palmo.**

cuartear *vb.* Romperse un material formando líneas delgadas, largas y profundas: *La pared* **se cuarteó** *con el terremoto, hay que repararla.*

cuartel *m.* Edificio donde se alojan los soldados: *En el* **cuartel**, *los soldados viven y se entrenan.*

cuarteto *m.* Conjunto de cuatro músicos o cantantes: *Ese* **cuarteto** *de cuerdas está formado por dos violines, una viola y un violonchelo.*

cuartilla *f.* Hoja de papel que mide la cuarta parte de un pliego de papel entero: *Una hoja tamaño carta equivale a una* **cuartilla.**

cuarto *m.* Cada una de las habitaciones de una casa: *La casa de Darío tiene cinco* **cuartos**: *la cocina, el baño, el comedor y dos dormitorios.* SIN. **pieza, recámara, habitación.**

cuarto, ta *adj./m. y f.* ① Adjetivo ordinal que corresponde en orden, al número cuatro: *Acabo de empezar el* **cuarto** *grado en la escuela.* ② Aplicado a cada una de las cuatro partes iguales en que se divide un todo: *Te daré la* **cuarta** *parte de este queso.*

cuarzo *m.* Mineral muy duro, de diferentes colores o transparente, es uno de los más abundantes en nuestro planeta: *El* **cuarzo**, *también conocido como "cristal de roca", es tan duro que puede rayar el acero.*

cuate, ta *adj./m. y f.* ① *Guat. y Méx.* Aplicado al que tiene una relación de amistad con uno. SIN. **amigo, compañero, camarada.** ② *Méx.* Referido al hermano que ha nacido en el mismo parto. SIN. **mellizo, gemelo.**

cuatrillizo, za *adj./m. y f.* Aplicado a cada uno de los cuatro hermanos que han nacido en un mismo parto: *Entre los seres humanos, es muy raro que nazcan hermanos* **cuatrillizos.**

---

adj. = adjetivo ☆ **adv.** = adverbio ☆ ANT. = antónimo ☆ **conj.** = conjunción ☆ **f.** = sustantivo femenino ☆ **loc.** = locución ☆ **m.** = sustantivo masculino ☆ **pron.** = pronombre ☆ SIN. = sinónimo ☆ **vb.** = verbo.

cuatro *m.* ① Cifra que resulta de sumar 3 y 1: *En esta familia somos cuatro: papá, mamá y dos hijos.* ② *P. Rico y Venez.* Guitarra pequeña de cuatro cuerdas.

cuatrocientos, tas *adj./m.* Relativo al número 400.

cuba *f.* ① Recipiente grande, hecho con tablas curvadas y sostenidas por aros de metal, cerrado por arriba y por abajo: *En las cubas se hace fermentar el mosto para producir el vino.* SIN. **tonel.** ② Recipiente de madera abierto en su cara superior, que se usa para contener líquidos: *Ella saca agua del pozo con una cuba que sujeta con una cuerda.* SIN. **cubeta.**

cubano, na *adj./m. y f.* Originario de Cuba, isla de las Grandes Antillas.

cubeta *f.* Recipiente de madera, metal o plástico, abierto en su cara superior, que tiene una sola asa para sujetarse desde arriba y se usa para contener o transportar líquidos: *Esa cubeta está llena de la leche que ordeñó mi tío Manuel en la mañana.* SIN. **cuba, cubo, balde.**

cubierta *f.* ① Lo que cubre una cosa para taparla o resguardarla: *La cubierta de este libro está rota porque se me cayó.* SIN. **funda, tapa.** ② Banda de caucho o hule que recubre exteriormente la rueda de un vehículo: *El automovilista compró unas cubiertas nuevas para su camioneta.* SIN. **llanta, neumático, goma.**

cubierto *m.* ① Juego de tenedor, cuchara y cuchillo, o cada uno de estos instrumentos por separado: *Federico trajo los cubiertos y los puso en la mesa junto a los platos.* ② Servicio de mesa para un comensal: *En este restaurante de lujo cobran una cantidad de dinero por cada cubierto, aparte de la comida.*

cubil *m.* Lugar donde las fieras se recogen para dormir: *Esa cueva es el cubil de un puma.* SIN. **madriguera.**

▶ **cubo** *m.* Recipiente más ancho por la boca que por el fondo, con asa, que puede estar hecho de distintos materiales: *Ángela lleva el agua del pozo a su casa en un cubo de plástico.* SIN. **cuba, cubeta, balde.**

▶ **cubo** *m.* Cuerpo geométrico cuyos lados tienen forma de cuadrado: *Las aristas y los ángulos de un cubo son iguales.*

cubrir *vb.* ① Poner una cosa encima para ocultar o proteger otra: *Elena se cubrió la cara con las manos para ocultar su risa.* SIN. **tapar, esconder.** ANT. **descubrir, destapar.** ② Poner gran cantidad de una cosa extendiéndola sobre otra: *Cubriré con mantequilla el pan antes de poner la mermelada.* SIN. **embadurnar.**

cucaracha *f.* Insecto de cuerpo aplanado, corredor y nocturno: *Las cucarachas abundan en los lugares cálidos donde hay desperdicios de alimento.*

cuchara *f.* ① Utensilio de mesa compuesto de un mango y una parte cóncava que se usa para tomar los alimentos líquidos: *La cuchara se utiliza para tomar sopa, caldo, café caliente, postres, etc.* ② *Amér. C., Amér. Merid., Cuba y Méx.* Herramienta que usan los albañiles

para poner cemento en la pared: *La cuchara de albañil tiene una lámina en forma de rombo.*

cucharilla o **cucharita** *f.* Cuchara pequeña para azúcar o para dar vueltas a un líquido: *Para tomar este postre se necesita una cucharita porque es líquido.*

cucharón *m.* ① Cuchara grande: *Con el cucharón se sirve la sopa, el agua fresca, etc.* ② *Guat.* Tucán.

cuchichear *vb.* Hablar a alguien en voz baja o al oído: *Lorena cuchicheó algo al oído de Sonia para que no pudieran escuchar los demás.* SIN. **susurrar, murmurar.**

cuchilla *f.* ① Herramienta con mango y una hoja de metal grande y afilada, que sirve para cortar: *El carnicero corta la carne con una cuchilla.* ② *Argent., Cuba y Urug.* Cadena de montañas formada por cerros bajos.

cuchillo *m.* ① Instrumento cortante compuesto de una hoja de acero y un mango. SIN. **puñal, daga, navaja.** ② Cubierto con filo que se usa para cortar algunos alimentos: *David cortó el pan con un cuchillo y me dio una rebanada.*

cuchitril *m.* Habitación pequeña y sucia: *Mi madre me dijo que arreglara mi dormitorio porque parecía un cuchitril.*

cuclillas. En cuclillas, *loc.* Agachado, con las piernas flexionadas, hasta casi tocar el suelo con el trasero: *Los niños están jugando y se han puesto en cuclillas para mover sus camiones de madera.*

cucurucho *m.* ① Papel enrollado en forma cónica y, por extensión, lo que contiene: *Compré un cucurucho de nueces para comerlas mientras caminábamos por la plaza.* ② Cono hecho con masa de galleta en el que se pone el helado: *Quiero un cucurucho de chocolate y vainilla.* SIN. **barquillo.** ③ Sombrero en forma de cono: *El payaso llevaba puesto un cucurucho de color rojo con puntos amarillos.* SIN. **bonete.**

cueca *f.* ① *Amér. Merid.* Baile suelto de pareja que se baila agitando pañuelos. ② *Chile.* Baile popular originario de Perú que se baila por parejas, de ritmo alegre.

cuello *m.* ① Parte del cuerpo que está entre el tronco y la cabeza: *Se puso una bufanda para abrigarse el cuello porque hacía mucho frío.* SIN. **pescuezo.** ② Parte más estrecha y delgada de una cosa: *Esta botella se ha roto por el cuello.* ③ Parte de una prenda de vestir que rodea el agujero por el que pasa la cabeza: *El cuello de la camisa está sucio.*

cuenca *f.* ① Cavidad de los huesos del cráneo en la que está el ojo: *La calavera tiene las cuencas vacías.* SIN. **cavidad, órbita.** ② Territorio que tiene una pendiente y que envía todas las aguas de los ríos y arroyos hacia un mismo río: *La cuenca del río Amazonas es la más grande del mundo.*

cuenta *f.* ① Hecho de averiguar la cantidad de unidades que tiene un conjunto: *La cuenta de los números es infinita porque nunca se termina.* ② Cálculo aritmético:

a

b

c

d

e

f

g

El comerciante hace sus **cuentas** *para saber cuánto dinero ha ganado.* SIN. **operación.** 3 Nota en la que consta el precio que se debe pagar: *Ya llegó la* **cuenta** *de la luz y debemos pagarla antes de cinco días.* SIN. **importe, factura.** 4 Bola perforada con la que se hacen collares: *El collar está hecho con* **cuentas** *de madera pintadas de azul y negro.* 5 *loc.* **Tener** o **tomar en cuenta,** considerar, poner atención: *Griselda está enojada porque no* **tuvieron en cuenta** *que ella no quería que le regalaran un vestido sino un libro.*

cuentagotas *m.* Objeto pequeño que tiene una perforación en su extremo inferior y en su parte superior un dispositivo que se aprieta para verter un líquido gota a gota: *El medicamento que me recetaron tiene un* **cuentagotas** *y debo vaciar cinco gotas en un vaso con agua para tomarlo.* SIN. **gotero.**

cuento *m.* 1 Historia inventada que se narra o se escribe y se caracteriza por ser breve: *A mí me encantan los* **cuentos** *de* Las mil y una noches. SIN. **relato, narración, fábula.** 2 Cosa que se dice como cierta pero que no es verdad: *Ya no quiero escuchar tus* **cuentos,** *¿por qué no me dices la verdad?* SIN. **mentira, engaño, chisme.**

cuerda *f.* 1 Conjunto de hilos retorcidos entre sí, formando uno solo, grueso y flexible: *Estamos jugando a saltar la* **cuerda.** SIN. **soga.** 2 Hilo hecho de tripa, de plástico o de metal, que se usa en algunos instrumentos musicales como el arpa, el violín o la guitarra: *Las* **cuerdas** *de los instrumentos musicales producen un sonido cuando se hacen vibrar.* 3 Mecanismo que tienen algunos objetos, que se hace girar para ponerlos en funcionamiento: *Al niño le gustan los juguetes de* **cuerda** *porque parece que caminaran solos.* 4 Segmento que une dos puntos de una curva: *El profesor de geometría explicó cómo trazar la* **cuerda** *que une dos extremos de un círculo.* 5 *loc.* **Cuerda floja,** cable tendido a cierta distancia del suelo, que se usa para hacer acrobacias: *Las personas que caminan por la* **cuerda floja** *se llaman equilibristas o acróbatas.* 6 *loc.* **Cuerdas vocales,** membranas que están en la laringe y que al vibrar producen la voz: *Las* **cuerdas vocales** *están en la garganta.*

cuerdo, da *adj./m.* y *f.* Referido a quien es normal y puede razonar, así como a los actos que hace una persona cuerda. SIN. **razonable.** ANT. **loco, demente.**

cuerno *m.* 1 Abultamiento duro y puntiagudo que tienen en la cabeza algunos animales rumiantes: *Las jirafas tienen* **cuernos** *cortos.* SIN. **cornamenta, asta.** 2 Protuberancia que tiene el rinoceronte en la nariz: *El rinoceronte golpeó con su* **cuerno** *el autobús en el que viajaban los fotógrafos.*

cuero *m.* 1 Piel de los animales: *El* **cuero** *del rinoceronte es tan resistente que las balas comunes no pueden perforarlo.* 2 Pellejo curtido de un animal: *Los zapatos pue-*

den ser de **cuero** *o de plástico.* SIN. **piel.** 3 *loc.* **Cuero cabelludo,** piel del cráneo en la que crece el cabello: *La caspa es una enfermedad del* **cuero cabelludo.**

cuerpo *m.* 1 Sustancia o cosa que ocupa un lugar en el espacio y tiene límites: *Hay* **cuerpos** *inorgánicos como las piedras o el agua, y* **cuerpos** *orgánicos, como los vegetales y animales.* 2 Parte material de un ser vivo: *El* **cuerpo** *de un ser humano es distinto al* **cuerpo** *de una lombriz.* SIN. **organismo.** 3 Parte de un ser vivo que no incluye la cabeza ni las extremidades: *Raquel tiene el* **cuerpo** *gordo, pero sus brazos y sus piernas son delgadas.* SIN. **tronco.** 4 Cadáver: *La policía está esperando a las personas que identificarán el* **cuerpo.**

cuervo *m.* Ave de tamaño mediano, de plumaje, patas y pico negros: *El* **cuervo** *come carne y granos de maíz.*

cuesta *f.* Terreno que tiene una inclinación: *Para llegar a esa casa en la montaña, hay que subir una* **cuesta.** SIN. **pendiente.**

cuestionario *m.* Lista de preguntas sobre un tema o materia: *Tengo que responder un* **cuestionario** *de veinte preguntas sobre historia del siglo* XIX.

cueva *f.* Agujero que hay en las montañas o en la tierra: *Esa* **cueva** *está llena de murciélagos.* SIN. **caverna, gruta.**

▶ **cuidado.** 1 Atención que se pone en hacer bien una cosa: *Mónica hizo su trabajo con* **cuidado** *porque quería que le quedara muy bien.* SIN. **esmero, exactitud.** ANT. **descuido, abandono.** 2 Atención que se brinda a alguien: *Los niños pequeños necesitan muchos* **cuidados** *de su madre.* SIN. **vigilancia.** 3 Atención que se pone para evitar un peligro: *"Ten* **cuidado** *al cruzar la calle", me aconsejó Bernardo.* SIN. **precaución.** 4 Preocupación: *No tengas* **cuidado,** *tu hermano es muy fuerte y saldrá bien de la operación.* SIN. **miedo, recelo.**

▶ **¡cuidado!** *interj.* Expresión que se usa para llamar la atención sobre algo: *¡Cuidado con el plato, lo vas a tirar!*

cuidar *vb.* 1 Poner atención en la ejecución de una cosa: *Leopoldo* **cuida** *su ortografía porque le gusta escribir bien.* ANT. **descuidar.** 2 Asistir a un enfermo: *La enfermera* **cuidó** *que el enfermo tomara todos los medicamentos que recetó el médico.* SIN. **atender, vigilar, velar.** ANT. **descuidar.** 3 Poner atención en la salud de uno mismo para evitar enfermedades: *Durante la época de invierno debemos* **cuidarnos** *de las enfermedades respiratorias.* SIN. **atender, vigilar.** ANT. **descuidarse.**

culata *f.* 1 Parte de atrás del cuerpo del caballo. SIN. **anca.** 2 Parte posterior de un arma de fuego portátil: *Antes de disparar, el cazador apoyó bien la* **culata** *del fusil en su hombro.*

culebra *f.* Nombre de diversos reptiles no venenosos, parecidos a las serpientes.

culminar *vb.* 1 Dar fin: *El festival* **culminará** *con una cena para todos los participantes.* 2 Llegar una cosa a

---

su punto más alto o importante: *Allá donde culmina esa montaña hay un refugio para alpinistas.*

culo *m.* ① *Fam.* Parte de atrás del cuerpo, entre las piernas y la espalda. SIN. **nalga, trasero, asentaderas.** ② *Fam.* Extremidad inferior o posterior de una cosa: *Lavó bien el culo de la botella porque había estado apoyada sobre la tierra.*

culpa *f.* ① Falta cometida de manera voluntaria: *Si has llegado tarde a la escuela es culpa tuya, por no levantarte temprano.* SIN. **falta, error.** ② Responsabilidad, causa de un hecho que le corresponde a alguien: *La culpa del accidente fue del automovilista que no respetó la luz roja del semáforo.*

culpar *vb.* Señalar a alguien como el autor de un delito o el responsable de un daño: *No me culpes a mí, yo no rompí tus figuras de porcelana.* SIN. **acusar.**

cultivar *vb.* ① Dar a la tierra y a las plantas lo necesario para que den frutos: *Los agricultores cultivan la tierra.* ② Criar seres vivos para investigación científica o para venderlos: *En muchos laboratorios cultivan bacterias para estudiarlas y buscar maneras de luchar contra las enfermedades.* ③ Cuidar algo para que se mantenga y se desarrolle: *Rossana tiene treinta años y cultiva a sus amistades de la primaria para no perder contacto con ellas.* SIN. **conservar, mantener.** ANT. **descuidar, olvidar.**

cultivo *m.* ① Hecho de brindar los cuidados necesarios a una tierra, a una cosa o a una relación para que se mantenga y se desarrolle: *El cultivo de la tierra es un trabajo duro pero muy importante para todos.* ② Tierra cultivada: *Los agricultores estaban preocupados porque la lluvia dañó los cultivos de tomate.* ③ Cría de seres vivos para investigación científica o para su comercialización.

culto *m.* ① Homenaje que el hombre hace a un dios: *Muchos pueblos prehispánicos rendían culto al Sol.* ② Admiración que se siente por algo: *El artista rinde culto a la belleza indígena con este hermoso retrato.*

culto, ta *adj.* Se aplica a la persona que sabe mucho sobre distintos temas: *Es interesante hablar con una persona culta, porque siempre aprendo algo nuevo.* SIN. **instruido, sabio.** ANT. **inculto, ignorante.**

cultura *f.* ① Conjunto de conocimientos adquiridos: *Ese hombre tiene una cultura muy amplia, pues ha leído mucho y ha estudiado lo que sucede en el mundo.* ② Conjunto de conocimientos y manifestaciones de una sociedad: *La cultura china es muy interesante, es una de las más antiguas del mundo.* SIN. **civilización.**

cumbre *f.* Parte más alta de una montaña: *Las cumbres de muchas montañas tienen nieve.* SIN. **cresta.**

cumpleaños *m.* Aniversario del nacimiento de una persona: *Mi cumpleaños es el día 24 de marzo.*

cumplido *m.* Palabra o frase que se dice para halagar a alguien: *Con tantos cumplidos que ha recibido acerca de su belleza, la joven se ha puesto nerviosa y le brillan los ojos.* SIN. **atención, cortesía.**

cumplir *vb.* ① Hacer algo de manera debida: *Él ha cumplido con el trabajo escolar como le pedí que lo hiciera.* SIN. **ejecutar.** ② Tener un número determinado de años o meses: *Ayer cumplí nueve años.* ③ Poner en práctica algo que se ha dicho: *Bruno cumplirá su palabra de llevar al cine a Felisa.*

cuna *f.* ① Cama especial para bebés que por lo general tiene barandal: *La cuna se mece para arrullar al bebé.* ② Familia de origen, lugar de nacimiento: *Esa persona es de una cuna de pintores y ella también le gusta pintar.* SIN. **patria, estirpe, familia.** ③ *loc.* Casa cuna, lugar donde se cuida a los bebés que no tienen familia: *Los niños pequeños se crían en la casa cuna hasta que alguien los adopta.*

cuneta *f.* Canal angosto o zanja que bordea una carretera o un camino y que tiene la función de recoger el agua de lluvia: *El automóvil se ha caído en la cuneta y llamarán a una grúa para sacarlo.*

cuña *f.* Objeto de forma triangular, hecho de metal o madera, que se mete entre dos cosas o superficies para ajustarlas: *Puse una cuña debajo de la pata más corta de la mesa para que no se moviera.* SIN. **taco, tarugo.**

cuñado, da *m.* y *f.* ① Hermano de una persona casada con respecto a su esposo o esposa: *Mi esposo es el cuñado de mis dos hermanas.* ② Esposo o esposa de una persona con respecto a su hermano o hermana: *La mujer de mi hermano es mi cuñada.*

cuota *f.* Cantidad de dinero que paga alguien a cambio de un servicio: *Todos los meses los socios del club deportivo pagan una cuota que cubre los gastos de mantenimiento del lugar.*

cupo *m.* *Méx.* Número de personas que pueden entrar en un lugar o inscribirse en una escuela.

cupón *m.* ① Papel que se puede desprender fácilmente de un documento o del envase de un producto y que tiene un valor asignado: *Están juntando los cupones que vienen en la envoltura de este dulce para canjearlos por un juguete.* SIN. **bono, vale.** ② Papel que tiene un número y que sirve para participar en un sorteo: *Todos los viernes ella compra un cupón de lotería.* SIN. **billete.**

cúpula *f.* Techo en forma de media esfera: *Muchas iglesias antiguas tienen cúpulas.* SIN. **bóveda.**

▶ **cura** *f.* ① Hecho de sanar o sanarse de un padecimiento: *La cura de una herida depende en gran parte de la higiene con que se trate.* ② Método que se usa para curar una enfermedad: *El médico le recetó una cura de limones y miel para controlar la inflamación de su garganta.* SIN. **remedio.**

▶ **cura** *m.* Sacerdote encargado de un curato. Ver **curato.**

curación *f.* ☐ Hecho de recuperar la salud: *La curación de una hepatitis es lenta.* SIN. **cura.** ☐ Hecho de atender con medicinas y cuidados a un enfermo: *Para que sane esta herida tendremos que hacerle varias curaciones.* SIN. **cura.** ☐ Proceso de preparación de un alimento para que se conserve por mucho tiempo: *La curación de los jamones se hace con sal gruesa.*

curandero, ra *m.* y *f.* Persona que no ha estudiado medicina en una universidad pero que cura a la gente con prácticas tradicionales o procedimientos naturales: *El curandero del pueblo usa hierbas medicinales para sanar a sus pacientes.* SIN. **chamán.**

curar *vb.* ☐ Recobrar la salud: *Ya me curé del resfrío que tenía, así que puedo ir al parque contigo.* SIN. **restablecer, sanar.** ☐ Aplicar a un enfermo el remedio a su enfermedad: *Este jarabe curará la tos de su hijo.* SIN. **sanar.** ☐ Preparar un alimento para su conservación: *La esposa del pescador curó el bacalao con sal para poder guardarlo durante mucho tiempo sin que se echara a perder.* SIN. **ahumar, salar.** ☐ Someter un material a un proceso de preparación que permita su uso: *He curado con cal esta piel de chivo para que no se pudra.* SIN. **curtir, secar.**

curato *m.* Cargo que ocupa un sacerdote católico: *Este joven sacerdote ejercerá su curato en un pueblo alejado de la ciudad.*

curiosidad *f.* ☐ Deseo de saber o averiguar alguna cosa: *Tengo curiosidad de leer esa novela.* SIN. **interés.** ☐ Cosa que no se ha visto antes: *Esta casa está llena de curiosidades porque su dueño viajaba mucho y compraba objetos raros.*

curioso, sa *adj./m.* y *f.* Se aplica a la persona que tiene el interés de saber o conocer muchas cosas: *Ofelia es una niña curiosa que lee mucho y pregunta todo lo que no entiende.*

cursar *vb.* Estudiar una materia en un centro educativo: *Cuando termine la primaria cursaré la secundaria en esa escuela.*

cursi *adj./m.* y *f.* Aplicado a la persona o cosa que intenta ser fina y elegante, o tierna y dulce, sin serlo: *Algu-*

nas telenovelas me parecen tan cursis que me hacen reír en vez de llorar. SIN. **ridículo.**

curso *m.* ☐ Movimiento del agua que corre: *El curso del río puede verse desde esta montaña.* ☐ Conocimientos que se dan durante un periodo: *Tomás asiste a un curso de computación que durará seis meses.* ☐ Tiempo del año en que se va a la escuela: *El curso escolar dura diez meses.* ☐ Cada una de las partes en que se divide una materia o un periodo de estudios: *Ya pasé el primer curso de matemáticas y ahora cursaré el segundo.*

cursor *m.* Señal que se mueve por la pantalla de una computadora: *El cursor indica en qué punto de la pantalla se está trabajando.*

curtir *vb.* ☐ Someter a un proceso de preparación las pieles u otros materiales para poder usarlos: *Antes de hacer objetos de piel se debe curtir el cuero.* SIN. **preparar.** ☐ Endurecer o tostar al sol la piel de una persona: *El sol curte la piel de los campesinos volviéndola más dura y morena.* SIN. **broncear.**

curva *f.* ☐ Línea con forma curvada: *Para escribir la "U" hay que hacer una curva.* ☐ En una carretera o camino, tramo que no es recto: *El camino que cruza la montaña está lleno de curvas.*

curvo, va *adj.* Aplicado a la línea o a la forma que se aparta de la dirección recta para seguir la de un arco o un círculo, sin formar ángulos: *El manillar o manubrio de mi bicicleta es curvo.*

custodiar *vb.* Guardar algo o vigilar con cuidado: *Un grupo de guardaespaldas custodiaba al cantante famoso para evitar que le pasara algo malo.* SIN. **cuidar, proteger, velar.**

cutáneo, a *adj.* Relativo a la piel: *Un medicamento de aplicación cutánea es un líquido o una crema que se unta en la piel.*

cutis *m.* Piel del rostro: *Hay que lavarse bien la cara para cuidar el cutis.*

cuyo, ya *pron.* Pronombre relativo y posesivo que se usa en lugar del nombre de algo de lo que ya se ha hablado: *El amigo a cuya casa me dirijo, vive a sólo tres cuadras de aquí.*

Dd

d *f.* Cuarta letra del alfabeto español. Su nombre es *de*.

D *f.* Cifra que en números romanos equivale a 500.

dado *m.* Pieza en forma de cubo que en sus caras tiene señalados puntos, desde el uno hasta el seis, y sirve para varios juegos: *Cuando tiré el **dado** deseaba que cayera un seis para poder ganar y ¡zaz!, que sale un cuatro.*

daga *f.* Arma parecida a un puñal de hoja corta pero muy filosa.

dalia *f.* ① Planta de jardín que presenta muchas variedades, cultivada por sus vistosas flores. ② Flor de la planta llamada dalia.

daltonismo *m.* Defecto de los ojos que consiste en no distinguir los colores o en confundirlos.

dama *f.* ① Mujer distinguida. ② *pl.* Juego de tablero con 24 fichas en el que participan dos jugadores: *Decidimos jugar una partida de **damas** para entretenernos en la tarde lluviosa.*

damnificado, da *adj./m. y f.* Que ha sufrido un gran daño ocasionado por situaciones inesperadas: *Hubo muchos **damnificados** que perdieron sus casas a causa del sismo.*

danza *f.* Sucesión de movimientos ejecutados según un ritmo musical: *Mi hermana ha estudiado **danza** desde niña y ahora ya entró en una compañía de ballet que se presenta en los auditorios.*

danzante *m.* Persona que baila: *Los **danzantes** africanos estaban vestidos con trajes típicos y bailaban al ritmo de un tambor.*

danzar *vb. irreg.* Ejecutar una serie de movimientos al ritmo de la música: *Antes de iniciar el espectáculo, los bailarines **danzaron** durante una hora para corregir los últimos errores.*

dañar *vb.* Producir dolor a alguien o perjuicios a algo: *Ricardo **dañó** los sentimientos de Laura cuando la engañó con otra muchacha, por eso ella lo dejó.*

dañino, na *adj.* Que ocasiona daño: *La plaga de langostas fue muy **dañina** para las cosechas.* SIN. **nocivo, perjudicial.** ANT. **bueno, beneficioso.**

daño *m.* Perjuicio sufrido por alguien o algo: *Son numerosos los **daños** que sufrió el edificio por el incendio.*

dar *vb. irreg.* ① Ceder de manera gratuita: *El dueño de la empresa **dio** varios regalos a sus empleados con motivo de las fiestas de fin de año.* ② Entregar algo a una persona: *El vendedor **dio** a sus clientes el nuevo catálogo de libros.* ③ Producir un beneficio: *El árbol del jardín **ha dado** mucha fruta este año.* ④ Suceder algo: *Se han **dado** muchos asaltos en esta colonia en los últimos meses.*

dardo *m.* Toda arma arrojadiza, en especial la que está entre la flecha y la jabalina: *Mi hermano tiene un círculo de corcho en el que tira **dardos** para practicar su puntería.*

dátil *m.* Fruto comestible del datilero o palma datilera, con pulpa dulce y nutritiva: *Me comí una tarta de **dátiles** que estaba deliciosa.*

dato *m.* Información que sirve de base para aprender algo o resolver un problema: *Los **datos** que encontré en la enciclopedia me permitieron hacer la tarea escolar de historia.*

de *prep.* ① Sirve para explicar la materia de que está hecha una cosa: *Mi abuelo tenía en su casa una mesa **de** madera muy fina.* ② Denota posesión o pertenencia: *La computadora que está sobre el escritorio es **de** mi papá.* ③ Expresa asunto o tema: *La lección **de** biología me parece muy interesante.* ④ Indica el origen de donde procede alguien o algo: *El avión que está pasando viene **de** París.* ⑤ Indica lo que contiene algo: *Éste es un vaso lleno **de** agua.*

debajo *adv.* Localizado en un lugar inferior: ***Debajo** de la mesa encontré el juguete que estaba buscando.*

debate *m.* Diálogo en el que se intercambian ideas: *En la escuela hubo un **debate** sobre el problema de la contaminación.*

▶ **deber** *m.* Obligación de actuar de algún modo: *El **deber** de la policía es cuidar a los ciudadanos y detener a los delincuentes.*

▶ **deber** *vb.* ① Estar obligado a realizar algo: *Debo estudiar más para mejorar mis calificaciones.* ② Tener obligación de cumplir una deuda de dinero: *Pablo me **debe** cuarenta pesos que le presté la semana pasada.* ③ Ser consecuencia: *Su fracaso en el trabajo **se debe** a que no se esforzó lo suficiente.*

débil *adj./m. y f.* Falto de fuerza o resistencia: *David es un muchacho muy **débil**, no pudo mantenerse en pie después de la caminata.* ANT. **fuerte, duro.**

debilitar *vb.* Disminuir la fuerza o poder: *Manuel se **debilita** mucho durante las prácticas deportivas por-*

que no está acostumbrado a hacer deporte y además no come bien. ANT. **reforzar, fortalecer.**

debut *m.* **Palabra de origen francés.** Inicio de una actividad: *Nuestra obra de teatro tuvo un* ***debut*** *que fue un éxito, el teatro estaba lleno y todos aplaudieron mucho.*

debutar *vb.* **Palabra de origen francés.** Realizar una actividad por primera vez: *Mi hermano* ***debutó*** *en el cine cuando participó como actor extra en un filme de indios y vaqueros.*

década *f.* Periodo de diez años: *Estuve en esa escuela durante una* ***década*** *y ahora estaré cuatro años en la universidad.*

decaedro *m.* En matemáticas, cuerpo de diez caras.

decágono *m.* En matemáticas, polígono de diez lados.

decapitar *vb.* Cortar la cabeza: *Durante la Revolución Francesa* ***decapitaron*** *a muchas personas.*

decena *f.* Conjunto de diez unidades: *Estoy viendo una serie de televisión que se compone de una* ***decena*** *de episodios.*

decenio *m.* Periodo de diez años: *El primer* ***decenio*** *en la vida de mi primo fue difícil porque era un niño muy enfermizo.*

decente *adj.* Que actúa según la moral y las buenas costumbres aceptadas por la mayoría: *Enrique me dijo que mi nuevo jefe es una persona amable y* ***decente****, así que no debía preocuparme.* SIN. **honesto, honrado.** ANT. **indecente, inmoral.**

decepción *f.* Sensación de tristeza y desilusión producida por un desengaño: *Cuando Isaura se enteró de que su novio no la quería, sufrió una tremenda* ***decepción****.*

decidir *vb.* Tomar una determinación: *Mi papá* ***decidió*** *que nos mudáramos a otra casa más grande porque en la que vivíamos era muy pequeña.* ANT. **dudar, vacilar.**

decimal *adj.* ⓵ Se dice de cada una de las diez partes iguales en que se divide algo: *El sistema* ***decimal*** *va del 0 al 9.* ⓶ Número que expresa una cantidad no entera: *.53 es un número* ***decimal****.*

décimo, ma *adj.* ⓵ Adjetivo ordinal que corresponde en orden al número diez: *Vivo en el* ***décimo*** *piso de un edificio.* ⓶ Cada una de las diez partes iguales en que se divide un todo: *Cada integrante de la familia comió una* ***décima*** *parte del postre.*

decir *vb. irreg.* ⓵ Manifestar con palabras el pensamiento: *"Tienes que* ***decirle*** *a tu padre lo que piensas estudiar para que él pueda ayudarte a ingresar a la escuela que quieres", me aconsejó Daniel.* ⓶ Dar una opinión: *Facundo* ***dijo*** *que nuestra aventura en el río había sido peligrosa.* ⓷ *loc.* **Es decir,** frase que se coloca antes de explicar lo que se acaba de decir: *Los canarios son animales bípedos,* ***es decir****, de dos patas.*

decisión *f.* ⓵ Resolución o determinación que se toma sobre un asunto: *La dirección de la Universidad tomó* la ***decisión*** *de aumentar el número de becas.* ⓶ Firmeza de carácter. SIN. **seguridad.** ANT. **inseguridad.**

declamar *vb.* Hablar o recitar en voz alta: *Durante quince minutos el alumno* ***declamó*** *un poema muy bonito que él mismo compuso.*

declaración *f.* Hecho de anunciar o decir algo de manera pública para que se conozca: *La* ***declaración*** *del grupo de rock sobre su próximo concierto en la ciudad alegró mucho a sus seguidores.*

declarar *vb.* ⓵ Comunicar algo para que lo conozca la gente: *El futbolista* ***declaró*** *a los periodistas que se sentía feliz por el desempeño de su equipo.* ⓶ Manifestar ante el juez: *El acusado* ***declaró*** *ante el juez que era inocente.* ⓷ Decir a alguien que se está enamorado de él: *Mario* ***se ha declarado*** *a Cristina y ella le dijo que también lo ama.* ⓸ Producir o producirse algo de manera imprevista: *Se ha declarado* *una epidemia de cólera en ese pueblo cercano a la costa.*

declive *m.* Desnivel de una superficie: *Omar hizo un* ***declive*** *en el jardín para que el agua de la lluvia no inundara las plantas que sembró.*

decolorar *vb.* Quitar o rebajar el color: *Mis pantalones* ***se decoloraron*** *cuando los lavé con cloro.*

decorar *vb.* Colocar adornos en un lugar para hacerlo más agradable: *Rómulo* ***decoró*** *su dormitorio con cuadros de su pintor favorito.*

decorativo, va *adj.* Que decora, que adorna un lugar determinado.

decretar *vb.* Ordenar una autoridad la vigencia de una regla o ley: *Las autoridades de la escuela* ***decretaron*** *que debemos llegar con cinco minutos de anticipación.*

decreto *m.* Decisión tomada por una autoridad: *El director dio a conocer un* ***decreto*** *por el cual se va a castigar a quienes lleguen tarde a la escuela.*

dedal *m.* Objeto pequeño y duro que se pone en el dedo y que sirve para no pincharse al empujar la aguja mientras se cose: *Esa costurera usa dos* ***dedales*** *para proteger sus dedos.*

dedicar *vb. irreg.* ⓵ Dirigir algo a una persona como obsequio: *Josefina me* ***dedicó*** *una tarjeta por el día de mi cumpleaños.* ⓶ Emplear algo para un fin: *El sábado lo* ***dedico*** *a leer y a practicar el baloncesto.* ⓷ Tener una actividad: *En mis ratos libres* ***me dedico*** *a dibujar paisajes.*

dedo *m.* ⓵ Cada una de las partes en que terminan las manos y los pies de algunos seres vivos: *El hombre tiene cinco* ***dedos*** *en cada mano y cinco en cada pie.* ⓶ *loc.* **No mover un dedo,** no molestarse por hacer nada: *Mi madre me regañó por culpa de mi hermano y él* ***no movió un dedo*** *para defenderme.*

defecar *vb. irreg.* Salir los excrementos por el ano: *El perro* ***defecó*** *en la alfombra y mi mamá se enojó muchísimo.* SIN. **obrar, cagar.**

⬛ *adj.* = adjetivo ☆ *adv.* = adverbio ☆ ANT. = antónimo ☆ *f.* = sustantivo femenino ☆ *loc.* = locución ☆ *m.* = sustantivo masculino ☆ *pron.* = pronombre ☆ SIN. = sinónimo ☆ *vb.* = verbo ☆ *vb. irreg.* = verbo irregular ☆ ➡ Ver Minienciclopedia.

defecto *m.* Problema, imperfección, carencia: *Uno de mis amigos tiene un **defecto** en la boca y no puede hablar bien.*

defender *vb. irreg.* ① Proteger a alguien: *Roberto **defendió** a su amigo de los muchachos que lo estaban molestando.* ② Hablar en favor de alguna idea, persona o cosa: *El abogado **defendió** a su cliente porque sabía que era inocente.*

defensa *f.* ① Forma de proteger algo: *Los soldados organizaron la **defensa** del castillo en contra del ejército enemigo.* ② En algunos deportes, jugador o jugadores que intentan evitar que el equipo contrario anote un punto.

defeño, ña *adj./m. y f.* Que es de la Ciudad de México, Distrito Federal, en la República Mexicana.

deficiente *adj.* Insuficiente, que no cumple con lo que se le pide: *El trabajo de historia que entregó Luis era **deficiente**, por eso sacó una baja calificación.*

definición *f.* Explicación sobre algo o alguien: *El profesor de ciencias naturales me dio una buena **definición** de la palabra "ecología".*

definir *vb.* Explicar con exactitud el significado de una palabra o concepto: *Gracias a mi diccionario **definí** de manera correcta las palabras que el maestro de español nos pidió.*

definitivo, va *adj.* Que decide o concluye: *El cierre de la escuela fue **definitivo**, por eso me cambié a otra.*

deforestar *vb.* Quitar plantas y árboles de un terreno boscoso.

deformar *vb.* ① Alterar una cosa en su forma: *A causa de la lluvia se **deformó** uno de mis mejores juguetes de madera.* ② Cambiar las cosas: *Una revista **deformó** la noticia sobre la muerte de mi cantante favorito y ahora mucha gente cree algo que es falso.*

defraudar *vb.* ① Eludir el pago de los impuestos. ② Decepcionar a alguien: *Octavio **defraudó** a la empresa donde trabajaba cuando robó el dinero de la caja y se fue a otra ciudad.*

defunción *f.* Muerte de una persona: *Nos dolió mucho la **defunción** de mi abuelo.*

degollar *vb. irreg.* Cortar el cuello: *Mi abuelita **degolló** con un cuchillo a la gallina que iba a preparar para la cena.*

dejar *vb.* ① Poner algo en algún sitio: ***Dejé** los libros sobre la mesa, si quieres puedes tomar uno.* ② Otorgar un permiso para realizar algo: *Mis padres me **dejaron** ir a la fiesta el día del sábado.* ③ Irse de un lugar determinado: *Ayer **dejé** la escuela antes de terminar las clases porque me sentía mal.* ④ Parar una acción: ***Dejamos** de platicar cuando el maestro entró al salón de clase.*

del Contracción de la preposición *de* y el artículo *el*.

delantal *m.* Prenda que protege la ropa por delante y que se ata a la cintura: *El carnicero se compró un de-*

lantal *de plástico para no mancharse durante su trabajo.* SIN. *mandil.*

delante *adv.* ① Que está más adelante de algo o alguien: *Dejé el paquete **delante** de su puerta, así que cuando la abra, se encontrará con una sorpresa.* ② En presencia de algo o alguien: *No me gusta decir nada **delante** de tu hermano porque es muy chismoso.*

▶**delantero, ra** *adj.* Que está o va delante: *A mi abuelita le gusta viajar en el asiento **delantero** del automóvil.*

▶**delantero, ra** *m. y f.* En algunos deportes, jugador que forma parte de la línea de ataque: *El balón llegó hasta la red de la portería después de que el **delantero** disparó muy fuerte.*

deleite *m.* Placer o satisfacción: *Fue un verdadero **deleite** saborear esas galletas mientras veíamos nuestro programa favorito.*

deletrear *vb.* Decir por orden las letras de una palabra: *En la clase de francés **deletreamos** unas palabras para aprender su pronunciación.*

delfín *m.* Mamífero marino de color gris y blanco, de aproximadamente 2 m de largo, con boca en forma de pico: *Los **delfines** viven en grupos y se alimentan de peces.* →

delgado, da *adj.* ① Persona o animal que tiene poca carne y grasa: *Efraín estaba gordo, pero comenzó a hacer ejercicio y dejó de comer alimentos grasosos y ahora está **delgado**.* ② Que no es grueso: *El pincel debe ser **delgado** para que puedas pintar esas líneas tan finas.*

delicado, da *adj.* ① Fácil de deteriorar, lastimar o romper. SIN. frágil. ② Que no se encuentra bien de salud: *Raúl aún está **delicado** porque lo operaron la semana pasada.*

delicioso, sa *adj.* Que es agradable o placentero: *Los mangos son **deliciosos** para mi hermano, pero a mí no me gustan.*

delincuencia *f.* Actividad relacionada con el hecho de cometer delitos o crímenes: *La policía lucha contra la **delincuencia** que hay en las calles de la ciudad.*

delincuente *adj./m. y f.* Que se dedica a cometer delitos o crímenes: *Por fin detuvieron al **delincuente** que asaltó el banco.*

delirar *vb.* Decir o hacer cosas extrañas: *El enfermo **deliraba** a causa de la fiebre que tenía.*

delito *m.* Acto que va contra la ley.

demandar *vb.* ① Solicitar algo: *El director de la escuela **demandó** la ayuda de los padres de familia para que entre todos pinten los salones de clase.* ② En derecho, formular una demanda ante los tribunales: *Gustavo **demandó** a la empresa donde trabajaba porque no le pagaron el dinero que le debían.*

demás *pron.* Pronombre indefinido que indica el resto de una parte: *Felipe y los **demás** muchachos llegaron juntos a la fiesta.*

a

b

c

d

e

f

g

demasiado *adv.* Con exceso: *Comí demasiado, por eso ahora tengo diarrea.*

demasiado, da *adj.* En mayor cantidad de la conveniente: *"Pusiste demasiada sal al guiso y sabe mal."*

demencia *f.* Enfermedad que consiste en perder el juicio. SIN. **locura**. ANT. **cordura**.

demente *adj./m.* y *f.* Que padece demencia: *Por lo general, los dementes son llevados a hospitales psiquiátricos.*

democracia *f.* Forma de gobierno en la que el pueblo elige a sus gobernantes por medio de votación. →

demoler *vb. irreg.* Derribar una construcción: *En la zona más vieja de la ciudad demolieron varios edificios para construir una zona habitacional nueva.*

demonio *m.* [1] Para el cristianismo, ser maligno contrario a Dios que vive en el infierno y fomenta el mal: *Casi siempre se representa al demonio con cuernos y cola.* [2] *Fam.* Persona nefasta, peligrosa: *Ese muchacho es un demonio que no va a la escuela y le gusta molestar a la gente en la calle.*

demorar *vb.* Retardar el avance de algo o alguien: *A causa de la lluvia se demoraron los vuelos en el aeropuerto, así que el avión despegó dos horas después de lo debido.* SIN. **retrasar**.

demostrar *vb. irreg.* [1] Probar algo con ejemplos. [2] Enseñar por medio de la práctica: *El vendedor nos demostró cómo funcionaba la televisión que compramos.*

demostrativo *adj./m.* En gramática, relativo a los adjetivos y pronombres que sirven para señalar una persona o cosa: *En el ejemplo "Estas mesas y esas sillas son de Rosalba", las palabras estas y esas son adjetivos demostrativos.*

dengue *m.* Enfermedad que transmite un mosquito y que se manifiesta por fiebre, dolor y granitos en la piel: *El médico nos dijo que la fiebre que tiene Andrea se debe al dengue.*

denominador *m.* En matemáticas, término inferior de una fracción.

denso, sa *adj.* Que tiene mucho de algo en poco espacio: *Este bosque es muy denso, hay tantos árboles que casi no entra luz.*

dentadura *f.* Conjunto de dientes de una persona o animal: *Todas las noches la anciana pone su dentadura postiza en un vaso de agua.*

dental *adj.* Relativo a los dientes: *Uso hilo dental para quitar los residuos de comida que quedan entre mis dientes después de cepillarlos.*

dentición *f.* Formación, número y orden de los dientes: *Nos dimos cuenta que la dentición del bebé está empezando porque le sale baba de la boca y se rasca las encías.*

dentífrico *m.* Sustancia usada para limpiar los dientes: *El dentífrico que usa mi papá tiene un fuerte sabor a menta que me pica.*

dentista *m.* y *f.* Médico especializado en la conservación y reparación de los dientes: *Cada seis meses voy al dentista para que me revise y cure cualquier caries que haya salido.*

dentro *adv.* [1] En la parte interior de un espacio: *He puesto los libros dentro de una bolsa para llevarlos a la escuela.* [2] Durante un periodo o al final de dicho periodo: *Llamé al médico y me dijo que llegará dentro de quince minutos.*

denunciar *vb.* [1] Comunicar a la autoridad sobre un delito: *Mis vecinos denunciaron el robo de su automóvil a la policía.* [2] Declarar de manera oficial que algo es ilegal, irregular o indebido: *El alumno denunció con el director los malos tratos de la maestra.*

departamento *m.* [1] *Amér.* Cada una de las partes en que se divide un edificio: *El departamento donde vive mi hermano es el número 5.* SIN. **apartamento**. [2] Nombre de algunas divisiones administrativas: *Algunos países, como Bolivia y Perú, están divididos en departamentos; otros, como México, en estados.* [3] En una empresa, grupo de personas que se ocupan de determinadas funciones: *Isabel trabaja en el departamento de ventas y Luisa en el departamento de producción de la empresa.*

dependiente, ta *m.* y *f.* Persona que ayuda a los trabajos de una tienda: *El dependiente acomoda los productos que compra para la tienda y espera a que lleguen los clientes a comprar.*

deporte *m.* Ejercicio físico que se practica según ciertas reglas: *El baloncesto es un deporte que se juega entre dos equipos de cinco jugadores.*

deportista *adj./m.* y *f.* Persona que practica algún deporte, sea como aficionado o como profesional.

depositar *vb.* [1] Poner algo valioso bajo el cuidado de alguien: *Roberto ha depositado su dinero en el banco.* [2] Colocar algo en un sitio: *Mi madre depositó los vegetales sobre la mesa cuando llegó del mercado.*

depredador, ra *adj./m.* y *f.* Relativo al animal que caza a otros animales para devorarlos: *El león y el leopardo son animales depredadores.*

depresión *f.* [1] Lugar hondo y profundo localizado en una superficie elevada: *Este pueblo se halla en una depresión entre las montañas.* [2] Estado de abatimiento que produce tristeza y desgano: *La muerte de su esposa hizo que Miguel cayera en una depresión que le duró más de tres semanas.*

derecho *m.* [1] Conjunto de leyes a que están sometidos los hombres, y ciencia que las estudia. [2] Facultad de hacer o exigir algo: *"Tengo derecho a entrar al con-*

cierto porque compré mi billete desde hace una semana", dije al empleado del auditorio. ➡

derecho *adv.* En posición o línea recta: *Ese hombre no camina derecho porque está ebrio.*

derecho, cha *adj.* ① Se dice de las partes del cuerpo que se encuentran en el lado opuesto al corazón: *Yo escribo con la mano derecha y Javier escribe con la izquierda.* ② Que está recto y sin inclinaciones: *La planta que sembré en el jardín creció derecha.*

derivado, da *adj.* Que procede de otra cosa: *Muchos tipos de plástico son derivados del petróleo.*

dermatología *f.* Parte de la medicina que trata de las enfermedades de la piel.

derramar *vb.* Tirar algo sobre otra cosa: *Por un descuido, Ana derramó leche sobre su blusa.*

derretir *vb. irreg.* Disolver un sólido por medio de calor: *Los cubitos de hielo se derritieron rápidamente por el calor del ambiente.* SIN. **fundir.**

derribar *vb.* ① Echar abajo una construcción: *Ayer derribaron un edificio viejo que estaba enfrente de mi casa.* ② Hacer caer al suelo a alguien o algo: *Cuando corría hacia el parque derribé a otro niño porque no lo vi.*

derrocar *vb. irreg.* Hacer perder a una persona su empleo, poder o dignidad por medios violentos.

derrochar *vb.* Malgastar el dinero o los bienes: *Evaristo derrocha su dinero en las apuestas.*

derrotar *vb.* Vencer a alguien en una competición o en la guerra: *Después de mucho esfuerzo, logré derrotar a los otros corredores durante la competencia.*

derrumbar *vb.* Derribar una construcción: *Los albañiles derrumbaron la casa vieja para empezar a construir una nueva.*

desabrido, da *adj.* Que no tiene sabor: *La sopa estaba desabrida y le puse sal, pimienta y un poco de ajo.*

desabrigar *vb. irreg.* Quitar o quitarse la ropa que abriga.

desabrochar *vb.* Soltar los botones, cierres o broches de una prenda de vestir para que quede abierta: *Los niños pequeños no saben desabrochar sus camisas y pantalones.* ANT. **abrochar.**

desactivar *vb.* Anular el sistema detonador de un artefacto explosivo o anular la actividad de un proceso: *Los bomberos desactivaron a tiempo la bomba que se encontraba en el centro comercial.*

desafiar *vb. irreg.* ① Provocar a un duelo, combate o una discusión: *En el programa de televisión, el héroe desafió a su enemigo y lucharon hasta que el hombre malo se rindió.* ② Afrontar una situación con valentía: *Los toreros deben desafiar a la muerte cada vez que salen al ruedo.*

desafinar *vb.* En música, apartarse de la debida entonación: *En un momento del concierto un violinista de-*

safinó y los demás músicos no supieron cómo disimular el error.

desagradable *adj.* Que resulta molesto: *El olor a comida podrida es muy desagradable.* SIN. **antipático, chocante.**

desagradar *vb.* No gustar o causar rechazo: *La actitud violenta del nuevo compañero de clase desagradó al resto de los alumnos.*

desagradecido, da *adj./m. y f.* Que no muestra agradecimiento: *Inés es una desagradecida que no aprecia lo que otros hacen por ella.*

desagüe *m.* ① Hecho de sacar agua de algún lugar: *El desagüe de la piscina duró una hora.* ② Conducto o canal por donde sale el agua: *El desagüe está tapado con hojas de árboles, voy a limpiarlo para que el agua de la lluvia pueda irse.*

desalentar *vb. irreg.* Quitar el ánimo: *Las malas calificaciones me desalentaron mucho, pero he decidido seguir estudiando.*

desalmado, da *adj./m. y f.* Cruel, malvado: *En la obra de teatro, el asesino era un desalmado que torturaba a sus víctimas.*

desalojar *vb.* Sacar de un lugar a una persona o cosa: *Desalojaron a los vecinos porque no habían pagado el alquiler de su casa.*

desamparar *vb.* Abandonar a alguien o algo: *Camilo desamparó a sus padres cuando más lo necesitaban.*

desangrar *vb.* ① Perder sangre: *El hombre se desangraba porque se cayó y tenía una herida en la pierna.* ② Sacar mucha sangre a una persona o animal: *Después de matar a los pollos, es necesario desangrarlos y quitarles las plumas para poder cocinarlos.*

desanimar *vb.* Perder el ánimo para hacer algo: *La falta de dinero nos desanimó y ya no hicimos planes para las vacaciones.*

desaparecer *vb. irreg.* ① Ocultar una persona u objeto: *Durante el descanso, mis amigos desaparecieron uno de mis libros para jugarme una broma.* ② Dejar de existir algo o alguien: *El café que había en la esquina desapareció cuando construyeron en ese mismo lugar un edificio muy grande.*

desarmador *m.* Méx. Herramienta que se usa para meter o sacar tornillos. SIN. **destornillador.**

desarmar *vb.* ① Desunir, separar las piezas de las que se compone un objeto: *Desarmamos el juguete para arreglarlo y ahora funciona otra vez.* ② Quitar a una persona las armas: *En el programa de vaqueros, el alguacil desarmó con facilidad al pistolero.*

desarrollar *vb.* ① Hacer que una cosa aumente o progrese: *Con el ejercicio constante, mi primo desarrolló los músculos de sus brazos.* ② Suceder, ocurrir, acontecer: *La fiesta se desarrolló bien y todos nos divertimos mucho.*

a

b

c

d

e

f

g

desarrollo m. ⬜ Crecimiento o transformación, física o mental: *El desarrollo de las niñas comienza antes que el desarrollo de los niños.* ⬜ Progreso o avance de algo.

desastre m. ⬜ Desgracia grande producida por un hecho inesperado: *El hundimiento del barco fue un desastre que ocasionó muchas muertes.* ⬜ Hecho frustrado o perjudicial: *Nuestras vacaciones en la playa se convirtieron en un desastre a causa de la lluvia.* ➜

desatar vb. ⬜ Liberar a alguien o algo de sus ataduras: *En la noche desatamos al perro para que cuide la casa.* ⬜ Aparecer algo de manera violenta y repentina: *Se desató una tormenta en el mar que hizo peligrar las pequeñas embarcaciones.* SIN. **desencadenar.**

desatornillar vb. Dar vueltas a un tornillo para sacarlo.

desayunar vb. Tomar, por la mañana, el primer alimento del día: *Hoy desayuné cereal con leche y frutas.*

desayuno m. Primer alimento del día, que se toma por la mañana: *Me gustan los desayunos abundantes con jugo, cereal, fruta y huevos.*

desbarajuste m. Desorden y confusión.

desbaratar vb. Deshacer o arruinar una cosa: *Desbaratamos la maqueta pequeña para hacer una más grande.*

desbordar vb. ⬜ Salir de los bordes: *El café se desbordó porque Laura seguía sirviéndolo y no vio que la taza ya estaba llena.* ⬜ Manifestar de manera vehemente un sentimiento o una pasión: *Javier desbordó toda su alegría en la fiesta bailando y jugando.*

descalabrar vb. Herir o herirse en la cabeza: *Rosalía se descalabró al caerse de un árbol.*

descalificar vb. irreg. ⬜ Restar estimación y valor a una persona o un hecho. ⬜ Eliminar de una competencia: *Descalificaron a Andrés de la carrera por empujar a otro corredor.*

descalzar vb. irreg. Quitar los zapatos: *La mamá descalzó al niño y después le quitó el pantalón y la ropa para bañarlo.*

descalzo, za adj. Que anda con los pies desnudos: *Me gusta correr descalzo por la playa porque es muy agradable sentir la arena bajo mis pies.*

descansar vb. ⬜ Aliviar la fatiga: *Por recomendación del médico, mi padre descansó tres días porque se sentía muy agotado.* ⬜ Apoyar una cosa sobre otra: *Descansé la raqueta en la pared cuando terminó el juego.* ⬜ Dejar de hacer una actividad o trabajo para reponer las fuerzas: *Por las tardes Braulio descansa del esfuerzo hecho a lo largo del día.*

descanso m. ⬜ Hecho de parar el trabajo: *Tomé un descanso para después continuar con mi trabajo escolar.* ⬜ Intermedio de un espectáculo o acto público: *Durante el concierto hubo dos descansos de cinco minutos para que el cantante se cambiara de ropa.* ⬜ Espacio de una escalera para descansar un momento

y después seguir subiendo: *Nos encontramos en el descanso y platicamos un momento.* SIN. **descansillo.**

descarado, da adj./m. y f. Que habla con desvergüenza: *Todos opinamos que Alfonso era un descarado al hablarle de manera tan grosera al maestro.*

descargar vb. irreg. ⬜ Quitar o reducir la carga: *Los hombres descargaron con cuidado los objetos frágiles.* ⬜ Extraer la carga de un arma: *El cazador descargó su rifle después de la cacería.* ⬜ Disparar con arma de fuego: *El asesino descargó su pistola sobre el público.* ⬜ Anular una carga eléctrica: *El frío y la humedad descargaron la batería de mi automóvil y por eso no enciende.* ⬜ Dar un golpe con violencia.

descaro m. Actitud de quien no tiene vergüenza ni respeto: *Antonio habla con descaro delante de su abuelita y no le importa que ella se avergüence.*

descarrilar vb. Salir de su carril un tren o tranvía: *El tren se descarriló antes de llegar a la ciudad, pero por fortuna no hubo heridos.*

descender vb. irreg. ⬜ Bajar a un lugar: *El alpinista descendió al pueblo.* ⬜ Poner en un lugar de menos valor: *En el torneo de béisbol descendimos al tercer lugar después de perder el último partido.* ⬜ Proceder de una persona o linaje: *Yo desciendo de mis padres.*

descenso m. Hecho de disminuir el valor o la cantidad de algo: *El descenso de la temperatura va a provocar que nieve.*

deschavetarse vb. Chile, Colomb., Méx., Perú y Urug. Perder el juicio, enloquecer.

descifrar vb. Entender algo oscuro y complicado: *El maestro de historia nos contó cómo Champollion descifró los jeroglíficos que se encuentran en las ruinas egipcias.*

desclavar vb. Arrancar o quitar los clavos de una cosa: *Tuve que desclavar la mesa, porque me había quedado chueca.*

descolgar vb. irreg. ⬜ Bajar o quitar lo que está colgado: *Descolgué uno de los cuadros de la sala para limpiarlo.* ⬜ Separar el auricular del teléfono: *Jaime no descolgó el teléfono cuando sonó porque no quería hablar con nadie.* ⬜ Bajar de manera lenta algo o alguien que está sujeto a una cuerda: *Para bajar el piano desde el quinto piso del edificio tuvieron que descolgarlo por la ventana.*

descolorido, da adj. Que ha perdido su color natural: *Ese vestido está descolorido porque lo lavé con un jabón muy fuerte.*

descomponer vb. irreg. ⬜ Corromperse un cuerpo o alimento produciendo mal olor: *La comida se descompone con el calor.* ⬜ Argent., Méx., Par. y Urug. Averiar, estropear una cosa: *Por no leer las instrucciones, Felipe descompuso la televisión cuando intentaba hacerla funcionar.*

📖 adj. = adjetivo ☆ **ANT.** = antónimo ☆ **f.** = sustantivo femenino ☆ **m.** = sustantivo masculino ☆ **prep.** = preposición ☆ **SIN.** = sinónimo ☆ **vb.** = verbo ☆ **vb. irreg.** = verbo irregular ☆ ➜ Ver Minienciclopedia.

desconectar *vb.* Interrumpir una conexión eléctrica: *Desconecté el televisor para llevarlo a otro lugar.* SIN. **desenchufar.**

desconfiar *vb. irreg.* Recelar o sospechar de algo o alguien: *Don José desconfía de Hilda porque ha visto que no es sincera.*

descongelar *vb.* Devolver un producto congelado a su estado ordinario: *"Antes de guisar el pescado debemos descongelarlo", propuso mi madre.*

descongestionar *vb.* ⓵ Reducir o eliminar la acumulación anormal de sangre u otro fluido en algún órgano: *El médico le recetó un medicamento que descongestionará sus pulmones.* ⓶ Disminuir la aglomeración: *No sé qué podríamos hacer para descongestionar el tráfico del centro de la ciudad.*

desconocer *vb. irreg.* ⓵ Ignorar, no conocer: *Desconozco el filme en que participó mi actor favorito porque hace mucho tiempo que no voy al cine.* ⓶ No reconocer: *Por la fiebre tan alta que tenía, Jorge desconoció a su prima y le preguntó varias veces quién era.*

desconocido, da *adj./m. y f.* Que nunca se ha visto u oído hablar de él: *"Nunca debes conversar con algún desconocido que se te acerque en la calle."*

desconsuelo *m.* Aflicción, tristeza: *La niña siente un gran desconsuelo porque su gatito se murió.*

descontar *vb. irreg.* Rebajar cierta cantidad a algo: *Como soy su cliente, el vendedor me descontó el diez por ciento sobre el costo de la televisión que compré.*

descontrolar *vb.* Perder o hacer perder el control o dominio: *La mujer se descontroló cuando cayó cerca de ella el balón, porque no había visto cuando lo arrojaron.*

descortés *adj./m. y f.* Que carece de cortesía: *"No seas descortés y da las gracias a tus amigos por los regalos que te trajeron", me dijo mi padre.* SIN. **maleducado.**

descoser *vb.* Soltar, deshacer las puntadas de lo que está cosido: *La maestra me dijo que descosiera esta parte de la blusa porque la había cosido mal.*

describir *vb.* Representar por medio del lenguaje: *El profesor nos describió cómo son las pirámides de Egipto.*

descripción *f.* Hecho de explicar cómo es una cosa: *Me hizo la descripción física de su hermano y cuando fui a buscarlo al aeropuerto lo reconocí fácilmente.*

descubrimiento *m.* Hecho de descubrir, sobre todo territorios o asuntos científicos: *El descubrimiento del fuego ayudó mucho al progreso de los pueblos primitivos.*

descubrir *vb.* ⓵ Destapar lo cubierto: *La mujer descubrió su rostro, que estaba tapado por un velo, y entonces el hombre se dio cuenta de que ella era su hermana desaparecida.* ⓶ Enterarse de algo ignorado u oculto: *Ayer descubrí en un programa de televisión que muchos tipos de insectos son comestibles.* ⓷ Inventar algo:

El médico británico Alexander Fleming descubrió la penicilina, un antibiótico que sirve para curar muchas infecciones.

descuento *m.* Reducción del precio de alguna cosa: *Me hicieron un 20 por ciento de descuento cuando compré los libros, así que gasté menos de lo que pensaba.* SIN. **rebaja.**

descuidar *vb.* No poner el cuidado debido: *La mujer descuidó por un momento al niño y el ladrón aprovechó para robárselo.*

descuido *m.* Falta de cuidado: *Por un descuido se quemó el pan que estaba horneando.*

desde *prep.* ⓵ Indica punto de origen o procedencia en el tiempo o en el espacio: *Le dije a mi madre que desde hoy haré el trabajo escolar en cuanto regrese de la escuela y no por la noche.* ⓶ Después de: *Desde que sufrió el accidente, mi tío cojea un poco.*

desdentado, da *adj./m.* ⓵ Sin dientes: *El anciano tiene la boca desdentada, por eso tiene que usar dientes postizos.* ⓶ Relativo a una clase de mamíferos sin dientes, como el oso hormiguero.

desdicha *f.* Desgracia, tristeza: *La grave enfermedad de mi tío ha causado la desdicha de toda la familia.* ANT. **alegría, felicidad.**

desdoblar *vb.* Extender lo que estaba doblado o plegado: *Juana desdobla el mantel para ponerlo sobre la mesa.*

desear *vb.* Querer algo de manera intensa: *Deseo que pronto lleguen las vacaciones porque me siento muy cansada.*

desecar *vb. irreg.* Secar, eliminar la humedad de un cuerpo: *La madera debe desecarse antes de utilizarla para hacer muebles, porque si se usa húmeda puede deformarse.*

desechar *vb.* Tirar, deshacerse de algo que ya no se quiere: *Deseché esta blusa porque me queda corta.*

desecho *m.* ⓵ Sobrante de algo después de haber escogido lo mejor o lo que se puede utilizar: *El cascarón del huevo es el desecho, sólo nos comemos la clara y la yema.* ⓶ Cosa que se tira por inútil: *"Pon los desechos de la comida en la basura", le pedí a la sirvienta.*

desembarcar *vb. irreg.* Descender de un barco: *Los viajeros desembarcaron cuando llegaron al puerto.*

desembocar *vb. irreg.* ⓵ Entrar una corriente de agua en el mar: *El río Nilo desemboca en el mar Mediterráneo.* ⓶ Tener salida una calle a un lugar: *Esa calle desemboca en la plaza que están construyendo.*

desembolsar *vb.* Pagar una cantidad de dinero: *Desembolsé mucho dinero para pagar los billetes del avión que me llevará a Madrid.*

desempeñar *vb.* ⓵ Recuperar lo que estaba en poder de otro como garantía de pago: *Como ya me pagaron por el trabajo que hice, voy a desempeñar las joyas de*

mi madre. 2 Cumplir, hacer aquello a lo que uno está obligado: *Joel* ***desempeña*** *su trabajo con esmero, por eso van a aumentarle el sueldo.*

desempleo *m.* Falta de trabajo: *El alto nivel de* ***desempleo*** *es un problema que preocupa a los gobernantes de muchos países del mundo.*

desenchufar *vb.* Desconectar de la red eléctrica: *Debemos* ***desenchufar*** *la plancha cuando terminemos de usarla para evitar accidentes.* SIN. **desconectar.**

desenganchar *vb.* Soltar, desprender lo que está enganchado: *Los campesinos* ***desengancharon*** *a los bueyes cuando terminaron de arar la tierra.*

desenlace *m.* Final de un suceso o una obra: *El* ***desenlace*** *de la obra ocurrió cuando el novio de la heroína murió en los brazos de su amada.*

desenmarañar *vb.* Deshacer el enredo, los nudos que se han formado. SIN. **desenredar.**

desenmascarar *vb.* 1 Quitar la máscara: *Cuando se termina el carnaval, la gente que participa* ***se desenmascara*** *y se cambia de ropa.* 2 Dar a conocer los verdaderos propósitos de una persona: *Julia está muy triste porque sus amigos* ***desenmascararon*** *a su novio y le demostraron que no la quería.*

desenredar *vb.* Quitar los nudos que se han formado: *Elisa tiene el cabello muy rizado, por eso le lleva mucho tiempo* ***desenredárselo.***

desenrollar *vb.* Extender una cosa arrollada o enrollada: *El vendedor* ***desenrolló*** *la tela para cortar los dos metros que la señora quería comprar.*

desenroscar *vb. irreg.* 1 Extender o extenderse lo que está hecho rosca: *Cuando la culebra* ***se desenroscó*** *nos dimos cuenta de que era larguísima.* 2 Sacar lo que está enroscado dándole vueltas: ***Desenrosqué*** *el tapón de la botella y tomé agua.*

desenterrar *vb. irreg.* Sacar lo enterrado: *Los piratas* ***desenterraron*** *un cofre lleno de joyas que estaba cerca de un árbol.*

desentonar *vb.* Estar fuera de tono, desafinar: *Cuando la banda de la escuela dio un concierto, el trombón* ***desentonó*** *tanto que todos comenzamos a reír.*

desenvolver *vb. irreg.* 1 Destapar lo envuelto: *Los recién casados* ***desenvolvieron*** *los regalos que les dieron todos sus amigos.* 2 Actuar con soltura, hacer bien algo: *Francisco* ***se desenvuelve*** *muy bien en su trabajo, por eso pensamos que pronto va a recibir un aumento de sueldo.*

deseo *m.* Hecho de querer algo: *Mi* ***deseo*** *es hacer un viaje alrededor del mundo.*

desesperar *vb.* Impacientar, exasperar: *Me* ***desespera*** *tener que aguardar a mi novio cuando llega tarde a las citas.*

desfallecer *vb. irreg.* 1 Perder fuerzas, debilitarse: ***Desfallezco*** *de hambre porque no he comido nada en*

todo el día. 2 Desmayarse, perder el sentido: *Cuando le dieron la noticia del accidente que sufrió su esposa, Rubén* ***desfalleció*** *y tuvieron que sostenerlo para que no cayera al piso.*

desfiladero *m.* Paso estrecho entre montañas. SIN. **cañón, garganta, barranco.**

desfilar *vb.* 1 Marchar en fila: *Los niños* ***desfilarán*** *durante la ceremonia a la bandera.* 2 Pasar las tropas en orden ante un superior: *El día de la fiesta nacional de muchos países, el ejército* ***desfila*** *ante el Presidente.*

desfile *m.* Hecho de marchar la gente en fila: *El* ***desfile*** *empezaba con cuatro niños que tocaban el tambor.*

desgano *m.* Falta de gana o deseo de hacer una cosa: *Ricardo debe estar enfermo, siempre es muy activo y ahora se le ve el* ***desgano****, ni siquiera quiere jugar.*

desgarrar *vb.* Rasgar, romper: *Martha* ***desgarró*** *el sobre para leer la carta.*

desgastar *vb.* Gastar o volver vieja una cosa: *La suela de mis zapatos* ***se desgasta*** *cada vez que camino con ellos.*

desgracia *f.* Suceso malo o triste: *Fue una* ***desgracia*** *para la familia que el padre perdiera su trabajo.* SIN. **calamidad, golpe.**

deshacer *vb. irreg.* Destruir lo que estaba hecho: *María* ***deshizo*** *las trenzas de la niña antes de bañarla.*

deshidratar *vb.* Eliminar o perder el agua un cuerpo: *Le dio tanto sol que* ***se deshidrató*** *y se sentía muy débil.*

deshielo *m.* Hecho de convertirse en agua la nieve y el hielo: *Con el calor de la primavera comienza el* ***deshielo*** *en las montañas elevadas.*

deshojar *vb.* Quitar o arrancar las hojas a una planta o los pétalos a una flor: *Fue* ***deshojando*** *la margarita hasta que no quedó ningún pétalo.*

deshuesar *vb.* Quitar los huesos: *Ayúdame a* ***deshuesar*** *este pollo para que pueda cocinarlo.*

desidia *f.* Negligencia, descuido, dejadez: *"No sé qué hacer con ese niño, por* ***desidia*** *nunca limpia su cuarto", dijo doña Martha.*

desierto *m.* Lugar seco de escasa vegetación: *Los camellos son buenos animales para el* ***desierto*** *porque almacenan agua y pueden vivir varios días sin beberla.* →

desilusionar *vb.* Tener o hacer que otro tenga una desilusión o desengaño: *Margarita* ***se desilusionó*** *cuando descubrió que su novio era un mentiroso.*

desinfectar *vb.* Destruir gérmenes infecciosos: *Hay que* ***desinfectar*** *frutas y verduras antes de comerlas y así evitamos enfermedades.*

desinflar *vb.* Sacar o salirse el aire de un cuerpo: *"Desinfla un poco el globo porque está demasiado lleno y se puede reventar", me dijo Dante.*

desintegrar *vb.* Separar los diversos elementos que forman un todo.

---

adj. = adjetivo ✿ **adv.** = adverbio ✿ **f.** = sustantivo femenino ✿ **m.** = sustantivo masculino ✿ SIN. = sinónimo ✿ **vb.** = verbo ✿ **vb. irreg.** = verbo irregular ✿ → Ver Minienciclopedia.

desinteresado, da *adj.* Generoso, que no actúa por interés: *Tu mamá te da consejos desinteresados, lo único que quiere es tu bien.*

deslizar *vb. irreg.* Correr los pies u otro cuerpo por encima de una superficie lisa o mojada: *El niño jugaba deslizando su carrito sobre la mesa.*

deslumbrar *vb.* [1] Molestar a la vista un exceso de luz: *Las luces de los otros automóviles me deslumbran cuando viajo de noche.* SIN. **cegar.** [2] Fascinar, impresionar: *La belleza de las pirámides prehispánicas deslumbra a los visitantes europeos.*

desmayo *m.* Pérdida momentánea del conocimiento: *El desmayo del nadador se debió al gran esfuerzo físico que había hecho durante la competencia.*

desmenuzar *vb. irreg.* Deshacer una cosa en partes menudas: *Desmenucé el pan para dárselo a los pájaros.*

desmoronar *vb.* Deshacer y arruinar poco a poco: *Ese antiguo edificio se está desmoronando porque está vacío y nadie lo arregla.*

desnivel *m.* Diferencia de altura entre dos o más puntos.

desnudo, da *adj.* [1] Sin ropa: *El niño está desnudo porque su papá va a bañarlo.* [2] Sin adornos: *Andrés trabaja en una oficina desnuda, que sólo tiene una mesa y una silla.*

desnutrición *f.* Estado de debilidad por una alimentación deficiente: *Muchos niños pobres en el mundo mueren por desnutrición.*

desobediencia *f.* Hecho de no obedecer: *La desobediencia de ese niño provocó que su profesor lo castigara.*

desocupar *vb.* Dejar libre un lugar o sacar lo que hay dentro: *Ya desocupé ese cajón para que puedas poner tu ropa.*

desodorante *m.* Producto que elimina el olor corporal, en especial de las axilas y los pies: *Mi hermana se ducha todos los días, se afeita los vellos de las axilas y se pone desodorante.*

desorden *m.* Falta de orden: *"Si no acomodas el desorden que hay en tu dormitorio, no podrás ver televisión", me dijo mi padre.*

desorientar *vb.* [1] Hacer perder la orientación, la dirección: *Se desorientó y ya no supo cómo llegar a la dirección que le habían dado.* [2] Confundir: *Los diferentes canales de televisión desorientaron a la gente al dar varias versiones de la misma noticia.*

despachar *vb.* Atender a los compradores en un comercio: *La vendedora despachó a la señora que quería comprar una botella de vino.*

despacho *m.* [1] Habitación para trabajar: *"Ve a llamar a tu papá que está en su despacho y dile que venga a comer", me pidió mi madre.* SIN. **estudio, oficina.** [2] Chile. Tienda pequeña de comestibles.

despacio *adv.* [1] Poco a poco, lentamente: *"Camina despacio abuela, porque el jardín tiene agujeros y podrías caerte", me advirtió Roberto.* [2] Amér. C. y Amér. Merid. En voz baja: *Para que nadie más oyera, me dijo despacio cuál de los niños le gustaba.*

despectivo, va *adj.* Que desprecia o indica desprecio: *Me enojé con Óscar porque me habló con un tono despectivo que me molestó mucho.*

despedazar *vb. irreg.* Romper, hacer pedazos: *Se cayó de la mesa el florero de cristal y se despedazó.*

despedir *vb. irreg.* [1] Lanzar, arrojar, soltar: *Esas flores despiden un olor muy agradable.* [2] Acompañar a una persona para decirle adiós: *Fuimos a despedir a mis tíos a la estación del tren.* [3] Echar de un empleo: *Despidieron a Berta, porque no realizaba bien ese trabajo.* SIN. **correr.**

despegar *vb. irreg.* [1] Separar una cosa de otra a la que está pegada: *Mi mamá despegó la marca del frasco de mermelada y la envió a un concurso de televisión.* [2] Separarse del suelo donde está parada una aeronave.

despeinar *vb.* Deshacer el peinado, desordenar el cabello: *Elena se despeinó porque movió mucho la cabeza al bailar.*

despejar *vb.* [1] Desocupar un lugar: *Los policías nos pidieron que despejáramos el área para que los bomberos pudieran apagar el incendio.* [2] En deporte, alejar un equipo el balón de su propio campo. [3] Aclararse el cielo: *Ya se despejó el cielo, así que no lloverá más.*

despellejar *vb.* Quitar o arrancar la piel o el pellejo: *Primero despellejas las pechugas y luego las cocinas con cebolla, tomate y ajo.*

desperdiciar *vb.* Malgastar algo o no usarlo: *No desperdicies la gran oportunidad que te ofrecen en la escuela para viajar a otros países.*

desperdicio *m.* Residuo que no se aprovecha: *Podemos darle los desperdicios del guiso de pollo al perro.*

despertador *m.* Reloj con timbre para despertar: *El despertador de mi casa timbra a las seis de la mañana todos los días que voy a la escuela.*

despertar *vb. irreg.* [1] Interrumpir el sueño: *Tengo que despertar a mi hermano a las siete de la mañana para que se vista, desayune y vaya a la escuela.* [2] Hacerse más listo, darse cuenta de las cosas: *"Es hora de que despiertes y te des cuenta de que tu novio te está engañando", le dije a Susana.*

despierto, ta *adj.* [1] Espabilado, listo, inteligente: *Javier es un chico muy despierto que entiende todo lo que le explica el profesor.* [2] Que ha salido del sueño.

despistado, da *adj.* Que no presta mucha atención, que anda en las nubes: *Olga es una niña despistada que nunca recuerda dónde dejó las llaves de su casa.*

a

b

c

d

e

f

g

desplazar *vb. irreg.* Trasladar, mover: *Desplazamos la mesa del jardín para ponerla en un lugar con sombra.*

despoblado *adj./m.* Lugar donde no hay gente o población: *Se le descompuso el automóvil en despoblado y caminó durante una hora para llegar al pueblo más cercano.*

despojar *vb.* ① Quitar a alguien lo que tiene, casi siempre con violencia: *El ladrón los despojó de lo que llevaban: dinero, relojes, anillos, tarjetas de crédito, etc.* ② Quitarse la ropa: *Se despojó del pantalón, los zapatos y la camisa para meterse al mar.* SIN. **desvestirse.**

déspota *adj./m.* Persona que abusa de su poder o autoridad: *No me gusta trabajar bajo las órdenes de ese hombre porque es déspota y trata mal a sus empleados.*

despreciar *vb.* ① Considerar a una persona o cosa indigna de aprecio o estima: *Adolfo se cree muy inteligente y desprecia a quienes él piensa que son tontos.* ② Rechazar, desdeñar: *Rosita despreció a Hipólito cuando lo invitó a cenar y ahora él está muy triste.*

desprender *vb.* ① Desunir lo unido. ② Despedir o soltar de sí algo: *Mi ropa desprende un olor fresco después de que la lavo.*

despreocuparse *vb.* Librarse de una inquietud o preocupación: *El doctor dijo que podíamos despreocuparnos porque mi tío ya estaba comenzando a sanar.*

desprevenido, da *adj.* Que no está preparado para algo: *Como estaba desprevenido, me caí cuando la perra puso sus patas encima de mí.*

▶ **después** *adj.* Siguiente: *Un año después de haber empezado a estudiar inglés ya puedo leer libros cortos.*

▶ **después** *adv.* ① Indica que algo sigue a la cosa de que se habla: *No es muy buena idea acostarse a dormir poco tiempo después de cenar.* ② Indica que algo o alguien sigue en un orden: *El subdirector de la escuela está después del director.*

desquitar *vb.* Obtener una compensación: *Una buena calificación desquita todo el esfuerzo de un curso.*

destacar *vb. irreg.* ① Poner de relieve, realzar: *Al entregarle el primer premio, el director destacó la gran inteligencia y dedicación del ganador.* ② Sobresalir, notarse: *Paola destaca entre los otros alumnos por su inteligencia.*

destapar *vb.* ① Quitar la tapa o tapón: *"Por favor, destapa esa cacerola y ve si ya está cocida la carne", pedí a Omar.* ② Quitar o quitarse algo de ropa: *"¡No me destapes, tengo frío!", dijo a Estela.* SIN. **desarropar.**

destazar *vb. irreg.* Cortar en pedazos una res.

destellar *vb.* Brillar de manera intermitente: *Las estrellas destellan en la noche.*

destello *m.* Ráfaga de luz intensa y breve: *El diamante parecía desprender destellos al tocarlo el rayo de sol.*

desteñir *vb. irreg.* Borrar los colores del tinte: *Por accidente metí la blusa en una sustancia que la destiñó: era azul y ahora es blanca.*

destilar *vb.* ① Separar un líquido volátil mediante calor. ② Correr un líquido gota a gota: *En el aparato llamado alambique se destilan las bebidas alcohólicas.*

destinar *vb.* Señalar o utilizar una cosa para un fin concreto: *Voy a destinar esta caja para poner mis juguetes viejos.*

destinatario, ria *m.* y *f.* Persona a quien va dirigida una cosa: *El nombre del destinatario de una carta se coloca casi siempre en el centro del sobre.*

destino *m.* ① Encadenamiento de los sucesos considerado como necesario o fatal: *Siempre creyó que su destino era ser médico en un país pobre y ahora está curando enfermos en un país lejano.* ② Lugar al que se dirige una persona o cosa: *Cuando estaba en el aeropuerto escuché una voz que decía: "Pasajeros con destino a la ciudad de Nueva York, favor de abordar el avión 36 por la puerta 6."*

destornillador o **desatornillador** *m.* Utensilio compuesto de un mango y una barra de acero con punta aplanada o en forma de cruz, que sirve para meter y sacar tornillos: *"Pásame un destornillador para cambiar ese tornillo por uno nuevo", dije a Esteban.* SIN. **desarmador.**

destreza *f.* Agilidad, habilidad: *La práctica de sus ejercicios ha hecho que ese atleta adquiera gran destreza.*

destrozar *vb. irreg.* Romper, hacer trozos: *"Si no guardas los papeles que dejaste encima del escritorio la gatita podría destrozarlos", me dijo Arturo.*

destruir *vb. irreg.* Deshacer una cosa material o inmaterial: *Mi tía tiene en su oficina una máquina que destruye todas las hojas de papel que ya no se usan.*

desvalijar *vb.* Robar o despojar a alguien de lo que tiene: *Atraparon a una banda que desvalijaba automóviles que estaban en las calles.*

desvelado, da *adj./m.* y *f.* Que pasa parte de la noche despierto: *Los chicos que se fueron a la fiesta llegaron a su casa a las cinco de la madrugada, muy desvelados.*

desvelar *vb.* Quitar, impedir el sueño a alguien: *Gerónimo dice que las deudas que tiene lo desvelan todas las noches.*

desvestir *vb. irreg.* Quitar la ropa, desnudar: *A Valeria le encanta jugar con su muñeca; la viste y la desviste, le da de comer, la duerme...*

desviación *f.* Ruta que aparta del camino principal: *Como había un accidente en la carretera, tuvimos que tomar una desviación por un camino de tierra.*

desviar *vb. irreg.* Apartar de su camino a una persona o cosa: *El policía está desviando a los vehículos hacia otra calle porque ésa está inundada.*

⟶ adj. = adjetivo ☆ **adv.** = adverbio ☆ **f.** = sustantivo femenino ☆ **Fam.** = familiar ☆ **m.** = sustantivo masculino ☆ **SIN.** = sinónimo ☆ **vb.** = verbo ☆ **vb. irreg.** = verbo irregular ☆ **➡** Ver Minienciclopedia.

detalle *m.* ① Pormenor, circunstancia o parte de algo: *No me contó los **detalles**, sólo me dijo que había ido de viaje por Europa.* ② Expresión de cortesía, atención o delicadeza: *Marisa tuvo un **detalle** amable hacia su prima al invitarla de vacaciones.*

detectar *vb.* ① Localizar con ayuda de aparatos: *Con una sonda, los ingenieros **detectaron** petróleo bajo el fondo de un lago.* ② Notar, captar: *Cuando mi madre comenzó a hablarme **detecté** que estaba enojada conmigo por mis malas calificaciones.*

detective *m. y f.* Persona dedicada a la investigación privada: *Algunos **detectives** se dedican a localizar a personas desaparecidas.*

detener *vb. irreg.* ① Parar, cesar en el movimiento o en la acción: *El automóvil que se **detuvo** de repente ocasionó un choque.* ② Arrestar, poner en prisión: *Los **detuvieron** cuando iban a abrir la caja fuerte del banco.*

detergente *m.* Sustancia o producto que limpia: *Hay **detergentes** muy fuertes que despintan poco a poco la ropa.*

deteriorar *vb.* Estropear, dañar: *La ropa se va **deteriorando** a lo largo del tiempo por el uso.*

determinado, da *adj.* Relativo al artículo que presenta un sustantivo ya conocido por el hablante, como *el*: *Los artículos **determinados** son el, la, los y las.*

detonación *f.* Explosión: *El edificio viejo se cayó después de la **detonación** de los explosivos que colocaron para demolerlo.*

detonar *vb.* Dar un estampido o trueno: *Antes de **detonar** los explosivos, los trabajadores se cubrieron atrás de una valla.* SIN. **estallar.**

detrás *adv.* En la parte posterior: *Mario se escondió **detrás** de la puerta porque quería asustar a su hermana cuando entrara a la casa.*

deuda *f.* Obligación que uno tiene de regresar dinero a otro que se lo prestó: *Mi padre va a terminar de pagar muy pronto la **deuda** que tiene con el banco.*

deudor, ra *m. y f.* Persona que debe dinero: *Como el banco aumentó los intereses, los **deudores** han tenido muchas dificultades para pagar.*

devaluación *f.* Acción mediante la cual la moneda de un país disminuye en su valor: *La última **devaluación** afectó a toda la población, porque los precios empezaron a subir.*

devaluar *vb. irreg.* ① Disminuir el valor de la moneda de un país: *El gobierno anunció que **devaluaría** un diez por ciento la moneda para hacer que sus productos sean más baratos en el extranjero.* ② Disminuir el valor de algo: *La imagen de Esteban se **devaluó** cuando nos enteramos de que había robado un libro de la escuela.*

devastar *vb.* Destruir, arrasar: *El huracán **devastó** las palmeras que había en la playa.*

devoción *f.* ① Predilección, cariño, respeto: *Siente una verdadera **devoción** por su abuela porque ella fue quien lo crió y lo educó.* ② Veneración y fervor religiosos: *Mucha gente alrededor del mundo siente **devoción** por Nuestra Señora de Lourdes y la visita en su santuario en Francia.*

devolver *vb. irreg.* ① Volver una cosa a su estado original. ② Restituir o regresar algo a donde estaba: *El cartero nunca encontró al destinatario de la carta y la **devolvió** al remitente.* ③ Vomitar, arrojar lo contenido en el estómago: *Rodolfo comió tantos caramelos que le hicieron daño y los **devolvió**.*

devorar *vb.* ① Comer con ansia y de manera apresurada: *"Tengo tanta hambre que quisiera **devorar** todo en un minuto", dijo Carlos.* ② Comer los animales su presa: *Los leones **devoraron** al pequeño antílope que acababan de atrapar.*

día *m.* ① Tiempo que tarda la Tierra en dar una vuelta sobre su eje: *En verano se dice que los **días** son más largos que en invierno porque hay luz del Sol durante más tiempo.* ② Tiempo durante la claridad del Sol: *Mi padre prefiere manejar de **día** en carretera porque dice que de noche es más peligroso.* ③ Tiempo atmosférico: *Dijeron en el noticiero que hoy hará buen **día**, no lloverá ni habrá demasiado calor.* →

diabetes *f.* Enfermedad caracterizada por un exceso de azúcar en la sangre, provocada por la falta de una sustancia llamada insulina: *Las personas con **diabetes** padecen de mucha sed, hambre y continua necesidad de orinar.*

diablo *m.* ① Espíritu maligno: *Al diablo también se le conoce como Satán, quien es la representación por excelencia del mal.* ② Fam. Persona traviesa e inquieta: *Juan es un **diablo** que no se queda quieto ni un momento.*

diadema *f.* ① Corona. ② Tocado en forma de medio círculo, como corona pequeña: *La princesa se puso una **diadema** con perlas y diamantes para el baile de gala.*

diáfano, na *adj.* Claro, limpio: *"Podemos beber del agua **diáfana** de ese manantial."*

diagnóstico *m.* Identificación de una enfermedad por sus síntomas: *Una vez que tiene los elementos suficientes, el médico puede hacer el **diagnóstico** de la enfermedad.*

diagonal *f.* Recta que tiene una inclinación.

dialecto *m.* Variedad regional de una lengua.

diálogo *m.* Conversación o plática entre dos o más personas: *El maestro sostuvo un **diálogo** con los padres del niño en el que hablaron de su gran inteligencia y la necesidad de fomentarla.* SIN. **charla.**

diamante *m.* Piedra preciosa de gran dureza y transparencia que se usa en joyería: *Para formalizar su compromiso, Fernando le regaló a Mirna un anillo con un **diamante**.*

a

b

c

d

e

f

g

diámetro *m.* Recta que, pasando por el centro, une dos puntos opuestos de una circunferencia: *La mesa redonda que hay en mi casa tiene un **diámetro** de un metro y veinte centímetros.*

diario *m.* [1] Libro personal en que se recogen sucesos y reflexiones: *Mi amiga María Luisa escribe en su diario desde hace más de treinta años.* [2] Publicación que se edita todos los días: *Las personas leen el **diario** para saber qué ocurre en el mundo cada día.* SIN. periódico.

diario, ria *adj.* Que corresponde o que ocurre todos los días: *Después de su ejercicio **diario**, Evaristo toma una ducha refrescante.* SIN. cotidiano.

diarrea *f.* Conjunto de evacuaciones del vientre líquidas y frecuentes.

dibujante *m. y f.* Persona que se dedica a dibujar o que tiene por profesión dibujar: *Ese despacho de arquitectos tiene en su equipo varios **dibujantes**.*

dibujar *vb.* Representar una figura por medio de líneas y sombras: *Benjamín aprendió a **dibujar** desde pequeño y ahora es un pintor famoso.*

dibujo *m.* [1] Hecho de dibujar: *A Joaquín le gusta el dibujo desde que era niño, perfeccionó su habilidad y ahora hace dibujos para una revista.* [2] Imagen dibujada: *Los niños hicieron una tarjeta con un **dibujo** para regalársela a su mamá.*

diccionario *m.* Recopilación de las palabras de una lengua, de una materia, etc., colocadas de manera alfabética y seguidas de su definición o traducción a otra lengua: *"Si no sabes qué quiere decir esa palabra, puedes buscarla en el **diccionario**", dije a Alberto.*

dicha *f.* Felicidad, alegría: *Su corazón se llenó de **dicha** cuando le informaron que había pasado el examen de admisión a la Universidad.*

dicho *m.* Palabra o conjunto de palabras con que se expresa una idea o un concepto: *Hay un **dicho** que dice: "haz el bien y no mires a quién".*

dichoso, sa *adj.* Se dice de quien siente felicidad: *Mi hermana se siente **dichosa** porque va a tener un hijo.*

diciembre *m.* Duodécimo y último mes del año: *En muchos países que están al norte de la Tierra, **diciembre** es uno de los meses más fríos del año.*

dictado *m.* Hecho de dictar: *El profesor de español nos hizo un **dictado**.*

dictar *vb.* [1] Decir algo para que otro lo escriba: *El jefe le dictó una carta a la secretaria.* [2] Promulgar leyes, fallos, etc.

didáctico, ca *adj.* Que tiene por objeto enseñar: *Es una obra teatral **didáctica** que sirve para que los niños aprendan historia.*

diente *m.* [1] Cada una de las piezas de tejido duro engastadas en las mandíbulas: *Al bebé le escurre saliva de la boca porque pronto le saldrá su primer **diente**.* [2] Cada una de las puntas de ciertas herramientas o

mecanismos: *Mi bicicleta tiene dos ruedas de metal con **dientes** que están unidas por una cadena.* ➜

diéresis *f.* Signo (¨) que en español se coloca sobre la u: *La u de "agüero" lleva **diéresis**, para indicar que se pronuncia.*

diesel *m.* **Palabra inglesa.** [1] Motor en el que la explosión del combustible en el cilindro se produce sin necesidad de bujía: *La mayor parte de los camiones grandes tienen motor **diesel**.* [2] Tipo de nafta o gasolina usada por motores sin bujías: *El **diesel** es el combustible que usan los camiones; los automóviles usan nafta o gasolina.*

diestra *f.* Mano derecha: *El anfitrión le pidió que se sentara a su **diestra**, en el lugar de honor.*

diestro, tra *adj.* Hábil, experto: *Ese cocinero es **diestro** para preparar comida francesa.*

dieta *f.* Régimen en las comidas: *Como está enfermo del corazón, tiene una **dieta** en la que no debe comer sal ni alimentos con grasa.*

diez *adj./m. y f.* [1] Número que resulta de sumar nueve y uno: *El número de la palabra **diez** es 10.* [2] Décimo: *Fueron al teatro y se sentaron en la fila **diez**, así que pudieron ver muy bien a los actores.*

diferencia *f.* [1] Cualidad por la que una cosa se distingue de otra: *Ese juego consiste en encontrar las **diferencias** entre un dibujo y el otro.* [2] Desacuerdo, disputa: *Después de mucho hablar no lograron resolver sus **diferencias** y se divorciaron.* [3] Resultado de una resta: *Si se restan cinco a siete, la **diferencia** es dos.*

▶ **diferente** *adj.* Que no es igual: *Ninguno de los siete enanos de Blancanieves es igual, todos son **diferentes**: uno es gruñón, otro dormilón, otro tímido, etc.*

▶ **diferente** *adv.* Se aplica a la cosa que no es igual a otra o que no es lo mismo: *Cristina habla **diferente** de los demás porque viene de Inglaterra y su idioma materno es el inglés.*

difícil *adj.* Que requiere esfuerzo para hacerlo o entenderlo: *Al principio, esas fórmulas de química me parecían **difíciles** y ahora que ya las aprendí resuelvo los ejercicios con facilidad y rapidez.*

dificultad *f.* Situación o cosa difícil: *Erika está en una **dificultad**, porque aceptó salir a cenar con Javier y ahora no sabe cómo decirle que tiene novio.*

dificultar *vb.* Poner dificultades u obstáculos a la realización de una cosa: *Lo contrario de **dificultar** es facilitar, es decir, permitir que algún problema se solucione de manera fácil.*

difteria *f.* Enfermedad infecciosa de la garganta: *Antes, la **difteria** era una enfermedad mortal, pero descubrieron una vacuna y ahora la gente ya puede evitarla.*

difundir *vb.* [1] Extender, esparcir: *Esa lámpara **difunde** muy poca luz, cambiaré la bombilla por una de mayor potencia.* [2] Hacer que una noticia llegue a mucha gente: *La noticia de la boda de la famosa actriz* **se difundió** *rápidamente en su país y el extranjero.*

digerir *vb. irreg.* Hacer la digestión: *La comida grasosa y condimentada es difícil de* **digerir.**

digestión *f.* Transformación de los alimentos en sustancias que nutren: *La* **digestión** *empieza desde que se introduce algún alimento a la boca.*

digital *adj.* [1] Relativo a los dedos: *Cada huella* **digital** *es diferente a las otras, no existen dos que sean iguales.* [2] Que se expresa por medio de números.

dígito *m.* Número que se expresa con una sola cifra: *El número 3894 está formado por cuatro* **dígitos.**

dignidad *f.* Cualidad de la persona que es merecedora del respeto de los demás: *El empleado prefirió renunciar a la empresa porque tiene* **dignidad** *y no quería que su jefe lo insultara.*

digno, na *adj.* Que merece alguna cosa, como un premio, castigo, etc.: *Por su valentía durante el incendio, el bombero se hizo* **digno** *de un premio y una felicitación de su jefe.*

dilatar *vb.* [1] Aumentar la longitud o el volumen: *Los cuerpos* **se dilatan** *con el calor.* [2] Hacer que una cosa se retrase o dure más tiempo: *Se fue a comer y* **se dilató** *tres horas en regresar a la oficina.*

dilema *m.* Duda entre dos cosas que se presentan al mismo tiempo: *La aceptaron en dos universidades; ahora el* **dilema** *es a cuál irá.*

diluir *vb. irreg.* Disolver, rebajar: *Ese tono de amarillo es demasiado intenso,* **dilúyelo** *con un poco de blanco para que quede más claro.*

dimensión *f.* Cada una de las cosas que pueden medirse, como la longitud, el área, etc.: *El arquitecto fue a ver el terreno para conocer sus* **dimensiones** *y luego hizo el proyecto de la casa.*

diminutivo *m.* Palabra formada con los sufijos *-ito* o *-ico,* que indica el menor tamaño de una cosa o el tono afectuoso: *En casa de Julia todos dicen sus nombres en* **diminutivo** *como Carlitos, Toñito, etc.*

diminuto, ta *adj.* Muy pequeño: *Debajo del largo vestido de la dama se asomaba un* **diminuto** *pie del que apenas se veía la punta.*

dinámico, ca *adj. Fam.* Activo, enérgico: *Es un vendedor tan* **dinámico,** *que sacó el primer premio por ser quien vendió más jabones de su empresa.*

dinamita *f.* Explosivo hecho con una sustancia llamada nitroglicerina: *La* **dinamita** *debe ser utilizada sólo por especialistas porque es muy peligrosa.*

dinero *m.* [1] Moneda corriente: *Desde que Enrique era niño sus padres le dan un poco de* **dinero** *cada semana y él ahorra una parte en el banco.* [2] Caudal, fortuna: *Esa familia ganó mucho* **dinero** *con su tienda.*

dinosaurio *m.* Reptiles prehistóricos que comprenden animales como el diplodoco y el tiranosaurio: *Los*

dinosaurios *se extinguieron antes de que hubiera hombres en la Tierra.* →

diócesis *f.* En la religión católica, territorio bajo el gobierno de un obispo.

dios *m.* [1] En las religiones monoteístas, supremo ser creador del Universo, el mundo y principio de todas las cosas; se escribe con "D" mayúscula: *En el libro bíblico del Génesis, se nos dice que en el principio* **Dios** *creó los cielos y la tierra.* ANT. **ídolo.** [2] Se escribe con "d" minúscula cuando designa a un ser superior y sobrenatural, al que se le atribuye un poder mágico: *Moloc fue un* **dios** *antiguo al que se le ofrecían sacrificios humanos.* SIN. **ídolo.**

diosa *f.* Divinidad de sexo femenino: *Minerva era la* **diosa** *que representaba la sabiduría, las artes, las letras, la música y la inteligencia entre los antiguos romanos.*

diploma *m.* Documento que acredita que alguien posee un título, premio, etc.: *Cuando terminó de estudiar la primaria le dieron un* **diploma.**

diplomacia *f.* Ciencia de las relaciones internacionales.

diplomático, ca *m.* y *f.* Persona que interviene en negocios internacionales de un Estado: *Como su padre fue* **diplomático,** *Roberto vivió varios años en otros países del mundo.*

diptongo *m.* Unión de dos vocales diferentes que se pronuncian en una sola sílaba: *En la palabra "cuerda" el* **diptongo** *está formado por las vocales u y e.*

diputado, da *m.* y *f.* Persona elegida para formar parte de una cámara legislativa y representar a una parte del pueblo: *Para ser* **diputado** *se necesita ganar la mayoría de votos en el lugar que uno quiere representar.*

dique *m.* Muro para contener las aguas: *Como se veía que el río iba a desbordarse los hombres construyeron un* **dique** *en poco tiempo.*

dirección *f.* [1] Sentido o rumbo de un cuerpo en movimiento: *El piloto nos informó que el avión va en* **dirección** *al sur del país.* [2] Cargo y oficina del director: *Le pidieron que pasara a la* **dirección** *a firmar unos documentos importantes.* [3] Señas de un lugar: *Elena me dio la* **dirección** *de la casa donde habrá una fiesta el sábado.* [4] Mecanismo que guía a un vehículo: *Ese automóvil se maneja con suavidad porque tiene* **dirección** *hidráulica.*

directo, ta *adj.* [1] En línea recta. [2] Que va de una parte a otra sin detenerse: *Después de salir del trabajo, Eva se regresa* **directo** *a su casa.*

director, ra *m.* y *f.* Persona que dirige y está a la cabeza de una empresa, servicio, etc.: *La* **directora** *dijo que haríamos un festival para celebrar el día de las madres.*

directorio *m.* [1] Libreta donde se anotan nombres, direcciones y teléfonos: *Cada dos años, mi prima se compra un* **directorio** *nuevo para anotar los datos de las*

a

b

c

d

e

f

g

personas que ha conocido en ese tiempo. [2] Espacio de un disco de computadora que contiene ficheros: *En ese disquete sólo hay dos **directorios** y cada uno tiene alrededor de veinte archivos.* [3] *loc.* **Directorio telefónico**, libro que contiene nombres, teléfonos y direcciones de las personas de un área, ciudad, etc.: *Como la ciudad ha crecido mucho, el **directorio telefónico** se publica ahora en dos gruesos volúmenes.*

dirigir *vb. irreg.* [1] Guiar, encaminar una cosa hacia determinado lugar: *Después de salir de la escuela **me dirigí** a mi casa.* [2] Poner el nombre y la dirección en una carta: *"Debes **dirigir** tu petición de la beca al inspector de la zona escolar", le dijo la empleada a Edna.* [3] Gobernar, regir: *El Presidente **dirige** el gobierno de su país.* [4] Aconsejar, guiar: *Los estudiantes necesitan que sus padres y profesores los **dirijan** por el camino correcto.*

disciplina *f.* Respeto de las leyes: *En esa escuela, la **disciplina** es casi tan importante como los estudios.*

discípulo, la *m.* y *f.* Persona que sigue a un maestro o escuela para aprender de ella: *Los **discípulos** de esa maestra le llevaron una flor el día de su cumpleaños.*

disco *m.* [1] Cuerpo cilíndrico más ancho que alto. [2] Placa circular que registra y reproduce sonidos, imágenes o datos informáticos. [3] *loc.* **Disco compacto**, disco que utiliza la técnica de grabación digital del sonido: *Antes de que existieran los **discos compactos**, se usaban unos discos grandes de vinil.* [4] *loc.* **Disco duro**, unidad por lo general integrada al ordenador o computadora, que sirve para almacenar datos que no van a eliminarse: *Guardé la información en el **disco duro** de la computadora y también la guardé en un disquete.* →

discordia *f.* Falta de acuerdo: *En esa junta imperó la **discordia** y no se llegó a ninguna conclusión.*

discoteca *f.* [1] Colección de discos: *Alberto es aficionado a la música clásica y tiene una **discoteca** muy grande.* [2] Local donde se baila y escucha música grabada. SIN. **boliche**.

discreto, ta *adj./m.* y *f.* Que es sensato, prudente y tiene tacto: *No se le puede confiar nada a Ricardo porque no es una persona **discreta** y cuenta hasta el secreto más íntimo.* ANT. **indiscreto**.

discriminación *f.* Trato de inferioridad a una persona o una colectividad: *Los nazis **discriminaron** a los judíos al grado de intentar exterminarlos.*

discriminar *vb.* [1] Separar, diferenciar una cosa de otra: *Mi hermanito es demasiado pequeño para **discriminar** entre lo que está bien y lo que está mal.* [2] Dar trato de inferioridad a una persona o colectividad: *En los Estados Unidos algunos grupos de blancos todavía **discriminan** a los negros.*

disculpa *f.* Razón que se da para excusarse de una culpa o para demostrar que no se es responsable de

algo: *El maestro ofreció una **disculpa** por llegar tarde, dijo que había mucho tráfico.*

disculparse *vb.* Pedir perdón, presentar excusas: *Después de reflexionar unos minutos, mi jefe **se disculpó** por haberme hablado de manera tan violenta.*

discurso *m.* Exposición hablada en público: *Esperanza fue la encargada de dar el **discurso** de despedida cuando su generación terminó de estudiar la primaria.*

discusión *f.* Hecho de examinar una cuestión: *En mi casa organizamos una **discusión** para decidir a dónde iremos de vacaciones.*

discutir *vb.* Examinar y tratar una cuestión: *El lunes **discutimos** en clase el tema de los animales vertebrados.*

disentería *f.* Enfermedad que se manifiesta con fiebre y diarrea sangrante: *Si no se trata pronto, la **disentería** puede provocar deshidratación y llevar a la muerte.*

diseñador, ra *m.* y *f.* Persona que diseña de manera profesional ropa, muebles, etc.: *Primero era ayudante y después de mucho esfuerzo, ahora es el principal **diseñador** de esa tienda de ropa.*

diseñar *vb.* [1] Trazar modelos: *Ese modisto está muy ocupado **diseñando** la colección de vestidos que presentará el próximo verano.* [2] Planear algo: *Diseñamos la trayectoria de nuestro viaje antes de comenzarlo.*

diseño *m.* Trazado de un modelo: *El arquitecto hizo un **diseño** muy moderno para la casa que va a construir.*

disfraz *m.* Traje o máscara para aparecer como otro, que se utiliza en fiestas y carnavales: *Las mamás confeccionaron **disfraces** de abejas, conejos y mariposas para el festival de primavera de los niños pequeños.*

disfrazar *vb. irreg.* Vestirse una persona o ponerse una máscara para imitar a otra: *Para la fiesta por su quinto cumpleaños, mi primo Abel **se disfrazó** de vaquero.*

disfrutar *vb.* [1] Beneficiarse de las utilidades de una cosa: *Luis podrá **disfrutar** de la herencia que le dejó su abuelo hasta que cumpla 18 años.* [2] Sentir placer: *Como **disfruta** mucho oír música clásica, Betina va a conciertos cada vez que puede.*

disgustar *vb.* [1] Causar o sentir enojo o inquietud: *El maestro **se disgusta** cada vez que un niño dice una grosería.* [2] Enojarse con alguien: *Mi hermana y yo **nos disgustamos** por una tontería, pero ya nos contentamos.*

disgusto *m.* Molestia grande, irritación por lo que se considera un contratiempo o una desgracia: *Fue un gran **disgusto** para su padre saber que había abandonado la carrera de música para dedicarse a la delincuencia.*

disimular *vb.* Ocultar algo: *El niño **disimuló** la mancha en la pared con una cortina, para que su mamá no la viera.*

dislexia *f.* Dificultad para aprender a leer y escribir: *La **dislexia** se puede superar con terapias especiales.*

🖎📖 *adj.* = adjetivo ☆ ANT. = antónimo ☆ *f.* = sustantivo femenino ☆ *loc.* = locución ☆ *m.* = sustantivo masculino ☆ SIN. = sinónimo ☆ *vb.* = verbo ☆ *vb. irreg.* = verbo irregular ☆ → Ver Minienciclopedia.

dislocar *vb. irreg.* Desencajar un hueso o miembro del cuerpo: *La fuerte ola que revolcó a Úrsula le **dislocó** el hombro al azotarla contra la arena.*

disminuir *vb. irreg.* Reducir o reducirse la extensión, intensidad, importancia o número de algo: *La comezón le **ha disminuido** desde que se unta la pomada que recetó el médico.*

disolver *vb. irreg.* Deshacer una sustancia en un líquido hasta conseguir una mezcla homogénea: *"Saca un poquito de pintura roja del frasco, **disuélvela** en agua y pinta la lengua del perro de cartón que hicimos en clase", me dijo el maestro.*

disparar *vb.* [1] Lanzar un proyectil con un arma: *Se cree que al presidente de los Estados Unidos John F. Kennedy le **dispararon** desde un edificio.* [2] Accionar una cámara fotográfica: *Cuando todos estaban listos y sonrientes, **disparé** y tomé una fotografía muy bonita.*

disparate *m.* Cosa absurda: *"Lo que acabas de decir es un **disparate**, ¿cómo puedes creer que una bicicleta es más cara que un automóvil?", le dije a Pedro.*

disparejo, ja *adj.* Que no es parejo, que no es igual: *"El vestido que cosiste quedó **disparejo**, está más largo de adelante que de atrás", le dije a Martha.*

disparo *m.* Detonación de un arma.

dispensar *vb.* [1] Perdonar: *Les dije a mis amigos que me **dispensaran**, porque estaba muy cansado y quería dormir.* [2] Librar de una obligación: *Lo **dispensaron** de hacer deportes porque tenía un brazo fracturado.*

disponer *vb. irreg.* [1] Preparar de manera conveniente: *Hay que **disponer** las maletas para el viaje.* [2] Ordenar, mandar: *Mi madre **dispuso** que nos mudemos a otra ciudad porque ésta es demasiado peligrosa.* [3] Prepararse para hacer algo: *Llegó una persona a visitarnos cuando **nos disponíamos** a comer.*

disposición *f.* [1] Estado de ánimo para hacer algo: *Está en buena **disposición** para reconciliarse con su hermano, porque ya no quiere que estén enojados.* [2] Orden de una autoridad: *La **disposición** del general es que los soldados salgan a correr al campo todas las mañanas.*

dispositivo *m.* Mecanismo, aparato, máquina.

disputar *vb.* [1] Discutir, pelear: *Dos borrachos **disputaban** en la calle a gritos y despertaron a todo el barrio.* [2] Competir: *Alemania y los Estados Unidos **se disputaron** el primer lugar del campeonato de tenis.*

disquete *m.* **Palabra de origen inglés.** Disco magnético para usarse en las computadoras u ordenadores, en el que se guarda información.

distancia *f.* Espacio o tiempo entre dos cosas o sucesos: *"¿Qué **distancia** hay de la Tierra a la Luna?", pregunté a la maestra.*

distante *adj.* Que no está cerca: *Se mudaron a una casa **distante** del centro de la ciudad.* SIN. **lejano.**

distinción *f.* [1] Honor, privilegio: *El premio que le dieron fue una **distinción** por ser una persona tan trabajadora.* [2] Elegancia: *Diana siempre se ha vestido con mucha **distinción** y, además, luce bien todo lo que se pone.*

distinguido, da *adj.* Que tiene elegancia o que es ilustre: *En la cena, el embajador hizo un brindis en honor de los **distinguidos** invitados.*

distinguir *vb. irreg.* [1] Reconocer la diferencia entre las personas o las cosas: *Sólo puedo **distinguir** a los gemelos por sus voces: una la tiene más ronca que el otro.* [2] Caracterizar: *La razón **distingue** al hombre de otros animales.* [3] Ver con claridad: *No logro **distinguir** lo que dice aquel letrero porque está muy lejos.* [4] Hacer que una cosa se diferencie de otra por medio de alguna señal: *Para **distinguir** sus juguetes de los de sus amigos, Juan les pintó un punto negro.* [5] Sobresalir: *Alejandro **se distingue** entre los demás niños por ser el más alto.*

distinto, ta *adj.* Que no es lo mismo, que es otro o que no es igual: *Cada cachorro de mi perra es **distinto**: uno es gris y travieso, el otro es negro y más tranquilo.*

distorsionar *vb.* Deformar, alterar: *Algunos periodistas **distorsionan** los hechos para fabricar noticias.*

distracción *f.* [1] Acción de quitar la atención hacia una cosa para llevarla hacia otra: *Por una **distracción**, Eloísa olvidó comprar lo que su mamá le había pedido.* [2] Cosa que atrae la atención, en especial lo que divierte o entretiene: *Ha trabajado tanto que se merece alguna **distracción**, vamos a convencerla de ir al cine.*

distraer *vb. irreg.* [1] Entretener, divertir: *Fuimos al parque y había unos payasos que **distraían** a los niños.* [2] Apartar la atención: *A los niños les piden que no lleven juguetes a la escuela para evitar que se **distraigan** en clase.*

distribuir *vb. irreg.* Repartir una cosa entre varias personas: ***Distribuyamos** el trabajo de limpieza entre todos para poder terminar pronto.*

distrito *m.* [1] Subdivisión territorial de carácter político y administrativo. [2] *loc.* **Distrito Federal**, capital de algunas repúblicas federales: *La capital de México es un **Distrito Federal**.*

disturbio *m.* Alteración del orden público: *La policía puso fin a los **disturbios** que provocaron los seguidores del equipo que perdió el partido.*

diurno, na *adj.* Relativo al día: *Mi abuelo es una persona **diurna** que se duerme a las ocho de la noche y se levanta a las cinco de la mañana.*

diversión *f.* [1] Hecho de pasar un tiempo o rato agradable, hecho de divertirse: *Se pasa la vida trabajando y no dedica tiempo a la **diversión**.* [2] Cosa que divierte: *En el jardín del restaurante tienen algunos juegos mecánicos que son la **diversión** de los niños.*

diverso, sa *adj.* Variado, diferente: *Le mostré a Heriberto* **diversos** *libros sobre juegos para la computadora que podrían interesarle.*

divertido, da *adj.* Alegre, placentero: *Pasaron una tarde* **divertida** *jugando con el balón en el jardín.*

divertir *vb. irreg.* Producir alegría o placer algo o alguien: *Contrataron un payaso para que* **divirtiera** *a los niños durante la fiesta.*

dividendo *m.* En una división, número que se divide entre otro: *En la división "veinticinco entre cinco igual a cinco",* veinticinco *es el* **dividendo.**

dividir *vb.* ① Partir, separar en partes: **Dividieron** *un terreno grande para construir seis casas pequeñas.* ② Distribuir, repartir: *La hermana mayor fue la encargada de* **dividir** *los dulces entre sus hermanos.* ③ Hallar cuántas veces el divisor está contenido en el dividendo: *Si* **dividimos** *veinte entre cinco, nos da cuatro.*

divino, na *adj.* ① Relativo a Dios o a un dios: *Las leyes de la Biblia se consideran* **divinas** *porque fueron inspiradas por Dios.* ② Extraordinario, exquisito, adorable, maravilloso: *Vi un vestido* **divino** *en la tienda, pero era demasiado caro y no lo compré.*

divisible *adj.* ① Que se puede dividir. ② La cantidad que contiene a otra un número exacto de veces: *Quince es* **divisible** *entre tres.*

división *f.* ① Hecho de separar en partes, hecho de repartir: *La* **división** *de la tarta fue hecha en diez rebanadas porque diez personas querían comer de ella.* SIN. **sección.** ② Agrupación de los equipos según méritos o categoría: *Jugaron tan mal en el torneo esta temporada, que bajaron de la primera a la segunda* **división.** ③ Operación de dividir: *En la clase de matemáticas me enseñaron a hacer* **divisiones.**

divisor *m.* Cantidad que divide a otra: *En "veinte entre cuatro igual a cinco", cuatro es el* **divisor.**

divorciar *vb.* Separarse de manera legal un matrimonio: *Se* **divorciaron** *pues ya no se aman.*

divorcio *m.* Disolución legal de un matrimonio: *Le pidió el* **divorcio** *porque ya no aguantaba sus malos tratos.*

divulgar *vb. irreg.* Hacer que una información o conocimiento llegue a mucha gente: *Se ha* **divulgado** *la noticia de que ese actor tiene una enfermedad mortal.* SIN. **publicar, difundir.**

do *m.* Primera nota de la escala musical: *Después de la nota* **do** *viene re.*

doblar *vb.* ① Aumentar una cosa otro tanto. ② Sustituir los diálogos de un filme o película por su traducción en otro idioma: *En ese país se permite que los programas extranjeros de televisión se* **doblen** *en lugar de ponerles subtítulos.* ③ Cambiar de dirección: *Al* **doblar** *a la derecha encontró el restaurante que buscaba.* ④ Torcer algo que estaba derecho o hacer que algo forme un ángulo: *Se* **doblaron** *algunas páginas del libro*

que guardé en la maleta. ⑤ Plegar una cosa flexible: **Doblé** *las sábanas limpias y las guardé en el cajón.*

▶**doble** *adj./m.* Que contiene dos veces lo que se dice: *México tiene el* **doble** *de habitantes que Argentina.*

▶**doble** *m. y f.* Persona muy parecida a otra: *Cuando vi a esa mujer pensé que era Hilaria hasta que me di cuenta de que era su* **doble.**

▶**doble** *adv.* Dos veces más: *Mi hermana comió una rebanada de tarta, pero yo comí el* **doble** *porque me gusta mucho.*

doblez *m.* ① Parte de una cosa que se dobla o pliega: *Para evitar los* **dobleces** *preferí enrollar la cartulina en la que hice mi dibujo.* ② Señal que queda por donde se ha doblado una cosa: *Esta blusa tiene marcados los* **dobleces,** *voy a plancharla.*

doce *adj./m.* ① Número que resulta de sumar diez y dos: *El* **doce** *está entre el once y el trece.* ② Duodécimo: *Mi mamá está en la fila* **doce** *del teatro.*

docena *f.* Conjunto de doce unidades: *La maestra compró una* **docena** *de lápices para sus doce alumnos.*

▶**docente** *adj.* Relativo a la enseñanza: *Una buena práctica* **docente** *debe incluir la participación de los alumnos y no sólo la exposición del maestro.*

▶**docente** *m. y f.* Persona que enseña: *Los* **docentes** *decidieron organizar un festival para despedir a los alumnos del último grado.* SIN. **maestro.**

dócil *adj.* Tranquilo, obediente: *María es una niña muy* **dócil** *que obedece a sus padres sin rezongar.*

doctor, ra *m. y f.* ① Persona que posee un doctorado: *Para dar clases de historia en la universidad se necesita ser* **doctor** *en esa disciplina.* ② Persona que ha estudiado para curar enfermedades: *Si esas manchas no se te quitan pronto, tendrás que ir con un* **doctor.** SIN. **médico.**

doctorado *m.* Grado más elevado conferido por una universidad, y estudios necesarios para obtenerlo: *Juan obtuvo un* **doctorado** *en Biofísica en una universidad de los Estados Unidos.*

doctrina *f.* ① Enseñanza. ② Conjunto de ideas o principios.

documental *m.* Filme cinematográfico que instruye o informa: *Vi un* **documental** *muy interesante sobre la vida de los esquimales.*

documento *m.* Escrito que sirve como prueba de algo: *Para entrar a la universidad le pidieron el* **documento** *que compruebe que terminó la educación media superior.*

dólar *m.* Moneda de los Estados Unidos, Australia, Canadá y otros países.

doler *vb. irreg.* ① Sentir que algo nos hace daño en una parte del cuerpo: *El exceso de comida hizo que le* **doliera** *el estómago.* ② Causar o sentir disgusto o tristeza: *A Genaro le* **dolió** *que su novia le dijera que no se va a casar con él.*

---

dolor *m.* [1] Sensación de sufrimiento físico: *El doctor le recetó pastillas para el dolor de cabeza.* [2] Tristeza, pesar: *Sentía un profundo dolor por la muerte de su perro.*

doloroso, sa *adj.* Que duele, que produce sufrimiento: *La operación que le hicieron en la columna vertebral fue muy dolorosa y molesta.*

domador, ra *m.* y *f.* Persona que quita la bravura a ciertos animales: *El domador mete la cabeza dentro del hocico del león sin que lo muerda.*

domar *vb.* Hacer dócil a un animal: *No es fácil domar animales salvajes como el tigre y el león.* SIN. **amaestrar.**

domesticar *vb. irreg.* Hacer dócil y obediente a un animal salvaje.

doméstico, ca *adj.* [1] Relativo a la casa: *Ese horno es para uso doméstico, no se puede utilizar en restaurantes porque es muy pequeño.* [2] Se refiere al animal que se cría en compañía del hombre: *El más doméstico de los animales es el perro.*

domicilio *m.* Casa donde uno habita o se hospeda: *"Por favor, escriba en esta línea su nombre y domicilio", me pidió la empleada de la escuela.*

dominar *vb.* [1] Tener bajo control, bajo dominio: *Los antiguos griegos dominaron gran parte de Europa.* [2] Conocer a fondo una ciencia o arte: *Después de tantos años de estudiarla y practicarla, ahora domina la pintura.*

domingo *m.* Último día de la semana, contando a partir del lunes: *Mi papá trabaja de lunes a sábado y sólo descansa el domingo.*

dominical *adj.* Relativo al domingo: *La rutina dominical de José consiste en levantarse a las diez, leer el diario con calma, comer en un restaurante, ir al cine y descansar.*

dominicano, na *adj./m.* y *f.* Originario de la República Dominicana, país de las Antillas, y de su capital, Santo Domingo.

dominio *m.* Poder y control que se tiene sobre personas o cosas. SIN. **influencia.**

dominó *m.* Juego en el que se usan 28 fichas rectangulares, divididas en dos partes, con puntos que significan números: *Le tocó jugar primero en el dominó porque tenía una ficha con doce puntos.*

▶**don** *m.* [1] Regalo: *Una de las hadas le dio a la joven princesa el don de la inteligencia y otra, el de la belleza.* [2] Talento, habilidad: *Tiene un raro don para convencer a la gente de que haga lo que ella quiere.*

▶**don** *m.* Tratamiento de cortesía que se antepone al nombre de pila masculino: *Fuimos al restaurante de don Gabriel, él es un amigo de mi abuelo.*

dona *f. Amér. C., Méx.* y *P. Rico.* Rosquilla de masa esponjada, frita en aceite y cubierta con chocolate o azúcar: *A mí me gustan las donas de canela, mi hermano las prefiere de chocolate.*

donar *vb.* Dar, ceder, regalar: *Después de que el escritor murió, su hijo donó la biblioteca de su padre a la universidad.*

donativo *m.* Regalo, en especial el que se da para fines de caridad: *Esa fundación para ayudar a los niños sin hogar se sostiene con los donativos de muchas personas.*

donde *adv.* [1] Lugar donde ocurre algo o ya ocurrió: *Estoy seguro que ahí fue donde dejé las llaves.* [2] Lugar hacia el que uno se dirige: *Cuando tengas pasaporte, tendrás autorización para viajar a donde tú quieras.*

dónde *adv.* [1] En qué lugar: *Ayer te busqué por todos lados, ¿dónde estabas?* [2] Hacia qué lugar: *"¿Dónde vas a ir de vacaciones?", pregunté a mi amiga.*

dondequiera *adv.* En cualquier lugar: *"Pon ese cuaderno dondequiera", me dijo Germán.*

doña *f.* Tratamiento de cortesía que se antepone al nombre de pila femenino: *Apenas llegó a la ciudad, Rosario fue a visitar a doña Themis.*

dorado, da *adj.* De color de oro o parecido a él: *La niña tenía el pelo dorado pero luego se le oscureció.*

dorar *vb.* [1] Recubrir con una capa de oro: *Pidió que doraran el marco en el que pondría una fotografía muy antigua de su madre.* [2] Freír o asar algo hasta que adquiere un color de oro: *Antes de ponerles la salsa, se deben dorar los filetes de pescado.*

dormir *vb. irreg.* [1] Permanecer en estado de reposo y sueño para reponer las energías físicas y mentales: *Estaba tan cansado que se durmió en cuanto puso la cabeza sobre la almohada.* [2] Descansar, reposar, pasar la noche en algún lugar: *Perdió el tren de regreso y se tuvo que quedar a dormir en aquella ciudad.* [3] Quedarse un miembro sin sensibilidad: *Como tuve cruzada la pierna durante mucho tiempo, se me durmió.*

dormitar *vb.* Dormir con sueño poco profundo: *El abuelo dormita frente a la televisión encendida, pero si la apagas se despierta de inmediato.*

dormitorio *m.* Habitación para dormir y muebles que la ocupan: *Los dormitorios de mi casa están en la parte de arriba y en el piso de abajo están el comedor, la sala y la cocina.*

dorsal *adj.* [1] Relativo al dorso o espalda: *Esos peces tienen aletas pectorales, laterales y dorsales.* [2] *loc.* **Espina dorsal,** columna vertebral: *Como tiene un poco torcida la espina dorsal, debe ir a una terapia cada semana.*

dorso *m.* [1] Espalda. [2] Revés de una cosa: *En el dorso de la carta encontró el nombre de quien se la envió.*

dos *adj./m.* [1] Número que resulta de sumar uno y uno: *La maestra le pidió a Ernesto que le enseñara las dos manos, porque sabía que en una de ellas estaba el papel que escondía.* [2] Segundo: *Por sus buenas calificaciones, Ramiro es el número dos de su clase.*

a

b

c

d

e

f

g

doscientos, tas *adj./m.* ① Número que resulta de sumar dos veces cien. ② Que corresponde en orden al número doscientos: *Rita está en el lugar doscientos de la fila para entrar al cine y sólo hay 199 lugares, eso es tener mala suerte.*

dosis *f.* Cantidad de medicamento que se toma de una sola vez: *Una cucharada de jarabe tres veces al día es la dosis que recomendó el doctor.*

dragón *m.* ① Monstruo fabuloso con alas y con cola de serpiente: *El cuento dice que había un caballero que tuvo que pelear contra un dragón para rescatar a la princesa.* ② Reptil parecido al lagarto.

drama *m.* ① Género literario que comprende las obras que se escriben para ser representadas. ② Suceso capaz de conmover: *Los noticieros anunciaron la muerte de esa princesa como el drama que conmovió al mundo.*

dramático, ca *adj.* ① Relativo al teatro. ② Grave, que conmueve o impresiona: *Tuvo un accidente dramático en el que casi perdía la vida.*

drenaje *m.* Eliminación del agua de una zona: *Los antiguos romanos diseñaron un drenaje en las ciudades.*

drenar *vb.* Extraer líquido: *Las autoridades drenaron el canal para evitar que se desbordara.*

droga *f.* ① Sustancia que produce efectos alucinógenos o estimulantes y que puede crear hábito: *Lo mejor que se puede hacer con las drogas es no acercarse a ellas.* ② Nombre de ciertas sustancias usadas en química, medicina, etc. SIN. medicamento.

drogadicción *f.* Enfermedad que consiste en la necesidad de consumir alguna droga: *La drogadicción era su gran problema, pero estuvo en una clínica y ya tiene dos años sin tomar ninguna droga.*

drogadicto, ta *adj./m.* y *f.* Relativo a la persona que tiene una necesidad incontrolable de tomar alguna droga. SIN. toxicómano.

dromedario *m.* Animal parecido al camello, pero con una sola joroba: *El dromedario es utilizado para montar o como bestia de carga en los desiertos de África y Arabia.*

ducho, cha *adj.* Diestro, hábil, experto: *Emiliano es muy ducho para componer pequeños desarreglos en los aparatos eléctricos.*

duchar *vb.* Bañarse, no en bañera o tina, sino recibiendo el agua en forma de chorro: *Lo primero que Pedro hace por la mañana es ducharse, luego se viste y desayuna.*

duda *f.* ① Falta de determinación entre dos decisiones: *Tengo una duda, no sé si debo ponerme el vestido rojo o el azul ¿tú qué opinas?* ② Sospecha: *Al abogado siempre le quedó la duda de si su cliente había asesinado a su esposa o no.*

dudar *vb.* ① Dar poco crédito: *Dudo que todos los alumnos puedan aprobar ese examen, porque la mayoría no ha estudiado bien.* ② Estar en duda: *Samuel*

duda *entre estudiar química o estudiar matemáticas.* SIN. vacilar.

duelo *m.* Demostración de pesar por la muerte de alguien: *Se vistió de negro un mes en señal de duelo por la muerte de su padre.*

duende *m.* ① Espíritu o ser fantástico. SIN. gnomo, nomo, genio. ② *Esp.* Encanto de una persona o cosa.

dueño, ña *m.* y *f.* Persona que posee una cosa: *"¿Quién será el dueño de esa casa tan grande?"*

dueto *m.* Grupo musical formado por dos integrantes: *Paz y Eva formaron un dueto que llegó a ser muy famoso.*

▶ **dulce** *adj.* ① Que causa al paladar una sensación azucarada: *El postre estaba tan dulce que me dolieron los dientes.* ② Grato, apacible.

▶ **dulce** *m.* Tipo de comida hecho o cocido con azúcar, miel o almíbar: *No se deben comer muchos dulces porque nos harían daño.*

dulzura *f.* ① Calidad de dulce: *En esta ensalada la dulzura de las frutas se mezcla con la acidez del limón y el resultado es muy sabroso.* ② Bondad: *Valentín, el veterinario, siempre trata con dulzura a los animales que atiende.*

duna *f.* Colina formada por un montón de arena: *Las dunas en el desierto tienen formas cambiantes por los efectos del viento.*

duplicado *m.* ① Copia de un escrito que se hace por si el original se pierde o por si se necesitan más ejemplares: *"Escribe tu renuncia con un duplicado y guárdala para cualquier aclaración", me dijo la empleada.* ② Repetición exacta, duplicación o réplica de un objeto: *Saqué un duplicado de la llave para que puedas entrar a mi casa cuando yo no esté.*

duplicar *vb. irreg.* ① Multiplicar por dos: *Si duplicamos diez, tendremos veinte.* ② Hacer doble algo: *Fue un buen negocio porque el dinero se duplicó: Pepe invirtió cien y ahora tiene doscientos.*

duración *f.* Tiempo en el que transcurre algo: *El vuelo a Buenos Aires tendrá una duración de dos horas con veinte minutos.*

duradero, ra *adj.* Que se prolonga a lo largo del tiempo, que se queda: *La viruela produce marcas duraderas en la piel.*

durante *prep.* Indica el espacio de tiempo en que dura algo: *Como estaba desvelado, Esteban se quedó dormido durante el concierto.*

durar *vb.* ① Estar ocurriendo algo en un espacio de tiempo: *"¿Cuánto dura el programa de televisión que vamos a ver?", pregunté a mi madre.* ② Seguir existiendo, permanecer: *Los enormes árboles de algunos bosques han durado cientos de años, es importante cuidarlos.*

🔊 *adj.* = adjetivo ☆ *adv.* = adverbio ☆ *f.* = sustantivo femenino ☆ *m.* = sustantivo masculino ☆ *prep.* = preposición ☆ SIN. = sinónimo ☆ *vb.* = verbo ☆ *vb. irreg.* = verbo irregular.

durazno *m.* [1] Melocotonero y variedades de este árbol. [2] Fruto del árbol del durazno.

dureza *f.* Calidad de duro: *El diamante es el mineral de mayor* **dureza** *y ningún otro puede rayarlo.*

duro *adv.* Con fuerza, con violencia: *"Tienes que pegarle* **duro** *al coco para que se rompa", me dijo Andrés.*

duro, ra *adj.* [1] Que no es blando u ofrece resistencia a ser modificado: *El pan estaba tan* **duro** *que ni siquiera pude morderlo.* [2] Difícil, trabajoso, penoso: *La vida de Eloísa ha sido* **dura**, *desde muy joven ha trabajado para mantener a sus hermanos y a su madre enferma.* [3] Insensible, cruel.

a

b

c

d

e

f

g

Ⓢ *Esp.* = España.

Ee

e *f.* Quinta letra del abecedario español y segunda de sus vocales.

e *conj.* Sustituye a la *y* ante palabras que empiezan con *i* o con *hi*: *"Mi diccionario es práctico, útil* **e** *instructivo."*

ebanista *m.* y *f.* Carpintero especializado en muebles y trabajos finos.

ébano *m.* Madera del árbol llamado ébano, que es negra, pesada y dura: *Mi tío trajo de África una preciosa escultura de* **ébano**: *es una mujer con los ojos cerrados y el cabello trenzado.*

ebrio, ria *adj./m.* y *f.* Borracho: *Si las personas no condujeran su automóvil* **ebrias**, *se podrían evitar muchos accidentes.* ANT. **sobrio.**

ebullición *f.* [1] Hervor: *"Cuando el caldo entre en* **ebullición**, *tapa la olla para que se cueza el pollo", me indicó mi madre.* [2] *loc.* **Punto de ebullición**, temperatura a la cual comienza a hervir un líquido.

echar *vb.* [1] Arrojar, tirar, lanzar: *"No* **eches** *la basura a la calle porque contaminas."* [2] Despedir algo de sí: *El boxeador* **echaba** *sangre por la nariz después de la pelea.* [3] Hacer salir a uno de un lugar: *Los* **echaron** *del bar por molestar a los otros clientes.* [4] Poner: *Por seguridad, siempre que salgamos debemos* **echar** *llave a la puerta de la casa.* [5] Tenderse, acostarse: *Mi perro* **se echa** *a dormir frente a la puerta de la casa.* [6] *loc.* **Echar a perder**, malograr, descomponer: *La helada* **echó a perder** *toda la cosecha de tomate.*

eclipse *m.* Ocultación de un astro porque otro se pone entre él y el Sol que lo ilumina: *Durante el* **eclipse** *de Sol, el cielo se oscureció como si fuera de noche y eran apenas las 10 de la mañana.*

eco *m.* Repetición de un sonido cuando las ondas chocan contra un obstáculo: *Gritábamos desde la colina y pudimos escuchar el* **eco** *de nuestra voz.*

ecología *f.* Ciencia que estudia las relaciones entre los seres vivos y su medio ambiente.

economía *f.* [1] Estudio de la administración y reparto de la riqueza. [2] Manejo de los recursos: *Mi mamá y mi papá cooperan en la* **economía** *familiar.* [3] Dinero y riqueza que se tiene: *Como la* **economía** *de la familia no está muy bien, no podremos ir de vacaciones.*

economista *m.* y *f.* Persona especializada en economía: *Mi hermano es* **economista** *porque estudió economía en la universidad.*

ecu *m.* Siglas de *European Currency Unit.* Ex unidad monetaria de la Unión Europea.

ecuador *m.* Círculo imaginario de la esfera terrestre, equidistante de los polos, que divide a la Tierra en dos partes iguales.

ecualizador *m.* Aparato que separa una señal sonora en diferentes frecuencias.

ecuatoriano, na *adj./m.* y *f.* Originario de Ecuador, país de América del Sur.

edad *f.* [1] Tiempo que una persona ha vivido desde su nacimiento: *"¿Qué* **edad** *tienes?", me preguntó un compañero.* [2] *loc.* **Mayoría de edad**, años de vida que la ley considera suficientes para que una persona sea plenamente responsable.

edificio *m.* Construcción hecha con materiales resistentes, que tiene varios niveles, destinada a vivienda o a otros usos: *Pablo vive en el quinto piso de un* **edificio** *azul que está en la esquina.*

editar *vb.* [1] Elaborar y publicar un libro, diario, revista o disco. [2] Cortar y ordenar las escenas de un filme o película.

editorial *f.* Empresa que publica diarios, revistas o libros: *La* **editorial** *Larousse elaboró el diccionario que estás leyendo.*

edredón *m.* Cobertor relleno de plumas o de otro material: *Como empezó el invierno, pusimos los* **edredones** *sobre las camas de la casa.*

educación *f.* [1] Formación, instrucción: *Los profesores deben preocuparse por la* **educación** *de sus alumnos.* [2] Conocimiento de los hábitos y modales de la sociedad: *Pablo come de manera correcta porque es un niño con* **educación**.

educando, da *adj./m.* y *f.* Que está recibiendo educación: *El director de la escuela dio la bienvenida a todos los* **educandos** *nuevos.*

educar *vb. irreg.* Desarrollar las capacidades intelectuales, morales o físicas. SIN. **instruir, enseñar.**

efectivo *m.* [1] Dinero contante y disponible: *Mi papá fue al banco a retirar* **efectivo** *de su cuenta de ahorros.* [2] *pl.* Tropas que componen una unidad del ejército:

---

adj. = adjetivo ☆ ANT. = antónimo ☆ *art.* = artículo ☆ *conj.* = conjunción ☆ *f.* = sustantivo femenino ☆ *loc.* = locución ☆ *m.* = sustantivo masculino ☆ *pl.* = plural ☆ *pron.* = pronombre ☆ SIN. = sinónimo ☆ *vb.* = verbo ☆ *vb. irreg.* = verbo irregular ➡ Ver Minienciclopedia.

Durante el desfile en honor a la bandera vimos a muchos efectivos marchando.

efecto *m.* ① Resultado de lo que es causado por otra cosa: *El médico nos explicó los efectos nocivos que el alcoholismo tiene en la gente.* ANT. **causa.** ② En algunos deportes, movimiento que se da a una bola para que su trayectoria sea irregular: *Un buen lanzador en béisbol sabe dar efecto a la pelota.* ③ *loc. pl.* **Efectos especiales,** trucos de cine: *El filme sobre los dinosaurios no es muy bueno, pero sus efectos especiales son impresionantes.*

eficaz *adj.* Que produce el resultado deseado: *Este insecticida es muy eficaz para eliminar hormigas.*

egipcio, cia *adj./m.* y *f.* Originario de Egipto, país del Noreste de África.

egoísmo *m.* Inclinación a considerar solamente el interés personal: *Su egoísmo lo lleva a no dejar que nadie se acerque a sus cosas.*

eje *m.* ① Barra que atraviesa un cuerpo y le permite girar: *Cada rueda está unida al automóvil por un eje.* ② Línea imaginaria alrededor de la cual se mueve un cuerpo: *El eje de la Tierra va del polo Norte al polo Sur.*

ejecutar *vb.* ① Realizar algo: *Un soldado siempre ejecuta las órdenes de sus superiores.* ② Matar a un condenado.

ejecutivo, va *adj./m.* y *f.* ① Persona que hace tareas o trabajos directivos en una empresa. ② *loc.* **Poder ejecutivo,** el que lleva a cabo la autoridad del Estado y controla al gobierno.

▶ **ejemplar** *adj.* Que sirve de ejemplo o enseñanza: *El comportamiento de los padres debe ser ejemplar para sus hijos.*

▶ **ejemplar** *m.* Cada una de las obras obtenidas de un mismo original: *Se imprimieron 200 ejemplares de mi libro de poesía.*

ejemplo *m.* ① Caso o hecho digno de ser imitado, o que puede ser motivo de imitación: *Sigan el ejemplo de sus compañeros más estudiosos y no el de los perezosos.* ② Caso, hecho o cosa que se cita para ilustrar algo: *Un ejemplo de animal carnívoro es el león.*

ejercicio *m.* ① Movimientos del cuerpo que sirven para mantenerse en forma. ② Cualquier esfuerzo que tenga por objeto la adquisición o conservación de una facultad o aptitud física o mental: *El maestro nos pidió un ejercicio de geometría para que practiquemos las fórmulas que nos enseñó.*

ejercitar *vb.* Practicar para lograr habilidad en una aptitud o facultad: *Rubén lee en voz alta para ejercitar la oratoria.*

ejército *m.* Conjunto de las fuerzas militares de una nación o país, en especial las fuerzas terrestres: *El ejército tiene como objetivo defender la nación frente a algún enemigo.*

ejidatario, ria *m.* y *f.* Cada uno de los titulares o dueños de tierras en un ejido.

ejido *m.* ① Campo común de un pueblo. ② *Méx.* Terreno que el Estado concede a un grupo de campesinos para su explotación.

ejote *m.* *Amér. C.* y *Méx.* Vaina verde del poroto o frijol. SIN. **chaucha.**

él *pron.* Pronombre personal masculino que indica tercera persona del singular y funciona como sujeto o como complemento: *"Yo vi a Héctor en casa de Mayra, él fue a cenar", me dijo Ana.*

el *art.* Artículo determinado que se antepone a los sustantivos para indicar género y número: *Cuando digo "el jarrón", sé que hay un solo jarrón y que la palabra es masculina.*

elaborar *vb.* Hacer un producto: *En mi pueblo elaboran dulces muy sabrosos y los venden en otros lugares.*

elasticidad *f.* Propiedad de los cuerpos de recuperar su forma inicial después de ser estirados o deformados: *Las ligas tienen elasticidad y por eso puedo estirarlas y cuando las suelto regresan a su tamaño original.*

elástico *m.* Fibra de goma que se estira: *Se me cae el pantalón porque se le rompió el elástico.*

elector, en *m.* y *f.* Persona que vota en unas elecciones: *En esa casilla hubo muchos electores, por eso terminaron muy tarde de contar las boletas.*

electoral *adj.* Relativo a las elecciones o votaciones, al proceso de prepararlas y a los electores.

electricidad *f.* Corriente eléctrica usada como fuente de energía. SIN. **luz.**

electricista *m.* y *f.* Persona especializada en la conducción y aplicación de la electricidad.

eléctrico, ca *adj.* Que pertenece a la electricidad o la produce, funciona o utiliza este tipo de energía: *Compré un despertador eléctrico que no funciona cuando no hay luz en mi casa.*

electrodoméstico *m.* Aparato eléctrico diseñado para usarse en el hogar: *Fui al departamento de electrodomésticos de la tienda, porque quería comprar un tostador de pan.*

elefante, ta *m.* y *f.* Mamífero de gran tamaño, piel gruesa y trompa prensil que tiene a sus lados largos colmillos: *Existen dos tipos distintos de elefantes, el africano y el asiático.* →

elegante *adj.* Que tiene buen porte y viste con buen gusto.

elegir *vb. irreg.* Preferir a una persona, animal o cosa entre otros semejantes: *Tengo un vestido verde y un vestido rojo, pero elegí el rojo para la fiesta porque me gusta más.* SIN. **escoger.**

elemental *adj.* ① Fundamental, que es lo más importante: *Es elemental que hagas el postre como dice la receta, ya que es la única manera de que se vea igual*

a

b

c

d

e

f

g

que en la fotografía. [2] De fácil comprensión: *El problema de matemáticas fue tan **elemental** que todos los alumnos lo resolvimos de manera correcta y rápida.*

elemento *m.* [1] Parte integrante de una cosa: *La comprensión es un **elemento** indispensable en una relación amorosa.* [2] *pl.* Conjunto de fuerzas de la naturaleza: *Cuando el fierro queda expuesto a los **elementos** de la naturaleza, va oxidándose y desintegrándose.*

elenco *m.* Conjunto de actores de un espectáculo: *No fui a ver la obra de teatro porque no me gusta el **elenco** que tiene.*

elevador *m.* Antill., Méx. y Pan. Ascensor: *Como el **elevador** se descompuso tuve que subir caminando siete pisos hasta el departamento donde vivo.* SIN. **ascensor**.

elevar *vb.* Alzar, levantar, poner o llevar algo a un nivel más elevado del que estaba antes: *El avión en que viajamos se **elevó** más allá de las nubes.* SIN. **alzar, levantar**.

eliminar *vb.* [1] Desechar algo o a alguien al hacer una selección: *Durante las competencias de natación, muchos atletas fueron **eliminados** y al final sólo quedaron los tres mejores.* [2] Quitar algo de algún lugar de manera definitiva: *Lavé mi vestido con un jabón muy efectivo que me ayudó a **eliminar** las manchas.* [3] Arrojar fuera del organismo: *Comer frutas y cereales que contengan fibra ayuda a que tu cuerpo **elimine** de manera más fácil los desechos.* SIN. **expulsar**.

elixir o **elíxir** *m.* [1] Bebida maravillosa: *La anciana reina envió a sus caballeros en busca del **elixir** de la juventud.* [2] Remedio disuelto en alcohol, para administrarlo como licor medicinal.

ella *pron.* Pronombre personal femenino de tercera persona singular, que funciona como sujeto: *En la frase "ella fue al cine", **ella** es un pronombre personal que funciona como sujeto.*

ello *pron.* Pronombre personal neutro de tercera persona, que funciona como sujeto neutro: *En la frase "ello es terrible", **ello** es sujeto.*

ellos, ellas *pron.* Pronombre personal de tercera persona, masculino y femenino, plural, que funciona como sujeto: *En la frase "ellos no vinieron", **ellos** es sujeto.*

elogio *m.* Alabanza dirigida a alguien o algo: *Su novela era tan buena que recibió grandes **elogios** del público.*

elote *m.* Amér. C. y Méx. Mazorca tierna de maíz: *Al salir de la escuela me gusta comprar un **elote** con limón y sal.* SIN. **choclo, jojoto**. →

embadurnar *vb.* Untar, embarrar, ensuciar: *Los niños regresaron de la fiesta con la cara **embadumada** de los postres y dulces que comieron.*

embajada *f.* [1] Cargo y oficina del embajador: *El padre de una amiga está a cargo de la **embajada** de México en Noruega.* [2] Edificio donde se encuentran las oficinas del embajador: *La **embajada** de Perú está en el centro de la capital de México.*

embajador, ra *m.* y *f.* Diplomático que representa a su país en una nación extranjera: *El **embajador** declaró a la prensa que su país estaba enviando ayuda a las zonas damnificadas por el huracán.*

embarazo *m.* Estado y tiempo que dura el desarrollo de un nuevo bebé dentro del vientre de la mujer: *Mi hermana tiene ocho meses de **embarazo**; sólo falta uno más para que nazca su hija.*

embarcación *f.* Objeto flotante que sirve para transportarse en el agua: *A mis primos les encanta pasar varias horas en el puerto contemplando las **embarcaciones** e imaginando que son marineros.* SIN. **barco**.

embarcadero *m.* [1] Sitio en un puerto al que llegan y del que parten las embarcaciones que transportan pasajeros: *El puerto de Veracruz, en México, y el del Callao, en Perú, son dos **embarcaderos** muy importantes.* [2] Muelle construido sobre piedras arrojadas al fondo del mar para facilitar el embarque y desembarque de objetos: *Mi padre trabajó durante diez años en el **embarcadero** metiendo y sacando grandes cajas de los barcos.*

embarcar *vb. irreg.* Introducir a una persona, cosa o mercancía en un avión, barco o ferrocarril: *Llegué al aeropuerto en el momento en que mi madre **se embarcaba** en el avión que la llevaría a París.*

embarrar *vb.* Cubrir o manchar con barro o con otra sustancia: *Cada vez que comes chocolates **te embarras** la boca y las manos.*

embellecer *vb. irreg.* Transformar algo para que sea hermoso: *El alcalde **está embelleciendo** la ciudad con grandes parques y museos.*

emblema *m.* Símbolo acompañado de una leyenda explicativa.

embonar *vb.* Cuba, Ecuad. y Méx. Empalmar o hacer coincidir una cosa con otra: *Para fabricar una silla, se **embonan** las patas con el asiento y el respaldo.*

emborrachar *vb.* [1] Poner o ponerse ebrio: *El hombre se **emborrachó** durante la fiesta y al salir a la calle comenzó a decir tonterías y luego se cayó.* [2] Mezclarse los colores: *"Si no tienes cuidado al pintar el paisaje, el amarillo del sol **se va a emborrachar** con el azul del cielo", me dijo el maestro.*

embotellamiento *f.* Entorpecimiento o falta de circulación de los vehículos.

embrague *m.* [1] Mecanismo que permite poner en movimiento una máquina acoplándola al motor. [2] Pedal que sirve para accionar dicho mecanismo.

embriagar *vb. irreg.* Emborracharse, beber alcohol hasta quedar ebrio: *Ese hombre no tiene remedio, todas las noches va al bar de la esquina y se **embriaga** hasta caer al suelo.*

embromar *vb.* [1] Gastar una broma: *Se divierte mucho **embromando** a sus amigas con un ratón de plástico.* [2] Engañar por diversión y sin deseo de dañar: *"Deja*

◆ *f.* = sustantivo femenino ☆ *m.* = sustantivo masculino ☆ *pl.* = plural ☆ *pron.* = pronombre ☆ **SIN.** = sinónimo ☆ *vb.* = verbo ☆ *vb. irreg.* = verbo irregular ☆ → Ver Minienciclopedia.

de **embromarme** y ya dime si es cierto que me gané el primer premio de la lotería", dije a Maura. ③ *Argent., Colomb., Cuba, Chile, Perú, P. Rico y Urug.* Fastidiar, perjudicar: *Coco me* **embromó** *ante el maestro; le dijo que yo había copiado el examen.*

embrujar *vb.* Hechizar o realizar sobre alguien acciones de brujería que resultan dañinas: *Dice la gente en el pueblo que Anabel se enfermó porque alguien que le tenía mucha envidia la* **embrujó.**

embudo *m.* Utensilio en forma de cono para pasar líquidos de un depósito a otro: *"Pásame el* **embudo** *para vaciar el vino del vaso a la botella", dijo Gerardo a Rosalía.*

embutido *m.* Tripa rellena de carne de cerdo u otra carne picada y aderezada o sazonada: *Entre todos los* **embutidos** *me gusta, sobre todo, la salchicha.*

emergencia *f.* Suceso urgente: *La sala de cine tiene varias salidas que van directas a la calle para que la gente salga pronto si ocurre alguna* **emergencia.**

emerger *vb. irreg.* Salir algo del agua u otro líquido: *Un sapo* **emergió** *del pantano, llevando en la boca el anillo de oro que la princesa había perdido.*

emigrar *vb.* Dejar el propio país para establecerse en otro: *Hace más de cincuenta años mi padre decidió dejar su pueblo natal en Italia y* **emigrar** *a la Argentina.*

emisor, ra *m. y f.* Persona que envía un mensaje: *Cuando hablo soy el* **emisor** *de un mensaje, y cuando yo escucho soy el receptor.*

emisora *f.* Establecimiento desde el cual se difunden noticias, música, etc.: *Me gustaría tener mi propio programa de rock en una* **emisora** *de radio.*

emitir *vb.* ① Despedir una cosa hacia afuera: *Antes de morir, mi perro* **emitió** *un profundo aullido de dolor.* ② Poner en circulación: *La oficina de correo* **emitirá** *nuevos sellos postales en honor a un cantante de ópera.*

emoción *f.* Agitación del ánimo que nace de una causa pasajera: *Al ver a mi hermana después de diez años sentí tanta* **emoción** *que lloré.*

empacar *vb. irreg.* ① Meter algo en un empaque: *"Debes* **empacar** *con cuidado los huevos para que no se rompan", me dijo mi madre.* ② *Amér.* Hacer el equipaje: *"Está bien, me iré de tu casa; pero antes voy a* **empacar** *mis cosas", dije a mi amiga.*

empachar *vb.* Causar indigestión: *Sergio no fue a clases porque está* **empachado,** *ayer comió tantos dulces que terminó con un terrible dolor de estómago.*

empalagar *vb. irreg.* Hartar un alimento dulce: *Después de comerse diez postres diferentes, dijo que el flan lo* **había empalagado.**

empalmar *vb.* ① Unir dos cosas: *Para que funcione la grabadora debes* **empalmar** *esos dos alambres.* ② Unirse dos ferrocarriles o carreteras: *"Camina dos kilómetros*

hacia el norte; ahí el camino *se* **empalma** *con una carretera que te llevará a la ciudad", indiqué al viajero.*

empanada *f.* Alimento que consiste en una envoltura de pan rellena de distintos ingredientes: *Mi abuela está horneando unas ricas* **empanadas** *de carne.*

empañar *vb.* ① Perder o quitar el brillo o la transparencia: *Esas joyas se* **empañaron,** *pero las limpié y ahora lucen como nuevas.* SIN. **opacar.** ② Cubrirse un cristal por el vapor del agua: *El agua de la bañera estaba tan caliente que los espejos del baño se* **empañaron.**

empapar *vb.* Penetrar mucho líquido en un cuerpo: *"Cámbiate de ropa, que el sudor* **empapó** *la que traes", me dijo mi madre.* SIN. **mojar.**

empaque *m.* ① Hecho de atar un conjunto de ropas o telas: *Llevé el* **empaque** *de la ropa sucia al lavadero y me puse a lavarla.* ② *Colomb., C. Rica y Méx.* Pieza de caucho o hule que sirve para apretar las junturas de dos piezas de un aparato.

empaquetar *vb.* Envolver objetos: *"Quiero que* **empaquetes** *estos adornos de Navidad y que los guardes en el sótano para utilizarlos el próximo año", me dijo mi madre.*

emparedado *m.* Bocadillo preparado con rebanadas de pan de caja: *Cuando no tengo tiempo de almorzar, como un* **emparedado** *de jamón y queso.* SIN. **sándwich.**

emparejar *vb.* ① Poner una cosa a nivel con otra: *De un lado tengo el pelo más corto y de otro más largo; voy a ir a la peluquería para que lo* **emparejen.** ② Alcanzar a alguien que iba adelante: *Al principio tenía las peores calificaciones de su clase, pero estudió tanto que logró* **emparejarse** *con los demás.*

empastar *vb.* ① Rellenar el hueco de una caries dental: *El dentista quitó la caries de la muela y luego la* **empastó.** ② Proteger y embellecer la cubierta de los libros: *Miguel cuida mucho sus libros, cada vez que compra uno nuevo lo* **empasta** *para que se vea bonito y no se maltrate.*

empatar *vb.* ① Obtener el mismo número de votos en una elección dos o más candidatos: *Si dos candidatos* **empatan,** *entonces habrá una segunda vuelta electoral.* ② En deportes, obtener el mismo número de tantos o puntos los jugadores: *No hubo ganador en el partido de fútbol, porque los dos equipos* **empataron.** ③ *Colomb., C. Rica, Méx., P. Rico y Venez.* Empalmar una cosa con otra: *Para hacer el vestido, mi madre cortó dos telas, las* **empató** *y las cosió.*

empate *m.* Igualdad entre dos o más concursantes o equipos, que obtienen los mismos tantos en un encuentro: *Nadie ganó el partido, fue un* **empate** *a dos goles.*

empeine *m.* Parte superior del pie, entre el tobillo y el principio de los dedos: *Los niños pequeños tienen el* **empeine** *muy abultado, parece una papa.*

a

b

c

d

e

f

g

empeñar *vb.* ① Dar una cosa como garantía de un préstamo: *Tuve que empeñar mi reloj para conseguir el dinero que necesitaba.* ② Insistir con tesón en algo: *Se la pasa estudiando alemán todo el día porque se empeña en aprender ese idioma.* ③ Interceder para que alguien consiga lo que pretende.

empeño *m.* ① Obligación de pagar que tiene la persona que deja un objeto en garantía de un préstamo. ② Tesón y constancia: *Pone mucho empeño en aprender a leer, creo que pronto leerá sin dificultad.* ③ *Méx.* Casa de empeños o lugar autorizado al que se acude para obtener dinero, dejando en prenda algún objeto de valor: *Le dije a Paula que no se preocupara por el dinero; que yo lo conseguiría llevando una joya al empeño.*

empeorar *vb.* Poner o ponerse peor, desmejorar: *Tuvimos que llevar al niño al hospital, porque su resfrío empeoró.*

emperador *m.* Soberano de un imperio: *Carlomagno fue emperador del Sacro Imperio Romano.* →

emperatriz *f.* ① Esposa de un emperador: *Catalina I de Rusia fue nombrada emperatriz cuando se casó con Pedro el Grande.* ② Soberana de un imperio: *Isabel de Portugal fue reina de España y emperatriz de Alemania.*

empezar *vb. irreg.* ① Dar principio a algo: *La clase de matemáticas empieza a las diez de la mañana.* ② Seguido de la preposición "a" y de un verbo en modo infinitivo, expresa comienzo de la acción indicada por ese infinitivo: *Empezaré a servir la cena a las siete de la noche.*

empinar *vb.* ① Enderezar y levantar en alto una cosa: *Entre mis amigos y yo empinamos el árbol que se había caído.* ② Levantarse alguien sobre las puntas de los pies, o un animal sobre las patas traseras levantando las delanteras: *Cuando le voy a dar un beso a mi padre tengo que empinarme, porque es alto y no lo alcanzo.*

emplasto *m.* Preparado que posee propiedades curativas y cuyo uso es sólo externo: *Mi abuela me colocó un emplasto de hierbas en el tobillo para que me quitara el dolor que me causó la torcedura.*

emplear *vb.* ① Usar, utilizar: *"Debes emplear harina integral y miel en la preparación de estas galletas", me dijo mi abuela.* ② Invertir una cosa para hacer o conseguir algo: *Emplearemos todas nuestras energías en encontrar la solución al problema de matemáticas.* ③ Dar empleo: *Hace más de veinte años que me emplearon en esta empresa.*

empleo *m.* ① Hecho de dar trabajo a alguien: *Mi tío ofreció darme un empleo de vendedor de dulces en el zoológico.* ② Ocupación, trabajo retribuido: *Tengo un buen empleo en la tienda de ropa, me dan el dinero que necesito para seguir estudiando.*

empollar *vb.* Incubar o calentar el ave los huevos para que nazcan polluelos: *Esa pequeña ave no se mueve* del nido desde hace varios días porque es una hembra que está empollando.

empolvar *vb.* ① Echar polvo: *¡No sacudas la manta en la sala porque estás empolvando los muebles!* ② Cubrirse de polvo: *En el siglo XVIII, los caballeros de las cortes europeas se empolvaban la cara.*

empotrar *vb.* Hincar algo en la pared o en el suelo, asegurándolo con hormigón o alguna clase de pegamento: *Hizo un agujero en la pared de la cocina para empotrar el horno de microondas que compró.*

emprender *vb.* Dar principio a una obra o empresa: *Mi padre invertirá una fuerte cantidad de dinero para emprender un negocio de exportación de artesanías.*

empresa *f.* ① Hecho de empezar algo y cosa que se comienza: *Ya estoy metido en la empresa de obtener un buen empleo y no voy a detenerme hasta conseguirlo.* ② En economía, sociedad industrial o de comercio que produce o vende algo: *La familia campesina es una empresa; padre, madre e hijos comparten las labores de siembra y venta de la cosecha.*

empresario, ria *m.* y *f.* Dueño o director de una empresa, industria o negocio: *El empresario de la compañía de bebidas gaseosas es un hombre muy rico.*

empujar *vb.* Hacer fuerza contra una cosa para moverla: *El automóvil se descompuso en la calle y tuvimos que empujarlo hasta la casa.*

empujón *m.* Impulso dado con mucha fuerza para mover a alguien o algo: *¡Ese hombre grosero nos sacó a empujones de la fila para poder entrar al cine!*

empuñadura *f.* Mango de la espada, fusil, bastón o paraguas.

en *prep.* ① Indica el tiempo, lugar o modo en que se determina la acción: *Vive en la ciudad desde hace ocho años que salió de su pueblo.* ② Expresa materia, medio o instrumento: *Cuando visité a mi tía en Europa viajé en avión.*

enagua *f.* ① Prenda interior femenina, que se lleva bajo la pollera o falda: *"Acomódate el vestido porque se te ve la enagua", me dijo mi madre.* ② *Méx.* Pollera o falda: *En el pasado, uno de los bienes más preciados que tenía una campesina era su enagua de fiesta.*

enamorar *vb.* ① Despertar un sentimiento de atracción en una persona: *Hernán conoció a Isabel y se enamoró de ella; lo malo es que ella estaba enamorada de su novio Roberto.* ② Cortejar: *Creo que ese muchacho está enamorando a nuestra hija; ayer le trajo un ramo de flores y hoy una caja de chocolates.* ③ Aficionarse a una cosa: *Se enamoró de una lámpara que vio en la tienda y la compró en ese momento.*

enano, na *adj.* ① De tamaño pequeño, diminuto: *Un bonsái es un árbol enano.* ② *Fam.* Referido a una persona muy pequeña: *Yo soy un enano si me comparo con un jugador de baloncesto de Estados Unidos.*

---

encabezado *m. Argent., Chile, Guat.* y *Méx.* Titular de un diario: *Ayer apareció en todos los **encabezados** la triste noticia de la muerte del poeta famoso.*

encabezar *vb. irreg.* ☐ Iniciar una lista: *Tú **encabezas** la lista de alumnos del salón porque tu apellido comienza con la letra "A".* ☐ Acaudillar o estar al frente de algo: *Los policías apresaron a quienes **encabezaron** los asaltos a las joyerías.*

encabritarse *vb.* Empinarse el caballo: *En medio de la carrera, el animal **se encabritó** y arrojó al suelo al jinete.*

encadenar *vb.* Atar con cadena: *Mi perro es tan bravo que tengo que **encadenarlo** cada vez que llega algún invitado para que no lo muerda.*

encajar *vb.* ☐ Meter una cosa dentro de otra de manera ajustada: *La ventana se hinchó con la lluvia y ahora será necesario lijarla para que **encaje** en el marco otra vez.* ☐ Dar un golpe o puñetazo a alguien: *El boxeador le **encajó** tal puñetazo a su adversario en la cara, que el pobre hombre cayó al suelo con la nariz rota.*

encaje *m.* Tejido calado que forma un fondo de redecilla decorado con dibujos: *Su vestido de novia costó mucho porque estaba elaborado de **encaje** hecho a mano.*

encallar *vb.* Quedar una embarcación inmovilizada en arena o entre piedras: *La marea arrojó la pequeña embarcación a la orilla donde **encalló**.*

encaminar *vb.* ☐ Poner a alguien en el camino correcto: *El turista me preguntó cómo podía llegar al centro de la ciudad, y yo lo **encaminé** lo mejor que pude.* ☐ *Fam.* Guiar, enseñar el camino: *Los padres **encaminan** a sus hijos hacia la superación.*

encantador, ra *adj.* Muy amable, agradable, simpático o bonito: *Rodrigo es una persona **encantadora**, es amable, limpio y caballeroso.*

encantar *vb.* ☐ Ejercer sobre algo o alguien artes de magia. ☐ Gustar o complacer: *Me **encanta** el chocolate, todos los días como dos barras por lo menos.*

encapotar *vb.* Cubrirse el cielo de nubes: *Creo que hoy no iremos a la playa porque se **encapotó** el cielo.*

encapricharse *vb.* Empeñarse en conseguir un antojo: *El niño se **ha encaprichado** con ese juguete de la tienda y no dejará de llorar hasta que se lo compre.*

encarcelar *vb.* Encerrar en la cárcel, apresar a alguien: *Ayer **encarcelaron** a los delincuentes que asaltaron el banco de la esquina.*

encarecer *vb. irreg.* Aumentar el precio: *En los últimos tiempos los alimentos se **han encarecido** mucho, por ejemplo un litro de leche hoy cuesta tres veces más que hace dos años.*

encargado, da *m.* y *f.* Persona que tiene a su cargo un negocio o establecimiento y que representa al dueño o interesado: *El **encargado** de la tienda tiene tantos clientes que ya no puede atender a todos.*

encargar *vb. irreg.* ☐ Decirle a alguien que haga algo: *"Te **encargo** que compres dos docenas de tomates en el mercado", me pidió mi tía.* ☐ Poner una cosa bajo la responsabilidad de uno: *Me **encargó** que cuidara al niño mientras iba de compras al mercado.* **SIN.** encomendar.

encariñar *vb.* Tomar cariño a alguien: *Muy pronto se **encariñó** con los gatitos que dejaron abandonados en la puerta de su casa.*

encender *vb. irreg.* Originar luz o fuego en algo: *Hacía mucho frío y decidió **encender** la chimenea para calentarse.*

encerado *m.* Cuadro de caucho o hule usado para escribir en él con tiza o gis: *El maestro de matemáticas utiliza un **encerado** para explicarnos mejor la clase.* **SIN.** pizarra, pizarrón.

encerar *vb.* Aplicar cera: ***Enceré** los pisos de toda la casa y ahora se ven muy brillantes.*

encerrar *vb. irreg.* ☐ Meter en un sitio cerrado: ***Encerró** al gato en el baño porque no dejaba de hacer travesuras.* ☐ Poner letras o palabras entre signos que separan del resto del escrito: *"**Encierra** entre comillas el nombre de la obra de teatro sobre la que estás escribiendo", me dijo el maestro.* ☐ Recluirse por propia voluntad en un lugar apartado de los demás: *Hace varios años que se **encerró** en el convento para dedicarse a orar.*

encestar *vb.* En baloncesto, introducir el balón en la canasta: *Fue la estrella del partido, **encestó** quince veces el balón.*

encharcar *vb. irreg.* Cubrir de agua un terreno: *Luisa **encharcó** la cocina porque se puso a hablar por teléfono y olvidó que había dejado la llave del agua abierta.*

enchilada *f. Guat., Méx.* y *Nicar.* Tortilla de maíz rellena y bañada con salsa de chile o ají: *Cuando fui a México comí unas ricas **enchiladas** con pollo y queso.*

enchufar *vb.* ☐ Empalmar dos piezas similares introduciendo el extremo de una en el de la otra: *Las cañerías del desagüe se fabrican **enchufando** varios tubos.* ☐ Hacer una conexión eléctrica, encajando las dos piezas de un tomacorriente o enchufe: ***Enchufé** la lámpara que está cerca de mi cama y me puse a leer un cuento.*

enchufe *m.* Clavija que conecta un aparato a la red eléctrica: *El **enchufe** de la licuadora ya no sirve, hay que cambiarlo por uno nuevo.*

encía *f.* Carne que rodea la base de los dientes: *Un correcto cepillado de dientes te ayuda a mantener sanas tus **encías**.*

enciclopedia *f.* Obra en que se expone el conjunto de los conocimientos humanos o los referentes a una ciencia: *Los franceses Voltaire y Rousseau colaboraron en la famosa **enciclopedia** que Diderot, otro francés, diri-*

a

b

c

d

e

f

g

gió en el siglo XVIII con el objeto de reunir por orden alfabético todo el conocimiento del mundo. ➡

encima *adv.* ⓵ En lugar más alto que otro: *Coloqué azúcar encima de las galletas y me las comí.* SIN. **arriba.** ⓶ Sobre sí o consigo: *No llevo encima dinero, por eso no puedo prestarte la cantidad que necesitas.* ⓷ Cerca: *Ya están encima las fiestas y todavía no preparo nada.* ⓸ Además: *Encima de que ganó el premio al mejor estudiante, le dieron una beca para estudiar en el extranjero.*

enclenque *adj./m.* y *f.* Enfermizo, débil, raquítico: *Federico Chopin, el famoso músico polaco, fue una persona enclenque que falleció siendo muy joven.*

encoger *vb. irreg.* Reducir a menor volumen o extensión: *Después de lavar mi blusa de algodón me di cuenta de que encogió y ahora me queda corta.*

encolerizar *vb. irreg.* Poner o ponerse furioso, enojado: *Georgina se encolerizó conmigo porque le dije que su vestido nuevo era horrible.*

encontrar *vb. irreg.* ⓵ Hallar a una persona o cosa que se busca: *Desordené toda la casa pero al fin encontré el libro que estaba buscando.* SIN. **hallar.** ⓶ Reunirse dos o más personas en un mismo lugar: *Mis amigos y yo nos encontramos en un café para platicar.* SIN. **reunirse.**

encorvar *vb.* Hacer que alguien o algo tome forma curva: *A medida que pasan los años, la espalda de mi abuelo se encorva más y más.*

encuadernar *vb.* Coser las hojas de un libro y ponerles tapa.

encuadrar *vb.* Colocar algo en un marco o cuadro: *Encuadré la fotografía de toda la familia para ponerla sobre el piano.* SIN. **enmarcar.**

encuentro *m.* ⓵ Hecho de encontrar o encontrarse dos o más personas o cosas: *El encuentro con mis primos fue muy agradable.* ⓶ Entrevista entre dos o más personas con el fin de resolver o preparar algún asunto: *Durante su encuentro, los dos presidentes firmarán un acuerdo comercial.* ⓷ Competición, prueba deportiva: *Hoy iré al estadio para ver el encuentro entre los dos mejores equipos de la temporada.*

enderezar *vb. irreg.* Poner derecho lo torcido o inclinado: *Como el arbolito estaba creciendo de lado, mi papá lo ató a un palo para enderezarlo.*

endeudarse *vb.* Llenarse de deudas: *Le robaron su dinero y tuvo que endeudarse para pagar el alquiler de su casa.*

endulzar *vb. irreg.* Hacer dulce una cosa: *Voy a endulzar el té; ¿qué le pondré, azúcar o miel?*

endurecer *vb. irreg.* Poner dura una cosa: *Guardé el helado en el congelador y se endureció mucho, ahora no puedo meterle la cuchara para servirme un poco.*

▶ **enemigo, ga** *adj.* Contrario, opuesto: *Leonardo juega en el equipo enemigo y Andrés en el equipo de nuestra escuela.*

▶ **enemigo, ga** *m.* y *f.* Persona que hace mal a otra o que busca dañarla.

energía *f.* ⓵ Poder de un cuerpo, que le permite realizar actividades: *Los niños bien alimentados crecen con energía y vitalidad.* ⓶ Fuerza de voluntad: *Tuvo la energía suficiente para dejar de fumar, porque sabía que se estaba haciendo daño.* ➡

enero *m.* Primer mes del año.

énfasis *m.* Entonación especial de la voz, o subrayado, para marcar lo importante que se dice o que se escribe.

enfermar *vb.* Contraer o causar una enfermedad: *Comí tanto postre que me enfermé y ahora tengo que tomar medicamento.*

enfermedad *f.* Pérdida de la salud: *El cáncer es una enfermedad muy grave.* SIN. **padecimiento.**

enfermero, ra *m.* y *f.* Persona que cuida y atiende a los enfermos: *Las enfermeras del hospital son muy amables y han cuidado a mi abuelo enfermo.*

enfermizo, za *adj.* Que tiene poca salud: *Es un niño enfermizo porque está mal alimentado.*

enfermo, ma *adj./m.* y *f.* Que ha perdido su salud: *En el hospital hay varios enfermos de la garganta porque ha hecho mucho frío últimamente.*

enfocar *vb. irreg.* Centrar la imagen en el visor de una cámara: *Remedios nos enfocó, pidió que sonriéramos y nos tomó una fotografía.*

enfrentar *vb.* ⓵ Poner frente a frente en una comparación, competición, lucha, etc. ⓶ Hacer frente: *Se enfrentó con valor a los problemas económicos y ahora ya tiene un nuevo trabajo.* SIN. **afrontar.**

enfrente *adv.* Delante, en el lado opuesto: *Vivimos enfrente del mar y te aseguro que no hay nada mejor que dormir arrullado por el murmullo de las olas.*

enfriar *vb. irreg.* Ponerse o hacer que se ponga fría una cosa: *Enfrié con hielos el agua recién hervida y preparé una fresca limonada.*

enfurecer *vb. irreg.* Enojar, irritar, enfadar a uno: *A mi padre le enfurece que yo llegue a casa después de la hora establecida, porque dice que debo acostumbrarme a cumplir mis acuerdos.*

enganchar *vb.* ⓵ Agarrar con un gancho o colgar algo de él: *Enganché mi ropa para que no se maltrate.* ⓶ Unir, acoplar dos unidades o vehículos: *Ya engancharon los vagones del tren que partirá a Montevideo.*

enganche *m.* *Méx.* Cantidad de dinero que se da como anticipo para comprar algo a plazos: *Ya pagamos el enganche de una casa y en dos meses empezaremos a dar las mensualidades.* SIN. **pie.**

engañar *vb.* Hacer creer algo que no es verdad: *Mi hermano me engañó, pues me dijo que Plutón era el planeta más cercano a la Tierra.*

engaño *m.* Hecho de engañar o engañarse: *El hijo mantuvo en un engaño a su familia haciéndole creer que estaba en la universidad, pero en realidad pasaba el tiempo vagando.*

engarrotar *vb.* Entumecerse los miembros por el frío o la enfermedad: *Estuvimos jugando con bolas de nieve y se nos engarrotaron los dedos.*

engarzar *vb. irreg.* Encajar piedras en oro, plata u otro metal: *El joyero engarzó un diamante en el anillo que Marcelo regalará a Sonia.*

engorda *f.* ① *Chile y Méx.* Acción de dar mucho alimento a los animales: *Tenemos a los pollos en engorda porque los cocinaremos para la boda de mi hermana.* ② *Chile y Méx.* Conjunto de animales a los que se les da mucho alimento para la matanza: *En la granja de mi tío hay diez vacas de engorda.*

engordar *vb.* ① Subir de peso o talla: *Cuando fui de vacaciones engordé un poco y ahora los pantalones me aprietan.* ② Dar mucho alimento a los animales.

engranaje *m.* Conjunto de ruedas dentadas que sirve para mover una maquinaria: *Los relojes de cuerda funcionan gracias a un fino engranaje.*

engrapadora *f. Amér. C., Bol., Méx., Perú y Venez.* Aparato que sirve para unir papeles por medio de una grapa o broche: *"Con la engrapadora une las hojas de tu trabajo para que no se pierda ninguna", me dijo el maestro.* SIN. **grapadora.**

engrapar *vb.* Sujetar o asegurar con grapas: *El empleado engrapó la foto en la credencial y después le puso un sello, ahora ya podré entrar al club.*

engrasar *vb.* Untar con grasa para lubricar: *Engrasó el motor de su automóvil y ahora ya no hace ruidos extraños.*

engrosar *vb. irreg.* Aumentar las cosas o personas su anchura o grosor: *Debemos disminuir la generación de contaminantes para que pueda engrosar la capa atmosférica de ozono.*

engrudo *m.* Pegamento hecho con harina o almidón y agua.

engullir *vb. irreg.* Tragar o comer la comida de manera rápida y casi sin masticarla: *Mi perro engulle las galletas sin masticarlas.*

enhebrar *vb.* ① Pasar el hilo por el ojo de la aguja: *Siempre le ayudo a mi abuela a enhebrar la aguja porque ya no ve bien.* ② Unir diferentes cosas con hilo: *Para hacer un collar, enhebra las perlas con un hilo delgado y ponle un broche.* SIN. **ensartar.**

enigma *m.* Cosa que debe adivinarse a partir de unos datos: *La extinción de los grandes dinosaurios sigue siendo un enigma para los científicos.*

enjabonar *vb.* Cubrir con jabón: *"Debes enjabonarte bien la cabeza, después frotarla y al final enjuagarla para que el cabello te quede limpio", me dijo mi tío.*

enjambre *m.* Conjunto de abejas con su reina: *El panal es la casa donde vive todo el enjambre.*

enjaular *vb.* Encerrar en una jaula: *El veterinario enjauló al león herido y lo llevó al hospital de animales para curarlo.*

enjuagar *vb. irreg.* ① Aclarar con agua limpia lo que se ha enjabonado: *"Enjuaga bien los vasos para que no les queden residuos de jabón", me dijo mi padre.* ② Limpiar la boca y los dientes con agua: *Ezequiel se enjuaga la boca con bicarbonato para desinfectarla.*

enlatar *vb.* Meter en un recipiente metálico y cerrarlo al alto vacío: *Para enlatar productos comestibles primero se debe desinfectar la lata para evitar que el alimento se descomponga.*

enlazar *vb. irreg.* ① Conectar o relacionar dos o más cosas: *Es fácil enlazar el llanto de mi hermana y el viaje de su novio, ella llora porque él se fue.* ② En comunicación, establecer contacto con una señal.

enloquecer *vb. irreg.* Perder o hacer perder la razón: *Llevaron a ese hombre a un hospital para enfermos mentales porque enloqueció.*

enmarañar *vb.* Revolver o enredar: *Un pelo tan largo como el tuyo se enmaraña si no lo cuidas.*

enmarcar *vb.* Encerrar en un marco o cuadro una pintura o fotografía: *Enmarqué la pintura que me regalaron y ya está lista para colgarse.* SIN. **encuadrar.**

enmascarar *vb.* Cubrirse el rostro para no ser reconocido: *Los asaltantes se enmascararon, así que la policía no pudo identificarlos.*

enmicar *vb. irreg. Méx.* Proteger papeles o documentos con una funda plástica: *Llevé mi identificación a enmicar para que no se dañe.*

enojar *vb.* Provocar una sensación de rabia y molestia, enfadarse: *"¡Si vuelves a desordenar mi ropa me voy a enojar contigo!", dije a mi hermano.*

enojo *m.* Alteración del ánimo por algo que molesta: *"Tu grosera actitud me provoca tanto enojo que prefiero no verte", dije a Ricardo.*

enorgullecer *vb. irreg.* Llenar de orgullo: *"Tu padre se va a enorgullecer de ti cuando vea tus magníficas calificaciones", me dijo mi madre.*

enorme *adj.* Demasiado grande: *Tengo tanta sed que me tomaré un enorme vaso de agua.* ANT. **diminuto.**

enraizar *vb. irreg.* Echar raíces: *Algunas plantas tienen ramas que pueden enraizar después de cortarlas del tronco y formar otra planta.*

enredadera *f.* Planta trepadora: *La planta que da la uva es una enredadera.*

enredar *vb.* ① Desordenar, enmarañar, revolver: *Tengo el pelo tan delgado que* **se me enreda** *fácilmente.* ② Complicar un asunto: *Gabriela quiso ayudar a Susana en su examen, pero sólo logró* **enredar** *más las cosas.*

enrejado *m.* Conjunto de barras de metal o madera que forman una reja.

enriquecer *vb. irreg.* ① Prosperar un país o una empresa: *La industria* **enriquece** *al país.* ② Hacer o hacerse rico: *El abuelo* **se enriqueció** *cuando encontró un tesoro enterrado en su jardín.*

enrojecer *vb. irreg.* ① Poner rojo o dar color rojo a una cosa: *El sol* **se enrojeció** *cuando se acercó al horizonte.* ② Sentir rubor: *La joven* **enrojeció** *de vergüenza cuando le dije que era muy bonita.* SIN. **ruborizar.**

enrollar *vb.* Dar o tomar forma de rollo: *"Para preparar el postre extiende la masa, ponle azúcar y trozos de fruta,* **enróllala** *y métela al horno", me dijo mi madre.*

enroscar *vb. irreg.* ① Dar o tomar forma de aro o espiral: *La serpiente* **se enroscó** *alrededor de la rama del árbol para no caerse.* ② Dar vuelta a un objeto con rosca para cerrarlo o para introducirlo en otro: *"Debes* **enroscar** *bien la tapa del frasco para que no se derrame el aceite", dije a Eloísa.*

ensalada *f.* Alimento fresco preparado a base de vegetales o frutas que se cortan y aderezan: *Es muy bueno para la salud comer* **ensaladas** *todos los días.*

ensanchar *vb.* Extender, ampliar: *Se* **ensanchó** *la puerta de madera por el agua de la lluvia y ahora no cierra bien.*

ensartar *vb.* ① Unir varias cosas atravesándolas con hilo o alambre: *"***Ensarta** *las salchichas en ese alambre para asarlas al fuego", le dije a Germán.* ② Atravesar el ojo de una aguja con un hilo: *"Por favor,* **ensarta** *la aguja para que pueda coser tu ropa", me dijo mi abuela.* SIN. **enhebrar.** ③ Atravesar algo con un objeto puntiagudo.

ensayar *vb.* Hacer pruebas antes de ejecutar o aplicar algo: *Algunas vacunas se* **ensayan** *primero con animales para conocer sus efectos y luego se aplican en seres humanos.*

ensayo *m.* ① Prueba realizada para conocer el funcionamiento de algo: *En el año de 1998 la India realizó un* **ensayo** *nuclear.* ② Trabajo de preparación que se hace antes de las presentaciones en público de un espectáculo: *Ayer asistí al* **ensayo** *de una obra que se estrenará el próximo mes.*

enseguida o **en seguida** *adv.* A continuación, inmediatamente después: ***Enseguida** *tenemos a la sexta y última señorita que participa en el concurso.*

enseñanza *f.* Hecho de instruir y difundir el conocimiento: *Javier se dedica a la* **enseñanza** *de lenguas indígenas.*

enseñar *vb.* ① Hacer que alguien aprenda algo: *La profesora de matemáticas nos va a* **enseñar** *geometría.* ② Mostrar algo a alguien o dejar ver algo de manera involuntaria: *"¿Quieres que te* **enseñe** *una rana que atrapé en el río?", dije a mi amiga.*

ensordecer *vb. irreg.* ① Quedar o dejar con la capacidad auditiva disminuida o nula de manera temporal: *El ruido de tantos camiones y autobuses me* **ensordeció** *por un momento.* ② Perder o hacer perder el sentido del oído de manera definitiva.

ensuciar *vb.* Dejar manchado o sucio: *"Puedes ir a jugar pero no vayas a* **ensuciar** *tu pantalón nuevo", me dijo mi madre.* ANT. **limpiar.**

entender *vb. irreg.* ① Percibir el sentido o conocer las causas de algo: *No logro* **entender** *por qué comienzan las guerras.* ② Comprender un problema o materia: *Edilberto* **entiende** *muy bien de carpintería porque desde pequeño le ha gustado hacer cosas de madera.* SIN. **asimilar.** ③ Darse cuenta del significado: *"Ahora* **entiendo** *lo que querías decirme, después de tu larga explicación", dije a mi amiga.*

entendimiento *m.* Facultad para conocer y comprender lo que nos rodea. SIN. **razón.**

enterar *vb.* ① Hacer que otro sepa algo: *"Debemos* **enterar** *a tus padres de que vamos a casarnos", dije a mi novia.* SIN. **informar.** ② Informarse de algo: *"Debes leer el diario para que te* **enteres** *de lo sucedido en otros lugares del mundo", me recomendó el profesor.*

entero, ra *adj.* Sin falta o carencia: *Con el último cuento que compré, ya tengo* **entera** *la colección.* SIN. **completo.**

enterrar *vb. irreg.* ① Cubrir con tierra: *La avalancha* **enterró** *los automóviles y se necesitaron varias grúas para sacarlos de la tierra.* ② Sepultar un cadáver: *Mi papá me ayudó a* **enterrar** *al gato muerto bajo un árbol.* ③ *Amér.* Clavar, hincar algo punzante: *Me* **enterré** *la aguja mientras cosía un pantalón.*

entibiar *vb.* Moderar la temperatura: *Voy a esperar a que se* **entibie** *el agua antes de entrar en la bañera pues está muy caliente.*

entierro *m.* Ceremonia que se realiza para enterrar un cadáver: *Cuando la tía de Ana murió, fuimos todas sus amigas al* **entierro** *para acompañar a su familia.* SIN. **funeral.**

entonar *vb.* ① Dar el tono debido al cantar: *Los muchachos* **se entonaron** *con el "la" del piano y empezaron a cantar.* ANT. **desentonar.** ② Seguir con la voz una melodía: *Vamos a* **entonar** *una canción que están tocando por la radio mientras llegamos al pueblo.*

entonces *adv.* En ese momento u ocasión: *Hablé con Ana y* **entonces** *me enteré de que ya no es tu novia.*

entrada *f.* ① Abertura o parte por donde se entra a algún lugar: *"Deja abierta la puerta de* **entrada** *para*

---

adj. = adjetivo ☆ *adv.* = adverbio ☆ ANT. = antónimo ☆ *f.* = sustantivo femenino ☆ *m.* = sustantivo masculino ☆ *prep.* = preposición ☆ SIN. = sinónimo ☆ *vb.* = verbo ☆ *vb. irreg.* = verbo irregular.

que puedan pasar los clientes." [2] Hecho de entrar: La **entrada** al estadio fue muy lenta porque había muchísima gente. SIN. **acceso**. [3] Billete para entrar a un espectáculo: Quien llegue primero debe comprar las **entradas** para el concierto. SIN. **boleto**. [4] En un diccionario, palabra que encabeza un artículo: Las **entradas** de este diccionario están escritas en letras gruesas para localizarlas más fácilmente. [5] Ingreso económico.

entrar vb. [1] Pasar al interior: Vamos a **entrar** en esta tienda, quiero comprar un caramelo. [2] Quedar insertado o meter en algo: "Aprieta bien la ropa para que **entre** en el equipaje", me dijo Ricardo. [3] Ser admitido: Me gustaría **entrar** en el equipo de baloncesto de mi escuela.

entre prep. [1] Señala una situación o estado en medio de dos o más personas o cosas: El eclipse ocurrió **entre** las diez y las once de la mañana. [2] Indica participación o relación en un grupo o situación: Le dije a ese muchacho que no puede haber nada más que amistad **entre** nosotros. [3] Dentro, en el interior: El leopardo se escondió **entre** la espesura del bosque para no ser visto por el jabalí que iba a cazar. [4] En matemáticas, marca que una cifra se divide con la siguiente: Diez **entre** dos es igual a cinco.

entrecejo m. Espacio que hay entre ceja y ceja: Cuando mi papá se enoja frunce el **entrecejo**. SIN. **ceño**.

entrega f. Acción y efecto de entregar o entregarse: La **entrega** de premios a los mejores estudiantes se realizó en el patio de la escuela.

entregar vb. irreg. [1] Poner en poder de otro: El cartero me **entregó** una carta de mi hermana que vive en España. [2] Ponerse alguien en manos de uno: Los asaltantes se **entregaron** a la policía cuando supieron que no podrían escapar.

entrelazar vb. irreg. Enlazar una cosa con otra: Dividió su cabello en tres manojos y lo **entrelazó** para hacerse una trenza.

entrenador, ra m. y f. Persona encargada del entrenamiento de los deportistas, caballos, etc.: El nuevo **entrenador** es muy estricto con los jugadores.

entrenamiento m. Tiempo en el cual se prepara un deportista o un animal de competición, y la preparación en sí: Dedico varias horas al día a mi **entrenamiento** de gimnasia porque quiero participar en las próximas competencias.

entrenar vb. Adiestrar o ejercitar para la práctica de un deporte u otra actividad: He estado **entrenando** a mi perro para que proteja la casa.

entretener vb. irreg. [1] Atraer la atención de alguien para que haga algo diferente a lo que hacía: Llegué tarde porque me **entretuve** hablando con unos amigos. [2] Divertir, recrear el ánimo, hacer algo por diversión: Me gusta ir al cine porque me **entretengo** mucho.

entretenimiento m. Actividad o cosa que entretiene o divierte.

entrevista f. [1] Reunión acordada: Mi padre irá a una **entrevista** de trabajo hoy a las cuatro de la tarde. [2] Género periodístico en el que se busca obtener la opinión de alguien sobre temas específicos: Es importante escribir las preguntas antes de realizar una **entrevista**.

entrometido, da adj. Que se ocupa de asuntos ajenos: Vámonos antes de que venga la **entrometida** de Vanessa y nos pregunte qué estamos haciendo.

entroncar vb. irreg. [1] Unir una línea o un camino con otro: Este camino **entronca** con la carretera panamericana. [2] Cuba, Perú y P. Rico. Empalmar dos líneas de transporte: La línea de autobuses de mi pueblo **entroncó** con la línea nacional.

entumecer vb. irreg. Entorpecer el movimiento de un miembro: Cargué durante mucho tiempo al bebé y **se** me **entumeció** el brazo.

entusiasmo m. Gran excitación ante un hecho o acción: Cuando al fin cayó el primer gol aumentó el **entusiasmo** del público.

enumerar vb. Ordenar siguiendo una secuencia numérica: La maestra **enumeró** las tres reglas para saber cuándo se debemos acentuar las palabras agudas: 1. cuando terminan en n, 2. cuando terminan en s y, 3. cuando terminan en vocal.

envasar vb. Guardar en un recipiente cualquier sustancia u objeto: Después de preparar la mermelada debemos **envasarla** en un frasco de vidrio.

envase m. Objeto que permite guardar líquidos o sólidos: "Trae los duraznos en almíbar que están en un **envase** de vidrio en la nevera", me dijo mi madre.

envejecer vb. irreg. Hacer o hacerse viejo: Cuando **envejezca** quisiera ser tan alegre como es ahora mi abuelo.

envenenar vb. [1] Hacer enfermar o matar a un ser vivo con una sustancia tóxica: El plomo del aire puede llegar a **envenenar** la sangre. [2] Poner veneno en algo: Mi abuelo **envenenó** azúcar y la esparció en el patio para matar a las hormigas.

enviar vb. irreg. Hacer que alguien o algo vaya a otra parte: "Mañana te **enviaré** el cheque para que compres los útiles escolares", me dijo mi padre por teléfono. SIN. **mandar**.

envidioso, sa adj. Se dice de la persona que desea las posesiones o los logros de otros: Roberto es un **envidioso**: me compraron el tren eléctrico y él quería uno igual, después me mandaron de vacaciones a la playa y él le pidió a sus papás que también lo mandaran.

envoltura f. Capa exterior que envuelve una cosa: "No tires la **envoltura** de tu caramelo en la calle, espera a encontrar un bote de basura", me dijo mi madre.

envolver *vb. irreg.* Cubrir a una persona o cosa rodeándola con algo: *"Antes de sacarlo a la calle, envuelve al bebé con una manta para que no sienta frío", dijo Gabriela a Rocío.*

enyesar *vb.* [1] Tapar o cubrir con yeso: *Ya enyesamos la casa, ahora vamos a pintarla.* [2] Inmovilizar un miembro con yeso: *A Luis le enyesaron el brazo porque se cayó por las escaleras y se rompió el hueso.*

epicentro *m.* Punto de la superficie terrestre justo encima de donde se inicia un sismo: *Por lo general, el epicentro de un terremoto se ubica a lo largo de una fractura de la corteza terrestre.*

epidemia *f.* Enfermedad contagiosa que afecta una región o población extensa: *En el pueblo que sufrió la inundación se ha declarado una epidemia de cólera.*

episodio *m.* Cada parte que forma una historia o narración: *En esta novela no sospechas quién es el asesino sino hasta el último episodio.*

época *f.* Momento de la historia marcado por un hecho: *En la época prehistórica los hombres vivían de la caza y sus casas eran las cuevas.*

equidistante *adj.* Que se encuentra a la misma distancia de otra cosa: *Todos los puntos de un círculo son equidistantes del centro.*

equilátero, ra *adj.* Que tiene todos los lados iguales: *Un triángulo es equilátero cuando sus tres lados miden lo mismo.*

equilibrar *vb.* Poner en balance o equilibrio: *No equilibró el peso en la repisa y se cayó porque las cosas ligeras estaban de un lado y las pesadas del otro.*

equilibrio *m.* [1] Estado de reposo que resulta de la acción de fuerzas contrarias pero equivalentes. [2] Posición vertical del cuerpo humano: *Tiene un problema de oído que lo hace perder el equilibrio y caerse.*

equinoccio *m.* Cada una de las dos fechas de un año en que el día y la noche tienen la misma duración: *Durante el equinoccio la trayectoria del Sol cruza sobre la línea del ecuador.*

equipaje *m.* Conjunto de cosas que se llevan en un viaje: *Cuando regresamos de nuestras vacaciones trajimos tantos regalos que en el aeropuerto nos cobraron más dinero por exceso de equipaje.*

equipar *vb.* Proveer de lo necesario: *Fuimos a la tienda de deportes a equiparnos para el viaje a la montaña: compramos zapatos especiales, cuerdas, tiendas de campaña y bolsas para dormir.*

equipo *m.* [1] Conjunto de cosas necesarias para un fin: *Antes de salir a pescar, debemos revisar si llevamos el equipo completo: cañas, anzuelos y botas de caucho.* [2] Grupo de personas con un objetivo común: *Durante el campeonato de fútbol veremos competir a los mejores equipos del mundo.*

equivalente *adj./m. y f.* Que tiene el mismo valor que otra cosa.

equivocar *vb. irreg.* Tener o tomar una cosa por otra: *Se equivocó al tomar la desviación y llegó a una ciudad que no conocía.*

era *f.* Periodo de la historia marcado por una fecha o acontecimiento específico: *La era del rock and roll comenzó en la década de 1950.*

erguir *vb. irreg.* Levantar y poner derecha una cosa, en especial el cuerpo, el cuello, la cabeza, etc.: *Su mamá le dice que debe erguirse al caminar y al sentarse, porque si no lo hace después va a tener problemas con su columna vertebral.*

erizar *vb. irreg.* Levantar o poner algo rígido, en especial el pelo: *A mi perro se le eriza el pelo del lomo cuando se enoja.*

erizo *m.* [1] Mamífero insectívoro con el cuerpo cubierto de púas. [2] *loc.* **Erizo de mar**, equinodermo marino cubierto de espinas.

erosión *f.* Desgaste producido en un cuerpo por el roce de otro: *La erosión del agua en la montaña ha formado unos cañones muy profundos.*

erradicar *vb. irreg.* Arrancar de raíz, eliminar completamente: *El desarrollo de la medicina ha permitido erradicar muchas enfermedades.*

error *m.* Acción que se hace de manera equivocada: *"Tomé tu libro por error pensando que era el mío", me dijo Ismael.*

eructar *vb.* Arrojar por la boca y con ruido los gases acumulados en el estómago: *Las bebidas gaseosas hacen eructar.*

erupción *f.* [1] Explosión violenta de algo contenido en un sitio: *Cuando el volcán hizo erupción, la lava roja y espesa bajaba por la cuesta arrastrando todo a su paso.* [2] Irritación o lesiones que aparecen en la piel como reacción a algo: *"Te está saliendo una erupción en la cara, debes dejar de asolearte", me recomendó mi tía.*

esbelto, ta *adj.* Que tiene un cuerpo delgado o alto: *La ropa de moda se diseña siempre para gente esbelta. ¿O acaso has visto un desfile de modas para gente gorda?*

escabeche *m.* Salsa preparada con vinagre y especias para conservar alimentos: *Preparamos hongos en escabeche para comerlos con la carne.*

escabullirse *vb. irreg.* Irse con disimulo: *Aunque era un compromiso, logramos escabullirnos de una fiesta aburrida.*

escafandra *f.* Casco sellado que se usa para respirar bajo el agua o en el espacio: *El buzo se ajustó la escafandra antes de sumergirse en el mar.*

escala *f.* [1] Serie graduada para medición: *La escala de Richter permite medir la intensidad de los sismos.*

---

adj. = adjetivo ☆ ANT. = antónimo ☆ *f.* = sustantivo femenino ☆ *loc.* = locución ☆ *m.* = sustantivo masculino ☆ SIN. = sinónimo ☆ *vb.* = verbo ☆ *vb. irreg.* = verbo irregular.

2 Sucesión de notas musicales: *La* **escala** *musical cuenta con siete tonos: do, re, mi, fa, sol, la, si.* **3** Parada de un barco o un avión en su trayecto: *Cuando regresamos de España, el avión hizo* **escala** *en Nueva York durante dos horas.*

escalar *vb.* Subir a un lugar o condición más elevada: *El gatito* **escaló** *el árbol muy rápido pero después no podía bajar.*

escaldar *vb.* Bañar una cosa o quemarse con agua hirviendo.

escaleno *adj.* Triángulo que tiene los tres lados de diferente longitud.

escalera *f.* Cualquier objeto mueble o inmueble formado por escalones, que sirva para subir y bajar: *Todos los días subo la* **escalera** *para llegar a mi departamento que está en el tercer piso del edificio.*

escalofrío *m.* Encogimiento o temblor de corta duración que se siente en la piel por frío o miedo: *Tengo dolor de cabeza y* **escalofrío**, *estoy seguro de que me voy a resfriar.*

escalón *m.* Cada uno de los descansos de una escalera: *La niña se entretenía subiendo y bajando los* **escalones** *de dos en dos.* SIN. **peldaño.**

escama *f.* Laminilla dura y casi transparente que recubre la piel de algunos peces y reptiles: *El vendedor abrió el pescado, lo limpió y le quitó las* **escamas.**

escándalo *m.* Ruido grande o alboroto: *Los niños hicieron un gran* **escándalo** *durante la fiesta.*

escapar *vb.* **1** Salir huyendo de un lugar: *Nos* **escapamos** *del tráfico por una calle pequeña.* **2** Dejar un encierro: *Anoche* **escaparon** *de su jaula los pájaros de mi abuela.*

escaparate *m.* Espacio en las fachadas de las tiendas que sirve para exponer las mercancías: *Me gusta mirar los* **escaparates** *de las tiendas aunque no compre nada.* SIN. **aparador, vidriera, vitrina.**

escarabajo *m.* Cualquier insecto coleóptero caracterizado por tener un par de alas falsas que, por ser duras, cubren y protegen a las verdaderas: *El* **escarabajo** *caminaba lentamente y cuando lo asusté desplegó las alas, pero no voló.*

escarbar *vb.* Remover la tierra: *Debemos* **escarbar** *en el lugar que indica el mapa para encontrar el tesoro.*

escarcha *f.* Capa de rocío congelado que aparece en las mañanas muy frías: *Es muy bonito ver un rayo de sol brillando sobre la* **escarcha** *al amanecer.*

escarlatina *f.* Enfermedad contagiosa, reconocible por la aparición de manchas rojas en la piel.

escarmentar *vb. irreg.* Aprender a partir de un error doloroso: *Espero que Tito* **escarmiente** *con lo que le pasó: se metió a robar manzanas del árbol del vecino y el perro guardián lo mordió.*

escasear *vb.* Hacer falta: *Durante la temporada de sequía* **escasea** *el agua en muchos lugares.* ANT. **abundar.**

escaso, sa *adj.* Relativo a lo que hay en poca cantidad: *Es un hombre de* **escaso** *entendimiento, por eso hay que repetirle varias veces lo que tiene que hacer.*

escena *f.* **1** Cada unidad de tiempo de una obra teatral: *Durante la última* **escena** *de la obra de teatro se descubrió quién era el asesino del anciano rico.* **2** *loc.* **Puesta en escena**, proceso de montar una obra teatral para su representación: *Mañana vamos a comenzar el ensayo de la* **puesta en escena** *de la obra Hamlet.*

escenario *m.* Lugar del teatro donde se representan las obras: *Cuando terminó la obra, subimos a correr al* **escenario** *y un hombre nos regañó y nos dijo que nos bajáramos de ahí.*

escenografía *f.* **1** Arte de hacer decorados para teatro, cine o televisión: *Pasé dos años en la escuela de arte dramático estudiando* **escenografía.** **2** Conjunto de utilería, muebles y decorados de una obra teatral: *Necesitamos un camión para llevar la* **escenografía** *al nuevo teatro.*

esclavo, va *m. y f.* Persona que no tiene libertad porque se encuentra bajo el dominio de otra a quien se llama amo: *La colonización de América, de los siglos XVI al XVIII, impulsó el comercio de* **esclavos** *africanos.*

escoba *f.* **1** Utensilio de fibras gruesas para barrer: *Las* **escobas** *se pueden hacer con fibras vegetales o sintéticas.* **2** *C. Rica, Méx. y Nicar.* Arbusto con el cual se hacen escobas.

escoger *vb. irreg.* Tomar una o más cosas o personas de entre otras: *No sé cuál guiso* **escoger**: *¿la carne o el pollo?* SIN. **elegir, seleccionar.**

escolar *adj.* Relativo a la escuela o al estudiante: *Mi maestra me entregó la lista de materiales* **escolares** *que debo comprar para el próximo curso.*

escolaridad *f.* Total de grados cursados en la escuela y tiempo durante el que se cursan estos grados: *Aunque ya tiene 30 años, el hombre lee con dificultad porque su* **escolaridad** *llegó hasta tercer año de primaria.*

escolarizar *vb. irreg.* Incorporar al régimen de instrucción escolar: *Las autoridades afirmaron que los niños deben empezar a* **escolarizarse** *a los cinco años de edad.*

escombro *m.* Desecho que queda de una construcción o de la explotación de una mina o de una industria: *Después de que derribaron la casa, llegó un camión muy grande a recoger el* **escombro** *que quedaba.*

esconder *vb.* Situar en un lugar secreto: *El día de mi cumpleaños mi mamá* **escondió** *mis regalos y jugamos a que yo los buscara por toda la casa.*

 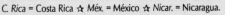

escondite *m.* [1] Lugar oculto y retirado donde se esconde algo o alguien: *El gato no ha podido sacar al ratón de su escondite.* [2] Juego infantil en el cual uno de los jugadores busca a sus compañeros escondidos.

escopeta *f.* Arma de fuego portátil que dispara municiones o perdigones: *El cazador salió con la escopeta al hombro y regresó con un conejo para la cena.*

escorpión *m.* Animal de cuerpo articulado, con dos pinzas y una cola en cuyo extremo lleva un aguijón venenoso: *Los escorpiones localizan a su presa por las vibraciones que produce al moverse.* →

escozor *m.* Ardor en la piel, picor: *Desde que regresamos del campo tengo una sensación de escozor en las piernas; creo que me picó algún insecto.*

escribir *vb.* [1] Representar ideas, imágenes o sonidos con letras, palabras u otros signos convencionales trazados en papel o en otra superficie: *Muchos pueblos antiguos escribían su historia con dibujos.* [2] Comunicar a alguien algo por escrito: *"Te escribí una carta para invitarte a mi boda", me dijo mi amiga.*

escritor, ra *m.* y *f.* Persona que tiene como profesión escribir, sobre todo libros: *Octavio Paz fue un escritor mexicano muy conocido en el mundo.*

escritorio *m.* Mueble para guardar papeles o escribir sobre él: *"Siéntate frente a tu escritorio y termina de hacer el trabajo escolar", me dijo mi padre.*

escritura *f.* [1] Representación del pensamiento por signos gráficos convencionales: *La escritura musical se hace con signos llamados notas.* [2] *pl.* En derecho, documento legal en que consta una operación comercial: *Después de pagar todas las mensualidades, nos dieron las escrituras de la casa.* [3] *pl.* Se escribe con "E" mayúscula para designar al conjunto de libros de la Biblia: *Las Sagradas Escrituras se dividen en el Antiguo y el Nuevo Testamentos.*

escuadra *f.* Instrumento de dibujo que tiene un ángulo recto: *La escuadra es una regla en forma de triángulo.*

escuadrón *m.* [1] Unidad de caballería al mando de un capitán. [2] Unidad táctica y administrativa de las fuerzas aéreas.

escuchar *vb.* Prestar atención a lo que se oye: *No escuché lo que el maestro decía porque estaba distraído.*

escudo *m.* [1] Arma de defensa que se lleva en el brazo: *Antiguamente los gladiadores cargaban el mazo en una mano y el escudo en la otra.* [2] Símbolo o figura que representa de manera oficial una institución, agrupación, etc.: *Todos llevamos camisetas con el escudo de nuestro equipo favorito.*

escuela *f.* Lugar donde se enseña: *Vamos a la escuela para aprender cosas que nos servirán cuando seamos grandes.* SIN. **colegio.**

escuincle, cla *m.* y *f.* Méx. Fam. Niño: *Sofía es una escuincla muy simpática que le cae bien a toda la gente.*

escultor, ra *m.* y *f.* Persona que labra piedra, madera, etc., con fines artísticos: *El escultor golpeaba la piedra con un martillo y un cincel, y poco a poco apareció la figura de un hombre sentado.*

escultura *f.* Obra de arte tridimensional: *El Pensador, la escultura más conocida del artista francés Augusto Rodin, representa a un hombre sentado con la cara apoyada sobre la mano y con actitud de estar concentrado en algún pensamiento.* SIN. **estatua.**

escupir *vb.* Arrojar saliva, flema o un objeto por la boca: *La sopa estaba tan caliente que me quemó la boca y tuve que escupirla.* SIN. **expectorar.**

escurrir *vb.* Hacer que una cosa mojada suelte el agua: *"Después de lavar la camisa déjala escurrir para que se seque", me dijo mi madre.*

escusado *m.* Recipiente con un depósito de agua y conectado a una tubería, que sirve para orinar y defecar. SIN. **retrete, excusado.**

esdrújulo, la *adj./f.* En gramática, palabra que tiene su acento en la antepenúltima sílaba: *"Máximo" y "mecánica" son palabras esdrújulas.*

ese, esa, esos, esas *adj.* Adjetivos demostrativos que expresan proximidad en el espacio o el tiempo respecto a la persona que escucha: *Ese perro va a morder a la pelota y aquél sólo ve y ladra porque está más lejos.*

ése, ésa, ésos, ésas *pron.* Pronombres demostrativos que reemplazan al nombre de una persona o cosa que se encuentra cerca de la persona que escucha: *El vestido azul me parece bonito, pero ése me parece horrible.*

esfera *f.* Cuerpo geométrico con forma circular: *Una esfera, por ejemplo un balón de fútbol, es un objeto en el que cualquier punto de su superficie tiene la misma distancia al centro.*

esfuerzo *m.* Empleo enérgico de las fuerzas físicas, intelectuales o morales para conseguir algo: *Para ganar el partido de baloncesto tendremos que hacer un esfuerzo mayor que el del equipo contrario.*

esfumar *vb.* [1] Rebajar los contornos de las figuras en un cuadro o pintura. SIN. **desvanecer.** [2] Irse de manera rápida de un lugar: *Después de romper el vidrio con la pelota, todos los niños se esfumaron.*

esguince *m.* Distensión o torcedura de los ligamentos de una articulación: *Mi hermano se provocó un esguince por jugar tenis sin calentar antes sus músculos.*

eslabón *m.* Pieza que, enlazada con otras, forma una cadena.

esmalte *m.* [1] Barniz con terminado como de vidrio con el que se recubren algunos objetos: *La pintura cu-*

---

bierta con **esmalte** *dura más tiempo.* [2] Sustancia dura y blanca que recubre los dientes: *El azúcar de los dulces daña el* **esmalte** *y esto permite la aparición de las caries.*

esmeralda *f.* Piedra preciosa de color verde: *En su aniversario, mi papá le regaló a mi mamá un anillo con una* **esmeralda.**

esmero *m.* Máxima atención en hacer las cosas: *Mostró tanto* **esmero** *en la escuela, que terminó como el primero de su clase.* SIN. **cuidado.**

esmog *m.* Palabra de origen inglés. Gases y partículas suspendidas que contaminan el aire de ciudades y de zonas industriales: *En algunas ciudades, la concentración de* **esmog** *es tan alta que arden los ojos.* SIN. smog.

espacial *adj.* Relacionado con el exterior de la atmósfera terrestre: *El transbordador* **espacial** *es un avión que puede salir al espacio y regresar a la Tierra muchas veces.*

espacio *m.* [1] Extensión del Universo donde se ubican los cuerpos celestes: *El satélite soviético Spútnik fue el primer objeto hecho por seres humanos en salir de la atmósfera terrestre y llegar al* **espacio.** [2] Campo tridimensional (altura, anchura y profundidad), donde se ubica la realidad material: *Los objetos ocupan un lugar en el* **espacio** *y pueden ser percibidos por los sentidos.* [3] Distancia entre objetos: *La precaución indica que cuanto mayor sea la velocidad de dos vehículos, mayor debe ser el* **espacio** *que los separe.*

espada *f.* Arma larga y cortante: *Una* **espada** *es igual que un cuchillo, pero más larga.* ➡

espalda *f.* [1] Parte posterior del cuerpo humano y de algunos animales, desde los hombros hasta la cintura: *En la playa, Sergio se acostó boca abajo para broncearse la* **espalda.** SIN. **dorso.** ANT. **pecho.** [2] Parte posterior de una cosa: *Adriana está planchando la* **espalda** *de la camisa.* SIN. **reverso, envés.**

espantapájaros *m.* Monigote que se coloca en árboles y sembradíos para ahuyentar a los pájaros: *El campesino hizo un* **espantapájaros** *con dos palos cruzados y una calabaza, lo vistió con ropa vieja y lo puso en su huerta.*

espantar *vb.* [1] Hacer huir o alejar: *La vaca mueve la cola para* **espantar** *las moscas que se le acercan.* SIN. **ahuyentar.** ANT. **atraer.** [2] Causar miedo, dar susto: *La obra de teatro de vampiros* **espantó** *a mi hermano y se puso a llorar.* SIN. **asustar.** [3] Sentir miedo: *Me* **espanté** *cuando la puerta se cerró de golpe a causa del viento.*

espanto *m.* Miedo muy fuerte, terror: *La explosión del depósito de gas causó* **espanto** *en la gente que salió corriendo a refugiarse.* SIN. **terror.** ANT. **valor.**

español *m.* Idioma que se habla en España y en muchos países de América Latina: *Aproximadamente 400*

millones de personas en el mundo hablamos **español.** SIN. **castellano.**

español, la *adj./m.* y *f.* Originario de España, país de Europa: *Los* **españoles** *son vecinos de los franceses y de los portugueses.*

esparcir *vb. irreg.* [1] Extender lo que estaba junto: *El campesino* **esparcía** *las semillas sobre la tierra.* [2] Divertirse o recrearse: *Todas las personas necesitan* **esparcirse** *además de estudiar y trabajar.*

espárrago *m.* Parte comestible de una planta llamada esparraguera, que crece bajo el suelo: *El* **espárrago** *tiene forma alargada, es blanco y de punta verde con hojas pequeñas que parecen un pincel.*

espátula *f.* Utensilio en forma de pala pequeña y plana de metal, con mango de madera: *Hay distintos tipos de* **espátulas** *según las vayan a usar los pintores, escultores, albañiles o cocineros.*

especia *f.* Sustancia aromática de origen vegetal, que se usa para darle sabor a los guisos: *La pimienta, la canela y el azafrán son* **especias.**

especial *adj.* [1] Se dice de lo que se aplica solamente a una cosa: *Todos los demás alumnos reciben el mismo trato, pero José que es muy rebelde recibe un trato* **especial.** SIN. **particular.** [2] Relativo a lo que es apropiado para algún fin: *Este cuaderno pautado es* **especial** *para escribir música.*

especie *f.* [1] Conjunto de objetos que pueden agruparse en una misma categoría: *En esa tienda venden sólo una* **especie** *de ropa: la que usan las mujeres embarazadas.* SIN. **clase.** [2] Categoría biológica que agrupa a los seres vivos que tienen caracteres comunes y se reproducen entre sí: *La* **especie** *de los felinos tiene variedades entre las que se encuentran los leones, los tigres y los gatos domésticos.*

espectáculo *m.* [1] Cualquier acción que se realiza en público para divertir o recrear: *Si tengo que elegir entre un concierto, una obra de teatro o el circo, el* **espectáculo** *que más me gusta es el circo.* [2] Todo lo que impresiona o es notable a la vista: *Cada puesta de sol es un* **espectáculo** *único porque todas son diferentes aunque parezcan iguales.*

espectador, ra *adj./m.* y *f.* Se aplica a quien asiste a un espectáculo para verlo y oírlo: *Los* **espectadores** *aplaudieron con emoción cuando terminó la obra de teatro.*

espejismo *m.* Imagen que parece real pero que sólo es una ilusión causada por el reflejo de la luz en la lejanía: *A causa del calor y del brillo del sol, los viajeros que atravesaban el desierto tuvieron un* **espejismo***: creyeron ver un lago que en realidad no existía.* SIN. **visión.**

espejo *m.* Superficie pulida que refleja la luz y las imágenes de los objetos: *Me miro en un* **espejo** *para peinarme.*

 Méx. = México.

esperanza f. Confianza de que ocurra o se logre lo que se desea: Julieta tiene la **esperanza** de pasar las vacaciones en casa de su mejor amiga. SIN. **confianza, ilusión.**

esperar vb. [1] Tener confianza en que ocurrirá o se logrará algo que se desea: Alicia **espera** obtener una buena calificación en su examen porque estudió mucho. SIN. **confiar.** ANT. **desesperar.** [2] Permanecer en un sitio hasta que llegue alguien o suceda algo: Diego **esperó** a sus amigos en la entrada del cine. SIN. **aguardar.** [3] Creer que algo va a suceder: Todos en casa **esperamos** que mi abuela venga a visitarme el día de mi cumpleaños.

espeso, sa adj. [1] Se dice del líquido que fluye con dificultad: El pintor le agregó agua a la pintura porque estaba demasiado **espesa.** [2] Se refiere a la cosa cuyas partes están muy próximas unas a otras: Los hombres se internaron en la selva **espesa,** todos llevaban machetes para abrirse camino entre la vegetación.

espía m. y f. Persona que vigila las acciones de otros sin que se den cuenta y luego cuenta lo que vio y escuchó: Los **espías** trabajaban durante la guerra tratando de obtener información del enemigo.

espiar vb. irreg. Observar con disimulo, en especial para tratar de obtener información secreta: Luis puso un pañuelo para cubrir el ojo de la cerradura de su habitación porque no quería que lo **espiaran.** SIN. **vigilar.**

espiga f. Conjunto de flores o de frutos pequeños dispuestos a lo largo de un tallo: Las **espigas** de trigo contienen los granos con que se hace la harina.

espina f. [1] Hueso delgado, largo y puntiagudo que forma parte del esqueleto de un pez: Este pescado tiene muchas **espinas,** hay que comerlo con cuidado. [2] Parte en forma de punta dura y filosa que tienen algunas plantas en el tronco, el tallo o las hojas: Los cactos, las zarzas y los rosales tienen **espinas.** [3] loc. **Espina dorsal,** columna vertebral: Las vértebras son los huesos que forman la **espina dorsal** y tienen forma de anillo.

espinaca f. Planta comestible con tallos rojizos y hojas anchas color verde oscuro: La **espinaca** contiene muchas vitaminas y hierro.

espinazo m. Fam. Conjunto de huesos que se encuentra en el centro de la espalda y que va desde el cuello hasta el coxis en los humanos y hasta la cola en los animales: El **espinazo** está formado por una serie de huesos llamados vértebras. SIN. **columna vertebral.**

espinilla f. Parte de adelante de la pierna, entre la rodilla y el tobillo, que coincide con el hueso llamado tibia: Roberto estaba jugando fútbol y un jugador contrario por accidente le dio una patada en la **espinilla.**

espinillera f. Pieza de plástico u otro material que se usa para proteger la parte delantera de la pierna, entre la rodilla y el tobillo: Los futbolistas usan **espinilleras** para cubrirse de alguna patada.

espiral f. Curva que se desarrolla alrededor de un punto, del que se va alejando cada vez más: Algunos cuadernos tienen una **espiral** que une todas las hojas.

espirar vb. Expulsar el aire que ha entrado a los pulmones: El médico le hizo contener la respiración y luego, cuando dijo "espire", el paciente echó el aire por la boca. SIN. **exhalar, expeler.** ANT. **inspirar, aspirar.**

espíritu m. [1] Nombre que se le da a la parte inmaterial del ser humano que le capacita para pensar, querer y sentir: Los seres humanos tienen cuerpo y **espíritu.** SIN. **alma.** ANT. **materia.** [2] Ser imaginario: Se dice que los duendes son **espíritus** que habitan en los bosques. SIN. **fantasma, espectro.**

esplendor m. [1] Brillo, luminosidad: Era primavera, no había nubes y el sol brillaba en su máximo **esplendor.** [2] Riqueza o grandiosidad de algo: El **esplendor** del palacio, con sus habitaciones decoradas de manera lujosa, llamaba la atención de los curiosos. [3] Fam. Momento en que algo alcanza el punto de máximo desarrollo: El Imperio Incaico tuvo su época de mayor **esplendor** durante el siglo xv. SIN. **apogeo, auge.** ANT. **decadencia.**

espolón m. Hueso que tienen en las patas algunas aves: Los gallos tienen **espolones.**

espolvorear vb. Extender algo que está hecho polvo sobre una superficie: La cocinera **espolvoreó** el queso sobre la sopa. SIN. **esparcir.**

esponja f. [1] Nombre común de diversas especies de animales de mar con esqueleto poroso y elástico: Las **esponjas** son colonias de animales muy pequeños. [2] Objeto hecho de un material suave, elástico y lleno de agujeros pequeños que se usa para el aseo de las personas o de las cosas: La **esponja** absorbe mucha agua.

esponjar vb. Hacer que algo se llene de espacios vacíos enmedio de sus partes: La levadura **esponja** la masa para hacer el pan.

esponjoso, sa adj. Se aplica a lo que está lleno de pequeños agujeros, pesa poco y es suave: Necesito un material **esponjoso** para rellenar este muñeco de tela. SIN. **blando.** ANT. **duro, macizo.**

esposar vb. Poner a alguien un par de aros de hierro alrededor de las muñecas para sujetarle las manos: Los policías **esposaron** al preso para evitar que huyera.

esposas f. pl. Par de aros de hierro que se ponen alrededor de las muñecas para sujetarle las manos a alguien: El preso robó la llave de las **esposas,** las abrió y se las quitó.

esposo, sa m. y f. Persona casada con respecto de su cónyuge: Mi madre y mi padre son **esposos.** SIN. **cónyuge, consorte.**

espuela f. Objeto de metal que se ajusta al talón de la bota, tiene una rueda con puntas y se usa para picar al

---

caballo cuando se está montado en él: *El caballo aceleró el paso cuando el jinete lo picó con las* **espuelas.**

espuma *f.* Conjunto de pompas o burbujas que se forma en la superficie de un líquido: *El jabón hace que se forme* **espuma** *al mezclarlo con el agua.*

esqueleto *m.* Conjunto de huesos y partes duras que sostienen el cuerpo humano o el de un animal: *En clase de anatomía utilizamos un* **esqueleto** *humano para estudiar los huesos y sus nombres.* SIN. **osamenta.**

esquema *m.* [1] Dibujo sencillo, hecho con líneas y signos, que se usa para representar algo: *Les di a mis amigos un* **esquema** *con la ubicación de mi casa para que supieran cómo llegar.* SIN. **esbozo.** [2] Cuadro o resumen en el que se anotan solamente los puntos más importantes de un tema. SIN. **apunte.**

esquilar *vb.* Cortar el pelo o lana de un animal: *Se* **esquila** *a las ovejas para aprovechar la lana y para que estos animales se sientan frescos durante la primavera y el verano.*

esquimal *adj./m. y f.* Originario de un pueblo que habita en zonas del extremo norte de la Tierra, en el Continente Americano y Groenlandia: *Los* **esquimales** *son expertos en el entrenamiento de perros que utilizan para tirar de sus trineos.*

esquina *f.* [1] Lugar donde se unen dos partes de algo, en especial la que resulta del encuentro de las paredes de una construcción: *En una* **esquina** *de la sala hay un sofá y una lámpara para sentarse a leer.* SIN. **ángulo, arista.** [2] Lugar donde se cruzan dos calles o caminos: *En la* **esquina** *hay un semáforo.*

esquivar *vb.* Hacerse a un lado para evitar algo: *Con un movimiento rápido pude* **esquivar** *el balón que venía hacia mi cara.* SIN. **rehuir, eludir.**

estable *adj.* Se aplica a lo que no se mueve, lo que se mantiene sin cambios bruscos: *El noviazgo de Ana y Julián es muy* **estable,** *creo que pronto se casarán.* SIN. **firme, seguro.** ANT. **inestable, inseguro.**

establecer *vb. irreg.* [1] Crear algo en un lugar: *Ellos* **establecieron** *su tienda junto a una carnicería del mercado.* SIN. **fundar, instalar.** [2] Disponer, ordenar: *La carta de derechos de los niños* **establece** *que todos los niños y niñas deben tener la oportunidad de estudiar.* SIN. **decretar.** [3] Fijar uno su lugar de residencia en alguna parte: *Mi primo irá a* **establecerse** *a España porque le ofrecieron un nuevo empleo en ese país.*

establecimiento *m.* Lugar donde se ejerce una industria, una profesión o una actividad comercial: *Han abierto un nuevo* **establecimiento** *comercial en la planta baja de ese edificio.* SIN. **empresa, comercio, tienda.**

establo *m.* Lugar cubierto donde se encierra el ganado: *Las vacas y los caballos duermen en el* **establo** *y durante el día salen al campo.* SIN. **caballeriza, cuadra.**

estaca *f.* Palo con punta en uno de sus extremos y que se clava: *La vaca tiró una de las* **estacas** *de la valla.*

estación *f.* [1] Temporada en que sucede algo: *Durante la* **estación** *de lluvias, todos los días llueve.* SIN. **tiempo, periodo.** [2] Cada uno de los cuatro periodos en que se divide el año: *Las* **estaciones** *del año son primavera, verano, otoño e invierno.* [3] Lugar donde paran los trenes o los autobuses para que se suban o bajen los pasajeros y las mercancías: *El abuelo subió al tren y nosotros nos quedamos en la* **estación** *diciéndole adiós.* SIN. **terminal, parada.**

estacionamiento *m.* Lugar destinado a dejar un vehículo detenido y acomodado: *Han construido un nuevo* **estacionamiento** *en el aeropuerto, tiene varios pisos y caben muchos vehículos.*

estacionar *vb.* Dejar un vehículo detenido y acomodado en un lugar: *Dimos vueltas por varias calles y no encontramos un lugar para* **estacionar** *el automóvil.* SIN. **aparcar.**

estadio *m.* Lugar destinado a competencias deportivas, con gradas para que el público se siente: *El próximo domingo iré al* **estadio** *a ver la carrera.*

estadística *f.* Ciencia cuyo objeto es reunir información sobre hechos de un mismo tipo para poder expresarlos con números: *Las encuestas, censos y conteos son métodos que la* **estadística** *emplea para reunir datos.*

estado *m.* [1] Situación en que está una persona o cosa: *La casa se encuentra en mal* **estado** *porque hace años que nadie vive en ella.* [2] Modo en que puede estar un cuerpo: *Los tres* **estados** *de la materia son: sólido, líquido y gaseoso.* [3] Conjunto de los órganos de gobierno de una nación: *Elvira trabaja en una oficina del* **Estado.** SIN. **gobierno, administración, poder.** [4] Territorio o población correspondiente a una nación: *Este país tiene buenas relaciones con sus* **estados** *vecinos.* SIN. **nación, país.** [5] *loc.* **Estado civil,** clase o condición de una persona en el orden social: *El* **estado** *civil de mi padre es casado, y mi* **estado** *civil es soltero.*

estadounidense o **estadunidense** *adj./m. y f.* Originario de los Estados Unidos de Norteamérica: *Nueva York es una ciudad* **estadounidense.**

estafar *vb.* Obtener dinero o cosas de valor con engaño y ánimo de no pagar: *El carnicero me* **estafó,** *me dio carne de mala calidad y me la cobró como si fuera la mejor.* SIN. **engañar, timar.**

estallar *vb.* Romperse o reventar de golpe una cosa haciendo un fuerte ruido: *Cuando* **estalló** *un depósito de gas en la industria, se rompieron los vidrios de varias casas que están cerca.* SIN. **explotar, detonar.**

a

b

c

d

e

f

g

estambre *m.* [1] Hebra larga hecha de lana o de otras fibras: *Noemí fue a comprar* **estambre** *rojo para tejer un suéter.* SIN. **lana.** [2] Órgano reproductor masculino de algunas flores en el que se encuentra el polen: *Cuando la abeja camina sobre los* **estambres** *de la flor, el polen se adhiere a sus patas.*

estampa *f.* Figura impresa sobre un papel: *La niña tiene un libro con muchas* **estampas** *de dinosaurios.* SIN. **grabado, lámina.**

estampar *vb.* [1] Reproducir textos o ilustraciones sobre papel, de tal manera que puedan obtenerse muchas copias: *El arquitecto mandó* **estampar** *unas tarjetas con su nombre y dirección.* [2] Dejar huella una cosa en otra: *Daniel* **ha estampado** *la suela de su zapato al pisar la tierra húmeda.* [3] *Fam.* Arrojarse, chocar o lanzar algo contra una cosa: *El automóvil* **se estampó** *contra el árbol y por fortuna no hubo heridos.*

estampida *f.* Carrera rápida de un grupo de animales o personas para huir de algo: *Las vacas escucharon los disparos y salieron en* **estampida** *rompiendo la valla que las rodeaba.*

estampilla *f.* *Amér.* Trozo pequeño de papel que se usa como señal de pago de algún derecho fiscal o del costo de un envío por correo: *Metió la carta en el sobre, escribió el nombre y la dirección, le pegó una* **estampilla** *y la llevó al correo.* SIN. **timbre, sello.**

estancar *vb. irreg.* Detener o detenerse el movimiento de una cosa: *Al llegar al llano, el agua del río* **se estancó** *y formó un lago grande y de poca profundidad.*

estancia *f.* [1] Habitación de una casa: *La sala es la* **estancia** *donde mi familia convive.* SIN. **cuarto.** [2] Permanencia en un lugar durante un tiempo: *Durante mi* **estancia** *en el extranjero, un amigo cuidó a mi gato.* SIN. **estadía.** [3] *Amér. Merid.* Establecimiento que está en el campo, destinado especialmente a la ganadería y la agricultura. SIN. **hacienda, rancho, hato.** [4] *Cuba, R. Dom. y Venez.* Casa de campo con huerto, cercana a la ciudad.

estanciero *m.* *Amér. Merid.* Dueño o encargado de una estancia o finca agrícola y ganadera. SIN. **ganadero, hacendado, ranchero.**

estandarte *m.* Bandera que usan algunas corporaciones y los cuerpos militares que van montados a caballo: *El jinete lleva un* **estandarte** *rojo y amarillo que distingue a su compañía.* SIN. **insignia.**

estanque *m.* Depósito artificial de agua: *En el parque hay un* **estanque** *con peces de colores.*

estanquillo *m.* [1] *Ecuad.* Establecimiento donde se venden vinos y licores para beber allí. SIN. **taberna.** [2] *Méx.* Establecimiento pequeño donde se venden algunos productos de uso cotidiano como fósforos, cigarrillos, jabón, etc. SIN. **tienda.**

estante *m.* Tabla horizontal que forma parte de un mueble o está pegada a la pared: *Puse el adorno nuevo en el* **estante** *de la sala.* SIN. **repisa.**

estar *vb. irreg.* [1] Hallarse una persona o cosa en un lugar o situación: *Marcela* **ha estado** *en su casa toda la tarde.* [2] Tener algo en un determinado momento la calidad expresada por un adjetivo: *La calle* **está** *sucia porque no la hemos limpiado.* [3] Señala un valor, cantidad, etc.: *Las naranjas* **están** *muy caras.* [4] *loc.* **Estar por,** acercarse el momento en que algo va a suceder: *No te impacientes, ya* **estamos por** *llegar a la casa.*

estatal *adj.* Relativo al gobierno de un país: *Los gastos* **estatales** *se pagan con el dinero de los impuestos.*

estatua *f.* Escultura que representa una figura humana: *Vi una exposición de* **estatuas** *que estaban hechas de piedra, madera, metal, mármol, y casi todas representaban a mujeres.* SIN. **escultura.** →

estatura *f.* Altura de una persona, considerada desde los pies hasta la cabeza: *Elena mide un metro cincuenta centímetros de* **estatura.**

este *m.* Punto cardinal por donde sale el Sol: *El Océano Atlántico está al* **este** *de América.* SIN. **oriente.**

este, esta, estos, estas *adj.* Adjetivos demostrativos que designan lo que está más cerca en el espacio o en el tiempo con respecto a la persona que habla: **Este** *domingo iremos a pescar y el siguiente domingo iremos a la playa.*

éste, ésta, esto, éstos, éstas *pron.* Pronombres demostrativos que corresponden al adjetivo anterior y señalan lo que está más cerca de la persona que habla: *Aquel caballo que anda en la loma es más viejo que* **éste.**

estelar *adj.* [1] Relativo a las estrellas o astros: *Los astrónomos usan telescopios para observar el comportamiento* **estelar.** [2] *Fam.* Se aplica a lo más importante: *Mi amiga fue la actriz* **estelar** *en la obra de teatro de la escuela.* SIN. **principal.**

estepa *f.* Terreno llano y extenso, con poca vegetación: *Las* **estepas** *son terrenos secos, con poca vegetación, en los que es muy difícil sobrevivir.*

estereofónico, ca *adj.* Relativo a la técnica de reproducción de sonidos, con la cual se logra la impresión de que el sonido sale de varias partes a la vez: *A Pedro y Lucrecia les gusta ir a ese cine porque además de que proyectan muy buenos filmes, tiene sonido* **estereofónico.**

esterilizar *vb. irreg.* Destruir los gérmenes que pueden producir enfermedades: *Los médicos y dentistas* **esterilizan** *sus instrumentos inmediatamente después de haberlos utilizado para evitar el contagio de enfermedades entre los pacientes.*

esternón *m.* Hueso plano situado en el centro del pecho: *Las costillas nacen en la columna vertebral y se unen por delante en el* **esternón.**

---

estero *m.* [1] Zona de la costa que se inunda durante la marea alta. [2] Terreno bajo y pantanoso cubierto de hierbas. SIN. **ciénaga, pantano.** [3] *Chile* y *Ecuad.* Río pequeño por el que corre poca agua. SIN. **arroyo.**

estética *f.* [1] Ciencia que trata de la belleza en el arte y en la naturaleza: *En este artículo de estética se habla de los sentimientos que la naturaleza despierta en nosotros.* [2] *Méx.* Lugar donde se aplican tratamientos de belleza, se hacen cortes de cabello, se arreglan y pintan las uñas, etc.

estetoscopio *m.* Instrumento que usan los médicos para escuchar los sonidos del corazón y del pecho de un paciente: *El estetoscopio tiene dos tubos de metal que el médico se coloca en las orejas, estos tubos están unidos a un tubo flexible que termina en una pieza de forma redonda y plana, que se apoya en el pecho del paciente.* →

estiércol *m.* [1] Excremento de los animales: *El joven limpia el corral y recoge con una pala el estiércol de las vacas.* SIN. **guano.** [2] Mezcla de excrementos y restos vegetales que se usa para enriquecer la tierra de cultivo: *En el campo, el estiércol se usa para abonar la tierra.*

estilo *m.* [1] Instrumento con punta que se usaba antes para escribir sobre tablillas de piedra caliza. [2] Modo o manera en que alguien hace algo: *Sara tiene un estilo especial para vestirse, siempre usa ropa de flores con colores brillantes.* SIN. **forma.**

estimar *vb.* [1] Dar valor a algo o apreciar algo por su valor: *Estimo la ayuda que me diste cuando tuve problemas.* [2] Sentir afecto por alguien: *Te estimo porque eres una persona amable y honesta.* SIN. **apreciar, querer.**

estimular *vb.* [1] Animar a alguien a una cosa: *El maestro estimuló al niño para que escribiera un cuento.* SIN. **animar.** ANT. **desalentar.** [2] Avivar una actividad, operación o función: *El médico le recomendó a mi madre que hiciera ejercicios que estimulen su circulación sanguínea.*

estío *m.* Estación más caliente del año: *Los poetas llaman estío al verano.* SIN. **verano.**

estirar *vb.* [1] Alargar una cosa tirando de sus extremos: *Estira bien la cuerda para que la ropa colgada no toque el suelo.* SIN. **extender.** ANT. **encoger.** [2] Desentumecerse, extender las partes del cuerpo, por lo general después de estar quieto un rato o dormir: *Todas las mañanas, cuando me despierto, me estiro antes de levantarme.* [3] *loc. Fam.* **Estirar la pata,** morirse: *El viejo caballo de mi abuelo ya estiró la pata.*

estofado *m.* Guiso de carne cocida a fuego lento y condimentada con especias.

estómago *m.* Órgano en forma de bolsa donde se digieren los alimentos, que es parte del aparato digestivo: *El estómago está situado entre el esófago y el duodeno.* →

estopa *f.* Hilo rústico, de color blanco, sobrante del lino, del cáñamo o del algodón: *La estopa se hace con hilos enredados y se usa para limpiar, pulir y rellenar muñecos.*

estorbar *vb.* Obstaculizar la ejecución de una cosa: *La niebla estorbaba la visión de la carretera y los vehículos se detuvieron porque no podían avanzar así.*

estorbo *m.* Cosa que molesta o que obstaculiza la ejecución de algo: *Ese juguete tirado a mitad de las escaleras es un estorbo, porque alguien podría caerse si tropiezan con él.*

estornudar *vb.* Arrojar de manera violenta y ruidosa el aire de los pulmones por la boca y la nariz: *Cuando estornudamos es imposible mantener los ojos abiertos.*

estornudo *m.* Salida violenta y ruidosa del aire de los pulmones por la boca y la nariz.

estrabismo *m.* Defecto de la vista que hace que un ojo mire en distinta dirección que el otro: *Ese joven padece estrabismo, cuando me ve uno de sus ojos se dirige a mí y el otro se dirige hacia abajo.*

estrago *m.* Destrucción: *El terremoto causó estragos en la ciudad, varios edificios se derrumbaron.* SIN. **daño, catástrofe.**

estrangular *vb.* Ahogar a una persona o animal apretándole el cuello: *Las boas constrictoras estrangulan a sus presas apretándolas hasta asfixiarlas.*

estrategia *f.* Habilidad para dirigir un asunto hasta conseguir el objetivo propuesto: *El ajedrecista utilizó la estrategia de sacrificar a la reina para ganar el juego.* SIN. **táctica, maniobra.**

estraza *f.* [1] Tela rústica o de desecho: *La señora usa trozos de estraza para encerar y pulir sus pisos.* [2] *loc.* **Papel de estraza,** papel áspero y rústico de color grisáceo: *Fabián compró verduras y frutas y se las dieron envueltas en papel de estraza.*

estrechar *vb.* [1] Disminuir o ajustar el tamaño de algo: *La modista estrechó el vestido porque estaba demasiado amplio.* SIN. **ceñir.** [2] Abrazar, ceñir con los brazos o las manos: *Los dos amigos se estrecharon las manos al despedirse.* SIN. **apretar.**

estrecho *m.* Paso angosto en el mar entre dos costas: *El Estrecho de Magallanes es una porción de mar al sur de Argentina y Chile, que comunica al Océano Atlántico con el Pacífico.*

estrecho, cha *adj.* [1] Se refiere a lo que tiene poca anchura: *Por esa carretera estrecha sólo puede pasar un automóvil a la vez.* SIN. **angosto.** ANT. **ancho.** [2] Se aplica a lo que resulta ajustado o apretado: *Subí dos kilos y el pantalón me queda estrecho.* ANT. **holgado.**

estrella *f.* [1] Astro con luz propia: *En las noches claras se pueden ver muchas estrellas.* [2] Cualquier objeto o figura que representa a uno de estos cuerpos celestes y que por lo general tiene cinco puntas o más: *La estrella*

b

c

d

e

f

g

de David tiene seis puntas. **3** *loc.* **Estrella de mar**, animal marino que no tiene huesos, cuyo cuerpo es aplanado y tiene cinco brazos o extremidades: *Ramiro encontró una **estrella de mar** en la playa.* **4** *loc.* **Estrella fugaz**, cuerpo luminoso que atraviesa el cielo y desaparece de manera rápida: *¡Mira, una **estrella fugaz** acaba de cruzar el cielo!*

estrellar *vb.* **1** *Fam.* Arrojar con violencia una cosa contra otra, haciéndola pedazos: *Estaba tan enojado que agarró un jarrón y lo **estrelló** contra el piso.* **2** Chocar o golpearse de manera violenta contra algo: *Un automóvil **se estrelló** contra un árbol del parque.*

estrenar *vb.* **1** Hacer uso por primera vez de una cosa: *Patricia **estrenó** un vestido para ir a la fiesta.* **2** Representar por primera vez un espectáculo: *La compañía de teatro **estrenará** hoy una comedia.* SIN. **debutar.**

estreno *m.* **1** Hecho de usar por primera vez algo: *Leticia está de **estreno** porque lleva vestido y zapatos nuevos.* **2** Primera representación en una obra de teatro, filme o espectáculo: *Se han vendido todas las entradas para el **estreno** de la obra de teatro.*

estreñimiento *m.* Dificultad para eliminar excrementos: *Para evitar el **estreñimiento** hay que comer alimentos que contengan fibra como los cereales.*

estrés *m.* **Palabra de origen inglés.** Estado de gran tensión nerviosa causado por la ansiedad o el exceso de trabajo, entre otras cosas: *El médico le recomendó que tomara vacaciones para aliviarse del **estrés**.* SIN. **tensión.**

estría *f.* Surco o raya en forma de línea que tienen algunos cuerpos: *La corteza de este árbol viejo no es lisa, tiene **estrías**.*

estribo *m.* **1** Anillo de metal que se encuentra atado por una correa a cada lado de la silla de montar y sobre el cual el jinete apoya el pie: *El jinete puso un pie en el **estribo** para subir al caballo.* **2** Especie de escalón que tienen ciertos vehículos para subir o bajar: *Está prohibido viajar en el **estribo** del autobús porque es peligroso.*

estribor *m.* Lado derecho de una embarcación, mirando hacia el frente: *Si te paras en un barco mirando hacia la dirección en la que se mueve, adelante está la proa, atrás, la popa, a la derecha, **estribor** y a la izquierda, babor.* ANT. **babor.**

estricto, ta *adj.* Se refiere a lo que se ajusta a la ley o al deber sin desviarse en lo absoluto: *Tenemos una maestra **estricta** que nos hace estudiar mucho y no tolera desobediencias.*

estrofa *f.* Grupo de versos que forman una unidad en una composición poética o canción: *Sólo recuerdo dos **estrofas** de esta hermosa canción.*

estructura *f.* Distribución y orden de las distintas partes de un todo: *Estamos estudiando la **estructura** del cuerpo humano y hemos empezado por la cabeza.*

estruendo *m.* Ruido muy fuerte: *El **estruendo** de la música no me dejaba oír lo que decía Irma.*

estuario *m.* Desembocadura de un río, con una abertura muy amplia.

estuche *m.* Caja o funda adecuada para guardar objetos: *El **estuche** del bolígrafo es una caja pequeña de color negro.*

estudiante *m.* y *f.* Persona que asiste a un centro de enseñanza para aprender lo que allí se enseña: *Los **estudiantes** asisten a clases, leen, resuelven cuestionarios y presentan exámenes para demostrar sus conocimientos.*

estudiantina *f.* Grupo de estudiantes vestidos con capas adornadas con cintas de colores, que salen por las calles cantando y tocando instrumentos.

estudiar *vb.* **1** Ejercitar el entendimiento para comprender o aprender algo: *Para **estudiar** las plantas, Sofía lee un libro de biología.* **2** Asistir a un centro de enseñanza para aprender lo que allí se enseña: *Mi primo **estudia** medicina en la universidad.*

estudio *m.* **1** Trabajo del entendimiento que se hace para comprender o aprender algo: *En época de exámenes dedico más horas al **estudio**.* **2** Despacho o local donde trabajan artistas o profesionales: *El pintor nos citó en su **estudio** para enseñarnos los cuadros que había pintado.* SIN. **taller, oficina.** **3** *pl.* Conjunto de salas donde se elaboran filmes de cine o se graban programas de televisión o de radio: *Los turistas pudieron visitar los **estudios** de cine y conocer algunas de las escenografías usadas en filmes famosos.* **4** *pl.* Serie completa de materias que se imparten en un centro de enseñanza para cursar una carrera o un ciclo escolar: *A Rosalía le falta un año para terminar sus **estudios** universitarios.*

estufa *f.* **1** Aparato que produce calor y se usa para calentar una habitación o un recinto: *En invierno encienden la **estufa** para calentar la casa.* **2** *Méx.* Mueble de metal en el que se prende fuego para cocinar. SIN. **fogón, hornalla.**

estupefaciente *m.* Sustancia que actúa sobre los nervios de quien la consume y produce sueño o sensaciones anormales, además de que crea adicción: *Muchos **estupefacientes** son considerados drogas y sólo pueden usarse bajo vigilancia médica.*

estúpido, da *adj./m.* y *f.* Se aplica a la persona o a la acción torpe o de poca inteligencia. SIN. **idiota.**

etapa *f.* **1** Tramo recorrido entre dos paradas: *La carrera se dividió en tres **etapas**, que los ciclistas debían recorrer en tres días.* **2** Fase en el desarrollo de una acción o proceso: *Aquella fue la **etapa** más feliz de mi vida.*

etcétera *m.* Palabra que sustituye el final de una enumeración larga para indicar que la enumeración podría continuar: *El hierro sirve para fabricar automóviles, aviones, barcos, **etcétera**.*

---

eterno, na *adj.* [1] Relativo a lo que no tiene principio ni fin: *Los seres vivos no somos eternos, sino que morimos.* SIN. **inmortal.** [2] Aplicado a lo que tiene larga duración: *Este mueble es eterno, perteneció a mi abuelo y lo heredará mi hija.*

etiqueta *f.* [1] Trozo de papel u otro material que se adhiere a un objeto para identificarlo o clasificarlo: *Pablo guardó el café en una lata y le puso una etiqueta para acordarse de que ahí estaba guardado.* SIN. **rótulo.** [2] Ceremonia que se debe observar en ciertos actos oficiales o solemnes: *La etiqueta obliga a servir la comida primero a las señoras.* SIN. **protocolo.**

etnia *f.* Grupo humano de una misma raza y con un origen, lengua, religión y cultura propios: *Una etnia es una agrupación natural de personas que comparten costumbres, arte, religión e idioma.*

eucalipto *m.* Árbol de gran altura, de hojas muy aromáticas, alargadas y curvas: *De las hojas del eucalipto se extrae un aceite perfumado con el que se fabrican medicamentos.*

euro *m.* Unidad monetaria de la Comunidad Económica Europea.

europeo, a *adj./m.* y *f.* Originario de Europa: *Francia es un país europeo.*

evacuar *vb.* [1] Sacar de un sitio o abandonar un lugar que se encuentra en peligro o que ya no puede habitarse: *Si el volcán hace erupción, evacuarán los pueblos cercanos para proteger la vida de las personas y de los animales.* SIN. **desocupar, desalojar.** [2] Expulsar los excrementos o la orina del cuerpo: *Se deben evacuar los excrementos todos los días.*

evaluar *vb. irreg.* [1] Calificar el avance que ha logrado un alumno durante un curso: *Evaluaré el rendimiento de los alumnos teniendo en cuenta su participación en clase y los resultados que hayan obtenido en los exámenes.* [2] Determinar el valor de una cosa: *Era difícil evaluar los daños causados por el terremoto.* SIN. **valorar, estimar.**

evangelio *m.* Historia de la vida, doctrina y milagros de Jesucristo narrada en cada uno de los cuatro libros del Nuevo Testamento de la Biblia: *En el Evangelio se afirma que Jesús dijo: "Dejad que los niños vengan a mí".*

evangelizar *vb. irreg.* Enseñar el Evangelio y la fe cristiana: *Fray Bartolomé de las Casas fue un religioso español que evangelizó y fue defensor de muchos indígenas americanos.*

evaporar *vb.* [1] Convertir o convertirse un líquido en vapor: *El agua se evapora cuando hierve.* [2] Desaparecer algo o irse alguien sin ser notado: *Nadie se dio cuenta de que Roberto se evaporó de la fiesta hasta que alguien preguntó por él.*

evento *m.* Cosa que sucede.

evitar *vb.* [1] Impedir que suceda algún mal, peligro o molestia: *La presencia del perro guardián ha evitado que los ladrones entren a la casa.* [2] Procurar no hacer cierta cosa.

evolución *f.* [1] Cambio que le ocurre a alguien o a algo paso a paso: *La evolución de la medicina ha hecho posible que muchas enfermedades que no tenían cura, ahora se puedan curar.* SIN. **desarrollo, avance, adelanto.** [2] Serie de transformaciones sucesivas de los seres vivos: *Según Charles Darwin, el mono se convirtió en hombre después de una lenta evolución.*

exacto, ta *adj.* Aplicado a lo que ha sido medido, calculado o expresado con todo rigor: *Él siempre llega a la hora exacta, ni un minuto antes, ni un minuto después.*

exagerar *vb.* Deformar los pensamientos, las palabras o los actos al darles más importancia de la que tienen: *El periodista exageró la noticia y la gente pensó que se trataba de un incendio grave cuando en realidad había sido muy pequeño.* SIN. **agrandar, abultar.**

examen *m.* [1] Estudio cuidadoso de las cualidades y estado de algo: *El biólogo hizo un examen del bosque y recomendó cuidar a los animales y plantas que allí habitan.* SIN. **observación.** [2] Prueba que se realiza para demostrar las aptitudes o los conocimientos que una persona tiene: *El maestro nos dará mañana los resultados del examen de historia.* SIN. **evaluación.**

examinar *vb.* [1] Someter algo a un estudio cuidadoso para conocer su estado y sus características: *El doctor examinó al paciente para conocer su estado de salud.* [2] Juzgar las aptitudes o los conocimientos de alguien haciendo pruebas: *El maestro examinará a sus alumnos para comprobar qué han aprendido.*

excavar *vb.* Hacer hoyos en un terreno: *Tres hombres excavaron en la playa buscando un tesoro que nunca encontraron.*

excelente *adj.* Referido a lo que sobresale porque es muy bueno o porque tiene muchos méritos: *Josefina presentó un examen excelente, no cometió ningún error.*

excepción *f.* Lo que se separa de la regla general: *Ya habían cerrado las inscripciones al curso pero hicieron una excepción con ella y la inscribieron fuera de fecha.*

excepto *prep.* Menos una cosa o sin tener en cuenta algo: *Mi padre trabaja todos los días excepto los domingos.* SIN. **salvo.**

exceso *m.* Parte que sobrepasa la medida o regla: *Como iba demasiado rápido, un policía lo ha multado por exceso de velocidad.*

excitar *vb.* [1] Provocar algún sentimiento, pasión o movimiento: *El juego de fútbol resultó tan emocionante que excitó a toda la gente que estaba en el estadio.* SIN. **estimular, provocar.** [2] Alterarse por el enojo o la alegría: *"No debes excitarte por cosas sin importancia, mejor cálmate", me recomendó mi padre.*

 Méx. = México.

exclamación

130

experto

exclamación f. ⊡ Grito o frase que expresa con intensidad un sentimiento: *No pude evitar una exclamación de alegría cuando volví a ver a mi hermana después de cinco años.* ② Signo ortográfico (¡!) con el que se representa una exclamación: *Si quieres que el lector se dé cuenta de que el personaje grita de dolor, escribe "¡Ay!" entre exclamaciones.*

exclusivo, va adj. ⊡ Referido a lo que deja algo o a alguien fuera de un grupo: *Fabiana no pertenece a ese club porque es exclusivo para niños.* ② Único: *Ese es un vestido exclusivo que un diseñador de modas hizo para ella.* ③ Se refiere a lo que sólo puede ser usado por la persona o personas autorizadas: *El baño de ese restaurante es exclusivo para la gente que va a comer ahí.*

excremento m. Conjunto de desechos de la digestión que el organismo elimina de forma natural por el ano. SIN. **heces, caca, mierda.**

excursión f. Viaje de corta duración con fines didácticos o recreativos: *Hoy los alumnos del quinto grado fueron de excursión al museo de historia.* SIN. **paseo, caminata.**

excusa f. ⊡ Explicación con que una persona se disculpa o justifica: *Te presento mis excusas por haber llegado tarde.* ② Pretexto que se da para hacer o dejar de hacer algo: *Decir que te duele el estómago es una excusa para no ir a la escuela.*

excusado m. Mueble con forma de asiento que está en el baño y que sirve para defecar y orinar. SIN. **excusado, retrete, inodoro.**

exhalar vb. ⊡ Despedir gases, vapores u olores: *Cuando se quema, el azufre exhala un olor desagradable.* SIN. **desprender.** ② Sacar el aire de los pulmones por la nariz o la boca: *Cuando el doctor te dice «inhala» debes llenar tus pulmones de aire, cuando te dice "exhala" debes soltar el aire.* SIN. **espirar.** ANT. **inhalar.**

exhibir vb. Mostrar o enseñar algo en público: *El agente viajero exhibió su pasaporte al entrar al país.* SIN. **presentar, enseñar.**

exigir vb. irreg. ⊡ Pedir algo que corresponde por derecho. ② Pedir o reclamar algo con energía: *El jefe de la empresa exige a sus empleados que cumplan con sus obligaciones.*

existencia f. ⊡ Acto de existir: *La existencia de hongos en esta madera se debe a la humedad del ambiente.* SIN. **presencia.** ② Vida del ser humano: *Fue una persona amable que durante toda su existencia se dedicó a ayudar a los demás.* ③ pl. Mercancías que están almacenadas en espera de ser vendidas: *El empleado le entregó al jefe una lista de las existencias que están en la bodega.*

existir vb. ⊡ Ser real o verdadera una cosa material o espiritual: *Los elefantes voladores no existen.* ② Tener vida: *La semana pasada, su abuelo dejó de existir, por eso Daniela está triste.* SIN. **vivir.** ③ Haber o hallarse:

"¿Tú crees que existe algún lugar donde la gente no necesite comer para vivir?", pregunté a mi madre.

éxito m. Buen resultado: *El éxito de la investigación se basa en la colaboración de todos.* SIN. **triunfo.**

exótico, ca adj. ⊡ Relativo a lo que es de un país lejano y con costumbres que se conocen poco: *El explorador italiano Marco Polo viajó de Venecia a la China, que en esa época era considerada un país exótico.* ② Se dice de lo que es raro o que sale de lo común: *Ricardo tiene la costumbre exótica de dormir sobre las ramas de ese árbol cuando hace mucho calor.*

expandir vb. Hacer o hacerse algo más grande, más amplio o más extenso: *Las cosas hechas de plástico se expanden con el calor.*

expectación f. Gran interés con que se espera alguna cosa: *Los niños sienten mucha expectación por los regalos que recibirán al finalizar el año.*

expectorar vb. Expulsar por la boca los mocos o flemas que se forman en la garganta o en los pulmones: *Cordelia tiene tos y el médico acaba de recetarle un jarabe que ayuda a expectorar.* SIN. **escupir.**

expedición f. Viaje o marcha que se hace con una finalidad, y personas que realizan este viaje: *Un grupo de científicos realizó una expedición al Polo Norte para estudiar los componentes minerales de la tierra en esa zona.*

expediente m. Conjunto de documentos relacionados con un asunto: *Cuando solicité mi pasaporte, abrieron un expediente con mi nombre y guardaron allí todos los documentos que presenté.*

expendio m. ⊡ Amér. Merid. y Méx. Venta de mercancías al por menor. ② Méx. Lugar donde se vende de manera exclusiva algún producto como cigarrillos, dulces, pan, bebidas, jabón y artículos de primera necesidad.

experiencia f. ⊡ Conocimiento que se aprende en la práctica: *La experiencia en un trabajo o en la vida se adquiere a través de los años.* ANT. **inexperiencia.** ② Hecho o suceso que se vive o se ha vivido: *Horacio nos contó sus experiencias durante el viaje que realizó al África.*

experimentar vb. ⊡ Examinar las condiciones o propiedades de algo a través de pruebas o experimentos: *Los científicos experimentan las medicinas en animales antes de usarlas en el ser humano.* SIN. **probar.** ② Conocer o sentir una cosa por uno mismo. ③ Sufrir un cambio: *"Después de tomar la medicina, su perro experimentará una mejoría", me dijo el médico.*

experimento m. Acción que consiste en la provocación de un fenómeno con el fin de estudiarlo o estudiar sus consecuencias: *Los alumnos hicieron un experimento en el laboratorio para comprobar cómo se forma el vapor.*

experto, ta adj./m. y f. Se aplica a quien tiene muchos conocimientos prácticos acerca de algo: *Para manejar el transporte público se necesitan conductores expertos.*

---

adj. = adjetivo ☆ **ANT.** = antónimo ☆ **f.** = sustantivo femenino ☆ **loc.** = locución ☆ **m.** = sustantivo masculino ☆ **pl.** = plural ☆ **SIN.** = sinónimo ☆ **vb.** = verbo ☆ **vb. irreg.** = verbo irregular.

explicación *f.* [1] Declaración de algo con palabras que resultan fáciles de entender: *Los alumnos escucharon la* **explicación** *que dio el maestro sobre cómo se forman las nubes.* [2] Razón que se da para justificarse: *El joven llegó muy tarde a casa y su madre le pidió una* **explicación.**

explicar *vb. irreg.* [1] Hablar sobre algo de manera que sea más fácil de entender: *El maestro siempre nos* **explica** *todo lo que no entendemos.* SIN. **aclarar.** [2] Dar a conocer la causa de una cosa: *El niño* **explicó** *que su hermano se cayó por la escalera al intentar saltar tres escalones de una sola vez.*

exploración *f.* Recorrido de un lugar con la intención de conocerlo: *Durante la* **exploración** *de la cueva encontramos un nido de murciélagos.* SIN. **expedición.**

explorador, ra *m. y f.* Persona que se dedica a recorrer un lugar con la intención de conocerlo: *David estuvo hablando con un* **explorador** *que conoce muy bien esta zona del país.*

explorar *vb.* Recorrer un lugar, un país o un planeta para conocerlo: *Los buzos* **han explorado** *el fondo del mar buscando los restos del barco hundido.*

explosión *f.* Hecho de reventar un cuerpo de manera violenta y ruidosa: *La* **explosión** *del globo asustó al niño.*

explosivo *m.* Sustancia que al quemarse o calentarse produce una explosión: *La dinamita es un* **explosivo.**

explotación *f.* Aprovechamiento de los recursos naturales: *Ese país obtiene muchas ganancias por la* **explotación** *de sus pozos petroleros.*

explotar *vb.* [1] Sacar provecho de algo: *Una empresa maderera* **explotará** *ese bosque instalando un aserradero.* SIN. **aprovechar.** [2] Hacer trabajar a alguien, abusando de él, para sacar provecho propio: *Si te ha hecho trabajar catorce horas al día pagándote poco y sin darte vacaciones, te* **ha explotado.**

explotar *vb.* Reventarse un cuerpo de manera violenta y ruidosamente. SIN. **estallar, detonar.**

exponer *vb. irreg.* [1] Presentar una cosa para que sea vista: *Siete pintores famosos* **expondrán** *su obra en el museo de arte de la ciudad.* SIN. **exhibir.** [2] Someter a la acción de algo: *Los bañistas* **exponen** *su piel al sol para broncearse.* [3] Arriesgar o arriesgarse: *"Cuídate de los peligros, no* **te expongas***", me recomendó mi madre.*

exportar *vb.* Enviar productos nacionales a otros países para su venta: *Colombia es un país que* **exporta** *mucho café.*

exposición *f.* [1] Hecho de exponer algo o exponerse uno: *Una* **exposición** *prolongada de la piel a los rayos del sol puede provocar quemaduras graves.* [2] Presentación pública de objetos diversos como obras de arte o productos industriales: *Fuimos a una* **exposición** *industrial y vimos unas máquinas impresionantes.* [3] Conjunto de

las cosas que se presentan en público: *La* **exposición** *constaba de ochenta cuadros y tres esculturas.*

exprés *adj.* **Palabra de origen francés.** [1] Se refiere a lo que funciona con rapidez: *El jefe pidió a los obreros que hicieran un trabajo* **exprés** *porque tenía que entregar la mercancía pronto.* [2] *loc.* **Café exprés,** tipo de café muy concentrado.

expresar *vb.* Hacer, decir, cantar o moverse mostrando lo que uno piensa o siente: *El cuerpo doblado de la bailarina* **expresaba** *un dolor de muerte.* SIN. **manifestar, exteriorizar.**

expresión *f.* [1] Hecho de manifestar o expresar lo que se piensa o se siente: *La risa es la* **expresión** *de la alegría.* [2] Palabra o frase: *Cuando hablamos debemos aprender a utilizar las* **expresiones** *correctas.* [3] Gesto o aspecto del rostro que muestra un sentimiento: *Esa máscara tiene una* **expresión** *de enojo.*

expreso *m.* [1] Tren rápido que no hace paradas intermedias: *"¿Cuánto tarda el* **expreso** *en llegar a su destino?", preguntó al empleado de la estación.* [2] Correo extraordinario: *El* **expreso** *es un servicio de correo que entrega la correspondencia y los paquetes que se envían más rápidamente que por el sistema del correo normal.*

exprimidor *m.* Utensilio que sirve para sacar el jugo de las frutas: *Rosa usó el* **exprimidor** *para preparar el jugo de naranja.*

exprimir *vb.* Extraer el jugo o líquido de una cosa apretándola o retorciéndola: *Jacinta* **exprime** *las sábanas que ha lavado antes de colgarlas a secar.*

expropiar *vb.* Quitar de manera legal a alguien una propiedad a cambio de otra propiedad o de una compensación en dinero: *Han* **expropiado** *todos esos terrenos para construir la carretera.*

expuesto, ta *adj.* [1] Se aplica a lo que resulta peligroso: *Esa carretera es muy* **expuesta***; mejor utiliza la autopista, es más segura.* [2] Se refiere a lo que se ha dado a conocer o se ha dicho: *Las imágenes* **expuestas** *en estas fotografías muestran cómo ha ido creciendo el árbol desde que mi padre lo sembró.*

expulsar *vb.* [1] Echar fuera a alguien: *Expulsaron del cine a un borracho que estaba molestando a la gente.* SIN. **desalojar.** [2] Echar fuera algo: *El organismo* **expulsa** *los excrementos, el sudor, etc.* SIN. **eliminar, arrojar.**

exquisito, ta *adj.* Se aplica a lo que es de extraordinaria calidad, primor o buen gusto: *"Prueba esta fruta, tiene un sabor* **exquisito***", me dijo Adela.* ANT. **ordinario.**

extender *vb. irreg.* [1] Hacer que una cosa ocupe más espacio: *El viento* **ha extendido** *el fuego por toda la montaña.* [2] Separar lo que estaba junto para que ocupe más lugar: *Orlando* **extendió** *las piezas del rompecabezas antes de comenzar a armarlo.* [3] Abrir algo que estaba doblado: *El pirata* **ha extendido** *el mapa*

que guardaba en su bolsillo y lo mira con atención. SIN. **desdoblar, desplegar.** [4] Ocupar cierto espacio o tiempo: El continente americano se **extiende** entre los Océanos Pacífico y Atlántico.

extensión f. [1] Tamaño de la superficie que algo ocupa: La **extensión** de esta huerta es de seis hectáreas. SIN. **dimensión.** [2] Línea telefónica complementaria que está conectada a la línea principal: Susana llamó al conmutador y dio el número de **extensión** de la oficina de su mamá para que la comunicaran.

extenso, sa adj. Se aplica a lo que ocupa mucha superficie o que es muy amplio en su contenido: El maestro me pidió que acortara un poco el cuento que escribí porque era demasiado **extenso.**

exterior adj. [1] Se aplica a lo que está en la parte de afuera: En el jardín está la puerta **exterior** de la casa. SIN. **externo.** ANT. **interior.** [2] Relativo a otros países: El secretario de Relaciones **Exteriores** se reunió con el presidente para nombrar a los embajadores.

exterior m. [1] Superficie externa de una cosa: El **exterior** del edificio está pintado de color rojo. SIN. **aspecto, fachada.** [2] Espacio al aire libre: Adentro de la casa está prendido el fuego y en el **exterior** está lloviendo. [3] Respecto de un país, cualquier país extranjero: Julio está estudiando en el **exterior**, no sabemos cuándo regresará al país. SIN. **extranjero.**

exterminar vb. Acabar del todo con algo: Los cazadores **exterminaron** la manada de venados que habitaba este bosque. SIN. **eliminar, extinguir.** ANT. **crear, proteger.**

externo, na adj. Se refiere a lo que viene de afuera o está fuera: Decidimos pintar la parte **externa** de la casa, porque la antigua pintura ya se está cayendo. ANT. **interno.**

extinguir vb. irreg. [1] Hacer que cese el fuego o la luz: Los bomberos **extinguen** el incendio echándole encima paladas de tierra. SIN. **apagar, sofocar.** [2] Desaparecer o hacer que desaparezca lentamente: Los dinosaurios se **extinguieron** hace muchos años. SIN. **desaparecer.**

extintor m. Aparato que se usa para apagar incendios: Los **extintores** son tubos de metal generalmente pintados de rojo, con una válvula que permite la salida de una sustancia que apaga el fuego.

extirpar vb. Cortar una parte de un órgano del cuerpo o quitarlo por completo en una operación quirúrgica: El hombre aceptó que le **extirparan** un riñón para donárselo a su hijo y así salvarle la vida. SIN. **extraer.**

extra adj. Se refiere a lo que se hace o se da por añadidura: Hoy trabajaré horas **extras** y por eso saldré de la oficina más tarde de lo normal.

extractor m. Aparato que sirve para sacar algo al exterior: En la cocina del restaurante hay un **extractor** de vapor.

extraer vb. irreg. [1] Sacar o arrancar algo del lugar donde estaba: Teresa **extrajo** un lápiz de la caja y comenzó a dibujar. [2] Sacar o exprimir la sustancia de algunos frutos u otros cuerpos: De las uvas se **extrae** el vino. [3] Calcular la raíz de un número: El matemático **extrajo** la raíz cuadrada de un número.

extranjero m. Toda nación que no es la propia: Guillermo viajará al **extranjero** la próxima semana.

extranjero, ra adj./m. y f. Relativo a lo que procede o es de otro país: Los **extranjeros** deben presentar pasaporte y visa al ingresar al país. SIN. **forastero.**

extrañar vb. [1] Encontrar que una cosa es rara o extraña: Me **extrañó** verte en el aeropuerto cuando llegué, porque habías dicho que no vendrías a buscarme. [2] Echar de menos a alguna persona o cosa: "Hace mucho que no te veo, te **extraño**", dije a mi padre por teléfono.

extraño, ña adj./m. y f. [1] Se dice de lo que es diferente de lo normal: "Mira qué bicicleta tan **extraña**, tiene una rueda muy grande adelante y una muy pequeña atrás", me dijo Germán. [2] Se aplica a lo que es distinto por venir de otra nación, familia, oficio o condición: Mi madre me dice que no hable con **extraños** cuando camino solo por la calle.

extraordinario, ria adj. [1] Se refiere a lo que se encuentra fuera de lo natural o común. SIN. **especial.** [2] Aplicado a lo que es mayor o mejor que lo normal: "Te felicito, tu actuación en la obra de teatro fue **extraordinaria**", me dijo el maestro.

extraviar vb. irreg. [1] Perder o hacer perder el camino: Ya conozco ese cuento de la niña que se **extravió** en el bosque y se encontró un lobo. [2] Perder alguien una cosa: "**Extravié** mi reloj, podrías ayudarme a buscarlo", dije a Rosalía.

extremidad f. pl. Cabeza, patas, manos y cola de los animales, o bien, pies y manos, o brazos y piernas del ser humano: El cuerpo humano se compone de cabeza, tronco y **extremidades.**

extremo m. Parte que está al principio o al final de una cosa: Esteban ató un automóvil de juguete al **extremo** de un cordel y tiró del otro **extremo** para llevarlo rodando tras de él.

exuberante adj. Se refiere a lo que es muy abundante o que se ha desarrollado en exceso: Los animales se escondían entre la vegetación **exuberante.**

Ff

f f. Sexta letra del abecedario español. Su nombre es *efe*.

fa *m.* Cuarta nota de la escala musical.

fábrica *f.* Edificio e instalaciones donde se elaboran determinados productos en serie: *La Ford fue una de las primeras fábricas de automóviles.* SIN. **factoría.**

fabricar *vb. irreg.* ① Hacer un producto industrial por medios mecánicos. ② Construir, elaborar: *Con unas latas usadas fabricamos unos barquitos para jugar.*

fábula *f.* Narración corta que transmite una moraleja, muchas veces con animales que actúan como personas: *La fábula de la liebre y la tortuga es una de las más conocidas de Esopo.*

fabuloso, sa *adj.* ① Inventado, imaginario. ② Fantástico: *El dragón es un animal fabuloso.*

facha *f.* Traza, figura, aspecto: *La facha de Luis muestra que no se ha duchado ni peinado.*

fácil *adj.* Que no supone gran esfuerzo, sencillo.

facilitar *vb.* Hacer fácil, posible o sencilla una cosa: *Con su explicación, Romualdo me facilitó la solución del problema de matemáticas.*

factor *m.* ① Cosa que contribuye a causar un efecto: *El agua es un factor importante en el crecimiento de las plantas.* ② En matemáticas, cada uno de los números que figuran en un producto.

factura *f.* ① Cuenta detallada: *"No olvides pedir la factura al comprar tus artículos escolares", me dijo mi madre.* ② *Argent.* Toda clase de panecillos dulces que suelen elaborarse y venderse en las panaderías.

facultad *f.* ① Aptitud, potencia física o moral: *Hay gente que piensa que los videntes tienen la facultad de adivinar el futuro.* ② Centro universitario que coordina las enseñanzas de una determinada rama del saber: *"Voy a tomar clases de diseño en la facultad de arquitectura", dijo mi hermano.*

fainá *f. R. de la P.* Masa fina de harina de garbanzos cocida al horno: *Comimos un delicioso guiso preparado con fainá.*

faisán *m.* Ave de alas cortas con brillante plumaje y de carne apreciada: *El faisán macho tiene una cola larga y sus plumas son mucho más vistosas que las plumas de la hembra.*

faja *f.* Tira de cualquier material que rodea a una persona o una cosa ciñéndola, apretándola: *Mi hermana se puso una faja que le protege el vientre porque la operaron la semana pasada del hígado.*

fajo *m.* Paquete, conjunto de cosas largas y delgadas puestas unas sobre otras: *Toda la gente en la tienda veía al hombre que sacó un gran fajo de dinero para pagar un pantalón.*

falda *f.* ① Prenda de vestir, especialmente femenina, que cae de la cintura hacia abajo: *Me compré una falda a cuadros que voy a usar con la blusa azul.* SIN. **pollera.** ② Ladera o parte baja de las montañas.

falla *f.* ① Defecto material de una cosa: *La falla de la televisión fue provocada por una descarga eléctrica.* ② Fractura de las capas de la Tierra, acompañada de un desplazamiento de los bloques: *Cada vez que se acomoda la falla de San Andrés en California, Estados Unidos de Norteamérica, se produce un temblor en esa región.*

fallar *vb.* Frustrarse o salir mal una cosa: *Fallé todos los tiros al blanco y no me gané el juguete que quería.*

fallecer *vb. irreg.* Morir, expirar: *Ayer falleció la abuelita de mi amiga; hoy iremos a su funeral.*

falsificar *vb. irreg.* Imitar o elaborar una copia falsa de algo: *Falsificar dinero es un delito grave.*

falso, sa *adj.* Que no es verdadero o auténtico: *Andrés pretendía hacer pasar como bueno un billete falso de tres pesos, por eso la policía lo detuvo.*

faltar *vb.* ① No estar una persona o cosa donde debiera: *Como Carmelita tenía sarampión, faltó a la escuela durante diez días.* ② No haber una cosa o ser insuficiente: *"No podemos hacer la tarta de manzanas porque falta azúcar", me dijo Higinia.* ③ Quedar alguna acción sin realizar: *Terminé casi todo mi trabajo, sólo falta acomodar las herramientas que usé.*

fama *f.* Circunstancia de ser alguien o algo muy conocido.

familia *f.* ① Conjunto de personas formado por una pareja y sus hijos o, de manera más amplia, los parientes. ② Descendencia, hijos: *Fernando y Nora tendrán familia después de tres años de haberse casado.* ③ Conjunto de cosas con características iguales: *Las palabras flor, florero y florería pertenecen a la misma familia de palabras porque tienen el mismo origen.*

 Argent. = Argentina ☆ *R. de la P.* = Río de la Plata.

familiar *m.* y *f.* Pariente: *Llegó un familiar de visita a casa de Tere, creo que es su tío que vive en Europa.*

fanático, ca *m.* y *f.* Que defiende con excesivo celo y apasionamiento una creencia, una causa, etc.: *Los fanáticos de ese equipo van a todos los partidos, aunque jueguen en ciudades lejanas.* SIN. **barra, hincha.**

fantasía *f.* [1] Facultad de la mente para representar cosas que no existen: *A muchos niños les gusta escaparse al mundo interior de su fantasía.* [2] Producto de la imaginación: *En sus fantasías, Rosaura se veía como una famosa actriz de cine.*

fantasma *m.* Aparición de algo imaginado o de un ser inmaterial, como el espectro de un difunto: *En el filme de terror que vi ayer, el dueño del castillo se disfrazaba de fantasma para espantar a sus invitados.*

fantástico, ca *adj.* Producto de la fantasía: *Las sirenas y los dragones son seres fantásticos.* SIN. **fabuloso.**

farándula *f.* Lo relacionado con el arte del espectáculo, el cine, el teatro y la televisión.

faringe *f.* Región entre la boca y el esófago, común a las vías digestivas y respiratorias: *Con tanta tos, me duele la faringe.*

faringitis *f.* Inflamación de la faringe.

fariña *f.* *Argent., Bol., Colomb., Par., Perú y Urug.* Harina gruesa de mandioca.

farmacia *f.* Local donde se venden los medicamentos.

farmacodependencia *f.* Estado de quien experimenta una necesidad intensa por ingerir, cada determinado tiempo, alguna sustancia química, como ciertos medicamentos.

faro *m.* [1] Torre con una potente bombilla o foco luminoso para guiar de noche a los navegantes. [2] Proyector de luz que llevan los vehículos en la parte delantera.

farol *m.* Caja hecha de material transparente, dentro de la cual va una luz.

fascículo *m.* Cada uno de los cuadernos en que se suele dividir un libro que se publica y vende por partes.

fascinar *vb.* Atraer de manera irresistible: *A Elvira le fascina ese cantante y cuando fue a verlo a un concierto, se abalanzó para darle un beso.*

fase *f.* [1] Cada uno de los cambios sucesivos de un fenómeno en evolución: *La adolescencia es una fase en la vida de los seres humanos en la que hay cambios físicos y psicológicos muy importantes.* SIN. **etapa.** [2] Cada uno de los aspectos que presentan la Luna y algunos planetas según los ilumina el Sol: *Las fases de la Luna son: cuarto creciente, luna llena, cuarto menguante y luna nueva.*

fastidio *m.* [1] Disgusto, molestia, repugnancia: *¡Qué fastidio! Siempre tenemos que esperar más de una hora a la impuntual de Olga.* [2] Aburrimiento, enfado: *Leer un libro es buen remedio para combatir el fastidio.*

fatigar *vb. irreg.* Cansar: *Me fatigó nadar durante media hora seguida, pues hace tiempo que no practicaba.*

fauces *f. pl.* Parte posterior de la boca de los mamíferos, desde el paladar hasta la faringe: *En el circo, el domador metió la cabeza en las fauces del león.*

fauna *f.* Conjunto de especies animales que viven en un país o región: *La fauna de Australia tiene animales que no existen en ningún otro lugar en el mundo.*

favor *m.* Ayuda, beneficio, servicio o protección gratuita.

favorecer *vb. irreg.* [1] Ayudar, socorrer a uno o apoyarlo. [2] Sentar bien, ayudar a mejorar el aspecto: *A las personas rubias les favorece el color rojo.*

favorito, ta *adj.* Que se prefiere entre los demás: *Por su gran inteligencia, la hija favorita del sultán era la menor de las cuatro que tenía.*

fax *m.* Aparato que transmite documentos, fotografías, etc., a través de la línea telefónica. SIN. **telefax.**

fe *f.* [1] Creencia basada en argumentos no demostrados: *Muchas personas tienen fe en que el cáncer se cura con polvo de piel de víbora.* [2] Confianza, buena opinión que se tiene de una persona o cosa: *"Tengo fe en que obtendrás buenas calificaciones en tus exámenes", me dijo mi padre.* [3] Hecho de creer en Dios y en sus verdades religiosas reveladas: *Aproximadamente 400 millones de personas en el mundo siguen la fe cristiana.* SIN. **religión.**

fealdad *f.* Calidad de feo. ANT. **belleza.**

febrero *m.* Segundo mes del año y el único que tiene 28 días.

fecha *f.* Indicación del tiempo en que se hace u ocurre algo: *El 16 de septiembre de 1810 es la fecha en que comenzó la lucha por la independencia de México.*

fechoría *f.* Acción especialmente mala, desmán: *Después de cometer su fechoría, los ladrones se repartieron el botín.*

fecundar *vb.* Unirse el elemento reproductor masculino al femenino para dar origen a un nuevo ser.

federal *adj.* Relativo al sistema de gobierno que reúne a estados autónomos pero sujetos a las decisiones de una autoridad central sobre los asuntos de interés general.

felicidad *f.* Estado de ánimo en el que se siente alegría, satisfacción o gusto.

felicitar *vb.* [1] Expresar a una persona la alegría que se siente por algún hecho favorable para esa persona: *Hay que felicitar a Esteban por haber obtenido el primer lugar de su clase.* [2] Expresar el deseo de que una persona sea afortunada o feliz: *En la época navideña, mucha gente felicita a sus familiares y amigos.*

felino, na *adj.* [1] Relativo al gato: *Los movimientos de los animales felinos son ágiles y rápidos.* [2] Félido: *El tigre, el león y el leopardo son felinos.*

feliz *adj.* Que tiene u ocasiona felicidad.

felpa *f.* Tela aterciopelada de algodón, seda, lana, etc.: *Tengo una bata de felpa que uso cuando termino de ducharme.*

femenino, na *adj.* ① Propio de la mujer: *Los vestidos son prendas femeninas porque sólo los usan las mujeres.* ② Que tiene la forma gramatical atribuida a los nombres que designan, en principio, seres del sexo femenino: *"Casa" es un sustantivo femenino.*

fémur *m.* Hueso largo de la pierna, ubicado entre la cadera y la rodilla.

fenómeno *m.* ① Cualquier manifestación material o espiritual: *Los tornados son fenómenos temibles de la naturaleza.* ② Cosa extraordinaria o sorprendente: *A finales del siglo XIX, algunos circos exhibían enanos en la carpa de los fenómenos.*

feo, a *adj.* Que carece de belleza.

feria *f.* ① Mercado o exposición que se celebra en lugar y fecha determinados: *En Frankfurt, Alemania, se lleva a cabo cada año una de las ferias de libros más importantes del mundo.* ② Lugar con espectáculos y diversiones: *Lo que más me gusta de la feria es la rueda de la fortuna.* ③ *Méx. Fam.* Dinero menudo, cambio.

fermentar *vb.* ① Hacer que una sustancia se degrade por la acción de microorganismos: *La levadura fermenta la masa de harina de trigo, por eso el pan se esponja.* ② Sufrir una sustancia degradación por la acción de microorganismos: *La cerveza necesita fermentar a través de un proceso químico.*

feroz *adj.* Fiero, cruel: *Las hienas son animales feroces.*

férreo, a *adj.* ① De hierro: *La estructura férrea de la Torre Eiffel se ha conservado desde el año 1889.* ② Relativo al ferrocarril: *Las vías férreas deben mantenerse en buen estado para que los trenes siempre puedan circular con seguridad.*

ferretería *f.* Tienda donde se venden herramientas, clavos, alambres y otros objetos de hierro o metal.

ferrocarril *m.* ① Camino con dos rieles paralelos, sobre los cuales ruedan los trenes. ② Tren. →

ferrocarrilero, ra *adj./m.* y *f.* ① *Amér.* Relacionado con los ferrocarriles. ② *Amér.* Persona que conduce un tren.

ferroviario, ria *adj./m.* y *f.* Relativo al ferrocarril: *Por fortuna, el accidente ferroviario no ocasionó ninguna muerte.*

fértil *adj.* ① Que produce mucho: *Lope de Vega fue un escritor de imaginación muy fértil.* ② El ser vivo que puede reproducirse: *Las conejas tienen fama de ser muy fértiles porque pueden parir muchos hijos y quedan preñadas de manera frecuente.*

fertilizante *m.* Mezcla de materiales, naturales o industrializados, que se le pone a la tierra para que produzca más: *Mi hermano puso fertilizante en su huerto para que las plantas crezcan mejor y nazcan más frutas.* SIN. **abono.**

férula *f.* Tablilla para inmovilizar miembros fracturados.

fervor *m.* Sentimiento religioso intenso: *Con gran fervor la mujer juntó las manos y cerró los ojos para pedirle a Dios que sanara a su hijo.*

festejo *m.* Celebración, fiesta: *Los festejos por el aniversario de mi pueblo se celebran en agosto.*

festival *m.* Gran fiesta, especialmente musical: *Este año, Gabriela bailará un tango en el festival de fin de cursos.*

festivo, va *adj.* ① Alegre: *Me divierto mucho con Eduardo porque tiene un carácter muy festivo.* ② Día de fiesta en que no se trabaja: *El primero de mayo es un día festivo porque se celebra el Día del Trabajo.*

fiaca *f. Argent., Chile, Méx.* y *Urug. Fam.* Pereza.

fiambre *m.* Alimento cocinado y preparado para comerse frío.

fiambrera *f.* ① Recipiente con tapa ajustada para llevar comida. ② *Argent., Chile* y *Urug.* Armario de tela metálica que permite la ventilación de los alimentos y los protege de las moscas.

fiambrería *f. Argent., Chile* y *Urug.* Tienda en la que se venden o preparan fiambres.

fianza *f.* Garantía prestada para el cumplimiento de una obligación: *El juez le dio a escoger entre pagar una fianza o permanecer 30 días en la cárcel.*

fiar *vb. irreg.* ① Hacerse responsable alguien de que otro pagará o cumplirá algo. ② Vender algo sin cobrar el precio para recibir el pago después: *"No tengo para pagar el azúcar, ¿me la fía y se la pago mañana?"* ③ Confiar: *"Si te fío un secreto, ¿no se lo cuentas a nadie?", le dije a mi amiga.*

fibra *f.* ① Especie de hilo de ciertos tejidos animales, vegetales y minerales: *El pan integral es bueno para la digestión porque contiene fibra.* ② Filamento artificial usado en la industria textil: *Prefiero usar ropa con fibras naturales, como el algodón, a las sintéticas como el poliéster.*

ficción *f.* Cosa inventada: *"Lo que viste en ese programa no es verdad, es ficción", me dijo mi padre.*

ficha *f.* ① Pequeña pieza de cartón, metal, etc., a la que se asigna un uso o valor convencional: *En esa mano de póquer ganó veinte fichas, y cada una vale un peso.* ② Hoja de papel o cartulina para anotar datos.

fichero *m.* ① Caja o mueble para guardar fichas. ② Conjunto de datos agrupados que sirven como información: *En ese fichero la policía guarda los nombres y direcciones de todos los delincuentes capturados por robo.*

fidelidad *f.* ① Hecho de ser fiel. ② *loc.* **Alta fidelidad,** sistema de reproducción de sonido con una gran calidad.

fideo *m.* Pasta de harina de trigo, en forma de hilo más o menos delgado.

fiebre *f.* Elevación de la temperatura normal del cuerpo debida a una enfermedad: *Cuando me enfermé de los*

*pulmones tuve **fiebre** y por eso sentía escalofríos y sudaba.*

▸ **fiel** *adj.* ① Se dice de la persona o ser que corresponde a quien le da y pide de él amor, amistad o deber: *El perro era **fiel** a su amo y lo seguía a todas partes.* ② Exacto: *Las autoridades certificaron que este documento es una copia **fiel** del original.*

▸ **fiel** *m.* Persona que practica una religión.

fieltro *m.* Especie de paño o tela que no va tejido, sino prensado: *Mi muñeca está hecha de tela y tiene un sombrero de **fieltro**.*

fiera *f.* Animal o persona salvaje y cruel.

fierro *m.* *Amér.* Hierro.

fiesta *f.* Reunión social para divertirse o celebrar algún acontecimiento: *La **fiesta** de fin de cursos será el próximo sábado.*

figura *f.* ① Forma exterior: *Ese actor tiene muy buena **figura**; es fuerte, alto y guapo.* ② Persona de renombre: *El deportista Michael Jordan es una **figura** en el mundo del baloncesto.*

fijar *vb.* ① Poner fijo: *Hay que **fijar** esa mesa en el suelo para que no se tambalee.* ② Determinar, establecer: *Una vez que se han **fijado** las bases del concurso, no es posible hacer ningún cambio.* ③ Darse cuenta de algo, percibir: *"¿Te **fijaste** que Alberto traía un calcetín a rayas y otro de puntitos?", le pregunté a Martha.*

fila *f.* Serie de personas o cosas puestas en hilera: *La **fila** para comprar entradas para la ópera era muy larga porque todos querían entrar a verla.*

filamento *m.* Cualquier cosa larga y delgada, que parece hilo: *Dentro de las bombillas o focos hay unos **filamentos** a través de los cuales se transmite la electricidad.*

filete *m.* Lonja o trozo delgado de carne o de pescado: *Después de la sopa comí un **filete** de ternera.*

filmar *vb.* Grabar imágenes con una cámara: *Mi hermana **filma** a su bebé cada mes para ver cómo va creciendo.*

filme *m.* Película de cine: *El acorazado Potemkín es uno de los **filmes** mudos más famosos del cine mundial.* SIN. **película.**

filo *m.* Lado afilado de un instrumento cortante como cuchillo, navaja o tijeras: *Siempre hay que tomar un cuchillo por el mango, nunca por el **filo**, porque corta.*

filtrar *vb.* ① Hacer pasar un líquido por un filtro: *Con una tela **filtramos** el agua de la botella porque tenía un insecto dentro.* SIN. **colar.** ② Dejar un cuerpo sólido que un fluido pase a través de sus poros o espacios: *Hay que componer el techo, porque se está **filtrando** agua de la lluvia.*

filtro *m.* Cuerpo poroso a través del cual se hace pasar un fluido para quitarle sus impurezas.

fin *m.* ① Hecho de terminarse una cosa: *Y cuando al terminar el filme vimos la palabra "**fin**", apagamos la*

televisión y nos fuimos a dormir. ② Finalidad o motivo de algo: *El **fin** de este curso es que aprendan a dibujar.*

final *m.* y *f.* ① Fin, término: *"Quédate hasta el **final** del programa, para que sepas quién fue el asesino", me dijo Amalia.* ② Última y decisiva competición de un campeonato o torneo: *Ese tenista ha ganado tres veces la **final** de tenis en Wimbledon.*

finalista *m.* y *f.* Que llega a la prueba final: *Entre las **finalistas** del concurso de la mujer más bella del mundo, casi siempre hay alguna mujer latinoamericana.*

finca *f.* Propiedad inmueble, casi siempre en el campo: *Durante las vacaciones, los vecinos se van a una **finca** que tienen cerca de la montaña.*

fincar *vb.* *Méx.* Construir una casa.

fingir *vb. irreg.* Hacer creer con palabras, gestos o acciones algo que no es verdad: *"No **finjas** que duermes, sé que estás despierto."* SIN. **simular.**

fino, na *adj.* ① De poco grosor: *En el siglo pasado estaba de moda que las mujeres tuvieran cinturas **finas**.* ② De buena calidad: *El caballo que ganó la carrera es muy **fino**.*

finta *f.* Ademán o movimiento que se hace con intención de engañar a otro: *El jugador hizo la **finta** de que iba a golpear el balón para el lado derecho y al final lo desvió hacia el izquierdo.*

firma *f.* ① Nombre de una persona, casi siempre acompañado de un trazo o línea que la hace original: *"Por favor, ponga su **firma** al final de la solicitud", me pidió la secretaria.* ② Acción de firmar: *A la **firma** del contrato matrimonial se presentaron los novios con dos testigos.*

firmamento *m.* Cielo: *Anoche pudimos ver muchas estrellas en el **firmamento** porque no había nubes.*

firmar *vb.* Poner alguien su firma en un escrito o documento: *Los novios **firmaron** el acta y quedaron legalmente casados.*

firme *adj.* Que no se mueve ni vacila: *Luego de un largo viaje por mar, los marineros ansían llegar a tierra **firme**.*

fiscal *adj.* Relativo al fisco o al oficio del fiscal: *Mi papá le entregó los documentos **fiscales** al contador para que hiciera los pagos a las autoridades.*

fisco *m.* Tesoro público.

físico, ca *adj.* Del cuerpo: *Tener las piernas torcidas es un problema **físico** que debe tratar un especialista.*

flaco, ca *adj.* Se dice de la persona o animal que tiene pocas carnes. ANT. **gordo.**

flamante *adj.* ① Brillante, resplandeciente: *Los zapatos limpios de Maura lucían **flamantes**.* ② Nuevo, reciente: *Jacobo compró un **flamante** automóvil que le costó mucho dinero.*

flamenco *m.* Ave zancuda de gran tamaño y plumaje rosa, escarlata y negro: *El **flamenco** tiene el cuello largo y flexible.*

---

flan *m.* Dulce hecho con yemas de huevo, leche y azúcar batidos y cuajados en un molde: *Después de comer un guiso de pollo mi madre nos dio un flan como postre.*

flanco *m.* Costado, lado: *En los gruesos y fuertes flancos del caballo se nota que ha sido bien alimentado.*

flash *m.* **Palabra inglesa.** Aparato que produce fuertes destellos luminosos y que sirve para iluminar cuando se toman fotografías en lugares donde la luz natural no es suficiente.

flauta *f.* Instrumento musical de viento en forma de tubo con orificios: *En el cuento, el héroe atraía a las ratas hacia el agua con la música de su flauta.*

flautista *m.* y *f.* Persona que toca la flauta.

flecha *f.* ① Arma arrojadiza consistente en una punta triangular afilada unida a una vara: *En muchos filmes aparecen los indios disparando flechas con sus arcos.* ② Cosa que tiene forma de flecha.

fleco *m.* ① Adorno compuesto por una serie de hilos o cordeles que cuelgan de una tira de tela. ② *Méx.* Cerquillo de pelo que cae en la frente: *A esa niña hay que cortarle un poco el fleco porque ya le cubre los ojos.*

flema *f.* Mucosidad que se arroja por la boca.

flexible *adj.* Que puede doblarse de manera fácil.

flexión *f.* Hecho de doblar o doblarse: *En la clase de gimnasia hacemos flexiones de brazos y piernas.*

flexionar *vb.* Doblar el cuerpo o un miembro, por lo general cuando se hacen ejercicios: *En su clase de baile, Martha se lastimó la rodilla porque la flexionó en una mala postura.*

flor *f.* Órgano reproductor de muchas plantas, formado por hojas de vivos colores llamadas pétalos. →

flora *f.* Conjunto de las especies vegetales de una región: *Tengo un libro en el que se describen todas las especies que forman la flora de América.*

florecer *vb. irreg.* Brotar flores de las plantas: *La mayor parte de las plantas florecen durante la primavera.*

flota *f.* Conjunto de navíos: *La flota pesquera partió del muelle poco antes del amanecer.*

flotador *m.* Salvavidas: *Cuando era pequeño usaba un flotador porque no sabía nadar.*

flotar *vb.* Sostenerse un cuerpo en la superficie de un líquido o en suspensión en un medio gaseoso.

flúor *m.* Cuerpo simple gaseoso de color amarillo verdoso, que es utilizado por los dentistas para proteger los dientes contra la caries.

fluorescente *adj.* Que emite una luz brillante al ser bañado con algún tipo de radiación: *Algunas señales de tránsito son fluorescentes.*

fobia *f.* Temor incontrolable a ciertas situaciones, personas, etc.: *Pablo siempre prefiere subir por las escaleras porque le tiene fobia a los ascensores.*

foca *f.* Mamífero de costumbres acuáticas, dotado de aletas y con el cuerpo cubierto de un pelo espeso y brillante.

foco *m.* ① Lámpara que emite una luz potente. ② *Méx.* Bombilla eléctrica. **SIN. bombilla, ampolleta.** ③ *Amér. C. y Amér. Merid.* Faro o farola.

fogata *f.* Fuego que levanta llama: *Cuando fuimos al campo encendimos una fogata con ramas y hojas secas para calentarnos.*

fogón *m.* ① Sitio en las cocinas adecuado para hacer fuego y guisar. **SIN. estufa, hornalla.** ② *Argent., Chile, C. Rica y Urug.* Fogata.

folklore *m.* **Palabra inglesa.** Cultura popular, costumbres, creencias, leyendas y artesanías de un pueblo: *El tango forma parte del folklore argentino.*

follaje *m.* Conjunto de hojas de un árbol.

folleto *m.* Obra impresa de corta extensión: *"En este folleto encontrará información sobre el curso de pintura que va a comenzar la semana próxima", me dijo el empleado de la escuela.*

fomentar *vb.* Aumentar la actividad o intensidad de algo: *Es importante fomentar el hábito de la lectura desde la infancia.*

fonda *f.* Establecimiento donde se da hospedaje o se sirven comidas.

fondo *m.* ① Parte inferior de una cosa hueca. ② Suelo del mar, de un río, etc.: *A finales del siglo XIX muchas personas buscaban oro en el fondo de los ríos de California.*

fondos *m. pl.* Dinero disponible: *No le pagaron el cheque a Luis porque la cuenta no tenía fondos.*

fonema *m.* Cada una de las unidades sonoras mínimas del lenguaje.

fontanero, ra *m.* y *f.* *Esp.* Persona que tiene por oficio instalar y arreglar cañerías. **SIN. plomero.**

foráneo, a *adj.* Forastero, que es del extranjero.

forastero, ra *m.* y *f.* De otro país o lugar: *Ese alejado pueblo en las montañas casi nunca recibe visitas de forasteros.* **SIN. extranjero.**

forestal *adj.* Relativo a los bosques: *El guardia forestal detectó el incendio y llamó a los bomberos.*

forma *f.* ① Figura y aspecto exterior de la materia: *Mis libros tienen forma rectangular.* ② Manera de hacer o proceder: *"Tienes que cuidar la forma en que hablas, no debes decir groserías", le dije a Roberto.* ③ *loc.* **Estar en forma,** tener buena condición física: *César no está en forma, respiraba con mucho esfuerzo cuando apenas habíamos subido las escaleras del primer piso.*

formal *adj.* ① Relativo a la forma. ② Que es responsable, puntual, cumplido, etc.: *Gustavo es un hombre muy formal que siempre llega a tiempo a su trabajo.*

formar *vb.* ① Hacer algo dándole la forma que le es propia: *El ceramista formó una figura humana con un trozo de arcilla.* ② Juntar diferentes cosas o personas

---

para algún fin: *Juan reunió a sus amigos y entre todos **han formado** una banda musical.* **3** Adiestrar, educar: ***Formar** a un niño es responsabilidad de los padres y de la escuela.* **4** Disponer las tropas en orden: *Para el desfile, los soldados **se formaron** en filas de cuatro.*

fórmula f. Forma establecida para expresar o realizar alguna cosa: *Al principio de la carta escribí "Querido Jorge", que es una **fórmula** de cortesía.*

fornido, da adj. Robusto: *Los héroes de los filmes casi siempre son **fornidos** y guapos.*

forraje m. Pasto para alimentar a los animales.

forrar vb. Revestir una cosa con algún material para protegerla: *Antes de comenzar un nuevo curso **forro** mis libros con plástico para que no se dañen.*

forro m. **1** Material con que se reviste una cosa: *Tengo que poner un **forro** nuevo a mi computadora porque éste se rompió y deja pasar el polvo.* **2** Tela que se pone en el interior de algunas prendas de vestir: *El abrigo de lana tiene un **forro** de tela suave.*

fortaleza f. **1** Fuerza: *La **fortaleza** de mi tío le ayudó a recuperarse pronto de su enfermedad.* SIN. **vigor.** **2** Lugar protegido: *El rey y sus caballeros se refugiaron en la **fortaleza** para defenderse del enemigo.*

fortuna f. **1** Suerte favorable: *Daniel tuvo la **fortuna** de conocer a una buena mujer, se enamoraron y ahora se va a casar con ella.* **2** Conjunto de bienes, dinero, etc.: *La **fortuna** del tío Rufo le permitía viajar por todo el mundo.*

forzar vb. irreg. Obligar a que se realice una cosa: *La falta de empleo **forzó** a Jorge, que es matemático, a trabajar como taxista.*

fosa f. Hoyo hecho en la tierra para que sirva como sepultura: *El músico austriaco Mozart era tan pobre cuando murió, que lo enterraron en una **fosa** donde había otros muertos.*

fósforo m. Trozo pequeño de madera o cartón con cabeza, que sirve para encender fuego: *"Enciende la hoguera con un **fósforo**", me dijo Esteban.* SIN. **cerilla, cerillo.**

fósil m. Resto orgánico que se ha conservado petrificado entre las capas de la Tierra: *Gracias a los **fósiles** que han encontrado, los científicos han podido reconstruir a los dinosaurios.*

foto f. Apócope de fotografía. Ver **fotografía.**

fotocopia f. Reproducción fotográfica instantánea de un documento: *Tengo que hacer una **fotocopia** de mi solicitud de ingreso al club.*

fotocopiadora f. Máquina que sirve para hacer fotocopias.

fotografía f. **1** Arte de fijar, por medio de la luz, la imagen de los objetos sobre una superficie sensible. **2** Imagen obtenida por medio de la fijación sobre una superficie sensible. SIN. **foto.**

fotógrafo, fa m. y f. Persona cuya profesión es tomar fotografías.

fotosíntesis f. Proceso mediante el cual las plantas elaboran una sustancia orgánica, que les sirve de alimento, con ayuda de la energía luminosa.

fracasar vb. Frustrarse una pretensión o un proyecto: *El plan para realizar el viaje a Europa **fracasó**; nunca pudo llevarse a cabo.*

fracción f. Expresión que indica la división de dos cantidades.

fracturar vb. Romper o quebrar algo de manera violenta: *Un tubo de mi bicicleta **se fracturó** cuando la arrojé por la escalera.*

fragancia f. Olor suave y delicioso: *Me gusta oler la **fragancia** de las rosas, pues me parece muy agradable.*

frágil adj. Que se rompe de manera fácil: *El vidrio es **frágil**, por eso debemos manejarlo con cuidado.*

fragmento m. Cada una de las partes en que se rompe o divide algo: *"No leas el poema completo, sólo un **fragmento**", me dijo la maestra.*

fraile m. Religioso de ciertas órdenes de la religión católica. SIN. **monje, religioso.**

frambuesa f. Fruto del frambueso, pequeño, de color rojo y parecido a la frutilla o fresa.

frambueso m. Planta parecida a la zarza, que se cultiva por sus frutos, llamados frambuesas: *El **frambueso** es de la familia de las rosáceas.*

francés, sa adj./m. y f. Originario de Francia, país de Europa.

franco, ca adj. Sincero: *Le di un abrazo **franco** a Patricia porque la quiero mucho.*

francotirador, ra m. y f. Tirador que actúa de manera aislada y hace disparos precisos desde un lugar especial.

franela f. Tela de tejido fino y suave: *Tengo un pantalón para dormir que es de **franela** y cuando me lo pongo, por la noche no siento frío.*

franja f. **1** Faja o tira: *En los concursos de belleza, las jóvenes llevan una **franja** con el nombre de su país de origen.* **2** Zona de forma alargada: *Alrededor del río Amazonas hay una **franja** de selva muy extensa y hermosa.*

frasco m. Recipiente estrecho de diferentes formas, por lo general de vidrio y que sirve para contener y conservar líquidos: *Ana colecciona **frascos** de perfumes.*

frase f. **1** Unidad gramatical formada por más de una palabra y que tiene sentido. SIN. **oración.** **2** *loc.* Frase hecha, que tiene una forma que no puede cambiarse o alterarse.

fraternal adj. Propio de hermanos.

fray m. Apócope de fraile que se usa antes del nombre de un religioso católico: ***Fray** Juan de Zumárraga fue un religioso español que se convirtió en arzobispo en la Nueva España en el año 1546.*

---

adj. = adjetivo ☆ **adv.** = adverbio ☆ **f.** = sustantivo femenino ☆ **Fam.** = familiar ☆ **loc.** = locución ☆ **m.** = sustantivo masculino ☆ **pl.** = plural ☆ **SIN.** = sinónimo ☆ **vb.** = verbo ☆ **vb. irreg.** = verbo irregular ☆ ➔ Ver Minienciclopedia.

frecuencia *f.* Repetición de un acto o suceso: *Le gusta ir al cine con* **frecuencia**, *cada semana ve un filme.*

frecuentar *vb.* Ir a menudo a alguna parte: *Es una persona muy sociable, le gusta* **frecuentar** *las casas de sus amigos.*

fregar *vb. irreg.* 1 Restregar una cosa con otra: *Fregué muy bien la olla manchada y ahora está reluciente.* 2 Limpiar algo restregándolo con un cepillo, bayeta, etc. 3 *Amér. Fam.* Molestar.

freír *vb. irreg.* Guisar un alimento en aceite hirviendo.

frenar *vb.* Parar con el freno: *El conductor* **frenó** *el autobús cuando vio el semáforo en rojo.*

freno *m.* 1 Mecanismo destinado a disminuir o detener el movimiento de una máquina o vehículo. 2 Pieza de hierro que se coloca en la boca de las caballerías para dirigirlas. 3 *pl.* Aparato que el dentista coloca a los pacientes que necesitan alinear sus dientes.

frente *m.* 1 Zona de combate: *Durante las guerras muchos soldados mueren en el* **frente** *de batalla.* 2 Parte superior de la cara: *Algunas personas piensan que una* **frente** *amplia es señal de inteligencia.* 3 Parte delantera de una cosa.

▶ **fresa** *f.* 1 Planta herbácea rastrera de fruto color rojo comestible, de sabor agridulce. 2 Fruto de la planta de la frutilla o fresa. SIN. **frutilla**.

▶ **fresa** *f.* Herramienta giratoria cortante, como la que usan los dentistas para eliminar las caries.

fresco, ca *adj.* 1 Que es un poco frío pero sin molestar: *Me gustan las bebidas* **frescas**, *porque las que están muy frías hacen que me duelan los dientes.* 2 Reciente: *Las noticias de la radio son las más* **frescas**. 3 Que todavía no seca: *No pises por ahí, porque la pintura está* **fresca** *y puedes mancharte.*

fresno *m.* Árbol de tronco grueso y madera blanca amarillenta y flexible: *La madera del* **fresno** *es muy apreciada para la elaboración de muebles.*

fricción *f.* Acción y efecto de frotar, de fregar.

friega *f.* 1 Acción de frotar con energía una parte del cuerpo: *Las* **friegas** *con alcohol sirven para bajar la fiebre.* 2 *Amér. Fam.* Molestia, fastidio: *"¡Qué* **friega** *tener que quedarme a limpiar la casa cuando mis hermanos se van a la playa!"*

frigorífico *m.* Cámara que mantiene a temperatura baja los alimentos. SIN. **nevera**, **refrigerador**, **heladera**.

frijol o **fríjol** *m.* 1 Planta herbácea anual, de 3 a 4 metros de longitud, cuyo fruto en vaina contiene semillas. 2 Semilla comestible que se encuentra en la vaina del poroto o frijol. SIN. **judía**, **poroto**.

frío *m.* Estado del clima opuesto al calor: *Cuando hace* **frío** *debemos abrigarnos bien.*

frío, a *adj.* Que tiene menos temperatura de la conveniente: *Los brazos del niño están* **fríos**, *debemos ponerle un suéter.*

friolento, ta *adj.* Muy sensible al frío: *Mi papá siempre busca el lugar más cálido de la casa porque es muy* **friolento**.

frito, ta *adj.* Se dice del alimento guisado en aceite hirviendo.

frondoso, sa *adj.* Con abundantes hojas y ramas: *Los árboles grandes y* **frondosos** *dan buena sombra.*

frontera *f.* Línea que separa dos estados o países: *Estados Unidos de Norteamérica tiene* **frontera** *con Canadá y con México.* SIN. **límite**.

frotar *vb.* Pasar una cosa sobre otra de manera repetida y con fuerza: *Para encender un fósforo hay que* **frotarlo** *sobre un papel de lija.*

frugívoro, ra *adj.* Que se alimenta de frutos: *La ardilla es un animal* **frugívoro**.

fruncir *vb. irreg.* Arrugar la frente, las cejas, una tela, etc.: *Cuando vi que el maestro* **fruncía** *las cejas al leer mi trabajo, supe que había hecho algo mal.*

frustrar *vb.* Estorbar, impedir que se realice algo: *Los policías* **frustraron** *el intento de fuga de los presos.*

fruta *f.* Producto comestible de un árbol o arbusto: *Me gustan todas las* **frutas** *menos la guayaba.*

frutal *adj.* Planta que se cultiva para la producción de frutas comestibles: *Mi abuelo tiene un huerto de árboles* **frutales** *en el que hay naranjos, ciruelos y manzanos.*

frutilla *f.* 1 *R. de la P.* Planta herbácea rastrera de fruto rojo comestible. SIN. **fresa**. 2 Fruto de la planta de la frutilla o fresa. SIN. **fresa**.

fruto *m.* Órgano que contiene las semillas de una planta y que procede por lo general del ovario de la flor.

fuego *m.* 1 Desprendimiento de calor, luz y llamas, producido por la combustión de un cuerpo: *"Enciende el* **fuego** *en la chimenea", me dijo mi padre.* 2 Incendio: *Los bomberos lograron apagar el* **fuego** *en el bosque.* 3 Fogata, hogar: *Después de la cena, la familia se reunía alrededor del* **fuego** *a conversar.* 4 *Méx.* Erupción dolorosa de la piel, ulceración, por lo general en la boca. →

fuelle *m.* 1 Instrumento para soplar o producir aire. 2 Pieza plegable que aumenta o disminuye el volumen o la capacidad de ciertos objetos: *Los acordeones están formados por un* **fuelle** *y un teclado.*

fuente *f.* 1 Manantial de agua que brota de la tierra. 2 Construcción hecha con tubos unidos por donde sale el agua. 3 Plato grande para servir la comida: *La ensalada de frutas que sirvieron en el banquete estaba en una gran* **fuente** *de cristal.*

fuera *adv.* 1 En la parte exterior de un espacio: *Mi perro duerme* **fuera** *de la casa porque es travieso y le gusta morder los muebles por la noche.* 2 Antes o después de tiempo: *Ya no aceptaron mi solicitud porque la entregué* **fuera** *de tiempo.*

a

b

c

d

e

f

g

▶ **fuerte** *adj.* ① Que tiene fuerza y resistencia: *Según la mitología griega, Atlas era tan **fuerte** que podía sostener al mundo sobre sus hombros.* ② Robusto, corpulento. ③ Intenso: *La música **fuerte** me molesta porque me impide concentrarme en mi trabajo.*

▶ **fuerte** *m.* Construcción protegida, fortaleza: *Los extranjeros blancos construyeron **fuertes** para combatir a las tribus de Norteamérica y así invadir sus territorios.*

fuerza *f.* ① Utilización del poder físico o moral: *En el filme de ciencia ficción, el héroe utilizó su gran **fuerza** para levantar un autobús con una sola mano.* ② Causa capaz de deformar un cuerpo o de modificar su velocidad: *La **fuerza** del viento en contra obligó al velero a girar.* ③ *pl.* Conjunto de tropas, armas y potencial de los ejércitos.

fuga *f.* ① Acción y efecto de escaparse: *La **fuga** de ese maleante fue espectacular, un helicóptero lo levantó del patio de la cárcel.* ② Escape de un fluido o gas: *Hay que revisar con frecuencia las tuberías del gas, porque una **fuga** no detectada puede ocasionar una explosión.*

fugarse *vb. irreg.* Escaparse, huir: *Hace varios años los administradores de la cárcel de Alcatraz, en California, presumían que ningún preso había logrado **fugarse** de ahí.*

fugitivo, va *adj./m. y f.* Que está en fuga o huye: *Juana es una **fugitiva** de la justicia que vive en un lugar diferente cada mes, porque teme que la policía la encuentre.*

fulano, na *m. y f.* Persona indeterminada: *Cuando entré a la tienda había tres **fulanos** y dos **fulanas**.*

fulgor *m.* Brillo, resplandor: *El **fulgor** del sol reflejado en el mar es de distintos colores.*

fulminar *vb.* ① Herir, matar o causar daños un rayo. ② Matar con armas o explosivos.

fumar *vb.* Aspirar y despedir el humo del tabaco, opio, etc.: *Fumar puede causar enfermedades respiratorias y cáncer.*

fumarola *f.* Emisión de gases de origen volcánico: *Cuando un volcán emite **fumarolas** quiere decir que está en actividad.*

fumigar *vb. irreg.* Eliminar animales nocivos o desinfectar espacios amplios por medio de sustancias en forma de humo o vapor.

función *f.* ① Actividad particular que corresponde a alguien o algo: *"Tu **función** en esta empresa consistirá en ayudarle al director", me dijo la secretaria.* SIN. **misión.** ② Representación teatral: *Esta **función** de cine empieza a las cuatro de la tarde y termina a las seis.*

funcionar *vb.* Ejecutar algo o alguien las funciones que le son propias: *De pronto la licuadora ya no **funcionó**, debo llevarla al técnico para que la repare.*

funcionario, ria *m. y f.* Empleado público de cierta jerarquía.

funda *f.* Cosa que sirve para cubrir o resguardar otra cosa. SIN. **cubierta.**

fundación *f.* Institución benéfica, cultural, etc., sin intención de obtener dinero para sí misma: *Con el dinero que recauda esa **fundación** se construyen casas-hogar para niños huérfanos.*

fundamento *m.* ① Cimiento de un edificio: *Mientras más alto sea el edificio, más profundos tienen que ser sus **fundamentos**.* ② Principio o base de una cosa: *Uno de los **fundamentos** de la física son las matemáticas.*

fundar *vb.* Crear una ciudad, negocio, asociación, etc.: *Dice una leyenda que Rómulo y Remo **fundaron** la ciudad de Roma.*

fundir *vb.* Transformar en líquido un cuerpo sólido calentándolo: *Para hacer caramelo hay que **fundir** el azúcar a fuego muy bajo, sin quemarlo.*

fundo *m.* Chile y Perú. Finca, hacienda, estancia.

funeral *m.* Ceremonia en la que se entierra a los difuntos: *Los **funerales** de los gobernantes casi siempre son ceremonias solemnes, a las que asisten altos funcionarios de otros países.* SIN. **entierro.**

funeraria *f.* Empresa que se dedica a todo lo relacionado con los entierros e incineraciones de difuntos.

furgón *m.* Vagón de equipajes en el tren.

furia *f.* ① Cólera, ira. ② Ímpetu: *Con gran **furia** el gigante derribó la puerta del castillo y entró a robarse a la princesa.*

furioso, sa *adj.* Que está muy enojado: *Me puse **furioso** cuando mi perro mordió mis zapatos nuevos.*

fusil *m.* Arma de fuego portátil, de cañón largo: *El **fusil** se parece a la escopeta, pero tiene un solo cañón.*

fusilar *vb.* Matar a alguien con descargas de fusil.

fusionar *vb.* Reunir varias cosas en una sola: *Las dos empresas medianas se **fusionaron** y ahora forman una gran empresa.*

fútbol o **futbol** *m.* Juego entre dos equipos de once participantes cada uno, que consiste en introducir en la portería del contrario un balón, impulsándolo con los pies o la cabeza. SIN. **balompié.**

futbolista *m. y f.* Deportista que tiene por profesión jugar fútbol.

futuro, ra *adj.* Que está por venir o suceder: *Esperemos que en una era **futura** los humanos aprendan a cuidar más la naturaleza.*

futuro *m.* ① Tiempo verbal que expresa acción por venir: *El **futuro** de "yo como" es "yo comeré".* ② Tiempo que ha de venir: *En el cuento, la hormiga pensó en el **futuro** y guardó comida para el invierno, no así la cigarra.*

◀▬▬▶ *adj.* = adjetivo ☆ *Desp.* = despectivo ☆ *f.* = sustantivo femenino ☆ *Fam.* = familiar ☆ *m.* = sustantivo masculino ☆ *pl.* = plural ☆ SIN. = sinónimo ☆ *vb.* = verbo ☆ *vb. irreg.* = verbo irregular.

Gg

g *f.* Séptima letra del abecedario. Su nombre es ge.

gabardina *f.* Abrigo de tejido impermeable: *Cuando llueve, me pongo la **gabardina** para no mojarme.* SIN. **impermeable.**

gabinete *m.* ① Habitación destinada a recibir visitas de confianza: *Mis amigas y yo tomamos café en el **gabinete**.* ② Conjunto de ministros del gobierno de un país: *El **gabinete** se reunió para decidir cómo usarán el dinero en este año.*

gacela *f.* Animal de color marrón y vientre blanco, de patas finas y largas, y cuernos curvos: *La **gacela** es un antílope africano, ágil y hermoso.*

gaceta *f.* Publicación periódica de carácter cultural o científico: *Leí un estupendo poema en la **gaceta** de la universidad.*

gacho, cha *adj.* ① Inclinado hacia abajo: *Alicia camina con la cabeza **gacha** porque está triste.* ② *Méx. Fam.* Feo, de mal gusto o de mala intención.

gachupín *m.* *Méx. Desp.* Español que vino a establecerse en América.

gafas *f. pl.* Anteojos.

gajo *m.* Cada una de las porciones interiores de los cítricos: *El **gajo** de una naranja es más fácil de desprender que el gajo de un limón.*

gala *f.* ① Cualquier cosa que da hermosura o elegancia a otra: *Los ramos de flores son la **gala** de mi habitación, la hacen verse fresca y agradable.* ② Presentación excepcional de un espectáculo: *Esta noche, la compañía de teatro ofrecerá la función de **gala** del Lago de los Cisnes.*

galáctico, ca *adj.* Que pertenece a la galaxia.

galán *m.* ① Hombre guapo y atractivo: *Federico se cree muy **galán** porque todas las niñas quieren sentarse junto a él en clase.* ② Actor que hace el papel de héroe joven en una obra de teatro o en un filme o película.

galápago *m.* Animal de agua dulce parecido a la tortuga, del que se conocen 80 especies: *Existen **galápagos** vegetarianos y otros carnívoros.*

galaxia *f.* Conjunto de estrellas y planetas agrupados en una determinada región del espacio: *En la **galaxia** llamada Vía Láctea se encuentra el Sistema Solar al que pertenece la Tierra.*

galería *f.* ① Pasillo largo y amplio con grandes ventanas: *Los ancianos toman el té en la **galería** porque así disfrutan la luz de la tarde.* SIN. **mirador.** ② Camino subterráneo: *Cuando sea grande formaré un equipo de valientes para explorar la **galería** de la mina abandonada.* ③ Asientos de la parte más alta de un cine o teatro: *Las entradas para la **galería** del teatro son las más baratas.* SIN. **gayola.** ④ *pl.* Centro comercial: *Recorrimos las **galerías** buscando un regalo bonito para el día de las madres.*

galleta *f.* Pasta hecha con masa de harina, dulce o salada, cocida al horno.

gallina *f.* Ave doméstica, hembra del gallo, de pico corto, cuerpo redondo y que no vuela: *La **gallina** está empollando cuatro huevos grandes.*

gallinazo *m.* Buitre americano de plumaje totalmente negro. SIN. **zopilote.**

gallinero *m.* ① Corral cubierto donde se crían las aves de granja. ② *Fam.* Asientos de la parte más alta de un cine o teatro.

gallo *m.* ① Ave doméstica de cresta roja y carnosa: *El **gallo** tiene plumas vistosas y canta en la madrugada anunciando el amanecer.* ② Pez comestible de cuerpo plano, parecido al lenguado: *El **gallo** es un pez que vive en el mar; se le llama así porque su aleta dorsal se parece a la cresta de un gallo.* ③ Sonido agudo y desentonado que una persona emite al hablar o cantar: *Al cantante se le escapó un **gallo** y algunas personas comenzaron a reírse.* ④ *Méx.* Serenata.

galón *m.* Unidad de medida para líquidos, que equivale a 4.546 litros en Inglaterra y a 3.785 litros en Estados Unidos de Norteamérica.

galopar *vb.* ① Andar los caballos a paso rápido, correr: *El potro **galopaba** hacia el abismo cegado por la lluvia y el miedo.* ② Cabalgar: *Julieta **galopó** con destreza intentando ganar ese concurso de salto de obstáculos.*

galope *m.* Marcha rápida de un caballo: *El **galope** de ese potro es elegante.*

galpón *m.* *Amér. Merid. y Nicar.* Cobertizo grande, con o sin paredes, que se ocupa como almacén.

gamba *f.* ① Camarón grande. ② *Argent. y Chile.* Pierna. ③ *Argent. y Chile.* Hablando de dinero, cien pesos.

---

gambetear *vb. Amér C. y Amér. Merid.* Correr en zigzag.

gamo *m.* Animal parecido al ciervo, pero con los cuernos terminados en forma de pala.

gamuza *f.* [1] Animal salvaje, de cuernos negros y lisos, parecido a una cabra grande: *En las montañas de Europa, la gamuza brinca de manera ágil de un peñasco a otro.* [2] Cuero blando, suave al tacto: *En esa tienda venden zapatos y abrigos de gamuza.* [3] Paño suave que se usa para limpiar el polvo: *Gumersindo tiene una gamuza roja que usa para darle brillo a su guitarra.* SIN. franela.

gana *f.* [1] Deseo, inclinación o disposición para hacer algo: *"Tengo ganas de leer un libro divertido", le dije a Rufino.* [2] *loc.* De buena gana, con voluntad de hacer algo: *"De buena gana me quedaría jugando un rato más, pero mi mamá me está llamando", dije a mis amigos.* [3] *loc.* De mala gana, sin voluntad de hacer algo: *Hugo siempre contesta de mala gana cuando la maestra le hace una pregunta.*

ganadería *f.* [1] Actividad relacionada con la cría y comercio de vacas, cerdos, caballos y otros rebaños de animales: *Una persona que se dedica a la ganadería debe saber montar a caballo para recorrer los campos.* [2] Conjunto de los ganados de un país o región: *La ganadería de México se encuentra principalmente en los estados del norte.*

ganadero, ra *m.* y *f.* Dueño y criador de reses que comercia con ellas.

ganado *m.* [1] Rebaño de reses o de cerdos que el hombre cría para aprovechar su carne y sus productos: *En el llano pastan rebaños de ganado vacuno y en la montaña se cría el ganado cabrío.* [2] *loc.* Cabeza de ganado, unidad para contar reses: *Pablo es dueño de 25 cabezas de ganado, es decir, de 25 reses.*

ganador, ra *m.* y *f.* Persona, animal o cosa que triunfa: *La ganadora de la medalla de plata en natación fue una amiga mía.*

ganancia *f.* Cantidad a favor: *"Este año obtuve una buena ganancia con la venta de frutas", dijo el comerciante.*

ganar *vb.* [1] Obtener un beneficio en un negocio o en el trabajo: *"Si fueras médico ganarías más dinero que si fueras enfermero", le dije a mi hermano.* [2] Vencer: *Lidia y Raúl ganaron el campeonato de ajedrez.* [3] Hacerse merecedor de algo: *Por su buena ortografía, Lauro ganó un libro ilustrado.*

gancho *m.* [1] Instrumento de metal que termina en una punta doblada hacia arriba que sirve para agarrar o colgar algo: *Las grúas de carga utilizan ganchos para mover cargas muy pesadas.* SIN. garfio. [2] En boxeo, golpe corto de abajo hacia arriba: *El boxeador ganó la pelea cuando le colocó un gancho al hígado a su adversario.* [3] Aguja terminada en punta doblada, que se usa para tejer. [4] *Méx.* Pinza para sujetar la ropa recién lavada. [5] *Méx.* Objeto de alambre, madera u otro material en que se cuelga la ropa para evitar que se arrugue. SIN. percha. [6] *Amér. Merid.* Horquilla para sujetar el cabello. SIN. pasador.

ganga *f.* Cosa de buena calidad a bajo precio: *Comprar cuatro camisas por el precio de una es una ganga.*

gangoso, sa *m.* y *f.* Persona que habla con voz nasal porque tiene un defecto en la estructura interna de la nariz: *Al gangoso que vive en la casa de la esquina le cuesta trabajo darse a entender.*

gángster *m.* Palabra de origen inglés. Miembro de una banda de pistoleros que se dedica a actividades contra la ley: *Cuando llegó la policía, el gángster estaba atrapado entre dos montones de cajas de licor.* SIN. bandido, malhechor.

ganso, sa *m.* y *f.* Ave de la que se conocen varias especies salvajes y una especie doméstica, de plumaje color gris y pardo, y pico anaranjado: *En invierno los gansos salvajes emigran a zonas cálidas para poder alimentarse.*

garabato *m.* Letras y líneas mal formadas, hechas con el lápiz o el bolígrafo: *Mi hermanito llenó de garabatos mi trabajo escolar y ahora tendré que hacerlo otra vez.*

garaje *m.* Palabra de origen francés. Local donde se guardan automóviles. SIN. cochera.

garantía *f.* Acción de asegurar durante un tiempo el buen funcionamiento de algo que se vende: *El refrigerador tiene una garantía de tres años.*

garantizar *vb. irreg.* Responsabilizarse de que algo es cierto o de que se va a cumplir.

garapiñado, da o **garrapiñado, da** *adj.* Se refiere a la fruta o semilla bañada en caramelo: *Las nueces garapiñadas están cubiertas por una capa dura de azúcar de color marrón.*

garbanzo *m.* [1] Planta de huerta que da una semilla comestible redonda, de color amarillento. [2] Semilla de la planta del garbanzo: *El garbanzo se come en ensaladas, sopas, guisos y también se usa para preparar harina.*

gardenia *f.* Nombre dado a una flor blanca de pétalos carnosos, muy perfumada: *Puse una gardenia seca entre mis pañuelos y ahora huelen muy bien.*

garfio *m.* Gancho de hierro: *El pirata se puso un terrible garfio en vez de la mano que perdió durante una lucha.* SIN. gancho.

gargajo *m.* Mucosidad espesa que se escupe. SIN. flema, escupitajo.

garganta *f.* [1] Parte delantera del cuello: *El estrangulador dejó sus dedos marcados en la garganta de la víctima.* [2] Interior del cuello, faringe: *Me duele la garganta al tragar saliva porque estoy enfermo.* [3] Camino angosto entre montañas. SIN. desfiladero.

gárgara *f.* Acción de mantener un líquido en la garganta, sin tragarlo, y sacar aire por la faringe: *Marta hace*

---

gárgaras con un medicamento para desinflamar sus amígdalas.

gárgola f. Escultura que adorna el tubo de desagüe de un tejado o de una fuente: Las *gárgolas* de las iglesias góticas tienen formas feas de animales o demonios.

garlopa f. Cepillo de carpintero: Con la *garlopa* se alisan las tablas de madera rugosa para evitar que se desprendan astillas.

garra f. Pata de animal, con uñas fuertes: Las *garras* de las águilas son muy fuertes.

garrafa f. ① Botella ancha y redonda con asa, de cuello largo y estrecho: Antes se guardaba en *garrafas* el vino que se preparaba en casa. SIN. **damajuana**. ② Argent. y Urug. Cilindro de gas doméstico. SIN. **tanque**.

garrafón m. Garrafa grande sin asa, hecha de vidrio o plástico: Todos los miércoles compramos un *garrafón* de agua purificada para beber.

garrapata f. Animal parásito similar a la araña que vive de sangre, clavado en la piel de algunos mamíferos: El perro aullaba de dolor cuando mamá le arrancó las *garrapatas*, pero lo hizo para evitar que el animal se enfermara.

garrote m. Palo grueso. SIN. **macana**.

garúa f. Amér. C. y Amér. Merid. Llovizna. SIN. **páramo**.

garufa f. Argent. y Urug. Diversión.

garza f. Ave zancuda de cuello largo y sinuoso que vive en las riberas de los lagos y en zonas pantanosas: Las *garzas* rosadas descansan apoyadas en una sola pata.

gas m. ① Materia que a temperatura ambiente fluye sin forma ni volumen propios: El aire es un *gas*. ② Combustible utilizado para prender fuego: Una fuga de *gas* es muy peligrosa porque puede causar una explosión. ③ pl. Restos gaseosos acumulados en el intestino.

gasa f. Tela de hilo de algodón, de tejido abierto y flojo: La *gasa* se usa para cubrir las heridas porque permite el paso del aire y protege del polvo.

gaseosa f. Bebida refrescante con burbujas: Flavio pidió una *gaseosa* con hielos para acompañar su comida. SIN. **refresco, soda**.

gasoducto m. Tubería por la que se hace llegar el gas combustible del lugar donde se produce a las ciudades y a las casas.

gasolina f. Combustible líquido obtenido de la destilación del petróleo, que sirve para que funcionen algunos motores. SIN. **nafta**.

gasolinería f. Lugar donde se vende nafta o gasolina, aceite y otros productos y servicios automovilísticos: De camino a la playa nos detuvimos en una *gasolinería* para ponerle aire a los neumáticos del autobús.

gastar vb. ① Utilizar para comprar alguna cosa: Habría *gastado* menos dinero si hubiera comparado los precios de los productos. ANT. **ahorrar**. ② Deteriorar con el uso, acabar: Mónica necesita un par de zapatos nuevos porque ya *gastó* los que usa. SIN. **desgastar**.

gasto m. ① Cosa que se utiliza o se consume: En las grandes ciudades, el *gasto* de agua es excesivo, porque hay mucha gente que la desperdicia. ② Cantidad de dinero que se emplea para algo: El *gasto* más importante de mi hermana que va a la Universidad, es comprar sus libros.

gastronomía f. Arte de preparar una buena comida: La *gastronomía* argentina tiene muchos guisos diferentes en cada región. SIN. **cocina**.

gatas. A gatas, loc. Hecho de caminar apoyado en rodillas y manos: Jacinta andaba a *gatas* por todo el dormitorio buscando el arete que se le había caído. SIN. **gatear**.

gatear vb. Andar con las manos y las rodillas apoyadas en el suelo: Los bebés *gatean* antes de aprender a caminar.

gatillo m. Palanca que acciona el disparo de un arma de fuego.

gato m. Instrumento mecánico para levantar pesos de abajo hacia arriba: Con el *gato* se levanta el automóvil para cambiarle los neumáticos.

gato, ta m. y f. Felino doméstico de pelaje suave: Un *gato* es un felino pequeño que maúlla y ronronea, pero también araña.

gaucho m. Argent., Chile y Urug. Hombre de campo que vive en las llanuras del Río de la Plata y se dedica a los trabajos ganaderos.

gavilán m. Ave más pequeña que el halcón, de plumaje color gris azulado en la parte superior y pardo en la cola: El *gavilán* es un ave rapaz.

gaviota f. Ave de plumaje gris y blanco que vive en las costas del mar y se alimenta de peces: A las *gaviotas* les gusta mucho volar y se acercan a los barcos pesqueros para que les arrojen pedazos de pescado.

gazapo m. ① Conejo recién nacido. ② Error al hablar o al escribir.

gaznate m. ① Garganta. ② Cilindro o cono de masa frita, relleno de alguna pasta dulce.

géiser m. Chorro de agua caliente que sale de la tierra: El agua de un *géiser* es de origen volcánico.

gelatina f. Sustancia sólida, blanda y transparente, que tiene diferentes usos: Existen varios tipos de *gelatina*, por ejemplo la que se usa para tomar fotografías y la que se come como postre.

gema f. Piedra preciosa: Los diamantes, los zafiros y los rubíes son gemas.

gemelo, la adj./m. y f. ① Referido a cada uno de los hermanos nacidos en un mismo parto y que son idénticos entre sí. SIN. **cuate, mellizo**. ② Se dice de dos cosas iguales.

gemir vb. irreg. Expresar de manera natural, con sonidos y voz lastimera, una pena o dolor: Leonor quiso *clavar un clavo, se golpeó con el martillo y comenzó a gemir.*

gendarme *m.* Agente de policía: *Cuando visitamos París, le preguntamos a un gendarme cómo llegar al Museo del Louvre.*

genealógico, ca *adj.* ① Relativo a los antepasados. ② *loc.* Árbol genealógico, escrito en el que se ordenan en forma de árbol los nombres de los hijos, los padres, los abuelos y los tatarabuelos de una familia: *Rafael estuvo haciendo su árbol genealógico y descubrió que uno de sus tatarabuelos había nacido en Alemania.*

generación *f.* ① Sucesión de descendientes de una familia: *Mis abuelos hablaban zapoteco, nosotros somos la segunda generación en mi familia que habla español.* ② Conjunto de personas nacidas en la misma época y que por lo mismo han recibido una misma educación y han vivido experiencias parecidas: *El español Federico García Lorca fue un poeta que perteneció al grupo de escritores conocidos como la "Generación del 27".*

generador *m.* Máquina que produce energía eléctrica: *En el hospital hay un generador que permite que haya luz aunque se corte la corriente eléctrica normal.*

▶ **general** *adj.* ① Que es común a muchos o a muchos: *Hubo una asamblea general en el edificio para hablar sobre la limpieza de las escaleras.* ② De manera amplia, sin detalles: *La maestra habló de manera general sobre el comportamiento que tenemos en clase los alumnos.* ③ Que sucede o es usado con frecuencia: *Por lo general me gusta vestirme de azul, ¿a ti de qué color te gusta vestirte?*

▶ **general** *m.* Oficial superior del ejército. SIN. **jefe.**

género *m.* ① Grupo de cosas o seres parecidos entre sí por tener uno o varios caracteres comunes: *El género humano está formado por diferentes razas.* ② Clase de persona o cosa. SIN. **naturaleza, tipo.** ③ Clasificación gramatical en masculino, femenino y neutro: *La palabra "diccionario" es un sustantivo de género masculino.* ④ Tela: *Herlinda se hizo un vestido nuevo y con el género que le sobró hizo una blusa para mi muñeca.*

generoso, sa *adj.* ① Que acostumbra dar o compartir lo que tiene: *Es agradable ser generoso con los amigos.* SIN. **desprendido.** ② Abundante, repleto: *Manuel se comió un generoso plato de frutas.*

genial *adj.* ① Que revela talento creador: *El músico alemán Juan Sebastián Bach fue un músico genial.* ② *Fam.* Excelente, estupendo: *El nuevo maestro de computación es genial: explica la clase muy bien, practica deporte, le gusta mucho leer y es amable.* SIN. **sobresaliente.**

▶ **genio** *m.* ① Carácter de cada persona: *Francisca tiene un genio tranquilo, casi nunca se enoja y suele estar*

de buen humor. SIN. **temperamento.** ② Talento para crear: *El artista español Pablo Picasso fue un genio de la pintura.* SIN. **aptitud.**

▶ **genio** *m.* Personaje fantástico con capacidades mágicas, proveniente de la literatura del Medio Oriente: *El genio más famoso habita en la lámpara de Aladino.* SIN. **duende.**

gente *f.* ① Conjunto de personas: *Mucha gente fue al estadio para ver jugar a su equipo favorito.* ② *Amér.* Persona, individuo.

gentil *adj.* ① Relativo al que es apuesto, guapo: *Una muchacha gentil dejó esta carta para Mauricio.* ② Que es amable, cortés: *"Es usted muy gentil por permitirme subir primero al autobús", me dijo una anciana.*

gentilicio, cia *adj./m.* Se dice del sustantivo o adjetivo que expresa origen o nacionalidad: *"Colombiano" es el gentilicio para las personas nacidas en Colombia.*

genuino, na *adj.* Puro, auténtico: *Sus sentimientos son genuinos; cuando dice que te quiere, es verdad.* ANT. **falso.**

geografía *f.* Ciencia que estudia los fenómenos físicos y humanos de la Tierra: *Mañana debo entregar a la maestra de geografía un mapa que señale todos los países que hay en el Continente Americano.*

geología *f.* Ciencia que estudia la historia de la Tierra y la formación de sus materiales: *La geología se basa en la observación de rocas y minerales.*

geometría *f.* Disciplina matemática que estudia las propiedades, medidas, líneas y superficies de los cuerpos: *Esteban tiene facilidad para la geometría; dibuja muy bien figuras difíciles.* →

geranio *m.* Planta de jardín con flores de vivos colores y aroma agradable, que brotan unidas en ramilletes: *Los geranios adornan los balcones con sus flores blancas, rojas y rosadas.* SIN. **malvón.**

gerente *m. y f.* Persona que dirige una empresa, sobre todo en aspectos administrativos: *Sergio tuvo que hablar con el gerente para pedir un aumento de sueldo.* SIN. **administrador, director.**

germen *m.* ① Primer brote de una semilla. ② Microorganismo que puede provocar enfermedades: *El agua para beber se hierve para matar los gérmenes.* SIN. **microbio.**

germinado *m.* Grano que tiene un brote interno: *En el restaurante vegetariano preparan ensalada de germinados de soya.*

germinar *vb.* Brotar y empezar a crecer una planta: *Algunos cultivos como el arroz se siembran una vez que sus semillas han germinado.*

gerundio *m.* Forma no personal del verbo que expresa una acción que se está efectuando: *El gerundio termina en -ando o en -iendo, como cuando dices "estoy jugando" o "voy corriendo".*

---

adj. = adjetivo ☆ **ANT.** = antónimo ☆ **f.** = sustantivo femenino ☆ **Fam.** = familiar ☆ **loc.** = locución ☆ **m.** = sustantivo masculino ☆ **SIN.** = sinónimo ☆ **vb.** = verbo ☆ ➡ Ver Minienciclopedia.

gestar *vb.* Llevar la madre en su vientre y alimentar por el cordón umbilical a su hijo hasta el momento del parto: *La elefanta está gestando un elefantito en su vientre.*

gesticulación *f.* Mueca, movimiento de la cara, manos y cuerpo para expresarse: *Muchas veces, lo que no se puede decir con varias palabras puede expresarse con una sola gesticulación.*

gesto *m.* [1] Expresión del rostro, las manos o el cuerpo: *Felipe tiene un gesto de tristeza porque su gato se murió ayer.* SIN. **expresión, mueca.** [2] Gesticulación, mueca.

gigante *adj.* De gran tamaño, enorme: *Esta casa es gigante, por más muebles que le pone mi padre, sigue viéndose vacía.* ANT. **diminuto.**

gigante, ta *m.* y *f.* Persona o personaje muy grande y alto: *En el filme que vimos el domingo, el gigante usaba como sombrero un barco muy grande.* ANT. **enano.**

gil, la *adj./m.* y *f.* *Argent., Chile y Urug. Fam.* Se dice de quien es tonto, incauto.

gimnasia *f.* Arte de ejercitar, fortalecer y desarrollar el cuerpo mediante ejercicios físicos adecuados: *Julieta hace gimnasia desde que era niña y ahora va a participar en las olimpiadas.*

gimnasio *m.* Local con aparatos especiales para hacer ejercicios físicos: *En el barrio hay un gimnasio al que mi papá va todos los días.*

gira *f.* [1] Recorrido o viaje de una o varias personas que se hace por varios lugares. [2] Serie de presentaciones de una compañía teatral o artística en diferentes lugares: *La compañía de danza está de gira, se presentará en las ciudades más importantes del país.*

girar *vb.* [1] Dar vueltas alrededor de algo o sobre uno mismo: *La Luna ha girado alrededor de la Tierra por miles de años.* [2] Cambiar de dirección: *Cuando llegó ese muchacho guapo a la fiesta, todas las chicas giraron su atención hacia él.* [3] Enviar dinero por correo o telégrafo: *Nayeli espera que su marido le gire dinero desde Los Ángeles.*

girasol *m.* Planta de flor redonda, grande y amarilla con el centro oscuro, cultivada por sus semillas de las que se extrae un aceite para guisar: *De las semillas de girasol se extrae aceite para cocinar.*

giro *m.* [1] Acción y efecto de girar: *El giro de la rueda de la fortuna me marea.* [2] Envío de dinero a través de un banco, del correo o del telégrafo: *Nayeli espera el giro que prometió mandarle su marido que trabaja en Nueva York.*

gis *m.* *Méx.* Barrita compacta y seca, blanca o de colores, que sirve para escribir en el pizarrón o pizarra. SIN. **tiza.**

gitano, na *m.* y *f.* Persona que desciende de un pueblo de vida nómada, procedente de la India, que se estableció en distintas partes del mundo: *Algunos gitanos dicen que adivinan el futuro de las personas.*

glaciar *m.* Acumulación de nieve transformada en hielo o río de hielo: *El glaciar se mueve lento sobre el agua del Océano Glacial Ártico.*

gladiolo o **gladíolo** *m.* Planta que nace de un bulbo, de flores que se abren en forma de espiga en la punta de un tallo largo: *Hay gladiolos rojos, rosados, blancos, amarillos y anaranjados.*

glicerina *f.* Líquido incoloro y viscoso que se utiliza como antiséptico y suavizante de la piel: *Algunas cremas para la piel contienen glicerina.*

globo *m.* [1] Cuerpo esférico: *Para cambiar la bombilla, Roberto quitó primero el globo de la lámpara.* [2] Vehículo aéreo formado por una bolsa llena de gas y una barquilla: *"Sería maravilloso viajar en globo"*, dije a mis padres. [3] Juguete que consiste en una esfera hecha de material flexible y llena de aire o gas: *Herlinda compró globos para la fiesta de su hija.* [4] *loc.* **Globo terráqueo**, objeto esférico que representa al planeta Tierra y está ilustrado con los mapas geográficos o políticos del mundo: *En la biblioteca pública hay un globo terráqueo en el que pude ver dónde está Australia.*

gloria *f.* [1] Fama: *Alejandro Magno alcanzó la gloria por sus conquistas.* [2] Manifestación de la majestuosidad, omnipotencia y santidad de Dios.

glorieta *f.* [1] Espacio redondo en medio de un jardín: *En la glorieta hay una escultura que conmemora la fundación de esta ciudad.* [2] Plaza donde desembocan varias calles: *La Plaza Roja de Moscú, en Rusia, es una de las glorietas más impresionantes del mundo.*

glosario *m.* Catálogo de palabras, con su explicación: *Por suerte el texto de biología estaba acompañado de un glosario en el que se explican las palabras complicadas.* SIN. **vocabulario.**

glotón, na *adj.* Referido al que come con exceso y ansiedad: *Lucrecia es una glotona, se comió toda la tarta que había preparado para mis dos amigos.*

glúteo *m.* Cada uno de los tres músculos, mayor, mediano y menor, que forman las nalgas: *El glúteo mayor trabaja cuando se mueve la pierna.*

gnomo o **nomo** *m.* Ser fantástico, de pequeña estatura y con poder sobrenatural que vive en lugares subterráneos y resguarda las riquezas de la naturaleza: *El gnomo que vivía en el bosque era malhumorado pero de buen corazón.* SIN. **duende.**

gobernador, ra *m.* y *f.* Jefe superior de una provincia o estado: *El gobernador de la provincia ordenó la construcción de una nueva carretera.*

gobernante *m.* y *f.* Persona que gobierna un país o cualquier territorio dentro de ese país: *Los gobernantes de América Latina se reunieron con los presidentes de Canadá y Estados Unidos para establecer acuerdos comerciales.*

gobernar *vb. irreg.* [1] Dirigir un país o una colectividad dando las órdenes o normas necesarias: *El presidente electo gobernará por los siguientes seis años.* SIN. **mandar.** [2] Conducir: *La tormenta hacía muy difícil gobernar el barco, pero al fin el capitán lo llevó a puerto sano y salvo.* SIN. **guiar, manejar, maniobrar.**

gobierno *m.* [1] Hecho de dirigir un país o una colectividad: *Gracias al buen gobierno del equipo, pudieron obtener el primer lugar en la competencia.* SIN. **administración, mando.** [2] Grupo de organismos políticos y personas que dirigen un país: *El gobierno ha tomado la decisión de construir más escuelas.*

gol *m.* Palabra de origen inglés. En algunos deportes, acción de meter el balón en la meta o portería: *El equipo ganó por tres goles a dos.* SIN. **punto, tanto.**

golfo *m.* Amplia entrada del mar en la tierra: *En los golfos suelen construirse puertos porque la corriente marina no es tan fuerte.*

golfo, fa *m. y f.* Pillo, vago: *Ese golfo pretende ser nuestro amigo y cada vez que nos ve quiere que le prestemos dinero.*

golondrina *f.* Ave pequeña de lomo negro y vientre blanco, alas puntiagudas y cola recortada: *Las golondrinas emigran en invierno en busca de climas cálidos.*

golosina *f.* Cosa dulce que se come no para alimentarse, sino por gusto: *Mi madre compró muchas golosinas para regalárselas a los niños durante la fiesta.*

golpe *m.* [1] Efecto del encuentro brusco entre dos cuerpos: *Venía corriendo y se dio un golpe en la cabeza con aquella rama.* SIN. **colisión, choque.** [2] Lo que sucede de manera inesperada y produce tristeza: *Saber que tendrá que cursar otra vez el mismo grado escolar fue un golpe para Ricardo.* SIN. **desgracia.**

golpear *vb.* Dar uno o más golpes: *Como no funcionaba el timbre, el cartero golpeó la puerta para que le abrieran.* SIN. **pegar.**

golpiza *f. Amér.* Paliza.

goma *f.* [1] Sustancia elástica e impermeable obtenida del jugo de algunas plantas tropicales, que se endurece con el aire y forma con el agua disoluciones pegajosas: *Con la goma se elaboran botas, suelas de zapatos, accesorios para las máquinas y también pegamento.* SIN. **hule.** [2] Utensilio que se usa para borrar letras o dibujos sobre un papel: *Con la goma puedo borrar el resultado equivocado de esta suma.* SIN. **borrador.** [3] Pegamento: *Usaré goma para pegar las fotografías en mi álbum.* SIN. **cola.** [4] *Amér. C.* Malestar después de una borrachera. SIN. **cruda, resaca.** [5] *Argent.* Rueda de un vehículo. SIN. **neumático, llanta.** [6] *loc.* **Goma de mascar,** golosina que se masca: *La goma de mascar se mastica pero no se traga.*

gomina *f.* Fijador para el cabello: *A Rubén le gusta peinarse con gomina porque su cabello no se acomoda con facilidad.*

góndola *f.* [1] Embarcación larga y plana, movida por un solo remo, típica de Venecia, Italia: *El paseo en góndola por Venecia es una atracción turística.* [2] *Chile.* Transporte colectivo de pasajeros. SIN. **ómnibus.**

gordo, da *adj.* [1] Referido a una persona o animal que tiene muchas carnes o grasas: *Jaime está gordo, necesita usar pantalones más amplios porque esos le aprietan.* ANT. **flaco, delgado.** [2] Que es más grueso de lo común: *Me pregunto qué historia cuenta ese libro tan gordo.* SIN. **grande.** [3] *loc. Méx.* Caer alguien gordo, caer mal, no ser simpático, desagradar: *Ramiro me cae muy gordo: cree que es el más guapo y listo de todos.*

gordolobo *m.* Planta de flores algodonosas y amarillentas, que crece en lugares silvestres y tiene propiedades medicinales: *Como mi mamá tenía tos se preparó un té de gordolobo para curarse.*

gordura *f.* [1] Grasa del cuerpo: *La señora piensa que su gordura se debe a alguna enfermedad, ya que de repente comenzó a engordar.* ANT. **delgadez, flacura.** [2] *R. de la P.* Nata de la leche.

gorgojo *m.* Insecto que se alimenta de los granos de arroz, trigo, poroto o frijol, etc.

gorila *m.* Mono grande del África ecuatorial, de piel negra y aspecto parecido al hombre, que se alimenta de frutas: *Algunos gorilas miden cerca de 2 m y llegan a pesar 200 kg.* →

gorjeo *m.* Voz o canto de algunas aves: *A Ismael le gustaba levantarse temprano para oír los gorjeos de los pájaros.*

gorra *f.* Prenda para abrigar la cabeza, algunas veces con visera: *La gorra de lana me protegerá del viento frío.* SIN. **boina.**

gorrión, na *m. y f.* Pájaro pequeño, de plumaje pardo con manchas negras y rojizas: *A los gorriones les gusta comer migas de pan y semillas de mijo.*

gorro *m.* Prenda para cubrir y abrigar la cabeza, sin alas ni visera: *Siempre me ha divertido ver la fotografía de mi tío en la que trae puesto un gorro de dormir que le tapa casi toda la cara.*

gota *f.* [1] Pequeña cantidad de un líquido. [2] Enfermedad causada por la mala eliminación de sustancias tóxicas para el organismo: *La gota provoca inflamación y dolor en los dedos de los pies.*

gotear *vb.* Caer un líquido gota a gota: *Habrá que hacer reparar ese grifo que gotea, porque así se desperdicia mucha agua.*

gotera *f.* Filtración de agua a través de un techo o pared: *Esa gotera no tiene arreglo, así que más vale que cambiemos los libros de lugar para que no se mojen cuando llueva.*

gotero *m. Amér.* Utensilio que sirve para verter líquidos gota a gota. SIN. **cuentagotas.**

gourde *m.* Unidad monetaria de Haití.

gozar *vb. irreg.* ① Experimentar gozo y alegría: *Los niños gozaron las vacaciones.* SIN. **disfrutar.** ANT. **padecer, sufrir.** ② Disponer de algo útil, ventajoso o agradable: *El anciano goza de buena salud, por eso está siempre activo y de buen humor.*

gozo *m.* Placer, alegría, felicidad: *Admirar el paisaje montañoso llenaba de gozo el corazón de Beatriz.*

grabación *f.* ① Hecho de registrar sonidos o imágenes en una cinta magnetofónica, un disco o un filme, que después se pueden oír o ver muchas veces. ② Cinta o disco en el que están registrados sonidos o imágenes: *Julio tiene la grabación del concierto de mi grupo favorito.*

grabado *m.* ① Arte de dibujar sobre madera, piedra o metal imágenes o letras valiéndose de instrumentos filosos y con punta: *El grabado en madera se llama xilografía.* ② Imagen estampada en un papel hecha con alguna de las técnicas del grabado: *Este grabado representa a Don Quijote de la Mancha y fue hecho por el artista alemán Alberto Durero.* SIN. **gráfica, estampa.**

grabador, ra *m.* y *f.* ① Artista que se dedica a dibujar imágenes o letras sobre madera, piedra o metal para imprimirlas sobre papel: *El pintor Pablo Picasso también fue un excelente grabador.* ② Aparato electrónico que sirve para registrar y reproducir sonidos o música.

grabar *vb.* ① Abrir y labrar un hueco raspando sobre una superficie un letrero, figura o representación de cualquier objeto: *He grabado nuestros nombres en la corteza de ese árbol.* ② Registrar imágenes o sonidos en una cinta magnetofónica para que se puedan reproducir: *Grabaremos una canción en esta cinta y la mandaremos al programa de radio.* ③ Memorizar algo: *Ya me he grabado la tabla del ocho, ahora voy a estudiar la del nueve.*

gracia *f.* ① Cualidad de hacer reír: *Ese chiste tiene mucha gracia, todos reímos mucho cuando lo escuchamos.* ② Elegancia, atractivo: *Linda recibe piropos de sus amigos porque camina con mucha gracia.*

gracias *f. pl.* Expresión de agradecimiento: *"Muchas gracias por ayudarme con mi trabajo escolar", le dije a Rubén.*

gracioso, sa *adj.* Que hace reír: *El salto del payaso fue tan gracioso que el público lo festejó con risas y aplausos.* SIN. **chistoso, chévere.**

grada *f.* Asiento colocado en una hilera que, junto con otros, forma una especie de escalón: *Para ver de cerca el desfile conseguimos lugares en la primera grada.* SIN. **gradería.**

graduación *f.* Acción de recibir un título por haber estudiado y acabado un ciclo escolar: *La fiesta de graduación de los alumnos del último año será el sábado próximo.*

graduar *vb. irreg.* ① Regular una cosa hasta darle el nivel necesario o correspondiente: *"Graduemos la salida del agua, porque ahora sale demasiada y se está desperdiciando", me dijo mi padre.* ② Medir el grado de algo: *Para saber qué anteojos recetar, el oculista gradúa la miopía de su paciente utilizando un aparato.* ③ Darle a alguien o recibir alguien un grado o título: *Luciano se graduó en medicina y ahora podrá curar a los enfermos.*

graffiti *m.* Dibujos y escritos en las paredes o muros de una ciudad: *Los muchachos están haciendo un graffiti en el muro con pintura de aerosol.*

gráfico, ca *adj.* ① Relativo a la escritura: *Estos signos gráficos son muy antiguos y no han podido descifrarse, así que no sabemos qué significan.* ② Relativo a lo que se representa por medio del dibujo, la fotografía o el grabado: *El museo de arte ha convocado a un concurso de artes gráficas al que ya se han presentado cien artistas.*

grafito *m.* Carbono puro cristalizado: *La mina o punta de los lápices es de grafito.*

gragea *f.* Pastilla medicinal redonda y pequeña: *Juana tomó una gragea para aliviar su dolor de cabeza.* SIN. **píldora, tableta.**

grajo, ja *m.* y *f.* Ave parecida al cuervo, de color oscuro, con el pico y las patas rojas y las uñas negras.

gramática *f.* Estudio y descripción del lenguaje como sistema: *Estudiar gramática ayuda a expresarse de manera correcta al escribir.* →

gramatical. Signo gramatical, *loc.* Signo de puntuación: *El punto, la coma, el punto y coma, los dos puntos, los puntos suspensivos y los guiones son signos gramaticales.*

gramilla *f. Amér. Merid.* Nombre que se da a diversos tipos de pasto. SIN. **césped, pasto.**

gramo *m.* Medida de peso que equivale a la unidad en el sistema métrico decimal: *Un kilogramo está compuesto por mil gramos.*

gran *adj.* ① Apócope de grande: *Mis tíos viven en una gran casa.* ② Que tiene muchas cualidades: *Ese maestro es paciente y bondadoso; es una gran persona.*

grana *f.* ① Color rojo oscuro: *El grana fue el color preferido de los reyes, por eso lo usaban con frecuencia en capas y tronos.* ② Insecto del que se obtiene una tinta roja.

granada *f.* ① Fruto redondeado de color amarillo rojizo que contiene unos granos pequeños, rojos y transparentes: *La granada es de sabor agridulce.* ② Proyectil que puede lanzarse a corta distancia con la mano: *Las granadas parecen piñas pequeñas de color metálico y tienen una anilla que se jala para que exploten.*

granadino, na *adj./m.* y *f.* Originario de Granada, isla de las pequeñas Antillas, en América.

---

granado *m.* Arbusto de flores rojas cuyo fruto es la granada: *El granado se da en los países mediterráneos, en México y en la India.*

grande *adj.* [1] Que tiene mayor dimensión o importancia que lo demás: *El edificio más grande de esta ciudad tiene cuarenta pisos.* SIN. **enorme, inmenso, superior.** [2] Que es adulto: *Esta fiesta es para gente grande, así que los niños se van a dormir.*

grandioso, sa *adj.* Que causa admiración por su tamaño o cualidades: *El circo que llegó a la ciudad es grandioso: hay leones, elefantes, camellos y muchos payasos.* SIN. **excelente, magnífico, sobresaliente.**

granel. A granel, *loc.* [1] Sin envase, sin empaquetar: *Compran aceitunas a granel porque son más baratas que las que venden en frasco.* [2] En abundancia: *Los actores eran muy buenos y recibieron aplausos a granel.*

granero *m.* Lugar destinado a almacenar granos: *Los sacos de maíz están apilados en el granero.*

granito *m.* Roca dura que se utiliza en la construcción: *Los pisos de esta iglesia son de granito pulido.*

granívoro, ra *adj.* Que se alimenta de granos: *Muchas aves son granívoras.*

granizar *vb. irreg.* Caer con la lluvia trocitos de hielo: *Cuando graniza, el paraguas no es suficiente para protegerse.*

granizo *m.* Trocitos de hielo que caen con la lluvia: *El granizo repiquetea en los cristales de la ventana.*

granja *f.* [1] Casa de campo rústica, con huerto y establo: *Pasamos las vacaciones en la granja del tío Alberto.* SIN. **chacra.** [2] Lugar destinado a la cría de animales de corral: *En la granja había patos, gallinas, una vaca y un par de caballos.*

granjero, ra *m. y f.* Persona que cuida o es dueña de una granja: *El granjero ordeñaba la vaca todas las mañanas.*

grano *m.* [1] Semilla y fruto de los cereales y otras plantas gramíneas: *Los granos de maíz se muelen para hacer harina.* [2] Pequeño bulto en la piel, de apariencia fea pero de corta duración: *A Mónica le mordió un insecto y ahora tiene un grano en la frente.* [3] Trozo muy pequeño de algo: *"¿Cuántos granos de arena habrá en esta playa?", pregunté a mi madre.*

granulado, da *adj.* Relativo a lo que tiene granos o está formado por pequeños granos: *Al moler el azúcar granulada se obtiene azúcar en polvo.*

grapa *f.* Pieza pequeña, de metal, con las puntas dobladas hacia un mismo lado, que sirve para unir o sujetar papeles, telas, tablas, etc.: *Para evitar que se desordenen, uniré estos papeles con una grapa.* SIN. **broche.**

grapadora *f.* Aparato en el que se ponen muchas grapas y que, al apretarse, sujeta con una de ellas los papeles, telas, tablas, etc. SIN. **engrapadora.**

grasa *f.* [1] Sustancia amarillenta, de origen animal o vegetal, que se derrite con el calor: *La grasa del cerdo hace mucho daño a la salud.* SIN. **sebo, manteca.**

[2] Todo cuerpo graso que sirve para lubricar o proteger: *A esa rueda le hace falta grasa, por eso no gira bien.*

grasoso, sa *adj.* [1] Se dice de lo que está elaborado con mucho aceite o grasa: *Las frituras son comidas grasosas.* [2] Relativo a lo que está formado con sustancias grasas o las contiene: *Los osos polares tienen la piel grasosa y esto les ayuda a protegerse del frío.*

gratificar *vb. irreg.* Recompensar a alguien por algo: *Mi padre gratificará con cien pesos a quien encuentre a nuestro perro que se perdió ayer.*

gratis *adj.* Que se obtiene sin necesidad de dar dinero a cambio: *Conseguimos dos entradas al cine gratis.* SIN. **gratuito, regalado.**

gratis *adv.* Sin cobrar o sin pagar nada: *Los niños menores de tres años viajan gratis en el autobús.*

gratitud *f.* Acción de agradecer un beneficio o atención recibida: *En señal de gratitud por haberle ayudado con su trabajo, me invitó a comer a su casa.* SIN. **reconocimiento, agradecimiento.** ANT. **ingratitud.**

gratuito, ta *adj.* Que se obtiene sin necesidad de dar dinero a cambio: *Los domingos, la entrada al museo es gratuita.* SIN. **gratis.**

grava *f.* Piedra machacada que se usa para allanar caminos: *En el jardín hay un camino de grava por el que caminamos para no pisar el césped.*

grave *adj.* [1] De mucha importancia: *El asalto con armas de fuego es un delito grave.* SIN. **serio, considerable, grande.** ANT. **superficial.** [2] De difícil solución: *Julio está metido en un problema grave y me ha pedido ayuda, pero no sé cómo ayudarlo.* SIN. **complicado.** ANT. **fácil, sencillo.** [3] Que está muy enfermo: *Aldo fue atropellado y está grave.* SIN. **delicado.** ANT. **sano.**

grave *f.* Palabra que tiene su acento en la penúltima sílaba: *Las graves no llevan acento cuando terminan en n, s o vocal.* SIN. **llana.**

gravedad *f.* Fuerza con que la Tierra atrae a los cuerpos situados en su superficie o cerca de ella: *La fuerza de gravedad de la Tierra hace que caigan al suelo los objetos que lanzamos al aire.*

graznido *m.* Voz del cuervo, el ganso, el grajo, etc.: *El ganso dio un graznido tan fuerte que Roberto pensó que algo malo le sucedía.*

greca *f.* [1] Banda o tira adornada con motivos geométricos: *En esa greca se combinan triángulos con círculos.* [2] *Antill., Colomb. y Venez.* Cafetera de filtro.

greña *f.* Mechón de pelo enredado y desarreglado: *Silvia se levanta de la cama con las greñas sobre la cara, pero luego se ducha y se peina.*

griego, ga *adj./m. y f.* Originario de Grecia, país de Europa: *El alfabeto griego se usa en matemáticas.*

grieta *f.* Quebradura que se forma en la tierra o en cualquier cuerpo sólido: *Las grietas en la carretera pueden causar un accidente.* SIN. **hendidura, abertura.**

---

adj. = adjetivo ☆ *adv.* = adverbio ☆ ANT. = antónimo ☆ *f.* = sustantivo femenino ☆ *loc.* = locución ☆ *m.* = sustantivo masculino ☆ SIN. = sinónimo ☆ *vb. irreg.* = verbo irregular.

grifo *m.* ☐ Llave que regula la salida del líquido de una cañería: *"Abre el grifo para que salga el agua", le dije a Jacobo.* SIN. **canilla, llave.** 2. *Perú.* Estación donde se vende nafta o gasolina.

grillete *m.* Anillo de hierro con cadenas que se usaba para sujetar las manos, el cuello o los pies de los presos: *Los guardias le pusieron grilletes al prisionero para que no escapara.*

grillo *m.* Insecto pequeño, de color negro, patas traseras grandes y cabeza redonda, que produce un sonido agudo y monótono: *Los grillos hacen "cri-cri", casi siempre al anochecer.*

gringo, ga *m.* y *f.* *Amér.* Persona o cosa de origen extranjero, de manera especial estadounidense.

gripa o **gripe** *f.* Enfermedad viral que se presenta con fiebre y catarro: *En invierno muchos niños faltan a clases porque les da gripa.* SIN. **resfrío.**

gris *m.* Color que resulta de la mezcla del blanco y el negro: *El gris es el color de las nubes cuando está a punto de llover.*

gritar *vb.* Levantar mucho la voz: *Los náufragos gritaron tanto para llamar la atención de los que iban en el barco, que se quedaron afónicos.* SIN. **chillar, vociferar, vocear.** ANT. susurrar.

grito *m.* ☐ Hecho de levantar mucho la voz forzando las cuerdas vocales: *El grito de horror que lanzó la heroína al ver al monstruo estremeció al público en el cine.* SIN. **chillido, alarido.** ☐ *loc.* **Poner el grito en el cielo,** escandalizarse, indignarse: *La gente puso el grito en el cielo cuando subió el precio del pan.*

grosella *f.* Fruto en baya de color rojo y de sabor agridulce.

grosería *f.* ☐ Descortesía, falta de atención o respeto: *Es una grosería empujar a otros para pasar primero.* ANT. **educación.** ☐ Mala palabra: *Cuando el carpintero se golpeó con el martillo, empezó a decir groserías.* SIN. **vulgaridad, insulto.**

grosero, ra *adj.* ☐ Referido a lo que es ordinario: *Las bolsas para cargar granos se hacen con tela grosera porque es más resistente.* SIN. **basto.** ANT. **fino.** ☐ Se dice del que es descortés: *Margarita es muy grosera, cuando la señora le pidió que se comportara bien, empezó a burlarse.* SIN. **maleducado, majadero.** ANT. **cortés, gentil.**

grosor *m.* Espesor de un cuerpo: *El grosor de una tabla de madera es mayor que el de una hoja de papel.* ANT. **delgadez.**

grúa *f.* Máquina con un brazo giratorio para levantar, desplazar y depositar objetos: *Las grúas del puerto trabajan todo el día cargando y descargando las mercancías de los barcos.*

gruesa *f.* Doce docenas de algunas cosas: *En la escuela compraron una gruesa de lápices para que todos los alumnos escriban.*

grueso, sa *adj.* Que es corpulento o abultado: *El hombre grueso ocupó todo el asiento en el autobús y Justino tuvo que quedarse de pie.* SIN. **gordo.** ANT. **delgado.**

grueso *m.* Anchura de una cosa: *El grueso de la punta de este lápiz no permite hacer letras pequeñas.* SIN. **grosor.**

grulla *f.* Ave zancuda de gran tamaño, de plumaje gris, cuello largo y cola pequeña: *Las grullas descansan parándose sobre una sola pata.*

gruñido *m.* ☐ Voz ronca del cerdo y otros animales: *Por los gruñidos de los cerdos, Sergio se da cuenta si tienen hambre o sed.* ☐ Sonidos roncos que emite una persona como señal de enfado: *Cuando el abuelo está dormido y le hablas te responde con un gruñido.*

gruñón, na *adj.* Que es malhumorado o regañón: *Este año nos tocó una maestra gruñona, vamos a extrañar a la otra maestra que era muy gentil.*

grupo *m.* Seres o cosas que están reunidas en un mismo lugar o tienen características o intereses comunes: *Roberto y sus amigos han formado un grupo de rock y hacen pequeños conciertos en su casa.* SIN. **conjunto.**

gruta *f.* Cavidad abierta en el seno de la tierra: *Los hombres primitivos vivían en grutas.* SIN. **caverna.**

guacal *m.* ☐ *Amér. C.* Árbol que produce un fruto redondo con el que se hacen vasijas. ☐ *Amér. C. y Méx.* Recipiente hecho con el fruto de esta planta. ☐ *Colomb., Méx. y Venez.* Canasta o jaula de varillas que se utiliza para transportar mercancías. SIN. **huacal.**

guacamayo *m.* o **guacamaya** *f.* Ave americana parecida al papagayo, de plumaje rojo, azul y amarillo y cola muy larga: *El pico de la guacamaya es corto y curvo, y casi tan fuerte como una tenaza.*

guacamole o **guacamol** *m.* *Amér. C., Cuba y Méx.* Ensalada de palta o aguacate con cebolla, tomate, cilantro y chile o ají verde.

▶ **guacho, cha** *adj.* ☐ *Amér. C. y Amér. Merid.* Se refiere a la cría que ha perdido la madre. ☐ *Argent., Colomb., Chile, Perú y Urug.* Huérfano.

▶ **guacho, cha** *m.* y *f.* *Argent., Chile, Colomb., Perú y Urug.* Huérfano, abandonado.

guadaña *f.* Herramienta hecha con un palo largo y una cuchilla curva grande, que sirve para cortar la hierba a ras del suelo: *La guadaña es útil para segar el trigo.*

▶ **guagua** *f.* ☐ *Antill. y Cuba.* Vehículo que transporta pasajeros. SIN. **autobús, camión, colectivo.** ☐ *Cuba y R. Dom.* Insecto pequeño de color blanco o gris que destruye los naranjos y limoneros.

▶ **guagua** *m.* y *f.* *Amér. Merid.* Niño pequeño. SIN. **bebé, crío, nene, criatura.**

guaje *m.* *Hond. y Méx.* ☐ Planta rastrera, que da una calabaza de base ancha que sirve para llevar líquidos. ☐ Árbol de vainas de color rojo oscuro, con semillas comestibles, aplanadas y de color verde claro.

guajiro, ra *m.* y *f. Cuba.* Campesino.

guajolote *m. Méx.* Ave de corral más grande que una gallina, de cola en forma de abanico y cresta y cuello con carnosidades que enrojecen cuando el animal se enoja. SIN. **pavo.**

guanábana *f.* Fruta de sabor agridulce, verde por fuera y blanca por dentro, con semillas grandes y oscuras: *Con la guanábana se preparan aguas frescas y postres.*

guanábano *m.* Árbol americano cuyo fruto es la guanábana: *El guanábano se cultiva en los países de clima cálido.*

guanaco *m.* Animal mamífero y rumiante que habita en los Andes meridionales, parecido a la llama, de cabeza pequeña, cuello largo, cola corta y color pardo oscuro: *El guanaco escupe cuando está enojado, pero es una buena bestia de carga y su lana se utiliza para hacer abrigos.*

guano *m.* [1] Excremento de las aves marinas y de los murciélagos, que se utiliza como abono en la agricultura: *En las costas de Perú y del norte de Chile se encuentran capas espesas de guano, porque en sus peñascos se acumula el excremento de muchas aves que viven ahí.* [2] *Amér. Merid.* y *Méx.* Excremento de los animales. SIN. **estiércol.** [3] *Amér. C.* Dinero.

guante *m.* Prenda que cubre o protege la mano: *Los guantes de un boxeador son diferentes de los guantes que usas para protegerte del frío.* SIN. **manopla.**

guantera *f.* Caja cerrada que, en el interior de un automóvil, se encuentra a la derecha del conductor y sirve para guardar cosas: *"El mapa de la ciudad está en la guantera. ¿Puedes buscar la calle a la que vamos?", me pidió Roberto.*

guapo, pa *adj.* [1] Se dice del que es bien parecido en lo físico. SIN. **bonito, bello.** [2] Se refiere a la persona que va bien vestida o arreglada con cuidado: *Hoy César iba muy guapo al trabajo, se veía muy bien.* SIN. **elegante.**

guaracha *f.* Canción festiva de origen antillano, que se baila acompañada de música de guitarra, trompeta y maracas: *Durante las fiestas del pueblo se bailaron guarachas y la gente se divirtió mucho.*

guaraní *adj./m.* y *f.* Relativo a la persona o cosa perteneciente a un pueblo amerindio que en el siglo XVI ocupaba la costa atlántica de América del Sur y que ahora ocupa la zona en que se limitan Argentina, Bolivia, Brasil y Paraguay: *Ese joven guaraní es el guía que lleva a los turistas a conocer las cataratas del Iguazú.*

guarapo *m. Amér.* Jugo extraído de la caña de azúcar.

guardabarros *m.* Pieza semicircular que cubre las ruedas de un vehículo para evitar que el lodo salpique al conductor o a los pasajeros: *Choqué y el guardabarros de mi bicicleta se torció.* SIN. **salpicadera.**

guardabosque o **guardabosques** *m.* Guardia forestal, encargado de la vigilancia de los bosques: *El guardabosque avisó a los bomberos que había comenzado un incendio entre los árboles.*

guardacostas *m. pl.* Embarcación que vigila las costas para evitar el comercio ilegal: *El guardacostas detuvo al barco que pescaba camarones sin permiso del gobierno.*

guardaespaldas *m.* y *f.* Persona que acompaña a otra para protegerla: *Algunos guardaespaldas tienen permiso de portar armas de fuego.* SIN. **guarura.**

guardagujas *m.* y *f. pl.* Persona que maneja las agujas de una vía de tren: *El guardagujas mueve las palancas que cambian el sentido de las vías y así evita los accidentes.*

guardameta *m.* y *f.* En algunos deportes por equipo, jugador que cuida la meta para evitar goles o puntos en contra: *Ese guardameta es muy hábil, no deja pasar ni una anotación del grupo contrario.* SIN. **portero, arquero, guardavalla.**

guardar *vb.* [1] Vigilar o defender algo: *Estos tres perros entrenados guardarán la casa mientras se va de vacaciones.* SIN. **cuidar, proteger.** [2] Cumplir y observar lo que cada uno debe hacer por obligación: *El policía detuvo a los conductores que no guardaban los límites de velocidad.* [3] Cuidar o conservar: *"Si llegas primero al cine, guárdame un lugar junto a ti", dije a Joaquín.* SIN. **reservar, apartar.** [4] Poner una cosa en el sitio correcto: *Doris guardó sus vestidos de invierno y sacó los de verano porque ya comienza a sentirse calor.* SIN. **meter, ordenar.** [5] Apartar algo para evitar gastarlo o consumirlo: *Daniel ha guardado un poco de dinero para poder comprarse un balón.* SIN. **ahorrar.**

guardarropa *m.* [1] Mueble o habitación donde se guardan las prendas de vestir: *Esa actriz tiene más de doscientos vestidos en su guardarropa.* SIN. **armario, clóset, placard.** [2] Conjunto de prendas de vestir: *Como iba a estar mucho tiempo de viaje, se llevó todo su guardarropa consigo.*

guardavalla *m. Amér. C.* y *Amér. Merid.* En algunos deportes por equipo, jugador que cuida la meta para evitar goles o puntos en contra. SIN. **guardameta, portero, arquero.**

guardería *f.* Lugar destinado al cuidado de los bebés y niños menores de cuatro años: *Mis hermanos menores van a la guardería porque mis papás trabajan y yo voy a la escuela.*

guardia *f.* [1] Vigilancia: *En el campamento hubo tres turnos de guardia nocturna.* [2] Turno nocturno o turnos en horarios poco usuales, que se realiza en algunas actividades en las que se da servicio las 24 horas del día: *Los médicos hacen guardias por las noches para atender los casos urgentes que llegan al hospital.* [3] Nombre de algunos cuerpos armados: *La guardia presiden-*

---

adj. = adjetivo ☆ ANT. = antónimo ☆ *f.* = sustantivo femenino ☆ *Fam.* = familiar ☆ *loc.* = locución ☆ *m.* = sustantivo masculino ☆ *pl.* = plural ☆ SIN. = sinónimo ☆ *vb.* = verbo ☆ *vb. irreg.* = verbo irregular ☆ ➡ Ver Minienciclopedia.

cial escoltó al presidente al aeropuerto. SIN. **custodia, escolta.**

guardia *m.* Individuo de ciertos cuerpos armados que trabaja defendiendo o cuidando algo: *El guardia de la tienda detuvo al hombre que intentaba robar unos zapatos.* SIN. **agente, centinela, policía.**

guardián, na *m.* y *f.* Persona, animal o espíritu que cuida algo o a alguien: *La perra guardiana estaba enferma y aun así se levantó para perseguir a los ladrones.*

guarida *f.* [1] Lugar abrigado donde se refugian los animales. [2] *Fam.* Escondite: *Aquella casa abandonada servía de guarida a unos ladrones hasta que la policía los descubrió.* SIN. **refugio.**

guarismo *m.* Signo o conjunto de signos que expresan un número: *El matemático escribió unos guarismos en su libreta de notas.* SIN. **cifra.**

guarnición *f.* [1] Alimento que se sirve para acompañar carnes y pescados: *Me sirvieron la carne acompañada con una guarnición de papas fritas.* SIN. **acompañamiento.** [2] Grupo de soldados que permanece en un poblado para defenderlo o protegerlo: *La guarnición mostró su valentía cuando la torre fue atacada.* SIN. **tropa.** [3] Méx. Borde del hormigón o concreto que delimita las aceras. SIN. **bordillo, cordón.**

guatemalteco, ca *adj./m.* y *f.* Originario de Guatemala, país de América Central, y de su capital: *Los turistas compraron unas hermosas y coloridas telas guatemaltecas hechas en telar de cintura.*

guayaba *f.* Fruta redonda, del tamaño de la ciruela, amarilla por fuera y con interior casi blanco, o rosado, lleno de semillas pequeñas: *La guayaba es muy sabrosa y tiene un perfume especial que la caracteriza.*

guayabera *f.* Camisa suelta de tela ligera, propia para climas cálidos: *En la península de Yucatán, en México, muchos hombres acostumbran usar guayaberas de colores claros.*

guayabo *m.* Árbol americano, de copa frondosa, cuyo fruto es la guayaba: *Con las hojas del guayabo se prepara un té medicinal.*

guayacán o **guayaco** *m.* Árbol tropical de América, apreciado por su madera negruzca, dura y olorosa.

guayanés, sa *adj./m.* y *f.* Originario de la Guayana Francesa, país de América del Sur.

gubia *f.* Utensilio que consta de un mango de madera y una punta de metal filosa en forma de "u" o de "v", usada en carpintería para escarbar la madera.

guepardo *m.* Animal felino de piel clara con manchas oscuras, parecido al leopardo, pero de cabeza más pequeña: *El guepardo es uno de los animales más veloces del mundo.*

guerra *f.* [1] Lucha armada entre sociedades humanas: *Casi todos los países han perdido a muchos de sus ciudadanos durante las guerras.* SIN. **conflicto, lucha.**

ANT. **paz.** [2] *loc.* **Dar guerra,** molestar: *Lucía le estuvo dando guerra a su hermano para que la ayudara a podar el césped.* →

guerrero, ra *m.* y *f.* Persona que practica la lucha armada: *Los guerreros defendieron las costas en las que estaba desembarcando el enemigo.* SIN. **combatiente, soldado.** ANT. **pacifista.**

► **guía** *f.* [1] Cosa que dirige u orienta. [2] Manual que contiene mapas, planos e información sobre ciudades y países: *En la guía de la ciudad encontraremos el domicilio que buscamos.* [3] Manual que contiene información sobre algún tema en particular: *En la guía del explorador se explica cómo encender una fogata en el bosque sin causar un accidente.*

guía *m.* y *f.* Persona que encamina o enseña a otras: *El guía del museo de arte llevó a los visitantes de una sala a otra dando explicaciones muy claras de las obras que observaban.*

guiar *vb. irreg.* [1] Acompañar a alguien mostrándole el camino: *Julio guió a sus amigos hasta el río porque era el único que sabía cómo llegar.* SIN. **llevar, indicar.** [2] Conducir un vehículo: *Federico nunca había guiado una motocicleta y, sin embargo, lo hizo muy bien.* SIN. **manejar, conducir.**

guijarro *m.* Piedra pequeña redondeada por la erosión.

guinda *m.* y *f.* [1] Color rojo muy oscuro: *Uno de los colores de la flor de buganvilla es el guinda.* [2] Fruta redonda del tamaño de una uva grande que se presenta en pares y es de color rojo oscuro: *Las guindas son un poco más ácidas que las cerezas.*

guindo o **guindal** *m.* Árbol parecido al cerezo, que da un fruto llamado guinda: *El guindo está lleno de pájaros que han venido a comerse la fruta.*

guineo *m.* Variedad de banana o plátano en algunas zonas de América: *El guineo es un plátano pequeño y dulce.*

guiñapo *m.* Prenda de vestir rota y sucia: *El cachorro se puso a jugar con el pantalón que Leoncio dejó tirado y lo dejó hecho un guiñapo.* SIN. **jirón, trapo.**

guiño *m.* Gesto de cerrar y abrir un solo ojo con rapidez: *Luis le hizo un guiño a Silvia para darle a entender que estaba bromeando.*

guiñol *m.* **Palabra de origen francés.** Teatro pequeño de marionetas con el cuerpo en forma de guante, que se manejan introduciendo una mano en ellas: *En el guiñol representaron un cuento de Las mil y una noches.*

guión *m.* [1] Apunte escrito en forma breve que sirve de guía para desarrollar un tema: *La maestra les aconsejó a los niños que hicieran un guión con los asuntos más importantes que tratarían en la reunión de alumnos.* SIN. **apunte, sinopsis.** [2] Texto con los diálogos y sucesos que se desarrollarán en un filme, un programa de televisión o de radio: *El guión del filme fue modificado*

Ⓢ Amér. = América ☆ Amér. C. = América Central ☆ Amér. Merid. = América Meridional ☆ Méx. = México.

al momento de la grabación. SIN. **argumento, trama.**

3 Signo ortográfico (-) que se utiliza para partir palabras cuando no caben en el renglón: *El* **guión** *debe ponerse separando la palabra en sílabas.*

guirnalda *f.* Cinta o corona hecha con ramas, flores o papel trenzado, que se usa como adorno en patios, habitaciones o edificios: *Colgaremos unas* **guirnaldas** *en el patio para la fiesta de cumpleaños.*

guisado *m.* Comida hecha a base de carne de res, pollo o pescado, cocida con verduras o salsa: *El* **guisado** *tenía zanahorias, papas y tomate.* SIN. **guiso.**

guisante *m.* 1 Planta trepadora cultivada por su vaina comestible, de color verde con semillas redondas y pequeñas: *El* **guisante** *es una legumbre.* SIN. **arveja, chícharo.** 2 Semilla de esta planta del guisante.

guisar *vb.* Preparar los alimentos cocinándolos al fuego: *El papá de Daniel* **guisó** *pollo con verduras y sabe delicioso.* SIN. **cocinar.**

guiso *m.* Comida hecha a base de carne de res, pollo o pescado, cocida con verduras o salsa: *Hoy comimos* **guiso** *de pescado con zanahorias.* SIN. **guisado.**

guita *f.* R. de la P. Fam. Dinero. SIN. **plata, feria.**

guitarra *f.* Instrumento musical formado por una caja de madera con curvas y un agujero redondo al centro, un mástil con barritas de metal y seis cuerdas: *La* **guitarra** *suena al apretar las cuerdas con una mano y rasparlas con la otra.* ➙

guitarrón *m.* Instrumento musical mexicano parecido a la guitarra pero de mayor tamaño: *En ese cuarteto de cuerdas hay un violín, dos guitarras y un* **guitarrón.**

gula *f.* Exceso en el comer y en el beber: *Gabriel se comió por* **gula** *otra rebanada de tarta y ahora le duele el estómago.*

gurí, risa *m.* y *f.* Argent. y Urug. Niño, muchacho.

gusano *m.* Nombre dado a los animales de cuerpo blando y alargado, sin patas ni esqueleto: *Un tipo de* **gusanos** *se convierten en mariposas después de una metamorfosis.* SIN. **lombriz, oruga.**

gustar *vb.* 1 Percibir el sabor: *Gustamos dos tipos de fruta, una dulce y otra ácida, antes de escoger la que preferíamos.* SIN. **probar, saborear, degustar.** 2 Resultar algo agradable o atractivo a alguien: *A Gloria le* **gusta** *Martín.* SIN. **querer, agradar.**

gusto *m.* 1 Sentido que permite distinguir los sabores: *"Con una gripe tan fuerte como la que tienes se pierde el* **gusto***, por eso no le encuentras sabor a la comida", me dijo mi madre.* 2 Sabor de un alimento: *"Esta sopa tiene* **gusto** *a cebolla", le dije a Ricardo.* 3 Facultad de sentir o apreciar las cosas: *Tienen* **gustos** *diferentes: uno prefiere oír música, el otro, trepar a los árboles.*

guyanés, sa *adj./m.* y *f.* Originario de Guyana, país de América del Sur: *Los* **guyaneses** *se independizaron de los ingleses en el año 1966.*

Hh

h *f.* Octava letra del abecedario español. Su nombre es *hache*.

haba *f.* ① Planta de huerta cultivada por sus semillas que nacen en vaina verde y que son utilizadas en la alimentación humana y animal: *El haba es una planta leguminosa que se come fresca y también se come seca.* ② Fruto y semilla de esta planta: *Las habas secas son amarillas y con ellas se prepara una sopa espesa y sabrosa.*

habanero, ra o **habano, na** *adj./m. y f.* Originario de La Habana, Cuba, isla de las Antillas Mayores.

habano *m.* Cigarro grueso como el dedo de una persona adulta, largo y perfumado, elaborado en Cuba: *Los habanos se elaboran de forma manual, enrollando varias hojas de tabaco tratado de manera especial para que conserven su aroma y su frescura.* SIN. **puro.**

haber *vb. irreg.* ① Verbo auxiliar que seguido de un participio, forma los tiempos compuestos: *De haber llegado a tiempo al cine, habríamos podido entrar a la función.* ② Estar en alguna parte: *Había mucha gente en la sala de conciertos.* SIN. **hallarse.** ③ Existir: *"No hay problema, puedes traer el trabajo escolar mañana", me dijo mi maestra.* ④ Suceder: *El sábado pasado hubo un terremoto en Guatemala pero por fortuna no se registraron muertes.* SIN. **producirse, ocurrir.** ⑤ Realizarse: *El día 25 de este mes habrá una reunión para conmemorar los cincuenta años de la fundación de la escuela.* SIN. **celebrarse.** ⑥ *loc.* **Hay que,** es necesario u obligatorio hacer algo: *"Hay que ir a la casa de Néstor para ayudarle a reparar el techo que se cayó por la tormenta", me dijo Andrés.*

habichuela *f.* ① Planta trepadora cultivada en las huertas, que da una vaina comestible de color verde con semillas blancas: *La habichuela es una planta leguminosa.* ② Fruto de la planta de la habichuela. SIN. **chaucha, ejote.** ③ Semilla de la planta de la habichuela: *Una manera de cocinar las habichuelas es con perejil y ajo, así saben deliciosas.* SIN. **frijol, judía, poroto.**

habilidad *f.* Cualidad de quien tiene capacidad para hacer algo bien: *Hugo conduce muy bien y gracias a su habilidad evitó un terrible accidente.* SIN. **destreza.** ANT. **torpeza.**

habitación *f.* ① Sitio donde se vive: *Pedro está buscando habitación, porque va a casarse el mes próxi-*

-mo. SIN. **domicilio.** ② Cada uno de los espacios con techo que forman una casa: *Esa casa tiene cinco habitaciones y un jardín.* SIN. **cuarto, pieza, recámara.**

habitante *m. y f.* ① Poblador de un país, región, ciudad o barrio: *Los monos, tucanes, jaguares y otros animales son los habitantes de la selva.* ② Cada una de las personas que forman la población de una ciudad o del mundo: *Esta ciudad tiene tres millones de habitantes.* SIN. **ciudadano, residente.**

habitar *vb.* ① Vivir en un lugar: *Los canguros habitan en Australia.* SIN. **poblar.** ② Vivir en una casa: *Una familia de amigos habitará con nosotros hasta que encuentre un departamento para alquilar.* SIN. **morar, residir.**

hábitat *m.* Territorio que presenta las condiciones adecuadas para la vida de una especie animal o vegetal: *El hábitat de los delfines es el mar.* ➡

hábito *m.* ① Disposición que se adquiere por hacer ciertas cosas de manera frecuente: *Elisa tiene el hábito de levantarse temprano para hacer ejercicio.* SIN. **costumbre.** ② Traje o vestimenta usado por religiosos: *El hábito de los monjes franciscanos es de tela rústica.*

habla *f.* ① Facultad, acción y efecto de expresarse por medio de palabras: *Los animales no están dotados de habla.* ② Uso individual que hacen los hablantes de una lengua: *Casi 400 millones de personas en el mundo somos de habla española.* SIN. **idioma.**

hablar *vb.* ① Articular palabras: *El bebé está empezando a hablar.* SIN. **pronunciar.** ② Expresar el pensamiento utilizando palabras: *Yo hablo mucho con mis padres, ellos siempre me explican lo que no entiendo.* SIN. **conversar, charlar, platicar.** ③ Sostener una conversación: *Rodolfo y Federico no se hablan desde el viernes porque se pelearon.* ④ Tratar sobre un asunto: *El libro habla de un continente perdido llamado Atlántida.* ⑤ Conocer y utilizar un idioma: *Mi amigo William habla inglés y yo hablo español.*

hacendado, da *adj./m. y f.* Se refiere a la persona que tiene tierras en propiedad: *Los primos de Lucrecia son grandes hacendados, tienen varios terrenos en el campo, en algunos cultivan frutas y en otros crían ganado.* SIN. **rico.**

🌑 *Argent.* = Argentina ☆ *R. de la P.* = Río de la Plata ☆ *Urug.* = Uruguay.

hacendoso, sa *adj.* Se refiere a la persona que trabaja con esmero en las tareas del hogar.

hacer *vb. irreg.* ① Elaborar cosas materiales: *Las abejas hacen la miel.* ② Crear: *Horacio hace cine y su hermano Raúl, que es poeta, hace versos.* SIN. **inventar, componer, producir.** ③ Actuar: *A Rodrigo le tocó hacer del príncipe en la obra de teatro de la escuela.* ④ Realizar: *El año en que todos nos reunimos, Anita no estuvo porque había hecho un viaje a Francia.* ⑤ Producir una causa o un efecto determinado: *La fuerza de gravedad hace que los objetos caigan a tierra.* SIN. **provocar.** ⑥ Componer, arreglar: *Antes de ir a la escuela hago mi cama.* ⑦ Moverse en alguna dirección: *"Hazte a un lado, necesito pasar", me dijo Jacobo.* ⑧ *loc.* **Hacer del baño** o **hacer caca**, evacuar el vientre: *El bebé hizo caca en el pañal.* SIN. **cagar.**

hacha *f.* Herramienta compuesta de una cuchilla cortante de hoja ancha y pesada, unida a un mango de madera: *Con el hacha se corta la leña.*

hachazo *m.* Golpe dado con un hacha: *Los bomberos abrieron la puerta a hachazos para salvar a la víctima del incendio.*

hacia *prep.* ① Indica dirección o tendencia: *El niño corrió hacia su padre con los brazos abiertos.* ② Indica proximidad temporal: *"Volveremos a vernos hacia fines de mes", me dijo mi amiga antes de subir al avión.*

hacienda *f.* Finca agrícola y ganadera: *En la hacienda tienen caballos, vacas, gallinas y un huerto de manzanas.* SIN. **estancia, rancho.**

hada *f.* Ser imaginario de sexo femenino, dotado de poder mágico: *En el cuento "La bella durmiente" el hada mala hechizó a la princesa para que muriera al picarse con una aguja, pero las hadas buenas lograron cambiar el hechizo de muerte en sueño.*

haitiano, na *adj./m.* y *f.* Originario de Haití, isla de las Antillas Mayores.

halagar *vb. irreg.* Dar muestras de afecto o admiración: *Rosa halagó a Enrique con sus comentarios acerca de su buena actuación en la obra de teatro.* SIN. **adular, lisonjear, ensalzar.**

halcón *m.* Ave rapaz de menor tamaño que el águila, con vista aguda y pico fuerte y curvo, que puede domesticarse: *El halcón caza animales pequeños y lo hace durante el día.*

hallar *vb.* ① Dar con una persona o cosa: *En el fondo de la bahía han hallado los restos de un barco hundido.* SIN. **encontrar.** ANT. **perder, extraviar.** ② Descubrir una cosa nueva o un nuevo modo de hacer algo: *Los científicos trabajan sin descanso confiando en que un día hallarán el remedio para esa terrible enfermedad mortal.* SIN. **descubrir, inventar.** ③ Darse cuenta de algo que está ahí: *Roberto halló varios errores de ortografía en la carta que escribió su hermano y los*

corrigió. SIN. **advertir, notar, observar.** ④ Estar en determinado lugar, situación o estado: *Si mis padres se dan cuenta de que mi hermano Jacobo rompió el cristal, se hallará en problemas.* SIN. **encontrarse.** ANT. **perderse, extraviarse.**

hamaca *f.* ① Tela o red que se cuelga de dos árboles o dos paredes, y sirve de cama: *En la playa hay hamacas; la gente se acuesta en ellas y se bambolea de manera suave para arrullarse.* ② *Argent. y Urug.* Silla que tiene dos palos curvos en las patas de tal forma que se mueve para atrás y para adelante. SIN. **mecedora, balancín.** ③ *Argent. y Urug.* Juego de patio hecho con una tabla sujeta por cadenas o cuerdas, que cuelga de un soporte alto. SIN. **columpio, balancín.**

hamacar *vb. irreg.* ① *Amér. C. y R. de la P.* Mover una silla o una cuna hacia adelante y hacia atrás. SIN. **mecer.** ② *Amér. C. y R. de la P.* Jugar a moverse hacia adelante y hacia atrás sentado en una tabla sujeta por cadenas o cuerdas a una estructura de metal. SIN. **columpiarse.**

hambre *f.* ① Deseo o necesidad de comer: *Teresa se preparó un pan con manteca porque tenía hambre y aún no estaba lista la comida.* SIN. **apetito, gana.** ② Falta de alimentación suficiente para mantener vivo el organismo: *En algunos países pobres los niños mueren de hambre pues los alimentos no alcanzan para todos.* SIN. **inanición.**

hambruna *f.* Hambre colectiva que se prolonga por días, semanas o meses, a causa de la sequía o la falta de recursos económicos.

hamburguesa *f.* Filete redondo hecho de carne picada y sazonada, que por lo general se sirve entre dos rebanadas de pan y con diferentes ingredientes.

hampón *adj./m.* Delincuente, persona que pertenece a una organización de maleantes: *La policía capturó a un peligroso hampón que pertenece a una banda de secuestradores.*

hámster *m.* Animal roedor de pelo suave, parecido al ratón pero sin cola y con orejas pequeñas: *En Alemania hay muchos hámsters.*

hangar *m.* Cobertizo donde se guardan y reparan los aviones: *En el hangar presidencial están los aviones que utiliza el presidente cuando sale de viaje.*

haragán, na *adj./m.* y *f.* Persona que no quiere trabajar y pasa el tiempo sin hacer nada: *La muy haragana no ha ordenado su dormitorio ni ha lavado los platos, sólo ha estado viendo la televisión.* SIN. **holgazán.**

harapo *m.* Tela o prenda de vestir vieja y rota: *Mi hermano llegó de la escuela con el pantalón hecho harapos porque se subió a un árbol y se lo atoró.*

hardware *m.* **Palabra inglesa.** Conjunto de partes físicas que integran una computadora: *El hardware de una*

---

computadora está formado, entre otras cosas, por el disco duro, la pantalla, el teclado, el ratón, las bocinas, las tarjetas de memoria y la impresora.

harina f. Polvo que resulta de moler los cereales y algunas legumbres y tubérculos: *Las tortillas mexicanas se hacen con* **harina** *de maíz y el pan se hace con* **harina** *de trigo.*

harpía o **arpía** f. Águila de cabeza grande y garras muy fuertes, que habita en América del Sur.

hartar vb. ⓵ Saciarse por completo o en exceso el hambre o la sed: *El hombre comió hasta* **hartarse** *y después se tumbó a dormir.* SIN. **llenar.** ⓶ Fastidiar, cansar: **Se hartó** *de escuchar sus chismes y le pidió que guardara silencio.*

harto adv. ⓵ Bastante: *Después de escuchar la música que me gusta, me siento* **harto** *inspirado para escribirle poemas a mi novia.* ⓶ Chile, Cuba y Méx. Fam. Mucho, gran cantidad: *Comí* **hartas** *nueces saladas y ahora tengo mucha sed.*

hasta prep. ⓵ Expresa el límite del cual no se pasa, ya sea con relación al espacio, al tiempo o a la cantidad: *"Pon agua en la botella* **hasta** *la mitad y tráemela por favor", me dijo mi abuela.* ⓶ Introduce una frase que expresa sorpresa: *Esta máquina es tan sencilla de manejar que* **hasta** *un niño puede coser con ella.* ⓷ Introduce una frase que indica el momento en que algo sucede: *Lo esperó* **hasta** *que se quedó dormida.* ⓸ loc. **Hasta luego,** expresión de despedida: *"Bueno, ya me voy.* **Hasta luego.**"

hato m. ⓵ Rebaño pequeño de ganado: *En el monte hay un* **hato** *de veinte cabras.* ⓶ Cosas personales envueltas que se llevan de un lugar a otro: *El viajero lleva su* **hato** *de ropa limpia para cambiarse.* ⓷ Amér. Merid. y Antill. Propiedad rural destinada a la cría de ganado. SIN. **estancia, hacienda.**

hazaña f. Acción heroica o asunto que requiere valentía para realizarse: *Escalar esa montaña será una* **hazaña** *peligrosa.* SIN. **proeza, récord.**

hazmerreír m. Fam. Persona que divierte a los demás por su forma ridícula de actuar: *Roberto se emborrachó y fue el* **hazmerreír** *de la fiesta.* SIN. **bufón, mamarracho.**

he adv. Adverbio que junto con *aquí, allí* y *ahí,* o unido a los pronombres *me, te, la, las* y *los,* sirve para señalar: *"***He** *aquí el dinero que buscabas y* **heme** *ahora avergonzado por haberlo tomado de tu bolsa", le dije a mi madre.*

hebilla f. Pieza de metal que une los dos extremos de una cinta, o una cinta con otra: *La* **hebilla** *de mi zapato está destrozada y por eso no puedo cerrarlo.*

hebra f. ⓵ Cada uno de los hilos que forman una tela: *Esta camisa está hecha con* **hebras** *muy delgadas de seda.* ⓶ Porción de hilo que se introduce en la aguja

para coser: *Susana cose el pantalón de Gregorio con una* **hebra** *azul.*

hebreo, a adj./m. y f. Originario de Israel, país del Cercano Oriente.

heces f. pl. ⓵ Residuos sólidos de la fermentación del vino que se asientan al fondo de la botella: *"Este vino tinto tiene muchas* **heces,** *no muevas demasiado la botella para evitar que se levanten del fondo", dije a Daniel.* SIN. **desecho.** ⓶ Fam. Residuos de la digestión que el cuerpo desecha por el ano: *Las* **heces** *huelen mal.* SIN. **caca.**

hechicero, ra adj./m. y f. Relacionado con la magia: *La* **hechicera** *del programa de televisión lanzaba arañas y pelos de conejo a una olla con agua caliente.* SIN. **brujo.**

hechizar vb. irreg. Ejercer un poder mágico sobre algo o alguien: *La bruja del cuento* **hechizó** *al príncipe y lo convirtió en un sapo gordo y feo.* SIN. **encantar, embrujar.**

hechizo m. ⓵ Acción y efecto de ejercer un poder mágico sobre algo o alguien: *Víctima de un* **hechizo** *que no le permitía recordar su nombre, vagó como un mendigo por las calles del pueblo que una había sido rey.* ⓶ Lo que se emplea para hechizar: *Este* **hechizo** *consta de una sola palabra: "abracadabra".*

hecho m. ⓵ Obra, acción. ⓶ Suceso: *Los* **hechos** *políticos de la semana fueron transmitidos en el noticiero de la televisión.*

hechura f. Acción y efecto de hacer o realizar algo: *Mi mamá tardó tres días en la* **hechura** *del vestido.* SIN. **ejecución.**

hediondo, da adj. Relativo a lo que despide mal olor: *El agua de los alcantarillados es* **hedionda.**

hedor m. Olor desagradable: *El huevo estaba podrido y al romperse, impregnó el ambiente de la cocina con su* **hedor.** SIN. **peste, pestilencia.** ANT. **aroma, perfume.**

helada f. Capa de rocío hecho hielo que cae por la madrugada en los países de clima frío: *Hubo* **helada** *durante la noche y en la mañana el techo de la casa se veía blanco por el hielo.*

heladera f. Amér. Merid. Aparato eléctrico que produce frío y que se utiliza para guardar los alimentos. SIN. **nevera, frigorífico, refrigerador.**

heladería f. Local donde se venden helados: *En la* **heladería** *conservan los helados de distintos sabores en recipientes grandes y fríos.*

helado m. Postre congelado dulce de distintos sabores, hecho a base de crema batida: *A Gregorio le gusta el* **helado** *de chocolate pero su hermana prefiere el* **helado** *de nuez.*

helado, da adj. ⓵ Se dice de lo que está muy frío: *La casa está* **helada,** *será necesario prender la chimenea.* ⓶ Se refiere a la persona que se encuentra muy impresio-

---

Ⓢ *Amér. C.* = América Central ☆ *Amér. Merid.* = América Meridional ☆ *Antill.* = Antillas ☆ *Argent.* = Argentina ☆ *Méx.* = México ☆ *R. de la P.* = Río de la Plata ☆ *Urug.* = Uruguay.

nada: *Todos nos quedamos helados cuando mi padre nos dijo que le habían robado el automóvil.* SIN. **sorprendido.**

helar *vb. irreg.* 1 Volver o volverse sólida una materia líquida por efecto del frío excesivo: *Durante el invierno se hiela un lago que está cerca de mi casa y la gente va a patinar sobre él.* SIN. **congelar, enfriar.** 2 Estar alguien muy impresionado a causa de un suceso o una noticia: *La forma arriesgada en que Lorenzo detuvo al caballo heló de susto a su madre que lo estaba observando.* SIN. **sorprender.** 3 Formarse hielo a causa de las bajas temperaturas.

helecho *m.* Planta que crece en la sombra, de largas hojas verdes que forman líneas horizontales: *Las hojas del helecho se parecen a un peine.*

hélice *f.* Pieza de metal formada por aspas o aletas que giran alrededor de un eje: *Algunos barcos tienen hélices que mueven el agua para hacer que avancen.*

helicóptero *m.* Vehículo volador con una cabina y una cola equilibrante, que vuela gracias a una hélice horizontal colocada en el techo de la cabina: *A diferencia de los aviones, el helicóptero puede despegar en forma vertical y mantenerse fijo en el aire, por eso es muy utilizado en labores de rescate.*

heliotropo *m.* Planta de jardín, originaria del Perú, que da flores de color blanco o violeta: *El perfume del heliotropo es suave y delicado.*

helipuerto *m.* Aeropuerto especial para helicópteros: *En la pista del helipuerto hay círculos pintados que indican el lugar exacto donde un helicóptero debe aterrizar.*

hembra *f.* Animal de sexo femenino: *La vaca es la hembra del toro.* ANT. **macho.**

hemisferio *m.* Cada una de las mitades del globo terrestre, al norte o al sur del ecuador: *Australia se encuentra en el Hemisferio Sur, mientras que Alaska está en el Hemisferio Norte.*

hemofilia *f.* Enfermedad hereditaria que se caracteriza por la dificultad de la sangre para coagularse: *Los enfermos de hemofilia no deben lastimarse porque sus heridas no cicatrizan bien.*

hemorragia *f.* Flujo de sangre que sale del cuerpo a causa de una herida o de la menstruación: *Los médicos han detenido la hemorragia y el paciente podrá salvarse.*

hemorroide *f.* Inflamación de las venas que rodean el ano: *Marcelo tiene hemorroides y no se puede sentar porque le duelen las venas que están inflamadas.*

hendidura *f.* Abertura larga y delgada: *A causa del terremoto, esta pared tiene una hendidura por donde se filtra el agua de la lluvia.* SIN. **grieta, ranura, fisura.**

heno *m.* Hierba que una vez cortada y seca, se utiliza como alimento para el ganado: *Han sembrado heno en este campo para alimentar a las vacas.*

hepatitis *f.* Inflamación del hígado: *Luciano tiene hepatitis, por eso su piel se puso amarilla y él debe permanecer en cama durante un mes.*

heptaedro *m.* Cuerpo geométrico que tiene siete caras: *En la clase de geometría construimos un heptaedro recortando con las tijeras siete trozos de cartulina y pegándolos.*

heptágono *m.* Polígono de siete lados: *Con ayuda de una escuadra, un compás y un lápiz, dibujé un heptágono en la clase de geometría.*

heraldo *m.* Persona que estaba al servicio de un rey y que se ocupaba de anunciar las declaraciones de guerra y dar mensajes, entre otras cosas: *El heraldo del rey viajó al país vecino con un mensaje de paz.* SIN. **mensajero, emisario.**

herbáceo, a *adj.* Relativo a las hierbas: *Las plantas herbáceas son frágiles y no producen madera.*

herbívoro, ra *adj./m. y f.* Animal que se alimenta de vegetales: *Los elefantes son herbívoros.*

herbolaria *f.* Estudio de las características y propiedades de las hierbas y plantas.

heredar *vb.* 1 Recibir los bienes que tenía una persona cuando ésta muere: *Teresa ha heredado una casa que le dejó su tía.* 2 Recibir aquellas cosas que otra persona ya no utiliza pero que son aprovechables: *Mi primo creció y me heredó estos pantalones casi nuevos porque ya no le quedaban.* 3 Tener los hijos características biológicas similares a las de los padres, abuelos u otros familiares: *Francisco heredó el cabello negro de su madre y el carácter fuerte de su abuelo.*

heredero, ra *adj./m. y f.* Que puede heredar, o que recibe los bienes dejados por una persona antes de morir: *La heredera de don Felipe fue una sobrina lejana, porque él no tuvo hijos.*

herencia *f.* 1 Acción y derecho de recibir los bienes que una persona deja al morir: *Matías ha recibido de un tío lejano una herencia que no esperaba.* SIN. **sucesión.** 2 Bienes que se reciben al heredar: *El escritor dejó su biblioteca como herencia a una escuela.*

herida *f.* Lesión en la piel producida por un golpe o corte: *Se hizo una herida al caer y sangró un poco, pero ya está bien.*

herido, da *adj./m. y f.* Persona o animal que está lastimado debido a un golpe o corte: *A causa del accidente hubo varios heridos y la ambulancia los llevó al hospital para ser atendidos.*

herir *vb. irreg.* 1 Romper de un modo violento los tejidos del cuerpo de un ser vivo: *La leona hirió al venado de un zarpazo.* SIN. **dañar.** 2 *Fam.* Provocar una aflicción a alguien: *Daniel ha herido los sentimientos de Sara al no ir a la fiesta que ella ofreció el día de su cumpleaños.* SIN. **ofender, zaherir.**

---

adj. = adjetivo ☆ ANT. = antónimo ☆ *f.* = sustantivo femenino ☆ *Fam.* = familiar ☆ *m.* = sustantivo masculino ☆ SIN. = sinónimo ☆ *vb.* = verbo ☆ *vb. irreg.* = verbo irregular.

hermanastro, tra *m.* y *f.* En un matrimonio, hijo que ya tiene uno de los cónyuges respecto al hijo que ya tiene del otro cónyuge: *Fabiola tiene tres hermanastras porque su padre murió, su madre se casó otra vez y su nuevo esposo tiene tres hijas.*

hermano, na *m.* y *f.* [1] Persona que con respecto a otra, tiene los mismos padres: *Mis dos hermanos mayores son hombres y mi hermana menor tiene dos años.* [2] Miembro de una congregación religiosa.

hermético, ca *adj.* Se dice de lo que está cerrado de manera exacta: *Las latas de conservas son herméticas, no dejan entrar el aire y por esto la comida no se pudre.* SIN. **impenetrable, cerrado.**

hermoso, sa *adj.* Referido a lo que tiene belleza. SIN. **precioso, lindo, bello.**

hernia *f.* Víscera que se sale de manera total o parcial de su lugar natural, debido a un rompimiento de los tejidos que la sostienen: *Entre los bebés es frecuente que se produzcan hernias de ombligo debido al esfuerzo que hacen al nacer.*

héroe *m.* [1] Hombre que se distingue por su valentía excepcional: *El bombero entró al edificio en llamas como un héroe, y salvó a la familia que estaba atrapada.* SIN. **valiente.** ANT. **cobarde.** [2] Personaje masculino y principal de un cuento, una historia, una obra de teatro o un filme: *En este cuento, los héroes luchan contra los extraterrestres.*

heroico, ca *adj.* Relativo al hecho o acción que requiere valentía y esfuerzo para realizarse: *Cruzar el desierto para salvar a las víctimas del accidente fue una acción heroica.*

▶ **heroína** *f.* [1] Mujer que se distingue por su valentía excepcional: *Esa anciana fue una heroína que luchó por la defensa de su pueblo durante la guerra.* [2] Personaje femenino y principal de un cuento, una historia, una obra de teatro o un filme: *La heroína del filme era una mujer sencilla y buena, pero de carácter firme, que no se dejó engañar por los ladrones.*

▶ **heroína** *f.* Droga que se obtiene de la morfina y que produce fuerte adicción.

herradura *f.* Pieza semicircular de hierro (∩), que se clava en las pezuñas de los caballos para que no se hagan daño al andar: *Los caballos salvajes no tienen herraduras, es como si anduvieran descalzos por el monte.*

herramienta *f.* Utensilio que se utiliza para trabajar, sobre todo en labores manuales: *Un martillo es una herramienta.* SIN. **instrumento.**

herrero, ra *m.* y *f.* Persona que trabaja el hierro: *El herrero golpea el metal caliente para darle la forma deseada.*

hervir *vb. irreg.* [1] Calentar un líquido hasta que empiece a hacer pompas o burbujas, lo que ocurre alrededor de los 100° Celsius: *Si viviera en la montaña, el agua*

herviría *a temperaturas más bajas cuanto más en lo alto estuviera mi casa.* [2] Cocinar un alimento sumergiéndolo en un líquido que ha comenzado a desprender burbujas por efecto del calor: *Herviré una coliflor y unas zanahorias para la cena.* [3] *Fam.* Abundar, tener mucho: *"Ese perro hierve en pulgas, debemos lavarlo con un jabón especial", me dijo mi madre.*

hervor *m.* Acción y efecto de calentar un líquido hasta que empiece a hacer pompas o burbujas: *"Hay que darle un hervor a la leche para matar los gérmenes que pueda tener", le dije a mi hermana.*

hexaedro *m.* Cuerpo sólido de seis caras: *El cubo es un hexaedro regular.*

hexágono *m.* Polígono de seis lados.

hibernación *f.* Sueño profundo y pesado de ciertos animales durante el invierno: *Los osos han entrado en hibernación, no volveremos a verlos hasta la primavera.*

hidalgo, ga *m.* y *f.* Miembro de la antigua nobleza castellana: *El ingenioso hidalgo don Quijote de la Mancha es el principal personaje de una obra del escritor español Miguel de Cervantes Saavedra.* SIN. **caballero.**

hidratar *vb.* Incorporarse agua a un cuerpo o sustancia: *El deportista está entrenando muy duramente y el médico le ha recetado suero oral para hidratarse y recuperar la sal que pierde al sudar.* ANT. **deshidratar.**

hidráulico, ca *adj.* Se aplica a lo que funciona con ayuda de agua o de algún otro líquido, y a los estudios sobre esa parte de la mecánica: *El ingeniero hidráulico participa en la construcción del túnel de desagüe de la ciudad.*

hidroavión *m.* Avión que tiene flotadores, gracias a ellos puede posarse en el agua y despegar desde allí: *Los hidroaviones se utilizan en el rescate de víctimas cuando hay un naufragio.*

hidroeléctrico, ca *adj.* Relativo a la electricidad que se obtiene del aprovechamiento de la fuerza del agua: *En la central hidroeléctrica hay muchos carteles que dicen "peligro, alta tensión", porque allí se trabaja con energía eléctrica.*

hidrofobia *f.* Enfermedad contagiosa que ataca al sistema nervioso: *Los perros que padecen hidrofobia se ponen muy agresivos y les sale espuma por la boca.* SIN. **rabia.**

hidrografía *f.* Parte de la geografía que estudia el conjunto de aguas corrientes y estables que se encuentran en un territorio: *La hidrografía de un país está formada por sus ríos, lagos y mar que lo rodea.*

hiedra *f.* Planta trepadora de hojas siempre verdes: *El muro de la casa está cubierto de hiedra.* SIN. **yedra.**

hiel *f.* Jugo amargo y verdoso producido por el hígado. SIN. **bilis.**

hielo *m.* Agua que se ha hecho sólida a causa del frío: *El hielo flota en el agua.*

hiena f. Animal mamífero y salvaje, parecido a un perro grande de pelo color gris o rojizo, que habita en Asia y África: Las **hienas** comen la carne de los animales que ya están muertos y producen un sonido semejante a la risa humana. ➜

hierba f. Cualquier planta verde y baja, de tallo tierno que brota y muere en periodos menores a un año: Las ovejas y vacas están pastando la **hierba** que cubre los campos.

hierbabuena f. Planta aromática de hojas pequeñas y redondeadas, que se usa como condimento y también se bebe en infusión: Doña Fidelia tiene una **hierbabuena** en maceta y le corta ramitas para condimentar el caldo de pollo.

hierro m. ① Metal de color gris plateado que tiene uso industrial: Con el **hierro** se elaboran automóviles, locomotoras y una gran variedad de herramientas y máquinas. ② Marca que se ponía a los presos y aún se le pone al ganado utilizando un hierro candente: Los **hierros** marcaban de por vida la piel de los presos. ③ loc. De **hierro**, inflexible y fuerte: Mi abuelita tiene una salud de **hierro**, a sus ochenta años está sana y hasta practica gimnasia.

hígado m. Órgano que ocupa la parte derecha del abdomen y que segrega la bilis: El **hígado** es el laboratorio del cuerpo humano, gracias a él se transforman las sustancias alimenticias para que la sangre pueda asimilarlas. ➜

higiene f. Limpieza, aseo: La **higiene** del cuerpo se lleva a cabo duchándose con agua y jabón, cepillándose los dientes y lavándose las manos antes de comer y después de defecar.

higiénico, ca adj. Relativo a lo que está limpio y no contiene gérmenes de enfermedades: Los basureros no son lugares **higiénicos**. SIN. aseado, limpio.

higo m. ① Fruto de la higuera, con forma de gota de agua y tamaño de una ciruela, de cáscara verde o negra e interior dulce o rojizo: Los **higos** son frutas delicadas que al madurar se ponen blandas, por eso los venden en mermelada o cubiertos de azúcar. ② loc. Higo **chumbo**, fruto de un tipo de cacto, de cáscara verde o roja con pequeñas espinas e interior jugoso, dulce, y lleno de semillas pequeñas, redondas y negras: El higo **chumbo** es un fruto jugoso y fresco. SIN. tuna.

higuera f. Árbol de madera blanda y hojas grandes y ásperas, cuyo fruto es el higo: La madera de la **higuera** no es aprovechable, pero la planta da buena sombra y sus frutos son deliciosos.

hijastro, tra m. y f. Relación que tiene el hijo o hija de un matrimonio con respecto a una nueva pareja de alguno de sus padres: Rodolfo tiene un **hijastro** porque se casó con una viuda que ya tenía un hijo.

hijo, ja m. y f. ① Persona o animal con respecto a sus padres: Mis abuelos maternos tuvieron tres **hijos** y una **hija**, que es mi mamá. SIN. vástago, descendiente. ② Brote o retoño de una planta: El rosal que podaron en invierno está empezando a dar **hijos** otra vez porque ya es primavera.

hilar vb. ① Convertir en hilo las fibras textiles: Antes, las mujeres aprendían a **hilar** en la rueca. ② Elaborar su hilo animales como el gusano de seda o la araña.

hilera f. Formación de cosas una detrás de la otra: La **hilera** de alumnos entró al salón de clases en orden. SIN. línea, fila.

hilo m. ① Fibra delgada, larga y flexible, hecha de una materia textil: El **hilo** se introduce en la aguja y se utiliza para coser. SIN. hebra. ② Curso que siguen las cosas o las ideas: Estaba distraído, perdió el **hilo** del programa de televisión y ahora no entiende de qué se trata. SIN. desarrollo, secuencia. ③ Línea escasa de líquido: De la herida en mi brazo escurría un **hilo** de sangre.

hilvanar vb. Coser con puntada floja para preparar la costura definitiva: En el taller de costura, Elisa **hilvana** los vestidos y Marta los cose con una máquina. SIN. embastar.

himno m. ① Poema o composición musical de estilo solemne que se escribe o interpreta para honrar a alguien o celebrar un hecho importante: En las iglesias se cantan **himnos** de alabanza a Dios. ② loc. Himno na**cional**, canción o marcha oficial que tiene un país: Cuando entregaron los premios, izaron las banderas y tocaron los **himnos nacionales** de los países ganadores.

hincar vb. irreg. ① Introducir, clavar o apoyar una cosa en otra: Cuando los alpinistas llegaron a la cima de la montaña, **hincaron** allí su bandera. SIN. clavar. ② Arrodillarse, postrarse: Gracias a la máquina pulidora, Sara ya no necesita **hincarse** para limpiar los pisos. SIN. arrodillarse.

hincha m. y f. Amér. C. y Amér. Merid. Seguidor entusiasta de un equipo deportivo. SIN. aficionado, partidario, fanático, barra, seguidor.

hinchada f. Amér. C. y Amér. Merid. Conjunto de seguidores entusiastas de un equipo deportivo.

hinchar vb. ① Llenar de aire o gas un cuerpo flexible: **Hincharon** el bote inflable utilizando un inflador de neumáticos. SIN. llenar, inflar. ② Abultarse una parte del cuerpo: A Rosario se le **hinchó** la rodilla porque golpeó con la escalera. SIN. inflamar.

hinchazón f. Efecto de aumentar el volumen de un cuerpo flexible: La **hinchazón** de mi mano ya está bajando. SIN. inflamación, protuberancia.

hinduismo m. Prácticas y creencias religiosas originadas en la India y basadas en los textos sagrados llamados Vedas: El **hinduismo** está basado en la creencia de que el ser individual forma parte del ser universal o absoluto.

---

adj. = adjetivo ☆ **f.** = sustantivo femenino ☆ Fam. = familiar ☆ **loc.** = locución ☆ **m.** = sustantivo masculino ☆ SIN. = sinónimo ☆ **vb.** = verbo ☆ **vb. irreg.** = verbo irregular ☆ ➜ Ver Minienciclopedia.

hinojo *m.* Planta de bulbo comestible, dulce y blanco, de forma parecida a la cebolla y con tallos verdes y aromáticos como el anís: *El hinojo es una planta medicinal.*

hipermetropía *f.* Defecto de la visión que impide ver bien de cerca: *Quienes padecen hipermetropía tienen que alejar de sí lo que leen para poder distinguir bien las letras.*

hipnosis *f.* Estado de disminución de la conciencia provocado por sugestión y usado para diferentes fines terapéuticos: *Algunos psicoanalistas utilizan la hipnosis para curar a sus pacientes.*

hipnotizar *vb. irreg.* Producir en una persona un estado de hipnosis.

hipo *m.* Movimiento involuntario que altera la respiración y ocasiona un pequeño sonido: *El hipo no deja hablar bien, las palabras se cortan cuando de repente aparece un hipo.*

hipocampo *m.* Pequeño animal marino que tiene el perfil de un caballo y cuyo cuerpo termina en una cola que se cierra en espiral hacia adelante: *El hipocampo es un animal diferente a los demás porque el macho se embaraza y no la hembra.*

hipócrita *adj./m. y f.* Se dice de la persona que finge o aparenta tener o sentir algo que es falso: *Rogelio es un hipócrita con su novia, le dice que se quiere casar con ella porque la ama pero en realidad quiere su dinero.* SIN. **falso, farsante, impostor.**

hipódromo *m.* Lugar que tiene una pista ovalada de tierra, destinada a las carreras de caballos, y gradas para que el público pueda verlas.

hipotecar *vb. irreg.* Asegurar el pago de un préstamo de dinero comprometiendo para ello la propiedad de una casa o de un terreno: *Estos terrenos no están en venta porque los dueños los hipotecaron para construir su casa.*

hisopo *m.* ① *Argent.* y *Méx.* Palillo que tiene algodón fijo en uno o en ambos extremos: *El médico limpió la herida con un hisopo mojado en alcohol.* ② *Amér. Merid.* Pincel ancho y plano que se utiliza para pintar paredes. SIN. **brocha.** ③ *Chile* y *Colomb.* Pincel ancho y redondo que se utiliza para enjabonar la cara cuando se va a afeitar la barba.

hispano, na *m.* y *f.* ① Persona nacida en España o en alguno de los países de América donde se habla español. SIN. **español, hispanoamericano.** ② Se aplica a las personas de origen mexicano, centroamericano y de otros países de habla española que viven en los Estados Unidos de Norteamérica.

hispanoamericano, na *m.* y *f.* Persona nacida en alguno de los países de América en que se habla español.

hispanohablante *adj./m. y f.* Relativo a la persona que habla español: *En su mayoría, los hispanohablantes habitan en el Continente Americano y en España.*

histérico, ca *adj./m.* y *f.* ① Relativo a la persona que padece una enfermedad nerviosa grave que afecta su inteligencia, su sensibilidad y su capacidad de movimiento: *Los pacientes histéricos son atendidos por psiquiatras.* SIN. **neurótico.** ② *Fam.* Relativo a la persona que reacciona de manera exagerada ante una situación anormal: *Cuando empezó el sismo un histérico pasó corriendo y me empujó peligrosamente.* SIN. **nervioso.**

historia *f.* ① Ciencia que estudia el pasado del hombre: *La historia es el relato de los sucesos ocurridos a los pueblos a lo largo de los siglos.* ② Relato ordenado de los acontecimientos del pasado: *En la historia del arte, se encuentran los datos y las fotografías que describen las obras de arte que produjeron las distintas culturas del mundo desde hace miles de años hasta nuestros días.* ③ Narración inventada: *Mi padre me cuenta todos los domingos una historia con personajes fantásticos.* SIN. **cuento, fábula.**

histórico, ca *adj.* ① Se refiere a lo que tiene algún interés para la ciencia que estudia el pasado del hombre: *Esa iglesia antigua se considera como un monumento histórico.* ② Relativo a lo que existió realmente: *Simón Bolívar es un personaje histórico.* SIN. **auténtico, real, cierto.** ③ Se dice de lo que sucede por primera vez y es muy importante: *La llegada del hombre a la Luna fue un hecho histórico.*

historieta *f.* ① Relato agradable o divertido que cuenta sucesos de poca importancia: *El joven hacía reír a la muchacha con sus historietas sobre cómo consiguió trabajo.* SIN. **anécdota, chiste, cuento.** ② Serie de dibujos con o sin texto que contiene un relato: *Todos los domingos mi padre me compra una revista con historietas muy divertidas.* SIN. **cómic, tebeo.**

hocico *m.* Parte de la cabeza de algunos animales donde están la boca y la nariz: *El perro rastrea la liebre con su hocico.* SIN. **morro, jeta.**

hogar *m.* ① Sitio donde se enciende fuego o lumbre: *En invierno Carlos pone unos leños en el hogar y prende el fuego para calentar el ambiente de la casa.* SIN. **horno, chimenea, brasero.** ② Lugar donde se vive con la familia: *Después de un largo viaje no hay nada más hermoso que volver al hogar.* SIN. **casa.**

hoguera *f.* Conjunto de materiales que se apilan al aire libre para hacerlos arder con llama: *La última noche del campamento hicieron una hoguera con ramas secas y cantaron acompañados de la guitarra.* SIN. **fogata, fuego.**

hoja *f.* ① Parte casi siempre verde, plana y delgada de una planta, que crece en el extremo de los tallos o de las ramas: *Hay árboles que pierden sus hojas en el otoño y hay otros que las conservan durante todo el año.* SIN. **follaje.** ② Pieza de papel para escribir: *Claudio escribió un poema en una hoja de cuaderno.* ③ Parte

i

j

k

l

m

n

---

de metal, plana y filosa, de ciertas armas y herramientas: *La hoja del cuchillo es muy filosa.* [4] En puertas y ventanas, cada una de las partes que se abren y se cierran: *Hubo que cambiar una hoja de la puerta porque no cerraba bien.* →

hojaldre *m.* y *f.* Masa de harina y mantequilla cocida al horno que forma hojas delgadas y superpuestas: *Mi tía Lidia hacía las tartas de hojaldre más deliciosas que he probado.*

hojear *vb.* [1] Mover o pasar de manera ligera las hojas de un libro, cuaderno, revista, etc.: *Hay personas que mojan su dedo en la lengua para hojear un libro, en cambio Daniel hojeaba las páginas de la novela tomándolas de manera delicada por el extremo superior.* [2] Leer de forma rápida: *Hojeé la revista antes de comprarla para saber si me interesaba lo que estaba escrito.*

hojuela *f.* Masa crocante, pequeña y delgada, hecha a base de cereal: *Los niños quieren desayunar hojuelas de maíz con leche y fruta.*

¡hola! *interj.* Voz que se emplea para saludar: *"¡Hola! Hacía mucho tiempo que no te veía, ¿cómo estás?", le dije a Ricardo.* ANT. **¡adiós!**

holgado, da *adj.* Se aplica a lo que es amplio o ancho: *Este vestido me queda holgado, tendré que ajustarlo un poco para poder usarlo.* SIN. **ancho.** ANT. **ceñido, apretado, estrecho.**

holgazán, na *adj./m.* y *f.* Se aplica a la persona que no trabaja ni hace algo provechoso: *"No seas holgazana, ayúdame a recoger los platos para lavarlos", le dije a Graciela.* SIN. **vago, ocioso.**

hollejo *m.* Piel delgada que cubre algunas frutas, legumbres y tubérculos: *El jugo de uva se cuela para quitarle el hollejo.* SIN. **pellejo.**

hollín *m.* Sustancia negra que se acumula por el paso del humo: *El interior de la chimenea está lleno de hollín.*

hombre *m.* [1] Ser dotado de inteligencia, razón y de lenguaje articulado: *El hombre se diferencia de los animales por su capacidad de razonar y de hablar.* SIN. **humanidad.** [2] Individuo de la especie humana: *El hombre tiene la capacidad de trabajar con sus manos.* SIN. **persona.** [3] Persona de sexo masculino: *Tanto los hombres como las mujeres de esta familia tienen estudios universitarios.* SIN. **macho, varón.** [4] Individuo adulto del sexo masculino: *Primero se es niño, luego hombre y más tarde, anciano.* SIN. **adulto.** [5] *loc.* **Hombre rana,** buzo: *Un hombre rana filmó los pececillos en el fondo del mar.*

hombrera *f.* [1] Almohadilla cosida en los hombros de un vestido o traje: *El vestido con hombreras hace que Hilda parezca más grande de lo que es en realidad.* [2] Protección que cubre los hombros de algunos trajes deportivos o militares: *Los jugadores de fútbol america-*

no llevan cascos y hombreras de plástico, porque el juego es muy rudo.

hombro *m.* Parte superior del tronco del hombre, de donde nace el brazo: *El albañil carga un saco de cemento al hombro.*

homenaje *m.* Acto o serie de actos que se celebran en honor de alguien: *La empresa ofreció una comida en homenaje a los trabajadores que cumplían 40 años de labores.* SIN. **celebración.**

homeopático, ca *adj.* Relativo a la medicina que cura por medio de sustancias naturales parecidas a las que provocan la enfermedad que se quiere combatir: *Los medicamentos homeopáticos generalmente son gotas, o bien glóbulos de azúcar sumergidos en sustancias medicinales.*

homicida *m.* y *f.* Persona que da muerte a otra, en especial quien lo hace de manera violenta y sin justificación: *El homicida que asesinó al banquero fue condenado a veinte años de prisión.* SIN. **asesino.**

homicidio *m.* Acto de matar una persona a otra: *El homicidio se cometió con un cuchillo.* SIN. **asesinato, crimen.**

homónimo, ma *adj.* Se aplica a las palabras que tienen la misma pronunciación y diferente ortografía, o la misma pronunciación y ortografía, pero que tienen significado diferente: *Las palabras azar y azahar son homónimas, así como la palabra desocupado, que significa vacío y que también significa que alguien no tiene trabajo.*

honda *f.* Utensilio que sirve para lanzar piedras, formado por una tira de cuero, lana u otro material parecido: *El niño practicaba puntería con su honda tirando piedras a una botella que había colocado sobre un tronco.*

hondo, da *adj.* Se refiere a lo que tiene mucha profundidad: *El pozo de agua es hondo, habrá que ponerle una tapa para evitar que alguien caiga y se lastime.* SIN. **profundo.**

hondureño, ña *adj./m.* y *f.* Originario de Honduras, país de Centroamérica.

honesto, ta *adj.* [1] Se refiere a la persona que no tiene mala intención: *Juliana es una chica honesta y prudente, no le gusta meterse en líos y siempre dice la verdad.* SIN. **decente, casto, puro.** [2] Se refiere a la persona que actúa con rectitud y honradez, que se puede confiar en ella: *Gregorio es una persona honesta, por lo contrataron como cajero en la panadería.* SIN. **honrado, recto, íntegro.**

hongo *m.* Organismo diferenciado de las plantas y los animales, que puede ser microscópico o muy grande y crece en lugares húmedos y ricos en materia orgánica en descomposición: *El champiñón es un hongo comestible.* SIN. **seta.**

---

adj. = adjetivo ☆ ANT. = antónimo ☆ *f.* = sustantivo femenino ☆ *interj.* = interjección ☆ *loc.* = locución ☆ *m.* = sustantivo masculino ☆ *pl.* = plural ☆ SIN. = sinónimo ☆ *vb.* = verbo ☆ → Ver Minienciclopedia.

honor m. Cualidad moral de la persona que actúa según lo que es debido para sí mismo y para los demás: *El honor de un caballero exige que sea respetuoso con las demás personas y se comporte de manera honesta.* SIN. **dignidad.**

honorable adj. Se refiere a la persona que merece respeto: *Estos hombres son queridos y respetados en todo el pueblo por su conducta honorable.* SIN. **respetable, digno.**

honorarios m. pl. Pago que se percibe por un trabajo profesional: *Después de haber trabajado durante una semana, le pagaron los honorarios correspondientes.* SIN. **sueldo, retribución.**

honra f. ① Sentimiento de la propia dignidad: *Esa muchacha ha defendido su honra frente a las acusaciones injustas de robo que inventaron en su contra.* SIN. **dignidad.** ② Circunstancia de ser alguien digno de aprecio y respeto por su conducta: *Es una gran honra para el país organizar los Juegos Olímpicos.* SIN. **honor, reconocimiento.** ③ Buena opinión y fama adquiridas por la buena conducta: *La honra que tiene el médico es bien merecida porque ha salvado muchas vidas.* SIN. **celebridad, fama.**

honrado, da adj. ① Se refiere al que obra con justicia e imparcialidad. SIN. **justo, honesto, leal.** ② Se refiere a lo que se realiza de manera honesta, decente: *Fue una acción honrada de parte de Felipe devolver al vendedor el dinero que le había dado de más.*

honrar vb. Manifestar respeto y estima a alguien o algo: *Honraron a sus invitados con una gran comida.* SIN. **respetar, venerar.**

hora f. ① Cada una de las veinticuatro partes en que se divide el día solar: *Una hora tiene sesenta minutos.* ② Momento determinado del día: *"¿A qué hora quieres que vaya a tu casa?", me preguntó mi novio.* ③ Momento oportuno y determinado para hacer una cosa: *"Ya es hora de ir a la escuela, apresúrate", me dijo mi mamá.*

horario m. ① Relativo al tiempo medido en horas: *Georgina va a la escuela en el horario matutino, es decir, por la mañana.* ② Aguja del reloj que indica la hora: *El horario marca las cuatro y el minutero las seis, o sea que son las cuatro y media.*

horca f. Instrumento que sostiene una cuerda para matar a una persona colgándola por el cuello: *En la antigüedad, los condenados a muerte eran enviados a la horca.* SIN. **patíbulo.**

horcajadas. A horcajadas, loc. Poniendo cada pierna por su lado: *Para montar un caballo hay que hacerlo a horcajadas.*

horizontal adj. Se dice de aquello que está dispuesto en el mismo sentido que el plano del horizonte: *El suelo de las casas es horizontal.* SIN. **plano.** ANT. **vertical.**

horizonte m. Línea imaginaria que separa el cielo de la tierra o del mar: *Al atardecer, el Sol se mete en el horizonte.*

hormiga f. Insecto pequeño que vive en hormigueros formando colonias, se alimenta de plantas y de algunos insectos: *Las hormigas viven en los árboles o en la tierra.*

hormigón m. Mezcla de piedras menudas, grava, arena, cemento y agua, que se utiliza en la construcción de edificios: *En una pared hecha de hormigón no se puede clavar nada porque es muy dura.* SIN. **concreto.**

hormigueo m. Sensación parecida al caminar de las hormigas sobre la piel, que se produce en alguna parte del cuerpo por falta de circulación de la sangre: *Siento un hormigueo en el pie y no lo puedo apoyar porque está como dormido.*

hormiguero m. Sitio donde se crían y viven las hormigas: *Ese bulto de tierra que se ve en el jardín es el hormiguero de estas hormigas negras.*

hornalla f. ① Amér. Merid. Lugar donde se enciende el fuego para cocinar los alimentos. SIN. **estufa, fogón.** ② Argent., Par. y Urug. Cada uno de los agujeros del hogar o estufa, cubierto con una reja de metal, donde se enciende la lumbre para cocinar. SIN. **hornilla.**

hornear vb. Cocinar los alimentos en el horno: *El panadero hornea el pan muy temprano por la mañana.*

hornilla f. Cada uno de los agujeros del hogar o estufa, cubierto con una reja de metal, donde se enciende la lumbre para cocinar: *Esteban prendió el fuego y puso una olla de agua sobre la hornilla para preparar el café.* SIN. **hornalla.**

hornillo m. Mueble pequeño que se emplea en las cocinas para guisar la comida: *En el hornillo de gas se prende el fuego para cocinar los alimentos.* SIN. **estufa, infiernillo.**

horno m. ① Obra de albañilería con bóveda, que sirve para cocer a altas temperaturas: *El alfarero mete al horno unas piezas de cerámica para que se cuezan.* ② Aparato doméstico de metal, en forma de cajón cerrado por una puerta, en el que se prende el fuego para cocinar aquellos alimentos que requieren de altas temperaturas: *Laura preparó carne al horno y la sirvió acompañada de una ensalada.*

horquilla f. Pieza pequeña de alambre doblado en dos, que se usa para sujetar el pelo: *"Para hacer este peinado se necesitan muchas horquillas", me dijo la peinadora.* SIN. **pasador.**

horrible adj. Se dice de lo que es muy feo: *"Es horrible que tus padres te regañen delante de tus amigos."* SIN. **horroroso.**

horripilante adj. ① Se refiere a lo que causa un miedo muy grande: *A Estela le resulta horripilante ir al dentista.* SIN. **terrible, espeluznante, horrendo.** ② Relativo a lo que es muy desagradable: *El perro sarnoso tiene un aspecto horripilante*. SIN. **horroroso, espantoso**.

horror *m*. Miedo muy intenso: *Los vampiros me causan tanto horror que no puedo dormir después de ver un filme en el que aparezca uno*. SIN. **terror, espanto**.

horrorizar *vb. irreg.* [1] Causar miedo muy intenso o un rechazo muy fuerte: *El accidente horrorizó a quienes lo presenciaron, porque los dos automóviles quedaron deshechos*. SIN. **asustar, aterrar**. [2] Sentirse mucho miedo: *"Me horroriza viajar en avión pues pienso que se va a caer", me dijo Esteban*.

horroroso, sa *adj*. Se aplica a lo que es muy feo o malo: *El horroroso monstruo secuestró a la novia del galán del filme y éste lo persiguió hasta lograr salvarla*.

hortaliza *f*. Planta cultivada en huerta, por lo general para ser consumida como alimento: *Las zanahorias, los tomates y las acelgas son hortalizas*.

hortensia *f*. Arbusto que da flores agrupadas en racimos redondos: *Las hortensias son originarias del Japón y sus flores pueden ser rosadas, blancas o azules*.

hospedar *vb*. [1] Recibir a alguien para pasar una o varias noches: *Estamos hospedando a un muchacho inglés que vino a pasar las vacaciones*. SIN. **acoger, albergar, alojar**. [2] Llegar a un hotel o casa para pasar la noche: *Cuando fuimos a la playa nos hospedamos en un hotel*. SIN. **albergarse, alojarse**.

hospicio *m*. Casa que acoge a los niños huérfanos y a las personas pobres: *Los niños del hospicio reciben alimento y cuidados allí porque no tienen familia*. SIN. **asilo**.

hospital *m*. Establecimiento donde se atiende y cura a los enfermos: *Joaquín está en el hospital porque lo operaron de apendicitis*. SIN. **clínica, sanatorio**.

hospitalidad *f*. Forma de recibir a otros de manera gratuita: *La hospitalidad consiste en recibir a la gente tratándola con amabilidad*.

hospitalizar *vb. irreg.* Internar a alguien en un hospital para que sea atendido durante una enfermedad: *Han hospitalizado a la abuela de Rogelio porque está enferma*. SIN. **internar**.

hostil *adj*. Referido a la persona que no es amigable o que rechaza algo por falta de amistad: *Julio le lanza unas miradas muy hostiles a su hermano, porque han discutido hasta enojarse*. SIN. **contrario, enemigo, adverso**. ANT. **gentil, amable**.

hotel *m*. Establecimiento donde se paga por recibir el servicio de hospedaje y comida: *El hotel que está junto al mar tiene muchas habitaciones, cada una con baño y algunas con un balcón*.

hoy *adv*. [1] En este día que estamos: *Hoy iremos al cine, pues ayer no llegamos a tiempo*. [2] En el tiempo presente: *Hoy es posible curar y evitar muchas enfermedades que antes eran mortales*. SIN. **ahora**.

hoyo *m*. Agujero en cualquier superficie: *El jardinero cavó un hoyo en la tierra para plantar un naranjo*. SIN. **agujero, cavidad, pozo**.

hoz *f*. Herramienta con un mango de madera y una cuchilla semicircular de hierro afilada por el lado de adentro, que se usa para cortar el trigo: *La hoz es un instrumento indispensable en el campo*.

huachinango *m*. *Méx*. Pez marino comestible, de color rojo y carne blanca, apreciado por su sabor.

huaino *m*. *Argent., Bol. y Perú*. Canto y baile tradicionales de tono triste.

huapango *m*. Baile y canciones de música mexicana que se toca con jaranas en algunos estados de la República Mexicana: *La bamba es un conocido huapango que se canta y se baila en Veracruz, México*.

huarache *m*. *Méx*. Zapato abierto hecho con tiras de cuero rústico: *Los huaraches son un calzado fresco y resistente*. SIN. **sandalia**.

huasipungo *m*. *Ecuad. y Perú*. Terreno de una hacienda donde los peones siembran sus propios alimentos.

huaso *m*. *Bol. y Chile*. Hombre rudo del campo.

hueco *m*. [1] Espacio vacío: *El cine estaba tan lleno que Jerónimo no encontró ni un hueco para sentarse*. SIN. **espacio, lugar**. [2] Abertura que se hace en algún material: *Hicieron un hueco en la pared para poner una ventana*. SIN. **agujero, hoyo**.

huelga *f*. Suspensión del trabajo hecha por los trabajadores, casi siempre como protesta o en demanda de algo: *Los obreros hicieron huelga para pedir un aumento de salario*.

huella *f*. [1] Señal que dejan en la tierra el pie del hombre, los animales, las ruedas, etc., al pasar: *Los cazadores siguen las huellas del animal que persiguen*. SIN. **marca, pisada**. [2] *Amér. Merid*. Senda hecha por el paso de personas, animales o vehículos. SIN. **vereda, camino, trillo, sendero**. [3] *loc*. **Huella dactilar** o **digital**, marca individual que deja la piel de los dedos o la palma de la mano: *Las huellas dactilares sirven para identificar a las personas, porque no hay dos iguales*.

huérfano, na *adj./m. y f*. Persona menor de edad cuyos padres han muerto: *Los huérfanos viven en el hospicio hasta que cumplen la mayoría de edad y pueden trabajar*.

huerta *f*. Terreno grande donde se cultivan vegetales y frutas: *La huerta de Tomás produce tomates, lechugas y también ciruelas*.

huerto *m*. Pequeña extensión de terreno, donde se cultivan vegetales y frutas: *El sobrino de Sofía tiene un huerto de naranjos en un terreno cercano a la ciudad*.

hueso *m*. [1] Parte dura y sólida que forma el esqueleto del cuerpo del hombre y de los vertebrados: *Los huesos son blancos porque están hechos con una sustancia blanca llamada calcio*. [2] Envoltura sólida de las semi-

---

◁▷ *adj*. = adjetivo ☆ *adv*. = adverbio ☆ ANT. = antónimo ☆ *f*. = sustantivo femenino ☆ *loc*. = locución ☆ *m*. = sustantivo masculino ☆ *pl*. = plural ☆ SIN. = sinónimo ☆ *vb*. = verbo ☆ *vb. irreg*. = verbo irregular.

llas de algunas frutas: *El hueso de una manzana es más pequeño que el hueso de un durazno.* SIN. **semilla, carozo.**

huésped, da *m.* y *f.* [1] Persona alojada de manera gratuita en casa ajena: *La huéspeda trajo regalos para la familia que la recibió durante una semana.* SIN. **convidado.** [2] Persona que se aloja en un hotel o posada: *Los huéspedes pagaron el cuarto por adelantado y pidieron que les llevaran la cena a la habitación.* SIN. **cliente.**

hueva *f.* Masa compacta que forman los huevos de ciertos peces: *El caviar es la hueva de un pez llamado esturión.*

huevo *m.* [1] Cuerpo orgánico de forma ovalada o redonda que ponen las hembras de algunos animales como las aves y los reptiles: *Adentro del huevo está el embrión del nuevo ser.* SIN. **embrión, blanquillo.** [2] *loc. Amér. C.* y *Méx.* **Huevo tibio,** huevo hervido entero durante dos o tres minutos para que se endurezca la clara y la yema quede blanda.

huichol, la *adj./m.* y *f.* Persona nacida en un pueblo indígena que habita en Jalisco, Nayarit y Durango, en México.

huipil o **güipil** *m. Guat., Hond.* y *Méx.* Camisa de mujer tejida en telar, larga, sin mangas y adornada con bordados.

huir *vb. irreg.* [1] Alejarse de un lugar para evitar un daño: *"Esto se está poniendo muy peligroso, hay que huir de aquí", dijo el galán del filme a su bella novia.* [2] Escaparse o fugarse de un lugar: *Los presos huyeron de la cárcel escondidos en un camión de lavandería.* SIN. **fugarse.**

huizache *m.* Árbol mexicano de cuyas vainas de color morado se extrae una sustancia para elaborar tinta negra.

hule *m.* [1] Árbol americano de hojas alargadas y brillantes del que se extrae una sustancia lechosa y pegajosa: *Del hule se extrae una goma elástica con la que se fabrican neumáticos para automóvil y otros artículos.* SIN. **caucho, gomero.** [2] Tela pintada y barnizada por uno de sus lados para que resulte impermeable: *Pusieron un hule en el patio para que la lluvia no interrumpiera la fiesta.*

hulla *f.* Mineral de color negro, parecido al carbón, que proviene de vegetales fosilizados y se usa como combustible: *Las locomotoras antiguas utilizaban hulla para caminar.*

humanidad *f.* Naturaleza y género humanos: *La humanidad se ha beneficiado con los progresos de la ciencia.*

humanitario, ria *adj.* Relativo a la persona que ayuda a los demás, a lo que es caritativo: *Se ha organizado un festival con fines humanitarios y la gente ha participado llevando alimentos, ropa y dinero.*

humano *m.* [1] Hombre, persona: *En el libro de ciencia ficción, un humano llegaba a Marte y conocía a los marcianos.* [2] *pl.* Grupo de todos los hombres: *Los humanos se visten, hablan diferentes idiomas, construyen casas para vivir y se alimentan de manera muy variada.*

humareda *f.* Humo espeso y abundante: *El incendio del bosque produjo una gran humareda.*

humear *vb.* Exhalar humo o vapor: *La olla humea porque el agua ya está caliente.*

humectar *vb.* Poner agua, aceite o crema a algo que está seco: *Con un algodón mojado, la enfermera humectó poco a poco los labios del sobreviviente de la travesía por el desierto.* SIN. **humedecer.**

humedad *f.* [1] Calidad de húmedo: *El pañal absorbe la humedad.* ANT. **sequedad.** [2] Agua que impregna un cuerpo: *Esta pared tiene humedad, porque el agua de la lluvia se filtra por el techo.*

humedecer *vb. irreg.* Agregar agua a algo que está seco: *La madre humedecía un pañuelo y lo ponía en la frente caliente de su hijo, que tenía fiebre.* SIN. **mojar, humectar.** ANT. **secar.**

húmedo, da *adj.* [1] Relativo a lo que está un poco mojado o cargado de vapor de agua: *Puse una semilla en un algodón húmedo para ver cómo germina y crece la planta.* [2] Relativo al clima lluvioso: *Los mangos sólo se dan en climas húmedos y cálidos.*

húmero *m.* Hueso del brazo que une el hombro con el codo: *El húmero es un hueso fuerte que puede moverse en muchas direcciones.*

humilde *adj.* [1] Se dice de la persona sencilla, modesta, que no es orgullosa: *A pesar de que ha ganado un premio por ser la más bonita del grupo, Fabiana sigue siendo humilde y mantiene sus amistades como siempre.* SIN. **modesto, sencillo, dócil.** [2] Se refiere a la persona que no tiene muchos recursos económicos: *Los niños que provienen de familias humildes reciben una beca de alimentación y material de estudio.* SIN. **pobre, necesitado.**

humillar *vb.* [1] Rebajar o rebajarse el orgullo de alguien, avergonzar: *Los niños humillaban a Gabriela burlándose de ella por ser gorda.* [2] Adoptar una actitud de inferioridad ante los demás: *El soldado se humillaba frente a su capitán porque deseaba ganar su simpatía.* SIN. **avergonzarse, rebajarse.**

humita *f. Amér. Merid.* Comida hecha de maíz rallado y hervido, al que se agrega una salsa de ají o chile, tomate y cebolla frita.

humo *m.* Conjunto de productos gaseosos y partículas muy pequeñas que se desprenden de los cuerpos que se queman: *El humo del cigarrillo resulta molesto para las personas que no fuman.*

humor *m.* [1] Disposición del ánimo habitual o pasajera: *Dorotea es una mujer que siempre está de buen humor: sonríe, habla con todos y a veces se le oye*

---

cantar mientras trabaja. SIN. **carácter**, **temperamento**, **genio**. [2] Asunto que hace reír o causa alegría: *Este cuento tiene* **humor**, *al personaje le suceden muchas cosas chistosas.* SIN. **gracia**, **ingenio**, **ironía**. [3] Ganas de hacer algo: *Felipe hoy no tiene* **humor** *para ir al cine, prefiere quedarse leyendo.* SIN. **voluntad**.

hundir *vb.* [1] Hacer que algo se vaya al fondo: *Atamos una piedra en el hilo de un globo y lo arrojamos al agua para que* **se hundiera**. [2] Introducir algo en una materia: **Hundieron** *piedras en el lodo del camino para que, pisando sobre ellas, pudieran pasar los automóviles.* SIN. **meter**. [3] Sumir una superficie haciendo presión o dándole un golpe: *La puerta del automóvil* **se hundió** *a causa del choque.*

huracán *m.* Viento de gran fuerza que avanza dando giros: *El* **huracán** *levantó los techos de las cabañas.* SIN. **ciclón**, **vendaval**.

huraño, **ña** *adj.* Se refiere a la persona o animal que rehúye el trato con la gente: *Javier era una persona sociable pero desde hace unos años se ha vuelto* **huraño** *y no quiere ver a sus amigos.*

¡hurra! *interj.* Grito de alegría y entusiasmo: *Los muchachos gritaron tres* **¡hurras!**, *a su equipo favorito para celebrar su triunfo.*

hurtar *vb.* Robar sin violencia: *A Raúl le* **hurtaron** *la billetera cuando viajaba en el autobús.* SIN. **substraer**, **escamotear**.

husmear *vb.* [1] Rastrear con el olfato una cosa: *Apoyando la nariz en la tierra, el perro* **husmea** *el rastro del conejo.* SIN. **oler**, **olfatear**. [2] *Fam.* Indagar, tratar alguien de enterarse de algo que no le incumbe: *A Mariana no le gusta que* **husmeen** *en su dormitorio, por eso siempre deja la puerta cerrada.* SIN. **fisgar**, **fisgonear**, **curiosear**, **chusmear**.

huso *m.* Instrumento que se usa en el hilado a mano para torcer o arrollar el hilo que se va formando a partir de una materia textil: *Junto a la rueca están los* **husos** *con el estambre hilado.*

¡huy! *interj.* Exclamación que indica dolor físico agudo, extrañeza o asombro: *"¡Huy, cómo ha subido el precio del litro de leche durante los últimos meses!", le dijo mi madre al vendedor de la tienda.*

I i

i *f.* Novena letra del abecedario español y tercera de sus vocales.

I *f.* Cifra que en números romanos equivale a uno.

ibérico, ca *adj.* Relativo a lo que es de la antigua Iberia, hoy España y Portugal: *La Península Ibérica se encuentra en el suroeste de Europa.* SIN. **ibero.**

iberoamericano, na *adj./m.* y *f.* ⒈ Se refiere a los países de América que fueron colonias de España y Portugal: *Los países iberoamericanos son aquéllos en los que se habla español o portugués.* ⒉ Persona nacida en alguno de los países de América en que se habla español o portugués.

iceberg *m.* **Palabra inglesa.** Bloque de hielo de tamaño muy grande, que flota en los océanos polares: *El pico de un iceberg que se ve flotar sobre el mar es tan sólo una pequeña parte de su tamaño total.*

icono o **ícono** *m.* ⒈ Imagen religiosa pintada sobre madera y recubierta parcialmente con oro, plata y adornos de gemas, clásica del arte ruso con tradición bizantina: *Un icono muy famoso es el que se encuentra en la Catedral de la Dormición en Vladimir, lugar que ha sido centro religioso desde el siglo XII, y que representa a la Virgen con el niño.* ⒉ En computación, símbolo gráfico que aparece en la pantalla de una computadora y que simplifica las órdenes que un usuario indica a un programa en particular: *Poniendo la flecha sobre el icono y apretando dos veces el botón izquierdo del ratón se puede entrar al programa.*

icosaedro *m.* Cuerpo sólido de veinte caras: *En clase de geometría, la maestra nos mostró un icosaedro regular hecho de madera, sus caras eran triángulos equiláteros.*

ida *f.* Acción de ir de un sitio a otro: *Javier está organizando una ida a la playa con todos los amigos.*

idea *f.* ⒈ Representación mental de una cosa que no necesariamente existe en el mundo real. SIN. **concepto, pensamiento.** ⒉ Imagen que se forma en el pensamiento: *Tengo idea de cómo es Gerardo, ya que mi hermana me ha platicado de él y lo ha descrito.* ⒊ Proyecto o propósito de realizar algo: *Francisco tuvo la idea de hacer una cabaña en el árbol y entre él y sus amigos la construyeron.* SIN. **plan, propósito.** ⒋ *loc.* **No tener ni idea,** no tener ni el menor conoci-

miento acerca de un tema: *Julieta no tiene ni idea de lo que es la filosofía.*

ideal *adj.* Que sólo existe en la imaginación: *Ayer tuve un sueño en el que viajaba por un cielo ideal donde las estrellas me sonreían y la luna cantaba.*

idear *vb.* Formar en la mente la idea de una cosa: *Las autoridades han ideado un plan para atrapar al delincuente fugitivo.* SIN. **pensar.**

idéntico, ca *adj.* Completamente igual o muy parecido: *"Siempre confundo estas dos llaves porque son idénticas y no sé cuál es la de mi casa y cuál es la de la oficina."* SIN. **igual, semejante.** ANT. **diferente, distinto.**

identidad *f.* ⒈ Conjunto de características por las que se reconoce una cosa o persona: *La identidad de una persona se conoce por su nombre, edad, aspecto físico, forma de vestir, gustos y también por el lugar donde vive.* ⒉ *loc.* **Documento de identidad,** documento oficial con fotografía en el que figura nombre, edad, domicilio, huella digital y firma de la persona a quien pertenece: *Antes de entrar a la disco le pidieron a Victoriano su documento de identidad para saber si era mayor de edad.* SIN. **credencial, identificación.**

identificación *f.* Documento oficial con fotografía en el que figura nombre, edad, domicilio, huella digital y firma de la persona a quien pertenece: *Para abrir una cuenta en el banco es necesario llevar una identificación.* SIN. **credencial.**

identificar *vb. irreg.* ⒈ Reconocer algo o a alguien a partir de un conjunto de características que le son propias: *La señora identificó al joven que le robó la billetera por una cicatriz que él tiene en la frente.* SIN. **reconocer.** ⒉ Proporcionar, cuando son solicitados, datos acerca de nuestra persona para ser reconocidos: *Hermenegildo no tenía manera de identificarse cuando llegó a París porque en el aeropuerto perdió la billetera y el pasaporte.*

idioma *m.* Lengua que se habla en una comunidad o nación: *El francés es un idioma que se habla en Francia, Canadá y en algunos otros países.* SIN. **lengua.**

idiota *adj./m.* y *f.* Se aplica al que es poco inteligente o padece un retraso mental. SIN. **tonto, estúpido.**

idolatrar *vb.* ⒈ Adorar ídolos o figuras que representan fuerzas divinas. SIN. **adorar.** ⒉ Amar mucho a una persona o cosa: *Jacobito idolatra tanto a su madre que piensa que no tiene defectos.*

iglesia *f.* [1] Conjunto de las creencias que conforman la religión cristiana, así como del clero y los fieles que las siguen: *La palabra iglesia viene del latín "eclesia", que significa reunión, asamblea.* [2] Edificio que se utiliza para llevar a cabo la misa o sermón: *La ciudad de Cholula en el estado de Puebla, México, tiene tantas iglesias que se llegó a afirmar que ahí había una para cada día del año.* SIN. **templo.** →

iglú *m.* Casa temporal de los esquimales hecha con bloques de hielo: *El iglú tiene forma redondeada y una puerta pequeña cubierta con pieles.*

ígneo, a *adj.* Se refiere a lo que es de fuego o que tiene algunas de sus propiedades: *Esta roca ígnea es producto de la erupción del volcán.*

ignorancia *f.* Falta de conocimiento acerca de una materia o asunto determinado: *Mi ignorancia sobre ortografía me impide saber escribir de manera correcta las palabras.* ANT. **cultura, saber.**

ignorar *vb.* [1] No saber o no tener instrucción: *Como ignoraba que la clase de ciencias sería en el laboratorio, Susana fue al aula y no encontró a nadie.* SIN. **desconocer.** ANT. **conocer, saber.** [2] No prestarle atención a alguien o a algo: *"Si Leandro fue grosero contigo, ignóralo, no le hables más y ya no te molestará", me dijo Ana.*

▶ **igual** *adj.* [1] Se aplica a lo que no difiere de otro por su naturaleza, cantidad o calidad: *Marta partió la pizza en ocho rebanadas iguales.* SIN. **idéntico, exacto.** ANT. **distinto, diferente, desigual.** [2] Se dice de lo que comparte la mayor parte de sus características con otro: *Mi padre y yo compramos dos camisas iguales, pero de diferente tamaño.* SIN. **parecido, semejante.** [3] Se refiere a lo que no varía: *La temperatura sigue igual, no ha bajado ni subido desde hace tres horas.* SIN. **invariable.**

▶ **igual** *m.* Signo de igualdad, formado por dos rayas paralelas y horizontales (=): *El signo igual se usa para indicar que dos cantidades escritas de forma diferente valen lo mismo, como en 4 + 2 = 6.*

▶ **igual** *adv.* [1] De la misma manera: *Rosario y Josefa se ríen igual, a veces confundo sus risas.* [2] *Argent., Chile y Urug.* A pesar de todo.

igualar *vb.* Hacer iguales entre sí a dos o más cosas: *El gerente igualó las horas de trabajo de los empleados de la empresa, a partir del lunes todos trabajarán ocho horas diarias.* SIN. **ajustar.**

igualdad *f.* [1] Parecido que existe entre dos o más cosas o personas: *La Declaración Universal de los Derechos Humanos habla sobre la igualdad de derechos entre el hombre y la mujer.* SIN. **correspondencia.** [2] En matemáticas, expresión de la equivalencia de dos

cantidades: *La igualdad se escribe utilizando el signo igual (=).*

iguana *f.* Reptil americano parecido al lagarto, grande como el brazo de un hombre adulto, que puede ser de color gris o verdoso con manchas amarillentas, con una cresta a lo largo del dorso: *Las iguanas viven en las regiones cálidas de América.*

ilegal *adj.* Se refiere a lo que es contrario a la ley: *Roberto cometió un acto ilegal cuando robó una botella de vino de la tienda.*

ileso, sa *adj.* Se refiere a la persona o cosa que no recibió heridas o daño al encontrarse en una situación peligrosa: *Ernesto salió ileso del accidente y pudo llegar a su casa caminando.* SIN. **intacto, salvo, sano.**

iluminación *f.* [1] Luz natural, o luces artificiales, que existen en un sitio: *Esta habitación no tiene buena iluminación porque tiene una ventana muy pequeña y una bombilla poco potente.* SIN. **luz.** [2] Conjunto de luces destinadas a realzar un espectáculo, una obra teatral, etc.: *La iluminación de la obra de teatro acompañaba el estado de ánimo de los personajes, pues era menor en los momentos tristes y más brillante en los momentos alegres.* SIN. **alumbrado.**

iluminar *vb.* [1] Hacer que la luz pase hacia un lugar determinado, o que se produzca: *Abrí las cortinas y la casa se iluminó con la luz solar.* SIN. **alumbrar.** [2] Usar luces para crear efectos que adornen: *Han iluminado las calles y las fachadas de las casas para festejar el aniversario del pueblo.* SIN. **alumbrar.** [3] Poner color a las letras o dibujos de un libro: *La maestra pidió que iluminemos el mapa de América usando un color para cada país.* SIN. **colorear, pintar.** [4] *Fam.* Mostrar una gran alegría: *A la pequeña se le iluminó la cara al ver los regalos de Navidad.*

ilusión *f.* [1] Imagen de un objeto que aparece en la mente, de manera distinta de como es en realidad: *Los espejismos que sufren quienes caminan en el desierto, como ver plantas verdes y agua, son ilusiones ópticas.* SIN. **engaño, ficción.** [2] Esperanza sin fundamento real: *La niña tiene la ilusión de que le crecerá el cabello a la muñeca que acaba de rapar.* SIN. **deseo, esperanza.**

ilusionismo *m.* Arte de producir fenómenos en aparente contradicción con las leyes naturales: *El joven aprendió algunos trucos en una clase de ilusionismo que impartió un mago de circo.* SIN. **magia.**

ilustración *f.* [1] Acción de complementar o decorar un texto con dibujos o fotografías: *Roberto es dibujante y se dedica a la ilustración de libros de anatomía.* [2] Grabado, dibujo o foto que aparece en un libro, revista, diario, etc.: *Esta revista tiene muchas ilustraciones que ayudan a explicar el contenido de los artículos.*

ilustrar *vb.* [1] Aclarar un punto o materia: *El profesor ilustra con ejemplos los temas difíciles para que*

h

i

los alumnos entiendan mejor. SIN. **explicar.** [2] Adornar con dibujos o grabados: *Ilustraré mi composición sobre el maíz dibujando unas mazorcas.* SIN. **dibujar, pintar.** [3] Dar u obtener conocimientos sobre un tema: *Las personas se ilustran al asistir a la escuela, visitando museos y consultando libros en las bibliotecas.*

ilustre *adj.* Se aplica a la persona que es célebre o famosa por la importancia de sus acciones: *El ilustre maestro fundador de nuestra escuela es un anciano querido por todos.*

imagen *f.* [1] Representación de alguien o algo por medio de la pintura, la escultura, la fotografía, etc.: *Las imágenes captadas por estas fotografías muestran a unos equilibristas del circo.* [2] Representación mental de algo: *A veces, cuando pienso en mi abuela, veo su imagen en mi memoria.*

imaginación *f.* [1] Capacidad de la mente que le permite crear o representar cosas en el pensamiento: *La imaginación se desarrolla más cuando alguien es niño que cuando es adulto.* SIN. **fantasía.** [2] Ilusión, fantasía, figuración: *"No hay nadie en la cocina, es tu imaginación, ya cálmate", le dije a Roberto.*

imaginar *vb.* [1] Representarse algo en la mente: *La jovencita imaginaba que estaba vestida como una reina y que bajaba unas escaleras grandísimas de mármol blanco.* [2] Idear: *He imaginado cómo podría acomodar los muebles de mi habitación para tener más espacio.*

imaginario, ria *adj.* Relativo a lo que sólo existe en la mente: *Mi hermana pequeña tiene una amiga imaginaria con quien habla y juega como si realmente estuviera acompañada.* SIN. **fantástico, irreal.**

imaginativo, va *adj.* Se aplica a la persona que tiene capacidad de crear: *Carlota es una muchacha imaginativa que utiliza restos de tela para fabricar muñecos.*

imán *m.* Barra de acero magnetizada que tiene la propiedad de atraer objetos de hierro: *Los clavos se quedaron pegados al imán porque están hechos de hierro.*

imitación *f.* Producto hecho que imita a otro más valioso: *Este cuadro es una imitación del original que se encuentra en el museo.*

imitador, ra *adj./m.* y *f.* Relativo a la persona o animal que reproduce las acciones de un modelo: *El imitador del cantante famoso reproduce sus gestos y el tono de su voz con mucha fidelidad.*

imitar *vb.* Hacer lo mismo o lo más parecido posible, a lo que hace otra persona o un animal: *Rogelio imita el canto de los pájaros cuando chifla.*

impaciente *adj.* Se refiere al que está inquieto porque desea que ocurra algo pronto: *Jonás está impaciente porque quiere que le quiten el yeso de la pierna para poder jugar y correr de nuevo.* SIN. **inquieto, ansioso, intranquilo.** ANT. **sereno.**

impacto *m.* [1] Choque de un objeto con otro: *El impacto de la bala dejó una huella en la pared.* SIN. **golpe.** [2] Impresión que se siente al recibir una noticia: *El asesinato del cantante famoso produjo un gran impacto entre sus admiradores.* SIN. **efecto.**

impar *adj.* Se dice del número que no es divisible entre dos: *Como había un número impar de niños, no pudimos formar dos equipos porque sobraba un jugador.*

impartir *vb.* Comunicar, repartir: *El maestro impartía sus conocimientos sobre primeros auxilios a los alumnos.*

impedir *vb. irreg.* Estorbar o hacer imposible la realización de algo: *Los dueños pusieron una reja que impide a los ladrones entrar a la propiedad.* SIN. **dificultar, entorpecer.**

imperativo *m.* Forma verbal que se usa para expresar una orden: *"Vete" es el imperativo del verbo "ir".*

imperfección *f.* Condición o calidad de lo que no es perfecto, que tiene errores o defectos: *Eulogia cambió la tela que había comprado porque tenía imperfecciones para que se viera deshilada.* SIN. **defecto, error.** ANT. **perfección.**

imperial *adj.* Se refiere a lo que pertenece a un emperador o a un imperio: *El palacio imperial estaba adornado con mármoles de distintos colores y estatuas que retrataban al emperador.*

imperio *m.* [1] Forma de gobierno monárquico cuyo jefe es un emperador: *La decadencia del imperio se produjo cuando surgieron diferencias entre el emperador y sus ministros.* [2] Periodo que dura el gobierno de un emperador: *Durante su imperio, Carlomagno creó numerosas escuelas.*

impermeable *adj.* Se refiere al cuerpo que no puede ser atravesado por un líquido: *Rodrigo protege sus libros con plástico, porque este material es impermeable y evita que se mojen y se dañen.*

impermeable *m.* Abrigo hecho con tela que no permite el paso del agua: *Jacinto se puso su impermeable y salió a la calle llevando también un paraguas porque el cielo estaba cubierto de nubes.* SIN. **gabardina.**

impertinente *adj.* [1] Se dice de quien resulta molesto porque no corresponde al momento u ocasión: *"Sería impertinente llegar tarde a la ceremonia de graduación de tu amiga", me dijo mi abuela.* SIN. **inoportuno.** [2] Se dice de quien no tiene respeto hacia los demás: *Joaquín es un impertinente que escucha la radio a un volumen demasiado alto y no le importa que todos estemos dormidos.*

ímpetu *m.* Gran intensidad de un movimiento o acción: *El atleta corrió muy rápido y logró el ímpetu necesario para saltar con la garrocha.* SIN. **energía, fuerza, violencia.**

implacable *adj.* Se refiere a lo que no se puede calmar o no se deja ablandar: *El juez fue implacable con los*

j

k

l

m

n

acusados porque el delito que cometieron fue muy grave.

implorar *vb.* Pedir de manera humilde una cosa: *El delincuente imploró que no lo llevaran a la cárcel, pero el juez lo ignoró porque su delito era grave.* SIN. **rogar, suplicar.**

imponer *vb. irreg.* [1] Obligar a alguien a la aceptación de algo: *La maestra impuso el orden en la clase porque todos los niños estaban gritando.* [2] Causar respeto o miedo: *Cuando el juez entra al tribunal, su aspecto de severidad impone.*

importante *adj.* [1] Se aplica a lo que tiene valor o interés: *Para Hilario, sus amigos son lo más importante.* SIN. **destacado, significativo.** ANT. **insignificante, nimio.** [2] Se refiere al que tiene autoridad: *Los embajadores son personas importantes, pues su trabajo sirve para mantener las buenas relaciones entre los países.*

importar *vb.* [1] Traer al mercado nacional productos de origen extranjero: *Estados Unidos de Norteamérica importa mucho petróleo de otros países.* SIN. **comprar.** ANT. **exportar, vender.** [2] Ser considerable por su interés, su valor o por la influencia que ejerce sobre los demás: *A Norberto le importa aprobar con buena nota el próximo examen, ya que podrían darle una beca.*

importe *m.* Cantidad de dinero que marca un precio, crédito, deuda o saldo: *El importe que debe usted pagar por estas mercancías es de ochocientos pesos.* SIN. **costo, precio, valor.**

▸ **imposible** *adj.* [1] Se refiere a lo que no puede ser o suceder: *Es imposible estudiar y jugar al mismo tiempo.* ANT. **posible.** [2] Se aplica a lo que es muy complicado de hacer: *A ciertas horas del día es imposible encontrar estacionamiento en el centro de la ciudad.* SIN. **difícil, dudoso.** ANT. **posible.** [3] Referido a lo que molesta y no se puede soportar: *Cuando mi tío discute sobre boxeo se pone imposible, por eso ya nadie habla de box delante de él.* SIN. **insoportable.** ANT. **razonable.**

▸ **imposible** *m.* Lo que no se puede realizar: *"Es imposible que yo te pueda regalar una motocicleta porque no tengo dinero", le dije a Ricardo.* SIN. **absurdo, utopía.**

impostor, ra *adj./m. y f.* Se aplica a quien se hace pasar por quien no es: *Un impostor se hizo pasar por electricista para entrar a robar en un edificio.*

imprenta *f.* [1] Arte de reproducir textos, ilustraciones, etc., sobre papel, de tal manera que puedan obtenerse muchas copias: *En la actualidad se han modernizado las técnicas de imprenta gracias al uso de las computadoras.* [2] Máquina con la que se hacen muchas copias sobre papel de los textos, ilustraciones, etc., usando una placa con el texto o ilustración original: *La imprenta a base de letras móviles fundidas en metal fue inventa-*

da por Gutenberg alrededor del año de 1436. [3] Lugar donde se imprime: *En la imprenta están las máquinas con las que se imprimen los libros, diarios, revistas y carteles.* →

impresión *f.* [1] Acción de reproducir textos e imágenes sobre papel, y resultado de esta reproducción: *Estas impresiones tienen demasiada tinta, por eso las letras parecen gusanos aplastados.* SIN. **edición.** [2] Marca que deja algo en una cosa: *En el barro quedó la impresión de mi zapato.* SIN. **huella.** [3] Efecto que algo tiene sobre los sentidos de un animal o persona: *Sufrió una fuerte impresión cuando le dijeron que había ganado la lotería.*

impresionar *vb.* [1] Producir una marca en algo material: *La luz impresiona las placas fotográficas.* [2] Producir una sensación en el espíritu: *El actor impresionó al público con su magnífica actuación.* SIN. **conmover.**

impreso *m.* Escrito o imagen reproducida por la imprenta: *Los impresos pueden ser folletos, carteles, revistas, diarios, etc.*

impresora *f.* Máquina conectada a una computadora y que sirve para imprimir la información que recibe de ésta: *La impresora está copiando en hojas de papel lo que aparece escrito en la pantalla de la computadora.*

imprevisto *m.* [1] Asunto que ocurre sin haber sido planeado o esperado: *Un imprevisto que exigía solución inmediata lo detuvo en el trabajo y salió más tarde de lo normal.* [2] *pl.* Gastos extraordinarios que afectan la economía de una casa, una empresa o un país: *No pudieron salir de vacaciones porque tuvieron muchos imprevistos: primero se enfermó la abuela, después se descompuso el automóvil y luego tuvieron que comprarle ropa nueva a Felipe.*

imprimir *vb.* Reproducir textos, ilustraciones, etc., sobre papel de tal manera que puedan obtenerse muchas copias: *En los diarios necesitan mucha tinta y papel porque cada noche imprimen gran cantidad de ejemplares del diario que venderán al día siguiente.* SIN. **editar, publicar.**

improductivo, va *adj.* Se dice de aquello que no da fruto, ganancia o resultado: *Este campo es improductivo porque tiene demasiada piedra y poca tierra, no se puede sembrar nada.* SIN. **estéril, inútil.** ANT. **productivo, fértil, creativo.**

improvisar *vb.* Hacer algo sin haberlo preparado antes: *Cuando fuimos de paseo al campo, mis padres improvisaron una mesa con una tabla vieja que encontraron y cuatro piedras.*

improviso. De improviso, loc. De pronto, sin previo aviso: *El tío Joaquín llegó de improviso y tuve que dejarle mi cama y dormir en la cama de mi hermano.*

imprudente *adj./m. y f.* Persona que no toma las precauciones necesarias cuando hace algo peligroso: *La*

---

imprudente se ha quemado una mano porque tocó la olla con agua hirviendo. SIN. **descuidado**. ANT. **prudente**, **precavido**.

impuesto m. Dinero que deben pagar los ciudadanos a las autoridades para cubrir los gastos públicos: *El dinero reunido por el pago de impuestos se distribuye, entre otras cosas, en los salarios de los trabajadores del gobierno y en la construcción de obras públicas, escuelas y hospitales.*

impulsar vb. ☐ Dar empuje para producir movimiento: *Entre todos los guerreros impulsaron un tronco grande para que golpeara y abriera la puerta del castillo.* SIN. **empujar**. ☐ Aumentar la actividad de algo: *Las autoridades están impulsando a los jóvenes al estudio ofreciéndoles becas y apoyo para comprar libros.* SIN. **animar**, **fomentar**.

impulsivo, va adj./m. y f. Fam. Se aplica al que se deja arrastrar por la fuerza de sus pasiones, sin reflexionar: *Nicolás es un jugador impulsivo, si el árbitro lo amonesta es capaz de golpearlo y crear muchos problemas.*

impulso m. ☐ Acción de empujar algo para que se mueva: *El impulso de una locomotora es difícil de frenar.* SIN. **empuje**, **ímpetu**. ☐ Fam. Fuerza de ánimo que mueve a actuar: *Joaquín no pudo resistir el impulso de su corazón y le confesó su amor a Gabriela.*

impune adj. Se aplica a la acción mala o al delincuente que ha quedado sin castigo: *El asesinato de la bailarina sigue impune porque aún no atrapan al asesino.*

impuro, ra adj. Se aplica a lo que está sucio o presenta elementos extraños a su naturaleza: *El aire de la ciudad es impuro debido a la contaminación.* SIN. **sucio**. ANT. **puro**, **limpio**.

inaguantable adj. ☐ Se refiere al dolor o sufrimiento que no se puede soportar porque es muy fuerte: *Cuando Pedro se fracturó las costillas, le dieron un medicamento para que durmiera porque el dolor era inaguantable.* SIN. **insoportable**. ☐ Se refiere a la persona que resulta muy molesta.

inalámbrico, ca adj. Se refiere al sistema de comunicación eléctrica que no necesita cables: *El teléfono inalámbrico es muy práctico porque se puede usar en cualquier lugar de la casa.*

inanición f. Estado de desnutrición debido a la falta de alimentos: *Los elefantes viejos mueren de inanición porque se quedan sin dientes y ya no pueden masticar hojas y ramas para alimentarse.* SIN. **hambre**.

inanimado, da adj. Se aplica a lo que no tiene vida: *Las piedras son seres inanimados porque no se mueven ni solas, no crecen ni se reproducen, tampoco mueren.* ANT. **vivo**.

inauguración f. Acto que celebra el comienzo de algo: *El biólogo pronunció un discurso en la inauguración del nuevo edificio del Museo de Historia Natural.* SIN. **estreno**, **principio**. ANT. **clausura**, **cierre**.

inaugurar vb. Dar principio a una cosa: *Enrique inaugurará su restaurante la próxima semana. Ahora está ocupado arreglando los últimos detalles.* SIN. **abrir**, **comenzar**, **estrenar**. ANT. **cerrar**, **clausurar**.

inca m. y f. ☐ Título equivalente al de un rey, en los antiguos pueblos incaicos del Perú: *El Inca residía en Cuzco, que era la ciudad capital de los incas.* ☐ Habitante de los pueblos incaicos: *Los incas hablaban quechua, cultivaban maíz, papa, coca y algodón y eran excelentes arquitectos.*

incaico, ca adj. Relativo a los incas y a los pueblos quechuas que formaron la civilización inca: *El arte incaico se reflejó principalmente en la orfebrería, la poesía, la música y la danza.*

incandescente adj. Se dice del metal que ha sido calentado hasta ponerse rojo y brillante: *Los obreros de los altos hornos trabajan con hierro incandescente, por eso usan máscaras y equipos protectores.* SIN. **candente**.

incansable adj. Se dice de quien resiste mucho o que no se cansa: *Cuando se trata de saltar la cuerda Viviana es incansable, puede hacerlo durante horas.* SIN. **inagotable**, **infatigable**, **resistente**.

incapacitado, da adj. Aplicado a aquellas personas que no pueden ejercer sus derechos porque tienen algún problema de salud o de entendimiento: *Los locos están incapacitados para manejar su vida.*

incapaz adj. ☐ Se aplica a quien no tiene la habilidad o autoridad suficiente para realizar alguna actividad: *Mi hermana fue incapaz de contestar a mi pregunta y me dijo que le preguntara a mi papá.* SIN. **inepto**. ☐ Referido a quien no se atreve a hacer algo: *Elsa tiene tan buen corazón que es incapaz de matar una mosca.*

incendiar vb. ☐ Prender fuego a una cosa: *El hombre incendió los muebles porque estaban viejos y llenos de gusanos.* SIN. **quemar**. ☐ Prenderse el fuego en algo: *El bosque comenzó a incendiarse a causa de un rayo que cayó durante la tormenta.* SIN. **quemarse**.

incendio m. Fuego grande que causa destrucción: *Después de que los bomberos apagaron el incendio, el edificio quedó ennegrecido y medio destruido.* SIN. **fuego**.

incertidumbre f. Falta de seguridad: *La incertidumbre acerca de quién sería el ganador del concurso mantenía al público nervioso y expectante.* SIN. **duda**, **vacilación**. ANT. **seguridad**, **certidumbre**.

incidente m. Suceso de poca o mediana importancia que influye en el curso de otro: *El incidente del perro que se metió a la cancha a perseguir el balón hizo reír a la gente que estaba en el estadio.* SIN. **contratiempo**, **percance**, **aventura**.

incinerar *vb.* Quemar algo hasta reducirlo a cenizas: *En la actualidad ya no incineran la basura porque contamina el ambiente.*

incisivo *m.* Cada uno de los dientes situados en la parte delantera del maxilar: *Los incisivos sirven para cortar la comida y las muelas para masticarla.*

inclinación *f.* ⓵ Posición de algo que no se encuentra vertical ni horizontal: *La inclinación del terreno hace que el agua se acumule en el lugar más bajo.* SIN. **pendiente.** ⓶ Afición por algo o disposición natural para una cosa: *Su inclinación por los animales nos hace pensar que estudiará veterinaria.* SIN. **predilección, vocación, tendencia.**

inclinar *vb.* ⓵ Desviar una cosa de su posición vertical u horizontal: *El viento inclina las ramas de los árboles.* SIN. **torcer.** ⓶ Doblarse el cuerpo por la cintura en dirección al suelo: *Es necesario inclinarse para tocar los dedos de los pies.* SIN. **agacharse.**

incluir *vb. irreg.* ⓵ Poner una cosa dentro de otra: *Incluí una sandía en la lista de compras del mercado.* SIN. **agregar, meter, poner.** ANT. **excluir, quitar, sacar.** ⓶ Llevar dentro de sí: *El precio del automóvil de juguete incluye las pilas para que funcione.* SIN. **contener, comprender.** ANT. **excluir.**

inclusive *adv.* Incluyendo el último objeto nombrado: *La biblioteca está abierta toda la semana, inclusive el domingo.*

▸ **incluso** *adv.* Agregando algo o a alguien: *En mi cumpleaños me regalaron juguetes, zapatos, libros e incluso una bicicleta.* SIN. **además, también.** ANT. **excepto.**

▸ **incluso** *conj.* Expresa la existencia de una dificultad que no impide que algo se realice: *Voy a comer caldo de camarón incluso aunque no me gusta, pues tengo hambre.* SIN. **aun.**

▸ **incluso** *prep.* ⓵ Indica sorpresa por lo que se dice a continuación: *Aunque la fiesta en la playa fue de noche todos asistimos, incluso el bebé.* SIN. **hasta.** ANT. **excepto.** ⓶ Refuerza una comparación: *El invierno en Asia es frío, y en Alaska lo es incluso más.* SIN. **todavía.**

incógnito, ta *adj.* ⓵ Se refiere a lo que permanece oculto o no se conoce: *El explorador italiano Marco Polo viajó a las regiones incógnitas de Oriente.* ⓶ *loc.* **De incógnito,** situación de una persona que oculta su identidad: *El actor famoso viajó de incógnito a las playas del sur, porque necesitaba descansar sin ser molestado por los periodistas.*

incoloro, ra *adj.* Se refiere a lo que no tiene color: *El agua pura es incolora.* SIN. **transparente.**

incomodar *vb.* ⓵ Causar molestia: *Este colchón viejo incomoda a Eduardo cuando se acuesta a dormir.* SIN. **fastidiar, molestar.** ⓶ Sentir molestia: *Daniela se incomoda cuando pasa mucho tiempo sentada, en-* tonces se levanta y se mueve para descansar. SIN. **fastidiarse, molestar.**

incómodo, da *adj.* ⓵ Se aplica a lo que molesta: *El niño hizo preguntas incómodas a su maestro sobre los problemas que tiene con su esposa.* SIN. **desagradable, embarazoso.** ⓶ Se dice de lo que no proporciona bienestar o descanso: *Este sillón es incómodo porque es muy viejo y los alambres salen de la tela.*

incomparable *adj.* Se aplica a lo que no tiene o no admite comparación: *El brillo del sol es de una belleza incomparable.*

incompetente *adj.* Se aplica al que no tiene conocimientos suficientes para hacer algo o hablar de una cosa: *Ese cantante es incompetente en asuntos políticos; su especialidad es la música.* SIN. **inepto, incapaz.**

incompleto, ta *adj.* Se aplica a lo que no está entero o acabado: *Me vendieron un libro incompleto, le faltan dos páginas.* SIN. **defectuoso, inconcluso.** ANT. **íntegro, completo.**

incomprensible *adj.* ⓵ Se dice de lo que no se entiende: *Si hablas cuando tienes la boca llena de comida, tus palabras son incomprensibles.* ⓶ Aplicado a lo que resulta inexplicable: *Su actitud es incomprensible, acaba de sufrir un accidente y ya está arriesgando nuevamente su vida.*

incomunicado, da *adj.* Se dice del que está aislado y no tiene contacto hablado o físico con otras personas: *El sistema de radio del barco tuvo un desperfecto y la tripulación quedó incomunicada durante unas horas.* SIN. **aislado, apartado.** ANT. **comunicado.**

inconforme *adj.* Se refiere al que no está de acuerdo con algo o no está satisfecho de manera plena: *La vecina está inconforme con el arreglo que hizo el albañil en su baño y volverá a llamarlo para exigirle que haga un buen trabajo.*

inconfundible *adj.* Aplicado a lo que tiene características propias tan claras que puede reconocerse de manera fácil: *Los argentinos tienen una forma de hablar que es inconfundible en otros países.* SIN. **peculiar, singular.**

inconsciente *adj./m. y f.* ⓵ Se refiere a la persona que ha quedado sin sentido: *El boxeador recibió un golpe en la cara y cayó inconsciente a la lona.* ⓶ Se aplica a la persona que actúa de modo irresponsable: *Fuiste un inconsciente al salir enfermo de casa.* SIN. **necio, irreflexivo.**

inconstitucional *adj.* Se aplica a los hechos que son contrarios a la Constitución de un país.

incontable *adj.* Referido a lo que es tanto que no se puede narrar o contar: *El personaje del cuento vivió incontables aventuras antes de llegar a besar la mano de su amada.* SIN. **innumerable.**

▱ *adj.* = adjetivo ☆ *adv.* = adverbio ☆ ANT. = antónimo ☆ *conj.* = conjunción ☆ *f.* = sustantivo femenino ☆ *Fam.* = familiar ☆ *loc.* = locución ☆ *m.* = sustantivo masculino ☆ *prep.* = preposición ☆ SIN. = sinónimo ☆ *vb.* = verbo ☆ *vb. irreg.* = verbo irregular.

incontrolable *adj.* Se aplica a lo que no se puede controlar o manejar: *El automóvil se volvió* ***incontrolable*** *cuando fallaron los frenos.*

inconveniente *m.* Dificultad u obstáculo en la realización de algo: *Es un* ***inconveniente*** *tener un perro grande en un departamento pequeño porque no hay espacio para que el animal viva de manera sana.* SIN. **complicación, estorbo.** ANT. **facilidad, ventaja.**

incorporar *vb.* [1] Unir unas cosas con otras para que formen un todo: *Para preparar el pan, primero mezcla la harina con la mantequilla y después* ***incorpora*** *la leche.* SIN. **agregar, añadir.** [2] Levantar la parte superior del cuerpo el que está tendido: *El enfermo se* ***incorporó*** *en la cama para poder tomar sus alimentos.* SIN. **levantarse, reclinarse, sentarse.** [3] Sumarse a una asociación, grupo, etc.: *Este año se* ***incorporaron*** *treinta alumnos al primer grado en mi escuela.* SIN. **alistar, integrar, ingresar.**

incorrecto, ta *adj.* Aplicado a lo que resulta erróneo: *El número telefónico que me diste es* ***incorrecto****; allí no vive Susana.*

incorregible *adj.* [1] Se aplica a lo que no se puede corregir: *Laura tendrá que usar siempre los anteojos porque su miopía es* ***incorregible****.* SIN. **irremediable.** [2] Se refiere a quien no se quiere enmendar: *Berta es una traviesa* ***incorregible****, sus padres ya no saben qué hacer para que se comporte bien.* SIN. **terco.**

increíble *adj.* [1] Referido a lo que no puede creerse porque no es verdad: *Tus mentiras son* ***increíbles****, nadie puede creer que llegaste tarde porque te encontraste un camello.* [2] Aplicado a lo que no puede creerse aunque es verdad: *Estudié tanto y tan bien que me parece* ***increíble*** *haber reprobado el examen.* SIN. **extraño, raro.**

incremento *m.* Aumento: *En este siglo ha habido un gran* ***incremento*** *de la población mundial, ahora somos muchos más que antes.*

incrustar *vb.* [1] Meter en una superficie lisa y dura, piedras, metales, etc., formando dibujos: *En esta mesa de caoba* ***han incrustado*** *trocitos de madera de ébano y círculos de marfil.* [2] Meter una cosa en la superficie de otra: *La flecha se ha* ***incrustado*** *en la manzana.*

incubadora *f.* Máquina que mantiene en buenas condiciones de temperatura, humedad y oxigenación a un bebé que ha nacido antes de tiempo: *Los médicos metieron al bebé a una* ***incubadora*** *porque pesaba menos de dos kilos.*

inculcar *vb. irreg.* Repetir con empeño una idea para fijarla en la mente de alguien: *Esa pareja* ***ha inculcado*** *a sus hijos el respeto a la naturaleza y el amor a los animales.* SIN. **enseñar, persuadir.**

inculto, ta *adj.* [1] Se dice de lo que no está cultivado: *Aquellos terrenos permanecen* ***incultos*** *desde que sus*

propietarios se fueron a vivir a la ciudad. ANT. **cultivado.** [2] Aplicado a la persona que desconoce algunos aspectos de una cultura o que no ha estudiado: *Su falta de interés en la lectura y el estudio ha hecho de él un hombre* ***inculto****.* SIN. **ignorante, analfabeto.** ANT. **culto, instruido.**

incurable *adj./m.* y *f.* Referido a lo que no puede sanarse: *Ella tiene una enfermedad* ***incurable****, pero si se cuida, vivirá muchos años.*

incursión *f. Fam.* Penetración en un lugar nuevo: *La* ***incursión*** *en la cueva fue una aventura muy divertida.*

indagar *vb. irreg.* Tratar de llegar al conocimiento de algo: *Antes de tomar una decisión, los padres* ***indagaron*** *qué querían hacer sus hijos las próximas vacaciones.* SIN. **averiguar.**

indebido, da *adj.* Relativo a lo que no se debe hacer: *Rosario dijo una palabra* ***indebida*** *a su madre, por eso está castigada.* SIN. **incorrecto.**

indecente *adj.* [1] Referido a lo que está sucio: *En esa cocina* ***indecente*** *y llena de cucarachas no se puede preparar la comida.* SIN. **asqueroso.** [2] Aplicado a lo que va en contra de las reglas del pudor o de lo que se considera bueno: *Nos parece* ***indecente*** *que mientas y que seas tan grosero.* SIN. **indigno, inmoral.** ANT. **honesto.**

indeciso, sa *adj./m.* y *f.* Se aplica al que duda o le cuesta trabajo elegir una opción o tomar una decisión: *Algunos niños escogieron ir a nadar, otros prefirieron jugar a la pelota y los* ***indecisos*** *se quedaron mirando sin saber qué hacer.*

indefenso, sa *adj./m.* y *f.* Referido a la persona, animal o cosa que no tiene defensa o protección: *Al caer la puerta, la ciudad amurallada quedó* ***indefensa*** *y los invasores pudieron entrar.* SIN. **desvalido.**

indefinido, da *adj.* [1] Se refiere a lo que tiene características no muy claras: *Los ojos de Rubén eran de un color* ***indefinido****, entre el verde y el azul.* SIN. **vago.** [2] Aplicado a lo que no tiene límite: *Rodrigo le prestó su bicicleta a Julián por tiempo* ***indefinido****, no le dijo cuándo espera que se la devuelva.* SIN. **ilimitado.** [3] Se dice del artículo, adjetivo o pronombre que no se refiere a una persona o cosa en concreto, sino de una manera general: *Uno, una, son artículos* ***indefinidos****; alguno, cualquiera, cada, son adjetivos* ***indefinidos****; algo, todos, nadie son pronombres* ***indefinidos****.*

indeformable *adj.* Referido a lo que mantiene su forma: *Estas botas están hechas con un material* ***indeformable****, las he usado por mucho tiempo y siguen como nuevas.*

indeleble *adj.* Se refiere a lo que no se puede borrar o quitar: *Hermenegildo manchó su uniforme con tinta* ***indeleble*** *y su madre está enojada porque la mancha no se quita.* SIN. **permanente.**

h

i

j

k

l

m

n

independencia *f.* [1] Situación del individuo que goza de libertad: *Desde que trabaja, Efraín goza de independencia económica y ya no necesita que sus padres le den dinero.* SIN. **autonomía, emancipación.** ANT. **dependencia.** [2] Situación de un Estado que se gobierna él mismo y que goza de libertad: *Hace pocos años algunos países africanos alcanzaron su independencia, ya que dejaron de ser colonias inglesas para tener su propio gobierno.* SIN. **autonomía, emancipación.** ANT. **dependencia.** →

independiente *adj./m. y f.* Se aplica al que actúa con libertad, ejerciendo sus propias ideas y valiéndose de sus propios recursos: *Los periodistas independientes no reciben dinero del gobierno, sino que ellos pagan todo lo que necesitan.* SIN. **autónomo, libre.** ANT. **dependiente.**

independizar *vb. irreg.* [1] Separar algo de una cosa, o una cosa de otra: *Artemio puso un biombo en su cuarto para independizar el lugar de estudio del lugar para dormir.* SIN. **separar.** ANT. **depender.** [2] Hacerse libre, dejar de depender de los demás: *Antes, Pantaleón trabajaba para el señor Torcuato, pero se independizó el año pasado y puso una tienda por su cuenta.* SIN. **emancipar, liberar.** ANT. **someter.**

indestructible *adj.* Aplicado a lo que no se rompe: *Antes teníamos una vajilla de porcelana y ahora compramos una de material indestructible para evitar que los niños la rompan.* SIN. **invulnerable, irrompible, inalterable.**

indeterminado, da *adj.* [1] Se dice de lo que no se sabe con certeza cuál es: *Daniel mezcló ocho colores diferentes y obtuvo un color indeterminado.* [2] Se refiere al artículo que presenta algo que no necesita especificación: *Un, una, uno, unas y unos, son artículos indeterminados o indefinidos.*

indicación *f.* [1] Instrucción que se da para realizar algo: *El médico me dio indicaciones de cómo tomar los medicamentos.* SIN. **consejo, advertencia.** [2] Señal que sirve para mostrar algo: *Poner el dedo índice sobre los labios es una indicación para guardar silencio.*

indicar *vb. irreg.* [1] Dar a entender una cosa con señales, gestos o algo parecido: *¿Puedes indicarme en el mapa cuál es el camino que debo seguir?* SIN. **mostrar, señalar.** [2] Aconsejar algo: *El maestro indicó a los niños que se abrigaran durante el invierno para ir a la escuela.*

indicativo, va *adj./m.* [1] Referido a lo que señala algo: *La fiebre es indicativa de que hay infección en el cuerpo.* [2] Modo verbal que sirve para formar oraciones que expresan hechos reales: *"Yo soy" es el presente de indicativo del verbo "ser".*

índice *m.* [1] Dedo segundo de la mano, contando desde el pulgar: *El lápiz se sostiene con el índice y el pulgar cuando se escribe.* [2] Lista de los capítulos de un libro: *En el índice encontraré el número de página en que comienza el capítulo ocho.*

índico, ca *adj.* Relativo a lo que es de las Indias Orientales: *El Océano Índico se encuentra entre África, la India y Australia.*

indígena *adj./m. y f.* Se refiere a lo que es originario del lugar del que se está hablando: *Esta planta medicinal es indígena de estas tierras, no crece en otro lugar.* SIN. **autóctono, aborigen, nativo.** ANT. **extranjero, forastero.**

indigestarse *vb.* Digerirse mal un alimento: *Wilfredo se indigestó por comer demasiadas golosinas; se sentía muy mal pero se mejoró cuando vomitó.* SIN. **empachar.**

indigestión *f.* Hecho de digerirse mal un alimento: *El dolor de estómago y el asco son síntomas de indigestión.* SIN. **empacho, descompostura.**

indignar *vb.* [1] Enfadar a alguien por actuar de manera injusta o decir cosas irritantes: *La violencia con que tratan a las mujeres en ese país indignó a los visitantes.* SIN. **enfurecer, irritar, enojar.** [2] Irritarse a causa de algo que se considera injusto: *Damián se indignó porque sus amigos se burlaban de él sin razón.* SIN. **enfurecer, irritar, enojar.**

indio, dia *m.* [1] Persona nacida en la India: *Para los indios, las vacas son animales sagrados, por eso las dejan libres y no las matan.* SIN. **hindú.** [2] Persona descendiente de alguno de los pueblos originarios de América: *Los indios coras viven en el norte de México.*

indirecta *f.* Forma de dar a entender algo sin decirlo con claridad: *Con una indirecta, la madre de Julieta le dijo a Federico que ya había terminado la visita a su hija.*

indirecto, ta *adj.* Que no va de manera recta a un fin, aunque se encamina a él: *Georgina se enteró de forma indirecta que Ulises irá a visitarla: se lo dijo una amiga.*

indisciplinado, da *adj.* Aplicado al que no obedece las normas o reglas establecidas: *El caballo indisciplinado no saltó la valla y tiró al jinete.* SIN. **desobediente, rebelde.**

indiscreto, ta *adj./m. y f.* Persona que no sabe guardar un secreto: *A esa niña indiscreta no le cuentes nada de esto porque se lo dirá a los demás.* SIN. **chismoso.** ANT. **discreto.**

indispensable *adj.* Referido a lo que es absolutamente necesario para algo: *El papel, las tijeras, la cinta para medir, el hilo y la aguja son indispensables para hacer el vestido.* SIN. **necesario.**

individual *adj.* Se aplica a lo que es propio de cada persona o individuo: *En la casa hay tres dormitorios y tres niños, por eso cada uno tiene un dormitorio individual.* SIN. **particular, propio.** ANT. **colectivo, común, general.**

---

adj. = adjetivo ☆ ANT. = antónimo ☆ **f.** = sustantivo femenino ☆ Fam. = familiar ☆ **m.** = sustantivo masculino ☆ SIN. = sinónimo ☆ **vb.** = verbo ☆ **vb. irreg.** = verbo irregular ☆ → Ver Minienciclopedia.

individuo *m.* ① Cada ser distinto. SIN. **espécimen, miembro.** ② Persona: *Unos individuos pasaron anoche cantando frente a mi ventana.* SIN. **sujeto, tipo.**

indocumentado, da *adj./m.* y *f.* ① Se refiere al que no lleva consigo un documento que pruebe su identidad personal: *La persona muerta estaba indocumentada y por eso no pudieron identificarla.* ② Méx. Se aplica a los mexicanos que viven en Estados Unidos sin tener permiso para trabajar y vivir allí.

indudable *adj.* Se refiere a lo que no se puede poner en duda porque es cierto: *Es indudable que las vacas tienen cuatro patas.* SIN. **innegable, indiscutible.**

indultar *vb.* Conceder el perdón: *Los jueces han indultado al acusado y por eso ya no irá a la cárcel.* SIN. **perdonar, absolver.** ANT. **castigar, condenar, sancionar.**

industria *f.* ① Conjunto de actividades destinadas a transformar los materiales en productos, con ayuda de máquinas: *La industria textil es la que produce telas utilizando fibras naturales o sintéticas.* SIN. **fábrica.** ② Parte de la economía de un país, que se nutre de las ganancias obtenidas por la elaboración de productos en las manufacturas: *La industria de este país está basada en la elaboración de queso.*

industrial *m.* y *f.* Persona que es dueña de una industria o trabaja en ella ocupando un puesto directivo: *Los industriales se reunirán para solucionar los problemas de sus empresas.* SIN. **empresario, fabricante.**

ineficaz *adj.* Referido a lo que no tiene la capacidad para lograr el fin deseado: *Este producto para quitar manchas es ineficaz, lo usé siguiendo las instrucciones y la mancha sigue igual.* SIN. **inservible, inútil.**

inepto, ta *adj./m.* y *f.* Se dice de quien no tiene habilidad para algo: *Paulina es una gran bailarina pero es totalmente inepta para cocinar, pues siempre se le quema la comida.* SIN. **torpe, incapaz.**

inercia *f.* ① Fuerza que hace que un cuerpo se siga desplazando cuando ha sido empujado, o continúe quieto si nada lo empuja: *La inercia hace que cuando un vehículo frena repentinamente, los cuerpos de las personas que van en él tiendan a irse hacia adelante.* ② Manera de hacer las cosas por costumbre y sin pensarlas: *Ricardo tomó la calle de la izquierda por la inercia de ir diario a la escuela, pero era domingo e iba al parque, así que regresó para tomar la calle de la derecha.*

inesperado, da *adj.* Se aplica a lo que sucede sin haber sido previsto: *Una visita inesperada llegó a mi casa la semana pasada y sigue aquí todavía.* SIN. **imprevisto.**

inevitable *adj.* Se dice de lo que no se puede impedir: *La vacunación infantil es inevitable si se quiere que la población goce de buena salud.* SIN. **forzoso, obligatorio.**

inexacto, ta *adj.* Se aplica a lo que no es exacto o preciso: *La fecha que dijiste es inexacta, la Revolución Francesa comenzó en 1789 y no en 1780.* SIN. **falso, aproximado.**

inexperto, ta *adj./m.* y *f.* Se aplica a la persona que no ha conocido o vivido una experiencia por sí misma: *El bombero inexperto puso en riesgo su vida porque no sabía que las corrientes de aire aumentan el fuego.* SIN. **principiante.** ANT. **experto.**

inexplicable *adj.* Se dice de lo que no se puede explicar o entender: *Es inexplicable que esta puerta esté cerrada con llave, porque siempre la dejamos abierta.* SIN. **extraño.**

infancia *f.* ① Primer periodo de la vida humana, que va del nacimiento a los doce o catorce años: *La infancia termina cuando comienza el desarrollo sexual.* SIN. **niñez.** ② Conjunto de los niños: *Uno de los derechos de la infancia es el derecho a la alimentación.*

infantería *f.* En el ejército, tropa que combate a pie: *En el desfile marcharon primero los soldados de infantería, después la caballería y al final los tanques.*

infantil *adj.* Relativo a los niños: *Los libros infantiles tienen más ilustraciones que los libros para adultos.*

infarto *m.* Lesión de los tejidos del corazón: *Cuando la sangre no circula de manera correcta y provoca que los tejidos del corazón se dañen, eso se llama infarto.*

infección *f.* Enfermedad producida por la aparición de microbios, virus o bacterias en el organismo: *La infección suele causar fiebre porque el organismo lucha por deshacerse del virus o del microbio.*

infeccioso, sa *adj.* Relativo a lo que produce infección: *El sarampión es una enfermedad infecciosa.* SIN. **contagioso.**

infectar *vb.* ① Contagiar una enfermedad: *Separaron a los animales enfermos para que no infecten a los que están sanos.* SIN. **contaminar.** ANT. **desinfectar.** ② Producirse una infección: *Hay que lavar la herida para evitar que se infecte.* SIN. **contaminar.** ANT. **desinfectar.**

infeliz *adj./m.* y *f.* Aplicado al que está triste por algo o que da tristeza verlo: *Andrés se siente infeliz porque Daniela ya no lo quiere.* SIN. **desgraciado, desventurado.** ANT. **dichoso.**

inferior *adj./m.* y *f.* ① Relativo a lo que es bajo o está situado más abajo con respecto a otra cosa: *En la parte inferior del automóvil están los neumáticos.* SIN. **bajo.** ANT. **superior.** ② Referido a lo que es menor en mérito, categoría o valor. ANT. **mejor, superior.**

infernal *adj.* ① Relativo al infierno. ② Fam. Se aplica a lo que causa disgusto: *Un ruido infernal no me dejó dormir anoche.*

infierno *m.* ① Lugar de castigo eterno, según la religión cristiana: *En su obra llamada La divina comedia, el poe-*

Ⓢ Méx. = México.

ta italiano Dante Alighieri representó el **infierno** como él se lo imaginaba. ANT. **cielo, paraíso.** [2] Situación desagradable: *El paseo se convirtió en un infierno cuando llegó la pesada de Genoveva.*

infinidad *f.* Gran cantidad de algo: *En el mar hay infinidad de peces.* SIN. **multitud.**

infinitivo *m.* Forma del verbo que expresa la acción de una manera general: *Los infinitivos terminan en ar, er, ir como en "bailar", "tener" y "salir".*

infinito *m.* Aquello que no tiene límites ni final: *El abuelo está con la mirada perdida en el infinito, nadie sabe en qué piensa.*

infinito, ta *adj.* [1] Referido a lo que no tiene fin, o es tan largo o extenso que parece no tener fin: *Comparado con el tamaño del espacio infinito, un viaje a la Luna es muy pequeño.* [2] Aplicado a lo que es mucho o muy grande: *Martha tiene una paciencia infinita con los niños; nunca se cansa de estar con ellos.*

inflación *f.* Desequilibrio económico de un país que causa la elevación de los precios: *La inflación se debe a que hay mucho dinero en circulación sin que existan en el banco nacional los bienes materiales que lo respalden.*

inflamable *adj.* Se refiere a las cosas que tienden a prenderse en fuego con facilidad: *Los aerosoles son inflamables, no debemos acercarlos al fuego porque explotan.*

inflamar *vb.* [1] Encender una cosa con llama: *Los restos del cigarrillo encendido inflamaron una hoja de papel que estaba cerca.* [2] Hincharse una parte del cuerpo: *A Valentín se le inflamaron las piernas por estar sentado mucho tiempo.*

inflar *vb.* Llenar con aire o gas un objeto vacío y blando: *Teúl infló una bolsa de papel y luego la golpeó produciendo un estruendo.* SIN. **hinchar.** ANT. **desinflar.**

influencia *f.* Acción que ejerce algo o alguien sobre una persona o cosa: *Sergio ha sido una buena influencia para Jacinto, quien se ha vuelto más estudioso desde que son amigos.* SIN. **dominio.**

influenciar *vb.* Ver **influir**: *Influenciar es un verbo considerado incorrecto, pero mucha gente lo usa y también algunos escritores.*

influir *vb. irreg.* Ejercer algo o alguien sus efectos o influencia sobre una persona o cosa: *Hacer ejercicio no sólo me ayudó a adelgazar, también influyó en mi estado de ánimo y ahora me siento más contenta.*

información *f.* Conjunto de noticias o de datos sobre un tema: *En el diario leí toda la información sobre los juegos olímpicos.* SIN. **noticia, dato.**

informal *adj./m.* y *f.* [1] Se aplica a lo que no es muy serio o importante: *Ofreceremos una cena informal esta noche, no necesitas venir vestido con traje y corbata.* [2] Se dice del que no cumple con sus obligaciones:

Paulina es muy **informal**, no se puede contar con ella porque falta a sus compromisos.

informar *vb.* [1] Dar a alguien noticias o datos sobre algo: *Los diarios informan de lo que sucede en el mundo.* SIN. **comunicar, enterar, anunciar.** [2] Enterarse, conseguir datos sobre un tema: *Nora necesita informarse más sobre el periodismo si quiere entrar a trabajar en el noticiero.* SIN. **instruir.**

informática *f.* Ciencia que estudia el tratamiento automático de la información por medio de computadoras: *La informática permite almacenar mucha información en un espacio muy pequeño y también hace posible acceder a la información con mucha rapidez.* →

informativo, va *adj.* Se refiere a lo que informa o da noticias sobre un tema: *En el museo hay carteles informativos que anuncian las exposiciones y eventos que se van a realizar el mes próximo.*

informe *m.* [1] Hecho de informar: *El presidente recibió el informe de las actividades que realizaron sus ministros.* SIN. **relato, escrito, exposición.** [2] Noticia o dato que se da sobre alguien o algo: *Mi padre contrató al muchacho porque le dieron informes de que es honrado y trabajador.* SIN. **referencia.**

infracción *f.* Quebrantamiento de una ley o norma moral: *El policía levantó una infracción al automovilista por exceso de velocidad.* SIN. **falta.**

infrarrojo, ja *adj.* Se refiere a las radiaciones de calor que no se ven porque se encuentran fuera de la escala de luz que el ojo humano es capaz de percibir.

infringir *vb. irreg.* Quebrantar una ley: *El futbolista infringió el reglamento de juego al golpear a otro jugador y el árbitro lo expulsó.* SIN. **desobedecer, violar.**

infundir *vb.* Provocar cierto estado de ánimo o sentimiento: *El maestro infunde respeto a sus alumnos porque es una persona correcta y culta.* SIN. **comunicar.**

ingeniería *f.* Aplicación de los conocimientos científicos a la invención y perfeccionamiento de la técnica industrial: *Braulio estudia ingeniería porque quiere dedicarse a la construcción de puentes.*

ingeniero, ra *m.* y *f.* Persona que se dedica a diseñar obras públicas como caminos, presas, aeropuertos, etc., y al perfeccionamiento de máquinas industriales y transportes como aviones, automóviles, barcos, etc.: *Los ingenieros diseñaron y supervisaron la construcción del nuevo edificio de oficinas.*

ingenio *m.* [1] Talento para inventar cosas o maña para conseguir algo: *Gracias al ingenio de Adalberto pudimos instalar el ventilador en el techo sin necesidad de romper las paredes.* SIN. **inteligencia, inventiva, destreza.** [2] Explotación y fábrica de azúcar: *En el ingenio se cultiva y se muele la caña de azúcar.*

---

adj. = adjetivo ☆ ANT. = antónimo ☆ **f.** = sustantivo femenino ☆ **m.** = sustantivo masculino ☆ SIN. = sinónimo ☆ **vb.** = verbo ☆ **vb. irreg.** = verbo irregular ☆ → Ver Minienciclopedia.

ingenuo, nua *adj./m.* y *f.* Se aplica al que es sincero de manera natural y no tiene mala intención: *El hombre ingenuo ha sido engañado por un hombre malicioso.* SIN. **sincero, inocente, sencillo.** ANT. **astuto, malicioso.**

ingerir *vb. irreg.* Introducir al estómago a través de la boca alimentos o medicamentos: *Rodolfo ingirió una píldora para calmar el dolor de cabeza.* SIN. **comer, tomar.**

ingle *f.* Parte del cuerpo humano donde el muslo se une al abdomen: *La parte superior de la pierna se dobla en la ingle y la parte inferior se dobla en el tobillo.*

inglés *m.* Idioma que se habla en Inglaterra, Irlanda, Estados Unidos, Australia y Canadá, entre otros países: *La gente aprende inglés porque es un idioma muy útil cuando se quiere viajar por el mundo.*

inglés, sa *adj./m.* y *f.* Originario de Inglaterra, país de Europa.

ingrato, ta *adj.* Se dice de la persona que no agradece los favores recibidos: *¡Qué ingrato ha sido al no ayudarme ahora que yo lo necesito a él! ¡Y yo lo he ayudado tantas veces!* SIN. **desagradecido.**

ingrediente *m.* Cada uno de los elementos que se mezclan al cocinar un guiso, preparar una bebida, etc.: *El pan se hace con cuatro ingredientes básicos: agua, harina, sal y levadura.*

ingresar *vb.* [1] Entrar: *La niña ingresó al curso de inglés.* [2] Entrar como paciente en un hospital: *El enfermo ingresará el lunes para que lo operen el martes.*

inhalar *vb.* [1] Respirar: *Inhalar gases tóxicos puede causar la muerte.* [2] Absorber el aire por la nariz o la boca hacia adentro de los pulmones: *Cuando el médico te dice "inhala" debes llenar tus pulmones de aire, cuando te dice "exhala", debes dejar salir el aire.* SIN. **aspirar.** ANT. **exhalar.**

inicial *f.* Letra con que empieza una palabra: *Las iniciales de la Organización de Naciones Unidas son ONU.*

iniciar *vb.* [1] Empezar: *La primavera inicia el 21 de marzo en los países del norte y el 21 de septiembre en los países del sur.* [2] Enseñar los primeros conocimientos sobre un tema: *El entrenador inició al muchacho en el baloncesto con unos ejercicios sencillos.* SIN. **introducir, instruir.**

iniciativa *f.* Capacidad para emprender cosas: *A Rogelio le falta iniciativa, nunca se anima a hacer algo por sí mismo.* SIN. **decisión.**

inicio *m.* Principio, primera parte: *No pudimos ver el inicio del filme por estar comprando golosinas.* SIN. **comienzo.** ANT. **fin, final, término.**

injerto *m.* [1] Rama de un vegetal que se fija a otro para que de su combinación se obtenga una nueva variedad de planta: *Por medio del injerto se logran algunos frutales como el cerezo, la vid y el manzano.* [2] Tejido vivo que se pone en el cuerpo de un ser humano o de un animal para curar una zona herida: *El cirujano ha hecho un injerto de piel en el enfermo que sufrió graves quemaduras en el incendio.*

injusticia *f.* Falta de justicia: *Es una injusticia que lleven a la cárcel a ese hombre que es inocente del robo.* SIN. **abuso.**

injusto, ta *adj.* [1] Se dice del hecho o acción contraria al derecho, la justicia o la razón: *Es injusto que nadie quiera hablar con Manuel sólo porque no se viste con ropa cara.* [2] Referido al que actúa sin honradez o equidad: *Tomás se portó injusto cuando se quedó con la mayor parte de los dulces que repartió entre sus amigos.*

inmediato, ta *adj.* [1] Referido a lo cercano en el tiempo: *El efecto del medicamento fue inmediato, el enfermo se curó muy rápido.* [2] Se aplica a lo que está al lado de otra cosa, contiguo en el espacio: *Aquí no vive Federico, él es mi vecino y vive en la puerta inmediata.*

inmensidad *f.* Grandeza en extensión: *Las olas arrastraban al bote perdido en la inmensidad del mar.*

inmenso, sa *adj.* [1] Se aplica a lo que no se puede medir: *La cantante tuvo un éxito inmenso, después del concierto mucha gente compró su disco.* SIN. **infinito, enorme.** [2] Referido a lo que es muy grande: *El Desierto del Sahara es inmenso, por eso si estás a la mitad de él resulta imposible ver dónde comienza y dónde termina.* SIN. **colosal, enorme.**

inmigración *f.* Movimiento de población entre dos países, considerado desde el punto de vista del país que recibe a las personas que llegan a vivir: *El Estado controla la inmigración de extranjeros por medio de permisos llamados "visas".* ANT. **emigración.**

inmigrante *adj./m.* y *f.* Se aplica a la persona que llega a vivir a un lugar desde un país extranjero o un territorio lejano: *Muchos inmigrantes llegaron de Europa a América a causa de la Segunda Guerra Mundial.*

inmortal *adj.* Referido a lo que no muere nunca: *Según la mitología, los dioses griegos son inmortales.* SIN. **eterno.** ANT. **mortal.**

inmóvil *adj.* Relativo a lo que no se mueve: *La estatua inmóvil contrasta con la inquietud de la gente que camina a su alrededor.* SIN. **estático, quieto.**

inmovilidad *f.* Calidad de inmóvil: *La inmovilidad de mi perro se debe a que está enfermo de las piernas.* SIN. **quietud.**

inmovilizar *vb. irreg.* Impedir el movimiento: *El veterinario inmovilizó al gato para que éste no lo arañe al momento de la curación.* SIN. **parar.**

inmune *adj.* Relativo al que no puede ser atacado por ciertas enfermedades: *Como ya me enfermé hace mucho tiempo de viruela, ahora soy inmune a esa enfermedad.*

inmunidad *f.* Resistencia natural o adquirida ante una enfermedad infecciosa o un agente tóxico: *El organismo*

h

i

j

k

l

m

n

crea unas sustancias llamadas anticuerpos que le dan *inmunidad* contra muchas enfermedades.

innovación *f.* Novedad o modificación que renueva algo: *Los fabricantes han hecho algunas innovaciones en los automóviles para que contaminen menos.*

innovador, ra *adj./m. y f.* Se dice de lo que es novedoso o de la persona que introduce novedades en algo: *Esta lavadora de ropa tiene un sistema innovador que facilitará el trabajo de las amas de casa.*

inocencia *f.* ① Condición de aquel que no tiene culpa de un delito: *El jurado reconoció la inocencia del acusado y por eso fue liberado de inmediato.* ANT. **culpa.** ② Estado del ser que no comete mal alguno: *La inocencia es una característica de los niños.* SIN. **candor, ingenuidad.**

inocente *adj./m. y f.* ① Referido al que está libre de culpa: *Las personas inocentes fueron liberadas y las culpables fueron llevadas a la cárcel.* ANT. **culpable.** ② Aplicado a lo que no tiene mala intención: *Jorge hizo un comentario inocente acerca del vestido de su novia, pero ella se enojó.* SIN. **ingenuo, cándido.** ANT. **malicioso.**

inodoro *m.* Mueble con forma de asiento que está en el baño y sirve para orinar y defecar: *El inodoro está diseñado para evitar los malos olores del excremento y la orina.* SIN. **retrete, excusado, taza, water.**

inodoro, ra *adj.* Se refiere a lo que no tiene olor: *El agua pura es inodora, incolora e insípida.*

inofensivo, va *adj.* Referido a lo que no hace daño: *No tengas miedo, mi perro es inofensivo.* SIN. **pacífico.**

inolvidable *adj.* Aplicado a lo que no se puede olvidar: *Lucía pasó unas vacaciones inolvidables en compañía de sus amigas de la escuela.* SIN. **memorable.**

inoportuno, na *adj.* Se refiere a lo que sucede en un mal momento: *Vicente llegó en un momento inoportuno porque su amigo estaba estudiando y no podía jugar con él.*

inorgánico, ca *adj.* Se refiere a la materia sin vida: *Las piedras son inorgánicas.*

inoxidable *adj.* Se aplica a lo que no se oxida: *Este cuchillo es de metal inoxidable, por eso puedes mojarlo y no se daña.*

inquietar *vb.* Hacer que una persona o un animal ya no esté en calma: *El sonido del viento inquieta a los niños porque creen que está hablando un fantasma.* SIN. **preocupar, alarmar.**

inquieto, ta *adj.* ① Se aplica a quien no puede estarse quieto o tranquilo: *Mi abuelo es un viejo inquieto que se despierta muy temprano y siempre está ocupado en algo.* ANT. **tranquilo, sosegado.** ② Se dice de quien está preocupado: *Mis padres están inquietos porque mi hermano todavía no regresa de la fiesta y ya son las cinco de la madrugada.*

inquietud *f.* ① Falta de tranquilidad. SIN. **preocupación.** ANT. **calma.** ② Interés por algo: *Horacio tiene muchas inquietudes, no sabe si va a estudiar astronomía, física, matemáticas, etc.* SIN. **curiosidad.**

inquilino, na *m. y f.* ① Persona que paga dinero por vivir en una casa o disponer de un local que no le pertenece: *Los inquilinos del edificio pagan la mensualidad al dueño del día cinco de cada mes.* ② Chile. Persona que habita y trabaja en una finca rústica en beneficio de su propietario.

insaciable *adj.* Referido al que no se siente satisfecho o lleno: *Después de leer por primera vez una novela, nació en mí un deseo insaciable por la lectura.*

insalubre *adj.* Relativo a lo perjudicial para la salud: *La contaminación y el humo son insalubres, por eso la gente que vive en esta gran ciudad sufre dolor de cabeza y ardor en los ojos.*

inscribir *vb.* ① Anotar una cosa o un nombre en una lista o registro: *El profesor de biología inscribió al perro en la lista de los animales mamíferos y en la de los animales carnívoros.* ② Anotarse en una lista o registro: *Tengo que inscribirme hoy para participar en la competencia de natación de mi escuela.* SIN. **apuntar, matricular.**

inscripción *f.* ① Hecho de inscribir o inscribirse: *La inscripción de los músicos interesados en trabajar en la orquesta será la próxima semana.* ② Letrero o caracteres grabados en una superficie: *En esta cruz del cementerio hay una inscripción con el nombre de mi abuelo porque después de morir lo enterraron aquí.*

inscrito, ta o **inscripto, ta** *adj.* Relativo a lo que forma parte de una lista o registro: *Este año hay veinte alumnos inscritos en la clase de inglés.*

insecticida *m.* Producto para matar insectos: *Este insecticida mata mosquitos y moscas, pero no mata cucarachas.*

insecto *m.* Animal pequeño dotado de un par de antenas, seis patas, cabeza, tórax y abdomen: *Algunos insectos como las mariposas tienen alas.* →

inseguridad *f.* ① Falta de protección: *La inseguridad en el laboratorio escolar provocó que una niña se quemara la mano con un ácido.* ② Falta de decisión: *Flavio respondió con inseguridad el examen porque no había estudiado.* SIN. **duda.**

insensible *adj.* ① Referido al que no tiene una sensación física: *Anabel tiene insensible una pierna desde que sufrió un accidente y los nervios de esa extremidad se dañaron.* ② Se aplica al que no tiene un sentimiento hacia alguien: *El hombre del que hablaba el libro era tan insensible que cuando murieron sus hijos no sintió ninguna pena.*

inseparable *adj.* Se refiere a lo que está unido de manera tan firme que es difícil de separar: *Pablo y Roberto son amigos inseparables, siempre andan juntos.*

◁▷ adj. = adjetivo ☆ **ANT.** = antónimo ☆ **f.** = sustantivo femenino ☆ **m.** = sustantivo masculino ☆ **SIN.** = sinónimo ☆ **vb.** = verbo ☆ **vb. irreg.** = verbo irregular ☆ → Ver Minienciclopedia.

insertar *vb.* Incluir o introducir algo en otra cosa: *Antes de entregar su investigación, el estudiante insertó un párrafo con información nueva.*

inservible *adj.* Se refiere a lo que no sirve para nada: *Daniela tiró los juguetes rotos e inservibles.* SIN. inútil.

insigne *adj.* Se dice de quien es famoso por hacer algo bueno: *El insigne científico recibió un premio muy importante por sus aportaciones para combatir el cáncer.* SIN. célebre.

insinuar *vb. irreg.* Dar a entender algo con sólo indicarlo de manera ligera: *Rodrigo le insinuó algo a Jacobo para que se callara, pero Jacobo no entendió la señal y cometió una indiscreción.* SIN. sugerir.

insípido, da *adj.* Relativo a lo que le falta sabor: *Esta sopa está insípida, le falta un poco de sal.* SIN. soso. ANT. sabroso.

insistir *vb.* Repetir varias veces una petición o acción para lograr lo que se intenta: *Rogelio insistía en tocar a la puerta porque sabía que había alguien en casa y tocó hasta que finalmente le abrieron.*

insolación *f.* Malestar producido por permanecer mucho tiempo bajo el sol: *El dolor de cabeza puede ser un síntoma de insolación.*

insolente *adj.* Aplicado al que comete una falta de respeto: *Lorenzo le contestó de mala manera a la maestra y ella lo castigó por insolente.*

insólito, ta *adj.* Se aplica a lo que no sucede de manera frecuente: *Tener una víbora como mascota es algo insólito.* SIN. raro, extraño, asombroso. ANT. normal, ordinario.

insomnio *m.* Dificultad para conciliar el sueño: *Andrés padece insomnio porque el ruido de una discoteca cercana a su casa no lo deja dormir por las noches.*

insoportable *adj.* Referido a lo que es difícil o imposible de aguantar: *Maximiliano está de un humor insoportable porque su equipo favorito perdió el campeonato.* SIN. inaguantable.

inspeccionar *vb.* Examinar, reconocer algo de manera atenta: *El ingeniero inspeccionó muy bien el terreno antes de comenzar a construir la carretera.* SIN. revisar, investigar.

inspector, ra *m.* y *f.* Persona que vigila el cumplimiento de pagos, leyes, reglamentos, etc.: *El inspector de transportes controla que los conductores no falten a las reglas y que los pasajeros paguen el pasaje.*

inspiración *f.* [1] Acción de aspirar el aire por la nariz o la boca hacia adentro de los pulmones: *La inspiración y la espiración constituyen la respiración.* SIN. aspiración, inhalación. ANT. espiración, exhalación. [2] Estado del artista que siente ganas de crear algo: *Las obras de muchos pintores famosos son producto de su inspiración, no son copias de otras obras.*

inspirar *vb.* [1] Meter el aire a los pulmones por la nariz o por la boca: *Al hacer ejercicio es importante inspirar el aire por la nariz para evitar el agotamiento excesivo.* SIN. aspirar, inhalar. ANT. espirar, exhalar. [2] Sentirse con ganas de crear algo.

instalación *f.* [1] Hecho de colocar algo en un lugar: *La instalación de las luces para la obra de teatro se realizó en tres horas.* [2] Lugar que tiene todo lo necesario para llevar a cabo una actividad: *Las instalaciones de la escuela constan de un edificio con salones, una oficina de dirección, la biblioteca, el patio, el laboratorio y los baños.*

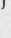

instalar *vb.* [1] Colocar algo de forma adecuada para la función que ha de realizar: *Hoy el fontanero instaló el baño: puso el inodoro, el lavabo y colocó los grifos del agua.* [2] Acomodar a una persona: *La anfitriona instaló a sus huéspedes en la habitación más grande de la casa.*

instantáneo, a *adj.* [1] Relativo a lo que sólo dura un instante: *La luz del rayo durante la tormenta es instantánea.* [2] Se aplica a lo que se puede hacer de manera rápida: *Voy a preparar café instantáneo, porque no tengo tiempo de poner café de grano en la cafetera.*

instante *m.* Porción brevísima de tiempo: *Hace un instante estaba aquí, pero ahora ya no está.* SIN. momento.

instinto *m.* Impulso natural que determina los actos de los animales y de las personas sin necesidad de aprendizaje o razonamiento: *Los animales se defienden y se alimentan de manera adecuada por instinto.* SIN. intuición.

institución *f.* Organismo que desarrolla una tarea social o cultural: *Los hospitales son instituciones de salud.*

institucional *adj.* Relativo al organismo que realiza una tarea social o cultural: *La educación institucional debe seguir las reglas que establece el gobierno de la nación.*

instituto *m.* [1] Organismo o asociación de personas que se dedican a una misma tarea: *Dentro de la universidad hay institutos de investigación científica e histórica.* [2] Centro oficial de enseñanza secundaria: *Rodrigo terminó la educación básica y se inscribirá en un instituto para estudiar la educación media.*

instructivo *m.* Folleto impreso que acompaña a ciertos productos para explicar su funcionamiento: *El instructivo de la tostadora de pan está adentro de la caja.*

instructor, ra *m.* y *f.* Persona que se dedica a enseñar algo: *El instructor de baloncesto da clases todos los días a las ocho de la mañana en el gimnasio de mi escuela.*

instruir *vb. irreg.* [1] Dar conocimientos a otros: *El jefe de la oficina instruyó a los empleados sobre la forma de realizar el trabajo.* SIN. enseñar, educar, formar. [2] Formarse en alguna actividad o en el conocimiento de una materia: *Para ser un buen cirujano es necesario*

instruirse en muchas materias como anatomía, química y biología. SIN. **aprender, estudiar, practicar.**

instrumental *adj.* Relativo a los instrumentos de música: *Este concierto es de música instrumental, así que no habrá cantantes.*

instrumento *m.* ① Objeto utilizado para realizar alguna cosa: *El rastrillo y el azadón son instrumentos de jardinería.* SIN. **herramienta, utensilio.** ② Objeto fabricado para producir sonidos musicales: *El violín, el bajo y la guitarra son instrumentos de cuerda.*

▶ **insuficiente** *adj.* Se refiere a lo que no alcanza a satisfacer una necesidad: *En este edificio la luz es insuficiente porque hay muy pocas ventanas y no sirven las bombillas.* SIN. **escaso, poco.**

▶ **insuficiente** *m.* Valoración negativa del aprovechamiento de un alumno: *Está estudiando porque sacó un insuficiente y no quiere repetir el curso.*

insular *adj.* Relativo a las islas y a las personas que viven en ellas: *Cuba se encuentra en un territorio insular.*

insultar *vb.* Dirigir a alguien palabras ofensivas: *El automovilista insultó al chófer del camión porque conducía de manera muy agresiva y estuvo a punto de chocar contra su automóvil.* SIN. **ofender.**

insulto *m.* Palabra que se dice para ofender: *Mi hermano estaba tan enojado conmigo que me lanzó insultos durante un rato hasta que se tranquilizó.*

insuperable *adj.* Aplicado a lo que es tan malo que no puede olvidarse, tan alto que no puede brincarse o tan bueno que no se puede mejorar: *Esa valla de un metro de alto es insuperable para mí, tendré que buscar otro camino para llegar a la meta.*

insurgente *adj./m.* y *f.* Referido a quien se ha sublevado y ya no obedece órdenes: *La batalla de Ayacucho representó el triunfo de los insurgentes sudamericanos en contra de los españoles.*

intachable *adj.* Referido a lo que no admite reproche o censura porque es correcto: *La conducta intachable de ese alumno es un buen ejemplo para sus compañeros.* SIN. **irreprochable.**

intacto, ta *adj.* Se aplica a lo que no ha sido tocado, alterado o dañado: *El reloj se cayó al suelo pero quedó intacto: no está roto y funciona.* SIN. **completo, entero, íntegro.**

integral *adj.* Relativo a lo que engloba todas las partes o aspectos de algo: *El desarrollo integral de una persona incluye alimentación, salud, trabajo, aprendizaje, ejercicio, diversión y descanso.* SIN. **entero.**

integrante *m.* y *f.* Persona que forma parte de un grupo: *El grupo musical está formado por tres integrantes, uno toca el violín, otro el violonchelo y el tercer músico toca el saxofón.*

integrar *vb.* ① Formar parte de un todo: *Los tambores, los platillos y las baquetas integran esta batería.*

② Construir un todo agrupando sus partes: *El entrenador integró un buen equipo para los juegos de esta temporada.*

intelectual *adj.* Relativo al entendimiento o inteligencia: *El estudio es un trabajo intelectual porque requiere el trabajo de nuestra mente.*

inteligencia *f.* Capacidad de entender o comprender: *La inteligencia distingue al ser humano de los animales porque ellos no la tienen.* SIN. **mente, razón.**

inteligente *adj./m.* y *f.* Se refiere a quien entiende y razona: *Gonzalo es muy inteligente y capta todo de manera rápida.* SIN. **listo, sagaz.** ANT. **tonto, bobo.**

intemperie *f.* ① Desigualdad del clima. ② *loc.* **A la intemperie,** al aire libre, a cielo descubierto: *Tuvimos que dormir a la intemperie en la montaña porque no pudimos armar la tienda de campaña.*

intención *f.* Propósito de hacer o conseguir algo: *Timoteo tiene la intención de salir de viaje pero aún no sabe a dónde ir.* SIN. **propósito, proyecto.**

intendencia *f.* ① Dirección, gobierno de una cosa: *La intendencia de la empresa se encuentra a cargo de un hombre rico.* ② División territorial gobernada por un intendente.

intendente, ta *m.* y *f.* Persona encargada de dirigir una casa, una finca u otra cosa.

intensidad *f.* Fuerza que tiene un hecho natural, una cualidad, una expresión o un afecto: *Iban a salir a pasear pero llovía con tal intensidad que tuvieron que quedarse en casa.* SIN. **energía, fuerza.** ANT. **debilidad.**

intensivo, va *adj.* Relativo a lo que tiene una actividad muy frecuente y muy fuerte: *Tomé un curso intensivo de francés porque el próximo mes viajaré a París.*

intenso, sa *adj.* Referido a lo que tiene mucha energía, mucha fuerza o mucha frecuencia: *Patricio siente un dolor intenso en el estómago porque ha comido muchos chocolates.* SIN. **fuerte, potente.** ANT. **débil, suave.**

intentar *vb.* Hacer lo posible para lograr algo: *El alpinista intentará escalar el Monte Everest.* SIN. **procurar.**

intercalar *vb.* ① Poner una cosa entre otras: *El collar de perlas tiene intercaladas piedras de colores.* SIN. **interponer, agregar.** ② Ponerse entre dos cosas o personas: *Los niños se intercalaron con las niñas para formar una rueda, de modo que quedaran colocados un niño, una niña, un niño, una niña, y así hasta terminar el círculo.*

intercambiar *vb.* Dar algo a cambio de otra cosa: *Intercambié el filme que ya había visto por otro que no he visto todavía.* SIN. **canjear, cambiar.**

interceptar *vb.* Detener una cosa en su camino: *El jugador del equipo contrario interceptó el balón que Rodolfo le arrojó a Pablo.* SIN. **obstaculizar, interrumpir, obstruir.**

---

adj. = adjetivo ✫ ANT. = antónimo ✫ *f.* = sustantivo femenino ✫ *loc.* = locución ✫ *m.* = sustantivo masculino ✫ *pl.* = plural ✫ SIN. = sinónimo ✫ *vb.* = verbo ✫ *vb. irreg.* = verbo irregular.

interés *m.* ☐ Lo que hace importante o valiosa una cosa: *El filme perdió su interés cuando me di cuenta de que el asesino era el mayordomo.* SIN. **importancia, valor.** ☐ Inclinación del ánimo: *Leticia siempre ha tenido interés por los números, creo que va a estudiar la carrera de matemáticas.* SIN. **curiosidad, gana.** ANT. **desinterés.** ☐ Ganancia producida por un capital: *Los bancos dan intereses por el dinero que se ahorra en una cuenta.*

interesante *adj.* Referido a lo que despierta la atención de alguien: *Ese investigador escribió un libro interesante sobre el origen de la vida.* SIN. **atractivo, sugestivo.** ANT. **indiferente.**

interesar *vb.* ☐ Ser algo motivo de interés: *Esta maquinaria interesa a los campesinos porque les ayuda en la cosecha de frutos.* SIN. **importar.** ☐ Despertar la curiosidad o captar la atención: *El maestro contaba tan bien los cuentos que interesaba a todos los niños.* ☐ Mostrarse atento o curioso por algo o alguien: *Horacio se interesa por sus hijos, los cuida, los ayuda y los ama.*

interferencia *f.* ☐ Hecho de interponerse algo cuando se realiza una acción: *La falta de comunicación entre las personas es una interferencia para el desarrollo armónico de las relaciones humanas.* ☐ Mezcla de las señales de dos o más emisoras de radio o televisión: *No pude oír el programa de radio porque había interferencia, sólo se oían ruidos confusos.*

interino, na *adj./m. y f.* Se refiere a quien suple a otro de manera temporal: *Tenemos una maestra interina porque la maestra titular dio a luz.*

▸ **interior** *adj.* ☐ Referido a lo que está en la parte de adentro de un lugar o cosa: *La parte interior de la sandía es roja, la parte exterior es verde.* SIN. **interno.** ☐ Respecto de un edificio o casa, aquel departamento o habitación que no da a la calle: *Sergio estudia en una habitación interior para que no lo molesten los ruidos de la calle.* ☐ *loc.* **Ropa interior,** ropa que se usa debajo de los pantalones, camisas y vestidos, para proteger los senos y los genitales: *Un juego de ropa interior para hombre está compuesto de camiseta y calzón.* ☐ *Argent., Colomb., Méx. y Urug.* Provincia: *Hizo un viaje al interior para visitar a sus parientes.*

▸ **interior** *m.* ☐ Alma o conciencia de una persona: *Está muy enferma, pero en su interior existe la esperanza de que sanará pronto.* ☐ La parte de adentro: *En el interior de la Tierra hay material muy caliente.*

interjección *f.* Expresión o palabra que sirve para indicar un estado de ánimo, una orden o un aviso: *La palabra "¡Cuidado!", es una interjección.*

intermediario *m. y f.* Persona que compra los artículos a quien los produce y los lleva a vender a otro lugar: *Los intermediarios compran la fruta en el campo y la llevan al mercado de la ciudad para venderla.*

intermedio *m.* Espacio que hay entre un tiempo y otro o entre una acción y otra: *En el intermedio de la obra de teatro fui al baño.* SIN. **intervalo.**

interminable *adj.* Referido a lo que dura tanto que parece que no va a terminar nunca: *Hoy la clase de física se me hizo interminable, no pude concentrarme.* ANT. **breve.**

intermitentes *f. pl. Méx.* Señal que enciende y apaga una luz de manera alternativa: *Las intermitentes del autobús se encendieron para indicar que estaba detenido por una falla mecánica.*

internacional *adj.* Relativo a dos o más naciones: *Los juegos olímpicos son un evento internacional en el que participan deportistas de muchos países.* SIN. **mundial, universal.** ANT. **local, nacional.**

internado *m.* Centro educativo donde los alumnos estudian, comen y se quedan a dormir: *Elvira está en un internado de señoritas y sólo visita a sus padres los fines de semana.*

internado, da *adj.* Relativo a quien está encerrado en un lugar del que no se puede salir sin permiso de una autoridad: *Doña Eulogia está internada en el hospital porque necesita atención médica.*

internar *vb.* ☐ Hacer que alguien resida en una institución o local con determinada finalidad: *Los padres de Ramiro lo internaron en un colegio para que estudie la educación media.* ☐ Ingresar en un hospital: *Esta tarde internarán a mi abuela porque la van a operar.* ☐ Avanzar hacia adentro: *El viejo arqueólogo contó durante la conferencia sus aventuras de cuando se internaba en la selva buscando alguna ciudad perdida.* SIN. **adentrarse.**

internet *m.* Palabra inglesa. Sistema de computación que permite a los usuarios comunicarse entre sí desde cualquier parte del mundo: *Necesito tu dirección de internet, para poder enviarte un mensaje por correo electrónico.*

interno, na *adj.* ☐ Referido a lo que está en la parte de adentro de un lugar o cosa: *En la parte interna del tórax se encuentran el corazón y los pulmones.* SIN. **interior.** ☐ Aplicado al que vive en una institución educativa o está internado en un hospital, manicomio o cárcel: *Los alumnos internos estudian por las mañanas y practican deporte por las tardes.*

interponer *vb. irreg.* Poner algo entre dos cosas o personas: *Tomás interpuso una tabla en la puerta abierta para que su cachorro no saliera a la cocina.*

interpretar *vb.* Explicar el sentido de una cosa.

intérprete *m. y f.* ☐ Persona que explica a otras personas en un idioma que entienden, lo dicho en un idioma que no entienden: *Roberto trabaja como intérprete en una agencia de viajes porque habla francés, inglés e italiano.* ☐ Persona que representa un papel en una obra

de teatro o en un filme o película: *Los **intérpretes** de la obra fueron aplaudidos calurosamente.* SIN. **actor**.
③ Persona que toca un instrumento musical o canta en público. →

interrogación *f.* ① Pregunta: *No me gustan sus constantes **interrogaciones** sobre lo que hago cuando estoy afuera de casa.* ② Signo ortográfico (¿?) que expresa una pregunta directa: *Si quieres escribir una pregunta tienes que abrir y cerrar los signos de **interrogación**, como en la frase "¿Cómo estás?"*

interrogar *vb. irreg.* Preguntar: *Felipe **interrogó** a su amigo biólogo para enterarse sobre cómo alimentar a su tortuga.*

interrogativo, va *adj.* Relativo a la frase que contiene una pregunta: *"¿Cuántos años tienes?" es una frase **interrogativa**.*

interrumpir *vb.* Impedir la continuación de una cosa: *Una falla eléctrica **interrumpió** el suministro de luz.* SIN. **detener, obstaculizar**. ANT. **continuar, proseguir, seguir**.

intervención *f.* ① Hecho de participar: *El maestro fomenta las **intervenciones** de los alumnos para que la clase sea más dinámica.* SIN. **participación**. ② Hecho de abrir un cuerpo vivo para operarlo: *La **intervención** quirúrgica fue un éxito; el paciente perdió el apéndice pero recuperará la salud.* SIN. **operación**. ③ Hecho de entrar un ejército a un país para ocuparlo: *Durante la **intervención** alemana en París, los franceses organizaron la resistencia para recuperar su soberanía.*

intervenir *vb. irreg.* ① Tomar parte en un asunto: *Con motivo del festival para las madres, **intervine** en un baile regional.* SIN. **participar**. ② Hablar a favor de alguien: *Rodolfo **intervino** en defensa de Laura porque todos estaban molestándola.* SIN. **interceder, interponer**.

intestino *m.* ① Órgano en forma de tubo hueco que está en el vientre: *En el **intestino** se realiza la última parte de la digestión.* SIN. **tripa**. ② *loc.* **Intestino delgado**, sección que procesa y absorbe los alimentos: *El duodeno, el yeyuno y el íleon forman parte del **intestino delgado**.* ③ *loc.* **Intestino grueso**, sección donde se forman las heces fecales o excremento, a partir de las sustancias que no se absorbieron en el intestino delgado: *El ciego, el colon, el recto y el ano forman parte del **intestino grueso**.*

íntimo, ma *adj.* ① Se dice de lo más interior y profundo: *Los pensamientos **íntimos** de cada persona son un secreto que no sabe nadie más.* ② Se aplica a la amistad estrecha: *Mi hermana mayor tiene una amiga **íntima** y se encierran a solas para hablar, dejándome afuera.*

intoxicación *f.* Enfermedad producida por haber comido, respirado o bebido alguna sustancia venenosa por el cuerpo: *Apolonio comió unos camarones que no*

estaban frescos y sufrió una **intoxicación** que lo tuvo tres días en el hospital.

intoxicar *vb. irreg.* ① Contaminar algo o la salud de alguien con una sustancia venenosa: *La fruta está fumigada contra la plaga, hay que lavarla muy bien porque podría **intoxicarnos**.* SIN. **envenenar**. ② Enfermarse por haber comido, bebido o respirado alguna sustancia venenosa: *Dos trabajadores de la fábrica se **intoxicaron** con un producto químico que se derramó por falta de precaución.* SIN. **envenenarse**.

intranquilidad *f.* Estado de inquietud o preocupación: *La tardanza de su hijo le causó **intranquilidad**, ya que eran las tres de la madrugada y el chico había prometido regresar a la una.*

intranquilo, la *adj.* Referido a quien no está en calma o se siente preocupado: *Estoy **intranquila** porque no tengo trabajo y no sé qué hacer.*

intriga *f.* ① Manejo secreto que se hace para conseguir algo: *En la telenovela, el galán descubrió las **intrigas** de la villana para adueñarse de la fortuna de su hermana tra y la envió a la cárcel.* SIN. **artimaña, maniobra, tejemaneje**. ② Hechos que despiertan la curiosidad de la persona que los observa: *Fuimos al teatro a ver una comedia de **intriga**, en la que todos los personajes se enredaban en confusiones.* SIN. **enredo**.

intrigar *vb. irreg.* Producir curiosidad una cosa: *El hecho de que las orugas se conviertan en mariposas, **intriga** a Romualdo.*

introducción *f.* ① Hecho de meter algo en otra cosa: *La **introducción** del balón en la canasta requiere de mucha práctica.* ② Escrito o discurso de presentación: *Gloria hizo una pequeña **introducción** para explicar de qué se trata su investigación.* SIN. **prólogo**. ANT. **conclusión, epílogo**.

introducir *vb. irreg.* ① Entrar o dar entrada: *Rómulo **introdujo** a Lauro en el equipo de fútbol para que conociera mucha gente y comenzara a hacer deporte.* ② Meter una cosa en otra: *Ahora, el domador **introducirá** su cabeza en la boca del león.* ③ Meterse: *Para estudiar a los murciélagos, el biólogo tuvo que **introducirse** en esa cueva oscura.*

intruso, sa *adj./m. y f.* Referido a quien se ha metido en un lugar sin tener derecho o permiso: *¿Qué hace esa jirafa **intrusa** en la jaula de los elefantes?* SIN. **extraño**.

intuición *f.* Conocimiento claro de una idea o verdad, sin necesidad de razonamiento o información previa: *Mucha gente piensa que las mujeres tienen un sexto sentido que es la **intuición**.* SIN. **instinto**.

inundación *f.* Desbordamiento de agua que cubre un lugar: *En esa región montañosa se producen **inundaciones** a causa de los deshielos durante la primavera.*

adj. = adjetivo ☆ ANT. = antónimo ☆ f. = sustantivo femenino ☆ Fam. = familiar ☆ loc. = locución ☆ m. = sustantivo masculino ☆ SIN. = sinónimo ☆ vb. = verbo ☆ vb. irreg. = verbo irregular ☆ → Ver Minienciclopedia.

inundar *vb.* Cubrir el agua un lugar: *El Río Nilo inunda sus riberas todos los años y así se fertiliza la tierra.* SIN. **anegar, desbordar, sumergir.**

inútil *adj./m.* y *f.* Referido a lo que no sirve o no funciona: *"¿Por qué guardas esa licuadora inútil que ya no funciona?"* SIN. **nulo, vano.**

invadir *vb.* [1] Entrar por la fuerza en un lugar: *La tropa que invadió el pueblo durante un mes ya se retiró.* SIN. **asaltar, ocupar.** [2] Llenar algo con otra cosa: *Los ratones invadieron la cocina y tuvimos que llamar al exterminador de plagas.* [3] *Fam.* Llenar un sentimiento o emoción a alguien: *Me invadió la alegría cuando descubrí que mi arbolito retoñó después de que el perro lo había pisado.*

inválido, da *adj./m.* y *f.* Persona que no puede caminar o valerse por sí misma por tener algún defecto físico: *El inválido va en una silla de ruedas.*

invasión *f.* Hecho de entrar por la fuerza a un lugar para ocuparlo, o de llenar algo una cosa: *Ayer vi un filme de ciencia ficción muy emocionante, que trataba de una invasión de extraterrestres a la Tierra.*

invasor, ra *adj./m.* y *f.* Referido a quien entra por la fuerza a un lugar para ocuparlo: *Los invasores extraterrestres sólo existen en los libros de ciencia ficción.*

invencible *adj.* Relativo a lo que no puede ser derrotado: *Los guerreros de Atila eran considerados invencibles y muchos pueblos les temían.* SIN. **insuperable.** ANT. **superable, vencible.**

inventar *vb.* [1] Crear una cosa nueva: *Gracias a la persona que inventó el teléfono podemos comunicarnos mejor.* [2] Decir algo falso en lugar de la verdad: *No inventes más pretextos, mejor dime por qué no quieres ir a la fiesta.* [3] Imaginar o imaginarse historias: *El abuelo inventaba historias divertidas para contarles a sus nietos.*

inventario *m.* Lista de cosas que alguien posee: *El dueño del supermercado hará un inventario para saber qué mercancías necesita comprar.*

invento *m.* [1] Hecho de crear una cosa nueva: *El invento de la imprenta permitió que los libros pudieran publicarse en gran número y llegar a más personas.* [2] Cosa inventada: *Las computadoras son un invento del siglo XX.* [3] Cosa falsa que se dice en lugar de la verdad: *Eso de que sus padres no la dejan jugar con nosotros es un invento suyo, lo que pasa es que ella no quiere estar con nosotros.*

inventor, ra *adj./m.* y *f.* Referido a la persona que crea cosas nuevas: *El inventor de la televisión a colores se llamó Guillermo González Camarena y era mexicano.*

invernadero *m.* Lugar cubierto con cristales, donde se cultivan plantas y que cuenta con un sistema de calefacción para defender las plantas del frío: *En Holanda se cultivan tulipanes en los invernaderos.*

invernar *vb. irreg.* Pasar el invierno en un lugar: *Mientras el oso invernaba en su cueva, el bosque estaba cubierto de nieve.*

inversionista *adj./m.* y *f.* Persona que emplea su dinero en un negocio o actividad destinada a producir ganancias: *El arquitecto necesita un inversionista que le dé el dinero para construir.* SIN. **inversor.**

inverso, sa *adj.* Se dice de lo que está en sentido contrario al orden natural: *Esta rueda gira en sentido inverso a las agujas del reloj.* SIN. **contrario, opuesto.**

inversor *adj./m.* y *f.* Persona que invierte su dinero en una actividad o empresa con el objeto de obtener ganancias. SIN. **inversionista.**

invertebrado *m.* Animal que no tiene esqueleto: *En la lista de los invertebrados pusimos a los gusanos y a los moluscos.*

invertir *vb. irreg.* [1] Poner las cosas en orden opuesto al que tenían: *Omar invirtió las letras de su nombre y escribió "ramo".* SIN. **alterar, cambiar.** [2] Emplear dinero en un negocio para lograr provecho: *El dinero que invertiste en la construcción del edificio lo recuperarás cuando se vendan los departamentos.*

investigación *f.* Hecho de estudiar algo para aclararlo o entenderlo: *Sergio hizo una investigación sobre las abejas y ahora sabe muchas cosas sobre ellas.* SIN. **averiguación, estudio, exploración.**

investigador, ra *adj./m.* y *f.* Referido a quien estudia o averigua algo: *Los investigadores pueden ser historiadores, científicos, músicos, etcétera; según su profesión, buscan descubrir cosas que sirvan o que enseñen.*

investigar *vb. irreg.* [1] Hacer lo necesario para descubrir algo: *He investigado entre todos mis amigos y no logro descubrir quién me mandó este ramo de rosas.* SIN. **averiguar, buscar, indagar.** [2] Estudiar a fondo un saber o ciencia: *El equipo de científicos investigará las causas de esta enfermedad para tratar de crear una vacuna.*

invicto, ta *adj.* Referido a quien nunca ha perdido: *El boxeador invicto ha peleado diez veces y siempre ha ganado.*

invidente *adj./m.* y *f.* Referido a quien ha perdido la vista o nació sin esta capacidad: *Los invidentes aprenden a leer con un sistema llamado Braille, en que las letras se pueden tocar.* SIN. **ciego.**

invierno *m.* Una de las cuatro estaciones del año, la más fría, entre el otoño y la primavera: *En el Hemisferio Norte el invierno empieza en diciembre y en el Hemisferio Sur, en julio.*

invisible *adj.* Referido a lo que no se ve a simple vista: *Los microbios son invisibles para el ojo humano, ya que sólo se pueden ver a través de un microscopio.* SIN. **oculto.** ANT. **visible.**

h

i

j

k

l

m

n

invitación *f.* ① Hecho de proponer a una persona que asista a un lugar: *La invitación para ir al cine que Patricio le hizo a Dora fue aceptada de inmediato.* SIN. **convite, proposición.** ② Tarjeta con que se invita: *Las invitaciones para mi fiesta tienen forma de un globo.*

invocar *vb. irreg.* Pedir ayuda a un poder sobrenatural con oraciones: *"¡Señor, ayúdame a salir de este peligro!", invocaban los marineros en medio de la tempestad.* SIN. **evocar.**

involuntario, ria *adj.* Relativo a lo que escapa al control de la voluntad: *El hipo provoca un movimiento involuntario.* SIN. **espontáneo, automático.** ANT. **voluntario, consciente.**

invulnerable *adj.* Aplicado al que no puede ser herido por nada: *Según el autor del personaje Supermán, éste sería invulnerable si no fuera porque la criptonita lo daña.*

inyección *f.* ① Aplicación de un medicamento líquido que se introduce en el organismo mediante una aguja: *La inyección del suero se hace poco a poco.* ② Medicamento líquido que se introduce en el organismo mediante una aguja: *Con una jeringa, la enfermera le puso una inyección de penicilina.*

inyectar *vb.* Introducir a presión un líquido en un cuerpo valiéndose de una jeringa: *El veterinario inyectó al perro para combatir la infección que tiene en su pata herida.*

ir *vb. irreg.* ① Moverse de un lugar a otro: *Ayer fui a la escuela caminando.* SIN. **desplazar, dirigir.** ANT. **volver.** ② Tener algo determinada dirección o extensión: *El nuevo camino irá del pueblo a la ciudad.* SIN. **dirigirse, conducir, abarcar.** ③ Estar, funcionar, ser o suceder como se expresa: *La anciana iba vestida de negro todos los días a la iglesia.* ④ Asistir de manera cotidiana a un lugar: *Voy al parque todas las mañanas antes de desayunar.* SIN. **acudir, visitar.** ⑤ Dejar de estar donde se estaba: *Nos vamos porque ya es tarde.* SIN. **marcharse, ausentarse, largar.** ANT. **quedar.**

ira *f.* Enojo muy violento: *En un ataque de ira arrojó el jarrón al suelo.* SIN. **cólera, furia, rabia.** ANT. **calma.**

iris *m.* ① Membrana coloreada del ojo, en cuyo centro está la pupila: *Los ojos de Filomena tienen el iris de color verde.* ② *loc.* **Arco iris,** arco de colores que aparece en el cielo cuando llueve y al mismo tiempo hay sol: *El arco iris tiene siete colores.*

ironía *f.* Burla fina con la que se quiere dar a entender lo contrario de lo que se expresa: *Mi madre me dice con ironía que soy un gran cocinero, porque sabe que no soy capaz ni de freír un huevo.* SIN. **sarcasmo.**

irracional *adj.* ① Relativo a lo que carece de capacidad para razonar: *Los animales son irracionales porque no piensan; en cambio el hombre es un ser racional, dotado de una inteligencia que le permite analizar y sacar conclusiones.* ② Se aplica a lo que se opone a la

razón o no tiene sentido: *Tratar de apagar con agua un fuego producido por petróleo es algo irracional, además de peligroso.* SIN. **disparatado, absurdo.** ANT. **razonable, lógico.**

irreal *adj.* Aplicado a lo que no existe en la realidad: *Esas historias irreales que hablan de fantasmas me asustan aunque yo sé que no son ciertas.* SIN. **fantástico, ficticio, imaginario.** ANT. **real.**

irregular *adj.* ① Se aplica a lo que no es liso o continuo: *Esta carretera tiene partes irregulares en las que resultaba difícil avanzar.* SIN. **disparejo, discontinuo.** ② Se dice del verbo cuya conjugación no sigue la norma general: *El verbo ir es irregular.* ③ Aplicado a lo que es desigual o no es simétrico: *Un polígono irregular es el que tiene todos sus lados desiguales.*

irresistible *adj.* ① Se dice de lo que no se puede vencer: *El puente se cayó debido a la fuerza irresistible del río.* SIN. **invencible, irrefrenable.** ② Aplicado a lo que es muy atractivo y no puede evitarse o eludirse: *Tania tiene una sonrisa irresistible que pone de buen humor a todos.*

irrespetuoso, sa *adj.* Se dice de la persona grosera que no respeta a los demás: *Julia le habló a su padre de manera irrespetuosa gritándole palabras groseras.* SIN. **insolente.** ANT. **respetuoso.**

irresponsabilidad *f.* Falta de capacidad para cumplir con una obligación o deber: *La irresponsabilidad de Carlos lo obligó a repetir el curso pues sus calificaciones eran muy bajas.* SIN. **imprudencia.** ANT. **responsabilidad, prudencia.**

irresponsable *adj./m. y f.* Se aplica a la persona que no cumple con su obligación o deber: *Esa chica perdió su empleo por irresponsable, ya que pasaba el tiempo hablando por teléfono con sus amigas en lugar de trabajar.* SIN. **imprudente.** ANT. **responsable, prudente.**

irreversible *adj.* Se refiere a lo que es o ha sucedido de tal modo que no puede repetirse en sentido inverso: *En algunas regiones, el daño ecológico es irreversible; la selva no volverá a ser como era antes.*

irritación *f.* ① Enojo: *Cuando mi padre se enteró de que le dije una mentira sintió irritación hacia mí.* SIN. **ira.** ② Reacción de una parte del organismo que pica, duele o se pone roja o inflamada: *Rafaela tiene una irritación en la garganta, tose y no puede hablar porque le duele.* SIN. **inflamación, escozor.**

irritado, da *adj.* ① Se dice de quien está enojado: *Bernardo está irritado porque su amigo no lo invitó a su cumpleaños.* ② Referido a la parte del cuerpo que pica, está roja o se encuentra inflamada: *Tiene irritada la piel del brazo porque se quemó con una cacerola caliente.*

irritar *vb.* ① Causar algo escozor o inflamación en alguna parte del cuerpo: *Josefina no usa crema en la cara porque le irrita la piel.* ② Hacer sentir ira: *El anciano se*

---

irritó porque los jóvenes rompieron un vidrio de la ventana con el balón.

irrompible *adj.* Referido a lo que no se rompe o tiene una gran resistencia: *Este vaso es irrompible porque es de plástico.*

isla *f.* 1 Porción de tierra rodeada de agua: *Cuba es una isla americana que está en el Mar Caribe.* SIN. **ínsula.** 2 *Chile.* Terreno próximo a un río, que se cubre a veces de agua.

islamismo *m.* Religión fundada por el profeta Mahoma, cuyos principios se encuentran en el libro sagrado llamado Corán: *El dios del islamismo es Alá.*

isleño, ña *adj./m. y f.* Referido a quien es o a lo que es de una isla: *Los isleños suelen ser buenos pescadores porque viven cerca del mar.* SIN. **insular.**

islote *m.* Isla pequeña y despoblada: *En aquel islote sólo viven aves marinas.*

isósceles *adj.* Relativo al triángulo que tiene dos lados iguales: *En geometría, dibujamos un triángulo isósceles que medía 2 cm de base y tenía dos lados iguales que medían 3 cm cada uno.*

israelí o **israelita** *adj./m. y f.* Originario del Estado de Israel, país asiático del Cercano Oriente. SIN. **judío.**

istmo *m.* Porción de tierra, más larga que ancha, que une dos continentes o una península con un continente: *América del Norte se une con América del Sur a través del istmo de Panamá.*

itinerante *adj.* Se aplica a quien se desplaza de un lado a otro para ejercer sus funciones: *El circo es itinerante, así que pasa unos días en cada ciudad del país.* SIN. **ambulante.**

itinerario *m.* Descripción del recorrido que se hace para ir de un lugar a otro: *El itinerario del tren indica que se detendrá en tres pueblos antes de llegar a su destino final.* SIN. **recorrido, ruta, camino.**

ixtle *m. Méx.* Fibra textil que se extrae de una de las especies de agave.

izar *vb. irreg.* Hacer subir algo tirando de la cuerda a que está sujeto: *El soldado izó la bandera que estaba en el mástil y ésta comenzó a ondear al viento.*

izquierda *f.* 1 Pierna o mano situada del lado del corazón: *Ese futbolista patea el balón con la izquierda porque es zurdo.* SIN. **zurda.** ANT. **derecha, diestra.** 2 Lugar o dirección que corresponde al lado del corazón de una persona. SIN. **siniestra.** ANT. **derecha, diestra.**

h

i

j

k

l

m

n

J j

j f. Décima letra del abecedario español. Su nombre es jota.

jabalí, lina m. y f. Mamífero parecido al cerdo, de hocico alargado y colmillos desarrollados: *Los jabalíes son como cerdos salvajes que viven en los bosques.*

jabalina f. Vara para lanzamientos, parecida a una lanza, usada en atletismo: *El lanzamiento de jabalina es una disciplina olímpica.* →

jabón m. Producto utilizado para lavar: *Antes y después de cada comida, hay que lavarse bien las manos con agua y jabón para evitar enfermedades estomacales.*

jacal m. Méx. y Venez. Choza o casa humilde: *Cuando íbamos por el camino rural vimos algunos jacales con gallinas alrededor.*

jacarandá o **jacaranda** f. Árbol tropical de América, de flores color lila, cuya madera es muy estimada en ebanistería: *Las jacarandas empiezan a florear en febrero o marzo.*

jacinto m. Planta que se cultiva por sus olorosas flores que pueden ser lilas, azules, rosadas o blancas: *Los bulbos de los jacintos se guardan para sembrarlos otra vez al año siguiente.*

jactarse vb. Presumir de algo que uno tiene o se atribuye: *Se jacta de ser el autor latinoamericano que más libros ha vendido.*

jade m. Piedra preciosa de color verde: *El jade es una piedra que usaban los indígenas de Mesoamérica para elaborar joyas.*

jadear vb. Respirar con dificultad por efecto del cansancio, calor o enfermedad: *Como no tiene buena condición física, llegó jadeando después de subir por la escalera.*

jaguar m. Mamífero felino carnívoro originario de América, con manchas en forma de anillo, parecido al leopardo: *Una diferencia entre el jaguar y el leopardo es que las manchas del jaguar tienen un espacio negro en el centro.* SIN. **yaguar.**

jagüey m. Amér. C. y Amér. Merid. Balsa, pozo o zanja llena de agua: *El ganado va a beber al jagüey.*

jaiba f. Antill., Chile y Méx. Cangrejo de río.

jalar vb. **1** Fam. Tirar o atraer una cosa hacia sí: *En el día de campo se organizaron dos equipos que jugaron a jalar la cuerda.* SIN. **halar.** **2** Fam. Comer con ganas.

jalea f. Postre de consistencia gelatinosa, hecho con zumo o jugo de frutas y azúcar: *Mi abuelita prepara jaleas en el verano, cuando las frutas están frescas.*

jalonear vb. Guat., Méx. y Nicar. Dar tirones o jalones de alguien o algo: *Cuando llego a casa, mi perro jalonea mi pantalón y ladra en señal de saludo.*

jamaicano, na o **jamaiquino, na** adj./m. y f. Originario de Jamaica, isla de las grandes Antillas: *El ron jamaicano es famoso por su buena calidad.*

jamás adv. Nunca, en ningún tiempo: *Después de pelearse con su mejor amigo, Pedro juró que jamás volvería a hablarle.*

jamelgo m. Caballo flaco y desgarbado: *Don Quijote, el famoso personaje del escritor español Miguel de Cervantes Saavedra, cabalgaba en un jamelgo viejo.*

jamón m. **Palabra de origen francés.** **1** Pierna entera de cerdo salada y preparada para su conservación: *En algunas tiendas pueden verse colgadas las piernas de jamón.* **2** Carne que se extrae de la pierna del cerdo, salada y curada: *Hoy desayuné huevos con jamón, jugo de toronja, pan tostado y café.*

japonés, sa adj./m. y f. Originario de Japón, país de Asia Oriental. SIN. **nipón.**

jaqueca f. Dolor de cabeza intenso: *Rubén fue al médico, porque sufre jaquecas desde que se cayó de la bicicleta.*

jarabe m. **1** Bebida medicinal: *Está tomando un jarabe para la tos, y dice que sabe horrible.* **2** Méx. Baile popular por parejas en el que se cantan temas graciosos: *Uno de los jarabes más famosos de México es "el jarabe tapatío".*

jardín m. **1** Terreno donde se cultivan árboles, plantas y flores: *El jardín de mi casa tiene varios árboles frutales y una parte de césped donde me gusta acostarme a descansar.* **2** loc. Méx. **Jardín de niños,** escuela a la que asisten niños que tienen entre 3 y 5 años de edad: *Raulito está muy contento en el jardín de niños, porque ahí tiene amigos con quienes jugar.*

jardinero, ra m. y f. Persona que cuida los jardines: *El jardinero le dio forma de jirafa a un árbol del jardín.*

jareta f. Dobladillo en la ropa para meter una cinta o goma: *Prefiero los pantalones con jareta a los que tie-*

---

adj. = adjetivo ✿ **adv.** = adverbio ✿ **f.** = sustantivo femenino ✿ **Fam.** = familiar ✿ **loc.** = locución ✿ **m.** = sustantivo masculino ✿ **pl.** = plural ✿ SIN. = sinónimo ✿ **vb.** = verbo ✿ → Ver Minienciclopedia.

nen elástico en la cintura, porque así puedo apretarlos o soltarlos hasta donde yo quiera.

jarra f. Vasija de boca ancha, con una o dos asas: En la **jarra** está el chocolate caliente que preparó mi mamá para el desayuno.

jarro m. Vasija con una sola asa: Vació el agua de limón en un **jarro** de cerámica y lo puso en la mesa donde comerían.

jarrón m. Vasija de adorno: En el centro de la mesa había un **jarrón** con unas rosas de color amarillo.

jaula f. Caja hecha de barrotes o alambres, que sirve para transportar o encerrar animales: En el zoológico guardan a los pájaros en grandes **jaulas** de alambre.

jauría f. Conjunto de perros que cazan juntos: Los cazadores se llevaron a la **jauría** de sabuesos para cazar al zorro. SIN. **perrada**.

jazmín m. [1] Arbusto trepador de flores blancas o amarillas muy olorosas: Los **jazmines** estaban cargados de flores y el olor se percibía en todo el jardín. [2] Flor de la planta del jazmín.

jeans m. pl. **Palabra inglesa**. Pantalones de tela de algodón muy resistentes al uso continuo: Originalmente, sólo los mineros usaban **jeans**, pero en la actualidad son la prenda informal que más usa la gente. SIN. **vaqueros**.

jeep m. **Palabra inglesa**. Automóvil muy resistente que puede andar por toda clase de terrenos: Fuimos de excursión por la montaña en un **jeep** que nos transportó a través de terrenos difíciles.

jefatura f. Lugar donde se encuentran las oficinas principales de un organismo de gobierno: Llevaron al delincuente a la **jefatura** de policía.

jefe, fa m. y f. [1] Persona que manda o es responsable de una empresa o grupo: El **jefe** de la oficina de publicidad pidió a sus empleados que organizaran la campaña de anuncios para el nuevo libro. [2] Líder o cabeza de algo: El **jefe** del grupo fue elegido por sus compañeros. SIN. **cabecilla**. [3] Méx. Fam. Padre y madre: Mi **jefa** me dio permiso para ir a la fiesta del sábado.

jején m. Insecto con dos alas, abundante en América Central y del Sur, más pequeño que el mosquito.

jengibre m. Planta de tallo subterráneo aromático que se utiliza como especia: En la India se usa mucho el **jengibre** para condimentar guisos.

jerarquía f. [1] Organización en categorías o grados que existe en alguna actividad: Daniel recorrió toda la **jerarquía** de su empresa, ya que comenzó siendo mensajero y ha llegado a ser gerente. [2] Cada uno de los grados o categorías en que se divide una empresa u organización: En esta oficina existen tres **jerarquías**, la de los jefes, las secretarias y los mensajeros.

jerez m. Vino blanco de fina calidad y alta graduación: A muchos ingleses les gusta tomar **jerez** como aperitivo antes de la comida.

jeringa f. Instrumento que tiene diversos usos, en especial el de succionar o inyectar líquidos: Le pusieron la inyección con una **jeringa** desechable para evitar contagios infecciosos.

jeroglífico m. Cada uno de los signos de la escritura jeroglífica: Existen **jeroglíficos** que representan sonidos y otros que representan ideas. →

jeroglífico, ca adj. Relativo a la escritura en la que se usan figuras o símbolos: Los antiguos egipcios usaban una escritura **jeroglífica**.

jícara f. Vasija pequeña hecha con la cáscara de ciertas calabazas, que se utiliza para beber chocolate o para tomar o servir cualquier líquido: María usa una **jícara** para tomar el chocolate todas las mañanas.

jicotea f. Cuba, Méx. y P. Rico. Reptil de la familia de las tortugas.

jinete, ta m. y f. Persona que va a caballo: Al llegar a la valla, el caballo se frenó y el **jinete** salió de su lomo volando.

jinetear vb. Amér. Domar caballos cerriles o salvajes.

jirón m. [1] Trozo desgarrado de una tela: Como la sábana ya no servía, la cortó en **jirones** para usarlos como trapos de limpieza. [2] Perú. Vía urbana compuesta de varias calles.

jitomate m. Méx. Palabra que viene del náhuatl jitomatl, designa al fruto de la tomatera, de color rojo, forma alargada o redonda, de pulpa carnosa y con numerosas semillas de color claro dentro. SIN. **tomate**.

jolgorio m. Fam. Regocijo, fiesta: Mis vecinos celebraron el cumpleaños de su mamá con un **jolgorio** que duró casi toda la noche.

jornada f. [1] Camino recorrido de una sola vez: Los viajeros harán el trayecto en dos **jornadas** porque es muy largo. [2] Duración del trabajo diario o semanal de un trabajador: Su **jornada** se inicia antes de salir el sol y termina después del ocaso.

jornal m. Dinero que cobra una persona por cada día de trabajo: En ese país se ha establecido un **jornal** mínimo para los trabajadores de la industria.

jornalero, ra m. y f. Persona que trabaja a jornal, en especial la que trabaja en el campo: En épocas de cosecha contratan a **jornaleros** durante dos o tres meses.

joroba f. [1] Abultamiento en la espalda debido a una desviación de la columna vertebral. SIN. **corcova**. [2] Abultamiento que tienen en el lomo ciertos animales como el cebú y el dromedario.

jorobado, da adj./m. y f. Que tiene un abultamiento en la espalda, una joroba: El **jorobado** del cuento de Víctor Hugo estaba enamorado de la gitana Esmeralda.

joropo m. Música y baile típicos de Venezuela.

h

i

k

l

m

n

josefino, na *adj./m.* y *f.* Originario de San José, capital de Costa Rica.

joven *adj./m.* y *f.* [1] Ser vivo que tiene menos edad que otro: *Diana tiene 12 años y es más joven que su hermana de 17.* [2] Que tiene más edad que los niños y menos que los adultos: *Esteban es un joven que estudia la preparatoria.* SIN. **adolescente.** [3] Persona que tiene entre 18 y 26 años aproximadamente: *A muchos jóvenes les gusta ir a las discotecas.* ANT. **viejo.**

joya *f.* Objeto de metal y piedras preciosas, por lo general de alto valor: *Cuando la familia cayó en desgracia la madre se vio obligada a vender todas sus joyas para pagar las deudas.* SIN. **alhaja.** →

juanete *m.* Hueso que está en la base del dedo grueso del pie, cuando sobresale demasiado: *Mi tía Hortensia no puede usar zapatos ajustados porque le molestan los juanetes.*

jubilado, da *adj./m.* y *f.* Se refiere a la persona que ya no labora por vejez, por un accidente o por haber trabajado varios años en la misma empresa, y que continúa recibiendo un sueldo: *En ese parque se reúnen varios jubilados a jugar ajedrez, dominó y a conversar.*

jubilar *vb.* Liberar del trabajo a un empleado por vejez, por trabajar varios años en una misma empresa o imposibilidad física: *Jubilaron a don Manuel de la empresa donde trabajaba porque ya cumplió treinta años de laborar ahí.*

júbilo *m.* Alegría muy intensa: *Con gran júbilo, alumnos y maestros dieron por concluido el curso.*

judaísmo *m.* Religión de los judíos basada en la idea de un Dios abstracto, único e indivisible.

judía *f.* [1] Planta de fruto en vainas aplastadas, con varias semillas en forma de riñón dentro de cada vaina. SIN. **frijol, poroto.** [2] Fruto y semilla de esta planta.

judicial *adj./m.* y *f.* Relativo a la organización, ejercicio o administración de la justicia: *En ese país, algunos policías judiciales usan uniforme y otros visten de civiles.*

▶ **judío, a** *adj.* [1] Relativo a los habitantes de la antigua Judea. [2] Relativo al judaísmo o religión de Moisés: *La religión judía es seguida por millones de personas en el mundo.*

▶ **judío, a** *m.* y *f.* [1] Originario de la antigua Judea. SIN. **hebreo, israelita.** [2] Persona perteneciente al pueblo judío: *Los judíos han hecho grandes aportaciones a las ciencias.* [3] Persona que profesa la religión judía o judaísmo: *Los judíos fueron masacrados por los nazis durante la Segunda Guerra Mundial.*

judo *m.* Deporte de lucha japonés, que constituye un método de defensa sin emplear armas: *El joven tiene mucho tiempo tomando clases de judo y ya obtuvo la cinta negra.*

juego *m.* [1] Acción de jugar: *Los niños estaban en pleno juego, cuando de pronto uno de ellos se cayó y*

empezó a llorar. [2] Cualquier diversión que se realice siguiendo ciertas reglas: *Su tía Adelina le enseñó a Martín varios juegos de naipes.* [3] Conjunto de piezas semejantes o para un mismo uso: *Compró dos juegos de sábanas para las camas de los niños.* [4] *loc.* **Juego de palabras,** combinación ingeniosa de palabras con doble sentido: *Un juego de palabras es, por ejemplo "no es lo mismo tomar té, que tomarte de la mano".*

jueves *m.* Cuarto día de la semana, empezando a contar a partir del lunes: *Los antiguos romanos dieron su nombre al jueves en honor al dios Júpiter.*

juez, za *m.* y *f.* Persona con potestad para juzgar y sentenciar: *El juez sentenció al delincuente a dos años de prisión por el robo que cometió.*

jugar *vb. irreg.* [1] Hacer algo como diversión: *Después de hacer el trabajo escolar, los niños juegan fútbol o baloncesto en el parque.* [2] Tomar parte en un juego, deporte o sorteo: *Mi padre juega a la lotería desde hace años.* [3] Llevar a cabo un juego: *"¿Jugamos una partida de ajedrez?", me dijo Esteban.*

jugo *m.* Líquido contenido en ciertos tejidos orgánicos: *Se necesitan muchas zanahorias para obtener un vaso de jugo.* SIN. **zumo.**

juguete *m.* Objeto que sirve para que jueguen los niños: *Al cumplir Enrique cuatro años le regalaron varios juguetes, como carritos y grúas.*

juguetón, na *adj.* Que le gusta jugar: *Los perros y gatos jóvenes son muy juguetones e inquietos.*

juicio *m.* [1] Facultad del entendimiento por la que se conoce, valora y compara: *Según el juicio del ingeniero, esa casa no es buena opción porque está muy cara.* [2] Tramitación de un pleito ante un juez o tribunal correspondiente, y su resultado: *Elena está en medio de un juicio para resolver su divorcio.* [3] *loc.* **Muela del juicio,** tercer molar, que brota durante la juventud: *La muela del juicio no le salió de manera correcta, por lo que tuvieron que extraerla.*

julio *m.* Séptimo mes del año: *El mes de julio fue llamado así en honor del antiguo emperador romano Julio César.*

junco *m.* Planta herbácea que crece a las orillas de ríos y lagos, de tallo recto y flexible: *Los juncos se usan para elaborar canastas y recipientes.*

jungla *f.* **Palabra de origen inglés.** Lugar donde hay mucha vegetación y fauna variada: *El biólogo se internó en la jungla para buscar animales exóticos.* SIN. **selva.**

junio *m.* Sexto mes del año: *Cuando se termina junio, estamos a la mitad del año.*

junta *f.* [1] Parte donde se unen dos o más cosas: *El motor arroja aceite por esa junta, que está mal apretada.* SIN. **juntura.** [2] Reunión de personas para tratar algún asunto: *"El licenciado está en una junta de trabajo con otros colegas", me informó la secretaria.*

🗂 *adj.* = adjetivo ☆ *adv.* = adverbio ☆ ANT. = antónimo ☆ *f.* = sustantivo femenino ☆ *loc.* = locución ☆ *m.* = sustantivo masculino ☆ SIN. = sinónimo ☆ *vb.* = verbo ☆ *vb. irreg.* = verbo irregular ☆ → Ver Minienciclopedia.

juntar *vb.* [1] Poner unas cosas en contacto con otras de manera que se toquen: *Para que quepan más sillas, hay que juntarlas, sin dejar espacios entre ellas.* [2] Reunir, congregar: *Se juntó toda la familia en la casa del abuelo para celebrar sus ochenta años.*

junto *adv.* Seguido de la preposición *a*, indica cerca de: *Como hacía frío, se sentaron junto a la chimenea.*

junto, ta *adj.* [1] Unido, cercano, que se toca con algo: *Pon los pies juntos para que veas que uno es ligeramente más grande que el otro.* [2] En compañía de: *Cecilia y su esposo llegaron juntos a la fiesta.*

jurado *m.* [1] Grupo de personas que califican en concursos exposiciones, etc.: *El jurado del concurso de cuento estará formado por escritores de fama reconocida.* [2] Tribunal cuya misión consiste en determinar la culpabilidad o inocencia del acusado: *Como el jurado encontró al acusado culpable de asesinato van a llevarlo a la cárcel.*

juramento *m.* Acción de jurar: *Los jóvenes que terminaron su servicio militar prestaron juramento a la bandera.*

jurar *vb.* Afirmar o prometer algo tomando por testigo a una persona o cosa que se considera sagrada: *Los testigos en el juicio juraron sobre la Biblia decir la verdad y toda la verdad.*

jurel *m.* Pez marino de cabeza corta y cola en forma de horquilla que mide unos 20 cm de largo.

jurídico, ca *adj.* Relativo al derecho, la justicia o las leyes: *Las modificaciones a la Constitución de un país son un problema jurídico que toca resolver a los legisladores.*

justicia *f.* [1] Cualidad que inclina a dar a cada uno lo que le pertenece: *Saúl ganó con justicia el primer premio, todos sabíamos que era el mejor.* [2] Derecho y su aplicación, cumplimiento de la ley: *El hombre que aparece en esa fotografía es un criminal famoso perseguido por la justicia de su país.*

justiciero, ra *adj./m.* y *f.* Que observa y aplica la justicia de manera estricta, sobre todo para castigar criminales.

justificar *vb. irreg.* Probar o demostrar la razón que se tuvo al hacer algo con razones, testigos, etc.: *No intentes justificar tu grosería, ya que no tenías ningún motivo para hacerla.*

justo *adv.* De manera justa, de manera precisa: *Justo en ese escalón fue donde se cayó mi abuela.*

justo, ta *adj.* [1] Que actúa según la justicia, la moral o la ley: *El maestro resolvió de manera justa la pelea entre dos alumnos.* [2] Exacto, preciso: *No me sobró dinero porque mi madre me dio lo justo para comprar el aceite.* [3] Ajustado, apretado: *Ese vestido antes le quedaba grande a mi hermana, pero le queda justo ahora que ya creció.*

juvenil *adj.* Relativo a la juventud.

juventud *f.* [1] Edad entre la pubertad o adolescencia y la edad adulta: *A los veinte años, una persona se encuentra en plena juventud.* [2] Conjunto de jóvenes: *En la televisión hay un programa dedicado a la juventud que también es interesante para los adultos.*

juzgado *m.* Local donde se celebran los juicios: *Lo citaron en el juzgado como testigo del crimen.*

juzgar *vb. irreg.* Decidir en calidad de juez: *El juez y el jurado juzgarán al acusado inocente o culpable.*

h

i

j

k

l

m

n

K k

k *f.* Undécima letra del abecedario español. Su nombre es *ka*.

karate o **kárate** *m.* Modalidad de lucha japonesa, basada en golpes secos realizados con la mano, los codos y los pies: *El karateca partió con un golpe de karate un grueso bloque de hielo.*

karateca *m.* y *f.* Persona que practica el karate: *Los karatecas usan cintas de un color determinado para indicar el dominio que tienen de ese tipo de lucha; la cinta principal es la negra.*

kayak *m.* [1] Canoa de los esquimales hecha con piel de foca. [2] Embarcación de lona que se utiliza para practicar cierto deporte: *Ramiro fue al río para practicar con el kayak, porque va a participar en una competencia.*

kilo *m.* Abreviatura de *kilogramo: Compré un kilo de papas para hacer puré.*

kilogramo *m.* Unidad de medida de peso equivalente a mil gramos.

kilométrico, ca *adj.* [1] Relacionado con el kilómetro y las grandes distancias que se cuentan en kilómetros: *Si ves un mapa de América, te darás cuenta de que hay una distancia kilométrica entre México y Argentina.* [2] *Fam.* Relativo a lo que es muy largo o dura mucho tiempo.

kilómetro *m.* Unidad de medida de longitud equivalente a mil metros: *El Río Amazonas es larguísimo, mide aproximadamente 6 500 kilómetros.*

kínder *m.* Escuela donde los niños de 4 a 6 años aprenden a realizar diversas actividades: *A Cecilia le encanta ir al kínder porque dibuja, juega con sus compañeros y está aprendiendo las primeras letras.*

▶ **kiwi** *m.* [1] Arbusto trepador, de flores blancas y amarillas. [2] Fruto de esta planta, de piel color marrón claro, cubierta de pelillos y pulpa verde de sabor ácido.

▶ **kiwi** o **quivi** *m.* Ave corredora de Nueva Zelanda, de unos 30 centímetros de altura, de alas diminutas, plumas pardas, pico largo y barbas desordenadas.

koala *m.* Mamífero marsupial que lleva a sus crías montadas en la espalda, tiene hocico corto, orejas grandes y redondas, pelo grisáceo y cola pequeña: *El koala es originario de Australia y come hojas de eucalipto.*

kiosco *m. Ver* **quiosco.**

---

adj. = adjetivo ✿ *art.* = artículo ✿ *f.* = sustantivo femenino ✿ *Fam.* = familiar ✿ *m.* = sustantivo masculino **pron.** = pronombre ✿ SIN. = sinónimo ✿ *vb.* = verbo.

L l

l *f.* Duodécima letra del abecedario. Su nombre es *ele*.

L *f.* Cifra que en números romanos equivale a 50.

▶ **la** *m.* Sexta nota de la escala musical de *do: El la está entre el "sol" y el "si".*

▶ **la** *pron.* Pronombre personal femenino de tercera persona singular: *La esperé hasta las nueve de la noche y como no llegó, me fui a mi casa.*

▶ **la** *art.* Artículo determinado femenino singular que se antepone a los sustantivos para individualizarlos: *Ésta es la casa donde viví durante mi infancia.*

laberinto *m.* Lugar formado por caminos que se entrecruzan, de manera que es difícil orientarse: *Para no perderse en el laberinto, el niño fue dejando pedazos de pan que después lo guiaron para poder salir.*

labial *adj.* Relativo a los labios: *Las mujeres adultas usan a veces lápiz labial y sus labios se ven de colores fuertes.*

labio *m.* Cada uno de los bordes carnosos y móviles de la boca: *Las personas de raza negra tienen por lo general los labios gruesos y carnosos, y las de raza blanca los tienen delgados y pálidos.*

labor *f.* [1] Trabajo, acción de trabajar: *La labor de investigación que realizan los científicos es muy importante.* [2] Operación agrícola: *Desde antes del amanecer se inician las labores en el campo.* [3] Cualquier trabajo de costura, bordado, etc.: *Hasta principios del siglo xx muchas niñas aprendían labores que les ayudarían en su hogar cuando se casaran.*

laboral *adj.* Relativo al trabajo o a los trabajadores: *En muchos lugares la semana laboral es de cinco días, en otros es de seis días y en otros hasta de siete.*

laboratorio *m.* Local dispuesto para realizar investigaciones científicas, análisis biológicos, trabajos fotográficos, etc.: *Tengo que ir al laboratorio a recoger los resultados de los análisis que me hicieron.*

labrador, ra *m.* y *f.* Persona que se dedica a labrar la tierra: *Desde que sale el sol se puede ver a los labradores trabajando en el campo.*

labrar *vb.* [1] Trabajar un material dándole una forma determinada: *En los siglos xvi al xviii en países como México, Colombia, Perú y Ecuador, había muchos artesanos que labraban piedra para las fachadas de los edificios de estilo barroco.* [2] Cultivar la tierra: *Cuando los grupos humanos empezaron a labrar la tierra se volvieron sedentarios.*

laburo *m.* Argent. y Urug. Fam. Trabajo.

laca *f.* [1] Sustancia resinosa obtenida de ciertos árboles orientales. [2] Barniz preparado con la sustancia llamada laca: *La superficie de los muebles barnizados con laca es lisa y lustrosa.* [3] Producto que se aplica para fijar el peinado: *En los años sesenta del siglo xx estuvieron de moda los peinados altos y fijados con mucha laca, de modo que el cabello quedaba muy duro.*

lacandón, na *adj./m.* y *f.* De un pueblo amerindio que vive en Guatemala y en el estado mexicano de Chiapas: *La selva lacandona es una reserva natural del Continente Americano donde viven hermosos animales como guacamayas y tapires.*

lacio, cia *adj.* [1] Marchito: *Como no la había regado, la planta estaba lacia y triste.* [2] Relativo al pelo liso, que no tiene ondulaciones. SIN. liso.

lacrimógeno, na *adj.* [1] Que produce lágrimas. [2] Que provoca llanto: *Ese programa de televisión es lacrimógeno, por eso mi tía llora cada vez que lo ve.*

lactancia *f.* Periodo de la vida en que los humanos y algunos animales maman: *La etapa de lactancia de los cachorros de mi perra duró alrededor de dos meses.*

lácteo, a *adj.* Perteneciente a la leche o parecido a ella: *Entre los productos lácteos están la crema, el yogur y el queso.*

ladera *f.* Bajada de un monte: *El pastor venía bajando con sus ovejas por la ladera del monte.*

lado *m.* [1] Costado del cuerpo humano: *Me di un golpe en el lado izquierdo al pasar por la puerta.* [2] Parte de algo que está próxima a sus extremos, en oposición al centro: "*Suba usted al tercer piso por el ascensor del lado derecho*", me dijo una empleada al señalar una puerta. [3] Lugar, sitio: "*No nos quedemos en casa, salgamos a algún lado a pasear*", propuse a mis amigos. [4] Cada una de las líneas que limitan un ángulo o un polígono: *Los cuadrados tienen cuatro lados iguales.*

ladrido *m.* Voz que emite el perro: *Los perros de raza pastor alemán emiten unos ladridos muy fuertes.*

ladrillo *m.* Pieza de arcilla cocida, de forma rectangular: *Después de hacer la pared con ladrillos y argamasa la cubren con yeso.*

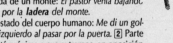

 Argent. = Argentina ☆ *Urug.* = Uruguay.

ladrón, na *m.* y *f.* [1] Persona que roba: *Ayer entraron varios **ladrones** a la tienda y se llevaron ropa, dinero y perfumes.* [2] Dispositivo eléctrico con tres salidas para enchufar más de un aparato: *Necesito un **ladrón** para conectar la televisión y la cafetera al mismo tiempo.*

lagaña *f.* Secreción de la glándula de los párpados. SIN. **legaña.**

lagartija *f.* Denominación de diversos saurios de menor tamaño que los lagartos: *La **lagartija** tuvo una lucha con un pájaro y perdió un pedazo de su cola, pero después le creció otra vez.* ➡

lagarto, ta *m.* y *f.* [1] Reptil de color verdoso y cola larga: *Los **lagartos** viven en los pantanos y los ríos.* [2] *Méx.* Caimán.

lago *m.* Gran cantidad de agua depositada en depresiones del terreno: *El **lago** Titicaca, que se encuentra en Perú y Bolivia, es el que está a mayor altitud en el mundo.*

lágrima *f.* Líquido salado producido por las glándulas lagrimales de los ojos: *Cuando se acuerda de su madre recién muerta, a Daniel se le llenan los ojos de **lágrimas.***

lagrimal *m.* [1] Órganos donde se forman y por donde salen las lágrimas. [2] Extremidad del ojo cercana a la nariz: *Tienes una pestaña suelta cerca del **lagrimal**, por eso sientes que algo te pica.*

laguna *f.* Extensión natural de agua, menor que el lago.

laico, ca *adj.* Que no es eclesiástico ni religioso: *En las escuelas **laicas** no dan clases de religión.*

lamentar *vb.* [1] Sentir disgusto por algo: ***Lamento** que haya violencia entre las personas.* [2] Quejarse: *En la sala de partos de los hospitales es normal oír a las mujeres **lamentarse** por los dolores que sufren cuando van a dar a luz.*

lamento *m.* Quejido: *Dicen que esa casa está embrujada porque se escuchan **lamentos** por las noches.*

lamer *vb.* Pasar la lengua por alguna cosa: *Para bañarse, los gatos **se lamen** con su lengua rasposa.*

lámina *f.* [1] Pieza plana y delgada de cualquier material: *El carpintero cortó una **lámina** delgada de madera para forrar la mesa.* [2] Ilustración, dibujo: *Me gustan las **láminas** de colores que tiene mi enciclopedia de animales.*

lámpara *f.* [1] Utensilio para alumbrar: *Es útil traer en el automóvil una **lámpara** para emergencias.* [2] Bombilla eléctrica o foco.

lampiño, ña *adj.* [1] Que no tiene barba: *Mi hermano tiene doce años y todavía es **lampiño**.* [2] De poco pelo o vello: *Los hombres de razas orientales tienden a ser **lampiños**; en cambio algunos europeos, como los españoles, son muy velludos.*

lana *f.* [1] Pelo de las ovejas y carneros: *A las ovejas se les corta la **lana** en verano, para que en invierno estén otra vez cubiertas y no tengan frío.* [2] Hilo y tejido elaborados con la lana: *Mi padre usa un traje de **lana** en época de frío.*

lancha *f.* [1] Bote grande para servicios auxiliares de los barcos y puertos. [2] Barco pequeño y sin cubierta: *Como se subieron muchas personas a la **lancha** al mismo tiempo, se hundió y todos se mojaron.* SIN. **bote.**

langosta *f.* [1] Animal marino de largas antenas, muy apreciado por su carne. [2] Insecto herbívoro saltador, parecido a los grillos: *Las plagas de **langosta** pueden acabar con cosechas enteras.* SIN. **chapulín, saltamontes.**

langostino *m.* Animal marino, de cuerpo comprimido y carne muy apreciada, parecido a un camarón grande o a una langosta chica.

lanolina *f.* Grasa extraída de la lana de oveja, utilizada en la industria farmacéutica y cosmética.

lanza *f.* Arma blanca formada por un palo con una punta afilada en uno de sus extremos: *Los hombres antiguos cazaban animales con **lanzas**.*

lanzar *vb. irreg.* [1] Aplicar impulso a una cosa para que recorra una distancia en el aire: *En el juego de béisbol de ayer, un jugador **lanzó** una bola rápida que el bateador no pudo responder.* [2] Proferir, expresar: *Cuando se entere de que se ganó la lotería, mi papá **lanzará** un grito de felicidad.* [3] Divulgar, hacer público: *Una editorial **lanzó** un nuevo método de inglés.*

lapicera *f.* [1] *Amér. Merid.* Utensilio con un cartucho de tinta usado para escribir. SIN. **birome, bolígrafo, pluma.** [2] *Argent., Chile, Par.* y *Urug.* Mango en donde se coloca la pieza que, mojada en tinta, sirve para pintar.

lapicero *m.* Lápiz al que se le sale la punta cuando se hace girar un mecanismo: *Tengo que comprar minas para mi **lapicero**, porque ya se acabaron.*

lápida *f.* Piedra plana y de poco grosor en la que se graba información acerca de un difunto o un hecho importante: *En la tumba de mi bisabuela hay una **lápida** con su nombre y las fechas de su nacimiento y muerte.*

lápiz *m.* [1] Barra fina de grafito, envuelta en madera, que sirve para escribir o dibujar: *Hice un dibujo a **lápiz** y luego lo iluminé.* [2] Barrita hecha de cera y colorante, usada como cosmético para pintar los labios: *Mi madre usa un **lápiz** negro para delinear los párpados y un **lápiz** rojo para delinear los labios.*

largar *vb. irreg.* [1] Soltar, dejar libre. [2] *Fam.* Marcharse: ***Se largó** a la calle después de comer y no dijo a dónde iba ni a qué hora regresaría.*

▶**largo** *m.* Longitud: *Tengo nueve años y mido un metro con veinte centímetros de **largo**.*

largo *adv.* Mucho: *Las dos amigas hablaron **largo** después de no verse durante cinco años.*

---

adj. = adjetivo ☆ **adv.** = adverbio ☆ **art.** = artículo ☆ **f.** = sustantivo femenino ☆ **Fam.** = familiar ☆ **m.** = sustantivo masculino ☆ **pl.** = plural ☆ **pron.** = pronombre ☆ SIN. = sinónimo ☆ **vb.** = verbo ☆ **vb. irreg.** = verbo irregular ☆ ➡ Ver Minienciclopedia.

h

largo, ga adj. ☐ Que tiene mucha longitud: *La distancia entre Brasil y México es muy larga.* ☐ De mucha o excesiva duración: *Es una obra de teatro larga que dura cuatro horas.*

larguero m. En algunos deportes, travesaño que une los dos postes de una portería: *El portero tuvo suerte porque la pelota rebotó en el larguero y luego se salió de la portería.* SIN. **travesaño.**

laringe f. Órgano del aparato respiratorio, que contiene las cuerdas vocales.

laringitis f. Inflamación de la laringe: *La laringitis que tenía le impidió hablar durante cinco días.*

las pron. Pronombre personal femenino de tercera persona plural: *Compró dos muñecas de tela y se las regaló a sus sobrinas.*

las art. Artículo determinado femenino plural, que se antepone a los sustantivos para individualizarlos: *Me encantan las manzanas, podría comerlas diariamente y no me hartaría.*

láser m. Aparato que produce una luz que se usa en diferentes áreas como la industria y la medicina: *Actualmente muchos médicos realizan operaciones con láser, por ejemplo para corregir la miopía o disolver cálculos biliares.*

lástima f. ☐ Sentimiento de compasión. ☐ Lamento, algo que causa pesar o disgusto: *"¡Qué pena! Es una lástima que no hayas podido ver esa obra de teatro porque es muy buena."*

lastimar vb. Herir o hacer daño: *Se lastimó al caer de la bicicleta y ahora tiene una pierna vendada.*

lastre m. Peso que se pone a una embarcación para darle estabilidad.

lata f. ☐ Hojalata. ☐ Envase de hojalata: *Las latas fueron un gran invento para conservar la comida por largo tiempo.* ☐ *Fam.* Molestia, pesadez: *Esa perra es una lata, tiene dos años y no ha aprendido a hacer pipí fuera de la casa.*

lateral adj. Relativo a lo que está en un lado o en la orilla de una cosa: *El choque ocurrió en la puerta lateral derecha del automóvil.*

látex m. Jugo blanco o amarillo segregado por ciertos vegetales, parecido al plástico, con el que se hacen algunos guantes de uso doméstico u hospitalario, ligas y otros objetos.

latido m. Movimiento alternativo de dilatación y contracción del corazón y las arterias: *Como la niña estaba asustada se aceleraron los latidos de su corazón.*

látigo m. Utensilio largo y flexible, de cuero u otro material, que se usa para azotar: *En tiempos de la esclavitud, los amos solían castigar a los esclavos golpeándolos con un látigo.*

latín m. Idioma de la antigua Roma, utilizado hasta los años setenta del siglo XX como lengua de la Iglesia Católica: *Del latín nacieron las lenguas romances como el español, el portugués, el francés y el italiano.*

latino, na adj./m. y f. ☐ Relativo a los países cuya lengua deriva del latín, y de sus hablantes: *En Europa, los países latinos son Francia, España, Italia, Portugal y Rumania.* ☐ Relativo a los latinoamericanos, españoles o italianos que emigran a los Estados Unidos de Norteamérica.

latinoamericano, na adj./m. y f. De América Latina: *Pese a nuestras diferencias, los latinoamericanos tenemos muchas cosas en común; entre otras, el origen.*

i

latir vb. Dar latidos el corazón y las arterias: *El corazón del joven latía con intensidad por el esfuerzo de haber subido corriendo esa calle tan empinada.*

latoso, sa m. y f. Pesado, molesto: *No resulta fácil cuidar a ese niño, porque es muy latoso e inquieto.*

laurel m. ☐ Árbol siempre verde cuyas hojas se utilizan como condimento. ☐ Gloria, fama.

lava f. Materia líquida hirviente que expulsa un volcán: *Los ríos de lava que salían del cráter del volcán quemaron los árboles que había en sus laderas.*

j

lavabo m. ☐ Pila con grifos o llaves que se usa para lavarse las manos, cara, etc.: *El lavabo tiene una gotera, debemos arreglarlo para no desperdiciar el agua.* ☐ Habitación destinada al aseo personal.

lavadero m. Lugar, habitación o recipiente donde se lava la ropa: *En mi casa, el lavadero está en el patio de la parte de atrás, donde también hay unas cuerdas para poner la ropa a secar.* SIN. **pileta.**

lavadora f. Máquina para lavar la ropa: *Se descompuso la lavadora y ahora hay que lavar la ropa a mano.*

k

lavanda f. ☐ Planta de flores azules muy aromáticas. ☐ Esencia que se extrae de la planta llamada lavanda: *Gabriel tiene una bolsa con flores de lavanda entre su ropa para que todo huela bien.*

lavandería f. Establecimiento industrial donde se lava la ropa a cambio de dinero: *A mi papá le gusta que laven su ropa en una lavandería para evitar que mi mamá se canse lavándola.*

lavar vb. Limpiar con agua y jabón: *Por razones de higiene, hay que lavarse las manos antes de cada comida y después de ir al baño.*

laxante m. Purgante de acción suave: *Me dieron un laxante porque no había evacuado los intestinos en tres días.*

lazo m. ☐ Nudo de cintas que sirve de adorno: *El jinete puso un lazo de colores en la cola de su caballo.* ☐ Cuerda con un nudo corredizo para cazar o sujetar animales: *El cerdo estaba amarrado a la valla con un lazo.* ☐ *pl.* Vínculo, relación: *Tiene lazos muy fuertes con ese país, donde pasó toda su infancia.* ☐ *Hond.* y *Méx.* Cualquier cuerda.

m

le pron. Pronombre personal masculino y femenino de tercera persona singular: *Le quiero comprar un regalo por su cumpleaños.*

n

leal *adj./m.* y *f.* Persona fiel y noble: *Durante la crisis económica que sufrió Manuel, sólo estuvieron a su lado un puñado de amigos leales.* SIN. **fiel.**

lección *f.* ① Cada una de las partes en que se divide la materia de una disciplina: *Alfonsina toma lecciones de piano por las tardes en una academia.* ② Aquello que enseña o escarmienta: *Con ese castigo, su madre le dio una buena lección a la niña mentirosa.*

leche *f.* Líquido alimenticio de color blanco, producido por las mamas de los mamíferos hembras: *La leche materna alimenta y protege a los bebés en contra de muchas enfermedades.*

lechería *f.* Tienda o lugar donde se vende leche y por lo general otros productos lácteos: *Antes de regresar a la casa pasé a la lechería a comprar la leche para preparar el flan.*

lecho *m.* ① Cama para dormir: *Se tendió en el lecho para descansar antes de reiniciar su trabajo.* ② Fondo de un río, lago o mar: *Encontraron en el lecho del lago un automóvil que se hundió hace muchos años.*

lechón *m.* Cerdo que aún mama: *Desde la Edad Media es tradicional que el lechón se cocine de manera que quede tan suave que se pueda partir usando un plato en vez de un cuchillo.*

lechosa *f.* R. Dom. y Venez. Fruto del papayo, hueco y con semillas negruzcas en su interior, de pulpa dulce amarilla o anaranjada. SIN. **papaya.**

lechuga *f.* Planta de hojas grandes y comestibles, que suele prepararse en ensalada.

lechuza *f.* Ave rapaz nocturna, de cabeza redonda y ojos grandes, que se alimenta de roedores y otros animales.

lectivo, va *adj.* Tiempo y días destinados para impartir la enseñanza en los centros docentes: *Un año lectivo no tiene 365 días, porque no se cuentan las vacaciones y los fines de semana.*

lectura *f.* ① Acción de leer: *Teresa acostumbra dedicar una hora a la lectura todos los días.* ② Cosa leída: *Los lunes tenemos que dar un informe a la maestra de la lectura del fin de semana.*

leer *vb. irreg.* ① Interpretar en la mente o en voz alta la palabra escrita: *Es importante fomentar que los niños lean como parte de sus hábitos diarios.* ② En música, traducir en sonidos las notas y signos: *En la clase de música me enseñan a leer unos signos y a convertirlos en canciones.*

legal *adj.* Establecido por la ley o de acuerdo con ella: *Sus acciones en ese negocio fueron legales, pues no quebrantó ninguna ley.*

legaña *f.* Sustancia que desechan las glándulas de los párpados: *Como se acababa de despertar, tenía los ojos llenos de legañas.* SIN. **lagaña.**

legendario, ria *adj.* Relativo a las leyendas: *La Llorona y la Difunta Correa son personajes legendarios de la cultura popular.*

legislativo, va *adj.* Que tiene por misión hacer leyes: *El Congreso de un país tiene una función legislativa, ya que formula y aprueba las leyes.*

legítimo, ma *adj.* ① Conforme a las leyes. ② Auténtico, verdadero: *El abrigo es de lana legítima, pues no tiene fibras sintéticas.*

legua *f.* Medida de longitud que equivale a 5 572 m: *El gato del cuento que estoy leyendo tiene unas botas mágicas con las que puede recorrer siete leguas con cada paso.*

legumbre *f.* ① Todo género de fruto o semilla que se cría en vainas: *Las habas y las lentejas son legumbres.* ② Planta que se cultiva en una huerta.

lejano, na *adj.* Que está a gran distancia: *Mi amigo se fue a vivir a un país muy lejano, al otro lado del mundo, así que no sé cuándo vuelva a verlo.*

lejos *adv.* A gran distancia en el espacio o en el tiempo: *Ya habían caminado dos horas, pero el pueblo todavía quedaba lejos.*

lema *m.* Frase que expresa una intención o regla de conducta: *El lema de muchos comerciantes es que el cliente siempre tiene la razón.*

lempira *m.* Moneda de Honduras.

lengua *f.* ① Órgano carnoso y móvil de la cavidad bucal, que sirve para degustar, deglutir y articular sonidos: *Tomé café muy caliente y ahora tengo úlceras en la lengua.* ② Sistema de señales verbales propio de una comunidad, individuo, etc.: *En la mayor parte de los países latinoamericanos se habla la lengua española.*

lenguado *m.* Pez de mar comestible de cuerpo casi plano y oblongo.

lenguaje *m.* ① Capacidad humana de emplear sonidos articulados para comunicarse. ② Cualquier método de comunicación por medio de signos, señales y otras formas: *Mi maestra aprendió el lenguaje de los sordomudos porque quiere dar clases a personas que no oyen.* ③ Manera de expresarse.

lengüeta *f.* Pieza delgada en forma de lengua: *Algunos zapatos tienen una lengüeta sobre la que se amarran los cordones.*

▶ **lente** *f.* Cristal transparente y plano, limitado por dos superficies por lo general curvas: *Los telescopios funcionan con un sistema de lentes que permiten ver más cercanos los objetos que están lejos.*

▶ **lente** *m.* ① *pl.* Anteojos, gafas: *Como su papá, Renato usa lentes desde los seis años.* ② *loc.* **Lente de contacto**, disco pequeño que se aplica directamente sobre la córnea para corregir defectos de la visión: *En la actualidad existen lentes de contacto que detienen y corrigen pro-*

---

blemas que antes tenían que operarse, como el astigmatismo.

lenteja *f.* [1] Planta trepadora de flores blancas y fruto que crece en vaina, dentro del cual hay dos o tres pequeñas semillas comestibles. [2] Semilla de la planta de la lenteja.

lentejuela *f.* Lámina pequeña, redonda, de material brillante, que se aplica como adorno a los vestidos: *La cantante llevaba un vestido muy llamativo con **lentejuelas** de colores.*

lento, ta *adj.* Tardo o pausado en el movimiento o acción: *Alicia llegó en el último lugar de la carrera porque fue la más **lenta** de todas las competidoras.*

leña *f.* Conjunto de ramas, matas y troncos secos para hacer fuego: *Como hacía mucho frío en la montaña, juntamos **leña** para hacer una hoguera.*

leñador, ra *m.* y *f.* Persona que tiene por oficio cortar leña.

leño *m.* Trozo de árbol cortado y despojado de ramas: *Ese **leño** no sirve para hacer fuego porque está verde y húmedo.*

león, na *m.* y *f.* Mamífero carnívoro félido, de pelaje amarillo rojizo y, en el caso del macho, adornado por una melena. ➡

leopardo *m.* Mamífero carnívoro félido, de pelaje rojizo o amarillo con manchas negras: *Los **leopardos** se parecen a los tigres, pero se distinguen de ellos porque en lugar de rayas tienen manchas.*

lepra *f.* Enfermedad infecciosa crónica, que cubre la piel de ampollas y escamas: *En algunos lugares de África hay colonias de enfermos de **lepra** que viven apartados del resto de la gente.*

les *pron.* Pronombre personal masculino y femenino de tercera persona plural: *Cuando **les** dije que iríamos a la feria, todos aceptaron entusiasmados.*

lesión *f.* Daño corporal, herida: *Tenía varias **lesiones** en las piernas después del partido de fútbol.*

letra *f.* [1] Cada uno de los signos con que se representan los sonidos de un alfabeto: *Antes la ch y la ll se consideraban **letras**; ahora se les considera combinaciones de las letras c y l.* [2] Modo particular de escribir: *Julián escribe con una **letra** muy redonda y elegante.* [3] Texto de una pieza musical: *Se puso a cantar una canción y a la mitad se le olvidó la **letra**.*

letrero *m.* Escrito que se coloca en determinado lugar para avisar o hacer pública alguna cosa: *Cuando llegamos al auditorio vimos un **letrero** avisando que se había cancelado el concierto.*

letrina *f.* Retrete, lugar donde se orina y defeca.

leucemia *f.* Enfermedad de la sangre que se manifiesta en un aumento excesivo de leucocitos, o sea glóbulos blancos, en la médula ósea, bazo y ganglios.

levadura *f.* Masa formada por un tipo de hongos microscópicos, que hace fermentar el cuerpo con que se mezcla: *Después de mezclar la masa con la **levadura**, hay que dejarla reposar para que se esponje.*

levantar *vb.* [1] Mover de abajo hacia arriba: *El campeón de pesas del mundo **levanta** 250 kilos.* [2] Llevar algo a un nivel más alto: *Como el niño ya empezó a caminar, **levantamos** las cosas delicadas para que no las toque.* [3] Poner derecho o en posición vertical. [4] Edificar, construir: *De manera ilegal **levantaron** un edificio habitacional en medio de un parque público.* [5] Ponerse de pie: *De un salto, Ruperto **se levantó** de la silla al escuchar el timbre de la puerta.* [6] Dejar la cama después de haber dormido: *Mi papá **se levanta** a las cinco de la mañana porque entra a trabajar a las siete.*

leve *adj.* [1] De poco peso: *Mi peso es **leve** si lo comparo con el de mi padre.* [2] De poca importancia: *El médico me dijo que tengo una infección **leve** y que en dos días estaré sano.*

ley *f.* [1] Relación necesaria que enlaza entre sí fenómenos naturales y ley que expresa esta relación: *Isaac Newton descubrió la **ley** de la gravedad.* [2] Precepto dictado por la suprema autoridad: *El gobierno promulgó una **ley** que ordena proteger los bosques del país.*

leyenda *f.* Narración de sucesos fabulosos, a veces con una base histórica, que se transmiten por tradición oral o escrita: *Según la **leyenda**, la ciudad de Roma fue fundada por los gemelos Rómulo y Remo, quienes fueron amamantados por una loba.* ➡

liana *f.* Nombre común de diversas especies de bejuco: *Tarzán se transportaba de un lugar a otro con las **lianas** que colgaban de los árboles.*

liar *vb. irreg.* Atar o envolver una cosa: *Mi cuñada **lió** el libro con papel y cuerda para enviármelo por correo.*

libélula *f.* Insecto de abdomen largo, dotado de cuatro alas.

liberar *vb.* [1] Libertar, dar libertad: *Finalmente las autoridades **liberaron** al acusado porque descubrieron que no era culpable.* [2] Liberar de una obligación o carga: *La secretaria estaba tan cargada de trabajo, que sus jefes decidieron **liberarla** de algunas de sus tareas.*

libertad *f.* [1] Capacidad que tiene el hombre de actuar de manera libre, sin obligación alguna. [2] Estado de quien no está sujeto ni impedido para hacer algo.

librar *vb.* Evitar hacer una tarea molesta o protegerse de un peligro: *Como está enfermo **se libró** de tener que limpiar la casa.* SIN. salvar.

libre *adj.* [1] Que goza de libertad. [2] Sin obstáculo: *Ya está **libre** la calle, por fin quitaron el autobús descompuesto que no permitía pasar.* [3] Vacante, vacío: *Este asiento está **libre**, aquí puedes sentarte.*

h

i

j

k

l

m

n

librería *f.* [1] Local donde se venden libros: *Fueron a la* **librería** *a comprar los libros de texto para el curso que va a empezar.* [2] *Argent.* Comercio donde se venden cuadernos, lápices y otros artículos de escritorio. SIN. **papelería.**

librero, ra *m.* y *f.* [1] Comerciante de libros: *En el centro hay tres calles con negocios de* **libreros** *que venden libros usados.* [2] *Bol., Chile, Ecuad., Méx., Guat., Pan.* y *Perú.* Mueble para guardar libros: *En el tercer* **librero** *de la derecha encontrarás los libros de literatura inglesa.* SIN. **librería.**

libreta *f.* Cuaderno en que se escriben anotaciones: *En mi* **libreta** *de matemáticas escribo los resúmenes de las clases y las operaciones que hago en mi casa.*

libreto *m.* Texto que sirve de base a un drama musical o a un filme o película: *Después de escribir el* **libreto** *de la obra de teatro musical, el compositor adaptó la música.* SIN. **guión.**

libro *m.* [1] Conjunto de hojas manuscritas o impresas, encuadernadas, y que forman un volumen ordenado para la lectura: *Antes los* **libros** *se hacían totalmente a mano y ahora se hacen mediante un proceso industrial.* [2] Tercera parte del estómago de animales como la vaca, que lo tienen dividido en cuatro cavidades: *Los estómagos de los rumiantes se llaman panza, bonete, libro y cuajar.*

licencia *f.* [1] Permiso: *A los dieciséis años sus padres le dieron* **licencia** *a Maura para llegar a casa a medianoche.* [2] Documento en que consta el permiso para manejar: *Para conducir camiones, se necesita un tipo de* **licencia** *diferente a la de automovilista.*

licenciado, da *m.* y *f.* Persona que ha obtenido en una facultad universitaria el grado que le habilita para ejercer una profesión: *Para ocupar el puesto vacante en el juzgado se necesita a un* **licenciado** *en derecho.*

licenciatura *f.* Grado o título de licenciado: *Después de cuatro años de estudiar en la universidad, obtuvo una* **licenciatura** *en contabilidad.*

liceo *m.* [1] En algunos países, centro de segunda enseñanza. [2] Sociedad cultural o recreativa.

lícito, ta *adj.* Permitido por la ley o la moral: *Es* **lícito** *que ese empresario quiera recuperar la propiedad que su socio le quitó de manera ilegal.* ANT. **ilícito.**

licor *m.* Bebida alcohólica obtenida por destilación.

licuadora *f.* Aparato eléctrico que sirve para moler o licuar diversos tipos de alimentos: *Puso en la* **licuadora** *trozos de piña, agua y azúcar y se preparó una bebida deliciosa.*

licuar *vb. irreg.* Convertir en líquido algo sólido: **Licuamos** *unos tomates para ponérselos a la sopa.*

líder *m.* y *f.* [1] Persona o grupo que va a la cabeza de una clasificación: *Ese equipo de fútbol es el* **líder** *de su grupo en este momento, habrá que ver si llega a la*

final. [2] Jefe de un grupo, partido, etc.: *El* **líder** *del partido de oposición fue el encargado de dar respuesta al discurso del presidente.*

lidiar *vb.* [1] Torear: *El segundo toro que* **lidió** *el torero era muy manso.* [2] Batallar, pelear.

liebre *m.* y *f.* [1] Mamífero roedor parecido al conejo pero de mayor tamaño, con largas patas traseras adaptadas a la carrera y con las puntas de las orejas de color negro. [2] *Chile.* Autobús pequeño.

liendre *f.* Huevecillo del piojo.

lienzo *m.* [1] Pieza grande de tela: *Compró dos* **lienzos** *de manta para hacer unas cortinas.* [2] Tela sobre la que se pinta: *El pintor se enfrentó al* **lienzo** *en blanco antes de empezar a trabajar en su nueva pintura.*

▶ **liga** *f.* Cinta elástica usada para sujetar, de manera especial para mantener medias o calcetines sin que se bajen por la pierna.

▶ **liga** *f.* [1] Asociación: *La* **liga** *de los defensores de animales se ha opuesto a las peleas de gallos.* [2] Competencia deportiva entre varios equipos: *El campeón de la* **liga** *de primavera fue el mismo equipo que el año pasado.*

ligar *vb. irreg.* Atar: *Los vaqueros* **ataron** *las patas del caballo para que pudiera curarlo el veterinario.*

ligero, ra *adj.* [1] Que pesa poco: *La espuma de plástico es un material* **ligero**, *un trozo del tamaño de un colchón pesa apenas dos o tres kilos.* [2] Que obra con rapidez.

lija *f.* [1] Tiburón de pequeño tamaño y piel rasposa, que vive en el Océano Atlántico y en el Mar Mediterráneo. SIN. **pintarroja.** [2] Papel con polvos de vidrio o esmeril adheridos, que se usa para pulir maderas o metales: *Pulí la madera de la puerta con papel de* **lija.**

lijar *vb.* Pulir con lija u otro abrasivo: *Antes de barnizarla, hay que* **lijar** *la madera para que no le queden astillas.*

▶ **lila** *adj.* De color morado claro o morado rosado.

▶ **lila** *m.* [1] Arbusto de flores olorosas de color morado claro, originario del Medio Oriente. [2] Flor del arbusto llamado lila: *La esencia de las* **lilas** *es muy empleada para hacer perfumes.*

lima *f.* Fruto del limero: *La época de las* **limas** *en el hemisferio norte es en los meses de noviembre y diciembre.*

▶ **lima** *f.* Instrumento de acero con la superficie estriada, que se usa para desgastar metales, maderas, uñas, etc.: *La mujer que arregló mis manos empezó su trabajo con una* **lima** *para uñas.*

limar *vb.* Pulir con la lima: *Voy a* **limar** *mis uñas para emparejarlas y evitar que se atoren en mi ropa.*

limeño, ña *adj./m.* y *f.* De Lima, Perú.

limero *m.* Árbol de flores blancas y olorosas, cuyo fruto es la lima.

---

adj. = adjetivo ☆ ANT. = antónimo ☆ *f.* = sustantivo femenino ☆ *loc.* = locución ☆ *m.* = sustantivo masculino ☆ SIN. = sinónimo ☆ *vb.* = verbo ☆ *vb. irreg.* = verbo irregular.

limitar vb. 1 Fijar o señalar límites: *Las horas de visita en los hospitales se **limitan** para proteger la tranquilidad de los enfermos.* 2 Reducir, recortar: *Como no quería subir de peso, Magnolia se **limitó** a comer alimentos con poca grasa.* 3 Tener un país, territorio, etc., límites comunes con otro: *Estados Unidos de Norteamérica **limita** al norte con Canadá y al sur con México.*

límite m. 1 Línea real o imaginaria que señala la separación entre dos cosas: *El balón salió de los **límites** del campo.* 2 Fin o grado máximo de algo: *El atleta que obtuvo el primer lugar se esforzó hasta el **límite** para ganar la carrera, por eso llegó tan agotado a la meta.*

limón m. Fruto del limonero, de forma esférica, color amarillo o verde y sabor ácido: *Preparó el aderezo de la ensalada con aceite, pimienta, sal y zumo de **limón**.*

limonada f. Refresco hecho con agua, azúcar y zumo o jugo de limón.

limonero m. Árbol de ramas espinosas, flores blancas color púrpura en el exterior y cuyo fruto es el limón.

limosna f. Lo que se da a los pobres por caridad: *Ayer vi a un hombre que pedía **limosna** afuera de una tienda lujosa.*

limosnero, ra m. y f. Amér. Mendigo, pordiosero: *Muchos **limosneros** viven en las calles porque carecen de hogar.*

limpiabotas m. y f. Persona que tiene por oficio lustrar el calzado: *A veces los **limpiabotas** usan unas sillas altas para sentar a sus clientes y lustrar sus zapatos con mayor comodidad.*

limpiar vb. Quitar la suciedad de una cosa: *Antes de mudarse a su nueva casa, los González la **limpiaron** con mucho cuidado.*

limpieza f. 1 Calidad de limpio: *Hice una **limpieza** de la cocina a fondo porque estaba muy sucia.* 2 Acción y efecto de limpiar: *Es bueno inculcar a los niños hábitos de **limpieza**, como lavarse las manos antes de comer y después de defecar.*

limpio, pia adj. Que no tiene suciedad: *Se puso ropa **limpia** y planchada para ir a la escuela.*

linaza f. 1 Semilla del lino. 2 loc. **Aceite de linaza**, aceite usado en pintura como disolvente: *El pintor utiliza **aceite de linaza** para diluir las pinturas y para limpiar los pinceles.*

lince m. y f. Mamífero carnívoro parecido a un gato, pero de mayor tamaño y con el rabo corto: *Los **linces** son famosos por su buena vista, que los ayuda a cazar.*

lindo, da adj. Bonito, agradable a la vista.

línea f. 1 Trazo continuo, real o imaginario, que señala el límite o el fin de algo. 2 Raya: *Con la regla, puso **líneas** rojas a manera de márgenes en cada hoja del cuaderno.* 3 Vía de comunicación terrestre, marítima o aérea: *Hay varias **líneas** de autobuses para ir al centro del país.* 4 Renglón: *Sólo leyó la primera **línea** de un*

conocido poema y le preguntó a su novia si reconocía quién era el autor.

lingote m. Barra o pieza de metal bruto fundido: *En la caja fuerte del banco central del país guardan oro en forma de **lingotes**.*

linimento m. Preparado farmacéutico de aceites y bálsamos, que se aplica en fricciones: *Para aliviar el dolor muscular, mi mamá le aplicó un **linimento** y le dio un masaje a mi hermano.*

lino m. 1 Planta de flores azules grandes y vistosas, que se cultiva en zonas templadas. 2 Fibra textil obtenida del tallo de la planta llamada lino y tejido de esta fibra: *El **lino** es una tela muy fresca, pero se arruga con facilidad.*

linotipo m. En artes gráficas, máquina para componer textos.

linterna f. 1 Farol portátil con una sola cara de vidrio: *Hace tiempo, los barcos empleaban una **linterna** para enviar mensajes en clave Morse.* 2 Aparato eléctrico con pila y bombilla, que sirve para alumbrar: *Es importante llevar una **linterna** cuando se sale de campamento.*

lío m. 1 Conjunto de ropas o de otras cosas atadas: *Ató su ropa en un **lío**, la colgó de un palo y se fue a buscar el éxito.* 2 Situación o problema de difícil solución: *Todos hablaban al mismo tiempo y acabó armándose un **lío** donde nadie escuchaba a nadie.*

liquen m. Planta constituida por la asociación de un hongo y un alga, que viven ayudándose uno a otro.

liquidar vb. 1 Pagar de manera total una cuenta o deuda: *Al cabo de tres años, pudo **liquidar** la hipoteca de su casa.* 2 Poner fin, terminar con algo: *He **liquidado** el problema que tenía con mi vecino por el volumen con que escuchaba la música, ahora sí la pone más bajo.*

líquido m. Cuerpo que se adapta a la forma del recipiente que lo contiene: *El agua, el vino y la leche son **líquidos**.*

lirio m. 1 Planta de bulbo escamoso y flores de seis pétalos azules, morados o blancos. 2 loc. **Lirio acuático**, planta ornamental que se da en el agua, con flores amarillas, blancas o azules y hojas grandes: *En el cuadro hay un estanque donde flotan **lirios acuáticos** que rodean la cara de una mujer ahogada.*

lis f. Lirio: *La figura de la flor de **lis** fue muy usada por reyes y caballeros para adornar sus escudos y ropajes.*

liso, sa adj. 1 Sin desigualdades o arrugas: *La piel de los bebés es lisa y suave.* 2 De un solo color: *Escogí esta blusa **lisa**, porque aquélla tiene flores de muchos colores y no combina con el pantalón a rayas.*

lista f. 1 Tira de tela, papel, etc. 2 Franja de color, de manera especial en los tejidos: *El uniforme de mi equipo de fútbol es blanco, con una **lista** roja en medio.* 3 Relación de personas o cosas: *El primer día de clases la maestra pasó **lista** de los alumnos.*

listo, ta *adj.* ① Que comprende y asimila las cosas con rapidez y acierto: *Marcos es un niño muy listo, creo que va a obtener buenas calificaciones.* ② Preparado, dispuesto: *Cuando llegué a la casa de Luis, él ya estaba listo para ir a la fiesta.*

listón *m.* ① Tabla delgada y larga. ② Cinta de tela usada como adorno: *Su madre le puso a Ángela listones de color rojo en las trenzas.*

litera *f.* Mueble formado por dos camas puestas una arriba de la otra: *Como en mi casa somos ocho hermanos y la casa es pequeña, mi papá compró literas para aprovechar mejor el espacio.*

literatura *f.* ① Arte que emplea la palabra hablada o escrita como forma de expresión: *La novela llamada Cien años de soledad, del escritor Gabriel García Márquez, es una de las grandes obras de la literatura hispanoamericana.* ② Conjunto de las obras literarias de un país, de una época, etc.

litoral *m.* ① Costa de un mar o país: *Las playas del litoral Atlántico norte son más frías que las del Caribe.* ② *Argent., Par.* y *Urug.* Franja de tierra al lado de los ríos.

litro *m.* Unidad de medida de volumen para líquidos: *Como está creciendo, Héctor se toma un litro de leche al día.*

liturgia *f.* Conjunto de prácticas y reglas de culto que las religiones establecen para adorar a Dios.

liviano, na *adj.* De poco peso: *Cuando hace calor usamos vestidos de una tela liviana y fresca.*

llaga *f.* Úlcera de una persona o animal: *Le cayeron unas gotas de ácido en la mano y le salieron varias llagas en la piel.*

▶ **llama** *f.* Masa gaseosa que se quema: *La llama estaba demasiado fuerte y la carne que cocinaba Elías se quemó.*

▶ **llama** *f.* Mamífero rumiante doméstico de América: *Las llamas son originarias de la cordillera de los Andes.*

llamar *vb.* ① Invitar a alguien para que venga o atienda diciendo su nombre o por medio de una palabra, un grito o de cualquier otra forma: *La mamá de Julio lo llamaba desde la cocina para que entrara a comer.* ② Convocar, citar: *El ministro llamó a los arquitectos para pedirles su opinión sobre el proyecto del nuevo museo que sería construido en las afueras de la ciudad.* ③ Poner un nombre a alguien o algo: *Al bebé recién nacido le llamaron Prudencio, como su abuelo.* ④ Comunicarse por teléfono: *"Entonces, ¿me llamas tú o yo te llamo?", le pregunté a mi novio antes de despedirnos.* ⑤ Hacer sonar un timbre, golpear una puerta, etc.: *Niña, ¿podrías ver quién llama a la puerta?* ⑥ Tener por nombre: *Yo me llamo Martín, y usted ¿cómo se llama?*

llamativo, va *adj.* Que llama la atención: *Traía un vestido de color rojo muy llamativo que la hacía verse muy guapa.* SIN. **chillón.**

▶ **llana** *adj./f.* Relativo a la palabra que tiene su acento en la penúltima sílaba: *Las palabras cáliz y engaño son llanas.* SIN. **grave.**

▶ **llana** *f.* Herramienta para extender el yeso o la argamasa.

llanero, ra *adj./m.* y *f.* Relativo a los llanos: *Los llaneros recorrían grandes distancias para trasladar al ganado.*

llano *m.* Llanura, extensión de terreno de escaso relieve. SIN. **llanura, sabana, planicie.**

llanta *f.* ① Parte interior de las ruedas de los vehículos, formada por un tubo de caucho o hule lleno de aire. SIN. **cámara, tripa.** ② Cubierta de caucho o hule que rodea la rueda de un vehículo: *Se pinchó la llanta del automóvil y mi padre tuvo que poner la de refacción.* SIN. **neumático, goma.**

llanto *m.* Derramamiento de lágrimas: *En su primer día de clases, el niño rompió en llanto cuando vio que se alejaba su madre.*

llanura *f.* Gran extensión de terreno de escaso relieve.

llave *f.* ① Instrumento que abre o cierra una cerradura: *Como perdió la llave del candado, tuvo que llamar a un cerrajero para que lo abriera.* ② Dispositivo para abrir o cerrar el paso de un fluido: *Por la llave derecha sale agua fría y por la izquierda sale agua caliente.* SIN. **grifo, canilla.** ③ Nombre de diversos instrumentos o herramientas que sirven para apretar o aflojar tuercas o tornillos. ④ Signo ortográfico representado de esta forma { }. ⑤ En deportes como la lucha y el judo, movimiento que inmoviliza al adversario.

llavero *m.* Utensilio que se utiliza para guardar o cargar las llaves: *"¿Has visto mi llavero? No puedo salir mientras no lo encuentre porque ahí están las llaves del automóvil", le dije a Noé.*

llegar *vb. irreg.* ① Alcanzar el sitio donde se quiere ir al final de un recorrido o camino: *Mis amigos italianos llegaron bien a Europa y desde ahí me enviaron una carta.* ② Alcanzar cierta altura, grado o nivel: *El maremoto hizo que el mar llegara hasta las casas del pueblo.* ③ Conseguir o lograr lo que se expresa: *Anselmo llegó a ser un gran pianista después de estudiar y practicar por mucho tiempo.*

llenar *vb.* ① Ocupar por completo un espacio: *Como era el partido final del campeonato, el estadio se llenó de aficionados.* ② Poner muchas cosas en un sitio: *"Tu cajón no cierra bien porque lo llenaste demasiado."* ③ Hartarse de comida: *No puedo comer ni una cucharada más de comida porque ya me llené.*

lleno, na *adj.* Que contiene algo tanto como permite su capacidad: *La piscina está llena de gente cuando hace mucho calor.*

llevar *vb.* ① Transportar algo de una parte a otra: *Elena llevó los platos a la mesa mientras Jacinto preparaba la ensalada.* ② Guiar, dirigir, conducir: *El padre lleva de la mano al niño cuando va a la escuela.* ③ Pasar

---

⚲⟶ adj. = adjetivo ☆ **art.** = artículo ☆ **f.** = sustantivo femenino ☆ **m.** = sustantivo masculino ☆ **pron.** = pronombre ☆ **SIN.** = sinónimo ☆ **vb.** = verbo ☆ **vb. irreg.** = verbo irregular ☆ ➜ Ver Minienciclopedia.

tiempo en una misma situación o lugar: *Los pacientes llevan una hora esperando y el doctor todavía no llega.*

llorar *vb.* Derramar lágrimas: *Como la obra de teatro era muy triste, lloré un poco.* SIN. **chillar.**

lloriqueo *m.* Llanto débil: *Con lloriqueos el niño intentaba convencer a su madre de que le comprara un juguete.*

llorón, na *adj./m. y f.* Se dice de la persona o animal que se queja mucho o que llora por cualquier motivo: *Es un niño llorón: le dices que ya no coma dulces y llora, lo mandas a dormir y llora, no le compras lo que quiere y llora.*

llover *vb. irreg.* Caer agua de las nubes: *En esta región normalmente llueve durante el verano.*

lloviznar *vb.* Caer llovizna, es decir lluvia ligera formada por gotas pequeñas: *Lloviznó toda la tarde, así que los niños jugaron dentro de la casa para no mojarse.*

lluvia *f.* ① Precipitación líquida del agua de las nubes en forma de gotas: *Las lluvias este año fueron escasas y resultó perjudicada la agricultura.* ② Gran cantidad o abundancia de algo: *Una lluvia de fanáticas llegó al aeropuerto para recibir a la estrella de rock.* →

▶ **lo** *pron.* Pronombre personal masculino singular de tercera persona: *Necesito un libro para la clase de francés y lo compraré hoy por la tarde.*

▶ **lo** *art.* Artículo determinado neutro que se antepone a los adjetivos para que funcionen como sustantivo: *Lo bueno es que con el incidente, sus compañeros se dieron cuenta de qué clase de persona era.*

lobo, ba *m. y f.* Mamífero carnívoro de orejas erguidas y hocico puntiagudo, que vive en manadas y aúlla para comunicarse. →

lóbulo *m.* Parte inferior carnosa de la oreja: *La cantante de rock tenía cinco aretes en el lóbulo de la oreja derecha.*

local *m.* Sitio cerrado y cubierto: *Joaquín quiere comprar un local en el centro de la ciudad porque va a abrir una tienda de fotografía.*

localizar *vb. irreg.* Averiguar el lugar donde se halla una persona o cosa: *En cuanto la secretaria localice el expediente, lo estudiaremos.*

loción *f.* ① Producto líquido para el cuidado de la piel o cabello: *Después de afeitarse, Emilio usa una loción que cierra sus poros de la cara.* ② Perfume suave: *Me gusta la loción de flor de azahar porque su aroma es muy fresco.*

loco, ca *m. y f.* Persona que ha perdido el juicio: *Los locos peligrosos están en un lugar especial del manicomio.* SIN. **chiflado.**

locomotora *f.* Máquina que arrastra los vagones de un tren: *El maquinista conduce el tren desde una cabina que está en la locomotora.*

locución *f.* ① Modo de hablar. ② Combinación de dos o más palabras que forman una frase con sentido fijo:

"Mirar por encima del hombro" es una **locución** que se usa para expresar que una persona actúa de manera soberbia.

locura *f.* ① Pérdida o trastorno del juicio o del uso de la razón: *Durante el juicio, el acusado dijo que había matado a la mujer bajo un ataque de locura momentánea.* ② Dicho o hecho disparatado: *Sin entrenamiento previo, Juan quiere hacer alpinismo, y eso es una locura ya que se requiere gran preparación.*

locutor, ra *m. y f.* Profesional de radio o televisión que se dedica a hablar dirigiéndose al público.

lodo *m.* Mezcla de tierra y de agua, en especial la que resulta de la lluvia en el suelo: *"Límpiate el lodo de los zapatos antes de entrar a la casa."* SIN. **barro.**

logotipo *m.* Símbolo o dibujo que distingue una marca o nombre de una empresa o de un producto: *El logotipo de los Juegos Olímpicos está formado por cinco aros entrelazados, de diferente color cada uno.*

lograr *vb.* Conseguir lo que se pretende: *Después de mucho esforzarse, Jorge logró obtener el primer lugar de su clase.*

loma *f.* Altura pequeña y alargada del terreno: *"Detrás de la loma hay un lago, ¿quieres subir a verlo?", le dije a mi amiga.*

lombriz *f.* Gusano de cuerpo muy alargado y blando: *Algunas personas usan lombrices como carnada para atrapar peces.*

lomo *m.* ① Parte inferior y central de la espalda. ② Espinazo de los cuadrúpedos: *A los perros les gusta que les soben el lomo.* ③ Carne de cerdo que se obtiene de la parte del espinazo: *El lomo de cerdo es una carne suave y con sabor fuerte.* ④ Parte del libro opuesta al corte de las hojas: *En el lomo de un libro por lo común se indican el título y el nombre del autor.*

lona *f.* Tela resistente e impermeable para toldos, velas, etc.: *Para la fiesta en el jardín los anfitriones cubrieron la zona de las mesas con una lona, como protección en caso de que hiciera mucho sol o lloviera.*

loncha *f.* Trozo largo, ancho y delgado que se corta de algo: *Tenía tanta hambre que cortó una loncha de carne y se la comió en un segundo.* SIN. **lonja.**

longaniza *f.* Embutido largo y delgado hecho de carne de cerdo, parecido al chorizo.

longitud *f.* Dimensión mayor en un cuerpo plano o superficie: *La longitud de la carretera entre la ciudad y mi pueblo es de 50 kilómetros.*

lonja *f.* ① Loncha. ② *Argent. y Urug.* Tira de cuero crudo.

loro *m.* ① Ave de plumaje verde, adornado con otros colores, que puede aprender a decir palabras. SIN. **perico.** ② *Chile.* Orinal para quien no puede levantarse de la cama.

los *pron.* Pronombre personal masculino, de tercera persona plural: *Había sólo tres metros de tela y **los** compré.*

los *art.* Artículo determinado plural masculino, que se antepone a los sustantivos para individualizarlos: *Los árboles de ese parque estaban cubiertos por una plaga y tuvieron que rociarlos de insecticida.*

losa *f.* Piedra lisa y delgada: *Los pisos de la cocina son **losas** de color amarillo.*

lote *m.* Cada una de las partes en que se divide un todo para su distribución.

lotería *f.* ⒈ Juego de azar, administrado por el Estado, en que se premian varios billetes sacados a la suerte: *Las probabilidades de ganarse la **lotería** son muy bajas.* ⒉ Méx. Juego de mesa que consta de una baraja formada por cartas con distintas figuras impresas, y varios cartones con casillas en las que aparecen las mismas figuras que en las cartas.

loto *m.* ⒈ Planta acuática de flores blancas, grandes y olorosas. ⒉ *loc.* **Flor de loto**, posición del yoga en que el practicante se sienta con las piernas paralelas al piso y cruzadas entre sí.

loza *f.* ⒈ Barro fino, cocido y barnizado. ⒉ Vajilla hecha de cerámica: *Hay que tratar con cuidado la **loza** porque se rompe con facilidad.*

lubricar *vb. irreg.* Impregnar con una sustancia grasosa las superficies que se frotan entre sí para facilitar su funcionamiento: *Es importante **lubricar** los motores de los automóviles para que funcionen bien.*

lucero *m.* Astro grande y brillante.

lucha *f.* Batalla, combate: *Se entabló una **lucha** entre los dos países vecinos a causa de un problema territorial.*

luchador, ra *m.* y *f.* ⒈ Persona que lucha físicamente: *Los **luchadores** tienen que aprender a caer y a dar y recibir golpes.* ⒉ Persona que batalla por una causa noble: *Martin Luther King fue un gran **luchador** por los derechos de las personas de raza negra.*

luchar *vb.* ⒈ Contender cuerpo a cuerpo dos o más personas. ⒉ Batallar, batirse: *Ese regimiento **luchó** con valentía hasta el final por conservar el fuerte, pero finalmente lo perdieron.* ⒊ Disputar: *Los diputados de un partido **lucharon** por imponer sus ideas, pero las ideas de la mayoría los vencieron.* ⒋ Trabajar y arriesgarse por algo: *Admiro a las personas que aun teniendo todo en su contra **luchan** por ser mejores cada día.*

luciérnaga *f.* Insecto de cuerpo blando, cuya hembra carece de alas y está dotada de unos órganos que producen luz: *En el campo, durante las noches de verano pueden verse las **luciérnagas** volando y brillando cerca de los matorrales.*

lucir *vb. irreg.* ⒈ Brillar, resplandecer. ⒉ Amér. Ofrecer cierta imagen o aspecto exterior: *Es normal que la reina*

madre **luzca** muy anciana en fotos recientes, pues tiene cerca de cien años. ⒊ Mostrar una cosa o hacer ostentación de ella: *Ana **luce** con orgullo un gran anillo de diamantes que le regaló su novio.* ⒋ Sobresalir, destacar: *El maestro de deportes **se lució** durante el festival del día de las madres: todo estuvo muy bonito.*

luego *adv.* Después: *Al llegar a casa primero me puse las pantuflas y **luego** me senté a leer en el sofá.*

luego ⒈ *loc.* **Desde luego**, de manera indudable: *"Desde luego, cuando regreses estaré en el aeropuerto para recibirte"*, le dije a mi hermana al despedirme de ella. ⒉ *loc.* **Hasta luego**, expresión de despedida.

lugar *m.* ⒈ Porción de espacio ocupado o que puede ser ocupado: *Siéntate aquí, te guardé un **lugar** junto a mí.* ⒉ Sitio, paraje o localidad: *Mi amiga vive en un **lugar** lindo lleno de árboles y campos verdes.*

lujo *m.* Suntuosidad, abundancia de riqueza: *El hotel Ritz de París es un hotel de **lujo** y muy caro.*

lumbre *f.* Fuego encendido para cocinar o calentarse: *"No pongas las salchichas directamente en la **lumbre** porque se pueden quemar"*, me dijo mi madre.

luna *f.* ⒈ Satélite natural de la Tierra: *La **Luna** gira alrededor de la Tierra.* ⒉ Espejo o pieza de cristal de gran tamaño: *Compré una gran **luna** en la que uno se puede ver de cuerpo entero.* ⒊ *loc.* Fam. **Estar en la luna**, estar distraído: *Javier **está en la luna** desde que se enamoró de Juliana.* ➡

lunar *m.* ⒈ Pequeña mancha en la piel: *En tiempos de María Antonieta, reina de Francia, los **lunares** eran considerados marcas de belleza.* ⒉ En las telas, figura pequeña en forma de círculo: *Se puso un vestido de **lunares** blancos sobre fondo negro.*

lunes *m.* Primer día de la semana: *El **lunes** fue llamado así en honor a la Luna.*

lupa *f.* Lente de aumento sujeta a un mango: *El relojero utiliza una **lupa** para observar con cuidado el mecanismo de los relojes.*

lustrabotas *m.* Amér. Merid. Limpiabotas.

lustrar *vb.* Dar brillo a algo: *Tengo que **lustrar** mis zapatos porque ya están sucios.*

lustre *m.* Brillo de las cosas tersas: *Con una tela limpia le di **lustre** a mis aretes de plata y quedaron relucientes.*

lustro *m.* Periodo de cinco años: *José ha vivido la mitad de sus diez años, es decir un **lustro**, junto al mar.*

luto *m.* Cualquier manifestación social de respeto por la muerte de una persona: *En tiempos de mi abuela la gente se vestía de negro durante un año en señal de **luto** cuando un ser querido moría.*

luz *f.* ⒈ Agente físico que hace visibles los objetos: *Las plantas crecen muy bien en esa habitación, porque les da la **luz** del sol por las mañanas.* ⒉ Corriente eléctrica: *Por favor enciende la **luz**, que ya oscureció.*

---

adj. = adjetivo ☆ *adv.* = adverbio ☆ ANT. = antónimo ☆ *art.* = artículo ☆ *conj.* = conjunción ☆ *f.* = sustantivo femenino ☆ Fam. = familiar ☆ *loc.* = locución ☆ *m.* = sustantivo masculino ☆ SIN. = sinónimo ☆ *vb.* = verbo ☆ *vb. irreg.* = verbo irregular ☆ ➡ Ver Minienciclopedia.

Mm

m *f.* Decimotercera letra del abecedario español. Su nombre es eme.

M *f.* Cifra que en números romanos equivale a 1 000.

macabro, bra *adj.* Que se relaciona con el aspecto terrorífico de la muerte: *La novela Drácula es una obra macabra.*

macaco, ca *m.* y *f.* Mono pequeño de cola corta.

macana *f.* [1] Palo corto y grueso: *Los policías que cuidan el parque de mi barrio usan macana en vez de pistola.* [2] *Amér.* Garrote de madera dura y pesada. [3] *Argent., Bol., Chile, Par., Perú y Urug. Fam.* Disparate, mentira, exageración.

macanudo, da *adj./m.* y *f. Amér. C.* y *Amér. Merid.* Muy bueno, en sentido material y moral: *Eduardo se compró un automóvil macanudo, es un convertible nuevo de color rojo.*

macerar *vb.* Ablandar una cosa apretándola, golpeándola o poniéndola en remojo: *Mi mamá maceró la carne en un poco de vinagre con limón para que se suavice.*

maceta *f.* Vaso, recipiente de barro cocido en el que se cultivan plantas: *Las ventanas de mi casa se ven muy bonitas llenas de macetas con flores rojas.* SIN. *tiesto.*

machacar *vb. irreg.* [1] Hacer pedazos, desbaratar algo: *En la receta de cocina dice que se deben machacar los ajos y las cebollas en un mortero antes de ponérselos al guiso.* [2] Estudiar mucho: *La maestra nos dijo que debemos machacar las tablas de multiplicar si queremos aprenderlas.* [3] *Fam.* Producir daño algo: *Los zapatos nuevos me machacaron los pies.*

machete *m.* [1] Cuchillo grande: *Los campesinos usan el machete para cortar la caña de azúcar.* [2] Arma blanca más corta que la espada, ancha y de un solo filo: *Los machetes pueden acoplarse a los fusiles.* [3] *Argent.* Entre estudiantes, pequeño papel con información, que se lleva oculto para copiar cuando se hacen exámenes. SIN. *acordeón.*

machetero, ra *m.* y *f.* [1] *Méx.* Persona que ayuda a los chóferes de camión en los transportes de carga. [2] *Cuba.* Persona que tiene por oficio cortar la caña.

machismo *m.* Actitud que considera al sexo masculino superior al femenino: *Gustavo es un típico representan-*

te del **machismo**, pues cree que las mujeres no deben trabajar más que en su casa.

macho *m.* [1] Persona o animal del sexo masculino: *La perra tuvo una camada de siete cachorros, cuatro hembras y tres machos.* ANT. *hembra.* [2] *Fam.* Hombre que piensa que es superior a las mujeres, intenta dominarlas y presume de tener las características propias del sexo masculino: *Durante las décadas de 1940 y 1950, en México se hicieron muchos filmes con actores que representaban papeles de machos.*

machucar *vb. irreg.* Golpear algo para deformarlo.

macizo, za *adj.* Formado por una masa sólida y compacta, sin huecos en su interior: *Las bolas para jugar béisbol son macizas, en cambio los balones de fútbol son huecos.*

macondo *m. Colomb.* Árbol grande parecido a la ceiba, que alcanza de 30 a 40 metros de altura.

madeja *f.* [1] Hilo enrollado sobre sí mismo en vueltas flojas, listo para ser devanado: *Para tejer el gorro necesitó 2 madejas de estambre de 100 gramos cada una.* [2] Sección de pelo: *Se necesita dividir el pelo en tres madejas para hacer una trenza.*

madera *f.* Sustancia fibrosa y compacta de la que están hechos los troncos de los árboles.

madero *m.* Pieza larga de madera: *El arquitecto mandó comprar unos maderos para las vigas del techo de la casa que están construyendo.*

madrastra *f.* Esposa de un hombre, en relación con los hijos que él tuvo de un matrimonio anterior: *La madrastra de Maura cuidó de ella desde que su padre volvió a casarse.*

madre *f.* [1] Mujer respecto de sus hijos o cualquier hembra respecto de sus crías: *La leona es una madre que protege a sus cachorros de las agresiones de otros animales.* [2] Origen o causa de algo: *Un dicho famoso dice: "La ociosidad es la madre de todos los vicios."* [3] Título dado a ciertas religiosas: *Las madres de ese convento son famosas por los ricos dulces que elaboran.*

madreperla *f.* Molusco con dos valvas de bordes redondeados, adentro del cual se forma una perla.

madrépora *f.* Pólipo que vive formando colonias y juega un papel muy importante en la formación de los arrecifes de coral.

🛈 *Amér.* = América ☆ *Amér. C.* = América Central ☆ *Amér. Merid.* = América Meridional ☆ *Argent.* = Argentina ☆ *Bol.* = Bolivia ☆ *Colomb.* = Colombia ☆ *Méx.* = México ☆ *Par.* = Paraguay ☆ *Urug.* = Uruguay.

madreselva f. Planta silvestre que también puede cultivarse en jardines, trepadora como la hiedra, con flores blancas o amarillentas de un perfume agradable.

madriguera f. Guarida en la que habitan ciertos animales como el ratón y el conejo: *En cuanto la liebre olfateó a la zorra, se refugió en su madriguera para que no la atrapara.*

madrina f. Mujer que presenta y asiste a alguien en una ceremonia religiosa o en otras ocasiones importantes de su vida social: *La madrina de bodas dirigió unas palabras a los novios durante la ceremonia.*

madrugada f. [1] Amanecer: *Mi madre se levanta de madrugada para ir al trabajo, porque tiene que transportarse durante dos horas.* [2] Horas que siguen a la medianoche: *Era ya de madrugada, la fiesta de mis vecinos seguía y yo no podía dormir.*

madrugar vb. irreg. Levantarse muy temprano: *Mi tío Armando es un médico que siempre madruga: a las seis de la mañana ya está listo para empezar a recibir enfermos.*

madurez f. [1] Estado de algunos alimentos y bebidas que han llegado a su mejor momento para ser consumidos: *Es mejor esperar unos días para que los mangos lleguen a su madurez, pues todavía están verdes y saben ácidos.* [2] Edad adulta: *Al llegar a la madurez, el músico alemán Beethoven perdió casi por completo el sentido del oído.*

maduro, ra adj. [1] Relativo al fruto que está en el momento oportuno de ser recolectado o comido: *No te comas esa manzana todavía, porque no está madura y aún no sabe dulce.* [2] Se dice de la persona que ha completado su desarrollo físico o mental: *Mi padre es un hombre maduro que ya tiene algunas canas y arrugas en la cara.* [3] Prudente: *Dinorah se separó de unos amigos que empezaron a consumir drogas, y con ello mostró una actitud madura para sus quince años.*

maestría f. [1] Gran destreza, habilidad o capacidad en enseñar o ejecutar una cosa: *Con gran maestría, la patinadora hizo una triple vuelta en el aire.* [2] Grado o título de maestro.

maestro, tra m. y **f.** [1] Persona que tiene por función enseñar, instruir: *Los maestros de escuelas básicas tienen la gran responsabilidad de educar y guiar a los niños.* [2] Compositor o director de una orquesta: *El maestro Luciano Pavarotti hace obras de beneficencia a favor de los niños pobres del mundo.* [3] Jefe de albañiles.

magenta m. Palabra inglesa. Color rojo violáceo utilizado en fotografía, pintura y artes gráficas.

magia f. Arte que por medio de ciertas prácticas se supone que produce efectos contrarios a las leyes naturales: *Según la leyenda, la Mulata de Córdoba escapó del calabozo usando magia: se supone que pintó un barco en la pared, saltó en él y se fue navegando.*

mágico, ca adj. [1] Relativo a la magia: *El mago desapareció a la muchacha después de decir la fórmula mágica "abracadabra".* [2] Sobrenatural, asombroso: *El mundo de los cuentos de hadas es mágico, porque en él suceden cosas que nunca ocurrirán en el nuestro.*

magma m. Masa formada por minerales fundidos provenientes de las profundidades de la Tierra, que al enfriarse toman consistencia sólida: *El magma se encuentra a temperaturas altísimas cuando está dentro de la Tierra.*

magnético, ca adj. Que tiene propiedades como las de los imanes.

magnífico, ca adj. Excelente, admirable: *Por sus valientes hazañas el rey le obsequió al joven guerrero un magnífico caballo de raza pura.* SIN. súper.

magnolia f. [1] Árbol de jardín, de grandes flores blancas y aromáticas. [2] Flor de la planta llamada magnolia.

mago, ga m. y **f.** Persona que realiza actos de magia: *Uno de los trucos usuales de los magos consiste en sacar un conejo de un sombrero de copa.* SIN. prestidigitador.

maguey m. *Amér. C., Méx.* y *Venez.* Planta de gran tamaño y hojas carnosas, con forma parecida al copete del ananás o piña, que florece una vez en su vida: *El tequila es una bebida mexicana que se extrae del maguey.* SIN. agave, pita.

maicena f. Harina fina de maíz: *Si está muy ligera la sopa, le puedes agregar maicena para espesarla.*

maíz m. [1] Planta que se cultiva por sus granos que crecen en mazorca. [2] Cereal que crece en mazorca y se emplea como alimento: *El maíz ha sido uno de los alimentos básicos en la dieta de varias culturas latinoamericanas.*

majada f. [1] Sitio cubierto para guardar el ganado por las noches y que también sirve de albergue para los pastores. [2] *Argent., Chile y Urug.* Manada de ganado lanar.

majadería f. Grosería, necedad, tontería.

mal adj. Apócope de malo: *Estoy de mal humor porque anoche no dormí bien.*

mal m. [1] Lo contrario del bien y la virtud: *Las religiones promueven el bien y condenan el mal.* [2] Daño moral o material: *Mimando tanto a su hijo, esa mujer acabó haciéndole un mal al convertirlo en un muchacho caprichoso y soberbio.* [3] Enfermedad, dolor: *El sida es un mal incurable.*

mal adv. De forma contraria a la debida: *Panchito se portó mal en clase y lo llevaron con el director.*

malabarismo m. Ejercicio de agilidad, destreza y equilibrio: *Los expertos en malabarismo pueden mantener hasta diez objetos en el aire al mismo tiempo.*

malacate m. [1] Mecanismo que, con la ayuda de caballerías, se usa para subir a la superficie el mineral extraído de las minas. [2] Especie de ascensor rudimentario. [3] *Hond., Méx.* y *Nicar.* Huso, instrumento para hilar.

---

adj. = adjetivo ☆ **adv.** = adverbio ☆ **f.** = sustantivo femenino ☆ **m.** = sustantivo masculino ☆ **pl.** = plural ☆ SIN. = sinónimo ☆ **vb.** = verbo ☆ **vb. irreg.** = verbo irregular.

malaria *f.* Enfermedad contagiosa que se manifiesta con accesos de fiebre y anemia: *La malaria es una enfermedad transmitida por el mosquito anofeles.* SIN. **paludismo.**

malcriar *vb. irreg.* Educar mal a los hijos: *El pequeño Ramón ha sido malcriado y ahora no hay manera de controlarlo pues no obedece a sus maestros ni a sus padres.*

maldad *f.* [1] Tendencia a hacer el mal: *Laura golpea a su perro por maldad, pues dice que el animal se porta mal, pero eso no es cierto.* [2] Acción mala o que se realiza con mala intención.

maldición *f.* Palabras con las que se desea mal a alguien: *La maldición del hada mala consistió en que la princesa dormiría durante cien años hasta que un muchacho la despertara con un beso.*

maleable *adj.* Relativo al metal que puede extenderse en láminas: *El aluminio es uno de los metales más maleables que existen.*

malecón *m.* Muralla o terraplén para defensa contra las aguas del mar o de un río: *Es agradable pasear al atardecer por el malecón, donde sopla la brisa marina.*

maleducado, da *adj./m. y f.* Descortés, malcriado: *Javier es un niño maleducado que dice groserías a los otros niños y no le importa que sus padres lo regañen.*

malestar *m.* Sensación de encontrarse mal, molesto o enfermo: *El kilo de chocolates que se comió le produjo malestar estomacal a la golosa muchacha.*

maleta *f.* Caja o bolsa de piel, lona u otro material, que se lleva durante un viaje para guardar ropa y otras cosas: *Lucía va a viajar durante una semana, pero como lleva diez maletas grandes, parece que se va por un mes.*

maletero *m.* [1] Lugar en los vehículos que se ocupa para guardar equipaje: *El maletero de los automóviles viejos es muy amplio.* SIN. **cajuela, baúl.** [2] Persona que en algunos países tiene por oficio cargar las maletas en los aeropuertos, estaciones de tren, etc. SIN. **changador.**

malgastar *vb.* Gastar dinero, energía o tiempo en cosas malas o inútiles: *En lugar de ponerse a ahorrar, malgastó su dinero en unos zapatos que no necesitaba.*

malhechor, ra *adj./m. y f.* Persona que comete acciones que dañan a los demás, en especial quien lo hace por costumbre.

malhumorado, da *adj.* Que no está contento, que está de mal humor: *Cuando los niños duermen poco, se ponen malhumorados.*

malla *f.* [1] Cada uno de los cuadrados, anillos o eslabones que forman el tejido de una red. [2] Tejido poco tupido, hecho con un hilo que va formando una especie de red: *El pescador tuvo que reparar la malla de su red para pescar porque un tiburón la había rasgado.* [3] *Argent., Perú y Urug.* Prenda de vestir que se usa para nadar. SIN. **traje de baño.**

mallas *f. pl.* [1] Prenda de vestir elástica y ajustada que cubre todo el cuerpo, como la que usan las bailarinas de ballet. [2] *Méx.* Medias gruesas ajustadas que llegan a la cintura: *Cuando hace mucho frío me pongo unas mallas de lana para mantener calientes mis piernas.*

malo, la *adj.* [1] Peligroso, perjudicial: *El pescado estaba malo pues olía mal y tenía un color extraño.* [2] Que no es de buena calidad.

malo, la *adj.* [1] Que hace el mal, sin cualidades morales: *Damián es un hombre malo que roba dinero para apostarlo en el juego.* [2] Contrario a la moral o a la ley: *Cometer un delito es una acción mala.*

maltratar *vb.* [1] Golpear, insultar o tratar mal a alguien o algo: *Los padres deben evitar maltratar a sus hijos.* [2] Dañar una cosa o estropearla: *El sobre que me enviaste llegó arrugado y roto, no hay duda de que lo maltrataron en el correo.*

malva *f.* Planta de hojas y flores que se usan en infusiones laxantes y refrescantes: *Bañaron al bebé con agua de malva para que durmiera tranquilo.*

malva *m.* Color violeta claro parecido al rosa.

malvado, da *adj.* Muy malo, perverso: *La malvada bruja hizo engordar a Hansel para comérselo.*

malvavisco *m.* [1] Planta de hojas dentadas y flores de un blanco ligeramente rosado. [2] *Méx.* Golosina o dulce suave con consistencia de goma: *Cuando salimos de campamento nos gusta llevar malvaviscos y asarlos en el fuego de la hoguera.*

malvón *m.* *Argent., Méx., Par. y Urug.* Planta con flores de colores muy vivos y olor agradable, que se utiliza como adorno. SIN. **geranio.**

mamá *f.* Manera modificada y cariñosa de decir madre: *Mi mamá es una mujer cariñosa que me inspira amor y confianza.*

mamadera *f.* *Amér. C. y Amér. Merid.* Utensilio para dar de beber leche a los niños pequeños. SIN. **biberón, mamila.**

mamar *vb.* Chupar, succionar un bebé o una cría de animal la leche de las mamas de su madre.

mamboretá *m.* *Argent., Par. y Urug.* Insecto de unos 5 cm de largo, de color verde, con largas y robustas patas delanteras. SIN. **santateresa, mantis.**

mameluco *m.* [1] *Méx.* Prenda de vestir especial para niños o bebés, que cubre el tronco, los brazos, las piernas y hasta los pies. [2] *Amér. Merid. y Antill.* Overol de trabajo.

mamey *m.* [1] Árbol americano con flores blancas y fruto comestible. [2] Fruto del árbol llamado mamey: *Cuando abrí la cáscara del mamey me encontré con una pulpa muy dulce de color marrón con la que preparé un sabroso postre.*

mamífero, ra *adj./m.* Relativo a una clase de animales vertebrados que nacen de forma vivípara, cuyas hem-

h

i

j

k

l

m

n

bras tienen glándulas mamarias: *La ballena es un animal mamífero.*

mamila *f.* *Méx.* Biberón, utensilio para dar leche a los niños pequeños. SIN. **mamadera, biberón.**

mamut *m.* Animal prehistórico parecido al elefante.

manada *f.* Conjunto de animales de una misma especie que viven juntos: *Las hienas no viven solas, sino en manada.*

managüense *adj./m. y f.* De Managua, capital de Nicaragua, país de América Central. SIN. **managua, managüero.**

manantial *m.* Nacimiento de agua que brota de manera natural de rocas o de la tierra: *Como el agua del manantial es pura, la embotellan y venden.*

manatí *m.* Mamífero acuático de cuerpo macizo que llega a medir 3 m de largo y puede pesar 500 kilos: *Los manatíes viven en los ríos de las zonas tropicales de América.*

mancha *f.* Señal, marca que hace algo en un cuerpo ensuciándolo: *Es muy difícil quitar las manchas de aceite de la ropa.*

manchar *vb.* Hacer que aparezcan o aparecer marcas de mugre: *Ismael se manchó el pantalón de verde jugando fútbol en el césped mojado.*

manco, ca *adj./m. y f.* Que le falta un brazo o una mano: *El escritor español Miguel de Cervantes Saavedra es uno de los mancos más célebres en la literatura.*

mancuernillas *f. pl.* *Méx.* Gemelos.

manda *f.* *Argent., Chile y Méx.* Voto o promesa hecha a Dios o a un santo.

mandamiento *m.* Mandato, orden: *En el libro bíblico llamado Éxodo se dice que Moisés escribió los diez mandamientos.*

mandar *vb.* [1] Imponer la realización de una cosa: *El general mandó al coronel a poner orden en el cuartel, porque los soldados estaban haciendo mucho ruido.* [2] Enviar: *Mi hermana me mandó a comprar los tomates que necesitaba para preparar la comida.*

mandarina *f.* Fruto parecido a una naranja pero de forma achatada, de color anaranjado, jugoso y de cáscara aromática: *Exprimí unas mandarinas y me tomé un vaso de una bebida deliciosa y refrescante.*

mandatario, ria *m. y f.* Representante del gobierno de un país: *El mandatario de la nación recibió la visita del primer ministro del país vecino.*

mandíbula *f.* Cada una de las dos piezas que forman la boca de los vertebrados: *Moviendo las poderosas mandíbulas, el dinosaurio masticaba un huevo enorme en el filme que vi ayer.*

mandil *m.* Delantal de cuero o tela que cuelga desde el cuello y sirve para proteger la ropa cuando se realizan ciertos trabajos: *Antes de empezar a cocinar, hay que ponerse un mandil para no ensuciarse la ropa.*

mandioca *f.* Arbusto de 2 ó 3 m, de cuya raíz se extrae la tapioca.

mandolina *f.* Instrumento musical de cuatro cuerdas dobles, con caja de resonancia abombada.

mandril *m.* Mono africano muy feroz de gran tamaño, con nariz roja y hocico alargado y grueso con rayas azules.

manecilla *f.* Aguja que señala la hora en un reloj: *"Cuando la manecilla corta del reloj llegue a las nueve, será hora de que te vayas a dormir", me dijo mi abuelo.*

manejar *vb.* [1] Usar una cosa con las manos: *Alberto es muy hábil para manejar la arcilla, mira qué bonitas ollas hizo.* [2] *Amér.* Conducir, guiar un automóvil: *Cuando manejes con mayor seguridad, puedes empezar a viajar en carretera.*

manera *f.* Modo particular de ser, de hacer o de suceder algo: *Juan tiene una manera de caminar inconfundible, brinca un poco a cada paso.*

manga *f.* [1] Parte de una prenda de vestir que cubre todo o una parte del brazo: *Mi perro le mordió las mangas a una blusa y la convirtió en una especie de chaleco.* [2] *Méx.* Capote, capa impermeable que se usa en el campo: *Cuando comenzó a llover, el campesino se puso una manga para no mojarse.*

mangle *m.* Árbol propio de las regiones costeras tropicales, con ramas que llegan al suelo y echan raíces en él.

▶ **mango** *m.* Parte estrecha y larga por la que se agarra un utensilio: *Estela tomó la cacerola por el mango y comenzó a revolver el guiso que estaba sobre el fuego.*

▶ **mango** *m.* [1] Árbol de las regiones tropicales, de fruto comestible dulce, carnoso y aromático, de color amarillo o anaranjado. [2] Fruto del árbol llamado mango.

manguera *f.* Tubo flexible por el que pasa el agua o algún otro líquido: *Para lavar un automóvil y no desperdiciar agua, es mejor usar un paño y un recipiente en lugar de una manguera.*

maní *m.* Planta leguminosa de unos 50 cm de altura que produce un fruto de cáscara dura. SIN. **cacahuate.**

manía *f.* Afición fija y excesiva hacia algo: *Daniel tiene la manía de mantener encendida la televisión aunque no esté viéndola.*

manicomio *m.* Hospital para enfermos mentales.

manifestar *vb. irreg.* Dar a conocer una opinión o un deseo: *A través de una nota en el diario, los maestros se manifestaron a favor de un cambio en los libros de texto.*

manillar *m.* Pieza de la bicicleta o de la motocicleta, en la cual el conductor apoya las manos para dirigir la máquina: *Los manillares de las bicicletas de carreras son muy bajos porque esto ayuda a que los ciclistas alcancen mayores velocidades.* SIN. **manubrio.**

maniobra *f.* Operación manual o serie de movimientos necesarios para realizar algo: *Mudarse de casa es una maniobra que requiere de tiempo y mucho trabajo.*

---

adj. = adjetivo ☆ **adv.** = adverbio ☆ **f.** = sustantivo femenino ☆ **Fam.** = familiar ☆ **loc.** = locución ☆ **m.** = sustantivo masculino ☆ **pl.** = plural ☆ SIN. = sinónimo ☆ **vb.** = verbo ☆ **vb. irreg.** = verbo irregular.

maniquí *m.* Muñeco con figura humana, usado para probar o exhibir prendas de vestir: *En las tiendas de ropa suelen tener maniquíes vestidos de acuerdo con las estaciones del año.*

manivela *f.* Palanca o pieza que acciona un mecanismo: *El motor de los primeros automóviles se accionaba a través de una manivela.*

manjar *m.* Cualquier alimento, en especial la comida exquisita: *Entre los indios de la Amazonia, las tarántulas asadas son consideradas un manjar.*

mano *f.* [1] Parte del cuerpo humano que va desde la muñeca hasta la punta de los dedos: *En cuanto Genaro vio a su viejo amigo le estrechó cariñosamente la mano.* [2] En los animales cuadrúpedos, cada una de las patas delanteras. [3] Lado en el que se halla una cosa: *Evaristo está a mano derecha de la profesora y Ana está a mano izquierda.* [4] *Amér. C.* y *Amér. Merid.* Cada uno de los grupos de diez o más frutos que forman el racimo de bananas o plátanos. [5] *Chile.* Conjunto de cuatro cosas del mismo tipo: *Compré una mano de cuchillos para carne.* [6] *loc.* **Pedir la mano**, solicitar a la mujer en matrimonio: *Hoy es un día importante para Carla, ya que la familia de Joaquín irá a pedir su mano.*

manojo *m.* Conjunto de cosas, casi siempre alargadas, que se pueden agarrar con la mano: *"¿Cuánto vale el manojo de perejil?", le pregunté a la vendedora del mercado.*

manopla *f.* Guante grande que no tiene separaciones para los dedos, como el usado en el béisbol: *Existen manoplas especiales para personas zurdas.*

mansión *f.* Casa grande y lujosa: *En Beverly Hills, en Estados Unidos de Norteamérica, viven muchos actores y actrices de cine en grandes mansiones.*

manso, sa *adj.* Se dice del animal que no es bravo: *Los niños pueden jugar con este perro porque es manso y no hay peligro de que los muerda.*

manta *f.* [1] Pieza de tejido grueso para abrigarse en la cama: *En el invierno me cubro con dos mantas de lana durante la noche.* SIN. **cobertor, cobija.** [2] *Méx.* Tela tosca, burda, de algodón: *Los pantalones que usan los indígenas de muchos lugares son de manta.*

manteca *f.* [1] Grasa del cerdo, de la leche o de algunos frutos: *La manteca de cerdo es muy dañina para la salud.* [2] *Argent.* y *Urug.* Sustancia grasa de color amarillo que se obtiene de la nata de la leche de vaca o de cabra. SIN. **mantequilla.**

mantel *m.* Pieza de tela con que se cubre la mesa para comer.

mantener *vb. irreg.* [1] Costear las necesidades económicas de alguien: *Por lo general los padres mantienen a sus hijos hasta que ellos pueden ganar dinero por sí mismos.* [2] Conservar: *Con una hora de ejercicio diario, Berenice se mantiene delgada y en forma.*

mantequilla *f.* Grasa comestible de color amarillo obtenida de la leche de vaca o cabra: *Harina, azúcar, mantequilla y huevos son la base de muchos postres.* SIN. **manteca.**

mantis *f.* Insecto de unos 5 cm de longitud, con patas anteriores prensoras que le permiten atrapar a sus presas. SIN. **santateresa, mamboretá.**

manto *m.* Prenda amplia que se coloca sobre la cabeza o los hombros: *La reina usa un manto muy largo cuando asiste a ceremonias importantes.* SIN. **chal.**

manual *adj.* Que se ejecuta con las manos: *La costura es una actividad manual, igual que la carpintería.*

manual *m.* Libro en que se resume lo más sustancial de una materia: *Consulté el manual de la computadora para saber cómo usarla.*

manubrio *m.* [1] Mango de un instrumento. [2] *Argent., Méx., Par.* y *Urug.* Manillar de la bicicleta: *El panadero llevaba una canasta de pan sobre el manubrio.* SIN. **manillar.**

manufacturar *vb.* Elaborar o fabricar algún producto: *En el sureste de Asia se manufacturan muchos aparatos electrónicos.*

manuscrito *m.* Documento o libro escrito a mano: *La biblioteca del Vaticano, en Italia, guarda manuscritos muy antiguos.*

manzana *f.* [1] Fruto del manzano: *Las manzanas cubiertas de caramelo son uno de mis dulces favoritos.* [2] Conjunto de casas contiguas, limitado por calles: *Don Salvador sale todos los días a darle tres vueltas a la manzana para ejercitarse.* SIN. **bloque, cuadra.** [3] *Fam.* Abultamiento que crece en la garganta de los adolescentes varones, cuando empiezan a cambiar de voz.

manzanilla *f.* [1] Planta aromática de flores que se usan en infusión. [2] Infusión que se hace con las flores de manzanilla: *El té de manzanilla sirve para aliviar algunos malestares estomacales.* SIN. **camomila.**

manzano *m.* [1] Árbol de flores rosadas que da el fruto de la manzana. [2] *Méx.* y *P. Rico.* Variedad de banana o plátano, de tamaño más pequeño que el común, rechoncho y muy dulce.

maña *f.* [1] Destreza, habilidad: *Con maña, Lourdes logró abrir el frasco que tenía la tapa atorada.* [2] Ardid, astucia: *El empleado holgazán está lleno de mañas pues siempre está pensando cómo trabajar lo menos posible.*

mañana *f.* Espacio de tiempo desde el amanecer hasta el mediodía: *Elizabeth trabaja por la mañana y va a la universidad por la tarde.*

mañana *m.* Tiempo futuro: *Tienes que estudiar mucho para que en el mañana puedas conseguir un buen empleo.*

mañana *adv.* En el día que seguirá al de hoy: *Voy a comprar un cuaderno que necesito para mañana en la clase de dibujo.*

Ⓢ *Amér.* = América ☆ *Amér. C.* = América Central ☆ *Amér. Merid.* = América Meridional ☆ *Argent.* = Argentina ☆ *Méx.* = México ☆ *Par.* = Paraguay ☆ *P. Rico* = Puerto Rico ☆ *Urug.* = Uruguay.

h

i

j

k

l

m

n

mañanitas *f. pl.* Méx. Composición musical que se canta para celebrar el cumpleaños de alguien: *El día del cumpleaños de Rosalinda todos le cantamos las mañanitas y la felicitamos.*

mapa *m.* Representación de la Tierra, un país, ciudad o barrio en un plano: *En mi clase de geografía me enseñaron con un mapa dónde están los continentes, los mares, los océanos y los ríos de nuestro planeta.*

mapache *m.* Mamífero carnívoro americano apreciado por su pelaje: *Los mapaches tienen una franja oscura en los ojos que parece una máscara.*

mapuche *adj./m.* y *f.* Araucano, originario de una región de Chile.

maqueta *f.* Representación a escala reducida de un aparato, un edificio, etc.: *El arquitecto hizo una maqueta del nuevo edificio que van a construir.*

maquillar *vb.* Aplicar o aplicarse cosméticos en el rostro: *Antes de salir en televisión, la mayoría de los locutores y actores se maquillan.*

máquina *f.* Conjunto de mecanismos combinados para transformar una forma de energía o para facilitar la realización de un trabajo.

maquinaria *f.* ① Conjunto de máquinas. ② Mecanismo que mueve un aparato: *La maquinaria de un reloj de cuerda es menos precisa que la de un reloj digital.*

maquinista *m.* y *f.* Persona que construye o dirige máquinas, en especial las relacionadas con las que mueven los ferrocarriles: *Mi hermano siempre juega con trenes de juguete, le gusta viajar en tren y dice que quiere ser maquinista cuando crezca.*

mar *m.* y *f.* Masa de agua salada que cubre la mayor parte de la superficie de la Tierra.

maraca *f.* Instrumento musical de percusión.

maratón *m.* Carrera a pie en la que se recorre una distancia muy larga: *En un maratón profesional los competidores deben recorrer una distancia de 42 km aproximadamente.*

maravilla *f.* ① Suceso o cosa extraordinaria: *El Faro de Alejandría era una de las siete maravillas del mundo antiguo.* ② Admiración, asombro: *Es una maravilla ver cómo se ha recuperado Jacinto después del accidente.* ➔

marca *f.* ① Señal hecha en una persona, animal o cosa para diferenciarla de otras de la misma especie: *Mis cuadernos tienen una marca con mi nombre para que no se confundan con los de los otros alumnos.* ② Resultado obtenido por un deportista en una prueba: *Nuestro equipo superó su propia marca en la competición.*

marcador *m.* ① Tablero en que se anotan los puntos o tantos de una competencia deportiva: *El marcador final del partido entre los equipos de Brasil y Camerún fue cero-cero.* ② Argent., Méx., Par. y Urug. Rotulador, utensilio para pintar con una tinta especial.

marcar *vb. irreg.* Hacer una marca en algo para diferenciarlo: *Marqué todos mis útiles escolares con la figura de un astronauta para que mis amigos sepan que son míos.*

marcha *f.* ① Acción de marchar, de caminar: *Los campesinos hicieron una marcha desde su pueblo hasta la capital para celebrar la fundación de su provincia.* ② Modo de andar y velocidad con que se hace: *La marcha de los niños se vuelve regular y firme alrededor de los tres años.* ③ Pieza musical destinada a indicar el paso de la tropa o de un cortejo: *Los soldados de caballería desfilaron al compás de la marcha Dragona.*

marchar *vb.* ① Andar o funcionar una cosa o asunto: *Las ventas marchan bien en el restaurante de la esquina, pues tienen clientes desde el día en que lo inauguraron.* ② Irse de un lugar: *Lorenzo se marchó de su pueblo porque quiere conseguir un trabajo en la ciudad.*

marchitar *vb.* Secarse, se refiere a la planta que pierde su verdor y aspecto vigoroso: *Jaime compró unas flores para su mamá, pero se marchitaron porque las olvidó en su automóvil durante todo el día.*

marco *m.* ① Cerco que rodea algunas cosas: *El marco de la puerta es de madera y se hinchó cuando le cayó agua de lluvia.* ② Unidad monetaria de Alemania y Finlandia.

marea *f.* Movimiento de ascenso y descenso de las aguas del mar: *Las fases de la Luna influyen en las mareas.*

marear *vb.* Sentir mareo: *Siempre que Francisco sube a un avión se marea y siente deseos de vomitar.*

maremoto *m.* Sismo o temblor en el mar: *El maremoto provocó olas de varios metros de alto.*

marfil *m.* ① Parte dura de los dientes cubierta por el esmalte. ② Material del que están hechos los colmillos de los elefantes: *Como el marfil de los elefantes vale mucho dinero, muchos de estos animales han sido sacrificados para robarles sus colmillos.*

margarina *f.* Sustancia grasa comestible, elaborada a partir de aceites vegetales: *La gente que tiene mucho colesterol en la sangre debe consumir margarina en lugar de manteca o mantequilla.*

margarita *f.* ① Nombre de diversas plantas herbáceas, de flores con el centro amarillo y pétalos blancos. ② Flor de las plantas llamadas margarita.

margen *m.* y *f.* ① Extremidad u orilla de una cosa: *A mi hermana le gusta descansar en los márgenes de la piscina.* ② Espacio en blanco alrededor de una página: *La maestra escribió sus correcciones a mi trabajo en el margen derecho de las hojas.* ③ Raya que se coloca en un extremo de la página que se va a escribir, para crear un espacio lateral: *Durante los primeros días de escuela, los maestros nos pidieron dibujar márgenes rojos en los cuadernos.*

---

mariachi *m.* Méx. Integrante de un grupo de músicos, originalmente de Jalisco, México.

marido *m.* Hombre casado, con respecto a su mujer.

marihuana o **mariguana** *f.* Nombre del cáñamo índico, cuyas hojas fumadas producen efecto narcótico.

marimba *f.* Amér. Instrumento musical que consiste en una serie de tablas delgadas de distintos tamaños, colocadas sobre unos tubos metálicos, las cuales se golpean con unas baquetas gruesas que tienen en la punta una bola dura: *La marimba es un instrumento muy utilizado en la música tradicional de los estados del sureste de México.* ➡

marina *f.* Potencia naval de una nación: *En el siglo XVI, la marina española era una de las más poderosas de Europa.*

marinero *m.* Hombre que presta sus servicios en un barco: *Los marineros pueden pasar varias semanas sin tocar tierra firme.*

marino *m.* y *f.* Experto en navegación: *Abelardo es un marino que construyó su propio barco en el que viajó desde América hasta Europa.*

marino, na *adj.* Relativo al mar: *Los salmones son peces marinos porque viven en el mar, pero también son de agua dulce porque nacen y ponen sus huevecillos en los ríos.*

marioneta *f.* Títere: *Las articulaciones de las marionetas se mueven por medio de hilos.*

mariposa *f.* Insecto con cuatro alas de vistosos colores: *Las mariposas monarca tienen alas de un vivo color anaranjado con manchas negras.*

mariquita *f.* Insecto de color anaranjado con siete puntos negros. SIN. **catarina**.

marisco *m.* Animal marino invertebrado y comestible: *Carlos es alérgico a algunos mariscos como los camarones y los ostiones.*

mármol *m.* Roca caliza, con vetas de colores variados: *Muchas esculturas famosas han sido hechas de mármol, como el David del artista italiano Miguel Ángel.*

marmota *f.* Mamífero roedor de unos 50 cm de largo con hábitos nocturnos, que vive en pequeños grupos e hiberna durante varios meses.

maroma *f.* [1] Cuerda gruesa. [2] Amér. Función y pirueta de un acróbata: *Cuando nadie lo esperaba, el equilibrista bajó del cable con una espectacular maroma.*

marometa *f.* Acrobacia: *La niña va a su clase de gimnasia y cuando regresa a casa le muestra a la familia las marometas que le enseñó la maestra.*

marquesina *f.* [1] Especie de cubierta que sobresale de los edificios para resguardarse de la lluvia. [2] Espacio en la fachada de los cines o teatros, donde se anuncian los espectáculos del día: *El gran deseo de Anabel es ver su nombre en la marquesina de un teatro de Broadway, en Estados Unidos de Norteamérica.*

marrano, na *m.* y *f.* Cerdo, cochino. SIN. **puerco**, **chancho**.

marrón *m.* Color castaño o café, parecido al de las barras de chocolate.

marsopa *f.* Mamífero marino parecido al delfín, de alrededor de metro y medio de largo, común en el Océano Atlántico.

marta *f.* Mamífero carnívoro de piel muy estimada: *Por desgracia, las pieles de muchas martas se encuentran en los hombros de algunas señoras ricas y frívolas.*

martes *m.* Segundo día de la semana: *El martes fue llamado así en honor del dios Marte.*

martillo *m.* Herramienta que se utiliza para golpear, formada por una cabeza metálica y un mango: *Cuando trataba de introducir un clavo en la pared, me di un golpe en el pulgar con el martillo y se me puso morado.*

martiniqués, sa *adj./m.* y *f.* De Martinica, isla de las pequeñas Antillas.

martirio *m.* [1] Muerte o tormento que alguien padece a causa de sus opiniones o fe religiosa. [2] Sufrimiento físico o moral: *Estos zapatos son un martirio porque cada vez que los uso me salen ampollas en los dedos.*

marzo *m.* Tercer mes del año: *En el hemisferio Norte, el 20 ó 21 de marzo entra la primavera.*

mas *conj.* Pero: *Quiero verte, mas hoy no puedo. ¿Podríamos vernos mañana?.*

▶ **más** *adv.* Denota mayor cantidad o intensidad: *La selección de fútbol de Brasil ha ganado más campeonatos mundiales que cualquier otra selección del mundo.*

▶ **más** *m.* Signo de la suma (+): *Cinco más cinco es igual a diez.*

masa *f.* Mezcla de un líquido con una sustancia sólida: *Para preparar la masa de la pizza se necesita harina, agua, sal y levadura.*

masaje *m.* Fricción o golpecillos que se dan en alguna parte del cuerpo con fines terapéuticos o higiénicos: *Cuando uno está cansado, es muy agradable recibir un masaje en el cuello y la espalda.*

mascar *vb. irreg.* Partir y deshacer con los dientes: *Es importante mascar varias veces los alimentos para facilitar el proceso de la digestión.* SIN. **masticar**.

máscara *f.* [1] Objeto con el que se cubre la cara: *Durante los carnavales mucha gente usa máscaras muy vistosas.* [2] Disfraz.

mascota *f.* [1] Animal doméstico: *A Gonzalo le regalaron como mascota un perro.* [2] Persona, animal o cosa que trae suerte, en especial las que usan los equipos deportivos.

masculino, na *adj.* [1] Propio del hombre: *El bigote y la barba son características masculinas.* [2] Que tiene la forma atribuida gramaticalmente a los nombres que designan, en principio, seres del género masculino: *La palabra niño es del género masculino.*

masilla *f.* Mezcla pastosa usada para rellenar huecos o cavidades, mastique.

masita *f.* *Amér. Merid.* y *R. Dom.* Bizcocho suave: *La señora Johnson es una mujer inglesa que siempre toma el té a las cinco y lo acompaña con masitas.*

masticar *vb. irreg.* Desmenuzar, triturar con los dientes: *Esta carne parece algodón de azúcar, la mastiqué dos veces y se deshizo.* SIN. **mascar.**

mástil *m.* Palo de un barco: *Desde lo alto de un mástil de la carabela Rodrigo de Triana, quien venía con Cristóbal Colón, fue el primer español en ver la tierra que ahora conocemos como América.*

mastique *m.* Pasta que se utiliza para rellenar huecos o fijar cosas, como los vidrios de las ventanas. SIN. **masilla.**

mata *f.* Cualquier arbusto de poca altura, de tallo leñoso muy ramificado.

matadero *m.* Lugar donde se mata al ganado: *En el matadero les quitan la piel y las vísceras a las vacas muertas.*

matambre *m.* [1] *Argent.* y *Urug.* Lonja de carne que se saca de entre el cuero y las costillas del ganado vacuno. [2] *Argent.* Guiso hecho con la capa de carne llamada matambre: *Comimos un delicioso matambre frío relleno con huevo, pan rallado, ajo y perejil.*

matar *vb.* Quitar la vida: *Matar a alguien es un delito muy grave.*

▶ **mate** *adj.* Que no tiene brillo, opaco: *A Eugenia le gustan las fotografías impresas en papel mate porque dice que se aprecian mejor.*

▶ **mate** *m.* [1] Conjunto de hojas secas de la planta llamada mate a infusión o té que se prepara con estas hojas. [2] *Amér. Merid.* Calabaza seca y sin pulpa que se utiliza para servir la infusión de yerba mate. [3] *Bol.* y *R. de la P.* Arbusto originario de América del Sur. [4] *R. de la P.* Cualquier recipiente que se emplea para tomar la infusión de yerba mate.

matemáticas *f. pl.* Ciencia que trata de los números y de las figuras geométricas.

materia *f.* [1] Sustancia de la que están hechas todas las cosas: *La cantidad de materia que existe en el Universo es enorme.* [2] Tema que se trata o estudia: *En la educación básica estudié cuatro materias: lengua española, matemáticas, ciencias naturales y ciencias sociales.*

material *m.* [1] Materia que se necesita para hacer una obra: *El camión trajo hoy el material para la construcción de la casa.* [2] Sustancia de la que algo está hecho: *La piedra era uno de los materiales más usados para construir casas hasta que comenzó a usarse el acero.*

maternal *adj.* Que tiene el instinto de la madre: *Mi gata es maternal con sus cachorros: los cuida, los alimenta, los limpia y juega con ellos.*

materno, na *adj.* Relativo a la madre: *La leche materna es el mejor alimento para los bebés recién nacidos.*

matiz *m.* Cada uno de los tonos o variaciones que puede tener un color: *Rogelio tiene los ojos de un color raro: es un matiz de azul.*

matorral *m.* Terreno lleno de maleza o conjunto de arbustos de poca altura: *Ahí entre los matorrales se pueden encontrar animales pequeños, como conejos y ratones.*

matrimonio *m.* [1] Acto solemne por el que un hombre y una mujer establecen entre sí una unión regida por las leyes en vigor en un país, por las leyes religiosas o por la costumbre: *Antes de la ceremonia religiosa tuvo lugar el matrimonio civil.* [2] Unión de un hombre y una mujer ante la ley con el objeto de formar una familia: *Durante sus veinte años de matrimonio los señores Rodríguez han procreado cuatro hijos.* [3] Uno de los siete sacramentos de la Iglesia Católica. [4] *Fam.* Pareja formada por un hombre y una mujer que se han casado: *Vino un matrimonio joven buscando un departamento para alquilar.*

matutino, na *adj.* Relativo a las horas de la mañana: *Humberto va a la secundaria en horario matutino; otros niños tienen el turno de la tarde, o sea el vespertino.*

maullido *m.* Voz del gato: *Cuando las gatas están en celo, sus maullidos son constantes y de gran volumen.*

maxilar *m.* Cada uno de los huesos de la cara que forman la mandíbula.

máximo, ma *adj.* Mayor o más importante en su especie o clase: *El músico italiano Paganini fue uno de los máximos intérpretes y compositores del violín.*

maya *adj./m.* y *f.* De un pueblo amerindio que habita la península de Yucatán en México y parte de Guatemala: *La cultura maya fue una de las más importantes antes de que llegaran los españoles a América por sus importantes adelantos astronómicos y matemáticos.*

mayo *m.* Quinto mes del año.

mayonesa *f.* Salsa de aceite y yema de huevo: *El atún sabe bien preparado en ensalada, con mayonesa y verduras.*

▶ **mayor** *adj.* [1] Más grande: *La escuela donde estudia Clara tiene un tamaño mayor que donde estudia Cecilia.* [2] De edad avanzada: *Mi abuelo es una persona mayor que tiene 65 años.*

▶ **mayor** *m.* y *f.* Adulto: *Los mayores tienen conversaciones que a veces aburren a los niños.*

mayoreo *m.* Comercio en grandes cantidades: *Ésa es una tienda de mayoreo, así que no puedes ir a comprar unos cuantos dulcecitos, sólo venden grandes paquetes.*

mayoría *f.* [1] La mayor parte de un grupo de personas o cosas: *La mayoría de los alumnos prefirió el circo en vez de al cine.* [2] Mayor número de votos que se obtiene en una elección: *José quedó como presidente de la sociedad de alumnos por haber obtenido la mayoría de votos.*

---

mayúscula *adj./f.* Letra de mayor tamaño que la minúscula: *Los nombres propios siempre se escriben con mayúscula inicial.*

mazapán *m.* Pasta de almendra o maní molido y mezclado con azúcar, cocida al horno.

mazo *m.* [1] Herramienta parecida a un martillo grande, que consiste en una cabeza pesada de hierro y un mango. [2] Martillo de madera: *Aplana la carne con el mazo para que se suavice.* [3] Conjunto de cosas atadas: *Compró un mazo de plumas de faisán para adornar un sombrero.*

mazorca *f.* Espiga con los granos muy juntos, como la del maíz: *Para empezar a hacer pan de maíz hay que desgranar cinco mazorcas y luego molerlas con poca leche.*

me *pron.* Pronombre personal masculino y femenino de primera persona singular: *A mí me gusta mucho ir a la playa.*

mear *vb.* *Fam.* Orinar.

mecánico, ca *m.* y *f.* Persona que maneja o repara máquinas: *El mecánico me recomendó cambiar la batería del auto porque dice que por eso no funciona.*

mecanografía *f.* Técnica de escribir a máquina: *Las secretarias deben aprender mecanografía además de taquigrafía y otras habilidades.*

mecate *m.* *Amér. C., Méx.* y *Venez.* Cuerda rústica: *Tenían al cerdo amarrado con un mecate para que no se escapara.*

mecedora *f.* Silla para mecerse: *Las mecedoras se usaban mucho en el siglo XIX y ahora todavía las usan algunas personas.* SIN. **balancín, hamaca.**

mecer *vb. irreg.* Mover o moverse de manera rítmica de un lado a otro: *La mayoría de los bebés se duermen cuando los mecen.* SIN. **hamacar.**

mecha *f.* [1] Cordel retorcido en el centro de velas y bujías, que sirve para prenderlas. SIN. **pabilo.** [2] Cuerda con pólvora para dar fuego a un explosivo: *Una vez encendida la mecha, tienes cinco minutos para alejarte del explosivo antes de que ocurra la explosión.* [3] *Amér. Merid.* Barra de metal con vueltas en espiral que tienen los taladros, barrenas, etc.

mechón *m.* Porción de pelos, hebras o cosas parecidas: *Algunos jóvenes se pintan mechones de diferentes colores.*

medalla *f.* [1] Pieza de metal con un grabado: *Al niño le regalaron una medalla de oro cuando fue bautizado.* [2] Premio honorífico: *Al niño aplicado le dieron una medalla por haber terminado la educación básica con muy buenas notas.*

▶ **media** *adj.* La mitad de algo que tiene unidad de medida: *La visita del médico a mi hermana duró sólo media hora.*

▶ **media** *f.* [1] Prenda de nailon, seda u otro material que cubre hasta la rodilla, el muslo o la cintura, usada sobre todo por las mujeres. [2] *Amér.* Prenda de vestir para cubrir los pies y parte de las pantorrillas: *Alejandra traía unas bonitas medias de rombos morados y azules.*

mediano, na *adj.* De calidad o tamaño intermedios: *A todos nos sorprendió que le dieran un premio tan importante a un escritor mediano y no a otros mejores.*

medianoche *f.* Las doce de la noche: *La carroza de Cenicienta se volvió calabaza a la medianoche.*

medicamento *m.* Sustancia usada como remedio para una enfermedad: *Existen medicamentos de uso delicado que no deben tomarse durante más de una semana.* SIN. **medicina.**

medicina *f.* [1] Ciencia que trata de las enfermedades, de su curación y prevención: *Quienes quieren estudiar medicina deben saber de química, biología, anatomía y de otras ciencias.* [2] Medicamento: *Entre las medicinas que le recetaron a Pablo hay una que debe tomar diario para evitar el dolor.* →

médico, ca *m.* y *f.* Persona que ejerce la medicina de manera profesional: *Si te sientes enfermo, tienes que ver a un médico para que te diga por qué estás así y para que te recete algún medicamento.* SIN. **doctor.**

medida *f.* [1] Hecho de medir: *El sastre tomó las medidas del hombre para hacerle un traje.* [2] Unidad usada para medir: *En Inglaterra siguen usando una medida de volumen llamada pinta, que equivale aproximadamente a medio litro.* [3] Disposición, prevención: *Los gobiernos del mundo han tomado algunas medidas contra la destrucción de la naturaleza, pero todavía se necesita mucho más trabajo.*

medidor *m.* *Amér.* Contador de agua, gas o electricidad: *Para saber cuánta luz consume cada familia, el empleado de la compañía de electricidad revisa cada mes los medidores.*

medieval *adj.* De la Edad Media, entre el siglo V y el siglo XV: *En varios países de Europa, los castillos medievales ahora funcionan como hoteles o museos.*

▶ **medio** *m.* Que está entre dos extremos: *Buscamos un lugar en el medio del cine para ver mejor el filme.*

▶ **medio** *adv.* [1] No del todo, un poco: *Carolina es medio floja en los estudios, a veces hace los trabajos escolares y otras veces no.* [2] *loc.* Medio ambiente, conjunto de circunstancias físicas que rodean a los seres vivos: *Cuidar el medio ambiente es responsabilidad de todos.*

medio, día *adj.* Que es la mitad de algo: *Las 12:00 p. m. es el medio día.*

mediodía *m.* [1] Hora en que el sol está en el punto más alto: *Al mediodía nuestras sombras son pequeñas.* [2] Espacio de tiempo alrededor de las doce de la mañana: *Los niños salieron de la escuela al mediodía y por la tarde hicieron sus trabajos escolares.* [3] *Méx.* Espacio de tiempo alrededor de las dos o tres de la tarde,

h

i

j

k

l

n

durante el que se come: *En esa industria los obreros comienzan a trabajar a las siete de la mañana, salen a comer al* **mediodía** *y regresan al trabajo a las cinco de la tarde.*

medir *vb. irreg.* Determinar la longitud, extensión, volumen o capacidad de algo: *El pintor* **midió** *la superficie de la casa que va a pintar para calcular cuánta pintura tiene que comprar.*

meditar *vb.* Reflexionar sobre algún asunto para conocerlo, estudiarlo o resolverlo: *Es importante* **meditar** *mucho antes de decidir qué carrera se quiere estudiar.*

médula *f.* ① Sustancia del interior de los huesos: *A Joaquín le gusta comer sopa de* **médula***, pero a mí me parece repulsiva.* ② Centro del tallo y la raíz de una planta.

medusa *f.* Animal marino con forma de sombrilla, consistencia gelatinosa y sin esqueleto.

megabait *m.* **Palabra inglesa.** En computación, unidad de medida para determinar la memoria de un disco, alrededor de un millón de baits.

mejilla *f.* Parte carnosa de la cara, debajo de cada ojo: *Después de jugar, Elisa tenía las* **mejillas** *color tomate a causa del calor.*

mejillón *m.* Molusco bivalvo comestible de caparazón alargado color negro azulado y carne apreciada de color amarillo o anaranjado.

▶**mejor** *adj.* Superior, que es más bueno que otros con los que se compara: *Esta blusa es una ganga, es de* **mejor** *calidad que aquélla y cuesta menos.*

▶**mejor** *adv.* ① Más bien o menos mal: *Cambió de trabajo y ahora le pagan* **mejor** *que en la otra empresa.* ② *loc.* **Fam. A lo mejor**, expresa posibilidad: *Veo varias nubes en el cielo,* **a lo mejor** *lloverá más tarde.*

mejorar *vb.* ① Hacer que algo sea mejor de lo que era: *Para* **mejorar** *en el baloncesto, el equipo tiene que practicar mucho.* ② Restablecerse un enfermo: *Leoncio* **ha mejorado** *mucho desde que el médico le recetó este jarabe contra la tos.*

melancolía *f.* Tristeza vaga, profunda y permanente: *Hamlet, el personaje del escritor inglés William Shakespeare, sufría de una intensa* **melancolía** *desde la muerte de su padre.*

melaza *f.* Especie de miel, residuo de la cristalización del azúcar: *Como este pan lleva* **melaza** *en lugar de azúcar refinada tiene un color más oscuro.*

melcocha *f.* Miel de caña de azúcar, concentrada y caliente, que al enfriarse queda muy correosa.

melena *f.* ① Cabello largo y suelto. ② Crin del león: *Por la* **melena** *se puede distinguir al león de la leona.*

mellizo, za *adj./m.* y *f.* Cada uno de los hermanos nacidos en un mismo parto: *Esos* **mellizos** *son tan parecidos que ni su mamá puede distinguirlos.* SIN. **gemelo, cuate.**

melodía *f.* Composición musical.

melón *m.* ① Planta de tallo rastrero, de fruto grande y pulpa jugosa. ② Fruto de la planta llamada melón.

membrana *f.* Lámina o piel muy delgada, elástica y resistente.

membrillo *m.* ① Árbol de fruto amarillo y muy aromático. ② Fruto del árbol llamado membrillo.

memoria *f.* ① Capacidad de guardar en la mente ideas, palabras o impresiones pasadas: *Augusto tiene buena* **memoria***, recuerda los números de teléfono de todos sus amigos.* ② Dispositivo de la computadora, capaz de almacenar información: *Para usar juegos en la computadora se necesita una máquina con mucha* **memoria***.* ③ *loc.* **Saber de memoria**, poder repetir un texto de corrido: *Claudia* **sabe de memoria** *todos los poemas de su escritor favorito.*

memorizar *vb. irreg.* Fijar en la memoria: *El niño* **memorizó** *un poema a las madres y luego lo repitió durante el festival de la escuela.*

mencionar *vb.* Citar, nombrar: *Al principio de su nuevo libro de poemas, el joven escritor* **mencionó** *a sus padres y les expresó su amor y respeto.*

mendigo, ga *m.* y *f.* Persona que vive de pedir limosna de manera habitual: *Afuera de la iglesia casi siempre hay* **mendigos** *que piden alguna moneda.*

mendrugo *m.* Pedazo de pan duro: *La anciana guarda los* **mendrugos** *de pan para dárselos a los pájaros que se acercan a la ventana de su casa.*

menear *vb.* Mover, agitar: *El perro* **menea** *el rabo cuando ve que su dueña se acerca para acariciarlo.*

mengano, na *m.* y *f.* Una persona cualquiera: *El* **mengano** *que vive en ese departamento siempre está enojado.*

menguante *adj.* ① Que va disminuyendo: *Mi bisabuelo es muy anciano y sus fuerzas están en proceso* **menguante***.* ② Fase de la Luna cuando su parte iluminada va disminuyendo de tamaño. ANT. **creciente.**

▶**menor** *adj.* ① Que tiene menos cantidad o tamaño que otra cosa con la que se compara: *El meñique es el dedo* **menor** *de la mano.* ② En una familia o grupo, la persona más joven: *María es la* **menor** *de las cuatro hijas de mi tía Amelia.*

▶**menor** *m.* y *f.* Quien no tiene la edad legal para ejercer todos los derechos civiles y asumir toda la responsabilidad jurídica como ciudadano: *Cuando los* **menores** *infringen la ley no los envían a la cárcel de adultos, sino a un lugar especial para personas de su edad.*

▶**menos** *m.* Signo de la resta (-): *Diez* **menos** *siete es igual a tres.*

▶**menos** *adv.* Señala menor cantidad o intensidad: *Tienes que platicar* **menos** *durante la clase y atender más a tu maestra.*

▶**menos** *prep.* Excepto, salvo: *Asistimos todos los alumnos al festival,* **menos** *Eduardo, porque estaba enfermo.*

---

mensaje *m.* Noticia o comunicación enviada a alguien: *Mi tío que vive en Francia me envió ayer un* **mensaje** *en el que me invita a París en las próximas vacaciones.*

mensajería *f.* Empresa que se dedica al servicio rápido de entrega de cartas, paquetes, etc.: *Como quiero que te llegue rápido el paquete, te lo enviaré por un servicio de* **mensajería** *en vez de utilizar el correo.*

mensajero, ra *m.* y *f.* Persona que lleva un mensaje: *Alberto no tiene experiencia como vendedor, así que en la tienda le dieron, para empezar, el puesto de* **mensajero**.

menso, sa *adj. Colomb.* y *Méx. Fam.* Tonto, bobo: *El* **menso** *de mi hermano jugaba pelota dentro de la casa y rompió el espejo del comedor.*

mensual *adj.* ① Que ocurre cada mes: *Esa revista es* **mensual** *porque aparece el primer día lunes de cada mes.* ② Que dura un mes: *Los cursos de computación en mi escuela son* **mensuales**.

mensualidad *f.* ① Sueldo de un mes: *Luis recibe una* **mensualidad** *por su trabajo de reportero en la revista.* ② Pago mensual por algún servicio que dura un mes: *Hay que cubrir la* **mensualidad** *del alquiler durante los primeros días de cada mes.*

menta *f.* ① Planta aromática usada como condimento y en infusión: *El té de* **menta** *es muy refrescante.* ② Sabor semejante al de la planta de la hierbabuena: *Le gusta masticar chicles de* **menta** *por su sabor a hierba.*

mental *adj.* Relativo a la mente: *En ese sanatorio se ocupan de los enfermos* **mentales**.

mente *f.* Conjunto de capacidades intelectuales humanas.

mentir *vb. irreg.* Decir algo distinto de lo que se piensa o se sabe: *No* **mientas**, *sé que fuiste tú quien rompió el florero.*

mentira *f.* Cosa contraria a la verdad, que se dice para engañar: *El empleado de la tienda me dijo una* **mentira** *cuando afirmó por teléfono que sí tenían el disco, pero cuando llegué a comprarlo, no había.*

mentiroso, sa *adj./m./f.* Persona que dice falsedades: *A Pinocho le crecía la nariz por* **mentiroso**.

mentón *m.* Extremo saliente de la mandíbula inferior: *Algunas brujas feas tienen el* **mentón** *puntiagudo y un lunar grande en la punta de la nariz.* SIN. **barba**.

menú *m.* ① Lista de los diferentes guisos, postres y bebidas que ofrece un restaurante: *"¿Podría traer otra vez el* **menú**? *Quiero ver los postres", le dije al camarero.* ② En computación, presentación de las opciones de un programa y del modo de usarlas: *Por lo general el* **menú** *se encuentra en la parte superior y en la inferior de la pantalla de la computadora.*

menudeo *m.* loc. **Venta al menudeo**, la que se realiza en pequeñas cantidades: *En esta tienda hay* **venta al menudeo**, *por eso es posible comprar pocas prendas de ropa.*

menudo, da *adj.* Pequeño, de tamaño pequeño: *Ese programa de juegos educativos está dirigido a la gente* **menuda**, *es decir, a los niños.*

meñique *m.* Quinto dedo de la mano, contando desde el pulgar: *El* **meñique** *es el dedo más pequeño de la mano.*

mercado *m.* Edificio público destinado al comercio: *En el centro de la ciudad hay un* **mercado** *de artesanías, especial para turistas.*

mercancía *f.* Cosa que se puede comprar o vender: *Los vendedores del mercado colocan las* **mercancías** *en sus puestos todos los días por la mañana.*

mercería *f.* Tienda de artículos de costura: *Tengo que ir a la* **mercería** *a comprar unos botones y un carrete de hilo para coser.*

merecer *vb. irreg.* Hacerse digno de premio o castigo: *Pablo se ha portado muy mal con Miguel,* **merecería** *que le dejara de hablar.*

merecido *m.* Castigo del que se juzga digna a una persona: *El villano del programa de televisión recibió su* **merecido** *cuando el héroe lo atrapó y lo entregó a la policía.*

merendar *vb. irreg.* Tomar la merienda: *Me gusta ir a casa de mi abuela porque ahí* **merendamos** *cosas muy ricas que nos prepara.*

merengue *m.* ① Dulce elaborado con claras de huevo y azúcar: *Al comer un* **merengue** *se siente cómo se deshace en la boca.* ② Baile originario de la República Dominicana.

meridiano *m.* En la esfera terrestre, círculo máximo que pasa por los polos: *En las afueras de Londres está el Observatorio de Greenwich, por donde pasa el* **meridiano** *del mismo nombre.*

meridional *adj./m.* y *f.* Del sur o del mediodía: *Australia es un país* **meridional**.

merienda *f.* ① Comida ligera que se toma por la tarde antes de la cena. ② *Méx.* Cena ligera: *Para la* **merienda**, *a los niños les gusta tomar chocolate caliente y galletas.*

mérito *m.* Acción por la que alguien se merece un elogio: *Los demás niños le aplaudieron a Benjamín, pues fue mucho* **mérito** *que a sus 6 años hubiera aprendido un poema tan largo.* SIN. **merecimiento**.

merluza *f.* Pez de color grisáceo, que mide de 30 a 80 cm de largo, de carne muy apreciada.

mermelada *f.* Conserva de fruta cocida con azúcar o miel: *Me gusta desayunar pan con* **mermelada** *de manzana y leche.* SIN. **confitura**.

mero, ra *adj. Méx.* loc. **Ya mero**, pronto: *"Espérame un poco,* **ya mero** *termino de limpiar mi habitación", le dije a mi amigo.*

mero *m.* Pez de color castaño rojizo, que llega a medir 130 cm de largo, de carne muy apreciada por su sabor.

mes *m.* Cada una de las doce divisiones del año: *El mes más corto del año es febrero, pues tiene 28 días y cada cuatro años tiene 29.*

mesa *f.* ① Mueble compuesto por una tabla horizontal sostenida por una o varias patas: *La mesa del comedor de esa señora era tan grande que podían sentarse veinticuatro personas a su alrededor.* ② Presidencia de una asamblea o asociación: *La mamá de Enrique forma parte de la mesa de padres de familia de la escuela.* ③ loc. *Argent.* y *Urug.* **Mesa de luz**, mesilla de noche, buró: *Durante la noche me gusta leer a la luz de la lámpara que está en la mesa de luz.*

mesada *f.* Dinero que se paga todos los meses: *Los papás de Eduardo viven en otra ciudad y le envían una mesada para cubrir sus gastos.*

mesero, ra *m.* y *f.* *Chile, Colomb., Ecuad., Guat.* y *Méx.* Persona que lleva los alimentos a los comensales de un restaurante. SIN. **camarero**.

meseta *f.* Terreno elevado y llano de gran extensión.

mesoamericano, na *adj./m.* y *f.* Originario de Mesoamérica, área cultural anterior a la llegada de los españoles a América, localizada entre la Cordillera Neovolcánica de México y el Istmo de Panamá.

mesón *m.* ① Restaurante decorado al estilo rústico: *En el camino a los monasterios, nos detuvimos a comer en un mesón que era una casa antigua.* ② Posada: *Dulcinea trabajaba en un mesón cuando lo conoció don Quijote.* ③ *Chile.* Mostrador de los bares y cantinas, barra: *Recargado en el mesón, un hombre comía queso y bebía vino.*

mestizo, za *adj./m.* y *f.* De padre y madre de raza diferente: *Los hijos de un inglés y una japonesa son mestizos.*

meta *f.* ① Objetivo con que se realiza una acción: *Javier se impuso como meta llegar a ser ingeniero y lo logró.* ② Línea en que termina una carrera: *El corredor cruzó la meta con los brazos extendidos en señal de triunfo.* ③ En el fútbol, portería.

metáfora *f.* Figura literaria en la que se hace una comparación con palabras cuyo sentido no es el estricto: *"Dientes de perla" es una metáfora, porque los dientes en realidad no son perlas, pero sí se parecen a ellas.*

metal *m.* Elemento químico sólido, de brillo característico, buen conductor del calor y de la electricidad: *El oro, la plata y el cobre son tres de los metales más conocidos.*

metalurgia *f.* Arte de extraer y trabajar los metales: *El desarrollo de la metalurgia impulsó la industria.*

metamorfosis *f.* Conjunto de cambios que experimentan ciertos animales durante su desarrollo biológico: *Las orugas sufren una metamorfosis dentro del capullo y se convierten en mariposas.*

metate *m.* *Méx.* y *Guat.* Piedra plana con patas, que se utiliza con un rodillo para moler grano: *En las zonas rurales la gente muele el maíz en metates para preparar la masa con que se hacen las tortillas.*

meteorito *m.* Cuerpo sólido procedente del espacio: *Algunos científicos creen que hace muchos años un gran meteorito cayó en la península de Yucatán, en México, y alteró el clima de modo que casi todos los animales, entre ellos los dinosaurios, murieron.*

meteoro o **metéoro** *m.* ① Fenómeno físico aéreo, acuoso, luminoso o eléctrico, que tiene lugar en la atmósfera: *Las lluvias, la nieve y los relámpagos son ejemplos de meteoros.* ② Cuerpo proveniente del espacio exterior que entra en la atmósfera de la Tierra y emite luz: *Los meteoros despiden luz porque se incendian al entrar en la atmósfera de la Tierra.*

meteorología *f.* Ciencia que estudia los fenómenos naturales de la atmósfera.

meter *vb.* ① Poner una cosa dentro de otras o entre otras: *Mete la mano en la bolsa de papel y encontrarás una sorpresa.* ② Introducirse: *Un admirador logró meterse hasta los camerinos donde estaban los cantantes del grupo de rock.*

metralla *f.* Munición menuda con que se cargan ciertas armas que hacen disparos continuos.

metralleta *f.* Nombre de ciertas armas automáticas portátiles.

métrico, ca *adj.* Relativo al metro y las medidas: *En la mayor parte de los países se usa el sistema métrico decimal para medir distancias.*

metro *m.* ① Unidad de medida de longitud en el Sistema Internacional: *Wilfredo es un hombre muy alto que mide casi dos metros.* ② **Metro cuadrado**, unidad de medida de superficie, equivalente al área de un cuadrado de un metro de lado. ③ **Metro cúbico**, unidad de medida de volumen, equivalente al volumen de un cubo de un metro de lado.

metrópoli o **metrópolis** *f.* Ciudad principal: *Sao Paulo es una de las grandes metrópolis de Brasil.*

mexicano, na *adj./m.* y *f.* De la República Mexicana, país de América.

mezcal *m.* ① Planta de la familia del agave, que se utiliza como alimento y para la industria. ② *Hond.* Fibra de la planta del agave, preparada para hacer cuerdas. SIN. **pita**. ③ *Méx.* Bebida alcohólica obtenida de la destilación de ciertas especies de maguey o agave.

mezcla *f.* Sustancia resultante de la combinación de varias: *Una vez preparada la mezcla de harina, huevo, leche y mantequilla, se pone encima fruta y miel y se hornea para obtener una tarta.*

mezclar *vb.* Juntar varias cosas de manera que sus partes queden unas entre otras.

mezquita *f.* Entre los musulmanes, edificio destinado al culto religioso. ➡

---

mezquite *m. Méx.* Árbol de ramas espinosas, cuyas hojas y frutos se usan como forraje y contra la inflamación de los ojos.

▶ **mi** *adj.* Apócope del adjetivo posesivo *mío,* cuando va antepuesto al nombre: *Llevé a mi perro al veterinario para que le pusieran la vacuna contra la rabia.*

▶ **mi** *m.* Tercera nota de la escala musical.

mí *pron.* Pronombre personal de la primera persona singular, que funciona acompañado de una preposición: *"Dame a mí el helado de fresa y a mi amigo el de chocolate", le dije al vendedor.*

mica *f.* ① Mineral brillante que se puede separar en hojas. ② *Méx.* Especie de sobre de plástico transparente y rígido que sirve para proteger documentos.

mico *m.* Nombre genérico de los monos que tienen cola larga, como el mono araña.

microbio *m.* Microorganismo: *Ducharse todos los días ayuda a quitar los microbios que pueden provocar enfermedades si se quedan en el cuerpo.*

micrófono *m.* Aparato que transforma las ondas sonoras en oscilaciones eléctricas, para transmitirlas o registrarlas: *El micrófono no servía y no pudimos escuchar nada de lo que dijo la directora.*

microonda *f.* Horno de microondas, aparato en que el calor está generado por ondas de alta frecuencia: *Los hornos de microondas son muy útiles para calentar rápidamente algunos tipos de alimentos.*

microorganismo *m.* Organismo microscópico, vegetal o animal: *Existen microorganismos muy útiles al hombre y otros que son dañinos.*

microscopio *m.* Instrumento óptico para observar objetos muy pequeños: *La invención del microscopio por parte de Antonie van Leeuwenhoek fue un gran adelanto para la biología.* →

miedo *m.* Perturbación angustiosa del ánimo ante un peligro: *Marcela no quiere subir a la torre porque le dan miedo las alturas.*

miel *f.* ① Sustancia viscosa y dulce, elaborada por las abejas: *Hay quienes afirman que tomar yogur con miel todos los días ayuda a vivir muchos años.* ② Sustancia muy dulce: *Para mi fiesta, mi mamá y yo preparamos una tarta bañada con miel de frutas.*

miembro *m.* ① Extremidad del hombre o de los animales: *Los humanos tienen dos miembros inferiores y dos superiores.* ② Cada uno de los individuos que forman parte de una sociedad o agrupación: *Es miembro de la Sociedad Protectora de Animales desde que ésta se fundó.*

mientras *adv.* Entretanto: *Mientras esperaba el autobús empezó a llover y me mojé.*

miércoles *m.* Tercer día de la semana a partir del lunes: *Al miércoles le pusieron ese nombre en honor del dios Mercurio.*

miga *f.* Parte blanda del pan.

migaja *f.* ① Fragmento o partícula de pan: *Cuando terminamos de comer pan, el mantel estaba lleno de migajas.* ② pl. Sobras, residuos: *Ese hombre rico se siente tranquilo dando migajas a los pobres.*

migración *f.* ① Movimiento de población humana de un lugar a otro: *Desde hace varios años, las ciudades latinoamericanas han recibido migraciones de personas del campo.* ② Viaje periódico que realizan las aves y otros animales: *Ya entrado el otoño, puedes ver las migraciones de los patos que vuelan hacia climas cálidos a pasar el invierno.*

migrar *vb.* Mudarse de un lado o país a otro, hacer migraciones: *Muchos campesinos de México y Centroamérica no encuentran trabajo en su país y migran hacia Estados Unidos de Norteamérica.*

mijo *m.* ① Planta de grano redondo, cuyas semillas se utilizan como alimento de personas y animales domésticos. ② Semilla de la planta llamada mijo.

▶ **mil** *adj.* Número 1000.

▶ **mil** *m.* Millar: *En la tienda hay varios miles de botones de todos tamaños y colores.*

milagro *m.* ① Hecho admirable que se interpreta como una acción divina: *En la Biblia, la zarza ardiente que vio Moisés es un milagro, porque a pesar de que ardía no se quemaba.* ② Cualquier hecho o cosa extraordinaria y maravillosa: *Fue un milagro que los náufragos hayan sobrevivido después de pasar ocho días en el mar.*

milenio *m.* Periodo que dura mil años: *En 1999 estábamos cerca del final del segundo milenio según los calendarios que se basan en el nacimiento de Jesús.*

milésimo, ma *adj./m.* y *f.* ① Adjetivo ordinal que corresponde en orden al número mil. ② Cada una de las mil partes iguales en que se divide un todo.

mililitro *m.* Milésima parte de un litro: *Le di 500 mililitros de leche al borreguito huérfano, es decir, medio litro.*

milímetro *m.* Medida de longitud equivalente a la milésima parte del metro.

▶ **militar** *adj.* Relativo a las fuerzas armadas o a la guerra: *El día de la independencia de muchos países se celebra con un desfile militar.*

▶ **militar** *m.* Persona que sirve en el ejército: *No se permite a los militares entrar a los bares cuando están uniformados.*

milla *f.* ① Medida anglosajona de longitud equivalente a 1 609 m. ② Medida internacional de navegación marítima o aérea equivalente a 1852 m.

millar *m.* Conjunto de mil unidades: *Un comerciante compra un millar de cuadernos para venderlos, yo compro uno para usarlo.*

millardo *m.* Mil millones.

millón *m.* Conjunto de mil veces mil unidades.

h

i

j

k

l

m

n

millonario, ria *adj./m.* y *f.* Muy rico, que cuenta su fortuna por millones. *Algunos millonarios son dueños de gran parte de las riquezas del mundo.*

milonga *f.* Baile y canto popular de Río de la Plata, de ritmo lento.

milpa *f.* *Amér. C.* y *Méx.* Maíz o plantación de maíz: *Mi abuela tiene una milpa y vende las cosechas para mantenerse.*

mimar *vb.* Tratar a alguien con mimo: *Toda la familia mima a Jaime porque está enfermo.* SIN. **chiquear, acariciar.**

mimbre *m.* Rama flexible de la mimbrera, usada para hacer canastas.

mímica *f.* Arte de imitar o expresarse mediante gestos: *Como yo no lo podía escuchar, mi hermano me dijo con mímica, a través de la ventana, que lo esperara afuera del edificio.* SIN. **gesto.**

▶ **mimo** *m.* Cariño, halago: *Elodia es una madre muy cariñosa y llena de mimos a su familia.*

▶ **mimo** *m.* Actor que practica la mímica: *El mimo más famoso de la época moderna ha sido el francés Marcel Marceau.*

mimosa *f.* Planta muy apreciada en jardinería, de hojas pequeñas y flores amarillas.

mina *f.* [1] Yacimiento de un mineral y excavación para extraerlo: *Durante la época colonial, España tenía especial interés en las minas americanas de oro y plata.* [2] Pequeña barra de grafito del interior del lápiz.

mineral *m.* Sustancia inorgánica que se encuentra en la corteza terrestre y que está formada por varios compuestos químicos.

minería *f.* Explotación de las minas o yacimientos de minerales: *El desarrollo de la minería en las colonias americanas fue muy importante para España.*

minero, ra *m.* y *f.* Persona que trabaja en una mina.

mini. Significa *pequeño*: *A Esteban y a su mamá les gusta jugar minigolf en el patio de su casa.*

miniatura *f.* Reproducción a tamaño muy pequeño de una cosa: *Los bonsáis son árboles vivos en miniatura.*

mínimo, ma *adj.* Menor o menos importante en su especie: *Muchos obreros trabajan por el salario mínimo.*

ministerio *m.* [1] Cada uno de los departamentos en que se divide el gobierno de una nación: *Dos de los ministerios más importantes en un país son el de hacienda y el de educación.* [2] Edificio donde se encuentran las oficinas de un departamento de gobierno.

ministro, tra *m.* y *f.* [1] Persona que administra un ministerio o departamento del gobierno: *El ministro de educación escuchó las necesidades de los maestros rurales.* SIN. **secretario.** [2] Persona que ejerce un ministerio o función religiosa.

minoría *f.* [1] Parte menor de los componentes de una colectividad: *En esa zona de la costa había una minoría de diez habitantes blancos que vivía entre indíge-*

nas. [2] Conjunto de votos opuestos a los de la mayoría: *Si se suman los votos de todas las minorías pueden ser más que los de la mayoría.*

minuendo *m.* En una resta, cantidad de la que ha de restarse otra llamada sustraendo: *Los tres elementos de la resta son: minuendo, sustraendo y resta.*

minúscula *f.* Letra de menor tamaño y diferente forma que la mayúscula: *La primera letra de un nombre propio se escribe con mayúscula y las demás con minúsculas.*

minusválido, da *adj./m.* y *f.* Persona que por un defecto psíquico o físico tiene menor capacidad que otras para hacer algunas actividades: *En muchos edificios han hecho rampas para los minusválidos que usan silla de ruedas.* SIN. **discapacitado.**

minutero *m.* Manecilla grande del reloj, que señala los minutos: *El minutero avanza con menor rapidez que el segundero.*

minuto *m.* Unidad de tiempo que vale 60 segundos.

mío, a *adj./pron.* Adjetivo y pronombre posesivo de primera persona del singular, que establece relación de posesión o pertenencia: *Para distinguirlos, compramos cepillos dentales diferentes, el rojo es mío y el azul es de mi hermana.*

miopía *f.* Enfermedad de los ojos que hace que se vean borrosos los objetos alejados.

mirar *vb.* Fijar la vista: *Como Katia llevaba puesto un gran sombrero morado con plumas, todos en el restaurante la miraban.*

mirilla *f.* Pequeña abertura de una puerta para mirar hacia afuera: *Antes de abrir la puerta que da a la calle es recomendable ver por la mirilla quién toca.*

mirlo *m.* Ave de plumaje oscuro, que imita los sonidos.

mirto *m.* Arbusto de follaje siempre verde, con flores blancas y olorosas. SIN. **arrayán.**

misa *f.* En el catolicismo, representación del sacrificio del cuerpo y sangre de Jesucristo, que realiza el sacerdote en el altar: *Muchos católicos van a misa al menos una vez por semana.*

miseria *f.* [1] Extrema pobreza: *Una tercera parte del mundo vive en la miseria, mientras poca gente posee la mayor parte de la riqueza que existe.* [2] Tacañería, avaricia: *La miseria se apoderó de la vida de ese hombre, es muy rico pero vive en soledad.*

misericordia *f.* Compasión que impulsa a ayudar o perdonar: *El acusado pidió misericordia al juez para que no lo ejecutaran.*

misil o **mísil** *m.* Proyectil muy poderoso, que se puede dirigir hacia objetos distantes utilizando procedimientos electrónicos.

misión *f.* Cosa encomendada a alguien: *El comodoro Perry fue a Japón en el siglo XIX con la misión de entablar relaciones comerciales y diplomáticas entre los estadounidenses y los japoneses.*

---

adj. = adjetivo ☆ *adv.* = adverbio ☆ *f.* = sustantivo femenino ☆ *Fam.* = familiar ☆ *m.* = sustantivo masculino ☆ *pl.* = plural ☆ *pron.* = pronombre ☆ SIN. = sinónimo ☆ *vb.* = verbo ☆ *vb. irreg.* = verbo irregular.

misionero, ra *m.* y *f.* Sacerdote, pastor o religioso empleado en misiones extranjeras o interiores.

mismo, ma *adj./pron.* Adjetivo y pronombre demostrativos que expresan identidad o semejanza: *Toda la semana vino vestida con la misma blusa.*

mismo *adv.* Palabra que se usa para dar énfasis a otro adverbio o a una expresión: *Ahora mismo voy a comenzar mi trabajo para terminar pronto.*

misterio *m.* Cosa incomprensible para la mente humana: *El asesinato de John F. Kennedy sigue siendo un misterio para la mayoría de la gente.*

mitad *f.* ⓵ Cada una de las dos partes iguales en que se divide un todo: *Ernesto me dio la mitad de su naranja y él se comió la otra mitad.* ⓶ Punto o parte que está a la misma distancia de los dos extremos de algo: *Para que ninguno recorra más distancia, si quieres nos encontramos a la mitad del camino entre tu casa y la mía.*

mitin *m.* **Palabra de origen inglés.** Reunión pública en la que se pronuncian discursos políticos o sociales: *Antes de obtener el voto, las mujeres organizaron muchos mítines para dar a conocer las razones por las cuales debían tener ese derecho.*

mito *m.* Relato popular o literario que cuenta acciones imaginarias de dioses, seres fantásticos y héroes: *Uno de los mitos que más me gusta es el que narra cómo Minerva, la diosa de la sabiduría, nace de un dolor de cabeza de su padre Zeus.*

mixteca o **mixteco** *adj./m.* y *f.* Pueblo amerindio de México localizado en la Sierra Madre del Sur y las zonas costeras de los estados de Oaxaca y Guerrero, así como parte de Puebla: *La actual zona arqueológica de Monte Albán, en Oaxaca, fue un importante centro religioso de los mixtecas.*

mixto, ta *adj.* Formado por elementos de diferente naturaleza: *Se me antoja una ensalada mixta, de frutas con verduras, queso y nueces.*

mobiliario *m.* Conjunto de muebles pertenecientes a un estilo, época o lugar: *Su tía le heredó el mobiliario entero de su casa.*

mocasín *m.* Calzado plano, flexible y sin cordones: *Los indios pieles rojas utilizaban los mocasines de piel de bisonte.*

mochila *f.* Bolsa que se lleva a la espalda sujeta a los hombros: *Ricardo usa una mochila azul cuando sale de viaje.*

moco *m.* ⓵ Sustancia pegajosa que segregan las membranas mucosas, especialmente la nariz: *Zacarías no se sonó y se le escurrieron los mocos en la camiseta.* ⓶ *Méx. Fam.* Carnosidad roja y colgante que tienen los pavos o guajolotes en la cabeza.

mocoso, sa *m.* y *f.* ⓵ *Fam.* Persona joven que presume de ser adulta o experta en algo. ⓶ *Méx. Fam.* Niño: *En la calle, los mocosos juegan fútbol por las tardes.*

moda *f.* Manera pasajera de actuar, pensar, etc., de una época: *Cuando mi mamá era joven, estaban de moda los hippies, los Beatles y los pantalones acampanados.*

modales *m. pl.* Conjunto de comportamientos que se consideran o no correctos: *Es importante aprender buenos modales desde niños, pues serán una carta de presentación en el futuro.*

modelar *vb.* ⓵ Dar forma artística a una sustancia plástica: *Antes de meter la pieza de cerámica al horno, Gustavo la modela con las manos.* ⓶ Trabajar como modelo: *Contrataron a Virginia para modelar la ropa de ese famoso modisto de París.*

modelo *m.* y *f.* Persona que posa para artistas, en desfiles de modas o en publicidad: *Las modelos que salen en las revistas son excesivamente delgadas.*

módem *m.* Equipo que permite la comunicación entre dos computadoras por medio del teléfono.

moderno, na *adj.* Actual o de época reciente: *Las computadoras son un invento moderno.*

modesto, ta *adj.* ⓵ No lujoso: *Como no tenían mucho dinero para el viaje, los muchachos se alojaron en un hotel modesto.* ⓶ Que actúa con sencillez y recato: *Antes, las mujeres modestas bajaban la vista cuando se acercaba un extraño.*

modificar *vb. irreg.* ⓵ Hacer que algo sea diferente de como era, pero sin alterar su esencia: *El traje tiene las mangas demasiado holgadas, hay que modificarlas para que queden más justas.* ⓶ Limitar el sentido de una palabra: *Los adjetivos modifican a los sustantivos, por ejemplo, no es lo mismo decir "niña bonita" que "niña fea".*

modo *m.* ⓵ Forma como es o se hace algo: *El modo de escribir de Julián se puede distinguir fácilmente por el gran tamaño de las letras que hace.* ⓶ Manera de comportarse de una persona: *Esa secretaria tiene un modo muy grosero de tratar a las personas.* ⓷ Accidente gramatical del verbo que expresa cómo se lleva a cabo la acción verbal: *La palabra comer es un verbo en modo infinitivo.*

modorra *f.* Somnolencia pesada: *Aunque ya había sonado el despertador, Roberto no se podía levantar de la cama por la modorra que sentía.*

mofeta *f.* Mamífero carnívoro que se defiende de sus enemigos lanzando un líquido fétido por vía anal. SIN. zorrillo.

moho *m.* Hongo que se desarrolla sobre la materia orgánica: *Dejé un trozo de pan dentro de una bolsa de plástico durante cinco días y ahora tiene moho de color azul.*

mojar *vb.* Hacer que un líquido penetre en un cuerpo o cubra su superficie: *Eloísa no llevaba paraguas, así que se mojó con la lluvia cuando regresaba a su casa.*

h

i

j

k

l

m

n

Ⓢ *Amér. C.* = América Central ☆ *Méx.* = México.

mojarra f. [1] Pez marino comestible de color gris plateado con tornasoles y grandes fajas transversales negras. [2] *Argent.* y *Urug.* Nombre genérico para varias especies de peces pequeños de agua dulce que viven en América del Sur.

molar m. Cada uno de los dientes posteriores que trituran los alimentos. SIN. **muela.**

molcajete m. *Amér. C.* y *Méx.* Recipiente grande de piedra o de barro cocido, con tres pies y una piedra con la que se trituran alimentos: *La salsa tradicional mexicana de ají o chile con cebolla y ajo se prepara en el molcajete.* SIN. **mortero.**

molde m. Instrumento hueco usado para dar forma a una materia: *Liliana preparó una gelatina de frutas en un molde con forma de corazón, para celebrar el Día de los Novios.*

▶ **mole** f. Cuerpo pesado y grande: *Don Rafael nos dijo que su esposa estaba un poco gorda, pero cuando la vimos nos dimos cuenta de que era una mole como de doscientos kilos.*

▶ **mole** m. [1] *Méx.* Salsa espesa preparada con muchas clases de chiles secos que se mezclan con especias, ajonjolí, maní, chocolate y otros ingredientes: *Existen muchos tipos de mole, como el poblano, el negro y el verde.* [2] *Méx.* Guiso de carne de pollo, de guajolote o de cerdo que se prepara con la salsa llamada mole: *Mi tía preparó mole con arroz para celebrar la boda de su hija.*

moler vb. irreg. [1] Golpear o frotar algo hasta reducirlo a trozos muy pequeños o polvo. [2] *Méx. Fam.* Dar lata, causar molestias: *Daniel no deja de moler con que le preste mi disco favorito, pero yo no quiero porque sé que es descuidado.*

molestar vb. [1] Causar molestia: *Me molesta que la gente sea impuntual.* [2] Ofenderse: *Silvia se molestó con Virginia porque ésta le hizo una grosería.*

molestia f. Alteración de la tranquilidad o malestar físico que sufre alguien: *Los cachorros pueden ser una molestia hasta que aprenden a obedecer.*

molienda f. Época del año en que se muelen los productos cosechados como trigo, caña de azúcar, aceituna, etc.

molinillo m. [1] Utensilio doméstico para moler: *Compré el café en grano, ahora hay que molerlo en el molinillo.* [2] *Méx.* Instrumento de cocina, con aros sueltos, para mezclar el chocolate con la leche.

molino m. Máquina para moler o lugar donde se muelen diversas cosas.

molleja f. Segundo estómago de las aves.

mollera f. Parte más alta de la cabeza: *Los bebés tienen la mollera suave, porque los huesos del cráneo no han cerrado todavía.*

momento m. [1] Espacio breve de tiempo: *"Espérame un segundo, en un momento estaré contigo", le dije a Juliana.* [2] Punto determinado en el tiempo: *En el momento que Magdalena llegó, estaban cerrando la puerta de la escuela.* [3] Oportunidad: *Aproveché el momento en que mi papá estaba de buen humor para pedirle permiso de ir a la fiesta.*

momia f. Cadáver desecado que se conserva sin descomponerse: *Las momias más conocidas son las de los faraones egipcios.*

monaguillo m. Niño que ayuda al cura en la celebración de la misa cristiana. SIN. **acólito.**

monarquía f. Forma de gobierno en que el poder supremo es ejercido de forma vitalicia por el rey: *En Francia, la revolución de 1789 puso fin a la monarquía.*

monasterio m. Casa o convento donde viven y trabajan los religiosos.

moneda f. Pieza de metal acuñada que sirve de medida común para el precio de las cosas: *Para pagar el autobús necesitas las monedas exactas, porque no te pueden dar cambio.* →

monigote m. Muñeco o figura hecha de trapo o de papel: *A mi hermano le gusta hacer monigotes con la figura de los cantantes y actores famosos.*

monitor m. [1] Receptor de televisión para controlar las transmisiones. [2] Aparato de una computadora o televisor que presenta la información de manera visual: *El monitor de esta computadora me gusta mucho, porque se distinguen muy bien todas las letras e imágenes.*

monja f. Religiosa que pertenece a una orden, sobre todo las católicas que viven en un convento: *La prima de Carlos es monja de la orden de las Carmelitas y su nombre religioso es sor Filotea.*

monje m. Religioso de una orden que vive en un monasterio: *Los monjes franciscanos de la época medieval vivían de limosnas y predicaban en las ciudades.*

▶ **mono, na** adj. *Fam.* Simpático, gracioso, bonito: *Graciela se compró un vestido muy mono para su fiesta de cumpleaños.*

▶ **mono, na** m. y f. [1] Mamífero del orden de los primates. [2] Traje de una sola pieza: *En la fábrica de autos, los mecánicos usan un mono azul como uniforme de trabajo.* [3] *Chile* y *Méx.* Muñeco: *Mi hermana colecciona monos desde niña y ahora tiene 15 años y doscientos de ellos.* →

monopolio m. [1] Privilegio exclusivo en la venta de un producto: *En mi pueblo hay una empresa que posee el monopolio de la venta de carne y no hay tiendas de otros dueños que vendan este producto.* [2] Control exclusivo sobre algo: *A mi hermano le gusta tener el monopolio del control remoto de la televisión.*

monotonía f. Falta de variedad: *La monotonía de la existencia del médico del pueblo cambió cuando conoció a esa muchacha y se enamoró de ella.*

---

adj. = adjetivo ☆ **ANT.** = antónimo ☆ **f.** = sustantivo femenino ☆ **Fam.** = familiar ☆ **m.** = sustantivo masculino ☆ **SIN.** = sinónimo ☆ **vb.** = verbo ☆ **vb. irreg.** = verbo irregular ☆ → Ver Minienciclopedia.

monstruo *m.* Ser vivo de características físicas extrañas y contrarias a las comunes o normales: *Como era un monstruo, la criatura creada por el doctor Frankenstein sufría mucho.* →

montaña *f.* Elevación natural que sobresale del terreno, ya sea grande o pequeña.

montañismo *m.* Deporte de escalar montañas. SIN. **alpinismo.**

montar *vb.* [1] Subir sobre un animal o sobre una cosa: *Para colocar las cortinas, mi mamá tuvo que montarse en una escalera.* [2] Cabalgar: *A mi amigo Pancho le gustaba mucho montar y una vez participó en una carrera de caballos.* [3] Colocar los elementos de algo en condiciones de funcionar: *Se pasaron muchas semanas montando la galería que abrieron el domingo pasado.*

monte *m.* [1] Montaña: *Detrás de aquel monte está el siguiente pueblo.* [2] Terreno sin arar, áspero y lleno de maleza: *El perro se fue para el monte y nunca lo volvimos a ver.*

montés, sa *adj.* Que anda, se encuentra o se cría en el monte.

montevideano, na *adj./m.* y *f.* De Montevideo, Uruguay.

monto *m.* Cantidad total, suma: *¿A cuánto asciende el monto del adeudo de tu bicicleta?*

montón *m.* [1] Conjunto de cosas puestas sin orden unas encima de otras: *No sé dónde está el papel que necesito, voy a buscar en ese montón de papeles.* [2] Gran cantidad: *Como ya iban a empezar las clases, las librerías tenían montones de libros y cuadernos para vender.*

montura *f.* [1] Bestia para cabalgar: *Los camellos son la montura de muchas personas que viven en los desiertos de Asia y África.* [2] Soporte de algunos objetos: *Fernando le regaló a Georgina un anillo que tiene esmeraldas sobre una montura de oro.*

monumento *m.* [1] Obra realizada en memoria de un personaje o acontecimiento: *Se erigió un monumento en honor a Mahatma Gandhi, para recordar sus esfuerzos por lograr la paz entre hindúes y musulmanes.* [2] Edificio notable: *El Taj Mahal, en la India, es uno de los monumentos más conocidos y bellos del mundo.*

moño *m.* [1] Cabello enrollado sobre la cabeza. [2] *Méx.* Cinta o listón que se ata como adorno para la cabeza de las mujeres o para los regalos.

morado *m.* Color violeta oscuro.

moral *f.* [1] Conjunto de reglas de conducta y de valores que funcionan como normas en una sociedad: *La moral de las poblaciones rurales es distinta a la de las ciudades.* [2] Conducta adecuada a las normas socialmente aceptadas: *El libro "Madame Bovary" fue muy criticado por la dudosa moral de la protagonista de la obra.*

moraleja *f.* Enseñanza que se deduce de un cuento o fábula: *La moraleja de la fábula de la liebre y la tortuga es que resulta más importante perseverar que ser veloz.*

morcilla *f.* Embutido compuesto de sangre de cerdo, especias y otros ingredientes: *El caldo gallego se prepara con varios embutidos de cerdo como chorizo, morcilla y berza.* SIN. **moronga.**

mordaza *f.* Objeto con el que se tapa la boca de alguien para impedirle hablar: *En el filme que vimos ayer, los secuestradores le ponían una mordaza a la víctima para que no pudiera pedir auxilio.*

morder *vb. irreg.* Hincar los dientes en una cosa: *El cachorro es muy latoso, le gusta morder todo lo que encuentra.*

mordida *f.* Hecho de morder: *Todavía tengo la cicatriz de la mordida que me dio un perro en la pierna, hace más de diez años.*

moreno, na *adj.* [1] De color oscuro que se acerca al negro: *Comer azúcar morena es más sano que comer azúcar refinada.* [2] Se dice de la persona que tiene la piel y el cabello de color oscuros.

moretón *m.* Mancha de color morado que aparece en la piel después de haber recibido un golpe: *Después de la pelea, el boxeador tenía la cara cubierta de moretones.* SIN. **hematoma, cardenal.**

morfema *m.* En gramática, el más pequeño de los elementos que da forma a las palabras: *En la palabra perro, el morfema "o" indica que la palabra es del género masculino.*

morfina *f.* Sustancia narcótica y analgésica, derivada del opio: *Los dolores que sufría el herido eran tan fuertes que el médico le recetó morfina para calmárselos.*

moribundo, da *adj./m.* y *f.* Que está a punto de morir: *El abuelo estaba moribundo y la familia aguardaba con tristeza su muerte.*

morir *vb. irreg.* Dejar de vivir, perder la vida. ANT. **nacer.**

morocho, cha *adj.* [1] *Argent., Perú* y *Urug.* Dícese de la persona que tiene pelo negro y tez blanca. [2] *Venez.* Gemelo: *Mi morocho se llama Daniel y yo me llamo Daniela.*

moronga *f.* *Guat., Hond.* y *Méx.* Embutido compuesto de sangre de cerdo, especias y otros ingredientes. SIN. **morcilla.**

morral *m.* [1] Saco para cargar las hierbas, que se cuelga de la cabeza de las bestias para que se alimenten. [2] Bolsa que usan los cazadores. SIN. **zurrón.** [3] *Méx.* Bolsa abierta de material burdo, que se lleva colgada en un hombro.

morralla *f.* [1] Pescado menudo. [2] *Méx.* Dinero menudo, cambio: *Carmen llegó a la tienda y se compró un juguete que pagó con una bolsa llena de morralla que ahorró durante varias semanas.*

---

morro *m.* Hocico de los animales: *Por mordelón, al perro le tenían cerrado el morro con un bozal.*

morrón *adj.* Relativo a una variedad de pimiento grande, muy grueso y carnoso.

morsa *f.* Mamífero marino parecido a la foca, pero con grandes colmillos, que habita en las regiones árticas.

mortadela *f.* Embutido grueso de carne de cerdo picada: *La mortadela es muy pesada para el estómago porque está hecha con carne de cerdo y muchos condimentos.*

mortaja *f.* Tela en la que se envuelve a los muertos antes de sepultarlos: *La tradición marca que las mortajas sean de color blanco.* SIN. **sudario.**

mortal *adj.* ⬜1 Que ha de morir: *Las plantas son un ejemplo de seres mortales.* ⬜2 Que causa la muerte: *En el siglo xix la tuberculosis era una enfermedad mortal.*

mortandad *f.* Multitud de muertes causada por la guerra, una epidemia u otra causa extraordinaria: *El cólera ha ocasionado una gran mortandad en los países donde no hay buenas medidas de higiene.*

mortero *m.* Vasija ancha de piedra o cerámica en la que se machacan especias, semillas, etc.: *"Se muele en el mortero comino, pimienta y paprika para mezclarlos con la carne molida", decía la cocinera en su programa de recetas.* SIN. **molcajete.**

mortificar *vb. irreg.* Producir algo aflicción o remordimiento: *No mortifiques a tu abuela contándole de tu accidente, pues ya está anciana y podría hacerle daño.*

mosaico *m.* Obra hecha con pequeñas piezas de materiales diversos que se incrustan en un muro, un piso o un mueble: *Los mosaicos se utilizan en los baños porque se limpian fácilmente.*

mosca *f.* Insecto de dos alas transparentes y cuerpo negro: *Hay que proteger la comida para evitar que las moscas se paren en ella.*

mosquitera *f.* o **mosquitero** *m.* Tejido fino con que se evita que los mosquitos entren en una casa: *En muchos países de clima cálido, las mosquiteras son indispensables durante los meses de verano.*

mosquito *m.* Insecto de dos alas, con aparato bucal perforador: *Un mosquito zumbador me impidió dormir tranquilamente anoche.* →

mostaza *f.* Planta herbácea que proporciona la semilla y el condimento del mismo nombre: *La flor de la mostaza es de color amarillo intenso.*

mostrador *m.* Mesa larga que se instala en las tiendas y sirve para mostrar y vender mercancías: *Sobre el mostrador el vendedor midió y cortó los tres metros de tela que mi mamá le pidió.*

mostrar *vb. irreg.* ⬜1 Indicar: *El policía le mostró a la señora el camino para llegar al museo.* ⬜2 Exponer a la vista: *"¿Podría mostrarme el vestido que está en la fo-*tografía número dos del catálogo?", le dije a la vendedora.* ⬜3 Enseñar, hacer patente: *José nos mostró la parte del cuerpo donde le mordió el perro.*

mota *f.* ⬜1 Porción muy pequeña de algo: *Ojalá la aspiradora logre levantar las motas de tela que están regadas.* ⬜2 *Amér. Merid.* Cabello corto, ensortijado y crespo, como el de las personas de raza negra.

motel *m.* Hotel situado cerca de la carretera, especialmente destinado a recibir automovilistas de paso.

motivo *m.* ⬜1 Causa o razón que determina que exista o se haga algo: *El motivo por el que Mercedes quiere estudiar biología es que desde niña le gustan los animales y las plantas.* ⬜2 Dibujo que se repite en una decoración: *Las lagartijas y los quetzales eran dos de los motivos más usados por los pueblos mesoamericanos para decorar la cerámica.*

motocicleta *f.* Vehículo de dos ruedas impulsado por un motor: *Para viajar en motocicleta es necesario ponerse un casco.*

motor *m.* Máquina que genera energía mecánica a partir de otro tipo de energía.

mover *vb. irreg.* Hacer que un cuerpo cambie de lugar o posición: *Mientras dormimos nos movemos muchas veces sin darnos cuenta.*

móvil *adj.* Que puede moverse o ser movido: *Las sillas móviles con ruedas se usan en las oficinas porque son fáciles de moverse.*

movimiento *m.* Acción de moverse o ser movido: *El movimiento de automóviles en las ciudades aumenta durante las primeras horas del día.*

▶ **mozo, za** *adj./m.* y *f.* Joven, muchacho: *En el mercado hay una moza de quince años que vende flores frescas y olorosas.*

▶ **mozo, za** *m.* y *f.* Persona que trabaja en tareas modestas: *Emiliano fue contratado como mozo en la fonda, su trabajo consiste en limpiar pisos y lavar trastos.*

mucamo, ma *m.* y *f.* ⬜1 *Amér. Merid.* Criado, servidor: *La mansión del hombre millonario era tan grande que se necesitaban ocho mucamas para hacer la limpieza.* ⬜2 *Argent., Chile, Par.* y *Urug.* Persona encargada de la limpieza en hospitales y hoteles: *Cuando llegué al hotel una mucama me dio dos toallas para secarme cuando me duchara.*

muchacho, cha *m.* y *f.* ⬜1 Adolescente, joven: *A muchas muchachas les gusta ir de compras.* SIN. **chango, chico, chamaco.** ⬜2 *Méx. Fam.* Empleada doméstica: *Se fue la muchacha que trabajaba en mi casa porque se casó; ahora mi madre está buscando otra.*

mucho, cha *adj.* Que abunda en número o intensidad: *La casa estaba llena de jóvenes porque Rocío invitó a muchos amigos a su fiesta.*

mucho *adv.* ⬜1 En gran cantidad: *El suelo está mojado porque anoche llovió mucho.* ⬜2 Largo tiempo: *Mi her-*

---

mano fue a comprar pan y tardó **mucho** en volver; por eso todos estábamos preocupados.

múcura *adj.* ⓵ *Bol., Colomb., Cuba* y *Venez.* Ánfora de barro que sirve para transportar agua y conservarla fresca: *Preparamos agua de sandía y la vaciamos a la **múcura** para que estuviera fresca a la hora de comer.* SIN. **cántaro.**

muda *f.* Juego de ropa interior: *Llevo dos **mudas** para mi viaje de dos días en la playa.*

mudar *vb.* ⓵ Cambiar el aspecto o el estado de una cosa. ⓶ Renovar los animales la piel, el pelo o las plumas, o renovar los humanos los dientes: *Mi hermana tiene nueve años y ya **mudó** casi todos los dientes.* ⓷ Cambiarse de ropa: *Agustín tuvo que **mudarse** de ropa después de mojarse con la lluvia.*

mudo, da *adj./m.* y *f.* ⓵ Privado de la facultad de hablar: *Helen Keller fue una mujer que aunque era ciega, sorda y **muda**, logró hacer grandes cosas.* ⓶ Relativo a la letra que no se pronuncia: *La hache (h) es una letra **muda** en el idioma español, como en "hola".*

mueble *m.* Objeto móvil práctico o de adorno que equipa un espacio: *Como los **muebles** nuevos son muy caros, creo que voy a reparar los que ya tengo.*

muela *f.* ⓵ Cada uno de los dientes con superficie aplanada, que se encuentran detrás de los colmillos: *Fui al dentista porque tenía una caries en una **muela**.* SIN. **molar.** ⓶ Piedra para moler o para afilar. ⓷ *loc.* **Muela del juicio,** cada una de las muelas que salen a las personas cuando ya son mayores.

muelle *m.* ⓵ Pieza elástica en espiral: *"Se puede saltar sobre este colchón porque tiene **muelles**", les dije a mis hermanos.* SIN. **resorte.** ⓶ Construcción a orillas del mar o de un río, para operaciones de carga y descarga: *En el **muelle** se encuentran las oficinas de la compañía que vende pescado.*

muerte *f.* ⓵ Final de la vida: *Algunas personas piensan que con la **muerte** se acaba todo y otras piensan que hay otra vida después.* ⓶ Acto de matar: *En el cuento que leí, el caballero no dio **muerte** al dragón porque era su amigo.*

▶ **muerto, ta** *adj.* ⓵ Que ha dejado de vivir: *Al final de la obra de teatro el villano quedó **muerto** en medio del escenario.* ⓶ Inactivo, apagado: *No te pude llamar ayer porque mi teléfono estaba **muerto**.* ⓷ Muy cansado: *Mi hermana llegó **muerta** de la excursión porque caminaron todo el día por el bosque.*

▶ **muerto, ta** *m.* y *f.* Sin vida: *El **muerto** será enterrado en el cementerio.*

muestra *f.* ⓵ Parte representativa de un conjunto: *En la tienda me dieron una **muestra** gratis del nuevo champú para probarlo.* ⓶ Prueba, señal: *Como **muestra** de su cariño, Gilda le regaló unas flores a una amiga en su*

cumpleaños. ⓷ Modelo que se copia o imita: *Usaremos como **muestra** el dibujo del libro e intentaremos hacer otro igual o al menos parecido.*

mugido *m.* Voz de las vacas, las reses y otros rumiantes: *La vaca lanzó un **mugido** cuando vio que el granjero se acercaba para darle su alimento.*

mugre *f.* Suciedad: *Al bañarse, Ernesto se restregó las rodillas para quitarse la **mugre**.*

mujer *f.* ⓵ Persona del sexo femenino. ⓶ Esposa: *Óscar llegó con su guapa **mujer** a la cena.*

mulato, ta *adj./m.* y *f.* Que es hijo de hombre blanco y mujer negra o viceversa.

muleta *f.* Especie de bastón grande, con un travesaño para apoyar la axila, que sirve para ayudarse a andar: *Ricardo tenía enyesado el pie y necesitaba **muletas** para poder caminar.*

mullido, da *adj.* Blando, suave: *Entre una **mullida** almohada de plumas y una dura de borra, sin duda prefiero la primera.*

mulo, la *m.* y *f.* Mamífero híbrido resultante del cruce de yegua y asno: *Las **mulas** son útiles como bestias de carga.*

multa *f.* Sanción económica que se impone por haber cometido una infracción o delito: *Voy a tener que pagar una **multa** por haber dejado el automóvil en un lugar prohibido.*

multimedia *adj.* Que utiliza varios medios de comunicación: *Ahora se venden mucho las computadoras **multimedia** que tienen sonido, fax, módem y cd roms.*

múltiple *adj.* Que no es simple o que ocurre muchas veces: *Mi vecino toma clases de **múltiples** cosas, como guitarra, karate, natación y fútbol.*

multiplicación *f.* Operación aritmética que consiste en sumar de forma directa y abreviada un número, tantas veces como indica otro.

multiplicador *m.* Factor que en una operación matemática señala cuántas veces debe multiplicarse una cantidad.

multiplicando *m.* Factor que en una multiplicación debe tomarse como sumando tantas veces como indique el multiplicador.

multiplicar *vb. irreg.* ⓵ Aumentar mucho la cantidad o el número de una cosa. ⓶ Efectuar la operación matemática llamada multiplicación: *Para saber cuánto te cuestan cinco dulces, **multiplica** el precio de un dulce por cinco.*

múltiplo, pla *adj./m.* Se dice del número o cantidad que contiene a otro u otra varias veces de manera exacta: *Cuatro es un **múltiplo** de dos.*

multitud *f.* Gran número de personas o cosas: *Cuando murió el cantante argentino Carlos Gardel, una **multitud** de admiradores asistió al entierro.*

---

h

i

j

k

l

n

mundial *adj.* Relativo al mundo entero: *La contaminación del agua y del aire debe preocupar a todos los países de la Tierra, es un problema mundial.*

mundo *m.* ① La Tierra como planeta: *A principios del siglo pasado darle la vuelta al mundo era una hazaña, pues no existían barcos modernos ni aviones veloces.* ② Parte de lo que existe en que se incluye todo lo relativo a un campo, disciplina, área, etc.: *En el siglo xx se dieron adelantos espectaculares en el mundo de la comunicación.*

municipio *m.* ① División administrativa de un territorio que está regida por un ayuntamiento. ② Ayuntamiento.

muñeco, ca *m.* y *f.* ① Figurilla humana usada como juguete. ② Parte del brazo donde la mano se articula con el antebrazo: *En el tenis, el brazo impulsa el golpe y la muñeca da la dirección de la pelota.*

muñón *m.* Parte de un miembro amputado que permanece en el cuerpo: *Para ocultar el muñón del brazo, el viejo militar usaba una camisa con la manga larga doblada.*

mural *m.* Pintura hecha o colocada sobre un muro o pared: *Alonso es un artista incomprendido que pintó un mural en la sala de su casa y su mamá se enojó.*

muralla *f.* Muro de gran grosor que se construía alrededor de ciudades o castillos para defenderlos de ataques enemigos: *Una de las murallas más famosas del mundo es la de China.*

murciélago *m.* Mamífero volador de costumbres nocturnas, la mayoría de sus especies se alimentan de insectos: *Los murciélagos tienen una especie de radar integrado que les permite volar en la oscuridad.*

murmullo *m.* Ruido continuo, suave y confuso: *Al rey le gustaba tanto el murmullo del agua, que mandó construir una fuente en la habitación donde dormía.*

muro *m.* Pared o tapia gruesa: *Los muros de los castillos medievales eran de piedra.*

músculo *m.* Órgano formado por tejido elástico que sirve para producir el movimiento en el hombre y en los animales. →

museo *m.* Edificio o lugar donde se guardan objetos científicos o artísticos para su estudio y exposición al público: *En un museo de historia natural pueden verse esqueletos de dinosaurios y animales disecados.*

musgo *m.* Tipo de plantas de tallos cortos y apretados, que forman una especie de alfombra.

música *f.* Arte de combinar los sonidos para producir un efecto expresivo o estético: *El músico alemán Juan Sebastián Bach fue uno de los más grandes artistas de la música.*

músico, ca *m.* y *f.* Persona que compone música o toca un instrumento: *Astor Piazzola fue un músico argentino que se considera clásico en el género del tango.*

muslo *m.* ① Parte de la pierna desde la cadera hasta la rodilla. ② En los animales, lugar donde se une la parte alta de la pata con el cuerpo: *No me gusta la pechuga del pollo, sólo las piernas y los muslos.*

musulmán, na *adj./m.* y *f.* Seguidor del islamismo.

mutilar *vb.* Cortar un miembro del cuerpo: *El accidente le destrozó la pierna al corredor de autos y se la tuvieron que mutilar en el hospital.*

mutuo, tua *adj.* Que se hace u ocurre entre dos o más personas o cosas de forma recíproca: *Luis ama a Tere y Tere ama a Luis, por lo tanto es mutuo el amor que se tienen.*

muy *adv.* Marca la intensidad de un adjetivo o de un adverbio llevada a su más alto grado: *Toda la familia está muy contenta porque ganaron el premio mayor de la lotería.*

N n

n *f.* Decimocuarta letra del abecedario español. Su nombre es ene.

nabo *m.* Planta anual que se cultiva en huerta, de raíz blanca y comestible.

nácar *m.* Sustancia blanca y dura, con reflejos de colores, que se forma en el interior del caparazón de los moluscos: *Me regalaron una caja de* **nácar** *que brilla cuando le da la luz.*

nacer *vb. irreg.* ① Salir un ser del vientre de la madre si es vivíparo o de un huevo si es ovíparo: *A mi perra le* **nacieron** *cuatro cachorritos.* ② Tener principio: *La cultura occidental* **nació** *en Grecia.* ③ Brotar, germinar: *Para que* **nazca** *una planta hay que poner una semilla en la tierra.*

nacimiento *m.* ① Hecho de venir al mundo: *Mi hermana va a organizar una fiesta para festejar el* **nacimiento** *de su primer hijo.* ② Origen, principio: *El* **nacimiento** *de la radio y la televisión se dio con el descubrimiento de las ondas hertzianas.*

nación *f.* ① Conjunto de habitantes de un país, que se rige por una misma estructura política: *Las personas nacidas en Uruguay forman la* **nación** *uruguaya.* ② Territorio de un país: *A partir del siglo* XIX *las vías férreas empezaron a comunicar a toda la* **nación.**

nacional *adj.* Relativo a una nación o país: *Me compré dos vestidos, uno de tela* **nacional** *y otro de tela italiana.*

nacionalidad *f.* Condición de pertenecer a una nación: *Andrés nació en Brasil, pero luego decidió adoptar la* **nacionalidad** *de Uruguay, donde vive desde hace muchos años.*

▶ **nada** *f.* ① Ausencia absoluta de seres o cosas: *No hay* **nada** *de comer en mi casa porque estuvimos fuera durante tres meses.* ② *loc.* **De nada,** expresión usada para responder a quien da las gracias: *Cuando le di las gracias por el regalo que me dio, Germán me contestó* **de nada.**

▶ **nada** *pron.* Pronombre indefinido que significa "ninguna cosa": *Mi café no tenía* **nada** *de azúcar y me supo amargo.*

▶ **nada** *adv.* En absoluto: *No me gusta* **nada** *la idea de tener que pasar el verano en un lugar frío, preferiría ir a la playa.*

nadar *vb.* Sostenerse y avanzar dentro del agua: *A Germán le gusta mucho* **nadar** *y dice que cuando crezca competirá en las Olimpiadas.*

nadie *pron.* Pronombre indefinido que significa "ninguna persona": *Cuando llegué a la escuela, no había* **nadie** *porque era domingo.*

nafta *f.* ① Líquido volátil e inflamable obtenido del petróleo, se emplea como solvente. ② *Argent.* y *Urug.* Combustible usado por varios tipos de motores, compuesto por una mezcla de hidrocarburos líquidos obtenidos del petróleo crudo. SIN. **gasolina.**

naftalina *f.* Sustancia que se vende a veces en forma de bolitas, usada contra la polilla: *Al guardar la ropa de invierno, mi madre la rodeó de* **naftalina** *para evitar que los bichos la dañaran.*

nahua *adj./m.* y *f.* De un pueblo amerindio de México y Centroamérica.

nailon *m.* Palabra de origen inglés. Material sintético con el que se fabrican tejidos: *Las telas de* **nailon** *atraen mucha electricidad estática.* SIN. **nylon, nilón.**

naipe *m.* Cartulina rectangular que, con otras similares, forma una baraja: *El jugador de póquer pidió un juego nuevo de* **naipes** *para seguir la partida.* SIN. **carta.**

nalga *f.* Cada una de las dos partes carnosas ubicadas debajo de la espalda de los humanos: *Muchas inyecciones intramusculares se aplican en las* **nalgas.** SIN. **glúteo, trasero.**

nana *f.* ① Canción para dormir a los niños: *Mi mamá le canta* **nanas** *a mi hermanito cuando ya es hora de que se duerma.* ② *Amér. C.* Madre. ③ *Amér. C., Méx.* y *Venez.* Niñera o nodriza: *Cuando sus padres salen de viaje la* **nana** *cuida a la pequeña Martha.*

▶ **naranja** *f.* Fruto del naranjo, redondo, de cáscara dura y color entre amarillo y rojo, con pulpa que forma gajos: *Desde hace varios siglos las* **naranjas** *de Jericó son famosas por su jugo dulce y abundante.*

▶ **naranja** *m.* Color que se obtiene de la combinación del rojo y el amarillo: *El* **naranja** *es el color de la fruta del mismo nombre.* SIN. **anaranjado.**

naranjo *m.* Árbol de flores blancas y olorosas que crece en las regiones tropicales y se cultiva por su fruto: *Los azahares son las flores del* **naranjo.**

narcótico *m.* Sustancia que provoca sueño y pérdida de la sensibilidad: *El doctor recetó un ligero* **narcótico** *a Elisa porque desde hace varios días no puede dormir bien.*

Ⓢ *Amér. C.* = América Central ☆ *Argent.* = Argentina ☆ *Méx.* = México ☆ *Urug.* = Uruguay ☆ *Venez.* = Venezuela.

narcotráfico *m.* Tráfico ilegal de drogas dañinas para el hombre.

nardo *m.* ⚀ Planta herbácea que crece en los jardines, de flores blancas muy olorosas. ⚁ Flor de la planta llamada nardo: *El nardo es una flor de aroma muy fuerte y penetrante.*

nariz *f.* Parte saliente del rostro, por la que el aire penetra hacia los pulmones y en la que se encuentra el sentido del olfato: *El boxeador quedó con la nariz hinchada y un ojo morado después de la pelea.*

narración *f.* ⚀ Hecho de narrar: *Mariana comenzó a las seis de la tarde la narración de sus vacaciones en Europa y la terminó dos horas después.* ⚁ Escrito en prosa en que se relata una historia: *Leí una narración muy interesante sobre la vida de unos piratas.*

narrar *vb.* Decir de palabra o por escrito alguna historia: *Como ejercicio de redacción, la maestra le pidió a los niños que narraran en una página lo que habían hecho en vacaciones.*

nasal *adj.* Relativo a la nariz: *No le gustaba su nariz, de modo que se hizo una operación de cirugía plástica nasal.*

nata *f.* ⚀ Capa cremosa que se forma en la superficie de la leche: *El café con leche se enfrió tanto, que se le formó una nata color marrón.* ⚁ Capa semisólida que se forma en la parte superior de algunos líquidos: *En las orillas del pantano se forma una nata de plantas y pequeños animales.*

natación *f.* Deporte o ejercicio que consiste en mover pies y brazos dentro del agua para avanzar: *La natación y los clavados son deportes acuáticos.*

natalicio, cia *adj./m.* Relativo al día del nacimiento: *"Mañana es día feriado porque se celebra el natalicio del héroe más importante de nuestro país", nos dijo la maestra.*

natillas *f. pl.* Postre cremoso elaborado con huevos, leche y azúcar.

nativo, va *adj./m. y f.* Relativo al lugar de nacimiento: *Es mejor aprender inglés con alguien nativo de un país de habla inglesa.*

natural *adj.* ⚀ Relativo a la naturaleza: *Me gusta comer productos naturales, ya que no han pasado por procesos químicos de conservación.* ⚁ Propio de la naturaleza de un ser: *Elena posee una belleza natural, así que no necesita usar maquillaje ni adornos para verse bien.* ⚂ No forzado, normal: *De una manera natural surgió entre los alumnos la idea de hacer una fiesta para celebrar el fin de cursos.*

naturaleza *f.* Conjunto de los seres y cosas que forman el Universo y existen de forma independiente del hombre: *Hay muy pocas partes en el mundo donde la naturaleza ha permanecido ajena a la intervención humana.*

naturista *adj.* Que prefiere los productos sin conservadores ni sustancias químicas: *La comida naturista se prepara con alimentos que no tienen productos químicos ni conservadores.*

naufragio *m.* Hundimiento de un barco: *Tras el naufragio, el único marinero sobreviviente llegó a la orilla de una isla deshabitada, desde donde vio cómo terminaba de hundirse su barco.* ➡

náufrago, ga *m. y f.* Persona que sobrevivió al hundimiento de un barco: *Robinson Crusoe fue un náufrago que tuvo que sobrevivir en una isla casi desierta.*

náusea *f.* Necesidad de vomitar: *Bajando de la montaña rusa, el niño dijo que sentía náuseas y corrió al baño.*

navaja *f.* Cuchillo plegable: *Las navajas suizas tienen muchos utensilios dentro como destornillador, cuchillo, cuchara, tenedor, lima y abridor de latas, por eso son muy útiles.*

naval *adj.* Relativo a las naves o a la navegación: *Como quiere ser marino, se inscribió a la escuela naval.*

nave *f.* ⚀ Embarcación: *Cristóbal Colón partió con tres naves en busca de un camino más corto al Oriente y llegó al Nuevo Mundo.* ⚁ *loc.* Nave espacial, vehículo que viaja fuera de la Tierra: *Las naves espaciales son cada vez de mayor tamaño, más sofisticadas y con características que les permiten llegar más lejos.* ➡

navegar *vb. irreg.* ⚀ Viajar en una nave: *Navegamos por el Océano Atlántico para ir de América a Europa.* ⚁ Trasladarse una nave: *El barco de vela navegaba a buena velocidad porque los vientos eran favorables.*

navidad *f.* Fiesta católica que cada año celebra el nacimiento de Jesús: *Para celebrar la Navidad mucha gente da regalos a sus seres queridos y prepara alimentos especiales.*

neblina *f.* Niebla ligera y baja: *La neblina provocó que un conductor no pudiera ver bien la carretera y chocara.*

necedad *f.* Terquedad, acción de alguien necio: *Le dije cien veces a Noé que no se subiera a esa escalera, pero su necedad lo llevó a querer jugar ahí hasta que se cayó.*

necesario, ria *adj.* Que no puede dejar de ser o suceder: *Si quieres aprender a tocar el piano es necesario que estudies música.*

necesitar *vb.* Requerir algo, tener necesidad de alguna cosa: *Necesitas usar malla o traje de baño para que te dejen entrar en la piscina.*

necio, cia *adj./m. y f.* ⚀ Tonto, ignorante. ⚁ Terco, obstinado: *No seas necio, ¡ya te dije que no puedes comer más chocolates!* ANT. prudente.

néctar *m.* Jugo que contienen ciertas flores: *Las abejas se alimentan del néctar de las flores.*

negar *vb. irreg.* ⚀ Decir que algo no existe o no es verdad: *Gabriel negó ser culpable de la muerte del perro y dijo que nunca vio cuando un carro atro-*

📖 *adj.* = adjetivo ☆ ANT. = antónimo ☆ *conj.* = conjunción ☆ *f.* = sustantivo femenino ☆ *Fam.* = familiar ☆ *loc.* = locución ☆ *m.* = sustantivo masculino ☆ *pl.* = plural ☆ *pron.* = pronombre ☆ SIN. = sinónimo ☆ *vb.* = verbo ☆ *vb. irreg.* = verbo irregular ☆ ➡ Ver Minienciclopedia.

pelló al animal. ② No conceder lo que se pide: *Su papá le negó el permiso para ir a la fiesta debido a sus malas calificaciones.* ③ No querer hacer una cosa: *Anastasia se negó a casarse con ese hombre, pues dice que no lo ama.*

negativo *m.* Primera imagen fotográfica que se obtiene: *Con los negativos se pueden hacer muchas copias de las mismas fotografías.*

negativo, va *adj.* Que expresa una negación: *Dio una respuesta negativa a la invitación para ir a la fiesta porque se siente enfermo.*

negocio *m.* ① Cualquier operación de la que se espera o se obtiene un beneficio: *El negocio de José consiste en comprar televisores descompuestos para repararlos y después venderlos.* ② Local comercial: *En esa esquina han abierto varios negocios y todos han quebrado.*

negro *m.* Color más oscuro de todos debido a la ausencia total de la luz: *En México y otros países hace tiempo se acostumbraba que la gente se vistiera de negro riguroso cuando estaba de luto.* ANT. **blanco**.

negro, gra *adj.* ① Del color más oscuro que existe: *Sebastián se puso una gabardina gris y un sombrero negro que lo hacían parecer un detective.* ANT. **blanco**. ② Oscurecido, que tiene un color más oscuro que otros de la misma especie: *El pan negro es de color marrón oscuro.* ANT. **claro**.

nene, na *m.* y *f.* Niño muy pequeño: *Israel es un nene muy bonito y sonriente que tiene tres meses de edad.* SIN. **crío, criatura, guagua, bebé**.

nervio *m.* ① Cada uno de los grupos de fibras que conducen los impulsos nerviosos: *Durante la cirugía, el dentista me anestesió los nervios de la muela dañada.* ② Grupo fibroso en la hoja de un vegetal o ala de insecto: *Si se observa el ala de una mosca de cerca y con cuidado, se pueden ver los nervios.* ③ *pl.* Preocupación, ansiedad: *Antes de salir al escenario, el cantante siente nervios porque teme cometer algún error.*

nervioso, sa *adj.* ① Relativo a los nervios: *Mi padre sentía un dolor en la espalda y el médico le dijo que era un padecimiento nervioso a causa de las presiones que tiene en el trabajo.* ② Impetuoso, vigoroso, inquieto: *Antes de comenzar la carrera, los caballos se movían nerviosos esperando la señal de arranque.* ③ *Fam.* Preocupado, intranquilo.

neto, ta *adj.* Que no está acompañado por otra cosa y que no tiene deducciones: *El salario neto de un vendedor no es muy alto, pero gana más dinero gracias a las comisiones por las ventas que hace.*

neumático *m.* Cubierta de caucho o hule que rodea la rueda de un vehículo: *Se pinchó el neumático del automóvil y mi padre tuvo que poner el de refacción.* SIN. **goma, llanta**.

neurótico, ca *adj./m.* y *f.* Que tiene los nervios alterados: *Mi vecina es una neurótica que se enoja cuando hacemos cualquier ruido.*

neutro, tra *adj.* ① Que no presenta ni uno ni otro de dos caracteres opuestos: *Se puso un vestido de color neutro: ni muy llamativo, como el rojo, ni muy oscuro, como el negro.* ② El género que no es ni masculino ni femenino: *La palabra lo es un artículo neutro.*

nevado *m. Amér.* Cumbre o área montañosa cubierta por nieves perpetuas.

nevar *vb. irreg.* Caer nieve: *Como mi amigo vive en un país tropical, nunca ha visto nevar.*

ni *conj.* Enlaza palabras o frases indicando negación: *Ni Juan ni Pedro han venido a la escuela porque ambos están enfermos.*

nicaragüense *adj./m.* y *f.* Originario de Nicaragua, país de América Central.

nido *m.* Construcción que hacen las aves para poner sus huevos: *Las lechuzas hacen sus nidos en los huecos de los troncos de árboles.*

niebla *f.* Nube que reposa sobre la superficie terrestre: *Los aviones no podían aterrizar ni despegar a causa de la niebla que impedía una buena visibilidad.*

nieto, ta *m.* y *f.* Respecto de una persona, hijo de un hijo suyo: *Esa anciana conoció a sus nietos y también a dos bisnietos, es decir, a los hijos de sus nietos.*

nieve *f.* ① Precipitación de hielo que cae en forma de copos: *El campo amaneció totalmente cubierto de nieve después de la tormenta nocturna.* ② *Cuba, Méx.* y *P. Rico.* Golosina helada hecha con hielo picado y frutas: *Me gustan las nieves de limón pues son muy refrescantes.* SIN. **sorbete**.

ningún *adj.* Apócope del adjetivo posesivo ninguno. ANT. **algún**.

► **ninguno, na** *adj.* Adjetivo indefinido que significa ni uno solo de lo que se expresa.

► **ninguno, na** *pron.* Pronombre indefinido que significa ni uno solo de lo que se expresa: *Ninguno de los niños en la fiesta rechazó el helado.*

niña *f.* Pupila del ojo: *Si hay mucha luz, la niña del ojo se cierra y si hay poca, se abre.*

niñera *f.* Mujer encargada del cuidado de los niños: *Los Chávez se fueron de vacaciones con todo y la niñera, para que se ocupe de los niños.* SIN. **nana**.

niñería o **niñada** *f.* ① Acción realizada por niños, que es propia de la edad infantil. ② Acción o dicho impropio en personas adultas: *Blanca hizo una niñería al enojarse porque el día estaba nublado y ella quería ponerse un vestido primaveral.*

niñez *f.* Periodo de la vida humana, desde la infancia hasta la pubertad: *Javier y Roberto son amigos desde la niñez, pues se conocieron cuando tenían cinco años.*

niño, ña *m.* y *f.* ① Persona en la etapa de la niñez: *Tienes menos de 14 años, así que no puedes ver ese filme, pues no es para niños.* ② *Amér.* Tratamiento de respeto que dan las personas de servicio a sus empleadores, especialmente a los solteros: *La señora que fue niñera de mi padre sigue refiriéndose a él como "el niño Pedro".*

níspero *m.* ① Árbol de tronco delgado, de fruto comestible: *Los frutos del níspero son pequeños, con dos semillas en su interior y su cáscara tiene pequeños vellos.* ② Fruto del árbol llamado níspero: *Los nísperos son de forma alargada, piel amarillenta y sabor muy dulce.* ③ *Amér. C.* y *Amér. Merid.* Árbol del zapote. ④ *Amér. C.* y *Amér. Merid.* Fruto del zapote.

nítido, da *adj.* Limpio, claro, transparente: *Lavé los cristales y quedaron nítidos, ahora sí se puede ver hacia afuera.*

nitroglicerina *f.* Líquido explosivo componente de la dinamita.

nivel *m.* ① Altura o grado en que está una persona o cosa: *Después de estudiar alemán durante dos años, Óscar ha alcanzado un buen nivel en el conocimiento del idioma.* ② Grado de elevación de la superficie de un líquido: *El agua del río llega al nivel de las rodillas, así que es posible cruzarlo sin peligro.*

nivelar *vb.* Poner a un mismo nivel, grado o altura: *El arquitecto mandó nivelar las dos torres para que quedaran del mismo tamaño.*

nixtamal *m. Amér. C.* y *Méx.* Maíz preparado para hacer tortillas.

no *adv.* ① Expresa la idea de negación, y se opone a "sí": *"¿Quieres ser mi novia, sí o no?", le pregunté a Fernanda.* ② Se usa en frases interrogativas para expresar duda o extrañeza, o para pedir la confirmación de algo: *Estamos de acuerdo en compartir la comida, ¿no?*

noble *adj.* ① De sentimientos elevados: *Como Javier es noble, no dudó en compartir su almuerzo con otro niño que no llevaba nada para comer.* ② Que tiene distinción o señorío: *Esa señora tiene aspecto noble, pues es elegante y de costumbres finas.* SIN. **aristócrata.**

noche *f.* Tiempo durante el cual el cielo está oscuro, entre la puesta y la salida del Sol: *Viajaron de noche porque así no gastaban en hoteles y aprovechaban más el tiempo.*

nochebuena *f.* Noche del 24 de diciembre: *En algunos países la cena familiar tradicional se hace el 25 de diciembre, día de Navidad, y en otros se cena durante la nochebuena.*

nochevieja *f.* Última noche del año, el 31 de diciembre: *Los invitaron a una gran fiesta de nochevieja para celebrar la llegada del año nuevo.*

nocivo, va *adj.* Que hace daño: *Fumar es nocivo para la salud.* SIN. **perjudicial, dañino.**

nocturno, na *adj.* ① Relativo a la noche: *El domingo hay dos funciones más en el cine, una matutina y otra nocturna.* ② Relacionado con flores que se abren durante la noche y con animales que desarrollan su actividad por la noche: *El búho es un ave nocturna que puede ver muy bien en la oscuridad.*

nodriza *f.* Mujer que alimenta a un recién nacido que no es hijo suyo: *Como la madre no podía amamantar al bebé, contrataron una nodriza que acababa de dar a luz.*

nogal *m.* Árbol de gran tamaño, cuyo fruto es la nuez: *Los nogales tardan varios años en dar nueces, pero no importa, porque viven entre 300 y 400 años.*

nómada *adj./m.* y *f.* Que no tiene una vivienda fija: *Los indios pieles rojas de Estados Unidos de Norteamérica eran nómadas, pues no vivían en pueblos ni ciudades, sino que establecían sus campamentos en los diferentes lugares donde cazaban.*

nombrar *vb.* ① Decir o dar el nombre de una persona o cosa: *Mi hermana decidió nombrar Emiliano a su hijo recién nacido.* ② Elegir a alguien para un cargo o empleo: *Nombraron a mi hermano gerente de una sucursal bancaria.*

nombre *m.* Palabra que sirve para designar una persona o cosa: *Aún no saben qué nombre le pondrán al bebé.* SIN. **sustantivo.**

non *adj./m.* Número impar: *En la clase de aritmética me enseñaron a distinguir los números pares de los números nones.*

nopal *m. Méx.* Planta cactácea comestible de tallos aplanados, cuya fruta es la tuna o higo chumbo: *Cuando fui a México comí un guiso hecho a base de nopales, champiñones, cebolla y queso.* SIN. **chumbera.**

noreste o **nordeste** *m.* Punto del horizonte situado entre el norte y el este.

noria *f.* ① Máquina y conjunto de instalaciones para elevar agua. ② En ferias y parques de atracciones, gran rueda giratoria montada en forma vertical con cabinas para las personas. SIN. **rueda de la fortuna.**

norma *f.* Regla establecida para actuar bien: *Si no cumples las normas del colegio te castigarán.*

normal *adj.* Que se halla en su estado natural: *"Es normal que a tu avanzada edad te empiece a fallar la salud", nos dijo el médico.*

noroeste *m.* Punto del horizonte situado entre el norte y el oeste.

norte *m.* ① Punto cardinal opuesto al sur: *Canadá está al norte de los Estados Unidos de Norteamérica.* ② Viento que sopla del norte: *Hemos comenzado a sentir frío porque hay norte.*

norteamericano, na *adj./m.* y *f.* ① Originario de América del Norte (Canadá, Estados Unidos de Nortea-

---

adj. = adjetivo ✫ *adv.* = adverbio ✫ *f.* = sustantivo femenino ✫ *loc.* = locución ✫ *m.* = sustantivo masculino ✫ *pron.* = pronombre ✫ SIN. = sinónimo ✫ *vb.* = verbo ✫ *vb. irreg.* = verbo irregular.

mérica). [2] Originario de los Estados Unidos de Norteamérica.

nos *pron.* Pronombre personal de la primera persona del plural: *A tu papá y a mí **nos** importa mucho que estudies y aprendas cosas útiles en la escuela.*

nosotros, tras *pron.* Pronombre personal de la primera persona del plural: *Entonces ustedes irán al cine y **nosotros**, Pablo y yo, al teatro.*

nota *f.* [1] Escrito breve para recordar o comentar algo: *"Su hijo le dejó una **nota** para avisarle que había salido al cine", le dijo la secretaria a mi padre.* [2] Puntuación dada sobre un trabajo: *Javier obtuvo una de las **notas** más altas en el examen de geografía.* SIN. **calificación.** [3] Cada uno de los siete sonidos de la escala musical: *Do es la primera de las **notas** musicales.*

notable *adj.* [1] Sobresaliente, digno de tomarse en cuenta: *Una de las obras más **notables** del escritor argentino Julio Cortázar ha sido "Rayuela".* [2] Importante: *Albert Einstein ha sido un hombre **notable** por sus útiles descubrimientos.*

notar *vb.* Ver, sentir o darse cuenta de algo: *¿Ya **notaste** que por descuido Luis trae un calcetín color marrón y otro verde?* SIN. **advertir.**

notario, ria *m.* y *f.* Funcionario público que hace legales los contratos, testamentos y otros actos: *Fueron con el **notario** para firmar la escritura oficial de la casa.*

noticia *f.* Comunicación o información sobre un acontecimiento reciente: *Mi papá escucha las **noticias** en la radio todas las mañanas.*

novato, ta *adj./m.* y *f.* Nuevo o principiante en algún oficio o actividad.

novecientos, tas *adj./m.* y *f.* Nueve veces cien.

novedad *f.* [1] Hecho de ser nuevo: *La niña no dejaba de contemplar a la jirafa, pues nunca antes había visto una y para ella era una **novedad**.* [2] Cambio en la moda: *Ahora la **novedad** es usar los colores anaranjado y verde; dentro de seis meses la **novedad** será usar el azul y el amarillo, así es la moda.* [3] Noticia: *Como estuvo en el extranjero, al volver quiso conocer las **novedades** que había en su país.*

novela *f.* Obra literaria extensa, en prosa y de carácter narrativo: *"Don Quijote de la Mancha", del escritor Miguel de Cervantes Saavedra, es la **novela** más famosa escrita en español.*

noveno *m.* Cada una de las nueve partes iguales en que se divide un todo: *Éramos nueve, así que nos tocó un **noveno** del galón de helado de chocolate a cada uno.*

noveno, na *adj./m.* y *f.* Que corresponde en orden al número nueve.

noventa *adj./m.* Nueve veces diez.

noviazgo *m.* Periodo que pasan los enamorados antes del casamiento: *Llevaron un largo **noviazgo** de diez años, luego se casaron y tuvieron dos hijos.*

noviembre *m.* Undécimo mes del año: *Noviembre está después de octubre y antes de diciembre.*

novillo, lla *m.* y *f.* Toro o vaca de dos o tres años: *El becerro es al niño lo que el **novillo** es al adolescente y el toro al adulto.*

novio, via *m.* y *f.* Persona, respecto a otra, con la que se mantienen relaciones amorosas con proyecto para casarse.

nube *f.* Masa de vapor de agua suspendida en la atmósfera: *Se están juntando **nubes** oscuras, parece que va a llover.*

nublado, da *adj.* Cubierto por nubes o por niebla: *Está muy **nublado**, mejor vayamos otro día a visitar el pueblo vecino.*

nublar *vb. irreg.* Cubrirse el cielo de nubes: *El cielo se está **nublando** y ya casi no se ve el Sol.*

nuca *f.* Parte posterior del cuello: *La muchacha se cortó mucho el cabello y le quedó descubierta la **nuca**.*

nudillo *m.* Articulación de cada uno de los huesos de los dedos: *Al cerrar la mano tus **nudillos** se ven abultados y cuando la abres se arrugan.*

nudo *m.* [1] Entrelazamiento de uno o más hilos, cuerdas o cables. [2] Parte abultada del tronco o tallo de una planta, de donde salen las ramas y hojas: *Andrés arrancó una rama del **nudo** del árbol, la sembró y nació una nueva planta.*

nuera *f.* Esposa de un hombre, respecto a los padres de éste: *Mis papás tienen tres **nueras** porque mis tres hermanos ya se casaron.*

▶ **nuestro, tra** *adj.* Adjetivo posesivo que indica posesión o pertenencia a la primera persona del plural: *Como en mi familia todos nos respetamos, **nuestro** hogar tiene un ambiente cordial.*

▶ **nuestro, tra** *pron.* Pronombre posesivo que indica pertenencia a la primera persona del plural: *La casa de mis primos es nueva y la **nuestra** ya tiene veinte años.*

nueve *adj./m.* [1] Número que resulta de sumar ocho y uno: *El carpintero sólo tiene **nueve** dedos, porque perdió el meñique de la mano derecha en un accidente de trabajo.* [2] Noveno.

nuevo. De nuevo, *loc.* Otra vez: *Cristina quiere ir de **nuevo** a la playa porque le gustó mucho.*

nuevo, va *adj.* [1] Recién hecho, aparecido o conocido: *En la televisión anuncian un producto **nuevo** para evitar la caída del pelo.* [2] Que se suma o sustituye a lo de su misma clase: *Mi hermana compró una leche **nueva** que tiene poca grasa porque dice que no quiere engordar.* [3] Poco o nada usado: *Se puso un vestido que es prácticamente **nuevo**, pues sólo se lo ha puesto dos veces antes.*

nuez *f.* [1] Fruto del nogal: *En la mañana comí cereal de avena con **nueces** y pasas.* [2] Abultamiento pequeño característico de los hombres, que forma la laringe en la

parte exterior de la garganta: *Como está en plena adolescencia, a Francisco ya le salió una **nuez** en la garganta y le está cambiando la voz.*

numeración *f.* Forma de escribir los números y de con-
tarlos: *La **numeración** romana se escribe con algunas
letras como L, M y V.*

numerador *m.* Término superior de una fracción, que
indica de cuántas partes de la unidad se compone dicha fracción: *En la fracción 3/4, el **numerador** es 3.*

numeral *adj.* Perteneciente o relativo al número.

numerar *vb.* ⬚1 Contar las cosas de una serie según el
orden de los números: *Hay que **numerar** los artículos
del almacén para saber cuántos tenemos en existencia.*
⬚2 Marcar con números: *Los organizadores **numeraron** a
los participantes en el maratón y a René le tocó el número 35.*

número *m.* ⬚1 Signo que representa una cantidad y
que sirve para contar. ⬚2 Cantidad indeterminada de
alguna cosa: *A la manifestación por la paz asistió un
número muy grande de personas.* ⬚3 Parte de un espectáculo: *El primer **número** del festival fue un bailable
de las niñas del quinto grado.* ⬚4 Accidente gramatical
que permite la oposición entre el singular y el plural:
*En la palabra niñas, el género es femenino y el **número**, plural.*

nunca *adv.* En ningún tiempo, ninguna vez: *Nunca he
comido ese tipo de queso porque lo elaboran sólo en
Francia y no lo exportan.*

nupcias *f. pl.* Boda, casamiento: *Las **nupcias** de mi
hermana se celebraron en el registro civil.*

nutria *f.* Mamífero carnívoro nadador, de pelaje pardo
rojizo: *Como siempre han sido bien cotizadas por su
pelo, muchas **nutrias** se cazan para hacer abrigos.*

nutrición *f.* Conjunto de funciones que realiza el organismo para convertir los alimentos en sustancias necesarias para el desarrollo y la actividad de los seres vivos:
*Una **nutrición** balanceada es indispensable para que
los niños crezcan sanos.*

nutriente *m.* Sustancia que sirve de alimento al organismo.

nutriólogo, ga *m.* y *f.* *Méx.* Especialista en la buena
nutrición: *El **nutriólogo** le dijo que el organismo requiere
poca grasa, poca sal y mucha agua.*

nutrir *vb.* Proporcionar a un organismo el alimento que
necesita para vivir: *Es importante consumir alimentos
que nos **nutran** para mantener la buena salud.*

Ñ ñ

ñ *f.* Decimoquinta letra del abecedario español. Su nombre es eñe.

ñame *m.* Planta trepadora que forma una gran raíz comestible.

ñandú *m.* Ave corredora parecida al avestruz pero con
sólo tres dedos en cada pata: *El **ñandú** es más pequeño
que el avestruz y vive en América.*

ñapa *f.* ⬚1 *Amér. C.* y *Amér. Merid.* Propina: *Joel no
dejó **ñapa** en el restaurante porque el servicio era muy
malo.* ⬚2 *Amér. C.* y *Amér. Merid.* Añadidura: *Compró
un helado de chocolate y el vendedor le dio nueces
como **ñapa**.* SIN. **pilón.**

ñata *f.* *Amér. C.* y *Amér. Merid.* Nariz: *Al caerme de la
bicicleta me raspé la **ñata** con el piso.*

ñato, ta *adj.* *Amér.* Que tiene la nariz pequeña y chata.

ñoñería *f.* Acto o manera de expresarse propio de alguien ñoño: *La **ñoñería** de Luisito le impide divertirse
porque dice que si juega fútbol se le ensucian los zapatos y además no le gusta sudar.*

ñoño, ña *adj.* ⬚1 Recatado, remilgado: *Efraín es
un **ñoño** a quien no le gusta que su hermana de veinte años salga a fiestas.* ⬚2 Sin gracia, soso: *Ese filme
cuenta una historia **ñoña** que no logra mantener la
atención de nadie.*

Oo

o *f.* Decimosexta letra del abecedario español y cuarta de sus vocales.

o *conj.* [1] Indica exclusión, alternativa o contraposición: *Se puede ser un buen estudiante o un mal estudiante.* [2] Indica equivalencia: *Uno de los ingredientes de ese guiso es el ají verde o chile.*

oasis *m.* Sitio en medio de un desierto, donde hay agua y vegetación: *Los arqueólogos anduvieron todo el día por el desierto y en la noche descansaron en un oasis.*

obedecer *vb. irreg.* Cumplir lo que otro manda: *Los soldados deben obedecer las órdenes de sus superiores.*

obediencia *f.* Hecho de obedecer, de cumplir con lo que otro manda: *La obediencia de mi perro se debe a que fue educado en una escuela para mascotas.*

obispo *m.* [1] Hombre con un alto puesto en la Iglesia Católica y en las iglesias de rito oriental que tiene a su cargo una diócesis. [2] Hombre con un cargo superior en la mayoría de las iglesias protestantes.

objetivo, va *adj.* [1] Fin, propósito: *El objetivo del ajedrez es dar jaque mate al rey del jugador contrario.* [2] Lente de una cámara, un microscopio u objeto parecido, que se dirige hacia lo que se quiere fotografiar u observar: *Muchas cámaras fotográficas tienen objetivos de 35 mm.*

objeto *m.* Cosa material y determinada: *El escritorio de la secretaria está lleno de objetos como lápices, bolígrafos, papeles, caramelos, adornos y hasta un radio.*

obligación *f.* Aquello que se está obligado a hacer: *Los padres tienen la obligación de dar a sus hijos amor, educación, casa y alimentación mientras no puedan valerse por sí mismos.*

obligar *vb. irreg.* [1] Imponer como deber por medio de una ley, una norma, etc.: *El gobierno obliga a los ciudadanos a pagar impuestos descontándolos de sus salarios.* [2] Forzar: *Aunque el niño no quería ir a la escuela, sus padres lo obligaron a asistir.*

obligatorio, ria *adj.* Que debe hacerse de manera forzosa, que no permite elegir: *Para entrar a esa universidad es obligatorio hacer examen de admisión.*

obra *f.* [1] Cosa producida por una persona: *La mesa del comedor es obra de un carpintero.* [2] Producto resultante de una actividad literaria o artística: *En el mu-*

seo hay muchas obras como pinturas, esculturas y fotografías. [3] Edificio en construcción: *Muchos camiones y albañiles entran todos los días a ese terreno porque están haciendo una obra para construir una casa.*

obrar *vb.* [1] Hacer una cosa o trabajar en ella. [2] Comportarse de una manera determinada: *Eduardo obró mal cuando acusó a Julio sabiendo que era inocente.* [3] *Fam.* Evacuar el vientre. **SIN. defecar, cagar.**

obrero, ra *m.* y *f.* Trabajador manual que gana un salario: *En esa fábrica de autos los obreros trabajan en tres turnos distintos.*

obscurecer u **oscurecer** *vb. irreg.* [1] Privar de luz o claridad: *Javier oscureció la habitación para tomar una siesta por la tarde.* [2] Anochecer: *Mi mamá me permite salir a jugar por las tardes y debo regresar a la casa cuando comienza a oscurecer.*

obscuridad u **oscuridad** *f.* Falta de luz: *El corte de la corriente eléctrica nos dejó en la oscuridad hasta que encendimos unas velas.*

obscuro, ra u **oscuro, ra** *adj.* [1] Falto de luz o claridad: *Como el cuarto estaba muy oscuro no pude ver al perro que estaba echado y lo pisé.* [2] Se dice del color que se acerca al negro: *Liliana tiene el pelo castaño muy oscuro y su hermana, en cambio, lo tiene tan claro que casi es rubio.*

obsequio *m.* Cosa que se da o se hace para complacer a alguien: *El día de mi cumpleaños me hicieron varios obsequios.* **SIN. regalo.**

observar *vb.* [1] Examinar con atención: *Diane Fossey fue una investigadora que se dedicó a observar y estudiar a los gorilas en África.* [2] Advertir, darse cuenta: *"He observado que desde hace una semana estás muy distraído en la clase", me dijo mi maestro.*

observatorio *m.* Sitio apropiado para hacer observaciones, especialmente astronómicas o meteorológicas: *Para tener mejores resultados ese observatorio fue construido en lo alto de un monte, alejado de las luces de la ciudad.*

obstáculo *m.* Aquello que dificulta o impide el paso o la realización de algo: *Pese a los obstáculos que encontró en su camino, Javier logró terminar la carrera de medicina.*

obstruir *vb. irreg.* Estorbar el paso, cerrar un conducto: *Los automóviles no podían avanzar por la calle porque la obstruyó un autobús descompuesto.*

obtener *vb. irreg.* Alcanzar, lograr: *Si quieres* **obtener** *el primer lugar en tu clase tienes que estudiar y trabajar mucho.*

obtusángulo *adj.* Se dice del triángulo que tiene un ángulo obtuso.

obtuso, sa *adj.* Que no tiene punta: *Para que el niño no corriera peligro de cortarse la mamá le compró unas tijeras* **obtusas**. SIN. **romo**.

obvio, via *adj.* Que resulta claro o evidente: *Sus zapatos están rotos y viejos, es* **obvio** *que necesita unos nuevos.*

oca *f.* [1] Nombre de varios tipos de aves a las que también se les llama ganso. [2] Juego que consiste en avanzar los jugadores su ficha sobre un tablero con casillas formadas en espiral; en cada casilla hay una figura y cada nueve casillas está la figura de una oca.

ocasionar *vb.* Ser causa de algo: *La mentira de Rolando* **ocasionó** *que Laura se enojara con él.*

ocaso *m.* [1] Momento en el que se oculta el sol por el horizonte: *Los* **ocasos** *en el mar son un espectáculo muy bello.* [2] Oeste, punto cardinal.

occidente *m.* [1] Oeste: *América está al* **occidente** *de Europa.* [2] Conjunto de los países europeos, o países con influencia europea.

océano *m.* Gran extensión de agua salada que cubre unas tres cuartas partes de la superficie de la Tierra: *Para ir de América a Europa hay que cruzar el* **Océano** *Atlántico.*

ocelote *m.* Mamífero carnívoro, parecido al leopardo, de aproximadamente 65 cm de largo, piel brillante gris claro con dibujos rojizos rodeados por una línea negra, muy apreciada para hacer prendas de vestir: *Aunque hay leyes que protegen a los* **ocelotes** *existe quien los caza y hace ropa con su piel.*

ochenta *adj./m.* Ocho veces diez: *Mi abuelo es un anciano que a pesar de tener* **ochenta** *años todavía es muy activo.*

ocho *adj./m.* Número que resulta de sumar siete y uno: *Las arañas tienen* **ocho** *patas.*

▶ **ochocientos, tas** *adj.* Ocho veces cien: *La conquista de los árabes en España duró* **ochocientos** *años, de los siglos* VIII *al* XV.

▶ **ochocientos, tas** *m.* y *f.* Que corresponde en orden al número ochocientos: *Ochocientos es el número que sigue después del setecientos noventa y nueve.*

ocio *m.* [1] Estado de la persona que no trabaja: *Rafael lleva en el* **ocio** *cuatro meses, no ha encontrado un nuevo empleo.* SIN. **vagancia**. [2] Tiempo libre: *Es muy constructivo dedicar los momentos de* **ocio** *a la lectura.*

ocote *m. Guat.* y *Méx.* Pino de distintas especies, de madera resinosa usada como combustible.

ocre *m.* [1] Color amarillo oscuro. [2] Variedad de arcilla de color amarillo oscuro.

octaedro *m.* Cuerpo de ocho caras triangulares: *La maestra nos pidió que hiciéramos un* **octaedro** *con ocho triángulos de cartulina.*

octágono *m.* Polígono de ocho lados: *El edificio tenía la forma de un* **octágono** *y en cada una de sus ocho fachadas había un ventanal.*

▶ **octavo, va** *adj.* Adjetivo ordinal que corresponde en orden al número ocho.

▶ **octavo, va** *m.* y *f.* Cada una de las ocho partes iguales en que se divide un todo: *Como eran ocho niños, a cada uno le tocó un* **octavo** *de tarta.*

octogésimo, ma *adj./m.* y *f.* Adjetivo ordinal que corresponde en orden al número ochenta.

octubre *m.* Décimo mes del año: *En* **octubre**, *los países ubicados al norte del ecuador están en otoño y los países que se encuentran al sur están en primavera.*

oculista *m.* y *f.* Especialista en las enfermedades de los ojos: *Julián fue al* **oculista** *porque no podía ver bien de lejos y ahora usa anteojos.* SIN. **oftalmólogo**.

ocultar *vb.* [1] Esconder, impedir que alguien o algo sea visto: *El cuadro que está sobre la chimenea de esa casa* **oculta** *una caja fuerte en la que guardan las joyas de la familia.* [2] Callar de manera intencionada alguna cosa: *Cuando Martín me platicó la obra de teatro me* **ocultó** *el final y me dijo que mejor fuera a verla.*

ocupación *f.* [1] Acción y efecto de tomar posesión: *Había tantos niños, que la* **ocupación** *de las butacas del teatro fue total.* [2] Trabajo, oficio: *La* **ocupación** *de mi padre es la de bombero.*

ocupar *vb.* [1] Tomar posesión: *Durante la Segunda Guerra Mundial, los nazis* **ocuparon** *varios países de Europa.* [2] Llenar un espacio o lugar: *No cabe otra cosa en el cajón, pues los papeles* **ocupan** *todo el espacio.* [3] Ejercer un empleo o cargo: *Julia* **ocupa** *el puesto de secretaria en esa oficina desde hace dos años.* [4] Proporcionar trabajo: *Don José va a* **ocuparme** *para que le ayude a pintar su casa.* [5] Encargarse, cuidar: *Hoy* **nos ocuparemos** *de estudiar los números negativos.*

ocurrencia *f.* Idea que se le ocurre a alguien, por lo general buena: *Mi tío tuvo la* **ocurrencia** *de salir a jugar fútbol y todos nos divertimos mucho.*

ocurrir *vb.* [1] Suceder, pasar o acontecer algo: *La historia cuenta lo que* **ocurrió** *en el pasado.* [2] Venir a la mente una idea: *Mientras estaba en la bañera, al filósofo Arquímedes se le* **ocurrió** *una idea sobre el volumen de los cuerpos en el agua.*

odio *m.* Sentimiento vivo de antipatía o disgusto hacia algo o alguien: *El* **odio** *se reflejó en la cara de la mujer cuando supo que ese hombre era el ladrón que había entrado en su casa.*

oeste *m.* Punto cardinal por donde se oculta el Sol: *El Sol sale por el este y se oculta por el* **oeste**.

---

ofender vb. [1] Hacer o decir algo que moleste o demuestre falta de respeto hacia otra persona: *Esteban me* *ofendió al acusarme de robo cuando extravió un dis-* *co.* [2] Sentirse despreciado por alguien a causa de algo que dijo o hizo: *Luisa se ofendió porque sus amigos no* *la invitaron a la fiesta.*

ofensa f. Palabras o acciones que ofenden, que faltan al respeto: *Me enojó que Osvaldo me lanzara tantas* *ofensas cuando le dije que su corte de pelo no me* *gustaba.*

oferta f. [1] Proposición o promesa que se hace a alguien: *Una empresa le hizo una atractiva oferta de tra-* *bajo a mi padre.* [2] Producto a precio rebajado: *Compré* *cinco kilos de mangos porque estaban en oferta a la* *mitad de su precio normal.* **SIN. barata.**

oficial adj. Que procede del gobierno o de la autoridad competente: *La noticia de la muerte del escritor* *famoso ya no es un rumor, pues ha sido confirmada* *por medios oficiales.*

oficial m. [1] Persona que en algún oficio tiene el grado intermedio entre aprendiz y maestro: *Se pasó un año* *como aprendiz de carpintero y ahora ya es oficial, en* *dos años más podrá ser maestro.* [2] Militar o miembro de un cuerpo de seguridad que posee un grado o empleo, desde alférez o subteniente hasta capitán: *Los ofi-* *ciales duermen en barracas diferentes a las de los* *soldados rasos.*

oficina f. Local donde se trabaja, prepara o gestiona alguna tarea de administración de una empresa o del gobierno: *Luis fue a una oficina de abogados para que* *le ayuden a tramitar su divorcio.*

oficio m. [1] Profesión mecánica o manual: *En las es-* *cuelas de educación media básica enseñan algunos* *oficios como carpintería y herrería.* [2] Ocupación habitual: *El oficio de Rigoberto es mecánico.*

ofrecer vb. irreg. [1] Presentar algo, mostrar: *La ven-* *dedora de la tienda me ofreció varios vestidos y yo* *decidí comprar el del color verde.* [2] Poner algo o ponerse a disposición de alguien: *Un vecino se ofre-* *ció para ayudarnos a organizar la fiesta del próximo* *sábado.*

ofrenda f. Cosa que se da en señal de gratitud, en especial a Dios o a un ser divino: *En México se suelen poner* *ofrendas a los difuntos el 1 y 2 de noviembre.*

ogro m. [1] Gigante legendario: *En el cuento, Juanito* *logró robarle al ogro la gallina de los huevos de oro.* [2] *Fam.* Persona de mal carácter: *La maestra de geogra-* *fía es un ogro que nos regaña todo el tiempo.*

oído m. [1] Sentido de la audición: *Los cinco sentidos* *son la vista, el olfato, el oído, el tacto y el gusto.* [2] Cada uno de los órganos de la audición: *Llevaron a la* *niña al doctor porque a causa del resfrío le duele el* *oído derecho.*

oír vb. irreg. Percibir los sonidos, escuchar: *Algunas* *noches oigo chirriar a los grillos en el jardín de mi casa.*

ojal m. Corte o abertura en una tela, por donde entra el botón: *Hay que cerrar un poco el ojal de esa camisa,* *pues el botón se sale con facilidad.*

¡ojalá! interj. Denota vivo deseo de que suceda una cosa: *Ojalá hubiera paz en el mundo.* →

ojera f. Sombra que aparece bajo el párpado inferior: *Por las profundas ojeras que tenía Martha, se notaba* *que no había dormido la noche anterior.*

ojo m. [1] Órgano de la visión: *Polifemo era un cíclope,* *pues tenía un solo ojo.* [2] Abertura o agujero de cier-* tos objetos: *No es fácil meter el hilo por el ojo de la* *aguja.* →

ola f. Onda que se forma en la superficie de las aguas: *Una ola grande tomó desprevenido al turista que esta-* *ba recostado en la playa y lo revolcó.*

oleaje m. Movimiento continuo y sucesivo de las olas: *Como el oleaje era fuerte, el barco se mecía de un* *lado a otro de manera violenta.*

óleo m. Pintura hecha con colores disueltos en aceite secante: *Algunos pintores prefieren pintar óleos y a otros* *les gustan las acuarelas.*

oleoducto m. Tubería para conducir petróleo.

oler vb. irreg. Percibir los olores: *Esa leche huele un* *poco extraño, creo que está agria.* **SIN. olfatear.**

olfatear vb. Aplicar el sentido del olfato: *Los sabue-* *sos olfatean cada uno de los rincones del lugar don-* *de viven.* **SIN. oler.**

olfato m. Sentido que permite la percepción de los olo-* res: *Genaro tiene muy buen olfato, pues en cuanto* *entró a la casa percibió la fuga de gas que ninguno* *había notado.*

olimpiada u **olimpíada** f. Competencia mundial de juegos deportivos que se celebra cada cuatro años: *Las primeras olimpiadas de la Antigüedad se lleva-* *ban a cabo en Grecia; ahí también se celebraron las* *primeras olimpiadas de la era moderna a principios* *del siglo xx.* →

oliva f. Aceituna, fruto del olivo.

olivo m. Planta de los países cálidos, de tronco grueso y torcido, copa ancha y ramosa, su fruto es la aceituna: *En los países árabes y mediterráneos se cultivan mu-* *chos olivos de los que se extrae un aceite comestible* *muy sano.*

olla f. Vasija redonda más alta que ancha, que se utiliza para cocer alimentos: *Antes se cocinaba en ollas de* *barro; ahora existen ollas de muchos materiales.*

olmeca adj./m. y f. Pueblo y cultura prehispánicos de México que se localizaron en la zona costera de los ac-* tuales estados de Tabasco y Veracruz: *El juego de pelo-* *ta y las esculturas de cabezas gigantes son rasgos* *característicos de la cultura olmeca.*

olmo *m.* Árbol de 20 a 30 metros de altura, de copa ancha y hojas dentadas, que proporciona una madera utilizada en la fabricación de muebles.

olor *m.* Emanación que producen ciertas sustancias e impresión que producen en el olfato: *Un perro sabueso es capaz de encontrar a alguien a través del olor de la persona.*

olote *m.* *Amér. C.* y *Méx.* Parte de la mazorca de maíz que queda después de quitarle los granos.

olvidar *vb.* ① Dejar de tener algo presente en la memoria: *A los ancianos a veces se les olvidan los hechos recientes, pero se acuerdan bien del pasado lejano.* ② Descuidar: *Olvidé regar la planta que me regalaron y se murió.*

ombligo *m.* Cicatriz profunda que queda en el vientre después de que se cae el cordón umbilical: *Me limpié el ombligo con un algodón mojado en crema para quitar la mugre que ahí se guarda.*

ómnibus *m.* Vehículo de gran capacidad para el transporte público: *En las grandes ciudades deberían utilizarse más ómnibus para evitar el uso excesivo de automóviles.*

omnívoro, ra *adj.* Relativo al animal que puede alimentarse con toda clase de comida: *Los humanos somos omnívoros, ya que comemos carne, vegetales, frutas, semillas, etcétera.*

once *adj.* ① Número que resulta de sumar diez y uno. ② Undécimo.

onda *f.* ① Cada una de las elevaciones que se producen al perturbar la superficie de un líquido: *Cuando un objeto cae al agua se forman ondas alrededor del centro.* ② Cada una de las curvas de una superficie o línea sinuosa: *Le dio el sol a ese plástico y ahora tiene unas ondas que no se pueden quitar.* ③ *Méx. Fam.* Asunto, tema: *La onda de este curso de verano es aprender a elaborar muñecos de tela.*

ondear *vb.* Formar ondulaciones un cuerpo flexible: *La bandera de la plaza ondea cuando hay viento.*

ondular *vb.* Hacer curvas u ondas.

onomástico *m.* Día en que una persona celebra su santo: *Como me llamo Carmen mi onomástico es el 16 de Julio.* SIN. *santo.*

onza *f.* Medida de peso o de volumen, equivalente a cerca de 30 gramos: *Cuando René era bebé, tomaba cinco onzas de leche cada cuatro horas.*

opacar *vb. irreg. Amér.* Hacer opaco, nublar: *El día se opacó a causa de las nubes oscuras.*

opaco, ca *adj.* ① Que no deja pasar la luz: *Puse cortinas opacas en mi habitación para evitar que entre la luz de un farol que está fuera de mi ventana.* ② Sin brillo: *Esa perra parece enferma, tiene el pelo muy opaco.*

opción *f.* Elección: *De entre todas las carreras disponibles, el joven se decidió por la mejor opción para él.*

ópera *f.* Obra dramática escrita para ser cantada y representada con acompañamiento de orquesta: *El músico austriaco Wolfgang Amadeus Mozart fue un gran maestro de la ópera como lo demuestran "Las Bodas de Fígaro" y "La Flauta Mágica".*

operación *f.* ① Intervención quirúrgica con fines curativos: *Los doctores dijeron que la operación de apéndice de mi mamá fue un éxito y que se recuperará muy pronto.* ② Realización de un cálculo: *Para saber cómo repartir diez chocolates entre cinco niños, la operación que tengo que hacer es una división.*

operar *vb.* ① Practicar o someterse a una intervención quirúrgica: *Operaron de emergencia a Saúl porque tenía apendicitis.* ② Realizar cálculos matemáticos: *La maestra enseñó a los alumnos a operar con cifras de cuatro dígitos.*

opinión *f.* Juicio, manera de pensar sobre un tema: *Me interesa conocer tu opinión sobre el último filme de ese director alemán.*

oponer *vb. irreg.* ① Poner en contra, obstaculizar: *Mis amigos y yo decidimos formar un grupo para oponernos a la tala de árboles en el parque del barrio.* ② Ser una cosa contraria a otra: *Lo caliente se opone a lo frío.*

oportunidad *f.* Lo que sucede en el momento adecuado o lo que permite hacer algo: *Sin esperarlo, se le presentó a Irma la oportunidad de un trabajo interesante en el extranjero.* SIN. *chance.*

oposición *f.* Hecho de estar en contra de algo o alguien: *La oposición de Jorge para obedecer a su maestra provocó que lo castigaran.*

oprimir *vb.* Ejercer presión, apretar: *El enfermo lanzó un grito de dolor cuando el doctor le oprimió el vientre.*

óptica *f.* ① Parte de la física que estudia las leyes y los fenómenos de la luz. ② Lugar donde se hacen análisis de los ojos, se venden lentes, anteojos y otros objetos relacionados con la vista.

optimista *m.* y *f.* Persona que ve las cosas del lado positivo.

óptimo, ma *adj.* Que es lo mejor en su género o línea: *Ese atleta está en el mejor momento de su carrera, pues su excelente condición física y su corta edad son óptimos para practicar el deporte.*

opuesto, ta *adj.* ① Contrario, que se opone a algo por estar enfrente: *El correo está en la acera opuesta a la carnicería.* ② Que está en contra o que contradice a alguien o algo: *El negro y el blanco son dos colores opuestos.*

oración *f.* ① Hecho de dirigirse a Dios o a un ser divino para expresarle adoración, una petición o agradecimiento: *La madre dirigió una oración a Dios para pedir que su hijo sanara.* ② Conjunto de palabras que forman una idea independiente y completa: *"El día es hermo-*

---

adj. = adjetivo ☆ *f.* = sustantivo femenino ☆ *Fam.* = familiar ☆ *m.* = sustantivo masculino ☆ SIN. = sinónimo ☆ *vb.* = verbo ☆ *vb. irreg.* = verbo irregular ☆ ➔ Ver Minienciclopedia.

so" es un ejemplo de **oración** en la que "el día" es el sujeto y "es hermoso", el predicado. **SIN. frase.**

oral _adj._ ① Relativo a la boca: _Si un medicamento dice "por vía **oral**", significa que se toma por la boca, no que se inyecta._ ② Expresado de manera verbal, dicho con palabras: _La profesora nos dijo que va a evaluarnos con un examen **oral**._

orangután _m._ Mono de Asia, que llega a medir 1.50 m de altura, con cabeza gruesa, pelo largo y rojizo, nariz chata, hocico saliente, cuerpo robusto y brazos tan largos que tocan el suelo cuando está erguido.

orar _vb._ Hacer oración. **SIN. rezar.**

órbita _f._ ① Curva cerrada que describe un cuerpo celeste alrededor de otro: _La Luna describe una **órbita** de forma ovalada alrededor de la Tierra._ ② Hueco del ojo: _A las calaveras se les ven las **órbitas** porque ya no tienen piel ni ojos._ **SIN. cuenca.**

▶ **orden** _f._ Mandato que se debe obedecer: _El director de la escuela dio la **orden** a los maestros para que iniciaran la ceremonia._

▶ **orden** _m._ ① Organización y disposición regular de las cosas: _Quien acostumbra el **orden** evita pérdidas de tiempo._ ② Normalidad, tranquilidad: _La policía es la encargada de preservar el **orden** y la paz pública._

ordenar _vb._ ① Poner en orden, colocar de manera organizada: _Debo **ordenar** mis papeles, pues están tan revueltos que no puedo encontrar nada._ ② Mandar: _El maestro le **ordenó** que permaneciera de pie en la parte posterior del salón como castigo por la grosería que dijo._ ③ En las religiones, otorgar o recibir el cargo de sacerdote, monja o monje.

ordeñar _vb._ Extraer la leche de la ubre de un animal hembra exprimiendo sus tetas: _Mi tío tiene una vaca y la **ordeña** todas las mañanas muy temprano._

ordinal _adj._ Se dice del adjetivo numeral que expresa orden: _El **ordinal** del número tres es tercero._

orear _vb._ Poner una cosa al aire y al sol para que se ventile o se seque: _Saqué la ropa de cama a **orear** porque llevaba mucho tiempo guardada y olía a humedad._

orégano _m._ Planta herbácea aromática, que se usa como condimento: _El **orégano** se usa también en la industria de la perfumería._

oreja _f._ ① Órgano del oído, en particular la parte externa situada a cada lado de la cabeza: _Los aretes suelen ponerse en los lóbulos de las **orejas**._ ② _Colomb._ Desviación circular que cruza la recta de una autopista a diferente altura que la recta. ③ _Méx._ Asa de un recipiente: _Durante la mudanza se cayó la caja de la vajilla y se rompieron algunas **orejas** de las tazas._

orejón _m._ Trozo de durazno o albaricoque secado al aire o al sol, que se consume como dulce.

orfanato _m._ Asilo de huérfanos: _Ese **orfanato** funciona con dinero de los donativos de mucha gente._ **SIN. orfanatorio.**

orfanatorio _m._ _Méx._ Asilo de huérfanos. **SIN. orfanato.**

orfandad _f._ Situación del huérfano: _Los padres de Olga murieron en un accidente y la dejaron en estado de **orfandad**._

orfebre _m._ Artesano que trabaja el oro o la plata: _Los **orfebres** colombianos son famosos por su fina joyería de oro._

orgánico, ca _adj._ ① Dícese del organismo vivo: _Los humanos, los animales y las plantas somos seres **orgánicos**, en cambio las piedras son inorgánicas._ ② Relativo a los órganos o al organismo de los seres vivos: _La respiración y la digestión son funciones **orgánicas**._

organillo _m._ Órgano portátil, movido por una manivela: _Cada vez que se acababa una melodía del **organillo**, el señor que lo tocaba pedía dinero a la gente que caminaba por la calle._

organismo _m._ ① Conjunto de órganos que forman un ser vivo. ② Conjunto de dependencias relacionadas entre sí, que forman un cuerpo o institución: _La universidad es un **organismo** formado por escuelas, facultades e institutos._ ➡

organización _f._ ① Hecho de disponer las cosas o disponerse de manera conveniente para algo: _La **organización** del viaje fue un fracaso: salimos tarde, no encontramos hoteles disponibles y gastamos mucho dinero en comida._ ② Asociación constituida para determinado fin: _La **Organización** de las Naciones Unidas tiene como finalidad preservar la paz y la armonía entre sus miembros._

organizar _vb. irreg._ ① Disponer lo necesario para realizar algo y vigilar que se lleve a cabo: _Diego y Rodrigo serán los encargados de **organizar** la fiesta de fin de cursos._ ② Ordenar, colocar de manera conveniente: _**Organicé** mis discos según el tipo de música para poder encontrar con facilidad lo que quiera escuchar._

órgano _m._ ① En los seres vivos, parte del cuerpo destinada a realizar una función determinada: _Uno de los **órganos** fundamentales de los mamíferos es el corazón._ ② Instrumento musical de viento y teclado: _El músico Juan Sebastián Bach escribió muchas piezas para **órgano**._

orgullo _m._ ① Sentimiento de estimación a sí mismo o a una cosa que es propia, que lleva a considerarse digno de admiración y superior a los demás: _El **orgullo** de César le impidió pedirle perdón a su hermano y dejaron de hablarse por diez años._ ② Sentimiento elevado de la propia dignidad: _Después del incendio todos nos dimos cuenta del **orgullo** que sentía el bombero por haber salvado a esa familia._

---

o

p

q

r

s

t

u

orientar *vb.* [1] Determinar dónde está la dirección que se ha de seguir: *Espera, quiero* **orientarme** *para saber si hay que ir a la derecha o a la izquierda.* [2] Dirigir una persona, cosa o acción hacia un fin determinado: *El maestro* **orientó** *a sus alumnos para que continuaran estudiando.*

oriente *m.* [1] Punto cardinal del horizonte por donde aparece el Sol: *Su casa tiene muy buena luz y temperatura porque da hacia el* **oriente**. SIN. **este**. [2] Asia y las partes de Europa y África contiguas al Continente Asiático: *Sus abuelos se fueron a un viaje por el* **Oriente** *que incluyó países como Japón, China, India, Arabia y Rusia.*

orificio *m.* Boca o agujero: *Los ratones entraban y salían de su madriguera por un* **orificio** *en la pared.*

origen *m.* Principio, causa, procedencia de algo: *Muchos astrónomos creen que el* **origen** *del Universo fue una gran explosión.*

original *m.* Lo que no es copia, imitación o traducción: *El jefe de mi papá tiene en su sala un Picasso* **original**, *no es una reproducción.*

originario, ria *adj.* Procedente, oriundo: *El jitomate es* **originario** *de América.*

orilla *f.* [1] Franja que separa la tierra de un mar, río, etc.: *Las mujeres de ese pueblo van a lavar ropa a la* **orilla** *del río.* [2] Parte extrema o borde de una superficie, tela, etc.: *Marcela se agachó en el campo y se ensució la* **orilla** *del vestido.*

orina *f.* Líquido amarillento expulsado por los riñones.

oro *m.* Metal precioso de color amarillo, muy maleable: *Muchas personas acostumbran comprar sortijas de* **oro** *cuando se casan.*

orografía *f.* Estudio de la superficie de la Tierra y de sus accidentes, tales como montañas, llanos, altiplanos, etc.: *La* **orografía** *es una parte de la geografía.*

orquesta *f.* Conjunto formado por músicos que tocan diferentes instrumentos y que interpretan obras musicales: *Las* **orquestas** *se componen de instrumentos de cuerda, aliento, metales y percusiones.*

orquídea *f.* [1] Planta herbácea de flores muy vistosas. [2] Flor de la planta llamada orquídea: *La* **orquídea** *pertenece a una familia de plantas formada por 17 500 especies y todas ellas caracterizadas por su gran belleza.*

ortiga *f.* Planta herbácea de flores poco visibles y hojas cubiertas de pelos que segregan un líquido irritante: *Al niño explorador le salió una erupción en el brazo porque pasó rozando una* **ortiga**.

ortografía *f.* [1] Escritura correcta de las palabras: *Úrsula tiene buena* **ortografía** *pues desde pequeña lee y consulta su diccionario.* [2] Parte de la gramática que enseña a escribir de manera correcta: *Las reglas de acentuación se pueden consultar en los manuales de* **ortografía**. →

ortopedista *m.* y *f.* Médico especializado en corregir las deformaciones de los huesos y articulaciones del cuerpo: *Jorge se lastimó una rodilla y tuvo que acudir con un* **ortopedista** *para que se la arreglara.*

oruga *f.* Larva típica de las mariposas, en forma de gusano: *Cuando la* **oruga** *se vuelve adulto se transforma en un bello insecto.*

os *pron.* Pronombre personal de segunda persona del plural: *"Os agradezco vuestro homenaje", dijo el escritor español durante la ceremonia.*

osado, da *adj.* Atrevido: *Diego ha sido muy* **osado** *desde niño, apenas sabía nadar y ya se lanzaba desde el trampolín.*

osamenta *f.* Esqueleto: *En el museo de historia natural vimos una* **osamenta** *de mamut.*

osar *vb.* Atreverse a algo: *El oso del cuento quería saber quién había* **osado** *comerse su avena.*

oscilar *vb.* Moverse de manera alternativa un cuerpo a un lado y otro: *El péndulo de los relojes* **oscila** *para marcar el paso de los segundos.*

oscuro ver **obscuro**.

oso, sa *m.* y *f.* [1] Mamífero carnívoro de cuerpo pesado y pelaje abundante, con grandes garras y cola reducida: *En el zoológico vi* **osos** *pardos y* **osos** *polares.* [2] *loc.* **Oso hormiguero**, mamífero sin dientes, de hocico alargado y lengua larga y flexible, que se alimenta de hormigas. →

ostra *f.* Molusco bivalvo comestible, con caparazón rugoso con el interior nacarado.

otoño *m.* Estación del año, comprendida entre el verano y el invierno: *Durante el* **otoño** *se caen las hojas de los árboles y la temperatura desciende.*

otorgar *vb. irreg.* Dar, conceder: *El director le* **otorgó** *a Sebastián la medalla al mejor alumno de la escuela.*

▶ **otro, tra** *adj.* Distinto de aquello de lo que se habla: *"No fue usted con quien hablé ayer, fue* **otra** *persona", le dije por teléfono a una secretaria.*

▶ **otro, tra** *pron.* Alguien o algo distinto: *Me gusta esta novela, pero preferiría volver a leer la* **otra**, *pues me gustó más.*

óvalo *m.* Curva cerrada semejante a la de un círculo aplastado.

ovario *m.* Órgano de reproducción femenino de algunos animales y plantas, que contiene los óvulos.

oveja *f.* Hembra del carnero: *El perro controlaba con ladridos a las* **ovejas** *para que no se perdieran y ellas balaban.*

overol *m.* Palabra de origen inglés. *Amér.* Vestimenta para trabajos duros: *Antes, los* **overoles** *eran la ropa de trabajo de los obreros, pero después se pusieron de moda y ahora mucha gente los usa.*

ovillo *m.* Bola que se forma al arrollar un hilo o cuerda sobre sí misma: *De la madeja de estambre, mi hermana hacía un* **ovillo** *y luego empezaba a tejer.*

ovino, na *adj./m.* Relativo al ganado lanar, compuesto de ovejas o corderos.

---

adj. = adjetivo ☆ *f.* = sustantivo femenino ☆ *loc.* = locución ☆ *m.* = sustantivo masculino ☆ *pron.* = pronombre ☆ SIN. = sinónimo ☆ *vb.* = verbo ☆ *vb. irreg.* = verbo irregular ☆ Ü Ver Minienciclopedia.

o

ovíparo, ra *adj./m.* y *f.* Relativo al animal que se reproduce por medio de huevo: *Las serpientes son ovíparas, igual que las aves.*

ovni *m.* Iniciales de Objeto Volador No Identificado, que designa un objeto volante de origen y naturaleza desconocidos: *Muchas personas afirman haber visto ovnis, casi siempre con forma de platillos.*

óvulo *m.* Célula femenina destinada a ser fecundada: *Cuando el óvulo femenino se une con el espermatozoide se produce un nuevo ser.*

oxidar *vb.* ① Combinar un elemento con el oxígeno: *El aire oxida rápidamente las manzanas, por eso una vez partidas empiezan a ponerse oscuras.* ② Formarse una capa de óxido: *Se oxidó mi bicicleta porque la dejé varios días en el patio y durante ese tiempo le dio el sol y también se mojó con la lluvia.*

óxido *m.* Capa rojiza, verdosa o amarillenta que se forma sobre los metales expuestos al aire o a la humedad. SIN. **herrumbre.**

p

q

r

s

t

u

Pp

p *f.* Decimoséptima letra del abecedario español. Su nombre es *pe*.

pabellón *m.* ⬚1 Edificio aislado que forma parte de un conjunto: *En los amplios jardines del castillo estaba el* **pabellón** *de juegos del príncipe.* ⬚2 Bandera de un país: *En la plaza central de mi ciudad ondea un gran* **pabellón** *nacional.*

pabilo o **pábilo** *m.* Mecha de una vela: *Para apagar la vela mi madre presionó el* **pabilo** *con los dedos húmedos.*

paca *f.* Fardo o bulto prensado y atado de lana, algodón, etc.: *El camión llegó con* **pacas** *de hierba para darles de comer a las vacas.*

paceño, ña *adj.* Originario de La Paz, capital de Bolivia.

paciencia *f.* ⬚1 Capacidad para esperar: *A los niños les falta* **paciencia** *y todo lo quieren al instante porque tienen mucha energía.* ⬚2 Capacidad para soportar trabajos y sufrimiento con resignación: *Hace falta* **paciencia** *y dedicación para ser artista o científico, ya que son profesiones difíciles.*

paciente *m. y f.* Enfermo que sigue un tratamiento: *El hospital de mi ciudad tiene buena fama y siempre hay muchos* **pacientes** *en las salas y en los consultorios.*

pacífico, ca *adj.* ⬚1 Que ama la paz o que está en paz: *Miguel es un hombre* **pacífico** *que se aleja de las peleas y de los conflictos.* ⬚2 Se escribe con "P" mayúscula cuando se refiere al océano de ese nombre: *El explorador español Vasco Núñez de Balboa descubrió el Océano* **Pacífico** *en 1513.*

pacto *m.* Acuerdo entre dos o varias partes: *Mi hermano y yo hicimos un* **pacto** *para que él me preste sus juguetes y yo le preste mi ropa.*

padecer *vb. irreg.* ⬚1 Recibir la acción de algo que causa dolor físico o moral: *Olivia visita con frecuencia al cardiólogo porque* **padece** *del corazón.* ⬚2 Soportar, aguantar: *El joven* **padeció** *desvelo, pero al fin se graduó con altas notas.*

padrastro *m.* Marido de una mujer respecto de los hijos que ella tiene de un matrimonio anterior: *Mi padrastro me ha cuidado desde que mi padre murió hace cinco años.*

padre *m.* ⬚1 Hombre respecto de sus hijos, o cualquier macho respecto de sus crías: *Mi padre me enseñó a ser ordenado y esa costumbre me ha dado éxito en mi* trabajo de archivista. ⬚2 Creador de algo: *Luis Pasteur (1822-1895) se considera el* **padre** *de la bacteriología moderna.* ⬚3 Título dado a ciertos religiosos: *Doña Filomena se confiesa cada mes con un* **padre** *dominico.* ⬚4 *pl.* El padre y la madre: *Mis* **padres** *se llaman Roberto y Juana.* SIN. **progenitores.**

padrino *m.* Hombre que presenta o asiste a alguien en una ceremonia religiosa o en otras ocasiones importantes de su vida social: *El hombre que me llevó a bautizar es mi* **padrino**, *y por ello se convirtió en compadre de mis papás.*

padrón *m.* Censo, lista de habitantes de un municipio: *Para poder votar hay que registrarse en el* **padrón** *electoral.*

paga *f.* Sueldo de un empleado: *La* **paga** *en esa fábrica es muy baja.* SIN. **salario.**

pagar *vb. irreg.* ⬚1 Dar a alguien lo que se le debe: *Voy a* **pagarle** *a mi hermano el dinero que me prestó ayer.* ⬚2 Cumplir una pena o castigo por un delito o falta: *Condenaron al asesino a cadena perpetua porque consideran que así* **pagará** *su delito.*

página *f.* Cada una de las dos caras escritas de una hoja de un libro, cuaderno, etc.: *Tengo que leer diez* **páginas** *del libro de biología para mañana.*

▶ **pago** *m.* ⬚1 Entrega de lo que una persona debe a otra, en especial dinero: *No me han dado el* **pago** *por la traducción que hice, ojalá que me la paguen la semana próxima.* ⬚2 Recompensa: *Por haber denunciado al ladrón, a Braulio le dieron como* **pago** *una importante suma de dinero.*

▶ **pago** *m.* Argent., Par., Perú y Urug. Lugar donde ha nacido o habita una persona: *En las vacaciones iré a mi* **pago** *para visitar a los abuelos.* SIN. **terruño.**

país *m.* Territorio que constituye una unidad geográfica o política: *Venezuela es un* **país** *del continente americano.* SIN. **nación, estado.**

paisaje *m.* ⬚1 Extensión de terreno visto desde un sitio determinado: *Su casa está en lo alto de una montaña y desde la ventana se ve un* **paisaje** *muy bello hacia el valle.* ⬚2 Pintura o dibujo que representa el espacio de un terreno llamado paisaje: *José María Velasco fue uno de los mejores pintores de* **paisajes** *en México durante el siglo XIX.*

---

adj. = adjetivo ✰ *f.* = sustantivo femenino ✰ *Fam.* = familiar ✰ *loc.* = locución ✰ *m.* = sustantivo masculino ✰ *pl.* = plural ✰ SIN. = sinónimo ✰ *vb.* = verbo ✰ *vb. irreg.* = verbo irregular.

paisano, na ***adj./m.*** y ***f.*** Persona que nació en el mismo país que otra, en especial en una región o provincia: *Cuando fui a España, reconocí a un* ***paisano*** *uruguayo por la forma en que hablaba.*

paja ***f.*** [1] Caña o tallo seco de un cereal: *El trigo se trilla para separar el grano de la* ***paja****.* [2] Conjunto de estas cañas o tallos: *La* ***paja*** *se usa como alimento para el ganado.* [3] ***loc.*** *Guat.* y *Hond.* **Paja de agua**, grifo, llave.

pájaro ***m.*** Cualquier ave con capacidad para volar: *El gorrión, el mirlo y el papagayo son algunos de los distintos tipos de* ***pájaros****.*

pajilla ***f.*** Tubo delgado para sorber líquidos. SIN. **popote**.

pala ***f.*** Herramienta compuesta por una especie de cuchara de hierro adaptada a un mango de madera: *Durante el invierno, en los países fríos es común ver a los hombres quitar con una* ***pala*** *la nieve que se ha acumulado a la entrada de sus casas.*

palabra ***f.*** [1] Conjunto ordenado de sonidos o de letras que representan un ser, una idea o una cosa. [2] Facultad de hablar: *Sólo el ser humano emplea la* ***palabra****.* [3] ***loc.*** **Palabra de honor**, expresión con que se asegura que se cumplirá lo que se dice: *Dio su* ***palabra de honor*** *de que trataría de mejorar sus calificaciones.*

palacio ***m.*** Edificio grande y suntuoso: *La reina de Inglaterra vive en el* ***palacio*** *de Buckingham.*

paladar ***m.*** Parte interior y superior de la boca: *Los perros no tienen el* ***paladar*** *liso, sino con arrugas.*

palanca ***f.*** Barra que se apoya sobre un punto y sirve para transmitir la fuerza aplicada a uno de sus extremos: *Para liberar la rueda del barro usaron como* ***palanca*** *un tronco de árbol.*

palco ***m.*** Parte de los teatros, plazas de toros, estadios, etc., en forma de balcón con varios asientos: *Como les gusta mucho la ópera, los López alquilaron un* ***palco*** *del segundo piso para la temporada en el Teatro Principal.*

palenque ***m.*** [1] *Amér. Merid.* Madero al que se atan los animales. [2] *Méx.* Ruedo donde se realizan peleas de gallos u otros espectáculos.

paleta ***f.*** [1] Pala pequeña para usos diversos: *El jardinero usa una* ***paleta*** *para remover la tierra.* [2] Utensilio plano y extendido, sobre el cual los pintores mezclan los colores: *A los pintores los representan con una boina, una bata, un pincel en una mano y una* ***paleta*** *en la otra.* [3] *Guat., Méx., Nicar.* y *Pan.* Dulce o pedazo de hielo de diferentes sabores sostenido con un palito: *En esta tienda venden* ***paletas*** *de mango, uva, naranja y limón.*

pálido, da ***adj.*** Que tiene el color disminuido, poco intenso: *Mi hermanito ha estado enfermo y no le ha dado el sol últimamente, por eso tiene la piel muy* ***pálida****.*

palillo ***m.*** [1] Instrumento de madera o plástico que sirve para limpiar los dientes: *Algunas personas piensan que es de mal gusto limpiarse los dientes con un* ***palillo*** *después de comer.* SIN. **mondadientes**. [2] Varita con que se toca el tambor: *Los chicos de la banda movían los* ***palillos*** *al mismo tiempo al tocar los redobles la marcha.* SIN. **baqueta**.

paliza ***f.*** [1] Serie de golpes o azotes: *En esa casa maltratan a su perro, pues anoche oí que le dieron una* ***paliza*** *para que dejara de aullar.* [2] *Fam.* Derrota con una gran diferencia entre el ganador y el perdedor: *El equipo visitante le dio una* ***paliza*** *de siete-cero al equipo de casa.*

palma ***f.*** [1] Parte cóncava de la mano: *Como estaba muy nervioso, Pablo sentía que le sudaban las* ***palmas*** *de las manos.* [2] Palmera: *El camino para llegar a la playa está bordeado con* ***palmas****.* [3] Hoja de la palmera: *Cuando voy a la playa me gusta recostarme bajo una pequeña construcción con techo de* ***palma*** *para que el sol no me queme.*

palmada ***f.*** [1] Golpe dado con la palma de la mano: *Al mismo tiempo que le daba la mano, el amigo de mi papá le daba una* ***palmada*** *en la espalda al saludarlo.* [2] Golpe de una palma de la mano contra otra: *Con una* ***palmada*** *el hombre pudo terminar con el mosquito que le impedía dormir.*

palmera ***f.*** Árbol largo y esbelto, con un penacho de hojas fuertes y fibrosas en su parte alta: *Diego se subió a la* ***palmera*** *para cortar unos cocos.* SIN. **palma**.

palmito ***m.*** [1] Palmera pequeña con hojas en forma de abanico. [2] Brote tierno comestible de la planta llamada palmito: *Los* ***palmitos*** *pueden comerse preparados en ensalada.*

palmo ***m.*** Distancia que hay, con la mano abierta y extendida, desde el extremo del pulgar hasta el del meñique: *Compré una mesa pequeña que mide cuatro* ***palmos****.* SIN. **cuarta**.

palo ***m.*** [1] Trozo alargado y cilíndrico de madera: *A ese perro le gusta ir a recoger un* ***palo*** *y llevarlo de regreso a su amo.* [2] Golpe dado con un palo. [3] Cada serie de figuras en las que se divide la baraja de naipes: *Los* ***palos*** *de la baraja española son cuatro: oros, bastos, espadas y copas.* [4] Poste largo y circular que sostiene las velas de un buque: *El* ***palo*** *más alto se quebró durante la fuerte tormenta en altamar.*

paloma ***f.*** Ave de cabeza pequeña, cola ancha y pico corto: *La plaza de San Marcos en Venecia siempre está llena de* ***palomas****.* →

palomita ***f.*** Grano de maíz que se abre al tostarlo: *Me preparé una gran bolsa de* ***palomitas*** *para ver el filme que pasaron por televisión.*

palpitar ***vb.*** Contraerse y dilatarse el corazón u otra parte interior del cuerpo: *Antes de comenzar el examen, Daniel estaba muy nervioso y sentía que le* ***palpitaba*** *el estómago.*

Amér. Merid. = América Meridional ☆ *Argent.* = Argentina ☆ *Guat.* = Guatemala ☆ *Hond.* = Honduras ☆ *Méx.* = México ☆ *Nicar.* = Nicaragua ☆ *Pan.* = Panamá ☆ *Par.* = Paraguay ☆ *Urug.* = Uruguay.

palta *f.* *Amér. Merid.* Fruto de forma ovalada, con cáscara verde o negra y pulpa cremosa color verde claro. SIN. **aguacate.**

paludismo *m.* Enfermedad contagiosa que produce fiebre muy alta y es transmitida por el mosquito anófeles: *Para curar el paludismo se administra quinina.*

pampa *f.* Llanura extensa que no tiene árboles, propia de algunas zonas de América Meridional: *Es común representar a los gauchos galopando por la pampa en sus caballos.*

pampero *m.* Viento fuerte, frío y seco que sopla en el Río de la Plata.

pampero, ra *adj./m. y f.* De La Pampa, provincia de Argentina, o de la llanura llamada pampa.

pan *m.* ① Alimento hecho con masa de harina, por lo general de trigo, mezclada con agua y que se cuece en el horno después de fermentada: *El pan ha sido un alimento fundamental para los hombres desde hace muchos siglos.* ② Pieza del alimento llamado pan, por lo general con una forma determinada: *Me gusta mucho comer pan con queso y mostaza durante el descanso en la escuela.*

pana *f.* ① Tela gruesa parecida al terciopelo: *Hacía frío, así que Víctor se puso un traje de gruesa pana color gris.* ② *Chile.* Hígado de los animales: *La pana de res es un alimento que contiene mucho hierro y proteínas, por eso es recomendable para niños pequeños y personas con anemia.*

panadería *f.* Establecimiento donde se hace o vende pan: *En la panadería de la esquina hacen panes y tartas de manzana deliciosas.*

panal *m.* Conjunto de celdas hexagonales que construyen las abejas para habitarlo y depositar la miel: *Mi vecino se dedica a vender la miel que extrae de los panales que tiene en el patio de su casa.*

panameño, ña *adj./m. y f.* Originario de Panamá, país de América Central.

pancarta *f.* Cartel grande con lemas políticos o de protesta: *Los manifestantes llegaron a la plaza con pancartas en las que pedían un aumento de sueldo.*

panceta *f.* Tejido grasoso del cerdo en el que están alternadas franjas de grasa y de carne: *La sopa de verduras con un poco de panceta sabe muy bien.* SIN. **tocino.**

páncreas *m.* Glándula humana que segrega un jugo que ayuda a la digestión intestinal: *A las personas diabéticas no les funciona bien el páncreas.*

pandearse *vb.* Curvarse, torcerse: *Las ramas del árbol se han pandeado a causa de los pesados frutos que cuelgan de ellas.*

pandereta *f.* Instrumento musical de percusión, formado por una piel estirada y unida a uno o dos aros superpuestos con sonajas. SIN. **pandero.**

pandero *m.* Instrumento musical de percusión formado por una piel estirada y unida a uno o dos aros superpuestos con sonajas: *Esmeralda era una gitana muy guapa que bailaba y tocaba un pandero en la novela El jorobado de Notre Dame.* SIN. **pandereta.**

pandilla *f.* Grupo de personas que se reúne para algún fin: *Tiene una pandilla de amigos con los que juega fútbol por las tardes en el parque.* SIN. **palomilla, patota, banda.**

panel *m.* ① Cada una de las partes en que se dividen los lienzos de pared, las hojas de las puertas y otras cosas parecidas. ② Grupo de personas reunidas con alguna finalidad específica: *Lo invitaron a formar parte de un panel de vecinos para buscar la solución del problema de la inseguridad del lugar donde vive.*

pánico *m.* Terror muy grande, por lo general de mucha gente: *En cuanto empezó el incendio el pánico se apoderó de la multitud.*

panificadora *f.* Lugar donde se hace pan: *La familia de Manuel tiene varias panificadoras donde preparan panes de diferentes tamaños.*

panorama *m.* Vista extensa de un horizonte: *Como Leonor vive en el décimo piso, el amplio panorama del valle se ve desde la ventana de su dormitorio.*

pantaletas *f. pl.* *Colomb., Méx. y Venez.* Ropa interior femenina que cubre de la cintura al inicio de las piernas. SIN. **bragas.**

pantalla *f.* ① Lámina que se coloca delante o alrededor de la luz: *Ponle una pantalla a esa bombilla para que no dé la luz directamente.* ② Superficie sobre la que se proyectan imágenes: *Como no tenían una pantalla especial, los maestros proyectaban los filmes en una pared de la escuela que pintaron de blanco.*

pantalón *m.* Prenda de vestir ceñida a la cintura, que cubre por separado ambas piernas: *Las mujeres empezaron a usar pantalones de manera más cotidiana después de la Segunda Guerra Mundial.*

pantano *m.* Región cubierta por aguas poco profundas e invadida de vegetación: *Es una zona de pantano donde hay lagartos, serpientes de agua y muchos mosquitos.*

panteón *m.* ① Tumba grande para enterrar a varias personas. ② Cementerio, terreno destinado a sepultar muertos: *Mi abuela dejó instrucciones de que no la enterraran en un panteón, sino que la cremaran y echaran sus cenizas al mar.*

pantera *f.* Mamífero carnívoro de África y Asia, de cuerpo esbelto, zarpas con uñas muy filosas y fuertes y piel con manchas negras o totalmente negra. SIN. **leopardo.**

pantomima *f.* Representación teatral en la que no se habla y todo se da a entender por medio de gestos:

---

adj. = adjetivo ☆ **f.** = sustantivo femenino ☆ **Fam.** = familiar ☆ **loc.** = locución ☆ **m.** = sustantivo masculino ☆ **pl.** = plural ☆ **prep.** = preposición ☆ SIN. = sinónimo ☆ **vb.** = verbo ☆ → Ver Minienciclopedia.

*Los cómicos representaron una **pantomima** tan chistosa que a los niños les lloraban los ojos de tanta risa.* SIN. **mímica**.

pantorrilla *f.* Parte carnosa de la pierna que está por debajo de la corva.

pantufla *f.* Zapatilla cómoda sin talón que se usa para estar en la casa: *Cuando me levanto de la cama me pongo **pantuflas** para no sentir frío en los pies.*

panza *f.* [1] En los animales, espacio en el que están los intestinos y otras vísceras. [2] *Fam.* Vientre de las personas, en especial cuando es grande: *Abundio toma mucha cerveza, por eso tiene una **panza** enorme.* SIN. **barriga**.

pañal *m.* Prenda absorbente que se pone a los bebés a manera de calzón, mientras no han aprendido a ir al baño: *Antes los **pañales** eran de tela y ahora también los hay de material desechable.*

paño *m.* [1] Tela de lana muy tupida: *Los soldados usan largas capas de **paño** para las frías noches de guardia.* [2] Trapo para limpiar: *Para pulir los metales se usa un **paño** suave porque no los maltrata.* [3] Manchas que salen en la cara, en especial a las personas enfermas del hígado o a mujeres embarazadas.

pañuelo *m.* Pieza cuadrada de tela que tiene diversos usos, en especial para limpiarse la nariz: *Mi abuelo usa grandes **pañuelos** de algodón bordados con sus iniciales.*

▶ **papa** *f.* [1] *Amér.* Planta herbácea originaria de América, de flores blancas o moradas y con raíces fibrosas que tienen tubérculos carnosos comestibles. [2] *Amér.* Tubérculo comestible de la planta llamada papa. ➡

▶ **papa** *m.* Se escribe con "P" mayúscula y con el artículo "el" cuando designa al jefe electo de la Iglesia Católica Romana: *El **Papa** vive en el Vaticano, que es un Estado independiente dentro de Italia.*

papá o **papa** *m.* Manera familiar de decir "padre": *Cuando éramos niños mi **papá** nos llevaba a explorar las barrancas.*

papagayo *m.* Ave prensora de colores brillantes y pico grueso y curvo, que puede imitar el habla humana.

papalote *m.* *Amér. C., Antill.* y *Méx.* Cometa, juguete volador de papel o plástico: *Como había viento, los niños echaron a volar sus **papalotes**.* SIN. **barrilete**, **cometa**.

papaya *f.* Fruto del árbol llamado papayo, de forma oblonga, carne dulce de color amarillo o anaranjado y pequeñas semillas oscuras. SIN. **lechosa**.

papel *m.* [1] Lámina hecha con pasta de fibras vegetales, que puede ser de diferentes grosores: *El **papel** se obtiene de la madera de los árboles.* [2] Trozo u hoja hecha del material llamado papel: *Saquen un **papel** y escriban su nombre porque voy a dictarles algunas preguntas que deberán contestar y entregarme.* [3] Parte de la obra que representa cada actor: *Gonzalo es el*

protagonista, *pues se encarga del **papel** más importante de la obra.* [4] Documento: *Para contratar una nueva línea de teléfono es necesario llevar algunos **papeles** a las oficinas de la compañía, como un comprobante de domicilio y una identificación personal.*

papelería *f.* Tienda donde se vende papel y otros artículos de escritorio: *Voy a la **papelería** a comprar lápices de colores para hacer mi dibujo.* SIN. **librería**.

papila *f.* Pequeña parte saliente en la superficie de la piel o las membranas mucosas, en especial en la lengua: *En la lengua hay **papilas** gustativas distintas: para lo salado, lo dulce, lo ácido y lo amargo.*

papilla *f.* Comida triturada para niños y enfermos: *Los bebés empiezan por comer **papillas** de frutas, como la de manzana o pera.*

papiro *m.* [1] Planta de tallos largos de los que se sacaban láminas para escribir. [2] Lámina de la planta llamada papiro usada para escribir: *Los **papiros** eran para los egipcios lo que el papel es para nosotros.*

paquete *m.* [1] Objetos envueltos en cartón o papel para facilitar su transporte: *En la lavandería me entregaron las camisas planchadas en un **paquete** atado con un cordel.* [2] *loc. Méx. Fam.* **Darse uno su paquete**, darse importancia: *Juliana se da su paquete con los chicos, por eso muchos quieren salir con ella.*

par *adj.* [1] Relativo al número exactamente divisible entre dos: *El número diez es **par** porque se puede dividir exactamente entre dos y da cinco.* [2] Se aplica al órgano o miembro del cuerpo, o de otra cosa, de los que hay dos iguales: *Los riñones, los pulmones y los ojos son órganos **pares**.*

para *prep.* [1] Denota utilidad, fin o destino de una acción: *El sacacorchos sirve, como su nombre lo indica, **para** sacar los corchos de las botellas.* [2] Señala el tiempo en que finaliza u ocurre algo: *"Su vestido estará listo **para** el jueves", me dijo la costurera.* [3] Con el fin de: *Preparé un postre **para** regalárselo a mi madre por su cumpleaños.*

parabrisas *m.* Cristal delantero de un vehículo: *Es importante limpiar el **parabrisas** antes de viajar en automóvil para ver bien el camino.*

paracaídas *m.* Dispositivo hecho con tela resistente que cuando se extiende toma forma de sombrilla y está destinado a suavizar la caída de una persona o cosa desde las alturas, o para frenar un avión o automóvil cuando falta espacio para hacerlo de manera normal: *Para lanzarse en **paracaídas** se necesita no temer a las alturas.*

parachoques *m.* Pieza delantera y trasera de algunos vehículos que los protege contra posibles golpes: *Fue un golpe ligero que sólo abolló un poco el **parachoques** del automóvil.* SIN. **paragolpes**.

parada *f.* [1] Acción de parar o detenerse: *El autobús no hace **parada** en esta esquina sino en la siguiente.*

2 Sitio donde se para: *Me bajaré del tren en la siguiente* **parada**, *que es donde está mi escuela.* **3** *loc.* Méx. **Hacer la parada**, hacer una seña a un vehículo de pasajeros para que se detenga: *Le hice la parada al taxi pero no se detuvo porque ya venía ocupado.*

paradero *m.* Amér. Merid. y Méx. Lugar donde se detiene el ferrocarril o parada de autobuses: *Las personas que iban en el autobús ya estaban listas para bajar en el* **paradero**.

parado, da *adj.* **1** Se dice de lo que está detenido, que no está en movimiento: *Es importante bajar del ómnibus hasta que está* **parado** *totalmente.* **2** Amér. De pie: *En esa esquina había muchas personas* **paradas** *esperando el autobús.*

parador *m.* Establecimiento donde se hospedan los viajeros, situado por lo general a orillas de la carretera: *Durante su viaje por España mis padres se alojaron en unos* **paradores** *muy agradables.*

paragolpes *m.* Argent., Par. y Urug. Parachoques.

paraguas *m.* Utensilio portátil semejante a una sombrilla que sirve para protegerse de la lluvia: *En los lugares húmedos llueve con frecuencia, así que lo mejor es cargar un* **paraguas**.

paraguayo, ya *adj./m.* y *f.* Originario de Paraguay, país de América del Sur.

paraíso *m.* **1** En el cristianismo, el judaísmo y otras religiones, lugar donde las almas de los justos residen después de morir. **2** *loc.* **Paraíso terrenal**, según el libro bíblico llamado Génesis, jardín de las delicias donde Dios puso a Adán y Eva.

paralelas *f. pl.* Barras colocadas a cierta distancia una de la otra que se usan para practicar la gimnasia olímpica.

paralelo *m.* Cada uno de los círculos menores del globo terrestre que corren en la misma dirección del ecuador y sirven para determinar la latitud: *Los* **paralelos** *más importantes son el Círculo Polar Ártico, el Círculo Polar Antártico, el trópico de Cáncer y el de Capricornio.*

paralelo, la *adj.* Relativo a dos o más rectas que se encuentran en un mismo plano y no se cortan: *Las ruedas del automóvil dejaron dos líneas* **paralelas** *en la arena.*

paralelogramo *m.* Cuadrilátero cuyos lados son paralelos dos a dos: *La página que estás leyendo es un* **paralelogramo**.

parálisis *f.* Privación o disminución del movimiento de una o varias partes del cuerpo: *Ese actor sufre de* **parálisis** *desde que sufrió una caída.*

paralítico, ca *adj./m.* y *f.* Persona paralizada de manera total o parcial: *A Mariano le dio poliomielitis cuando era niño y quedó* **paralítico**, *por lo que ahora anda con muletas.*

paralizar *vb.* *irreg.* **1** Causar parálisis: *Se* **me paralizó** *el brazo por un momento después de estar recostada sobre él durante varias horas.* **2** Detener una actividad o movimiento: *El gran apagón eléctrico que hubo en Nueva York hace algunos años* **paralizó** *la ciudad por completo.*

páramo *m.* **1** Terreno árido donde casi no hay vegetación: *No pudieron sembrar en ese sitio porque era un* **páramo**. **2** Colomb. y Ecuad. Llovizna. SIN. **garúa**.

parar *vb.* **1** Cesar en el movimiento o en la acción: *El caballo* **se paró** *de repente porque lo asustó una serpiente.* **2** Amér. Estar o ponerse de pie: *Cuando la maestra entró al salón los alumnos* **se pararon** *en señal de respeto.* **3** Detener un movimiento o acción: *A las ocho de la noche los obreros* **paran** *las máquinas y se van a sus casas a descansar.* **4** Alojarse, hospedarse: *Cuando Gerardo viene a la ciudad* **para** *en mi casa.*

pararrayos *m.* Dispositivo de protección contra los rayos: *Benjamín Franklin inventó el* **pararrayos**.

parásito, ta *adj./m.* y *f.* Relativo al animal o vegetal que vive dentro o sobre otro organismo del que obtiene su alimento: *En los bosques y selvas abundan las plantas* **parásitas**; *algunas cuelgan de las ramas de los árboles y otras rodean los troncos.*

parca *f.* Personificación de la muerte en la poesía y la pintura: *La* **parca** *se representa como un esqueleto cubierto por un manto que tiene una guadaña para cortar las vidas.* SIN. **muerte**.

parcela *f.* Porción pequeña de terreno: *Atrás de mi casa hay una pequeña* **parcela** *donde mi madre cultiva maíz y algunas verduras.*

parche *m.* Pedazo de cualquier material que se pega sobre una cosa, generalmente para cubrir una rotura o tapar un agujero: *A Juan se le rasgó el pantalón en la parte de la rodilla y su mamá le pegó un* **parche**.

pardo, da *adj./m.* Del color de la tierra: *La piel de algunos animales como los castores y las nutrias es* **parda**.

parecer *vb.* *irreg.* **1** Tener determinada apariencia: *Julio* **parece** *mayor que Rodrigo, pero en realidad es dos años menor.* **2** Tener parecido: *Cuando eran jóvenes Antonio* **se parecía** *mucho a su hermano Rafael, por eso la gente pensaba que eran gemelos.*

pared *f.* Obra de albañilería que cierra o separa un espacio: *Puse un clavo en la* **pared** *para colgar el cuadro que compré en una galería.* ➡

paredón *m.* Pared junto a la que se fusila a los condenados a muerte: *El emperador de México Maximiliano de Habsburgo murió en un* **paredón**, *en Querétaro, en el año 1867.*

pareja *f.* Conjunto de dos personas, animales o cosas, en especial si son varón y mujer: *Ruth y Luis son una*

---

pareja dispareja, pues ella es muy alta y él es muy bajo de estatura.

parejo, ja *adj.* Liso, llano: *La mesa de trabajo de los arquitectos debe ser parejo para que realicen sus trazos correctamente.* ANT. **disparejo.**

parentesco *m.* Unión que existe entre personas de la misma familia: *Acabo de descubrir el parentesco que tengo con Aurelio: resulta que nuestros bisabuelos fueron primos.*

paréntesis *m.* ① Frase que se intercala en un discurso, con sentido independiente del mismo: *Después de declarar inaugurada la exposición, el orador hizo un paréntesis para hablar de la historia del museo.* ② Signo ortográfico ( ) en que suele encerrarse la frase llamada paréntesis.

pariente, ta *m.* y *f.* Respecto de una persona, otra de su misma familia: *Ayer llegaron a visitarnos unos parientes que se mudaron a España hace varios años.*

parir *vb.* Dar nacimiento la hembra de los mamíferos al hijo concebido después de terminada la formación del feto en el útero: *La gata parió anoche seis cachorros.*

parlamento *m.* Asamblea legislativa: *El parlamento de un país está formado por dos cámaras en las que trabajan los legisladores.*

parpadear *vb.* ① Mover los párpados: *El bebé parpadeaba mucho porque acababa de despertar y le molestaba la luz de la bombilla encendida.* ② Oscilar una luz: *En la discoteca parpadean muchas luces de colores.*

párpado *m.* Repliegue móvil de piel que protege al ojo: *Antes se usaba maquillaje azul y verde para los párpados; ahora está de moda el marrón.*

parque *m.* **Palabra de origen francés.** Terreno cercado y con plantas, para recreo: *Angélica vive en la ciudad frente a un gran parque y puede ver los árboles desde su ventana.*

parra *f.* Planta de la uva, vid levantada de manera artificial que se extiende mucho hacia los lados: *Los griegos y los árabes comen hojas de parra rellenas de arroz con carne.*

párrafo *m.* Cada una de las divisiones de un escrito separada del resto por un punto y aparte: *Le escribí una carta de tres párrafos, cada uno de diez líneas.*

parrilla *f.* Utensilio de cocina en forma de rejilla, que sirve para asar o tostar los alimentos: *Los muchachos sacaron la parrilla al jardín para preparar carne asada.*

parrillada *f.* ① Guiso compuesto por diversas clases de carnes o pescados, asados sobre una parrilla. ② *Argent., Chile* y *Urug.* Carne de vacuno asada en una parrilla.

párroco *m.* Sacerdote encargado de una parroquia. SIN. **cura.**

parroquia *f.* Templo en una población, donde un sacerdote brinda sus servicios a los habitantes: *Adornaron la parroquia de mi barrio con muchas flores para la celebración de la boda de Juan y María.*

parte *f.* ① Porción de un todo: *Ya terminé la primera parte de mi trabajo, ahora voy a comenzar la segunda.* ② En un reparto, cantidad que corresponde a cada quien: *Cuando el tío rico murió, le dejó una parte igual de su fortuna a cada uno de sus sobrinos.* ③ Sitio, lugar: *Estoy aburrido, salgamos a pasear a alguna parte.*

partero, ra *m.* y *f.* Persona que ayuda a las mujeres al momento del parto: *En algunos pueblos alejados de los hospitales y de los médicos las parteras atienden los nacimientos.*

participar *vb.* Tomar parte, intervenir en alguna actividad: *Para que el trabajo no sea demasiado pesado todos debemos participar con algo.*

participio *m.* Forma no personal del verbo que puede realizar la función de adjetivo y sustantivo: *El participio muerto funciona como adjetivo en la oración "estaba muerto" y como sustantivo en "descubrí un muerto".*

partícula *f.* Parte pequeña: *Al limar el hierro se desprenden pequeñas partículas de metal.*

particular *adj.* ① Propio de una persona o cosa: *Ese hotel tiene una playa particular en la que sólo pueden nadar las personas que se alojan ahí.* ② Que sale de lo común: *Franz tiene un talento particular para las matemáticas, por eso termina antes que todos las operaciones que nos deja la maestra.*

partida *f.* ① Acción de partir o marcharse: *Desde la partida de su novio el marinero hace dos años, Margarita no ha dejado de esperar que regrese.* ② Mano o conjunto de manos de un juego: *Natalia perdió la última partida de póquer y quería reponerse jugando otra.*

partido *m.* ① Agrupación de personas que defiende unas ideas e intereses determinados: *Es un diputado independiente pues no pertenece a partido político alguno.* ② Competencia deportiva entre dos jugadores o equipos: *Durante el Campeonato Mundial de Fútbol los equipos de muchos países juegan varios partidos para seleccionar al mejor.*

partir *vb.* ① Separar en partes: *Mi mamá partió el pollo en ocho trozos.* ② Rajar, romper: *Durante la mudanza se partió un hermoso y antiguo florero que había sido de mi abuela.* ③ Alejarse de un lugar: *Ulises partió a otro país para estudiar allá.*

partitivo, va *adj./m.* Se dice del sustantivo y del adjetivo numeral que expresan una parte determinada de un todo: *Un medio, un cuarto, un quinceavo y un milésimo son ejemplos de partitivos.*

partitura *f.* Texto escrito de una obra musical, que contiene el conjunto de todas las partes vocales e instrumentales: *El director de la orquesta tiene la partitura en la que está escrito lo que debe tocar cada instrumento.*

o

p

q

r

s

t

u

parto *m.* Acción de parir: *Mi hermanito no nació por parto natural sino por una operación cesárea.*

parvada *f.* *Méx.* Conjunto de pájaros que vuelan juntos. SIN. **bandada.**

pasa *f.* Uva seca: *El dulce de arroz con leche lleva pasas y canela.*

pasadizo *m.* Camino estrecho que comunica dos lugares: *La habitación de la reina tenía un pasadizo secreto por donde podía salir del castillo sin ser vista.*

pasado *m.* Tiempo ya transcurrido: *La historia estudia los hechos importantes del pasado.*

pasado, da *adj.* Periodo anterior al presente, lo que ya pasó: *El año pasado fuimos de vacaciones a la playa y este año visitaremos una ciudad colonial.*

pasaje *m.* ⬚1 Sitio por donde se pasa: *Abrieron un pasaje entre una calle y otra y pusieron ahí varias tiendas de ropa.* ⬚2 Billete para hacer un viaje en barco o en avión: *Es conveniente comprar los pasajes unos días antes de salir de vacaciones para evitar que se agoten.*

pasajero, ra *m.* y *f.* Persona que viaja en un vehículo sin conducirlo ella misma: *En este autobús caben treinta pasajeros sentados y cuarenta de pie.*

pasamano o **pasamanos** *m.* Parte superior de un barandal: *La anciana se aferraba al pasamanos para poder bajar la escalera.*

pasamontañas *m.* Prenda que cubre toda la cabeza y el cuello menos los ojos y la nariz: *Algunos alpinistas usan pasamontañas para protegerse la cara del intenso frío.*

pasaporte *m.* Licencia para pasar de un país a otro: *Los pasaportes tienen una fotografía e información personal sobre el dueño.*

pasar *vb.* ⬚1 Trasladarse de un lugar a otro: *El tren pasa de una estación a otra.* ⬚2 Llevar o mover una cosa de un sitio a otro: *Por favor pásame la sal.* ⬚3 Atravesar, cruzar: *El transatlántico pasó por el Océano Atlántico y llegó a Europa.* ⬚4 Ir más allá de cierto punto o límite: *El atleta perdió la competencia porque se pasó de la línea en forma indebida.* ⬚5 Permanecer determinado tiempo en un lugar: *Pasamos unos días en el campo cuando a mi padre le dieron vacaciones en su trabajo.* ⬚6 Suceder, ocurrir: *No sé qué pasó en la clase de ayer porque no fui a la escuela.* ⬚7 Transcurrir el tiempo: *Pasaron veinte minutos y decidí no continuar esperando al impuntual de Gerardo.* ⬚8 Cesar, tener fin: *Cuando pasó el terremoto, mucha gente salió de sus casas para ver cómo estaba la ciudad.* ⬚9 Estropearse las frutas, carnes, etc.: *Hay que comerse esas manzanas antes de que se pasen.*

pasatiempo *m.* Diversión, entretenimiento: *Uno de los pasatiempos favoritos de Patricia es leer cuentos de terror.*

▶ **pascua** *f.* ⬚1 Se escribe con "P" mayúscula cuando designa la fiesta anual que dura ocho días, celebrada por los judíos para conmemorar la salida de Egipto del pueblo hebreo, su liberación y la promesa de la llegada del Mesías: *Durante los dos primeros días de la Pascua se lee en un libro llamado Hagadá la historia del cautiverio de los hebreos en Egipto y su salida guiados por Moisés.*

▶ **pascua** *f.* ⬚1 Se escribe con "P" mayúscula cuando designa la fiesta anual de los cristianos que conmemora la resurrección de Jesucristo: *En los Estados Unidos de Norteamérica las mujeres acostumbran estrenar sombrero cuando van a la iglesia a celebrar la Pascua.* ⬚2 *pl.* Periodo de celebración cristiana comprendido entre las fiestas de Navidad y la adoración de los Reyes Magos al niño Jesús.

▶ **pase** *m.* Hecho de pasar: *El futbolista envió un pase excelente a su compañero, quien logró anotar un gol.*

▶ **pase** *m.* Documento en que se concede un privilegio o permiso: *Como Diana fue al médico, le permitieron entrar a la escuela en horas de clase con un pase especial.*

pasear *vb.* ⬚1 Andar despacio por placer o por hacer ejercicio: *Los domingos la gente se pasea lentamente por la plaza.* ⬚2 Llevar de una parte a otra, exhibir: *Los niños paseaban por la calle la bandera de su equipo favorito de baloncesto.*

paseo *m.* Acción de pasear: *La familia salió a dar un paseo por el bosque.*

pasillo *m.* Lugar largo y angosto de cualquier construcción por donde se pasa de un lado a otro: *En mi escuela hay varios pasillos que llevan a los salones.*

pasión *f.* Inclinación exagerada por alguien o algo: *Evaristo siente pasión por su equipo de béisbol, va a todos los partidos en los que juega.*

pasivo, va *adj.* ⬚1 Que recibe la acción de otro. ⬚2 Que no opone resistencia: *Es un animal muy pasivo, pues no responde a premios ni a castigos.*

paso *m.* ⬚1 Movimiento de cada uno de los pies al caminar: *Cuando el niño cumplió un año dio sus primeros pasos solo.* ⬚2 Longitud del movimiento que se hace con los pies al caminar: *Para cruzar ese charco hay que dar un paso muy largo.* ⬚3 Lugar por donde se pasa o se puede pasar: *El paso para entrar al cine es por el lado derecho y para salir es por el izquierdo.* ⬚4 Cada uno de los movimientos del pie en un baile o danza: *Los pasos en el tango son largos y lentos.* ⬚5 Trámites que se realizan para obtener algo: *Para inscribirse en la escuela es necesario seguir varios pasos.*

pasta *f.* ⬚1 Masa blanda y moldeable de cualquier tipo: *Joaquín preparó una pasta para sellar las ventanas que al principio estaba blanda y luego se endureció.* ⬚2 Masa de harina trabajada con manteca, aceite, etc.: *Antes de*

---

adj. = adjetivo ☆ *f.* = sustantivo femenino ☆ *Fam.* = familiar ☆ *loc.* = locución ☆ *m.* = sustantivo masculino ☆ *pl.* = plural ☆ SIN. = sinónimo ☆ *vb.* = verbo ☆ ➡ Ver Minienciclopedia.

rellenarla, se tiene que amasar muy bien la **pasta** *para la empanada.*

pastar *vb.* ⒈ Conducir el ganado al pasto para que se alimente. ⒉ Alimentarse el ganado con hierba: *Todas las mañanas dejamos salir a las vacas para que* **pasten** *en el campo.* SIN. **pacer.**

pastel *m.* ⒈ Masa de harina, azúcar, huevos, etc., cocida al horno: *Para su cumpleaños, a Beatriz le prepararon un* **pastel** *de chocolate.* SIN. **torta.** ⒉ Barrita de pasta de color: *Esa pintora gusta de pintar con pasteles pues no le agradan el óleo ni la acuarela.* ⒊ *loc. Fam.* **Descubrirse el pastel,** quedar a la vista algo que se quería ocultar: *Patricia no quería decirnos a dónde iría esta tarde pero* **se descubrió el pastel** *cuando su hermanito repitió lo que ella había dicho por teléfono.*

pasteurización o **pasterización** *f.* Proceso inventado por el francés Luis Pasteur, que consiste en esterilizar un líquido alimenticio calentándolo a una temperatura de unos 80°C: *La* **pasteurización** *destruye los gérmenes sin alterar demasiado el sabor ni el contenido nutrimental de los alimentos.*

pastilla *f.* ⒈ Pequeña porción de pasta endurecida, de forma redonda o cuadrangular: *La* **pastilla** *de jabón del baño huele a rosas.* ⒉ Caramelo: *Las* **pastillas** *de menta ayudan a combatir el mal aliento.* ⒊ Pequeña porción de pasta medicinal comprimida y endurecida: *Padece jaquecas, por eso carga* **pastillas** *de analgésicos en su cartera.* SIN. **píldora, tableta.**

pasto *m.* ⒈ Prado o campo en que pasta el ganado. ⒉ Hierba que comen los animales en el campo. ⒊ *Argent., Chile, Méx., Perú y Urug.* Césped: *El* **pasto** *inglés tiene fama de ser verde, tupido y de excelente calidad.*

▶ **pastor, ra** *m. y f.* Persona que guarda y lleva a pastar el ganado: *Antes de llegar a ser presidente de México, Benito Juárez fue* **pastor.**

▶ **pastor, ra** *m. y f.* Ministro de una Iglesia, en especial de la protestante.

pastoso, sa *adj.* Relativo a las cosas blandas y moldeables: *Como el perro era cachorro y no tenía los dientes muy fuertes, le daban de comer una mezcla* **pastosa.**

pata *f.* ⒈ Pie y pierna de los animales: *Le enseñé a mi perra cómo levantar la* **pata** *cuando alguien se lo pida.* ⒉ Pieza que soporta un mueble: *Hay que llamar al carpintero para que repare la* **pata** *rota de la mesa.* ⒊ *loc. Fam.* **Estirar la pata,** morirse. ➡

patada *f.* Golpe dado con el pie o con la pata: *Los futbolistas deben evitar dar* **patadas** *a sus contrincantes durante el juego.*

patalear *vb.* Agitar las piernas: *Para nadar se necesita* **patalear** *y mover los brazos.*

paté *m.* Palabra de origen francés. Pasta hecha de carne o hígado molido.

patear *vb.* Golpear con los pies o las patas: *El jinete cayó del caballo y el animal lo* **pateó.**

paternal *adj.* Que tiene una actitud similar a la de un padre: *Es un maestro muy querido por su actitud* **paternal** *hacia los alumnos.*

paterno, na *adj.* Relativo al padre: *Mi abuelo* **paterno** *se llama Roberto y mi abuelo materno ya murió.*

patilla *f.* Franja de pelo que crece por delante de las orejas: *Elvis Presley puso de moda las* **patillas** *largas en la década de 1950.*

patín *m.* ⒈ Plancha adaptable a la suela del zapato para deslizarse sobre el hielo o sobre una superficie dura y lisa: *Los* **patines** *para piso tienen ruedas y los que son para hielo tienen una barra de metal.* ⒉ *loc. Méx.* **Patín del diablo,** juguete que consiste en una plataforma con dos ruedas y una barra de dirección. SIN. **patinete.**

patinaje *m.* Acción de patinar, sea como ejercicio o como deporte: *El* **patinaje** *artístico requiere de muchas horas de práctica y dedicación.*

patinar *vb.* ⒈ Deslizarse con patines: *Para llegar a ser patinador profesional lo primero consiste en aprender a* **patinar** *muy bien.* ⒉ Resbalar: *Virginia* **patinó** *con una cáscara de mango y cayó sentada.*

patineta *f. Argent., Chile, Méx. y Urug.* Juguete que consiste en una plataforma montada sobre cuatro ruedas, la cual se impulsa con un pie.

patinete *m.* Juguete compuesto de una plancha con ruedas y un manillar para conducirlo. SIN. **patín del diablo.**

patio *m.* Espacio al aire libre en el interior de un edificio o casa: *En el centro del* **patio** *del restaurante hay una fuente y las mesas la rodean.*

pato *m.* Ave palmípeda de pico ancho, patas pequeñas y palmeadas, excelente voladora y nadadora. ➡

patria *f.* Tierra natal o adoptiva: *Adolfo es paraguayo, por eso Paraguay es su* **patria.**

patriarca *m.* ⒈ Según la Biblia, gran ancestro del pueblo de Israel: *Los tres grandes* **patriarcas** *de Israel fueron Abraham, Isaac y Jacob.* ⒉ Anciano respetable que vive rodeado de una familia numerosa. ⒊ Título de dignidad de algunos miembros de la Iglesia Ortodoxa, equivalente al de obispo.

patrimonio *m.* Conjunto de bienes adquiridos o heredados: *Esta casa es el* **patrimonio** *que mis padres nos heredaron a mis hermanos y a mí.*

patrio, ria *adj.* Relativo a la patria: *Se vistió con los colores* **patrios** *para celebrar la fiesta nacional más importante de su país.*

patriota *m. y f.* Persona que ama a su patria y quiere serle útil: *Los* **patriotas** *que se enlistaron en el ejército durante la guerra deseaban defender a su país.*

patrocinador, ra *adj./m. y f.* Persona o empresa que paga los gastos para la realización de una actividad: *Muchos escritores sueñan con encontrar un* **patrocinador** *que les ayude a publicar sus obras.*

---

patrón *m.* Lo que sirve de modelo o referencia para hacer otra cosa igual: *En esta tienda de telas venden* **patrones** *para hacer vestidos de varios tipos.*

patrón, na *m.* y *f.* ⒈ Amo, señor: *El* **patrón** *de los campesinos visitaba y supervisaba regularmente sus tierras.* ⒉ En la tradición católica, santo bajo cuya protección se halla una iglesia, un pueblo, un grupo de personas, etc.: *San Cristóbal es el* **patrón** *de los viajeros y caminantes.* SIN. **patrono.**

patronímico, ca *adj.* Relativo al apellido familiar que en la antigüedad se formaba del nombre de los padres: *El nombre* **patronímico** *de Gonzalo es González.*

patrulla *f.* ⒈ Grupo de gente armada que ronda para mantener el orden y la seguridad en campamentos, ciudades, etc. ⒉ *Méx.* Automóvil en que van los policías: *En mi barrio hay varios policías que vigilan las calles en sus* **patrullas.**

pausa *f.* Interrupción momentánea: *La maestra hizo una* **pausa** *en la lección para que los niños descansaran un momento.*

pavimentar *vb.* Recubrir el suelo con un revestimiento artificial para facilitar el tránsito: *Las autoridades* **pavimentaron** *un camino de tierra que unía a esos dos pueblos.*

pavimento *m.* Recubrimiento de asfalto u otro material resistente para el suelo: *En algunas zonas marginadas de la ciudad no hay* **pavimento** *y se tiene que caminar por la tierra suelta.*

pavo, va *m.* y *f.* Ave de la familia de las gallinas originaria de América del Norte, con la cabeza y el cuello cubiertos de carnosidades rojas colgantes: *En muchos países occidentales la gente cena* **pavo** *en la Nochebuena.* SIN. **guajolote.**

pavor *m.* Miedo muy grande: *Noé siente* **pavor** *por las arañas y cuando ve alguna le da un ataque de nervios a causa del miedo.*

payador *m.* *Argent., Chile y Urug.* Cantor popular que acompañándose con una guitarra, improvisa sobre temas variados.

payaso, sa *m.* y *f.* ⒈ Artista de circo que hace y dice cosas que hacen reír al público: *Los* **payasos** *suelen vestir pantalones amplios con tirantes, un saco grande, zapatos largos, usan peluca y una gran nariz roja.* SIN. **bufón.** ⒉ *Fam.* Persona poco seria en su comportamiento: *Jacobo es un* **payaso** *que siempre intenta hacer bromas de mal gusto.* →

paz *f.* ⒈ Ausencia de lucha o guerra: *Después de un año de combates, los dos países firmaron la* **paz.** ⒉ Tranquilidad, sosiego: *Adriana es muy inquieta y no se queda en* **paz** *ni un minuto del día.*

PC *f.* Abreviatura de las palabras inglesas *Personal Computer* (computadora personal), que designa la computadora de capacidad relativamente reducida.

peaje *m.* Dinero que se paga para poder pasar por una autopista, puente, etc.: *Al pasar por ese puente le cobran* **peaje** *a los automovilistas.*

peatón, na *m.* y *f.* Palabra de origen francés. Persona que va a pie por una ciudad: *Para su protección, los* **peatones** *deben cruzar las calles por las zonas especiales para ellos.*

peatonal *adj.* Relacionado con los peatones: *Cerraron esa calle al paso de automóviles y ahora es una agradable zona* **peatonal.**

peca *f.* Mancha que sale en la piel, pequeña y de color pardo o marrón: *La piel de Blanca es delicada y cuando se asolea un poco le salen* **pecas** *en la cara y el pecho.*

pecado *m.* ⒈ Según las religiones, transgresión voluntaria y consciente de la ley de Dios. ⒉ *Fam.* Cualquier cosa que no es justa, correcta o conveniente: *Es un* **pecado** *no alimentar a los niños pobres del mundo.*

pecar *vb. irreg.* ⒈ Cometer un pecado. ⒉ *Fam.* Cometer cualquier tipo de falta: *Muchas personas* **pecan** *al contaminar el ambiente sin pensar que se dañan a sí mismos.*

pecarí *m.* *Amér. Merid.* Mamífero de América parecido al cerdo salvaje o jabalí.

pecho *m.* ⒈ Parte del cuerpo entre el cuello y el abdomen, limitada por el esternón y las costillas: *Antonio tiene el* **pecho** *muy ancho y fuerte porque nada todos los días.* ⒉ Parte exterior y delantera de la cavidad llamada pecho: *El soldado levantó el* **pecho** *de manera orgullosa mientras le colocaban la medalla.* ⒊ Seno de la mujer.

pechuga *f.* Pecho del ave: *No me gusta comer* **pechuga** *de pollo porque la carne es muy seca.*

pedal *m.* Palanca de un mecanismo, máquina o vehículo, que se acciona con el pie: *Para andar en bicicleta hay que hacer girar los dos* **pedales.**

pedalear *vb.* Mover un pedal o los pedales: *A Sergio le costaba trabajo* **pedalear** *y al mismo tiempo mantenerse en equilibrio cuando estaba aprendiendo a andar en bicicleta.*

pedazo *m.* Porción de una cosa: *Rogelio me regaló un* **pedazo** *de su manzana porque hoy no llevé nada para comer en la escuela.*

pedestal *m.* Cuerpo que sostiene una columna, estatua, etc.: *La estatua del poeta fue colocada sobre un alto* **pedestal** *en una plaza del centro de la ciudad.*

pediatra *m.* y *f.* Médico que se ocupa de curar las enfermedades de los niños: *Los consultorios de los* **pediatras** *siempre están llenos de niños y mamás que esperan a los médicos.*

pediatría *f.* Rama de la medicina que se ocupa del estudio y tratamiento de las enfermedades de los niños: *Como a mi prima le gustan mucho los niños, decidió dedicarse a la* **pediatría.**

---

adj. = adjetivo ☆ *f.* = sustantivo femenino ☆ *Fam.* = familiar ☆ *m.* = sustantivo masculino ☆ SIN. = sinónimo ☆ *vb.* = verbo ☆ *vb. irreg.* = verbo irregular ☆ → Ver Minienciclopedia.

pedido *m.* Encargo de artículos o productos hecho a un fabricante o vendedor: *Uno de los secretos para que los negocios progresen consiste en surtir los* **pedidos** *con puntualidad.*

pedir *vb. irreg.* [1] Solicitar a una persona que dé o haga cierta cosa: *Le* **pedí** *a mi hermano que me ayudara con mi trabajo de matemáticas porque estaba muy difícil.* [2] Requerir algo como necesario o conveniente: *Los dueños de esa casa* **piden** *muchísimo dinero por ella a quien quiera comprarla.*

pedregal *m.* Terreno cubierto de piedras: *En la zona donde hace miles de años hizo erupción el volcán, ahora hay un* **pedregal.**

pegajoso, sa *adj.* Que se pega con facilidad: *Me quedaron las manos* **pegajosas** *después de agarrar una manzana con caramelo.*

pegamento *m.* Sustancia que sirve para pegar: *Uriel y sus amigos utilizaron* **pegamento** *para fijar sus dibujos en las paredes de la escuela.*

pegar *vb. irreg.* [1] Unir una cosa a otra con pegamento, cola, etc., de modo que no puedan separarse: *Pegué el asa rota de la taza con un pegamento especial para cerámica.* [2] Contagiar: *Zaria me* **pegó** *su gripe cuando fui a su casa.* [3] Maltratar con golpes: *Se nota que a ese animal le* **han pegado** *mucho porque es muy asustadizo.* [4] Arrimar, juntar: *El cachorro se* **pegaba** *a su mamá para buscar calor durante las noches de invierno.*

pegatina *f.* Lámina de papel adhesivo con un dibujo o letrero impreso en ella.

peinado *m.* Cada una de las diversas formas de arreglarse el pelo: *Elena me hizo un* **peinado** *especial para que me vea elegante en la boda de mi hermano.*

peinar *vb.* Desenredar o componer el cabello: *Ramiro no* **se peinó** *en su casa y llegó a la escuela con una melena de león.*

peine *m.* Utensilio con púas que sirve para peinar: *Adán es muy vanidoso y a cada momento saca el* **peine** *de su bolsillo para peinarse.*

pejerrey *m. Argent., Chile y Urug.* Nombre de diversos peces marinos o de agua dulce muy apreciados por su carne, que tienen una banda plateada a lo largo del costado.

pelado, da *adj.* Cosa que no tiene lo que naturalmente lo adorna, cubre o rodea: *Las bananas se comen* **peladas.**

pelaje *m.* Conjunto de pelos de un animal: *El* **pelaje** *de los linces es uno de los más bellos que hay entre los animales felinos.*

pelar *vb.* [1] Cortar el pelo: *En la escuela le dijeron a Eduardo que ya tenía el pelo muy largo y que por favor se fuera a* **pelar.** [2] Desplumar: *Para celebrar mi cumpleaños mataron una gallina, la* **pelaron,** *la limpiaron y después la guisaron con verduras.* [3] Quitar la piel o corteza a una cosa: *Antes de comerse un mango es necesario* **pelarlo.** [4] Levantarse la piel por haber tomado mucho tiempo el sol: *A Santiago se le* **peló** *la nariz unos días después de volver de la playa.*

peldaño *m.* Cada uno de los tramos de una escalera: *La casa de mis muñecas tiene una escalera pequeña de sólo tres* **peldaños.** SIN. **escalón.**

pelea *f.* [1] Encuentro de boxeo o de lucha libre: *Los sábados por la noche se llevan a cabo tres* **peleas** *en una plaza del centro de la ciudad.* [2] Riña, pleito: *Traigo el ojo morado porque tuve una* **pelea** *a la salida de la escuela.*

pelear *vb.* [1] Usar las armas o las propias fuerzas para vencer a otros: *Durante los primeros treinta años del siglo XIX muchos pueblos hispanoamericanos* **pelearon** *por conseguir su independencia de la Corona Española.* [2] Enemistarse: *Cuando mis hermanos se* **pelean,** *se reconcilian diez minutos después.*

pelícano o **pelicano** *m.* Ave con los dedos unidos por una membrana, de pico largo y ancho, con la piel de la mandíbula inferior en forma de bolsa: *Los* **pelícanos** *guardan en la bolsa de su pico los peces con que alimentan a sus crías.*

película *f.* [1] Capa muy fina y delgada que cubre algo: *Esa crema cubre la piel con una fina* **película** *para protegerla del sol.* [2] Cinta de celuloide perforada que se usa en fotografía y en cinematografía: *Se terminó la* **película** *de mi cámara a mitad de la fiesta y ya no pude tomar más fotografías.*

peligro *m.* Situación en la que puede ocurrir algún mal: *Los animales se vuelven agresivos y desconfiados cuando sienten que corren* **peligro.**

peligroso, sa *adj.* Que puede dañar: *Entrar en la jaula de un león es una acción* **peligrosa** *y tonta.*

pelirrojo, ja *adj./m. y f.* Que tiene el pelo rojo: *Escocia e Irlanda son las regiones del mundo donde hay más* **pelirrojos.**

pellejo *m.* [1] Piel de un animal, por lo general separada del cuerpo. [2] Piel, por lo general de cabra o de cerdo, cosida de manera que pueda contener líquidos. SIN. **odre.** [3] *Fam.* Piel del hombre: *Me caí de la bicicleta y se me levantó el* **pellejo** *de la pierna.*

pellizcar *vb. irreg.* [1] Asir con dos dedos un trozo de carne o de piel apretándola hasta que causa dolor. [2] Tomar una pequeña cantidad de una cosa: *Todavía no cenamos, pero* **pellizqué** *un poco de ensalada porque tengo hambre.*

pellizco *m.* Acción y efecto de pellizcar: *Rogelio le dio tan fuerte* **pellizco** *a su hermano que lo hizo llorar.*

pelo *m.* [1] Filamento que nace y crece entre los poros de la piel de los mamíferos: *El* **pelo** *de mi perro se ve sano y brillante porque le doy un alimento muy nutritivo.* [2] Conjunto de los filamentos llamados pelos, y en especial los que crecen en la cabeza del hombre: *Mucha gente cree que cepillar el **pelo** por la noche lo beneficia, porque así se ayuda a mejorar la circulación en el cráneo.*

pelón, na *adj./m.* y *f.* Que no tiene pelo en la cabeza.

pelota *f.* [1] Bola hecha de algún material flexible, que sirve para jugar: *Esa **pelota** no sirve para jugar fútbol porque está muy blanda.* [2] Juego que se realiza usando la pelota: *A mis primos les encanta jugar **pelota** cuando salimos al campo.*

pelotón *m.* Grupo de soldados a las órdenes de un superior: *El sargento dio orden al **pelotón** de ayudar a las víctimas del terremoto.*

peluca *f.* Cabellera postiza: *En esa obra de teatro Ramiro usa una **peluca** rubia porque representa a un noble francés del siglo XVIII.*

peluche *m.* [1] Tela aterciopelada, felpa: *La extravagante actriz de cine llegó al restaurante con un **peluche** morado con puntos rojos colgándole del cuello.* [2] Muñeco hecho con la tela llamada peluche: *Le regalaré a mi amiga un **peluche** por su cumpleaños.*

peludo, da *adj.* Que tiene mucho pelo: *Mi gato de angora es tan **peludo** que tengo que cepillarlo todos los días por la mañana.*

peluquería *f.* Establecimiento donde cortan y arreglan el pelo: *Fui a la **peluquería** de la esquina para que me cortaran las puntas estropeadas del pelo.*

pena *f.* [1] Castigo que se impone a alguien: *Al delincuente le dieron una **pena** de tres años en la cárcel por haber asaltado una tienda.* [2] Tristeza producida por algo desagradable: *Desde el día en que murió su tortuga Joaquín sufre una gran **pena**.* [3] Amér. C., Colomb., Méx. y Venez. Vergüenza: *Serapio es muy tímido, por eso le da **pena** hablar en público.*

penacho *m.* [1] Grupo de plumas que tienen algunas aves en la cabeza. [2] Ornamento de plumas que usan algunos grupos indígenas: *Los jefes de varias tribus pieles rojas de los Estados Unidos de Norteamérica usan **penachos** en algunas ceremonias como señal de su jerarquía.*

penal *m.* [1] Lugar donde cumple una pena quien ha cometido algún delito grave: *El ladrón cumple su condena en un **penal** ubicado al norte de la ciudad.* [2] Penalti, el peor castigo en el fútbol.

penalti *m.* **Palabra de origen inglés.** En fútbol y otros deportes, falta cometida por un equipo dentro del área de gol y sanción que corresponde a esta falta.

penar *vb.* Padecer, sufrir un dolor o pena: *La leyenda cuenta que La Llorona es el fantasma de una mujer que **pena** por la muerte de sus hijos.*

penca *f.* [1] Hoja carnosa de ciertas plantas como la de la pita o maguey. [2] Tallo de ciertas hortalizas: *Mi madre quitó las **pencas** a varias hojas de acelga y las guisó con carne.*

▶**pendiente** *adj.* Que aún no se ha resuelto o terminado: *Tengo un trabajo escolar **pendiente** porque no he podido conseguir un libro que necesito para terminarlo.*

▶**pendiente** *f.* Cuesta, declive o inclinación de un terreno: *A mis primos les gusta bajar con la bicicleta por una **pendiente** que hay en el parque porque ganan un poco de velocidad.*

pendientes *m. pl.* Adorno que se pone en el lóbulo de la oreja: *Su abuelo le regaló unos **pendientes** con perlas que se ven muy bonitos colgando de sus orejas.* SIN. **aretes.**

pendón *m.* Bandera más larga que ancha que se usa como distintivo.

péndulo *m.* Cuerpo pesado suspendido de un punto fijo, que se mueve de un lado a otro por acción de su propio peso: *El **péndulo** del reloj se mueve al ritmo de los segundos.*

pene *m.* Órgano reproductor externo masculino.

penetrar *vb.* Introducir una cosa en el interior de otra: *El café **penetró** poco a poco el terrón de azúcar, hasta que éste se volvió de color marrón y se deshizo en el fondo de la taza.*

penicilina *f.* Antibiótico que se extrae de una clase de moho, usado para combatir las enfermedades infecciosas: *El médico británico Alexander Fleming descubrió la **penicilina** en 1928.*

península *f.* Tierra rodeada de agua por todas partes, excepto una, por donde se une al continente: *España y Portugal comparten la **península** Ibérica.*

penitenciaría *f.* Cárcel, prisión: *La policía atrapó a los ladrones que asaltaron esa mansión y éstos acabaron encerrados en la **penitenciaría**.*

pensamiento *m.* [1] Acción, efecto y facultad de pensar: *El **pensamiento** es una capacidad que sólo poseemos los seres humanos.* [2] Lo que se tiene en la mente: *Adiviné el **pensamiento** de mi amiga cuando vi su rostro alegre al salir del salón de clases.* [3] Idea o sentencia de alguien o de algún texto: *El **pensamiento** del político sudafricano Nelson Mandela ha dado a muchas personas de raza negra conciencia de su dignidad como seres humanos.* [4] Planta herbácea de flores que combinan en sus pétalos distintos colores y se cultiva en jardines.

pensar *vb. irreg.* [1] Formar y ordenar en la mente ideas y conceptos: *Hemos **pensado** ir a Río de Janeiro durante las próximas vacaciones, ¿tú qué opinas?* [2] Examinar con cuidado una idea, asunto, etc.: *Tienes que **pensar** bien antes de tomar una decisión sobre la carrera que vas a estudiar.*

pensativo, va *adj.* Que está sumergido en sus pensamientos: *Felipe estaba tan **pensativo** que no escuchó cuando mi mamá nos llamó para cenar.*

---

pensión f. ⓵ Cantidad de dinero entregada de manera periódica a alguien por un trabajo que ya no realiza en la actualidad: *El jubilado recibe cada mes una escasa pensión que apenas le alcanza para vivir.* ⓶ Establecimiento hotelero de categoría inferior al hotel: *La primera noche que Miguel pasó en la capital se alojó en una pensión porque no había lugar en ningún hotel.*

pentaedro m. Cuerpo sólido de cinco caras.

pentágono m. Polígono de cinco lados: *Las oficinas militares de Estados Unidos de Norteamérica se alojan en un edificio con forma de pentágono, por eso le llaman "El Pentágono".*

pentagrama m. En música, sistema de cinco líneas horizontales y paralelas sobre las que se escriben las notas musicales. ➡

penúltimo, ma adj./m. y f. Inmediatamente antes del último: *Fui el penúltimo niño en salir porque después de mí salió Enrique y luego el salón se quedó vacío.*

penumbra f. Lugar, momento y situación en los que hay muy poca luz: *Cuando Enrique sufre de migraña deja su habitación en penumbra y descansa.*

peña f. Roca de gran tamaño.

peñasco m. Peña grande y elevada.

peñón m. Monte con peñascos.

peón m. Obrero no especializado: *Cada año contratan peones temporales para la cosecha de la uva.*

▸ **peor adj.** De inferior calidad que aquello con lo que se compara: *Los dos bailan mal, pero Irma es peor bailarina que su hermano.*

▸ **peor adv.** Más mal que aquello con lo que se compara: *Anteanoche dormí mal a causa de un mosco, pero hoy dormí peor porque había varios.*

pepino m. ⓵ Planta de tallo rastrero con flores amarillas y fruto carnoso y cilíndrico. ⓶ Fruto de la planta llamada pepino: *El pepino, el melón, la sandía y la calabaza son frutos de la familia de las cucurbitáceas, porque todos crecen de plantas que se arrastran, son jugosos y tienen semillas planas y ovaladas.*

pepita f. ⓵ Semilla de ciertos frutos como la calabaza, el melón, etc. ⓶ Trozo redondeado de oro u otro metal: *De pronto el minero descubrió pepitas de oro revueltas con las piedras del río.*

▸ **pequeño, ña adj.** ⓵ De poco tamaño: *Julia usa zapatos pequeños porque tiene dos años de edad.* ⓶ Se dice de las personas de baja estatura: *Mi tío es un hombre pequeño que mide un metro con treinta centímetros.*

▸ **pequeño, ña m. y f.** Niño o niña: *Los pequeños necesitan dormir más horas que un adulto.*

pera f. Fruto del peral, carnoso y suave.

peral m. Árbol de flores blancas, cuyo fruto es la pera.

perca f. Pez de agua dulce, de hasta 50 cm de largo, cuerpo oblongo con escamas duras y carne apreciada.

percha f. ⓵ Madero largo y delgado que se atraviesa en otro para sostener algo. ⓶ Utensilio para colgar ropa: *Al entrar a la oficina, lo primero que hace mi padre es colgar su abrigo y sombrero en una percha.*

perchero m. Mueble donde se cuelga ropa o sombreros y se colocan los paraguas: *A la entrada del restaurante se halla un perchero de madera para que los clientes cuelguen sus abrigos.*

percibir vb. Recibir impresiones del exterior por medio de los sentidos: *Las personas ciegas perciben el mundo con el tacto, el olfato y el oído.*

perder vb. irreg. ⓵ Dejar de tener o no hallar una cosa: *No encuentro mis llaves, espero no haberlas perdido en la calle.* ⓶ Verse privado de alguien a causa de su muerte: *Rodrigo perdió a su padre cuando apenas tenía dos años.* ⓷ Desperdiciar, malgastar: *Ese delincuente ha perdido los mejores años de su juventud preso en la cárcel.* ⓸ Resultar vencido en una competición, lucha, etc.: *Ese equipo pierde casi todos los partidos, por eso ya nadie espera ningún triunfo de él.* ⓹ Errar el camino: *Me perdí y en lugar de encontrar la calle que buscaba llegué al sur de la ciudad.*

pérdida f. ⓵ Hecho de dejar de tener lo que antes se tenía: *Fernando no ha logrado recuperarse de la pérdida que significó la muerte de su madre.* ⓶ Cantidad o cosa perdida: *Fueron graves las pérdidas que sufrieron los agricultores a causa de la sequía.*

perdigón m. ⓵ Pollo del ave llamada perdiz. ⓶ Pequeño grano de plomo usado como munición de caza: *El explorador cazaba patos con una escopeta de perdigones.*

perdiz f. Ave gallinácea de cabeza pequeña, con pico y patas rojas: *La carne de las perdices es muy apreciada para preparar con ella guisos deliciosos.*

perdón m. Acción y efecto de perdonar: *Las autoridades otorgaron el perdón al acusado y salió libre.*

perdonar vb. ⓵ No tener en cuenta la falta que otro comete: *Reconozco que cometí un error y me comporté mal contigo, espero que me perdones.* ⓶ Librar a alguien de una pena, deuda, castigo, tarea, etc.: *Como Federico estaba lastimado, el profesor le perdonó la clase de deportes.*

perdurar vb. Durar algo largo tiempo o un tiempo indefinido: *La lluvia perduró semanas debido a dos ciclones que azotaron la costa.*

perecedero, ra adj. Temporal, destinado a acabarse: *Pon los productos perecederos como la carne y las frutas a una temperatura baja para que se conserven.*

perecer vb. irreg. Morir, dejar de existir: *Olvidé regar las plantas durante una semana y algunas perecieron.*

peregrinar vb. ⓵ Andar por tierras extrañas: *Después de terminar sus estudios universitarios en Argentina,*

o

p

q

r

s

t

u

*Ramón se fue a **peregrinar** por el Oriente.* [2] Ir por devoción a un lugar considerado santo.

perejil *m.* Planta herbácea aromática utilizada como condimento.

perenne *adj.* [1] Indefinido, relativo a la cosa que no muere después de algún tiempo como ocurre con otras de la misma especie: *En la tumba de John F. Kennedy arde una llama **perenne** que no se apaga nunca.* [2] Relativo a la planta que puede vivir tres años o más: *Los pinos son un ejemplo de árboles **perennes**.*

pereza *f.* [1] Falta de ganas de hacer algo: *Micaela sentía **pereza** de hacer cualquier cosa porque llevaba tres días durmiendo mal.* [2] Lentitud o descuido en las acciones o movimientos.

perezoso *m.* Mamífero originario de América del Sur, de unos 60 cm de largo, con cabeza pequeña, que se mueve con gran lentitud: *Los **perezosos** pasan mucho tiempo colgados de los árboles.*

perfecto, ta *adj.* Que tiene todas las cualidades requeridas: *A Josefina le dieron el trabajo en esa empresa porque es **perfecta** para el puesto que solicitó.*

perfil *m.* [1] Contorno, línea que limita cualquier cuerpo. [2] Contorno de alguna cosa no vista de frente, sino de lado: *Los antiguos egipcios pintaban las figuras con el cuerpo de frente, pero la cara de **perfil**.*

perforar *vb.* Hacer un orificio en algo atravesándolo en parte o totalmente: *Los colmillos del león **perforaron** la ropa, la piel y el músculo del brazo del cazador.*

perfume *m.* [1] Sustancia que despide olor agradable: *Muchas empresas de Francia tienen fama de elaborar **perfumes** de buena calidad.* [2] Olor agradable: *El **perfume** de la rosa gusta a todos.*

perfumería *f.* Tienda o lugar de un local comercial donde se venden perfumes: *Por el olor es fácil saber cuándo se llega al departamento de **perfumería** de una tienda.*

pergamino *m.* [1] Piel de carnero preparada para la escritura, encuadernación, etc.: *En la antigüedad se escribía sobre **pergaminos**.* [2] Antiguo documento escrito en el pergamino, que es el nombre de la piel de carnero.

perico *m.* Nombre dado a varios loros originarios de América, pequeños y de diferentes colores, que habitan en las regiones selváticas.

periferia *f.* Zona que rodea a un espacio cualquiera: *En la **periferia**, la ciudad va perdiendo sus características y se confunde con el campo.*

periférico, ca *adj.* Relacionado con la periferia: *Construyeron en la ciudad una avenida **periférica** para que los automovilistas que necesitan atravesarla no tengan que pasar por el centro.*

perilla *f.* [1] Picaporte de la puerta: *Se trabó la **perilla** de la puerta y no puedo abrirla ni con la llave.*

SIN. **pomo.** [2] Barba formada por los pelos que crecen en la barbilla.

perímetro *m.* En geometría, contorno de una figura: *Para obtener el **perímetro** de este triángulo sumé las medidas de sus tres lados.*

perinola *f.* Juguete pequeño que se hace bailar con los dedos.

periódico *m.* Publicación impresa que se vende de manera periódica, en especial la que se vende diariamente: *Todos los días mi padre compra el **periódico** y lo lee mientras desayuna.* SIN. **diario**.

periódico, ca *adj.* Que sucede o se hace con determinados espacios de tiempo: *Es importante hacer visitas **periódicas** al dentista para vigilar el estado de salud de los dientes.*

periodismo *m.* Profesión de las personas que escriben en diarios o trabajan en programas informativos de radio y televisión: *Mi primo quiere trabajar en una estación de radio, por eso estudia **periodismo**.*

periodo o **período** *m.* [1] Espacio de tiempo determinado: *Durante el **periodo** vacacional mi primo se fue a un campamento de verano.* [2] Tiempo que una cosa tarda en volver al estado o posición que tenía al principio: *La Tierra le da la vuelta al Sol en un **periodo** de 365 días.*

periscopio *m.* Instrumento óptico que, por medio de prismas y espejos, permite ver por encima de un obstáculo: *El **periscopio** se usa para observar la superficie del mar cuando el submarino está sumergido.*

perjudicar *vb. irreg.* Causar daño material o moral.

perjudicial *adj.* Que perjudica o puede perjudicar: *Las plagas son **perjudiciales** para el hombre porque rompen el equilibrio ambiental.* SIN. **dañino**.

perjuicio *m.* Efecto de perjudicar o perjudicarse: *El incendio causó graves **perjuicios** al edificio y ahora habrá que invertir mucho dinero para dejarlo como estaba.*

perla *f.* Pequeño cuerpo de nácar, por lo general esférico, que se forma en el interior de algunos moluscos: *Las **perlas** más caras son las que tienen mejor forma y mayor cantidad de tonos irisados.*

permanecer *vb. irreg.* [1] Mantenerse en un lugar durante un tiempo determinado: *Martha **permaneció** algunas semanas en el hospital porque estuvo muy delicada.* [2] Continuar en el mismo estado, situación, etc.: *Mi hermano está enojado, por eso **permanece** en silencio aunque yo le hable.*

permanente *adj.* Que permanece, que dura mucho tiempo o que no cambia: *Es importante mantener una lucha **permanente** en contra del maltrato a los niños.*

permeable *adj.* Que puede ser penetrado por el agua u otro fluido: *Las plantas necesitan agua, por eso deben plantarse en un terreno **permeable**.*

permitir *vb.* [1] Manifestar alguien con autoridad que una persona puede hacer o dejar de hacer alguna cosa: *Maestra, ¿me permite ir al baño?* [2] Hacer posible que algo se realice: *El dinero que me prestó mi hermana permitió que comprara los zapatos que necesito.*

pero *conj.* [1] Expresa contraposición u oposición: *María es muy inteligente pero le da flojera trabajar.* [2] Se usa encabezando algunas frases para darle más peso a lo que se dice: *Pero, ¿cómo es posible que haya reprobado si estudié mucho?*

perpendicular *adj.* Que forma un ángulo recto con una recta o plano: *Las líneas que forman una cruz son perpendiculares entre sí.*

perpetuo, tua *adj.* [1] Que dura mucho tiempo o por siempre: *En las cumbres de algunas montañas altas hay nieves perpetuas.* [2] Que dura toda la vida: *Por sus múltiples delitos condenaron a cadena perpetua a ese peligroso delincuente.*

perrera *f.* Sitio donde se guardan o encierran los perros: *En algunas perreras públicas se puede adoptar un perro.*

perro, rra *m.* y *f.* Mamífero carnívoro doméstico del que existen gran número de razas, tamaños y pelajes: *Los perros y los gatos son las mascotas más comunes.* →

perseguir *vb. irreg.* Seguir al que huye para alcanzarle: *La mujer intentó perseguir al chico que le arrebató el bolso, pero pronto se dio cuenta de que era inútil.*

perseverar *vb.* Mantenerse firme en una actitud u opinión: *Marcela perseveró y logró caminar de nuevo después del terrible accidente.*

persona *f.* Individuo de la especie humana: *Cuando Graciela se cayó, muchas personas amables se acercaron a auxiliarla.*

personaje *m.* [1] Persona importante: *El músico inglés John Lennon fue un personaje muy conocido en el mundo de la música en los años 70 del siglo xx.* [2] Cada uno de los seres que toma parte en la acción de una obra literaria, filme, etc.: *Al personaje más importante de una obra se le llama protagonista o actor principal.*

personal *m.* [1] Conjunto de trabajadores de un mismo organismo o empresa: *El personal de esa empresa usa uniforme verde.* [2] *loc.* **Pronombre personal**, el que lleva o es indicador de persona gramatical: *Él es un pronombre personal de tercera persona, masculino y singular.*

personalidad *f.* [1] Conjunto de características que constituyen y diferencian a una persona: *Ana tiene una personalidad muy abierta y amable, por eso le gusta tener amigos y conocer mucha gente.* [2] Persona que destaca en una determinada actividad o campo: *Como Miguel es una personalidad del cine y la televisión, muchos periodistas lo entrevistan.*

persuadir *vb.* Convencer, inducir a uno a creer o hacer algo: *Al principio Liliana no quería ir a la fiesta, pero logré persuadirla de que fuera con nosotros.*

pertenecer *vb. irreg.* [1] Ser una cosa propiedad de uno: *Ese automóvil blanco me pertenece y el gris es de Carlos.* [2] Formar parte una cosa de otra: *Tito pertenece a un club dedicado a la lectura de obras de ciencia ficción.*

pertenencia *f.* Calidad de pertenecer a algo, a algún lugar: *¿Podría demostrar su pertenencia al club mostrándome su credencial por favor?*

pertinente *adj.* Oportuno, adecuado: *Fue una visita muy pertinente porque la anciana estaba sola y necesitaba ayuda en ese momento.*

perturbar *vb.* Producir desorden o intranquilidad: *Estábamos todos muy tranquilos estudiando hasta que llegó el inquieto cachorro a perturbar la paz.*

peruano, na *adj./m.* y *f.* Originario de Perú, país de América del Sur.

perverso, sa *adj./m.* y *f.* Que por placer realiza actos crueles o que dañan a los demás: *Es una niña perversa a quien le gusta maltratar a los animales.*

pesa *f.* [1] Pieza de cierto peso, por lo general de cobre o hierro, usada para determinar lo que pesan otros objetos: *El vendedor puso en un lado de la báscula una pesa de un kilo y del otro lado cebollas hasta que hubo equilibrio.* [2] *Colomb., C. Rica, Nicar. y Venez.* Carnicería, tienda.

pesadilla *f.* Sueño angustioso que se repite: *Mirna tuvo una pesadilla en la que la perseguían y ella no podía correr.*

pesado, da *adj.* [1] Que pesa mucho: *Mi cama es pesada y para levantarla se necesita la ayuda de tres personas adultas.* [2] Insoportable: *Juan hace bromas muy pesadas que a nadie le caen bien.*

pésame *m.* Manifestación de sentimiento por la muerte de alguien.

pesar *m.* Sentimiento de dolor o pena: *Con gran pesar la madre vio partir a sus hijos que iban a estudiar a la capital, pero se consoló cuando los imaginó convertidos en ingenieros.*

pesar *vb.* Determinar el peso de algo: *El vendedor pesó cinco kilos de manzanas con la báscula.*

pesca *f.* Acción, efecto y arte de pescar: *La pesca es una industria importante para los países que tienen acceso al mar o cuentan con lagos y ríos.*

pescadería *f.* Sitio donde se vende pescado: *Siempre voy a la misma pescadería porque ahí venden pescado muy fresco y barato.*

pescado *m.* Pez comestible sacado del agua: *Algunos pescados como el bacalao se cubren con sal para conservarlos más tiempo.*

pescador, ra *adj./m.* y *f.* Se dice de la persona que pesca o se dedica a pescar.

Ⓢ *Colomb.* = Colombia ☆ *C. Rica* = Costa Rica ☆ *Nicar.* = Nicaragua ☆ *Venez.* = Venezuela.

pescar *vb. irreg.* Sacar del agua peces u otros animales acuáticos: *Para* **pescar** *se pueden utilizar desde anzuelos muy sencillos hasta grandes redes en las que caben varias toneladas de pescado.*

pescuezo *m.* Parte del cuerpo de un animal, que va de la nuca hasta el tronco: *La carne picada del* **pescuezo** *de las reses se usa para hacer jugo.* SIN. **cuello.**

pesebre *m.* ① Especie de cajón donde come el ganado y lugar destinado para guardar estos animales. ② Representación del nacimiento del niño Jesús: *En la época de Navidad en la casa de mi tía ponen un* **pesebre** *con las figuras de María, San José, el niño y los animales del establo hechas de marfil.*

peseta *f.* ① Moneda de España. ② *pl. Esp. Fam.* Dinero, capital.

pesimismo *m.* Disposición para ver las cosas del lado desfavorable: *Rogelio demostró su* **pesimismo** *cuando ganó la lotería y comenzó a pensar que podrían robarle todo su dinero.* ANT. **optimismo.**

pésimo, ma *adj.* Muy malo: *Su comportamiento en la escuela era* **pésimo,** *por eso todos los días lo castigaban.*

peso *m.* ① Fuerza resultante de la acción de la gravedad sobre un cuerpo: *En la Luna uno tiene un* **peso** *menor que en la Tierra debido a que allí la fuerza de gravedad es menor.* ② Masa que sirve para hallar el valor de otra masa: *En un lado de la balanza hay un* **peso** *de cinco kilos y en el otro hay zanahorias que también pesan cinco kilos.* ③ Moneda de México, Argentina, Colombia, Filipinas y otros países.

pesquero *m.* Barco de pesca.

pesquero, ra *adj.* Relativo a la pesca: *La actividad* **pesquera** *es parte importante de la economía de los países que tienen costas.*

pestaña *f.* Cada uno de los pelos que nacen en la orilla de cada párpado: *Las* **pestañas** *sirven para proteger los ojos del polvo y del exceso de luz.*

peste *f.* Olor muy desagradable: *¡Qué* **peste!,** *la basura huele horrible.* SIN. **pestilencia.**

pesticida *m.* Sustancia que mata los parásitos de los sembradíos: *Algunos* **pesticidas** *son dañinos para los humanos.* SIN. **plaguicida.**

pestilencia *f.* Olor muy desagradable: *En el basurero hay una* **pestilencia** *insoportable porque ahí se pudren los desperdicios que toda la gente tira.* SIN. **peste.**

pestillo *m.* Pasador con que se asegura una puerta o ventana: *Antes de irse a dormir, Liliana se asegura de echar el* **pestillo** *que cierra la ventana.* SIN. **cerrojo, pasador.**

pétalo *m.* Cada una de las piezas que forman la corola de la flor: *Las flores que puse en el jarrón empezaron a deshojarse y la mesa estaba cubierta de* **pétalos.**

petate *m. Méx.* Tejido flexible más largo que ancho y hecho de palma, que se usa para dormir sobre él: *Durante la Revolución Mexicana los soldados cargaban un* **petate** *que desenrollaban en cualquier lugar para descansar.*

petizo, za *adj./m. y f.* ① *Amér. Merid.* Caballo de poca altura. ② *Amér. Merid.* Persona pequeña, baja de estatura: *El futbolista argentino Diego Armando Maradona es* **petizo** *de piernas cortas, pero muy ágil.* SIN. **chaparro, bajo.**

petróleo *m.* Mezcla combustible de color oscuro que se encuentra en estado líquido en el interior de la Tierra: *Las regiones que tienen más* **petróleo** *en el mundo son Medio Oriente, norte de África y norte de América del Sur.*

petrolero, ra *adj.* Relacionado con el petróleo: *Se hundió un barco* **petrolero** *y causó contaminación del agua y la muerte de muchos animales marinos.*

petroquímica *f.* Ciencia o industria de los productos químicos derivados del petróleo: *Gracias a la* **petroquímica** *es posible convertir una sustancia negra y maloliente en una perfumada y suave crema para la cara.*

petunia *f.* ① Planta de flores blancas o violáceas, grandes y olorosas. ② Flor de la planta llamada petunia: *Las* **petunias** *se usan como adorno para parques y jardines.*

pez *m.* Animal vertebrado acuático, de respiración branquial, de piel cubierta de escamas y con extremidades en forma de aleta: *El* **pez** *globo de Japón puede ser venenoso si no se corta su carne de manera adecuada antes de comerlo.*

pezón *m.* Parte central y más saliente de la glándula mamaria, de color un poco más oscuro que la piel: *Los bebés succionan el* **pezón** *para extraer la leche del pecho de su madre.*

pezuña *f.* En los animales de pata hendida, conjunto de los dedos de una pata cubierto con sus uñas: *Animales como la vaca y la cabra tienen* **pezuñas.**

pi *f.* Signo (π) que representa la relación entre el diámetro de una circunferencia y su longitud.

piano *m.* Instrumento musical de cuerdas que son golpeadas por pequeños martillos accionados por unas teclas: *El músico húngaro Franz Liszt, además de compositor, era un talentoso intérprete de* **piano.**

piara *f.* Manada de cerdos.

pibe, ba *m. y f. Argent. y Urug.* Muchacho, chico, joven: *Los* **pibes** *juegan fútbol en el parque del barrio todas las tardes.*

picadillo *m.* Guiso que se prepara con carne picada: *El* **picadillo** *con arroz y bananas fritas es un guiso propio del Caribe.*

picadura *f.* ① Acción de picar o picarse: *Por accidente, Josefina se hizo una* **picadura** *en la mano con un cuchillo.* ② Mordedura de ciertos insectos, aves o reptiles: *Las* **picaduras** *de víbora deben atenderse de inmediato.* ③ Tabaco picado para fumar: *Mi padre compra* **picadura** *para pipa con aroma de vainilla.*

---

picaflor *m.* Colibrí, pequeña ave que vuela velozmente, se alimenta del néctar de las flores y puede suspenderse en el aire. SIN. **chupamirto.**

▶ **picante** *adj.* Que pica la lengua y el paladar: *México, la India y Tailandia son algunos países donde los alimentos* **picantes** *forman parte de la dieta diaria de sus habitantes.*

▶ **picante** *m.* Sustancia que pica la lengua y el paladar: *En la cocina de ciertos países, como la mexicana y la hindú, se utiliza gran variedad de* **picantes.**

picaporte *m.* ① Aldaba, pieza que se fija a las puertas para llamar. ② Perilla de las puertas. SIN. **pomo.**

picar *vb. irreg.* ① Morder las aves, los insectos y ciertos reptiles: *Ramón fue a la costa y le* **picaron** *los mosquitos.* ② Morder los peces al anzuelo: *Después de una hora de espera por fin* **picó** *un pez.* ③ Cortar una cosa en trozos muy pequeños: *Para preparar esa sopa hay que* **picar** *las verduras en trozos muy pequeños.* ④ Sentir escozor en alguna parte del cuerpo: *Las piernas le* **pican** *porque se asoleó y se le está desprendiendo la piel quemada.* ⑤ Agujerearse, cariarse: *Las manchas oscuras en un diente son señal de que* **se ha picado.** ⑥ *Méx.* Producir picor en la boca una sustancia irritante como ají o chile al comerla: *La salsa que le puse a la carne* **pica** *mucho.*

pícaro, ra *adj./m. y f.* Persona que comete engaños para sobrevivir: *Esteban es un* **pícaro***: pide dinero a todos sus amigos y les dice que lo ocupa para los medicamentos de su madre, pero su madre no está enferma.*

picnic *m.* Palabra inglesa. Comida que se hace en el campo: *Para celebrar el fin de cursos hicimos un* **picnic** *en el campo de la escuela.*

pico *m.* ① Órgano que se encuentra en la parte delantera de la cabeza de las aves, formado por dos mandíbulas recubiertas con dos piezas córneas: *La gaviota llevaba en el* **pico** *un pez recién capturado.* ② Cima de una montaña: *Los montañistas quieren conquistar el* **pico** *de esa montaña en tres días.* ③ Herramienta formada por una pieza puntiaguda de acero y un mango de madera: *Los trabajadores rompieron el piso con unos pesados* **picos.**

picotear *vb.* Picar algo las aves: *Por la tarde, las gaviotas* **picotean** *los restos de comida que hay en la playa.*

pie *m.* ① Extremidad de la pierna o de la pata: *A los adolescentes les crecen los* **pies** *muy rápido.* ② Base en que se apoya un objeto: *La gente pone flores al* **pie** *de la estatua del héroe para rendirle homenaje.* ③ *Chile.* Cantidad de dinero que se da como garantía de lo que se ha comprado. SIN. **enganche.** ④ *loc.* A pie, caminando: *La tienda está muy cerca, por eso no es necesario ir en automóvil, mejor vayamos a* **pie.**

piedad *f.* ① Apego respetuoso y ferviente hacia Dios y la religión: *Cecilia va a la iglesia todos los días a rezar*

con mucha **piedad** *para que su hijo se cure.* ② Compasión ante una persona que sufre: *Siento* **piedad** *y me gustaría ayudar a las personas que son víctimas de las guerras.*

piedra *f.* ① Materia mineral: *El suelo de los pedregales es de* **piedras***, por eso estos lugares se llaman así.* ② *loc.* Piedra preciosa, piedra fina y rara que se usa como adorno después de ser tallada: *Su marido le regaló a Georgina un hermoso collar con* **piedras preciosas** *que tiene rubíes, esmeraldas y zafiros.*

piel *f.* ① Tejido externo que recubre el cuerpo del hombre y de los animales: *Los bebés tienen la* **piel** *suave y delicada.* ② Parte exterior de ciertos frutos: *Los duraznos tienen una* **piel** *cubierta por una ligera pelusa.* ③ Cuero curtido: *La* **piel** *se utiliza para elaborar maletas, mochilas, billeteras y otros artículos.* →

pierna *f.* ① Extremidad inferior del hombre. *Me duele la rodilla porque me caí de la bicicleta y mi* **pierna** *recibió el golpe de todo mi cuerpo.* ② En los cuadrúpedos y las aves, muslo.

pieza *f.* ① Cada parte de un todo: *Ya no podremos seguir jugando, porque se perdieron dos* **piezas** *del dominó.* ② Composición breve y suelta de música vocal o instrumental: *En el festival escolar Jorge tocará una* **pieza** *para piano.*

pigmento *m.* Sustancia coloreada producida por un ser vivo: *Este artesano tiñe los vestidos que vende con* **pigmentos** *que se obtienen de algunos árboles.*

pijama *m. y f.* Palabra de origen inglés. Conjunto de camisa y pantalón muy holgados que se usa para dormir: *Como hace mucho frío se puso una* **pijama** *de tela gruesa.*

▶ **pila** *f.* Acumulación de cosas: *Hice una* **pila** *con los libros que no cupieron en el mueble, porque todavía no sé dónde podría acomodarlos.*

▶ **pila** *f.* ① Recipiente donde cae o se echa el agua: *Para regar las plantas cogemos agua de una* **pila** *que está en el jardín.* ② Generador de corriente eléctrica continua: *Mi radio portátil no funciona porque las* **pilas** *ya no tienen energía.* SIN. **batería.**

pilar *m.* Soporte vertical que sostiene una estructura: *La casa de mi tío está sostenida por cuatro gruesos* **pilares** *de metal con hormigón.*

píldora *f.* Medicamento en forma esférica que se toma por vía oral: *El médico le recetó a Roxana* **píldoras** *para combatir la tos.* SIN. **pastilla, tableta.**

▶ **pileta** *f.* ① *Argent., Par. y Urug.* Pila de cocina o de lavar: *En la* **pileta** *se van acumulando todos los platos sucios que habrá que lavar después de la comida familiar.* SIN. **fregadero, lavadero.** ② *loc. R. de la P.* Pileta de natación, piscina: *En mi escuela hay una* **pileta de natación** *para que nademos los alumnos.* SIN. **alberca.**

o

p

q

r

s

t

u

Ⓢ *Amér. Merid.* = América Meridional ☆ *Argent.* = Argentina ☆ *Esp.* = España ☆ *Méx.* = México ☆ *Par.* = Paraguay ☆ *R. de la P.* = Río de la Plata ☆ *Urug.* = Uruguay.

pillo, lla *adj./m.* y *f.* Aplicado a la persona que busca su provecho con habilidad: *Rubén es un* **pillo** *que le robó un lápiz al compañero, aunque sabía que era el único que el niño tenía.*

pilón *m.* *Méx.* Mercancía extra que el comerciante regala al cliente: *Compré medio kilo de manzanas y el vendedor me dio un* **pilón** *de dos ciruelas.* SIN. **ñapa.**

piloncillo *m.* *Méx.* Azúcar sólida y no refinada, vendida por lo general en forma de cono. SIN. **panela.**

pilotar o **pilotear** *vb.* Dirigir un vehículo, globo, avión, etc.: *Mi primo está aprendiendo a* **pilotar** *el automóvil de su papá.*

piloto *m.* ① Persona que dirige un vehículo, avión, etc.: *El* **piloto** *del avión nos indicó que llegaríamos en dos horas a nuestro destino.* ② *Méx.* Pequeña flama encendida en los calentadores de gas.

pimienta *f.* Fruto del pimentero, usado como condimento: *La sal y la* **pimienta** *son condimentos muy usados en la preparación de guisos y ensaladas.*

pimiento *m.* ① Planta herbácea de fruto en baya hueca, con multitud de semillas. ② Fruto de la planta llamada pimiento: *Hay* **pimientos** *de color rojo, verde y amarillo.*

pimpón *m.* Deporte parecido al tenis que se juega sobre una mesa rectangular.

pincel *m.* Instrumento formado por un mechón de cerdas o pelo sujeto a un mango: *Los pintores usan* **pinceles** *de distintos grosores para crear efectos especiales en sus cuadros.*

pinchar *vb.* ① Introducir una cosa punzante en un cuerpo poroso: *La gata* **pinchó** *el globo con sus afiladas uñas y se asustó por el ruido que produjo la explosión.* ② Sufrir un pinchazo en una rueda de un vehículo: *Camino a su trabajo se le* **pinchó** *el neumático y llegó retrasada.* SIN. **ponchar.**

pinchazo *m.* ① Huella que queda al pincharse algo: *Después de la inyección me quedó una pequeña marca del* **pinchazo.** ② Rotura en un neumático que se produce pérdida de aire: *El* **pinchazo** *al neumático fue provocado por una botella de vidrio rota que estaba en el suelo.*

pinche *m.* y *f.* Ayudante de cocina: *Después de ser* **pinche** *durante varios años, Andrés llegó a ser jefe de la cocina de ese famoso hotel.*

pingüino *m.* Ave que vive en la zona del círculo antártico, de color negro y blanco y con alas pequeñas e inútiles para volar: *Los* **pingüinos** *machos se encargan de empollar los huevos que ponen las hembras.*

pino *m.* Árbol resinoso, de hojas en forma de aguja: *Los pueblos sajones y nórdicos introdujeron la idea de adornar los* **pinos** *durante la época de Navidad.*

pinol o **pinole** *m.* *Amér. C.* y *Méx.* Harina de maíz o amaranto tostado que se mezcla con cacao, azúcar y

canela y se come como golosina o se usa para preparar una bebida refrescante y otros alimentos.

pintar *vb.* ① Representar algo mediante líneas y colores: *La mujer pudiente pidió al artista que* **pintara** *un retrato de su hija.* ② Cubrir de pintura la superficie de algo: *Entre todos* **pintamos** *la casa y nos quedó muy bien, además de que ahorramos dinero.* ③ Maquillar el rostro: *Espera cinco minutos, voy a* **pintarme** *y salimos de inmediato.*

pintarrajear *vb.* *Fam.* Pintar de cualquier forma, sin precisión: *Los niños* **pintarrajearon** *la pared de su habitación y después tuvieron que lavarla.*

pinto, ta *adj.* Que tiene manchas o lunares: *Monté un caballo* **pinto** *muy bonito, con manchas negras y marrón sobre blanco.*

pintor, ra *m.* y *f.* ① Artista que se dedica a la pintura: *Pablo Picasso fue uno de los* **pintores** *más famosos del siglo xx.* ② Persona que tiene por oficio pintar paredes, puertas, ventanas, etc.: *Después de quitar la pintura vieja y limpiar los muebles, el* **pintor** *comenzó a aplicar un color nuevo.*

pintura *f.* ① Arte de pintar: *Javier estudia la historia de la* **pintura** *del siglo pasado.* ② Obra pintada: *Irma presentó su primera exposición de* **pinturas** *en la galería de la ciudad.* ③ Materia colorante usada para pintar: *Para pintar mi habitación se necesitan tres litros de* **pintura.** ④ *loc.* Pintura rupestre, la realizada sobre la roca, en especial en cuevas: *Gracias a las* **pinturas rupestres** *que han descubierto, el hombre actual puede conocer un poco de la vida de los primeros hombres que poblaron la Tierra.*

pinza *f.* ① Instrumento cuyos extremos se aproximan para sujetar algo: *Se arrancó con* **pinzas** *la mayor parte de las cejas y ahora tiene dos líneas delgadísimas arriba de los ojos.* ② Miembro prensil de algunos artrópodos: *Los cangrejos tienen unas* **pinzas** *con las que toman los objetos y se defienden.*

piña *f.* ① Fruto del pino y otras plantas, en forma de cono. ② Planta de unos 50 cm de alto, flores color morado y fruto de pulpa azucarada y jugosa, originaria de América tropical. ③ Fruto de la planta llamada piña: *La* **piña** *es una fruta con pulpa color amarillo y cáscara dura que tiene un mechón de hojas verdes.* SIN. **ananás.**

piñata *f.* Olla adornada con papel, que se llena de dulces u otros regalos y se cuelga para ser rota con un palo durante algunas fiestas populares: *Los niños quebraron las dos* **piñatas** *en forma de estrella que había en la fiesta de cumpleaños de Armando.*

piñón *m.* Semilla del pino.

pío, a *adj.* Piadoso: *El hombre que vive en esa mansión hace obras* **pías** *a favor de los pobres.*

piojo *m.* Insecto parásito externo de los mamíferos cuya presencia causa mucha comezón: *La cabeza es la parte*

⊜ **adj.** = adjetivo ☆ **f.** = sustantivo femenino ☆ **Fam.** = familiar ☆ **loc.** = locución ☆ **m.** = sustantivo masculino ☆ SIN. = sinónimo ☆ **vb.** = verbo ☆ → Ver Minienciclopedia.

del cuerpo donde suelen vivir los **piojos** en los seres humanos.

pionero, ra *m.* y *f.* Persona que inicia una actividad nueva: *Benjamín Franklin fue un* **pionero** *en los experimentos relacionados con la electricidad.*

pipa *f.* [1] Utensilio formado por una cazoleta y una boquilla, usado para fumar: *Existen* **pipas** *de diferentes tipos de madera y con formas rectas, curvas y cuadradas.* [2] Tonel para líquidos: *En la bodega hay una* **pipa** *llena de vino.* [3] Méx. Camión que lleva un depósito grande para transportar líquidos: *Como en esa colonia no hay tuberías, tienen que contratar* **pipas** *que lleven el agua.*

piragua *f.* Embarcación larga y estrecha, de fondo plano, mayor que la canoa y movida por remos o por el viento.

pirámide *f.* [1] Cuerpo sólido que tiene como base un polígono y cuyas caras son triángulos que se juntan en un vértice o punto común: *Para la clase de geometría nos dejaron construir una* **pirámide** *de cartulina.* [2] Monumento con forma de pirámide: *Las* **pirámides** *más famosas del mundo son las de Egipto.* →

piraña *f.* Pez de agua dulce, muy voraz: *Las* **pirañas** *tienen muchos dientes pequeños pero filosos.*

▶**pirata** *adj.* Clandestino, ilegal: *En ese mercado puedes conseguir casetes* **piratas** *más baratos que en las tiendas, pero no suenan bien.*

▶**pirata** *m.* y *f.* Persona que asalta y roba a barcos en el mar: *Algunos de los* **piratas** *más famosos de la antigüedad fueron británicos, como sir Francis Drake.*

piropo *m.* Elogio, alabanza dicha a una persona: *Como Fernanda es muy guapa, cada vez que salía a la calle le decían muchos* **piropos.**

pirotécnico, ca *adj.* Relacionado con los fuegos de artificio: *Para celebrar el día de su independencia en muchos países se lanzan vistosos juegos* **pirotécnicos.**

pirueta *f.* Vuelta ágil y rápida hecha sobre la punta de un pie: *La bailarina podía dar 40* **piruetas** *sin parar ni perder el equilibrio.*

pis *m.* y *f. Fam.* Orina: *El niño se hizo* **pis**, *por eso voy a cambiarle el pañal.* SIN. **pipí.**

pisada *f.* [1] Acción de pisar al andar: *Lo oigo cuando llega porque tiene una* **pisada** *muy fuerte.* [2] Huella dejada por el pie en el suelo al pisar: *En la Luna hay* **pisadas** *humanas desde 1969.*

pisar *vb.* [1] Poner un pie sobre alguna cosa: *Caminaba distraído y* **pisé** *excremento de perro.* [2] Apretar o estrujar algo con los pies o con algún instrumento: *En los viñedos se* **pisan** *las uvas para extraerles el jugo y hacer vino.*

piscicultura *f.* Arte de criar peces en un río, estanque o lago: *Como tiene conocimientos de* **piscicultura**, *Marco cría truchas para venderlas.*

piscina *f.* Estanque para bañarse o nadar: *Todas las mañanas el maestro nada en la* **piscina** *de la escuela durante media hora antes de comenzar las clases.* SIN. **alberca, pileta de natación.**

pisco *m. Bol., Chile y Perú.* Aguardiente de uva.

piso *m.* Suelo natural o artificial de casas, carreteras, etc.: *Cuando levantaron la alfombra vieron que el* **piso** *estaba cuarteado a causa del terremoto.*

pista *f.* [1] Rastro dejado por una persona o un animal: *El detective anda en busca de las* **pistas** *que lo puedan llevar al criminal.* [2] Terreno donde despegan y aterrizan aviones. [3] Terreno donde se realizan las carreras de automóviles.

pistache o **pistacho** *m.* Fruto del árbol llamado pistachero, su semilla de color verde es usada en repostería y en cocina.

pistilo *m.* Órgano sexual femenino de una flor: *El* **pistilo** *está compuesto por el estilo, el estigma y el ovario.*

pistola *f.* [1] Arma de fuego, de cañón corto: *Es peligroso tener* **pistolas** *en casa al alcance de los niños y adolescentes.* SIN. **revólver.** [2] Objeto que sirve para rociar un líquido: *Pintó su automóvil con una* **pistola** *que esparcía la pintura de manera uniforme.*

pita *f.* [1] Planta con hojas o pencas grandes, utilizada para hacer setos y que tiene diferentes derivados. SIN. **maguey, agave.** [2] Hilo que se hace de las hojas de la planta llamada pita. SIN. **mezcal.**

pitahaya *f.* Planta cactácea trepadora originaria de América Meridional da hermosas flores rojas o blancas y, en algunas variedades, vistosos frutos comestibles.

pitar *vb.* [1] Hacer sonar el pito: *El policía le* **pitó** *al automovilista para indicarle que se detuviera.* [2] Amér. Merid. Fumar: *Está prohibido* **pitar** *en los aviones y en muchos lugares públicos.*

pito *m.* Instrumento que al ser soplado produce un sonido agudo: *Los* **pitos** *que les dieron a los niños en la fiesta hacían mucho ruido.* SIN. **silbato.**

▶**pitón** *f.* Parte sobresaliente de las vasijas que tiene un agujero por donde sale el líquido para beber.

▶**pitón** *m.* Serpiente de gran tamaño originaria de Asia y África, que mata a sus presas enrollándose alrededor de ellas y asfixiándolas.

pizarra *f.* [1] Roca sedimentaria de color gris o azulado: *Las casas de montaña tienen tejados de* **pizarra.** [2] Trozo de la roca llamada pizarra preparado para escribir sobre él: *Hace años, cada niño tenía una pequeña* **pizarra** *y una tiza para trabajar en la escuela, ahora se usan cuadernos.* SIN. **encerado, pizarrón.**

pizarrón *m. Amér.* Pizarra, encerado: *La maestra escribió en el* **pizarrón** *el texto que teníamos que copiar en el cuaderno.*

pizca *f. Fam.* Porción pequeña: *La paella valenciana lleva una* **pizca** *de azafrán.*

Ⓢ *Amér.* = América ☆ *Amér. C.* = América Central ☆ *Amér. Merid.* = América Meridional ☆ *Bol.* = Bolivia ☆ *Méx.* = México.

placa *f.* [1] Lámina delgada: *Desde que sufrió el accidente aéreo en el que se fracturó el cráneo, ese piloto lleva una placa de platino en la cabeza.* [2] Pieza de metal con inscripciones. [3] *loc.* **Placa dental**, sustancia viscosa y pegajosa que se forma en la superficie de los dientes y que llega a ocasionar caries: *Cepíllate bien los dientes para eliminar toda la placa dental.*

placard *m.* Palabra de origen francés. *Argent.* y *Urug.* Armario empotrado. SIN. **clóset.**

placer *m.* Sensación agradable, satisfacción: *Fue un placer poder entrar a estudiar a la Universidad.*

plaga *f.* [1] Organismo animal o vegetal que perjudica a la agricultura: *La plaga de la langosta acaba con cosechas enteras.* [2] Abundancia de algo perjudicial: *Los vándalos se han convertido en una plaga de las grandes ciudades.* [3] Desgracia pública: *La sequía es una plaga que provoca la muerte del ganado y las plantas.*

plaguicida *adj./m.* Que combate las plagas del campo: *Muchos plaguicidas contaminan las plantas sobre las que se riegan.* SIN. **pesticida.**

plan *m.* [1] Proyecto, idea: *Tenemos el plan de ir a las montañas para las vacaciones de diciembre.* [2] Programa de una obra o acción: *El alcalde presentó un plan para mejorar el drenaje de la ciudad.*

plana *f.* Cada una de las caras de una hoja de papel: *La maestra nos pidió que hagamos dos planas con la letra p.*

plancha *f.* [1] Lámina delgada: *Compró dos planchas de metal para reforzar la casita del perro.* [2] Utensilio con asa para alisar y desarrugar prendas de vestir: *Antes las planchas se calentaban poniéndolas encima de las brasas y ahora son eléctricas.*

planchar *vb.* Alisar y desarrugar las prendas de vestir con la plancha: *La ropa de algodón y de lino se arruga mucho y hay que plancharla con cuidado.*

planeador *m.* Avión sin motor que vuela usando las corrientes de aire: *Los planeadores son aviones muy ligeros.*

planear *vb.* [1] Hacer planes: *Planeamos hacer un viaje a Bariloche para fin de año.* [2] Volar un avión con los motores parados: *La avioneta tuvo que planear para poder aterrizar, porque se le acabó el combustible.*

planeta *m.* Astro que gira alrededor del Sol o de otra estrella: *La Tierra, hasta donde sabemos, es el único planeta habitado del Sistema Solar.* →

planetario o **planetarium** *m.* Instalación que permite representar sobre una bóveda el aspecto del cielo y los movimientos de los astros.

planicie *f.* Llanura muy extensa, plana: *El pueblo estaba asentado en la planicie del valle rodeado por colinas.* SIN. **llano, sabana.**

planisferio *m.* Mapa que representa la esfera celeste o terrestre: *Para la clase de geografía debo colorear un planisferio.*

plano *m.* Representación gráfica de las partes de un lugar: *El arquitecto presentó los planos para el proyecto de la casa.*

plano, na *adj.* Llano, liso: *Es mejor usar los patines en piso plano porque se evitan tropezones.*

planta *f.* [1] Parte inferior del pie: *Se quemó la planta de un pie porque pisó descalzo la arena que estaba muy caliente.* [2] Vegetal: *Tiene su casa llena de plantas de todos tipos y parece un bosque pequeño.* [3] Piso de un edificio: *Es un departamento muy amplio de dos plantas.* [4] Establecimiento industrial: *La planta donde se elabora ese producto está en la zona industrial de la ciudad.*

plantación *f.* [1] Acción y efecto de plantar: *La primavera es buena época para la plantación de rosales.* [2] Gran explotación agrícola o cultivo extensivo de ciertas plantas industriales: *En el siglo XIX, en las plantaciones de algodón al sur de los Estados Unidos de Norteamérica trabajaban personas de raza negra como esclavos.*

plantar *vb.* Introducir en la tierra una planta o una semilla: *En esta ciudad tan gris cada persona debería ocuparse de plantar un árbol y cuidarlo.*

plantel *m.* [1] Institución donde se forman personas hábiles para cierta cosa: *En el plantel sur de esa universidad enseñan carreras como filosofía, historia y literatura.* [2] *Argent.* Conjunto de animales que pertenecen a un establecimiento ganadero.

plantilla *f.* [1] Pieza usada como modelo: *Mi madre utilizó una plantilla de papel para hacer un vestido.* [2] Pieza que cubre la planta del calzado: *En invierno mi mamá usa unas plantillas térmicas que le ayudan a conservar el calor de sus pies.*

plantío *m.* Lugar plantado de vegetales: *Los aviones del ejército rociaron los plantíos de marihuana con veneno para acabar con estas plantas.*

plástico *m.* Sustancia sintética de gran resistencia: *Compraron vasos de plástico para la fiesta de niños porque son más seguros.*

plata *f.* [1] Metal precioso, blanco, brillante e inalterable: *Se compró un juego de aretes y collar de plata.* [2] *Amér. C.* y *Amér. Merid. Fam.* Dinero en general, riqueza: *Su familia tiene mucha plata desde hace varias generaciones.*

plataforma *f.* [1] Superficie más elevada que lo que la rodea: *El presidente se dirigió al grupo de personas desde una plataforma.* [2] *Argent.* Andén de una estación de tren: *Inútilmente el joven esperó en la plataforma de la estación a que su amada llegara, porque nunca llegaría.*

plátano *m.* [1] Planta de hojas largas y frutos comestibles. SIN. **banano.** [2] Fruto de la planta llamada pláta-

---

adj. = adjetivo ☆ **f.** = sustantivo femenino ☆ **Fam.** = familiar ☆ **loc.** = locución ☆ **m.** = sustantivo masculino ☆ SIN. = sinónimo ☆ **vb.** = verbo ☆ **vb. irreg.** = verbo irregular ☆ → Ver Minienciclopedia.

no, de forma alargada y color amarillo: *Preparé un postre delicioso con **plátanos**, helado, mermelada y crema.* SIN. **banana.**

plateado, da *adj.* ① Bañado de plata. ② De color de plata o parecido a ella: *El cantante de rock tenía un traje **plateado** con negro y se veía muy espectacular.*

plática *f.* ① Conversación: *Sostuvimos una **plática** sabrosa y amena durante la comida.* ② Sermón breve: *La directora ofreció una **plática** de bienvenida a los alumnos de primer ingreso.*

platicar *vb. irreg.* Conversar: *Los castigaron por **platicar** en clase en lugar de poner atención a la maestra.*

platillo *m.* ① Pieza pequeña semejante al plato: *La balanza tiene dos **platillos**, en uno se ponen las pesas y en el otro los objetos que se quieren pesar.* ② Pieza metálica circular que forma un instrumento musical de percusión: *Las bandas militares usan **platillos**, trompetas y tambores.* ③ Méx. Alimento preparado: *El banquete consistió de siete **platillos** y cinco postres.* ④ *loc.* **Platillo volante** o **volador**, objeto que vuela, supuestamente extraterrestre: *Rogelio asegura que vio un **platillo volador** encima de su casa de campo.*

plato *m.* ① Recipiente de forma redonda con el centro más o menos hondo y que se emplea para poner comida: *Cenaremos cinco personas, por favor coloca cinco **platos** en la mesa.* ② Alimento preparado: *Como segundo **plato** hay pescado al horno.* →

playa *f.* Extensión casi plana y arenosa en la orilla del mar: *En esa **playa** hay que tener mucho cuidado porque las olas son altas y fuertes.*

plaza *f.* ① Espacio libre y ancho en una población: *En el centro, frente a la catedral, hay una gran **plaza** con muchos árboles.* ② Mercado: *Antiguamente, cuando no había máquinas para enfriar los alimentos, las mujeres iban diario a la **plaza** a comprar comida.* ③ Lugar donde se hacen corridas de toros: *Fuimos a la **plaza** de toros porque se presentó el torero preferido de Manolo.*

plazo *m.* Espacio de tiempo señalado para hacer cierta cosa: *Le dieron un **plazo** de una semana para terminar de pagar su deuda.*

plegable *adj.* Que se pliega, que se dobla: *El sol está maravilloso, saquemos las sillas **plegables** al jardín y sentémonos a descansar.*

plegar *vb. irreg.* Ceder, someterse: *Terminaron **plegándose** a la voluntad del jefe y aceptaron sus propuestas.*

pleito *m.* Disputa: *La discusión entre los vecinos subió de tono hasta llegar a convertirse en **pleito**.*

pleno, na *adj.* ① Lleno, completo: *Cuando voy de paseo al bosque me siento **pleno** de energía.* ② En el centro, en el medio de una acción: *En **plena** representación de la obra de teatro el actor olvidó algunas de sus líneas.*

pliego *m.* Hoja de papel cuadrangular y doblada por la mitad: *Su amigo de Australia le escribió a Miriam una carta de dos **pliegos**.*

pliegue *m.* Doblez o arruga: *Ayer vi unos perros muy curiosos, de pelo corto y con **pliegues** en la piel.*

plomero *m.* Amér. Fontanero: *Hay que llamar al **plomero** para que venga a arreglar el lavabo que gotea.*

plomo *m.* Metal pesado, de color gris azulado, blando y maleable: *Cuando los industriales se dieron cuenta de que el **plomo** es dañino para la salud, dejaron de usarlo para elaborar las latas de alimentos.*

pluma *f.* ① Órgano que forma parte de la piel de las aves, formado por un tubo provisto de barbas: *Las **plumas** conservan la temperatura del cuerpo de los pájaros y los protegen del agua, son su abrigo y su impermeable.* ② Méx. Instrumento con tinta para escribir. SIN. **bolígrafo, birome.**

plumaje *m.* Conjunto de plumas que cubren el cuerpo de un ave: *El **plumaje** de la cacatúa es de color blanco y forma un bonito penacho en su cabeza.*

plumero *m.* Utensilio para limpiar el polvo hecho con plumas de ave atadas a un mango: *Esteban, por favor pasa el **plumero** encima de los libros para quitarles el polvo.*

plumón *m.* ① Pluma fina de las aves que se encuentra bajo el plumaje exterior. ② Utensilio usado para rotular: *Escribe el anuncio con **plumones** gruesos de colores atractivos para que llame la atención.*

plural *m.* Accidente gramatical que se refiere a dos o más personas, animales o cosas: *La palabra gusano es singular; la palabra gusanos es **plural**.*

pluvial *adj.* Se refiere a lo que está relacionado con la lluvia.

población *f.* ① Conjunto de los habitantes de un país o comunidad: *La **población** del mundo ha crecido de manera alarmante en los últimos cincuenta años.* ② Conjunto de cosas de la misma especie o que son parecidas.

poblado *m.* Lugar habitado: *Espero que en el **poblado** más próximo haya algún lugar dónde comer, porque me muero de hambre.*

poblar *vb. irreg.* ① Ocupar la gente un lugar para vivir ahí: *El sitio que visitamos fue hace unos años casi un desierto pero llegaron personas, lo **poblaron** y ahora es un próspero pueblo minero.* ② Llenarse de una cosa: *En la época de lluvias los bosques **se pueblan** de diferentes clases de hongos.*

pobre *adj.* ① De poca calidad: *El diseño del vestido es bueno pero la confección es **pobre**, por eso no luce.* ② Que no tiene dinero, mendigo: *Un hombre **pobre** pedía limosna a los automovilistas que cruzaban esa calle.* ③ Infeliz, desdichado: *El **pobre** muchacho está muy triste porque su novia lo plantó.*

pobreza *f.* Calidad o estado de pobre: *La pobreza es un gran problema mundial.*

pocilga *f.* Lugar para mantener a los cerdos domesticados: *Atrás de la casa está la pocilga.* SIN. **chiquero.**

pocillo *m.* Jícara, vasija o taza pequeña que puede estar hecha de cerámica o metal.

pócima *f.* Bebida medicinal hecha de materias vegetales: *La curandera preparó una pócima con varias hierbas que debo tomar durante quince días.*

poción *f.* Cualquier líquido considerado medicinal o mágico para beber: *Me dijo que conseguiría una poción para que ese muchacho se enamorara de ella.*

▶ **poco** *m.* Cantidad escasa de algo: *¿Quieres flan?, queda un poco.*

▶ **poco** *adv.* ① Con escasez: *Evaristo es un poco lento para correr y siempre llega al último en las competiciones.* ② Con algunos verbos, indica corta duración: *Ana tardó poco en llegar hasta mi casa, apenas hizo quince minutos de camino.*

poco, ca *adj.* Escaso en cantidad o calidad: *Sólo quiero ensalada porque tengo poca hambre.*

podar *vb.* Cortar las ramas inútiles de los árboles y plantas: *Ya está muy crecido el césped, hay que podarlo.*

▶ **poder** *m.* ① Capacidad para hacer algo: *Elías tiene poder para convencerme de salir a jugar cuando me siento triste.* ② Dominio o influencia: *Elena es quien tiene más poder en la empresa porque es la socia con más acciones.* ③ Fuerza de una cosa para producir cierto efecto: *Los detergentes tienen poder limpiador y desengrasante.* ④ *loc.* **Poder ejecutivo**, el que se encarga de aplicar las leyes hechas por el poder legislativo. ⑤ *loc.* **Poder judicial**, el encargado de impartir justicia con base en las leyes que elabora el poder legislativo. ⑥ *loc.* **Poder legislativo**, el que discute, aprueba, elabora y reforma las leyes que se aplican en un país.

▶ **poder** *vb. irreg.* ① Tener la facultad de hacer una cosa. ② Ser posible que suceda una cosa: *Puedes encontrar a mi hermano en esta calle porque estudia en una escuela del barrio.*

poderoso, sa *adj.* Activo, eficaz: *Te voy a dar una píldora poderosa que te quitará el dolor rápidamente.*

podrido, da *adj.* Se dice de lo que resulta de pudrir o pudrirse: *Ya tira esas frutas porque están podridas y agusanadas.*

poema *m.* Texto oral o escrito, algunas veces compuesto en verso: *El escritor chileno Pablo Neruda escribió maravillosos poemas e incluso recibió el Premio Nobel.*

poesía *f.* Arte de evocar emociones e ideas mediante un uso especial del lenguaje, sujeto a unas reglas determinadas: *Para escribir poesía hay que cuidar el ritmo, la cadencia y la sonoridad de las palabras.*

poeta *m.* y *f.* Persona que compone poesía: *El escritor cubano José Martí fue un gran poeta de finales del siglo XIX.*

polar *adj.* Relativo a uno de los polos: *El blanco pelaje de los osos polares les sirve para confundirse con el paisaje nevado.*

polca *f.* Danza de origen polaco que se baila por parejas: *Un instrumento usado para tocar polcas es el acordeón.*

polea *f.* Rueda acanalada por la que pasa una cuerda y que sirve para elevar cuerpos: *Como el armario no cupo por las escaleras, lo alzaron al segundo piso con poleas y cuerdas.*

polen *m.* Conjunto de granos microscópicos producidos por los estambres de las flores: *El polen de las flores sirve para su reproducción.*

▶ **policía** *f.* Fuerza pública encargada de mantener el orden y brindar seguridad a los ciudadanos: *Le robaron su cartera y fue a la oficina de la policía a denunciar el delito.*

▶ **policía** *m.* y *f.* Miembro de la fuerza pública encargada del orden y seguridad de los ciudadanos: *Hace una semana un policía atrapó a un ladrón en esta calle.*

poliedro *m.* Sólido limitado por varios polígonos llamados caras: *El cubo es un poliedro de seis caras.*

poliéster *m.* Material sintético usado en la fabricación de fibras y tejidos.

polígono *m.* Porción de plano limitado por segmentos de recta: *El pentágono es un polígono de cinco lados.*

polilla *f.* Insecto nocturno cuyas larvas destruyen los tejidos y la madera: *Consuelo tuvo que fumigar su casa porque la polilla se estaba comiendo sus muebles de madera.*

polinización *f.* Transporte del polen desde los estambres hasta el estigma de la flor: *La polinización es necesaria para que se efectúe la fecundación de las plantas que tienen flores.*

poliomielitis *f.* Enfermedad producida por un virus que se fija en la médula espinal y provoca parálisis: *Juan sufrió de poliomielitis cuando era niño y desde entonces tiene que usar muletas.*

politécnico, ca *adj.* Que abarca diversas ciencias o artes: *Marco estudió biología en la escuela politécnica nacional y su hermano estudió ingeniería en el mismo plantel.*

▶ **político, ca** *adj.* ① Relativo a la política: *Los ministros, diputados y senadores son personajes políticos.* ② Se dice del parentesco que lo es por afinidad y no por lazos de sangre: *La esposa de mi tío es mi tía política.*

▶ **político, ca** *m.* y *f.* Persona que se dedica a la política.

póliza *f.* Documento que recoge las cláusulas de un contrato: *Mi papá compró una póliza para asegurar su automóvil.*

---

adj. = adjetivo ☆ *adv.* = adverbio ☆ ANT. = antónimo ☆ *f.* = sustantivo femenino ☆ *loc.* = locución ☆ *m.* = sustantivo masculino ☆ SIN. = sinónimo ☆ *vb.* = verbo ☆ *vb. irreg.* = verbo irregular.

polizón *m.* Persona que se embarca sin tener permiso para hacerlo, a escondidas: *En una de las bodegas del barco encontraron escondido un polizón.*

pollera *f.* *Amér. Merid.* Prenda de vestir, en especial femenina, que cae de la cintura hacia abajo. SIN. **falda.**

pollería *f.* Tienda donde se venden pollos y huevos: *Ve a la pollería de la esquina y compra una pechuga para guisarla con verduras.*

pollo *m.* ① Cría de las aves: *Los pollos de las águilas se llaman aguiluchos.* ② Gallo joven: *El hombre vendía pollos enteros o en pedazos para preparar guisos.*

polo *m.* Cualquiera de los extremos del eje de rotación de una esfera, en especial de la Tierra: *Robert E. Peary fue el primer explorador en llegar, en 1909, hasta el polo Norte de la Tierra.*

poltrona *f.* Butaca cómoda y ancha: *A mi abuelo le gusta sentarse a leer el diario en una mullida poltrona junto a la ventana.*

polución *f.* Contaminación del ambiente: *La polución es un problema grave en ciudades grandes como México, Caracas y Santiago.*

polvareda *f.* Gran cantidad de polvo: *Cuando las vacas echaron a correr se levantó una gran polvareda.*

polvera *f.* Pequeña caja, por lo general con espejo, en la que se guarda el polvo facial: *La mujer sacó la polvera para retocarse el maquillaje antes de que le tomaran las fotografías.*

polvo *m.* Tierra o materia en pequeñísimas partículas: *Carlos es alérgico al polvo porque le causa molestias en la nariz y garganta.*

pólvora *f.* Material explosivo que se utiliza para disparar proyectiles o para elaborar cohetes y juegos pirotécnicos: *La pólvora fue inventada por los antiguos chinos entre los años 1127 y 1279 d. C.*

polvoso, sa *adj.* Lleno de polvo: *Después de su viaje por el camino de tierra seca, el hombre llegó a la posada todo polvoso.*

pomada *f.* Ungüento de uso medicinal y de aplicación externa: *Ponte pomada en el músculo y te aminorará el dolor causado por la luxación.*

pomelo *m.* ① Árbol parecido al naranjo, cultivado en los países cálidos. ② Fruto del árbol llamado pomelo, mayor que las naranjas y de sabor un poco amargo y ácido. SIN. **toronja.**

pomo *m.* ① Perilla fija a los muebles, puertas, etc., de la que se tira para abrirlos: *Como se cayó el pomo de la puerta, ahora no la puedo abrir.* SIN. **picaporte.** ② *Argent.* Recipiente de material flexible en el que se expenden cosméticos, fármacos o pinturas.

pompa *f.* Ampolla líquida llena de aire: *Un alambre en forma de aro y agua jabonosa sirven como una pequeña máquina para hacer pompas de jabón.* SIN. **burbuja.**

pómulo *m.* Hueso saliente de cada una de las mejillas: *Giordano tiene los pómulos escondidos bajo sus grandes mejillas gordas.*

ponchar *vb.* Palabra de origen inglés. ① *Colomb., Guat. y Méx.* Pincharse un neumático, balón o cualquier otro objeto que se infle con aire o gas: *Se ponchó un neumático del auto y nos llevó tanto tiempo cambiarlo que llegamos muy retrasados a la cita.* ② En el béisbol, mandar a la banca al lanzador de un equipo al bateador del contrario.

ponche *m.* Bebida hecha con agua caliente, frutas, azúcar y a veces licor: *En las épocas invernales mi mamá prepara ponche de manzana.*

poncho *m.* Manta cuadrada de lana o tela gruesa, con una abertura para pasar la cabeza y usarla sobre el cuerpo para abrigarse.

poner *vb. irreg.* ① Asignar a un objeto un lugar o un modo de estar en el espacio: *Puse la cama cerca de la ventana para que me refresque el viento que entra.* ② Preparar algo para un fin determinado: *Hoy los niños pusieron los platos en la mesa para la cena.* ③ Dar un nombre: *¿Qué nombre van a ponerle al bebé?* ④ Soltar el huevo las aves y otros animales ovíparos: *Hay que recoger los huevos en cuanto los pongan las gallinas para que no los pisen.* ⑤ Ocultarse el Sol bajo el horizonte: *En verano el sol se pone más tarde que en invierno.* ⑥ Vestir alguien una prenda determinada: *Ponte un abrigo porque hace mucho frío en la calle.*

poniente *m.* Oeste, punto cardinal: *El Sol se pone por el poniente, como su nombre lo indica.*

pontífice *m.* En la Iglesia Católica, título dado a los obispos y en especial al Papa: *El sumo pontífice de la Iglesia Católica es el Papa y vive en la Santa Sede.*

ponzoña *f.* Sustancia que intoxica el organismo: *La ponzoña de la abeja me provocó una inflamación dolorosa en el brazo.*

popa *f.* Parte posterior de una embarcación: *Los turistas tomaban el sol en la cubierta de popa del transatlántico.* ANT. **proa.**

popote *m.* *Méx.* Tubo delgado para sorber líquidos. SIN. **pajilla.**

popular *adj.* ① Relativo al pueblo o propio de él: *La música popular aparece primero en las capas sociales bajas.* ② Muy conocido o extendido en una colectividad: *Como ese cantante es muy popular muchas personas quieren asistir a sus conciertos.*

popurrí o potpurrí *m.* Palabra de origen francés. Composición musical que consiste en una serie de fragmentos de obras diversas: *El domingo la banda tocó un popurrí de canciones populares de moda.*

póquer *m.* Palabra de origen inglés. Juego de naipes, de origen estadounidense, en que cada jugador recibe cinco cartas y debe formar ciertas combinaciones.

o

p

q

r

s

t

u

por *prep.* [1] Determina el paso a través de un lugar: *Cuando fuimos a Europa viajamos **por** varios países como España, Francia, Italia e Inglaterra.* [2] Indica fecha aproximada: *Por el día cinco de este mes tengo que pagar una deuda.* [3] Indica parte o lugar concreto: *Jazmín tomó la cacerola **por** las asas para no quemarse.* [4] Indica causa de algo: *Ese hombre está detenido en la oficina de la policía **por** el robo de un auto.* [5] Indica medio o modo de ejecutar una cosa: *No puedes estudiar todas las materias al mismo tiempo, debes hacerlo **por** etapas si realmente deseas aprender.* [6] Señala multiplicación de números: *Cinco **por** cinco es igual a veinticinco.* [7] *loc.* **Por qué**, por cuál causa o motivo: *¿Por qué no viniste a la escuela ayer?*

porcelana *f.* Tipo de cerámica fina, impermeable y cubierta con una capa de material parecido al vidrio: *La **porcelana** francesa de Sèvres es muy famosa y apreciada.*

porcino, na *adj.* Relativo al cerdo: *En la industria alimentaria **porcina** se produce jamón, chuleta, chorizo, etc.*

porción *f.* Cantidad separada de otra mayor: *En casa de Sofía me dieron una **porción** grande de tarta porque saben que me gusta mucho.*

pordiosero, ra *adj./m. y f.* Mendigo.

poro *m.* [1] Espacio que hay entre las partículas de los sólidos: *El barro crudo tiene muchos **poros**, por eso hay que barnizarlo antes de hornearlo.* [2] Orificio de la piel de los animales o de la superficie de los vegetales: *Cuando uno tiene mucho calor emite sudor a través de los **poros** para que la piel se refresque.* [3] Planta hortícola de hojas anchas y planas y bulbo comestible de sabor parecido al de la cebolla: *Mi madre usa el **poro** como condimento y para preparar sopas.* SIN. **puerro, porro.**

poroto *m.* [1] *Amér. Merid.* Planta con frutos que crecen en forma de vaina y dentro de los cuales hay varias semillas comestibles con forma de riñón. SIN. **frijol, judía.** [2] *Amér. Merid.* Semilla de la planta llamada poroto, es comestible y se come seca o verde. SIN. **frijol, judía.**

porqué *m.* *Fam.* Causa, razón o motivo: *Es importante conocer el **porqué** de la conducta de las personas para poder comprenderlas.*

porque *conj.* Por causa o razón de algo: *Eduardo no vino **porque** estaba enfermo.*

porquería *f.* Suciedad, inmundicia: *Mi hermano vive en la **porquería** porque no limpia su habitación, no lava su ropa y no se baña.*

porra *f.* [1] Palo más grueso por un extremo que por el otro: *El policía lleva una **porra** para intimidar a los delincuentes.* [2] *Argent. Fam.* Pelo abundante y enmarañado: *Los cantantes del nuevo grupo de rock traen una*

porra *que parecen leones.* [3] *Méx.* Conjunto de seguidores de un equipo deportivo: *Los de la **porra** siempre van a los juegos vestidos con los colores de su equipo favorito.*

porro *m.* Bulbo comestible. SIN. **poro, puerro.**

portada *f.* [1] Adorno de la fachada de un edificio alrededor de la entrada principal. [2] Primera plana de un libro, diario o revista: *En esa revista ponen **portadas** muy atractivas para que la gente la compre.*

portafolios *m.* Carpeta o maleta para llevar papeles, documentos, etc.: *El ayudante que acompañaba al ministro cargaba un pesado **portafolios** lleno de todo tipo de documentos.*

portal *m.* Zaguán, entrada: *Todas las tardes la muchacha espera a su novio parada en el **portal** del edificio donde vive.*

portar *vb.* [1] Llevar o traer una cosa: *El atleta **portaba** en la mano la antorcha con la llama olímpica.* [2] Actuar de cierta manera: *Felipe **se porta** bien en la escuela y saca buenas notas en conducta.*

portátil *adj.* Fácil de ser llevado de una parte a otra: *El médico tiene una computadora **portátil** que lleva consigo cuando sale de viaje.*

portaviones *m.* Buque de guerra que transporta aviones: *Se necesita ser un piloto hábil para despegar y aterrizar en un **portaviones.***

porteño, ña *adj./m. y f.* [1] De Buenos Aires, capital de Argentina, país de América del Sur. [2] De Valparaíso, en Chile, país de América del Sur. [3] Originario de algún puerto.

portería *f.* [1] Parte de un edificio donde está el portero o cuidador: *Toca en la **portería** para que ahí entregues el paquete y no tengas que subir la escalera.* [2] En ciertos deportes, armazón por donde ha de entrar el balón: *El guardameta saltó para impedir que el balón entrara en la **portería.***

portero, ra *m. y f.* [1] Persona que custodia la puerta de una casa o edificio: *El **portero** se ocupa de la limpieza de las escaleras del edificio y de abrir y cerrar la puerta.* [2] En ciertos deportes, jugador que defiende su portería: *Los **porteros** deben tener reflejos rápidos y ser muy flexibles y ágiles.* SIN. **guardameta, guardavalla, arquero.**

portón *m.* Puerta grande: *Para entrar a la casa primero se debe pasar por un gran **portón** de madera.*

portugués *m.* Lengua hablada en Portugal y en Brasil.

portugués, sa *adj./m. y f.* Originario de Portugal, país de Europa.

posada *f.* Establecimiento donde se hospedan y comen los viajeros: *La comida de la **posada** tenía un delicioso sabor casero.*

posar *vb.* [1] Dejar sobre el piso o un mueble la carga que se trae: *El joven **posó** su equipaje en el suelo para sujetarse del tubo del autobús.* [2] Detenerse las

---

aves en un sitio: *Después de volar un rato el pájaro se posó en una rama para comerse un gusano que había atrapado.*

posdata *f.* Texto que se añade a una carta ya concluida y firmada: *En la posdata de su carta Martha envía saludos para todos.*

poseer *vb. irreg.* Tener en propiedad: *La familia Martínez posee una casa en la playa y la ocupa para descansar durante las vacaciones.*

posesivo, va *adj.* ① Que indica posesión. ② Se dice del adjetivo o pronombre que expresa posesión: *Mi es el adjetivo posesivo que primero aprenden a usar los niños.*

posibilidad *f.* Algo que puede suceder: *Existe la posibilidad de que mi padre haga un viaje la próxima semana por asuntos de trabajo.* SIN. **probabilidad.**

posible *adj.* Que puede ser o suceder, o que se puede hacer: *Es posible realizar este trabajo en dos horas porque no es muy complicado.*

posición *f.* ① Situación, lugar: *El corredor chileno ocupó la segunda posición en la competencia de velocidad.* ② Actitud, postura: *Me gusta acostarme a dormir en posición lateral y con las piernas dobladas.*

positivo, va *adj.* ① Afirmativo: *El banco le dio una respuesta positiva a la solicitud de préstamo hipotecario que hizo Carlos.* ② Se dice de la persona que siempre busca algo bueno en las cosas o situaciones.

posponer *vb. irreg.* Retrasar, aplazar: *Emiliano tuvo que posponer su viaje por dos meses debido a la enfermedad repentina de su madre.*

▶ **postal** *adj.* Relativo al correo: *Mi tío es empleado postal en una oficina llamada "El correo central".*

▶ **postal** *f.* Tarjeta ilustrada con dibujos o fotografías que se envía por correo sin sobre: *Melania me envió una postal de un famoso museo que visitó durante su viaje a París.*

poste *m.* ① Madero largo colocado de manera vertical: *Mi perro siempre hace pipí en un poste que está en la esquina de mi casa.* ② Cada uno de los dos palos verticales de la portería de fútbol: *El portero debe pararse en el centro de la portería para poder llegar antes que el balón a cualquiera de los dos postes.*

posterior *adj.* ① Que sigue en el orden del tiempo: *Mi arribo fue posterior al tuyo; tú llegaste a las 4 y yo llegué a las 5.* ② Que está detrás de algo: *En la parte posterior de la escuela se encuentra un patio para jugar y hacer deportes.*

postizo, za *adj.* Que suple una falta natural: *A causa del accidente se rompieron sus dientes y por eso ahora usa dentadura postiza.*

postura *f.* Manera de estar o colocarse: *Durante mi viaje en autobús dormí en una postura incómoda y ahora me duele el cuello.*

potable *adj.* Agua o cualquier líquido que se puede beber sin que haga daño a quien lo bebe: *El agua de los grifos no es potable, hay que desinfectarla o hervirla antes de beberla.*

potencia *f.* ① Capacidad para hacer algo o producir un efecto. ② Fuerza, poder: *Un automóvil común no tiene potencia para correr a cuatrocientos kilómetros por hora.*

potente *adj.* ① Que tiene potencia: *El motor de esa motocicleta es muy potente, pues alcanza velocidades de 300 km/h.* ② Poderoso, fuerte: *Le inyectaron a Joel un potente antibiótico para atacar la infección de su garganta.*

potestad *f.* Poder o facultad que se tiene sobre personas o cosas: *Los padres tienen la potestad de cuidar y tomar decisiones por los hijos pequeños.*

poto *m.* ① *Argent., Bol., Chile y Perú. Fam.* Nalgas, trasero. ② *Perú.* Vasija hecha de calabaza seca que se usa para contener líquido.

potranco, ca *m. y f.* Caballo pequeño de menos de tres años de edad.

potrero *m.* ① *Amér.* Terreno cercado destinado a criar ganado: *Los caballos y las vacas pastan en el potrero.* ② *Argent. y Urug.* Terreno sin construir ubicado en la ciudad.

potro *m.* Aparato de gimnasia para efectuar saltos: *Los saltos en el potro son obligatorios en la gimnasia olímpica.*

potro, tra *m. y f.* Caballo o yegua jóvenes: *Ese potro negro todavía no está listo para ser montado porque falta entrenarlo y domesticarlo.*

pozo *m.* Hoyo hecho en la tierra para sacar agua o petróleo o bajar a las minas: *El pozo se secó y tuvieron que perforar en otros lugares en busca de agua.*

pozole *m.* ① *Guat.* Alimento que se les da a las aves de corral. ② *Méx.* Guiso que consiste en un caldo hecho con granos de maíz, carne de cerdo o pollo y condimentado con ají o chile, cebolla, lechuga, rábano y orégano.

práctica *f.* ① Acción de realizar un trabajo o una actividad: *Es muy fácil leer una receta de cocina pero puede ser muy complicado ponerla en práctica.* ② Destreza, habilidad: *El panadero hace los panes con rapidez porque tiene mucha práctica.*

practicar *vb. irreg.* ① Realizar una actividad: *Desde niño ha practicado la natación y ahora va a competir profesionalmente.* ② Hacer algo con regularidad: *Si quieres llegar a tocar el piano de manera profesional tienes que practicar todos los días.*

práctico, ca *adj.* Que produce utilidad material: *Es muy práctico saber hacer algunas reparaciones domésticas, pues así se ahorra tiempo y dinero.*

pradera *f.* Prado grande: *La casa está en medio de una gran pradera, al fondo de la cual se ven las montañas.*

prado *m.* ① Terreno en el que se deja crecer la hierba para alimento del ganado: *Sacaré a las vacas al prado porque ya es hora de que se alimenten.* ② Lugar con árboles y césped que sirve de paseo: *Cerca de mi casa hay un prado donde llevo a pasear a mi perro todas las tardes.*

precaución *f.* Medida que se toma para evitar un peligro: *Antes de hacer un viaje en automóvil hay que tener la precaución de revisar los neumáticos, el aceite y los frenos.* SIN. **cuidado.**

precavido, da *adj.* Cauteloso: *Benito es un niño precavido que voltea a ambos lados de la calle antes de cruzarla.*

preciado, da *adj.* Valioso, digno de estimación: *Aunque el reloj no costaba mucho dinero era un objeto preciado para Gerardo, pues se lo había regalado su hermana.*

precio *m.* ① Valor atribuido a una cosa, expresado en dinero: *La muchacha presumida se compró el vestido pese a que el precio era demasiado alto.* ② Costo: *El precio que pagó Efraín por hacer trampa en el examen fue alto, porque el maestro lo descubrió y lo reprobó.*

precioso, sa *adj.* ① Que es muy valioso: *Cuando hay un accidente, el tiempo para atender a los heridos es precioso.* ② Hermoso, bonito: *El paraje que visitamos el domingo es un lugar precioso donde vale la pena construir una casa.* SIN. **lindo, chulo, bello.**

precipicio *m.* Abismo o declive alto y profundo en un terreno: *Ese restaurante en la montaña tiene un mirador que asoma a un precipicio muy impresionante.* SIN. **barranco.**

precipitar *vb.* ① Arrojar desde un lugar alto: *El automóvil derrapó en la curva y se precipitó al abismo.* ② Hacer que una cosa ocurra antes de tiempo. ③ Actuar con prisa: *Antonia se precipitó a comprar el vestido de novia porque va a casarse mañana.*

preciso, sa *adj.* ① Exacto, justo: *Esperé al carpintero toda la tarde y llegó en el preciso momento en que yo salía de casa, por eso no pude atenderlo.* ② Claro: *Las instrucciones de la receta fueron precisas, por eso mi postre quedó bien.*

precolombino, na *adj.* Relativo a la América anterior a la llegada de Cristóbal Colón: *El cacao, la papa y el jitomate son cultivos que se han venido realizando desde tiempos precolombinos.* SIN. **prehispánico.**

precoz *adj.* Que se produce, desarrolla o madura antes de tiempo: *El músico austriaco Mozart fue un niño precoz que a los cuatro años de edad ya tocaba el piano y el violín.*

predecir *vb. irreg.* Anunciar algo que ha de suceder en el futuro: *Las gitanas ofrecen predecir el futuro de alguien interpretando las líneas de su mano.*

predicado *m.* Parte de la oración que dice algo del sujeto: *En la frase "La contaminación está muy alta", "está muy alta" es el predicado y el sujeto es "la contaminación".*

predicción *f.* Hecho de predecir, de anunciar un suceso futuro: *Todavía no es posible hacer una predicción de cuándo ocurrirán los terremotos.*

predominar *vb.* Notarse, destacar algo o alguien sobre otras cosas o personas: *En la cinematografía estadounidense predominan los filmes de ciencia ficción.*

preescolar *adj.* ① Que precede a lo escolar. ② *loc.* Educación preescolar, primer nivel educativo que precede a la escolarización obligatoria: *A los cuatro años de edad los niños suelen empezar a recibir la educación preescolar.*

prefabricado, da *adj.* Se dice de las piezas para la construcción elaboradas de manera industrial antes de usarse en la construcción: *Como utilizaron piezas prefabricadas, los albañiles se tardaron muy poco en armar la casa.*

prefacio *m.* Introducción, lo que se dice o se escribe antes de entrar al tema principal de un libro: *En el prefacio del libro obtuve información acerca del autor y sobre el tema de la novela.* SIN. **prólogo.**

prefecto *m.* Encargado de mantener la disciplina en una escuela.

preferir *vb. irreg.* Gustar más una persona o cosa que otra: *Gracias por la invitación a cenar, pero prefiero quedarme en casa a leer.*

prefijo *m.* ① Elemento que se pone antes de una palabra para modificar su sentido: *Las palabras anticonceptivo e inmaduro llevan un prefijo que convierte su significado en lo contrario de la palabra original.* ② Clave o señal telefónica que va antes que otra, necesaria para hacer llamadas de larga distancia: *El prefijo telefónico de México es 52.* →

pregunta *f.* Frase con que se pide información: *Hice la pregunta "¿quién me invita a comer?" y tres de mis compañeros se ofrecieron a hacerlo, así que fuimos los cuatro juntos.*

preguntar *vb.* Pedir información sobre algo que se desea saber o confirmar: *Me gustaría preguntarle a ese cineasta cuál es su filme favorito.*

prehispánico, ca *adj.* Se dice de las culturas que se desarrollaron en América antes de la llegada de los españoles: *Dos culturas prehispánicas sobresalientes fueron la maya y la incaica.* SIN. **precolombino.**

prehistoria *f.* Historia del mundo hasta antes de ser inventada la escritura.

prehistórico, ca *adj.* ① Relacionado con la prehistoria: *En los tiempos prehistóricos las familias habitaban en cavernas.* ② *Fam.* Muy antiguo: *La máquina de escribir que uso es prehistórica, pues me la heredó mi abuela.*

adj. = adjetivo ☆ *f.* = sustantivo femenino ☆ *Fam.* = familiar ☆ *interj.* = interjección ☆ *loc.* = locución ☆ *m.* = sustantivo masculino ☆ SIN. = sinónimo ☆ *vb.* = verbo ☆ *vb. irreg.* = verbo irregular ☆ → Ver Minienciclopedia.

prejuicio *m.* Acción y efecto de hacer juicios antes de tiempo, antes de conocer o comprobar algo: *Raúl tiene el prejuicio de que ese niño es un tonto. ¿Cómo puede saberlo si nunca ha hablado con él?*

premiación *f. Amér.* Acto en donde se da algo como reconocimiento o recompensa: *La ceremonia de premiación será después de que haya terminado la competencia.*

premiar *vb.* Dar algo a alguien como reconocimiento o recompensa: *En mi escuela premian con una medalla al niño que obtenga las mejores calificaciones.*

premio *m.* Aquello que se da como reconocimiento o recompensa: *El señor Ramírez ganó el premio en el concurso de diseño de muebles porque presentó un modelo de armario muy funcional y elegante.*

premolar *m.* Cada uno de los dientes situados entre los caninos y los molares.

prenda *f.* [1] Pieza de vestido o de calzado: *En el segundo piso de la tienda venden prendas de vestir y en el primero venden artículos para el hogar.* SIN. **ropa.** [2] Aquello que se da como garantía o prueba de algo: *La dama dio al caballero su collar como prenda de su confianza en él.*

prendedor *m.* Broche o alfiler, a menudo de adorno, que sirve para sujetar prendas de vestir: *Martina se puso un pañuelo en el cuello y lo abrochó con un prendedor de perlas.*

prender *vb.* [1] Agarrar: *La leona prendió a la pequeña gacela y llevó a sus cachorros para que comieran.* [2] Arraigar una planta: *La enredadera ya prendió y está creciendo rápido.* [3] Hacer arder o comenzar a arder: *La fogata prendió lentamente porque la madera estaba un poco húmeda.* [4] Conectar la luz o un aparato eléctrico: *Prende la televisión para que veamos el noticiero.*

prensa *f.* [1] Taller de imprenta o máquina para imprimir. [2] Conjunto de publicaciones periódicas: *La prensa de todo el mundo publicó en primera plana la noticia de la muerte accidental de la princesa.*

preñada *adj./f.* Embarazada: *La elefanta del zoológico ha quedado preñada y parirá dentro de veintidós meses, que es el tiempo que dura la gestación de un elefantito.*

preocupación *f.* Estado de intranquilidad, angustia o inquietud: *No tener dinero para pagar su deuda le causa una gran preocupación.*

preocupar *vb.* Causar algo intranquilidad o inquietud: *Mi madre se preocupa cuando mis hermanos llegan tarde por la noche y no le avisan dónde están.*

preparado, da *adj.* Instruido: *Es una persona preparada que no tendrá problemas en conseguir trabajo pronto.*

preparar *vb.* [1] Poner algo en condiciones para cierto fin: *Desde la noche anterior Elena preparó todo lo necesario para su viaje del día siguiente.* [2] Entrenar: *El atleta se está preparando para participar en el maratón.*

preparativo *m.* Cosa dispuesta y preparada para determinado fin: *Al fin terminamos con los preparativos para la fiesta que daremos mañana.*

preposición *f.* Partícula invariable que une palabras o frases: *La palabra con es una preposición separable.*

▶ **presa** *f.* Cosa cogida o apresada: *Los roedores y reptiles pequeños son presas de las águilas.*

▶ **presa** *f.* Muro que sirve para detener una corriente de agua o para acumular este líquido: *La presa de Asuán, cuyas aguas forman el lago Nasser, contiene una de las reservas de agua más importantes de Egipto.*

presencia *f.* Hecho de estar una persona o cosa en un lugar: *El público del auditorio aclamaba la presencia del grupo musical en el escenario.*

presentable *adj.* Relativo a la persona o cosa que se encuentra en estado o condiciones de mostrarse o ser mostrado: *Como su aspecto no era presentable después de jugar fútbol, Luis se duchó antes de ir a casa de Juliana.*

presentar *vb.* [1] Poner algo ante alguien para que lo vea: *Presentaron a los sospechosos ante el testigo para que identificara al ladrón.* [2] Conducir un programa de radio o televisión: *Una famosa actriz presenta el programa de entrevistas en ese canal de televisión.* [3] Mostrar alguien una persona a otra para que la conozca: *Ernesto me presentó a su novia la semana pasada.* [4] Acudir, estar presente: *Para recoger el pasaporte es necesario presentarse en la oficina de gobierno respectiva con una identificación.*

▶ **presente** *adj.* [1] Que está en un lugar determinado o en presencia de alguien: *Había sólo tres alumnos presentes en el salón cuando el maestro pasó lista de asistencia.* [2] Que ocurre en el momento en que se está hablando: *En los tiempos presentes los adelantos tecnológicos son impresionantes.*

▶ **presente** *m.* [1] El tiempo actual: *Hay que vivir el presente recordando el pasado y preparándose para el futuro.* [2] Tiempo verbal que indica que la acción expresada por el verbo se realiza en la actualidad: *Si digo yo como, estoy expresándome en presente.*

▶ **presente** *interj.* Fórmula con que se contesta al pasar lista: *Como Rocío estaba platicando no contestó "presente", la maestra no se dio cuenta de que estaba en la clase y le puso falta.*

preservar *vb.* Proteger o resguardar de un daño o peligro: *Mantener fríos los alimentos ayuda a preservarlos durante más tiempo.*

presidencia *f.* [1] Acción y efecto de presidir: *Mañana le tocará a mi papá la presidencia en la asamblea de vecinos.* [2] Cargo de presidente y tiempo que dura: *En algunos países como Argentina y Colombia la presi-*

 Amér. = América.

dencia dura cuatro años y en otros como México y Filipinas dura seis.

presidencial *adj.* Relativo a la presidencia o al presidente: *A las once pasarán por la televisión el informe presidencial correspondiente a este año.*

presidente, ta *m.* y *f.* [1] Superior de un consejo, junta u organización: *La junta de padres de familia eligió a su nuevo presidente para que los represente y dirija durante el mes próximo.* [2] Se escribe con "P" mayúscula cuando designa el cargo de la presidencia de un país: *El Presidente de la República inauguró la nueva carretera.*

presilla *f.* Tira de tela cosida al borde de una prenda, que sirve para abrochar o como adorno.

presión *f.* [1] Acción de apretar u oprimir: *Con el exprimidor se ejerce presión sobre el limón y se obtiene el jugo.* [2] Fuerza o coacción que se ejerce sobre una persona para que haga algo que no quiere: *No despidieron a Evelia de su empleo, pero con presión la obligaron a renunciar.* [3] Fuerza ejercida por un líquido: *El agua de las mangueras que usan los bomberos sale con mucha presión para que llegue lejos.*

preso, sa *m.* y *f.* Persona encarcelada: *En esa cárcel les permiten a las presas tener a sus hijos pequeños con ellas.* SIN. **recluso, cautivo, prisionero.**

prestación *f.* Servicio que el Estado, instituciones públicas o empresas privadas dan a sus empleados: *En la empresa donde trabaja Rodrigo hay buenas prestaciones, como ayuda para gastos médicos, vacaciones dos veces al año y becas para capacitación.*

préstamo *m.* [1] Hecho de prestar: *Le hice un préstamo de dinero a mi amigo para que comprara el caramelo que quería.* [2] Cosa que se presta: *El disco no es mío, es un préstamo de mi novio, por eso no te lo puedo prestar.*

prestar *vb.* Ceder algo por un tiempo para que después sea devuelto: *Arnoldo me prestó un libro y me dijo que se lo devolviera la semana próxima.*

prestidigitador, ra *m.* y *f.* Persona que domina el arte de hacer trucos con las manos: *En la feria hay un prestidigitador que sorprende mucho a los niños con sus actos.* SIN. **mago.**

prestigio *m.* Fama o influencia de que goza una persona o cosa: *Ese profesor goza de un gran prestigio por las conferencias que da en el extranjero.* SIN. **reputación.**

presumido, da *adj.* Se dice de quien se muestra demasiado orgulloso de sí mismo y de sus cosas: *Jonás es un presumido que siempre se está admirando en el espejo.* SIN. **vanidoso.**

presumir *vb.* Vanagloriarse de sí mismo: *Sin que nadie le preguntara, Felipe se puso a presumirnos de sus premios deportivos.*

presupuesto *m.* Cálculo del costo previsto de una obra, reparación, etc.: *Irma pidió varios presupuestos de la reparación de los muebles para elegir el que más le conviniera.*

presuroso, sa *adj.* Rápido, ligero: *Salvador iba con paso presuroso porque apenas le quedaban sólo unos minutos para llegar antes de que comenzara la función de cine.*

pretendiente *m.* Quien corteja a una mujer: *Como es guapa, simpática e inteligente, Liliana tiene muchos pretendientes.*

pretérito *m.* Tiempo verbal que presenta la acción como realizada en el pasado: *La palabra comeré es un verbo en tiempo futuro, la palabra comí es un verbo en tiempo pretérito.*

pretexto *m.* Razón fingida que se usa para ocultar la verdadera: *Como León no quería ver a Iris, usó el pretexto de que tenía mucho trabajo.*

prevención *f.* Medida tomada para evitar un daño o peligro: *Las prevenciones que se tomaron fueron insuficientes, y mucha gente murió durante el último huracán.*

prevenir *vb. irreg.* [1] Preparar con anticipación las cosas: *Gonzalo necesita luz para realizar su trabajo, por eso se ha prevenido contra los apagones con varias lámparas de baterías.* [2] Tomar las medidas precisas para evitar un mal.

previo, via *adj.* Que precede o sirve de preparación a algo: *Los trabajos previos a la boda de mi hermana fueron agotadores.*

prieto, ta *adj./m.* y *f.* Amér. Se dice del color entre marrón y negro: *La mula prieta es la más fuerte de la recua.*

primaria *f.* Méx. Educación básica que consiste en los seis primeros grados que cursa un niño después de salir del nivel preescolar.

primate *adj./m.* Relativo a un orden de mamíferos trepadores, de uñas planas y cerebro muy desarrollado: *Entre los primates se encuentran los gorilas y los chimpancés.*

primavera *f.* La primera de las cuatro estaciones del año: *En la primavera empiezan a florecer de nuevo las plantas y los árboles.*

primer *adj.* Apócope de *primero*, que se antepone al sustantivo: *El primer día de clases los niños están inquietos y nerviosos.*

primero *adv.* En primer lugar: *Primero termina de limpiar tu habitación y luego ya puedes jugar.*

▶ **primero, ra** *adj.* Adjetivo ordinal que corresponde al número uno.

▶ **primero, ra** *m.* y *f.* [1] Elemento que precede a todos los demás de una serie: *Como nos acomodan por estaturas, el primero de la fila es el niño más bajo de mi clase.* [2] Persona, animal o cosa que predomina en calidad o importancia: *Este mes Esteban fue el primero en la clase de inglés.*

⬤▭ *adj.* = adjetivo ☆ *adv.* = adverbio ☆ *f.* = sustantivo femenino ☆ *m.* = sustantivo masculino ☆ *pl.* = plural ☆ SIN. = sinónimo ☆ *vb.* = verbo ☆ *vb. irreg.* = verbo irregular.

primitivo, va *adj./m.* y *f.* [1] Del primer periodo de la historia: *Los hombres primitivos usaban huesos y piedras como armas para cazar y defenderse.* [2] Poco desarrollado, rudimentario: *En muchos lugares todavía se usan herramientas primitivas para cultivar la tierra porque no pueden comprar máquinas modernas.* [3] Relativo a la palabra que no es derivada de otra en la misma lengua: *La palabra flor es primitiva y las palabras florería, florero y florista son sus derivadas.*

primo, ma *m.* y *f.* Respecto a una persona, hijo de un tío suyo: *Enrique se divierte mucho con su primo Francisco, que es el hijo de su tía Berenice.*

primogénito, ta *m.* y *f.* Primer hijo de una pareja: *El primogénito de la familia tomó el lugar del padre cuando éste falleció.*

princesa *f.* [1] Título que se da a la hija de un rey. [2] Esposa de un príncipe: *Grace fue esposa del príncipe Rainiero de Mónaco, un pequeño principado de Europa.* [3] Soberana de un principado.

principal *adj.* [1] De más importancia o valor: *El papel principal de la obra lo tiene el actor más famoso.* [2] Se dice del primer nivel o piso de una construcción, que está sobre la planta baja.

príncipe *m.* [1] Título que se da al hijo de un rey o una reina. [2] Título del soberano de un principado.

principeño, ña *adj./m.* y *f.* De Puerto Príncipe, capital de Haití, isla de las Antillas Mayores.

principiante, ta *adj./m.* y *f.* Que comienza a ejercer un arte u oficio: *Pedro es principiante en la música; apenas ayer comenzó sus clases de canto.*

principio *m.* [1] Primera parte de una cosa: *Llegué tarde al cine y me perdí el principio del filme.* SIN. **comienzo, inicio.** [2] pl. Conjunto de primeras nociones de una ciencia o arte.

prisa *f.* [1] Rapidez con que sucede algo: *El accidente ocurrió con tanta prisa que nadie pudo saber con seguridad qué pasó.* [2] Necesidad de apresurarse: *Tengo mucha prisa y no puedo hablar contigo ahora.*

prisión *f.* Establecimiento donde se encuentran las personas privadas de su libertad por estar acusadas de haber cometido algún delito: *Llevaron al delincuente a una prisión de alta seguridad por ser un hombre peligroso.* SIN. **cárcel, chirona, presidio.**

prisionero, ra *m.* y *f.* Preso en poder de un enemigo. SIN. **cautivo.**

prisma *m.* Cuerpo formado por dos bases y varios lados paralelos.

prismáticos *m. pl.* Anteojos, instrumento óptico.

privado, da *adj.* [1] Que pertenece a un particular: *Don Jacobo tiene dos automóviles: uno privado, que compró el año pasado, y otro que le da la compañía para la que trabaja.* [2] Personal, íntimo: *Eufemia no quiere contar nada de su vida privada porque es una persona reservada.*

privilegio *m.* Ventaja que se da a uno: *María me concedió el privilegio de bailar con ella la primera pieza de la fiesta.*

pro *m.* y *f.* Provecho, utilidad que ofrece alguna cosa o situación.

proa *f.* Parte delantera de una nave: *La tripulación del barco puso proa hacia el occidente y se dispuso a emprender el viaje.*

probabilidad *f.* Calidad de lo que puede suceder: *Hay pocas probabilidades de que podamos salir de vacaciones porque mi hermana está enferma, mi madre está enojada y yo no tengo dinero.* SIN. **posibilidad.**

probable *adj.* Que puede suceder: *Según esas nubes oscuras es probable que llueva pronto.*

probador *m.* Habitación para probarse las prendas de vestir: *Voy al probador para ver si esta blusa es de mi talla.*

probar *vb. irreg.* [1] Demostrar la verdad de cierta cosa: *Jimena me probó que había ganado el premio de canto mostrándome el diario en el que habían dado la noticia.* [2] Examinar las cualidades de una persona o cosa: *Probarán a las tres personas que solicitan el empleo para ver cuál está más capacitada.* [3] Tomar una porción de comida o bebida para apreciar su sabor: *Probé un postre que estaba muy sabroso a pesar de su feo aspecto.* SIN. **gustar.**

problema *m.* [1] Cuestión en que debe averiguarse una respuesta o que provoca preocupación: *La maestra les dejó cuatro problemas matemáticos a sus alumnos.* [2] Hecho que impide o dificulta alguna cosa: *Jaime llegó tarde a su cita porque tuvo problemas con su automóvil.*

procedente *adj.* Proveniente, que viene de un lugar determinado: *Acaba de aterrizar un avión procedente de Madrid.* SIN. **originario.**

proceder *vb.* [1] Tener una cosa su origen en algo: *Te llegó una carta que procede de Finlandia, ¿a quién conoces allí?* [2] Comportarse, actuar: *Javier procedió con cautela cuando expuso su opinión porque sabía que el maestro estaba enojado.*

prócer *m.* y *f.* Persona ilustre: *En ese cementerio están enterrados los próceres de la patria.*

procesador *m.* En computación, programa de un sistema operativo que ejecuta una función.

procesión *f.* Ceremonia de carácter religioso que consiste en un desfile solemne que se acompaña de cantos y oraciones.

proceso *m.* Desarrollo de las fases de un fenómeno: *El embarazo es un proceso de formación de un ser, que concluye con el nacimiento.*

proclamar *vb.* Hacer saber de forma pública y solemne el comienzo de un reinado, régimen político, etc.: *A principios del siglo xix se proclamó la independencia*

o

p

q

r

s

t

u

Ⓢ Amér. = América ☆ Méx. = México.

de casi todos los países de América Latina. SIN. **promulgar.**

procurar *vb.* [1] Hacer esfuerzos o diligencias para conseguir algo: *Procuraré terminar hoy mi trabajo escolar para tener libre el resto del fin de semana.* [2] Proporcionar o facilitar a alguien una cosa: *Mi maestro me procuró los libros que debo consultar para hacer mi trabajo, porque no es fácil conseguirlos.*

producción *f.* [1] Acción de producir: *Las industrias textiles se dedican a la producción de telas.* [2] Cosa producida: *La mayor parte de la producción de frutas y hortalizas se exporta a otros países.*

producir *vb. irreg.* [1] Hacer una cosa natural que otra salga de sí misma: *El árbol del naranjo produce naranjas.* [2] Elaborar algo en una industria: *La industria vitivinícola produce vinos.* [3] Causar: *Es frecuente que los medicamentos contra el resfrío produzcan sueño.* [4] Organizar la realización de un filme, programa, etc.: *Con motivo de la celebración del aniversario, van a producir una serie de programas sobre las guerras de independencia.* [5] Ocurrir: *Anoche se produjo un sismo de poca intensidad en mi ciudad y otras cercanas.*

producto *m.* [1] Cosa producida: *Entre los productos derivados de la leche están la crema, el queso y el yogur.* SIN. **obra.** [2] Resultado de una multiplicación: *El producto de multiplicar diez por diez es cien.*

proeza *f.* Hazaña, acción hecha por un héroe: *El caballero realizó una proeza al pelear con el dragón y rescatar a la princesa cautiva.*

profecía *f.* [1] Respuesta o mensaje que Dios da a través de un profeta: *Las profecías de Isaías en el Antiguo Testamento son esperanzadoras.* [2] Predicción de lo que va a suceder.

profesión *f.* Oficio o empleo: *Sherlock Holmes, el detective de profesión, es el principal protagonista de las novelas policíacas escritas por Arthur Conan Doyle.*

profesional *adj.* [1] Que cobra por ejercer su profesión: *A Isela siempre le gustó bailar en las fiestas, luego estudió danza y ahora es una profesional que se presenta en los teatros.* [2] Que es responsable en su trabajo: *Noé es un hombre profesional que nunca falta.*

profesor, ra *m.* y *f.* Persona que enseña una materia, ciencia o arte: *Por las tardes Beatriz va a casa de su profesora de piano para recibir clases.* SIN. **maestro.**

prófugo, ga *adj./m.* y *f.* Persona que huye de la justicia: *El personaje principal de la novela es un prófugo, por eso viaja constantemente de un país a otro.* SIN. **fugitivo.**

profundidad *f.* Cualidad de lo que es hondo, profundo.

profundo, da *adj.* [1] Que tiene el fondo muy distante del borde: *No se escucha la caída de la piedra porque es un pozo muy profundo.* [2] Que penetra

mucho: *El cuchillo me produjo una herida tan profunda en la pierna que tuve que ir al médico para que la cosiera.*

progenitores *m. pl.* Padre y madre de una persona: *Mis progenitores se llaman Estela y Benjamín.*

programa *m.* [1] Exposición de los proyectos de una persona, partido, etc.: *El candidato a la presidencia del grupo de vecinos expuso un programa de trabajo para arreglar el edificio.* [2] Emisión de televisión, radio, etc.: *No cambies de canal porque quiero ver ese programa de policías y ladrones.* SIN. **emisión.**

programación *f.* Hecho de programar: *La programación de este cine es tan mala que nunca dan un solo filme interesante.*

programar *vb.* Establecer un programa o fijar las diversas partes de una determinada acción: *Los novios programaron su boda para el mes próximo.*

progresar *vb.* Hacer progresos: *Después de reprobar el curso pasado, Eduardo ha progresado en la escuela porque ahora estudia un rato todas las tardes.*

progreso *m.* [1] Acción de ir hacia adelante. [2] Desarrollo favorable: *Néstor ha tenido progresos en su clase de música, ya empieza a tocar obras difíciles.*

prohibido, da *adj.* Relativo a lo que no está permitido: *Está prohibido avanzar sobre una calle cuando el semáforo marca luz roja.*

prohibir *vb. irreg.* Vedar o impedir el uso o realización de algo: *El reglamento de la empresa prohíbe a los empleados ocupar el tiempo de trabajo en asuntos personales.*

prójimo, ma *m.* y *f.* Una persona con respecto a otra.

prólogo *m.* Texto que se escribe al inicio de una obra y que habla sobre el autor y a veces sobre la misma obra, por lo general es escrito por otra persona que no es el autor: *En el prólogo el autor u otra persona explica por qué se escribió el libro y cuál es su tema principal.* SIN. **introducción.**

prolongado, da *adj.* Que dura mucho: *Después de una prolongada espera de seis meses, por fin han comenzado las vacaciones.*

prolongar *vb. irreg.* Aumentar la longitud o duración de algo: *No pudimos prolongar las vacaciones porque mis papás debían volver al trabajo.*

promedio *m.* Cantidad o valor medio entre dos o más cantidades: *Hemos recorrido 320 kilómetros en 4 horas, lo que significa un promedio de 80 km por hora.*

promesa *f.* Acción de prometer: *El joven hizo a su novia la promesa de casarse con ella cuando terminara de estudiar.*

prometer *vb.* Decir alguien que se obliga a hacer o dar algo: *Antonio me prometió que vendrá mañana para ayudarme con mi trabajo escolar.*

---

adj. = adjetivo ☆ *adv.* = adverbio ☆ *f.* = sustantivo femenino ☆ *loc.* = locución ☆ *m.* = sustantivo masculino ☆ *pl.* = plural ☆ SIN. = sinónimo ☆ *vb.* = verbo ☆ *vb. irreg.* = verbo irregular.

prometido, da *m.* y *f.* Persona a la que se promete matrimonio: *La prometida de mi hermano es una muchacha muy inteligente y guapa que se llama Beatriz.*

promoción *f.* Acción que se realiza para dar a conocer un producto y aumentar sus ventas: *Una chica pasó por mi casa repartiendo como promoción unas bolsitas de un nuevo detergente.*

promotor, ra *m.* y *f.* Persona que promueve: *Me visitó el promotor de esa editorial para ver si quería comprar una nueva colección de libros.*

promulgar *vb. irreg.* Publicar algo de manera oficial, en especial una ley. SIN. **proclamar.**

pronombre *m.* Parte de la oración que sustituye al nombre o lo determina: *Los pronombres personales son yo, tú, él, ella, nosotros, ustedes o vosotros y ellos.*

pronóstico *m.* Anuncio de una cosa futura que se hace basado en ciertos indicios: *El pronóstico del tiempo para hoy es que habrá lluvias ligeras y que la temperatura descenderá.*

pronto *adv.* En seguida: *Debo vestirme pronto o llegaré tarde a la escuela.*

pronto, ta *adj.* Rápido, inmediato: *Toda la familia espera con gusto el pronto retorno de mi hermano después de su viaje.*

pronunciar *vb.* [1] Emitir y articular sonidos para hablar: *Este niño pronuncia mal las palabras y no se entiende lo que dice porque apenas tiene dos años.* [2] Dictar una sentencia judicial: *El juez pronunció la sentencia contra el asesino y lo condenó a cadena perpetua.*

propaganda *f.* Publicidad para difundir un producto, espectáculo, etc., y convencer a la gente de sus cualidades: *La propaganda que realizan muchas empresas es exagerada y engañosa, porque mienten acerca de las cualidades de lo que venden.*

propagar *vb. irreg.* Extender, difundir o aumentar una cosa: *La epidemia de cólera se propagó entre la gente con rapidez a causa de la falta de higiene.*

propicio, cia *adj.* Adecuado, que se presta para hacer algo: *Es el momento propicio para ir de compras porque ya empezaron las ofertas en las tiendas.*

propiedad *f.* [1] Cosa que se posee, sobre todo una casa o terreno: *Mis tíos tienen una propiedad en el campo y a veces voy el fin de semana con ellos para respirar aire fresco.* [2] Cualidad, característica: *El agua tiene la propiedad de hervir a una temperatura de cien grados centígrados.*

propietario, ria *adj./m.* y *f.* Persona que tiene derecho de propiedad sobre una cosa: *La maestra preguntó muy enojada quién era el propietario de esa revista de chistes groseros.*

propina *f.* Dinero dado a una persona como gratificación por prestar un servicio: *Los empleados que cargan*

el equipaje en los hoteles de algunas ciudades esperan una propina por su trabajo. SIN. **ñapa.**

propio, pia *adj.* [1] Que es propiedad de una persona, que le pertenece: *Mi vecino tiene su propia computadora, así que no tiene que usar la de sus padres.* [2] Apropiado, conveniente. [3] Se dice del nombre que designa a un ser y no puede aplicarse a otro: *Luis, Colombia y América son nombres propios.*

proponer *vb. irreg.* [1] Exponer un proyecto para que sea aceptado: *El ingeniero propondrá la construcción de un dique para evitar los desbordamientos del río.* [2] Tomar la decisión de lograr una cosa: *Giovanna se propuso terminar el trabajo escolar antes de que comenzara su programa preferido y lo consiguió.*

proposición *f.* Acción y efecto de proponer: *La proposición de Elena era que yo hiciera su trabajo escolar y ella me regalaría un caramelo, pero no acepté.* SIN. **ofrecimiento.**

propósito *m.* [1] Aquello que uno se propone hacer: *Mi propósito de año nuevo es no pelear con mis hermanos.* [2] *loc.* A propósito, de manera voluntaria o deliberada: *Perdóname por pisarte, no lo hice a propósito.*

prosa *f.* Forma natural del lenguaje, opuesta a la rima y al verso: *Cuando hablamos con las demás personas lo hacemos en prosa.*

proseguir *vb. irreg.* Continuar lo empezado: *La fiesta del pueblo comenzó ayer y proseguirá durante los próximos dos días.*

prosperidad *f.* [1] Bienestar material: *Se ve que los González gozan de prosperidad porque se acaban de comprar una casa en el campo.* [2] Buena suerte, éxito: *La prosperidad de esa cafetería se nota, pues siempre está atiborrada de clientes.*

protagonista *m.* y *f.* Personaje principal de una obra: *Alicia es la protagonista de la novela "Alicia en el país de las maravillas".*

protección *f.* Hecho de resguardar a alguien o algo de peligros o daños: *La perra da protección y alimento a sus cachorros mientras son pequeños.*

protector, ra *m.* y *f.* Que protege: *Es importante usar crema protectora cuando uno se expone al sol.*

proteger *vb. irreg.* Resguardar a alguien o algo de peligros o daños: *El paraguas nos protege de la lluvia.*

proteína *f.* Sustancia química que forma parte de los tejidos del cuerpo.

protestantismo *m.* Conjunto de las iglesias y comunidades cristianas surgidas del movimiento llamado Reforma iniciado por el religioso Martín Lutero en el siglo XVI.

protestar *vb.* [1] Mostrar con decisión un desacuerdo: *¡Protesto!, no estoy de acuerdo con que Araceli sea la representante del grupo.* [2] Quejarse: *Mi hermano siempre protesta cuando le toca lavar el baño, pero al final*

tiene que hacerlo. ③ Jurar: *Elena* **protestó** *como médica durante una ceremonia en su honor.*

provecho *m.* Beneficio, utilidad: *Con la venta del trigo el agricultor obtuvo* **provecho***, así que ahora podrá hacer las reparaciones que tenía planeadas.*

provenir *vb. irreg.* Proceder, tener su origen: *El champán* **proviene** *de una región de Francia del mismo nombre.*

proverbio *m.* Sentencia, refrán: *"Al mal tiempo buena cara" es un* **proverbio** *que nos recuerda no perder el ánimo en situaciones difíciles.*

providencia *f.* ① Suprema sabiduría que se atribuye a Dios y por medio de la cual gobierna todas las cosas. ② Se escribe con "P" mayúscula cuando designa a Dios como gobernante del mundo. ③ *pl.* Medida que se toma para remediar un daño.

provincia *f.* División administrativa de algunos países: *Nicolás nació en un pequeño pueblo de la* **provincia** *más norteña del país.*

provisión *f.* Conjunto de cosas necesarias o útiles para el mantenimiento de algo o alguien: *Los habitantes del pueblo en las montañas bajaron a la ciudad para comprar las* **provisiones** *necesarias para comer durante todo el invierno.* SIN. **reserva.**

provisional *adj.* No definitivo, temporal: *El albañil hizo un arreglo* **provisional** *en el techo de la casa y mañana regresará para hacer la reparación definitiva.*

provocar *vb. irreg.* ① Desafiar a alguien para que haga una cosa. ② Ocasionar, causar: *La falta de sueño le* **provocó** *a Tomás un fuerte dolor de cabeza.* ③ Colomb., Perú y Venez. Apetecer: *"¿Te* **provoca** *una limonada o un café?"*

próximo, ma *adj.* ① Que está poco distante en un espacio o tiempo: *Los vecinos del barrio se han quejado, pues una empresa quiere construir una fábrica de productos químicos* **próxima** *a la escuela.* ② Que está inmediatamente después que otro: *No se desespere, usted es el* **próximo** *de la fila.*

proyectar *vb.* ① Arrojar algo a distancia: *Esteban logra* **proyectar** *la pelota muy lejos en el campo de béisbol porque sus brazos son muy fuertes.* ② Hacer planes o proyectos: *Mis tíos* **han proyectado** *arreglar la vieja casa del abuelo para usarla como casa de campo.* ③ Formar sobre una pantalla una imagen óptica: *En mi escuela* **proyectaron** *un filme sobre la vida de los animales marinos.*

proyectil *m.* Cuerpo que es lanzado contra algo: *Castigaron al niño que arrojó a su compañero un lápiz como si fuera un* **proyectil***.*

proyecto *m.* ① Plan para realizar algo: *Enrique tiene el* **proyecto** *de ir a estudiar al extranjero cuando sea grande.* ② Redacción provisional de un tratado, ley, texto, etc. ③ Conjunto de planos para construir algo: *El*

arquitecto entregó a mis padres el **proyecto** *de la cabaña que quieren construir en el jardín de mi casa.*

proyector *m.* Dispositivo para proyectar imágenes sobre una pantalla: *En los cines suelen tener dos* **proyectores** *para no interrumpir la función durante el cambio de rollos.*

prudente *adj.* Se dice de la persona o actitud moderada, cuidadosa y sensata: *Debemos ser* **prudentes** *al cruzar la calle para evitar cualquier accidente.*

prueba *f.* ① Hecho de demostrar algo: *La publicidad de muchos aparatos electrodomésticos dice que el cliente puede hacer una* **prueba** *durante unos días para ver si le gusta el producto.* ② Cosa con que se demuestra algo: *La* **prueba** *de que el perro se comió las flores es que todavía tiene unos pétalos en el hocico.* ③ Competencia deportiva: *Mañana se realizará la* **prueba** *para reunir la selección de baloncesto.*

psicología *f.* Ciencia que estudia los procesos mentales como la percepción, la memoria, el pensamiento y los sentimientos: *La* **psicología** *utiliza pruebas de inteligencia y de personalidad para analizar la mente de las personas.*

psiquiatría *f.* Parte de la medicina que estudia, previene y trata las enfermedades mentales y problemas emocionales y de conducta.

púa *f.* Cuerpo rígido, delgado y puntiagudo: *Los agricultores pusieron un alambre con* **púas** *para que no entren animales al huerto.*

pubertad *f.* Inicio de la adolescencia: *Durante la* **pubertad** *empiezan a manifestarse algunos cambios tanto físicos como de la conducta de los chicos.*

publicación *f.* ① Hecho de publicar algo, de darlo a conocer públicamente. ② Escrito impreso: *En esa librería se pueden conseguir muchas* **publicaciones** *como libros, diarios y revistas.*

publicar *vb. irreg.* ① Difundir una cosa, darla a conocer: *El gobierno tiene la obligación de* **publicar** *las leyes nuevas que aprueban los legisladores.* SIN. **divulgar.** ② Imprimir o editar una obra: *En los diarios* **publican** *las noticias que ocurrieron el día anterior a la publicación.*

publicidad *f.* Conjunto de medios usados para dar a conocer una cosa: *Se hace mucha* **publicidad** *de esta marca de televisiones porque los dueños de la empresa quieren que el público conozca su producto.*

público *m.* Conjunto de personas que asiste a un lugar, espectáculo, etc.: *El* **público** *que acude a los partidos de fútbol suele gritar y vestirse con el color de su equipo preferido.* SIN. **auditorio.**

público, ca *adj.* ① Relativo a la comunidad: *Los impuestos sirven para mejorar los servicios* **públicos** *como luz, alcantarillado y seguridad pública.* ② Que puede ser usado o es conocido por todos: *Fue un he-*

---

adj. = adjetivo ✰ **conj.** = conjunción ✰ **f.** = sustantivo femenino ✰ **loc.** = locución ✰ **m.** = sustantivo masculino ✰ **pl.** = plural ✰ **SIN.** = sinónimo ✰ **vb.** = verbo ✰ **vb. irreg.** = verbo irregular.

cho **público** y notorio la boda de los dos famosos actores de cine.

pudrir *vb. irreg.* Corromper o echarse a perder una materia orgánica: *Estas frutas* **se han podrido** *y ya no pueden comerse.* SIN. **corromper, descomponer.**

pueblo *m.* ① Conjunto de habitantes de un lugar que forman una comunidad o tienen la misma nacionalidad: *Dicen que la habilidad para el baile es una característica del* **pueblo** *brasileño.* ② Población pequeña: *Todos los habitantes de este* **pueblo** *se conocen entre sí.*

puelche *adj./m.* y *f.* Pueblo amerindio prácticamente extinto que habitó la zona de la pampa argentina.

puente *m.* Estructura construida sobre ríos, fosos, etc., para cruzarlos: *Cruzamos el río a través de un* **puente** *de piedra muy antiguo y bonito.*

▶ **puerco, ca** *adj.* Sucio, desaliñado: *Con esa camisa* **puerca** *parece como si Lorenzo se hubiera arrastrado por el barro.*

▶ **puerco, ca** *m.* y *f.* ① Cerdo: *Mucha gente come carne de* **puerco**, *pero en exceso es dañina.* SIN. **chancho, marrano, cerdo, cochino.** ② *loc.* **Puerco espín**, roedor de patas cortas, uñas fuertes y con cuerpo redondo cubierto de púas.

puerro *m.* Planta de bulbo comestible: *El* **puerro** *se usa para preparar sopas y como condimento.* SIN. **poro, porro.**

puerta *f.* Abertura de comunicación, cerrada por una o más hojas de madera o de otro material: *No encontré la llave de la* **puerta** *así que no pude entrar.*

puerto *m.* Abrigo natural o artificial para las embarcaciones: *El* **puerto** *de La Guaira está en Venezuela.*

puertorriqueño, ña *m.* y *f.* Originario de Puerto Rico, isla del Caribe. SIN. **boricua.**

pues *conj.* ① Expresa causa o consecuencia: *Rosa dijo que se dormiría temprano* **pues** *había decidido no ir a la fiesta.* ② Introduce expresiones exclamativas: *¡*Pues *si no quieres ir conmigo, no me importa!*

puesta *f.* ① Acción de ocultarse un astro: *Vimos una* **puesta** *de sol espectacular desde la playa.* ② *loc.* **Puesta en escena**, montaje de una obra de teatro: *La* **puesta en escena** *de Don Juan Tenorio estuvo mejor que la del año pasado, pues los actores eran más naturales y el vestuario más bonito.*

puesto *m.* ① Lugar que ocupa o debe ocupar una persona o cosa. ② Cargo, empleo: *Recomendaron a Walter para un buen* **puesto** *con salario elevado.* ③ Pequeña tienda, por lo general ambulante: *Me gusta comprar helados en los* **puestos** *que están afuera de mi escuela.* ④ *Argent., Chile* y *Urug.* Cada una de las partes en que se divide una estancia o hacienda agrícola y ganadera.

pugnar *vb.* ① Luchar, pelear, sobre todo sin armas materiales: *Las asociaciones ecologistas* **pugnan** *porque*

ya no se destruyan los bosques ni se contaminen los mares. ② Hacer esfuerzos para conseguir una cosa: *Ramiro* **pugna** *por reunir dinero para mudarse a otra ciudad.*

pulcro, cra *adj.* Aseado: *Ernesto es una persona* **pulcra** *que se baña todos los días y se pone ropa limpia.*

pulga *f.* Insecto parásito sin alas, de color oscuro y patas aptas para dar grandes saltos: *El perro tenía* **pulgas**, *por eso se rascaba tanto.*

pulgada *f.* Unidad de longitud, equivalente a algo más de 25 mm: *En dos meses mi planta creció una* **pulgada**.

pulgar *m.* El primer y más grueso dedo de la mano: *Los humanos podemos tocar cuatro dedos de la misma mano con el* **pulgar**, *pero los monos no.*

pulgón *m.* Insecto cuyas hembras y larvas viven como parásitas en ciertas plantas.

pulir *vb.* ① Suavizar, alisar o sacar brillo a una superficie: *El piso de la casa quedó brillante y liso después de que lo* **pulieron** *y barnizaron.* ② Perfeccionar algo: *Ya escribí toda la información de mi trabajo, ahora falta* **pulirlo** *para que quede listo.*

pulmón *m.* Víscera doble situada en el tórax, que constituye el órgano principal del aparato respiratorio: *Al hacer ejercicio los* **pulmones** *trabajan muy rápido porque el cuerpo necesita más aire.*

pulpería *f. Amér. C.* y *Amér. Merid.* Tienda rural donde se vendían bebidas alcohólicas y artículos diversos.

pulpo *m.* Molusco marino que tiene ocho tentáculos o brazos cubiertos de ventosas: *Como defensa, los* **pulpos** *arrojan chorros de tinta oscura cuando se sienten amenazados.*

pulque *m. Méx.* Bebida alcohólica obtenida del jugo del maguey fermentado, que suele mezclarse con jugos de frutas.

pulsera *f.* Aro que se lleva como adorno en la muñeca de la mano.

pulso *m.* ① Latido de las arterias: *Cuando corro o hago ejercicio mi* **pulso** *se acelera.* ② Firmeza en la mano para realizar un trabajo delicado: *Los cirujanos deben tener muy buen* **pulso** *para realizar las operaciones.*

pulverizar *vb. irreg.* Reducir a polvo: *Para hacer ese postre de chocolate necesitas* **pulverizar** *el azúcar y esparcirla sobre el pan.*

puma *m.* Mamífero carnívoro americano de cuerpo esbelto y musculoso, con la cabeza corta y ancha, pelo similar al del león, cola larga y pequeñas orejas redondas: *Los* **pumas** *pueden llegar a pesar 100 kg y a medir 2 m de longitud.*

puna *f.* ① *Amér. C.* y *Amér. Merid.* Tierra alta próxima a una cordillera. SIN. **altiplano.** ② *Amér. C.* y *Amér. Merid.* Páramo. ③ *Amér. C.* y *Amér. Merid.* Malestar que se siente en sitios altos.

o

p

q

r

s

t

u

punta f. ① Extremo agudo de una cosa: *Danilo no se fijó y metió la **punta** de la manga de su camisa en la sopa.* ② Clavo.

puntada f. ① Cada uno de los agujeros hechos al coser. ② Porción de hilo que ocupa el espacio entre los agujeros hechos al coser: *Dale unas **puntadas** al dobladillo de tu vestido porque se desprendió y está colgando.*

puntapié m. Golpe dado con la punta del pie: *Al jugar fútbol es fácil recibir o dar algún **puntapié**.*

puntería f. Destreza para dar en el blanco u objetivo: *Rolando tiene muy buena **puntería**, siempre que practicamos tiro al blanco él gana.*

puntiagudo, da adj. Que acaba en punta aguda: *Hay que tener cuidado al manejar objetos **puntiagudos** porque podríamos herirnos.*

punto m. ① Dibujo o relieve redondeado y muy pequeño: *En un esquema del Sistema Solar la Tierra aparece como un pequeño **punto**.* ② Signo de puntuación (.) que indica una pausa en un texto: *Después de un **punto** la primera letra de la siguiente palabra se escribe con mayúscula.* ③ Unidad con que se valoran juegos, notas escolares, etc.: *El equipo de Alemania ganó al equipo de Francia por dos **puntos**.* ④ Puntada que se da al coser: *Todavía tendrás que darle tres **puntos** más para terminar tu costura.* ⑤ Tipo de tela tejida. ⑥ loc. **Punto de vista**, modo de juzgar algo: *Cada persona tiene su **punto de vista** y es importante respetar cada forma de pensar, aunque no estemos de acuerdo.*

puntual adj. Que llega a los sitios a tiempo o hace las cosas a su tiempo: *Como Rodrigo es una persona **puntual**, sufre porque está rodeado de gente que no llega a tiempo a sus citas.*

punzada f. Dolor súbito y agudo: *De pronto Roberto sintió una fuerte **punzada** en el vientre y luego se supo que tenía apendicitis.*

punzar vb. irreg. Herir con un objeto puntiagudo.

puñado m. Cantidad de algo que cabe en un puño: *La masa está aguada, hay que ponerle un **puñado** más de harina.*

puñal m. Arma parecida a un cuchillo pero con filo en ambos lados, de hoja corta y puntiaguda: *A la víctima le clavaron un **puñal** en la espalda.*

puñetazo m. Golpe dado con el puño: *El **puñetazo** que le dieron en la cara durante la pelea le rompió la nariz.*

puño m. ① Mano cerrada: *El disgusto que sentía se le notaba en los dos **puños** apretados y en el ceño fruncido.* ② Parte de un objeto por donde se le agarra: *El*

puño *del bastón de mi abuelo tiene forma de cabeza de tigre.* ③ Pieza de una prenda de vestir que rodea la muñeca: *Los **puños** de las camisas llevan botones para ajustarlos.*

pupila f. Parte negra y redonda del ojo: *La **pupila** se dilata cuando hay poca luz y se contrae cuando hay mucha.*

pupilo, la m. y f. Huérfano que se encuentra bajo la custodia de un tutor.

pupitre m. Mueble con tapa inclinada para escribir encima: *En mi escuela cada alumno tiene su propio **pupitre**.*

puré m. Guiso que se hace con alimentos cocidos y triturados: *Los niños pequeños comen **purés** porque aún no tienen dientes.*

purépecha adj./m. y f. Pueblo amerindio localizado en el estado de Michoacán, al occidente de México. SIN. tarasco.

purgante m. Sustancia que facilita la evacuación de excrementos: *A causa de su estreñimiento el médico le recetó un **purgante** a Norma.*

purgar vb. irreg. ① Administrar un purgante. ② Pagar con un castigo o penitencia una falta o delito.

purgatorio m. En el catolicismo, lugar donde las almas de los muertos purgan sus pecados: *Los católicos creen que las almas de la gente que ha cometido pecados leves van al **purgatorio**.*

purificado, da adj. Que no tiene impurezas: *Es sano tomar agua **purificada** y hervida.*

purificar vb. irreg. Quitar las impurezas: *Antes de comer la lechuga hay que lavarla y **purificarla** con alguna sustancia desinfectante como el yodo.*

puro m. Rollo de hojas de tabaco, que se enciende por uno de sus extremos y se fuma: *Los **puros** más famosos son los cubanos, llamados habanos.* SIN. cigarro.

puro, ra adj. Sin mezcla ni impurezas: *¿Cómo va a estar **puro** el aire aquí si hay una industria química cerca?*

púrpura m. Color rojo que se parece al morado.

pus m. y f. Líquido amarillento o verdoso de olor desagradable que se forma en los lugares infectados: *A Ramiro se le formó **pus** en una uña porque se la cortó mal y se le infectó.*

putrefacción f. Acción y efecto de pudrir o pudrirse, de echarse a perder una materia orgánica: *Cuando fuimos al campo vimos el cadáver de un conejo en estado de **putrefacción** que olía horrible y tenía muchos gusanos.* SIN. **descomposición**.

Q q

q f. Decimoctava letra del abecedario español. Su nombre es *cu.* ➤

▸ **que pron.** Pronombre relativo que sirve para reemplazar a un nombre o a otro pronombre que se ha mencionado con anterioridad: *"Éste es el perro que me mordió."*

▸ **1** Se utiliza para hacer comparaciones: *Me gusta más el frío que el calor.* **2** Se utiliza para expresar una consecuencia: *Habla tan rápido que no se entiende lo que dice.*

▸ **qué adj.** Adjetivo interrogativo que se utiliza para preguntar algo de manera directa o indirecta: *¿Qué vestido quieres usar esta noche?*

▸ **qué pron.** **1** Pronombre interrogativo que se utiliza para preguntar algo de manera directa o indirecta: *No sé qué dijo Andrés porque yo no contesté su llamada.* **2** Se utiliza para dar énfasis: *¡Qué bellas son las flores!* **3** *loc.* ¿Qué tal?, se utiliza como saludo: *¿Qué tal?, ¿cómo has estado?*

quebracho m. Árbol americano muy alto, de madera dura usada en la construcción.

quebradizo, za adj. Fácil de quebrarse o romperse: *Tiene el pelo quebradizo, por eso debe cuidarlo y no exponerlo al sol por mucho tiempo.*

quebrado m. Número que expresa una o varias partes proporcionales de la unidad: *Tres cuartos (¾) es un quebrado.*

quebrar vb. irreg. **1** Romper con violencia: *El jarrón se cayó y se quebró en muchos pedazos.* **2** Doblar o torcer: *Si sigue el viento tan fuerte se quebrarán las ramas de las plantas jóvenes.* **3** Suspender una actividad o negocio: *La tienda de Marcos quebró porque no tenía clientes.* **4** Entrecortarse la voz: *Por el llanto se le quebró la voz y ya no pudo seguir hablando.*

quechua o quichua adj./m. y f. Pueblo amerindio localizado en el norte y el centro de la región de los Andes, en Sudamérica: *Los quechuas fundaron la civilización incaica.*

queda f. Hora de la noche señalada para que los habitantes de las ciudades se retiren a sus casas: *Las autoridades establecen queda cuando hay peligro de guerra.*

quedar vb. **1** Permanecer en cierto lugar o estado: *Quédate aquí, regresaré por ti dentro de diez minutos.*

2 Haber todavía existencia de cierta cosa: *Ve a ver si todavía queda algo de arroz en la alacena.* **3** Resultar en cierta situación o estado: *Mi disco quedó torcido desde que lo puse al sol.* **4** Acordar, convenir: *Todos los amigos quedamos en ir a la playa los próximos días libres.* **5** Apoderárse de algo: *Le presté un libro hace tiempo y se quedó con él.*

quedo, da adj. Suave, silencioso: *La maestra nueva habla con una voz tan queda que casi nadie la escucha.*

quehacer m. Ocupación, negocio: *Numerosos quehaceres ocupan el tiempo de Ana y casi no tiene tiempo para divertirse.*

queja f. **1** Expresión de dolor o pena: *Mientras le curaban la pierna, emitía algunas quejas porque la molestaba la herida.* **2** Manifestación de desacuerdo: *Si piensa que el producto que compró no es de la calidad ofrecida, ponga su queja en la oficina correspondiente.*

quejarse vb. **1** Expresar el dolor o la pena que se siente: *Después de haberse caído, mi madre se quejaba de un dolor en la mano.* **2** Manifestar disgusto o inconformidad: *Cuando vi que el televisor nuevo no funcionaba llamé a la tienda para quejarme.*

quemadura f. Herida, señal o destrozo causado por el fuego o por algo que quema: *El aceite caliente que le cayó en la mano le produjo una quemadura.*

quemar vb. **1** Consumir o destruir con fuego: *Poco antes de morir quemó todas sus fotografías y documentos personales.* **2** Estropearse por exceso de fuego: *Olvidé quitar la carne del fuego y se quemó.* **3** Causar lesión algo muy caliente: *Estaba tan caliente el café que me quemé la lengua al tratar de beberlo.* **4** Estar una cosa muy caliente: *El sol en la playa quema durante el verano.*

querer vb. irreg. **1** Desear poseer o lograr algo: *Siempre ha querido tener una casa en la playa.* **2** Tener amor o cariño: *El niño quiere mucho a sus abuelos porque ha crecido con ellos.* SIN. **apreciar.**

quesadilla f. **1** *Ecuad. y Hond.* Pan de maíz relleno de queso y azúcar y frito en manteca. **2** *Méx.* Tortilla de maíz doblada, rellena de queso u otros guisos que se come frita o asada: *Las quesadillas son uno de los alimentos más populares en México.*

queso m. Alimento elaborado a partir de la leche cuajada.

---

⑤ *Ecuad.* = Ecuador ☆ *Hond.* = Honduras ☆ *Méx.* = México.

o

p

q

r

s

t

u

quetzal *m.* ① Ave de vistoso plumaje que combina los colores verde y rojo escarlata: *Los quetzales son originarios de los bosques del sur de México y de Centroamérica.* ② Moneda de Guatemala.

quiebra *f.* ① Rotura de algo. ② Fracaso económico: *Ese hombre ha llevado a la quiebra su negocio a causa de sus errores.*

quien *pron.* ① Pronombre relativo que se refiere a personas: *"Ésta es la mujer de quien te hablé."* ② Pronombre indefinido que equivale a *el que*: *Puedes casarte con quien tú quieras, lo importante es que te sientas feliz.*

quién *pron.* ① Pronombre interrogativo que introduce frases: *¿Quién llama a la puerta?* ② Introduce frases exclamativas: *¿Rafael obtuvo mala nota en inglés? ¡Quién lo hubiera dicho, siempre había sido el mejor de su clase!*

quienquiera *pron.* Pronombre indefinido que señala a una persona indeterminada: *Quienquiera que haya sido el autor del robo debe recibir un buen castigo.*

quieto, ta *adj.* ① Que no se mueve ni cambia de lugar: *El entrenador le enseña al perro a quedarse quieto cuando se lo ordena.* ② Pacífico, tranquilo: *¿Por qué no damos un paseo en lancha? El mar está quieto y así no corremos riesgos.*

quijada *f.* Cada uno de los dos huesos del cráneo de los mamíferos en que están encajados los dientes y muelas: *Las vacas están moviendo las quijadas constantemente porque comen todo el día.*

quilate *m.* Unidad de peso para perlas, metales finos y piedras preciosas, que equivale a 205 mg.

química *f.* Ciencia que estudia las propiedades, composición y transformación de los cuerpos: *Por los experimentos que realizaba, mi profesor de química a veces me parecía un mago.*

quina *f.* Árbol con corteza amarga que tiene propiedades medicinales, sobre todo contra la fiebre.

quince *adj./m.* y *f.* Número que resulta de sumar diez y cinco.

quinceavo, va *adj.* Relativo a cada una de las quince partes iguales en que se divide un todo: *Me tocó la quinceava parte de la sandía.*

quincena *f.* ① Serie de quince días consecutivos: *El mes se divide en dos quincenas.* ② Sueldo que se paga cada quince días: *Ayer recibí la quincena y ya no tengo dinero, porque he pagado todas las deudas que tenía.*

quincenal *adj.* Que se repite cada quince días: *Es una revista quincenal, por eso salen dos números por mes.*

quincuagésimo, ma *adj.* Adjetivo ordinal que corresponde en orden al número cincuenta: *Los abuelos ya tienen 50 años de casados y celebraron su quincuagésimo aniversario de matrimonio.*

quiniela *f.* ① Juego de apuestas sobre los resultados del fútbol. ② *Argent., Par., R. Dom.* y *Urug.* Juego que consiste en apostar a las últimas cifras de los premios mayores de la lotería.

quinientos, tas *m.* y *f.* ① Número que corresponde en orden al quinientos.

quinina *f.* Sustancia sacada de la quina, empleada para bajar la fiebre.

quinta *f.* Casa de recreo en el campo: *Se pasarán las vacaciones en una quinta que es propiedad de unos amigos porque quieren alejarse un poco de la ciudad.*

quintal. Quintal métrico, *loc.* Peso de 100 kg: *Compró un quintal de semillas para sus gallinas.*

quinteto *m.* En música, conjunto de cinco voces o cinco instrumentos: *Gerardo forma parte de un quinteto de piano y cuatro instrumentos de cuerdas, él toca el violín.*

quintillizo, za *adj./m.* y *f.* Cada uno de los cinco hermanos nacidos juntos en un parto quíntuple.

quinto, ta *adj.* ① Adjetivo ordinal que corresponde en orden al número cinco: *Noé obtuvo el quinto lugar en el concurso nacional de escuelas, es decir, sólo hay cuatro estudiantes mejores que él.* ② Cada una de las cinco partes iguales en que se divide un todo: *Como en su casa eran cinco hijos, a cada uno le tocaba una quinta parte de todo.*

quíntuplo, pla *adj.* Que contiene un número cinco veces exactamente: *El número veinticinco es quíntuplo de cinco.*

quiosco *m.* ① Pabellón abierto que decora terrazas y jardines: *En esa plaza hay un quiosco donde los domingos una banda toca música.* ② Pequeña construcción donde se venden diarios, flores, etc.: *Todos los domingos mi papá pasa a comprar su revista favorita en el quiosco de la esquina.*

quirófano *m.* Sala donde se hacen operaciones: *En el quirófano todo debe estar muy limpio y libre de microbios.*

quirquincho *m.* *Amér. Merid.* Especie de armadillo, relativamente cubierto de cerdas sobre su caparazón: *Los quirquinchos son mamíferos que no tienen dientes.*

quitar *vb.* ① Separar o apartar una cosa de otra o de donde estaba: *Quita tu abrigo de ahí porque está muy cerca del fuego de la chimenea y puede quemarse.* ② Desaparecer o hacer desaparecer algo: *Hace años había ahí un restaurante pero ya lo quitaron.* ③ Privar de una cosa: *Mi mamá me quitó el televisor que había en mi habitación porque estaban bajando mis notas en la escuela.* ④ Apartarse de un lugar: *Como estaban regando el pasto, Jaime se quitó de la banca del jardín para no mojarse.*

quiteño, ña *adj./m.* y *f.* Originario de Quito, Ecuador.

quizá o **quizás** *adv.* Expresa posibilidad o duda: *Quizá no haya venido hoy porque desde ayer se sentía un poco enfermo.* →

---

adj. = adjetivo ☆ *adv.* = adverbio ☆ *f.* = sustantivo femenino ☆ *Fam.* = familiar ☆ *loc.* = locución ☆ *m.* = sustantivo masculino ☆ *pron.* = pronombre ☆ SIN. = sinónimo ☆ *vb.* = verbo ☆ → Ver Minienciclopedia.

R r

r *f.* Decimonovena letra del abecedario español. Su nombre es *erre.*

rabadilla *f.* ① Punta o extremidad de la columna vertebral. ② Parte saliente de las aves que se encuentra sobre el ano.

rábano *m.* Planta herbácea de raíz carnosa comestible.

rabí *m.* Título dado a los doctores de la ley judía. Ver **rabino:** *El rabí más famoso fue rabí Moisés ben Maimón, conocido también como Maimónides en la España del siglo XII.*

rabia *f.* ① Enfermedad transmitida por la mordedura de algunos animales, que provoca nerviosismo excesivo y parálisis: *El científico francés Luis Pasteur descubrió la vacuna para prevenir la rabia.* SIN. **hidrofobia.** ② Ira, enfado: *A Patricia le da mucha rabia que su hermano se burle de ella, por eso él se lo hace cuando quiere que se enoje.*

rabino *m.* Jefe religioso, guía espiritual y ministro de culto de una comunidad judía.

rabioso, sa *adj.* ① Que padece rabia: *Un perro rabioso mordió a Alejandro, por eso lo tuvieron que vacunar.* ② *Fam.* Que está furioso: *Edmundo se puso rabioso al saber que su hermano había descompuesto su televisor.*

rabo *m.* Cola de algunos animales: *A los perros de algunas razas, como el bóxer y el doberman, les cortan el rabo cuando son pequeños.*

racha *f.* ① Ráfaga de viento: *Una repentina racha hizo volar mi sombrero.* ② Periodo corto de fortuna o desgracia: *El negocio de Noé pasó por una muy buena racha este año, por eso pudo comprarse un auto nuevo.*

racimo *m.* Grupo de frutos que cuelgan de un mismo tallo: *Yolanda compró dos racimos de uvas y con ellas preparó una tarta.*

ración *f.* Cantidad de comida que se da a cada individuo: *En el comedor de esa escuela nos permiten servirnos dos raciones de cada alimento.*

racional *adj.* Dotado de razón: *Los seres humanos somos los únicos animales racionales.*

radar *m.* Dispositivo que detecta la presencia y la posición de objetos por medio de ondas: *En los aeropuertos hay radares para localizar a los aviones que llegan y salen.*

radiación *f.* Acción y efecto de emitir un cuerpo luz u otra energía: *Si uno se expone mucho tiempo a la radiación solar, la piel puede sufrir quemaduras y enfermedades como el cáncer.*

radiactivo, va *adj.* Que emite radiaciones: *El material y los desechos radiactivos tienen que transportarse y almacenarse con cuidados especiales.*

radiador *m.* ① Aparato de calefacción: *Este invierno hará mucho frío, así que compramos radiadores para calentar la casa.* ② Dispositivo por el que circula el agua encargada de enfriar algunos motores: *Se descompuso el radiador, por eso se calentó mucho el motor del automóvil.*

radial *adj.* *Argent., Chile, Colomb. y Urug.* Relativo a la radiodifusión. SIN. **radiofónico.**

radiante *adj.* ① Resplandeciente, brillante: *El sol suele estar radiante en el verano.* ② Que manifiesta una gran alegría: *Carla se veía radiante el día de su boda.*

radio *f.* ① Apócope de "radiodifusión": *Algunas personas escuchan la radio en su trabajo o en su casa durante muchas horas al día.* ② Apócope de "radioemisora": *Esa radio está haciendo un concurso en el que puedes ganar un automóvil.* →

radio *m.* ① En una circunferencia, distancia entre uno de sus puntos y el centro. ② El más corto de los dos huesos del antebrazo: *Los dos huesos del antebrazo son el radio y el cúbito.* ③ Aparato por el que se escuchan música, noticias, programas, etc.: *A muchas personas les gusta trabajar escuchando la radio.*

radiodifusión *f.* Emisión de noticias, música, etc., desde una instalación especial para que el público la capte en aparatos receptores.

radioemisora *f.* Estación que transmite programas de radio: *No he podido escuchar mi estación favorita de radio, debido a una huelga de empleados en la radioemisora.*

radiofónico, ca *adj.* Relativo a la radiodifusión. SIN. **radial.**

radiografía *f.* Fotografía del interior de los cuerpos que se obtiene por medio de rayos X: *Cuando el doctor vio la radiografía de mi pierna confirmó que el hueso estaba fracturado.*

---

radioteatro *m.* *Argent.* y *Urug.* Obra dramática que se transmite por radio en forma de episodios. SIN. **radionovela.**

radionovela *f.* Novela que se transmite por radio en forma de episodios. SIN. **radioteatro.**

ráfaga *f.* ① Golpe de viento de poca duración: *Una ráfaga de viento le tiró el sombrero al abuelo sin que tuviera tiempo de reaccionar.* SIN. **racha.** ② Golpe de luz vivo e instantáneo: *Al mismo tiempo que se escucharon los truenos se vio la ráfaga de rayos que anunciaban la tormenta.* ③ Serie de disparos sucesivos que efectúa un arma automática: *Los disparos de las ametralladoras son en ráfaga, es decir, muchos seguidos en muy poco tiempo.*

raíz *f.* Órgano de los vegetales que fija la planta al suelo: *Esos árboles desarrollan unas grandes y fuertes raíces que terminan por levantar el piso a su alrededor.*

rajadura *f.* Hendidura, resquebrajadura, rotura, grieta: *Después del último sismo aparecieron unas rajaduras en la pared.*

rajar *vb.* ① Agrietar, hender: *El golpe rajó este vaso; más vale no usarlo más.* ② Partir o romper en rajas: *"Rajemos este melón para comérnoslo."* ③ *Méx. Fam.* Acobardarse: *Primero dijo que sí iba a arrojarse con paracaídas, pero luego se rajó.* ④ *Arg.* y *Urug.* Huir.

rallador *m.* Utensilio que sirve para rallar o desmenuzar queso, verduras, etc.: *Usé el rallador para desmenuzar la cáscara de naranja que se necesita para el postre.*

rallar *vb.* Desmenuzar algo restregándolo: *Casi está lista la comida, sólo falta rallar el queso para incorporarlo a la pasta.*

RAM *adj.* Abreviatura de *Random Access Memory* (memoria de acceso directo), término de computación que se usa para designar lo relativo a la memoria cuyo contenido puede ser leído, borrado o modificado a voluntad: *Se necesita una computadora con mucha memoria RAM para que puedan funcionar los programas de diseño.*

rama *f.* Parte que nace del tronco o del tallo de una planta: *Podaron el árbol cortándole todas las ramas medianas.*

ramificarse *vb. irreg.* Dividirse en ramas: *Más adelante esa ancha calle se ramifica en tres calles más angostas.*

ramillete *m.* Ramo pequeño de flores o plantas: *Durante la boda de mi hermana regalaron ramilletes de claveles blancos a todos los invitados.*

ramo *m.* ① Rama que nace de una principal. ② Manojo de flores: *En la ceremonia de graduación le entregaron un ramo de rosas blancas a cada muchacha.*

rampa *f.* Plano inclinado que une dos superficies y sirve sobre todo para subir o bajar cargas con menos esfuerzo o para facilitar el tránsito de personas minusválidas: *En muchas ciudades, los restaurantes y lugares públicos tienen rampas para las personas minusválidas.*

rana *f.* Animal anfibio de piel lisa, ojos saltones y patas traseras adaptadas al salto: *En el lago hay muchas ranas que croan por la noche.* →

ranchera *f.* Canción popular mexicana: *El músico mexicano José Alfredo Jiménez ha sido uno de los más importantes compositores de rancheras.*

rancho *m.* ① Casa pobre construida con madera o paja, que se encuentra fuera de las ciudades. ② *Antill.* y *Méx.* Lugar donde se crían caballos y otros cuadrúpedos: *En las vacaciones fui a un rancho donde tenían vacas y cerdos.* SIN. **estancia, hacienda.**

rancio, cia *adj.* Se dice del vino y de algunos comestibles que con el tiempo adquieren sabor y olor más fuerte: *El pan está tan rancio y duro que ya no se puede comer.*

rango *m.* Clase, categoría: *Mauro ha alcanzado un alto rango en el ejército, ya es coronel.*

ranura *f.* Canal estrecho que tienen algunos objetos: *Los cajones de ese mueble se deslizan a través de ranuras.* SIN. **rendija.**

rapar *vb.* ① Afeitar: *Los monjes budistas se rapan la cabeza como símbolo de renuncia a las vanidades del mundo.* ② Cortar mucho el pelo: *En esa prisión rapan a los presos cuando ingresan.*

rapaz *adj./f.* Relativo a las aves carnívoras que tienen pico y garras curvados y fuertes: *Las aves rapaces pueden ser cazadoras diurnas, como el águila, o nocturnas, como el búho.*

rápido *m.* Parte de un río donde el agua corre con mucha fuerza: *Cuando se baja por un río en balsa hay que tener cuidado con los rápidos, porque la embarcación puede volcarse y uno caer al agua.*

rápido, da *adj.* Que ocurre, se hace o actúa en poco tiempo, muy de prisa: *Miriam tomó un medicamento de acción rápida porque ya no aguantaba el dolor de cabeza.*

rapiña *f.* ① Robo o saqueo: *Además de la derrota militar, el pueblo conquistado tuvo que sufrir la rapiña de los soldados vencedores.* ② *loc.* Ave de rapiña, ave rapaz: *Los halcones son aves de rapiña que se alimentan de carne.*

raptar *vb.* Capturar y retener de manera ilegal a una persona, en especial para obtener un rescate: *Hace unos días raptaron a un importante empresario y los delincuentes pidieron mucho dinero por liberarlo.* SIN. **secuestrar.**

raqueta *f.* Pala provista de una red, utilizada para jugar al tenis y a otros juegos de pelota: *La raqueta de tenis es más grande que la de pimpón.*

raquitismo *m.* Enfermedad infantil caracterizada por deformaciones y debilidad en los huesos.

---

adj. = adjetivo ☆ *f.* = sustantivo femenino ☆ *Fam.* = familiar ☆ *loc.* = locución ☆ *m.* = sustantivo masculino ☆ *pl.* = plural ☆ SIN. = sinónimo ☆ *vb.* = verbo ☆ *vb. irreg.* = verbo irregular ☆ → Ver Minienciclopedia.

raro, ra *adj.* ☐1 Escaso en su clase: *Miguel está contento porque consiguió para su colección una* **rara** *mariposa de una especie que sólo vive en Australia.* ☐2 Poco frecuente: *Algo debe de haberle pasado a Saúl porque es* **raro** *que llegue tarde sin avisar.* ☐3 Extraño, extravagante: *El vecino de la esquina es un hombre* **raro** *que se viste siempre de negro, no habla con nadie y usa sombreros muy grandes.*

ras *m.* Igualdad en la superficie o altura de las cosas: *Beatriz alcanzó a cerrar la llave de la bañera cuando el agua llegaba al* **ras.**

rascacielos *m.* Edificio en forma de torre y con gran número de pisos: *Los* **rascacielos** *de la ciudad de Nueva York son famosos en todo el mundo.* →

rascar *vb. irreg.* ☐1 Restregar algo con una cosa aguda o áspera. ☐2 Mitigar la comezón, frotando la piel con las uñas: *Los perros* **se rascan** *casi siempre con las patas traseras.*

rasgado, da *adj.* Relativo a los ojos que tienen muy prolongados los bordes exteriores de los párpados: *Nuestra nueva compañera tiene los ojos* **rasgados** *porque sus padres son japoneses.*

rasgar *vb. irreg.* Romper o hacer desgarrar telas, papel, etc.: *Al cruzar una puerta, la tela del vestido de Sara se enganchó en un clavo y se* **rasgó.**

rasgo *m.* ☐1 Línea trazada al escribir: *Carmen usa unos* **rasgos** *muy grandes cuando escribe a su abuela porque ella ya no ve bien.* ☐2 Línea característica del rostro: *Los* **rasgos** *de su cara indican que tiene antepasados de algún país oriental.*

rasguñar *vb.* Hacer heridas superficiales en la piel con las uñas o algún instrumento puntiagudo: *Cuando el gato saltó sobre Georgina la* **rasguñó** *con sus afiladas garras.*

rasguño *m.* Corte o herida superficial hecha con las uñas o por un roce violento con una superficie áspera o cortante: *El jardinero tenía los brazos llenos de* **rasguños** *después de haber podado los rosales.*

raso *m.* Tela de seda, lisa y brillante: *Varias mujeres usaron elegantes vestidos de* **raso** *durante la fiesta.*

raso, sa *adj.* Llano, liso: *Este campo es* **raso,** *por lo que resulta fácil ver a lo lejos.*

raspar *vb.* Frotar o rascar una superficie: *Los albañiles* **rasparon** *la pintura antigua de la pared y después aplicaron el nuevo color.*

raspón *m.* Rayadura en una superficie o en la piel, lastimadura: *Efraín le dio un* **raspón** *al automóvil y ahora tiene que arreglarlo y pintarlo.*

rastrear *vb.* ☐1 Buscar siguiendo el rastro: *Los guardias usaron perros sabuesos para que con el olfato* **rastrearan** *las huellas del preso que había huido.* ☐2 Averiguar, investigar: *La policía* **está rastreando** *el origen de las armas compradas de manera ilegal.*

rastrillo *m.* ☐1 Instrumento de la agricultura formado por un mango largo y una parte con púas o dientes: *Con el* **rastrillo** *reuní todas las hojas secas que han caído de los árboles.* ☐2 Méx. Instrumento con una navaja, que sirve para afeitarse.

rastro *m.* Indicio, pista: *El ladrón huyó sin dejar* **rastro** *y hasta ahora la policía no ha podido dar con él.*

rasurar *vb.* Afeitar, quitar los vellos: *En la peluquería le* **rasuraron** *la barba a mi papá con una navaja, como se hacía antes.*

rata *f.* Mamífero roedor de cabeza pequeña, hocico puntiagudo y cola larga, muy nocivo y voraz: *Las* **ratas** *que viven en los alcantarillados y basureros son transmisoras de enfermedades.*

ratero, ra *adj./m. y f.* Persona que se dedica a robar cosas de poco valor: *El policía logró atrapar a un* **ratero** *en la estación de autobuses.*

rato *m.* Espacio de tiempo, en especial cuando es corto: *Descansaré un* **rato** *y luego seguiré con mi trabajo.*

ratón *m.* ☐1 Mamífero roedor de pelaje gris, parecido a la rata pero más pequeño: *El* **ratón** *que había en la casa cayó en una trampa en la que pusimos un trocito de queso.* ☐2 En computación, dispositivo manual que mueve el cursor en la pantalla.

raya *f.* ☐1 Señal larga y estrecha en un cuerpo o superficie: *En los filmes es común que representen a los presos vestidos con uniformes a* **rayas.** ☐2 Guión largo (—) que se usa para separar oraciones, indicar un diálogo, etc. ☐3 Méx. y Nicar. Salario del obrero, campesino o albañil: *Por lo general, a los albañiles les pagan su* **raya** *los sábados.*

raya *f.* Pez marino de cuerpo aplanado y en forma de rombo.

rayar *vb.* ☐1 Hacer rayas sobre una superficie: **Rayé** *una hoja blanca de papel antes de escribir para que las letras queden derechas.* ☐2 Dañar algo haciéndole rayas: *Al mover los muebles* **se rayó** *un poco el piso.* ☐3 Tachar lo escrito: *Norma no sabía qué escribir en la carta de amor y, después de las primeras palabras,* **rayaba** *la hoja y comenzaba otra vez.* ☐4 Méx. Pagar el salario al obrero o al campesino: *Los sábados* **rayan** *los obreros de la fábrica de zapatos.*

rayo *m.* ☐1 Chispa eléctrica entre dos nubes o entre una nube y la Tierra: *Los* **rayos** *y truenos anunciaban la tormenta eléctrica que se acercaba.* ☐2 Línea de luz procedente de un cuerpo luminoso: *Los* **rayos** *del sol se filtraban entre las ramas de los árboles.*

raza *f.* ☐1 Grupo en que se subdividen algunas especies animales y vegetales: *Hay muchas* **razas** *de perros, desde los más pequeños como los chihuahueños hasta los enormes gran danés.* ☐2 *loc. pl.* **Razas humanas,** agrupación de seres humanos que presentan rasgos físicos comunes.

o

p

q

r

s

t

u

razón f. ① Facultad propia del hombre por la que puede pensar: *Los seres humanos poseemos razón, en eso nos distinguimos de los demás seres vivos.* SIN. **entendimiento, raciocinio.** ② Acierto en lo que se hace o dice: *Juan tiene razón, hay que salir más temprano para llegar a tiempo.* ③ Causa, motivo: *No entiendo la razón por la que mi amigo está enojado conmigo.* ④ Resultado de una división: *La razón entre 10 y 5 es 2.*

razonar vb. Pensar: *En esa escuela les piden a los niños no sólo aprender las cosas de memoria sino razonarlas.*

re m. Segunda nota de la escala musical de do: *El re está entre el do y el mi.*

reacción f. ① Acción que ocurre en contra de otra que la provocó: *La reacción del perro ante la agresión del hombre fue una mordida.* ② Respuesta a un estímulo, en especial contra una enfermedad: *Los medicamentos deben ser probados antes de aplicarse en seres humanos para conocer la reacción que pueden producirles.*

▶ **real** adj. Perteneciente o relativo al rey: *Después de la fiesta, el monarca se retiró a sus habitaciones reales para descansar.*

▶ **real** adj. Que tiene existencia verdadera y efectiva: *Los caballos son animales reales, pero los unicornios son imaginarios.* ANT. **irreal.**

▶ **real** m. Moneda de Brasil.

realidad f. ① Existencia real y efectiva: *La realidad es distinta de los sueños.* ② Mundo real: *Algunos enfermos mentales viven fuera de la realidad.* ③ Lo que ocurre en verdad, fuera de las apariencias: *Los Gómez dicen que son ricos, pero la realidad es que se han quedado en la ruina.*

realizar vb. irreg. ① Hacer, llevar a cabo: *Los niños realizaron una excursión a la montaña de la que ahora hablan con mucho entusiasmo.* ② Cumplir las propias aspiraciones: *Muchas personas dicen que cada quien debe buscar lo que más le guste y realizarse en esa actividad.*

reanimar vb. Restablecer las fuerzas o el aliento: *Para reanimar a la señora desmayada los paramédicos la hicieron oler unas sales especiales.*

reanudar vb. Continuar haciendo algo que se había dejado de hacer: *Después de las vacaciones de verano los alumnos reanudaron su educación en la escuela.*

rebaja f. Disminución, en especial del precio de una cosa: *Elena, que es muy hábil para regatear, consiguió una buena rebaja en la ropa que compró.* SIN. **descuento.**

rebajar vb. ① Hacer más bajo el nivel o la altura de algo: *Rebajaré las patas de la mesa porque está muy alta y resulta incómoda.* ② Bajar el precio o la cantidad de algo: *En enero los comerciantes suelen rebajar muchas mercancías sobrantes de la época navideña.*

rebanada f. Porción delgada que se saca de una cosa: *Como merienda tomo una rebanada de pan con mermelada y un vaso de leche.* SIN. **tajada.**

rebanar vb. Cortar en rebanadas: *Rebanamos el pan antes de llevarlo a la mesa para que a cada quien le sea fácil tomar la cantidad que quiera.*

rebaño m. Conjunto de animales que viven juntos, en especial vacas u ovejas: *El pastor saca el rebaño de ovejas al campo, temprano por la mañana.*

rebasar vb. Pasar o exceder de un límite o señal: *Un policía detuvo a Manuel por rebasar el límite de velocidad.*

rebelarse vb. ① Negarse a obedecer: *No es raro que en la adolescencia los jóvenes se rebelen contra la autoridad de sus padres y maestros.* ② Oponer resistencia a determinadas costumbres.

rebelde adj./m. y f. ① Persona que se opone o rebela a la autoridad, a una situación o a las costumbres establecidas. ② Difícil de manejar, educar o trabajar: *Hugo tiene el pelo muy rebelde y a pesar de sus esfuerzos por alisarlo siempre lo trae despeinado.*

rebobinar vb. Enrollar al revés una tira de película o cinta, de manera que quede como estaba antes de usarse: *Cuando se termina de usar un rollo fotográfico, se rebobina y luego se saca de la cámara.*

rebosar vb. ① Salirse un líquido por los bordes de un recipiente: *No puso atención y el agua rebosó del vaso que se servía.* ② Abundar con exceso: *El bebé rebosa alegría cuando está sano.*

rebotar vb. ① Botar de manera repetida un cuerpo al chocar con otro: *En el juego de tenis, la pelota rebota continuamente contra el piso.* SIN. **botar.** ② Argent., Méx. y Urug. Rechazar el banco un cheque por falta de fondos: *Firmó un cheque sin fondos y lo rebotaron en el banco.*

rebozar vb. irreg. Pasar un alimento por huevo batido, harina, pan rallado, etc., y luego freírlo.

rebozo m. ① Parte de una prenda de vestir con que se cubre la cara. ② Amér. C. y Méx. Manto amplio que usan las mujeres para cubrir la espalda, brazos y en ocasiones la cabeza: *En muchos pueblos las mujeres todavía usan el rebozo para cubrirse, abrigarse y cargar a los bebés.*

rebuzno m. Voz del asno: *En el campo se oyen los rebuznos de los asnos y los mugidos de las vacas.*

recado m. ① Mensaje que se da o envía a otro: *Cuando volví del viaje mi hermana me dio muchos recados que me habían dejado mis amigos.* ② Amér. C. y Amér. Merid. Silla de montar. ③ Nicar. Picadillo con que se rellenan las empanadas.

recaída f. ① Hecho de volver a enfermarse: *Óscar ya estaba sanando pero a causa del frío sufrió una recaída y ahora no puede salir de casa.* ② Hecho de cometer errores ya cometidos antes o de retomar un vicio.

---

adj. = adjetivo ☆ **adv.** = adverbio ☆ ANT. = antónimo ☆ **f.** = sustantivo femenino ☆ **Fam.** = familiar ☆ **m.** = sustantivo masculino ☆ SIN. = sinónimo ☆ **vb.** = verbo ☆ **vb. irreg.** = verbo irregular.

recámara f. *Amér. C., Colomb.* y *Méx.* Alcoba, habitación, dormitorio: *Octavio subió a su recámara a descansar porque le duele la cabeza.* **SIN. cuarto.**

recamarera f. *Méx.* Sirvienta o empleada que se ocupa de la limpieza de las recámaras: *En el nuevo hotel están contratando recamareras y ayudantes de cocina.*

recargar vb. *irreg.* Aumentar la carga: *El campesino consideró que el asno resistía más y lo recargó de leños.*

recargo m. [1] Malestar estomacal por comer demasiado: *Durante las fiestas de fin de año algunas personas sufren de recargo a causa de los abundantes guisos que se acostumbra comer en esos días.* [2] Cargo extra por multa, etc.: *Yolanda no cubrió a tiempo la cuenta telefónica y tuvo que pagar un recargo de 30 pesos.*

recauchaje m. *Chile.* Acción de volver a cubrir con caucho o hule un neumático desgastado.

recaudar vb. Reunir cierta cantidad de dinero: *Esa sociedad ha recaudado mucho dinero para los niños que no tienen padres.*

recelo m. Desconfianza: *El niño miró a la maestra nueva con recelo y no quería quedarse en el salón con ella.*

recepción f. [1] Sitio donde se recibe a los clientes en hoteles, empresas, etc.: *El grupo de turistas se reunió en la recepción del hotel para después salir de paseo.* [2] Reunión, fiesta formal: *Después de la ceremonia de la boda hubo una recepción en un gran jardín.*

receptor m. Aparato que recibe una señal de telecomunicación: *Gabriela tiene un receptor con el que escucha estaciones de radio de todo el mundo.*

receta f. [1] Escrito en el que el médico escribe los nombres de los medicamentos e instrucciones que recomienda a su paciente: *Rita fue a la farmacia con la receta que le dio su médico, pero no encontró uno de los medicamentos.* [2] Apunte que indica el nombre de los ingredientes de un guiso y el modo de prepararlo: *Como es principiante en la cocina, Alicia tiene que seguir las recetas con mucho cuidado.*

recetario m. [1] Talonario de recetas con el nombre y la dirección de un médico, en el que se escribe el nombre de los medicamentos que debe tomar un enfermo: *El médico escribió en el recetario lo que el enfermo debía comprar en la farmacia para curarse de su enfermedad.* [2] Colección de recetas de cocina: *Georgina guarda un cuaderno que fue el recetario de su abuela y luego de su madre.*

rechazar vb. *irreg.* No admitir lo que alguien solicita, propone u ofrece: *Pablo está muy triste porque lo rechazaron en la escuela donde quería estudiar.* **SIN. renunciar. ANT. aceptar.**

rechinar vb. Producir ruido el roce de algunos objetos, como un cuchillo en un plato: *Se nota que los zapatos de Marisa son nuevos porque rechinan cuando camina.*

rechoncho, cha adj. *Fam.* Grueso y de poca altura: *De pequeño Gerardo era rechoncho; ahora que ya creció es alto y delgado.*

recibir vb. [1] Tomar uno lo que le dan o envían: *Regina recibió flores de uno de sus admiradores el día de su cumpleaños.* [2] Padecer uno el daño que otro le hace o que le sucede por casualidad: *Si Rafael sigue diciendo groserías, tendrá que recibir un castigo.* [3] Salir al encuentro de alguien que llega: *Todos sus parientes recibieron en el aeropuerto al joven que regresaba del extranjero.* [4] Terminar un ciclo de estudios: *Los padres están contentos porque el viernes se recibirá su hija como doctora.*

reciclado, da adj. Que se vuelve a utilizar: *Usar papel reciclado contribuye a evitar la tala excesiva de los bosques.*

reciclar vb. Someter una cosa a un proceso para que vuelva a ser utilizable: *Es importante separar la basura en desperdicios de papel, plástico y basura orgánica, porque así se recicla con más facilidad.*

recién adv. [1] Sucedido poco antes: *Este bebé es un recién nacido, por eso está tan pequeño y delgado.* [2] *Amér.* Se emplea con todos los tiempos verbales indicando que la acción expresada por el verbo se acaba de realizar: *Llegamos al cine y el filme recién había empezado.*

reciente adj. [1] Que ha sucedido poco antes: *En los meses recientes Adán ha crecido mucho, por eso la ropa le queda corta.* [2] Acabado de hacer: *"¿Has leído el número más reciente de la revista de automóviles? Está muy interesante."*

recio adv. Con fuerza o violencia: *Toqué despacio pero mi hermano estaba dormido y tuve que golpear recio la puerta para que despertara y me dejara entrar.*

recipiente m. Objeto que puede contener algo en su interior: *Los recipientes que contienen veneno deben marcarse con una calavera en la etiqueta, para indicar el peligro.*

recíproco, ca adj. Igual en la correspondencia de uno a otro: *El amor recíproco hace parejas duraderas.*

recitar vb. Decir textos, versos u otras cosas parecidas en voz alta y con una entonación especial: *A mi abuela la ponían a recitar poemas en su casa cada vez que había visitas.*

reclamar vb. [1] Exigir algo a lo que se tiene derecho: *El obrero reclamó la parte de su salario que no le habían pagado a tiempo.* [2] Protestar contra algo en forma oral o por escrito: *Mi padre reclamará al vecino por el daño que le hizo al jardín de nuestra casa con su automóvil.*

reclinar vb. Inclinar una cosa apoyándola en otra: *La niña se reclinó en el hombro de su madre y se durmió.*

o

p

q

r

s

t

u

recluir *vb. irreg.* Encerrar o encerrarse alguien en un lugar: *Rocío decidió volverse monja, por eso se recluyó en un convento.*

recluso, sa *m. y f.* Preso: *En esa prisión hubo una protesta de reclusos por las malas condiciones en que viven.*

recluta *m.* Joven alistado para el servicio militar: *Los nuevos reclutas recibirán su adiestramiento en el campo militar.*

recobrar *vb.* [1] Recuperar, volver a conseguir algo que se había perdido: *Después de una época de pobreza la familia trabajó mucho para recobrar su fortuna.* [2] Restablecerse después de un daño, enfermedad, etc.: *No fue fácil, pero gracias a una terapia Cristóbal se recobró por completo después del accidente.*

recoger *vb. irreg.* [1] Tomar o agarrar algo que se ha caído: *Recogí una moneda que encontré tirada en la calle.* [2] Reunir cosas que estaban separadas o dispersas: *Me gusta jugar con todos mis muñecos, pero me da flojera recogerlos cuando termino.* [3] Ir a buscar a alguien o algo al lugar donde está: *Todos los días mi madre me recoge cuando salgo de la escuela.* [4] Ordenar: *Iré a visitar a mi abuela después de recoger mi habitación.*

recolectar *vb.* [1] Recoger los frutos de la tierra, en especial la cosecha: *Las manzanas que se recolectan de los árboles se colocan en canastas.* [2] Reunir, juntar: *La Cruz Roja Internacional recolecta dinero una vez al año en todos los países donde tiene representación.*

recomendar *vb. irreg.* [1] Aconsejar: *En el restaurante el camarero nos recomendó la sopa de tomate con mariscos, dijo que era el mejor guiso que tenían.* [2] Hablar en favor de una persona: *Todos en la empresa recomendaron a mi padre porque saben que es un hombre trabajador y responsable.*

recompensa *f.* Premio por una acción o servicio extraordinario: *La policía ofrece una gran recompensa a quien ayude a capturar a ese conocido delincuente.*

reconciliar *vb.* Hacer que sean otra vez amigos dos o más personas, grupos, etc., que se habían disgustado: *Lilián y Andrés se reconciliaron después de dos meses en los que no se hablaron.*

reconfortar *vb.* Confortar, aliviar en lo físico o espiritual a alguien: *Los amigos de Cristina la reconfortaron por la reciente muerte de su padre.*

reconocer *vb. irreg.* [1] Distinguir a una persona de las demás por sus rasgos propios: *Eliseo tiene siete meses de edad y ya reconoce a sus papás y a sus hermanos.* [2] Admitir, aceptar: *Gloria tuvo que reconocer su amor por Octavio después de que todos la vimos suspirando por él.*

reconocimiento *m.* Gratitud: *En reconocimiento a su larga carrera en el hospital le dieron una medalla al viejo médico.*

reconstruir *vb. irreg.* [1] Construir otra vez algo que se había destruido, en especial un edificio. [2] Armar otra vez las partes de una cosa que se había deshecho: *El médico tendrá que reconstruir mi hueso quebrado, pues quedó partido en tres pedazos.*

recopilar *vb.* Juntar, recoger diversas cosas: *José recopila las fotografías de su actriz de cine favorita para hacer un álbum con ellas.*

récord *m.* **Palabra de origen inglés.** [1] Marca deportiva que supera las anteriores: *Durante los Juegos Olímpicos es común que los atletas establezcan nuevos récords mundiales.* [2] Cualquier cosa que supera una realización anterior.

recordar *vb. irreg.* Traer algo a la memoria: *Rosario acababa de salir de la casa cuando recordó que había dejado la sopa en el fuego y tuvo que regresar para apagarla.*

recorrer *vb.* Atravesar un lugar en toda su extensión o longitud: *Durante su visita el inspector recorrió todos los salones de la escuela.*

recorrido *m.* Trayecto por el que se ha viajado: *El fotógrafo hizo un largo recorrido por el Medio Oriente para tomar fotografías de los lugares más interesantes de cada país.* SIN. **ruta.**

recortar *vb.* [1] Cortar lo que sobra de una cosa: *Las cortinas están muy largas, hay que recortar un poco la tela.* [2] Cortar figuras de un papel, cartón, etc.: *Los niños recortan triángulos, círculos y cuadrados en su clase de geometría.*

recostar *vb. irreg.* Apoyar el cuerpo o una cosa sobre algo: *La recostaron en la cama después del mareo que sufrió.*

recreación *f.* Diversión, manera de pasar el tiempo libre: *Rodrigo pasa sus horas de recreación haciendo ejercicio en un gimnasio.*

recreo *m.* [1] Actividad que se realiza para divertirse y tiempo que se dedica a esta diversión. [2] Descanso en medio del horario de clases para que los alumnos coman algo y jueguen.

recta *f.* Línea que no está torcida ni doblada: *Las rectas se trazan con una regla.*

rectángulo *m.* Paralelogramo de cuatro ángulos rectos y lados contiguos desiguales.

rectificar *vb. irreg.* Corregir defectos o errores: *Dije "naiden" y mi maestro me hizo rectificar, ahora ya digo "nadie".*

recto *m.* Parte donde termina el intestino: *Al final del recto está el ano.*

recto, ta *adj.* [1] Que no está quebrado, inclinado o torcido, ni hace ángulos o curvas: *Esa carretera es recta, mide 80 kilómetros en los que no hay una sola curva.* [2] Justo, honrado: *El abogado Huesca es conocido en todo el pueblo por ser un hombre recto y honesto.* [3] Relativo al ángulo de 90 grados.

---

adj. = adjetivo ☆ **f.** = sustantivo femenino ☆ *Fam.* = familiar ☆ **loc.** = locución ☆ **m.** = sustantivo masculino ☆ **pl.** = plural ☆ SIN. = sinónimo ☆ **vb.** = verbo ☆ **vb. irreg.** = verbo irregular.

recuadro *m.* En los diarios, revistas y libros, parte del texto que va enmarcada para hacerla destacar.

recuerdo *m.* [1] Hecho de recordar, de traer algo a la memoria: *Han pasado muchos años desde la muerte del abuelo y su **recuerdo** sigue vivo en el joven.* [2] Objeto que sirve para recordar a una persona, situación o lugar: *Mi abuelita guardaba sus **recuerdos**, como fotografías, cartas y objetos personales, en una caja pequeña.*

recuperar *vb.* [1] Tener otra vez algo que se había perdido: *Edna logró **recuperar** a su gato perdido después de una semana de buscarlo.* [2] Sanar de una enfermedad o de un accidente: *Los niños se enferman de manera rápida pero se **recuperan** con igual velocidad.* SIN. **restablecer.**

recurrir *vb.* Buscar ayuda con alguien o en algo: *Es importante tener amigos a quienes se pueda **recurrir** en caso de problemas.*

recursos *m. pl.* [1] Conjunto de bienes o medios materiales. [2] *loc.* **Recursos naturales**, elementos que produce la naturaleza y que el hombre aprovecha para su beneficio: *Es un país con muchos **recursos naturales** porque tiene minas, costas, selvas, extensas tierras cultivables, etc.* [3] *loc.* **Recursos naturales no renovables**, los que no se producen de manera continua e interminable: *Los **recursos naturales no renovables** como el petróleo podrían acabarse pronto si no se usan de manera responsable.* [4] *loc.* **Recursos naturales renovables**, los que se producen de manera continua, como los bosques.

red *f.* [1] Conjunto de cuerdas o alambres tejidos en forma de malla: *Los pescadores sacaron del mar la **red** llena de pescados.* [2] Conjunto de vías de comunicación: *El país está comunicado por una **red** de carreteras a través de las que se puede viajar de una ciudad a otra.* [3] Trampa o engaño: *La mujer cayó en la **red** del vendedor y acabó comprando una bolsa llena de productos que no necesitaba.*

redactar *vb.* Escribir cartas, artículos, discursos, etc.: *Contrataron a Francisco para **redactar** los discursos que dirá el secretario de educación.*

redoble *m.* Toque vivo y sostenido en el tambor: *En el circo, un **redoble** anuncia que el acróbata hará un ejercicio arriesgado.*

redondear *vb.* [1] Poner redondo: *La cocinera **redondeó** porciones de carne para preparar hamburguesas.* [2] Acercar un número a la decena más cercana: *En el estadio hay novecientas noventa y nueve personas pero, para **redondear** la cifra, digamos que hay mil personas.*

redondo, da *adj.* De forma esférica o circular: *"Preparamos galletas **redondas**, cuadradas y en forma de rombos, ¿de cuáles quieres?"*

reducir *vb. irreg.* Hacer menor el tamaño, extensión, intensidad, etc.: *Los editores le pidieron al escritor que **redujera** un poco la extensión de su cuento para que pudieran publicarlo.*

redundancia *f.* Repetición no necesaria de una palabra o concepto: *Una **redundancia** es, "come comida".*

reelección *f.* Hecho de elegir de nuevo: *En algunos países como México no está permitida la **reelección** de un presidente.*

reembolso *m.* Acción de devolver una cantidad a quien la había desembolsado: *Darío devolvió el aparato defectuoso a la tienda y le hicieron un **reembolso** del dinero que había pagado.*

reemplazar *vb. irreg.* Ocupar alguien o algo el lugar dejado por otro: *Como uno de los jugadores se lastimó, el entrenador lo **reemplazó** con uno de reserva.* SIN. **sustituir.**

referí o **réferi** *m.* Palabra de origen inglés. *Amér.* Juez en una competencia o competición deportiva. SIN. **árbitro.**

referir *vb. irreg.* [1] Relatar, narrar: *Al volver de su viaje por Asia Edmundo nos **refirió** todo lo que había visto y hecho.* [2] Mencionar de manera abierta o implícita a alguien o algo: *Aunque el maestro no mencionó a Ricardo todos supimos que se **refería** a él, porque nadie en el salón de clases tiene el cabello rojo y los ojos azules.* SIN. **aludir.**

refinar *vb.* Hacer más pura una cosa quitándole los defectos: *Para elaborar el gasóleo se debe **refinar** el petróleo.*

refinería *f.* Instalación industrial donde se refina un producto: *La **refinería** de petróleo está cerca de los pozos de donde lo extraen.*

reflector *m.* Aparato que proyecta rayos luminosos: *El **reflector** iluminó a la cantante dejando el resto del teatro a oscuras.*

reflejar *vb.* [1] Rechazar, rebotar una superficie en una determinada dirección alguna onda o radiación como la luz, el calor, el sonido, etc. [2] *Fam.* Devolver una superficie brillante la imagen de un objeto: *Como el espejo estaba empañado, no se **reflejaba** con claridad mi cara.* [3] Manifestar, mostrar: *La expresión de Inés **refleja** su felicidad por el premio que ha ganado.*

reflejo *m.* [1] Luz reflejada: *El **reflejo** del sol en el agua es muy fuerte y hace que me lloren los ojos.* [2] Imagen reflejada: *Según la mitología, Narciso se enamoró de su imagen la primera vez que vio su **reflejo** en el agua.* [3] *pl.* Movimientos involuntarios que responden a un estímulo externo: *Los seres humanos tenemos muchos **reflejos**, por ejemplo cerrar los ojos cuando se escucha de repente un ruido intenso.*

reflexionar *vb.* Pensar o considerar algo con cuidado: *Santiago no ha tenido tiempo de **reflexionar** en lo que*

o

p

q

r

s

t

u

significa ganarse la lotería, porque todavía está gritando de la emoción.

reflexivo, va *adj.* Relativo al verbo cuya acción recae sobre el sujeto: *Peinarse es un verbo reflexivo, igual que lavarse.*

reflujo *m.* ① Movimiento de descenso de la marea. ② Trastorno de la digestión que consiste en que los jugos gástricos o la comida regresan por el esófago.

reforestar *vb.* Volver a plantar árboles en un lugar: *En muchos países reforestan las áreas taladas porque están conscientes de que el mundo no puede quedarse sin árboles.* SIN. **repoblar.**

reformar *vb.* Modificar algo con el fin de que mejore: *Algunos profesores han sugerido reformar las leyes para actualizar los libros de texto.*

reforzar *vb. irreg.* ① Añadir nuevas fuerzas a algo: *El entrenador reforzará el equipo con tres jugadores nuevos.* ② Dar más vigor o fuerza: *El pantalón se está rompiendo de la parte de las rodillas, necesito reforzarlo con más tela.* SIN. **fortalecer.**

refrán *m.* Dicho popular que contiene una enseñanza moral: *"Más vale tarde que nunca" es un refrán que señala que es mejor tardarse al hacer algo a nunca hacerlo.*

refrescar *vb. irreg.* ① Disminuir el calor de algo: *Micaela se duchó para refrescarse en cuanto llegó de la escuela.* ② Descender la temperatura: *En algunos lugares refresca durante la noche aunque de día se sienta calor.* ③ Tomar el fresco: *Salí al jardín para refrescarme un poco porque en la habitación hace mucho calor.*

refresco *m.* ① Bebida fría y sin alcohol que se toma para quitar la sed: *Después de jugar bebimos refresco de naranja para quitarnos la sed y refrescarnos.* ② *Méx.* Bebida embotellada, no alcohólica y por lo general con gas, que se toma fría. SIN. **soda, gaseosa.**

refrigerador *m. Méx.* Aparato que produce frío: *Hay alimentos como la carne y el pescado, que deben guardarse en el refrigerador porque se descomponen rápidamente.* SIN. **nevera, heladera, frigorífico.**

refrigerar *vb.* Hacer que las cosas se enfríen: *Puse el agua a refrigerar para que esté fresca a la hora de la comida.*

refrigerio *m.* Comida ligera que se hace para reparar fuerzas: *A las doce del día los obreros de esa industria toman un refrigerio y luego regresan a trabajar.*

refuerzo *m.* Cosa con que se hace más resistente o fuerte algo: *El carpintero puso un refuerzo a la mesa para que no se debilite.*

refugiarse *vb.* Protegerse, acogerse: *Durante el huracán los habitantes se refugiaron en la escuela del pueblo porque es un edificio muy sólido.*

refugio *m.* Lugar para refugiarse de algún peligro, ataque, etc.: *El gobierno preparó un refugio para los damnificados por el terremoto.*

refunfuñar *vb.* Emitir voces confusas en señal de enojo: *La señora que vende en la tienda no para de refunfuñar cuando llegan todos los niños haciendo alboroto.*

regadera *f.* ① Utensilio portátil para regar: *Salió con la regadera a echar agua a las macetas del patio.* ② *Méx.* Ducha, aparato que rocía el agua en forma de chorro o de lluvia para limpiar o refrescar el cuerpo.

regalar *vb.* Dar algo a alguien como muestra de afecto o agradecimiento: *Lourdes regaló sesenta rosas a su mamá el día de su cumpleaños, cada flor representaba cada año que la señora cumplía.*

regalo *m.* Cosa que se obsequia: *Romina recibió muchos regalos el día de su cumpleaños.*

regañar *vb. Fam.* Reprender a una persona por haber hecho mal una cosa o por haber dejado de hacer algo: *La maestra regañó a los niños por el desorden que estaban haciendo.*

regaño *m.* Palabras con que se reprende a alguien que ha obrado mal: *Al volver a casa le esperaba un fuerte regaño por las bajas calificaciones que llevaba.*

regar *vb. irreg.* ① Echar agua sobre la tierra, las plantas, etc.: *Estas flores tienen que ser regadas cada dos o tres días.* ② Atravesar un río una comarca o territorio: *Ese largo río riega del oeste al este, o sea casi todo el país.*

regatear *vb.* Negociar el comprador y el vendedor el precio de una mercancía: *Mi blusa costaba barata, pero como regateé con el vendedor me salió todavía más barata.*

regazo *m.* Parte del cuerpo de una persona sentada, entre la cintura y la rodilla: *El gato se acomodó en el regazo de mi abuelita y ahí se durmió.*

regenerar *vb.* Volver a su estado original una cosa que se había dañado o estropeado: *Después de algunos meses se regeneró el tejido del brazo que se le había quemado en un accidente.*

régimen *m.* ① Conjunto de normas que rigen una cosa o una actividad: *Elena y Marco se casaron bajo régimen mancomunado, eso quiere decir que todo lo que alguno de ellos compre es para los dos.* ② Forma de gobierno: *Varios países de Europa tienen un régimen monárquico y los habitantes son gobernados por un rey.* ③ Conjunto de medidas sobre alimentación que ha de seguir una persona por motivos de salud, para adelgazar, etc.: *Como el señor Ríos padece del corazón lleva un régimen alimenticio con poca sal y pocas grasas.* SIN. **dieta.**

regimiento *m.* Unidad militar al mando de un coronel: *El coronel estaba listo para sorprender con su regimiento a los enemigos que iban a atacar la ciudad.*

---

adj. = adjetivo ☆ **f.** = sustantivo femenino ☆ **Fam.** = familiar ☆ **loc.** = locución ☆ **m.** = sustantivo masculino ☆ **SIN.** = sinónimo ☆ **vb.** = verbo ☆ **vb. irreg.** = verbo irregular.

región *f.* Parte de un territorio definido por unas características propias: *En Perú la* **región** *montañosa es muy distinta a la región de la costa.*

regional *adj.* Relacionado con la región: *Ese museo tiene una colección de trajes* **regionales** *del norte del país.*

registrar *vb.* [1] Examinar con cuidado en busca de alguien o algo: **Registrarán** *a los pasajeros antes de abordar el avión para verificar que no porten armas.* [2] Inscribir en un libro, diario, lista, registro, etc.: *Al llegar a un hotel uno siempre tiene que* **registrarse** *en la administración.*

registro *m.* [1] Libro en que se anotan hechos y datos: *En la administración de ese restaurante llevan un* **registro** *semanal de sus clientes.* [2] *loc.* **Registro civil**, Libro y oficina donde se guardan los datos de los nacimientos, matrimonios y defunciones de una comunidad: *Cuando nace un bebé hay que llevarlo al* **registro civil** *para que las autoridades sepan de su nacimiento.*

regla *f.* [1] Instrumento para trazar líneas o efectuar mediciones: *Su* **regla** *mide centímetros de un lado y pulgadas del otro.* [2] Aquello que debe cumplirse por estar así establecido: *Una de las* **reglas** *de mi escuela es que no se deben llevar juguetes.*

reglamento *m.* Conjunto de normas para la aplicación de una ley o la realización de una actividad, deporte, etc.: *El* **reglamento** *de fútbol dice que sólo el portero puede tomar el balón con las manos.*

regresar *vb.* [1] Volver de nuevo al lugar de donde se había salido: *Después de muchos años de ausencia el médico* **regresó** *al pueblo donde nació.* [2] *Amér.* Devolver a su dueño algo que prestó o que había perdido: *David* **regresó** *el libro que Lorenzo le había prestado hace un mes.*

regreso *m.* Vuelta, retorno: *Las despedidas por lo general son tristes y los* **regresos**, *felices.*

regular *adj.* [1] Sujeto y conforme a una regla: *La recolección de basura es un servicio* **regular** *en las ciudades.* [2] Sin cambios bruscos: *La mayoría de mis compañeros asiste a clases de manera* **regular** *pues casi nadie falta.* [3] Mediano: *El trabajo fue* **regular**, *ni muy bueno ni muy malo.* [4] Se aplica a las palabras formadas según la regla general de su clase: *Comer es un verbo* **regular**, *estar es un verbo irregular.* [5] Relacionado con la figura en que los ángulos, lados, etc., son iguales entre sí: *Un ejemplo de figura* **regular** *es un triángulo equilátero.*

rehabilitar *vb.* Restituir algo a su estado anterior: *Después de un tiempo de vida sedentaria he comenzado a hacer ejercicio para* **rehabilitar** *mi cuerpo.*

rehacer *vb. irreg.* Volver a hacer lo que se había hecho, deshecho o hecho mal: *La maestra de geometría pidió a los alumnos que* **rehicieran** *el cuadrado porque no les había quedado bien.*

rehén *m.* Persona retenida para obligar a otra a cumplir ciertas condiciones: *Los delincuentes amenazaron con matar a los* **rehenes** *si las autoridades no liberaban a algunos de sus compañeros presos.*

rehilete o **reguilete** *m.* *Méx.* Juguete para niños que consiste en una varilla en cuya punta hay una estrella de papel que gira movida por el viento: *Al correr la niña con el* **rehilete** *de colores, éste giraba a gran velocidad.*

reina *f.* [1] Mujer que gobierna por derecho propio: *La* **reina** *Cristina de Suecia era una mujer muy culta.* [2] Esposa del rey: *El rey y la* **reina** *fueron coronados en la catedral de la ciudad.*

reinar *vb.* [1] Ejercer su poder un rey, reina o príncipe de Estado: *Su Majestad Juan Carlos* **reina** *en España desde que se reinstauró la monarquía en ese país.* [2] Predominar una o varias personas o cosas sobre otras: *En ese matrimonio* **reina** *la paz y el entendimiento después de que los esposos aclaran sus malentendidos.*

reino *m.* [1] Territorio o estado sujeto al gobierno de un rey: *El rey Lear dividió su* **reino** *en dos partes para dos de sus hijas casadas.* [2] Cada uno de los tres grandes grupos en que se consideran divididos los seres naturales: *Los humanos somos parte del* **reino** *animal, las plantas, del vegetal, y las rocas, del mineral.*

reír *vb. irreg.* [1] Expresar alegría con gestos, sonidos y movimientos: *El conserje del edificio donde vivo es una persona muy triste y seria que no* **ríe** *casi nunca.* [2] Burlarse: *Cuando se mojó el niño con agua del charco sus amigos* **se rieron** *de él.*

reja *f.* Estructura formada por barras de hierro o madera que sirve para cerrar una abertura: *Para entrar a la casa hay que pasar por una gran* **reja** *negra.*

relación *f.* [1] Situación que se da entre dos cosas, ideas, etc., cuando existe alguna circunstancia que las une: *Desde niños esos dos hombres fueron amigos y mantuvieron una muy buena* **relación** *hasta el final de sus vidas.* [2] Trato o comunicación: *Como parte de su trabajo, Paola busca* **relaciones** *con otras industrias.* [3] Lista: *Antonio miró en la* **relación** *de pasajeros y su nombre no estaba registrado.*

relámpago *m.* Resplandor intenso y breve producido en las nubes por una descarga eléctrica: *Primero se ve el* **relámpago** *y después se escucha el trueno, esto ocurre porque la luz viaja más rápido que el sonido.*

relatar *vb.* Contar, narrar: *En la entrevista que le hicieron por radio, el explorador* **relató** *las aventuras que corrió durante su viaje a Alaska.*

relato *m.* [1] Hecho de relatar, de contar: *En su* **relato**, *el testigo dijo que había visto la cara de los ladrones del banco y los describió.* [2] Narración breve: *Como ejercicio de redacción los niños escribieron un pequeño* **relato** *sobre sus vacaciones más recientes.*

o

p

q

r

s

t

u

relevante *adj.* ① Excelente: *La relevante actuación de esa actriz mereció un premio de la asociación de críticos.* ② Importante, significativo: *El señor Domínguez tiene un puesto relevante en la empresa donde trabaja: es uno de los gerentes.*

religión *f.* ① Conjunto de creencias y de dogmas que definen la relación del hombre con lo sagrado. ② Conjunto de prácticas y ritos que son propios de cada una de las creencias llamadas religión. ③ Seguimiento de una doctrina religiosa. SIN. **fe.**

religioso, sa *m.* y *f.* Persona que ha entrado a una orden religiosa: *En el pueblo vecino hay un convento de religiosos que guardan silencio y caminan descalzos.*

rellenar *vb.* Volver a llenar algo que había perdido parte de su contenido: *El oso de Nadia le descosió y se le salió parte del relleno, por eso su mamá lo rellenó y cosió otra vez.*

relleno *m.* Cualquier material con que se llena algo: *La tela de la almohada se rasgó y se salió parte del relleno.*

reloj *m.* Dispositivo o máquina que sirve para medir el tiempo: *Los primeros relojes que existieron fueron de sol y los modernos son electrónicos.* ➜

reluciente *adj.* Brillante, resplandeciente: *El automóvil quedó reluciente después de limpiarlo y encerarlo.* SIN. **relumbrante.**

remachar *vb.* Machacar la punta o la cabeza de un clavo ya clavado: *Para asegurarse de que estuviera firme, el carpintero remachó los clavos de la mesa.*

remache *m.* Pieza metálica con cabeza aplanada que sirve para unir partes de algo de manera permanente: *Las suelas del zapato están clavadas con remaches.*

remar *vb.* Mover el remo o los remos para impulsar una embarcación: *El domingo iremos a remar al lago.*

rematar *vb.* ① Concluir, finalizar: *Los niños remataron el festival escolar con un baile muy alegre.* ② Vender una tienda más barata cierta mercancía que no ha podido venderse de manera regular.

remate *m.* Fin, extremo o conclusión de algo: *Las columnas del edificio tienen hasta arriba un remate de flores con hojas talladas en mármol.*

remedar *vb.* ① Hacer una cosa tratando de que sea igual a otra: *En algunos museos permiten a los estudiantes de pintura remedar las obras maestras.* ② Imitar o copiar, en especial con burla: *Ana se puso a llorar porque su hermana remedó su fea manera de caminar.*

remedio *m.* ① Medio que se toma para reparar o evitar un daño. ② Medicamento o procedimiento para curar o aliviar una enfermedad: *Le recetaron a mi madre un remedio para la tos y otro para la fiebre.*

remendar *vb. irreg.* Reforzar lo viejo o roto con un remiendo: *Mi abuelita era muy hábil para remendar los pantalones que tenían hoyos.*

remiendo *m.* Pedazo de tela que se cose a una prenda vieja o rota: *Berenice le puso un remiendo a los pantalones de su hijo porque ya estaban rotos en la parte de la rodilla.*

remitente *m.* y *f.* Persona o empresa que envía una carta o un paquete: *Los empleados del correo no sabían adónde devolver la carta porque no llevaba escrito el nombre del remitente.*

remo *m.* Instrumento de madera alargado y terminado en forma de pala que sirve para impulsar una embarcación: *Los remos ayudan a que las lanchas avancen y vayan en la dirección deseada.*

remodelar *vb.* Realizar restauraciones y reformas a algo que ya estaba hecho: *La costurera remodeló un vestido de mamá para modernizarlo.*

remolacha *f.* Planta con raíz carnosa de la que se extrae azúcar: *Aparte de la caña, la remolacha es otra forma de obtener azúcar.*

remolcar *vb. irreg.* ① Llevar una embarcación a otra: *El guardacostas remolcó al pequeño pesquero descompuesto hasta la playa.* ② Llevar por tierra un vehículo a otro: *La grúa tuvo que remolcar el automóvil de Pamela después de que se descompuso.*

remolino *m.* Movimiento giratorio y rápido del aire, del agua, etc.: *El remolino de viento trajo consigo polvo, hojas de árboles y basura.*

rémora *f.* Pez marino de hasta 40 cm de largo, que se adhiere a otros peces mayores para que éstos lo transporten.

remordimiento *m.* Sensación desagradable de inquietud o pesar que sufre quien ha obrado mal: *El remordimiento y la culpa llevaron al hombre que robó en el asilo de ancianos a confesar su delito.*

remoto, ta *adj.* Lejano, apartado: *La casa de mi amigo está en un remoto lugar del campo, el camino para llegar hasta ahí es largo y complicado.* SIN. **apartado, distante.**

remover *vb. irreg.* Mover una cosa agitándola o dándole vueltas: *Hay que remover el café para que se disuelva el azúcar que se le pone.*

renacuajo *m.* Larva de la rana desde que sale del huevo hasta que desaparece su cola: *En el lago hay renacuajos que luego serán ranas.*

rencor *m.* Sentimiento tenaz de odio o antipatía de alguien hacia otro que lo ha perjudicado: *Es difícil dejar de sentir rencor hacia quien nos ha ofendido.*

rendija *f.* Abertura estrecha y larga: *Los niños se asomaron al jardín de la casa abandonada por una rendija que hay en el muro.* SIN. **ranura, raja.**

rendir *vb. irreg.* ① Vencer al enemigo y obligarle a entregarse. ② Cansar, fatigar: *Ese paseo por el bosque ha rendido a los niños así que van a dormirse temprano.* ③ Estar obligado a entregar tropas, plazas o embarca-

---

⌨ adj. = adjetivo ☆ **f.** = sustantivo femenino ☆ **loc.** = locución ☆ **m.** = sustantivo masculino ☆ **SIN.** = sinónimo ☆ **vb.** = verbo ☆ **vb. irreg.** = verbo irregular ☆ ➜ Ver Minienciclopedia.

ciones a los enemigos: *Los soldados no tuvieron otra opción que rendirse cuando se les terminaron las municiones.*

renegar *vb. irreg. Fam.* Refunfuñar: *Sus padres no dejaron salir de casa a Reynaldo y se quedó renegando y rascando el césped con el pie.*

renglón *m.* Serie de palabras escritas en una sola línea recta: *Como la hoja no tenía rayas, los renglones de palabras que escribí quedaron chuecos.*

reno *m.* Mamífero rumiante parecido al ciervo, de astas muy ramosas y pelaje espeso, que vive en las regiones frías de América y Europa: *Según la tradición de algunos países, ocho renos tiran del trineo de Santa Claus.*

renombrado, da *adj.* Que es célebre, famoso: *Un renombrado diseñador de ropa elaboró el vestido de novia de la princesa.*

renovar *vb. irreg.* [1] Cambiar una cosa por otra nueva: *Como Alejandra engordó y subió dos tallas tuvo que renovar su ropa.* [2] Reanudar, dar nueva validez: *Mi padre va a renovar su tarjeta de crédito porque ya dejó de ser válida la que tenía.*

renta *f.* [1] Beneficio anual que rinde una cosa: *La familia de Manolo tiene muchas propiedades e inversiones, por eso se mantienen de sus rentas.* [2] Chile y Méx. Lo que se paga por un arrendamiento: *El dueño de la casa viene a recoger la renta el primer día de cada mes.* SIN. alquiler.

rentar *vb.* Pagar una cantidad por habitar u ocupar un lugar: *Como los Ramírez no podían comprar casa, rentaron un apartamento.*

renunciar *vb.* [1] Apartarse de algo, dejarlo o abandonarlo por voluntad propia: *Cuando el jefe de Rosaura dejó la empresa, ella también renunció y se fue a trabajar con él a su nuevo negocio.* [2] No querer aceptar algo: *Antonio renunciará a su herencia porque no quiere saber nada de ese tío rico y deshonesto.* SIN. rechazar.

reñido, da *adj.* Discutido, peleado: *El primer premio del concurso fue muy reñido porque los dos finalistas eran muy buenos.*

reñir *vb. irreg.* Discutir, pelear: *Pablo riñó con su novia, por eso no la ha visto desde hace dos semanas.*

reo, a *m. y f.* En un proceso penal, persona a la que se acusa o es culpable de un delito: *Los reos más peligrosos están sujetos a mayor vigilancia que los delincuentes comunes.*

reparar *vb.* Arreglar algo roto o estropeado: *Llevamos a reparar el radio porque ya no funcionaba.*

repartir *vb.* Distribuir algo entre varios: *Mi madre repartió la comida entre toda la familia.*

repasar *vb.* Volver a examinar, estudiar o mirar algo: *Antes de dormirse Esteban repasó los temas de*

matemáticas para el examen del día siguiente. SIN. revisar.

repaso *m.* Acción de examinar de nuevo: *Siempre es bueno darle un repaso a los cuadernos antes de guardarlos durante el fin de semana.*

repelente *m.* Sustancia que sirve para alejar insectos, etc.: *Como la pican mucho los moscos Lidia se pone repelente para que no se le acerquen.*

repente. De repente, *loc.* De manera repentina o inesperada: *De repente el gato salió corriendo y después vi que seguía a un ratón.*

repentino, na *adj.* Inesperado, no previsto: *Tito gozaba de buena salud pero sufrió de una muerte repentina que nadie imaginó.* SIN. súbito.

repertorio *m.* Lista de obras que tiene preparada un actor, compañía, etc.: *Esa compañía tiene un repertorio de quince obras ensayadas y las puede representar en cualquier momento.*

repetir *vb. irreg.* Volver a hacer o decir lo que se había hecho o dicho: *Tuve que repetir el ejercicio porque la primera vez lo hice mal.* SIN. reproducir.

repicar *vb. irreg.* Tañer o sonar de manera repetida y rápida las campanas en señal de fiesta o para llamar la atención por alguna emergencia: *Las campanas repicaron mucho el día de la fiesta del santo patrono de la iglesia de mi pueblo.*

repleto, ta *adj.* Lleno hasta el límite, sin que quepa nada más: *El estadio estaba repleto el día del juego por el campeonato mundial.*

repollo *m.* [1] Cabeza formada por las hojas de algunas plantas. [2] Variedad de col que tiene las hojas muy apretadas.

reponer *vb. irreg.* [1] Volver a poner algo que se había quitado: *Mi papá ya repuso el dinero que había sacado de su cuenta en el banco, así que la cantidad es la misma que antes.* [2] Recobrar la salud: *Aníbal tomó medicamentos y se repuso rápidamente del resfrío que padecía.* [3] Sustituir, cambiar: *Como el bolígrafo resultó defectuoso se lo repusieron en la tienda por otro nuevo.*

reportaje *m.* Trabajo periodístico, cinematográfico, etc., de carácter informativo: *Enviaron a varios periodistas al país donde hay guerra para que realicen reportajes sobre la situación.*

reportero, ra *m. y f.* Periodista que acude al sitio donde se genera una noticia: *Román empezó como reportero de asuntos sociales, pero ahora se ocupa de temas deportivos.*

reposar *vb.* Tomar un descanso, recostarse: *Adriana se retiró a su habitación a reposar un momento porque había trabajado muchas horas sin parar.*

reposera *f.* Argent., Par. y Urug. Silla que se extiende.

reposo *m.* [1] Tranquilidad: *Después del infarto el médico le recomendó a mi abuelo que mantuviera reposo y*

o

p

q

r

s

t

u

paz. ② Inmovilidad de un cuerpo: *Las lagartijas se pasan largos ratos en* **reposo** *tomando el sol.*

repostería *f.* Oficio y técnica de hacer postres, tartas, dulces, etc.: *Conozco una panadería famosa por su* **repostería** *donde venden unas tartas deliciosas.*

reprender *vb.* Amonestar o regañar a alguien desaprobando su conducta: *Mi madre me* **reprendió** *porque le dije una grosería a la maestra.*

representar *vb.* ① Ser imagen o símbolo de algo: *Vi un dibujo que* **representa** *el paisaje de la región de los Andes chilenos.* ② Actuar oficialmente en nombre de otro: *Joel* **representará** *a la escuela en las competencias nacionales de natación.* ③ Interpretar una obra dramática: *La actriz principal dice que ese personaje del teatro antiguo es muy difícil de* **representar**, *porque cuando lo dramático se hace mal se vuelve ridículo.*

reprobado, da *adj.* Que no fue aprobado, que no alcanzó la calificación suficiente en un examen: *Tendrá que repetir el tercer año, porque está* **reprobado**.

reprobar *vb. irreg.* ① Censurar o no aprobar, dar por malo. ② *Amér.* No aprobar un curso o examen: *"Si no estudias vas a* **reprobar** *el examen."*

reprochar *vb.* Reconvenir, echar en cara a alguien sus acciones: *Marisa le* **reprochó** *a Rosa que no haya asistido a su boda a pesar de que son casi como hermanas.*

reproducción *f.* ① Copia o imitación: *Los alumnos de pintura hicieron la* **reproducción** *de un cuadro famoso como examen final.* ② Función por la cual los seres vivos se multiplican para perpetuar su especie: *En la clase de biología empezamos a estudiar el proceso de* **reproducción** *de las plantas.*

reproducir *vb. irreg.* ① Volver a producir: *La grabadora* **reproduce** *el sonido registrado en un casete.* ② Sacar copia de algo: *Las máquinas fotocopiadoras* **reproducen** *textos o dibujos.*

reptar *vb.* Andar arrastrándose como lo hacen los reptiles y otros animales.

reptil *adj./m.* Animal vertebrado de sangre fría, ovíparo, con respiración pulmonar, que repta: *Las víboras, las lagartijas y los caimanes son* **reptiles**.

república *f.* Forma de gobierno en la que el poder del jefe de Estado o presidente viene del voto de los ciudadanos: *Venezuela, Brasil y Colombia son* **repúblicas**. ➡

repuesto *m.* ① Provisión de víveres u otros artículos guardados para usarlos en determinada ocasión. ② Recambio, pieza de un mecanismo que sustituye a otra que se ha averiado o que se ha acabado: *Necesito un* **repuesto** *de mi bolígrafo porque a éste ya se le terminó la tinta.* ③ *loc.* **De repuesto**, cosa preparada para sustituir a la que ya se descompuso o dañó: *La rueda de*

repuesto *nos salvó de quedarnos tirados a la mitad de la carretera.*

reputación *f.* Fama, crédito: *Esa tienda tiene mala* **reputación** *porque la ropa que venden es cara y de mala calidad.*

requesón *m.* ① Parte sólida de la leche cuajada: *El* **requesón** *es un tipo de queso blanco muy suave que se usa para rellenar bollos y otros alimentos.* ② Cuajada que se saca de la leche después de haber hecho el queso. **SIN.** ricota.

requisito *m.* Condición necesaria para una cosa: *Para darle el empleo, el director de la empresa le exigió a Javier como* **requisito** *el título profesional.*

res *f.* Animal cuadrúpedo herbívoro y rumiante de las especies domésticas de ganado vacuno y lanar, o salvajes como antílopes, venados, etc.

resaca *f.* ① Movimiento de retroceso de las olas: *Cuando hay* **resaca** *es peligroso nadar en el mar, porque las olas pueden regresar de repente y arrastrar al nadador.* ② Malestar que se siente al día siguiente de haber bebido alcohol en exceso: *Cuando la gente toma alcohol no piensa en la* **resaca** *que sufrirá al día siguiente.* **SIN.** cruda.

resaltar *vb.* Destacar o distinguirse una cosa entre otras: *Como es la única casa pintada de verde en la calle,* **resalta** *de las otras pintadas con colores claros.*

resbalar *vb.* ① Deslizarse o escurrirse algo: *Mi papá puso aceite en las ranuras de la puerta corrediza para que* **resbale** *bien al abrirla o cerrarla.* ② Perder el equilibrio al andar sobre una superficie húmeda, lisa, helada, etc.: *No se fijó que el piso estaba mojado, por eso se* **resbaló** *y cayó.*

rescatar *vb.* ① Recuperar aquello que se encontraba en poder de otro: *La policía nunca logró* **rescatar** *las joyas que le robaron a mi tía.* ② Librar de un daño, peligro, etc.: *Los salvavidas* **rescataron** *al bañista que no podía volver a la playa a causa del fuerte oleaje.*

rescate *m.* ① Lo que se paga por liberar aquello que ha caído en poder de otro: *Para recuperar al empresario secuestrado su familia pagó un* **rescate** *de muchos miles de dólares.* ② Acción en la que se salva a alguien o algo: *Fue espectacular el* **rescate** *que hicieron los bomberos del niño que estaba en el árbol en medio de la inundación.*

resentimiento *m.* Sentimiento de molestia o disgusto con algo de tristeza: *Mi tía Ana le guardó* **resentimiento** *varias semanas a su hermano Miguel y durante este tiempo no se hablaban.*

resentirse *vb. irreg.* ① Debilitarse: *Las paredes de mi casa se* **resintieron** *después del terremoto.* ② Sentir disgusto o pena por algo: *Leonor* **ha resentido** *la deslealtad de su novio, por eso va a terminar con él.*

---

adj. = adjetivo ☆ *f.* = sustantivo femenino ☆ *Fam.* = familiar ☆ *loc.* = locución ☆ *m.* = sustantivo masculino ☆ **SIN.** = sinónimo ☆ *vb.* = verbo ☆ *vb. irreg.* = verbo irregular ☆ ➡ Ver Minienciclopedia.

reserva f. [1] Conjunto de cosas que se tienen guardadas para cuando sean necesarias: *Si se acaba el cereal que hay en la mesa tengo una reserva en la cocina.* SIN. provisión. [2] Prudencia, cautela: *Le tiene muchas reservas a lo que dice ese señor porque lo ha oído prometer cosas que no ha cumplido.* [3] Parque nacional: *El gobierno decretó que esta zona del país es reserva nacional y ahora cuidan las plantas y animales que ahí viven.*

reservación f. Hecho de pedir con anticipación un lugar en algún espectáculo, restaurante, etc.: *Para poder entrar en ese famoso restaurante se necesita reservación pues siempre está lleno.*

reservado m. Compartimiento destinado a determinados usos o personas: *Ese restaurante tiene unos reservados donde algunas personas pueden comer sin ser vistas.*

reservar vb. Hacer una reservación: *Reservé los billetes de entrada con anticipación para tener un buen lugar durante el concierto.*

resfriado m. Trastorno de las vías respiratorias que se caracteriza por fiebre, abundancia de fluido nasal y tos: *"Abrígate bien antes de salir, porque el invierno es época de resfriados."* SIN. catarro, resfrío.

resfriarse vb. irreg. Enfermarse de resfrío, coger un catarro: *Pepe salió de noche sin abrigarse y se resfrió.*

resfrío m. Inflamación de las vías respiratorias acompañada de fiebre, malestar en el cuerpo y flujo nasal: *Los ancianos sufren de resfríos fuertes y prolongados.* SIN. catarro, resfriado.

resguardar vb. Defender o proteger: *El techo de la casa nos resguarda del sol, la lluvia, el frío y el viento.*

residencia f. [1] Lugar en que se reside o habita: *Antonio y su familia fijaron su residencia en una ciudad de provincia.* [2] Méx. Fam. Casa grande de personas con mucho dinero: *Mi amigo vive en una zona de residencias donde no hay edificios de departamentos sino solamente casas con enormes jardines.*

residual adj. Relacionado con el residuo: *Las aguas residuales de industrias químicas son dañinas para el agua y los peces.*

residuo m. Lo que resulta de la descomposición o destrucción de algo: *Estas cenizas son el residuo del guiso que olvidé en el fuego y se quemó.*

resignarse vb. Conformarse ante un hecho que no puede remediarse, por lo general una desgracia: *Leoncio se resignó cuando sus padres le dijeron que no podía acompañarlos a una reunión de adultos y se puso a leer un cuento.*

resina f. Sustancia orgánica vegetal de consistencia pastosa: *El ámbar es una resina de color amarillo que se endurece y se usa como adorno.*

resistencia f. Capacidad para resistir: *Los corredores del maratón tienen una gran resistencia física, por eso aguantan las carreras largas.*

resistente adj. Que aguanta, que presenta resistencia: *Esos pantalones son buenos para los muchachos porque están hechos de una tela muy resistente que no se rompe con los juegos bruscos.*

resistir vb. [1] Aguantar un cuerpo la acción de una fuerza que quiere moverlo o deformarlo: *El barco está viejo pero resistió la tormenta sin hundirse.* [2] No destruirse una persona o cosa a pesar del tiempo u otros factores dañinos: *Mi pantalón vaquero está muy viejo pero todavía resiste mis partidos de fútbol.* [3] Oponerse con fuerza: *Los soldados resistieron el ataque hasta donde pudieron, pero finalmente tuvieron que rendirse.*

resolver vb. irreg. [1] Hallar la solución a algo: *Ese maestro es muy bueno para resolver con claridad las dudas de sus alumnos.* [2] Decidir: *Después de pensarlo mucho, resolvió pasar sus vacaciones en las montañas.*

resorte m. Pieza elástica: *Ese colchón tiene fuertes resortes de metal en su interior.* SIN. muelle.

respaldar vb. Apoyar o proteger: *Sus padres respaldaron al joven cuando se quedó sin empleo.*

respaldo m. Parte de un asiento en que se apoya la espalda: *Gregorio se sentó en una banca sin respaldo y la acercó a la pared para poder recargarse.*

respetar vb. [1] Tratar con la debida consideración: *Es importante enseñar a los niños a respetar a las demás personas.* [2] Aceptar y obedecer algo establecido: *Luis siempre respeta las reglas de la escuela, por eso tiene buena calificación en conducta.*

respeto m. Acción o actitud de respetar.

respetuoso, sa adj. Que se porta con respeto: *Miguel Ángel es un hombre respetuoso de la naturaleza porque no desecha basura en la calle, no desperdicia el agua y prefiere usar bicicleta en vez del automóvil.*

respingada adj. Se dice de la nariz que tiene la punta un poco levantada: *A muchas actrices les gusta tener la nariz respingada y se hacen operar para darle esa forma.*

respiración f. Función vital de los seres vivos que consiste en absorber y expulsar aire: *Mi respiración es irregular porque tengo tapada la nariz a causa del resfrío.*

respirar vb. Absorber y expulsar el aire los seres vivos: *El perro que atropellaron no se ha muerto, todavía respira, así que es necesario llamar rápido al veterinario.*

respiratorio, ria adj. Que facilita la respiración o que se relaciona con ella: *Antes de iniciar la carrera hicimos algunos ejercicios respiratorios en medio del bosque.*

resplandor m. [1] Luz muy clara: *Cuando amanece se empieza a ver poco a poco el resplandor solar detrás*

o

p

q

r

s

t

u

del horizonte. [2] Brillo muy intenso: *El resplandor del sol sobre la nieve hace que me lloren los ojos.*

responder *vb.* [1] Expresar algo para satisfacer una duda, pregunta, etc.: *Pedro no pudo responder a la pregunta de la maestra porque no había estudiado.* SIN. **contestar.** [2] Contestar uno a quien le llama o busca: *Llevo cinco minutos tocando a la puerta y nadie responde, tal vez la familia de Ana salió.* [3] Reaccionar algo a una determinada acción: *El enfermo respondió muy bien a ese tratamiento, el doctor piensa que podrá salir del hospital mañana.*

responsabilidad *f.* Obligación, deber: *La maestra dijo que era responsabilidad de los niños entregar los trabajos que ella pidiera.*

▶ **responsable** *adj.* Relativo a la persona que responde por sus acciones y cumple con sus compromisos: *Federico es un hombre responsable y trabajador que siempre ha mantenido la estabilidad económica y moral de su familia.*

▶ **responsable** *m.* y *f.* [1] Persona que tiene autoridad, capacidad para tomar decisiones, dirigir alguna actividad, etc.: *El responsable del grupo mantuvo a los niños ocupados hasta que la maestra regresó de su reunión con los otros maestros.* [2] Culpable: *La vecina está buscando al responsable de la pedrada que rompió un vidrio de su casa.*

respuesta *f.* [1] Acción y efecto de responder: *Pepita no pudo dar la respuesta adecuada a la pregunta del maestro porque no había puesto atención a la clase.* [2] Reacción de un ser vivo a un estímulo: *La respuesta del perro ante un suculento trozo de carne es babear.*

resta *f.* Operación de restar: *La suma y la resta son las primeras operaciones matemáticas que aprenden los niños.* SIN. **sustracción.**

restablecer *vb. irreg.* [1] Volver a establecer, poner en marcha o en orden: *Se restablecieron los vuelos hacia la costa que se habían suspendido a causa de la lluvia.* [2] Recobrar la salud: *Deseo que te restablezcas pronto de tu enfermedad.* SIN. **recuperar.**

restar *vb.* [1] Quitar parte de alguna cosa: *La enfermedad restó fuerzas a la gran vitalidad de Jaime.* [2] Hallar la diferencia entre dos cantidades: *Si a diez le restamos tres, quedan siete.*

restaurante o **restorán** *m.* Establecimiento comercial donde se preparan y sirven alimentos: *En el restaurante de doña Encarnación se come rico y barato, por eso siempre vamos todos los amigos.*

restaurar *vb.* Devolver una cosa a su estado anterior.

resto *m.* [1] Parte que queda de una cosa o de un todo: *Hoy comimos la mitad del postre y el resto quedará para mañana.* [2] *pl.* Conjunto de residuos o sobras de comida: *El dueño del restaurante da los restos de comida a los perros.*

restregar *vb. irreg.* Frotar con fuerza una cosa sobre otra: *Cuando las camisas están muy sucias hay que restregar los cuellos y puños para que queden limpias.* SIN. **tallar.**

resucitar *vb.* [1] Hacer que un muerto vuelva a la vida. [2] *Fam.* Reanimar, volver la energía física o anímica: *Este sabroso caldo caliente nos resucitará después de habernos empapado con la fría lluvia.*

resultado *m.* Efecto o consecuencia de algo: *Hoy informaron en la televisión cuál fue el resultado del sorteo mayor de la lotería.*

resultar *vb.* [1] Producirse una cosa como consecuencia o efecto de otra cosa: *La casa con tres dormitorios resulta pequeña para una familia de ocho hijos.* [2] Producir algo un efecto positivo o negativo: *Mi respuesta resultó la correcta y el maestro me felicitó.* [3] Ocurrir algo que no se esperaba o no se tenía previsto: *La señora que conocí ayer en la fiesta resultó ser una tía lejana.*

resumen *m.* Exposición en pocas palabras de algo que es más largo: *En la clase de literatura nos pidieron hacer un resumen de dos páginas de alguna novela que nos guste.* SIN. **síntesis.**

retaguardia *f.* Conjunto de tropas que van al final de una marcha: *Durante una batalla los soldados de la retaguardia atienden a los soldados heridos en el frente.*

retar *vb.* [1] Desafiar: *El conde retó al barón a un duelo cuando se dio cuenta de que lo había traicionado.* [2] *Amér. Merid.* Regañar: *La mamá de Laura la retó por haber dejado la ropa limpia en la lluvia.*

retardo *m.* Hecho de llegar tarde: *Después de cinco retardos al trabajo, le descuentan a uno el sueldo de un día.* SIN. **retraso.**

retirar *vb.* [1] Quitar, apartar, llevar algo a otro lugar: *Por favor retira los platos de la mesa y llévalos a la cocina.* [2] Dejar de prestar servicio activo en una profesión: *Mi padre se retirará a los sesenta años y se dedicará a pintar los cuadros que tanto le gustan.* [3] Recogerse, irse: *El licenciado ya no está en la oficina, se retiró a su domicilio porque está enfermo.*

reto *m.* [1] Hecho de retar o desafiar: *Juan retó a Pablo a un juego de ajedrez.* [2] *Bol.* y *Chile.* Insulto, injuria.

retocar *vb.* Perfeccionar una cosa haciéndole las últimas correcciones: *La actriz retocó su peinado antes de salir al escenario.*

retoñar *vb.* Sacar una planta retoños, nuevos brotes: *El jardinero podó el árbol en primavera para que las ramas retoñen en poco tiempo.*

retoño *m.* Vástago, tallo o rama nueva que echa la planta: *Al comienzo de la primavera empiezan a salir los retoños de muchos árboles.*

retorcer *vb. irreg.* Torcer mucho una cosa dándole vueltas: *Como era tímido y le daba vergüenza,*

Anselmo retorcía su sombrero mientras hablaba con la joven.

retorno m. [1] Vuelta en una carretera o avenida por la que uno se puede regresar: *Mi padre tomó un retorno para llegar a la casa que estaba en el otro lado de la avenida.* [2] Regreso: *El retorno de Felipe después de sus vacaciones nos puso muy felices a todos sus amigos.*

retrasado, da *adj.* [1] Que va atrás de los demás: *Este alumno va un poco retrasado porque estuvo enfermo y no vino a la escuela durante 15 días.* [2] *loc.* **Retrasado mental,** que tiene deficiencias mentales: *Como el joven es retrasado mental debe ir a una escuela especial para niños como él.*

retrasar *vb.* [1] Hacer que algo suceda, se realice, etc., más tarde de lo planeado: *El gobernador retrasó su regreso porque el mal tiempo impidió que su avión despegara.* [2] Llegar tarde: *Me he retrasado en llegar a la escuela porque el reloj despertador no sonó.*

retrato m. [1] Dibujo, fotografía, etc., que representa la figura de alguien o algo: *Encima de su escritorio mi maestra tiene el retrato de sus hijos.* [2] Descripción de una persona o cosa: *Las autoridades han publicado un retrato hablado de la persona que asaltó el banco.*

retrete m. [1] Cuarto de baño: *Fui al retrete del restaurante porque necesitaba orinar.* [2] Recipiente de loza con forma de asiento que sirve para defecar y orinar: *Eloy tiene la costumbre de llevarse una revista al baño y no se levanta del retrete hasta que termina de leerla.* SIN. **excusado, water, escusado, inodoro, taza.**

retroceder *vb.* Volver hacia atrás: *Los tanques enemigos hicieron retroceder a los soldados.*

retumbar *vb.* Sonar una cosa de manera muy fuerte y repetida: *Cuando explotó la industria de telas retumbaron los vidrios de muchas casas cercanas.*

reuma o **reúma** m. y f. Dolores ocasionados por el reumatismo: *Mi abuelo tiene reuma y casi no puede moverse porque le duelen mucho las articulaciones.*

reumatismo m. Enfermedad caracterizada por inflamación y dolores en las articulaciones: *Muchos ancianos padecen de reumatismo, por eso en invierno pasan mucho tiempo sentados al sol.*

reunión f. Conjunto de personas reunidas: *Nos divertimos mucho anoche en la reunión en casa de Raquel.*

reunir *vb. irreg.* [1] Volver a unir: *La familia entera logró reunirse en las vacaciones después de muchos años de no hacerlo.* [2] Poner a personas o cosas en un lugar formando parte de un conjunto: *Desde pequeño he reunido todos los muñecos que me regalan y ahora ya tengo una gran colección.*

revancha f. Venganza, desquite.

revelado m. Conjunto de operaciones para hacer visible la imagen impresa en una placa fotográfica: *Con las*

máquinas modernas el revelado de las películas lleva solamente una hora.

revelar *vb.* [1] Descubrir lo que se mantenía secreto u oculto: *Al final de la novela el detective revela quién es el asesino del rico anciano.* [2] Efectuar un revelado: *Tengo que llevar a revelar varias películas de fotografías que tomamos en las vacaciones.*

reventar *vb. irreg.* Abrirse una cosa de manera violenta por un impulso interior: *El globo se reventó cuando lo tocó el cigarrillo encendido.*

reversa f. *Chile, Colomb. y Méx.* Marcha hacia atrás de un vehículo: *Para salir de este lugar reducido tienes que meter reversa, pues el auto no tiene espacio para dar vuelta.*

reverso m. Revés de una moneda o medalla: *En el reverso de las medallas que usan algunas personas está grabada la fecha de su nacimiento.*

revés m. [1] Lado opuesto al principal: *En el revés de mi cuaderno anoté la dirección y el teléfono del museo que queremos visitar.* [2] *loc.* **Al revés,** de manera opuesta o contraria a la normal: *Por las prisas, Josefina se puso la blusa al revés sin darse cuenta.*

revisar *vb.* Examinar una cosa con cuidado: *El maestro revisa diariamente los trabajos de sus alumnos.*

revista f. [1] Publicación que se hace de manera periódica: *Hace dos años Carlos y Federico fundaron una revista de arte que publican cada semana.* [2] Espectáculo teatral en el que se representan escenas cómicas y musicales.

revivir *vb.* [1] Nacer otra vez: *La planta revivió cuando le echamos agua suficiente y un buen fertilizante.* [2] Volver en sí el que parecía muerto: *El socorrista revivió al hombre inconsciente poniéndole una mascarilla de oxígeno.*

revolcar *vb. irreg.* [1] Derribar a alguien y maltratarlo: *Estaba distraída en la playa y de repente una ola me revolcó en la arena.* [2] Echarse sobre una cosa restregándose en ella: *Algunos luchadores se revuelcan sobre el barro como parte de su espectáculo.*

revolotear *vb.* Volar o moverse algo en el aire dando vueltas: *Una abeja revoloteó sobre la flor antes de posarse sobre ella para extraer su néctar.*

revoltijo o **revoltillo** m. Conjunto de muchas cosas desordenadas: *No sé cómo Laura encuentra la ropa en ese revoltijo que tiene en su armario.*

revolución f. [1] Cambio violento en la estructura social o política de un Estado: *La revolución cubana derrocó al militar Fulgencio Batista y a su régimen.* [2] Cambio total y radical: *El uso de la energía eléctrica en vez de vapor fue una revolución en la historia de la industria y las máquinas.* [3] Giro que da una pieza sobre su eje: *Mi papá tiene una colección de discos de acetato de los que tocan a 33 revoluciones por minuto.*

o

p

q

r

s

t

u

revolucionario, ria *adj.* Relativo a la revolución: *La lucha revolucionaria por la independencia de México duró once años, de 1810 a 1821.*

revolver *vb. irreg.* ① Mezclar varias cosas dándoles vueltas: *Revolví una cucharada de chocolate en polvo en el vaso de leche fría y me lo tomé como desayuno.* ② Enredar lo ordenado: *La ropa estaba en orden sobre la cama, pero llegó el bebé y revolvió todo.*

revólver *m.* Arma corta de fuego, con un cilindro giratorio en el que se colocan las balas. SIN. **pistola.**

revuelto, ta *adj.* ① Desordenado: *La habitación de Ricardo siempre está revuelta con los juguetes y la ropa tirados por todas partes.* ② Intranquilo, agitado: *Las aguas revueltas del río traían mucha basura, ramas y barro.*

rey *m.* Monarca o príncipe que gobierna un reino: *El príncipe heredero llegará a ser rey de su país cuando su padre abdique o muera.*

rezar *vb. irreg.* Decir una oración: *Su mamá le enseñó a Benito a rezar todas las noches antes de dormir.* SIN. **orar.**

rezo *m.* Oración: *Los rezos de algunos devotos budistas consisten en repetir la misma palabra miles de veces.*

rezongar *vb. irreg.* Gruñir, refunfuñar: *"Aunque rezongues de todos modos tienes que comerte esta sopa de verduras."*

riachuelo *m.* Río pequeño que lleva poca cantidad de agua: *Este año han caído tan pocas lluvias que el riachuelo se secó.*

ribera *f.* ① Orilla del mar o de un río: *Las mujeres del pueblo lavan la ropa en la ribera del río.* ② Tierra cercana a un río: *Cuando el río se desbordó, el torrente arrastró las plantas que habían crecido en las riberas.*

rico, ca *adj.* ① Que posee grandes bienes o gran fortuna: *Después de muchos años de trabajar intensamente el escritor se volvió un hombre rico gracias al éxito de su tercera novela.* ② Abundante: *Ese país es rico en petróleo, por eso puede exportarlo a otros países.* ③ Sabroso: *Mi madre preparó una sopa de mariscos tan rica, que todos nos servimos otro plato.* ④ Fam. Gracioso, guapo.

ricota *f. Argent. y Urug.* Requesón.

ridículo, la *adj.* ① Que por su aspecto o sus acciones provoca risa o burla: *Isabel se puso un ridículo sombrero con plumas que hizo que todos voltearan a verla en la calle.* SIN. **cursi.** ② Insignificante, escaso: *El aumento de salario que les dieron a los empleados fue ridículo, pues sólo les servirá para pagar su transporte público.*

riego *m.* Acción y efecto de regar: *Como en esa región no llueve mucho hay que programar el riego para llevar agua a los campos.*

riel *m.* ① Barra pequeña de metal: *La reja se abre y se cierra con un riel clavado al techo.* ② Carril de tren.

rienda *f.* Cada una de las dos correas para conducir las caballerías: *Para manejar un caballo hay que dominarlo con las riendas y las piernas.*

riesgo *m.* Peligro o inconveniente posible: *"Si te cuelgas del árbol sin sujetarte bien, corres el riesgo de caerte."*

rifa *f.* Sorteo de una cosa por medio de billetes numerados: *Mi tía Lilia se ganó la televisión de la rifa, tuvo muy buena suerte.*

rifle *m.* Tipo de fusil con el interior del cañón rayado: *Los niños no deben jugar con rifles ni con ninguna otra arma.*

rígido, da *adj.* ① Que es muy difícil de doblarse o torcerse: *Esa barra de metal es muy rígida, así que deja de soñar que vas a doblarla como si fueras Supermán.* ② Severo, que no perdona fácilmente: *El director es tan rígido que castiga de manera muy severa a quien desobedece las reglas del colegio.*

rima *f.* Repetición dos o más veces de los sonidos al final de las palabras, que se utiliza sobre todo en poesía.

rimar *vb.* ① Hacer que dos o más palabras o versos terminen con sonidos iguales o muy parecidos: *El niño rimó los versos de su poema terminándolos con llave, ave, nave y clave.* ② Haber rima entre dos o más palabras: *La palabra Pedro rima con cedro porque tienen la misma terminación.*

rincón *m.* ① Ángulo que resulta del encuentro de dos superficies: *Una araña tejió su tela en un rincón de mi cuarto.* ② Lugar alejado o retirado: *El científico se fue a escribir su libro a un rincón apartado del país donde nadie lo conocía.* ③ Espacio pequeño: *El mensajero tiene un rincón en la oficina donde acomoda los papeles que debe repartir.*

ring *m.* **Palabra inglesa.** Cuadrilátero, espacio de forma cuadrada limitado por cuerdas, donde se llevan a cabo los combates de boxeo o de lucha: *Cuando el campeón de boxeo subió al ring el público lo ovacionó de pie.*

rinoceronte *m.* Mamífero de gran tamaño y piel gruesa, que tiene uno o dos cuernos sobre la nariz: *A los rinocerontes les gusta refrescarse a las orillas de los ríos.* →

riñón *m.* Órgano que segrega la orina formado por dos partes iguales: *Operaron a Raquel para extraerle una piedra que tenía en uno de los riñones y le causaba gran dolor.*

río *m.* Curso de agua que desemboca en el mar: *Muchas ciudades europeas como París tienen un río en la parte céntrica y para cruzarlo se atraviesa por algunos hermosos puentes.*

riqueza *f.* ① Cualidad de rico: *Muchos países de África tienen una gran riqueza mineral.* ② Abundancia de bienes, fortuna: *Esa familia posee una gran riqueza que heredó de una generación anterior.*

---

adj. = adjetivo ☆ *f.* = sustantivo femenino ☆ *Fam.* = familiar ☆ *m.* = sustantivo masculino ☆ SIN. = sinónimo ☆ *vb.* = verbo ☆ *vb. irreg.* = verbo irregular ☆ → Ver Minienciclopedia.

risa f. ① Acción de reír. ② Sonido que produce la acción de reír: *Alma tiene una risa muy sonora que se escucha por toda la casa.*

risueño, ña adj. Propenso a reír: *Da gusto pasear con Romualdo porque es muy risueño y simpático.*

ritmo m. ① Orden armonioso de un conjunto de sonidos, un movimiento, una acción, etc. ② Orden y tiempo en la sucesión de algo: *Victoria va detrás de Bertha porque no puede caminar a su ritmo.* ③ En música, proporción de los tiempos: *Los bailarines danzan al ritmo de la música.*

rival m. y f. Quien compite con otro por una misma cosa: *Susana y José son rivales en el concurso de ajedrez que organiza la escuela.*

rizo m. Mechón de pelo en forma de onda.

róbalo o **robalo** m. Especie de pez marino comestible de hasta 1 m de longitud, de piel color gris con aspecto metálico. SIN. lubina.

robar vb. Quitar a alguien algo que le pertenece: *A Roberto le impusieron una multa por haber intentado robarse un libro de la biblioteca.*

roble m. Árbol de gran tamaño y copa ancha, madera dura y fruto en bellota: *"¿Sabías que los robles llegan a vivir hasta mil años? Por eso se consideran símbolos de fortaleza."*

robo m. Hurto, delito cometido por alguien que toma con violencia lo que no le pertenece: *Durante la época navideña hay robos a las casas que se quedan solas mientras sus dueños salen de vacaciones.* SIN. asalto.

robot m. Máquina de aspecto humano o que es capaz de realizar algunas funciones humanas: *Leonor sueña con el día en que un robot haga toda la limpieza de su casa.*

robusto, ta adj. Fuerte, resistente, de gran vigor: *Como Manuel es un joven robusto nos ayudó a cargar los muebles más pesados.*

roca f. ① Materia mineral que forma parte de la corteza terrestre. ② Piedra dura y sólida: *Los albañiles no pudieron seguir cavando el pozo porque se toparon con una gran roca que tuvieron que dinamitar.*

rociar vb. irreg. Esparcir un líquido en pequeñas gotas sobre una superficie: *Si se rocía la ropa con agua antes de plancharla queda más lisa.* SIN. salpicar.

rocío m. Vapor que se condensa en la atmósfera en gotas muy menudas: *Muy temprano por la mañana es posible ver gotas de rocío en los pétalos de las flores.*

rodaja f. Rebanada circular, rueda: *Edelmira le puso al pescado frito rodajas de limón como adorno.*

rodaje m. Acción de filmar un filme o película: *El rodaje del filme se iniciará cuando el director contrate a los actores.*

rodar vb. irreg. ① Dar vueltas un cuerpo alrededor de su eje: *El niño hizo rodar el juguete cuando tiró de la*

cuerda que estaba enrollada. SIN. girar. ② Moverse por medio de ruedas: *Las bicicletas se apoyan en dos neumáticos que ruedan cuando se mueven unos pedales.* ③ Caer dando vueltas: *Por subir sin precaución Roberto se cayó de la escalera y rodó golpeándose en los escalones.* ④ Llevar a cabo el rodaje de un filme: *Paulina está muy contenta porque pronto rodará su primer filme en el que actuarán artistas famosos.*

rodear vb. ① Poner algo alrededor de una persona o cosa: *Para sujetar las flores el vendedor las rodeó con un papel y luego con un trozo de cordel.* ② Andar alrededor: *El gato rodeaba a sus dueños y maullaba mientras le preparaban la cena.*

rodilla f. Articulación del muslo con la pierna: *Cada vez que Martha dobla la pierna le truena la rodilla, porque una vez se cayó y le quedó lastimada.*

rodillera f. Venda elástica que protege las rodillas: *Alberto no puede jugar sin rodillera desde que se lastimó la rodilla izquierda en un accidente.*

rodillo m. Cilindro de madera u otro material para diversos usos: *Con el rodillo extendió la masa, que luego cortó para hacer galletas.*

roedor, ra m. y f. Tipo de mamíferos que poseen largos dientes incisivos para roer, como la rata: *Con frecuencia los roedores son perjudiciales para los cultivos.*

roer vb. irreg. Cortar menuda y superficialmente con los dientes una cosa dura: *La perra royó o royó el cable del teléfono hasta que dejó los alambres pelados.*

rogar vb. irreg. ① Pedir a alguien alguna cosa como gracia o favor. ② Solicitar con súplicas: *A pesar de que Maribel les rogó a sus padres que la dejaran ir a la fiesta, no le dieron permiso.*

rojo m. Primer color del espectro solar: *Si al rojo le pones un poco de blanco, obtienes color rosado.*

rollizo, za adj. Robusto y grueso: *El bebé de Guadalupe tiene piernas tan rollizas que se le marcan unos hoyitos en las rodillas.*

rollo m. ① Cilindro de cualquier material: *Hay que poner otro rollo de papel sanitario en el baño porque ya se acabó el que había.* ② Porción de cuerda, hilo, etc., acomodada dando vueltas alrededor de un eje central: *En esa industria de prendas de lana compran muchos rollos de estambre cada semana.* ③ Carrete de película: *En la bodega del cine hay muchos rollos que con tienen filmes famosos.*

ROM f. Abreviatura de *Read Only Memory* (memoria de sólo lectura) que designa en informática a la memoria cuya información no puede ser modificada una vez introducida en una computadora.

romántico, ca adj. Sentimental: *Carmen anda muy romántica desde que un chico la visita todas las tardes.*

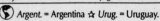
Ⓢ *Argent.* = Argentina ☆ *Urug.* = Uruguay.

rombo *m.* Cuadrilátero de lados iguales y con dos ángulos mayores que los otros dos.

romboide *m.* Paralelogramo cuyos lados, iguales dos a dos, no son perpendiculares.

romero *m.* Arbusto de hojas aromáticas y flores con tonos lilas y blancos: *Las hojas del romero se emplean en la fabricación de perfumes.*

rompecabezas *m.* ① Juego que consiste en componer determinada figura repartida en pedazos, en cada uno de los cuales hay una parte de la figura: *A Germán le gustan los rompecabezas muy complicados, ha armado algunos con más de mil piezas.* ② *Fam.* Cualquier cosa que resulta difícil de entender o resolver: *La policía se enfrentó con un rompecabezas por ese crimen tan misterioso.*

rompeolas *m.* Construcción levantada a la entrada de un puerto para protegerlo contra la fuerza del mar.

romper *vb.* ① Hacer pedazos una cosa: *Con el choque se rompió el parabrisas del automóvil.* ② Separar con violencia las partes de un todo: *Como le urgía ver el contenido de la carta Irma rompió el sobre en lugar de cortarlo con cuidado por una esquina.* ③ Hacer en una cosa, sobre todo en una prenda de vestir, un agujero o una abertura: *Había roto las rodillas del pantalón, pero ya les puso unos pedazos de tela que cubren los hoyos.* ④ Interrumpir una amistad, relación, noviazgo, etc.: *Se iban a casar pero rompieron una semana antes de la boda porque Susana le dijo a Daniel que no lo amaba.*

ron *m.* Bebida alcohólica obtenida de la caña de azúcar: *Cuba es un importante productor de ron a nivel mundial.*

roncar *vb. irreg.* Hacer un sonido ronco al respirar mientras se duerme: *¡Mi papá ronca tan fuerte que a veces no deja dormir a mi mamá!*

roncha *f.* Bulto pequeño que sale en la piel: *Betty no puede comer camarones porque le salen ronchas en las piernas y los brazos.*

ronco, ca *adj.* ① Que padece ronquera o que tiene la voz grave y áspera: *El maestro no pudo dar la clase ayer porque estaba ronco y casi no podía hablar.* ② Se dice de la voz o sonido áspero o bronco: *Cuando Carlos era niño tenía la voz aguda, pero al llegar a la adolescencia su voz se volvió ronca y grave.*

rondar *vb.* Andar de noche vigilando o paseando: *El policía que ronda en mi barrio descubrió a un ladrón que estaba a punto de entrar en una casa.*

ronquera *f.* Padecimiento de la laringe que hace rasposo y grave el timbre de la voz: *Claudia tiene tal ronquera que no reconocí su voz cuando me llamó por teléfono.*

ronquido *m.* Ruido que se hace al roncar: *Al dormir Rodolfo produce horribles ronquidos que con frecuencia despiertan a sus hermanos.*

ronroneo *m.* Ruido que producen los gatos cuando están contentos: *Con el gato encima de mis piernas no sólo escuchaba su ronroneo, sino que sentía las vibraciones de su garganta.*

ropa *f.* ① Cualquier prenda de tela: *En el centro abrieron una nueva tienda donde sólo venden ropa para bebés.* ② Prenda de vestir: *Irma tiene debilidad por la ropa de seda.* ③ *loc.* **Ropa blanca**, la de uso doméstico, como sábanas y toallas. ④ *loc.* **Ropa interior**, conjunto de prendas que se llevan debajo del vestido o del traje exterior: *Preparó su equipaje pero olvidó guardar la ropa interior, ahora que está en otra ciudad tendrá que ir a comprar calzones y camisetas nuevas.*

ropavejero, ra *m.* y *f.* Persona que tiene por oficio comprar y vender ropa, baratijas y otras cosas usadas.

ropero *m.* Armario o habitación en la que se guarda ropa: *A Felisa le gusta guardar pastillas de jabón en su ropero para que su ropa huela bien.* SIN. **armario**.

rosa *f.* Flor del rosal: *Las rosas amarillas son más raras y costosas que las blancas.*

rosa *m.* *Méx.* Color que se obtiene de la combinación del rojo y el blanco.

rosado, da *adj.* Relativo al color rosa: *Me dio un poco el sol y mis mejillas pálidas se pusieron rosadas.*

rosal *m.* Arbusto espinoso cultivado por sus flores bellas y aromáticas: *En el jardín frente a su casa Edith tiene dos rosales, uno da rosas blancas y el otro da rosas rojas.*

rosario *m.* ① Rezo de la Iglesia Católica: *Rezaron un rosario diariamente durante nueve días para pedir a Dios por el alma de su pariente muerto.* ② Serie de cuentas usada para el rezo llamado rosario: *Victoria heredó de su abuela un rosario de fina madera.*

rosca *f.* ① Máquina compuesta de tornillo y tuerca. ② Cualquier cosa redonda que se cierra en forma de aro o círculo dejando en medio un espacio vacío. ③ Pan que tiene forma de rosca: *En algunos países el 6 de enero se come un delicioso pan dulce llamado Rosca de Reyes.*

rosquilla *f.* Bollo o pan dulce en forma de rosca pequeña, con un hoyo en el centro: *En las series de televisión estadounidenses los policías siempre toman rosquillas con café.* SIN. **dona**.

rostro *m.* Cara, semblante humano: *Desde joven Francisco ha tenido el rostro lleno de pecas.*

rotación *f.* Acción y efecto de rodar o girar, de moverse sobre el eje: *Debido al movimiento de rotación de la Tierra tenemos noche y día.*

roto, ta *adj.* Quebrado, con una rajada o desgarrón: *Después de la caída Mirta se dio cuenta de que tenía la blusa rota a causa del tirón.*

rótula *f.* Hueso aplanado y móvil de la rodilla: *Amado tuvo un accidente en la bicicleta en el que se fracturó la rótula, por eso ahora trae un yeso que no le permite doblar la pierna.*

---

adj. = adjetivo ☆ **f.** = sustantivo femenino ☆ **Fam.** = familiar ☆ **loc.** = locución ☆ **m.** = sustantivo masculino ☆ **pl.** = plural ☆ **SIN.** = sinónimo ☆ **vb.** = verbo ☆ **vb. irreg.** = verbo irregular ☆ **➜** Ver Minienciclopedia.

rótulo *m.* Cartel que anuncia o indica algo: *La tienda de ropa tiene un gran **rótulo** que dice "La moda de Antonio" pintado con letras rojas.*

rotura *f.* Acción y efecto de romper o romperse: *La caída que sufrió Martín cuando estaba aprendiendo a esquiar le ocasionó varias **roturas** de huesos.*

round *m.* **Palabra inglesa.** En el boxeo, cada uno de los episodios de tres minutos en que se divide una pelea: *Durante el encuentro de boxeo el campeón del mundo venció al contrincante en el tercer **round**.*

roya *f.* Enfermedad provocada por hongos que afecta sobre todo a los cereales: *Hay **roya** en este plantío pues los tallos y las hojas tienen manchas amarillas.*

rozadura *f.* *Fam.* Especie de quemadura producida en la piel de los bebés por contacto prolongado con la humedad del pañal.

rozar *vb. irreg.* ⓵ Tocar ligeramente una persona o cosa a otra: *Ramiro le dio un beso tan rápido a María que apenas alcanzó a **rozarle** la mejilla.* ⓶ Lastimarse la piel: *Los bebés **se rozan** con mucha facilidad porque su piel es muy delicada.*

ruana *f.* *Colomb., Ecuad. y Venez.* Especie de poncho: *Mi amigo me trajo de Quito una bella y caliente **ruana** para que me abrigue cuando haga frío.*

rubéola o **rubeola** *f.* Enfermedad contagiosa producida por un virus, que provoca la aparición de manchitas rojas en la cara y el cuerpo: *Hubo una racha de **rubéola** en la escuela y todos los niños se enfermaron.*

rubí *m.* Piedra preciosa de color rojo vivo: *Los **rubíes** del collar de la sultana están considerados como los más caros del mundo.*

rubio, bia *m.* y *f.* Persona que tiene el pelo de color dorado: *Alejandro llegó a la fiesta con una **rubia** de ojos azules muy alta que resultó ser sueca.*

rubor *m.* ⓵ Color que sube al rostro por vergüenza: *Cuando la gente le dice que está muy guapa, a Alejandra se le sube el **rubor** a la cara.* ⓶ *Méx.* Maquillaje que se pone en las mejillas para que se vean rosadas.

ruborizar *vb. irreg.* Provocar que el rostro se ponga rojo por vergüenza: *Eva **se ruborizó** cuando el chico que le gusta la invitó a salir.* SIN. **enrojecer.**

rubro *m.* ⓵ *Amér. C. y Amér. Merid.* Título o rótulo: *Estaba buscando en un libro la receta de galletas de chocolate y la encontré en el **rubro** de "Postres".* ⓶ *Amér. Merid. y Méx.* Conjunto de artículos de consumo de un mismo tipo: *En el inventario que hicimos en la tienda pusimos los cosméticos en el **rubro** de perfumería.*

ruda *f.* Planta herbácea de olor fuerte y dulzón y flores amarillas con tonos verdes que se utiliza en perfumería y medicina.

rudimentario, ria *adj.* Simple, poco desarrollado: *Los países latinoamericanos tienen una tecnología **rudimentaria** comparada con la de los países desarrollados.*

rudo, da *adj.* ⓵ Tosco, áspero, duro: *Esta blusa es de tela **ruda**, prefiero comprar una de tela suave como el algodón.* ⓶ Grosero, descortés, sin educación ni delicadeza.* ⓷ Violento, agresivo: *El luchador **rudo** arrojó a su rival sobre el público.*

rueda *f.* ⓵ Pieza circular que gira alrededor de un eje: *La invención de la **rueda** fue importantísima para el inicio del transporte.* ⓶ Círculo: *Las niñas formaron una **rueda**, se tomaron de las manos y empezaron a caminar de un lado al otro acompañándose con canciones.* ⓷ Rodaja de algunas frutas, carnes o pescados: *Comí una **rueda** de pescado acompañada con ensalada.* →

ruego *m.* Súplica, petición que se hace con deseo de obtener algo: *¡Tantos **ruegos** a su padre para que no la castigara y al final Herminia no consiguió nada!*

rugido *m.* ⓵ Ruido que emiten los felinos grandes: *El león estaba tranquilo, pero de vez en cuando lanzaba un **rugido** de advertencia para que nadie se le acerca.* ⓶ Sonido fuerte, parecido al rugir de una fiera, producido por el mar o el viento: *El **rugido** del viento anunció la tormenta.*

rugoso, sa *adj.* Que tiene arrugas: *Cuando hace mucho frío mis manos se ponen **rugosas** porque se resecan.*

ruido *m.* Sonido irregular, confuso y no armonioso: *Los padres siempre opinan que a sus hijos les gusta el **ruido**, no la música.*

ruina *f.* ⓵ Hecho de destruirse algo: *La vieja carretera se ha convertido en una **ruina** desde que construyeron la nueva.* ⓶ Pérdida de los bienes: *La familia se vio sumida en la **ruina** después de que el padre se quedó sin trabajo.* ⓷ *pl.* Conjunto de restos de una construcción destruida: *En Guatemala se encuentra Tikal que son unas **ruinas** prehispánicas que pertenecieron a los mayas.*

ruiseñor *m.* Ave de plumaje color pardo con tonos rojos y canto melodioso: *Según el cuento el emperador chino sanó cuando volvió a escuchar el canto del **ruiseñor** natural, no del ruiseñor mecánico.* →

ruleta *f.* Juego de azar en el que el ganador es designado por una bola que gira sobre una rueda con casillas numeradas.

ruletero, ra *m.* y *f.* *Méx. y Venez. Fam.* Persona que conduce un taxi: *Los **ruleteros** deben conocer muchos nombres de calles y avenidas de la ciudad donde trabajan.* SIN. **taxista.**

rulo *m.* Rizo de cabello: *De niña Marisol tenía la cabeza cubierta de **rulos**, pero su cabello se volvió liso cuando creció.*

rumba *f.* Baile popular cubano de origen africano y música de dicho baile.

rumbo *m.* Dirección que se sigue al andar o navegar: *Los Chávez salieron esta mañana a vacacionar **rumbo** al norte del país.*

o

p

q

r

s

t

u

rumor *m.* [1] Noticia no confirmada, ya sea verdadera o no: *Ha corrido el **rumor** de que el famoso tenor perdió su privilegiada voz.* SIN. **chisme**. [2] Ruido sordo y continuado: *El **rumor** de las conversaciones entre el público se acabó en cuanto empezó el concierto.*

rural *adj.* Relativo al campo: *La vida urbana (de las ciudades) es muy distinta a la **rural** (del campo).*

ruso, sa *adj./m.* y *f.* Originario de Rusia, país que se extiende por Europa Oriental y Asia del Norte.

rústico, ca *adj.* [1] Relativo al campo: *Los campesinos que saludé viven en unas cabañas **rústicas** en la parte baja de la montaña.* [2] No muy trabajado ni sofisticado: *David compró una cama **rústica** que no es elegante pero está cómoda.*

ruta *f.* Camino establecido para un viaje, expedición, etc.: *El grupo de turistas tomó la **ruta** más larga hacia la montaña porque por ahí el paisaje se ve espectacular.*

rutina *f.* Costumbre de hacer cosas siempre de la misma forma aunque pueda o deba cambiarse esta costumbre: *Su **rutina** de cada mañana es bañarse, vestirse, desayunar y salir a trabajar.*

S s

s *f.* Vigésima letra del abecedario español. Su nombre es *ese.*

sábado *m.* Sexto día de la semana, empezando a contar a partir del lunes: *El sábado me voy a la playa y regreso el domingo en la noche para ir a la escuela el lunes.*

sabana *f.* Espacio natural extenso con pocos árboles y vegetación formada por hierbas y arbustos: *En la sabana africana viven cebras, leones, elefantes y otros animales.* SIN. **planicie, llano, llanura.**

sábana *f.* Pieza o lienzo de tela que se usa como ropa de cama: *Con la sábana de abajo se cubre el colchón, y con la de arriba se tapa la persona que va a dormir.*

sabandija *f.* Animal pequeño que resulta asqueroso o molesto: *Durante las noches de verano algunas sabandijas entran a la habitación atraídas por la luz.*

sabat *m.* Según la ley de Moisés, día de descanso obligatorio y consagrado a Dios, que va de la noche del viernes a la noche del sábado de cada semana.

saber *vb. irreg.* [1] Tener conocimientos sobre alguna materia o sobre muchas en general: *Jacinto sabe hablar francés, inglés y alemán porque ha estudiado estos idiomas durante varios años y le gustan mucho.* SIN. **dominar, entender.** ANT. **ignorar.** [2] Conocer una cosa, poder hacerla: *Elena no sabe cómo llegar a casa de su amiga porque siempre la ha llevado su mamá.* ANT. **ignorar, desconocer.** [3] Tener noticias de alguien o algo: *Supe sobre los problemas en el Medio Oriente al leer el diario.* SIN. **informarse, enterarse, conocer.** ANT. **ignorar, desconocer.** [4] Tener capacidad para hacer algo: *Ricardo no sabía andar en bicicleta, pero después de mucha práctica ya aprendió.* SIN. **dominar.** [5] Tener algo determinado sabor: *Este helado sabe a chocolate.*

sabiduría *f.* Conocimiento profundo y sólido en ciencias, letras o artes: *La sabiduría no sólo se obtiene estudiando mucho, también viajando y visitando museos.* SIN. **erudición, cultura.** ANT. **ignorancia.**

sabio, bia *adj./m.* y *f.* [1] Se dice del que es sensato o de la cosa hecha con sensatez: *Con sus palabras sabias, el jefe tranquilizó a la gente asustada por la erupción del volcán.* SIN. **prudente, cuerdo.** ANT. **necio.** [2] Se aplica a quien posee un conocimiento profundo en ciencias, letras o artes: *La maestra Orozco es una* mujer *sabia* de quien sus alumnos aprenden algo nuevo cada día. SIN. **culto, instruido.** ANT. **ignorante.**

sabor *m.* Sensación que una cosa produce al meterla en la boca: *Percibimos el sabor de la comida y de la bebida con el sentido del gusto.* SIN. **gusto.**

saborear *vb.* Disfrutar el sabor de algo de manera lenta: *El niño saborea su postre porque le gusta disfrutarlo más tiempo.* SIN. **gustar.**

sabroso, sa *adj.* Se aplica a lo que resulta agradable al sentido del gusto: *La comida estaba tan sabrosa que le pedí un poco más a mi madre.* SIN. **delicioso.** ANT. **insípido.**

sacapuntas *m.* Instrumento con una navaja en el que se introduce la punta del lápiz para afilarlo: *Hay sacapuntas pequeños que pueden llevarse a la escuela y hay sacapuntas de escritorio que tienen varias navajas.*

sacar *vb. irreg.* [1] Hacer salir algo o a alguien fuera del lugar o situación en que estaba: *Sacaré los pantalones que ya no uso y los regalaré a los niños pobres.* SIN. **extraer.** ANT. **meter, devolver, poner.** [2] En matemáticas, resolver un problema, operación, etc.: *Dorotea sacó la cuenta para saber cuánto había gastado en el mercado.* [3] Conseguir, obtener: *El aceite de olivo se saca de las aceitunas.* SIN. **obtener, extraer.** [4] Inventar, crear: *Los diseñadores han sacado unos modelos de ropa muy bonitos para esta temporada.* [5] Poner en juego el balón durante un partido: *En el balonvolea, el equipo que saca es el que puede anotar puntos.* [6] Ganar en determinados juegos de azar: *Rosario se sacó la lotería.* SIN. **obtener.** [7] Captar una imagen con una cámara fotográfica: *Los exploradores llevan su cámara para sacar unas fotografías del volcán.* SIN. **fotografiar.** [8] *loc.* **Sacar de quicio** o **de sus casillas,** hacer que alguien pierda el control de sí mismo.

sacerdote *m.* Ministro de una religión.

saciar *vb.* Satisfacer el hambre o la sed: *En cuanto el jinete sació su hambre montó en su caballo y continuó su viaje.* SIN. **llenar.**

saco *m.* [1] Bolsa grande hecha de tela, cuero u otro material, que se usa para transportar cosas: *Usaré este saco vacío para poner la ropa sucia y llevarla al patio.* SIN. **costal, fardo, talego.** [2] Prenda de vestir que se pone sobre la camisa, cubre la espalda y los brazos, y por adelante se cierra con botones: *Los trabajadores del banco deben ir vestidos con saco y corbata.* **SIN. chaqueta.** ③ **loc.** Saco de dormir, bolsa de tejido impermeable que sirve para dormir cuando se está de viaje en el campo: *Llevé un saco de dormir para mis vacaciones en el campamento.*

sacramento *m.* En el catolicismo, acto religioso destinado a santificar algún suceso en la vida de las personas.

sacrificar *vb. irreg.* ① Ofrecer a una divinidad una víctima en sacrificio: *Los antiguos romanos sacrificaban animales para honrar a sus dioses.* ② Matar animales para consumirlos como alimento o porque se encuentran muy enfermos y no van a sanar: *Mauricio nunca imaginó que a causa de una enfermedad tendría que sacrificar a su hermoso caballo para que el animal no sufriera más.* ③ Dejar de hacer algo importante para hacer otra cosa: *Horacio sacrificó toda la tarde haciendo fila para realizar un trámite.*

sacristán *m.* En los templos católicos, empleado encargado de la conservación de una iglesia y de los objetos de culto: *El sacristán apaga las velas del altar y cierra las puertas de la iglesia por la noche.*

sacudir *vb.* ① Agitar en el aire una cosa o golpearla con fuerza para limpiarla: *En mi casa todos los domingos sacudimos la ropa de cama para quitarle el polvo.* ② Quitarse una cosa de encima con violencia: *Andrés se sacudió la araña que había subido a su brazo.*

sagrado, da *adj.* ① Que tiene relación con lo divino: *El Corán es el libro sagrado para los seguidores de la religión islámica.* **SIN. sacro, santo.** **ANT. profano.** ② Se aplica a lo que merece respeto: *Para mí la amistad es algo sagrado y por eso cuido y enriquezco la relación con mis amigos.* **SIN. respetable, venerable.**

sal *f.* Sustancia cristalina, blanca y de sabor característico que se disuelve en agua y se emplea como condimento para realzar el sabor de los alimentos: *El agua de mar tiene mucha sal, por eso no debe beberse.*

sala *f.* ① Habitación principal de una casa que normalmente se usa para recibir visitas o convivir con la familia: *En la sala de mi casa hay sofás, una mesa pequeña y un mueble con adornos.* **SIN. estancia, salón.** ② Local de gran tamaño destinado al uso público o a un espectáculo: *Los maestros se reunieron en la sala de juntas de la escuela para hablar sobre el nuevo programa de estudios.*

salado, da *adj.* ① Se aplica a lo que contiene sal o tiene mucha sal: *El jamón es salado y la sandía es dulce.* ② *Amér. Fam.* Se dice de quien tiene mala suerte, poco afortunado, desgraciado: *Dorotea debe estar salada, pues últimamente le han pasado muchas cosas desagradables.* ③ *Amér. Merid. Fam.* Se refiere a lo que tiene un precio demasiado alto. **SIN. caro.**

salamandra *f.* Animal parecido al lagarto, de piel lisa color negro con manchas amarillas, que vive en el agua y en la tierra: *La salamandra es un animal anfibio.*

salame *m.* y *f. R. de la P.* Alimento hecho de carne muy salada metida en una tripa alargada y gruesa, que se corta en rebanadas redondas y delgadas y se come frío. **SIN. salami.**

salami *m.* Alimento hecho de carne muy salada metida en una tripa alargada y gruesa, que se corta en rebanadas redondas y delgadas y se come frío: *El salami es de color rojo oscuro con manchas blancas.* **SIN. salame.**

salar *vb.* ① Preparar con sal carnes y pescados: *En algunos países salan el bacalao para secarlo y así evitar que se descomponga pronto.* ② Sazonar con sal: *Salé la sopa antes de servirla porque cuando la cociné no había sal.*

salario *m.* Paga que recibe una persona por su trabajo o sus servicios: *Los empleados cobran un salario determinado por cada semana de trabajo.* **SIN. sueldo.** →

salchicha *f.* Alimento hecho de carne de cerdo molida con especias y metida en una tripa delgada.

salchichón *m.* Alimento hecho de jamón, tocino y pimienta molidos, metidos en una tripa alargada y muy gruesa y que se corta en rebanadas redondas y puede comerse frío o caliente.

saldo *m.* ① Diferencia entre lo que se suma y se resta en una cuenta: *Cuando una cuenta de banco tiene saldo a favor quiere decir que el dueño de la cuenta tiene dinero guardado en ese banco.* ② Mercancía que se vende a bajo precio porque es lo último que queda de una cantidad grande que ya se vendió: *Elena y Cristina compraron unos vestidos de saldo a precios muy rebajados.* **SIN. resto, liquidación.**

salida *f.* ① Acto de pasar de estar adentro a estar afuera: *La alegría de los niños a la salida de la escuela es muy ruidosa.* **SIN. marcha, partida.** **ANT. entrada.** ② Acto de partir hacia otro lugar: *La hora de salida del tren que va a mi pueblo es a las doce con cuatro minutos.* **SIN. marcha, partida.** **ANT. llegada.** ③ Lugar por donde se sale: *"Siga por este pasillo y en la puerta de la derecha encontrará la salida", me indicó la empleada del teatro.* ④ Solución: *Para encontrar una salida a mi problema de dinero debo conseguir otro empleo.*

salir *vb. irreg.* ① Pasar de adentro hacia afuera: *Cuando salgo de casa siempre llevo un abrigo.* **ANT. entrar.** ② Partir de un lugar: *El vuelo del avión que saldría la mañana del sábado se retrasó para el domingo a causa del mal tiempo.* **SIN. marchar, ir.** **ANT. llegar, regresar, volver.** ③ Mostrarse o manifestarse: *En invierno el sol sale más tarde que en verano.* **SIN. surgir, aparecer.** **ANT. ocultarse.** ④ Tener algo su origen en otra cosa: *El vino sale de la uva.* ⑤ Quedar libre de algo: *Rubén no*

⬭ *adj.* = adjetivo ☆ **ANT.** = antónimo ☆ *f.* = sustantivo femenino ☆ *Fam.* = familiar ☆ *interj.* = interjección ☆ **loc.** = locución ☆ *m.* = sustantivo masculino ☆ **SIN.** = sinónimo ☆ *vb.* = verbo ☆ *vb. irreg.* = verbo irregular ☆ → Ver Minienciclopedia.

sabe cómo **salir** del problema en que se metió. SIN. **escapar**. [6] Funcionar o resultar algo como se esperaba: No me **ha salido** la cuenta, tendré que repetir la operación. SIN. **resultar**. [7] Divertirse fuera de casa: Los sábados **salgo** con amigos. [8] Aparecer a la venta un producto: Esta revista **sale** una vez al mes.

saliva f. Líquido que se produce en la boca y que se mezcla con los alimentos al masticarlos: Si alguien habla mucho se queda con poca **saliva** en la boca, por eso les dan vasos con agua a los conferencistas. SIN. **baba**.

salivazo m. Porción de saliva que se escupe de una sola vez: La mamá sorprendió a los niños echando **salivazos** desde el balcón a la gente que pasaba por la calle y los castigó.

salmo m. Cántico litúrgico de la religión de Israel, formado por una serie de versos que varían en la métrica: Los **salmos** del rey David pueden recitarse o cantarse.

salmuera f. Agua preparada con sal que se usa para hacer conservas de alimentos: Luis compró un frasco de pepinillos en **salmuera** y los puso en la alacena.

salón m. [1] Habitación de una casa que normalmente se usa para recibir visitas o convivir con la familia: La fiesta de cumpleaños de Irma se hizo en el **salón** porque es la habitación más grande de la casa. SIN. **estancia, sala**. [2] Local donde se celebran reuniones, juntas, actos, etc.: La junta de directores de la empresa se realizó en un **salón** del hotel. [3] Local destinado a una actividad específica: Esas señoras primero fueron al **salón** de belleza a peinarse y más tarde tomaron una taza de té con tarta en el **salón** de té. [4] Cada uno de los espacios cerrados de una escuela donde se lleva a cabo una clase: En cada **salón** de clases hay un escritorio para el profesor y muchos asientos y mesas para los niños. SIN. **aula**.

salpicar vb. Dispersar en gotas un líquido: El agua **salpica** en la fuente. SIN. **rociar**.

salpullido m. Granos pequeños y rojos que salen en la piel a causa de una intoxicación: El **salpullido** es una reacción alérgica pasajera.

salsa f. [1] Mezcla líquida o pastosa hecha de especias y algunos comestibles que se usa para acompañar ciertas comidas: A Darío le gusta la carne con **salsa** de tomate. [2] Méx. Mezcla picante con la que se condimentan algunas comidas: En México muchos guisos se preparan con **salsa** de tomate verde o de jitomate. [3] Género musical que resulta de la unión de varios tipos de ritmos que se tocan en los pueblos del Caribe: Cuando el grupo empezó a tocar **salsa** todos se pusieron a bailar.

saltamontes m. Insecto de color pardo o verde, con dos pares de alas y las patas de atrás largas y grandes que usa para saltar. SIN. **chapulín, langosta**.

saltar vb. [1] Levantar los pies del suelo con impulso. SIN. **brincar**. [2] Arrojarse desde cierta altura: Los para-caidistas **saltaron** del avión que se encontraba en vuelo. [3] Moverse una cosa a gran velocidad: Cuando los herreros estaban soldando metales **saltaban** muchas chispas. [4] Pasar de un brinco un espacio o distancia. SIN. **atravesar**. [5] Omitir parte de algo: La muchacha hojeaba distraídamente la revista **saltando** algunas páginas.

saltear vb. [1] Salir a robar en los caminos: Los ladrones que **saltearon** a los viajeros fueron atrapados por la policía. SIN. **robar, asaltar**. [2] Freír un poco la comida en aceite para calentarla: Ramona **salteó** las espinacas y las sirvió calientes para acompañar el pescado.

salto m. [1] Hecho de levantar los pies del suelo con impulso para caer en otro lado o en el mismo lugar: La pulga da unos **saltos** enormes comparados con su tamaño tan pequeño. SIN. **brinco, rebote**. [2] Acto de lanzarse alguien desde una parte alta: No puedo bajar la escalera de un **salto** porque es peligroso. [3] Espacio o distancia que se salta: El **salto** del atleta fue de dos metros. [4] Omisión de una parte de algo: Di un **salto** en la lectura para enterarme del final del cuento.

salubridad f. [1] Limpieza necesaria para mantener la salud: La **salubridad** en los hospitales evita que los enfermos se contagien unos a otros. SIN. **higiene**. [2] Organismo del gobierno de un país que tiene la tarea de vigilar y propiciar la salud de la población: El personal de **salubridad** está haciendo una campaña de vacunación contra la polio.

▶ **salud** f. [1] Estado de un ser vivo que no tiene ninguna enfermedad. [2] Condiciones físicas de un organismo en un determinado momento: Le hicieron un reconocimiento a mi abuelo para revisar su **salud** y por fortuna salió bien.

▶ **¡salud!** interj. Se usa como saludo o como deseo de bienestar que se expresa a alguien: Después de estornudar me dicen "¡salud!"

saludable adj. [1] Referido a lo que conserva, aumenta o restablece la salud: El aire puro de las montañas es mucho más **saludable** que el aire de las ciudades. SIN. **sano, benéfico, higiénico**. ANT. **nocivo, dañino, perjudicial**. [2] Aplicado al que goza de buena salud: Desde que Eva come más verduras y frutas tiene un aspecto más **saludable** pues su piel se ve fresca y sus ojos brillantes. SIN. **sano, vigoroso, lozano**. ANT. **enfermo**.

saludar vb. Dirigir palabras o gestos de cortesía a una persona al encontrarla: Al ver llegar a su cliente, el abogado se acercó a **saludarlo**, le dio la mano y le preguntó cómo estaba.

saludo m. Palabras corteses o gesto amable que se dirige a una persona al encontrarla: "¿Qué tal?", "¿cómo estás?", "hola" y "buenos días" son **saludos**.

salvado m. Cáscara desmenuzada del grano de los cereales: El **salvado** es un alimento que contiene mucha fibra.

o

p

q

r

s

t

u

salvadoreño, ña *adj./m.* y *f.* Originario de El Salvador, país de Centroamérica y de su capital, San Salvador: *Los salvadoreños hablan español.*

salvaje *adj.* ① Referido al terreno cuya vegetación crece de forma natural: *Los terrenos salvajes tienen un equilibrio ecológico natural.* SIN. **silvestre.** ② Se aplica al animal que no está domesticado: *El puma es un animal salvaje que se encuentra en peligro de extinción.* ANT. **doméstico.** ③ Relativo a la persona que vive en estado primitivo, sin contacto con la civilización: *Los guaica son un pueblo salvaje de la selva del Amazonas que vive al sur de Venezuela, en la frontera con Brasil.*

salvar *vb.* ① Librar de un daño, peligro o riesgo: *Marcela salvó a su hermanito que había caído a la piscina.* SIN. **rescatar.** ② Evitar una dificultad: *¡Si pudiera hacer algo que me salvara del examen de matemáticas!* SIN. **librar.**

salvavidas *m.* ① Objeto lleno de aire utilizado para flotar en el agua: *Cuando el pescador cayó al mar sus compañeros le arrojaron un salvavidas para que no se hundiera.* ② Persona que trabaja en las playas y piscinas cuidando a la gente y ayudando a quien esté en peligro de ahogarse: *Los salvavidas deben ser excelentes nadadores y tener conocimientos de primeros auxilios.*

salvo prep. Menos: *Todos vinieron a la fiesta salvo Eduardo, que se quedó en su casa.* SIN. **menos, excepto.**

salvo, va *adj.* ① Se aplica a quien se ha librado de un peligro sin lastimarse: *Afortunadamente todos los accidentados se encuentran sanos y salvos.* SIN. **ileso, intacto.** ② *loc.* A salvo, fuera de peligro: *Durante la fuerte tormenta nos pusimos a salvo bajo un techo.*

samba *f.* Música y baile originarios de Brasil: *La samba es una danza de ritmo que se acompaña con instrumentos de percusión.*

san *adj.* Apócope de santo.

sanar *vb.* ① Recobrar la salud: *Paola sanará pronto pues su enfermedad no es grave.* SIN. **curarse, mejorar, reponerse.** ② Ayudar a alguien a recobrar la salud: *Los medicamentos y los cuidados sanaron al enfermo.* SIN. **curar, restablecer.**

sanatorio *m.* Clínica destinada a la permanencia y cura de los enfermos que necesitan recibir un tratamiento médico: *Rafael fue operado de una rodilla y tuvo que pasar una semana en el sanatorio.* SIN. **clínica, hospital.**

sanción *f.* Castigo que se establece para quien no cumple una ley o reglamento: *El juez no mandará a la cárcel al automovilista por haber violado esa regla de tránsito, pero sí le impondrá una sanción económica.* SIN. **pena, multa, condena.**

sandalia *f.* Zapato abierto formado por una suela que se asegura al pie con cintas o correas: *Como hacía calor me puse un vestido ligero y me calcé unas sandalias de cuero.* SIN. **huarache.**

sándalo *m.* Árbol de Asia, de madera olorosa: *Del sándalo se extrae un aceite de aroma muy agradable.*

sandez *f.* Tontería, necedad: *El conductor del programa de radio sólo decía sandeces, así que lo apagué y puse un disco.* SIN. **disparate.**

sandía *f.* ① Planta que crece al ras del suelo y se cultiva por su fruto de pulpa roja y refrescante: *La sandía se cultiva en los países mediterráneos.* ② Fruta grande y ovalada, sobre todo de cáscara verde e interior rojo y jugoso con muchas semillas pequeñas y negras, aunque también las hay de cáscara e interior de color amarillo: *En verano una rebanada de sandía fresca es lo mejor para quitarse el calor y la sed.*

sándwich *m.* **Palabra de origen inglés.** Alimento hecho con dos rebanadas de pan de caja que encierran un relleno de jamón y queso u otros ingredientes: *Cuando vamos de paseo al campo llevamos sándwiches para comer.* SIN. **emparedado.**

sangrar *vb.* Salir sangre del cuerpo: *Como la cortada que se hizo Sergio sangraba mucho, llamaron al médico.*

sangre *f.* ① Líquido de color rojo que circula por las venas y arterias del cuerpo: *La sangre se compone de plasma, glóbulos rojos, glóbulos blancos y plaquetas.* ② Líquido del organismo de los animales invertebrados: *La sangre de muchos insectos puede ser de color verde, marrón, amarillo o a veces transparente, según el medio en que vivan.* ③ *loc.* Sangre fría, serenidad: *Durante el incendio del edificio la madre de un niño atrapado actuó con sangre fría y logró salvarlo.* SIN. **entereza.** ANT. **descontrol.**

sanguijuela *f.* Gusano que se alimenta chupando la sangre de otros organismos: *Las sanguijuelas viven en las lagunas y arroyos.*

sanitario *m.* ① Cuarto de baño: *En el sanitario de la escuela hay retretes para defecar y lavabos para lavarse las manos.* SIN. **servicio.** ② Recipiente de loza con forma de asiento que sirve para defecar y orinar: *Cada año se pierden millones de litros de agua por fugas en los sanitarios, por eso es importante evitarlas.* SIN. **excusado, inodoro, retrete.**

sano, na *adj./m.* y *f.* ① Referido a quien goza de salud: *Felipe es un muchacho fuerte y sano que casi nunca se enferma.* SIN. **saludable, vigoroso, lozano.** ② Se refiere a lo que es beneficioso para la salud: *Bañarse y practicar algún deporte son actividades sanas.* SIN. **saludable, benéfico.** ANT. **perjudicial, tóxico.** ③ Se dice de lo que está en buen estado: *Todos los árboles de este bosque están sanos, en cambio los del parque están llenos de plagas.* ④ *loc.* Sano y salvo, sin daño: *A pesar de la fuerte tormenta todos llegamos sanos y salvos a casa.*

santarrita *f. R. de la P.* Planta trepadora de hojas ovaladas y flores de color morado, rojo, amarillo o blanco de

---

adj. = adjetivo ✧ **ANT.** = antónimo ✧ **f.** = sustantivo femenino ✧ **loc.** = locución ✧ **m.** = sustantivo masculino ✧ **prep.** = preposición ✧ **pron.** = pronombre ✧ **SIN.** = sinónimo ✧ **vb.** = verbo ✧ **vb. irreg.** = verbo irregular.

tres pétalos, que se siembra para adornar los jardines. SIN. **buganvilla**.

santateresa f. Insecto de unos 5 cm de largo, de color verde, con patas anteriores prensoras: SIN. **mamboretá, mantis**.

santiaguino, na adj./m. y f. Originario de Santiago, capital de Chile, país de América del Sur.

santo m. Día en que una persona celebra la festividad del santo de su mismo nombre: El *santo* de Gabriela es en el mes de marzo. SIN. **onomástico**.

santo, ta m. y f. 1 Cristiano que ha sido santificado por su vida ejemplar y a quien se le rinde culto de manera pública. 2 Imagen de un santo: El sacerdote del pueblo le encargó al escultor que hiciera un *santo* para ponerlo en la iglesia.

santoral m. Lista de los santos que se conmemoran en cada día del año: Consulté el *santoral* para saber qué día es mi santo.

sapo m. Animal que vive en el agua y en la tierra, de cuerpo grueso, ojos saltones y piel rugosa de color verde o pardo: Los *sapos* son anfibios y se alimentan de insectos.

saque m. En algunos deportes, acción de sacar la pelota para iniciar el juego o para cambiar de turno entre jugadores o equipos: El tenista ganó el *saque* y se preparó para realizarlo.

sarampión m. Enfermedad infecciosa propia de la infancia, que se caracteriza por fiebre alta y por la aparición de manchas rojas en la piel: El niño no fue a la escuela porque tiene *sarampión* y debe quedarse en cama durante algunos días.

sarape m. Guat. y Méx. Manta de lana o algodón con franjas de colores vivos, que puede o no tener una abertura al centro para pasar la cabeza.

sardina f. Pequeño pez de mar de color azul con reflejos plateados, que vive cerca de la costa y es muy apreciado como alimento.

sargento m. Grado militar superior al de cabo e inferior al de alférez o subteniente: El *sargento* cuida del orden y la disciplina de los soldados.

sarna f. Enfermedad muy contagiosa de la piel en la que salen pequeñas ampollas que producen mucha comezón: Los perros pueden transmitir la *sarna* al ser humano.

sarro m. 1 Depósito de materia sólida que dejan algunos líquidos en los recipientes que los contienen: El agua que se guarda en vasijas de arcilla forma *sarro* de color blanco. SIN. **sedimento**. 2 Placa de color oscuro que se deposita sobre el esmalte de los dientes: Cada seis meses Leopoldo va al dentista para que le quiten el *sarro* de los dientes.

sartén m. y f. 1 Utensilio de cocina hecho de metal, redondo y poco profundo con mango largo: El *sartén* se usa para freír los alimentos. 2 loc. **Tener la sartén por el mango**, tener el control de una situación.

sastre, tra m. y f. Persona que tiene por oficio confeccionar y arreglar trajes: Mi padre fue a visitar al *sastre* para pedirle que recortara el pantalón de un traje porque le quedaba largo.

satélite m. 1 Astro sin luz propia que gira alrededor de un planeta: La Tierra tiene un solo *satélite* llamado Luna, en cambio Júpiter tiene dieciséis. 2 loc. **Satélite artificial**, vehículo espacial que se lanza al espacio exterior para que dé vueltas alrededor de un planeta: Los *satélites artificiales* fotografían y registran los cambios que sufre la Tierra, por ejemplo el clima o la vegetación.

satisfacción f. Sensación de contento o de placer: Saber que mi madre va a sanar de su enfermedad nos llenó de *satisfacción* y felicidad. SIN. **alegría**. ANT. **disgusto**.

satisfacer vb. irreg. 1 Complacer o aquietar un deseo o apetito: Comiéndose un trozo de tarta Elena **ha satisfecho** su deseo de probar algo dulce. 2 Dar solución a una necesidad o dificultad: Esta casa ya no *satisface* nuestras necesidades de espacio, pues la familia ha crecido. SIN. **solucionar**.

satisfecho, cha adj. 1 Referido a quien está contento o complacido: Teresa está muy *satisfecha* porque sus hijos han aprendido mucho en la escuela. SIN. **conforme**. 2 Se aplica a quien ha calmado alguna necesidad o deseo: Hoy he comido muy bien, por eso estoy *satisfecho* y ya no deseo comer otra cosa. SIN. **lleno, harto**.

sauce m. 1 Árbol que crece junto a los ríos, de hojas más largas que anchas: La madera del *sauce* es blanca y ligera. 2 loc. **Sauce llorón**, árbol de hojas más largas que anchas y con ramas delgadas y largas que caen hacia el suelo: El *sauce llorón* se siembra en los parques como adorno.

savia f. Líquido que circula por el interior de los vegetales y los nutre: En primavera la *savia* de las plantas circula con mayor intensidad que en invierno.

saxofón o **saxófono** m. Instrumento musical de viento, hecho de metal, con forma de J, que tiene una boquilla y varias llaves para producir el sonido.

sazón f. 1 Punto de madurez de una fruta o de otra cosa: El huerto de manzanas está en *sazón*, por eso ya es hora de cosechar. 2 Sabor que se da a las comidas: Doña Dorotea guisa con buen *sazón*, razón por la que a sus hijos les encanta comer en su casa. SIN. **gusto**.

sazonar vb. Poner condimentos a la comida para darle buen sabor: Sergio *sazonó* la carne con sal y pimienta antes de ponerla a cocer. SIN. **aderezar, condimentar**.

se pron. 1 Pronombre personal de tercera persona, forma reflexiva que equivale a él, ella, ellos y ellas: El niño *se* lava las manos con agua y jabón. 2 Marca impersonalidad o indeterminación: En la oficina de mi padre hay un anuncio que dice "**Se** ruega no fumar."

sebo m. Grasa sólida que se saca de los animales, en especial de las reses: Con *sebo* se hacen velas y jabón.

o

p

q

r

s

t

u

secador *m.* Nombre que se da a varios aparatos que sirven para secar el pelo, la ropa, las manos, etc.: *El secador de pelo de mi mamá parece una pistola que echa aire.*

secadora *f.* Máquina en la que se mete la ropa lavada para secarla: *En la lavandería hay lavadoras y secadoras que funcionan con aire caliente.*

secante *f.* En matemáticas, línea o superficie que corta a otra.

secar *vb. irreg.* [1] Dejar o quedar sin líquido algo que estaba húmedo o mojado: *Después de bañarme uso una toalla para secarme y luego la cuelgo detrás de una silla.* ANT. **mojar.** [2] Consumirse el jugo de un cuerpo: *Las flores se secaron porque no las regué durante dos semanas.* SIN. **deshidratar, marchitar.** [3] Evaporarse el agua que había en un lugar: *Ese río se seca cuando no llueve.* SIN. **vaciar.** ANT. **inundar.** [4] Endurecerse una sustancia: *Como no cerré bien la tapa del frasco se secó el pegamento y ahora tendré que comprar otro.*

sección *f.* Cada una de las partes o divisiones de un todo: *La bodega está dividida en secciones para conservar orden en los productos que en ella se guardan.* SIN. **división, departamento.**

seco, ca *adj.* [1] Referido a lo que no tiene nada de líquido o humedad: *Guardé los platos y vasos porque ya estaban secos.* ANT. **húmedo.** [2] Relativo a lo que le falta agua: *En niño no pudo jugar con su barco de juguete porque la fuente estaba seca.* ANT. **jugoso.** [3] Se dice de las plantas sin vida: *En otoño las hojas secas de los árboles cubren el suelo.* [4] Se aplica al país o clima de escasa lluvia: *El desierto es un lugar seco, en cambio la selva es húmeda.* SIN. **árido.** ANT. **lluvioso.**

secretaría *f.* [1] Institución del gobierno que se encarga de una parte de la administración del Estado: *La Secretaría de Salud organiza y administra los hospitales y servicios médicos de todo el país.* SIN. **ministerio.** [2] Oficina en la que se llevan a cabo labores de administración: *En la secretaría de la escuela se realizan las inscripciones de los alumnos.*

secretario, ria *m.* y *f.* [1] Persona encargada de organizar las citas, llamadas telefónicas y asuntos administrativos de otra para quien trabaja: *No pude hablar con el jefe de la empresa, me atendió su secretaria y me dio cita para otro día.* [2] Persona que dirige una parte de la administración del Estado: *El secretario de Educación Pública dará un discurso a los maestros sobre las nuevas reglas educativas.* SIN. **ministro.**

secreto *m.* Lo que se tiene oculto: *Durante toda su vida la vieja dama guardó el secreto del apoyo que enviaba de forma anónima al joven artista.* SIN. **misterio.**

secreto, ta *adj.* Referido a lo que sólo algunos conocen y no se comunica a los demás: *El científico*

tenía una fórmula **secreta** guardada en su caja fuerte. SIN. **misterioso.**

sector *m.* [1] Parte delimitada de un todo: *Ayer un sector de la ciudad se quedó sin luz a causa de la lluvia.* SIN. **porción, fragmento.** ANT. **conjunto, totalidad.** [2] En matemáticas, porción de círculo limitado por dos radios y el arco que los une: *Al marcar el sector de una circunferencia me di cuenta que se parecía a una porción de queso redondo.*

secuaz *adj./m.* y *f.* Aplicado a la persona que sigue el partido o doctrina de otro: *Jorge y sus secuaces estuvieron mojando a las niñas con una manguera.*

secuencia *f.* Sucesión ordenada de cosas o acciones que guardan cierta relación entre sí: *El niño pronunció sin equivocarse la secuencia del uno al cien durante la clase de matemáticas.*

secuestro *m.* Privación de la libertad a una persona o acción de apoderarse de una nave para exigir dinero u otra cosa por su rescate: *El secuestro es un delito grave que se paga con muchos años de prisión.* SIN. **rapto.**

secundaria *f.* Ciclo educativo que comienza al terminar la educación básica o primaria.

sed *f.* Necesidad de beber: *Quiero agua pues tengo sed y siento la boca seca.*

seda *f.* [1] Sustancia viscosa que, en forma de hilos, segregan las glándulas de algunos animales: *La oruga y la araña producen seda, la oruga para envolverse en un capullo y la araña para tejer su tela.* [2] Hilo formado con la sustancia llamada seda: *El gusano de seda produce el hilo suave y brillante llamado seda, con el cual se tejen bellas y finas telas.* [3] Tejido fabricado con el hilo llamado seda: *La seda tiene un brillo y una suavidad que la han hecho uno de los materiales favoritos de la industria del vestido.*

sedal *m.* Hilo de la caña de pescar: *Al pescador se le rompió el sedal y el pez que había mordido el anzuelo logró huir.*

sedante o **sedativo, va** *adj./m.* Relativo a lo que adormece o apacigua: *El médico le inyectó un sedante al paciente para que descansara después de la operación.*

sede *f.* [1] Lugar donde tiene su domicilio principal una empresa, organismo, etc.: *La Oficina Nacional de Derechos Humanos tiene su sede en la capital del país.* SIN. **residencia.** [2] Lugar donde se realiza un evento importante: *En 1992 la sede de las Olimpiadas fue Barcelona, en España.*

sedentario, ria *adj.* Relativo a las comunidades que permanecen en un lugar fijo: *Los pueblos que viajaban todo el tiempo se volvieron sedentarios cuando comenzaron a cultivar la tierra.* ANT. **nómada.**

sedoso, sa *adj.* Se aplica a lo que es suave al tacto, como la seda: *Da gusto acariciar la piel sedosa del bebé.* SIN. **suave.** ANT. **áspero.**

---

adj. = adjetivo ☆ *adv.* = adverbio ☆ ANT. = antónimo ☆ *f.* = sustantivo femenino ☆ *loc.* = locución ☆ *m.* = sustantivo masculino ☆ *prep.* = preposición ☆ *pron.* = pronombre ☆ SIN. = sinónimo ☆ *vb.* = verbo ☆ *vb. irreg.* = verbo irregular.

segadora *f.* Máquina que sirve para cortar la hierba o los cereales maduros: *La segadora se usa en el campo y parece un tractor con grandes cuchillos por delante.*

segar *vb. irreg.* Cortar los cereales maduros o la hierba: *Ese campesino está segando el trigo maduro con la hoz.* SIN. **cosechar.**

seguido *adv.* Con frecuencia, a menudo: *Vamos seguido al campo porque nos gusta mucho estar en contacto con la naturaleza.*

seguido, da *adj.* ① Continuo, sin interrupción: *Katia ha estornudado cinco veces seguidas a causa del polvo.* SIN. **continuo, consecutivo, sucesivo.** ② *loc.* **En seguida,** sin perder tiempo: *Ya es tarde, tenemos que salir en seguida si queremos llegar a tiempo al cine.*

seguidor, ra *m.* y *f.* Persona que asiste continuamente a cierto tipo de espectáculo porque le gusta mucho: *Los seguidores del equipo visitante llegaron en autobús al partido de fútbol.* SIN. **aficionado, fan, barra, hincha.**

seguir *vb. irreg.* ① Ir después o detrás de alguien o algo: *El número dos sigue al uno, el número tres sigue al dos.* SIN. **suceder.** ② Ir detrás de una persona o un animal para atraparlo: *El cazador siguió las huellas que dejó el tigre sobre la tierra mojada.* SIN. **perseguir, rastrear.** ③ Continuar una actividad que ya se ha comenzado: *"¿Quieres seguir jugando o prefieres ver la televisión?"* SIN. **proseguir, reanudar.** ANT. **interrumpir, dejar, abandonar.** ④ Tener algo como modelo e imitarlo: *El joven siguió el ejemplo de su padre y se convirtió en abogado como él.* SIN. **imitar.** ⑤ Actuar según determinados criterios, consejos, órdenes, sentimientos, etc.: *Noemí siguió el tratamiento que le recetó el médico y ahora ya está sana otra vez.* ⑥ Permanecer algo o alguien en un lugar, actitud o actividad: *Le pedí que se callara pero ha seguido hablando aunque ya comenzó el concierto, eso es una falta de respeto.*

▶ **según** *adv.* ① De acuerdo con algo: *El lanzamiento de la nave espacial ocurrió según estaba previsto.* ② Indica que algo depende de otra cosa que se expresa: *Compraré dos o tres dulces según el dinero que me den mis padres.*

▶ **según** *prep.* Expresa un punto de vista: *Según este investigador los anillos de Saturno están formados por materia en estado gaseoso.* SIN. **conforme.**

segundero *m.* Manecilla del reloj que señala los segundos: *El segundero da una vuelta al reloj cada minuto.*

segundo *m.* Cada una de las sesenta partes iguales en que se divide un minuto: *Un anuncio de televisión dura por lo general treinta segundos, es decir, medio minuto.*

segundo, da *adj./m.* y *f.* Relativo a lo que corresponde en orden al número dos: *Georgina vive en el segundo piso de este edificio, Ramiro vive en el primero y Remedios, en el tercero.*

seguridad *f.* ① Confianza que se siente cuando no hay ningún peligro que temer. SIN. **tranquilidad, protección.** ANT. **inseguridad.** ② Certeza que se tiene acerca de algo: *Tengo la seguridad de que Antonio vendrá a la fiesta porque es una persona cumplida.* ANT. **duda.** ③ Estado de lo que está protegido de algún peligro: *La función de la policía es dar seguridad a los ciudadanos.* ④ *loc.* **Seguridad social,** conjunto de leyes y organismos que tienen por objeto proteger a los individuos y a las familias contra ciertos riesgos.

seguro *m.* ① Contrato por el que se garantiza una compensación a una persona o cosa en caso de sufrir algún daño o perjuicio: *El automóvil tiene seguro, por eso si sufre algún accidente la aseguradora pagará los gastos.* ② Dispositivo que impide el funcionamiento de una máquina, mecanismo, etc., para evitar accidentes: *La pistola tiene el seguro puesto para que no se dispare con facilidad.*

seguro, ra *adj.* ① Relativo a lo que está libre de todo daño, peligro o riesgo: *Puse el colchón en el piso para que el bebé duerma seguro contra alguna caída.* ② Se dice de lo que es firme o estable: *Esta escalera es segura, por eso se puede subir por ella con toda confianza.*

seis *adj./m.* Número que resulta de sumar cuatro y dos.

seiscientos *adj./m.* Seis veces cien: *Este pueblo tiene seiscientos habitantes, hasta ayer eran 598 pero acaban de nacer unos mellizos.*

selección *f.* ① Hecho de elegir a una persona o cosa entre otras: *El jurado hizo la selección de las tres mejores fotografías que enviaron los concursantes.* ② Conjunto de personas o cosas elegidas: *Esta selección de quince cuentos infantiles es una maravilla.* ③ En deportes, equipo formado por jugadores elegidos entre muchos de los equipos nacionales y que representa a un país en un juego internacional: *Durante el Campeonato Mundial de Fútbol participan las selecciones nacionales de varios países.*

seleccionar *vb.* Escoger a una persona o cosa de entre otras muchas porque se le considera que es mejor que las demás: *Felisa seleccionó su vestido más nuevo para ir a la fiesta.* SIN. **escoger.**

sellar *vb.* ① Imprimir un sello sobre una cosa: *El cajero selló el recibo de luz para indicar que ya estaba pagado.* ② Cerrar algo muy bien: *Los campesinos han sellado el pozo seco porque hubo un accidente y no quieren que ocurra otra desgracia.*

sello *m.* ① Utensilio que sirve para estampar lo que está grabado en dicho utensilio: *El sello se pone en la almohadilla de tinta y después se presiona contra un papel, así deja impresa la imagen o texto que tiene grabado.* ② Imagen o letra que queda estampada con el utensilio llamado sello: *Fíjate cuál es la fecha del sello y sabrás*

o

p

q

r

s

t

u

cuándo pagaste la cuenta del teléfono. ③ Trozo pequeño de papel que se usa como señal de pago de algún
derecho: *Los sellos postales sirven para clasificar la co-*
rrespondencia. SIN. **timbre, estampilla.** ④ *Chile,*
Colomb. y Perú. Reverso de las monedas.

selva *f.* Bosque extenso muy poblado de árboles y animales salvajes, que crece de manera natural en las zonas cálidas del planeta: *La selva es tan importante para*
la vida en la Tierra como los pulmones para los seres
humanos. SIN. **jungla.** ➞

semáforo *m.* Aparato eléctrico que se coloca en las
esquinas de las calles para regular la circulación por
medio de señales luminosas de diferentes colores:
Cuando el semáforo está en rojo los automóviles
deben detenerse y cuando está en verde, pueden
avanzar.

semana *f.* ① Periodo de siete días consecutivos fijado
por el calendario: *Los días de la semana son lunes, mar-*
tes, miércoles, jueves, viernes, sábado y domingo.
② *loc.* **Entre semana,** los días de lunes a viernes: *A la*
escuela se va entre semana, los sábados y domingos se
descansa. ③ *loc.* **Fin de semana,** los días sábado y domingo: *Los fines de semana salimos de paseo.* ④ *loc.*
Semana Santa, para los católicos, la última semana de la
Cuaresma, que comienza el Domingo de Ramos y
termina el Domingo de Resurrección y conmemora la
muerte y resurrección de Jesucristo: *La Semana Santa a*
veces se celebra a finales de marzo y a veces a princi-
pios de abril.

semanal *adj.* Se dice de lo que dura una semana o se
repite cada semana: *Los miércoles por la noche vemos*
un programa semanal en la televisión.

sembradío *m.* Campo cultivado: *Los sembradíos de*
alfalfa se han puesto tan verdes con las lluvias que da
gusto mirarlos. SIN. **cultivo, sembrado.**

sembrar *vb. irreg.* Poner las semillas en la tierra preparada para que germinen: *Margarita sembró unas*
semillas de tomate en una maceta grande hace unos
meses y hoy cosechó el primer tomate.

semejante *adj.* Se dice de las personas o cosas que se
parecen entre sí: *Tengo un juguete semejante al tuyo y*
aunque es más pequeño y de otro color tiene la mis-
ma forma y funciona igual. SIN. **parecido, similar.**
ANT. **diferente, distinto.**

semestral *adj.* Se refiere a lo que dura seis meses o
sucede cada seis meses: *Esta semana serán los exáme-*
nes semestrales y tenemos mucho que estudiar.

semestre *m.* Periodo de seis meses: *Jorge estuvo en*
Europa alrededor de un semestre pues se fue en enero
y regresó a finales de junio.

semicírculo *m.* Cada una de las dos mitades del círculo: *Cuando la Luna está en cuarto creciente parece un*
semicírculo brillante.

semifinal *f.* Uno de los dos últimos partidos de un campeonato: *Los jugadores o equipos que ganan la semifi-*
nal pasan a la final y pueden aspirar al primer premio.

semilla *f.* Parte del fruto que da origen a una nueva
planta: *Hay plantas cuyo fruto es la semilla misma, como*
el trigo. SIN. **grano, hueso, carozo.**

sémola *f.* Pasta de harina o fécula de trigo molida en
granos muy finos: *La sémola se usa para hacer ravioles,*
macarrón, espagueti y otro tipo de pastas.

senado *m.* Grupo de personas elegidas en forma de-
mocrática que se reúne en asamblea para discutir y aprobar las leyes de un país: *El senado aprobó la nueva ley*
de educación que propuso el presidente de la nación.

senador, ra *m. y f.* Miembro de un senado, que se
ocupa junto con otros de aprobar o modificar las leyes
de su país: *Los senadores y los diputados forman el*
organismo conocido como Poder Legislativo.

sencillo *m. Amér. C. y Amér. Merid.* Dinero en monedas de pequeña denominación. SIN. **suelto, cambio.**

sencillo, lla *adj.* ① Referido a lo que se compone de
una sola cosa, no de varias: *Viviana se compró un hela-*
do sencillo, de un solo sabor, porque los helados do-
bles le parecen demasiado grandes. ② Se aplica a lo
que no tiene adornos o no es de lujo: *Para su habita-*
ción Hugo prefirió una decoración sencilla, sin ador-
nos en las paredes ni muebles innecesarios. ③ Se dice
de lo que no presenta dificultad o complicación: *Sumar*
1 + 1 es algo muy sencillo pues todos sabemos que el
resultado es 2. SIN. **fácil.** ANT. **difícil, complicado.**
④ Relativo a la persona de carácter natural y espontáneo. SIN. **humilde, modesto.** ANT. **vanidoso, orgullo-**
so, soberbio.

sendero *m.* Camino angosto sin pavimentar. SIN. **tri-**
llo, huella, vereda.

senectud *f.* Edad en que una persona ya es muy vieja:
Mi tatarabuelo está en la senectud y ya le cuesta mu-
cho trabajo caminar. SIN. **vejez.**

seno *m.* ① Espacio hueco que existe en el interior de
una cosa: *En el seno de esa montaña hay un manantial*
de agua fría y limpia. ② Parte del pecho de la mujer que
produce leche cuando tiene un bebé: *Durante la*
pubertad se desarrollan los senos de las mujeres.
SIN. **pecho, mama, chiche.** ③ *Fam.* Parte interior de
algo: *Hay respeto y amor en el seno de mi familia.*

sensación *f.* Impresión que las cosas producen en los
sentidos: *Al tocar la pared de ladrillos el niño tuvo la*
sensación de aspereza en la yema de sus dedos.
SIN. **percepción.**

sensible *adj.* ① Se aplica al que tiene la capacidad de
experimentar sensaciones físicas: *Las plantas y los ani-*
males somos seres sensibles. ANT. **insensible.** ② Referido a la persona que tiene la capacidad de sentir
vivamente algo. SIN. **emotivo.** ANT. **insensible.**

---

sentar *vb. irreg.* ☐ Poner a alguien o ponerse uno en un sitio, apoyado sobre las nalgas: *La señora sentó al niño para darle de comer.* ② *Fam.* Caer bien o mal una cosa: *Si te duele el estómago, este medicamento te sentará bien.*

sentenciar *vb.* Decirle a alguien qué castigo debe cumplir por haber cometido un delito: *El jurado encontró culpable al acusado y el juez lo sentenció a diez años de trabajos forzados en prisión.* SIN. **condenar.** ANT. **absolver.**

sentido *m.* ☐ Cada una de las capacidades que tiene un organismo vivo para recibir información sobre el medio exterior a través de ciertos órganos: *Los seres humanos tenemos cinco sentidos: la vista, el oído, el olfato, el gusto y el tacto.* ② Capacidad de darse cuenta de lo que sucede: *Isabel perdió el sentido a causa de su caída por la escalera y tuvieron que auxiliarla para que despertara.* SIN. **conocimiento, conciencia.** ③ Significado de las palabras: *No me gusta que me hablen con doble sentido, prefiero que me digan las cosas de manera clara.* ④ Lado de un cuerpo o dirección de una cosa: *Esta calle es de un solo sentido, por eso los vehículos circulan únicamente de sur a norte.*

sentimental *adj./m. y f.* Se aplica a quien pone antes sus sentimientos que lo razonable: *Gerardo es tan sentimental que no quiere cambiar los viejos muebles de su casa porque dice que están llenos de recuerdos.* SIN. **sensible.** ANT. **insensible.**

sentimiento *m.* ☐ Sensación, impresión o estado de ánimo que es percibido o experimentado: *El amor, el odio, el miedo y la confianza son sentimientos humanos.* SIN. **emoción, sensación.** ② Parte del ser humano que recibe y genera afecto y emociones: *La joven no quiso herir los sentimientos de su amiga y recibió el regalo sin decirle que pronto partiría para no volver.* SIN. **afecto, pasión.**

sentir *vb. irreg.* ☐ Recibir una sensación con los sentidos: *Cuando el cuerpo siente calor comienza a producir sudor para refrescarse.* ② Experimentar determinada emoción: *En cuanto supo que su nieto vendría a visitarla, la abuela sintió gran alegría.* ③ Lamentar un suceso: *Sentimos mucho que no puedas acompañarnos al circo, estoy segura de que ibas a divertirte mucho.* ④ Hallarse en determinado estado: *No voy a ir a la fiesta porque todavía me siento un poco enferma.*

seña *f.* ☐ Detalle de una cosa que la distingue de otras: *En la fiesta, Hilario le puso una seña a su vaso para no confundirlo con los vasos de los demás invitados.* SIN. **marca, señal.** ② Gesto o ademán para comunicarse: *Rocío hizo una seña con el dedo para indicarle a Ignacio que guardara silencio.* SIN. **señal.** ③ *pl.* Calle y número donde vive alguien: *Dame tus señas, así podré ir a visitarte.* SIN. **dirección, domicilio.**

señal *f.* ☐ Aquello que indica la existencia de algo: *Catalina está sana pues no hay señales de enfermedad en los resultados de sus análisis médicos.* SIN. **síntoma, indicio.** ② Detalle de una cosa que la distingue de otras: *Ese árbol con las ramas quemadas es la señal para encontrar el camino de regreso.* SIN. **seña, marca, signo.** ③ Signo que se pone en una cosa para advertir, anunciar o indicar algo: *Las señales de tránsito previenen accidentes.* ④ Restos que quedan de una cosa y que permiten saber qué fue o qué sucedió: *Esta ceniza es la señal de que aquí hubo una hoguera.* SIN. **prueba.**

señalar *vb.* ☐ Ser señal o indicio de algo: *Las huellas sobre mis papeles señalan que el gato se subió a la mesa con las patas mojadas.* ② Hacer o poner marcas para reconocer o recordar algo: *Antes de cerrar el libro señalé la página que estaba leyendo con una cinta de tela.* SIN. **marcar.** ③ Poner signos para advertir, anunciar o indicar algo: *Mi maestro señala las faltas de ortografía con un lápiz rojo.* ④ Llamar la atención sobre algo con un gesto o con palabras: *El niño ha señalado con el dedo cuál de todos los juguetes quiere que le compren.* SIN. **indicar, mostrar.**

señor, ra *m. y f.* ☐ Tratamiento de respeto que se da a los adultos: *El señor Amezcua, quien es mi vecino, ha comenzado una campaña contra la basura en mi barrio.* ② Hombre: *Mira mamá, ese amable señor me ayudó a cruzar la calle.* ③ Mujer: *La señora que vimos en la tienda es la directora de la escuela.* ④ Tratamiento que se da a la mujer casada y que se usa por lo general antes del apellido de su marido: *La señora Téllez vendrá a visitar a mi abuelita mañana.*

señoría *f.* Tratamiento que se da a personas que ocupan un puesto importante, como el de juez.

señorita *f.* Tratamiento dado a la mujer soltera: *A mi hermana le dicen señorita porque es soltera y a mi madre le dicen señora porque está casada y tiene hijos.*

sépalo *m.* Hoja pequeña que, formando conjunto con otras iguales situadas debajo de los pétalos, forman el cáliz de la flor: *Los sépalos de las rosas y crisantemos son alargados y se doblan hacia abajo cuando se abre la flor.*

separación *f.* ☐ Hecho de poner distancia entre dos personas o cosas que estaban juntas: *Los amigos se dieron un fuerte abrazo al volver a encontrarse después de una separación que duró dos años.* ② Espacio que existe entre dos cosas que no están juntas: *Entre la mesa y la puerta hay una separación de dos metros.*

separar *vb.* Establecer distancia entre personas o cosas que están juntas: *Beatriz separó la yema de la clara del huevo para preparar el postre.* SIN. **alejar, apartar.** ANT. **juntar, unir.**

sepelio *m.* Entierro de una persona muerta: *El sepelio de mi abuela se realizó en el cementerio del pueblo.* SIN. **sepultura.**

Ⓢ *Amér. C.* = América Central ☆ *Amér. Merid.* = América Meridional ☆ *Colomb.* = Colombia.

septentrional *adj.* Relativo al norte: *Noruega es un país situado en la parte **septentrional** de Europa.* ANT. **meridional.**

septiembre o **setiembre** *m.* Noveno mes del año: ***Septiembre** está entre agosto y octubre y tiene treinta días.*

séptimo, ma *adj./m.* y *f.* ⬚1⬚ Referido a lo que corresponde en orden al número siete: *Rebeca llegó en **séptimo** lugar en la carrera, así que no obtuvo ningún premio.* ⬚2⬚ Se aplica a cada una de las siete partes iguales en que se divide un todo: *La **séptima** parte de veintiuno es tres.* ⬚3⬚ Cada una de las siete partes en que ha sido dividido un todo: *Dividí el papel en siete pedazos, pinté dos **séptimos** de color azul y cinco **séptimos** de color rojo.* ⬚4⬚ *loc.* **Séptimo arte,** el cine: *El **séptimo arte** tiene sólo cien años de existir, mientras que la arquitectura, por ejemplo, tiene miles de años.*

septuagésimo, ma *adj./m.* y *f.* Referido a lo que corresponde en orden al número setenta: *Hoy celebran el **septuagésimo** aniversario del nacimiento de ese gran poeta.*

sepulcro *m.* Monumento que se construye sobre el sitio donde está enterrado uno o varios muertos: *En ese **sepulcro** descansan los restos de una familia que fue muy importante en la historia del país.* SIN. **tumba.**

sepultar *vb.* Poner en la sepultura un cadáver: *En los cementerios **sepultan** a los muertos.* SIN. **inhumar.**

sepultura *f.* ⬚1⬚ Acción y efecto de sepultar: *La **sepultura** del muchacho muerto en el accidente fue ayer por la mañana.* SIN. **sepelio, entierro.** ⬚2⬚ Hoyo hecho en la tierra para enterrar un cadáver: *El jardinero cavó una **sepultura** bajo el árbol para enterrar el perro muerto.* SIN. **tumba, fosa.**

sequía *f.* Falta de lluvias durante un tiempo muy largo: *La **sequía** está afectando al ganado porque el río ya casi no tiene agua y las reses no pueden beber.*

▶ **ser** *m.* ⬚1⬚ Principio propio de las cosas que les da vida o existencia. SIN. **naturaleza, esencia.** ⬚2⬚ Lo que tiene vida: *En la Tierra vivimos millones de **seres** entre humanos, animales y plantas.*

▶ **ser** *vb. irreg.* ⬚1⬚ Haber o existir: *Los fantasmas no **son** de este mundo.* ⬚2⬚ Suceder, ocurrir un hecho: *El cumpleaños de Marcos **fue** ayer y la fiesta **será** mañana.* ⬚3⬚ Pertenecer a uno: *Esta bicicleta **era** mi hermana y ahora es mía.* ⬚4⬚ Servir para algo: *El lápiz **es** para escribir.* ⬚5⬚ Formar parte de algo: *Cuando era pequeña **fui** alumna de la escuela de mi barrio y ahora **soy** alumna de la universidad.* ⬚6⬚ Tener una naturaleza o un modo de ser determinado: *Rosaura **es** una mujer honesta que no engaña a la gente.* ⬚7⬚ Provenir de un lugar: *La familia de Roberto **es** de Colombia pues todos nacieron ahí.* ⬚8⬚ Se utiliza para indicar tiempo: ***Eran** las dos de la mañana cuando oímos los gritos de la vecina.* ⬚9⬚ Tener como resultado: *Cuatro más cuatro **son** ocho.*

serenar *vb.* Poner o ponerse en calma: *Raquel acariciaba a su perro para **serenarlo** mientras el veterinario le curaba la pata.* SIN. **tranquilizar, sosegar, apaciguar.**

serenata *f.* Conjunto de composiciones musicales que se tocan en la calle por la noche y en honor a alguien: *Antes se acostumbraba llevar **serenata** a la novia para enamorarla.*

sereno *m.* Humedad de la atmósfera durante la noche: *Pepe llegó a la casa con la ropa húmeda porque había **sereno.***

sereno, na *adj.* Aplicado a quien es tranquilo o está en paz o quieto: *Después de la fiebre tan intensa, la niña por fin descansa **serena** en su cama.*

serie *f.* ⬚1⬚ Conjunto de cosas relacionadas que van una detrás de otra: *Leopoldo tomó una **serie** de lecciones para aprender a jugar ajedrez.* SIN. **sucesión.** ⬚2⬚ Programa de radio o televisión que se transmite por partes: *Hoy me perdí un capítulo de la **serie** de televisión en diez partes sobre la vida de Leonardo da Vinci.*

serio, ria *adj.* ⬚1⬚ Se aplica a quien no se ríe: *Felipe es demasiado **serio** y cuando hacemos bromas sólo nos mira sin sonreír.* ANT. **alegre, sonriente.** ⬚2⬚ Se refiere a quien actúa con responsabilidad: *Eduardo es un estudiante **serio** que siempre obtiene buenas calificaciones.* SIN. **responsable.** ANT. **informal.** ⬚3⬚ Importante, grave, digno de consideración: *El médico ha dicho que Joel padece una enfermedad **seria** y que tendrán que operarlo.* SIN. **grave.** ANT. **insignificante.**

serpentina *f.* Tira de papel enrollada que se lanza en las fiestas: *El patio de la escuela quedó cubierto de **serpentinas** de colores que los niños arrojaron durante el festival.*

serpiente *f.* Animal sin patas, de cuerpo alargado con piel escamosa, que se arrastra para ir de un lado a otro: *La **serpiente** es un reptil.* SIN. **víbora, culebra.** ➡

serranía *f.* Territorio formado por montañas y sierras: *En la **serranía** habitan animales como venados, ardillas, lobos y linces.*

serrano, na *adj./m.* y *f.* Relativo a lo que es de la sierra: *Don Zebedeo nació en un pueblo **serrano**, por eso es tan bueno para caminar largas distancias.*

serrín *m.* Conjunto de residuos de la madera que se obtiene al cortarla con una sierra: *Después de cortar los trozos de madera, el suelo quedó lleno de **serrín** porque habían cortado muchas tablas.*

serrucho *m.* Herramienta que consta de un mango y de una hoja de metal con dientes, ancha y corta, que se usa para cortar madera: *Nuestro vecino utilizó un **serrucho** para cortar la rama del árbol.*

servicio *m.* ⬚1⬚ Acción de servir: *El **servicio** en ese restaurante es excelente y la comida sabrosa.* ⬚2⬚ Uso que se hace de algo: *Tiré esa televisión vieja porque ya no daba ningún **servicio**.* SIN. **provecho, rendimiento.**

⬚📖⬚ ***adj.*** = adjetivo ☆ ANT. = antónimo ☆ ***f.*** = sustantivo femenino ☆ ***loc.*** = locución ☆ ***m.*** = sustantivo masculino ☆ SIN. = sinónimo ☆ ***vb.*** = verbo ☆ ***vb. irreg.*** = verbo irregular ☆ ➡ Ver Minienciclopedia.

3 Conjunto de personas que realizan el trabajo doméstico de un lugar: *El dueño de la casa hizo sonar una campanilla para llamar al servicio y pedirles que sirvieran la cena.* SIN. **servidumbre**. **4** Estado de alguien que sirve en algo a lo que está obligado: *Los soldados están al servicio de la patria.* **5** Lugar de una casa o edificio al que se va cuando se quiere orinar o defecar: *En este restaurante los servicios están al fondo a la izquierda.* SIN. **retrete, sanitario**. **6** Conjunto de personas organizadas para cubrir las necesidades de un grupo de gente: *El servicio de urgencias del hospital presta ayuda toda la noche.* **7** Cosa útil o necesaria que se ofrece a una comunidad: *Los servicios de agua y luz de la nueva población serán instalados la próxima semana.* **8** *loc.* **Servicio militar**, periodo en que un ciudadano realiza prácticas y entrenamiento militar a fin de estar preparado para defender a su país en caso de necesidad: *En muchos países el servicio militar se hace a los dieciocho años.*

servidumbre *f.* Conjunto de personas que realizan el trabajo doméstico de un lugar: *La servidumbre se ocupa de cocinar, planchar y limpiar la casa.* SIN. **servicio**.

servilleta *f.* Pieza de tela o de papel que se usa durante la comida para limpiarse la boca y las manos.

servir *vb. irreg.* **1** Trabajar para alguien en tareas domésticas o como empleado: *Esa secretaria ha servido a la empresa durante diez años.* SIN. **trabajar, asistir**. **2** Ser de utilidad para algo: *El mapa te servirá para no perderte cuando llegues a esa ciudad.* **3** Poner en la mesa comida o bebida para alguien: *En la posada sirvieron una buena cena a los viajeros que llegaban de otra ciudad.* SIN. **presentar**.

sésamo *m.* Planta herbácea que llega a medir un metro de altura, con pequeñas semillas comestibles de color amarillo claro, de las que se obtiene aceite comestible. SIN. **ajonjolí**.

sesenta *adj./m.* Número que resulta de sumar 59 y 1: *Seis veces diez es igual a sesenta.*

sesgar *vb. irreg.* Cortar en forma inclinada o torcida: *Un clavo sesgó la tela del vestido de Lidia cuando pasó caminando cerca de la pared.*

seso *m.* Cerebro: *Los sesos son la masa de tejido nervioso que forma el cerebro de los animales.*

seta *f.* Hongo con forma de sombrero sostenido por un pie: *Algunas setas como los champiñones son comestibles; otras como la Amanita virosa son venenosas.*

setecientos, tas *adj./m.* **1** Se aplica a lo que corresponde en orden al número 700: *Alejandro fue el visitante número setecientos del museo.* **2** Número que resulta de sumar 699 y 1: *Siete veces cien es igual a setecientos.*

setenta *adj./m.* **1** Referido a lo que corresponde en orden al número 70. **2** Número que resulta de sumar 69 y 1: *Siete veces diez es igual a setenta.*

seto *m.* Especie de pared hecha con arbustos o plantas frondosas sembradas una junto a otra: *El seto que rodea el jardín impide que la gente entre y pise las flores.* SIN. **valla, cerca**.

seudónimo *m.* Nombre falso que usa una persona para ocultar su identidad: *En el concurso de novela todos los autores deben participar usando un seudónimo.* SIN. **apodo, sobrenombre, alias**. →

severo, ra *adj.* Referido a quien es exigente e inflexible en el cumplimiento de las reglas o de las obligaciones: *La directiva del club contrató a un entrenador más severo para poner en orden al equipo de fútbol.* SIN. **estricto, rígido**. ANT. **benévolo, tolerante, amable**.

sexagésimo *m.* Cada una de las sesenta partes en que se divide un todo: *Un sexagésimo de 600 equivale a 10.*

sexagésimo, ma *adj.* Relativo a lo que corresponde en orden al número sesenta: *Después del invitado número 59 llegó el sexagésimo invitado.*

sexenio *m.* Periodo que dura seis años: *Los ingenieros hidráulicos presentaron un proyecto de presa que tardó un sexenio en construirse, empezaron en el año 1990 y terminaron en 1996.*

sexo *m.* **1** Diferencia en la forma del cuerpo y en la constitución física de un ser vivo que distingue al macho de la hembra y al hombre de la mujer: *No pude averiguar de qué sexo es mi tortuga, sigo sin saber si es macho o hembra.* **2** Conjunto de individuos que son todos machos o todas hembras: *En esta peluquería se atienden personas de ambos sexos, es decir, hombres y mujeres.*

sexteto *m.* Composición musical para seis instrumentos o voces y conjunto integrado por ellos: *Mireya toca en un sexteto formado por un violonchelo, dos violines, dos flautas y un bajo.*

sexto *m.* Cada una de las seis partes iguales en que se divide un todo: *"La mitad de ese costal de maíz es mucho, véndame sólo un sexto para alimentar a mis gallinas."*

sexto, ta *adj.* Adjetivo ordinal que corresponde en orden al número seis: *Esteban es el sexto niño que se enferma de paperas este año en esta escuela, los primeros cinco niños ya se curaron.*

sexual *adj.* Relativo al sexo de los seres humanos, de los animales y de las plantas: *Los órganos sexuales de las plantas son las flores.*

short *m.* **Palabra inglesa.** Pantalón corto que llega arriba de las rodillas: *Se puso un short y una camiseta para ir a la playa.*

show *m.* **Palabra inglesa.** Espectáculo en el que hay cantos, bailes y otras variedades: *El show del cómico hizo reír a todo el público.* SIN. **función**.

▶ **si** *m.* Séptima nota de la escala musical de *do*: *En la escala ascendente, después de la sigue si.*

▶ **si** *conj.* **1** Expresa la condición necesaria para que se produzca algo: *Saldrás a jugar si antes ordenas tu ha-*

bitación. **2** Indica una afirmación: *Si me dijiste que te gusta el chocolate, ¿por qué ahora dices que lo odias?* **3** Después de *como*, indica comparación: *Ese muchacho camina como si estuviera pisando huevos, creo que le lastiman los zapatos.* **4** Se usa para aumentar la fuerza de una expresión: *¡Si seré distraída, pasé horas buscando el libro y estaba sobre la mesa.* **5** *loc.* **Si no**, de lo contrario: *Toma el medicamento porque si no seguirás enfermo.*

▶ **sí** *pron.* Pronombre personal, forma reflexiva de la tercera persona que se usa para referirse a él, ella, ellos o ellas: *El niño corría arrastrando un camión de juguete tras de sí.*

▶ **sí** *adv.* Responde de manera afirmativa a una pregunta: *Luego que le pedí permiso mi mamá me contestó: "Sí, puedes ir a jugar".* ANT. **no.**

siamés, sa *adj./m.* y f. Se aplica al hermano gemelo que está unido al otro por alguna parte del cuerpo: *Esos niños siameses nacieron unidos por la cadera.*

sida *m.* Enfermedad que altera y destruye el sistema de defensa del organismo: *Los científicos están investigando para encontrar un remedio o vacuna contra el sida, pues hasta ahora es incurable.*

sideral *adj.* Relativo a los astros: *En el espacio sideral están los planetas y las estrellas.* SIN. **cósmico, celeste, estelar.**

siderurgia *f.* Conjunto de técnicas y métodos para obtener el hierro y transformarlo: *La siderurgia permite la elaboración de herramientas, vigas, máquinas y motores.*

sidra *f.* Bebida alcohólica que se obtiene de la fermentación del zumo o jugo de manzana: *La sidra natural es una bebida espumosa y de color amarillo traslúcido.*

siega *f.* Acto de cortar las hierbas y los cereales cuando ya están maduros: *La siega del trigo se hace con un instrumento afilado y curvo llamado hoz.*

siembra *f.* Acto de echar semillas en la tierra para que germinen: *La siembra del maíz se hace metiendo las semillas en la tierra a una distancia de casi un metro entre cada semilla.*

siempre *adv.* **1** En todo tiempo: *Jerónimo es paraguayo y siempre ha vivido en Asunción.* ANT. **nunca.** **2** En cualquier momento: *El perro siempre está dispuesto a salir a pasear: con sólo oír abrirse la puerta llega moviendo la cola.* ANT. **nunca.**

siempreviva *f.* Planta de hojas gruesas y flores de nueve pétalos: *Las hojas de la siempreviva tardan mucho en marchitarse.*

sien *f.* Parte lateral de la cabeza ubicada entre la frente y la mejilla: *La sien se encuentra al costado de la ceja.*

sierra *f.* **1** Herramienta formada por una hoja de metal con el borde dentado que sirve para cortar madera, metales y piedra. **2** Cordillera montañosa, sobre todo

de picos que forman una fila: *México cuenta con dos grandes conjuntos de montañas: la Sierra Madre Oriental y la Sierra Madre Occidental.* SIN. **cordillera.**

siesta *f.* Sueño corto que se hace después de la comida fuerte del día: *La abuelita está durmiendo su acostumbrada siesta de quince minutos después de comer.*

siete *adj./m.* **1** Se aplica a lo que corresponde en orden al número 7. **2** Número que resulta de sumar 6 y 1: *Son siete los días de la semana.*

sigla *f.* **1** Letra inicial de un nombre propio, que se usa como abreviatura: *Margarita Paredes firma con sus siglas: "M. P."* **2** Palabra que se forma con las letras iniciales de varias palabras que significan algo: *La palabra sida es una sigla que se formó con las iniciales de Síndrome de Inmuno Deficiencia Adquirida.*

siglo *m.* Periodo de cien años: *El siglo XIX comenzó el primero de enero de 1801 y terminó el 31 de diciembre de 1900.* SIN. **centuria.**

significado *m.* Idea, concepto o representación mental que expresa una palabra, un signo u otra cosa: *Estaba leyendo un libro y como no entendí el significado de algunas palabras consulté un diccionario.* SIN. **sentido, acepción.**

significar *vb. irreg.* Ser una cosa signo o representación de otra: *La luz roja del semáforo significa que no se debe avanzar.* SIN. **expresar.**

signo *m.* **1** Cosa que representa la idea de otra: *La risa es un signo de alegría.* SIN. **indicio, señal, gesto.** **2** Letra o símbolo usado en la escritura: *La coma, el punto y coma y el punto son signos de puntuación que representan las pausas que se hacen al hablar.* **3** En matemáticas, símbolo que representa una operación: *El signo + se usa para sumar y el signo × para multiplicar.*

siguiente *adj.* Se aplica a lo que ocurre en orden después de otro: *El número siguiente al tres.* SIN. **posterior.** ANT. **anterior.**

sílaba *f.* Sonido o conjunto de sonidos que se pronuncian con una sola emisión de voz y que forman una palabra: *La palabra mesa tiene dos sílabas: me y sa.*

silábico, ca *adj.* Relativo a las sílabas que forman una palabra: *La maestra nos dio una lista de palabras para que hiciéramos la división silábica de cada una.*

silbar *vb.* **1** Producir sonidos agudos haciendo pasar el aire por la boca o las manos: *Para disimular que Rosa le gusta, Víctor silbaba una canción mirando para otro lado.* SIN. **chiflar.** **2** Producir un elemento duro un sonido muy agudo al cortar el aire: *La flecha silbó en su trayectoria veloz hacia el blanco.*

silbato *m.* Instrumento que produce un silbido al soplar por él: *El árbitro sopló su silbato para marcar una falta en el juego de fútbol.* SIN. **pito.**

silbido o **silbo** *m.* Sonido agudo que hace el aire y se produce con la boca o las manos: *Erasto dio un fuerte*

---

silbido para llamar a sus amigos que estaban en el otro lado del parque. SIN. **chiflido.**

silencio *m.* [1] Ausencia de todo ruido: *De noche la casa permanece en silencio porque todos duermen.* SIN. **calma, paz, sosiego.** ANT. **ruido, alboroto, escándalo.** [2] Hecho de estar callado: *En los hospitales debemos guardar silencio para no molestar a los enfermos.* SIN. **mutismo.**

silla *f.* [1] Asiento para una sola persona con respaldo y patas: *Para comer nos sentamos en las sillas y apoyamos los platos en la mesa.* [2] Objeto hecho de cuero que se pone sobre el caballo para que el jinete se siente en él: *La silla del jinete se sujeta por debajo del cuerpo del caballo con una cinta de cuero.*

sillón *m.* Asiento con respaldo, brazos y patas, más grande que la silla, por lo general suave y amplio: *Cuando lee Diego se sienta en el sillón para estar más cómodo que en la silla.*

silueta *f.* [1] Figura o dibujo del contorno de algo, sin detalles interiores: *Entre la niebla pude distinguir la silueta del campanario de la iglesia.* SIN. **perfil, contorno.** [2] Línea del contorno del cuerpo humano: *La señora gorda está haciendo dieta porque quiere recuperar su silueta delgada.* SIN. **figura.**

silvestre *adj.* Relativo a lo que crece o se cría de forma natural, sin el cuidado del ser humano: *El tomillo es una planta silvestre que crece sin ser cultivada.* SIN. **natural, salvaje.**

sima *f.* Grieta grande y profunda en un terreno. SIN. **abismo, profundidad.** ANT. **cima, altura.**

símbolo *m.* Letra o signo que representa una idea o concepto: *Un corazón atravesado por una flecha suele ser el símbolo del amor.* SIN. **emblema, imagen, representación.**

similar *adj.* Se dice de lo que se parece a algo: *"Estos dos medicamentos producen un efecto similar, cualquiera de los dos te aliviará el dolor."* SIN. **semejante.** ANT. **diferente, distinto.**

simio, mia *m. y f.* Animal de rostro desnudo y cuerpo peludo, con manos que le sirven para colgarse de las ramas de los árboles y que anda en dos o cuatro patas: *Los simios, como el orangután, el gorila o el chimpancé, son mamíferos con un cerebro muy desarrollado.* →

simpatía *f.* [1] Modo de ser de una persona que la hace agradable para otras personas: *Tomás tiene tanta simpatía que muchos amigos lo visitan en su casa y siempre está acompañado de alguien.* SIN. **gracia.** ANT. **antipatía.** [2] Inclinación o afecto natural que se siente por una persona: *Verónica me inspira una gran simpatía desde que me di cuenta de que es una persona honesta y amable.* SIN. **afecto, cariño, afinidad.** ANT. **antipatía.**

simpático, ca *adj.* Se dice de la persona o animal que es agradable e inspira simpatía: *¡Qué cachorros tan simpáticos, parecen de juguete!* SIN. **agradable, encantador.** ANT. **antipático, desagradable.**

simple *adj.* Se dice de lo que es poco complicado o no tiene adornos: *Quisiera unos muebles más simples y cómodos, pues éstos tan adornados no me gustan.* SIN. **sencillo, fácil.** ANT. **complejo, complicado.**

simplificar *vb. irreg.* Hacer o volver algo más sencillo o más fácil: *La computadora simplifica los trabajos de investigación y de archivo de información.* SIN. **facilitar.** ANT. **complicar, dificultar.**

simulacro *m.* Representación de un hecho que no es real pero se hace como si lo fuera: *Para que estemos preparados en caso de sismo o incendio, las autoridades hicieron un simulacro de evacuación del edificio escolar.* SIN. **ensayo.**

simulador *m.* Aparato que reproduce el funcionamiento de otro que se quiere estudiar: *Los astronautas llevan a cabo prácticas en el simulador espacial para saber cómo comportarse en el Espacio.*

simular *vb.* Hacer aparecer algo falso como si fuera real o verdadero: *Pedro simulaba que estudiaba matemáticas, pero en realidad estaba leyendo un cuento.* SIN. **fingir, aparentar, imitar.**

simultáneo, a *adj.* Se refiere a lo que ocurre o se realiza al mismo tiempo que otra cosa: *Para que una tabla gimnástica luzca los movimientos de todos los que toman parte en ella deben ser simultáneos.* SIN. **sincrónico.**

sin *prep.* [1] Sirve para indicar que algo falta o no está: *Yolanda salió sin sus llaves, por eso cuando regrese tocará el timbre para que le abramos.* [2] Indica que una acción no se realiza: *Federico pasó la noche sin dormir porque le dolía mucho el estómago.*

sinagoga *f.* Edificio donde se lleva a cabo el culto de la religión judía.

sincero, ra *adj.* Se aplica a quien se expresa como piensa o siente, sin mentir ni fingir. SIN. **franco, honesto, veraz.** ANT. **hipócrita, falso.**

sincronizar *vb. irreg.* Hacer que dos o más cosas coincidan en el tiempo: *Si queremos hacer bien el trabajo debemos sincronizar nuestras acciones, de modo que yo termine de armar un juguete a tiempo para que tú comiences a pintarlo.*

sindicato *m.* Agrupación de trabajadores formada para defender los intereses profesionales comunes: *El sindicato consiguió que la empresa aumentara los salarios de los trabajadores.* SIN. **federación, liga.**

sinfonía *f.* Composición instrumental para orquesta, de tres o cuatro movimientos bastante largos: *Hoy la orquesta tocó la novena sinfonía de Beethoven y cuando el coro comenzó a cantar sentimos una gran emoción.*

o

p

q

r

s

t

u

▶ **singular** *adj.* Se aplica a lo que está o va solo: *El uso del cepillo de dientes es singular, pues cada persona debe tener el suyo.* SIN. **único, particular.** ANT. **común.**

▶ **singular** *m.* Palabra que señala una sola persona o cosa: *El singular de la palabra cosas es cosa.*

siniestra *f.* Mano que corresponde al lado del corazón: *Una persona zurda escribe con la siniestra, o sea, con la izquierda.*

siniestro *m.* Destrucción grande o pérdidas materiales y humanas a causa de un accidente o fenómeno del clima: *Un incendio y una inundación son siniestros.* SIN. **catástrofe, desastre.**

sino *conj.* [1] Contrapone a un concepto negativo y otro afirmativo: *Este regalo no lo traje yo, sino Roberto.* [2] Después de la forma *no sólo* sirve para agregar algo a lo que ya se dijo: *Este niño no sólo es amable, sino también inteligente.*

sinónimo *m.* Palabra que significa lo mismo que otra o algo muy parecido: *En un diccionario encontré la palabra gracia como sinónimo de simpatía.* ➞

sintagma *m.* En gramática, unidad elemental con la que se construye una frase u oración.

síntesis *f.* [1] Expresión breve de las ideas más importantes de una materia o ciencia: *Después de escuchar la explicación del maestro hicimos una síntesis del tema con nuestras propias palabras.* SIN. **resumen.** ANT. **análisis.**

sintético, ca *adj.* Se refiere a lo que se parece a un producto natural pero que se obtiene por un procedimiento industrial o químico: *Estas botas son de cuero sintético, es decir, no se obtuvieron de la piel de un animal, sino de un material artificial.* SIN. **artificial.** ANT. **natural.**

sintetizador *m.* Instrumento musical electrónico parecido al órgano, que sirve para imitar el sonido de muchos otros instrumentos musicales: *En el estudio de sonido tienen un sintetizador muy moderno capaz de imitar el sonido de muchos instrumentos y hasta el de la voz humana.*

síntoma *m.* Alteración en las funciones del organismo, que revela la existencia de una enfermedad: *Los síntomas del resfrío son la fiebre, el dolor del cuerpo y los mocos abundantes.* SIN. **indicio, señal, signo.**

sintonizar *vb. irreg.* Hacer coincidir la frecuencia de un aparato de televisión o de radio con la de la estación emisora para recibir una señal clara: *Débora sintonizó el televisor en el canal adecuado para ver su programa preferido.*

sinvergüenza *adj./m.* y *f.* Se aplica a la persona que actúa en provecho propio sin importarle perjudicar a otros o se comporta con descaro: *Ese muchacho sinvergüenza no pide permiso para salir a la calle.*

siquiera *adv.* Por lo menos, tan sólo: *Me siento tan cansado que desearía tener siquiera un día más de descanso este mes.*

sirena *f.* [1] Divinidad marina que tiene la mitad superior del cuerpo con forma de mujer y de la cintura para abajo con forma de ave o con cola de pez: *Según la mitología griega, las sirenas vivían en el mar y hechizaban a los hombres con la belleza de su canto.* [2] Instrumento que produce un sonido fuerte usado en ambulancias, fábricas, etc., para avisar de diferentes situaciones, sobre todo de un peligro: *Una sirena suele anunciar el paso de los bomberos o de una ambulancia.* SIN. **alarma.**

sirviente, ta *m.* y *f.* Persona que trabaja al servicio de otra, en especial en las tareas domésticas: *El mayordomo, el jardinero y el cocinero eran los principales sirvientes del palacio.* SIN. **criado.** ANT. **patrón.**

sismo *m.* Movimiento que hace temblar la superficie terrestre: *El sismo sacudió la ciudad durante un minuto y la gente se asustó mucho.* SIN. **terremoto, temblor.**

sismógrafo *m.* Aparato que registra la amplitud de los movimientos que hacen temblar la tierra: *El especialista observa si el sismógrafo marca algún movimiento, pues está haciendo un estudio sobre la actividad volcánica.*

sistema *m.* [1] Conjunto de pasos ordenados que deben seguirse para lograr algo: *Este maestro tiene un nuevo sistema para enseñar inglés y a todos nos está resultando más fácil aprender.* SIN. **método, procedimiento, técnica.** [2] Conjunto de órganos conectados entre sí para realizar una determinada función: *El cerebro forma parte del sistema nervioso del ser humano.* [3] Conjunto de elementos que cumplen juntos una función determinada: *El Sistema Solar está formado por nueve planetas, un sol y bastantes lunas.* [4] *loc.* **Sistema operativo**, en informática, programa o conjunto de programas que efectúan los procesos básicos de una computadora y permiten la ejecución de otros programas.

sitio *m.* [1] Porción de espacio que puede ser ocupada por algo o alguien: *"Hazme un sitio en el sofá para que también pueda sentarme a ver el televisor."* SIN. **lugar, hueco.** [2] Lugar que le corresponde a algo o a alguien: *Ese libro no estaba en su sitio pues lo encontré debajo de la cama.* SIN. **puesto, lugar.** [3] Porción de espacio que tiene o podría tener un uso determinado: *En un sitio del parque donde antes había césped construirán una fuente.* SIN. **punto, parte, zona.**

sitio *m.* Hecho de rodear tropas un lugar habitado para impedir la entrada o salida de personas y cosas. SIN. **cerco.** ANT. **liberación.**

situación *f.* [1] Disposición geográfica de una cosa respecto al lugar que ocupa: *La torre de control del aeropuerto recibió el mensaje que informaba la situación exacta del avión.* SIN. **posición.** [2] Manera de estar o colocarse alguien: *El entrenador organizó la situación de los jugadores en el campo.* SIN. **colocación.**

situar *vb. irreg.* [1] Poner en determinado lugar o situación: *En la fila Ricardo se sitúa entre Ignacio y Pedro.*

◆ *adj.* = adjetivo ✫ *adv.* = adverbio ✫ ANT. = antónimo ✫ *conj.* = conjunción ✫ *f.* = sustantivo femenino ✫ *loc.* = locución ✫ *m.* = sustantivo masculino ✫ *pl.* = plural ✫ *prep.* = preposición ✫ SIN. = sinónimo ✫ *vb.* = verbo ✫ *vb. irreg.* = verbo irregular ✫ ➜ Ver Minienciclopedia.

SIN. colocar. ② Encontrar un lugar determinado: *Diego situó la capital del país en el mapa y lo señaló con el dedo.* **SIN. localizar.**

sobaco *m.* Hueco que forma el brazo al unirse con el cuerpo: *"Lávate bien el sobaco para que no huela mal."* **SIN. axila.**

sobar *vb.* ① Tocar y oprimir una cosa de manera repetida: *No sobes tanto esa manzana o la vas a estropear.* **SIN. manosear.** ② *Argent.* y *Méx.* Dar masajes: *Como me dolía la espalda le pedí a mi hermana que me sobara.*

soberanía *f.* Estado político de un país que no está sometido al control de otra nación: *Ningún país debe decirle a otro país lo que debe hacer, ya que la soberanía de cada nación debe ser respetada.*

▶ **soberano, na** *adj.* Se refiere a lo que no está sometido al control de otro: *En el mundo hay muchas naciones libres y soberanas.* **SIN. independiente, autónomo.** **ANT. dependiente.**

▶ **soberano, na** *m.* y *f.* Rey, reina, príncipe o princesa gobernante de un país: *El rey es el soberano en una monarquía.* **SIN. monarca.** **ANT. vasallo, súbdito.**

soberbio, bia *adj./m.* y *f.* Se refiere a quien sólo ve sus propias cualidades y las hace más grandes de lo que son, al mismo tiempo que considera inferiores a los demás: *Los soberbios sólo escuchan los halagos y son sordos a las críticas.* **SIN. arrogante, orgulloso, vanidoso.** **ANT. modesto.**

sobra *f.* ① Lo que está de más en una cosa: *Esta sobra de tela alcanzará para hacer una muñeca.* ② *pl.* Parte que queda de una comida: *Recogí las sobras de la cena y se las di a los cerdos para que comieran.*

sobrar *vb.* ① Haber más de lo necesario de algo: *La mesa estaba puesta para seis personas y sólo llegaron cuatro, de modo que sobraron dos lugares.* **ANT. faltar.** ② Estar algo de más en una cosa o situación: *El director de la obra de teatro mandó quitar el mueble que sobraba en la decoración del escenario.* ③ Quedar algo de una cosa de la que hubo suficiente: *Éste es el dinero que sobró después de pagar la compra.* **SIN. restar.** **ANT. faltar.**

▶ **sobre** *m.* ① Bolsa plana de papel que se usa para meter una carta o documento que va a enviarse por correo. ② Envoltura pequeña de papel: *Bertha colecciona los sobres de azúcar que dan en los hoteles y restaurantes.*

▶ **sobre** *prep.* ① Señala una posición superior a la de otra cosa: *Irma puso el florero sobre la mesa.* ② Significa "acerca de": *El examen de historia será sobre la Primera Guerra Mundial.*

sobrecargo *m.* y *f.* Miembro de la tripulación de un avión o barco encargado de atender a los pasajeros o de cuidar el cargamento: *Las sobrecargos sirvieron a los pasajeros una taza de café poco después de que el avión despegó.*

sobrellevar *vb.* Soportar una dificultad con paciencia: *El jefe de Elisa tiene muy mal carácter, pero ella lo sobrelleva bien.* **SIN. aguantar, tolerar, resistir.**

sobrenatural *adj.* Se refiere a lo que no sigue las leyes de la naturaleza: *El protagonista del cuento tenía poderes sobrenaturales que le permitían revivir a los animales muertos.* **SIN. extraordinario.** **ANT. natural.**

sobrepasar *vb.* Superar una cosa a otra en algún sentido: *El automóvil sobrepasó a la bicicleta en velocidad.* **SIN. aventajar, exceder.**

sobrepeso *m.* ① Peso o carga más grande de lo normal: *Si el equipaje tiene sobrepeso hay que pagar más dinero para subirlo al avión.* **SIN. sobrecarga.** ② Aumento de la grasa del cuerpo que hace que la persona tenga un peso superior al normal: *Rosario tiene problemas de sobrepeso, por eso ahora está haciendo dieta y ejercicios.* **SIN. obesidad, gordura.**

sobreponerse *vb. irreg.* No dejarse vencer por las desgracias o problemas: *Después del susto que nos dio el ladrón que entró a la casa logramos sobreponernos y ahora estamos tranquilos.*

▶ **sobresaliente** *adj.* Se aplica a lo que se destaca entre los demás: *La bailarina realizó una danza sobresaliente y se ganó un fuerte aplauso de toda la gente en el teatro.* **SIN. superior, excelente.** **ANT. malo.**

▶ **sobresaliente** *m.* En un examen, nota superior a "notable" y sólo superada por "excelente": *Hugo obtuvo sobresaliente en matemáticas y su mamá lo felicitó.*

sobresalir *vb. irreg.* ① Quedar algo por encima de los demás: *Los rascacielos sobresalen de entre los demás edificios de la ciudad.* **SIN. superar, resaltar.** ② Distinguirse de los demás por algo: *Entre todos los alumnos Andrés sobresale por su inteligencia.* **SIN. destacar.**

sobresalto *m.* Sorpresa o alteración que se siente a causa de un suceso inesperado: *Saber que gané un automóvil en el concurso me produjo un sobresalto, pues no lo esperaba.* **SIN. emoción, susto.**

sobresdrújulo, la o **sobreesdrújulo, la** *adj./f.* Se refiere a la palabra acentuada en la sílaba anterior a la antepenúltima: *La palabra repítemelo es sobresdrújula.*

sobreviviente *adj./m.* y *t.* Referido al que queda vivo después de un accidente o enfermedad grave: *Los niños sobrevivientes de la epidemia están todavía en el hospital.* **SIN. superviviente.**

sobrino, na *m.* y *f.* Con respecto a una persona, hijo o hija de un hermano o hermana, y también hijo o hija de un primo o prima: *Tengo dos nuevos sobrinos porque ayer mi hermana dio a luz gemelos.*

socarrón, na *adj./m.* y *f.* Se aplica al que se burla con palabras o gestos de aparente seriedad.

sociable *adj.* Se aplica al que se siente bien entre los demás y puede relacionarse con ellos sin dificultad: *Pa-*

o

p

q

r

s

t

u

*blo es un niño **sociable** que tiene muchos amigos y también convive con los adultos.*

social *adj.* Relativo al conjunto de personas que forman la sociedad: *La atención de los niños que viven en la calle es un problema **social** que se debe resolver entre todos.*

sociedad *f.* ① Reunión permanente de personas, pueblos o naciones que conviven bajo unas leyes comunes. SIN. **humanidad, colectividad.** ② Grupo organizado de seres: *Las hormigas viven en **sociedad** y cada una de ellas tiene una tarea que cumplir.* ③ Personas u organismos que se agrupan para realizar una tarea o para cumplir un fin: *Mi papá y sus amigos formaron una **sociedad** para construir y vender casas.* SIN. **asociación, agrupación, compañía.**

socio, cia *m.* y *f.* ① Persona asociada con otra u otras para realizar un trabajo o cumplir algún fin: *Los **socios** de la empresa se reunieron para resolver los problemas.* ② Miembro de un grupo organizado que tiene actividades comunes: *Los **socios** del club deportivo se reúnen cada viernes para jugar tenis.*

socorrer *vb.* Apoyar, ayudar a alguien que está en peligro o que tiene una necesidad: *Bernabé **socorrió** a un niño que se estaba ahogando en el río.* SIN. **auxiliar, asistir, salvar.** ANT. **abandonar.**

socorrista *m.* y *f.* Persona que se dedica a prestar ayuda a las personas que han sufrido accidentes: *El **socorrista** limpió las heridas de los accidentados.*

▶ **socorro** *m.* Ayuda que se da a alguien que se encuentra en peligro o que tiene una necesidad: *Los bomberos prestaron **socorro** a las personas encerradas en el ascensor.* SIN. **auxilio.**

▶ **¡socorro!** *interj.* Voz con que se pide ayuda en caso de necesidad o peligro: *"¡**Socorro**, siento que me ahogo!"* SIN. **auxilio.**

soda *f.* Agua efervescente que contiene una combinación de carbono y oxígeno: *La **soda** es una bebida gaseosa.* SIN. **gaseosa, refresco.**

sofá *m.* Asiento largo con respaldo y brazos, para varias personas: *En este **sofá** pueden sentarse tres personas.*

sofocar *vb. irreg.* ① Apagar o dominar algo. SIN. **extinguir.** ANT. **avivar, encender.** ② Hacer perder o perderse el ritmo de respiración al grado de sentir ahogo: *Me **sofoqué** de tanto correr.*

software *m.* **Palabra inglesa.** Conjunto de programas de una computadora: *El sistema operativo de una computadora forma parte del **software.***

soga *f.* Cuerda gruesa hecha con la fibra de una planta llamada esparto: *La balsa está sujeta al muelle con una **soga.*** SIN. **amarra.**

soja o **soya** *f.* Planta de flores violetas o blancas, parecida al poroto o frijol, de cuyas semillas se obtienen aceite, harina y otros productos alimenticios: *En ese restaurante japonés sirven salsa de **soja** para aderezar los guisos.*

▶ **sol** *m.* Quinta nota de la escala musical de *do*: *Do, re, mi, fa, **sol**, la, si..., entonaba una y otra vez la cantante.*

sol *m.* ① Estrella luminosa, centro de un sistema planetario: *La Tierra gira alrededor del **Sol**, igual que los demás planetas de nuestro Sistema Solar.* ② Fam. Luz y calor que llega a la Tierra desde el Sol: *Paula puso a secar la ropa al **sol.*** ③ loc. **De sol a sol**, todo el día: *Los trabajos de **sol a sol** son muy cansados y no permiten que los trabajadores convivan con sus familias.* →

solapa *f.* ① Parte de una prenda de vestir que está junto al cuello y va doblada hacia afuera. ② Parte de la cubierta de un libro que se dobla hacia adentro: *En la **solapa** del libro aparece una fotografía del autor y un comentario sobre la novela.*

solar *adj.* Relativo al Sol y a la energía que proporciona: *Muchos procesos vitales de los animales y las plantas se realizan gracias a la luz **solar.***

soldado *m.* Persona que forma parte del ejército de un país: *Los **soldados** rasos se adiestran bajo las órdenes del sargento.* SIN. **militar.**

soldar *vb. irreg.* ① Unir de manera sólida entre sí dos cosas de metal usando una mezcla de metales y calor: *El herrero **soldó** la bisagra de la puerta de metal que se había desprendido.* SIN. **pegar.** ② Unirse: *Los huesos rotos se **sueldan** solos, lo único que necesitan es tiempo.*

soledad *f.* Carencia de compañía: *No me gusta la **soledad**, prefiero estar acompañado.*

solemne *adj.* Se aplica a lo que se celebra siguiendo ciertas reglas por ser muy importante o muy serio para un grupo o comunidad: *En un acto **solemne** el alcalde entregó las llaves de la ciudad al visitante distinguido.*

soler *vb. irreg.* ① Ocurrir algo con frecuencia: *En los países al norte del mundo **suele** nevar en invierno.* ② Hacer algo con frecuencia o por costumbre: *Mi padre **suele** acudir los viernes a un café para charlar con sus amigos.* SIN. **acostumbrar.**

solfear *vb.* Cantar una pieza pronunciando el nombre de las notas: *Los estudiantes de canto **solfean** las piezas musicales para memorizarlas.*

solicitar *vb.* Pedir algo siguiendo ciertas reglas o pasos necesarios: *El maestro **solicitó** a la directora de la escuela que le permitiera llevar a los alumnos al museo.*

solicitud *f.* ① Hecho de pedir algo: *El jefe aprobó mi **solicitud** de permiso para ausentarme dos días del trabajo.* SIN. **petición.** ② Documento formal con que se pide algo a una instancia o autoridad: *Para ingresar a esta academia llené una **solicitud**, la firmé y la entregué.*

solidaridad *f.* Sentimiento que hace que los seres humanos se ayuden entre sí: *Cuando tuvo un problema grave sus compañeros mostraron una gran **solidaridad** con él y lo ayudaron en todo momento.*

---

 adj. = adjetivo ☆ *adv.* = adverbio ☆ ANT. = antónimo ☆ *f.* = sustantivo femenino ☆ *Fam.* = familiar ☆ *interj.* = interjección ☆ *loc.* = locución ☆ *m.* = sustantivo masculino ☆ SIN. = sinónimo ☆ *vb.* = verbo ☆ *vb. irreg.* = verbo irregular ☆ → Ver Minienciclopedia.

sólido, da *adj.* ⒈ Se aplica a lo que es firme, macizo y fuerte: *Esta mesa antigua, de madera de caoba, es un mueble sólido que durará todavía muchos años más.* **SIN. robusto, duro.** ⒉ Relativo al cuerpo con forma propia que opone resistencia a ser dividido: *El fierro es un metal sólido que al calentarse a altas temperaturas se funde y se vuelve líquido.*

solista *m.* y *f.* Músico o cantante que toca o canta una pieza musical solo, sin acompañamiento.

solitaria *f.* Gusano largo y plano que vive en el intestino de algunos animales y puede contagiarse al ser humano: *Mi primo comía mucho y estaba flaco porque tenía solitaria: ¡ese gusano aprovechaba toda la comida!* **SIN. tenia.**

solitario, ria *adj./m.* y *f.* ⒈ Se aplica al que está solo, sin compañía: *En toda la llanura un árbol grande y solitario daba su sombra generosa.* **SIN. solo.** ⒉ Se refiere al lugar donde no hay gente o que no está habitado: *Después del gentío y los ruidos nocturnos el bar permanece solitario y silencioso por la mañana.* ⒊ Se dice del que ama la soledad: *En esa casita en la montaña, lejos de todos, vive un hombre solitario que se dedica a hacer esculturas.* **SIN. ermitaño, anacoreta.**

sollozar *vb. irreg.* Llorar mucho y con la respiración agitada: *"Ya no solloces pequeño, pronto vendrá tu mamá."* **SIN. llorar.**

sólo *adv.* Solamente, nada más: *Sólo faltan dos días para que empiecen las vacaciones.*

solo, la *adj.* ⒈ Relativo a lo que es único en su especie y no hay otro igual: *En el florero hay una sola rosa.* **SIN. único, singular.** ⒉ Se refiere a quien está sin compañía: *Rodrigo quiere estar solo para poder estudiar sin distraerse.* **SIN. solitario.** ⒊ Se aplica a algo a lo que no se le agrega nada: *A Carlos le gusta el pan solo, sin queso, mermelada u otra cosa parecida.*

solomillo *m.* Carne que hay entre las costillas y el lomo de algunos animales: *La cocinera compró un solomillo de vaca para preparar el guiso.*

solsticio *m.* Tiempo en que el Sol está más lejos del ecuador terrestre: *Hay dos solsticios al año: el de verano y el de invierno.*

soltar *vb. irreg.* ⒈ Quitar lo que sujeta algo: *Soltó la cinta que recogía las cortinas y la habitación quedó oscura.* ⒉ Dar salida o dejar en libertad: *Todavía no se sabe si soltarán al sospechoso de robo.* ⒊ Dejar de sostener: *El jinete soltó las riendas del caballo y se cayó.* ⒋ Expresar algo de manera repentina: *Después de oír el chiste Daniel soltó una carcajada.* ⒌ Dejar salir una cosa su contenido: *El café suelta un aroma delicioso.*

soltero, ra *adj./m.* y *f.* Referido a quien no ha contraído matrimonio: *Mi hermana es soltera, pero ya tiene novio y se van a casar pronto.* ➞

solución *f.* Hecho de solucionar y lo que resulta de esta acción. **SIN. remedio, explicación.**

solucionar *vb.* Aclarar un asunto o hallar la respuesta a un problema: *Gonzalo solucionó por el momento el problema de la gotera, pues puso una olla debajo para que el agua cayera allí.* **SIN. resolver, remediar.**

solvente *m.* Sustancia líquida que sirve para deshacer o disolver otros materiales: *Existen muchos solventes que se mezclan con la pintura hecha a base de aceite.* **SIN. disolvente.**

sombra *f.* ⒈ Falta de luz: *La casa se veía en sombras porque todas las cortinas estaban cerradas.* ⒉ Imagen oscura que proyecta un cuerpo del lado opuesto al que le llega la luz: *Si te colocas delante de la luz tu sombra me cubre.*

someter *vb.* ⒈ Poner a otro o ponerse alguien bajo la autoridad de una persona: *Aunque los soldados enemigos habían tomado la ciudad, sus habitantes no se sometieron, sino que resistieron hasta recuperar su libertad.* **SIN. dominar. ANT. liberar.** ⒉ Mostrar o exponer algo a la consideración de otros: *Felipe sometió su trabajo a la opinión de su maestro antes de mandarlo al concurso.* **SIN. consultar.**

somnífero, ra *adj./m.* Se aplica a lo que produce sueño: *Ha estado muy nervioso y no puede dormir, por eso su médico le recetó un somnífero.*

somnolencia *f.* Ganas de dormir, adormecimiento: *La somnolencia es un estado intermedio entre estar despierto y estar dormido.* **SIN. sopor, letargo. ANT. vigilia.**

son *m.* ⒈ Sonido agradable: *Laura bailaba al son de la música.* ⒉ Composición musical de origen afroantillano, que se canta y se baila: *El son es una música que invita a bailar.*

sonaja *f.* ⒈ Par de chapas de metal unidas por un alambre que suenan al agitarlas. ⒉ Juguete con mango que sostiene una esfera o cilindro cerrado, en su interior hay cascabeles. **SIN. sonajero.**

sonajero *m.* Juguete con un mango que sostiene una esfera o cilindro cerrado en cuyo interior hay cascabeles: *El sonajero hace un ruido que distrae al bebé cuando está llorando.* **SIN. sonaja.**

sonámbulo, la *adj./m.* y *f.* Aplicado a la persona que camina y hace cosas mientras está dormida y que al despertarse no lo recuerda: *Dicen que no hay que despertar a los sonámbulos para no asustarlos.*

sonar *vb. irreg.* ⒈ Producir algo un sonido. ⒉ Hacer que algo produzca un sonido: *Mi madre suena la campana para llamarnos a comer.* ⒊ Soplar hacia afuera el aire por la nariz para limpiarse los mocos: *"Toma un pañuelo y suénate para que no se te escurran los mocos."*

sonda *f.* ⒈ Instrumento usado para la exploración de zonas inaccesibles: *Hay muchas clases de sondas, una*

de ellas se usa para conocer la profundidad del mar. **2** Instrumento alargado y fino que se usa en medicina para introducirlo en el cuerpo: *Como el enfermo se encuentra inconsciente, lo alimentan por medio de una* **sonda.**

sonido *m.* **1** Sensación que se puede percibir por el oído: *Oigo el* **sonido** *de una campana lejana.* **2** Toda emisión de ruido, voz, música, etc.: *En el bosque se escucha el* **sonido** *de las aves y del viento que pasa entre las hojas de los árboles.* **3** Pronunciación de cada letra: *El* **sonido** *de la letra c es suave cuando está antes de la e y la i, y es fuerte cuando está antes de la a, la o y la u.*

sonreír *vb. irreg.* Reírse levemente, sin emitir sonido: *Sergio* **sonrió** *cuando vio a Bertha porque ella le resulta simpática.*

sonrisa *f.* Gesto que consiste en curvar los labios hacia arriba suavemente, en señal de alegría o de simpatía: *Los animales no pueden hacer una* **sonrisa**, *sólo los humanos tenemos ese placer.*

sonrojar *vb.* **1** Hacer que a alguien se le ponga la cara roja de vergüenza: *Mi abuela* **se sonroja** *cuando alguien habla de sexo.* SIN. **ruborizar, enrojecer.** **2** Ponérsele a uno la cara roja de vergüenza: *Raúl* **se sonrojó** *cuando vio pasar a la muchacha de la que está enamorado.*

sonrosado, da *adj.* Aplicado a lo que es de color rosado, en especial el rostro de las personas. SIN. **saludable, sano.**

soñar *vb. irreg.* **1** Representarse en la imaginación cosas mientras se está dormido: *Anoche* **soñé** *que volaba.* **2** Desear mucho alguna cosa: *Desde niño Elías* **soñó** *con ser un cantante profesional y ahora lo ha logrado.* SIN. **anhelar, ansiar.**

sopa *f.* **1** Alimento que se prepara con agua y verduras, pasta o arroz: *La* **sopa** *se toma con cuchara porque es más líquida que sólida.* **2** *loc.* **Hecho una sopa**, muy mojado: *Teresa está* **hecha una sopa** *porque caminó bajo la lluvia durante media hora.*

sopear *vb.* Mojar el pan en la leche o en otro líquido: *Felipe* **sopea** *su galleta en el café con leche.*

sopesar *vb.* Levantar una cosa para conocer su peso: *El cargador* **sopesó** *el costal de naranjas y el de maíz para saber cuál de los dos era el más ligero.*

soplar *vb.* **1** Hacer salir con fuerza el aire por la boca: *Sopló la vela para apagarla.* **2** Moverse el viento: *Las nubes se mueven porque el viento* **sopla.** **3** *Fam.* Pasar información sin que nadie se dé cuenta: *Cuando el maestro se distrajo, el niño le* **sopló** *la respuesta a su compañero.*

soplete *m.* Instrumento que produce una llama y que sirve para fundir y unir metales: *Para soldar algún objeto de metal se necesita un* **soplete.**

soplido *m.* Acto de sacar aire con fuerza por la boca: *Apagó todas las velas de un* **soplido** *fuerte.* SIN. **soplo.**

soplo *m.* **1** Hecho de sacar aire por la boca con fuerza: *Con cada* **soplo** *el globo se inflaba más.* **2** Movimiento de aire: *Un* **soplo** *de viento levantó los papeles que estaban sobre la mesa.*

soportar *vb.* **1** Sostener una carga o peso: *Cuatro columnas de acero* **soportan** *el techo de la casa.* SIN. **aguantar.** **2** Aguantar algo con paciencia: *Orlando* **soporta** *que el dentista lo cure sin aplicarle anestesia.*

soporte *m.* Lo que sirve para apoyar o sostener algo: *El* **soporte** *de la silla son las patas.* SIN. **base.**

soprano *m.* La voz más aguda que puede emitir un ser humano, propia de mujer o de niño.

sor *f.* Tratamiento que se da a algunas religiosas o monjas: *Sor Ángela es una monja muy amable.* SIN. **hermana, monja.**

sorber *vb.* **1** Beber algo aspirándolo poco a poco: *Al* **sorber** *la sopa caliente hace ruido con la boca.* **2** Meter el aire hacia los pulmones por la nariz.

sorbo *m.* Cantidad de líquido que se toma de una sola vez: *Tenía tanta sed que bebió medio vaso de agua de un* **sorbo.** SIN. **trago.**

sordera *f.* Pérdida o disminución considerable del sentido del oído: *Usa un aparato atrás de la oreja para poder oír porque padece* **sordera.**

sordo, da *adj./m. y f.* Se aplica a la persona que no oye o que oye mal.

sordomudo, da *adj./m. y f.* Se refiere a quien no oye desde que nació y por eso no puede hablar: *Los* **sordomudos** *se expresan con un lenguaje de señas.*

sorgo *m.* Planta originaria de la India, se cultiva por sus semillas que se ocupan para preparar pan y alimento para aves; la planta sirve para alimentar vacas y otros animales: *El* **sorgo** *está maduro, ya es tiempo de cosecharlo.*

sorprender *vb.* **1** Causar algo impresión o extrañeza: *Me* **sorprende** *que hayas llegado tarde, tú siempre llegas temprano a la escuela.* **2** Encontrar o tomar desprevenido a alguien: *La lluvia* **nos sorprendió** *cuando caminábamos por el parque y tuvimos que correr a la casa.* **3** Descubrir lo que alguien oculta o hace de forma escondida: *Lo* **sorprendí** *metiendo el dedo en la crema del postre.*

sorpresa *f.* **1** Impresión que causa algo que sucede sin ser esperado: *Fue toda una* **sorpresa** *encontrar a Gerardo en la ciudad, porque pensábamos que estaba de viaje.* **2** Cosa que se recibe sin ser esperada: *La* **sorpresa** *fue que mis abuelos me trajeron un regalo sólo porque tuvieron ganas de darme algo.*

sorteo *m.* Procedimiento por el que se decide a quién se le va a dar algo usando la suerte: *Cecilia compró un billete con el número veinte para participar en el* **sorteo** *de un automóvil.* SIN. **rifa, lotería.**

sortija *f.* Tira de metal cerrada en forma de círculo que se pone en los dedos de la mano: *Durante la ceremo-*

📖 ***adj.*** = adjetivo ☆ ANT. = antónimo ☆ ***f.*** = sustantivo femenino ☆ *Fam.* = familiar ☆ *loc.* = locución ☆ ***m.*** = sustantivo masculino ☆ SIN. = sinónimo ☆ ***vb.*** = verbo ☆ ***vb. irreg.*** = verbo irregular.

nia de la boda, los novios se pusieron sus sortijas de oro en el dedo. SIN. **anillo, aro.**

S.O.S. *m.* Señal que, por convenio internacional, se usa para pedir socorro: *El barco transmitió un S.O.S. por radio porque se hallaba en situación de emergencia.*

sosiego *m.* Estado en que las cosas o las personas están quietas y silenciosas: *Gustavo se ha ido de la ciudad al campo a buscar un poco de sosiego.* SIN. **quietud, reposo, serenidad.**

soso, sa *adj./m.* y *f.* [1] Se refiere a lo que le falta sal o sabor: *Este caldo de pollo está soso, le pondré un poco de sal y alguna hierba.* SIN. **insípido, desabrido.** [2] Aplicado a lo que no tiene gracia: *Ese hombre tiene una conversación tan sosa que todos se aburren cuando habla.*

sospechar *vb.* [1] Suponer algo a partir de ciertas apariencias: *No sospechaban que vendrían a buscarlos, y cuando los vieron llegar, se alegraron.* SIN. **imaginar.** [2] Pensar que alguien ha hecho algo a partir de ciertas señales o apariencias.

sostén *m.* Persona o cosa que sujeta, apoya o mantiene algo: *La columna es el sostén del techo.*

sostener *vb. irreg.* [1] Sujetar a alguien o algo para impedir que caiga: *Al cruzar el río, su mamá lo sostuvo de la mano.* [2] Defender con firmeza una posición o idea: *Yo pienso que el perro se comió mi juguete, pero mi madre sostiene que yo lo olvidé en algún lugar.* SIN. **afirmar.** [3] Mantener en lo económico: *La pobre anciana no tiene a nadie que la sostenga, por eso tiene que seguir trabajando.* SIN. **ayudar.**

sotana *f.* Vestidura negra y larga hasta los pies, con botones que cierran por delante, que usan algunos sacerdotes católicos: *El cura lleva puesta su sotana cuando celebra las misas.*

sótano *m.* Piso o habitación de un edificio situada bajo el nivel de la calle: *En el sótano de mi casa guardamos los objetos viejos que ya no usamos.*

sport *adj.* Palabra inglesa. Se dice de la prenda de vestir cómoda y sencilla de tipo deportivo: *Julio se viste con ropa sport cuando no va a trabajar a la oficina.*

stand *m.* Palabra inglesa. Cada uno de los espacios reservados para que los participantes en una exposición o feria muestren sus productos: *En el stand de libros infantiles encontré el cuento que quería leer y le pedí a mi madre que me lo comprara.*

su *adj.* Apócope del adjetivo posesivo *suyo* de la tercera persona singular y plural: *Su vestido es de color amarillo y el mío es negro.*

suave *adj.* [1] Se aplica a lo que es liso y blando al tacto: *El terciopelo es una tela suave.* ANT. **áspero.** [2] Referido a lo que resulta agradable: *La luz de la vela es más suave que la luz eléctrica.* SIN. **tenue, dulce.** ANT. **fuerte, intenso.** [3] Se dice de lo que no opone resistencia:

Mueve tu mano de manera suave para que tu compañero de baile pueda guiarte.

suavizante *m.* Producto que se usa para remojar la ropa después de lavarla con jabón, para que ésta quede blanda al tacto y más fácil de planchar: *Este suavizante para ropa huele a hierbas frescas.*

suavizar *vb. irreg.* [1] Hacer liso algo áspero: *Con un papel de lija, Federico suavizó la superficie de la madera.* [2] Hacer blando algo duro: *He suavizado este trozo de cuero frotándolo contra un palo.*

subasta *f.* Forma de venta pública en que se adjudica una cosa a quien ofrece más dinero por ella: *En la subasta se pregunta "¿quién da más?", y si nadie ofrece un precio más alto que el de la última propuesta, se cierra la venta del objeto.* SIN. **remate.**

subconjunto *m.* En matemáticas, conjunto que tiene la característica de que todos sus elementos pertenecen a otro conjunto mayor: *El conjunto de los números pares es un subconjunto de los números naturales.*

subdirector, ra *m.* y *f.* Persona que sustituye y ayuda a quien dirige una empresa, una escuela o alguna organización: *Cuando el director de la escuela no está, el subdirector tiene la máxima autoridad.*

súbdito, ta *m.* y *f.* Persona sujeta a la autoridad de un superior a quien debe obedecer: *En los países que tienen monarquía, los súbditos del rey reciben las órdenes del monarca y las llevan a cabo.*

subibaja o **sube y baja** *m.* Barra larga de metal o madera que está apoyada en el centro sobre un soporte y que se mueve de arriba hacia abajo cuando dos personas se sientan cada una en un extremo: *Dos niños se subieron al subibaja y el que estaba más pesado hacía que el otro quedara siempre en lo alto.*

subida *f.* [1] Hecho de subir: *La subida de los nueve pisos por la escalera le provocó cansancio.* SIN. **ascenso.** ANT. **descenso, bajada.** [2] Camino o terreno que se va elevando desde un lugar hacia otro más alto: *Después de esta bajada viene una subida muy difícil y luego estaremos en la cumbre de la montaña.* SIN. **cuesta, pendiente.**

subir *vb.* [1] Ir desde un lugar a otro más alto: *El gato subió al árbol para protegerse del perro que lo perseguía.* SIN. **ascender, escalar.** ANT. **bajar, descender.** [2] Crecer la altura, el volumen o el precio de algo: *Subió el precio del litro de leche y por eso el dinero que llevaba no le alcanzó.* SIN. **incrementar.** ANT. **bajar.** [3] Recorrer un espacio hacia arriba: *Subí por ese camino hasta llegar a una cabaña muy bonita.* SIN. **trepar, ascender, remontar.** ANT. **bajar, descender.** [4] Poner algo en un lugar más alto: *Sube las cortinas para que entre la luz.* [5] Entrar en un vehículo o ponerse encima: *Paola se ha subido a esa lancha, pero yo no me subiré porque me da miedo.* SIN. **ascender.** ANT. **bajar, descender.** [6] Cabalgar sobre un animal: *El niño se subió al*

caballo y se fue a pasear. SIN. **montar.** ANT. **bajar, descender.**

subjefe, fa m. y f. Persona que sustituye y ayuda a quien manda en una organización o grupo: *Como el jefe se encontraba ocupado, los atendió la subjefa.*

subjuntivo, va adj./m. Se aplica al modo del verbo que sirve para formar oraciones que expresan duda, deseo o posibilidad: *En la oración "deseo que seas feliz", "seas" es el presente de subjuntivo del verbo "ser".*

sublime adj. Se aplica a los conceptos o a las personas que se consideran excelentes o admirables: *Lee este libro, encontrarás pensamientos sublimes.* SIN. **elevado, grandioso.** ANT. **vulgar, común.**

submarino m. Barco capacitado para navegar bajo el agua. ➡

subrayado, da adj./m. Se refiere a la palabra escrita que tiene una línea por debajo y a la letra que en un impreso va en cursiva: *Debo buscar en el diccionario el significado de todas estas palabras subrayadas.*

subrayar vb. ① Trazar una línea por debajo de una palabra escrita: *Subrayé con un lápiz verde todos los verbos que aparecen en este texto.* SIN. **marcar, señalar.** ② Decir o expresar algo insistiendo en su importancia: *Mi madre por fin me dio el permiso, pero subrayó que no le gustaba la idea de que saliera de la ciudad.* SIN. **recalcar, destacar.** ANT. **disimular.**

substancia o **sustancia** f. ① Materia que forma los cuerpos, ya sean gaseosos, líquidos o sólidos: *El vinagre es una sustancia líquida y agria.* ② Esencia de las cosas.

substancioso, sa o **sustancioso, sa** adj. Se dice de lo que tiene sustancia o materia: *Un vaso de leche es un alimento más sustancioso que una limonada.* SIN. **nutritivo.**

substituir o **sustituir** vb. irreg. Poner a alguien o algo en lugar de otro: *Alguien ha substituido un cuadro original por uno falso, ¡llamen a la policía!* SIN. **reemplazar.**

substituto, ta o **sustituto, ta** m. y f. Persona que reemplaza a otra en un empleo: *El profesor se fue de vacaciones y ahora nos está dando clases un substituto.* SIN. **reemplazante.**

substracción o **sustracción** f. En matemáticas, operación que consiste en quitar una cantidad de otra: *La maestra anotó una serie de substracciones para resolver.* SIN. **resta.** ANT. **suma.**

substraendo o **sustraendo** m. En matemáticas, cantidad que hay que quitar o restar de otra: *En la operación 6 - 4 = 2, 4 es el substraendo.*

substraer o **sustraer** vb. irreg. ① Quitar o separar algo que formaba parte de un todo: *El médico substrajo la bala del brazo del policía herido.* ② En matemáticas, realizar la operación que consiste en quitar una cantidad de otra. SIN. **restar.** ANT. **sumar.**

subsuelo m. Terreno que está debajo de la capa de tierra de la superficie: *En el pueblo hicieron un pozo para obtener agua del subsuelo.*

subterráneo m. Lugar situado bajo la superficie de la tierra: *Durante los bombardeos, los ciudadanos se refugiaban en subterráneos.*

subtitulado, da adj. Se aplica al programa o filme en otro idioma, en que la traducción aparece escrita en la parte de abajo de la pantalla: *Este filme no está subtitulado, y como es en francés no entiendo lo que dicen los personajes.*

subtítulo m. Texto escrito que aparece en la parte inferior de la pantalla y que traduce los diálogos de filmes y programas hablados en otro idioma: *Tienes que leer más rápido si quieres entender lo que está escrito en los subtítulos.*

suburbano, na adj. Relativo al terreno o la zona que está muy cerca de la ciudad, sin formar parte de ésta: *Elvira tomó un transporte suburbano para ir a visitar a su abuelita que vive en las afueras de la ciudad.*

suburbio m. Barrio situado en los alrededores de una ciudad: *Eduardo vive en un suburbio de la ciudad y le toma dos horas llegar al centro.* SIN. **afueras.**

succionar vb. ① Apretar con fuerza los labios contra una cosa para sacarle la sustancia: *El cachorro nació muy débil y no puede succionar la teta de su madre.* SIN. **chupar, sorber.** ② Obtener el líquido de un cuerpo haciendo presión: *Esta máquina succiona el petróleo, que está debajo de la tierra.*

suceder vb. ① Producirse un hecho, ocurrir algo. SIN. **acontecer, pasar, acaecer.** ② Ir algo después de otra cosa, en orden: *El verano sucede a la primavera.* SIN. **seguir.**

suceso m. Hecho que sucede u ocurre, en especial si tiene algún interés: *Los diarios publican todos los días muchos sucesos del país y del mundo.* SIN. **hecho, acontecimiento.**

suciedad f. Falta de limpieza: *Para quitar la suciedad del piso hay que lavarlo con agua y jabón.* SIN. **porquería.** ANT. **limpieza.**

sucio, cia adj. ① Se aplica a lo que tiene manchas o no está limpio: *Tu camisa está sucia de chocolate.* ANT. **limpio.** ② Se aplica a quien no cuida de su aseo personal: *No seas sucio, deja de arrojar basura en la calle.* SIN. **cochino, puerco.** ANT. **limpio, aseado.**

sucre m. Antigua unidad monetaria de Ecuador, país de América del Sur.

sucursal f. Establecimiento o industria que depende de otro principal: *Esta oficina bancaria es una sucursal; la oficina central se encuentra en la capital del país.*

sudamericano, na o **suramericano, na** adj./m. y f. Originario de América del Sur: *Bolivia es un país sudamericano.*

🔖 **adj.** = adjetivo ✧ ANT. = antónimo ✧ **f.** = sustantivo femenino ✧ **m.** = sustantivo masculino ✧ SIN. = sinónimo ✧ **vb.** = verbo ✧ **vb. irreg.** = verbo irregular ✧ ➡ Ver Minienciclopedia.

sudar *vb.* Expulsar el cuerpo un líquido llamado sudor a través de los poros de la piel: *El calor y el ejercicio físico hacen sudar.* SIN. **transpirar, exudar.**

sudario *m.* Lienzo en que se envuelve a un difunto. SIN. **mortaja.**

sudeste o **sureste** *m.* Punto del horizonte situado entre el sur y el este.

sudoeste o **suroeste** *m.* Punto del horizonte situado entre el sur y el oeste: *Las ventanas de esa habitación dan al sudoeste, por donde se pone el sol, por eso reciben luz en la tarde.*

sudor *m.* Líquido transparente y salado que sale por los poros de la piel: *Usó un pañuelo para secarse el sudor de la frente.*

suegro, gra *m.* y *f.* Con respecto a una persona casada, padre y madre de su esposo o esposa: *Mis abuelos maternos son los suegros de mi papá.*

suela *f.* Parte del zapato que toca el suelo: *Las suelas de sus zapatos están gastadas de tanto caminar.*

sueldo *m.* Cantidad fija de dinero que se recibe por un trabajo: *El último día de cada mes Joaquín cobra su sueldo.* SIN. **salario, paga.**

suelo *m.* [1] Superficie por la que se camina: *Pilar hace rebotar el balón en el suelo.* [2] Superficie de la tierra: *Éste es un suelo apropiado para sembrar maíz.* SIN. **terreno.**

▶ **suelto** *m.* Dinero en moneda de metal, de baja denominación: *Pagó con un billete porque no tenía suelto.* SIN. **cambio, monedas, sencillo.**

▶ **suelto, ta** *adj.* [1] Aplicado a lo que no está unido a otra cosa: *Este libro tiene tres páginas sueltas, voy a pegarlas con las demás.* SIN. **separado.** [2] Referido al que está libre, no sujeto: *Me gusta tener el cabello suelto y no atado en una trenza.* SIN. **desatado.**

sueño *m.* [1] Acto de dormir: *Los adultos hablaban en voz baja para no turbar el sueño de los niños.* [2] Hecho de imaginar cosas o sucesos mientras se duerme: *Anoche tuve un sueño en el que viajaba en un globo.* [3] Ganas de dormir: *El niño llora porque tiene sueño, su madre lo va a llevar a la cama.* [4] Fantasía, cosa que no se puede realizar: *Su sueño era ser astronauta, pero cuando creció estudió medicina y se casó.* SIN. **ilusión, deseo, ambición.**

suero *m.* Líquido hecho con agua, sales y otras sustancias que se inyecta en la sangre como medicina o se bebe como alimento: *Cuando estuvo en el hospital le pusieron suero porque no podía comer.*

suerte *f.* [1] Fuerza que hace que las cosas sucedan de una manera determinada: *La suerte ha sido cruel con ese señor, su esposa acaba de morir y sólo tenía 25 años.* SIN. **destino, sino.** [2] Casualidad a la que se fía la resolución de una cosa: *Como no podían decidir a quién de los dos le tocaba barrer la casa, lo dejaron a la suerte*

y echaron una moneda al aire. SIN. **azar.** [3] Fuerza que hace que algo resulte favorable o contrario para alguien: *No compro billetes de lotería porque tengo mala suerte y nunca gano nada.* SIN. **fortuna, ventura.**

▶ **suficiente** *adj.* Relativo a lo que no es ni mucho ni poco: *Hay leche suficiente para que todos los niños tomen un vaso.* SIN. **bastante.** ANT. **insuficiente.**

▶ **suficiente** *m.* Calificación de aprobado: *Raquel aprobó la materia porque obtuvo suficiente en el examen.*

sufijo *m.* Elemento que se coloca al final de ciertas palabras para modificar su sentido o función: *Los sufijos –ito e –ita sirven para expresar que algo es pequeño, como en las palabras zapatito y casita.*

sufragio *m.* [1] Sistema para elegir un candidato por medio del voto: *En muchos países, el sufragio es el sistema usado para elegir al presidente.* SIN. **votación.** [2] Opinión que se expresa para elegir a alguien por mayoría: *Cuando termina la votación, las personas autorizadas cuentan los sufragios para saber quién ganó las elecciones.* SIN. **voto.**

sufrir *vb.* [1] Sentir dolor o tristeza a causa de algo: *El veterinario le inyectó un tranquilizante a la perra para que no sufriera mientras la operaba.* SIN. **padecer.** [2] Soportar algo doloroso o difícil: *Tú no tienes por qué sufrir su mal humor, él tiene que aprender a respetarte.* SIN. **soportar, aguantar, tolerar.**

sugerencia *f.* Idea que se da a alguien: *Leer un cuento cada noche... ¡Qué buena sugerencia!* SIN. **propuesta, consejo.**

sugerir *vb. irreg.* Provocar en alguien una idea. SIN. **proponer, aconsejar.**

suicidarse *vb.* Quitarse la vida de manera voluntaria: *Algunas personas se suicidan porque piensan que ya no vale la pena vivir.*

sujetar *vb.* [1] Agarrar algo o a alguien con fuerza: *Sujeta bien la bolsa de huevos, no se vayan a caer.* [2] Mantener algo seguro para que no se mueva: *El hombre sujetó al perro con una cuerda para que no se fuera a la calle.* [3] Agarrarse de algo o de alguien con fuerza: *Cuando crucemos el río sujétate de mí para que no te lleve la corriente del agua.*

sujeto *m.* [1] Persona, sin especificar quién: *Es importante no hablar con cualquier sujeto que se nos acerque en la calle.* SIN. **individuo, tipo.** [2] Palabra o conjunto de palabras sobre las que el predicado enuncia algo y función que realizan en la oración: *En la oración "Todos esos jóvenes tocan piano", "todos esos jóvenes" es el sujeto.*

suma *f.* [1] Operación aritmética que consiste en reunir varias cantidades en una sola: *La maestra dictó varias sumas a los alumnos para que las resolvieran.* SIN. **adición.** ANT. **resta.** [2] Resultado de la operación llamada suma: *Seis es la suma de cuatro y dos.* SIN. **total, resul-**

o

p

q

r

s

t

u

tado. ③ Cantidad de dinero: *Para iniciar su negocio tuvo que invertir una* **suma** *elevada.*

sumando *m.* Nombre que se da a cada una de las cantidades que se suman: *En la operación 3 + 5 = 8, los números 3 y 5 son los* **sumandos.**

sumar *vb.* ① Reunir varias cantidades en una sola por medio de una operación aritmética: *Para saber cuánto dinero había gastado,* **sumé** *los precios de los productos que compré.* ② Juntar o reunir algo: *El famoso escritor tiene una biblioteca que* **suma** *cerca de cinco mil libros.*

sumergir *vb. irreg.* ① Poner algo dentro de un líquido hasta que esté totalmente cubierto por dicho líquido: *Rosalía* **sumergió** *la ropa en el agua, le puso jabón y la dejó reposar un rato antes de lavarla.* ② Meterse en el agua: *Los buceadores se* **sumergieron** *en el mar para buscar los restos del barco hundido.* ANT. **emerger.**

sumir *vb.* ① Poner algo dentro de un líquido hasta que esté totalmente cubierto por dicho líquido: *Ulises* **sumió** *las verduras en el agua y las puso a hervir.* ② Meterse en el agua: *El delfín dio un brinco y volvió a* **sumirse** *en el mar.* ANT. **emerger.** ③ *Méx.* Abollar alguna cosa: *Con el golpe, se* **sumió** *la cacerola.*

súper *adj.* Palabra de origen inglés. Se dice de lo que es muy bueno o superior: *No te pierdas ese filme de ciencia ficción, está* **súper.** SIN. **magnífico.**

superar *vb.* ① Ser algo o alguien de más calidad o categoría que otra persona o cosa: *Esta tela de seda natural* **supera** *en calidad a ésta, que es de fibra artificial.* SIN. **aventajar, ganar.** ② Vencer dificultades: *El hombre* **superó** *sus problemas después de mucho esfuerzo.* ③ Hacer una cosa mejor que otras veces: *Si quiero ganar una beca tengo que* **superarme,** *estudiaré más para obtener mejores calificaciones.*

superficie *f.* ① Parte externa que limita un cuerpo: *El barco navega por la* **superficie** *del mar.* ANT. **fondo.** ② Extensión de tierra: *En esta* **superficie** *hemos sembrado semillas de manzana.* ③ Espacio geométrico plano: *Una* **superficie** *se expresa en dos dimensiones, largo y ancho.* SIN. **área.**

▸ **superior** *adj.* ① Se refiere a lo que está situado encima de otra cosa: *La parte* **superior** *de un árbol es la copa, formada por ramas y hojas.* ANT. **inferior.** ② Aplicado a lo que es de más calidad o categoría: *Roberto se cree* **superior** *a los demás, pero en realidad es como todos nosotros.*

▸ **superior** *m.* Persona que tiene a otros bajo su mando: *Para solucionar esta queja, el empleado debe consultar con el* **superior.**

superlativo, va *adj./m.* Relativo a lo que es muy grande o excelente en su línea: *En la frase "Julieta es simpatiquísima", "simpatiquísima" es el* **superlativo** *de "simpática".*

supermercado *m.* Establecimiento comercial de grandes dimensiones: *En el* **supermercado** *puedes comprar artículos para el hogar, alimentos, ropa y muchas otras cosas.*

supersónico, ca *adj.* Relativo a la velocidad superior a la del sonido: *Actualmente existen muchos aviones* **supersónicos.**

superstición *f.* Creencia en lo sobrenatural que no está basada en la razón o en la religión: *La* **superstición** *hace que la gente crea en cosas falsas y tenga miedo de lo que no existe en realidad.*

supervisar *vb.* Examinar que algo se está haciendo como es debido: *El arquitecto* **supervisa** *la construcción de la casa para asegurarse de que todo está bien.*

supervisor, ra *adj./m. y f.* Referido a la persona que trabaja revisando que todo esté bien hecho: *La* **supervisora** *revisó los nombres de todos los alumnos para comprobar que no hubiera ningún error.*

supervivencia *f.* Hecho de mantenerse con vida: *Los animales huyen del peligro gracias a su instinto de* **supervivencia.**

superviviente *adj./m. y f.* Referido al que sobrevive a algo, por lo general a un accidente o enfermedad grave: *Esos tres viajeros son los* **supervivientes** *del choque del autobús.* SIN. **sobreviviente.**

suplemento *m.* ① Aquello que completa, suple o amplía otra cosa. SIN. **accesorio.** ② Cuaderno u hoja adicional de un diario o revista: *Los domingos, este diario publica un* **suplemento** *cultural.*

suplente *adj.* Se aplica a la persona que realiza de forma temporal el trabajo de alguien: *La estrella del equipo se lesionó y en su lugar entró un jugador* **suplente.**

suponer *vb. irreg.* Creer que algo es cierto o que tiene muchas probabilidades de suceder: *Si no han llegado aún,* **supongo** *que ya vendrán en camino.* SIN. **creer.**

supositorio *m.* Medicamento sólido que se introduce por el ano: *El médico le recetó unos* **supositorios** *para curar la fiebre.*

supremo, ma *adj.* Relativo al grado máximo de algo. SIN. **máximo.** ANT. **inferior.**

suprimir *vb.* Hacer que desaparezca algo: *Suprime algunos adjetivos y tu poema será más impactante.* SIN. **quitar, eliminar, substraer.**

sur *m.* Punto cardinal opuesto al norte: *Argentina está al* **sur** *del Continente Americano.*

surcar *vb. irreg.* ① Volar por el espacio o navegar por el mar: *He soñado muchas veces que* **surcaba** *el cielo en una nave espacial.* ② Hacer surcos en la tierra: *El campesino* **surca** *la tierra con el arado y los campos quedan como si un gigante les hubiera pasado un peine.* SIN. **arar.**

◁◻ *adj.* = adjetivo ☆ ANT. = antónimo ☆ *f.* = sustantivo femenino ☆ *m.* = sustantivo masculino ☆ *pron.* = pronombre ☆ SIN. = sinónimo ☆ *vb.* = verbo ☆ *vb. irreg.* = verbo irregular.

surco *m.* Marca que deja en la tierra el arado: *Desde arriba, los **surcos** se ven como líneas paralelas trazadas sobre la tierra.* SIN. **zanja**.

surgir *vb. irreg.* [1] Nacer o brotar algo: *El agua **surge** de los manantiales.* SIN. **salir**. [2] Presentarse algo: *No pudo ir a la fiesta porque **surgió** un problema que lo detuvo en su casa.*

surinamés, sa *adj./m.* y *f.* Originario de Suriname, en América del Sur.

surtido *m.* Conjunto de cosas variadas: *En esa tienda hay un gran **surtido** de ropa, puedes encontrar desde ropa infantil hasta vestidos para damas y ropa para caballeros.* SIN. **diversidad, variedad**.

surtidor *m.* [1] Chorro de agua: *El **surtidor** de la fuente se eleva tres metros.* [2] Aparato que distribuye nafta o gasolina: *El conductor estacionó su automóvil junto al **surtidor** para tomar combustible.*

surtir *vb.* [1] Proporcionar lo necesario: *El mercado central **surte** de alimentos a todo el pueblo.* SIN. **proveer, suministrar, proporcionar**. [2] Brotar un líquido.

suspender *vb.* [1] Sostener algo en alto de modo que quede sujeto por un punto y lo demás quede en el aire: *El electricista **suspendió** la lámpara del techo con un cable.* SIN. **colgar**. [2] Detener de manera temporal una cosa: *Suspendieron el espectáculo al aire libre a causa de la lluvia.* SIN. **interrumpir**.

suspenso, sa *adj.* Se refiere a la expectación impaciente y ansiosa que se siente al seguir el desarrollo de un suceso del que no se sabe el final: *Vimos un filme de **suspenso** que nos hizo sentir muy nerviosos.* SIN. **misterio**.

suspirar *vb.* Respirar de manera profunda y larga soltando el aire con un sonido que muestra emoción: *Felipe debe estar enamorado porque siempre que ve a Paola, suspira.*

sustancia ver **substancia**.

sustantivo *m.* Palabra que sirve para nombrar animales, cosas, hechos y personas: *Las palabras perro, lápiz y Gregorio son **sustantivos**.* SIN. **nombre**.

sustento *m.* Alimento y conjunto de cosas necesarias para vivir: *El padre trabaja para conseguir el **sustento** de los hijos.*

susto *m.* Impresión repentina causada en el ánimo por temor, sorpresa, etc.: *Cuando el bebé cayó al agua nos dimos un gran **susto**, pero afortunadamente lo rescatamos a tiempo.*

sustraendo *m.* En una resta, cantidad que hay que restar de otra que se llama minuendo.

susurrar *vb.* Hablar en voz muy baja: *Ellos **susurraban** para no despertar a los que dormían.* SIN. **murmurar, cuchichear**. ANT. **vociferar**.

sutil *adj.* Se dice de lo que es fino o delicado: *Con una **sutil** sonrisa le demostró la alegría de volverlo a ver.* SIN. **tenue**.

suyo, ya *adj./pron.* [1] Adjetivo y pronombre posesivos que señalan que una cosa pertenece a la tercera persona del singular o del plural: *Ellos dicen que el perro es **suyo**, pero yo sé que pertenece a otra persona.* [2] Señala que una cosa pertenece a la segunda persona del singular y del plural del pronombre usted: *Oiga, señor, ¿es **suyo** este automóvil?*

o

p

q

s

t

u

Tt

t *f.* Vigésima primera letra del abecedario español. Su nombre es *te.*

tabaco *m.* [1] Arbusto originario de América, con grandes hojas que se emplean para fabricar cigarros, cigarrillos, etc.: *En algunos usos como en lociones contra las reumas el **tabaco** tiene propiedades medicinales, pero en forma de cigarrillo es nocivo para la salud.* [2] Hoja de la planta del tabaco: *Con las hojas de **tabaco** picadas se elaboran los cigarrillos.* [3] Cigarro o cigarrillo: *Mi tío fue a la tienda a comprar una caja de **tabacos.***

tábano *m.* Tipo de mosca que se alimenta de la sangre que chupa: *Es común encontrar **tábanos** pegados a la piel de las vacas.*

tabaquería *f.* [1] *Cuba* y *Méx.* Taller donde se elaboran los cigarros o puros: *El personaje Carmen, de la ópera del mismo nombre, trabajaba en una **tabaquería.*** [2] Tienda o espacio de una tienda donde se venden cigarrillos, cigarros o puros y tabaco: *En esa tienda grande la sección de **tabaquería** está detrás de la sección de ropa.*

tabaquismo *m.* Enfermedad de quienes son adictos al tabaco: *Como resultado del **tabaquismo** se pueden desarrollar varias enfermedades graves como el cáncer.*

taberna *f.* Establecimiento público de ambiente popular donde se sirven bebidas alcohólicas y algunas veces alimentos: *Los amigos de mi padre quedaron de verse en una **taberna** para brindar por el cumpleaños de mi tío Paco.* SIN. **estanquillo.**

tabique *m.* [1] Pared delgada. [2] *Méx.* Ladrillo de caras rectangulares. [3] Cosa plana que separa dos espacios: *El deportista se cayó, se le fracturó el **tabique** nasal y lo tuvieron que operar para arreglárselo.*

tabla *f.* [1] Trozo de madera plano y de poco grosor: *Como el huracán estaba a punto de llegar al pueblo, cubrieron las ventanas con **tablas** de madera para que el aire no rompiera los vidrios.* [2] Pliegue que se hace como adorno a la tela de los vestidos y las faldas o polleras. [3] Lista de cosas dispuestas en un determinado orden: *Durante la educación básica se aprenden de memoria las **tablas** de multiplicar.*

tablero *m.* [1] Plancha de madera: *Los piratas ejecutaban a sus enemigos obligándolos a caminar, atados de las manos, por un **tablero** cuya salida era el mar.* [2] Plancha que sujeta la canasta de balon-

cesto: *La pelota no entró a la canasta porque pegó en el **tablero** y luego cayó al piso.* [3] Superficie cuadrada para jugar al ajedrez o a las damas. [4] Conjunto de indicadores que permiten pilotar, por ejemplo, un avión o un barco: *El piloto verificó en el **tablero** que todo estuviera en orden antes de despegar.*

tableta *f.* [1] Píldora: *Este medicamento puede tomarse en **tabletas** o inyecciones, yo prefiero las primeras.* SIN. **pastilla.** [2] Barra de chocolate que tiene el tamaño de una porción individual.

taburete *m.* Asiento individual sin brazos ni respaldo: *Me senté en el **taburete** de la sala porque ya no había lugar en los sofás.*

tacana *adj.* De un grupo de pueblos amerindios establecidos principalmente en Bolivia, Perú y la amazonia brasileña.

tacaño, ña *adj.* Mezquino, avaro: *El dueño de ese taller es un hombre **tacaño** que nunca presta dinero a sus amigos aunque lo necesiten mucho.* SIN. **codo.**

tachar *vb.* Borrar o cruzar algo en un escrito: *Mi maestra **tacha** con rojo las faltas de ortografía que encuentra en los trabajos que le entregamos.*

tacho *m.* [1] *Amér. Merid.* Recipiente que sirve para calentar agua y para otros usos en la cocina. [2] *Argent.* y *Chile.* Cualquier recipiente de latón, plástico, etc.

tachuela *f.* Clavo corto y de cabeza ancha: *Fijé la fotografía en la pared con **tachuelas** de cabeza transparente para que no se notaran.*

taco *m.* [1] Pedazo de madera que se usa para rellenar un orificio, fijar algo, etc.: *He tapado el agujero en la pared con un **taco** de madera.* [2] *Amér. Merid.* y *P. Rico.* Pieza de la suela de los zapatos que corresponde al talón: *Laura usa zapatos con **tacos** muy altos porque le gusta parecer más alta.* SIN. **tacón.** [3] *Méx.* Tortilla de maíz a la que se le pone una porción de cualquier guiso y se enrolla para comerla.

tacón *m.* Pieza de la suela del calzado correspondiente al talón: *Marcela usa unos **tacones** tan altos que le cuesta trabajo caminar.* SIN. **taco.**

tacto *m.* Sentido corporal con el que se percibe la forma, aspereza, etc., de los objetos: *Los ciegos desarrollan más el sentido del **tacto** y así aprenden a leer para suplir su falta de visión.*

---

adj. = adjetivo ☆ *adv.* = adverbio ☆ *f.* = sustantivo femenino ☆ *loc.* = locución ☆ *m.* = sustantivo masculino ☆ SIN. = sinónimo ☆ *vb.* = verbo.

taíno o **taino, na** *adj.* De un pueblo amerindio que durante la época de la llegada de Colón a América habitaba en La Española, Puerto Rico, el este de Cuba y parte de Jamaica.

tajada *f.* Porción cortada de una cosa: *"Córtame una tajada de sandía por favor."* SIN. **rebanada**.

tajo *m.* [1] Corte hecho con un instrumento afilado: *De un tajo, mi tía partió la sandía a la mitad.* [2] Corte profundo y vertical del terreno.

tal *adj.* [1] Igual, semejante: *Nunca he visto tal cosa como un elefante de color rosa.* [2] Tan grande: *El deseo de Manuel por conquistar a Rosa es tal que le lleva serenata todas las noches.* [3] No especificado: *Lo vino a buscar un tal señor Cardoso.*

tal *adv.* Así, de esta manera: *Hice la tarea escolar tal como me dijo la maestra que la hiciera.*

tala *f.* Acción y efecto de cortar los árboles por el pie o tronco: *No hay que permitir la tala inmoderada de los bosques porque todos necesitamos de los árboles para vivir.*

taladro *m.* Instrumento que sirve para hacer agujeros: *Usaremos un taladro para poner los clavos en los que colgaremos mis cuadros.*

talar *vb.* Cortar los árboles desde el pie dejando sólo una pequeña parte de tronco casi al ras de la tierra.

talento *m.* [1] Capacidad intelectual: *Es una niña con un gran talento para las ciencias, siempre ha obtenido las mejores notas en biología y química.* [2] Don para alguna actividad artística: *Catalina tiene un talento extraordinario para la música y desde los cuatro años ya tocaba el piano.*

talismán *m.* Objeto al que se atribuye un poder protector sobrenatural: *La bruja le dio al héroe del cuento un talismán que lo protegería de la gente que quisiera perjudicarlo.* SIN. **amuleto**.

talla *f.* [1] Escultura: *En un pequeño taller artesanal compró una talla de madera rústica que representa a una mujer con un niño.* [2] Estatura: *Artemisa es de talla mayor que la mayoría de sus compañeras, por eso parece de más edad.* [3] Medida de una prenda de vestir: *Catalina hizo dieta y ejercicio, así que pronto logró bajar dos tallas.*

tallar *vb.* [1] Dar forma a un material al desgastarlo con un instrumento rasposo y cortante: *A Ricardo le gusta tallar pequeñas esculturas de madera con un trozo de metal.* [2] *Méx.* Restregar, frotar: *Por más que Cenicienta tallaba el piso con la escobilla seguía viéndose sucio y manchado.*

taller *m.* [1] Sitio donde se realizan trabajos manuales o artísticos: *Desde que Arturo entró a trabajar en una empresa editorial asiste a un taller de lectura y redacción.* [2] Sitio donde se reparan aparatos, máquinas, etc.: *Llevé mi auto al taller porque se averió.*

tallo *m.* Órgano de las plantas que sirve de soporte a hojas, flores y frutos: *Las rosas traían unos tallos muy largos que tuve que recortar cuando las puse en el florero.*

talmud *m.* De la raíz hebrea *lamad*, que significa estudio, colección de libros del judaísmo que reúne comentarios sobre la ley de Moisés, a partir de las enseñanzas de las grandes escuelas rabínicas: *En el talmud dice: "Si yo no por mí, ¿quién por mí? y si no ahora, ¿entonces cuándo?"*

talón *m.* [1] Parte posterior del pie humano: *Para sus vacaciones en la playa, Mariana se compró unos zapatos cubiertos del frente pero que dejan el talón desnudo.* [2] *loc.* **Talón de Aquiles**, punto débil: *Ariadna obtiene diez de calificación en todas las materias, menos en química, que es su talón de Aquiles.*

talón *m.* Parte de un documento que complementa a la otra parte y sirve para comprobar algo: *Le dieron a mi madre un talón que demostraba que había comprado un billete del sorteo.*

talonario *m.* [1] Libro de cheques: *A mi padre se le terminaron los cheques, por eso pidió un nuevo talonario al banco.* [2] Libro de recibos que tiene talones para comprobar y controlar los documentos que se entregan, como los de honorarios.

tamal *m.* *Amér.* Harina de maíz mezclada con manteca y rellena de carne de cerdo, pollo o alguna fruta, que se envuelve en una hoja de maíz o banano y se cuece al vapor: *Los tamales pueden ser de sabor dulce o salado.*

tamaño *m.* Conjunto de las medidas físicas de alguien o algo: *Encontré una araña de un tamaño enorme y comencé a gritar llamando a mi madre.*

tamarindo *m.* [1] Árbol que da frutos en legumbre, con vaina dura y quebradiza, pulpa agridulce y semillas redondas. [2] Fruto comestible del árbol llamado tamarindo: *Comí unos dulces de tamarindo cubiertos de azúcar que estaban deliciosos, pero me provocaron un poco de diarrea.*

tambalearse *vb.* Moverse de un lado a otro: *Durante el terremoto los edificios se tambalearon peligrosamente.*

también *adv.* Afirma la relación de una cosa con otra: *Rosario quiere ir al cine y Alicia también, en cambio yo prefiero ir al teatro.* SIN. **además**.

tambo *m.* [1] *Argent.* Establecimiento ganadero destinado a ordeñar vacas y vender su leche. SIN. **establo**. [2] *Perú.* Posada, casa donde se hospedan viajeros. [3] *Méx.* Recipiente cilíndrico de gran capacidad para basura, agua, etc.: *Cuando pasa el camión a recoger la basura se ven los tambos llenos alineados en la calle.*

tambor *m.* Instrumento musical de percusión formado por una caja cilíndrica hueca y con las bases cubiertas por un trozo de cuero.

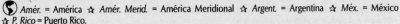

o

p

q

r

s

t

u

tamiz *m.* Especie de colador con orificios muy pequeños.

tampoco *adv.* Sirve para negar una cosa después de haberse negado otra: *Ayer mi amiga no vino a la escuela ni hoy* **tampoco**, *tal vez esté enferma.*

tan *adv.* [1] Apócope de *tanto*, que aumenta el significado de un adjetivo o un adverbio: *Es un automóvil* **tan** *caro que sólo la gente muy rica puede comprarlo.* [2] Denota idea de equivalencia o igualdad: *El acero es* **tan** *duro como el hierro.*

tangente *f.* Línea que toca en un solo punto una curva o superficie pero sin cortarla.

tango *m.* Baile argentino de ritmo lento y muy marcado: *Carlos Gardel ha sido el cantante de* **tangos** *más famoso de la historia.* →

tanque *m.* [1] Vehículo terrestre muy resistente de uso militar: *Los* **tanques** *se comenzaron a usar de manera regular durante la Segunda Guerra Mundial.* [2] Depósito de agua u otro líquido preparado para su transporte: *El camión lleva varios* **tanques** *de agua para ese pueblo donde no llega el agua entubada.* **SIN**. **tambo.**

tantear *vb.* Calcular de manera aproximada.

▶ **tanto** *m.* Unidad de cuenta en muchos juegos o deportes: *El equipo visitante acaba de anotar un* **tanto** *a su favor.* **SIN**. **punto.**

▶ **tanto** *adv.* Hasta tal punto: *"No griten* **tanto** *que después les va a doler la garganta."*

▶ **tanto, ta** *adj.* [1] En combinación con *como*, introduce una comparación de igualdad: *Mauricio come* **tanto** *como su papá porque está en pleno crecimiento.* [2] Expresa una cantidad o número indeterminado: *"Le pregunté cuánto costaba y me dijo que* **tanto**, *no recuerdo la cantidad exacta."*

▶ **tanto, ta** *pron.* Equivale a *eso*: *Por más que Milton se esfuerce en igualar al gran futbolista Pelé, no podría llegar a* **tanto** *a sus quince años de edad.*

tañido *m.* Sonido que emite un instrumento de percusión o de cuerda: *A lo lejos se escuchaba el* **tañido** *de las campanas que anunciaban el inicio de la fiesta del pueblo.*

tapa *f.* [1] Pieza que cierra la abertura de un recipiente: *No olvides ponerle una* **tapa** *al guiso para que no se le acerquen las moscas.* [2] Cubierta de un libro: *El libro es tan viejo y la* **tapa** *está tan dañada que ya no puede leerse el título.*

tapadera *f.* Pieza que sirve para cubrir de manera ajustada la boca de un recipiente: *La* **tapadera** *de la olla tiene un asa hecha de un material que no se calienta.*

tapado *m.* [1] *Amér. Merid.* Abrigo o capa de señora o de niño. [2] *Argent., Bol. y Perú.* Tesoro enterrado.

tapar *vb.* Cubrir o cerrar lo que está descubierto o abierto: *"**Tapa** el recipiente para que el pan no se endurezca."*

tapete *m.* [1] Cubierta pequeña o mediana hecha con tela o algún tejido, que no se fija al piso: *A la entrada de su casa tiene un pequeño* **tapete** *para limpiarse los zapatos.* [2] Tela que se pone sobre la mesa: *Encima de la mesa de madera hay un* **tapete** *y sobre el* **tapete**, *un florero.*

tapia *f.* Pared que sirve como valla o cerca: *Al fondo del patio hay una* **tapia** *que divide mi casa de la casa de los vecinos.*

tapicería *f.* Oficio e industria de fabricar tapices o de tapizar: *En el taller de* **tapicería** *forran con tela sillas, sofás, etc.*

tapir *m.* Mamífero de cabeza grande, trompa pequeña y orejas redondas, propio de Asia y de América: *El* **tapir** *parece primo de los cerdos y de los jabalíes.*

tapiz *m.* Paño tejido con lana, lino, etc., usado para decorar: *Además de adornar las paredes, los* **tapices** *sirven para reducir el frío de las habitaciones.*

tapizar *vb. irreg.* Cubrir las paredes o muebles con tapices o telas: *Como parte de la remodelación de la casa, van a* **tapizar** *el sofá con tela azul.*

tapón *m.* Pieza que tapa la boca de botellas y otros recipientes: *Se perdió el* **tapón** *de la botella de la bebida gaseosa y ahora parece agua dulce porque se le escapó todo el gas.*

taquería *f. Méx.* Restaurante o casa de comidas donde se preparan y venden tacos: *En esa* **taquería** *venden tacos de carne y vísceras de res.*

taquigrafía *f.* Sistema de escritura rápida y abreviada, a base de signos especiales: *Las secretarias aprenden* **taquigrafía**, *mecanografía, organización de archivos y últimamente computación.*

taquilla *f.* [1] Ventana pequeña donde se venden billetes para transporte o entradas para un espectáculo: *Había una larga fila en la* **taquilla** *para entrar al concierto de rock.* [2] *Amér. C.* Taberna. [3] *Chile, C. Rica y Ecuad.* Clavo pequeño.

tarahumara *adj./m. y f.* De un pueblo amerindio que habita en Chihuahua, México: *Los* **tarahumaras** *tienen fama de ser buenos corredores de largas distancias.* **SIN**. **rarámuri.**

tarántula *f.* Araña de tórax y patas vellosos de picadura peligrosa: *En Brasil se encuentran las* **tarántulas** *más grandes, peludas e impresionantes del mundo: algunas llegan a medir hasta 25 cm.* →

tararear *vb.* Cantar en voz baja repitiendo sílabas como *ta* y *ra* en vez de las palabras de la canción: *A Miguel le gusta* **tararear** *las canciones que escucha en su radio mientras hace la comida.*

tarascada *f.* Mordida: *En cuanto el león vio la carne que le acercaban lanzó una gran* **tarascada**.

tarascón *m. Argent., Bol., Chile, Ecuad. y Perú.* Mordedura: *En medio de la pelea Ricardo le dio un* **tarascón** *a Alfredo.*

---

tardar *vb.* [1] Invertir un tiempo determinado en hacer una cosa: *"¿Cuánto vas a tardar en terminar de comer?"* [2] Emplear más tiempo del previsto en hacer algo: *Verónica se está tardando mucho en arreglarse y ya va a empezar la función, debemos apresurarla.*

tarde *f.* Tiempo desde el mediodía hasta el anochecer: *Quedamos de vernos por la tarde para ir al cine.*

tarde *adv.* [1] A una hora avanzada del día o la noche: *Se quedaron trabajando en la oficina hasta muy tarde y llegaron a sus casas en la madrugada.* [2] Después del momento previsto: *"Eres una persona informal porque siempre llegas una hora tarde a tus citas."*

tarea *f.* [1] Trabajo que ha de hacerse en un tiempo limitado. [2] *Argent., Chile, Méx. y Urug.* Trabajo escolar que los estudiantes realizan en casa.

tarifa *f.* Lista de precios o impuestos: *El gobierno municipal es el encargado de fijar la tarifa que se paga por el agua.*

tarima *f.* Plataforma de madera, a poca altura del suelo: *Como la fiesta sería en el jardín, colocaron sobre el césped una tarima para que la gente bailara.*

tarjeta *f.* [1] Hoja pequeña de cartulina en la que se escriben los datos de una persona: *Al llegar al despacho del licenciado, el hombre le mostró su tarjeta a la secretaria para que lo anunciara.* [2] Pequeña hoja de papel en la que se anota cualquier cosa: *Para realizar su investigación llenó cientos de tarjetas con datos que consiguió en la biblioteca.*

tarro *m.* Recipiente cilíndrico, por lo general más alto que ancho: *Los tarros se usan para envasar mermeladas, conservas y cremas para el cuerpo, entre otras cosas.*

tarta *f.* Torta o pastel grande y relleno de frutas, crema, etc.: *La tarta que dieron en la fiesta de cumpleaños de Berenice era muy dulce y cremosa.*

tartamudo, da *adj./m.* [1] Persona que habla con sonidos entrecortados, repitiendo las sílabas o las palabras.

tasajo *m.* Carne que se pone a secar untada con sal como conservador. SIN. **cecina, charqui.**

tata *m. Amér.* Padre, papá y a veces, abuelo.

tatarabuelo, la *m. y f.* Respecto a una persona, el padre o la madre de su bisabuelo o su bisabuela: *El tatarabuelo de Nora llegó desde Italia a Argentina el siglo pasado y ahí ha nacido toda su familia.*

tataranieto, ta *m. y f.* Respecto a una persona, hijo o hija de su bisnieto o de su bisnieta.

tatuaje *m.* Palabra o dibujo grabado en la piel del cuerpo: *El hombre lleva en el pecho un gran tatuaje en forma de corazón atravesado por una flecha.*

taurino, na *adj.* Relativo a los toros o a las corridas de toros: *A mucha gente la fiesta taurina le parece un espectáculo cruel en el que se atormenta a los toros.*

taxi *m.* Automóvil público con chófer: *Cuando llueve en esta ciudad es imposible conseguir un taxi, ¡todos están ocupados!*

taxímetro *m.* Contador que, en los taxis, indica el precio que se debe pagar por la distancia recorrida: *Es ilegal que los taxis no tengan el taxímetro funcionando correctamente.*

taxista *m. y f.* Chófer de taxi. SIN. **ruletero.**

taza *f.* [1] Vasija con asa que sirve para beber de ella. [2] Cantidad de cualquier cosa que cabe en una taza: *Mi padre toma una taza de café todas las mañanas.* [3] Mueble del baño que sirve para orinar y defecar: *La taza se tapó y se empezó a derramar el agua con orina por los lados.* SIN. **excusado, inodoro, water, retrete, escusado.**

te *pron.* Pronombre personal masculino y femenino de la segunda persona del singular: *"¿Te quieres quedar a tomar un café conmigo?"*

té *m.* [1] Planta que se cultiva por sus hojas aromáticas y un poco estimulantes: *En la India se produce mucho té para consumo interno y para exportación.* [2] Hojas de la planta del té, secadas, enrolladas y tostadas. [3] Bebida o infusión que se hace con hojas de té: *Los chinos, indios e ingleses toman mucho té.*

teatro *m.* [1] Edificio donde se representan obras dramáticas. [2] Género literario cuyas obras están pensadas para ser representadas: *Lope de Vega fue uno de los grandes autores del teatro español.*

techo *m.* [1] Parte interior de la cubierta de una habitación, edificio, etc.: *En las zonas cálidas las casas tienen techos muy altos para que el ambiente se mantenga fresco.* [2] Tejado, cubierta de una construcción: *A través del techo de lámina se escuchan a veces los pasos de los gatos.*

tecla *f.* Pieza que, pulsada con los dedos, hace sonar un instrumento musical o funcionar un mecanismo: *El piano estaba tan viejo que varias teclas no sonaban.*

teclado *m.* [1] Grupo ordenado de teclas de un instrumento o aparato: *La maestra de piano le sugirió a Felipe que consiguiera un teclado para practicar en casa.* [2] Dispositivo formado por teclas que se utiliza para introducir datos y dar órdenes a una computadora.

técnica *f.* [1] Conjunto de métodos de una ciencia, arte, etc.: *La fotografía tiene una parte inicial de técnica que hay que estudiar antes de empezar a tomar fotos.* [2] Sistema para conseguir algo: *Fabiola tiene una técnica interesante para preparar un desayuno rápido y sabroso.*

técnico, ca *adj.* [1] Relativo a la aplicación de las ciencias y de las artes. [2] Relativo a los términos propios del lenguaje de un arte, una ciencia, etc.: *Ése es un manual técnico que sólo entienden los especialistas en agricultura.*

o

p

q

r

s

t

u

técnico, ca *m.* y *f.* Persona que posee los conocimientos de una técnica: *En la oficina se necesita un* **técnico** *en computación.*

tecnología *f.* Estudio de los medios, de las técnicas y de los procesos empleados en las diferentes ramas de la industria: *Muchos países de América Latina carecen de una* **tecnología** *propia y por eso dependen de la extranjera.*

tecolote *m.* Amér. C. y Méx. Búho.

tegucigalpense *adj./m.* y *f.* Originario de Tegucigalpa, capital de Honduras, país de América Central.

teja *f.* Pieza de barro cocido o de cerámica, con forma de canal, usada para cubrir los techos: *En ese pueblo la mayor parte de los techos se hacen de* **teja** *roja.*

tejado *m.* Superficie que recubre la parte superior de las casas y que suele estar recubierta por tejas.

tejer *vb.* ① Formar prendas de vestir en el telar: *Los rebozos mexicanos* **se tejen** *en un telar llamado de cintura.* ② Entrelazar hilos para formar alfombras, esteras, prendas de punto, etc.: *Mi tía Gracia* **tejía** *muy bonito y era capaz de hacer una bufanda en poco tiempo.*

tejido *m.* ① Prenda textil obtenida por entrecruzamiento ordenado de hilos: *Todavía se conservan* **tejidos** *que fueron hechos hace miles de años en la época de los antiguos egipcios.* ② Estructura que forma parte de los órganos de los seres vivos y cumple una función: *El* **tejido** *del estómago es distinto del de los huesos.*

tejón *m.* Mamífero carnívoro que también come algunos frutos, mide unos 70 cm de largo y 20 kg de peso, es de color gris y patas cortas: *El* **tejón** *es común en los bosques, donde excava madrigueras.*

tela *f.* ① Tejido fabricado en un telar: *Hoy en día las* **telas** *se hacen en máquinas especiales a gran velocidad.* ② Lienzo pintado: *El pintor llevó sus* **telas** *a enmarcar para la exposición.* ③ *loc.* **Tela de araña,** tejido que forman las arañas: *Se ve que desde hace mucho no sacuden las esquinas de la casa, pues están cubiertas de* **telas de araña.** SIN. telaraña.

telar *m.* Máquina que se utiliza para tejer: *En ese taller de ropa tienen cuatro* **telares** *que ponen a trabajar durante todo el día.*

telaraña *f.* Tela que forma la araña con el hilo que segrega: *Al entrar a la vieja casa abandonada se encontró con* **telarañas** *que se le pegaban a la cara.*

telecomunicación *f.* Transmisión a distancia de mensajes hablados, sonidos, imágenes o señales convencionales: *Gracias a un sistema de* **telecomunicación** *es posible recibir canales de televisión de otro continente.*

teléfono *m.* ① Instalación y aparato que permite hablar de un lugar a otro a dos personas situadas en lugares lejanos entre sí: *Alejandro Graham Bell y Tomás Alva Edison inventaron el* **teléfono** *prácticamente al mismo tiempo.* ② *loc.* **Teléfono celular,** aquel que transmite y recibe la señal telefónica por medio de microondas: *Hoy en día se puede localizar a una persona donde se encuentre si tiene un* **teléfono celular.** ③ *loc.* **Teléfono inalámbrico,** aquel que carece de alambres: *Con un* **teléfono inalámbrico** *se puede telefonear desde cualquier lugar de la casa.*

telegrafía *f.* Sistema de telecomunicación para enviar mensajes escritos mediante la utilización de un código de señales: *La* **telegrafía** *fue el primer medio rápido para transmitir mensajes, ahora ya ha sido reemplazado por otros sistemas más modernos.*

telégrafo *m.* Conjunto de aparatos que permiten transmitir mensajes escritos con rapidez y a distancia: *El barco Titanic envió muchos mensajes a través del* **telégrafo** *solicitando ayuda.*

telegrama *m.* Mensaje transmitido por telégrafo: *A mi hermano le llegaron varios* **telegramas** *de felicitación por su cumpleaños.*

telescopio *m.* Aparato óptico astronómico que permite la observación de cuerpos muy lejanos: *Algunos astrónomos aficionados han hecho importantes descubrimientos con* **telescopios** *no muy potentes.*

televisión *f.* ① Transmisión a distancia de imágenes y sonidos. ② Aparato que recibe a distancia sonidos e imágenes en movimiento: *"Prende la* **televisión** *para ver las noticias."* SIN. televisor. →

televisor *m.* Aparato que recibe a distancia sonidos e imágenes en movimiento: *Muchas personas gustan de comer frente al* **televisor** *mientras ven algún programa.* SIN. televisión.

telón *m.* Lienzo o cortina grande del escenario de un teatro: *Ese teatro tenía un gran* **telón** *de terciopelo rojo, con flecos dorados en las puntas.*

tema *m.* Asunto o materia que trata una obra de arte, un escrito, etc.: *El* **tema** *de esa serie de televisión es la Guerra Civil Española.*

temblar *vb. irreg.* ① Moverse con sacudidas cortas y rápidas: *El pobre animal que rescataron* **temblaba** *de miedo y de frío.* ② Méx. Ocurrir un movimiento sísmico: *Cuando* **tembló** *mi tía Luisa gritaba y todos tratamos de calmarla.*

temblor *m.* ① Agitación involuntaria y repetida del cuerpo: *El enfermo tenía una fiebre tan alta que su cuerpo se sacudía con* **temblores.** ② Sismo: *En el año 1985, en la Ciudad de México se sintió un fuerte* **temblor** *que causó muchos daños.* SIN. terremoto.

temer *vb.* Sentir temor o miedo: *A pesar de la diferencia de tamaños, muchos adultos le* **temen** *a las arañas.*

temor *m.* ① Miedo. ② Recelo, desconfianza hacia alguien o algo: *Sentimos* **temor** *de que la lluvia se convierta en tormenta y destruya casas.*

témpano *m.* Plancha flotante de hielo: *En la región antártica hay muchos* **témpanos** *que flotan en el mar.*

---

temperatura *f.* [1] Sensación de calor o frío. [2] Clima: *La temperatura es suave a pesar de que estamos en plena época de invierno.* [3] Grado de calor de un cuerpo: *Lo primero que hizo el médico fue medirle la temperatura al enfermo.*

tempestad *f.* [1] Tormenta: *Los truenos y relámpagos avisaron la llegada de la tempestad.* [2] Agitación violenta del agua del mar: *Los guardacostas avisaron a las embarcaciones que se acercaba una tempestad.*

templado, da *adj.* Que no está ni frío ni caliente: *Me gusta lavarme los dientes con agua templada porque así no me duelen.*

templo *m.* Edificio destinado al culto de una divinidad. **SIN. iglesia.**

temporada *f.* Espacio indeterminado de tiempo: *El verano se considera temporada importante de vacaciones en Europa porque es cuando van más turistas.*

temporal *adj.* Que dura sólo cierto tiempo: *Le pidió a su hijo que se consiguiera un trabajo temporal para ocuparse durante las vacaciones de verano.*

temporal *m.* Tempestad de tierra, aire o mar: *Después del temporal regresaron la calma y el buen tiempo.*

temprano *adv.* [1] En las primeras horas del día o de la noche. [2] Muy pronto: *El niño empezó a caminar temprano, sólo tenía once meses cuando dio sus primeros pasos.*

tenaza *f.* [1] Instrumento compuesto de dos piezas cruzadas y articuladas, que se pueden cerrar para sujetar objetos: *En algunos laboratorios usan tenazas para tomar frascos con sustancias peligrosas.* [2] Órgano parecido a una pinza que poseen algunos animales como la langosta: *Miguel metió el dedo a un hoyo en la arena y un pequeño cangrejo se lo pellizcó con una de sus tenazas.*

tendedero *m.* Lugar donde se tiende la ropa lavada para que se seque: *En algunos lugares, en vez de tendederos la gente usa máquinas secadoras de ropa.*

tender *vb. irreg.* [1] Colgar la ropa mojada para que se seque: *La ropa que tendió por la mañana se secó rápido porque había sol y viento.* [2] Colocar a alguien o ponerse extendido a lo largo sobre una superficie: *Se tendió en la arena para contemplar la puesta de sol sobre el mar.*

tendero, ra *m.* y *f.* Dueño o dependiente de una tienda: *Don Venancio el tendero siempre atiende a sus clientes con gusto y rapidez.*

tendón *m.* Conjunto de tejidos que unen los músculos a los huesos: *Se cayó, se dobló el tobillo y se rasgó un tendón.*

tenebroso, sa *adj.* [1] Cubierto de sombras: *La falta de luna hacía tenebrosa la noche.* **SIN. oscuro.** [2] Cargado de misterio: *Para averiguar si había fantasmas, los jóvenes decidieron pasar la noche en la tenebrosa casa abandonada.*

tenedor *m.* Instrumento de mesa que sirve para pinchar alimentos sólidos: *En los banquetes muy elegantes se ponen varios tenedores y cuchillos que sirven para comer distintos alimentos.*

tener *vb. irreg.* [1] Poseer algo: *Además de la casa en la ciudad, ese hombre rico tiene un departamento en Nueva York.* [2] Contener, guardar: *Este bote tiene azúcar y este otro sal, no te vayas a confundir.* [3] Con que y un infinitivo, expresa obligación: *Tienes que venir a mi fiesta de cumpleaños, no puedes faltar.*

tenia *f.* Gusano plano, parásito del intestino delgado de los mamíferos: *Las tenias causan mareos, diarreas y malestar general.* **SIN. solitaria.**

teniente *m.* y *f.* Grado militar inferior al de capitán.

tenis *m.* Palabra de origen inglés. [1] Deporte que se practica entre dos o cuatro jugadores provistos de raquetas y una pelota: *En Wimbledon, Inglaterra, hay un campeonato anual de tenis sobre césped.* [2] *Méx.* Zapato de lona u otro material, especial para hacer deporte: *La moda entre los niños es no usar zapatos, sino tenis.* [3] *loc.* Tenis de mesa, pimpón.

tenor *m.* Voz más aguda entre las masculinas: *El cantante mexicano Ramón Vargas es uno de los tenores más famosos de habla hispana.*

tensión *f.* [1] Estado emocional de la persona que siente temor, angustia, etc.: *En las ciudades grandes mucha gente sufre de tensión por la vida agitada y llena de peligros.* [2] Estado de un cuerpo sometido a la acción de dos fuerzas contrarias: *Si se estira demasiado una liga la tensión puede llegar a romperla.*

tentación *f.* Impulso que induce a hacer algo: *A Darío le cuesta mucho trabajo resistir la tentación de comerse un buen chocolate.*

tentáculo *m.* Apéndice móvil de algunos animales como los pulpos y calamares, que les sirve para agarrarse o como órgano sensorial.

tentar *vb. irreg.* [1] Tocar una cosa para reconocerla o examinarla por medio del tacto: *La mujer ciega tentó la cara del joven para imaginarse sus facciones.* [2] Inducir a la tentación: *¡No me tientes con ese postre, pues estoy a dieta!*

teñir *vb. irreg.* Dar a algo un color diferente del que tenía mediante un tinte: *Tiñó de verde el vestido amarillo, que ya había perdido color con el uso, y le quedó como nuevo.*

tequila *m.* Bebida alcohólica mexicana que se obtiene por la destilación de los jugos de una especie de agave, llamado maguey tequilero: *El tequila es una de las bebidas más famosas en el mundo.*

terapia *f.* Tratamiento o curación de una enfermedad: *El médico le recomendó que vaya a descansar a la playa como terapia para su enfermedad.*

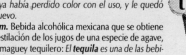

o

p

q

r

s

t

u

tercer *adj.* Apócope de tercero: *Germán vive en el tercer piso de un edificio.*

tercero, ra *adj./m. y f.* Que corresponde en orden al número tres: *En la fila Rogelio es el tercero, pues va luego de Luis, que es el segundo, y antes de Rafael, que es el cuarto.*

terceto *m.* En música, conjunto de tres voces o tres instrumentos: *Tres cantantes, la soprano, la contralto y el tenor, cantaron un lindo terceto de una ópera.*

tercio *m.* Cada una de las tres partes iguales en que se divide un todo: *Como éramos tres, nos tocó a cada uno un tercio del queso.*

terciopelo *m.* Tela de superficie velluda.

terco, ca *adj.* Necio, obstinado: *Es una perra muy terca: no entiende que no debe subirse al sofá.*

térmico, ca *adj.* Relativo al calor y a la temperatura: *Dicen que ese abrigo está relleno de un material térmico que es ligero y ayuda a conservar el calor.*

terminación *f.* [1] Acción y efecto de terminar, de acabar: *En algunos países poco antes de que entre el verano se llega a la terminación del año escolar.* [2] Final de una palabra, sufijo: *Los adverbios de modo tienen la terminación mente, como claramente.*

terminal *f.* Se dice del lugar de donde salen y donde llegan los autobuses, ferrocarriles, etc., de una línea de transporte público: *Después de llegar a la terminal del autobús tengo que tomar un taxi para llegar a casa de Ana.* **SIN.** estación.

terminar *vb.* [1] Acabar una cosa: *"En cuanto termines el trabajo escolar nos vamos al cine."* [2] Tener fin una cosa: *En Inglaterra, cuando termina la última función de cine, tocan el himno nacional.*

termita o **térmite** *f.* Insecto que come madera o papel y vive en colonias parecidas a los hormigueros: *Los libros de mi bisabuelo muestran marcas de termitas.*

termo *m.* Botella que conserva la temperatura de lo que contiene: *En las mañanas llena el termo con café caliente y lo bebe durante el día.*

termoeléctrica *f.* Industria donde se produce electricidad a partir de calor: *Las termoeléctricas hacen que haya luz eléctrica en las grandes ciudades.*

termómetro *m.* Instrumento que sirve para medir la temperatura: *"Pon el termómetro al niño, pues parece que tiene fiebre."*

termostato *m.* Dispositivo para mantener constante la temperatura: *Los congeladores tienen un termostato para mantener el frío.*

ternero, ra *m. y f.* Cría de la vaca cuando todavía tiene dientes de leche: *En el campo vimos a una vaca con un ternero pequeño que la seguía.*

ternura *f.* Actitud cariñosa y amable: *Con gran ternura y cuidado la madre levantó al bebé de la cuna para alimentarlo.*

terráqueo, a *adj.* Relativo a la Tierra: *Viendo un globo terráqueo se da uno idea de la cantidad de agua que cubre el planeta.*

terraza *f.* Balcón grande: *El hotel tiene una terraza en cada habitación desde la que puede verse el mar.*

terremoto *m.* Movimiento de tierra: *Nicaragua y México han sufrido fuertes terremotos en su historia.* **SIN.** sismo, temblor. →

terreno *m.* Espacio de tierra destinado a un uso específico: *Mi padre compró un terreno donde será construida una casa.*

terrestre *adj.* [1] Relativo a la Tierra: *La órbita terrestre alrededor del Sol tiene forma ovalada.* [2] Que vive en la tierra: *La jirafa es un animal terrestre y el delfín es acuático.*

terrible *adj.* [1] Que inspira o puede inspirar terror: *Los japoneses que vivieron en Nagasaki durante la Segunda Guerra Mundial saben que la explosión de una bomba atómica es terrible.* [2] Demasiado fuerte: *Hacía un viento terrible, así que preferimos no salir a pasear.*

territorio *m.* Porción de tierra delimitada: *Los ingleses que llegaron a los que hoy son los Estados Unidos de Norteamérica fueron apoderándose del territorio de los indios de esa región.*

terrón *m.* Trozo o porción de tierra, azúcar, etc.: *Me gusta tomar té con dos terrones de azúcar.*

terror *m.* Miedo muy grande e intenso: *María no sólo le tiene miedo a volar en avión, le tiene verdadero terror a las alturas.* **SIN.** horror.

terso, sa *adj.* [1] Limpio, brillante. [2] Liso, sin arrugas: *Como tiene cinco años, la piel de Laura es tersa.*

tesorero, ra *m. y f.* Persona que guarda el dinero de un grupo de personas: *El tesorero de la asociación entregó las cuentas de lo que habían ganado y lo que habían gastado durante el mes.*

tesoro *m.* Cantidad reunida y guardada de dinero, joyas u objetos preciosos.

testamento *m.* Documento en el que una persona explica lo que hay que hacer con sus bienes cuando muera: *Se dará a conocer el testamento del muerto una semana después del entierro.*

testarudo, da *adj./m. y f.* Terco, obstinado, necio: *Es difícil hacer cambiar de opinión a Mario, pues es muy testarudo.*

testículo *m.* Glándula masculina que produce los espermatozoides.

testigo *m. y f.* [1] Persona que declara en un juicio o da testimonio de algo: *En Estados Unidos de Norteamérica se les pide a los testigos jurar sobre una Biblia que dirán la verdad.* [2] Persona que presencia una cosa: *Yo fui testigo de la boda de Corina y Antonio, estuve ahí y firmé para comprobar el hecho.*

tétano o **tétanos** *m.* Enfermedad infecciosa que produce contracciones convulsivas de los músculos: *Raquel*

---

se cortó con un clavo oxidado y tuvieron que ponerle una vacuna contra el **tétano**.

tetera f. ① Vasija para hacer y servir té: *Rosalía tiene una tetera china de porcelana con asa de mimbre*. ② Amér. C. y P. Rico. Tetilla de la botella que se usa para dar de beber a los niños pequeños. SIN. **tetilla**.

tetraedro m. Sólido de cuatro caras.

tetrágono m. Polígono de cuatro lados.

textil adj. Relativo a los tejidos y al arte de tejer: *Las artesanías textiles de Guatemala son apreciadas en todo el mundo*.

texto m. Grupo de palabras que componen un escrito: *Como parte del trabajo escolar de civismo nos pidieron que entregáramos un texto corto sobre los derechos humanos*.

textura f. Sensación que produce al tacto una materia: *La seda tiene una textura suave y fría*.

tez f. Piel, cutis: *Como hay mucha humedad en los Países Bajos, las holandesas tienen la tez suave y tersa*.

ti pron. Pronombre personal de la segunda persona singular, que funciona acompañado de preposición: *A mí me regalaron un libro por mi cumpleaños, ¿y a ti?*

tibia f. Hueso anterior de la pierna, entre la rodilla y el pie: *Jugando fútbol Héctor recibió una patada en la espinilla que le lastimó la tibia*.

tibio, bia adj. Templado, ni frío ni caliente: *A Emilio le gusta tomar la sopa tibia; en cambio, yo la prefiero caliente*.

tiburón m. Pez de mar de diversos tamaños, cuerpo esbelto, con la boca provista de varias hileras de dientes y muy voraz: *Los tiburones se sienten atraídos por la sangre*.

tic m. Contracción brusca e involuntaria de ciertos músculos: *Lucía tiene el tic de parpadear de manera rápida y frecuente*.

tiempo m. ① Momento o etapa de la vida de una persona o de una acción: *Diana considera que la niñez fue el tiempo más feliz de su vida*. ② Estado de la atmósfera: "*Si el tiempo está agradable mañana, iremos a la playa*." SIN. **clima**.

tienda f. ① Establecimiento comercial: *La pescadería es la tienda donde se vende todo tipo de pescados y mariscos*. ② loc. **Tienda de campaña**, especie de casa desmontable que se arma al aire libre: *Algunos pueblos del desierto, que pasan su vida viajando, viven y duermen en tiendas de campaña*. SIN. **carpa**.

tierno, na adj. ① Blando, fácil de romper: *Como el tallo de la planta estaba tierno, se quebró con la lluvia*. ② Afectuoso, cariñoso: *Juan lanzó una tierna mirada a su novia después de darle un beso*.

tierra f. Tercer planeta del Sistema Solar, el único habitado por el hombre; se escribe con "T" mayúscula cuando se refiere al planeta en el que vivimos. →

tierra f. ① Parte sólida del planeta Tierra: *La mayor parte de la superficie del planeta está cubierta de agua, el resto es tierra*. ② Materia inorgánica de que se compone el suelo natural: *No han sembrado nada en el jardín, todavía se ve tierra*. ③ Terreno cultivable: *Para sus abuelos, cultivar la tierra era lo más importante*.

tieso, sa adj. ① Erguido, firme: *Los soldados marchaban muy tiesos y serios durante el desfile*. ② Poco flexible: *La rebanada de pan estaba tiesa y seca, así que el niño la remojó en la leche para poder comerla*.

tiesto m. Recipiente en el que se siembran plantas: *El tiesto con las rosas estaba mal puesto en la ventana, por eso se cayó y se rompió*. SIN. **maceta**.

tifón m. Ciclón propio del mar de China: *Muchas casas se derrumbaron a causa del tifón que llegó a Pekín*.

tifus m. Enfermedad intestinal contagiosa que produce fiebre.

tigre, gresa m. y f. Mamífero carnicero de gran tamaño y piel rayada: *En ese zoológico tienen un raro tigre blanco*. →

tigrillo m. Amér. C., Colomb., Ecuad., Perú y Venez. Mamífero carnicero de tamaño pequeño, parecido al gato montés.

tijera f. Instrumento con dos brazos u hojas móviles usado para cortar: *La maestra pidió a los niños que llevaran tijeras con las puntas romas o redondeadas*.

tila f. ① Flor del tilo. ② Infusión calmante que se hace con las flores del tilo: *Para dormir con tranquilidad, la tía Inés se toma una taza de té de tila antes de ir a la cama*. SIN. **tilo**.

timbre m. ① Aparato que sirve para llamar: *Laura usó una campana como timbre para llamar al cocinero y pedirle que sirviera la comida*. ② Sonido de una voz: *Además de tener buen volumen, Sofía tiene un timbre muy agradable de voz*. ③ Sello postal: *Los timbres casi siempre se colocan en el extremo superior derecho de los sobres*. SIN. **estampilla**.

tímido, da adj. Falto de seguridad en sí mismo: *Entró a la clase un niño nuevo que es muy tímido y no habla con nadie*.

timón m. ① Pieza que sirve para conducir la nave: *El capitán le ordenó al marinero girar el timón a babor para evitar un golpe contra las rocas*. ② Colomb. Volante de un automóvil.

tímpano m. Membrana del oído: *Un ruido demasiado fuerte es capaz de romperle el tímpano a cualquiera*.

tina f. ① Vasija grande de madera, plástico u otro material: *El tío Francisco, que trabaja en una tintorería, usa tinas para teñir la ropa*. ② Bañera: *A mi prima Tere le encanta tomar baños calientes en tina cuando se siente cansada*. SIN. **bañadera**.

tinaco m. Amér. C. y Méx. Depósito de agua situado sobre el techo de la casa: *Hay que lavar los tinacos*

o

p

q

r

s

t

u

al menos una vez por año para evitar que se acumule el sarro.

tiniebla *f.* Oscuridad o insuficiencia de luz en algún lugar: *Muchos científicos piensan que los dinosaurios murieron después de que cayó un gran meteorito en la Tierra que la sumió en* **tinieblas** *por el polvo que levantó.*

tino *m.* Destreza al disparar: *José tiene muy buen* **tino** *porque desde pequeño ha practicado el tiro al blanco.*

tinta *f.* [1] Líquido de color que sirve para escribir, imprimir, etc.: *Le gusta la* **tinta** *color esmeralda, pero le es difícil conseguirla porque no la venden en todas partes.* [2] Sustancia con que se tiñe. [3] Líquido oscuro que despiden los calamares, pulpos, etc., como protección.

tinte *m.* Sustancia con que se tiñe: *Nayeli se puso un* **tinte** *color rubio y ahora parece actriz de cine.* SIN. **tintura.**

tintero *m.* Recipiente en que se pone la tinta de escribir: *Mi abuelo tiene en su escritorio como adorno un antiguo* **tintero** *de vidrio muy pesado, que era de su padre.*

tintineo *m.* Sonido que producen las campanas pequeñas o los objetos de cristal cuando pegan unos contra otros: *La niña tenía una linda pulsera de campanitas que producían un* **tintineo** *cuando ella movía la mano.*

tinto *m.* Se dice del vino de color oscuro: *Mucha gente acostumbra tomar vino* **tinto** *cuando come carne roja y vino blanco con la carne blanca como el pescado.*

tinto, ta *adj.* Que está teñido: *El hombre salió del automóvil accidentado con la camisa* **tinta** *en sangre.*

tintorería *f.* Establecimiento donde se tiñen telas y se lavan prendas de vestir que necesitan un cuidado especial: *Llevé el abrigo de lana a la* **tintorería** *para que lo laven y lo planchen.*

tintura *f.* Sustancia para cambiar de color telas, pelo, etc.: *Se tiene que dejar la tela dentro de la* **tintura** *durante una hora para que haga efecto y el color blanco se convierta en verde.* SIN. **tinte.**

tiña *f.* Enfermedad contagiosa de la piel del cráneo: *Hubo una epidemia de* **tiña** *en la escuela y todos los niños se rascaban constantemente.*

tío, a *m.* y *f.* Con respecto a una persona, hermano o hermana de su padre o madre: *Nuestro* **tío** *Miguel nos mima todo el tiempo porque le gustan mucho los niños.*

típico, ca *adj.* Que caracteriza a algo o alguien: *La samba es una música* **típica** *de Brasil.*

tipo *m.* [1] Modelo: *Este* **tipo** *de automóvil es demasiado grande y utiliza mucho combustible, será mejor comprar un* **tipo** *pequeño y ahorrador.* [2] *Fam.* Persona, individuo: *Me da miedo pasar por esa calle porque hay un* **tipo** *sospechoso en la esquina.*

tira *f.* Pedazo largo y estrecho de una materia: *La costurera cortó una* **tira** *de tela para hacer el cinto del vestido.*

tirador *m.* [1] Asa o jaladera, sobre todo las de los muebles. [2] *Argent. Chile* y *Urug.* Cinturón de cuero curtido propio de la vestimenta del gaucho.

tirano, na *m.* y *f.* Gobernante que no respeta las leyes porque toma las decisiones según su propio criterio: *Calígula fue un* **tirano** *que terminó asesinado.*

tirante *m.* Cada una de las dos tiras elásticas que sostienen desde los hombros una prenda de vestir como el pantalón: *Mi abuelo no usa cinturón, él prefiere los* **tirantes** *de vivos colores.*

tirar *vb.* [1] Arrojar en una dirección determinada: *Si* **tiras** *la pelota la perra irá a recogerla.* [2] Derribar una cosa: *El gato pasó corriendo sobre la mesa,* **tiró** *la lámpara y la rompió.* [3] Desechar algo: *Cuando Erasmo se mudó aprovechó para* **tirar** *muchos papeles y objetos que ya no utilizaba.* [4] Hacer fuerza para traer hacia sí: *"Tira de la cuerda para hacer que el caballo se detenga."* SIN. **jalar.**

tiritar *vb.* Temblar de frío o por efecto de la fiebre: *Cuando Lupita comenzó a* **tiritar** *su madre se dio cuenta de que su hija tenía alta la temperatura.*

tiro *m.* [1] Disparo de un arma de fuego: *Una noche un* **tiro** *perdido rompió el vidrio de la ventana de la cocina.* [2] Conjunto de caballerías que tiran de un carruaje: *El* **tiro** *de la diligencia era de seis caballos.*

tiroteo *m.* Intercambio de tiros: *Durante el asalto hubo un* **tiroteo** *entre policías y ladrones.*

títere *m.* Figurilla que es movida con las manos por medio de hilos: *Las funciones de* **títeres** *son una manera de que los niños conozcan el teatro.* SIN. **marioneta.** →

titular *m.* Encabezado de una noticia en un diario: *El nombramiento del nuevo premio Nobel de literatura ocupó los* **titulares** *de los diarios de todo el mundo.*

titular *vb.* [1] Poner título o nombre a algo: *Ese editor es muy bueno para* **titular** *libros, los nombres que les pone siempre son ingeniosos y divertidos.* [2] Obtener un título académico: *El día que sus hijos* **se titularon**, *los padres de Miguel y Ramón se sintieron muy contentos.*

título *m.* [1] Nombre o frase más o menos explicativa del contenido de un texto, libro, etc.: *El* **título** *del libro que nos pidieron en la escuela es "Geografía física y humana."* [2] Testimonio dado para demostrar que se está capacitado para ejercer un empleo, dignidad o profesión: *En la pared de la oficina de Aníbal está colgado su* **título** *de abogado.* [3] Documento que prueba la posesión de algo como una casa o un automóvil: *Para comprobar que era el dueño de la casa mi padre mostró en su banco su* **título** *de propiedad.* SIN. **escritura.**

tiza *f.* Barra de arcilla blanca usada para escribir en las pizarras o pizarrones: *El maestro se sacudió la* **tiza** *de las manos después de que escribió las operaciones matemáticas.* SIN. **gis.**

---

tizne *m.* y *f.* Hollín, humo que se pega a los objetos: *El área cercana a la chimenea de la fábrica está llena de tizne.*

toalla *f.* Pieza de tejido suave y esponjoso que sirve para secar: *En ese hotel lujoso ponen en el baño toallas de cinco tamaños distintos.*

tobillera *f.* [1] Venda elástica con que se sujeta o protege el tobillo: *Desde que sufrió una torcedura Ernesto debe usar una tobillera elástica.* [2] *Méx.* Prenda de vestir corta que cubre el pie y llega al tobillo: *Cuando era adolescente me gustaba usar las tobilleras lo más cortas posible.*

tobillo *m.* Parte ósea en la que la pierna se junta con el pie: *Cuando mi hermano se tropezó no llegó a caerse pero se lastimó el tobillo y ahora no puede caminar a causa de la inflamación.*

tobogán *m.* Aparato inclinado por el que bajan los niños deslizándose: *En esa piscina tienen un tobogán por el que me encanta deslizarme antes de caer en el agua.* SIN. **resbaladilla.**

tocadiscos *m.* Aparato que reproduce los sonidos grabados en un disco: *Primero apareció el fonógrafo, luego el tocadiscos, y ahora el aparato para discos compactos.*

tocado *m.* Prenda que cubre o adorna la cabeza: *El día de su boda la joven llevaba un bello tocado de flores naturales que sujetaban su velo blanco.*

tocar *vb. irreg.* [1] Entrar en contacto una parte del cuerpo con otra cosa: *La primera vez que toqué una rosa se me clavó una espina.* [2] Hacer sonar un timbre, una campana o un instrumento musical: *Pídele a Maura que toque el piano, lo hace muy bien.* [3] Estar una cosa en contacto con otra: *Las casas de esa calle se tocan una con otra.* [4] Corresponder, ser la obligación de alguien: *A ti te toca decidir si vamos al cine o al teatro.*

tocayo, ya *m.* y *f.* Persona con el mismo nombre que otra: *La maestra es mi tocaya, pues las dos nos llamamos Rosa.*

tocino *m.* Carne grasa del cerdo, en especial la salada: *La sopa de verduras sabe bien con un poco de tocino frito.* SIN. **panceta.**

todavía *adv.* [1] Expresa la duración de una acción o un estado hasta un momento determinado: *Todavía está lloviendo, por eso no podemos salir a jugar.* [2] No obstante, sin embargo: *Te estoy ayudando y todavía te quejas.* [3] Con más, menos, mejor, etc., expresa un grado mayor: *Eva es bonita pero su hermana es todavía más bella.*

todo *m.* Cosa íntegra, lo que está completo.

todo, da *adj.* [1] Lo considerado en el conjunto de sus partes: *Santiago se comió toda la tarta, no dejó ni una migaja y después de un rato le dolía el estómago.* [2] Cada uno: *Javier juega tenis todos los martes.*

toldo *m.* [1] Cubierta que se extiende para dar sombra: *Para cubrirse un poco del sol mi padre puso un toldo en el patio mientras arreglaba su automóvil.* [2] *Argent., Chile y Urug.* Tienda de algunos pueblos amerindios hecha con pieles y ramas.

tolerar *vb.* [1] Soportar, aguantar: *No sé cómo puedes tolerar a esa mujer soberbia que busca cualquier oportunidad para humillarte delante de los demás.* [2] Permitir, consentir: *La maestra dijo que no iba a tolerar que los estudiantes intentaran hacer trampa en el examen.*

tolteca *adj./m.* y *f.* Pueblo amerindio prehispánico que habitó parte de los estados mexicanos de Hidalgo, Puebla y México, entre los siglos VIII y X: *Los atlantes de Tula son un ejemplo de la cultura tolteca.*

toma *f.* [1] Porción de una cosa tomada de una sola vez: *El año próximo le tocará al niño otra toma de la vacuna como refuerzo para la que ahora le inyectaron.* [2] Conquista, ocupación: *Muchos moros y cristianos murieron en la toma de Granada, en España.* [3] *Colomb.* Cauce, canal.

tomar *vb.* [1] Agarrar, asir, coger: *Toma esta taza y colócala en su lugar, allá en la cocina.* [2] Aceptar, admitir algo: *El muchacho tomó la propina que mi padre le dio.* [3] Comer, beber: *La invitaron a tomar un café con tarta.* [4] Beber alcohol: *Nadie quiere invitar a una fiesta a Germán porque toma mucho y siempre acaba borracho y peleándose con todos.* [5] Utilizar un medio de transporte público: *Si tomas un taxi llegarás antes que si vas en ómnibus.* [6] Conquistar, ocupar: *Los nazis tomaron varios países europeos durante la Segunda Guerra Mundial.* [7] Filmar, fotografiar: *Los fotógrafos toman mucho a las modelos durante los festivales de modas.*

▶**tomate** *m.* [1] Planta herbácea originaria de América que se cultiva por su fruto, el tomate. SIN. **jitomate.** [2] Fruto rojo de la tomatera, comestible y carnoso: *Prepararé una ensalada de tomate, queso de cabra y aceite de oliva, ¿quieres un poco?* SIN. **jitomate.**

▶**tomate** *m.* [1] *Guat.* y *Méx.* Planta herbácea con fruto parecido a una ciruela y de color amarillo verdoso. [2] *Guat.* y *Méx.* Fruto de la planta del tomate, que se usa para preparar salsas: *Muchos guisos mexicanos se preparan con salsa picante de tomates y ají o chile.*

tomatera *f.* Planta herbácea cuyo fruto es el tomate: *Rodrigo aventó un tomate podrido al jardín y poco después creció ahí una tomatera porque las semillas germinaron.*

tomillo *m.* Arbusto de flores blancas o rosadas usado en perfumería, cocina y medicina.

tomo *m.* División de una obra que corresponde a un volumen o libro: *Para la biblioteca de la escuela compraron una enciclopedia de animales en veinte tomos.*

tonel *m.* Recipiente grande, abombado y de base circular: *El vino se añeja en grandes* **toneles** *de roble para producir un licor llamado brandy.* SIN. **barril**, **cuba**.

tonelada *f.* Unidad de masa que vale mil kilos.

tónico *m.* [1] Loción para la piel del rostro o para el cuero cabelludo: *Los fabricantes de ese* **tónico** *afirman que ayuda a que crezca rápidamente el cabello.* [2] Medicina fortalecedora: *Cuando éramos niños a mi hermano y a mí nos daban* **tónicos** *con vitaminas para que creciéramos fuertes y sanos.*

tónico, ca *adj.* [1] Que recibe el tono o acento: *La palabra tonelada tiene el acento* **tónico** *en la segunda sílaba, contando de derecha a izquierda.* ANT. **átono.** [2] Que tiene un efecto estimulante: *Para abrirle el apetito, el médico le recetó un jarabe* **tónico** *al niño.*

tono *m.* [1] Intensidad de un sonido o color. [2] Modo particular de hablar y de expresarse: *Cuando mi maestro habla usa un* **tono** *de autoridad que a todos los alumnos nos inspira respeto.*

tonto, ta *adj.* Se aplica a la cosa o frase falta de sentido o finalidad: *Se rompió la pierna de la manera más* **tonta** *al levantarse de la cama.*

topar *vb.* [1] Chocar una cosa contra otra. [2] *Amér.* Echar a pelear los gallos para probarlos. [3] Encontrar, hallar algo o a alguien de forma casual: *Saliendo del edificio donde vivo* **me topé** *con un amigo que hace varios años no veía.*

tope *m.* [1] Límite, extremo a que se puede llegar: *"Hay que ponerle un* **tope** *a las travesuras de mi perro con un buen castigo."* [2] *Méx.* Especie de boya en las calles para que los automóviles disminuyan la velocidad: *Si no se ven los* **topes**, *uno puede pasarlos rápido y dañar los neumáticos y la suspensión del automóvil.* [3] *Fam.* Golpe dado con la cabeza: *Jugando baloncesto, dos niños brincaron al mismo tiempo y se dieron un* **tope** *que provocó que sangraran las cabezas de ambos.*

topo *m.* [1] Mamífero insectívoro que excava galerías en el suelo, donde caza insectos y larvas: *Los* **topos** *tienen patas fuertes y grandes para cavar túneles.* [2] Lunar de una tela: *Maura trae un vestido blanco con* **topos** *negros.* [3] *Argent., Chile y Perú.* Alfiler grande que remata en forma de cuchara con grabados regionales.

topografía *f.* Representación en un plano del relieve de un terreno con los detalles naturales y artificiales que tiene, como ríos, barrancas, montañas, etc.

toque *m.* [1] Acción de tocar. [2] Hecho de aplicar en la piel alguna sustancia cosmética o médica: *Para desinfectar mi herida mi madre me dio unos* **toques** *con un algodón empapado en agua oxigenada.* [3] Golpe suave: *El campeón de tenis le dio un* **toque** *ligero a la pelota y así logró ganar el punto.* [4] *Méx.* Calambre

que produce en el cuerpo el contacto con una corriente eléctrica: *Tomó la plancha con las manos húmedas y sintió un* **toque**.

torá *f.* Se escribe con "T" mayúscula y designa a la ley de los judíos, formada por cinco libros bíblicos: Génesis, Éxodo, Deuteronomio, Números y Levítico.

tórax *m.* [1] Pecho: *Como Jaime hace mucho ejercicio tiene el* **tórax** *muy fuerte y duro.* [2] Segunda parte del cuerpo de los insectos.

torbellino *m.* Remolino formado por una masa de viento o polvo que se eleva girando sobre sí misma: *El viento levantó un* **torbellino** *de polvo y basura.*

torcedura *f.* Lastimadura de las partes blandas que rodean las articulaciones del cuerpo: *Es frecuente que los atletas sufran* **torceduras** *en los tobillos.*

torcer *vb. irreg.* [1] Inclinar una cosa o doblarla: *El electricista* **torció** *el alambre con unas pinzas.* [2] Retorcer: *"Para que no se suelten los hilos* **tuerce** *la cuerda."* [3] Desviar algo de su posición o dirección: *La planta del jardín* **se torció** *hacia la ventana para recibir más luz y sol.*

tordo *m.* [1] Pájaro pequeño de plumaje negro, pico amarillo y patas rojizas: *Al atardecer vi una mancha negra en el cielo cuando pasó una bandada de* **tordos** *que regresaban a sus nidos.* [2] *Chile y R. de la P.* Pájaro de cuerpo negro y brillante.

torear *vb.* [1] Lidiar un torero al toro en una plaza y después matarlo: *Después de la faena llevaron en hombros al torero por la excelente manera en que había* **toreado.** [2] *Argent., Chile, Guat., Hond., Méx., Nicar. y Urug.* Provocar, dirigir a alguien de manera insistente palabras que pueden molestarle.

torero, ra *m. y f.* Persona que lidia toros: *Manolete ha sido uno de los* **toreros** *más conocidos de la historia.*

tormenta *f.* Perturbación de la atmósfera, con descargas eléctricas, aire y lluvia: *Nos empapamos porque nos sorprendió la* **tormenta** *y no llevábamos paraguas.* SIN. **tempestad.**

tormento *m.* Dolor físico: *La pobre anciana sufre de terribles* **tormentos** *en sus brazos y piernas a causa de la artritis.* SIN. **tortura.**

tornado *m.* Huracán: *El fuerte* **tornado** *arrancó árboles e incluso algunos techos de casas.*

torneo *m.* Competencia deportiva: *Después de ser campeón nacional mi equipo favorito de baloncesto participará en su primer* **torneo** *internacional.*

tornillo *m.* Pieza cilíndrica de metal parecida a un clavo, pero con rosca o espiral: *La puerta está suelta, hay que apretar los* **tornillos**.

torno *m.* Máquina que hace girar un objeto para labrarlo o tallarlo: *Los ceramistas usan un* **torno** *para dar forma a las vasijas y otros objetos de arcilla.*

---

adj. = adjetivo ☆ *adv.* = adverbio ☆ ANT. = antónimo ☆ *f.* = sustantivo femenino ☆ *Fam.* = familiar ☆ *loc.* = locución ☆ *m.* = sustantivo masculino ☆ SIN. = sinónimo ☆ *vb.* = verbo ☆ *vb. irreg.* = verbo irregular ☆ ➜ Ver Minienciclopedia.

toro *m.* Macho adulto del ganado vacuno, provisto de dos cuernos: *Los toros son los machos de las reses y las vacas son las hembras.*

toronja *f.* Fruto cítrico del árbol llamado toronjo o pomelo, de sabor ácido ligeramente amargo y tamaño mayor que el de las naranjas: *Desayuné la mitad de una toronja con azúcar y un plato de cereal con fibra porque estoy a dieta.* SIN. **pomelo.**

torpe *adj.* Falto de agilidad y destreza: *Como el bebé es todavía un poco torpe se cae con frecuencia.*

torpedo *m.* Proyectil explosivo submarino: *El torpedo causó mucho daño al buque enemigo, pero no logró hundirlo.*

torre *f.* Cuerpo de un edificio más alto que ancho, que sobresale del resto de la construcción: *La fachada de la iglesia tiene dos torres simétricas, una en cada lado.*

torrente *m.* Curso impetuoso de agua: *El torrente del río era tan fuerte que arrastraba troncos de árboles.*

torta *f.* ① Masa de harina que se cuece a fuego lento. ② *Argent., Chile* y *Urug.* Postre hecho con pan relleno de crema o frutas y decorado: *De postre comimos una torta de chocolate.* SIN. **pastel.** ③ *Méx.* Pieza de pan blanco rellena de huevo, jamón, queso u otros ingredientes.

tortilla *f.* ① Guiso hecho con huevos batidos y fritos: *La tortilla española clásica se prepara con huevos, papas y cebolla.* ② *Amér. C., Antill.* y *Méx.* Pieza delgada y circular de masa de maíz cocida: *En México la tortilla es una de las bases más importantes en la alimentación de la gente.* ③ *Argent.* y *Chile.* Panecillo en forma de disco chato, por lo común salado, hecho con harina de trigo o maíz y cocido.

tortillería *f. Amér. C., Antill.* y *Méx.* Establecimiento donde se hacen y venden tortillas: *Fui a la tortillería y compré un kilo de tortillas para hacer tacos.*

tórtola *f.* Ave parecida a la paloma pero más pequeña y de plumaje gris rojizo: *En el balcón vi a unas tórtolas que parecían besarse porque unían continuamente sus picos.*

tortuga *f.* Reptil de cuerpo corto y caparazón óseo que se mueve de manera muy lenta: *En la fábula que leí la tortuga lenta ganó la carrera a la veloz liebre gracias a su constancia.* ➡

tortura *f.* Sufrimiento físico o moral que se provoca a alguien. SIN. **tormento.**

tos *f.* ① Expulsión violenta y ruidosa del aire de los pulmones: *Primero me dio gripe y ahora tengo una fuerte tos que me ha obligado a quedarme en casa.* ② *loc.* **Tos ferina,** enfermedad contagiosa común entre los niños, que se distingue por los ataques violentos de tos: *Julia está enferma de tos ferina y no podemos visitarla porque también podríamos enfermarnos nosotros.*

tosco, ca *adj.* Cosa hecha con poca habilidad y con material barato: *La tela que cubre las sillas es tosca porque resiste más.*

tostada *f.* ① Rebanada de pan tostado: *Me gusta cenar tostadas con mantequilla y mermelada de frambuesa.* ② *Méx.* Tortilla de maíz frita en aceite a la que se le pone encima carne, pollo, palta o aguacate, crema, porotos o frijoles, lechuga, queso, etc.

tostar *vb. irreg.* Exponer algo al fuego hasta que se dora: *En invierno se tuestan las castañas al fuego.*

total *adj.* Completo: *El concierto tuvo un éxito total pues al final el público no se cansaba de aplaudir y gritar "bravo".*

total *m.* ① Resultado de una suma: *El total de sumar 10 más 10 es 20.* ② Totalidad: *El total de los niños de mi grupo está enfermo de gripe.*

total *adv.* En conclusión: *"Total, ¿quieres salir a cenar conmigo o no?"*

totalidad *f.* Todo, el total, el conjunto de todos los componentes de algo: *La totalidad de los estudiantes de ese grupo logró entrar a la universidad.*

tóxico, ca *adj.* Venenoso: *El juguete estaba pintado con una sustancia tóxica que le hizo daño al niño cuando lo chupó.*

toxina *f.* Sustancia tóxica que producen los seres vivos: *Muchas toxinas del cuerpo se eliminan a través de la orina y el sudor.*

traba *f.* Cosa que sujeta a otras, asegurándolas: *Los zapatos de la niña tienen dos trabas paralelas.*

trabajador, ra *m.* y *f.* Empleado, persona asalariada: *Los trabajadores de esta industria están recibiendo un curso de capacitación.*

trabajar *vb.* ① Realizar un esfuerzo en una actividad física o mental: *Como Jacobo se quedó huérfano, tuvo que empezar a trabajar desde niño.* ② Tener una ocupación, oficio o profesión: *"¿En qué trabaja el papá de Enrique?" "Es piloto."* ➡

trabajo *m.* ① Ocupación pagada que permite ganarse la vida: *Mi prima Cristina se tardó seis meses en volver a encontrar trabajo después de que se fue de la empresa.* ② Obra resultante de una actividad física o intelectual: *Ya entregamos el trabajo de historia, lo hicimos sobre el Imperio Romano.*

trabalenguas *m.* Palabra o frase muy difícil de pronunciar: *A los niños pequeños les cuesta trabajo decir los trabalenguas como "Pablito clavó un clavito" o "tres tristes tigres tragaban trigo en un trigal".*

trabar *vb.* ① Juntar dos cosas para reforzarlas: *Hay que trabar los nudos que sujetan la carga del camión para que no se caiga durante el viaje.* ② Entorpecérsele a uno la lengua al hablar: *A causa de su nerviosismo se le trabó la lengua durante el discurso y dijo una palabra en vez de otra.*

Ⓢ *Amér.* = América ☆ *Amér. C.* = América Central ☆ *Antill.* = Antillas ☆ *Argent.* = Argentina ☆ *Guat.* = Guatemala ☆ *Hond.* = Honduras ☆ *Méx.* = México ☆ *Nicar.* = Nicaragua ☆ *R. de la P.* = Río de la Plata ☆ *Urug.* = Uruguay.

trabilla *f.* Pequeña tira de tela por la que se pasa una correa: *Después de tanto uso la trabilla de mi pantalón se descosió cuando me apreté el cinto.*

tractor *m.* Máquina que se utiliza en trabajos agrícolas: *Desde que Raymundo compró un tractor los trabajos en el campo han sido más fáciles y rápidos.*

tradición *f.* Transmisión de creencias, costumbres, etc., de unas generaciones a otras: *Los pueblos indígenas tienen tradiciones que se remontan a mucho antes de la llegada de los españoles a lo que hoy es América.*

tradicional *adj.* Apegado a la tradición: *El día de su boda mi amiga Citlali estaba vestida con la ropa tradicional de su grupo indígena.*

traducir *vb. irreg.* Pasar un texto de un idioma a otro: *El escritor argentino Julio Cortázar traducía textos para mantenerse y así poder crear su propia obra.*

traer *vb. irreg.* [1] Llevar algo desde un lugar a otro más cercano al que está hablando: *"Tengo frío, por favor tráeme una manta."* [2] Causar, provocar: *El divorcio de sus padres le trajo a Martín muchas consecuencias para su vida posterior.* [3] Llevar puesto: *Mi padre trae una corbata que yo le regalé.*

tráfico *m.* [1] Circulación de vehículos por calles y carreteras: *Esa carretera está en mal estado por el intenso tráfico de camiones que la atraviesa.* [2] Transporte de personas, mercancías, etc.

tragaluz *m.* Ventana situada en el techo o en la parte alta de la pared de una habitación: *Mi habitación está bien iluminada gracias a un tragaluz que mi padre puso.* SIN. **claraboya.**

tragar *vb. irreg.* [1] Hacer que algo pase de la boca al estómago: *En vez de tirar la goma de mascar la tragó, por eso ahora le duele el estómago.* [2] Tener que aguantar algo: *Isabel tuvo que tragarse los insultos porque no quería provocar una pelea.*

tragedia *f.* Suceso desgraciado de la vida: *La tragedia de la muerte de su padre marcó la vida de Andrés para siempre.*

trago *m.* Cantidad de líquido que se bebe de una sola vez: *Le dio un buen trago al agua fresca porque hacía calor y tenía sed.* SIN. **sorbo.**

traición *f.* Violación de la lealtad y fidelidad debidas a alguien o algo.

tráiler *m.* **Palabra de origen inglés.** Remolque de un camión: *El chófer del tráiler daba las vueltas con mucha precaución por el gran tamaño del vehículo.*

traje *m.* [1] Vestido exterior completo de alguien: *Para su examen profesional Ricardo se puso un traje nuevo con corbata.* SIN. **vestido.** [2] Forma de vestir la gente de un determinado país o de una época. [3] *loc.* **Traje de baño,** prenda que se utiliza para bañarse en piscinas, playas, etc. SIN. **malla.**

trama *f.* [1] Conjunto de hilos horizontales que al cruzarse con otros verticales forman una tela: *La trama del vestido es de cuatro colores.* [2] Argumento de una obra: *La trama de ese filme es tan complicada que cuesta trabajo entender lo que pasa.* SIN. **guión.**

trámite *m.* Conjunto de pasos o acciones que hay que realizar para la resolución de un asunto: *Desde que entró ese nuevo director los trámites se han multiplicado y todo es más lento y complicado.*

tramo *m.* Parte de una línea o de una superficie más larga que ancha: *Durante un tramo de carretera avanzamos menos porque había trabajos de composturas.*

trampa *f.* [1] Puerta abierta en el suelo que comunica con una habitación inferior. [2] Instrumento usado para cazar animales: *Al pobre oso se le rompió la pata con la trampa que le pusieron los cazadores.* [3] Plan para engañar a alguien: *En el filme que vi los estafadores le tendieron una trampa a la rica viuda para que comprara una empresa que no existía en la realidad.* [4] Truco malicioso en el juego o la competencia con el fin de obtener provecho: *No me gusta jugar naipes con Mariana porque siempre quiere hacerme trampa.*

trampolín *m.* Tabla flexible que sirve a los nadadores y a los gimnastas para impulsarse en un salto: *En las Olimpiadas hay pruebas de clavados en el trampolín y en la plataforma.*

tranca *f.* Palo con que se aseguran puertas y ventanas: *Todas las noches mi padre pone la tranca a la puerta de entrada a la casa.*

tranquilo, la *adj.* [1] Que está en calma: *"El mar está tranquilo, podemos salir a navegar."* [2] Que no está nervioso: *No entiendo, mi prima se casará dentro de una hora y está tan tranquila como si se fuera al cine.*

transatlántico *m.* Barco de grandes dimensiones destinado al transporte de pasajeros en largas travesías: *El Titanic fue un transatlántico de gran tamaño y lujo, construido a principios de siglo.*

transbordar *vb.* Trasladar cosas o trasladarse personas de un vehículo a otro: *Tomás debe viajar en tren y luego transbordar a un autobús para llegar a la empresa donde trabaja.*

transcurrir *vb.* Pasar, correr el tiempo: *Para los niños el tiempo transcurre lentamente, en cambio para los adultos todo es más rápido.*

transeúnte *adj./m. y f.* Persona que transita por un lugar: *Los transeúntes deben cruzar la calle por una zona especial para que no corran peligro de ser atropellados.*

transformación *f.* [1] Cambio, modificación notable que sufre un ser vivo: *Cuando pasó de la niñez a la adolescencia sufrió una transformación profunda en lo físico y lo emocional.* [2] Alteración de una sustancia o material en la que adquiere características diferentes a las que

---

⊂⊃ *adj.* = adjetivo ☆ *f.* = sustantivo femenino ☆ *Fam.* = familiar ☆ *loc.* = locución ☆ *m.* = sustantivo masculino ☆ *pl.* = plural ☆ *prep.* = preposición ☆ SIN. = sinónimo ☆ *vb.* = verbo ☆ *vb. irreg.* = verbo irregular.

tenía originalmente: *La transformación del hierro en acero ha sido una de las bases de la industria moderna.*

transformar *vb.* [1] Cambiar o hacer cambiar de forma: *Las orugas se transforman en mariposas.* [2] Convertir una cosa en otra mediante un proceso: *Por la acción del calor el agua se transforma de un estado líquido a un estado gaseoso.*

transistor *m.* Dispositivo electrónico que sirve para rectificar y ampliar los impulsos eléctricos: *Desde que se inventaron los transistores pudieron construirse radios muy pequeños.*

transitar *vb.* Ir por una vía pública: *El autobús transita de norte a sur cuando chocó contra un automóvil que venía en sentido contrario.*

tránsito *m.* Movimiento de gente y vehículos por calles, carreteras, etc.: *En el centro de la ciudad siempre hay mucho tránsito, si quieres llegar a tiempo a la función, tienes que salir con una hora de anticipación.*

transmitir *vb.* [1] Comunicar, hacer llegar a alguien un mensaje, un sentimiento, etc.: *Edith fue la encargada de transmitirle al director la felicitación de los maestros.* [2] Comunicar por radio, telégrafo, etc.: *Han estado transmitiendo anuncios por la radio para advertir sobre la tormenta que se aproxima.* [3] Contagiar una enfermedad: *El bacilo del cólera se transmite a través del agua y de alimentos no purificados.*

transparente *adj.* Relativo al cuerpo a través del cual pueden verse de forma clara los objetos: *El vidrio de la ventana es transparente, pues desde afuera se ve hacia adentro de la casa y viceversa.*

transpiración *f.* Sudor: *Hacía tanto calor que la transpiración empezó a humedecernos la ropa.*

transportación *f.* Acción de llevar personas o cosas de un lugar a otro: *Como en ese país hay muchos ríos gran parte de la transportación se hace por vía fluvial, es decir, a través de los ríos.*

transportador *m.* Semicírculo graduado que sirve para medir y trazar ángulos: *Para la clase de geometría me pidieron una regla, un compás y un transportador.*

transportar *vb.* Llevar personas o cosas de un lugar a otro: *Ante la amenaza de erupción del volcán, habrá que transportar a muchas personas fuera de la zona de peligro.*

transporte *m.* [1] Hecho de transportar, de llevar de un lado a otro. [2] Medio o vehículo usado para transportar personas o cosas: *Los barcos, aviones, trenes, automóviles y bicicletas son medios de transporte.*

transversal *adj.* Que atraviesa una cosa de un lado a otro de manera perpendicular.

tranvía *m.* Vehículo para el transporte urbano de personas, que se mueve por electricidad a través de raíles o rieles.

trapear *vb.* Amér. Fregar el suelo con un trapo o un utensilio especial: *Ya lavé los trastos, nada más me falta trapear y la limpieza de la casa estará terminada.*

trapecio *m.* [1] Palo horizontal colgado del techo o de una estructura por dos cuerdas: *El trapecista dio tres vueltas en el aire y después se aferró del trapecio nuevamente.* [2] Cuadrilátero que sólo tiene dos lados paralelos.

trapezoide *m.* Cuadrilátero irregular que no tiene ningún lado paralelo a otro.

trapo *m.* [1] Trozo de tela vieja o inútil: *Esa bolsa está llena de trapos que podemos usar para limpiar los muebles.* [2] Paño usado para limpiar. [3] *pl. Fam.* Conjunto de prendas de vestir: *¡Bettina dice que sólo tiene algunos trapos, pero necesita una habitación entera para guardarlos!*

tráquea *f.* Conducto que comunica la laringe con los bronquios.

tras *prep.* En busca de: *El joven cantante va tras la fama.*

trasero *m. Fam.* Nalgas.

trasero, ra *adj.* Situado detrás: *Los niños van más seguros en el asiento trasero del automóvil.*

traslación *f.* Movimiento de la Tierra cuando gira alrededor del Sol: *A causa del movimiento de traslación, ocurren las estaciones del año.*

trasladar *vb.* [1] Hacer pasar a alguien de un puesto a otro de la misma categoría: *Pidió que lo trasladaran a una sucursal en una ciudad más pequeña porque su salud le impedía seguir en una ciudad tan grande.* [2] Cambiar de lugar o de tiempo: *En ese cuento el héroe se trasladaba rápidamente de un país a otro volando en una alfombra mágica.*

traslúcido, da *adj.* Que deja pasar la luz pero no permite ver lo que hay detrás: *El vidrio de la ventana es traslúcido, por eso la habitación es clara pero nadie puede verte desde afuera.*

trasnochar *vb.* Pasar la noche sin dormir o acostarse muy tarde: *Efraín detesta trasnochar, él prefiere acostarse temprano para sentirse con energía por la mañana.*

traspapelar *vb.* Perder o perderse un papel entre otros: *Es una persona muy desorganizada que con frecuencia traspapela documentos importantes.*

traspasar *vb.* [1] Atravesar, pasar de una parte a otra: *La lanza de su enemigo traspasó al caballero quien, herido en el pecho, cayó del caballo.* [2] Ceder el alquiler de un local: *Mi padre va a traspasar la tienda porque vamos a mudarnos a otra ciudad.*

traspié *m.* Resbalón o tropezón: *Al bajar la escalera dio un traspié y casi se cae.*

trasplantar *vb.* [1] Trasladar plantas de un terreno a otro: *Trasplantó los rosales de un recipiente al patio trasero y se pusieron muy bonitos, ahora florecen más que antes.* [2] Realizar un trasplante: *Un médico sudafricano fue de los primeros en trasplantar un corazón humano.*

trasplante *m.* [1] Hecho de trasplantar. [2] Sustitución de un órgano enfermo o dañado por otro sano: *José*

o

p

q

r

s

t

u

está en lista de espera en el hospital para un **trasplante** de riñón porque uno de los suyos ya no funciona.

traste m. [1] Cada uno de los salientes colocados a lo largo del mástil de una guitarra u otro instrumento de cuerda. [2] Utensilio de cocina: *Necesito un* **traste** *hondo para este guisado.* SIN. **trasto.**

trasto m. [1] Utensilio viejo o inútil: *Tiene el sótano de la casa lleno de* **trastos** *viejos e inútiles, pero no se decide a tirarlos.* [2] Utensilio de cocina. SIN. **traste.**

trastornar vb. [1] Perjudicar, causar un daño. [2] Inquietar, quitar la tranquilidad: *Mis primos se quedaron en casa durante un mes, lo cual* **trastornó** *por completo nuestra tranquilidad familiar.* [3] Perturbar las facultades mentales: *El médico cree que el accidente que Alberto sufrió de niño lo* **trastornó** *y por eso no puede hablar.*

tratado m. Acuerdo entre naciones y documento en el que consta este acuerdo: *Brasil, Paraguay y Argentina tienen firmado un* **tratado** *para explotar la energía eléctrica de la hidroeléctrica de Itaipú.*

tratamiento m. [1] Acción y efecto de tratar o tratarse: *Las aguas sucias deben recibir un* **tratamiento** *de purificación para poder utilizarlas nuevamente.* [2] Título de cortesía: *A los reyes se les da el* **tratamiento** *de "Su Majestad".* [3] Método para curar una enfermedad: *El* **tratamiento** *que seguirá mi madre para curarse de las piernas consiste en hacer ciertos ejercicios durante media hora diaria.*

tratar vb. [1] Comportarse con alguien de una determinada manera: *Da gusto ver la dulzura con que Adela* **trata** *a su abuela.* [2] Dirigirse a una persona de una forma determinada: *"No me* **trates** *de usted, puedes hablarme con más familiaridad."* [3] Someter a cuidados médicos: *Las heridas infectadas deben* **tratarse** *con antibióticos.* [4] Discutir sobre un asunto: *Los profesores* **trataron** *con el director el tema de los salarios.* [5] Relacionarse con alguien: *Elia y Alfonso se conocen muy bien porque* **se han tratado** *desde niños.* [6] Hablar o escribir sobre cierto asunto: *La novela* **trata** *sobre las relaciones entre los padres y los hijos.* [7] Intentar o pretender algo: *El vendedor* **trató** *de engañarme pero no lo logró, yo descubrí que estaba mintiéndome.*

trato m. [1] Relación, amistad: *El tenor que escuchamos fue amigo mío y tuvimos* **trato** *continuo durante varios años de nuestra infancia.* [2] Manera de dirigirse a una persona: *Georgina tiene un* **trato** *grosero y poco amable hacia sus compañeros de trabajo.* [3] Acuerdo entre dos personas o partes: *Esa compañía tiene un* **trato** *con el restaurante vecino: sus empleados van a comer ahí y les hacen descuentos.*

trauma m. [1] Herida que provoca un objeto en cualquier parte del cuerpo de manera accidental. [2] Trastorno emocional: *El choque en el que murieron dos de*

sus compañeros le ocasionó un fuerte **trauma** a Mario del que todavía no se recupera.

traumatizar vb. irreg. Provocar un trauma.

travesura f. Acción realizada por niños, con afán de divertirse y sin malicia, con la que causan algún trastorno: *Una de las* **travesuras** *de José fue darle de comer chile a un gato.*

travieso, sa adj. Inquieto o revoltoso: *Rodrigo es un niño tan* **travieso** *que ayer se le ocurrió soltar al canario que estaba dentro de una jaula.*

trayecto m. Espacio que se recorre de un punto a otro: *Durante el* **trayecto** *de la casa a la playa podremos detenernos a comer algo.*

trayectoria f. Línea descrita en el espacio por un punto en movimiento: *La* **trayectoria** *del cometa Halley describe una parábola, es como una curva alargada.*

trazar vb. irreg. [1] Hacer trazos, líneas sobre una superficie. [2] Representar a grandes líneas: *Carlos es un buen dibujante que con unas cuantas líneas* **traza** *un retrato muy parecido a la realidad.*

trazo m. [1] Línea dibujada sobre una superficie. [2] En la escritura, cada una de las partes en que se considera dividida una letra: *"¿En cuántos* **trazos** *hiciste la letra a?"*

trébol m. Planta de hojas agrupadas de tres en tres: *Se dice que es de buena suerte encontrarse un* **trébol** *de cuatro hojas.*

trece adj./m. Número que resulta de sumar diez y tres: *Para algunas personas el* **trece** *es un número de mala suerte; para otras, de buena suerte.*

treceavo, va adj. Cada una de las trece partes iguales en que se divide un todo.

treinta adj. [1] Tres veces diez: *Mario se siente un anciano y eso que apenas va a cumplir* **treinta** *años.* [2] Que corresponde en orden al número treinta. SIN. **trigésimo.**

treinta m. Número que resulta de sumar 29 y 1: *Invitaron a veinte personas y llegaron* **treinta**, *ahora no tienen comida para ofrecer a las otras diez personas.*

tremendo, da adj. [1] Digno de ser temido: *Con esos* **tremendos** *colmillos es fácil suponer que el oso es un animal que come carne.* [2] Muy grande: *Una* **tremenda** *explosión en la tienda despertó a los vecinos.*

tren m. Conjunto de una locomotora y de los vagones arrastrados por ella: *Mi papá me regaló un* **tren** *eléctrico a mi hermano y ahora ya es su juguete preferido.*

trenza f. Conjunto de tres mechones de pelo que se entrecruzan: *María Isabel se hace dos* **trenzas** *a los lados, que remata con cintas de colores.*

trepador, ra adj. [1] Que trepa, que sube: *Las hiedras son plantas* **trepadoras.** [2] Relativo a los animales que tienen el dedo externo hacia atrás para trepar con facilidad por los árboles: *Los papagayos son animales* **trepadores.**

---

adj. = adjetivo ✰ *f.* = sustantivo femenino ✰ *m.* = sustantivo masculino ✰ SIN. = sinónimo ✰ *vb.* = verbo ✰ *vb. irreg.* = verbo irregular ✰ → Ver Minienciclopedia.

trepar *vb.* ① Subir a un lugar ayudándose de los pies y las manos: *La pirámide era tan inclinada que más que subir sus escaleras había que treparlas.* ② Crecer las plantas agarrándose a los árboles u otros objetos: *La hiedra es una planta que trepa por las paredes.*

tres *adj./m.* ① Número que resulta de sumar dos y uno: *Andrés pidió un helado de tres sabores: chocolate, vainilla y manzana.* ② Tercero: *Basualdo es el niño tres de la lista; antes de él aparecen Aburto y Álvarez.*

trescientos, tas *adj./m.* Número que va entre el doscientos noventa y nueve y el trescientos uno.

triángulo *m.* ① Polígono de tres lados: *Las paredes de las pirámides tienen forma de triángulo.* ② Instrumento musical de percusión que consiste en tres lados hechos con varas metálicas: *El triángulo suena como una campana de metal.*

tribu *f.* Agrupación política, social y económica propia de los pueblos primitivos, dirigida por un jefe: *A la llegada de los europeos, los indios de Norteamérica estaban organizados en tribus.* →

tribuna *f.* ① Plataforma elevada desde donde se habla al público: *El diputado subió a la tribuna para dirigir un discurso a los funcionarios de gobierno.* ② En los campos deportivos, lugar mejor localizado para ver todos los movimientos de los deportistas.

tribunal *m.* ① Órgano del gobierno formado por uno o varios magistrados que juzgan de manera conjunta. ② Conjunto de personas reunidas para juzgar en un concurso, examen u oposición: *El tribunal le dio el primer lugar a la niña que recitó un poema de Pablo Neruda.*

tributo *m.* Impuesto u otra obligación fiscal: *En la época prehispánica los mexicas del centro de México imponían tributos a los pueblos vecinos, quienes debían darles cacao y otras mercancías.*

triciclo *m.* Vehículo de tres ruedas: *Los niños pequeños andan en triciclos y los mayores aprenden a usar bicicletas.*

tridimensional *adj.* Que tiene tres dimensiones: *Los cuadros son bidimensionales y las esculturas son tridimensionales porque tienen altura, anchura y profundidad.*

trigésimo, ma *adj./m. y f.* Adjetivo ordinal que corresponde en orden al número treinta: *Para un adolescente alguien que llega a su trigésimo aniversario es un adulto grande.*

trigo *m.* ① Planta que proporciona un grano del que se obtiene harina: *El trigo ha sido fundamental para la alimentación de muchas culturas, pues con su fruto se hace el pan.* ② Grano de la planta llamada trigo.

trillar *vb.* Triturar la mies y separar el grano de la paja: *Después de cosechar el trigo hay que trillarlo.*

trillizo, za *adj./m. y f.* Cada uno de los tres hermanos nacidos en un mismo parto: *El primero de los trillizos es* el más fuerte, los otros dos son más pequeños y débiles.

trillo *m.* *Amér. C.* y *Antill.* Senda que por lo general se forma a causa del continuo tránsito de peatones. **SIN. sendero, vereda, camino, huella.**

trimestre *m.* Periodo de tres meses: *Esa revista sale cada trimestre, así que publican cuatro números al año.*

trinchar *vb.* Partir en trozos la comida antes de servirla: *Beatriz trinchó la carne en la cocina y luego la llevó al comedor para servirla en cada plato.*

trinchera *f.* ① Zanja defensiva que permite disparar resguardándose del enemigo: *La Primera Guerra Mundial fue una guerra de trincheras.* ② Gabardina, impermeable: *Ese famoso actor usó en muchos filmes policiacos una trinchera color beige con el cuello levantado.*

trineo *m.* Vehículo que se desliza sobre la nieve y el hielo: *A muchos niños les gusta bajar las colinas nevadas sobre un trineo.*

trino *m.* Gorjeo o canto de los pájaros: *Vivo cerca de un parque y todas las mañanas escucho los trinos de los pájaros que viven en los árboles.*

trío *m.* ① Grupo de tres personas o cosas: *Julio, Jaime y Juana eran un trío de amigos muy cercanos.* ② En música, conjunto de tres voces o tres instrumentos: *Un trío para música de cámara puede componerse de un violín, una flauta y un piano.*

tripa *f.* ① Intestino: *En algunos países se preparan guisos con tripas de res en distintas salsas.* ② *Colomb.* y *Venez.* Tubo circular de caucho o hule que se introduce en los neumáticos y se llena de aire. **SIN. cámara, llanta.**

triple *adj.* Que contiene un número tres veces exactamente: *Samuel ganó la lotería tres veces, por eso es un triple ganador.*

triptongo *m.* Grupo de tres vocales que forman una sola sílaba.

tripulación *f.* Grupo de personas al servicio de un barco o una aeronave: *La tripulación de los aviones está compuesta por los pilotos y los sobrecargos.*

triquina *f.* Gusano parásito del intestino de ciertos mamíferos, como el hombre y el cerdo.

triste *adj.* ① Se dice de la persona que está afligida, con pena: *Estaba muy triste porque su novia lo había dejado por otro muchacho.* ② Que ocasiona aflicción o pena: *Recibió la triste noticia de la muerte de un amigo cercano.*

tristeza *f.* Aflicción, lo opuesto a la felicidad: *Cuando se mudó de escuela sintió una gran tristeza por dejar a sus amigos.*

triturar *vb.* Reducir una materia sólida a trozos pequeños: *En el procesador de alimentos trituramos cubos de hielo para preparar bebidas refrescantes.*

 Amér. C. = América Central ☆ *Antill.* = Antillas ☆ *Colomb.* = Colombia ☆ *Venez.* = Venezuela.

o

p

q

r

s

t

u

triunfar

triunfar *vb.* Quedar victorioso, tener éxito: *En la Segunda Guerra Mundial los países aliados* **triunfaron** *venciendo a los países del Eje.*

triunfo *m.* [1] Acción y efecto de triunfar: *Después del partido los ganadores se fueron a festejar su* **triunfo** *a un restaurante.* [2] Éxito en cualquier asunto: *Después de esa horrible enfermedad José considera su salud como el mayor* **triunfo** *de su vida.*

triza *f.* [1] Trozo pequeño de algo. [2] *loc.* **Hacer trizas**, despedazar: *Se me cayó un vaso y se* **hizo trizas**, *ahora voy a recoger con cuidado los trocitos de vidrio.*

trofeo *m.* [1] Objeto que se tiene como recuerdo de un éxito o una victoria: *Algunas tribus de indios pieles rojas guardaban las cabelleras de sus víctimas como* **trofeos** *de guerra.* [2] Premio que se entrega en una competencia: *Como fue un excelente atleta, tiene una pared de su casa cubierta con los* **trofeos** *que ganó.*

trolebús *m.* Autobús que se mueve mediante un mecanismo eléctrico: *Los* **trolebuses** *ayudan a mejorar la calidad del ambiente porque no contaminan.*

tromba *f.* Lluvia abundante y repentina: *La* **tromba** *que cayó anoche ocasionó inundaciones en varias calles de la ciudad.*

trombón *m.* Instrumento musical de viento, de la familia de los metales, semejante a una trompeta pero con una parte que se mueve o corre.

trompa *f.* [1] Instrumento musical de viento compuesto de un tubo cónico enrollado sobre sí mismo. SIN. **corno francés.** [2] Juguete de madera de forma cónica al que se le enrolla una cuerda para lanzarlo. SIN. **trompo.** [3] Prolongación de la nariz de algunos animales: *Los elefantes tienen una larga* **trompa** *que les sirve para tomar objetos.* [4] Aparato chupador de algunos insectos: *Las mariposas tienen una* **trompa** *a través de la cual toman el néctar de las flores.*

trompada *f.* Puñetazo, golpe fuerte.

trompeta *f.* Instrumento musical de viento formado por un tubo de metal, que va ensanchándose desde la boquilla: *Louis Armstrong fue un excelente intérprete de la* **trompeta** *en el jazz.*

trompo *m.* Juguete de madera de forma cónica al que se le enrolla una cuerda para lanzarlo y gira sobre una extremidad en punta. SIN. **trompa.**

tronar *vb. irreg.* Producir o sonar truenos: *Parece que hay una tormenta eléctrica porque se ven los relámpagos y se escuchan* **tronar** *las nubes.*

tronchar *vb.* Partir el tronco, tallo o ramas de una planta: *El perro pasó corriendo y* **tronchó** *los tallos de las flores en el jardín.*

tronco *m.* [1] Tallo principal de los árboles o plantas: *Se tronchó el* **tronco** *del árbol debido al fuerte viento.* [2] Parte central del cuerpo, sin la cabeza ni las extremidades.

trono *m.* Asiento para ser usado por un rey o reina: *El rey se sienta en el* **trono** *durante las ceremonias reales.*

tropa *f.* [1] Conjunto de soldados, cabos y sargentos: *La* **tropa** *sale a hacer ejercicio todos los días, temprano por la mañana.* [2] Multitud, grupo grande de personas. [3] *Amér. Merid.* Ganado.

tropezar *vb. irreg.* [1] Topar con algún obstáculo al caminar: *Los bebés* **se tropiezan** *con frecuencia porque no tienen seguridad en sus movimientos.* [2] *Fam.* Encontrar de manera casual una persona a otra: *Nunca pensé que* **me tropezaría** *con mi maestra en el teatro.*

tropezón *m.* Acción y efecto de tropezar: *Elisa sufrió una rasgadura en el músculo como consecuencia de un* **tropezón** *en la calle.*

tropical *adj.* Relativo al trópico: *"El lugar donde vas de vacaciones es una ciudad de clima* **tropical**, *así que debes llevar ropa ligera."*

trópico *m.* [1] Cada uno de los dos círculos menores en los que se considera dividida la Tierra, que son paralelos al ecuador: *Los* **trópicos** *son el de Cáncer y el de Capricornio.* [2] Región situada entre los dos círculos menores llamados trópicos.

trote *m.* Modo de andar calmado con ligeros saltos, característico de los caballos y otros cuadrúpedos: *Cuando Elsa monta a caballo prefiere andar al* **trote** *que al galope porque le da miedo correr.*

trozo *m.* Parte o porción de una cosa separada del todo: *Guardaré un* **trozo** *de carne para dárselo a mi perro porque ya tiene hambre.*

trucha *f.* Pez de agua dulce, con dos aletas dorsales, de carne muy apreciada: *En ese restaurante tienen un recipiente grande de agua donde hay* **truchas** *vivas que uno puede escoger para comérselas.*

truco *m.* [1] Engaño o trampa para lograr un fin: *Germán utilizó el viejo* **truco** *del dolor de estómago para faltar a la escuela.* [2] Procedimiento para producir un efecto que no es real pero que se ve como verdadero: *Vimos un mago que hacía* **trucos** *espectaculares, como aparecer de repente un elefante.*

trueno *m.* [1] Ruido fuerte que se oye segundos después de que aparece un rayo en el cielo: *Primero se ve el resplandor, así que ya sabes que debes taparte los oídos si no quieres escuchar el* **trueno**. [2] Explosión: *Un súbito* **trueno** *del depósito de gas fue el inicio del incendio en la bodega.*

trueque *m.* Acción y efecto de cambiar unas cosas por otras: *Antes de que se inventara el dinero las personas hacían* **trueques**, *por ejemplo una lanza por un trozo de carne.* SIN. **cambio.**

tu *adj.* Apócope del adjetivo posesivo tuyo, cuando va antepuesto al nombre: *¿Cuál es* **tu** *nombre?, el mío es Juana.*

---

adj. = adjetivo ☆ *f.* = sustantivo femenino ☆ *Fam.* = familiar ☆ *loc.* = locución ☆ *m.* = sustantivo masculino ☆ *pron.* = pronombre ☆ SIN. = sinónimo ☆ *vb.* = verbo ☆ *vb. irreg.* = verbo irregular.

tú *pron.* Pronombre personal masculino y femenino que indica la segunda persona del singular y funciona como sujeto: *"Jerónimo dice que la maestra no vendrá; ¿tú qué crees?"*

tubérculo *m.* Porción engrosada de un tallo subterráneo, como la papa: *La zanahoria es un tubérculo.*

tuberculosis *f.* Enfermedad infecciosa caracterizada por la formación de tubérculos o tumorcitos, por lo general en los pulmones: *El bacilo de Koch produce la tuberculosis.*

tubería *f.* ① Conducto formado por tubos o cañerías: *Se rompió la tubería del baño y salía tanta agua que parecía fuente.* ② Conjunto de tubos: *La tubería del gas está picada, por eso hay una fuga, hay que repararla de inmediato.*

tubo *m.* ① Pieza cilíndrica, hueca y alargada: *Hizo un tubo con el cartón y se dedicó a mirar a través de él como si fuera un telescopio.* ② Recipiente alargado de forma cilíndrica: *En el baño encontrarás un tubo con la crema que necesitas.*

tucán *m.* Ave trepadora originaria de América, con plumaje colorido y pico muy grande: *Los tucanes pertenecen a una especie que está protegida porque se halla en peligro de extinción.*

tuerca *f.* Pieza metálica con un orificio en el centro con un surco en espiral en el que se ajusta la rosca de un tornillo: *Fijó el mueble con tuercas y tornillos porque dijo que así quedaría más firme.*

tuerto, ta *adj./m. y f.* Que le falta un ojo: *A los piratas suelen pintarlos tuertos y con un parche en un ojo.*

tuétano *m.* Médula que está dentro de los huesos.

tul *m.* Tejido o tela formado por una malla: *El vestido de la bailarina de ballet está hecho con varias capas de tul blanco.*

tule *m.* *Méx.* Planta de tallos largos y rectos que crece a la orilla de los ríos y lagos.

tulipán *m.* ① Planta con bulbos, que tiene flores grandes en forma de copa. ② Flor de la planta llamada tulipán: *Los tulipanes son típicos de Holanda, al igual que los molinos de viento y los zuecos.*

tumba *f.* Hoyo hecho en la tierra para depositar cadáveres. SIN. **sepulcro, sepultura.**

tumbar *vb.* ① Hacer caer a alguien o algo: *Mi perro es un animal tan fuerte que le brincó encima a un niño y lo tumbó.* ② *Fam.* Tenderse, recostarse: *Llegó tan cansado después de la escuela que se tumbó en un sofá.*

tumor *m.* Aumento anormal del volumen de los tejidos o de un órgano: *Los médicos analizaron el tumor que le extrajeron a mi papá y afortunadamente no era canceroso.*

tumulto *m.* Alboroto de una multitud.

tuna *f.* Fruto de la chumbera o nopal.

tunda *f.* *Fam.* Serie de golpes, paliza.

túnel *m.* Pasaje subterráneo abierto de manera artificial: *Los presos se escaparon por un túnel que habían cavado desde hacía meses.*

túnica *f.* Vestido más o menos holgado y largo: *Se puso una túnica de algodón antes de ir a la playa porque sabía que así no sentiría demasiado calor.*

tupí-guaraní *adj./m. y f.* Grupo de pueblos amerindios de América del Sur que abarca Brasil, Paraguay, la cuenca del río Amazonas y la costa atlántica de esa parte del continente americano.

tupido, da *adj.* ① Denso, apretado: *Algunos bosques son tan tupidos que las ramas de los árboles no dejan pasar los rayos del sol.* ② *Argent., Chile, Méx. y Urug.* Abundante, copioso: *La lluvia era tan tupida que no podíamos cruzar la calle.*

turbante *m.* Adorno de tela que se enrolla a la cabeza y se usa sobre todo en algunos países asiáticos: *El genio apareció vestido con turbante, chaleco y pantalones anchos cuando Aladino frotó la lámpara.*

turbar *vb.* ① Alterar el orden o estado natural de algo: *Los niños estaban jugando hasta que llegó Santiago con un perro a turbar la tranquilidad.* ② Aturdir a alguien de modo que no acierte a reaccionar: *El piloto se turbó tanto después del accidente que parecía no darse cuenta de lo que había pasado.*

turbina *f.* Máquina compuesta por una rueda móvil sobre la que se aplica la energía del agua, del vapor, del gas, etc.: *Las turbinas de los jets son muy potentes.*

turbio, bia *adj.* Sucio o revuelto: *Hay que limpiar ese depósito porque el agua se ve turbia.*

turbulencia *f.* Movimiento brusco, agitación del aire o del agua: *Las numerosas y constantes turbulencias mecían al avión como si estuviera en un tobogán.*

turismo *m.* Práctica de viajar por placer: *Mucha gente jubilada hace turismo por todo el mundo.*

turista *m. y f.* Persona que recorre diferentes lugares por placer: *Los turistas son inconfundibles por sus cámaras al cuello y sus libros de guía en los que se enteran de los atractivos del lugar que visitan.*

turnar *vb.* Establecer un orden en combinación con otras personas para la realización de algo: *Durante la enfermedad de la abuelita los nietos se turnaron para cuidarla.*

turno *m.* ① Orden por el que se suceden unas a otras las personas para realizar alguna actividad: *Después de esperar quince minutos, al fin es mi turno para que me atiendan en el banco.* ② Momento en el que corresponde actuar a cada uno: *Mis papás me ayudaron a terminar mis estudios y ahora es mi turno de ayudarlos.*

turquesa *f.* Piedra preciosa opaca de color azul verdoso, muy apreciada para la industria joyera.

turrón *m.* Masa hecha de almendras, piñones, avellanas o nueces tostados, molidos y mezclados con miel o azúcar: *Los **turrones** se consumen de manera más frecuente durante las fiestas navideñas.*

tutear *vb.* Dirigirse a alguien de tú y no de usted: *Algunos hijos no **tutean** a sus padres, sino que les hablan de usted.*

tutor, ra *m.* y *f.* ☐1 Persona que representa a un menor de edad en los actos civiles: *Las calificaciones escolares debe firmarlas el padre, la madre, o el **tutor** del* alumno. ☐2 Profesor encargado de orientar a los alumnos: *Esteban obtuvo calificaciones tan bajas en matemáticas que sus padres contrataron un **tutor** para que le diera clases especiales.*

tuyo, ya *adj./pron.* Adjetivo y pronombre posesivos que indican que algo pertenece a la segunda persona del singular: *"Éste es mi pedazo de tarta, ¿cuál es el **tuyo**?"*

---

adj. = adjetivo ☆ *art.* = artículo ☆ *conj.* = conjunción ☆ *f.* = sustantivo femenino ☆ *interj.* = interjección ☆ *m.* = sustantivo masculino ☆ *pl.* = plural ☆ *pron.* = pronombre ☆ SIN. = sinónimo ☆ *vb.* = verbo ☆ *vb. irreg.* = verbo irregular.

Uu

▶ **u** *f.* Vigésima segunda letra del abecedario español y quinta de sus vocales.

▶ **u** *conj.* Se emplea en vez de "o" ante palabras que empiezan con "o" o con "ho": *No puedes comprar los dos chocolates, tienes que escoger uno u otro.*

ubicación *f.* Lugar donde se encuentra algo o alguien: *El chófer del taxi le pidió a mi papá la ubicación del lugar donde debía llevarlo.*

ubicar *vb. irreg.* ① Estar o encontrarse en un lugar o espacio: *Dime dónde se ubica la casa en la que será la fiesta del viernes.* ② *Amér.* Situar o instalar algo en determinado espacio o lugar.

ubre *f.* Glándula mamaria: *La leche de las vacas se produce en las ubres.*

¡uf! *interj.* Expresa cansancio, fastidio, sofocación, repugnancia: *¡Uf! ¡Qué calor hace hoy!*

úlcera *f.* Herida que no cicatriza, por lo general acompañada de secreción de pus: *Como no se cuidó la gastritis, le apareció una úlcera en el estómago.*

último, ma *adj.* ① Que está después que todos los demás en el espacio o en el tiempo: *En la fila se forman por tamaños, de menor a mayor y el último es el niño más alto de todos.* ② Se refiere a la cosa que es más nueva o reciente en el tiempo: *En el último número de esa revista hay un reportaje sobre mi escritor favorito.* ③ Que ya no queda otra posibilidad: *El padre le advirtió a su hijo que debía ser la última vez que le mostraba calificaciones tan bajas.*

ultramar *m.* País o territorio situado al otro lado del mar: *Para los habitantes de América, las cosas que llegan de Europa son productos de ultramar.*

ultramarinos *m. pl.* Víveres traídos del otro lado del mar que se venden en tiendas de comestibles: *Compré esta botella de vino francés en la tienda de ultramarinos de la esquina.*

ultrasonido *m.* Onda sonora no audible para el oído humano, que se usa, entre otras cosas, para hacer estudios médicos: *Le hicieron un ultrasonido a la mujer embarazada para verificar el estado de su bebé.*

umbral *m.* Pieza inferior de una puerta.

un *adj.* Número cardinal apócope de uno: *Fui a la tienda y compré un dulce y dos galletas.*

un, una *art.* Sirve para indicar una persona o cosa de un modo indeterminado: *Había una vez, hace mucho tiempo, un niño que se llamaba Juan.*

unánime *adj.* Que tiene o expresa un mismo parecer o sentimiento: *Le dieron el premio a Roberto por decisión unánime del jurado, es decir, todos opinaron que él se lo merecía.*

undécimo, ma *adj.* Que corresponde en orden al número once: *Tiene el número undécimo en la lista del salón, que va por orden alfabético.*

ungüento *m.* Sustancia que sirve para untar, en especial con fines curativos: *Para el dolor muscular le recetaron un ungüento con el que debe darse masajes.* SIN. bálsamo.

único, ca *adj.* ① Solo y sin otro de su especie: *Ese artesano hace joyas únicas, cada una es diferente y no se repite.* ② Fuera de lo común y corriente: *Gerardo tiene una inteligencia única, lo que René aprendió en seis meses él pudo aprenderlo en tres.* SIN. excepcional.

unicornio *m.* Animal fabuloso con cuerpo de caballo y un cuerno en la frente: *La leyenda dice que el unicornio sólo podía ser atrapado por una joven pura e ingenua.*

unidad *f.* ① Cada una de las cosas que forman un conjunto: *Mi novio me regaló una caja de chocolates que contenía diez unidades deliciosas.* ② Medida tomada como término de comparación para medir otra de la misma especie: *El kilogramo es una unidad de peso.* ③ Propiedad de lo que constituye un todo que no se divide: *La unidad entre todos los vecinos ayudó a que las autoridades tomaran en cuenta sus peticiones.*

uniformar *vb.* ① Igualar varias cosas entre sí. ② Poner uniforme a alguien: *La dirección del colegio decidió que los alumnos deberán uniformarse a partir del próximo año escolar.*

uniforme *m.* Vestido distintivo e igual de un cuerpo militar, colegio, etc.: *En esa escuela tienen un uniforme para todos los días y otro más elegante para las fechas especiales.*

unión *f.* ① Acción y efecto de unir. ② Alianza, asociación: *La unión entre los países europeos ha sido importante no sólo para Europa, sino para el resto del mundo.* ③ Relación entre dos personas, en especial en el matrimonio.

Ⓢ Amér. = América.

unir *vb.* Hacer que dos o más personas o cosas queden juntas o formando una unidad: *El puente unió las dos orillas de tierra que estaban separadas por el río.*

unisex *adj.* Que puede ser utilizado de igual manera por un hombre o por una mujer: *Hace algunos años los jóvenes usaban ropa unisex, así que se compraban los mismos artículos hombres y mujeres.*

universal *adj.* [1] Relativo al Universo o al espacio celeste: *Las estrellas forman parte de las maravillas universales.* [2] Que se extiende a todos los casos posibles: *El escritor español Miguel de Cervantes Saavedra ha sido uno de los grandes novelistas de la literatura universal.* [3] Que se refiere o es común a todo el mundo, todas las épocas o todos los hombres: *Los derechos humanos deben ser universales.*

universidad *f.* Institución y edificio donde se imparte la enseñanza superior o universitaria: *Raúl quiere estudiar en la universidad para llegar a ser ingeniero en electrónica.*

universitario, ria *adj.* Relacionado con la universidad: *Los directores de las facultades forman parte del congreso universitario.*

universo *m.* A veces se escribe con "U" mayúscula cuando se refiere al conjunto de todo lo que existe en lo material: *Hasta donde se sabe, en el Universo somos los únicos seres racionales.* →

uno *m.* Indica el primero de los números naturales: *Como Camila apenas empieza a contar dice "uno, dos, tes, cuato".*

▸ **uno, una** *adj.* [1] Primero: *El primer día de clases la maestra nos dijo: "por favor abran su libro de ciencias naturales en la página uno."* [2] Único, sin ningún otro: *Sólo tengo un libro de biología, por eso te lo prestaré cuando termine de leerlo.*

▸ **uno, una** *pron.* [1] Pronombre indefinido singular, de género masculino o femenino, que indica una persona indeterminada: *Llamó uno preguntando por ti, pero no dijo quién era.* [2] En relación con otro, indica contraposición: *Uno de tus pretendientes estudia y otro trabaja, ¿a cuál prefieres?*

uña *f.* [1] Lámina curva que recubre la parte superior de la punta de los dedos de ciertos animales y el hombre: *Hace una semana me cayó un bulto pesado en la punta de un dedo del pie y hoy se me cayó la uña lastimada.* [2] Casco de los animales que no tienen dedos separados. **SIN.** pezuña. [3] Parte de una hoja que sobresale del canal de un libro para poder abrirlo por una página determinada: *A este diccionario se le cayó la uña que indicaba el inicio de la letra "C" y ahora cuesta más trabajo encontrar dónde comienza esa letra.*

uñero *m.* [1] Inflamación de la raíz de la uña. [2] Herida que produce una uña cuando crece introduciéndose en la carne: *Los uñeros aparecen cuando uno no se*

corta bien las uñas y éstas crecen metiéndose en la carne.

urbanidad *f.* Comportamiento que demuestra buena educación: *Leí un manual de urbanidad que indica cómo comportarse de manera correcta en los lugares públicos.*

urbanismo *m.* Grupo de conocimientos y acciones que se ocupa de la construcción y desarrollo de las ciudades y de sus espacios.

urbano, na *adj.* Relativo a la ciudad: *Soy una persona urbana que siempre ha vivido en la ciudad y me parece que la vida en los pueblos es demasiado lenta.*

urbe *f.* Ciudad de gran tamaño e importancia: *Durante el siglo pasado, Londres era una de las grandes urbes europeas.*

urgencia *f.* [1] Emergencia: *Los médicos siempre deben estar preparados para atender las llamadas de urgencia.* [2] Prisa: *Se fue de repente porque dijo que tenía urgencia de ir al banco y ya se acercaba la hora de cierre.* [3] *pl.* Zona de los hospitales donde se atienden casos de gravedad: *La ambulancia llevó al atropellado a urgencias y minutos. después los médicos decidieron operarlo.*

urgente *adj.* Que urge o se realiza con más rapidez de lo común: *Estando en la playa le llegó un mensaje urgente de un familiar y por eso tuvo que interrumpir sus vacaciones.*

urgir *vb. irreg.* Exigir algo una rápida ejecución o remedio: *Me urge ir al baño.*

urinario *m.* Local para orinar, en especial en lugares públicos: *Los urinarios públicos suelen tener un olor penetrante y desagradable.*

urinario, ria *adj.* Relativo a la orina: *El médico le dijo que tenía una infección en las vías urinarias y le recetó antibiótico.*

urna *f.* [1] Vasija usada para guardar las cenizas de los muertos: *Después de la cremación del cadáver en un horno, entregaron a la viuda las cenizas de su marido dentro de una urna metálica.* [2] Caja de cristal para guardar objetos. [3] Para elecciones, caja de algún material transparente usada para depositar los votos: *Al final de la votación la gente responsable del conteo vació las urnas para clasificar y sumar los votos.*

urraca *f.* [1] Nombre dado a varios tipos de aves de la familia de los cuervos, de plumaje color negro y blanco, pico y patas negruzcos y cola larga. [2] *Amér.* Ave de dorso pardo y vientre blancuzco, que suele vivir en parques y jardines.

urticaria *f.* Erupción cutánea, por lo general en forma de ronchas rojizas, que produce gran picazón y aparece como reacción alérgica: *Andrea no puede comer carne de cerdo porque le produce urticaria.*

uruguayo, ya *adj./m.* y *f.* Originario de Uruguay, país de América del Sur.

---

adj. = adjetivo ☆ **f.** = sustantivo femenino ☆ **m.** = sustantivo masculino ☆ **pl.** = plural ☆ **pron.** = pronombre ☆ **SIN.** = sinónimo ☆ **vb.** = verbo ☆ **vb. irreg.** = verbo irregular ☆ Ü Ver Minienciclopedia.

usar *vb.* [1] Hacer que sirva una cosa para algún fin: *Usa las escaleras para subir porque el ascensor está descompuesto.* [2] Consumir: *El automóvil usa mucho aceite porque tiene una falla en el motor.* [3] Llevarse, estar de moda: *El sombrero es una prenda que actualmente se usa poco.*

uso *m.* [1] Acción y efecto de usar: *A causa del uso las suelas de mis zapatos ya están desgastadas.* [2] Capacidad para usar algo: *La gran quemadura que tiene le impide el uso de la mano derecha.* [3] Modo de usar algo: *Lee el instructivo para que sepamos si ese aparato tiene otro uso además de abrir latas.* [4] Costumbre propia de un país: *El uso en México es que los días 2 de noviembre se prepare una ofrenda a los muertos.*

usted *pron.* Pronombre personal masculino y femenino de la segunda persona, que se emplea como tratamiento de respeto y se usa con el verbo y formas pronominales en 3ª persona: *Por favor pase, está usted en su casa.*

usuario, ria *m.* y *f.* Persona que usa una cosa de manera habitual: *Los usuarios de los teléfonos celulares se quejaron por el aumento a las tarifas.*

utensilio *m.* Objeto usado para trabajos, labores u oficios: *Entre los utensilios que emplea el cocinero están las sartenes, las cucharas y las cacerolas.*

▶ **útil** *adj.* Que produce provecho o sirve para algo.

▶ **útil** *m.* Utensilio, herramienta: *El martillo, el serrucho y la sierra son útiles que emplea el carpintero en su trabajo.*

utilidad *f.* [1] Calidad de útil: *"No veo la utilidad de hablar sobre política si está claro que nunca estaremos de acuerdo", señaló Jimena.* [2] Provecho que se obtiene de una cosa: *La computadora ha sido de gran utilidad para controlar los inventarios de la tienda.*

utilizar *vb. irreg.* Valerse de alguien o algo de forma útil: *Para preparar el postre utilicé huevos, leche, harina, azúcar, manzanas, una cacerola, un cuchillo y una cuchara.*

uva *f.* Fruto comestible de la vid, más o menos redondo y jugoso, que nace en grupos formando racimos: *El último día del año se acostumbra comer doce uvas al dar las doce de la noche.*

úvula *f.* Pequeña masa carnosa situada al final del paladar e inicio de la garganta. SIN. **campanilla**.

o

p

q

r

s

t

u

Vv

v *f.* Vigésima tercera letra del abecedario español. Su nombre es *ve*.

V *f.* Cifra que en números romanos equivale a 5.

vaca *f.* Hembra adulta del toro: *De la vaca se obtienen muchos productos como leche, carne y cuero.*

vacación *f.* Suspensión temporal del trabajo o de los estudios por descanso y tiempo que dura esta suspensión: *Esteban irá a la playa durante las vacaciones de verano.*

vacante *adj.* Relativo al empleo, cargo o plaza que está desocupado: *"Hay un puesto vacante de secretaria en la empresa donde trabajo. ¿Te interesa trabajar ahí?"*

vaciar *vb. irreg.* [1] Dejar algo vacío, quitar el contenido de un recipiente: *Cuando se vacíe la olla de sopa, iré por más a la cocina.* [2] Desaguar en alguna parte los ríos o corrientes: *El gran Río Amazonas se vacía en el Océano Atlántico.*

vacilar *vb.* [1] Moverse una cosa por falta de estabilidad: *Las lámparas de la calle vacilaban por el fuerte viento que las hacía inclinarse de un lado a otro.* **SIN. oscilar.** [2] Dudar, estar indeciso: *Gerardo vacila entre estudiar física o química, ambas carreras le gustan mucho.* [3] *Amér. C. y Méx.* Divertirse, estar de juerga, hablar en broma: *Los viernes sale con sus amigos a vacilar a alguna fiesta.*

vacío *m.* [1] Espacio en el que no hay atmósfera: *Los astronautas flotaban en el vacío, atados con una larga cuerda que los unía a su nave.* [2] Espacio libre: *Tengo mucha hambre, siento un vacío en el estómago.* [3] Abismo, precipicio: *Perdió el equilibrio y cayó al vacío, ése fue el fin del malo del programa de televisión.*

vacío, a *adj.* [1] Falto de contenido: *La botella de leche está vacía, voy a la tienda a comprar otra.* [2] Desocupado, que está sin gente o con muy pocas personas: *Cuando llegaron a la sala de cine, todavía estaba vacía porque era muy temprano.*

vacuna *f.* Virus u otra sustancia biológica que se da a un individuo o animal para volverlo resistente a una enfermedad: *Las vacunas son importantes para evitar enfermedades contagiosas.*

vacunación *f.* Acción de administrar sustancias para evitar enfermedades: *Al niño le dieron en el hospital su vacunación gratuita contra la poliomielitis.*

vacuno, na *adj.* Relacionado con las reses. **SIN. bovino.**

vado *m.* [1] Parte de un río que tiene fondo firme y poco profundo: *El río era muy ancho y profundo, pero pudimos cruzarlo por un vado.* [2] En la vía pública, espacio en la acera destinado al acceso de vehículos a locales situados frente al mismo.

vagabundo, da *m. y f.* Persona que no tiene trabajo ni lugar dónde vivir: *Debajo de ese puente para automóviles viven varios vagabundos.* **SIN. indigente.**

vagar *vb. irreg.* [1] Ir sin destino ni rumbo fijo: *Estuve vagando por ese barrio y por casualidad encontré un museo muy interesante.* [2] Estar sin hacer nada: *Como ya terminé mi tarea escolar, voy a vagar un rato antes de cenar.*

vago, ga *adj.* [1] Que anda de una parte a otra sin dirección fija: *No he podido localizar a Mauricio, es tan vago que su madre nunca sabe dónde encontrarlo.* [2] Falto de precisión: *No pude llegar porque me dio unas indicaciones muy vagas de la dirección de su casa.* **SIN. impreciso.**

vagón *m.* Carro de un tren o ferrocarril: *El último de los vagones del ferrocarril se llama caboose.*

vaho *m.* [1] Vapor que despiden los cuerpos: *El agua hirviendo despide mucho vaho.* [2] Aliento: *Eché vaho en la ventana y se empañó el vidrio por algunos segundos.*

vaina *f.* [1] Funda de algunas armas: *El guerrero sacó un gran sable de su vaina y se dispuso a luchar contra el enemigo.* [2] Envoltura en la que están las semillas de algunas plantas, como la arveja o chícharo: *Para preparar las arvejas, deben sacarse de sus vainas y ponerse a cocer en agua con un poco de sal.*

vainilla *f.* [1] Planta trepadora que se cultiva por su fruto: *La vainilla se cultiva en las zonas tropicales de América, África y Asia.* [2] Fruto de la planta llamada vainilla, usado como condimento y aromatizante: *A Elena le gusta el helado de chocolate y a Marta le gusta el de vainilla.*

vaivén *m.* Movimiento alternativo de un cuerpo en una y otra dirección: *Durante el trayecto a la ciudad mi tía se durmió arrullada con el vaivén del tren.*

vajilla *f.* Conjunto de platos y tazas usados en el servicio de la mesa: *Sólo usa la vajilla inglesa que le heredó su abuela cuando ofrece comidas elegantes.*

---

adj. = adjetivo ☆ *f.* = sustantivo femenino ☆ loc. = locución ☆ *m.* = sustantivo masculino ☆ *pl.* = plural ☆ **SIN.** = sinónimo ☆ *vb.* = verbo ☆ *vb. irreg.* = verbo irregular.

vale: *vb. irreg.* [1] Tener las cosas un precio determinado: *"¿Cuánto vale un kilo de peras?"* [2] Equivaler: *En matemáticas, dos cuartos valen lo mismo que un medio.* [3] Ser válido, estar permitido: *No valió la salida de los corredores porque uno de ellos arrancó antes.* [4] Ser útil: *Esos billetes de cien dólares no valen porque son de juguete.*

válido, da *adj.* Que tiene valor o fuerza legal: *Mi pasaporte es válido para viajar por todo el mundo.*

valiente *adj.* Que tiene valor, ánimo: *Enrique enfrentó la enfermedad de su esposa de una manera valiente pues siempre la ayudó y cuidó para que sanara.*

valija *f.* [1] Utensilio para transportar objetos personales durante un viaje: *Como se iba de viaje por mucho tiempo, llevaba dos valijas llenas.* [2] Saco de cuero donde se lleva el correo: *Llegó el cartero con la valija llena y entre todas las cartas estaba una para mí.*

valioso, sa *adj.* Que vale mucho o que tiene mucho valor: *Le dio un valioso anillo de brillantes para formalizar su compromiso de matrimonio.*

valla *f.* Cerca hecha de madera u otros materiales que pone límite a un lugar: *Pusieron una valla provisional para impedir que la gente se acercara a la estrella del filme.*

valle *m.* Llanura de terreno entre montañas: *Desde las alturas veíamos correr el río a través del valle que se formaba entre las dos montañas.*

valor *m.* [1] Cualidad de una persona o cosa por la que merece ser apreciada: *Julieta tiene muchos valores, entre ellos la honestidad y la humildad.* [2] Importancia: *Las palabras de aliento de mi maestra fueron de gran valor para mí.* [3] Cualidad de quien afronta sin miedo los peligros: *Luis se lanzó con gran valor a la piscina para salvar al niño.* [4] Precio de una cosa: *El valor de este diamante es muy alto.*

vals *m.* Baile y música de origen austriaco, de ritmo vivo y rápido: *Uno de los compositores más famosos de valses fue Johann Strauss.*

valuar *vb. irreg.* Valorar, evaluar: *María no sabe el precio de unas joyas que desea vender, por eso las mandó valuar antes.*

válvula *f.* Especie de tapa usada para regular el paso de un fluido o un gas.

vampiro *m.* [1] Murciélago insectívoro que chupa la sangre de las personas y animales dormidos: *Vi en la televisión cómo un vampiro chupaba la sangre de la pata de un burro.* [2] Cadáver que, según la superstición, sale de su tumba para chupar la sangre de los seres humanos: *Entre los vampiros, el conde Drácula es el más conocido.*

vandalismo *m.* Inclinación a destruir todo: *Al final de la fiesta los jóvenes rebeldes dejaron un rastro de vandalismo: sillas rotas, vidrios de botellas por todos lados, mesas puestas de cabeza...*

vanidad *f.* Orgullo inspirado en un alto concepto de los propios méritos: *La vanidad le impide aceptar las críticas de los demás.*

vano. En vano, *loc.* De manera inútil, de manera ineficaz: *En vano intentó convencer a su padre de que lo dejara ir al día de campo, el "no" fue definitivo.*

vapor *m.* [1] Gas en que se transforma un líquido o un sólido al absorber calor: *El vapor del agua caliente en la ducha empañó los cristales de los vidrios del baño.* [2] Embarcación que se mueve gracias al gas llamado vapor: *Para ir de la ciudad de Venecia a la estación de tren se toma un vapor.*

vaporizador *m.* Aparato que expulsa algún líquido en gotas muy pequeñas: *Ese perfumero tiene un vaporizador con el que rocío el perfume en toda mi blusa.*

vaporizar *vb. irreg.* [1] Convertir un líquido en vapor: *Cuando llueve y hace calor al mismo tiempo, el agua se vaporiza.* [2] Dispersar en gotas muy pequeñas: *Vaporizó el desodorante ambiental en la casa para eliminar el olor de grasa que había quedado después de freír carne.*

vaquero, ra *m.* y *f.* Pastor de ganado vacuno: *El vaquero vestía unos anchos pantalones de cuero y traía una soga para atrapar al toro.*

vaqueros *adj./m. pl.* Relativo al pantalón de tela de algodón o mezclilla, muy resistente: *Rosaura dijo que iba a una reunión informal, por eso se puso unos vaqueros y se fue a encontrarse con sus amigos.* **SIN.** jeans.

vaquilla *f.* [1] Res joven que es toreada por aficionados en festejos populares. [2] *Chile* y *Nicar.* Ternera entre el año y medio y los dos años.

vara *f.* [1] Rama delgada, larga y sin hojas: *Como podaron el árbol, el jardín está cubierto de varas y hojas secas.* [2] Palo largo: *Mi bisabuelo me dijo que cuando él iba a la escuela, el maestro guardaba una vara para castigar a los alumnos que se portaran mal.*

varadero *m.* Lugar donde se ponen en seco las embarcaciones: *En el varadero pintan y arreglan las lanchas y los barcos.*

varar *vb.* [1] Sacar del mar a la playa una embarcación: *Vararon ese barco porque tienen que hacerle composturas.* [2] Atorarse o encallar una embarcación: *Si no regresan antes de que la marea baje, la lancha se varará en el banco de arena.*

variar *vb. irreg.* [1] Hacer que una cosa sea diferente a como era antes: *Para variar, por qué no llegas tú a mi casa, siempre soy yo quien va a buscarte.* [2] Dar variedad. [3] Cambiar, ser diferente: *El agua varía según el estado en el que se encuentre: sólido, líquido o gaseoso.*

varicela *f.* Enfermedad infecciosa que produce fiebre y erupciones en la piel: *Cuando a José le dio varicela, se la contagió a sus hermanos y amigos.*

 Amér. C. = América Central ☆ *Méx.* = México ☆ *Nicar.* = Nicaragua.

variedad f. ☐1 Calidad de vario, de distinto: *La variedad de tipos de sangre hace necesario un análisis antes de hacer una transfusión.* ☐2 Cada una de las distintas clases de algo: *En ese mercado hay una variedad amplia de tipos de lechuga.* ☐3 *pl.* Espectáculo compuesto por diversos números: *Ese programa de variedades presenta cantantes, bailarines, entrevistas y reportajes.*

varilla f. Barra larga y delgada: *Unas varillas metálicas mantienen abierto y extendido el paraguas.*

vario, ria adj. ☐1 Diverso, diferente, variado: *Se compró varias camisas de distintos colores: azul, amarillo, negro, etc.* ☐2 *pl.* Relativo a una cantidad indeterminada: *"¿Hace cuánto que no la ves?" "Varios meses."*

varón m. Persona del sexo masculino: *Gerardo estudia en una escuela religiosa, nada más para varones.*

vaselina f. Sustancia lubricante extraída del petróleo: *Le gusta ponerse vaselina en el pelo y le queda muy brillante.*

vasija f. Recipiente para contener líquidos o alimentos: *Ese artesano hace y vende vasijas de barro.*

vaso m. Recipiente cóncavo y cilíndrico que sirve para beber.

vatio m. Unidad de potencia eléctrica: *Esa bombilla tiene una potencia de 40 vatios.* SIN. **watt.**

vecindario m. Conjunto de los vecinos de una población o de un barrio: *Los habitantes del vecindario se organizaron para cuidarse de los ladrones.*

▸ **vecino, na** adj. Cercano: *La población vecina hacia el norte está a una hora de distancia.*

▸ **vecino, na** m. y f. ☐1 Persona que vive en la misma casa o barrio: *Mi familia tiene una relación respetuosa y distante con los vecinos.* ☐2 Persona que tiene casa en una población: *Desde hace muchos años es vecino de esta ciudad.*

veda f. Tiempo en que está prohibido cazar o pescar: *Si se respeta la veda de pesca de algunas especies marinas, se las protege de una pronta extinción.*

vegetación f. Conjunto de plantas de un área determinada: *En los bosques y las selvas hay muchas plantas, mucha vegetación.*

▸ **vegetal** adj. Relativo a las plantas: *En la clase de biología estamos estudiando las especies del mundo vegetal, o sea, los distintos tipos de plantas.*

▸ **vegetal** m. Ser orgánico que crece y vive, pero no cambia de lugar por impulso voluntario: *Los vegetales necesitan agua, luz y tierra para desarrollarse.*

vegetariano, na m. y f. Persona que se alimenta de forma exclusiva de alimentos de origen vegetal: *Mi hermana es vegetariana porque dice que matar a los animales es una crueldad.*

vehículo m. Medio de transporte terrestre, aéreo o acuático: *El avión, el tren y el automóvil son vehículos modernos; las carretas se usaron más en siglos pasados.*

▸ **veinte** adj. ☐1 Dos veces diez. ☐2 Vigésimo.

▸ **veinte** m. Número que resulta de sumar diecinueve y uno.

veintena f. Veinte de algo: *A la fiesta asistió una veintena de niños con sus mamás.*

vejez f. ☐1 Calidad de viejo: *Mi bisabuelo murió de vejez, tenía noventa y ocho años.* ☐2 Último periodo de la vida humana: *Ahora se refieren a la vejez como la tercera edad; la primera es la infancia y la segunda es la edad adulta.* SIN. **senectud.**

vejiga f. Receptáculo abdominal en el que se acumula la orina: *Como había tomado muchos líquidos y no había orinado, sentía la vejiga inflamada.*

vela f. ☐1 Cilindro de cera con pabilo que puede encenderse e iluminar un lugar. ☐2 Lona fuerte que sirve para impulsar una embarcación por la acción del viento: *Las velas se rasgaron por la fuerza de la tormenta y el barco se movía tanto que parecía que iba a hundirse.*

velador m. ☐1 *Amér. Merid.* Mesa de noche: *Puso en el velador una lámpara que le permite leer cuando ya está acostada.* SIN. **buró, mesa de luz.** ☐2 *Argent.* Lámpara que suele colocarse en la mesilla de noche.

velador, ra m. y f. *Méx.* Vigilante nocturno de un edificio: *El velador de esas oficinas trabaja desde las diez de la noche hasta las seis de la mañana.* SIN. **celador.**

veladora f. ☐1 *Urug.* Lámpara que suele colocarse en la mesilla de noche. ☐2 *Méx.* Vela gruesa y corta que se prende ante un santo por devoción: *En la iglesia encendió una veladora por el alma de su tío recién fallecido.*

▸ **velar** vb. ☐1 Asistir de noche a un enfermo o pasar la noche con un difunto: *En algunos lugares se acostumbra velar al difunto toda la noche.* ☐2 Permanecer despierto por la noche: *Se quedó velando anoche porque tenía un examen difícil hoy.*

▸ **velar** vb. ☐1 Cubrir con un velo: *La lámpara tiene una bombilla demasiado intensa; habría que velarla un poco.* ☐2 Borrarse una imagen fotográfica: *Abrió la cámara con el rollo puesto y se velaron varias fotos.*

velero m. Buque de vela.

veleta f. Pieza giratoria que indica la dirección del viento: *Sobre el edificio hay una veleta en forma de flecha que señala hacia dónde sopla el viento.*

▸ **vello** m. ☐1 Pelo corto y suave que cubre algunas partes del cuerpo humano: *Juan tiene tanto vello, que para las cinco de la tarde ya le creció la barba a pesar de que se afeita por la mañana.* ☐2 Pelusa de algunas frutas y plantas, como el durazno o melocotón.

velo m. Tejido muy fino y transparente: *Para la ceremonia de boda, algunas novias se ponen un velo que les cubre la cara.*

velocidad f. ☐1 Ligereza o prontitud en el movimiento: *Caminó a gran velocidad porque le urgía ir al baño.* ☐2 Cada una de las combinaciones de engranaje de un

---

⊙ *adj.* = adjetivo ☆ *f.* = sustantivo femenino ☆ *m.* = sustantivo masculino ☆ *pl.* = plural ☆ SIN. = sinónimo ☆ *vb.* = verbo ☆ *vb. irreg.* = verbo irregular ☆ ➔ Ver Minienciclopedia.

motor de automóvil: *Los automóviles automáticos son más fáciles de manejar que los que tienen **velocidades**.*

velódromo *m.* Pista para determinadas carreras de bicicleta: *La competencia ciclista de velocidad se llevó a cabo en el **velódromo**.*

velorio *m.* ① Sesión nocturna en la que se vela a un difunto: *Anoche estuve en el **velorio** del papá de una amiga, ella está muy triste.* ② Acto y lugar donde se vela a un difunto.

veloz *adj.* Que se mueve o puede moverse con rapidez: *Pese a ser más **veloz** que la tortuga, la liebre de la fábula perdió la carrera por haberse confiado.*

vena *f.* ① Vaso que conduce la sangre al corazón. ② Nervio de la hoja de las plantas: *Por las **venas** de las hojas fluye la savia, que es como la sangre de las plantas.*

venado *m.* Rumiante de hasta 1.50 m de altura que vive en manadas en los bosques de Europa, Asia y América: *En el zoológico había dos **venados** adultos con su cría.* SIN. **ciervo, gamo.**

vencedor, ra *m.* y *f.* Persona que vence o gana: *El **vencedor** de la carrera de cien metros planos fue un corredor de Canadá.*

vencer *vb. irreg.* ① Derrotar al enemigo: *El ejército del país **vencerá** a las fuerzas extranjeras que quieren apoderarse de la ciudad.* ② Resultar el primero en una competencia: *El chino **venció** a los otros clavadistas y ganó la medalla de oro.* ③ Producir su efecto en uno aquello a lo que es difícil resistir: *Como llevaba varios días durmiendo mal, anoche finalmente la **venció** el sueño a las seis de la tarde.* ④ Terminar un plazo: *Antes de que se **venciera** el plazo, logró terminar el cuento para el concurso.*

vencido, da *adj.* Que ha sido derrotado: *El boxeador estaba tan golpeado que su entrenador decidió darlo por **vencido** para que no tuviera que seguir peleando.*

venda *f.* Tira de tela o gasa que sirve para cubrir heridas: *Su mamá le lavó y curó la rodilla golpeada y después se la cubrió con una **venda**.*

vendar *vb.* Poner una venda: *Vendé mi pierna porque me la lastimé cuando jugaba fútbol.*

vendedor, ra *m.* y *f.* Persona que vende o tiene por oficio vender: *El **vendedor** me convenció de que esa aspiradora era una gran compra. ¡Ahora me doy cuenta de que en realidad no me hace falta!*

vender *vb.* Ceder a otro algo a un determinado precio.

vendimia *f.* Recolección de la uva y tiempo en que se efectúa: *Durante la **vendimia**, mucha gente llega a trabajar en los campos sembrados de vides.*

veneno *m.* Sustancia que, introducida en el cuerpo, ocasiona la muerte o graves trastornos: *Está probado que la nicotina es **veneno** para los pulmones.*

venerar *vb.* ① Sentir y mostrar respeto y devoción por alguien. ② Dar culto a Dios, a los santos y a las cosas

sagradas: *En varias iglesias de América Latina se **veneran** imágenes del arcángel Miguel, quien simboliza la defensa de la fe cristiana.*

venezolano, na *adj./m.* y *f.* Originario de Venezuela, país de América del Sur: *El ron **venezolano** tiene fama de ser bueno y sabroso.*

venganza *f.* Hecho de dar respuesta a un agravio o daño: *El deseo de **venganza** envenena el alma de las personas que lo sienten.*

venir *vb. irreg.* ① Moverse, trasladarse de allá para acá: *Si le dices "ven" a mi perra, obedece y viene a sentarse a mis pies.* ② Estar próximo en el tiempo: *El año que **viene** vamos a hacer un viaje a Alaska.* ③ Llegar al sitio donde está quien habla: *Vinieron a visitarnos al campo mis primos de la ciudad.* ④ Ajustarse, acomodarse bien o mal: *Ese pantalón te **viene** muy bien, no dudes en comprarlo.* ⑤ Estar, hallarse, encontrarse: *¿Ya viste la fotografía de Amalia que **viene** en el diario?*

venta *f.* ① Hecho de vender: *Después de mucho negociar, el vendedor logró la **venta** del edificio.* ② Cantidad de cosas que se venden: *En diciembre hay buenas **ventas** de juguetes.*

ventaja *f.* ① Hecho de ir o estar delante de otro en una actividad: *Con respecto a los demás aspirantes a ese trabajo, él tiene la **ventaja** de saber inglés y alemán.* ② Provecho, utilidad: *Vendió la bicicleta que había comprado hace seis meses con una **ventaja** del 10 por ciento: le costó 1 000 pesos y la vendió en 1 100.*

ventana *f.* ① Abertura hecha en la pared, para dar luz y ventilación: *Como se levanta tarde, cubrió las **ventanas** con gruesas cortinas que no dejan entrar la luz.* ② Hoja con que se cierra la abertura en la pared llamada ventana: *Después de levantarme, siempre abro las **ventanas** para airear la habitación.* →

ventanal *m.* Ventana grande, desde el techo hasta el piso: *En su oficina del piso veinte, desde sus grandes **ventanales** tiene una buena vista de la ciudad.*

ventilación *f.* Aire en circulación: *Siento que me ahogo en este cuarto porque no tiene **ventilación**.*

ventilador *m.* Aparato que tiene un eje con aspas, que sirve para ventilar o hacer circular el aire: *En esa región cálida se usan los **ventiladores** pegados al techo.*

ventilar *vb.* ① Exponer al viento: *Colgué la ropa en el patio para que se **ventile**.* ② Renovar el aire de un lugar: *Por las mañanas es bueno **ventilar** las habitaciones para que se vayan los olores nocturnos.*

ventosa *f.* ① Objeto cóncavo de caucho o hule que, al ser apretado contra una superficie, queda adherido a ella: *El gancho del que se cuelga el trapo de la cocina, se pega a la pared con una **ventosa**.* ② Órgano de fijación y succión de algunos animales, como el pulpo: *En lugar de comerlo, el niño contaba las **ventosas** del pulpo que tenía en el plato.*

Ⓢ *Amér. Merid.* = América Meridional ☆ *Argent.* = Argentina ☆ *Méx.* = México ☆ *Urug.* = Uruguay.

ventrílocuo, cua *m.* y *f.* Persona que puede hablar sin mover los labios y los músculos faciales, de manera que parezca que es otra persona o muñeco el que habla: *Es un* **ventrílocuo** *tan bueno, que puede hacer que su muñeco hable mientras él toma agua.*

▶ **ver** *m.* Sentido de la vista: *Para algunas personas,* **ver** *es más importante que oír.*

▶ **ver** *vb. irreg.* ① Percibir mediante el sentido de la vista: *Mi abuelo está anciano y no* **ve** *bien de lejos.* ② Observar, examinar: *En clase de biología* **vimos** *unas bacterias a través del microscopio.* ③ Visitar a otra persona: *Quiero* **ver** *a mi tía Angélica, hace mucho que no sé de ella.* ④ Hallarse en determinada situación: *Sin quererlo, de pronto* **se vio** *envuelto en una situación difícil en el trabajo.* ⑤ Someterse a control por parte de un técnico o especialista: *Es importante que lo* **vea** *el médico, porque no es normal que todos los días sienta dolor de cabeza y mareos.*

veranear *vb.* Pasar el verano de vacaciones: *Nos vamos a* **veranear** *a Río de Janeiro, donde tenemos familia.*

verano *m.* Estación del año entre la primavera y el otoño: *En* **verano** *hace mucho calor, por eso la gente busca pasar las vacaciones en las playas.* SIN. **estío.**

veras. De veras, *loc.* Verdad en aquello que se dice o hace: *¿De veras vamos a ir al cine hoy por la tarde?*

veraz *adj.* Que dice la verdad: *La información que dio ese diario con respecto a la visita del Papa fue* **veraz;** *en cambio, los de la radio inventaron todo.*

verbal *adj.* ① Relativo a la palabra: *Pedro tiene una expresión* **verbal** *muy buena porque le gusta mucho leer.* ② Relativo al verbo: *En clase de lengua española estudiamos modos* **verbales** *como el indicativo y el imperativo.*

verbo *m.* ① Palabra: *Ese sacerdote dice que desea dar a conocer el* **verbo** *divino.* ② Categoría gramatical que expresa dentro de la oración la acción o estado del sujeto: *Correr es un* **verbo** *escrito en modo infinitivo.*

verdad *f.* ① Principio aceptado como cierto: *Una* **verdad** *es que la Tierra es redonda.* ② Conformidad entre lo que se dice y lo que se piensa: *Es* **verdad** *que Miguel salió de casa ayer, yo lo vi en el cine.* ③ Existencia real de una cosa: *La historia que representan en ese filme es* **verdad,** *realmente sucedió.*

verdadero, ra *adj.* ① Que es o contiene verdad: *La razón que dio por haber llegado tarde es* **verdadera,** *en la calle ocurrió un accidente y los automóviles estuvieron detenidos durante una hora.* ② Real, verídico: *Esa novela se basa en una historia* **verdadera.** ③ Sincero, veraz: *Siente* **verdadero** *amor por su perro, no sabes cómo sufrió cuando estuvo perdido y qué felicidad le dio cuando el animal regresó.*

▶ **verde** *adj.* ① De color verde: *Compré una blusa* **verde** *chillante y ya me arrepentí, porque voy a parecer un loro.* ② Relativo a la fruta que no está madura: *No te comas esa manzana, todavía está* **verde.**

▶ **verde** *m.* ① Color que resulta de combinar el amarillo y el azul: *El color predominante de las plantas es el* **verde.** ② *pl.* Movimientos ecologistas y sus miembros: *Los* **verdes** *se preocupan mucho por la limpieza y conservación del medio ambiente.*

verdolaga *f.* Planta de hojas carnosas comestibles y flores amarillentas o rojas: *Las* **verdolagas** *son comestibles y se pueden preparar en guisos con carne.*

verdor *m.* Color verde vivo de las plantas: *¡Mira todo ese* **verdor***! ¿No es un bosque maravilloso?*

verdulería *f.* Tienda o puesto donde se venden verduras, hortalizas, frutas, etc.

verdura *f.* Vegetales de color verde: *En la parte de atrás de la casa, mi madre cultiva* **verduras** *como lechugas, tomates, espinacas y cebollas.*

vereda *f.* ① Camino angosto: *Por esa* **vereda** *puedes llegar al río.* SIN. **senda, sendero.** ② *Amér. Merid.* y *Cuba.* Lugar reservado para el tránsito de peatones. SIN. **acera.**

veredicto *m.* Fallo pronunciado por un jurado: *En la sala de la Corte, todos esperaban el* **veredicto** *del jurado y cuando se supo, saltaban de gusto porque declararon inocente a Romualdo.*

vergüenza *f.* ① Sentimiento ocasionado por alguna falta cometida o por el temor a la humillación: *Como estaba de visita, le dio mucha* **vergüenza** *que se le cayera el guiso en el mantel.* ② Timidez: *A Federico le da mucha* **vergüenza** *hablar en público.* SIN. **pena.**

verificar *vb. irreg.* Comprobar la verdad de algo que ya se sabía: *Hay que* **verificar** *esas sumas antes de entregarlas a la maestra, para evitar cualquier error.* SIN. **checar.**

verja *f.* Enrejado que se emplea como puerta, ventana o cerca: *La* **verja** *de entrada a la casa está pintada de color marrón.*

verosímil *adj.* Que parece verdadero o puede ser creíble: *Contó la historia de una manera tan* **verosímil,** *que todos pensamos que era real; después nos confesó que la había inventado.* ANT. **inverosímil.**

verruga *f.* Abultamiento rugoso que sale en la piel: *Tenía una* **verruga** *cerca del ojo y fue al médico para que se la quitara.*

versión *f.* ① Traducción de un texto: *Le pidieron hacer una* **versión** *al castellano de una novela de éxito en Inglaterra.* ② Interpretación particular de un hecho: *El fiscal le pidió al testigo su* **versión** *de los hechos.*

verso *m.* Conjunto de palabras combinadas según ciertas reglas, y sujetas a un ritmo: *La obra teatral Don Juan Tenorio, del escritor José Zorrilla, está escrita en* **verso.**

versus *prep.* Por oposición a, frente a.

vértebra *f.* Cada uno de los huesos de la columna vertebral: *Mi abuela tiene un problema entre dos* **vértebras** *de la región de la cintura, por eso no puede caminar.*

---

vertebrado, da *adj.* Relativo al animal provisto de columna vertebral: *Los humanos somos animales vertebrados.*

vertebral. Columna vertebral, *loc.* Conjunto óseo formado por una serie de vértebras articuladas entre sí.

vertical *f.* Perpendicular al horizonte o al plano horizontal: *El pobre hombre perdió la vertical y cayó al suelo.*

vértice *m.* Punto en que concurren los dos lados de un ángulo o las aristas de tres o más planos de un poliedro: *Los dos lados de un ángulo se unen en un punto que se llama vértice.*

vértigo *m.* Sensación de falta de equilibrio en el espacio: *Cuando se asomó desde el piso 20 del edificio sintió vértigo y mareo.*

vestido *m.* ① Conjunto de piezas que sirven para cubrir el cuerpo: *Esa familia lleva todos sus vestidos en varias maletas.* SIN. **ropa, vestuario.** ② Traje femenino de una sola pieza: *A Emma no le gustan los pantalones, siempre usa vestido.*

vestidor *m.* Lugar para vestirse: *Dentro de la habitación hay un vestidor donde guardo toda mi ropa.* SIN. **vestuario.**

vestir *vb. irreg.* ① Cubrir el cuerpo con un vestido: *Como todavía es muy pequeña, su mamá la viste porque ella no puede hacerlo sola.* ② Cubrir, adornar: *Vistió la mesa con un mantel de dibujos navideños.*

vestuario *m.* Conjunto de vestidos: *Los actores de la obra de teatro guardan el vestuario en varios cajones grandes.*

veta *f.* ① Franja que se distingue en ciertas maderas y piedras: *La madera tiene vetas que se ven bien en el diseño de la mesa.* ② Filón de metal: *Joel está muy contento porque encontró una veta de plata en su mina.*

veterano, na *adj./m.* ① *f.* Que es experimentado en una cosa: *Lleva muchas temporadas como mariscal de campo, es un veterano del fútbol americano.*

veterinario, ria *m.* y *f.* Médico especializado en curar animales: *Mi hermano es un veterinario que se ocupa de animales acuáticos.*

vez *f.* ① Cada realización de un suceso en momentos distintos: *Repitan diez veces: "No se dice «él forza», se dice «él fuerza».* ② Tiempo en que se ejecuta una acción: *Vi el mar por primera vez cuando cumplí quince años.* ③ *loc.* **Tal vez,** de manera posible: *Tal vez salga de vacaciones, aún no lo sé con seguridad.*

vía *f.* ① Riel del ferrocarril: *La vía del tren es de fierro.* ② Medio de transporte o comunicación: *Como ese país tiene muchos ríos, la vía fluvial es de las más utilizadas.*

viaducto *m.* Puente con arcos sobre una hondonada: *El tren atravesó el río por un viaducto.*

viajar *vb.* Desplazarse de un lugar a otro: *Como no le gusta viajar en avión, usa el tren o el barco.*

viaje *m.* ① Acción y efecto de viajar: *Por razones de trabajo, hace un viaje a Europa cada año.* ② Recorrido que se hace andando y volviendo de un lugar a otro: *Compró un billete de avión para un viaje a España y otro de regreso.*

viajero, ra *adj./m.* y *f.* Persona que viaja: *Don Gustavo trabaja como agente viajero de productos farmacéuticos.*

vialidad *f.* Lo relacionado con las vías públicas: *El encargado de la organización de la vialidad de esa ciudad es el departamento de tránsito.*

víbora *f.* ① Serpiente venenosa con cabeza triangular. ② Serpiente, culebra: *Raquel siente un temor irracional hacia las víboras.*

vicepresidente, ta *m.* y *f.* Persona que suple al presidente: *En Estados Unidos de Norteamérica, el vicepresidente asume la jefatura del país en caso de muerte del presidente.*

viceversa *adv.* Invirtiendo el orden de los términos: *Compró un billete de avión para hacer un viaje Madrid-Londres y viceversa, o sea, Londres-Madrid.*

vicio *m.* Afición excesiva por algo: *Su excesivo gusto por los chocolates llega al vicio.*

vicioso, sa *adj.* Que tiene una afición excesiva por algo: *Es importante ayudar a las personas viciosas de las drogas para que dejen de hacerse daño.*

víctima *f.* Persona que sufre las consecuencias de una acción: *La inundación de la ciudad produjo cien víctimas.*

victoria *f.* Triunfo que se consigue sobre el contrario: *La victoria del partido fue para el equipo local.*

vicuña *f.* Mamífero originario de los Andes, de color leonado, apreciado por su fina lana: *Las vicuñas son parientes de las llamas.*

vid *f.* Planta cultivada por su fruto, la uva: *De la vid se come la uva y, en algunas culturas, las hojas.*

vida *f.* ① Conjunto de las propiedades características de los seres humanos, animales y plantas, que se transmiten a la descendencia: *La madre y el padre dieron vida a un pequeño niño que acaba de nacer.* ② Espacio de tiempo entre el nacimiento y la muerte: *Toda su vida la pasó en un pequeño pueblo, nunca viajó a otro lugar.* ③ Duración de las cosas: *Se calcula que la vida de este tipo de sartén es de cinco años.* ④ Modo de vivir: *Como tiene mucho dinero, lleva una vida cómoda y sin preocupaciones.* ⑤ Biografía: *La maestra nos contó la vida de uno de los héroes del país.* ⑥ Persona o ser humano: *Los médicos se sienten muy satisfechos cuando logran salvar una vida.*

vídeo *m.* Palabra de origen inglés. ① Técnica de grabación y reproducción de imágenes y sonidos a través de una cámara, una televisión y un aparato que registra y reproduce el sonido y las imágenes en una cinta.

 Amér. Merid. = América Meridional.

② Cinta grabada con la técnica llamada vídeo: *Me prestaron un vídeo con un filme japonés de un director muy famoso.* ③ Aparato que graba o reproduce sobre una cinta grabada con la técnica llamada vídeo: *Se descompuso mi vídeo y no he podido ver la grabación de mi boda.*

videoclub *m.* Comercio dedicado a la venta o alquiler de filmes de vídeo: *Hay que hacerse socio de ese videoclub para poder rentar los filmes de estreno.*

videojuego *m.* Aparato que permite reproducir en una pantalla diversos juegos contenidos en un disquete o casete, y juego contenido en dicho aparato: *Algunos niños y adolescentes son fanáticos de todo tipo de videojuegos.*

videoteca *f.* Colección de casetes de vídeo: *En esa biblioteca tienen una buena sección de videoteca.*

vidriera *f.* Escaparate de una tienda. SIN. **aparador, vitrina.**

vidrio *m.* Cuerpo sólido, mineral, por lo general transparente y frágil, que resulta de la solidificación de ciertas sustancias: *Jugando béisbol, unos chicos rompieron el vidrio de la ventana del vecino.* SIN. **cristal.**

▶ **viejo, ja** *adj.* ① Antiguo: *Hay una tienda de muebles viejos, donde a veces se encuentra uno verdaderas joyas.* ② Deslucido, estropeado: *Ya quiero deshacerme de ese abrigo porque está muy viejo.* ③ De mucha edad: *Ese hombre es el más viejo del pueblo, tiene 98 años.*

▶ **viejo, ja** *m.* y *f.* ① Persona de mucha edad: *Un viejo se me acercó en la librería y me pidió que lo acompañara a cruzar la calle porque él no podía hacerlo solo.* SIN. **anciano.** ② *Amér.* Apelativo cariñoso que se aplica a los padres y también entre cónyuges y amigos: *Mis viejos se quedaron en el pueblo; nosotros los hijos, vivimos en la ciudad.*

viento *m.* ① Aire que se desplaza: *El viento sopla frío en esta mañana de invierno.* ② *loc.* **Instrumentos de viento,** instrumentos musicales que se tocan soplando en ellos: *La trompeta y la flauta son instrumentos de viento.*

vientre *m.* Cavidad del cuerpo de los vertebrados que contiene principalmente el estómago y los intestinos: *El fuerte dolor en el vientre resultó ser apendicitis.* SIN. **panza.**

viernes *m.* Contando desde el lunes, quinto día de la semana: *Se pone contento los viernes, porque ya viene el fin de semana.*

viga *f.* Pieza horizontal de una construcción, destinada a soportar una carga: *Esa casa de tipo colonial tiene unas bellas vigas de madera.*

vigente *adj.* Que está en vigor y observancia: *Para viajar fuera del país hay que hacerlo con un pasaporte vigente, porque si ya se venció no es posible salir del país ni entrar a un país extranjero.*

vigésimo, ma *adj./m.* y *f.* Que corresponde en orden al número veinte: *Se casó muy joven, al cumplir su vigésimo aniversario.*

vigía *m.* y *f.* Persona que vigila desde un puesto alto: *Rodrigo de Triana, el vigía en la carabela de Cristóbal Colón, fue quien primero divisó tierra.*

vigilante *m.* y *f.* Persona que vigila, que cuida algún lugar: *Contrataron tres vigilantes para cuidar la bodega por las noches.*

vigilar *vb.* Estar atento, cuidar con solicitud: *El trabajo del capataz en la hacienda es vigilar que los peones hagan su labor correctamente.*

vigilia *f.* ① Acción de estar despierto o en vela: *La familia pasó la noche en vigilia, cuidando al enfermo.* ② Víspera, en especial la de una festividad religiosa.

vigor *m.* ① Fuerza o capacidad que se lleva a cabo algo: *El hombre que fue atacado por los ladrones se defendió con vigor.* ② Validez legal de las leyes: *Esa ley ya está aprobada, pero entrará en vigor hasta el próximo año.* ③ Vitalidad, energía: *¡Qué vigor de los niños, no han parado de jugar y correr todo el día y todavía no se cansan!*

vikingo, ga *adj./m.* y *f.* De un antiguo pueblo de navegantes y guerreros del norte de Europa: *Los vikingos creían que si morían en batalla, se irían al walhalla o cielo de los guerreros.*

villa *f.* ① Casa aislada de las demás, con jardín o huerta: *En esa parte de la ciudad las villas están construidas en grandes terrenos.* ② Denominación de ciertas poblaciones: *Pasaremos el fin de semana en una villa minera que está ubicada a cuatro horas de la capital.*

villancico *m.* Canción de tema religioso, que se canta en Navidad: *Durante los últimos días de diciembre, el coro de la iglesia canta villancicos en las calles.*

villano, na *m.* y *f.* Persona ruin, infame: *El villano de ese filme mudo vestía de negro, tenía bigote y barba y mirada de malvado.*

vinagre *m.* Líquido agrio, resultante de la fermentación del vino o de la caña: *El vinagre se usa como condimento de ensaladas y guisos.*

vinagreta *f.* Aderezo para la ensalada.

vinatería *f.* Lugar donde se venden o producen vinos: *Como Joel es un buen cliente de la vinatería, el dueño le avisa cuando llegan buenos vinos.*

vinicultura *f.* Técnica para la elaboración y crianza de vinos.

vino *m.* Bebida alcohólica que se obtiene del zumo o jugo fermentado de las uvas: *Cuando Manolo era niño, su abuelo le dejaba tomar un vaso de vino rebajado con agua y un poco de azúcar.*

viña *f.* Terreno plantado de vides: *Ante sus ojos se extendía la magnífica viña donde había trabajado durante tantos años y que producía uvas de la mejor calidad.* SIN. **viñedo.**

viñeta *f.* Cada uno de los recuadros de una serie en la que se hace una historieta de un cómic o tebeo con

---

adj. = adjetivo ☆ *f.* = sustantivo femenino ☆ *loc.* = locución ☆ *m.* = sustantivo masculino ☆ SIN. = sinónimo ☆ *vb.* = verbo ☆ ➡ Ver Minienciclopedia.

dibujos y texto: *En la primera viñeta se ve a un hombre que va caminando y que se acerca a una cáscara de mango tirada en el piso; en la segunda se ve cómo la pisa sin darse cuenta, y en la tercera está en el suelo después de haberse resbalado.*

violar *vb.* Infringir una ley o precepto: *Al contarle el secreto a Juan, Pedro violó su promesa de guardar silencio.*

violencia *f.* ⓵ Ímpetu o gran fuerza de alguien o algo: *La violencia del huracán derrumbó varias casas.* ⓶ Manera de actuar agresiva y brutal con el propósito de cambiar algo por la fuerza o de destruirlo: *La violencia no es la manera de resolver los conflictos porque destruye lo bueno de las personas.*

violento, ta *adj.* ⓵ Que se hace o sucede con brusquedad: *Salió de la habitación de manera violenta, azotando la puerta.* ⓶ Persona, carácter o acción que tiende a dañar haciendo uso de la fuerza: *El papá de Beto es un hombre violento que se enfurece por cualquier razón.*

▶ **violeta** *f.* ⓵ Planta apreciada por sus flores. ⓶ Flor de la planta llamada violeta.

▶ **violeta** *m.* Color que resulta de la combinación del azul y el rojo: *El violeta es como un morado claro.*

violín *m.* Instrumento musical de cuerdas que se frotan con un arco: *Paganini no sólo compuso música para violín, sino que también la interpretaba.*

violonchelo *m.* Instrumento musical de cuerda y arco, más pequeño que el contrabajo y más grande que el violín y la viola: *El catalán Pablo Casals ha sido uno de los ejecutantes de violonchelo más conocidos.* →

▶ **virgen** *adj.* ⓵ Que se conserva en su estado original: *Por el bien de la naturaleza, es necesario preservar la selva virgen.* ⓶ Genuino, sin sustancias extrañas: *El aceite de oliva virgen se hace con la primera presión de las aceitunas.*

▶ **virgen** *f.* Para los cristianos, María, madre de Jesús: *Para los católicos, la virgen María no sólo es la madre de Jesús, sino de todos los cristianos.*

virrey *m.* Hombre que con este título gobierna en nombre del rey: *En las colonias americanas, el rey de España estaba representado por los virreyes.*

virtual. Realidad virtual, *loc.* Simulación de algo real por medio de imágenes y sonidos de vídeo.

virtud *f.* Disposición constante a hacer el bien: *La mayor parte de las religiones promueve la virtud y reprueba la maldad.*

viruela *f.* Enfermedad muy contagiosa, que se manifiesta con la aparición de marcas rojas: *Muchos indios americanos murieron por la viruela que trajeron los españoles, porque esa enfermedad no existía aquí.*

virus *m.* ⓵ Microorganismo que produce enfermedades como el sida, la viruela y otras: *La mayor parte de los resfríos y las gripas son producidos por virus.* ⓶ Programa que se introduce en la memoria de una computadora y produce daños en dicha memoria: *Un virus nuevo destruyó toda la información del disco duro de su computadora.*

viruta *f.* Lámina fina desprendida de la madera, el metal, etc.: *El piso de la carpintería está cubierto de virutas y trocitos de madera.*

visa *f. Amér.* Autorización para entrar a un país extranjero: *Antes, para viajar a España se necesitaba una visa; ahora, no.*

víscera *f.* Órgano contenido en el interior del cuerpo: *El corazón y el estómago son vísceras de los humanos y de los animales.*

viscoso, sa *adj.* De consistencia pastosa y pegajosa: *Después de comer galletas saladas, la saliva se siente viscosa.*

visera *f.* Ala pequeña de las gorras, para protegerse del sol: *El jugador se pone una visera para que no lo deslumbre el sol mientras juega tenis.*

visible *adj.* Que se puede ver: *Después del choque tenía daños visibles en los brazos y las piernas.*

visillo *m.* Cortina de tela fina y transparente: *Mi madre colocó un fino visillo blanco en la ventana de la sala, que deja pasar la luz.*

visión *f.* ⓵ Percepción por el órgano de la vista: *Fue perdiendo la visión desde que era niño hasta quedar ciego.* ⓶ Cosa que se ve o aparece. SIN. **espejismo.**

visita *f.* ⓵ Acción de ir a ver a alguien al lugar donde se encuentra: *Cuando vamos al pueblo, hacemos muchas visitas a todos los familiares y amigos que viven ahí.* ⓶ Persona que va a ver a alguien: *Anoche las visitas de mi hermano se quedaron hasta muy tarde y no pude dormir.*

visitar *vb.* ⓵ Ir a ver a alguien al lugar donde se encuentra: *Vinieron a visitarnos nuestros parientes que radican en España.* ⓶ Ir a un lugar para conocerlo: *En ese viaje visitaron tres ciudades importantes de Francia.* ⓷ Ir el médico a casa del enfermo para atenderlo: *Como Julia no puede salir de su casa porque se siente enferma, vendrá un médico a visitarla.*

visor *m.* ⓵ Dispositivo montado en una cámara fotográfica o cinematográfica, que sirve para delimitar la imagen: *Sara miró por el visor de la cámara y tomó la fotografía.* ⓶ Anteojos que se usan para ver debajo del agua: *Aunque iba a nadar en una piscina y no en el mar, el niño se puso aletas y visor para buscar monedas en el fondo.*

víspera *f.* Día anterior a otro determinado: *La víspera del día en que salí de viaje no pude dormir por la emoción y los nervios.*

vista *f.* ⓵ Sentido corporal localizado en los ojos, mediante el cual es posible percibir la luz, los objetos, etc.: *La vista, el oído, el gusto, el tacto y el olfato son los*

 Amér. = América.

cinco sentidos. [2] Mirada: *Iba distraído y con la vista baja, por eso no me vio.*

vistoso, sa *adj.* Que atrae la atención: *Los jugadores de ese equipo llevaban trajes muy vistosos, de color rojo y amarillo.*

vital *adj.* [1] Relativo a la vida: *Es común referirse al agua como "el vital líquido".* [2] Muy importante: *Es vital que apruebes los exámenes, de otra manera no podrás cursar el siguiente grado escolar.*

vitalidad *f.* [1] Circunstancia de ser muy importante una cosa. [2] Gran energía para hacer cosas: *Ese funcionario siempre ha desplegado una gran vitalidad en su trabajo y en su vida, haciendo múltiples actividades.*

vitamina *f.* Sustancia orgánica indispensable para el desarrollo y buen funcionamiento del organismo: *Muchas personas toman dosis altas de vitamina C cuando se sienten afectadas por algún resfrío o catarro.* ➡

viticultura *f.* Cultivo de la vid: *Italia, Francia y España son algunos países europeos donde hay mucha viticultura y una importante industria productora de vino.*

vitral *m.* Especie de cuadro hecho con trozos de vidrio de colores y metal, que puede servir también como ventana: *Los vitrales de esa capilla son famosos por su belleza y antigüedad.*

vitrina *f.* Escaparate o mueble con puertas y paredes de cristal para exponer objetos o artículos de comercio: *Esa tienda cambia sus vitrinas cada estación del año.*

viudo, da *adj./m.* y *f.* Relativo a la persona a quien se le ha muerto su cónyuge, mientras que no vuelve a casarse: *Roberto se casó con una mujer viuda que tiene dos hijos de su anterior matrimonio.*

¡viva! *interj.* Expresa alegría y aplauso: *¡Viva!, gritaron los invitados cuando los novios salieron de la iglesia.*

vivaracho, cha *adj.* *Fam.* Que es joven y de carácter alegre y travieso: *La nueva empleada de la tienda es vivaracha y amable.*

víveres *m. pl.* Conjunto de alimentos o provisiones: *Ya hicieron la lista de víveres que comprarán para la excursión del próximo fin de semana: frutas, verduras, carnes frías, quesos y botellas de agua.*

vivero *m.* [1] Terreno donde se crían plantas: *Queremos ir al vivero a comprar plantas para la casa.* [2] Lugar donde se crían peces, moluscos, etc.

vivienda *f.* Refugio natural, o construido por el hombre, en el que éste habita de modo temporal o permanente: *El gobierno construyó viviendas para personas de bajos recursos económicos.*

vivíparo, ra *adj.* *m.* y *f.* Animal, como el humano, cuyas hembras llevan a las crías dentro del vientre: *Vivíparos como perros y gatos pueden tener hasta ocho crías en una sola camada o parto.*

vivir *vb.* [1] Tener vida: *El perro está malherido a causa del accidente, pero aún vive.* [2] Mantenerse, obtener

de algo los medios de subsistencia: *Desde muy joven vive de su propio trabajo.* [3] Habitar: *Eugenia vivirá en una casa pequeña, en las afueras de la ciudad.*

vivo, va *adj.* [1] Que tiene vida: *Cuando vio al monstruo moverse, el doctor Frankenstein gritó: "¡Está vivo!"* [2] Que se manifiesta con fuerza: *Quiere pintar su casa de un color vivo, como el rojo.*

vocablo *m.* Palabra: *El origen del vocablo "suéter" es inglés.*

vocabulario *m.* Conjunto de palabras ordenadas, que hace referencia a una lengua, ciencia, etc.: *Ese filósofo utiliza un vocabulario tan técnico, que sólo le entienden otros filósofos.*

vocación *f.* Inclinación de una persona hacia un arte o profesión: *Aún no ha definido su vocación profesional, pero tiene tiempo para elegir.* SIN. **inclinación.**

▶ **vocal** *adj.* Relativo a la voz: *No pudo cantar porque tenía las cuerdas vocales inflamadas.*

▶ **vocal** *f.* Letra que representa el sonido de una vocal, como a, e, i, o y u, en español. ➡

▶ **vocal** *m.* y *f.* Persona que en una junta o asociación tiene derecho a opinar y a veces a votar: *Fue elegida vocal para formar parte de la comisión que elabora los planes de estudio.*

vocalista *m.* y *f.* Cantante de un conjunto musical: *En ese grupo los músicos no son muy buenos, pero el vocalista canta muy bien.*

voceador, ra *m.* y *f.* *Méx.* Vendedor callejero de diarios: *Los voceadores recogen los diarios en las editoriales muy temprano por la mañana.*

vocear *vb.* Anunciar algo en voz alta: *A medida que el director voceaba los nombres de los graduados, éstos se acercaban al profesor que les entregaba su diploma.*

volador, ra *adj.* Que vuela: *Los peces voladores salen del agua, avanzan un momento en el aire y vuelven a sumergirse.*

volante *m.* [1] Rueda de mano que sirve para accionar y guiar el mecanismo de dirección de un automóvil: *El automovilista giró un poco el volante para dar vuelta a la derecha.* [2] Hoja de papel en que se manda un aviso: *Un chico reparte en las calles volantes que anuncian la llegada del circo al pueblo.* [3] Adorno de tela en una prenda de vestir: *Para el festival en el que Liliana será la bailarina principal, su madre le hizo un amplio vestido de volantes.*

volar *vb. irreg.* [1] Ir, moverse o mantenerse en el aire: *El artista italiano Leonardo da Vinci diseñó unas alas para volar, pero no logró elevarse.* [2] *Méx. Fam.* Sustraer, robar: *¡Me volaron mi billetera!*

volátil *adj.* Relacionado con la sustancia que tiene la propiedad de volverse vapor: *Los gases volátiles se dispersan rápidamente en el aire.*

---

adj. = adjetivo ☆ *f.* = sustantivo femenino ☆ *Fam.* = familiar ☆ *interj.* = interjección ☆ *m.* = sustantivo masculino ☆ *pl.* = plural ☆ *pron.* = pronombre ☆ SIN. = sinónimo ☆ *vb.* = verbo ☆ *vb. irreg.* = verbo irregular ☆ ➡ Ver Minienciclopedia.

volcán *m.* [1] Abertura en la corteza terrestre, por la que salen a la superficie materias a alta temperatura: *Ese volcán hizo erupción el siglo pasado y últimamente ha estado arrojando humo y cenizas.* [2] *P. Rico.* Conjunto de cosas amontonadas. →

volcar *vb. irreg.* [1] Inclinar o invertir un recipiente de manera que se caiga o vierta su contenido: *El camión de basura volcó su carga sobre el depósito municipal.* [2] Caer de costado un vehículo: *Al chocar contra el autobús, el pequeño automóvil se volcó.*

voleibol *m.* Palabra de origen inglés. Deporte que se disputa entre dos equipos, lanzando un balón que se golpea con la mano por encima de una red: *Los brasileños son buenos en voleibol de playa, que se juega sobre la arena.*

voltaje *m.* Tensión eléctrica: *El voltaje usado en Europa es distinto al que se usa en América.*

voltear *vb.* [1] Dar vueltas a una persona o cosa hasta colocarla al revés de como estaba: *Voltea el vaso bocabajo para que no le caiga polvo.* [2] *Amér. Merid. y Méx.* Derribar con violencia, derramar: *Luciano no se fijó y se volteó la jarra con el agua de frutas encima.* [3] *Amér.* Volver, cambiar la posición o dirección de algo: *Pensé que era mi prima, pero cuando volteé vi que era otra niña.*

voltereta *f.* Vuelta dada en el aire: *El gato dio una voltereta y cayó en sus cuatro patas.*

volumen *m.* [1] Espacio y medida del espacio ocupado por un cuerpo: *Después de darnos las características y medidas, la maestra nos pidió calcular el volumen de un cubo.* [2] Cuerpo material de un libro: *Como esa novela es muy larga se publicó en tres volúmenes.* [3] Intensidad de los sonidos o de la voz: *Está muy alto el volumen del aparato de sonido, por favor bájale un poco.*

voluntad *f.* [1] Capacidad de determinarse a hacer o no hacer algo: *Con la fuerza de voluntad que posee, estoy seguro que dejará de fumar cuando se lo proponga.* [2] Deseo, aquello que se quiere: *Hizo los ejercicios por su propia voluntad, nadie lo obligó.*

▶ **voluntario, ria** *adj.* Que nace de la propia voluntad o decisión: *Los lunes mi dentista hace trabajo voluntario con gente que no tiene dinero.*

▶ **voluntario, ria** *m. y f.* Persona que se presta voluntariamente a hacer algo: *Después del terremoto, muchos voluntarios se ofrecieron a remover escombros y ayudar a las víctimas.*

volver *vb. irreg.* [1] Dar la vuelta, cambiar de sentido o dirección: *Ya iba a media cuadra de su casa, cuando se volvió porque se le había olvidado la lista de las compras.* [2] Cambiar o hacer que alguien o algo cambie de estado: *Antes era muy simpática, pero algo le pasó y se ha vuelto una pesada.* [3] Regresar al lugar del que se

salió: *Después de vivir en el extranjero durante cinco años, volvió a su país natal.*

vomitar *vb.* Arrojar por la boca lo contenido en el estómago: *En el parque de diversiones, Raúl vomitó después de comer muchísima comida y dulces.*

vómito *m.* Contenido del estómago que se arroja por la boca: *La intoxicación con mariscos le produjo vómito y diarrea.*

voraz *adj.* [1] Que come mucho y con avidez: *Como está creciendo y hace mucho ejercicio, tiene un apetito voraz.* [2] Que consume con rapidez: *Un incendio voraz casi acaba con el bosque ayer.*

vos *pron.* [1] Pronombre personal masculino y femenino de segunda persona, antigua forma de tratamiento en lugar de *usted.* [2] *Amér.* Tú.

voseo *m.* Empleo hispanoamericano de vos por *tú*: *En Guatemala, El Salvador, Uruguay y Argentina se usa el voseo.*

vosotros, tras *pron.* Pronombre personal de segunda persona del plural: *Yo no quiero ir, pero id vosotras.*

votar *vb.* Dar uno su voto o decir su dictamen: *En ese país, los jóvenes empiezan a votar cuando cumplen dieciocho años.*

voto *m.* Opinión de cada persona en una elección: *Cada ciudadano tiene el derecho y la obligación de emitir su voto en las elecciones de su país.* →

voz *f.* [1] Sonido emitido por el hombre y los animales: *Como está en plena adolescencia, le está cambiando la voz de niño a joven.* [2] Manera de expresarse una colectividad: *Ese diario se ha convertido en la voz de un amplio sector de la población.* [3] Grito: *Llamó a voces a su hijo, que estaba jugando en la calle y no la escuchaba.* [4] Derecho a opinar: *Las mujeres han hecho escuchar su voz en el mundo desde hace tiempo.* [5] Palabra, vocablo: *"Jitomate" es una voz de origen náhuatl.*

vuelo *m.* [1] Hecho de volar: *El vuelo de la cometa no duró mucho tiempo, porque el aire dejó de soplar.* [2] Desplazamiento en el aire de diversos animales, por medio de alas: *Las golondrinas remontan el vuelo al sur cuando se acerca el invierno.* [3] Espacio que de una vez se recorre volando: *El vuelo en avión entre las dos ciudades se lleva a cabo en dos horas.* [4] Amplitud de un vestido: *Las polleras o faldas de muchos trajes típicos de América Latina, como las de Perú, tienen mucho vuelo debido a su corte circular.*

vuelta *f.* [1] Movimiento circular completo de un cuerpo alrededor de un punto o sobre sí mismo: *El paso de baile es así: dos pasos adelante, uno para atrás y luego das una vuelta a la derecha.* [2] Paseo: *Está linda la tarde, vayamos a dar una vuelta por el centro.* [3] Regreso, retorno: *No comas nada antes de salir, a la vuelta preparamos la.*

---

vuelto *m. Amér.* Cambio, dinero sobrante de un pago: *Fíjate bien en el vuelto que te den en la tienda.*

▶ **vuestro, tra** *adj.* Adjetivo posesivo que indica posesión de o pertenencia a la 2ª persona.

▶ **vuestro, tra** *pron.* Pronombre posesivo que indica pertenencia de la 2ª persona: *Éste es mi carruaje, ¿y el vuestro dónde está?*

vulcanizar *vb. irreg.* Hacer el caucho o hule más impermeable y duradero, al combinarlo con azufre.

vulcanología *f.* Estudio de los volcanes y de los fenómenos volcánicos: *La vulcanología tiene mucho que aprender de los volcanes aún activos que existen en el mundo.*

vulgar *adj.* ⓵ Relativo al vulgo o pueblo. ⓶ Común o general, por oposición a científico o técnico: *Una superstición vulgar es la que dice que pasar por debajo de una escalera trae mala suerte.* ⓷ Impropio de personas cultas y educadas: *Tiene unos modales vulgares, como escupir en el piso y mascar con la boca abierta.*

Ww Xx

w *f.* Vigésima cuarta letra del abecedario español, llamada *uve doble, doble u* o *doble ve.*

water *m.* **Palabra inglesa.** Lugar y recipiente en el que se defeca y se orina: *"¿Dónde queda el water?", preguntó con una voz en la que se notaba que ya no aguantaba las ganas de hacer pis.* SIN. **retrete, escusado, inodoro, excusado, taza.**

watt *m.* **Palabra inglesa.** Nombre del vatio en la Nomenclatura Internacional: *A mi tía María Luisa no le gustaba la luz intensa, por eso utilizaba bombillas de pocos watts.* SIN. **vatio.**

whisky *m.* **Palabra inglesa.** Licor obtenido de la fermentación de cereales: *Se considera que el whisky escocés es de los mejores del mundo.*

x *f.* Vigésima quinta letra del abecedario español. Su nombre es *equis.*

X *f.* Cifra que en números romanos equivale a 10.

xilófono *m.* Instrumento musical de percusión compuesto de láminas de madera o metal.

Yy

y *f.* Vigésima sexta letra del abecedario español. Su nombre es *ye* o *i griega.*

y *conj.* Une palabras, sintagmas u oraciones con la misma función: *Compró peras y manzanas para mezclarlas con yogur y cereal.*

ya *adv.* [1] Expresa el tiempo pasado: *Como preparación para el examen, el maestro nos dio un repaso de los temas que ya habíamos estudiado antes.* [2] Indica el tiempo presente pero con relación al pasado: *Hace algunos años era rico, pero ahora ya es pobre.*

yacaré *m. Argent., Bol., Par.* y *Urug.* Reptil parecido al cocodrilo pero de menor tamaño: *Los yacarés se alimentan sobre todo de peces.*

yacer *vb. irreg.* [1] Estar acostado o tendido: *Cuando llegué a su casa de campo, él yacía en una cómoda hamaca leyendo una novela de suspenso.* [2] Estar enterrado: *Bajo este sepulcro yacen los restos de mis antepasados.*

yacimiento *m.* Acumulación natural de minerales, rocas o fósiles: *Unos paleontólogos acaban de descubrir cerca de aquí un gran yacimiento de restos de dinosaurios.*

yaguar o **jaguar** *m.* Mamífero carnívoro americano, parecido al leopardo, que mide alrededor de 1.50 m de longitud.

yanqui *adj./m.* y *f.* **Palabra de origen inglés.** *Fam.* Originario de los Estados Unidos de Norteamérica: *A las playas de este país vienen sobre todo turistas yanquis.*

yapa *f. Amér. C.* y *Amér. Merid.* Propina, añadidura.

yarará *f. Amér. Merid.* Serpiente venenosa, de 1.50 m de longitud, de color pardo claro con dibujos más oscuros, cuya mordedura puede ser mortal: *El hombre fue mordido por una yarará y su estado es de extrema gravedad.*

yarda *f.* **Palabra de origen inglés.** Medida inglesa de longitud equivalente a 91.4 centímetros.

yate *m.* Embarcación de vela o motor que se usa para pasear: *Es dueño de un gran yate en el que le gusta realizar viajes de placer por los distintos mares del mundo.*

yedra *f.* Planta trepadora que vive adherida a las paredes o a los árboles: *Reconocerás fácilmente mi casa porque la fachada está cubierta de yedras.* SIN. **hiedra.**

yegua *f.* [1] Hembra del caballo: *La yegua acaba de parir un lindo potrillo.* [2] *Amér. C.* Colilla de cigarrillo.

 Amér. = América ☆ *Amér. C.* = América Central ☆ *Amér. Merid.* = América Meridional ☆ *Argent.* = Argentina ☆ *Bol.* = Bolivia ☆ *Par.* = Paraguay ☆ *Urug.* = Uruguay.

yema *f.* ① Parte central, casi siempre de color amarillo, del huevo de los animales: *La yema de huevo tiene una alta concentración de colesterol.* ② Dulce de azúcar y yema de huevo. ③ Parte del dedo opuesta a la uña: *En la yema de los dedos existen unas marcas llamadas huellas dactilares, que son distintas para cada persona.* ④ Brote que aparece en el tallo de las plantas.

yerba *f.* ① Planta pequeña de tallo tierno: *Pusimos el mantel sobre la yerba y nos dispusimos a comer en medio del campo.* ② *R. de la P.* Producto industrializado, elaborado a partir de la planta yerba mate, que se consume como bebida caliente: *Mi amiga argentina bebió yerba y yo, café.* ③ *loc. Argent., Par. y Urug.* **Yerba mate**, planta americana de hojas lampiñas y aserradas, fruta roja y flores blancas, con sus hojas se prepara una infusión.

yerno *m.* Respecto de una persona, marido de su hija.

yeso *m.* Materia mineral de color blanco que se emplea en escultura, construcción, etc.: *Después de colocar las placas de hormigón, las paredes y el techo se cubren con yeso.*

yo *pron.* Pronombre personal de primera persona del singular, masculino y femenino que funciona como sujeto: *Yo quisiera ser bailarina algún día.*

yoga *m.* Disciplina espiritual y corporal hindú destinada a alcanzar la perfección del espíritu a través de técnicas de concentración mental: *Julián practica yoga y además es vegetariano.*

yogur *m.* Producto lácteo preparado con leche fermentada: *Todas las mañanas Rocío desayuna yogur con frutas y miel.*

yoyo *m.* Juguete que consiste en un disco con un canal, al que se hace subir y bajar a lo largo de un hilo atado a su eje.

yugo *m.* Instrumento de madera que se fija a la cabeza de los animales de tiro: *Los bueyes van unidos por un yugo que los mantiene juntos para realizar el trabajo del campo.*

yugular *f.* Una de las grandes venas del cuello que lleva sangre del cerebro al corazón: *Si se corta la yugular a una persona, se puede desangrar rápidamente y morir.*

yunque *m.* ① Bloque de hierro sobre el que se forjan los metales: *El herrero golpea el metal caliente sobre el yunque.* ② Segundo huesecillo del oído medio.

yunta *f.* Par de bueyes o mulas que sirven en la labor del campo: *El campesino va detrás de la yunta preparando el campo para sembrarlo.*

yuxtaponer *vb.* Colocar una cosa junto a otra o colocar dos cosas juntas.

yuyo *m.* ① *Amér. Merid.* Hierba. ② *Perú.* Conjunto de hierbas tiernas comestibles.

Zz

z *f.* Vigésima séptima letra del abecedario español. Su nombre es zeta.

zacate *m.* ① *Amér. C. y Méx.* Hierba, pasto, alimento para el ganado. ② *Méx.* Estropajo, trozo de algún material como plástico o fibra que se usa para lavar el cuerpo u otra superficie: *Cuando se duchan, algunas personas usan zacate en lugar de esponja.*

zafarse *vb.* ① Escaparse, esconderse: *El héroe se zafó de las cuerdas con que lo habían amarrado y elaboró un plan para acabar con su enemigo.* ② Excusarse de hacer algo: *Quiere zafarse de ir a esa fiesta familiar porque prefiere salir con sus amigos.* ③ *Amér.* Dislocarse un hueso.

zafiro *m.* Piedra preciosa de color azul.

zafra *f.* Cosecha de la caña de azúcar: *La zafra de este año será la mitad de la que hubo el pasado porque las heladas dañaron la caña.*

zaguán *m.* ① Habitación cubierta, inmediata a la entrada de un edificio o una casa: *Esa casa tiene un zaguán en el que pusieron muchas plantas.* ② *Méx.* Puerta grande para entrar al patio o garaje de una casa.

zaguero, ra *m. y f.* Jugador que tiene la defensiva en un equipo: *Como no es bueno para meter goles, el entrenador puso al nuevo jugador de zaguero, donde hace una excelente defensa.*

zamba *f. Amér. Merid.* Danza popular que se baila en pareja suelta y con revuelo de pañuelos.

zambullir *vb. irreg.* Meter de golpe algo debajo del agua: *Como el agua estaba fría prefirió zambullirse en vez de entrar poco a poco.*

zampar *vb.* Comer de prisa y con exageración: *Tenía tanta hambre que se zampó tres panes casi sin masticarlos.*

zampoña *f.* Instrumento musical rústico a modo de flauta o gaita.

zanahoria *f.* ① Planta herbácea cultivada por su raíz comestible. ② Raíz de la planta de la zanahoria, de color anaranjado: *"Las zanahorias son buenas para la vista, ¿cuándo has visto un conejo con anteojos?"*

zanate *m. C. Rica, Guat., Hond., Méx. y Nicar.* Pájaro de plumaje negro que se alimenta de semillas: *El campesino puso un espantapájaros para evitar que los zanates se comieran su cosecha.*

zancada *f.* Paso de gran tamaño: *Como tiene las piernas tan largas, en tres zancadas salió de la habitación.*

zancadilla *f.* Acción de cruzar uno su pierna por entre las de otro para hacerle perder el equilibrio y caer: *El futbolista le metió una zancadilla a su adversario y le lastimó la pierna.*

zanco *m.* Cada uno de los dos palos altos con soportes donde se ponen los pies, sobre los que se anda en algunos juegos: *En el circo algunos payasos caminaban en altos zancos que cubrían con larguísimos pantalones.*

zancón, na *adj. Colomb., Guat., Méx. y Venez.* Se refiere a la ropa demasiado corta para la persona que la usa: *Al papá de Martha no le gustó el vestido de su hija, le pareció demasiado zancón.*

zancudo *m. Amér.* Mosquito.

zancudo, da *adj.* Relativo a las aves de largas patas: *Los flamencos y las garzas son aves zancudas.*

zángano *m.* Abeja macho: *Los zánganos fecundan a la abeja reina, después de lo cual mueren.*

zanja *f.* ① Excavación larga y estrecha que se hace en la tierra: *Como era de noche no vio la zanja y cayó en ella.* ② *Amér. C. y Amér. Merid.* Surco que abre en la tierra la corriente de un arroyo.

zanjón *m. Chile.* Precipicio, despeñadero.

zapallo *m.* ① *Amér. Merid.* Planta herbácea, trepadora o rastrera, de tallo largo y hueco. SIN. **calabacera.** ② *Amér. Merid.* Fruto de la planta del zapallo. SIN. **calabaza.**

zapateado *m.* Golpes dados con los pies en el suelo como parte de una danza o por una rabieta: *Una parte importante del baile andaluz es el zapateado.*

zapatería *f.* ① Industria donde se hacen zapatos: *Esa zapatería produce zapatos de tela, piel y plástico.* ② Tienda donde se venden zapatos: *Fue a la zapatería a comprar unas pantuflas y salió con unos zapatos muy elegantes y sin dinero.*

zapatero, ra *m. y f.* Persona que tiene por oficio hacer, componer o vender zapatos: *Le llevé los zapatos al zapatero para que les ponga suelas nuevas.*

zapatilla *f.* ① Zapato cómodo para estar en casa: *Su perro está entrenado para llevarle las zapatillas en cuanto llega a su casa.* SIN. **pantufla.** ② Calzado deportivo. SIN. **tenis.** ③ Zapatos especiales para bailar ballet.

Ⓢ **Amér.** = América ☆ **Amér. C.** = América Central ☆ **Amér. Merid.** = América Meridional ☆ **Argent.** = Argentina ☆ **Colomb.** = Colombia ☆ **C. Rica** = Costa Rica ☆ **Guat.** = Guatemala ☆ **Hond.** = Honduras ☆ **Méx.** = México ☆ **Nicar.** = Nicaragua ☆ **Par.** = Paraguay ☆ **R. de la P.** = Río de la Plata ☆ **Urug.** = Uruguay ☆ **Venez.** = Venezuela.

zapato *m.* Calzado que cubre el pie hasta el tobillo: *Ese vecino se hartó de escuchar maullar al gato y le aventó un zapato.*

zapote *m.* Árbol americano con fruto esférico y blando que es comestible y de sabor muy dulce, con una pulpa suave: *Mi tía Lilia prepara dulce de zapote con jugo de naranja.*

zarandear *vb.* ⒈ Mover a alguien o algo de un lado a otro con rapidez y energía: *La tormenta hizo que el gran barco se zarandeara como si fuera de papel.* ⒉ Chile, Méx., Perú, P. Rico y Venez. Caminar moviendo mucho los hombros y las caderas: *Mira cómo camina esa mujer, se zarandea como barco en alta mar.* SIN. contonearse.

zarigüeya *f.* Mamífero marsupial parecido a la rata: *Las zarigüeyas tienen una cola prensil y cargan a sus crías sobre su lomo.*

zarpar *vb.* ⒈ Levar anclas: *El barco zarpó en cuanto la marea y los vientos lo permitieron.* ⒉ Irse un barco de un lugar: *El novio se quedó en el muelle hasta que el barco en el que iba su amada zarpó y se perdió en el horizonte.*

zarza *f.* Planta espinosa que da como fruto la zarzamora.

zarzamora *f.* Fruto de la zarza, de color morado: *Con zarzamoras se pueden hacer mermeladas y postres muy ricos.*

zeta *f.* ⒈ Nombre de la letra "Z". ⒉ *loc.* X, y o z, uno u otro, lo que no se conoce.

zigzag *m.* Línea hecha por segmentos que forman alternativamente ángulos entrantes y salientes: *Esa parte montañosa de la carretera parece estar dibujada en zigzag.*

zócalo *m.* ⒈ Cuerpo inferior de un edificio, que sirve para elevar los basamentos o cimientos a un mismo nivel. ⒉ Banda que se coloca en la pared a ras de suelo: *El piso de esta habitación tendrá un zócalo de color negro.* ⒊ Méx. Plaza central de una ciudad: *El festival se llevó a cabo en el zócalo de la capital.*

zombi *m.* Según ciertas leyendas antillanas, cadáver desenterrado y revivido.

zona *f.* ⒈ Extensión o superficie con límites determinados: *A unos kilómetros de aquí hay una zona militar donde sólo pueden entrar soldados.* ⒉ Parte de una cosa: *La zona baja de la espalda me duele cuando me agacho.* ⒊ Cada una de las divisiones de la Tierra determinadas por los trópicos y los círculos polares: *La mayoría de la gente vivimos en la zona tropical del planeta.*

zonzo, za *adj./m.* y *f.* Tonto: *Más que ser zonzo, lo que le pasa a Daniel es que no pone atención.*

zoo *m.* Palabra de origen inglés. Abreviatura de *parque zoológico: El domingo fuimos al zoo y nos divertimos mucho viendo jugar a los monos.* SIN. zoológico.

zoología *f.* Rama de las ciencias naturales que estudia los animales: *Los estudiantes de veterinaria*

tienen que estudiar **zoología**, entre otras disciplinas.

zoológico *m.* Establecimiento especial donde viven animales salvajes, que pueden ser visitados por el público. SIN. parque zoológico, zoo.

zoológico, ca *adj.* ⒈ Relativo a la zoología. ⒉ *loc.* **Parque zoológico,** establecimiento acondicionado para que vivan en él animales salvajes a fin de exponerlos al público: *Queremos ir al parque zoológico a ver un par de cachorros de león recién nacidos.*

zopilote *m.* C. Rica, Guat., Hond., Méx. y Nicar. Ave de color negro parecida al buitre pero de menor tamaño. SIN. gallinazo, zamuro. ➡

zoquete *adj./m.* y *f.* Fam. Torpe, tardo para entender: *Al muy zoquete le dije que quería que pintara la mesa de color verde y la pintó de azul.*

zorrillo o **zorrino** *m.* ⒈ Amér. Mamífero carnívoro que se defiende de sus enemigos lanzando un líquido fétido por vía anal: *El olor del zorrillo es tan penetrante que puede percibirse a 50 metros de distancia.* SIN. mofeta. ⒉ Amér. Fam. Tonto: "No seas **zorrillo**, no te quedes en casa y ven con nosotros a la fiesta."

zozobrar *vb.* Naufragar una embarcación: *El barco zozobró y los sobrevivientes fueron rescatados en un bote salvavidas.*

zueco *m.* Zapato de madera de una sola pieza: *Los campesinos suecos y del norte de Francia usaban zuecos hace muchos años.*

zumbido *m.* Acción y efecto de zumbar: *El zumbido de los mosquitos no me dejó dormir anoche.*

zumo *m.* Líquido que se extrae exprimiendo frutas: *La tarta de frutas se prepara con el zumo de dos naranjas y de dos manzanas.* SIN. jugo.

zurcir *vb. irreg.* Coser la rotura o desgaste de una tela: *Por las noches, junto al fuego, la madre zurce los calcetines de sus hijos.*

zurdo, da *m.* y *f.* Persona que usa la mano o el pie izquierdos para hacer lo que, en general, se hace con la derecha o el derecho: *Hace años, los zurdos eran obligados a aprender a escribir con la mano derecha.*

zurra *f.* Fam. Paliza, tunda: *Un niño abusivo y mayor le dio a Jaime una zurra al salir de la escuela.*

zurrar *vb.* ⒈ Golpear a una persona o animal: *Carlos le dio una zurra al perro callejero que había mordido a su hijo.* ⒉ Curtir las pieles. ⒊ Méx. Fam. Defecar: *El gato se zurró en una maceta y mi mamá le pegó con la escoba.*

zurrón *m.* Bolsa para llevar o guardar la caza o provisiones: *Los marineros usan zurrones para guardar sus pertenencias.* SIN. morral.

zutano, na *m.* y *f.* Una persona cualquiera, en correlación con fulano o mengano.
